Hans-Christoph Rauh
Personenverzeichnis zur DDR-Philosophie 1945–1995

Hans-Christoph Rauh

Personenverzeichnis zur DDR-Philosophie 1945–1995

—

DE GRUYTER

Die Drucklegung erfolgte mit freundlicher Unterstützung der Fritz Thyssen Stiftung für Wissenschaftsförderung.

ISBN 978-3-11-073705-9
e-ISBN (PDF) 978-3-11-073173-6
e-ISBN (EPUB) 978-3-11-073175-0

Library of Congress Control Number: 2021931377

Bibliografische Information der Deutschen Nationalbibliothek
Die Deutsche Nationalbibliothek verzeichnet diese Publikation in der Deutschen Nationalbibliografie; detaillierte bibliografische Daten sind im Internet über http://dnb.dnb.de abrufbar.

© 2021 Walter de Gruyter GmbH, Berlin/Boston
Satz: Michael Peschke, Berlin
Druck und Bindung: CPI books GmbH, Leck

www.degruyter.com

Inhalt

Einführung —— 1

Personenverzeichnis —— 21

Statistische Gesamtübersicht —— 637

Abkürzungsverzeichnis —— 639

Quellen-Verzeichnis —— 647

Namensregister —— 649

Einführung

Kurzbiographien als Philosophiegeschichte

Vorliegendes Personenverzeichnis *zur* DDR-Philosophie 1945–1995 ist weit mehr als nur ein herkömmliches, rein fachbezogenes Philosophenlexikon. Denn es basiert hinsichtlich der gesellschaftspolitischen (parteiorganisierten) Daseinsweise jenes zeitweilig ostdeutschen (marxistisch-leninistischen) Philosophiegebildes auf einem dementsprechend zugleich *engeren* (der philosophischen Substanz) wie *weiteren* (der ideologischen Funktion nach) Philosophiebegriff. Solch ein besonderes geistig-kulturelles Phänomen in dieser seiner höchst widersprüchlichen Wesensbestimmung dennoch nicht als ein ganz sicher ungewöhnliches philosophisches Gebilde anzusehen, ist trotzdem in keiner Weise angebracht und beabsichtigt; es würde unser Gesamtvorhaben einer, allerdings nur noch *philosophiehistorischen*, also nicht allein *ideologiekritischen* Analyse und Darstellung desselben, gegenstandslos machen.

    Seiner fast zwanzig Jahre andauernden Erarbeitung nach resultiert dieses personengeschichtliche Philosophenverzeichnis unmittelbar aus einem inzwischen ebenso lange, teilweise noch gemeinschaftlich realisierten Langzeitprojekt zur *historisch-kritischen Aufarbeitung der DDR-Philosophie* im oben genannten geschichtlich erweiterten Zeitraum. Damit folgt den bereits publizierten, wesentlich thematisch-problemgeschichtlich periodisierten, allgemeinen Inhaltsbänden zu deren *Anfänge* (2001), *Denkversuche* (2005) und *Ausgänge* (2009) sowie den sie *institutionell* tragenden, besonderen *Institutsgeschichten* (2017) der ostdeutschen Universitäts- und Akademiephilosophie in der DDR, nun ein insgesamt sich daraus vereinzelt namentlich ableitendes umfangreiches Personenverzeichnis *zur* (also nicht allein *der*) DDR-Philosophie. Derartig „überzeitlich" fixiert, wird diese damit von vornherein gesamtdeutsch, nicht mehr nur ‚zonenlokal'-provinziell ausgelegt, sondern ebensosehr als *vor-* (mindestens seit 1945 bzw. auch 1933) sowie *nach*geschichtlich (bis ungefähr 1995 und darüber hinausreichend) bestimmt aufgefaßt, eingeordnet und dargestellt.

    Die jeweils damit *anfänglich* und *ausgehend* zusammenhängenden beiden zusätzlichen *historischen Zeitfenster*, mit ihren allbekannten, dazu gehörigen gesellschaftspolitischen Zusammenbrüchen, unterscheiden und ähneln sich in mehrfacher Hinsicht, was die älteren wie auch jüngeren Kurzbiographien jeweils recht deutlich anzeigen. Diese besonders frühen *Anfänge* wie schließlichen *Ausgänge* bilden personalgeschichtlich gesehen, also eine ganz bemerkenswerte, einmalig *nationalgeschichtliche* Klammer um die ansonsten weitgehend abgeschlossene, einst streng parteistaatlich institutionalisierte, letztlich daher nur noch allein marxistisch-leninistisch formierte und ausgerichtete DDR-Philosophie, die damit folgerichtig nie wirklich philosophisch eigenständig, fachlich besonders originell oder individuell vielgestaltig zu werden vermochte. Ihr war außerdem ideologisch-sektiererisch und klassenkämpferisch-politisch (allein parteigeschichtlich bestimmt) jede wirkliche

Geschichtlichkeit, unvoreingenommene Wahrheitssuche, auch theoretischer Gehalt wie widersprüchlicher Erbe- und Traditionszusammenhang verloren gegangen. Sie konnte als solche daher auch gesamtdeutsch nicht weiter bestehen, sondern erweist sich nunmehr als ein geistesgeschichtlich vollständig erledigtes, teilweise schon zuvor selbst aufgegebenes wie daraufhin weitgehend insgesamt abgewickeltes Gebilde, das offenbar nur noch philosophiehistorisch aufgearbeitet, ein derart historisch-kritisch analysiertes „Nachleben" aufzuweisen hat; aber gerade in einem solchen personenbezogen Gesamtverzeichnis biographiengeschichtlich als spezielle *Philosophiegeschichte* trotzdem noch vielfältig empirisch belegt, nachweisbar bleibt. Dazu gibt es in den einzelnen Personenstichworten zahlreiche namentliche Verweise und Querverbindungen, die deren innere Entwicklungszusammenhänge und auch eine gewisse ganzheitliche Systematik derselben (was eine dogmatisch-kanonisierte Lehrgestalt zwangsläufig mit sich brachte) problemgeschichtlich-thematisch und strukturell-institutionell sichtbar werden lassen.

Bestimmten nach *1945/46* (eigene marxistische Parteiphilosophen waren zuvor schon als kritische Abweichler ausgeschlossen worden bzw. hatten selbst als antifaschistische Emigranten den Stalinschen Terror nicht überlebt) zahlreiche *sowjetische Kulturoffiziere* der SMAD vermittels einer von Anbeginn dominant parteikommunistischen, radikal-antibürgerlichen Entnazifizierung deren dadurch von Anbeginn fachphilosophisch-systematisch reduzierten wie massiv politisch-ideologisierten *Anfänge* (nur einige altbürgerliche, parteilose Universitätsphilosophen durften allein philosophiegeschichtlich zeitweilig noch weiter lehren), so führten *1990/91* daraufhin wiederum ebenso politisch-konsequente länderrechtliche Abwicklungen aller (marxistisch-leninistischen) Philosophie-Einrichtungen sowie ein genereller Einsatz *westdeutscher Institutsgründungsdirektoren* und die Neuberufung allein *altbundesdeutscher Lehrstuhlinhaber* für die wiederum von Grund auf so umgestaltete und erneuerte ostdeutsche *Universitätsphilosophie* zum überraschend schnellen Ende (auch durch „kampfeslose" Selbstaufgabe) und endgültigem Aus der DDR-Philosophie in ihrer bis dahin thematisch einzig marxistisch-leninistischen Bestimmung und Alleinherrschaft, bedrückend-einengenden, weil *parteiorganisierten* Instituts- bzw. Sektionsstruktur sowie dazu unglaublich dominanten politisch-weltanschaulichen Geltungsanspruch und Funktionsweise. Der zeitlich dazwischen liegende, inhaltlich wie institutionell auffällig *dreiteilig periodisierbare* und über vierzigjährige Gesamtverlauf der DDR-Philosophie (Anfangs-, Mittel- und Endphase) zeigt insbesondere während fortlaufender, stets gesamtgesellschaftlicher wie parteipolitischer sog. *Krisenjahre* 1945, 1948, 1953, 1956, 1961, 1968, 1976, 1981 und schließlich 1989/90 (parteigeschichtlich jedoch stets nur „negativ-feindlich" bewertete) vielfältige philosophische Einzelereignisse und bemerkenswerte Debatten, die in den vorangegangenen Bänden bereits problem- und institutsgeschichtlich, wie auch teilweise personenbezogen dargestellt wurden. Das alles manifestiert sich jetzt, gewissermaßen mehrhundertfach, kurzbiographisch und auswahlbibliographisch belegt, ungemein individuell-vielfältig zusammen geführt, jedoch zwangsläufig allerdings allein alphabetisch angeordnet, in diesem nunmehr abschließend vorliegenden *Philosophenverzeichnis*; – gewissermaßen als eine ganz außergewöhnliche mosaikartige *ostdeutsche Philosophiegeschichte*. Und derartige Kurzbiographien erweisen sich dabei als eine durchaus punktuell nachvollziehbare, oftmals ungemein aufschlussreiche, manchmal einzigartige, oft aber auch fachlich erschreckend reduzierte, ja kümmerliche, weil letztlich durchgehend uniformierte „philosophische Wirklichkeit" in der DDR, was nun an diesen ihrem ziemlich repräsentativen Personalbestand zusammenfassend, unabdingbar offenbar und vielgestaltig belegt, nachschlagbar sein wird.

Ein solches Personenverzeichnis *zur* DDR-Philosophie verdeutlicht aber auch, dass niemals nur irgendeine parteiorganisierte ML-Genossenschaft der „DDR-Philosophie" oder sonstige zentralplanmäßig eingesetzte philosophische „Autorenkollektive" wirklich selbständig philosophisch zu denken vermochten, sondern letztlich stets nur *einzelne Personen*; – egal unter welchen Bedingungen das sehr eingeschränkt-parteidirigiert geschehen konnte bzw. damit auch eklatant unterbunden, ja oftmals vollständig ausgeschlossen oder sogar strafverfolgt wurde. Das erklärt auch die durchgehend unveräußerliche Erfassung nicht weniger tragischer wie aber auch fachphilosophisch äußerst fragwürdig-problematischer Personalien (Funktionsträger), bei denen durchaus gefragt werden könnte, was diese in einem solchen Personen- (ganz und gar nicht schon wieder „bereinigten"! Philosophen-) Verzeichnis *zur* DDR-Philosophie überhaupt (noch) zu suchen haben. Jedoch keine dieser ostdeutschen Biographien ist damit in ihrer widersprüchlichen Einmaligkeit aus der Welt zu schaffen, auch nicht mehr „dialektisch aufhebbar" zu wenden oder zu verkehren; – muss nicht nachträglich gerechtfertigt, aber auch nicht erträglicher anders erscheinend verschönt werden. Wird das oben von uns schon def. bestimmte, erweiterte wie ebenso verengte *Philosophieverständnis* unterstellt, so kann gerade davon personalgeschichtlich, einmalig so abgelaufen, nicht mehr abgesehen werden. Dennoch, jedes hier personengeschichtlich erfasste philosophische Individuum ist nicht nur tatsächlich nachweisbares Moment dieses geistig-kulturellen Gesamtgebildes „DDR-Philosophie", sondern bringt zugleich deren konkret-historische Existenzweise, also auch allgemeinen Wesenszüge wie sonderbarsten Erscheinungsweisen zugleich exemplarisch und einmalig mit zum Ausdruck. Daher ist es auch nicht weiter verwunderlich, dass nicht wenige dieser hier ausgewählten Kurzbiographien oftmals allein schon für sich genommen unmittelbar die DDR-Philosophie im Kleinformat auf den Punkt bringen und grundsätzlich charakterisieren. Man muß sie also nicht alle fortlaufend nach- und miteinander insgesamt durchlesen, denn es handelt sich ja immerhin um ein punktuell benutzbares Nachschlagewerk.

Die nachkriegszeitlich wieder herzustellende Unabhängigkeit und Souveränität philosophischer Personen war anfangs noch vorhanden bzw. antifaschistischdemokratisch programmatisch zugesichert und erwartet worden; ging dann aber sowjetkommunistisch überformt und wiederum parteiphilosophisch fremdbestimmt sehr bald erneut, letztlich und insgesamt weit totaler und langfristiger parteikollektivistisch im russisch besetzten Ostdeutschland wieder verloren und musste danach erst wieder mühsam, konfliktreich und folgenschwer bis heute nachwirkend, zurückgewonnen werden. Die vorliegenden nicht nur philosophischen Personenstichworte erweisen sich hierbei in einer ganz besonderer Weise hinsichtlich ihres Beginns, Verlaufs und Ausganges als eine ungemein widersprüchliche *Biographienabfolge zur ostdeutschen Philosophiegeschichte* in einer außerdem noch idealtypisch nachweisbaren *dreigliedrigen Generationenabfolge* (Gründer-, Lehrer- und Nachwuchsgeneration). Darin besteht der unglaubliche, so gar nicht erwartete und für möglich gehaltene Erkenntnisgewinn dieses erstellten Personenverzeichnisses *zur* DDR-Philosophie, das sich damit natürlich weit mehr als nur ein abschließend alphabetisch angeordnetes zusammenfassendes *Namensregister* zu allen vier vorangehend bereits „historisch-kritisch" erarbeitenden und vorliegenden DDR-Philosophiegeschichtsbänden im vormaligen Ch. *Links Verlag erweist. Aber eine streng systematische Darstellung derselben wurde da niemals angestrebt, denn woran sollte sich – vollständig parteilehrbuchartig als „dialektischer und historischer Materialismus" bzw. als „marxistisch-leninistische Philosophie" (wir werden das durchgehend abkürzen) kanonisiert – eine solche überhaupt thematisch, institutionell und personell noch halten und ausrichten? Doch an den nun tatsächlich vorliegenden Biographien wird dieser besondere ostdeutsche philosophische Gesamtprozess nochmals exemplarisch sichtbar und vielfältig nacherzählbar. Und nur abschließend konnte in diesem Personen-Verzeichnis *zur* DDR-Philosophie erstmalig ansatzweise versucht werden, eine nachkriegszeitlich (die zweite Hälfte des 20. Jahrhunderts betreffend) zumindest hier *personengeschichtlich gesamtdeutsche* Sichtweise zu realisieren; sicherlich immer noch viel zu reduziert, vereinzelt und einseitig bezogen auf die abgelaufene (marxistisch-leninistische) DDR-Philosophiegeschichte selbst, denn einen wirklichen, ost-westdeutschen Dialog und Austausch oder gar denkbare philosophische Synthese gab es nachweislich nicht. Einen solchen niemals wirklichen Zusammenhang kann also auch das vorliegende, angestrebte leider nur teilweise gesamtdeutsche (dadurch keineswegs allein marxistisch-leninistische) Philosophen-Verzeichnis nicht post festum herbeizaubern und hoffnungsweise erstellen; doch nicht wenige Philosophenbiographien erweisen sich für sich genommen durchaus als bemerkenswert (vor allem ost-westlich verlaufend) gesamtdeutsch.

Zum Aufbau und zur Struktur der einzelnen (je nach Bedeutung und Alter längeren, mittleren oder kürzeren) *Personenstichworte* wäre zu sagen, dass den soweit nachweisbaren Lebensdaten stets eine knappe, möglichst prägnante, fachlichberuflich *kurzcharakterisierende Funktionsbestimmung* der jeweiligen Person folgt bzw. insgesamt vorangestellt wird, ehe, zumeist stichpunktartig bis tabellarisch, die eigentlichen *biographischen Lebensdaten* vor allem zum *philosophischen Bildungsgang* nachfolgen, soweit diese archivmäßig zugänglich bzw. schon veröffentlicht nachweisbar waren oder mir bei noch lebenden Personen durch brieflicher Anfrage zur Verfügung gestellt wurden. Im Zentrum steht dabei das besonders hervorgehobene (daher *kursiv* gesetzte) jeweilige philosophische *Dissertationsgeschehen* A (Promotion) bzw. B (Habilitation) mit den dazu gehörigen, wenn noch nachweisbaren

Gutachternamen und der nur gelegentlich erfolgten Publikation. Eine ganz besondere personelle Vernetzung der DDR-Philosophie insgesamt wird dadurch zusätzlich sichtbar gemacht; so aber auch nicht geringe unqualifizierte Ungereimtheiten erstmalig angesprochen. Ansonsten erfolgt weitergehend die Beschreibung der üblichen philosophischen Tätigkeit in Lehre, Forschung oder auch sonstiger gesellschaftspolitischer Funktionen wie außerphilosophischer Wirksamkeit, die bekanntlich zum stets überaus propagandistisch erklärten und eingeforderten „praxisbezogenen" Wesen und Agieren dieser Philosophie gehörten. Gelegentlich erfolgte dieser direkt parteibeauftragte oder auch einfach nur abstrafende, letztlich ganz unphilosophische "Praxiseinsatz" zur sog. politisch-moralischen Bewährung (Erziehung) in der materiellen Produktion, an der Seite der angeblich führenden Arbeiterklasse. Abgerundet wird das jeweilige Stichwort (zumeist alles chronologisch aufzählend und kleingedruckt) mit den wichtigsten, oft nur ausgewählten und philosophisch relevanten *Publikationen* sowie einige weiterführenden *Literaturangaben* zu der betreffenden Person; Zeitschriftenbeiträge in der *einzigen* DDR-Philosophie-Zeitschrift (DZfPh) werden jedoch nur quantitativ erfasst. – Aber von einer ausdrücklichen inhaltlichen „Wertung" dieser hier lediglich kurzbiographisch und allein stichpunktartig vorgestellten philosophischen Person sowie ihrer in der Regel nur dem Titel nach bibliographisch erfaßt und dokumentierten philosophischen Produktion wird (und zwar nicht nur aus Platzgründen) bewußt abgesehen. Denn um welche bleibend anerkannte philosophische Qualität sollte es sich dabei als unterstelltes Kriterium eigentlich handeln, wenn es zumeist immer nur um die parteilich eingeforderte und auch so realisierte, unerschütterliche Bezugnahme, Interpretation und Bestätigung der einen und allein absolut wahren marxistisch-leninistischen Philosophie selbst ging? Eine solche, dann allerdings schon weiterführende *historisch-kritisch* wertende Aufarbeitung der insgesamt *abgeschlossenen* DDR-Philosophie erfolgte wie gesagt bereits, weitgehend gemeinschaftlich und durchaus selbstkritisch in den schon drei vorhergehenden *problemgeschichtlichen* Inhaltsbänden (Bd. I–III), *institutionell ergänzt* durch die einzelnen vor allem *universitäts-* und *akademie-philosophischen Institutsgeschichten* (Bd. IV). Und um das nunmehr, dieses philosophische Gesamtgeschehen wesentlich ausmachende und tragende repräsentative *philosophische Personal* geht es also in einer dritten Ebene im vorliegenden Verzeichnis, nun allerdings in rein alphabetischer Abfolge zusammen getragen und nur noch scheinbar nacheinander aufgereiht. Aber es reduziert sich in mehrfacher Hinsicht nicht allein auf dieses einmalige namentlich Biographisch-Einzelne, gelegentlich oft auch sehr Zufällig-Episodenhafte, sondern jede einzelne ausgewählte philosophische Personalie dokumentiert zugleich ein unveräußerliches, zumeist sehr charakteristisches Moment der offiziellen DDR-Philosophiegeschichte insgesamt, als ein durchaus organisches Ganzes. Dabei handelt es sich selbstverständlich um eine nach ganz bestimmten Kriterien erfolgte Personenauswahl, denn irgendeine personalstatistische Vollständigkeit (worin sollte diese bei vorliegend zeitnaher Aktenlage der untergegangenen DDR und so ungeheuer verbreiteten gesellschaftspolitischen Bestimmung und Wirksamkeit ihrer Philosophie

nun auch bestehen?) war natürlich niemals angestrebt und durchführbar. Und über 50 hoch- und fachschulische ML-Sektionen mit sog. „Philosophiebereichen" konnten und mußten daher in ihrer gänzlich parteilehrartigen Gleichschaltung nicht auch noch mit analysiert werden; einzelne produktive ML-Philosophen in jeder Hinsicht natürlich ausgenommen.

Bei ausländischen Vertretern wird kurzbibliographisch vor allem auf deren in der DDR übersetzt erschienenen Publikationen, also auf zumeist durch DDR-Philosophen selbst übersetzt und herausgegebene Schriften verwiesen, sofern diese in die laufende Philosophieentwicklung der DDR einbezogen wurden oder auch einen ungewollten, nicht immer sichtbaren und zugestanden oder überhaupt keinen Einfluss nahmen. Andere so übernommene Publikationen trugen in der Regel lediglich einen apologetisch-rechtfertigenden Charakter, wenn sie von „brüderlich-befreundeter" Seite kamen bzw. waren ideologiekritisierend, sofern gegnerisch-feindlich ausgerichtet. Um sachgerecht berücksichtigte, *andersdenkende*, „nichtmarxistische" philosophische Literatur handelte es sich dabei grundsätzlich natürlich überhaupt nicht, was die „Welthaltigkeit" der DDR-Philosophie zunehmend reduzierte. Die fehlende Rezeption westlicher Philosophie ist erschreckend und verdeutlicht letztlich eine nicht mehr aufhebbare sektiererische Isolierung ohne jeden internationalen (oder gesamtdeutschen) philosophischen Diskurs durch eine schlicht jahrzehntelang andauernde, offenbar schließlich unausweichliche sowjetphilosophische Fremdbestimmtheit bei genereller SED-Parteiorganisiertheit der DDR-Philosophie in ihrer Gesamtheit. Die externe Kritik dieses anachronistischen Zustandes einer idologisch-politischen Gängelung, Kontrolle und Beaufsichtigung des gesamten philosophischen Lebens in der DDR erfolgte allein durch „abtrünnige" und „übergelaufene", daher stets nur als verräterische „Renegaten" bekämpfte Personen bereits ungemein frühzeitig, ebenso grundsätzlich wie richtungsweisend. Dieser Personenkreis unterlag daher hier einer besonders nachholenden Berücksichtigung und Erfassung; ebenso wie die wenigen noch zeitweilig in der SBZ verbliebenen „altbürgerlichen" Universitäts-Philosophen, von denen keiner in der DDR irgendeine sachgerechte Anerkennung fand. Die eigentlichen DDR-Philosophen bilden ein relativ verspätetes, erst seit 1948 (SED-Dozentenlager) bzw. 1951 (Institutsgründungen) und 1953 (Philosophie-Zeitschrift) sich allmählich herausbildendes und von Anbegin vor allem wesentlich *parteiorganisatorisch* formiertes „Philosophen-Kollektiv", gewissermaßen ein stets *geschlossen und einheitlich* agierendes, philosophisch unvorstellbar-merkwürdiges *Gesamtsubjekt* (so auch auftretend im westlichen Ausland), eine immer parteilich agierende Genossenschaft als philosophisches Arbeitskollektiv, das zunehmend und abschließend nur noch (zumeist öffentlich, weniger persönlich) einen parteiamtlichen Lehrbuch-Marxismus repräsentierte. Unsere beigefügte statistische Übersicht verdeutlicht genau aufgeschlüsselt, die regionale Zugehörigkeit und institutionelle Struktur dieses von uns genauer erfassten Personenkreises der vermutlich wichtigsten DDR-PhilosophenInnen (außer ML-Sektionen) der ostdeutschen abgeteilten Länder.

Der Anteil der jeweils nachweisbaren Mitarbeit in der *einzigen DDR-Philosophie-Zeitschrift* (DZfPh) wird letztlich lediglich rein quantitativ erfasst, weil derartige Artikel oft nur gängige Kurzfassungen von Promotionsschriften und Auszüge aus Monographien und Sammelbänden darstellten. Aber auf die wenigen, wiederholt stets parteieingreifend abgebrochenen philosophischen Debatten in diesem Journal (wie die zur formalen Logik, Physik oder Hegel, allein dialektisch-marxistisch gesehen) und ihre jeweiligen Akteure wird durchgehend verwiesen. Nicht zufällig bildete trotzdem bei der ersten Vorauswahl wie anfänglichen Erarbeitung dieses Personenverzeichnisses gerade dieser besondere personenbezogener *Zeitschriftenanteil* zwar ein allererstes entscheidendes, aber letztlich doch nicht hinreichendes Kriterium für die weitere philosophische Personalerfassung. Denn nicht jede philosophische Person konnte, wollte oder durfte in dieser alleinigen und zunehmend selbst streng parteimarxistisch kontrollierten DDR-Philosophiezeitschrift (überhaupt erst seit 1953 existent, bereits ab Ende 1956 unter strengster Parteikontrolle) regelmäßig, erfolgreich und ungehindert publizieren, was ebenfalls aber nur im Einzelfall zu erfassen war. Zum anderen gab es durchaus einzelne DDR-Philosophen, die gelegentlich zwar bemerkenswerte und stets richtungsweisende Artikel für diese ostdeutsche Philosophie-Zeitschrift verfassten (wenn ihnen das gutachterlich überhaupt gelang), aus denen aber gerade deshalb nachfolgend, nach entsprechend kritischen Einwürfen, wiederum niemals eine entsprechende Buchpublikation entstehen konnte und durfte. Ansonsten vollzog sich die nachwachsend jüngere philosophische Produktion zunehmend in den gängigen ostdeutschen *universitären Fachzeitschriften* sowie stets eingeschränkten internen Druckerzeugnissen der einzelnen *Philosophie-Institute*, die jedoch hier nicht weitergehend personenbezogen erfasst werden konnten; es geschieht dies aber ansonsten über das schon gen. *Promotionsgeschehen*.

Die elementarste personelle Basis und Voraussetzung für die Aufnahme in das vorliegende DDR-philosophische Personenverzeichnis 1945–1995 ist aber die einfach gegebene lebende *Zeitgenossenschaft in diesem Zeitraum*. Dieser beginnt nachvollziehbar also mit Ende des II. Weltkrieges und dem vollständigen Zusammenbruch Nazi-Deutschlands 1945 und endet mit der 1995 wesentlich abschließend erfolgten Wiederherstellung und Etablierung traditioneller bzw. neuwestdeutscher „Philosophie-Verhältnisse" in allen Neuen (ostdeutschen) Bundesländern mit ihren damit vollständig umgestalteten und erneuerten, danach auch nur noch (!) *universitären Philosophie-Instituten*. – Das *parteieigene ML-Philosophie-Institut* an der sog. Akademie für Gesellschaftswissenschaften beim ZK der SED ebenso wie *staatsakademische Zentral-Institut für Philosophie* der Akademie der Wissenschaften der DDR wurden ersatzlos geschlossen bzw. abgewickelt. Diesen beiden hauptstädtischen philosophischen Institutionen kommt aber bei den hier ausgewählten Personalien oftmals eine entscheidende Bedeutung zu, weil sie die *nur lehrende Universitätsphilosophie* (besonders ausgeprägt und folgenschwer in Ost-Berlin) durch außeruniversitäre Forschungsprojekte und priviligierte Westreiseaktivitäten gängelten, bevorteilten und dominierten. All das spiegelt sich in den Biographien und oftmals geringeren Publikationsanteilen oder auch außerphilosophischen Funktionsübernahmen (absolut keine Akademiemitgliedschaft) der ostdeutschen Universitätsphilosophen wider.

Die betreffende, hier zu erfassende „philosophische Person" muss also in jenem realgeschichtlich vorgegebenen Zeitraum 1945–95 entweder noch gelebt haben (auch wenn aktuell schon verstorben) und philosophisch von Anbeginn wirksam gewesen sein (betrifft die erste/ältere antifaschistische *Gründer-* sowie zweite/mittlere *Lehrer-Generation*) oder in diesen Zeitraum hineingeboren und ausgebildet worden sein (die dritte/jüngere DDR-*Nachwuchs-Generation*). Aufgenommen wurden damit Personen, die in dieser, zumindest für Ostdeutschland noch bis 1990 anhaltend, insgesamt ja bleibend *nachkriegszeitlichen* Phase der zweiten Hälfte des 20. Jahrhundert, also hinsichtlich der sich „anfänglich" noch hoffnungsvoll entwickelnden bis „ausgehend" total marxistisch-leninistisch etablierten DDR-Philosophie, mit dieser lebenszeitlich verbunden waren; – diese lehrend und publizistisch vertraten bzw. sie studienplangerecht fünf Jahre lang absolvierten, um sie dann massenhaft einheitlich und geschlossen zu propagieren. Und es betraf, wiederum gesamtdeutsch gesehen, vereinzelt auch dann solche *philosophische Personen außerhalb der DDR*, die zumindest einem kritischen Marxismus „westlich-sympathisierend" anhingen oder aber überaus kritisch bis „negativ-feindlich" der marxistischen DDR-Philosophie gegenüberstanden. Ebenso gilt das für einige in der DDR entweder philosophisch wohlwollend erfolgreich publizierte Personen oder aber durchgehend bis gelegentlich (oft kampagnenartig), immer nur ideologiekritisch abgeurteilte *ausländische* (dabei insbesondere *westdeutsche*), einfach nur *anders* als lediglich marxistisch *denkende* (revisionistische) oder aber auch grundsätzlich antimarxistische philosophische Autoren. Diese bilden damit, wie schon gesagt, *nationalgeschichtlich und international* gesehen, eine zusätzliche Klammer und oftmals ganz merkwürdige Ergänzung zur ansonsten weitgehend provinziell-isolierten, qualitätslosen und nun „abgeschlossenen" DDR-Philosophie. Deren dadurch ebenfalls etwas nachholend-erweiterte Einordnung bedeutet jedoch in keiner Weise irgendeine unverbesserliche „ostnostalgische" Aufwertung derselben. Ganz im Gegenteil, es verdeutlicht so nur deren tatsächlich weitgehend weltabgeschlossene Daseinsweise als einer jedoch ungebrochen noch 1988/89 jubelfeierlich zum 40. Jahrestag der untergehenden DDR erklärten phantastisch-illusionären "Philosophie für eine (schöne) neue Welt"!. Ein derartiges elendiges Selbst-Scheitern einer solchen zur bloßen Ideologie (als eines falschen Bewußtseins) herabgesunkenen „Philosophie" ist kultur- und ideengeschichtlich sicher einmalig; es belastet unauslöschlich insbesondere eine jede hier aufgeführte ostdeutsche philosophische Biographie immer noch anhaltend ungemein nachhaltig.

Das alles galt es umfassend personalgeschichtlich zu dokumentieren und betraf daher auch zahlreiche *partei- und staatspolitische Funktionsträger der DDR-Philosophie*, die deren besondere kulturpolitische, ideologisch-weltanschauliche wie parteiphilosophische Ausgestaltung und Instrumentalisierung repräsentierten, stets einforderten und durchsetzten. Trotzdem wurde versucht, die damit zumeist zusammenhängende frühere realsozialistisch praktizierte bzw. zentralparteiamtlich übliche regelrechte Entpersönlichung und kollektive Uniformität (also öffentlich personell wie thematisch völlig verdrängte besondere Individualität) auch aller philosophischen DDR-Biographien hier weitgehend „aufzuheben", also somit konkret-historischer und wahrheitsgetreuer darzustellen, ohne jedoch dabei nachträglich bestimmte Persönlichkeitsrechte verstorbener wie lebender Personen zu verletzen, deren „Lebenslauf" grundsätzlich umzuschreiben, so wiederum andersartig zu entwerten oder gar schlicht zu verfälschen. Dem diente nicht nur eine möglichst genaue und vollständige Erfassung der durchaus vielfältigen, aber dennoch ganz DDR-typischen sozialpolitischen Herkunftsweise (Arbeiter- und Bauernförderung) und ganz unterschiedlichsten *Bildungswege*, die jeweils zur „Philosophie", einer angeblichen „Philosophie der Arbeiterklasse" (höchst wissenschaftlich wie parteilich) führen sollten. Die dazu erstmals angestrebte und versuchte Hineinnahme des gesamten nachweisbaren, jedoch möglichst nur *fachphilosophischen Promotionsgeschehens* diente insbesondere diesem Anliegen, gerade weil diese Dissertationen „A und B" praktisch niemals für den sog. deutsch-deutschen oder internationalen wissenschaftlichen Austausch zugelassen waren bzw. als solche nur selten wirklich in Originalfassung publiziert werden konnten. Deren sich über vier Jahrzehnte hinziehende (universitäts-, akademie- und parteiphilosophische) Entwicklung zeigt außerdem charakteristische Wesenszüge und bemerkenswerte Veränderungen, so sich besonders verstärkende interdisziplinär-fachwissenschaftliche und philosophiehistorische Tendenzen der DDR-Philosophie in ihrer Gesamtheit. Und deren ganz ebenso zunehmend *philosophie- und wissenschaftshistorischer* Trend lief einer massiv vorherrschenden parteiamtlichen Lehrbuchausgestaltung der marxistisch-leninistischen DDR-Philosophie diametral entgegen und unterminierte sie thematisch gründlichst und letztlich in zunehmend wirklich fachphilosophischer Hinsicht. Das zeigen wiederum vor allem die aufgeführten Dissertationsthemen und späteren Publikationen der jüngeren philosophischen Nachwuchsgeneration an; und sofern diese unmittelbar nach 1990 vereinzelt noch promovierten oder sogar habilitierten, so ist deren wissenschaftlicher (nun „westlicher") Standard bereits ganz selbstverständlich auf gesamtdeutsche Weise fast schon wieder hergestellt.

Eine weitergehende differenzierte Berücksichtigung der tatsächlich geleisteten individuellen philosophischen *Lehrtätigkeit* erübrigte sich jedoch letztlich, da mit der Einführung eines übergreifenden, vereinheitlicht-zentralen Ministeriumsplanes der allein zugelassenen *Grundstudienrichtung marxistisch-leninistische Philosophie* nach 1968, also in den abschließend-„ausgehenden" 70/80er Jahren (was so einmalig in der deutschen Universitätsgeschichte ist) überhaupt keine *universitären Personal- und Vorlesungsverzeichnisse* mehr gedruckt und veröffentlicht wurden. Schließlich verschwanden aus unerklärten „Sicherheitsansprüchen" des Systems auch noch die Kurzbiographien und sogar Gutachterangaben aus fast allen späteren *Promotionsschriften* der DDR, was insbesondere nachfolgend eine ungehinderte biographische Erfassung der jüngeren DDR-Philosophengeneration ungemein erschwerte. Überhaupt gab es schon vorher, kaum noch frei zugängliche vollständige Personallisten der verschiedenen philosophischen Einrichtungen bzw. sie wurden nachwendisch sogar weitgehend vernichtet; man konnte sie aber sinnigerweise aus den überlieferten SED-„Parteikassierungslisten" der jeweils vollständig parteiorganisierten DDR-Philosophie-Institute/Sektionen rekonstruieren. Und was aus dem aktuellen, 1989 ungefähr einhundertfachen philosophischen Professorenanteil (insgesamt gab es außer den hier nicht vollständig erfassten ML-Sektionen ungefähr 150 DDR-Philosophie-Professoren) schließlich nach 1989/90 wurde, ist nun ebenfalls sehr genau personenstatistisch aus unserem Verzeichnis herauslesbar. So wie schon nach 1945/46 in der SBZ auf antifaschistische wie schließlich klassenkämpferisch antibürgerlichen Weise, reduzierte sich bei dieser nun einmalig philosophischen „Reconquista" deren aktuell nachweisbarer Bestand von ungefähr einhundert DDR-Philosophieprofessoren auf schließlich zehn der Logik-Erkenntnistheorie wie traditionellen Philosophie- u. Wissenschaftsgeschichte, die da allein „positiv evaluiert" und politisch-moralisch überprüft, universitär „übernommen", oft zwar nur als einfache wissenschaftliche Mitarbeiter in der philosophischen Lehre weiter beschäftigt wurden, was sich gelegentlich durchaus als ein nunmehr selbstbestimmtes ungehindert nachholendes Bildungserlebnis erweisen sollte. Erfasst wie statistisch nachzählbar sind damit also alle ehemaligen DDR-Philosophie-Professoren und Dozenten der *Partei-*, *Universitäts-* und *Akademiephilosophie* in Ostdeutschland in den Jahren bis 1990 und weiterführend auch noch darüber hinausgehend. Ihre oftmals Philosophie-fremdartige Verwandlung, fachliche Umorientierung oder vereinzelt erfreuliche neuphilosophische Profilierung, ist ein ganz besonderes, in unserem Personen-Verzeichnis ablesbares Geschehen. Was allerdings den nahezu abgeschlossen-vollständigen Niedergang der ehemals totalitär unangefochten, allein vorherrschenden, marxistisch-leninistischen „Kader-Philosophen" der DDR und parteiamtlichen Funktionsträger betrifft, so ist dieser nicht nur zwangsläufig und folgerichtig, sondern schlicht historisch ohne Beispiel. Doch die so bisher einfach nicht nachweisbare, nun aber unverblümt dokumentierbare, nie vorhandene fachphilosophische Qualifizierung dieses Personenkreises ist es leider nicht minder; auch das ist durch die Betitelung *zur* DDR-Philosophie also mit gemeint.

Aber scheinidealtypisch, ideologisch-politisch entsorgt und bereinigt von diesem, zuvor alles beherrschenden und funktionsträchtigen Personal der offiziellen DDR-Philosophie, das sei hier nochmals ausdrücklich betont, wäre ungemein unhistorisch, letztlich verfälschend und nichts als weiterhin unehrlich-verlogen gewesen; dieser Personenkreis sollte hier tatsächlich in seinem unphilosophischen Agieren ideologisch-biographisch endgütig entzaubert vorgestellt und erfaßt werden.

Neben den Namensverzeichnissen philosophischer Sammelwerke zur DDR-Philosophie (die vorwendischen, nur parteigeschichtlich ausgerichteten Geschichtswerke zeigen dabei jedoch unglaubliche ideologisch-politisch bestimmte Ausschlüsse von zeitweilig parteiphilosophisch unliebsamen Personen) diente zunächst der tatsächlich vollständige *25-Jahresregister-Band* der DZfPh 1953–1977 (von mir später fortgeführt und ergänzt bis ins Jahr 2000), als erste richtungsweisende „personal-empirische" Grundlage für eine vorläufige fachphilosophische Autoren- bzw. Namensvorauswahl. Jedoch auf die vollständige Erfassung dieser Beiträge (wie beim DDR-Historiker-Lexikon vorliegend) wurde wie gesagt verzichtet. Denn wie sich schnell zeigte, konnte diese Autorenschaft allein nicht das entscheidende Auswahlkriterium darstellen; und so auch nicht die jeweils vorliegende philosophische Promotion A (Dr. phil.) bzw. B (Dr. sc. phil. als Habilitation) oder allein eine ministerielle professorale Berufung.

Das hätte zum fortgesetzten Ausschluss von solchen, gerade trotzdem relevanter ostdeutscher philosophischer Personen geführt, die ihr Philosophie-Studium oft aus politischen Gründen abbrechen mussten, in der DDR daher niemals fachphilosophisch publizieren, lehren oder promovieren durften oder schon in den Anfangsjahren der DDR bis 1961 diese verließen und in der BRD einen ganz anders gearteten (nicht immer weiterhin philosophischen) Neuanfang realisieren mussten. Diesen wiederum *gesamtdeutschen Personenkreis* aufzuspüren und zu erfassen, war mir ein besonderes Anliegen. Und nicht ganz zufällig umgreifen daher zwei diesbezüglich zugleich beispielhafte Personenstichworte von A bis Z (es wären sonst andere, aber auch recht repräsentative ostdeutsche Personen gewesen) das vorliegende Verzeichnis *zur DDR-Philosophie*.

Eine weitere, vielleicht etwas ungewöhnliche Besonderheit des hier vorgelegten Personalverzeichnis *zur DDR-Philosophie* besteht schließlich in der Aufnahme (soweit das überhaupt vollständig erfassbar und nachvollziehbar sein konnte) von später allbekannten DDR-*Schriftstellern* und Journalisten, auch Politikern und Verlegern, Parteifunktionären oder auch einigen Fachwissenschaftlern, sofern diese früher einmal selbst Philosophie studiert hatten und/oder vereinzelt sogar philosophisch promovierten. Ihr dadurch oft auch philosophisches Agieren erwies sich gelegentlich als besonders originell und wirksam; sei es in außerphilosophischen Literatur-Zeitschriften der DDR oder in ihren künstlerischen Werken selbst. Diese fungierten in gesellschaftskritischer Hinsicht oftmals weit wirkungsvoller als die schon lange angepaßten marxistisch-leninistischen Gesellschaftswissenschaften, darin eingeschlossen die Philosophie; und das gilt versetzt auch für das andere gerade genannte „außerphilosophische" Personal.

Auch in der gezielten Berücksichtigung und systematischen Erfassung des bemerkenswerten *Frauenanteils* im Rahmen der DDR-Philosophie bestand ein weiteres besonderes Anliegen des vorliegenden Personen-Verzeichnis. Und das setzte sich so fort, um schließlich durchgehend vor allem noch den *jüngeren philosophischen Nachwuchs* (überhaupt keine ausgesprochene Schülerschaft) irgendwie dokumentierend zu erfassen, auch und gerade, wenn es sich nur noch um einen unvermeidlichen (gelegentlich aber durchaus bemerkenswerten und sogar erfolgreichen) Ausstieg aus der bisherigen fachphilosophischen Ausbildung, Lehre und Forschung handelte und exemplarisch nachgewiesen werden konnte. Diese dann schon wieder zunehmend *gesamtdeutschen jüngeren Biographien* der gewissermaßen spätgeborenen DDR-Nachwuchsgeneration unterscheiden sich natürlich ganz wesentlich von den älteren aus der vorkriegszeitlichen NS-Zeit stammenden, durchaus nicht immer nur als Widerstandskämpfer verfolgten Gründer- und Lehrergeneration. Sie stehen nun allerdings alle, allein alphabetisch geordnet und verortet, scheinbar recht unvermittelt neben- und nacheinander. Das erweist sich trotzdem als ein ungemein objektivierender Tatbestand und Vorteil, weil dadurch überhaupt keinerlei, stets problematische philosophiesystematische Rangfolge oder doch nur peinliche „Philosophenhierarchie" erstellt werden musste, die es in der DDR so im Prinzip überhaupt nicht, jedenfalls fachphilosophisch besehen, geben konnte. Das schloss jedoch sehr politisch übergeordnete, zumeist parteiorganisierte (weit weniger rein staatliche), vereinzelt durchaus erschreckend-folgenschwere Herrschafts- und Abhängigkeitsverhältnisse, wie auch gelegentliche Richtungskämpfe und Konkurrenzverhalten im Gesamtrahmen der DDR-Philosophie in keiner Weise aus. Alle strafrechtliche Verurteilungen, Parteiausschlussverfahren und Zwangsemeritierungen oder auch „Republikfluchten" hatten diesen Nebeneffekt und liquidierten erbarmungslos und folgenschwer jede zuvor versuchte philosophische Eigenständigkeit. Diese hinsichtlich der DDR-Philosophie so niemals öffentlich gemachten sog. „Vorkommnisse" werden ebenfalls hiermit erstmalig umfassend personengeschichtlich erfaßt und aufgeführt.

Entsprechend dem grundsätzlich nicht parteidogmatisch eingeengten, sondern vielmehr erweiterten Philosophieverständnisses bilden desweiteren anerkannte *philosophierende Fachwissenschaftler*, Natur-, Sozial- wie Geisteswissenschaftler verschiedener Disziplinen, also einige philosophisch relevante Physiker, Biologen, Psychologen und Sprachwissenschaftler sowie Historiker, Pädagogen und Literaturwissenschaftler, eine weitere Bereicherung und Ergänzung unserer philosophischen Personalerfassung. Und nicht zuletzt ging es um die erstmalige und ungemein erfreuliche, zuvor einfach wenig oder überhaupt nicht öffentlich bekannte Berücksichtigung von nicht wenigen, zugleich *philosophiehistorisch* oftmals weit besser ausgebildeter *Theologen* aus der früheren DDR. – In einer weiterhin besonderen und außergewöhnlichen Weise wird an Hand von einigen weltbekannten zeitgenössischen Fachgelehrten, die in der DDR vor allem in philosophisch-weltanschaulicher und kulturpolitischer Hinsicht immer allergrößte Wertschätzung erfuhren, versucht, deren spezielle philosophische Wirksamkeit und Rezeption in der DDR zu erfassen. – Von den jahrzehntelang immer nur politisch gefürchteten, im Berichtszeitraum noch lebenden und in der SBZ und frühen DDR aber massenhaft verbreiteten und auch philosophisch wirksam gewordenen, beiden letzten großen ML-kommunistischen Parteiführern der UdSSR und Chinas wie ihren parteiamtlichen ideologischen Wächtern kann hier natürlich ebenfalls nicht personengeschichtlich abgesehen werden. Und jahrzehntelang beherrschte ungebrochen stalinistisch ein sog. „DDR-Philosoph Nr. 1" als Ideologiechef der SED vermittels seiner ZK-Abteilung „Wissenschaft" und deren hierarchisch abgestuften politischen Mitarbeiter das gesamte philosophische Geschehen in der DDR, deren stets unglaublich unphilosophischen Eingriffe nicht vergessen werden können und sollten.

Auch auf die vollständige Erfassung der russisch-sowjetischen Funktionsträger, eingesetzt als *Kultur- und Bildungsoffiziere* der SMAD in der SBZ, hinsichtlich der Anfänge der sich erst später herausbildenden DDR-Philosophie sowie die fortgesetzt anhaltende, massenhaft und wirkungsvoll übersetzten *Sowjet-Philosophen*, die selbst im heutigen Russland bis auf einige Ausnahmen keiner mehr kennt, konnte bei der gerade durch diese Personen jahrzehntelang mit fremdbestimmte Philosophieentwicklung in der DDR in keiner Weise verzichtet werden. Die wenigen anderen osteuropäischen wie westmarxistischen Autoren, die auch übersetzt wurden, ergänzen diese Einflussnahme immer nur zeitweise und punktuell letztlich ziemlich unwesentlich. Alle ausländischen (auch westdeutsche) Philosophen, Sozialwissenschaftler, Zeithistoriker werden jedoch nicht als solche hier aufgenommen und zumeist relativ verkürzt biographisch abgehandelt, sondern immer nur insofern berücksichtigt, als sie in irgendeiner besonderen Beziehung *zur* DDR-Philosophie standen, von dieser wahrgenommen, rezipiert oder bekämpft und dadurch wirksam wurden. In der Regel geschah das aber weit weniger fachphilosophisch, sondern offiziell benutzt zumeist nur bündnispolitisch, dem „antiimperialistischen Kampf um Frieden und Sozialismus" dienend. Die Rezeption der ureigensten kommunistischen Philosophietradition vor 1933, zumeist stalinistisch verfolgt und damit parteigeschichtlich ausgeschaltet und verdrängt, spielte demgegenüber kaum irgendeine Rolle; dieser liquidierte philosophisch relevante Personenkreis konnte jedoch allein zeitbedingt hier schon nicht mehr sachgerecht berücksichtigt werden; gelegentlich wird er nur noch namentlich zitiert und mit aufgeführt.

Die Unterstellung eines zeitgeschichtlich und thematisch erweiterten Philosophiegeschehens ermöglichte, wie schon mehrfach verdeutlicht, insbesondere eine *nationalgeschichtliche* (gesamtdeutsche) Bezugnahme auf die ansonsten weitgehend provinziell-isolierte DDR-Philosophie. Denn auch ihre wenigen auserwählten, stets staatsparteilich beauftragten „Westreisekader" bestätigten diese sich selbst auferlegte Beschränkung und Borniertheit in ihrem ML-normierten Auftreten, dazu abgesprochen an der Seite ihrer sowjetphilosophischen Genossen, auf westlichen Philosophiekongressen immer nur eklatant. Durch die vollständige Aufnahme aller *nachkriegszeitlich* an den ostdeutschen Universitäten (weniger in Ost-Berlin) zeitweilig noch sehr unterschiedlich lange vorhandenen, allein zugelassen zur philosophie-historischen Lehre (systematisch sollte später nur die ML-Philosophie parteiherrschaftlich durchgesetzt werden) wirksamen „altbürgerlichen" Universitätsphilosophen, erweitert sich der Blick auf die nachkriegszeitlich ostdeutsche Philosophieentwicklung entscheidend, worüber teilweise schon problem- und institutsgeschichtlich in den vorangegangenen Bänden ausführlicher, gelegentlich auch personenbezogen berichtet wurde. – Und ebenso betrifft das dann die *nachwendisch* von 1990–95 zumeist administrativ eingesetzten *Gründungsdirektoren* für die nunmehr allein noch umzugestaltenden *universitären Philosophie-Institute*, so wie alle gleichfalls lediglich westdeutschen professoral-verbeamteten *Lehrstuhlberufungen* für die beiden nun allein philosophischen Grundlagegebiete der Theoretischen und Praktischen Philosophie an diesen Instituten, die alle mit einer solchen doch recht zeitnahen Aufnahme in dieses Personen-Verzeichnis *zur* vergangenen und abgeschlossenen DDR-Philosophie grundsätzlich einverstanden waren.

Eine derartig unabgebrochene Nachfolge wie Kontinuität sollte es zwangsläufig im Rahmen der vormals noch traditionellen, dann reduzierten ostdeutschen (nur noch einzig marxistisch-leninistischen) *Universitätsphilosophie* sowie in der vollständig abgeschafften, vormalig alles anführend-beherrschenden SED-*Parteiphilosophie* und in der schließlich ebenso aufgelöst-abgewickelten, weil thematisch-institutionell völlig verselbständigten (außeruniversitär und lehrbefreit forschenden) *Akademiephilosophie* – und darin bestand auch die nachweisbare *dreigliedrige Grundstruktur der offiziellen DDR-Philosophie* insgesamt – allerdings nicht mehr geben. Die nachholende Erfassung ihrer sich ständig verändernden parteistaatlichen Strukturen und Berufungsgebiete wie ihr zeitweilig unglaublicher Personalbestand (wobei diese beiden gänzlich außeruniversitären Philosophie-Institute sich ansonsten durch jeweils parteiinterne bzw. auch regierungsamtliche Geheimhaltung und Abschottung auszeichneten) sollte sich als besonders schwierig erweisen, insbesondere was das kaum durchschaubare, niemals öffentliche (außeruniversitäre) Promotionsgeschehen und eine entsprechend praktizierte Gutachter-, Berufungs-, Konferenz- und Publikationspraxis betraf. Hier waren auch die meisten nichtphilosophischen Funktionsträger der DDR-Philosophie (so auch freigestellt von und daher stets unfähig zu jeder tatsächlichen philosophischen Lehrtätigkeit) angesiedelt, die schließlich zu überhaupt keiner irgendwie gearteten nachwendischen philosophischen Arbeit mehr übernommen werden konnten bzw. in der Lage waren. Diese stets anführenden *Kader-Philosophen* bildeten aber jahrzehntelang genau denjenigen ausgewählten Personenkreis, der die DDR-Philosophie insbesondere im feindwestlich-kapitalistischen Ausland als ansonsten lehrbefreite Forschungs-Reisekader, immer im unerschütterlich-hörigen Bündnis mit der ganz ebenso abgeschlossen-vereinheitlichten Sowjetphilosophie, durch unpersönlich uniformierte Scheinauftritte ohne jeden wissenschaftlichen Wert und anschließend immer nur ideologisch-politisch stets überaus "siegreiche" Berichterstattungen von der lediglich selbsterklärten sog. ideologisch-„philosophischen Front"(!) repräsentierten. Wie sich nachwendisch dann aber herausstellte, blieb von dieser stets nur höchst parteikollektivistisch demonstrierten, gänzlich unphilosophischen (weil rein ideologisch-politischen, nie persönlich zu verantwortenden) Besserwisserei und Rechthaberei überhaupt nichts Bleibendes, denn eine (nationale oder gar internationale) Außenwirksamkeit oder gar bleibende Anerkennung der offiziellen DDR-Philosophie konnte ich selbst personengeschichtlich kaum finden und nachweisen. Vielmehr wurden die wenigen wirklich eigenständig denkenden und bedeutsamen, daher auch immer nur zeitweilig in der SBZ-DDR wirksamen Philosophen schon frühzeitig parteidogmatisch aus dieser vertrieben und wirkten dann erst wieder in der westdeutschen Bundesrepublik ungehindert philosophisch weiter. Aber sie gehören gerade deswegen unabdingbar *zur,* hier wie gesagt nun wesentlich *gesamtdeutsch* und somit *nationalgeschichtlich* aufgefassten und eingeordneten DDR-Philosophiegeschichte. Deren nachkriegszeitlich also noch gemeinsame wie danach zweistaatlich getrennte philosophische Gesamtgeschichte in der zweiten Hälfte des vergangenen Jahrhunderts irgendwie zusammengehörig darzustellen, ist damit natürlich noch in keiner Weise schon eingelöst oder irgendwie etwa realisiert, aber hiermit zumindest personengeschichtlich im Prinzip angedacht und ansatzweise versucht worden; in einer vielleicht späteren wirklichen Gesamtgeschichte entfallen dann sicher viele der hier noch mit aufgeführten philosophischen und nichtphilosophischen Personalien als weniger relevant.

Auf das einzige in der DDR von einem Autorenkollektiv in Jena erarbeitete und 1982 verlegte *DDR-Philosophenlexikon* konnte nicht weiter ernsthaft zurückgegriffen werden. Es enthält in erschreckend marxistisch-leninistisch reduzierter bzw. „materialistisch-idealistisch" schematisch-normierter Weise neben den allbekanntesten „Weltphilosophen" und den heute schon weitgehend vergessenen völlig überzähligen Sowjet-Philosophen vor allem nur die parteiphilosophisch anführenden DDR-Philosophen in ihrer Eigenauswahl wie gegenseitiger Selbstdarstellung und vermeidet die Benennung jeglicher philosophischer Konflikte, Ausschlüsse, Affären, sog. Problemfälle und Vorkommnisse; diesen war nunmehr, und seien sie noch so vereinzelt und episodenhaft, nachzuspüren, um sie möglichst sachbezogen erstmalig hier mit aufzuführen. Und führende westdeutsche (doch nur „spätbürgerliche") Philosophen waren in dieser so überaus ideologisch-klassenkämpferischen selektiven Auswahl natürlich gänzlich ausgeschlossen; aber auch in westdeutschen Nachschlagewerken erlangten DDR-Philosophen kaum irgendeine besondere Berücksichtigung. Der überaus seltene historische Problemfall des völligen Niederganges und totalen Verschwindens eines solchen besonderen, teilnationalen ostdeutschen Philosophiegebildes stellt sicher insgesamt gesehen eine ganz außergewöhnliche Möglichkeit dar, ein auch in diesem Sinne *abschließendes Personen-Verzeichnis* zu erstellen; allein das rechtfertigt wohl überhaupt diese seine relativ zeitnah versuchte Fertigstellung.

Demgegenüber werden im nachwendisch erstellten, umfangreichen *Personen-Lexikon „Wer war wer in der DDR?"*, allerdings auch erst in den beiden letzten zweibändigen Ausgaben von 2010, was daher durchgehend vermerkt wird, zahlreiche weit weniger bekannte und vor allem bis dahin ausgegrenzte DDR-Philosophen mit erfasst. Auf dieser ersten veröffentlichten Ausgangsbasis beruht fortführend auch das hier natürlich wesentlich (ansatzweise wie gesagt auch gesamtdeutsch) erweiterte Personenverzeichnis *zur* DDR-Philosophie und übernimmt daher vor allem dessen damit schon vorgegebene biographisch-bibliographische Grundstruktur; allerdings mit einem etwas anderen, hier ganzseitigen, nicht zweispaltigen Druckbild.

In historischer Hinsicht basiert das vorliegende Personen-Verzeichnis, vor allem in seiner umfänglichen, jeweils unterschiedlichen Ausführung von längeren, mittleren und kürzeren Personen-Stichworten, auf dem in einer ähnlichen Umbruchperiode schließlich nachkriegszeitlich zweibändig (1949/50) erschienenen *Philosophen-Lexikon*, zugleich aufgefasst als ein *Handwörterbuch der Philosophie nach Personen* von Werner *Ziegenfuß im De Gruyter-Vg. Als ungemein anregend, insbesondere was die nun mögliche konkrete Nutzung auch aller ostdeutschen Universitäts-Archive betrifft (worauf die hier vorgelegte Personenerhebung ebenfalls beruht), hat sich für mich Chr. Tilitzkis monumentale *universitätsphilosophische „Berufungsgeschichte"* in der Weimarer Republik und im Dritten Reich (in 2 Bden, 2002) erwiesen. Doch in beiden fundamentalen Nachschlagewerken (gänzlich bezogen auf die 1. Jahrhunderthälfte) findet sich natürlich kein einziger späterer „DDR-Philosoph", sondern lediglich einige der nach 1945 noch zeitweilig in der SBZ bzw. frühen DDR verbliebenen sog. „altbürgerlichen" Universitätsphilosophen, deren dokumentierte Berufung aber vollständig noch in jener, schon abgebrochenen „Vorkriegszeit" liegt. Der dazu benutzte universitär archivierte Personalaktenbestand bis 1945 bereitete auch schon keine besonderen personenrechtlichen Schwierigkeiten mehr. Davon kann bei dem nun hiermit vorliegenden, zeitlich unmittelbar anschließenden, vor allem aber bis in die unmittelbare Gegenwart der gesamten 2. Hälfte des 20. Jhd. reichenden Personen-Verzeichnis *zur* DDR-Philosophie 1945–95 (und aktualisiert oft auch darüber hinaus gehend) natürlich keine Rede sein. Viele der „mittleren wie jüngeren" Personenstichworte können sich daher nur als vorläufig und ziemlich unvollständig erweisen, bedürfen also einer später genaueren Erfassung und denkbaren Fortschreibung. Trotz aller jahrelang betriebenen, meist handschriftlich belegbaren persönlichen Befragung (die dazu angesammelten Briefe und Zuarbeiten füllen mit vielen anderen Belegen inzwischen mehr als 15 alphabetisch geordnete Aktendeckel, die einem Archiv übergeben werden sollten) werden sich leider nicht wenige Ungenauigkeiten und Fehler eingeschlichen haben, für die ich mich als der allein verantwortliche Autor kaum entschuldigen, sondern nur bitten kann, diese mir möglichst wohlwollend persönlich zu vermelden bzw. über den Verlag zukommen zu lassen.

Eine abschließende Bemerkung betrifft natürlich die inzwischen unabsehbare Anhäufung von personenbezogenen *Wikipedia*-Einträgen für Jedermann (doch weniger für „jede Frau"), also zunehmend auch für Philosophen, was natürlich ungemein verführerisch erscheint, sich darauf personengeschichtlich überhaupt nur noch einzig und allein einzulassen. Um ein schnelles wie vereinfachtes Sichinformieren und Kennenlernen zu gewährleisten, mag ja solch ein knapper Personenzugriff vielleicht noch ausreichen. Aber für das vorliegende Vorhaben wurde darauf weitgehend verzichtet, weil verschiedene zusätzliche Kontrollen und Nachprüfungen zahlreiche Ungenauigkeiten und Fehler sichtbar werden ließen; gerade auch in bibliographischer Hinsicht sowie beim Promotionsgeschehen. Als die wichtigste Quelle für alle zutreffenden genauen Buchtitel, vor allem aber die originalen, wirklich ursprünglichen Überschriften von philosophischen Dissertationen und selbst Buchtiteln aus DDR-Zeiten (oft wurde da etwas „ideologisch bereinigt") erweisen sich immer noch die leicht im Internet nachschlagbaren Kataloge der *Leipziger Nationalbibliothek*, wenn da auch manche rein namentliche Zuordnungen von einzelnen Buchtiteln oft nicht stimmen. Die Buchtitelauswahl zu den einzelnen Personen unterlag generell einer unabdingbaren Beschränkung, da deren bibliographische Vollständigkeit inzwischen durch die leicht zugänglichen beiden dt. Nationalbibliotheken gewährleistet ist und deren philosophischen Bestände sehr einfach nachschlagbar sind.

Was sicher bei einem solchen DDR-bezüglichen Personenverzeichnis letztlich nicht unangesprochen bleiben kann, das sind die vielfältigen Einwirkungen des DDR-Ministeriums für Staatssicherheit (MfS), weniger auf deren parteifolgsam ideologisch vereinheitlichte ML-Philosophie (wofür allein deren obersten Parteiinstanzen anführend zuständig waren), als vielmehr auf deren philosophisches Personal, wenn es sich z.B. eigenständig nachdenkend politisch-ideologisch nicht parteikonform verhielt, insbesondere hinsichtlich (un)erlaubter „Westkontakte" oder beim Bezug von verbotener sog. „negativ-feindlicher" (spätbürgerlicher wie revisionistischer) philosophischer Westliteratur auffällig wurde. All dass wurde mehr oder weniger inoffiziell (also geheimdienstlich bis strafrechtlich) erfaßt, kontrolliert und auch umfänglich aktenmäßig festgehalten und ausgewertet. – Insofern über eine solche operative Kontrolle und Einwirkung bzw. auch nachweisbare Zusammenarbeit und Berichterstattung bisher schon in der Presse wie auch in der philosophischen Literatur weitgehend öffentlich berichtet wurde, so besteht – ebenso wie bei einer früheren NSDAP-Mitgliedschaft einiger späterhin führender DDR-Philosophen – sicher keine Veranlassung, diese Sachverhalte in unserem Personenverzeichnis *zur* DDR-Philosophie – da wohl in jeder Hinsicht *zu* dieser dazu gehörig – einfach nur schamhaft-verschonend wegzulassen. Aber eine systematische Auswertung dieses unergründlichen, zumeist philosophisch wenig ergiebigen, wesentlich personenbezogenen Aktenbestandes, erfolgte jedoch nicht. Es gibt aber dafür inzwischen einige gut informierte Spezialisten und neuartige politjournalistische Wächter mit diesem unerfreulichen „Herrschaftswissen" aus dieser DDR-Hinterlassenschaft im Anschlag.

In wirklich inhaltlicher Hinsicht, insbesondere bei sog. auffälligen „Problemfällen" erwiesen sich die Philosophie-bezüglichen zentralen Parteiakten der ZK-Abteilung „Wissenschaften" bereits als ausreichend, weit weniger die des DDR-Hochschul-Ministerium (dortige „Kaderakten" wurden jedoch nicht eingesehen). Bis auf einige folgenschwere strafrechtliche Verurteilungen von DDR-Philosophen hat es jedoch keinen irgendwie organisierten Protest oder gar wirklichen Widerstandskampf gegen das SED-DDR-Herrschaftssystem gegeben, außer bei einigen exmatrikulierten und sogar verurteilten DDR-Philosophie-Studenten, die daher ganz besonders erfaßt wurden. Ansonsten erwies sich ganz im Gegenteil, die marxistisch-leninistische DDR-Philosophie (es gab im Prinzip letztlich auch keine andere *in* der DDR) durchgehend als eine der wichtigsten ideologisch-politischen und allgemein-weltanschaulichen Stützen des kommunistischen Gesellschaftssystems. Dessen schleichende Erosion und schließliche Selbstauflösung führte zu keiner Erneuerung und fällt daher mit dem Ende der DDR zusammen, die nachfolgend folgerichtige Abwicklung ihrer Philosophie einfach nur vorwegnehmend. Zahlreiche philosophische Personen-Stichworte zeigen daher ungemein exemplarisch diesen schleichenden Niedergang der offiziellen DDR-Philosophie, nicht erst unmittelbar nach 1989/90.

Als ein besonders schwieriges sprachliches bzw. lesefreundliches Problem sollten sich die in einem solchen Nachschlagewerk angebrachten bis unvermeidlichen *Abkürzungen* von gerade bei der offiziellen Marxistisch-Leninistischen („marx.-len.") Staatsparteiphilosophie des allein zugelassenen Dialektischen und Historischen Materialismus (dial.-hist. Mat.) sowie einiger unabdingbar dazugehöriger politischer Institutionen und wohl auch deren spezifischer DDR-philosophischer Sprachgebrauch erweisen, auf den jedoch „nachwendisch bereinigt", nicht einfach nur umbenannt, verkürzt bzw. weglassend, auch nicht bei aller damit zwangsläufig zusammenhängenden unvermeidlichen personentextlichen Uniformität, verzichtet werden konnte. Ein leicht nachschlagbares, allerdings letztlich doch sehr umfangreich gewordenes *Abkürzungsverzeichnis* klärt darüber auf. Auf jeden vollständigen Nachweis gelegentlicher Zitate musste ebenfalls aus Platzgründen weitgehend verzichtet werden. Großen Wert wird aber auf die durchgehende personelle Verweisung durch ein personenbezogenes „Sternzeichen"* gelegt. Unterstützt werden diese vielfältigen Namensbezüge schließlich noch durch ein zusätzliches *Namensregister*, in dem allerdings nur die wirklich fachphilosophisch und zeitgeschichtlich für die DDR-Philosophie wichtigen Personen (nicht nur Funktionsträger) mitaufgenommen werden; weitere Namen aus den jeweiligen Literaturangaben fallen nicht darunter.

Abgehoben davon gibt es zusätzliche Hinweise zu weiteren Belegen/Quellen; doch auf ein umfassendes chronologisch oder alphabetisch angelegtes *Literatur-Verzeichnis* kann hier sicher verzichtet werden, wenn man sich allein die den einzelnen Kurzbiographien beigegebenen wichtigsten bibliographischen Publikationsbelege vergegenwärtigt. Diese stellen, ohne jede Übertreibung sei das gesagt, die bisher umfassendste Literaturübersicht zur DDR-Philosophie überhaupt dar; zu dieser noch ein Gesamtverzeichnis zu erstellen, darin bestand nicht unsere Aufgabe. Von Peer*Pasternack stammt aber inzwischen ein darüber hinausgehendes 25-jähriges Literaturverzeichnis zur bisher vonstatten gegangenen historisch-kritischen Aufarbeitung der DDR-Philosophie insgesamt, gewissermaßen ihr überraschendes „philosophisches Nachleben" betreffend (Bd. IV, 2017, S. 641–678). Und ein anhängendes *Quellen-Verzeichnis* verdeutlicht meine jahrelang benutzten und ausgewerteten wichtigsten Nachschlagewerke, Materialien und diversen Archivbestände.

Meine *Danksagung* betrifft in allererster Linie alle sechs *ostdeutschen Universitätsarchive* in Dresden, Jena, Halle, Leipzig, Rostock, Greifswald und Berlin (HU und FU) wie dem Berlin-Brandenburger Akademiearchiv und dem Bundes-Archiv. Vor allen habe ich hier aber Prof. Dr. *Volker*Gerhardt* (Berlin/Hamburg) zu danken, der dieses nunmehr endlich abschließend vorliegende *fünfbändige Gesamtprojekt* zur historisch-kritischen Aufarbeitung der DDR-Philosophie 1945–95 von Anbeginn, also seit genau 20 Jahren, vorbehaltlos unterstützte und auch die fortlaufende Antragsstellungen bei der Fritz *Thyssen Stiftung* zur jeweiligen Druckkostenbewilligung gewährleistete. Und dieser wiederum habe ich die nun insgesamt fünfmalige Förderung mit einem jeweiligen *Druckkostenbeitrag* zu verdanken. Bei der bisherigen redaktionstechnischen Durchsicht, Kontrolle und Textherstellung unterstützten mich Brigitte Biermann und weitergehend meine Frau Renate. – Jedoch für die konzeptionelle Gesamtanlage dieses abschließenden Personenverzeichnisses, die langwierige Auswahl sowie für jede einzelne Stichwortausarbeitung sehe ich mich als Autor und Herausgeber letztlich und vollständig allein verantwortlich. Zu danken habe ich schließlich jedem einzelnen lebenden Vertreter, der mit der Aufnahme in dieses Personenverzeichnis zur DDR-Philosophie 1945–95 grundsätzlich und hoffentlich nun mit seiner jeweiligen Ausarbeitung und Repräsentation auch anhaltend und bleibend einverstanden sein könnte. Desweiteren danke ich *Steffen *Dietzsch* für fortgesetzte Beratung und zusätzliche Quellenbeschaffung sowie *Slawik *Hedeler* für die Personalbeschaffung fast aller sowjetphilosophischen Vertreter. Was die oftmals auch interne Gesamtgeschichte der DDR-Philosophie betrifft, so habe ich insbesondere *Alfred *Kosing* (†) für jahrelange bereitwillige personelle Auskünfte zu danken. Schließlich gilt mein besonderer Dank dem De Gruyter Verlag und ersten Editionsbetreuer Dr. Marcus Böhm, die sich so vorbehaltslos entschlossen haben, dieses Werk in ihr Verlagsprogramm mit aufzunehmen. Ganz ebenso zu danken habe ich der fortgesetzten Editionsbetreuung durch Anne Hiller sowie der abschließenden drucktechnischen Herstellung durch Monika Pfleghar und Michael Peschke.

Dem kurzbiographisch-bibliographisch ausgelegten Personenverzeichnis zur DDR-Philosophie folgt noch ein zusätzliches Namensregister zum Gesamttext der Personenstichworte. Es enthält neben den aufgeführten philosophischen Hauptpersonen, jeweils mit besonders hervorgehobener Seitenangabe gekennzeichnet, weitere philosophiebezüglich, wissenschafts- und zeitgeschichtlich ausgewählt erfaßte Namensnennungen; deren Vollständigkeit konnte jedoch nicht gewährleistet werden. Insbesondere durch die weitgehend erfaßten Gutachernamen zum philosophischen DDR-Promotionsgeschehen A und B werden außerdem zahlreiche innere Zusammenhänge und Wirkungsweisen der einst institutionell führenden DDR-Philosophen untereinander verdeutlicht, was auch schon der jeweils größere Umfang ihrer voranstehenden Personenstichworte belegt. Die besondere Bedeutung von Ernst Bloch und Georg Lukacs allein für die Anfangsjahre der DDR-Philosophie wird nochmals sichtbar, ebenso wie die allein quantitativen Seitenangaben nun speziell deren philosophiehistorischen Hintergrund zu Hegel, Kant und Fichte bis zu Feuerbach (und Nietzsche) dokumentierten, während von den zeitgenössischen bw. nachkriegszeitlichen (westdeutschen) Philosophen lediglich Heidegger, Adorno, Gadamer und Habermas namentlich besonders hervortreten. Die Weltabgeschiedenheit und Reduziertheit dieser Philosophie könnte so allein namentlich nicht besser belegt werden. Die Zahlenangaben offenbaren auch indirekt, ob vielleicht doch noch eine DDR-Philosophin vergessen wurde. – Der verkürzte Nachtrag S. 636 zu einem leider nicht mehr realisierten Personenstichwort verdeutlicht die Unabgeschlossenheit der vorliegenden Personenabfolge.

Hans-Christoph Rauh, im 30. Jahr der deutschen Einheit, Berlin 2020/21

Im Gedenken an Werner *Ziegenfuss (1904–1975), dem Herausgeber des Philosophen-Lexikon als *Handwörterbuch der Philosophie nach Personen*, das zweibändig 1949/50 im gleichen Verlag erschien.

Personenverzeichnis

Abendroth, Wolfgang
2. Mai 1906–15. Sept. 1985
Geistiger Wegbereiter des universitären Marxismus in der BRD
Geb. als Sohn eines Mittelschullehrers in Eberfeld (Wuppertal); nach Gymnasialbesuch Studium der Rechtswiss. u. Volkswirtschaftslehre in Tübingen, Münster u. Frankf./M.; 1930 erstes jurist. Staatsexamen und bis 1933 Gerichtsreferendar; frühzeitig linkssozialistisch organisiert, zeitweilig auch KPD-Mitgl., aber wegen Kritik an der Stalinschen „Sozial-Faschismusthese" ausgeschlossen u. Anhänger der KP-Opposition; der NS-Staat untersagte ihm jede weitere jurist. Betätigung und abschl. Ausbildung; daher 1935 univ.-jurist. Diss. zu einem völkerrechtlichen Thema in der Schweiz (Bern publ. 1936, jedoch bald darauf von der deutschen Gestapo beschlagnahmt); kurzzeitig Volontärstelle in einer Bank, aber bereits 1937 verhaftet u. wegen Hochverrat verurteilt; danach 1941 als Wirtschaftsjurist bei einer Außenhandelsfirma in Berlin tätig; 1943 als „Bewährungssoldat" ins Strafbattalion 999 eingezogen; im besetzten Griechenland 1944 übergelaufen zu griech. Partisanen, aber trotzdem britische Kriegsgefangenschaft in Ägypten; später überführt in ein antifasch. Umerziehungslager, in dem „geeignet erscheinende Kriegsgefangene auf ihre Rückkehr nach Dtl. zum Aufbau der Demokratie vorbereitet wurden"; nach der Entlassung Ende 1946 zunächst in Marburg, doch wegen des fehlenden 2. jurist. Staatsexamens zeitweilige Übersiedlung in die SBZ, zu den in Potsdam lebenden Eltern; bei vorlg. antifasch. Vergangenheit sofortige Anstellung als Richter am Brandenburger Landgericht; 1947/48 univ. rechts- u. staatswiss. Berufungen: für Völker- u. Kontrollrecht in Halle (nach dortiger Habilitation), Leipzig u. schließlich ein Ordinariat für öffentl. Recht in Jena. Jedoch wegen der sich politisch zuspitzenden Lage (Stalinisierung) in der SBZ bereits Ende 1948 Weggang aus Jena mit einem Protest-Brief an die thüringische Volksbildungsministerin Marie Torhorst, die gerade auch Hans *Leisegang fristlos entlassen hatte, der daraufhin ebenfalls flüchtete und an die FU in West-Berlin ging. – Damit erfolgte bereits im ersten ostdt. „Kriesenjahr" 1948 ein allgemeiner Weggang aus der SBZ (ebenso wie aus Leipzig Theodor *Litt u. Hans-Georg *Gadamer) noch vor nachfolgender Gründung der DDR, die jedoch für W. A. niemals ein demokratischsozialist. Rechtsstaat zu werden vermochte. Wie pol. gefährlich die Lage für A. bereits geworden war, belegt ein interner Personalbericht der SED (in die er sich „nicht entsscheiden konnte", einzutreten) eines früheren NS-Mitgefangenen u. späteren ML-Prof. (Peter Hanke, ABF-Direktor in Berlin) vom 25. 9. 1947: „Es gab keine Einschätzung der pol. Lage, in der wir eine gemeinsame Auffassung hatten. So vertrat er die Meinung, dass der Faschismus eine sozialistische Planwirtschaft einleite, (und) schätzte die Entw. des Sozialismus in der Sowjetunion ausserordentlich negativ ein"; persönlich sei A. aber „ein sehr angenehmer u. anständiger Charakter" u. „außerordentlich intelligent"; dazu ist parteiamtlich weiterhin handschriftlich notiert: „wird so beschäftigt, daß er polit. nicht schaden kann." Auf Grund seiner komm. Opposition vor 1933 (Parteiausschluß wegen fraktioneller Tätigkeit), der westlichen (brit.) antifaschistisch-demokratischen Umschulung um 1945 sowie seiner nie aufgekün-

digten Westberliner SPD-Mitgliedschaft wäre er 1948/51 sowieso von den gerade einsetzenden ersten stalinistischen Säuberungen der SED erfaßt u. „ausgeschaltet" worden (allein schon wegen der Weigerung, in diese einzutreten). Wieder zurück in der Westzone, zunächst nach Bremen (zu seinen Schwiegereltern), erfolgte dennoch keine Absage an den „demokratischen Sozialismus" bzw. Marxismus, der aber für ihn nur als methodologisches Denkwerkzeug (also nicht als dogm. Partei-Ideologie) bzw. jener nur als sozialdemokratischer Rechtsstaat (und nicht als stalinistische Parteidiktatur) vorstell- u. realisierbar sein konnte. Daraufhin 1949 ordtl. Prof. für öffentl. Recht und Politik an der HS für Arbeit, Politik und Wirtschaft in Wilhelmshaven (Gründungsdirektor) sowie 1950 endliche Berufung durch die dortige Phil. Fak. als ordtl. Prof. für „wissenschaftliche Politik" in Marburg bis zu seiner Emeritierung 1972 u. Begründer der sog. „Marburger marxistischen Schule"; weiterhin keine Absage an den Marxismus, wie bei der SPD nach dem Godesberger Parteitag 1959; – jedoch anerkannt nur als hist.-krit. Forschungsmethode, nicht aber als allein herrschende parteiamtl. Weltanschauung/Ideologie wie inzwischen in der SED-DDR praktiziert; daher in den 60er Jahren auch weiterhin Kontakte zur, von der SPD da schon politisch ausgegrenzten sozialistischen Studentenorg. (SDS) während derer außerparlamentarischen oppotionellen univ. Aktivitäten 1967/68; dafür bereits Ende 1961 frühzeitiger Ausschluß aus der SPD; setzte sich auch für die baldige Aufhebung des Verbots der KPD bzw. für deren westdt. Wiederzulassung ein; daher auch Mitgl. des DKP-eigenen Instituts für Marxistische Studien u. Forschungen (IMSF) in Frankf./M. – Der von Max Horkheimer (da neomarxistisch wie linkspolitisch orientiert) abgewiesene Mitarbeiter des Frankfurter Instituts für Sozialwissenschaften (Inst.-Leiter ist Theodor W. Adorno) Jürgen *Habermas konnte sich daraufhin 1961 nur bei A. in Marburg ungehindert und erfolgreich habil., ebenso wie andere, linkspolitische westdt. Intellektuelle danach; seit seiner univ. Emeritierung 1972 (Nachfolger Frank Deppe) Lehrer für Geschichte der dt. Arbeiterbewegung an der gewerkschaftl. Akademie der Arbeit in Frankf./M.; vertrat ungebrochen und öffentlich einen unorthodoxen wie kritischen Marxismus allein als wiss. Forschungsmethode, der aber für ihn fortlaufend einer Fundierung durch eine sozialwiss. Realanalyse bedürfe. Festschrift z. 70. Geb. Ein Leben in der Arbeiterbewegung. Gespräche (Frankf./M. 1976) u. 75. Geb. Arbeiterbewegung u. Wissenschaftsentwicklung, (Studien zur Dialektik, Bd. 3. Köln 1981); verst. 1985 in Frankf./M.; – am 2. Mai 2006 noch ein ehrendes Gedenken zum 100. Geb. mit einem Symp. zum Thema Politische Wissenschaft – Arbeiterbewegung – Demokratie.

Publ.: Gesammelte Schriften in 8 Bdn (Hrsg. M. Buckmiller u. a.): Bd. 1 (1926–1948, enthalten auch seine Beiträge aus der SBZ-Zeit). Hannover 2006, Bd. 2 (1949–1955) 2008 u. Bd. 3 (1956–1963) 2013; Aufstieg und Krise der Sozialdemokratie. Frankf./M. 1964; Sozialgesch. der europäischen Arbeiterbewe. Frankf./M. 1965 (14. A. 1986); Wirtschaft, Gesell. und Demokratie in der Bundesrep. Frankf./M. 1965; Antagonistische Gesellschaft u. pol. Demokratie. Aufsätze zur pol. Soziologie. Neuwied 1967 (2. A. 1972); T. Pinkus (Hrsg.): Gespräche mit G. Lukacs, H. H. Holz, L. Kofler, W. Abendroth. Hbg. 1967; (Mitautor): Die Linke antwortet Jürgen Habermas. Frankf./M. 1968; (Mithrsg. K. Lenk): Einführung in die pol. Wissenschaft. Mün. 1968 (6. A. 1982); Gegen den Strom. KPD-Opposition

(1928–1945). Frankf./M. 1984; Einführung in die Gesch. der Arbeiterbewegung. Bd. 1: Von den Anfängen bis 1933. Heilbron 1985; Die Aktualität der Arbeiterbewegung. Beitrag zu ihrer Theorie u. Geschichte. Frankf./M. 1985.

Lite.: F.-M. Balzer u. a. (Hrsg.): W. A. Wissenschaftlicher Politiker. Biobibliograph. Beiträge. Opladen 2001; ders. (Hrsg.): W. A. für Einsteiger u. Fortgeschrittene (sowie) Gesamtbibliographie. 2. A. Bonn 2006; H.-J. Urban u. a. (Hrsg.): Antagonistische Gesell. u. pol. Demokratie. Zur Aktualität von W. A. Hamburg 2006; A. Diers: Arbeiterbewegung–Demokratie–Staat. W. A.–Leben u. Werk 1906–1948. Hbg. 2006; U. Schöler: Die DDR u. W. A. Kritik einer Kampagne. Hannover 2008; ders.: W. A. u. der „reale Sozialismus". Ein Balanceakt. Berlin 2012; J. Hermand: Vorbilder. „Partisanenprofessoren" im geteilten Dtl. (enthält neben W. A. auch noch W. Kraus, J. Kuczynski, H. Mayer, H. H. Holz u. W. Mittenzwei). Köln, Weimar 2014; L. Peter: Marx an die Universität. Die „Marburger Schule". Geschichte, Probleme, Akteure. Köln 2014; G. Kriditis (Hrsg.): W. A. oder „Rote Blüte" im kpl. Sumpf. Berlin 2015.

Abermann, Xenia
9. Aug. 1924
Erste weibl. Aspirantin und phil. Prom. am Ley-Lehrstuhl "Phil.-Naturwiss." der HUB

Geb. in Priluki/UdSSR; 1933–41 Besuch einer dortigen Mittelschule, jedoch nach der deutsch-fasch. Besetzung 1943 als „sowjetukrainische Ostfremdarbeiterin" zur Zwangsarbeit nach Dtl. verschleppt, wo sie nach Kriegsende verblieb, heiratete und dadurch später in der SBZ/DDR eingebürgert wurde; 1945–49 zunächst als Dolmetscherin bei der Sowjetarmee in Berlin-Karlshorst (SMAD) dienstverpflichtet u. sofortiger KPD-Eintritt; 1949/51 Studienzulassung (Abitur) an der ABF der Ost-Berliner Universität sowie anschl. Studium an deren neu gegr. Landwirtschafts-Gärtnerischen Fak. (Dipl.-Landwirtin); anschl. 1956–61 red. Übers.-Arbeiten für slawische Sprachen an der Landwirtschafts-Akademie der DDR; seit 1961 erste weibliche Aspirantin am Hermann *Ley-Lehrstuhl für die phil. Fragen der Naturwiss. (Institut für Phil.) der HU zu Berlin und 1964 ebenso erste „naturphil." Prom. einer Frau an diesem gerade erst gegründeten wiss.-phil. Lehrstuhl mit einer Arbeit *Zum Erkenntniswert des Experiments und der Beobachtung in der Biologie und Landwirtschaft* (Gutachter: H. *Ley und J. *Segal, mit entspr. Fachprüfungen in Phil. u. Biologie, publ. Jena 1972); späterer Lehreinsatz im gesell.-wiss. (also marx.-len.) Grundstudium in Berlin sowie Mitarbeit am Projekt „Biographien bedeutsamer Biologen", hrsg. von W. Plesse, Berlin 1979 (3. A. 1986).

Lite: Zur Gesamtheit aller A- u. B-Aspiranturen des Ley-Wessel-Lehrstuhl am Inst./Sekt. für Phil. der HUB vergl. die vollstg. Aufstellung ders. für die Jahre 1958–2004 (es waren schließlich insgesamt 325 A- und B-Promotionen nachweisbar, zusammengestellt von H.-C. Rauh). In: H. Laitko u. a. (Hrsg.): Hermann Ley – Denker einer offenen Welt. Berliner Studien zur Wiss.-phil. und Humanontogenetik. Bd. 29. Berlin 2012.

Abusch, Alexander
14. Febr. 1902–27. Jan. 1982
Kulturpolitischer Funktionsträger der DDR-Philosophie in den 60er Jahren
Geb. in Krakau/Polen in einer jüd. Händlerfamilie u. 1916–19 kaufmänische Lehre; in den 20er Jahren vielfältige pressered. Tätigkeit u. 1935–39 Chefred. des KPD-Auslandsorgans (Prag und Paris) Die Rote Fahne; in Frankreich interniert und 1941–1946 Emigration nach Mexiko; Juli 1946 Rückkehr nach Dtl. u. mehrjährige Wirksamkeit im ostdt. Kulturbund; ab 1953 pol. Mitarbeiter in der ZK-Abt. für Kultur, zuständig für das Verlagswesen der DDR sowie im Ministerium für Kultur 1954–61 Staatssekretär, 1. Stellvertreter und Minister für Kultur 1958/61 (in Nachfolge von Johannes R. Becher) sowie 1961/71 im DDR-Ministerrat als 1. Stellv. Min.-präsident verantwortlich für Kultur und Erziehung; insofern unmittelbar wirksam bei den ersten offiziellen Staatsparteijubiläen (nach Goethe 1949 sowie Schiller 1955), nun auch zu Fichte (1962) sowie Hegel (1970); danach verlagerte sich diese phil. Jubiläumskultur u. pol. Beaufsichtigung der marx.-len. DDR-Philosophie weitgehend in den Verantwortungsbereich der SED-ZK-Abteilung Wissenschaft u. Kultur unter der langjh. Ltg. von Kurt *Hager, dem sog. „DDR-Philosoph Nr. 1" (Hegel-Jubiläum 1981, Marx-Jubiläum 1983); A. wirkte daraufhin wieder im Kulturbund der DDR als dessen „Ehrenpräsident". Festschrift z. 70. Geb. Berlin 1972; verstarb fast achtzigjährig 1982 in Berlin; 2 autobiogr. Memoirenbände 1981 u. 1986. Zugleich wurde 1986 eine Straße in Berlin-Hellerdorf nach ihm benannt, seit 1992 sinnigerweise jedoch wieder umbenannt in Peter-Huchel-Straße.
DDR-Personen-Lexikon 2010 (K. Hartewig/B.-R. Barth).

Publ.: (Mithrsg.): Braunbuch über Reichstagsbrand und Hitler-Terror. Paris 1933; Irrweg einer Nation. Mexiko 1945 u. Berlin 1946 (8. erw. A. 1960); Stalin und die Schicksalsfragen der deutschen Nation. Berlin 1949 (3. erw. A. 1952); Sieg der Zukunft. Die Sowjetunion im Werk dt. Schriftsteller. Berlin 1952/53; Von der Wiss. und Kunst der Sowjetunion schöpferisch lernen. Vortrag. Berlin 1953; Hrsg. von Friedrich Schillers Gesammelte Werke, Bd. 8 enthält dessen Philosophische Schriften. Berlin 1955; Schiller. Größe und Tragik eines dt. Genius. Berlin u. Weimar 1955 (8. A. 1984); Im ideolog. Kampf für eine sozialistische Kultur (SED-Kulturkonferenz, Oktober 1957 in Ost-Berlin); Schillers Menschenbild und der sozialistische Humanismus. Rede zur Nationalen Schiller-Ehrung am 10. Nov. 1959 in Weimar. Berlin 1960; Wissenschaft und Technik dienen in unserer Gesell. dem Menschen, Festrede am 10. Mai 1961 zur Gründung der TH Otto von Guericke Magdeburg. Hochschulreden Nr. 1; Unsere Epoche erfordert Humanisten der Tat. Rede zur 300-Jahrfeier der Dt. Staatsbibl. zu Berlin am 24. Okt. 1961 (Sonderdruck); Johann Gottlieb Fichte u. die Zukunft der Nation. Rede zur nationalen Fichte-Ehrung am 17. Mai 1962 in Berlin; Die hohe Aufgabe der Dt. Nationalbibl. Rede zur 50-Jahrfeier der Dt. Bücherei Leipzig am 3. Okt. 1962 (Sonderdruck); (Mithrsg.): Walter Ulbricht. – Schriftsteller, Künstler, Architekten, Wissenschaftler u. Pädagogen zu einem 70. Geb. (283 S.) sowie z. 75. Geb. (389 S.). Berlin u. Weimar 1963 bzw. 1968 (darin jeweils als einziger DDR-Phil. G. Klaus zum Thema: „Angewandte Dialektik"); Zwanzig Jahre Kulturbund im Kampf für die geistige Wiedergeburt der dt. Nation. Rede am 26. Juni 1965 in Leipzig. Berlin 1965; Jena, eine meiner Universitäten. Erkenntnis und Gestaltung im künstlerischen Schaffen. Ehrenpromotion der Phil. Fakultät der Friedrich-Schiller-Universität Jena am 31. Jan. 1967. Jenaer Reden u. Schriften, H. 8/1967; Lenin – Hirn und Herz der sozialistischen Revolution. Rede auf der Lenin-Tagung der Kulturschaffenden unserer Republik am 27. Febr. 1970 in Berlin (Kongresshalle); Hegels Werk in unserer Zeit. Rede des Stellvertreters des Vorsitzenden des Ministerrates der DDR auf dem Festakt des Hegel-Komitees der DDR zum 200.

Geburtstag von Georg Wilhelm Friedrich Hegel, gehalten am 26. August 1970 in der Humboldt-Universität zu Berlin; Tradition u. Gegenwart des sozialistischen Humanismus (Buhrsche Kritik-Reihe, Nr. 2). Berlin 1971; Entscheidung unseres Jhd. Beiträge zur Zeitgesch. 1921–76. Berlin 1977; Die Welt Johannes R. Bechers. Arbeiten aus den Jahren 1926–1980. Berlin 1981; Der Deckname. Memoiren. Berlin 1981; Mit offenem Visier. Memoiren 1941–1971. Berlin 1986.

Ackermann, Anton
25. Dez. 1905–4. Mai 1973
Parteipol. Funktionsträger in den Anfangsjahren der ostdt. Kulturentwicklung
Geb. in einer Textilarbeiterfamilie in Thalheim (Erzgeb.); 1920 KJVD und 1926 KPD-Mitgl.; 1929–31 Besuch der Internationalen Lenin-Schule in Moskau und 1931–33 daselbst Aspirant; 1933 zur illegalen Arbeit nach Berlin geschickt u. 1935 über Prag nach Paris (1937–40) emgr.; ab 1940 wieder zurück in Moskau und 1943 im NKFD eingesetzt; 1944/45 Mitwirkung an der Ausarbeitung von progm. Dokumenten der KPD für die (ostdt.) Nachkriegszeit; 1945 sowjet. Kampf-„Orden des Roten Sterns"; wichtigster SED-Kulturpolitiker der Ersten Stunde; in der Gruppe *Ulbricht zurückgekehrt nach Dtl. am 1. Mai 1945 und Mitglied der ersten zentralen Leitungsgremien (PV bzw. ZS) der SED ab 1946; von komm. Vorstandsseite verantwortlich für die Partei-Schulung, Kultur, Volksbildung, Hochschulen, Presse und Rundfunk; damit der erste Kultur- und Ideologiechef der SED, vorbereitend die später allmächtige ZK-Abt. Wiss. und Kultur, danach angeführt von Fred *Oelßner u. schließlich von Kurt *Hager; zugleich auch noch (neben anderen staatlichen und Parteifunktionen) kurzzeitig bis Aug. 1953 Direktor des Marx-Engels-Lenin-*Stalin-Institut (späteres IML), an dem zu dieser Zeit gerade mit der massenhaften Herausgabe aller 4 ML-Klassiker-Werke von *Stalin, Lenin, Engels u. Marx (genau in dieser Reihenfolge!) begonnen wurde, wofür im einzelnen und zu dieser Zeit aber auch noch andere, ebenso russifizierte u. stalinistische Sowjet-Emigranten in der Parteiebene (Hanna *Wolf und Helene *Berg) wie in der (Ostberliner) Deutschen ZW für Volksbildung (Paul *Wandel) – als damals noch verh. Ehepaar – verantwortlich waren; 1946/47 zahlreiche Lektionen an der PHS Karl Marx u. kulturpol. Grundsatzreden, sowie mit Hermann *Dunker u. Klaus *Zweiling auch Parteischullehrer beim 1. Philosophie-Doz.-Lehrgang 1948 ebenda; nach dem pol. Abfall Titos von *Stalin 1948 erzwungene „selbstkritische" Zurücknahme u. Absage an jeden eigenen bzw. „besonderen dt. Weg zum Sozialismus"; 1953/54 deswegen schließlich Ausschluß aus dem ZK der SED u. Enthebung aller parteistaatl. Funktionen im Zusammenhang mit der parteiamtl. Ausschaltung von Rudolf Herrnstadt u. Wilhelm Zaisser, die er gegen *Ulbricht „parteifeindlich" unterstützt hatte; 1954–58 Leiter der HV Film im Min. für Kultur (Minister ist in dieser Zeit Johannes R. Becher); 1956 wieder parteiintern rehabilitiert, aber bereits 1961 krankheitsbedingt invalidisiert; 1970 letzte hohe Auszeichg. u. im Mai 1973 Suizid, weil unheilbar krebserkrankt. 1979 wird in seiner Geburtsstadt eine Polytechn. OS nach ihm benannt, nach 1990 wieder abgelegt, u. 1985 noch mit einer DDR-Briefmarke geehrt, doch erst 1988 in

einer letzten marx.-len. DDR-Philosophiegesch. der Partei-Aka. für Gesell.-wiss. beim ZK der SED erstmalig wieder sachgerecht erwähnt.

DDR-Personen-Lexikon 2010 (B.-R. Barth).

Publ.: Der Kampf der KPD u. die junge Generation. Moskau 1936; An die lernende und suchende dt. Jugend. Dtl. Weg zum Wiederaufstieg und zur Einheit. Berlin 1946; Gibt es einen besonderen deutschen Weg zum Sozialismus? Weimar 1946; Religion und Politik. Offene Worte eines Marxisten an alle Christen. Berlin 1946; Um die Erneuerung der deutschen Kultur. Berlin 1946; Marxistische Kulturpolitik. Rede auf dem Ersten Kulturtag der SED am 7. Mai 1948; Arbeiterklasse und Kultur. Weimar 1948; Über die Wiedergeburt des deutschen Imperialismus und den nationalen Charakter unseres Kampfes. Berlin 1951. – F. Schumann (Hrsg.): Der deutsche Weg zum Sozialismus. Selbstzeugnisse und Dokumente eines Patrioten. Berlin 2005.

Adler, Frank
15. April 1945
Philosophie-Soziologie-Absolvent und sozialwissenschaftlicher Publizist in Berlin
Geb. in Gröditz bei Riesa; 1951–56 Grundschule ebd., 1956–61 POS in Dresden u. 1961–64 anschl. Berufsausbildung (Maschinenbauer) mit Abitur; 1964–69 Phil.-Studium an der HUB; bemerkenswerte Diplomarbeit zur (ideologiekritischen) Kategorie des „objektiven Scheins" bei Marx u. deren Bedeutung für eine mat. Ideologietheorie (Betreuer Erich Hahn); ab Jan. 1969 Assistent am Lehrstuhl für Marx.-len. Soziologie des Inst. für GW beim ZK der SED (Lehrstuhlleiter Erich *Hahn); zunächst noch krit. Beschäftigung mit Jürgen *Habermas und dessen Interpretation des Marxschen Arbeitsbegriffs; danach zeitbedingt und praxisbezogen industriesoziolog. Untersuchungen zur „Planung sozialer Prozesse" (teilpubl. 1973) bei der Einführung neuer Technologien; dazu 1972 auch entspr. „gesell.-wiss." Prom. A. z. Thema *Sowjetische Erfahrungen in der Planung der sozialen Entwicklung von Betriebskollektiven* (Gutachter: H. Nick, P. Liebmann, A. Kretschmar); dazw. Okt. 1971–Mai 1973 Grundwehrdienst bei der NVA; danach wieder wiss. Mitarb. bzw. Doz. am Inst. für Soziologie (Direktor ist nun Rudi Weidig) an der AfG beim ZK der SED; nach einem Englisch-Intensivkurs von Sept. 1975–Aug. 1978 Auslandseinsatz als wiss. Sekr. am European Coordination Centre for Research and Doc. in Social Sciences in Wien (Vienna Centre); ab 1978 wieder eingestellt am Soziologie-Inst. der „Gewi-Aka.", beschäftigt mit divs. industriesoziolog. Themen, u.a. zur Durchsetzung des Leistungsprinzips in der wiss.-techn. Intelligenz; dazu 1987 Prom. B zum Thema *Jeder nach seinen Fähigkeiten, jedem nach seiner Leistung: soziolog. Analysen zur Durchsetzung des Leistungsprinzips in unserer Gesellschaft* (nicht im öffentl. Bibl.-Vz. der NB-Lpz. erfasst. Gutachter: M. *Lötsch, H. Nick, H. *Schliwa); 1984 als stellv. Direktor für Forschung am parteieigenen Soziologie-Inst. berufen u. später auch stellv. Vors. des wiss. Rates für Marx.-len. Soziologie der DDR; Anfang Dez. 1989 noch z. Prorektor für Forschung an der AfG gewählt, dies aber nur bis Anfang März 1990, als deren Selbstauflösung erfolgte; dann Mitbegründer u. verantw. Geschäftsführer für Forschung (bis ca. 1994) des in Berlin neu gegr. Inst. für soialwiss. Studien; Arbeitsfelder: Rekonstruktion der Sozialstruktur der

DDR u. erste Erklärungsversuche des Zusammenbruchs des DDR-Realsozialismus; 1991–97 zunächst Beihilfeempfänger sowie später Leitung u. Mitarbeit im DFG-Projekt „Soziallagen in Ostdtl. im Umbruch" (entspr. Publ. 1992/95); 1996–98 postgraduelles Studium der Umweltwiss. an der HUB; 1996–99 und 2003–05 längere Phasen der Arbeitslosigkeit sowie unbezahlte Mitarbeit an Forschungsprojekten; 2005 Übergang in den vorgezogenen „Ruhestand", aber fortgz. Mitarbeit im AK Gesellschaftsanalyse und Transformationsforschung der Leibniz-Sozietät (Leitung: Michael *Thomas u. Rolf *Reißig) in Berlin, aber wohnhaft im brandenbg. Chorin.

Publ.: (Mitautor): Arbeiterklasse und Persönlichkeit im Sozialismus (Schriftenreihe Soziologie). Berlin 1977; (Hrsg.): Jedem nach seiner Leistung – Soziale Sicherheit für alle. Reihe ABC des ML, Berlin 1989; (Mitautor): Ungleiche Ungleichheitskarrieren – Pfade und Wahrnehmungsmuster. Halle 1995; Gren New Deal, Suffizienz oder Ökosozialismus? Konzepte für gesell. Wege aus der Ökokrise. München 2010; (Mitautor): Rote Projekte für den grünen Umbau. Helle Panke H. 160. Berlin 2011.

Ajdukiewicz, Kazimierz
12. Dez. 1890 12. April 1963
Polnischer Philosoph und Logiker
Geb. in Tarnopol (damals Österreich-Ungarn, heute Ukraine); Studium der Phil., Physik und Mathe. in Lemberg, wo er 1912 auch prom.; nach dem I. Weltkrieg 1921 Habil. in Warschau u. seit 1928 Phil.-Prof. an der Univ. Lemberg, wo er 1939/44 sowohl die dt. wie auch spätere sowjet. Besetzung erlebt; daher 1945 Prof. an der Univ. Posen u. 1948–52 auch deren Rektor; seit 1953 Chefred. der internatl. Zeitschrift „Studia logica" u. 1956 einmlg. Teilnahme an der ostdt. DDR Logik-Disk. in der DZfPh. H. 3-1956 sowie Übers. seiner Einführung „Abriss der Logik". Berlin 1958; leitete den Sektor Logik am polnischen Aka.-Inst. für Phil.-Soziologie; verst. 1963 in Warschau. – Vgl. hierzu Lothar *Kreiser: Logik u. Logiker in der DDR. 2009.
DDR-Philosophenlexikon 1982 (Stanislaus Surma).

Albrecht, Ehrhard
8. Okt. 1925–3. April 2009
Sprachphilosoph, Prorektor Gewi. und Phil.-Institutsdirektor an der EMAU Greifswald
Geb. in Kirchscheidungen (Thür.), Vater Molkereibesitzer; 1935–43 Oberrealschule in Landsberg/Warthe; 1943 Kriegseinsatz in Norwegen und Nordfinnland (verwundet und Lazarett in Schwerin); Studienbeginn an der Univ. Rostock noch im letzten Kriegsstudienjahr 1944/45: allgemeine u. vergleichende Sprachwiss., Psychologie, Philosophie u. Geschichte; 1945/46 jedoch Sprachlehrer bei der SMAD u. an einer Rostocker Mittelschule (Lehrerbildungskurs); 1945/46 KPD/SED u. Abschluß des Studiums an der neu gegründeten Gesell.-wiss. Fak. bei Hermann *Duncker 1949 mit einer Prom. als Dr. rer. pol. z. Thema *Darstellung u. Kritik der erkenntnistheor. Grundlagen der Kausalitätsauffassung und der Ethik des Neothomismus* (Zweitgutachter ist da noch K.-H. *Volkmann-Schluck); anschl. von Sept. 1949–März 1950 Teilnahme am 2. Phil.-Dozenten-Lehrgang an der SED-PHS in Kleinmachnow u. mit deren partei-

marx. Abschlußarbeit 1951 zugleich Habil. an der Phil. Fak. der Univ. Rostock zum (wiederum programmatischen) Thema *Die Wurzeln der vormarx. ET, ihre sozialökonomisch bedingte Erkenntnisschranke u. deren Durchbrechung durch die marx. Philosophie* (Gutachter W. *Hollitscher u. H. *Duncker); daraufhin sofort 1951/52 parteiamtlich eingesetzt als ML-Doz. für dial. u. hist. Mat. in Rostock wie anschl. gleichartiger Einsatz als Prof. an der Univ. Greifswald, ohne das die von der Phil. Fak. (auch von G. *Jacoby) vorgeschlagenen (westdt.) univ.-phil. Fachgutachter (K.-H. *Volkmann-Schluck, Köln, W. *Bröcker, Kiel, J. Ebbinghaus, Marburg u. E. *Bloch, Leipzig) für diese somit letztlich „außerphil." Berufung überhaupt berücksichtigt bzw. angehört wurden; zugleich daselbst 1953–55 Prorektor für das inzwischen allgemein universitätsobligatorische gesell.-wiss. ML-Grundstudium und allein dadurch auch Fakultäts- und Senats-Mitglied dieser Univ.; zusammen mit dem letzten ostdt. altbürgerlichen Universitätsphil. Prof. Günther *Jacoby Ko-Direktor des dortigen kleinsten Phil.-Instituts der DDR; nach massiver parteibeauftragter Kritik an dessen dreibändiger großen „Ontologie" (Halle 1925/55) sowie einer überaus kritischen *Denkschrift zur Lage der Universitätsphil. in der DDR* (1954/55) erfolgt dessen systematische univ. Ausschaltung (1956) sowie endgültige Emeritierung; dadurch ist A. alleiniger Instituts-Direktor 1956–68, obwohl zur gl. Zeit wegen Plagiatvorwurf in Berlin ein ungewöhnl. Ausschluß aus dem Redaktionskollegium der DZfPh erfolgt (hinsichtlich einer übers. Veröffentlichung eines Aufsatzes zur „Kategorienlehre des dial. Mat." des sowjet. Phil. Wassili P. *Tugarinow unter seinen Namen); auch eine angestrebte und vorgesehene Akademieaufnahme wird damit ausgesetzt; trotzdem oder gerade deswegen 1958 folgenschwere ideol.-pol. Angriffe gegen die ostdt. Rostock-Greifswalder Goetheforscherin Hildgard *Emmel, die daraufhin aus der DDR wieder vertrieben wurde; ab 1959 dann endlich alleiniger Phil.-Lehrstuhl für Logik, Erkenntnistheorie, Methodologie u. Semiotik (alles sich fortlaufend ändernde Selbstbezeichnungen); zugleich 1962–64 wiederum Prorektor für Gesell.-wiss. der EMAU Greifswald, jedoch mit der III. HSR 1968 zeitweilige Institutsauflösung u. dessen Eingliederung in die nun parteiphilosophisch gesamtuniv. allein vorherr. ML-Sektion; nach Wiedererrichtung eines Instituts, nun allein für marx.-len. Philosophie 1974–89 in Greifswald, allerdings lediglich als ein Phil.-Fernstudium u. unabhängig von diesem 1975–90 (allein dem Rektor unterstellt) wiederum Leiter einer kleinen Arbeitsgruppe nun für Logik, Methodologie, ET, Semiotik und Kommunikationswiss. (diese Bezeichnungen wechselten so fortgesetzt u. wenig fachwiss. begründet wiederholt); um 1969/70, nach dem Ableben von G. *Jacoby, veranlaßt A. persönlich mit Hilfe seines Assistenten Paul *Hadler eine unstatthafte Durchsicht u. Aussortierung dessen wiss. Nachlasses, bevor dieser regulär vererbt an dessen Logik-Schüler Baron Bruno *Freytag-Loeringhoff (Univ. Tübingen) in die BRD ging (jedoch bis heute „unauffindbare" Materialien); in den 70/80er Jahren nur noch Veranstalter von sog. „sprachwiss." Tagungen insb. zu parteiphil. Gedenktagen der ML-Klassiker u. deren Werke; 1990 ohne jede Evaluierung bzw. Würdigung durch formlose Verabschiedung in den Ruhestand versetzt; betrachtete sich daraufhin nur noch als „Sprachphilosoph" (also nicht mehr als

„Marx.-len. DDR-Phil."!); weiter arbeitend auf dem Gebiet, nun der internatl. Semiotik in Greifswald. – Das durch ihn jahrzehntelang ideologisch-politisch beherrschte Phil.-Inst. der EMAU Greifswald „verdankt" ihm letztlich vor Ort die nachwendisch unabwendbare univ. (Senatsbeschluss) wie landesrechtl. (Schweriner Landesregierung) Instituts-Abwicklung; erst danach erfolgte an diesem eine nunmehr ungehinderte Rückerinnerung an das phil.-ontologische Erbe G. *Jacobys (1881–1969) sowie die erneuerte universitätsphil. vollwertige Wiederbegründung des Greifswalder Phil.-Inst. (als Direktstudium) in zeitweilig einmaliger ost-westparitätischer Zusammensetzg. – Vgl. daher hierzu die nachfolg. Ps.-Stichworte zu G. *Ludwig, R. *Pester, H.-C. *Rauh, H. *Frank u. C. *Häntsch sowie die allein professoral-verbeamteten westdt. Neuberufungen von W. *Stegmaier (prakt. Phil.) u. G. *Siegwart (theor. Phil.). DDR-Personen-Lexikon 2010 und DDR-Philosophenlexikon 1982 (M. Liebscher).

Publ.: Die Beziehung von ET, Logik u. Sprache. Halle 1956; Beiträge zur ET u. das Verhältnis von Sprache u. Denken. Halle 1959; Der Antikommunismus – Ideologie des Klerikalmilitarismus, Berlin 1961; Sprache und Erkenntnis. Logisch-linguistische Analysen. Berlin 1967; Bestimmt die Sprache unser Weltbild? Zur Kritik der bürgl. Sprachphil. Berlin 1972; Sprache u. Philosophie. Berlin 1975; Weltanschauung, Methodologie, Sprache. Berlin 1979; Weltanschauung und ET in der klass. bürgl. Phil.. Berlin 1981; Sprachphilosophie. Berlin 1991; Sprache u. Kultur, 2 Teile. Essen 1993/95 (mit seinem Sohn Klaus A.); zahlreiche DZfPh-Beiträge 1953–1990 (Artikel, BuB, Rez.) zur gleichen Publ.-Thematik. Zwischen 1956–85 sind verschiedene universitäre phil.-pol. Gedenkvorträge nachweisbar (insb. z. sowjet. Univ.-Offizier I. M. *Jessin), die alle in den Greifswalder Univ.-Reden NF-Nr. 4, 9, 26, 36 u. 42 veröffentlicht wurden. Jedoch die Belege (Sonderdrucke von öffentlichen pol. Reden, Artikeln u. Zeitungsbeiträge), die bis 1989 laufend in der UB Greifswald angesammelt von A. hinterlegt vorlagen, wurden vom Autor nachwendisch aus dieser wieder abgeholt und demonstrativ zurückgezogen; eine Ause. um dieses jahrzehntelang vorherrschende parteiphil. Erbe fand nicht mehr statt. – Zu weiteren biograph. Angaben, speziell zu seiner elementaren Logik-Auffassung (Greifswalder univ. Studienanleitung 1974) s. L. Kreiser: Logik und Logiker in der DDR. Leipzig 2009, S. 213 f. sowie H.–C. Rauh: Philosophie aus einer abgeschlossenen Welt. Berlin 2017, darin das Kap. zur Gesch. der Univ.-Philosophie in Greifswald, S. 399 ff.

Alexander, Dietrich
28. Sept. 1934–26. Juli 1999
Philosophie-Sektionsdirektor der achtziger Jahre an der FSUniversität Jena
Geb. in Breslau als Sohn eines Kaufmann u. nachkriegszeitl. Besuch der OS in Reichenbach u. Greiz; 1953–59 Phil.-Studium an der FSU Jena, im Nebenfach Physiologie an der Med. Fak. ebd.; 1959–61 hauptamtl. FDJ-Sekr. an ders. und seit 1961 wiss. Ass. am Phil.-Inst.; zugleich bis 1964 als univ. Redakteur für „Moderne Naturwiss. und wiss. Atheismus", zugehörig zum neuartigen (zeitweiligen) Phil.-Lehrstuhl „Wiss. Atheismus" in Jena von Olaf *Klohr, bemüht um die Beziehungen zwischen Naturwiss., Atheismus und Theologie, – dazu auch ML-Lehrer an deren Fakultät; 1965 entspr. phil. Prom. z. Thema *Moderne Physiologie und katholischer Seelenglaube. Ein Beitrag zur marx.-phil. Analyse u. Kritik des Verhältnisses zw. Naturwiss. und katholischer Theologie* (Gutachter: G. *Mende u. E. *Lange); 1970 dafür Berufung zum HS-Doz. für dial. Mat. am Phil. Institut der Univ. Jena und 1981 nachholende Prom.

B zum Thema *Marxismus u. Psychoanalyse, eine kritische Darstellung und Untersuchung der phil. Anschauungen Sigmund Freuds unter besonderer Berücksichtigung des „Unbewußten"* (Gutachter: H. *Ley u. A. *Thom); daraufhin 1982 Berufung zum o. Prof. für dial. Mat. ebd. und 1982–90 letzter Direktor der Sektion Marx.-len. Phil. der FSU Jena; mit Erhard *Lange Hrsg. eines *DDR-Philosophenlexikon*, das in den 80er Jahren (1982/1987) vier unveränderte Auflagen erlebte, aber trotzdem nicht alle damals bekannten DDR-Phil. (noch weniger die westdt. Philosophen) enthält, aber dafür über 30 schon damals zumeist weitgehend (heute gänzlich) unbekannte Sowjet-Phil., was auch das vorlg. Pers.-Vz. nicht anders dokumentiert; mit der landesadminstrativen Abwicklung des ML-Phil.-Inst. auch in Jena erfolgte bereits 1990 die sofortige Entlassung aus dem univ. Hochschuldienst, obwohl zuvor noch eine fragwürdige Umbenennung zum „Dozenten für systematische Philosophie" erfolgte; danach keine weitere fachphil. Wirksamkeit mehr nachweisbar, weil auch Wegzug nach Landshut in Bayern u. dort 1999 verst.

Publ.: (Mithrsg. O. Klohr): Moderne Naturwiss. u. Atheismus. Materialien einer entspr. internationalen Tagung Dez. 1963 in Jena. Berlin 1964; (Mithrsg. E. Lange): Hegel und wir. Berlin 1970; (Hrsg.): von Gottlieb Freges „Begriffsschrift". Jena 1979; (Mithrsg. E. Lange): Philosophenlexikon. Berlin 1982 (4. unv. A. 1987 und West-Berlin 1982/87 im DDR-Devisenverlag „Das Europäische Buch").

Alexandrow, Georgij F.
1908–1961
Sowjet. Phil.-Historiker und führender Partei-Philosoph während der Stalin-Zeit
Geb. in einer Arbeiterfamilie in Petrograd; beendete 1932 das Moskauer Inst. für Phil. u. Lite. als Dr.-Kand. (Diss. A.) u. verfasste 1938 eine Dr.-Diss. (Prom. B), gewidmet der *Weltanschauung des Aristoteles*; anschl. bis 1941 Leiter des Lehrstuhles Gesch. der Phil. an der MGU u. bereits mit 32 Jahren wichtige parteiamtl. Anstellung im ZK-Apparat der KPdSU (XVIII. Ptg. 1939 ZK-Mitgl.) als Leiter der Abt. Agitation u. Prop. (1940–47); zus. mit Mark B. *Mitin u. Pavel F. *Judin, den neuen staln. Anführern an der sog. „Phil. Front" wirksam; Mithrsg. einer dreibändg. „Geschichte der Philosophie" (1940–43); deren 3. Band wurde jedoch mitten im Kriege gegen Nazi-Dtl. durch *Stalin scharf kritisiert, weil die klass. dt. Philosophie u. speziell Hegel viel zu positiv-unkritisch und damit als nicht marx. dargestellt wurden; also nicht nach einem unbelegbaren Stalinsatz als „aristokratische Reaktion auf den franz. Mat. und die franz. Revolution"(!), was sich ungemein folgenschwer, völlig unkritisch von der sich gerade erst entwickelnden DDR-Phil. ab 1948–1953 „wortdogmatisch" übernommen wurde; nach fortgz. Kritik an seinen phil.-hist. Arbeiten durch *Stalins Chefideologie Andrei A. *Shdanow 1946–54 versetzt als Lehrstuhlleiter für Gesch. der Phil. an die Partei-Aka. für GW beim ZK der KPdSU; A. blieb jedoch einer der weiter „genehmen" Autoren der parteioffiziellen Stalin-Biographie sowie gleichzeitig 1947–54 auch parteiamtlicher Einsatz als Direktor des Inst. für Phil. der Staats-Aka. der Wiss. der UdSSR (dazu bereits 1946 Akademik); 1954/55 kurzzeitig auch noch Kultur-Minister seines Landes, aber nach Stalins Tod durch „persönliche Intrigen" abgelöst; darauf-

hin 1955–61 unter N. Chruschtschow endgültig abgeschoben in die Belaruss. SSR nach Minsk als Lehrstuhlleiter für dial. und hist. Mat. an der dortigen Weißruss. Landes-Aka. der Wiss.; 1960 ebenso ML-Phil.-Prof. an der Staatl. Univ. von Minsk; daselbst am 21. Juli 1961 jedoch frühzeitig und plötzlich verst.; danach nicht mehr offiziell erwähnt, ebenso wie seine zuvor gelobte Stalin-Biographie; A. ist durch *Stalins widersinnige Hegel-Kritik nicht nur Auslöser einer ersten großen allsowjet. Phil.-Tg. im Juni 1947 in Moskau (doch ihr einziger Hauptreferent ist überhaupt kein führender SU-Phil., sondern wiederum nur *Stalins lehrdogmatischer Chefideologe *Shdanow: „das Problem Hegel ist längst gelöst"); zugleich bestimmten besatzungsbedingt A. massenhaft übersetzten phil.-prop. Artikel, Broschüren u. Reden in den ersten 10 Nachkriegsjahren die parteiamtliche Phil.-Entw. der SBZ/DDR 1945–55, insb. seine sofort übers. parteioffizielle „Kurze Lebensbeschreibung J. W. Stalins" (Berlin 1945 ff.); trotzdem bzw. gerade deswegen erfolgte jedoch später in der DDR (nachklingend zur sowjet. Stalin-Kritik von 1956/62) überhaupt keine namentliche Erwähnung mehr, z. B. auch nicht im DDR-„Philosophenlexikon" (1982).

Publ.: (allein ausgewählte deutschsprachige Übersetzungen): Referat. Auf Leninschem Wege, unter Stalins Führung. (Moskau 1945); (Hrsg. u. Hauptautor): J. Stalin. Kurze Lebensbeschreibung. Berlin 1945 (erw. Fassung Berlin 1947 u. 13. A. 1953); Unter dem Banner von Lenin-Stalin. Halle 1946; Über die modernen bürgerlichen Theorien der gesell. Entwicklung. Berlin 1947. – Shdanow, A.: Kritische Bemerkungen zu dem Buch G. F. A.: „Gesch. der westeuropäischen Philosophie". Rede auf der Phil.-Tagung in Moskau, Juni 1947. Berlin 1950 und 1951; Artikel aus der Großen Sowjet-Enzyklopädie zu „Aristoteles". Berlin 1953 u. „Idealismus". Berlin 1955.

Althusser, Louis
16. Okt. 1918–22. Okt 1990
Franz. Marx-Interpret mit westdt. linker Wirkung und ostdt. orthodoxer Ablehnung
Geb. in Algier als Sohn eines franz. Kolonialbeamten u. Bankiers, gut bürgerlich-katholisch erzogen u. spätere Schulbildung in Lyon; erste Studienversuche werden unterbrochen durch die dt.-fasch. Kriegsbesetzung sowie durch eine fünfj. „Internierung in der Saarpfalz"; nachkriegszeitl. Studium der Phil. u. seit 1948 Mitglied der FKP, deren mehrfache stalinistischen u. reformistischen ideolog. Wendungen er unterliegt bzw. zunehmend auch „theoriekritisch" begleitet; fortl. berufliche Arbeit als univ. Phil-Lehrer und Publizist; intensive Marx-Studien vermittels einer „strukturellen Analyse" seiner Werke, insb."wie das ‚Kapital' zu lesen" sei („kapitallogisch" heißt es dann in der Westberliner Reproduktion bei Wolfgang F. *Haug); vergeblich-„utopisches Hoffen" auf irgendwelche „revolutionären" gesellschaftspolitische Veränderungen durch die 68er Studentenbewegung in Frankreich, die jedoch zusätzlich pol. ausgebremst wird u. dann angesichts der damaligen krisenhaften CSSR-Ereignisse endgültig scheitert: insb. angesichts des imperialen sowjet. Einmarsches u. dem vorzeitigen Ende aller Versuche eines demokratisierten „humaneren Sozialismus" im Ostblock. Dem folgt nun die weitergehende strukturelle bzw. funktionale Analyse von vorherrschender „Ideologie und ideologischer Staatsapparate" in den 70er Jahren,

was zunehmend auch zu einer hist.-krit. Übertragung auf den nunmehr poststalinistisch unreformierbaren DDR-Staats-Sozialismus sowjet. Prägung führte, wenn das auch niemals offiziell, gerade wegen dessen ja selbst total „ideologisch entfremdeten", staatsparteilich totalitären Herrschaftsverhältnissen, irgendwie öffentlich zugestanden wurde bzw. gar ernsthaft diskutierbar sein konnte. Der westdt. links-marxistischen (antibürgerlichen) Rezeption entsprach damit die ostdt. philosophie-dogm. Ignoranz bzw. gelegentliche Kritik seiner aber in der DDR nie publizierten oder auch nur rezensierten Schriften; sein pers. Leben endete in einer „familiären Trägödie" (Tötung der Ehefrau am 16. Nov. 1980). Die erfolgte Einlieferung in die „Psychiatrie" (juristisch so als schuldunfähig erklärt) ersparte ihm einen unwürdigen Prozeß mit einer unabsehbarer Verurteilung, was wiederum zu zwei autobiographischen Texten einer familiengeschichtlichen „Selbstanalyse" führte, die posthum veröffentlicht wurden; verst. 1990 in Paris, wodurch es auch zu keiner weitergehenden selbstkritischen bzw. strukturellen und ideologiekritischen Analyse des zugleich realgeschichtlich scheiternden osteuropäischen Sozialismus und eines derartig parteidogmatisch praktizierten Marxismus als Ideologie- u. pol. Herrschaftssystem mehr kommen konnte. Doch A. betrachtete immer schon für sich, jede „Krise des Marxismus" als wichtigste Bedingung seiner eigentlich wesentlichen Existenz wie prod. Weiterentwicklung; an einer solchen hatte jedoch die parteioffizielle Marx.-len. DDR-Phil. westeuropäisch gesehen niemals irgendeinen Anteil.

Publ.: (allein als westdt. Übers.): Für Marx. Frankf./M. 1968 (Paris 1965); Das ‚Kapital' lesen. Hamburg 1972 (1965); Lenin u. die Philosophie. Hamburg 1973; Was ist revolutionärer Marxismus? Kontroverse über Grundfragen der marx. Theorie zw. L. A. und John Lewis. West-Berlin 1973; Ideologie und ideologische Staatsapperate. Aufsätze zur marx. Theorie. Hamburg/Berlin-West 1977; Die Krise des Marxismus. ebd. 1978; Die Zukunft hat Zeit (autobiograph. Texte 1985). Frankf./M. 1992; Materialismus der Begegnung. Spätere Schriften. Zürich 2010; Gesammelte Schriften (2012 bereits 3 Bände) werden hrsg. von F. O. Wolf (FU-Berlin).

Amberger, Alexander
26. Juli 1978
Politologe und Publizist, Mitarbeiter des Berliner Bildungsvereins „Helle Panke"
Geb. in Gotha, aufgewachsen in einem Thüringer Dorf u. schulisch schon ausgebildet im wiedervereinigten Dtl.; absolvierte auch keine eigentliche (reine) Philosophie-Ausbildung mehr, sondern 1999–2006 ein Studium der Politikwiss. an der MLU Halle-Wittenberg; bemerkenswerter Abschluss mit einer Diplomarbeit z. *Systemcharakter des Stalinismus* (erweitert publ. u. d. T.: „Totalitarismus oder Oligarchie?", München 2001); politikwiss.-phil. Prom. 2013 in Halle zu den *Postwachstumsutopien der DDR-Oppositionellen *Bahro, *Harich und *Havemann* (Gutachter: R. Saage u. M. Kaufmann, publ. u. d. T.: Bahro-Harich-Havemann. Marxistische Systemkritik u. politische Utopie in der DDR, Paderborn 2014); seit 2011 wiss. Projektleiter im Berl. Bildungsverein der RLS „Helle Panke"; da auch Hrsg. verschiedener Hefte zur angezeig-

ten DDR-phil. Promotionsthematik, insb. zu Blochs Verständnis des Marxismus in der DDR 1949–1961 sowie gemeinsam mit Andreas *Heyer zu Wolfgang *Harich.

Andert, Reinhold
26. März 1944
Philosophie-Studium in Berlin, FDJ-Liedermacher und zeithistorischer Dokumentarist
Geb. in Teplitz-Schönau/Tschechien; Vater Schneider und Mutter Arbeiterin; Übersiedlung nach Sömmerda/Thüringen; daselbst Grundschule u. dann 1958–62 Bischhöfl. Vorseminar in Schöneiche bei Berlin mit der Absicht, kath. Priester zu werden; 1962–64 Orgelbauerlehre in Gotha und Abitur an der Abendschule; 1963 SED-Eintritt und 1964–69 Studium der Phil. und Gesch. an der HU zu Berlin; Phil.-Diplom mit einer Arbeit zur „Phil. Grundlegung der Transzendental-Theologie Karl Rahners" bei Walter *Jopke; erklärte sich die Phil. schon damals als bloßes „Kategoriengeplapper" und wollte daher sehr bald „unsere Weltanschauung sinnlich vermitteln, dazu die Lieder"; 1966–73 Singe-„Oktoberclub", erste eigene Lieder u. bis 1980 jährliche Auftritte beim Berliner FDJ-„Festival des politischen Liedes"; zeitgleich 1969–72 auch kurzzeitig Lehreinsatz als marx.-len. Philosophie-Assistent an der Musik-Hochschule „Hanns Eisler" in Berlin; 1972/73 Leiter einer Liedergruppe beim Org.-Komitee der X. Weltfestspiele in Berlin; danach freischaffend u. erste publizierte Lieder-Hefte 1977/78: Poesie-Album Nr. 123 und „Lieder aus dem fahrenden Zug" sowie eine LP 1981; – anschl. erfolgte jedoch der Ausschluß aus der SED wegen immer kritischer gewordener Texte u. praktisch nachfolgendes Berufsverbot; daher bis zur „Wende" u. a. Nachdichtungen von Texten des russ. Liedermachers Wl. Wyssozki und jahrelang regionalgeschichtliche Nachforschungen zur thüringischen Landesfrühgeschichte (publ. erst 1995 u. 2006). – Durch Bekanntschaft mit ihrer Tochter intensive „nachwendische Gespräche" mit der Familie (Erich und Margot) Honecker in Lobetal u. Beelitz, die als ein Interview-Buch zum „Der Sturz. Honecker im Kreuzverhör" (dok. mit W. Herzberg) 1990 im Aufbau-Verlag erschienen; später ergänzt: „Nach dem Sturz. Gespräche mit Erich Honecker". Leipzig 2001; es erschienen Bücher zur mitteldt. Ur- u. Frühgesch.: „Der Thüringer Königshort" (1995) u. „Der Fränkische Reiter" (Lpz. 2006).
DDR-Personen-Lexikon 2010 (L. Kirchenwitz).

Arndt, Andreas
Langjähriger Vorstandsvorsitzender der Internationalen Hegel-Gesellschaft
Geb. 1949 in Wilhelmshaven, nach dem Studium der Sozialwissenschaften 1977 phil. Prom. an der Univ. Bielefeld (Fak. für Päd., Phil. u. Psych.) *Zur Entwicklung einer Konzeption materialistischer Dialektik bei W. I. Lenin 1893–1923* (publ. u. d. T. Lenin – Politik u. Phil. Zur Entwicklung einer Konzeption materialistischer Dialektik, Bochum 1982); dem folgte nach: *Karl Marx. Versuch über den Zusammenhang seiner Theorie*. Bochum 1985 (2. A. mit erg. Nachwort. Berlin 2012); – deswegen wohl jahrelang keine univ.-phil. Berufung in der alten BRD; seit 1992–2016 Vorstandsvorsitzender der Internationalen Hegel-Gesellschaft (Gründungspräsident W. R. *Beyer); durch inten-

sive Hegel- u. Schleiermacher-Forschungen (Hegel-Seminare an der FU Berlin) seit Anfang der 90er Jahre „Leiter der Schleiermacher-Forschungsstelle" an der neu gegr. Berlin-Brandenburg. Aka. der Wiss.; seit 2011, in Nachfolge von Richard *Schröder (in der frühen DDR vorangehend Liselote *Richter) Anstellung als „Akademieprofessor" für Philosophie an der Theolg. Fakultät der HU zu Berlin (zugleich in Zweit-Mitgliedschaft u. Kooperation mit dem Inst. für Phil. der HUB); Nov. 2018 Veranstalter eines Intl. Symp. zum 250. Geb. Schleiermachers sowie 200 Jahre Hegel in Berlin.

Publ.: Dialektik und Reflexion. Zur Rekonstruktion des Vernunftbegriffs. Hamburg 1994; Mithrsg. von Hegels Seinslogik. Interpretationen und Perspektiven. Berlin 2000; Die Arbeit der Philosophie. Berlin 2003; Unmittelbarkeit. Bielefeld 2004 (2. A. Berlin 2013); (Mithrsg.): Hegels Lehre vom Begriff, Urteil u. Schluß. Berlin 2006; (zus. mit W. Jaeschke): Die klassische Deutsche Philosophie nach Kant. Mün. 2012; Friedrich Schleiermacher als Philosoph. Berlin u. Boston 2013; Geschichte und Freiheitsbewußtsein. Zur Dialektik der Freiheit bei Hegel und Marx. Berlin 2015.

Arnold, Alfred
4. Febr. 1922–verst.
Philosophische Probleme der Wissenschaften, speziell der Psychologie W. Wundts
Geb. in Dresden; 1929–37 Volksschule und 1937–40 Fachschule für Buchdrucker; 1941 Einberufung zur Wehrmacht und Kriegsteilnahme; 1945/46 Neulehrerkurs u. Geschichtslehrer, 1946 SED u. 1947 Schulleiter einer Grundschule in Weißenberg/Oberlausitz; 1948/49 erste u. 2. Lehrerprüfung nachgeholt und 1952/54 Geschichtslehrer an der OS Löbau, verbunden mit gleichzeitigem Fernstudium Geschichte; 1954/58 Dozent für „gesell.-wiss. Unterricht" an der ABF II in Halle; Sept. 1958 Partei-Asp. am Inst. f. Gesell.-wiss. beim ZK der SED u. daselbst 1963 am dortigen „Lehrstuhl Philosophie" prom. mit einer Arbeit z. Thema *Die neothomistische Elitetheorie, eine idealistisch-metaphysische Ideologie zur Rechtfertigung der Monopol-Herrschaft* („Gutachter": W. *Schubert u. H. *Ullrich, selbst noch dortige unprom. Phil.-Asp.); danach mehrj. Einsatz als red.-wiss. Lektor im DVW-Berlin; 1973 Übernahme in den akaphil. *Hörz-Bereich „Phil. Probleme der Wissenschaftsentwicklung" am ZIPh der Aka. der Wiss. der DDR und daselbst (wiederum ohne jede entspr. fachliche Ausbildung) zuständig für die phil. Probleme der Psychologie u. Persönlichkeitsforschung (Bewusstseinsprozesse) sowie Beiträge zur phil.-psych. Wilhelm Wundt-Forschung; langj. BGL-Vors. des ZIfPh der AdW; ebenda Diss. B mit dem so anerkannten „Dr.-Ms." *Emotionen und bewusstes Handeln* (publ. Berlin 1983); am 25. 2. 1987 Bereichskolloquium z. 65. Geb. u. reguläre Berentung; verst. in den 90er Jahren in Berlin.

Publ.: Was formt die Persönlichkeit? Zur Dialektik von phil. u. psycholg. Aspekten in der marx.-len. Persönlichkeitsauffassung. Weltanschauung heute, Bd. 15. Berlin 1976; Wilhelm Wundt, sein phil. System. Berlin 1980; Unterbewußtes u. Unbewußtes im Denken u. Handeln. Berlin 1985, entspricht den „Studien zur Kritischen Psy.", Bd. 37. Köln 1985. – 5 DZPh-Artikel 1961–86 zur Thematik der angeführten Publikationen.

Asmus, Valentin F.
30. Dez. 1894–4. Juni 1975
Sowjetischer Philosophie- und Literaturhistoriker sowie bedeutsamer Kant-Forscher
Geb. in Kiew/Ukraine; entstammt einer bürgerlichen Beamtenfamilie (d. h. „übersetzt" Nachkommen von Deutschen) aus dem Donezker Gouvernement; beendete 1919 ein Studium der Phil. u. Slawistik an der Univ. Kiew (phil. Lehrtg. zur Logik u. Ästhetik); seit 1927 lehrte er Gesch. der Phil. u. Ästhetik am Partei-Inst. der Roten Professur in Moskau sowie am Mosk. Inst. für Gesch., Phil. und Literatur; 1940 phil. Dr.-Diss. (Habil.) z. Thema *Die Ästhetik von Sokrates, Platon u. Aristoteles*; daraufhin 1939–45 Prof. an der MGU u. zugleich auch 1938–72 wiss. Mitarbeiter am Inst. für Phil. der Aka. der Wiss. der UdSSR, aber kein Akademik; Mitarbeit an der dreibändigen „Gesch. der Phil." (Moskau 1940–43), die unter der Redaktion von G. F. *Alexandrow erschien; schon in den Jahren 1924 und 1930 erschienen zwei Werke zu Kants „Dialektik und Logik", später ein Lehrbuch zu traditionellen Logik (1946). – Trotz seines umfassenden phil.-hist. Werkes erschien in der DDR lediglich eine kleine übers. Kant-Broschüre (Berlin 1960), was auf koordinierte (also „genossenschaftliche") Verhinderung sowohl von Teodor I. *Oiserman auf sowjet-phil. Seite als auch auf offizieller DDR-phil. Seite durch Manfred *Buhr letztlich zurückzuführen ist (ganz ähnlich erging es dem nachfolgenden ukrainisch-sowjt. Kant-Forscher Arseni *Gulyga, der nur in der BRD übersetzt wurde). V. A. betreute zahlreiche Phil.-Studenten aus der DDR während ihrer Moskauer Studienzeit; seine beiden wichtigsten Werke zur dt. Phil. sind: „Nemezkaja Etika VIII. veka". Moskau 1962 (2. A. 2004) u. sein überarbeitetes Kant-Buch. Moskau 1973; das DDR-Philosophenlexikon 1982 kennt überhaupt keine dt. Übersetzung mehr dieses über Jhz. besten Kenners der dt. Phil. und Geistesgeschichte in der UdSSR; – sein trotzdem vorh. Ps.-Stichwort 1982 verdankt er einzig und allein seinen zahlreichen (ostdt.) Phil.-Studenten aus der DDR in Moskau.
DDR-Philosophenlexikon 1982 (Autorenkollektiv).

Asser, Günter
26. Febr. 1926–23. März 2015
Mathematischer Logiker in Greifswald
Geb. in Berlin; Schulabbruch u. Kriegsteilnahme 1944/45; 1946 nachgeholtes Abi. u. anschl. Mathematik-Studium an der Univ. Berlin, insbesondere bei Karl *Schröter (1948 Lehrstuhl f. Mathe. Logik); 1951/52 Mathe.-Diplom u. erster Assistent-Doktorand am neu gegründeten Inst. für Mathe. Logik bei K. Schröter; 1954 daselbst prom. u. 1958 habil. z. Thema: *Theorie logischer Auswahlfunktionen*; danach Dozent u. seit 1960 Prof an der EMAU Greifswald (1965 Lehrstuhl für Mathe. Logik u. Grundlagen der Mathe.); 1977–91 Korr. Akademie-Mitgl.; danach Ruhestand, zugleich 1993–2005 Hrsg. der Zeitschrift *Mathematical Logic Quarterly*, vor Ort auch jahrelange phil.-log. Zusammenarbeit mit dem dortg. marx.-len. Chef-Phil. Erhard *Albrecht; fast 90-jährig 2015 verst. in Greifswald. – Lebenslauf und Logikkonzept s. L. *Kreiser (2009).
DDR-Personen-Lexikon 2010 (A. Vogt).

Publ.: Einführung in die Mathematische Logik, Teil I: Aussagenlogik. Leipzig 1959 (6. A. 1982), Teil II: Prädikatenkalkül erster Stufe. Leipzig 1972, Zürich 1981, T. III: Prädikatenlogik höherer Stufe. Leipzig 1981; Grundbegriffe der Mathematik (Mathe. für Lehrer) Bd. 1. Berlin 1972 (5. A. 1988); Die Mengenlehre als Grundlage der Mathematik. Urania 1984. – G. A. verfasste auch einzelne mathematikgeschichtliche Artikel und beteiligte sich wie sein oben gen. Berl. Lehrer K. Schröter an logisch-phil. Disk. (Jenaer phil. Logik-Konferenz 1951); Hrsg. (zus. mit E. Albrecht): N. I. Kondakow: Wörterbuch der Logik. Leipzig 1983.

Bahro, Rudolf
18. Nov. 1935–5. Dez. 1997
Diplom-Philosoph – "alternativer" Redakteur und Publizist – gesamtdt. Sozialökologe
Geb. in Bad Flinsberg (Niederschlesien, heute Polen); Volksschule 1942–44 und 1945/46 kriegsbedingte Evakuierung über Österreich u. Südwestdtl. in die SBZ ("Oderland"); dort fortgz. ostdt. Schulausbildung u. anschl. 1954–59 Philosophie-Studium an der HU zu Berlin; kritischer Student schon im Krisenjahr 1956/57; Diplomarbeit in der Spezialisierung Ästhetik zu Johannes R. Becher bei Walter *Besenbruch; anschließend red. Tätigkeit im Oderbruch u. in Greifswald (Univ.-Ztg.); 1962–65 beim ZV der Gewerkschaft Wiss. u. anschl. kurzzeitig stellv. Chefred. des Studenten-Journals „Forum"; danach Versetzung in die Produktion wegen teilweiser Veröffentlg. von Volker *Brauns „Kipper Paul Bauch"; 1967/77 Abt.-Ltr. für sog. Arbeitsorg. im VEB Gummi-Kombinat Berlin u. Aufnahme eigenständiger („inoffizieller") ökonomisch-soziolog. Untersuchungen u. empirischer Erhebungen zur Abfassung (1972–75) einer entsprechenden, ungemein „praxisbezogenen" Diss.-Schrift z. Thema *Voraussetzung u. Maßstäbe der Arbeitsgestaltung für wiss. ausgebildete Kader im industriellen Reproduktionsprozess der entwickelten sozial. Gesell.. Eine theor. Studie über die Freisetzung der subjektiven Antriebe zu schöpferischer wiss. Arbeit im sozial. Industriebetrieb* (Betreuer G. *Bohring); trotz dreier positiver Gutachten (dazu ein später negatives von Günter *Söder) schließlich Nichtannahme derselben durch die TH Leuna-Merseburg wegen angeblicher unzureichender wiss.-meth. Voraussetzungen; tatsächlich ging es um die Ablehnung eines vorhandenen einseitigen (damit unmarx.) individual-anthroplog. Ansatzes u. einer „verzerrt-entstellten" (also nicht parteigemäßen) Darstellung des „realen DDR-Sozialismus", wozu erst später entdeckte staatssicherheitliche Eingriffe in das ganze Verfahren kamen; gleichzeitig ab 1973 „inoffiziell-konspirative" Arbeit an einem „zusätzlichen" Ms. „Zur Kritik des real existierenden Sozialismus", mit dem späteren westdt. Verlagstitel „Die Alternative" (Köln 1977); unmittelbar nach deren erster „west-illegalen" Teilveröffentlichung im Hamburger Nachrichten-Magazin „Der Spiegel" Nr. 35/1977, dazu einer unerhörten „westlichen" Sendung von Kurzvorträgen u. eines „Selbstinterviews", erfolgte am 23. Aug. 1977 die folgenschwere Verhaftung durch das MfS wegen des Verdachts angeblicher west-„nachrichtendienstlicher Tätigkeit" und im Juni 1978 eine maßlose Verurteilung durch das Stadtgericht Berlin zu acht Jahren Zuchthaus wegen „Übermittlung von Nachrichten für eine ausländische Macht sowie Geheimnisverrat"; dazu verfassten gut bekannte staatsakademische phil. Gesellschaftswissenschaftler für die DDR-Staatssicherheit zur, inzwischen

in einem westdt. Gewerkschaftsverlag (Köln 1977) publizierten „Alternative", parteipolitisch genehme „inoffizielle Gutachten" für die strafrechtliche Urteilsfindung; nach zahlreichen internationalen Protesten und Verleihung der Carl-von-Ossietzky-Medaille durch die Internationale Liga für Menschenrechte erfolgte zum 30. Jahrestag der DDR 1979 die „Amnestie" zur vorzeitigen Entlassung und sofortigen Abschiebung in die Bundesrepublik; daselbst 1979–85 parteipolitisch aktiv u. konzeptionell wirksam bei den „Grünen"; 1980 „nachgeholte" phil. Prom. bei Oskar *Negt (Leibniz-Univ. Hannover) mit der in DDR zuvor „abgelehnten" Promotionsschrift (veröffentlicht nun u. d. T. *Plädoyer für schöpferische Initiative. Zur Kritik von Arbeitsbedingungen im real existierenden Sozialismus*, Köln 1980) und 1983 ebd. die Habilitation mit der schon veröffentlichten *Alternative* u. den damit zusammenhängenden internationalen sozialwiss. Debatten, aber es erfolgt keine univ. Berufung; daher verschiedene sozialökolg. Kommunen-Projekte u. wirksam als freier Publizist; sein 2. Hauptwerk „Logik der Rettung" analysiert 10 Jahre später (1987), nunmehr „ökokritisch" die westlich-kapitalistische Gesellschaftsordnung; Dez. 1989 sofortige Rückkehr in die bereits untergehende DDR, aber gescheiterter Wiederanschluß an die SED-PdS; seit 1990 a. o. Prof. für Sozialökologie an der HU zu Berlin u. eine versuchte Institutsgründung; jedoch ein „neuuniversitäres" amtliches Gutachten erklärte dazu: „Das Programm Bahros ist weniger ein Wissenschafts-, als ein Bekehrungsprogrammm; und Bahro selber weniger Forscher als ein Missionar. Was er behauptet, hat den Charakter von Botschaften, die weniger zur Prüfung als zur Nachfolge einladen."; dementsprechend inspirierte und unterstütze B. die Gründung verschiedener sozialökologischer Projekte und Gemeinschaften (z. B. eine „Land-Kommune" im sächsischen Pommritz mit Maik *Hosang) zur Erprobung (seiner) alternativen Lebensformen; unvermittelter Selbstmord seiner Ehefrau durch Absturz von der Siegessäule in Berlin; danach Blutkrebserkrankung u. gest. 1997 in Berlin. – Nov. 2000 erste HU-Gedenkveranstaltung z. 65. Geb. (Gedenkworte: M. *Brie, D. Klein u. V. *Braun) und Nov. 2005 Konferenz der HUB mit Projektvorstellungen zu seinem 70. Geb.: „Das Ganze denken. Rudolf Bahros sozialökolog. Alternative"; Dez. 2007 eine weitere univ. Gedenkveranstaltung z. 10. Todestag mit einer Buchvorstellung zu „Denker – Reformator – Homo politicus" (Hrsg. G. *Herzberg) und ebenso zu seinem 75. Geb. 2010 in der Rosa Luxemburg-Stiftung Berlin. – Während 1978 ff. in der BRD noch eine internationale Diskussion zu seiner „Alternative" entbrannte, kam es in der untergehenden DDR, trotz nachholender gewerkschaftlicher Drucklegung ders. schon nicht mehr zu einer solchen weiterführenden Debatte, obwohl Bahro noch zahlreiche Zeitungskommentare dazu abgab u. entspr. öffentliche Univ.-Vorlesungen abhielt. – 1978 notierte R. B. rückblickend auf seine institutsphil. Lehrer in Berlin: „Während der ganzen Studienzeit war mir der alte Walter *Besenbruch eine moralische Instanz. Und Wolfgang *Heise war der Geist, den ich liebte". Und dann war da noch Georg *Klaus, „dessen Engagement für Logik und Kybernetik ich in einer phil.-pol. Hassliebe verfolgte" (letztes Interview mit dem „Philosophen", Visionär und Publizisten, wiederum nochmals im „Spiegel" 26/1995). R. B. war jedoch niemals Autor der Deutschen Zeitschrift für Philosophie (DZfPh).

DDR-Personen-Lexikon 2010 (H. *Laitko).

Publ.: Die Alternative. Zur Kritik des real existierenden Sozialismus. Köln 1977, ostdt. Nachdruck im Verlag Tribüne. Berlin 1990; Logik der Rettung. Köln 1987; Apokalypse oder Geist der neuen Zeit. Essays-Vorlesungen-Skizen (mit Beiträgen anderer Autoren). Berlin 1995; Wege zur ökologischen Zeitenwende. Reformalternativen u. Visionen für ein zukünftiges Kultursystem (mit Beiträgen von F. Alt u. M. Ferst). Berlin 2002.

Lite.: M. Hosang (Hrsg.): Ein Leben und eine Philosophie für die Zukunft von Mensch und Erde. B.-Texte von und zu ihm zur Ausstellung in der HU Berlin, aus Anlaß seines 65. Geburtstages. Berlin 2000; G. Herzberg/K. Seifert: R. B. Glaube an das Veränderbare. Berlin 2002 (Biographie mit Literaturverzeichnis); M. Hosang, Hrsg.: Integration. Natur-Kultur-Mensch. Ansätze einer kritischen Human- und Sozialökologie. Symposiumsbeiträge z. 70. Geb. von R. B. München 2006; G. Herzberg (Hrsg.): R. B. Denker – Reformator – Homo politicus (Nachlasswerk: Buch von der Befreiung. Vorlesungen, Aufsätze, Reden, Interviews). Berlin 2007; A. Amberger: Bahro-Harich-Havemann. Marxistische Systemkritik u. politische Utopie in der DDR. Paderborn 2014. *Ausgänge*: Die Wunde Rudolf Bahro (G. Herzberg).

Bal, Karol
4. Sept. 1934
Polnischer Philosophie-Historiker in der DDR
Geb. in Zamosciu (Polen); jahrelange univ.-phil. Zusammenarbeit mit Halle (H.-M. *Gerlach) u. Jena (E. *Lange); 1990 Veranstalter des XVIII. Internationalen Hegel-Kongreß in Wrocław zum Thema „Hegel im Kontext der Wirkungsgeschichte" (publ. Protokoll-Bd. 1992), an dem erstmalig auch die ehemaligen DDR-Philosophen, unabhängig von der jahrelang praktizierten „persönlichen Auswahl" von Manfred *Buhr, ungehindert teilnehmen konnten; 1992–2004 ist B. Vizepräsident dieser Hegel-Gesellschaft (langjähriger Präsident Andreas *Arndt); – (Hrsg.): *Gadamer und Breslau (1979); Aktualität der Vergangenheit (1997) sowie zu Philosophie und Regionalität (1999).

Banse, Gerhard
28. Juli 1946
Technikforscher, DDR-Urania-Präsident u. späterer Präsident der Leibniz-Sozität Berlin
Geb. in Berlin; 1953–65 polytechn. sowie erweiterte Oberschule (Abitur); danach bis 1969 Studium an der Pädg. HS Potsdam: Fachlehrer für Chemie und Biologie; 1969/70 Dorfschullehrer in Gutengermendorf/Kreis Gransee/Bezirk Potsdam; 1971/74 dreijährige Aspirantur im Hermann *Ley-Bereich „Philosophie-Wissenschaften" der Sektion Phil. der HU zu Berlin u. phil. Prom. A z. Thema: *Zur Begriffsbestimmung der Technik. Zur phil. Analyse der Herausbildung des wiss. Technikverständnisses* (Gutachter: H. *Ley u. H. *Wendt); ab 1974 wiss. MA am ZIPh der AdW (Herbert *Hörz-Bereich „Wissenschaftsentwicklung"); 1981 ebenda Prom. B zum Thema *Technik – Technikwissenschaften – Philosophie. Probleme, Ergebnisse und Standpunkte zu phil. Fragen der Technik u. Technikwissenschaften aus der Sicht des dial. und hist. Materialismus* (Gutachter: H. *Hörz u. S. *Wollgast); 1984 Arbeitsgruppenleiter am ZIPh der Akademie u. 1986–90 Vizepräs. der Urania-Gesellschaft der DDR; dazw. 1988 Ernennung

zum Aka.-Prof. für Technik-Philosophie; 1990/91 Geschäftsführer der Urania in Berlin und mit Abwicklung aller Akademie-Institute 1992/93 vermittelt im Wissenschaftler-Integration-Programm (KAI); danach 1995 Präsident der Neuen Urania e.V.; ab 1997 Lehrbeauftragter u. Honorar-Prof. für Allgm. Technikwiss. an der neu gegr. Brandenburgischen TU Cottbus; später wiss. Mitarbeiter als Prof. für Technikwiss. am Karlsruher Institut für Technologie u. Technikfolgeabschätzung; seit 2000 Mitglied der Leibniz-Sozietät der Wiss. zu Berlin (ostdt. Vereinsgründung der entlassenen DDR-Akademiker), sehr bald deren Vizepräsident u. aktuell Präsident ders. (Alterspräsd. Herbert *Hörz); Organisator, Herausgeber und Mitautor zahlreicher gemeinschaftlicher technikwissenschaftlicher Projekte.

Publ.: (Mitautor S. Wollgast): Philosophie und Technik. Zur Gesch. und Kritik, zu den Voraussetzungen und Funktionen bürgerlicher Technikphilosophie. Berlin 1979; (Mitautoren E. Jobst u. B. Thiele): Weltanschaulich-phil. Probleme der Technik; (Autorenkollektiv): Biographien bedeutsamer Techniker u. Technikwissenschaftler. Berlin 1983 (2. A. 1987); (Mithrsg.): Erkenntnismethoden in den Technikwissenschaften. Bln. 1986; (Mithrsg. K. Friedrich): Technik zwischen Erkenntnis und Gestaltung. Phil. Sichten auf Technikwissenschaft und techn. Handeln. Berlin 1996; (Mithrsg. S. Wollgast): Philosophie und Wissenschaft in Vergangenheit und Gegenwart. Festschrift für Herbert Hörz zum 70. Geb. Berlin 2003; (Mithrsg. H. Hörz u. H. Liebscher): Von Aufklärung bis Zweifel. Beiträge zur Philosophie, Geschichte u. Philosophiegeschichte. Festschrift für Siegfried Wollgast. Bln. 2008; (Mithrsg. A. Grunwald): Technik u. Kultur. Bedingungs- u. Beeinflussungsverhältnisse. Karlsruhe 2010; (Mithrsg. L.-G. Fleischer): Wissenschaft im Kontext. Inter- und Transdisziplinarität in Theorie und Praxis. Abh. der Leibniz-Sozietät der Wissenschaften. Berlin 2011. – (Hrsg. H.-J. Petsche): Erdacht, gemacht und in die Welt gestellt. Technikkonzepte zwischen Risiko und Utopie. Festschrift für G. B. zum 60. Geb. (Kolloquium Cottbus 2006). Berlin 2007. – Alle völlig thematisch entspr. DZfPh-Beiträge 1973–88 ebenfalls stets in Kooperation mit versch. anderen Autoren.

Bareuther, Rainer
23. Jan. 1951
Prom. Diplom-Philosoph und später Universitätsverwaltungsangestellter in Berlin
Geb. in Selb/Bayern u. 1956 Übersiedlung mit 4 Geschwistern in die DDR, nach Rudolfstadt; 1965–69 EOS-Abitur mit Facharbeiterbrief als Rinderzüchter u. 1969/71 Grundwehrdienst bei der VP in Rudolfstadt mit SED-Eintritt; 1971–75 delegiert zum Phil.-Studium an der HU zu Berlin, im Erg.-Fach Politische Ökonomie; Diplomarbeit „Zur Dialektik von Endlichem und Unendlichem bei Hegel und Engels" (Betreuung G. *Redlow., Bereich Dial. Mat. der Sektion Marx.-len. Phil. der HU Berlin); 1979 planmäßige Bereichs-Aspirantur und 1983 phil. Prom. z. Thema *Der Begriff des Gesetzes in der Hegelschen u. der Marxschen Dialektik – eine systematische Untersuchung aus der Sicht der aktuellen Diskussion* (im Rahmen allein der offiziellen marx.-len. DDR-Philosophie, Gutachter: G. *Redlow, V. *Wrona und M. *Leske, – besonders bemerkenswerte Kritik am entspr. *Hörzschen undialektischen Determinismuskonzept); seit Sept. 1982 Praxiseinsatz im Univ.-Direktorat für Internationale Beziehungen der HUB (Abt. I. Sozialistisches Ausland), ab Jan. 1983 dort Leiter; „nachwendischer" Einsatz in der allgm. Univ.-Verwaltung, aber keine fachphil. Weiterbeschäftigung oder Betätigung mehr nachweisbar.

Bartsch, Gerhard
15. Febr. 1933
Akademie-Philosoph für Dialalektischen Materialismus
Geb. in Leipzig; Volksschule bis 1947, 1947–50 Maurerlehre und ABF Halle (Reifezeugnis); 1952 Phil.-Studium in Berlin mit Diplomabschluß 1957; danach wiss. Ass. an der AdW in der Arbeitsgruppe „Phil.-hist. Texte" u. 1959 außerplanm. Asp.; Prom. 1962 am Inst. f. Phil. der HUB zum Thema: *Die marx. und die Hegelsche Auffassung der Gesetze vom Umschlag der Quantität in Qualität und der Negation der Negation* (Gutachter: G. *Klaus u. A. *Kosing) u. wiss. Sekretär des neu gegründeten Aka.-Institut für Philosophie (1. Direktor: Georg *Klaus); befasst mit der Herausgabe einzelner phil.-hist. Texte und red. Mitarbeit am Phil. Wörterbuch (Leipzig 1964 ff.); habil. sich 1976 mit einer Arbeit zu folgendem weitreichenden Thema: *Die Dialektik des Geschichtsprozesses unter bes. Berücksichtigung gesell. Totalität, ökonom. Gesellschaftsformation u. der Entwicklung zum Sozm.-Komm.*; behandelt danach zumeist als Mitautor/Mithrsg. phil.-methodolg. Probleme der Gesell.-wiss. (1982) bzw. marx.-len. Gesell.-Erkenntnis (1988), wozu er eine entspr. Arbeitsgruppe im ZIPh der AdW leitete und in der parteiaka. „Rats-Reihe" Grundfragen der marx.-len. Philosophie zus. mit G. *Klimascewsky die Broschüre zur Materialistischen Dialektik, ihre Grundgesetze u. Kategorien (Berlin 1973) veröffentlichte; nach der parteiamtlichen u. institutsstaatlichen Zerschlagung der aka.-phil. Bereichsleitung „Diamat." am ZIfPh. (Camilla *Warnke/Peter *Ruben) 1981 kommisarisch eingesetzt als Bereichsleiter für Dial. Mat. u. zuvor schon z. Akademie-Prof. ernannt; damit zugleich Hrsg. des ursprünglich Rubenschen (nun institutskollektiven) Bereichsprojekts „Der Dialektische Widerspruch" (Berlin u. Frankf./M. 1986); unerwartet u. bis heute ungeklärte vorwendische „Republikflucht" 1989 nach West-Berlin (bei einem einmalig erlaubten dortg. Bibliotheksbesuch); nach der „Wende" überraschend wieder zurückgekehrt, aber im nun abgewickelten staatsaka. Phil.-Institut daraufhin keine Wiedereinstellung mehr; danach tätig u. a. als Pförtner u. überhaupt nicht mehr fachphilosophisch tätig. – Zwischen 1968–76 drei DZfPh-Artikel zu seiner B-Diss.-Thematik, ansonsten nur einige phil.-hist. Rez./BuB.

Bassenge, Friedrich
12. März 1901–17. Febr. 1970
Ausgebildeter Jurist, philosophiehist. Übersetzer, Verlagslektor und Editor in Berlin
Geb. in Leipzig; Vater Betriebsdirektor, aus einer alten u. weit verzweigten Hugenottenfam. stammend; VS u. Realgymn. mit Abitur 1920; danach Jura-Studium in Freiburg, München u. Leipzig; 1923/24 abgeschl. mit 1. Jurist. Staatsprüfung sowie einer jurist. Prom. z. Thema *Rechtsverhältnis und Staat* (in Leipzig, ungedruckt); zusätzl. phil. Studien mit phil. Prom. (Phil. Fak. der Univ. Leipzig) z. Thema: *Das Versprechen. Ein Beitrag zur Philosophie der Sittlichkeit und des Rechts* (publ. Berlin 1930); Forts. und Abschluss der fachjuristischen Ausbildung, aber nach 1933 keine staatliche Anstellung mehr; zeitweilig selbständiger RA u. während des Krieges, nach 1945 und bis

1953 überwiegend als Justitiar in Berlin tätig; 2 kleinere rechtsphil. Veröffentlg. 1934 (Ethik der Strafe) und 1937 (Ehre und Beleidigung); 1954–1970 wegen seiner umfassenden humanistischen Ausbildung wichtigster Phil.-Lektor (bis Ende 1956 zus. mit W. *Harich) im Aufbau-Verlag (Leiter W. *Janka): phil. Übersetzer u. Hrsg.-tätigkeit, insb. im Rahmen einer dort erscheinenden neuen Phil. Bibliothek 1954–57 (15 Bde); seine 3 wichtigsten Verlagsprojekte betreffen die Herausgabe der großen Hegelschen Ästhetik (1955), eine sehr anerkannte Neuübersetzung der Metaphysik des Aristoteles (1960) sowie die Herausgabe der Ästhetischen Schriften von Diderot (1967); 1954–70 insgesamt acht wichtige DZfPh-Beiträge zu Fragen der Logik, Ästhetik, Gesetzesproblematik u. Handlungstheorie; zahlreiche unveröffentl. Manuskripte; verst. in Berlin und spätere Würdigung durch G. *Herzberg: Spurensuche F. B., in DZfPh H. 5/2011. DDR-Personen-Lexikon 2010 (G. *Herzberg).

Bauer, Adolf
27. Nov. 1933
Marxistischer (historisch-mat.) Gesellschafts-Philosoph in Berlin und Dresden
Geb. in Wetschau, Krs. Karlsbad; 1952 Abi. in Wickersdorf; 1952–57 Phil.-Studium in Jena (Diplom-Phil.); 1957–59 wiss. Ass. im gesell.-wiss. Grundstudium der HS für Maschinenbau Karl-Marx-Stadt; 1959–63 ebenso wiss. Mitarbeiter am FMI der KMU Leipzig; 1963/64 sog. „Praxiseinsatz" als pol. Mitarbeiter im Staatssekr. für Hoch- u. Fachschulwesen, ML-Sektor (gesell.-wiss. Grundlagenstudium); ab 1964 wiss. Mitar. am Inst. für Phil. der AdW in Berlin (späteres ZIfPh.) u. daselbst 1969 phil. Prom. A z. (aktuell-zeitbedingten) Thema *Prognose u. Planung als Mittel bewusster Zukunftsgestaltung* (Betreuer wie Gutachter W. *Eichhorn I als Bereichsleiter für Hist. Mat.); 1972–85 ebd. dessen stellv. Bereichsleiter und fortlaufender Koautor; 1986 Aka.-Prom. B zum Sammel-Thema *Mensch, Natur, Gesellschaft – Phil. Probleme der Naturaneignung, Vergesellschaftungsprozeß und Individualitätsentwicklung* (Erstgutachter wiederum: W. *Eichhorn I); 1986 Phil.-Berufung für Hist. Mat. an die dortg. ML-Sektion der TU Dresden (in Nachfolge von Erwin *Herlitzius); jedoch bereits 1990 landesrechtl. Abberufung und z. 30. 9. 1991 abgewickelt ausgeschieden aus dem dortg. univ. Hochschuldienst, nach vollständiger Abwicklung dieser ML-Einrichtung; – jahrelang publ. mitwirkend an populären Darstellungen (Lehrtexten) zu Grundproblemen des hist. Mat. mit anderen Autoren, wie „Basis und Überbau der Gesell." (1974) oder „Die Dialektik von Produktivkräften u. Produktionsverhältnissen" (1975) sowie zus. mit W. *Eichhorn I: „Zur Dialektik des Geschichtsprozesses. Studien über die materiellen Grundlagen der hist. Entw." (Aka.-Schriftenreihe 33, Berlin 1983) u. vor allem „Der tätige Mensch. Gesell.-veränderung und menschl. Entw." (Autorenkollektiv, Berlin 1987); zus. mit Horst Pauke: „Umweltprobleme, Herausforderung der Menschheit". Berlin 1979 u. Fkf./M. 1980; mit diesem Autor in der DZfPh erster bemerkenswerter phil. Artikel zu „Umweltfragen" (H. 7/1976) und sogar zur menschheitlichen „ökologischen Krisenproblematik" (H. 7/1977), natürlich weit mehr im allein krisenhaften

Spätkapitalismus als im real existierenden Sozialismus; nach 1987 bzw. 1990 schon keine weitere oder irgendwie veränderte phil. Aktivität mehr nachweisbar.

Bauer, Ileana
Geb. 1928 in Rumänien; gesell.-wiss. ML-Ausbildung und verh. mit dem Propaganda- und Ideologie-Sekretär der SED-BL Berlin Roland B.; seit 1965 am neu gegr. Phil.-Inst. der AdW (1. Direktor Georg Klaus); bis 1972 auch Bereichsleiterin der „Kritik"-Abteilung am ZIfPh u. Inst.-Parteisekretärin ebd; angezeigte phil. Prom. zum Thema *Die Hegel-Interpretation des franz. Existentialismus* (biblgr. so aber nicht nachweisbar); gem. mit Gertraud *Korf wichtige Übersetzung von Arsenij *Gulyga: Der dt. Materialismus am Ausgang des 18. Jhd. (Berlin 1966) u. gem. mit Anita *(Springer-)Liepert und Gerda *Heinrich Bd. 1 der Buhrschen Kritik-Reihe: Sirenengang eines Renegaten oder die große Wende des Roger *Garaudy. Berlin 1971 (ebenso Frankf./M., Prag 1972 u. Moskau 1973); nach parteiinternen Auseinandersetzungen am ZIfPh. der ADW wegen des autoritären Leitungsstils des Langzeitdirektors Manfred *Buhr Wechsel zum IML beim ZK der SED (dem auch andere Inst.-Mitarbeiter nachfolgten, so wie Gerd *Irrlitz u. Heinz *Pepperle ans Phil.-Inst der HUB) zur dortg. Marx-Engels-Forschung u. MEGA-Edition (verantw. für Abt. I, Band 3, Berlin 1985) u. Hrsg. einer Marx-Engels-Text-Sammlung „Über Anarchismus". Berlin 1977; trotz schriftlicher Nachfrage keinerlei weitere Informationen erhältlich.

Bauermann, Rolf
14. April 1930
Spezialist für die Kritik der spätbürgerl. revisionistischen Marx-Beschäftigung in Halle
Geb. in Leipzig u. Abi. 1949 ebd.; anschl. ML-Lehrer-Studium (FMI) in Leipzig u. ab 1952 bereits Lehreinsatz im neu eingerichteten gesell.-wiss. Grundlagenstudium (Lehrbereich Phil. des dial. und hist. Mat.), ausgehend vom IfG an der MLU Halle, an versch. univ. Fak. (stets verbunden mit parteipol. Einsätzen u. entspr. univ.-pol. Leitungsfunktionen) bis 1989; in den 80er Jahren auch Ausbildung von Staatsbürgerkundelehrer im „Zusatzfachstudium" marx.-len. Phil.; „Als Schwerpunkt meiner phil.-wiss. Arbeit wählte ich die Ause. mit der bürgl.-revi. Ideologie, speziell deren Bestreben, Marx gegen den Marxismus in Stellung zu bringen. Aktuell waren damals die ‚Ökonom.-phil. Manuskripte' des jungen Marx von 1844. Hier sei Marx' eigentliche Phil., sein wahrer Humanismus zu finden"; daher fortlaufende Kritik all dieser spätbürgerlichen wie revisionistischen „Marxologien" (also ohne jede wirklich eigene Weiterentwicklung des Marxismus selbst!) sowie phil. Prom. 1962 in Halle z. Thema: *Untersg. zur Herausbildung des sozial. Humanismus in den Frühschriften von Karl Marx* (Gutachter: D. *Bergner und W. Jahn); anschl. erneuter Polit-Einsatz 1963–66 in der Univ.-Parteileitung (UPL) der SED als stellv. 2. Sekretär; danach 1967 Dozentur für dial. u. hist. Mat. und 1971 Berufung zum Prof. für dieses Lehrgebiet an der Hallenser ML-Sektion; jahrelang Leiter einer AG zur Ause. mit der bürgerl. Marx-Kritik; daraus resultierend lediglich fakultativ deklarierte Diss. B in Halle (dazu noch als „Kollektiv-

arbeit") 1973 z. ideologiekritischen Sammelthema: *Politische Tendenzen u. phil. Positionen der Marx- und Lenin-Fälschung in der BRD* (2 Bde, 569 S., Gutachter wiederum: D. *Bergner, W. Jahn u. K. Geyer von der Marx-Engels-Abt. des IML); nachfolgend 1976 bis Frühj. 89 langj. Prorektor für Gesell.-wiss. der MLU Halle (zu der vorgesehenen Neubesetzung und angeordneten Nachfolge durch H.-M.*Gerlach kam es jedoch nicht mehr); 1990 Vorruhestand.

Lite.: Mithrsg. (zumeist mit D. Bergner) der Hallenser Kritik-Reihe: Beiträge zur Kritik bürgerlicher Phil. und Gesellschaftstheorie, 1981 ff. (H. 1–10), ab H. 11-1989/90 nochmals umbenannt in „Studien zur Phil. u. Gesell.-theorie des 19. u. 20. Jhd." (es erschienen nur noch 2 Hefte); ebenso Hrsg. u. Mitautor folgender weiterer stets arbeitskollektiver Schriften: Dialektik der Anpassung. Die Aussöhnung der ‚kritischen Theorie' mit den impl. Herrschaftsverhältnissen (Buhrsche Kritik-Reihe, Bd. 17, Berlin wie Frankf./M. 1972); (Ebenso): Das Elend der „Marxologie". Eine Ause. mit Marx-Engels-Verfälschungen. Berlin 1975 (russ. u. ungar. Übers. 1976); (Hrsg.): Methodolg. Probleme der Analyse und Kritik der spätbürgl. Ideologie, Phil. und Kultur. Halle 1986; (Hrsg.): Studien zum bürgerl. Marx-Bild in den 80er Jahren. Sektion Marx.-len. Phil. d. MLU Halle, ebd. 1989; entspr. Artikel (5) und Rez.(5) in der DZfPh 1960–1976.

Baumgarten, Arthur
31. März 1884–27. Nov. 1966
Schweizer Staatsbürger u. führender Rechtsphilosoph der DDR in deren Anfangsjahren
Geb. in Königsberg (Kaliningrad-Russland); Vater o. Mdz.-Prof.; 1893 Umzug der Fam. nach Tübingen und Gymnasium-Abitur; anschl. Jura-Studium in Tübingen, Genf, Leipzig, Berlin u. 1907 jurist. Staatsprüfung u. 1909 Prom. *Zur Ideal- u. Gesetzeskonkurrenz*; bereits im gl. Jahr a. o. Prof. für Strafrecht in Genf, ab 1920 Ordinarius an der Univ. Köln, 1923 Basel u. ab 1930 an der Univ. Frankfurt/M.; mit Machtantritt der Nationalsozialisten 1933 sofortige Emigration in die Schweiz u. bis 1945 Erziehungsrat der Stadt Basel; zugleich Prof. für Rechtsphil. u. allgemeine Rechtslehre an der Univ. Basel; erlernt die russ. Sprache u. liest Lenins Werke in der Originalsprache; 1935 längere „private" Studienreise durch die UdSSR u. daraufhin Anbindg. an den sowjet. Auslandsnachrichtendienst; gehörte auch zum Freundeskreis um Noel H. Field, wurde aber (weil eine „geschützte Quelle") später dafür in der DDR nie belangt, da weiterhin lebenslang Schweizer Staatsbürger (mit jährl. westlichen Urlaubsreisen) geblieben, – und auch kein offizielles SED-Mitglied; trotzdem höchste rechtspolitische Funktionen und Ämter in der DDR; 1946/47 zunächst Gastprof. in Leipzig; dann, mit endgültiger „Übersiedlung", ab Frühj. 1949 o. Prof. für Rechtsphil. u. Völkerrecht an der Univ. Berlin sowie Ordl. Mitgl. der DAW; 1949/50 zugleich Prof. u. Rektor der Potsdamer Landes-HS für Staat u. Recht (später DASR „Walter Ulbricht"); 1951–60 dann deren Ehren-Präsident u. repräsentativer Chefred. der Fachzeitschrift „Staat und Recht" sowie weitere fachjuristische Ämter, desweiteren phil. u. jurst. Ehrendoktorwürden wie hohe staatl. Auszeichnungen der DDR/SU; stets gefeiert als einziger „bürgerlich-humanistischer" Gelehrter, der in „Überwindung der inhaltsleeren u. reaktionären bürgerlichen Staats- und Rechtswiss. den Weg zum Marxismus-Leninismus, die wiss. Weltanschauung der Partei der Arbeiterklasse, in der DDR" gefunden

habe. (Würdigung 1984). – Neuere Archivfunde belegen bemerkenswerte anfängliche Versuche, gemeinsam mit dem Reformpädagogen Heinrich *Deiters 1947 undogm. fachphil. Ausbildungspläne für das univ. Lehrerstudium auszuarbeiten, was jedoch ab 1948 (Phil.-Dozentenlehrgänge der PHS) von der SED-Führung wegen der nun eigenen parteiamtlichen ML-Ausrichtung sofort wieder angehalten u. unterbunden wurde; 1954 aber noch erster Vors. einer überregionalen „Sektion Philosophie" der DDR an der AdW, die übergreifend deren phil. Forschung landeszentral koordinieren u. anleiten sollte (Referent Klaus *Schrickel) u. von der im Frühjahr 1956 als einzige größere Aktivität (nach der Logik-Konferenz 1951 in Jena) die sehr bedeutsame „Freiheitskonferenz" (Hauptreferent Ernst *Bloch) durchgeführt wurde, aber deren bereits ausgedruckter Protokollband jedoch schon z. Jahresende 1956 (nach der Verhaftung Harichs und der Zwangsemeritierung Blochs) nicht mehr weiter ausgeliefert werden durfte; ebenso kam es daraufhin (im Unterschied zu den DDR-Historikern) auch zu keiner Konstituierung einer eigenständigen „Philosophen-Gesellschaft" in der DDR; 1953–56 ist B. zeitweilig mit Ernst *Bloch, Karl *Schröter u. Wolfgang *Harich Mithrsg. der ersten und einzigen ostdt. „Zeitschrift für Philosophie" (DZfPh), veröffentlicht darin aber nur einen Grundsatzartikel Zur Methodologie der Rechtswissenschaft (H. 2/1953); zur später willkürlichen Auflösung dieser Hrsg.-Gruppe um den 1. Chefred. der Zeitschrift W. *Harich wie dessen willkürliche Verhaftung u. folgenschwere Verurteilung 1956/57 fand B. kein einziges Wort des eigenen „strafrechtlichen" Protestes; das gilt ebenso auch für die gleichzeitig erfolgte parteiuniv. Ausschaltung von *Bloch in Leipzig (Zwangsemeritierung) sowie dessen späteren Ausschluß aus der Akademie 1962; auch eine allein inhaltl. Zurkenntnisnahme der *Jacoby-Denkschrift 1954/55 zur „Lage der Univ.-Phil. in der DDR" lehnte er mit dem Hinweis darauf ab, dass er jetzt erst einmal in seinen jährlichen Schweiz-Urlaub fahren müsse; letztlich auch keinerlei richtungsweisende rechtstheor. Publ. zur realsozialistischen Gesellschaftsentwicklung in der DDR, denn auch seine früheren bedeutsamen rechtstheor. u. rechtsphil. Arbeiten wurden in dieser niemals wieder aufgelegt; Ende 1966 verst. in Berlin u. zweiseitiger Nachruf des ZK der SED in tiefster parteistaatlicher Dankbarkeit; und diese nachträgliche Ehrung setzt sich ebenso hist.-unkritisch nachwendisch fort in entspr. Beiträgen von Gerd *Irrlitz u. Hermann *Klenner.
DDR-Personen-Lexikon 2010 (B.-R. Barth).

Publ.: Die Wissenschaft vom Recht und ihre Methode. 3 Bde, Tübingen 1920; Erkenntnis, Wissenschaft, Philosophie. Erkenntniskritische u. methodologische Prolegomena zu einer Phil. der Moral und des Rechts. Tübingen 1927; Der Weg des Menschen. Philosophie der Moral u. des Rechts. Tübingen 1933; Grundzüge der juristischen Methodenlehre. Bern 1939; Gesch. der abendländischen Philosophie. Eine Geschichte des geistigen Fortschritts der Menschheit. Basel 1945 (konnte in der DDR nicht erscheinen, obwohl schon ausgedruckt); Bemerkungen zur Erkenntnistheorie des dial. u. hist. Mat. Berlin 1957; Rechtsphil. auf dem Wege (mit Bibl.). Berlin 1973.
Lite.: U. Dähn (Hrsg.): Vom Liberalismus zum Sozialismus. Zum 100. Geb. von Prof. Dr. h. c. A. B. Schriftenreihe der Aka. für Staats- u. Rechtswiss. der DDR Potsdam-Babelsberg 1984, H. 300; H. Klenner/G. Oberkofler: A. B. Rechtsphil. u. Kommunist. Daten u. Dok. zu seiner Entw., Innsbruck 2003; G. Irrlitz: Rechtsordnung und Ethik der Solidarität. Der Strafrechtler u. Philosoph Arthur Baumgarten.

Berlin 2008 (ebenso dazu in DZfPh. H. 3/2008); – ungemein kritisch dagegen: E. Bischof: Honeckers Handschlag. Die Beziehungen von Schweiz-DDR 1960–1990. Berlin 2010.

Becker, Jurek
30. Sept. 1937–14. März 1997
Abgebrochenes Phil.-Studium in Berlin und ausgeschlossener DDR-Schriftsteller
Geb. in Lodz (Polen) u. aufgewachsen im jüd. Ghetto wie KZ Ravensbrück u. Sachsenhausen; 1945 in Berlin u. Abschluß der OS mit dem Abitur 1955; Wehrdienst und SED-Beitritt 1957; danach 1957–60 Phil.-Studium an der HU zu Berlin, aber nicht abgeschlossen, keineswegs nur aus politischen Gründen; frühzeitig stasierfaßt im OV „Lügner"; 1960–62 Forts. des Studiums an der Film-HS-Babelsberg; danach Drehbuchautor u. freiberuflich tätig für das Kabarett „Die Distel"; 1968 erster Erfolgsroman „Jacob der Lügner" u. weitere Romane; 1971 Heinrich Mann-Preis u. NP der DDR 1975; danach Protest gegen die DDR-Ausweisung von Wolf*Biermann sowie zum Ausschluss Reiner Kunzes aus dem Schriftstellerverband der DDR; nachfolgend 1977 demonstrativer Austritt aus diesem, was wiederum den Ausschluss aus der SED nach sich zog; daraufhin Übersiedelung nach West-Berlin (mit „Dauervisum"); versch. Gastprofessuren (Vortragsreisen) in den USA sowie 1978 in Essen u. 1981 in Augsburg; 1983 Mitglied der Aka. für Sprache und Dichtung in Darmstadt, 1990 auch Mitgl. der AdK Berlin; 1995 Darmkrebserkrankung und gest. in seinem Wohnhaus in Sieseby (Schleswig-Holstein).
DDR-Personen-Lexikon 2010 (L. Krenzlin).

Publ.: (Auswahl): Irreführung der Behörden. Roman. Rostock 1973 u. Frankf./M. 1974; Der Boxer. Roman. Rostock 1973 u. Frankf./M. 1974; Schlaflose Tage. Roman. Frankf./M. 1978; Nach der ersten Ankunft. Erzählungen. Frankf./M. 1980; Aller Welt Freund. Roman. Rostock 1982; Bronsteins Kinder. Roman. Frankf./M. 1986; Warnung vor dem Schriftsteller. Drei Vorlesungen in Frankfurt 1990; Amanda herzlos. Roman. Frankf./M. 1992; Ende des Größenwahns: Aufsätze u. Vorträge. Frankf./M. 1996; Ihr Unvergleichlichen. Briefe Frankf./M. 2004; Mein Vater, die Deutschen und ich. Aufsätze,Vorträge, Interviews. Frankf./M. 2007.
Lite.: S. L. Gilman: J. B. Die Biographie. Berlin 2002; J. Obrusnik: J. B. Geborener Jude, selbst ernannter Atheist, dt. Schriftsteller. Berlin 2004; M. Müller: Stasi – Zensur – Machtdiskurse. Publikationsgeschichten und Materialien zu J. B. Werk. Tübingen 2006; O. Kutzmutz: J. B. (Biographie). Frankf./M. 2008; (ders. als Hrsg.): Der Grenzgänger. Zu Leben und Werk J. B. Wolfenbüttel 2012.

Becker, Werner
21. Febr. 1937– 21. Juli 2009
Phil.-Gründungsdirektor Jena 1991/92 von der Univ. Gießen und Hegel-Marx-Kritiker
Geb. in Lauterbach (Hessen) u. nach dem Abitur Phil.-Studium in Frankf./M. (bei Theodor W. Adorno – „Frankf. Schule") sowie in Wien (bei Ernst *Topitsch – „Krit. Rationalismus"); 1963 phil. Prom. bei Adorno zur *Dialektik von Grund u. Begründetem in Hegels ‚Wissenschaft der Logik'* (eine Textanalyse von 86 S.); nach der Habilitation zu *Hegels Begriff der Dialektik und das Prinzip des Idealismus* (publ. 1969) zunächst 1971 a.o. Prof. in Frankf./M. und 1987 ordl. Phil.-Berufung an die Univ. Gießen; 1988–93 Geschäftsführer der Allgm. Gesell. für Phil. in Dtl. (Präsd. ist jedoch

zunächst sein dortg. Kollege Odo Marquard, danach Herb. *Schnädelbach, Hamburg); sie ermöglichen erstmalig eine ungehinderte (und bezahlte) Teilnahme von jüngeren „Noch-DDR-Phil." am XV. Phil.-Kongreß in Hamburg Ende Sept. 1990; 1991/92 Gründungsdirektor des Inst. für Philosophie in Jena als vollständige Neugründung durch eine landeseigene Struktur- und Berufungskommission; B. erwies sich dabei als einer der entschiedensten öffentlichen Befürworter einer konsequenten u. vollständigen Abwicklung der marx.-len. DDR-Philosophie; Zitat: „Es geht bei der Rolle der DDR-Philosophie um pol. Moral und Wissenschaftsmoral, nicht um Wahrheit oder Falschheit sozialwissenschaftlicher Methoden u. Theorien. Es geht nicht um die politische Ausschaltung vorgeblich unbequemer Denkrichtungen. In dem alle anderen Wissenschaften beherrschenden politisch-praktischen Beitrag zur marx.-len. Gesinnungsdiktatur liegt die Schmach der DDR-Philosophie. Diese Einsicht müssen sich ihre Vertreter in der Breite noch immer verschaffen. Man weicht dort auf Theorie-Debatten aus, möglichst auf solche, die mit der eigenen marx. Herkunft nichts mehr zu tun haben, um sich jenem gravierendsten Vorwurf nicht stellen zu müssen. Dieser moralische Vorwurf betrifft alle, nicht bloß die ‚Chef-Philosophen', die von den Untergebenen heute zwecks Selbstentlastung allein als ihre ‚Unterdrücker' dämonisiert werden. Doch allein wegen des unverzeihlichen Verrats an den Grundwerten europäischer Geistesfreiheit, also aus Gründen politischer Moralität, verdient die DDR-Philosophie als ganze die Abwicklung und nicht weil sie in der Theorie Marxismus war." (Phil.-Information H. 5/1991, S. 25); unter dieser seiner politphil. Regie erfolgte auch der frühzeitige Abbau des Marx-Denkmals (1841 in Jena extern prom.) am Haupteingang der FSU Jena; neben zurückgreifenden Hegel-kritischen Textanalysen betrafen seine Schriften seit den 70er Jahren vor allem die „Kritik der Marxschen Wertlehre" (1972) sowie „Die Achillesferse des Marxismus als Widerspruch von Kapital und Arbeit" (1974), das Freiheits- und Demokratieproblem (1982) sowie letztlich „Das Dilemma der menschl. Existenz. Die Evolution der Individualität und das Wissen um den Tod" (2000); em. 2002 in Gießen u. krebserkrankt verst. 2009 in Frankf./M.

Behrens, Fritz (Friedrich)
20. Sept. 1909–16. Juli 1980
Theoretiker, Historiker und Kritiker der polit. Ökonomie (des Sozialismus) in der DDR
Geb. in Rostock als Sohn eines Seefahrers; nach der Grundschulzeit ab 1924 Ausbildung zum Maschinenschlosser auf der Neptun-Werft und anschl. ab 1928 Maschinenassistent bei der Handelsmarine; 1926 SPD-Beitritt und über SAPD 1932 zur KPD; nach Begabtenprüfung Studienzulassung, um 1931–35 Volkswirtschaftslehre und Statistik an der Univ. Leipzig zu studieren; Abschluß als Dipl.-Volkswirt und bereits 1936 politökom. Prom. z. Thema *Das Geldkapital in den Wechsellagen und seine statistische Erfassung* (publ. Dresden 1936); danach Hilfsreferent im Statistischen Reichsamt in Berlin u. 1939 dienstverpflichtet ins NS-Oberkommando der Wehrmacht; 1941–45 ebenso ins Statist. Zentralamt des Prorektorats Böhmen u. Mähren in Prag; daselbst zugleich Lehrtätigkeit für Methodenlehre u. Statistik an der Dt. Univ. Prag; ein dorti-

ger Habil.-Versuch 1941 zur Frage der Arbeitsproduktivität wird aufgrund marx. Argumentation u. Ausrichtung abgesetzt; nach Umsiedlung 1945 für die KPD kurzzeitig Stadtrat für Volksbildung in Zwickau; 1946 mit Lehrauftrag für Statistik und Pol. Ökonomie an die Univ. Leipzig berufen u. 1947 nachgeholte Habil. z. Thema *Alte und neue Probleme der Pol. Ökonomie. Eine theor. u. statist. Studie über die produktive Arbeit im Kapitalismus* (publ. 1948); bereits 1946 Mitbegründer einer 1. univ. Betriebsparteiorg. der SED von marx. Gesell.-wissenschaftler sowie deren erster „gesellschaftswiss. Studenten", Arbeiter und Angestellten; dazu Mitgl. der Zentralen PL der Univ. Leipzig; anschl. 1947 sofort Prof. für Pol. Ökonomie, Direktor des Inst. für Wirtschaftswiss. und Statistik sowie Gründungsdekan der parteiamtlich bzw. sowjetadministrativ gerade erst neu eingerichteten Gesell.-wiss. Fak. („Gewifak") ebenda; zugleich bereits frühzeitige Vorwürfe wegen aka. „Objektivismus", und einmalige Teilnahme an der Hegel-Marxismus-Disk. der DZfPh H. 4/1954 (später aber dennoch kritisch zur phil.- „abstrakten Hegelei"); 1954 Berufung zum stellv. Direktor des Inst. für Wirtschaftswiss. der AdW und seit 1956 Aka.-Mitgl.; 1955–57 Leiter des Statistischen Zentralamts sowie Stellv. des Vors. der Staatl. Plankom. der DDR (dadurch Mgl. des Min.-Rats); jedoch nach Abgabe des Buchmanuskripts „Zur öko. Theorie und öko. Pol. in der Übergangsperiode" (zus. mit Arne Benary), enthaltend seine frühzeitige Kritik am staatszentralist. wie parteibürokratischen Führungsstil in der realsozialist. Planungswirtschaft, und sein Konzept einer demokratisch-sozialistischen Selbstverwaltung sowie der Theorie vom Absterben der wirtschaftsorg. Funktion des Staates im Sozialismus, erfolgten auf dem 30. ZK-Plenum der SED Anfang 1957 durch Walter *Ulbricht (nachfolgend vieler anderer Autoren in der „Einheit" u. der Zft. „Wirtschaftswiss.") massive Revisionismus-Vorwürfe (so wie gleichzeitig in der Phil. u. den Geschichtswiss.), die wie üblich z. sofortg. Verlust aller parteistaatl. Funktionen führen sollten; nach zermürbenden Parteiverfahren und einer ebenso entwürdigenden „Selbstkritik" Zurückversetzung zur hist.-politökon. Forschung an die AdW; von phil.-marx. Seite kam die Kritik an seiner „subjektivistischen Spontanität" (entgegegengesetzt zur partei-org. „kollektiven Bewusstheit") vor allem von Hermann *Scheler; als maßgebl. Vordenker des NÖS, Mitbegründer der Produktivitätstheorie und klarer Befürworter der Ware-Geld-Beziehg (damit also bedingungslose Anerkennung des Wertgesetzes) auch und gerade im Sozialismus, äußerte er in den 60er Jahren erneut berechtigte Zweifel an der überhaupt noch möglichen Reformierbarkeit des staatsparteibürokratischen Real-Sozialismus sowjet. Prägung, was 1967 schließlich zur vorzeitg. Emeritierung führte; dennoch 1979 spätere Ehren-Dr.-Würde seiner Leipziger Univ. zum 70. Geb.; völlig zurückgezogen verst. 1980 in Berlin. – 1990 vom PV der PdS vollständig rehabilitiert; ein nur noch im Verborgenen ausgearbeites Nachlasswerk mit dem ausdrücklich fragenden Titel „Abschied von der sozialen Utopie (?)" erschien erst nachwendisch 1992 (in einem häßlichen roteingefärbten Papp-Band des Aka.-Verlages) u. enthält die wohl grundsätzlichste politöko., gesellstheor. u. geschichtsphil. Kritik am nicht nur in der DDR langfristig gescheiterten Sozialismus-Modell, was natürlich zuvor niemals öffentlich diskutiert werden konnte (Jürgen *Kuczynski lehnte daher

noch 1989 empört eine derartige Veröffentlichung als nur „parteischädigend" ab); Bs. abschließendes Urteil über die partei-offizielle marx.-len. DDR-Phil. lautete ganz folgerichtig: „Aber solche Überlegungen passen nicht in das provinzielle Konzept zeitgenössischer Phil. des M.-L., deren Aufgabe in der Verteidigung fixer Glaubenssätze besteht, die nur noch eine Legitimationsideologie ist." (S. 194). – „Ich habe einige Dogmen angetastet...". Werk u. Wirkung von F. B. Beiträge z. 4. Walter-Markow-Kolloquium der RL-Stiftung Sachsen 1996. Leipzig 1999 (mit Bibl.).
DDR-Personen-Lexikon 2010 (H. *Schwärzel).

Publ.: (Mitautor): Der Vierjahresplan (1937); (Ebenso): Preisbildung bei öffentl. Aufträgen. Berlin 1939; (Hrsg. mit G. Harig u.a.): Leipziger Vorträge der Arbeitsgem. marx. Wissenschaftler; H. H. Gossen oder die Geburt der „wiss. Apologetik" des Kapitalismus. Lpz. Schriften zur Gesell.-wiss. H. 1/1949; Die Arbeitsproduktivität. Berlin 1952 (3. überarb. A. 1962 u. Mitautor 1967); Zur Methode der pol. Ökonomie. Ein Beitrag zur Gesch. der pol. Ökonomie. Berlin 1952; Arbeitsproduktivität, Wert und Selbstkosten. Berlin 1954; Arbeitsproduktivität, Lohnentwicklung u. Rentabilität. Berlin 1955; (Hrsg.): Aktuelle Fragen der Ökonomie u. Poltik des wiedererstehenden dt. Imperialismus. Berlin 1956; Grundriss einer Gesch. der pol. Ökonomie (Ms.-druck). Berlin 1956; Ware, Wert und Wertgesetz. Kritische u. selbstkritische Betrachtungen zur Werttheorie im Sozialismus. Berlin 1961 (westdt. Nachdruck als „Öko. Probleme des Sozialismus" Frankf./M. 1972); – zahlreiche ökonomietheor. Aka.-Vorträge in den 60er Jahren; (Mitautor): Die Zeitsummenmethode. Neue Wege der Planung u. Abrechnung der Arbeitsproduktivität u. Selbstkosten. Berlin 1961 (3. A. 1962); (Hrsg.): Faktenanalyse der Arbeitsproduktivität u. Kybernetik. Berlin 1965 (Gesamttitel zum N.Ö.S.); Grundriss der Gesch. der pol. Ökonomie. Bd. 1: Die pol. Ökonomie bis zur bürgl. Klassik. Berlin 1962, Bd. 2: Die Marxsche pol. Ökonomie. Berlin 1976, Bd. 3: Die bürgl. Ökonomie bis zur allgemeinen Krise des Kapitalismus. Berlin 1979, Bd. 4: Die bürgl. Ökonomie in der allgemeinen Krise des Kapitalismus. Berlin 1981 (zusammenfassende Rez. ders. im thematischen „Ökonomie-Philosophie"- Heft 10/1980 der DZfPh).

Benjowski, Regina
17. Okt. 1949
Pädagogik-Studium der Staatsbürgerkunde u. französischen Sprache; kurzzeitige Lehrer-Tg., dann mit Ehemann Klaus B. (Stasi-Offizier im bes. Einsatz) im Auslandseinsatz in Genf; pädg. Prom A. an der Aka. der Pädg. Wiss. der DDR 1983 z. Thema *Bildungspol. und – theoretische Grundsätze der franz. Monopolbourgeoisie, insb. dargestellt an der „Reform Haby" u. ihrer Weiterentw. in der Gegenwart*; spätere Übernahme (1985) durch das ZIfPh. an der AdW der DDR u. als persönlich betreute „Buhr-Schülerin" Informationsreisen nach Paris; „Register"-Arbeiten für Buhrs Kritik-„Enzyklopädie der bürgerlichen Philosophie im 19. und 20. Jhd." (Leipzig 1988); Febr. 1990 akademiephil. Prom. B z. Thema *In der Schuld der Aufklärung: Studien zur spätbürgerlichen Philosophie- u. Ideologieentwicklung in Frankreich –Renan, Foucault, Neue Philosophie, Neue Rechte* (138 S., Gutachter nicht mehr zu ermitteln); mit Abwicklung des Aka.-Phil.-Inst. 1991 keine fachphil. Weiterbeschäftigung (insbesondere nach massiven institutsinternen Protesten und konkreten Stasi-Vorwürfen) oder sonstige Wirksamkeit mehr nachweisbar.

Publ.: (zus. mit Rudi Schütt): Ausgewählte bildungspol.-päd. Positionen der sozialreformistisch geprägten Konzeption von der „Humanisierung der Schule" in der BRD (96 S.), Arbeitsstelle für Auslandspädagogik der APW. Berlin 1982; (Hrsg.): Weltbedeutung u. internatl. Charakter von Theorie und Praxis der Sozialistischen Schule. Internationale Konferenz, Moskau 1984. Berlin 1985.

Bense, Max
7. Febr. 1910–29. April 1990
Bis 1948 erster ostdeutscher Wissenschaftsphilosoph in Jena (danach Stuttgart)
Geb. in Straßburg/Elsaß; infolge des I. Weltkrieges und der franz. Besetzung Aussiedlung; Humboldt-Real-Gymn. in Köln; stud. ab 1930 Naturwissenschaften u. Phil. u. prom. 1937 in Bonn z. Thema *Quantenmechanik und Daseinsrelation*; kann sich während der NS-Zeit nicht habil., veröffentl. aber zahlr. Schriften; ab 1938 als Physiker bei der IG Farben in Leverkusen angestellt sowie ab 1943 in einem Forschungsinstitut; als Soldat meterolg. Ausbildung und Arbeit an physik.-techn. Rüstungsaufträgen, zuletzt im thüring. Georgenthal, wo er von Juni bis Aug. 1945 kurzfristig als Bürgermeister von den US-Besatzungsorganen eingesetzt wird; Sept. 1945–Aug. 1946 als 1. Nachkriegskurator (Kanzler) der FSU Jena entscheidend an deren ungemein frühzeitiger Wiedereröffnung mitwirkend; trotz anschl. Absetzung durch die sowjt. Militäradministration (wegen univ.-pol. Konflikte mit dem komm. Volksbildungs-Min. Dr. h.c. Walter *Wolf); anschließend a. o. Professur für Wissenschaftliche und phil. Propädeutik an der neu gegr. Sozialpäd. Fak., an welcher er kurz zuvor (also nicht mehr an der Phil. Fak.) mit seinen vor 1945 veröffentl. Schriften (kumulativ) habil. wurde; B. realisiert sofort ein umfassendes fachwiss. fundiertes Phil.-Lehrprogramm (einschließlich der mathe. Logik) in Jena; und sein wohl wichtigster u. später erfolgreichster ostdt. „Schüler" (Doktorant) dieser nachkriegszeitlichen Anfangsjahre sollte Georg *Klaus werden, der bei ihm 1947/48 kurz studierte wie auch noch beschleunigt promovierte; B. Berufung auf eine ordtl. Professur für Wissenschaftsphil. scheiterte wiederum am komm. Weimarer Kultur-Ministerium (weil auch parteilos bleibend), denn inzwischen gab es schon ein vorauseilendes erstes sog. „Inst. für Dial. Mat." (1946 mit einem selbsternannten Direktor, dem Volksschullehrer u. Minister Dr. h.c. W. *Wolf) an der neu eingerichteten „Gesellwiss. Fak.", bereits mit einer allein stalinistisch-parteimarx. Ausrichtung; zum anderen waren die entsch. Phil.-Prof.-Stellen der Univ. Jena nach 1945/46 (Hans *Leisegang wurde jedoch bereits 1948 schon wieder entlassen) weiterhin besetzt durch zwei andere „altbürgerl." Univ.-Philosophen wie Paul Ferdinand *Linke und Hermann *Johannsen; Bense bemühte sich daraufhin um eine Anstellung in den Westzonen, was ihm jedoch sofort als „Ostzonenflucht" ausgelegt wurde, dem daher zum 30. Sept. 1948 die fristlose Entlassung wegen angeblich gröblicher Verletzung seiner Dienstpflichten folgte. Durch B. kam es (im Kontext mit dem univ.-phil. Lehrangebot von *Leisegang und *Linke) schon lange vor der verspäteten Wiederbegründung 1951 dreier ostdt. univ. Phil.-Institute in Jena, Leipzig u. Berlin zu einem ganzen Kanon eigenständiger Phil.-Lehrveranstaltungen, unvergleichbar mit keiner anderen Phil.-Einrichtung der SBZ in den Anfangsjahren

der DDR-Phil. 1949 erhielt B. schließlich eine thematisch umfassend ausgestatte Professur für Phil. der Technik, Wissenschaftstheorie u. math. Logik (aber erst 1963 Ordinarius) an der damlg. TH Stuttgart (seit 1967 Univ.); 1978 em. und gest. 1990 in Stuttgart. In der DDR verfaßte allein Wolf *Biermann eine phil. Abschlussarbeit zur Ästhetik Benses, ohne dass ihm aber damit 1963 sein Phil.-Diplom ausgehändigt wurde. – Nach seiner Übersiedlung bzw. Flucht in die West-Zone 1948 wichtige Arbeiten zur Geistesgeschichte der Mathe. (1946/49), zur Technik-Phil. sowie zu einer semiotisch-informationstheor. *Ästhetica* (I–IV 1954–60). Durch frühzeitg. Kenntnisnahme der aktuellsten amerik. Kybernetik-Literatur ist er bereits in den 50er Jahren (also schon 10 Jahre früher als sein ostdt. Schüler u. Kollege *Klaus in der DDR) der entsch. Wegbereiter der Kybernetik in der BRD. – Dennoch konnten immer erst nachwendisch (wie in allen anderen ostdt. Universitäten, zumeist im Zusammenhang mit gerade anstehenden Univ.-Jubiläen) die tatsächlichen Nachkriegs-Anfänge der DDR-Phil., so auch in Jena hist.-kritisch aufgearbeitet werden (s. dazu insb. Arbeiten von Michael *Eckardt z. Verhältnis von Max *Bense, Walter *Wolf und Georg *Klaus in den Jahren 1945–1949. In: „Hochschule im Sozialismus". Studien der FSU Jena 1945–1990. Bd. 2, Köln-Weimar-Wien 2007. – 2010 Gedenkveranstaltung zum 100. Geb. Benses als „Weltprogrammierung" in Stuttgart.

Berg, Helene
1906–2006
Stalin-dogm. Funktionsträgerin der SED-Partei-Philosophie als langjährige Direktorin des Partei-Instituts für Gesellschaftswissenschaften beim ZK der SED
Geb. in Mannheim; Volksschule u. Berufsausbildung zur Schneiderin; 1927 KPD-Mitglied u. bis 1931 Kursantin der Internat. Lenin-Schule in Moskau; sowjet. Staatsbürgerschaft u. Mitgl. der KPdSU; 1931/32 Mitarb. im ZK der KPD u. Instrukteurin für Agit. u. Prop.; 1933/34 illegal fortgesetzte pol. Arbeit im Saargebiet; 1935 über Frankreich wieder in die SU emigriert u. an der Internat. Lenin-Schule Lehrerin für Gesch. der KPdSU u. der inzwischen stalinistisch formierten dt. (also allein komm.) Arbeiterbewegung tätig; 1939–41 wiss. Mitarb. der KPD u. KI. (Sammlg. von Materialien zur KPD-Gesch.); 1941–43 Lehrerin der dt. Gruppe einer KI-Schule sowie 1943–45 Lehrerin u. Leiterin des dt. Sektors einer Antifa-Schule für dt. Kriegsgefangene, teilw. auch an der PHS der KPdSU in Moskau eingesetzt; ebenso Mai 1945 an einer KPD-Partei-Schule bei Moskau wirksam u. April 1946 parteiorg. Rückkehr nach Dtl., SED-Eintritt und Lehrkraft an der neu gegründeten zentralen Parteischule der KPD/SED in Liebenwalde (spätere PHS der SED in Kleinmachnow); 1951 kurzzeitig kommissarisch ein gesetzte Direktorin ders. u. zeitwlg. verh. mit Paul *Wandel, Präsd. der ZVVB; mit Gründg. Ende 1951 (zu Stalins 72. Geb.) bis 1958 erste Direktorin des IfG beim ZK der SED, damit dauerhaftes ZK-Mitglied bis 1989 u. sofortg. Ernennung als allein namentl. Professorin zur konsequenten Durchsetzung des Systems des sowjet-stalinistischen Parteischulungssystem; allzeit gefürchtete militant-dogmatische „Diskutantin" (selbst gegen den uralten marx. Partei-Lehrer Hermann *Duncker 1951 wegen eines

angeblich missverstandenen bzw. falsch ausgelegten Stalin-Zitates), ohne jede eigene fachliche („gesell.-wiss.") Qualifizierung; 1958–71 schließlich deshalb abgeschoben in die Red. der Interl. Zeitschrift „Probleme des Friedens und des Sozialismus" nach Prag; 1972–79 wiederum Direktorin des aber nicht öffentlichen SED-„Instituts für Meinungsforschung" ohne jede Wirksamkeit; 1976 Dr. phil. h. c. am IfG bzw. späteren AfG beim ZK der SED; an dieser Einrichtung erfolgte nach der von ihr ebenso installierten, ständig erweiterten Maßgabe 1951–89 eine jahrzehntelange (außeruniversitäre) Aspirantenausbildung auf allein marx.-len. „gesellschaftswiss." Gebiet und damit eine fortl. Qualifizierung von Parteikader-Doktoranden, insb. auch für die marx.-len. Philosophie in der DDR; anfänglicher „Lehrstuhlleiter für Phil." ist Kurt *Hager (seine damaligen, sich ständig abwechselnden sog. professoralen Stellvertreter sind: Ernst *Hoffmann, Matthäus *Klein und Günter *Heyden, späterhin Alfred *Kosing und schließlich dauerhaft Erich *Hahn bis 1989); 1979–89 Konsultantin in der Abt. Internatl. Verbindungen des ZK der SED u. nachwendisch ungebrochen Mitgl. des „Rates der Alten" bei der SED-PdS; starb fast hundertj. in Berlin u. erhielt alle nur erdenklichen höchsten Staats- u. Parteiorden der SED-DDR wie der KPdSU-UdSSR. DDR-Personen-Lexikon 2010 (B.-R. Barth/H. Müller-Enbergs).

Lite.: Kurze Chronik der Akademie für Gesellwiss. beim ZK der SED. Berlin 1986; Martens, L.: „Rote Denkfabrik". Zur Gesch. der AfG beim ZK der SED. Berlin 2006.

Berg, Hermann von
29. März 1933–21. März 2019
ML-Diplom, DDR-Geheimdiplomat u. Stasiagent, Univ.-Prof. u. schließlich Dissident
Geb. in Mupperg, Krs. Sonneberg als Sohn eines Metallarbeiters, 1945 noch zum Volkssturm; 1946 FDJ und 1950 jugendl. SED-Eintritt, damit bereits Sekr. der FDJ-KL u. Mitgl. SED-KL Eisenach; zugl. Besuch der Abenduniv. zur Erreichung der Hochschulreife; ab 1954 Studium am FMI in Leipzig in den klass. ML-Fächern (,Bestandteile'): Ökonomie, Geschichte u. Phil.; Wirksamkeit im gesamtdt. Studentenrat seiner Univ., dadurch erstmlg. stud. „Westkontakte" und sofortg. Einbindung in die Abt. Internat. Verbindungen des FDJ-ZR (Vors. W. Lamberz); 1959 Abschluß als Diplom-Lehrer für ML-Gesell.-wiss. u. erster berufl. Einsatz als Haupttref. im Staatssekr. für HFS-Wesen (Leiter W. *Girnus); seit dieser Zeit bis 1980 IM „Günther" für die HVA des MfS erfaßt und tätig sowie seit Dez. 1961 konsp. Kontakte zu westdt. Politikern u. Dienststellen zur Regelung von innerdt. Geheimverhandlungen (insb. zur westdt. SPD-Führung); dazu ab 1962 Ltr. der Abt. Internat. Verbindungen im Presseamt des DDR-Min.-Rats.; seit 1966 außerplm. Asp. am IfG, daher erlaubte Archiv-Studien in versch. bundesdt. Städten u. 1970 entspr. hist.-marx. Prom. zur *Entstehung und Tg. der Norddt. Arbeitervereinigung als Regionalorg. der Dt. Arbeiterverbrüderung nach der Niederschlagung der Revolution von 1848/49* (einmlg. west-publ. Bonn 1981); daraufhin ab 1972 Prof. an der Sektion Wirtschaftswiss. der HUB; zugleich erneut „abgestellt" ins Min. für Außenwirtschaft zur Koordinierung von DDR-Verhandlungen zw. der RWG und EG,

woraus wiederum seine 2. Diss.-schrift *Zur Entstehung, Lage u. künftigen Entw. der Europ. Gemeinschaft* (HUB-Prom-B 1980) entstand; spätere West-Publ. u. d. T. „Die Analyse der EG. Ein Zukunftsmodell für Ost u. West?" (Köln 1985); Jan. 1978 ungewöhnl. Spiegel-Publ. eines angebl. „Manifest des Bundes Demokratischer kommunisten Dtl." mit ungemein polem. Kritik an der SED-Führung hinsichtlich der ungelösten/weiterhin offenen nationalen Frage; anschl. dafür bis März d. J. unübl. privlg. U-Haft als „geschütze Quelle" in einem Sonderobjekt des MfS u. danach ungehinderte Prom. B sowie Umsetzung (nicht etwas Entlassung wie *Havemann, Ausbürgerung wie *Biermann oder Verurteilung wie *Bahro) in die Sektion Geschichte der HUB, weiterhin als Prof.; 1985 jedoch illeg. Übergabe von 2 Buchmanuskripten mit unglaublich polemischer Radikalkritik an Marx' Theorien, dem Marximus als dogm. Ideologie wie am realsozial. Wirtschaftssystem generell, an einen westdt. Verlag in Köln, verb. mit sofortg. SED-Austritt wie Ausreiseantrag, da er keine ungehinderten Arbeitsmögl. in Forschung u. Publ. in der DDR mehr wahrnehmen konnte (wir befinden uns nun allerdings schon in den späten/ausgehenden/krisenhaften 80er Jahre); erneute MfS-Gespräche und massive „Haftandrohungen" (doch 25 Jahre Arbeitslager sieht selbst das poststaln. DDR-Strafgz. nicht mehr vor); danach jedoch univ. Beurlaubung u. schließl. Entlassung durch die HUB vb. mit einem symbol. Parteiausschlußbeschluß d. dortg. SED-KL ohne jede parteiorg. Öffentlichkeit; Anwalt Vogel regelt (nach westdt. Protesten) in solchen Fällen schließlich im Mai 1986 die formelle Ausbürgerung u. ungehinderte Ausreise in die BRD; daraufhin 1987–90 Lehrtg. an der Univ. Würzburg und mit dem Ende der DDR nochmals 1990–92 kurzzeitig an der HUB, aber ohne jede nennenswerte Wirkung, da sich sein dreifaches Feindbild: die SED, ihre DDR u. die Stasi (denen er lange durchaus wirkungsvoll gedient hatte) einfach nicht mehr existent waren; derartig hilflos-empörte Gegenagitation war da schon längst durch sachgerechte hist.-wiss. Darstellungen der SED-DDR-Gesch., wie die von Hm. *Weber oder auch W. *Leonhard ersetzt worden, – und das gilt auch für seine phil.-biographisch (nicht A. *Cornu folgende) wenig fundierte Marx-Kritik (ist ihm nur „Murks"); es war, wie es dann autobiogr. bei Bg. vollkommen richtig heißt, doch nichts weiter als eine „Verbeugende Unterwerfung" (Mün. 1988); verst. März 2019, und nur die J. W. nahm sehr verspätet am 2. Mai d. J. nochmals von ihm Kenntnis.

DDR-Personen-Lexikon 2010 (Jan Wielgohs).

Publ.: Marxismus-Leninismus. Das Elend der halb dt., halb russ. Ideologie. Köln 1986/87 (in Anlehnung an den Marxschen Buchtitel „Das Elend der Phil.". Paris 1847); Die DDR auf dem Wege in das Jahr 2000. Politik, Ökonomie, Ideologie. Plädoyer für eine demokratische Erneuerung (zus. mit Franz Loeser u. W. Seifert). Köln 1987; Vorbeugende Unterwerfung. Politik im realen Sozialismus. Mün. 1988; Die Anti-Ökonomie des Sozialismus. Zur Reformfähigkeit parteimonopolistischer Staatswirtschaften. Würzburg 1989.

Bergner, Dieter
5. Febr. 1928–7. Okt. 1984
Philosophie-Historiker, Institutsdirektor, Dekan und Universitäts-Rektor in Halle
Geb. in Bautzen; 1943–46 kriegsbedingte Schulunterbrechung (Luftwaffenhelfer u. Kriegsgefangenschaft); 1947 Abitur und 1948–53 Studium der Geschichte wie Germanistik u. Phil. im Nebenfach; anschl. wiss. Aspirant am Phil. Seminar der MLU Halle, doch bereits 1953/54 mit Georg *Mende (seinem Dr.-Vater und als Inst.-Nachfolger von Georg *Klaus, der wiederum in Nachfolge von Walter *Hollitscher nach Berlin ging) Wechsel an die FSU Jena; dort 1956 phil Prom. z Thema *Die Behandlung der nationalen Frage in Dtl. durch den Patrioten J. G. Fichte* (publ. 1957); danach Lehrbeauftragter für ML-Phil. im gesell.-wiss. Grundstudium in Jena; 1958 Rückkehr nach Halle u. Berufung zum Lehr-Prof. für dial. u. hist. Mat.; erst am 1. Febr. 1966 erfolgte eine Ernennung zum Prof. mit vollem Lehrauftrag für sein eigentliches Fachgebiet Gesch. der Phil. u. damit bis 1968 zugleich Direktor des neu gegr. Phil. Instituts; 1969 durch Fak.-Beschluss mit bis dahin publ. Texten *Zur Analyse u. Kritik der bürgl. Phil. u. Ideologie der Gegenwart* zum Dr. sc. phil. habilitiert (1. phil. Prom. B) sowie z. o. Prof. für Geschichte der Phil. berufen; dieser Zusammenhang von „Gesch. u. Kritik" (Analyse u. Ause.) ist konstituierend und gilt so auch für Manfred *Buhr; daraufhin 1971–84 Mitgl. der SED-BL Halle und 1972–77 Dekan der Phil. Fak. sowie 1977–80 (als einziger DDR-Phil.) sogar Rektor der MLU Halle-Wittenberg; Hrsg. ausgew. phil.-hist. Lehrtexte (bei Rc. Leipzig zu Descartes, Fichte, Kant, Feuerbach und Mehring) sowie von arbeitskollektiven Monographien zur hist.-sytem. Ause. mit der spätbürgl. Ideologie und Phil. (zumeist mit Rolf *Bauermann); früh verst. 1984 in Halle; entscheidender Förderer des Phil.- historikers Hans-Martin *Gerlach wie des Wiss.-historikers Reiner *Mocek in Halle, die das dortg. Phil.-Institut dann weiter ausprägten.
DDR-Personen-Lexikon 2010 (H.-C. *Rauh).

Publ.: Neue Bemerkungen zu J. G. Fichte. Berlin 1957; Der Kreuzzug der evangelischen Akademie gegen den Marxismus (mit W. Jahn). Berlin 1960; (Mitautor): Imperialismus u. Weltanschauung. Zu neuen Tendenzen der bürgl. Phil. u. Ideologie in Westdtl. Berlin 1966; Ebenso: Manipulation. Die staatsmonopolistische Bewußtseinsindustrie. Berlin 1968; (Mithrsg. R. Mocek): Leninismus und Klassenkampf, phil. und polit. Positionen des gegenwärtigen Antileninismus. Berlin 1973; (Ebenso): Bürgliche Gesellschaftstheorien. Studien zu den weltanschaul. Grundlagen und ideolog. Funktionen bürgerl. Gesellschaftsauffassungen. Berlin 1976; Universitas litterarum heute. Zur Tradition u. den phil. Grundlagen der Sozialistischen Universität Halle 1978; (Autorenkollektiv u. Hrsg.): Der Mensch, neue Wortmeldungen zu einem alten Thema. Berlin 1982; (Mitautor R. Mocek): Gesell.-theorien. Phil. und Lebensanspruch im Weltbild gesell.-theor. Denkens der Neuzeit. Berlin 1986. – 15-facher Artikel-Autor der DZfPh, langj. Kollegiumsmitglied ders. u. Nachruf ebd. (H. 12/1984).

Berka, Karel
1923–2004
Tschechischer Logik-Historiker und vielfältig wirksam in Leipzig
Geb. in Breslau (Mähren), Sohn jüd. Eltern; Vater Gymnasialprof. an einer dt. Schule; Mutter und Sohn (Arbeitslager) wurden ins Ghetto-KZ Theresienstadt deportiert;

Anfang Mai 1945 Befreiung durch die Rote Armee; Nachholen des Abiturs in Brno und „Namensänderung" in Karel Berka; ab 1948 Studium der Phil. u. Anglistik an der Masaryk-Univ. Brno; 1951 Parteiausschluß; erste phil. Abschlussarbeit 1952 z. Thema „Grammatica y Logika" u. 1955 Ass. in der Abt. Logik des Phil. Instituts der Karls-Univ. Prag; daselbst phil. Prom. mit einer Arbeit *Zur Gesch. der Aussagenlogik in der Antike* (tschechisch); Anfang der 60er Jahre zum Studienaufenthalt am Inst. für Mathe. Logik der HUBerlin bei Prof. Karl *Schröter u. 1963 Habil. in Prag z. Thema *Studien zur Aristotelischen Logik*; mit dem Studienjahr 1963/64 Gastdozentur am Leipz. Phil. Inst., die oftmals verlängert wurde, 1967–31. Aug. 1968 (!) auch als Gastprof.; 1969 zeitweilig in den USA (Pennsylvania) u. erzwungene Rückkehr in CSSR; 1981 weitere aka.-phil. Graduierung mit einer Arbeit z. Thema „Messen. Begriff, Theorie u. Problem", aber erst 1988 Korr. Mitgl. der Tschechosl. Aka. der Wiss. u. gleichzeitig mit seiner Emeritierung am 1. 2. 1989 auch zum Prof. für Logik an die Karls-Univ. Prag berufen; verst. 2004 in Prag.

Die wichtigen logikgeschtl. Logik-Texte (zus. kom. u. hrsg. mit L. Kreiser) erschienen 1971–86 in der DDR in 4 Auflagen (u. Darmstadt 1983); Übers. u. Hrsg. des „Phil. WB" (hrsg. von G. Klaus u. M. Buhr) in tsch. Sprache (2 Bde, Prag 1981); Mitwirkung an versch. log.-methodolg. wie wiss.-theor. Projekten der DDR-Philosophie in Leipzig u. Berlin; logikwiss. Beiträge in der DZfPh 1964–68 (mit Rez. bis 1975). – Würdigung durch L. Kreiser in dessen Gesch. der Logik in der DDR. Leipzig 2009.

Bernal, John Desmond
1901–1971
Englischer Physiker, Wissenschaftsforscher und Friedenskämpfer
Geb. in einer religiösen Bauerfamilie aus Irland; univ. Physikerausbildung u. spätere Mitbegründung der modernen biophysikal. Forschung; seit 1937 Univ.-Prof. für Physik in London; Mitgl. zahlreicher europäischer Wissenschaftsakademien, u. a. auch in der DDR und UdSSR sowie 1953 Lenin-Friedenspreisträger in Moskau sowie Ehrendoktor der HU zu Berlin; seine wissenschaftshist. Forschungen „Science in History" beflügelten seit den 60er Jahren entspr. wissenschaftstheor.-hist. Bestrebungen zunächst im Rahmen der DDR-Phil. (Gerhard *Harig, Günter *Kröber, Hubert *Laitko und Reinhard *Mocek); in den 70/80er Jahren instititionell „wissenschaftswissenschaftlich" verselbständigt u. schließlich „getrennt" von der ML-Phil., ohne jeden dial.-mat. Lehrbuchdogmatismus agierend, „Die Wissenschaft in der Geschichte" erforschend; seine vierbändg. „Sozialgesch. der Wiss." (Hamburg 1970) gliedert sich wie folgt: 1. Entstehung u. Wesen des Wissens; 2. wiss. u. industrielle Revolution; 3. Naturwiss. der Gegenwart; 4. Gesellschaftswissenschaften.

Publ.: (dt.-sprachige Übers.): (zus. mit M. Cornforth): Die Wissenschaft im Kampf um Frieden u. Sozialismus. Berlin 1950; Marx und die Wissenschaft. Berlin 1953; Welt ohne Krieg. Berlin u. Darmstadt (DVW-Lizenz) 1960; Perspektiven des Weltfriedens. Berlin 1961; Die Wissenschaft in der Geschichte. Berlin 1961 (3. A. 1967); (Hrsg. H. Steiner): Die soziale Funktion der Wiss. Berlin u. Köln 1986; (Hrsg. H. Laitko): Mit der Wiss. in die Zukunft. Nachlese zu John D. Bernal. Schkeuditz 2003.

Besenbruch, Walter
25. Dez. 1907–23. Juni 2003
Widerstandskämpfer – Ästhetiker – 40 Jahre „Hausmann" ohne jede phil. Arbeit
Geb. in Wuppertal-Barmen, entstammt einer neunköpfigen Arbeiterfamilie; 1914–28 Volksschule und schulgeldbefreiter Besuch eines Realgymnasiums mit Abitur; 1929–32 Studium der Geschichte u. Philosophie in Berlin u. Kiel; Abbruch des Studiums aus Geldmangel wie aus pol. Gründen; 1930 KPD-Eintritt u. antifasch. pol. Arbeit (illegale Neuorg. der KPD); dafür 1935 Verurteilung zu einer Haftstrafe von 12 Jahren Zuchthaus mit anschl. Überführung ins KZ-Moorlager Emsland bis 1945; nach der Befreiung 1945–47 erster nachkriegszeitl. Polizeipräsd. von Merseburg; 1948/49 versuchte wiss. Asp. der MLU Halle; stattdessen dann 1950 sechsmonatlicher Dozentenlehrgang an der PHS und danach 1950–53 Redakteur der SED-Zeitschrift „Einheit"; gleichzeitig ab 1951 Lehrbeauftragter für dial. u. hist. Mat. an der HU Berlin (ML-Grundlagenstudium); 1953 Wahrnehmungsprof. mit Lehrauftrag für Ästhethik am Phil.-Inst. der HU zu Berlin, wozu 1956 die nachholende phil. Prom. mit einer Schrift *Zum Problem des Typischen in der Kunst* (publ. Weimar 1956) erfolgte; 1956/57 parteiinterne Konflikte im Zusammenhang mit der Auswertung des XX. KPdSU-Parteitages in der SED-DDR; 1959 Prof. mit Lehrauftrag für Ästhetik u. Kulturpol. sowie erster versuchter Aufbau eines entspr. zusätzlichen Lehrbereichs am Berliner Phil.-Institut (dieser verselbständigt sich jedoch bereits 1966/68 mit der III. HSR institutionell zu einer eigenständigen univ. Sektion „Kulturwissenschaft/Ästhetik"); B. erkrankte bereits frühzeitig und war auf Grund seiner unzureichenden Ausbildung den zunehmenden univ.-phil. (ästhetischen) Lehr- und Forschungsanforderungen nicht mehr gewachsen; daher 1964 schließlich invalidisiert u. 1973 vorzeitig em. sowie nur noch „antifaschistisch" wirksam; ingesamt zwei kulturpol. DZfPh-Artikel 1960/61, danach keinerlei fachphil. Beiträge mehr nachweisbar; für Rudolf *Bahro war W. B. während seiner Studienzeit 1954–59 persönlich stets eine „moralische Instanz", während es fachlich mit Wolfgang *Heise grundsätzliche Ause. „Zu einigen Grundfragen der marx. Ästhetik" (DZfPh, H. 1/1957) gab, auf die B. jedoch niemals mehr antwortete; 1999 erschien B. aber als einer der wenigen älteren DDR-Philosophen überraschend zu unserer Eröffnungskonferenz dieses Projekts einer hist.-krit. Aufarbeitung der DDR-Phil. (Anfänge-Band, 2001); anschl. Gespräche mit ihm führten jedoch zu keinen, weiter auswertbaren univ.-phil. u. institutsgeschichtl. Aufschlüssen und Ergebnissen, weil er sich damit offensichtlich nie wirklich selbstkritisch beschäftigt hatte.

Lite.: G. Herzberg: Schwierigkeiten mit der Erinnerung. Proträt des Kommunisten u. Philosophen W. B. In: Aufbruch u. Abwicklung. Berlin 2000; E. Panitz: Gedenkrede für W. B. v. 14. 7. 2003 (unveröfftl.).

Beurton, Peter
8. Sept. 1943
Biologe, Fernstudium der Philosophie und Mitglied der aka.-phil. Rubengruppe
Geb. in Oxford (engl. Emigration der Mutter: „Ruth Werner", sowjet. Kundschafterin und Schwester von J. *Kuczynski); mit Aufdeckung der sowjet. Atomspionage des Physikers Klaus *Fuchs (Sohn des Theologen Emil *Fuchs) 1950 sofortige Übersiedlung in die DDR; nach abgeschl. Schulausbildung (Abi) 1963–68 Biologie-Studium an der HU zu Berlin mit anschl. Promotionstudium am Naturkunde-Museum zu Berlin; daselbst biowiss. Prom. 1972 und bis 1976 anschl. Philosophie-Fernstudium an der HUB; zugleich ab 1972–91 (mit Unterbrechungen) wiss. Mitarb. im Herbert *Hörz-Bereich Philosophie-Wissenschaften des ZIfPh der AdW der DDR zu Berlin; gerät mitten hinein in die des Revisionismus angeklagte Phil.-gruppe um Peter *Ruben und Camilla *Warnke (Bereich Dial. Mat.), die 1981 mit anderen Anhängern aus der SED ausgeschlossen u. arbeitsmäßig „umgesetzt" werden; B. erhält als einziger (da aus einer privileg. antifasch. Familie stammend) lediglich eine einfache „Rüge" u. kann sich daraufhin später ungehindert an der PH in Potsdam 1988 daselbst z. Thema *Hist. und methodolog. Probleme der Entwicklung des Darwinismus* B-habil. (Gutachter: D. Götz, E. Rutschke, R. Daber); 1992–2009 fortgz. Tätigkeit am Max-Planck-Institut für Wiss.-gesch. Berlin mit dem bes. Arbeitsgebiet Grundbegriffe der biolg. Evolutionstheorie, wozu einige institutsinterne Sonderdrucke vorliegen; seit 2009 im sog. „Unruhestand". – Gespräch mit P. B. u. seinen beiden Geschwistern zu ihrer fam.-geschtl. Herkunft. In: Ruth Werner, Sonjas Rapport (nunmehr als 1. vollstg. Ausgabe mit Kurt *Hagers Streichungen). Berlin 2006.

Beyer, Hans
6. März 1920–4. Dez. 1999
ML-Professor für Wissenschaftlichen Kommunismus an der Karl-Marx-Univ. Leipzig
Geb. in Berbisdorf (Sachsen) u. daselbst Volksschule bis 1934; anschl. Malerlehre 1934–37 in Stollberg; 1937/39 Malergeselle u. 1939/40 RAD; 1940–44 Kriegsteilnahme in Italien u. 1945–47 alliierte Kriegsgefangenschaft; 1947/48 wieder Berufstätigkeit als Maler und SED-Beitritt in Stollberg; nach Besuch der Landesparteischule 1948 Sekr. für Organisation im Kreisvorstand der SED; bereits 1951/52 (mit Einführung des gesell.-wiss. Grundlagenstudiums umgehend ohne jede entspr. univ. Ausbildung) Lehr-Einsatz in dems. u. 1955 hist. Prom. z. Thema *Der Kampf der Münchner Arbeiterklasse von der Novemberrevolution 1918 bis zur Räterepublik 1919* (so publ. 1957 u. erw. 2. A. 1982 u. d. veränderten Titel "Revolution in Bayern"); 1965–85 Redaktionsleiter der „Beiträge zum marx.-len. Grundlagenstudium" und 1953–59 Doz. für „Grundlagen des ML" (Wiss. Komm.); ab 1959 ebenso Prof. für dial. u. hist. Mat. am FMI der KMU Lpz.; zugleich 1955–61 Direktor des Inst. für Gesell.-wiss. bzw. für M-L ebenda u. 1966 Habil. auf diesem „Lehrgebiet" z. Thema *Wesen, Funktionen, Differenzen und Formen des Antikommunismus in Westdt.*; dafür mit der III. HSR 1969–85 ordl. ML-Prof. sowie langj. Mitgl. des Red.-Kollegiums der DZfPh, ohne je einen wirklichen phil. Beitrag

zu publ.; statt dessen 1960/76 zehn klassenkämpferische Artikel zu seien beiden entsprechenden geschichtsprop. Prom.-Schriften; – das alles gehörte zur allgm. parteiamtl. ML-Philosophieauffassung nicht nur in Leipzig.

Beyer, Wilhelm Raimund
2. Mai 1902–6. Okt. 1990
Jurist – linksmarx. orientierter Hegelforscher und Internationale Hegel-Gesellschaft
Geb. in Nürnberg als Sohn eines Rechtsanwalts; besuchte daselbst das älteste dt. humanistische Gymn. (von Melanchthon 1526 gegründet und von Hegel 1808–16 als Rektor geleitet); Studium in Erlangen und Rostock, nicht nur Rechtswissenschaften; prom. 1924 in Erlangen mit einer Arbeit zum *Entwicklungsgedanken im Wechsel- und Scheckrecht*; 1928 folgte das Assessor-Examen in München; jedoch Arbeiten während der NS-Zeit 1933–45 weitgehend unbekannt; „Wiedererwecker" der nachkriegszeitlichen (durchgehend west-östlichen und marx.-komm.) Hegel-Beschäftigung durch Gründg. einer zunächst eigenstg. Internationalen Hegel-Gesell. (selbst langj. 1. Vorsitzender seit 1953) u. ungemein freizügiger Organisator entspr. jährl. Internationaler Hegel-Kongresse (seit 1956), die für die ostdt. DDR-Phil. aber dennoch nicht frei zugänglich waren (jahrzehntelang von Manfred *Buhr reglementierte u. stasibeaufsichtigte, willkürlich-parteiliche Teilnehmerauswahl) sowie von der offiziellen westdt. „bürgerlichen" Hegel-Gesell. (spätere „Gegengründung" durch H.-G. *Gadamer) weitgehend ignoriert; trotzdem jahrzehntelang die wichtigste Ebene der ost-westl. phil. Begegnung wie auch erbitterter ideolg.-pol. Ause. nicht nur um das Hegelsche Erbe, – zw. östlicher orthodox-marx., westlicher kritisch-marx. wie „gutbürgl." Hegelforschung; einen Höhepunkt bildete in dieser Hinsicht der X. Internationale Hegel-Kongreß 1970 in Berlin (Hauptstadt der DDR) zum 200. Geb. Hegels: an der UHB (mit öffentl. Staatsaktrede von Alex. *Abusch) sowie an der AdW (nicht öffentlich zugänglich, unter der Oberaufsicht von *Buhr, zeitweilg. stellv. Vors. dieser Hegel-Gesell.). Nachdem es mit diesem zu persönlich unüberbrückbaren pol.-ideolg. wie auch Hegel-fachlichen Meinungsverschiedenheiten und parteilichen Streitigkeiten kam, erschien ein entspr. Abrechnungs- u. Enthüllungsbuch von B. u. d. T. „Freibeuter in hegelschen Gefilden" (1983), worin dieser ungemein enttäuscht und verbittert sog. „Chefideologen, Parteifunktionäre u. a. Machthaber im geheuchelten Respekt vor Hegel" bloßstellte und anklagte, womit insb. *Buhr persönlich gemeint war, was aber für diesen, derartig massiv stasi- u. parteiführungsgeschützten „Kader-Philosophen" wiederum gänzlich folgenlos blieb. Allerdings stammt vom sehr rührigen u. umtriebigen „Hegel-Beyer" vorangehend ebenso die erste ideologisch-vorauseilende, „linksmarx." Kritik am noch gar nicht vollständig publ. großen Ontologie-Projekt von Georg *Lukacs, das er durchaus völlig ungezwungen schon vorab rein klassenkämpferisch u. parteidogmatisch sofort als eine bloß „idealistische Modeschöpfung" abtat und denunzierte; dazu erstveröffentlicht in der ostdt. DZfPh. H. 11/1969, während allein in der BRD erst in den 80er Jahren diese „OT des gesell. Seins" als geschl. Werkausgabe vollständig erschien. Als westdeutsch-österr. Gelehrter am häufigsten Autor in der DDR: 1957–77

in deren einziger ostdt. Phil.-Zeitschrift sowie ihren Verlagen bis 1981; denn danach erfolgte sein öffentl. Protest gegen die Behandlung der aka.-phil. *Ruben-Gruppe durch das ZIPh u. seinen Direktor *Buhr; eine wohlgeordnete umfangreiche Bibliographie (1982) dok. sein gesamtes, höchst widersprüchl. wiss. Schaffen während des epochalen Ost-West-Konfliktes in Dtl.; kurz nach der vollzogenen dt. Wiedervereinigung am 6. Okt. 1990 verst.

Publ.: (ausgewählt, soweit diese in der DDR erschienen u. auf deren Philosophie einwirkten): Hegel-Bilder. Kritik der Hegel-Deutungen. Berlin 1964 (3. erw. A. 1970); Tendenzen bundesdt. Marx-Beschäftigung. Köln 1968; Vier Kritiken: Heidegger, Sartre, Adorno, Lukacs. Köln 1970; Die Sünden der Frankfurter Schule. Ein Beitrag zur Kritik der „Kritischen Theorie".(Buhrsche-Kritik-Reihe Nr. 10) Berlin 1971, ebenso Frankf./M.; Parteinahme der Wissenschaft für die Arbeiterklasse. Frankf./M. 1972; Vom Sinn oder Unsinn einer Neuformierung des Hist. Mat. Zu den Versuchen einer phil. Stabilisierung von Herrschaft im sog. Spätkapitalismus. (Buhrsche Kritik-R. Nr. 43). Berlin 1974; Denken und Bedenken. Hegel-Aufsätze. Zum 75. Geb., hrsg. von M. Buhr Berlin 1977; Der „alte Politicus" Hegel. Frankf./M. 1980; Eine Bibliographie, Wien 1967 (3. A. 1982), mit einem Anhang zur „Geschichte der Internationalen Hegel-Gesellschaft"; letztere existiert nach einer schwierigen Umbruchphase (seit 1992 unter Leitung von Andreas Arndt) mit ihren fortl. Interl. Hegel-Kongressen ungebrochen weiter.

Beyer-Naumann, Waltraud
26. Dez. 1943
Philosophie-Historikerin und Literaturwissenschaftlerin in Berlin
Geb. in Posen als Tochter eines Edelpelztierzuchtmeisters; nach der kriegsbedingten Umsiedlung in die SBZ, Schulbesuch u. OS-Zeit in Leipzig mit Abitur 1962; zunächst Hilfsschwester in der Augenklinik der KMU Leipzig u. zweij. Ausbildung zur Orthoptistin; anschl. Phil.-Studium 1965–70 (Diplom) in Leipzig mit einem sprachwiss. Zusatzstudium u. spezialisiert auf ET (dortg. Phil.-Lehrer H. *Seidel, A. *Kosing u. D. *Wittich); nachfolgender Lehreinsatz im ML-Grundlagenstudium an der Handelshochschule Leipzig (Wb Philosophie) u. Teilnahme am Forschungsseminar ET von Dieter *Wittich; zugleich phil. Prom A. 1976 an der Sektion Phil. der KMU Leipzig zum Thema *Beitrag zur marx.-len. Kritik an Karl-Raimund Popper* (Gutachter: D. *Wittich, D. *Bergner u. F. *Fiedler); später 1983–89 Mitarbeiterin am ZI für Literaturgeschichte der AdW der DDR; daselbst 1986 Prom. B z. Thema *Kommunikative Beziehungen in Dtl. Ende des 18. Jhd: Kant und Schiller – Fichte u. Goethe – Fichte und die dt. ‚Gelehrtenrepublik' im Atheismusstreit* (Gutachter: leider nicht zu ermitteln); 1996–2003 Mitarbeiterin am Zentrum für Literaturforschung (Berlin) z. gemeinschaftl. Erarbeitung eines hist. Wörterbuchprojektes „Ästh. Grundbegriffe" in 7 Bänden (1992–2005); namentlich erst-verh. mit dem Prof.-Sohn von Hans *Beyer u. zweitverh. mit dem Romanistik-Prof. Manfred *Naumann.

Publ.: (Hrsg.): Horkheimer/Adorno: Dialektik der Aufklärung (mit e. Nachw. u. Pers.-reg.). Leipzig Rc. 1989; (Mithrsg.): Nach der Aufklärung? Beiträge zum Diskurs der Kulturwissenschaften (Tagung 1994). Berlin 1995; Anatomie der Sinne im Spiegel von Philosophie, Ästhetik und Literatur. Köln 2003; Endlich Jung. (Roman mit vereinzelten autobiograph. Zügen) Berlin 2007.

Bialas, Wolfgang
13. Jan. 1954
Philosophischer und kulturkritischer Zeit-Historiker
Geb. in Gotha (Thüringen); 1974–78 Phil.-Studium an der KMU Leipzig mit anschließendem Forschungsstudium im Bereich Gesch. der Phil. an der Sektion Marx.-len. Phil. ebenda; 1982 phil. Prom. z. Thema: *Die Bedeutung der Auseinandersetzung Hegels mit der Religion für die Herausbildung u. Entwicklung seiner Philosophie – Studie zur Religionsphil. G. W. F. Hegels* (Gutachter: H. *Seidel und E. *Lange, nachpubl. 1993); 1981–85 Inst.-Ass. im Bereich Gesch. der Phil. u. 1985–87 marx.-len. Lehreinsatz an der Theaterhochschule Leipzig; 1987–91 wiss. Mitarb. am Inst. für Dt. Gesch. der AdW der DDR bis zu deren Auflösung; zuvor noch 1989 Prom. B. (schon wieder als Habil.) am ZIPh der AdW in Berlin zum Thema: *Methodolog., geschichtstheor. u. praktisch-pol. Aspekte der Konzeptionalisierung gesell. Entwicklung in der Kritischen Theorie der Frankfurter Schule* (Gutachter: M. *Thom, Lpz. W. *Küttler, Bln. u. D. *Pasemann, Halle – publ. 1994); ab 1990/91 versch. Gastprofessuren, u. a. an der Kath. Univ. Freiburg in der Schweiz; danach bis 1995 wiss. Mitarb. am Max-Planck-Inst. für Wiss.-theorie u. -geschichte; 1996–2000 wiss. Mitarb. einer Max-Planck-Forschungsgruppe an der Univ. Potsdam; dann wiederum Gast-Professuren z. T. im Ausland u. seit 2007 wiss. Mitarb. am Hannah-Arendt-Institut für Totalitarismusforschung in Dresden, befasst mit zeitgeschtl. und kulturkritischen Analysen; aktuelles Forschungsprojekt: „Die moralische Ordnung des NS. Zusammenhang von Philosophie, Ideologie u. Moral".

Publ.: (Auswahl): Von der Theologie der Befreiung zur Philosophie der Freiheit. Hegel u. die Religion. Freiburg 1993; Geschichtsphil. in kritischer Absicht im Übergang zu einer Teleologie der Apokalypse. Die Frankf. Schule u. die Geschichte. Frankf./M. 1994; Von der Revolution der Klasse zur Evolution der Vernunft. Vernunftphil. in kommunikationstheor. Begründung. Frankf./M. 1994; (Mithrsg. R. Possekel): Der Blick zurück nach vorn. Geschichtsdenken im osteuropäischen Umbruch. Hagen 1994; Vom unfreien Schweben zum freien Fall. Ostdt. Intellektuelle im gesell. Umbruch. Frankf./M. 1996; (Mithrsg. G. Iggers): Intellektuelle in der Weimarer Republik Frankf./M. 1996; (Mithrsg. M. Gangl): Intellektuelle im Nationalsozialismus. Frankf./M. 2000; (Hrsg.): Die nationale Identität der Deutschen. Phil. Imaginationen u. hist. Realität deutscher Mentalität. Frankf./M. 2002; (Mitautor A. Rabinbach): Nazi-Germany and the Humanities. Oxfort 2007; Politischer Humanismus. Helmut Pleßners Ause. mit Dtl. u. den NS. Göttingen 2010. Vierfacher DZfPh-Autor 1980–87.

Biedermann, Georg
26. Aug. 1920–18. Jan. 2008
Autodidaktischer Philosophiehistoriker der klassischen deutschen Philosophie in Jena
Geb. in Haslau (Kreis Asch); Vater Steinmetz u. Mutter Näherin; ab 1926–34 gemischte Bürgerschule; 1934–36 prakt. Arbeit in einer Kammgarnspinnerei; 1936/37 Steinmetzlehrling u. Gewerbeschule; Arbeit im Steinbruch bis 1940; nach dt. Besetzung von Böhmen 1940 RAD und 1941–45 Kriegsteilnahme als Flugzeugmechaniker (Hilfstechniker); 1945/46 Steinmetz im väterlichen Betrieb; Juli 1946 nachkriegszeitl. Zwangs-Umsiedlung nach Freiberg/Sachs.; 1946/47 Gemeindearbeiter u. 1948/49 im Landratsamt Freiburg angestellt; ab 1949 Sportarbeit und 1956–59 Sportlehreraus-

bildung (Direktor einer Sportschule); 1962–67 Fernstudium Phil. in Jena u. ab 1970 Anstellung als wiss. MA der Sektion Marx.-len. Phil. der FSU Jena; 1973 phil. Prom. A *Zur phil. Entwicklung des jungen Hegels. – Hegel u. die Philosophie der Aufklärung, zur Geschichtsauffassung des jungen Hegels, Hegel u. die franz. Revolution von 1789* (Betreuer u. Gutachter: G. *Mende u. E. *Lange); ab 1974 wiss. Oberass. u. Lehrtg. zur klass. dt. Phil. (speziell Hegel); 1977 vereinfachte Prom. B durch Zusammenfassung von 12 publ. *Beiträgen z. Gesch. der klass. dt. Phil.*, aber offenbar so nicht anerkannt; 1979 trotzdem Berufung zum a. o Prof. u. 1985 reguläre univ. Berentung; – jahrelange Mitwirkung an den Jenaer Klassik-Seminaren; nachwendische Forts. der phil.-hist. Selbst-Studien u. zusätzliche Aufarbeitung der örtl. Regionalgeschichte durch Mitarbeit 1991–2001 an den Rudolfstädter Heimatblätter; publ. 2 Urania-Monographien zu Hegel (Leipzig+Köln 1981, Tokyo 1987 u. Soul 1999) sowie zu Feuerbach (Leipzig u. Köln 1986); seit 1995 weitere kürzere/populäre phil.-hist. Darstellungen noch zu Schoppenhauer (1998), J. G. Fichte (1999), Kant (2000) u. Schelling (2001) sowie nochmals zu Hegel (2002) und L. Feuerbach (2004) im „humanisti." Angelika Lenz Verlag Neustadt am Rübenberg sowie: „Das System der Philosophie Hegels", 2 Bde (1. Werke u. Vorlesungen. 2. Register) im Trafo-Vg. Berlin 2007; gest. 2008 in Bad Blankenburg. – (Hrsg.-Sohn Wolfgang B.): Zur Vorgeschichte der klass. dt. Phil. Von der mittelalterlichen Mystik bis zum logischen Rationalismus. Berlin 2011.

Biermann, Wolf
15. Nov. 1936
Phil.-Studium – gesamtdt. Liedermacher – phil. Ehrendoktor der HU zu Berlin
Geb. in Hamburg; Vater Werftarbeiter (als Kommunist und Jude im KZ Auschwitz ermordet); Gymn. in Hamburg, aber die Mutter wünscht 1953 „Übersiedlung in die DDR" u. 1955 daher Abitur in einem Schulinternat in Gadebusch bei Schwerin; anschl. zweijh. Grundstudium der Pol. Ökonomie an der HU Berlin, unterbrochen u. von 1957–59 Regieassistent am BE (Brecht war jedoch schon 1956 verst.); 1959–63 Forts. des Studiums (im Nb. Mathe.-Physik) am Phil. Institut der HU, aber ohne vollstg. Abschluss, obwohl eine anerkannte Diplomarbeit zu Max *Bense vorlag, aber keine regulären Sprachabschlüsse; seine Diplomurkunde erhielt er daher erst am 7. Nov. 2008 nachgereicht, als ihm die UHB zugleich damit die „Ehrendoktorwürde" der Phil. Fak. verlieh. – Zurückzuführen ist das alles „parteipolitisch" auf seine frühzeitig krit. Lieder u. Gedichte, bereits während seiner Studienzeit am Phil. Institut, deren SED-GO daher auch 1963 seine Partei-Aufnahme durch einfache „Streichung als Kandidat", letztendlich wegen folgender provokanter Satzzeile eines Prosatextes, mehrheitlich ablehnte: „Schweißüberströmt sitzen die Trainer am Rande der Arena und schmeißen ihren Jungen die Losungen des Sieges zwischen die Beine", die er nach mehrfachen Nachfragen des Institutsdirektors Herm. *Ley nicht weiter erklären konnte, geschweige denn zurücknehmen wollte; 1960–63 Aufbau eines Berl. Arbeiter- u. Studententheaters (b.a.t.), woran auch weitere damlg. Phil.-Studenten, wie der spätere Bildermaler

Ulrich *Pietzsch (als Organisationsleiter), mitwirkten; jedoch erfolgte die parteiangewiesene Schließung bereits kurz nach der Eröffnung und damit vor dem eigentl. Spielbeginn; somit hatte B. seit 1963 keinerlei reguläre Arbeitsanstellung, daher also „freischaffend"; demonstrative Teilnahme an den ML-kritischen Vorlesungen der HUB von Robert *Havemann 1963/64 u. zunehmende pol. Solidarisierung mit diesem; während seine Gedichte u. Lieder in der DDR nur inoffiziell u. damit allein privatisiert verbreitet wurden, erscheinen diese jedoch weitgehend ungehindert in West-Berlin: 1965 (Die Drahtharfe) u. 1968 (Mit Marx- und Engelszungen) im Verlag Klaus Wagenbach; vorangehend mit dem 11. „Kultur"-Plenum Ende 1965 schließl. endgültiges u. vollständiges Auftritts- u. Publ.-verbot in der DDR, begleitet von jahrelangen „staatssicherheitlichen" Kontrollen, Bespitzelung u. Zersetzungsmaßnahmen: „Die Stasi war mein Eckermann" !; trotzdem weiterhin viele interntl. Kontakte und vereinzelte interne (fragwürdige) Auftritte; 1968 werden heraus geschmuggelte Tonbandaufnahmen aus seiner durchgehend stasikontrollierten Wohnung in der Chausseestr. in West-Berlin als LP veröffentlicht; Spätherbst 1976 einmalige Genehmigung einer „gewerkschaftlichen" Lieder-Tournee durch die BRD, wobei schon das 1. große Konzert in Köln am 13. 11. 1976 (nächtlich übertragen durch das „West-FS" u. so auch in der DDR millionenfach verfolgbar) zur sofortigen (sicher schon länger so „eingeplanten") „Ausbürgerung" (immer noch ein faschistischer Ausdruck!) aus der DDR (d. h. in diesem Fall also „Wiederaberkenng. der DDR-Staatsbürgerschaft") führte, wogegen wiederum zahlreiche DDR-Künstler (u. a. J. *Becker und V. *Braun) erstmalig energisch und nachhaltig protestierten; seitdem wieder in Hamburg wohnend und arbeitend; 1982 einmalige Einreise in die DDR zum stasibegleiteten „Abschiedsbesuch" beim todkranken Rob. *Havemann; Ende 1989 erstmalig Wiederbesuch der nun untergehenden DDR u. großer Lieder-Auftritt in der „revolutionären Stadt Leipzig"; offizielle Entschuldigung der DDR-Regierung (Kulturminister Dietmar Keller) für das zuvor begangene Unrecht; umfangreiche Publikationen u. zahlreiche Literaturpreise in den darauf folgenden Jahren; 1998 NP und zum 70. Geb. sogar das Bundesverdienstkreuz; März 2007 Ehrenbürger der Stadt Berlin u. 2008 „Ehrendoktor der Philosophie" der HUB (Liederhymne auf seinen Lehrer Wolfgang *Heise), verbunden mit einer nachträglich-symbolischen Übergabe des vormalig verweigerten Philosophie-Diploms; Festvortrag: Wolfgang *Heise – mein DDR-Voltaire u. Laudatio durch Volker *Gerhardt. Zu seinem 80. Geb. erschien seine große Autobiographie „Warte nicht auf bessere Zeiten" (Berlin 2016) u. zuvor erfolgten bereits am 7. Nov. 2014 bei einer Gedenkstunde des Dt. BT zum 25. Jahrestag des Mauerfalls (bestellter Liedvortrag zur „Ermutigung"!) scharfe verbale pol. Angriffe gegen die „Linksfraktion", die nochmals seine nun wohl endgültige Absage an seinen urkomm. „Kinderglauben" belegen u. verdeutlichen sollten.
DDR-Personen-Lexikon 2010 (L. Kirchenwitz).

Literaturverzeichnis im Katalog der Deutschen Nationalbibliothek erfasst wie nachschlagbare Sek.-Lite. (hier nur eine zusätzliche Auswahl): Alle Lieder. Köln 1991; D. Keller u. M. Kirchner (Hrsg.): Biermann u. kein Ende. Eine Dokumentation zur DDR-Kulturpolitik. Berlin 1991; R. Berbing u. a. (Hrsg.): In Sachen B. Protokolle, Berichte und Briefe zu den Folgen einer Ausbürgerung. Berlin 1994; F. Pleitgen (Hrsg.): Die Ausbürgerung. Anfang vom Ende der DDR. Berlin 2001.

Bierwisch, Manfred
28. Juli 1930
Gesamtdeutscher Linguist u. Begründer der Strukturellen Grammatik in der DDR
Geb. in Halle/Saale,Vater Angestellter; nachkriegszeitliches Abitur 1949, aber zunächst keine sofortige Studienzulassung; 1951–56 Studium der Germanistik an der KMU Leipzig bei Theodor Frings, aber auch bei Hans Mayer u. Ernst *Bloch in bewegten politischen DDR-Zeiten; Beginn der Freundschaft mit dem Schriftsteller Uwe Johnson (bis 1959 dessen Flucht in die Bundesrep. erfolgte); 1952/53 Studienunterbrechung wegen des in der DDR unerlaubten Besitzes der Westberl. Zeitschrift „Der Monat" (Verurteilung zu 18 Mon. Zuchthaus wegen sog. Boykotthetze); frühzeitige Freisetzung nach 10 Monaten mit *Stalins Tod Anfang März u. dem Arbeiter-Aufstand vom 17. Juni 1953 im Rahmen des sog. Neuen Kurses. Danach ungehinderte Forts. des Studiums u. ab 1957 wiss. Ass. am Institut für Deutsche Sprache u. Lite. an der AdW zu Berlin sowie sprachwiss.-phil. Prom. *Zur Morphologie des dt. Verbalsystems* 1961 in Lpz. (publ. u. d. T. „Grammatik des dt. Verbes", Berlin 1963, 8. A. 1973). Bereits zu diesem Zeitpunkt kommt es zum Ausbruch eines Grundlagenstreits von älterer, sprachhist. u. kulturmorphologisch ausgerichteter Germanistik und der jüngeren, mehr im systemtheor. Strukturalismus wurzelnden Linguistik, der als solcher aber bereits zuvor von der parteidogm. (marx.-len.) Sprachphil. als spätbürgerlich-reaktionär, revisionistisch wie „postformalistisch" ideologisch verdächtigt wurde; bereits 1964–66 durch die DDR-Staatssicherheit (MfS) mit einen OV „Forum" wegen angebl. „staatsgefährdender Prop. u. Hetze" erfaßt. M. B. gelingt über die Ansiedlung bei der praxisorientierten/ideologiefernen „mathe. Linguistik u. automatischen Sprachübersetzung" schließlich eine entsch. Mitwirkung an der von Wolfgang Steinitz geleiteten aka. „Arbeitsstelle für Strukturelle Grammatik" (Schriftenreihe I–X „Studia grammatica" 1962–69), bis diese jedoch im Zusammenhang mit der „Akademiereform" (entspricht der III. univ. HSR 1968) nach massiven Angriffen gegen jede sog. „formale Grammatiktheorie", zunehmend auch gegen den „franz. Strukturalismus" (teilweise auch gegen die sog. „Generative Grammatik" des USA-Linguisten Noam Chomsky), 1973 endgültig aufgelöst wird. Zur gleichen Zeit wird auch die abschl. Drucklegung einer von der Romanistin Rita *Schober (obwohl Hager-beauftragte Dekanin der neuen „Gewifak" der HUB) 1969 durchgeführten interdiziplinären „Strukturalismus-Konferenz" unterbunden; andere führende parteimarx. DDR-Sprachwissenschaftler (wie Wolfgang Motsch, 1974) kritisieren eine angeblich „undialektische" Herangehensweise an die Sprache, also die Verabsolutierung des „Sprachsystems" und die Ausklammerung des Sozialen bei der Erforschung der Sprache: „Diese Mängel

beruhen auf den unzulänglichen erkenntnistheor. und weltanschaulich-ideolog. Voraussetzungen in der Methodologie und Theorie der abstrakt-strukturalistischen Sprachwissenschaft". B. habil. sich dennoch 1981 u. bekommt daraufhin im Rahmen des neuen ZI für Sprachwiss. der AdW der DDR eine bes. Forschungsgruppe „Kognitive Linguistik" zugewiesen, deren Namensgebung allein schon verdeutlicht, um welche nun phil.-erkenntnistheor. Wiedereinbindung es sich dabei handeln sollte, umso konkreter die „historisch-soziale Funktion der Sprache im realen Sozialismus", als lediglich nur „abstrakt" ihre formal-grammatikalische Struktur, zu analysieren. Mit der zunehmenden internationalen Anerkennung (B wird damit auch „westreisemündig"!) erfolgt 1985 die endl. Ernennung z. Aka.-Prof. für theor. Linguistik an der AdW; eine Festschrift z. 50. Geb. 1980 erscheint zuvor noch im Ausland (Niederlande), nicht so die z. 60. Geb., die 1992 in Berlin u. d. T. „Fügungspotenzen" erscheint; aber zu einer regulären DDR-Akademie-Mitgliedschaft kommt es nicht mehr. – Nach der Wende ist B. 1992–96 Leiter einer wieder so benannten Max-Planck-Arbeitsgruppe „Strukturelle Grammatik" u. wird ohne jede Schwierigkeiten als ordl. Prof. für Linguistik 1993 an der HU Berlin „übernommen" bzw. neu berufen; im selben Jahr ist er das einzige ostdt. geisteswiss. Gründungsmitglied u. bis 1998 auch Vizepräsd. der neu gegr. Berlin-Brandenbg. Aka. der Wiss.; 1995 em. u. 1998 Ehrenmitgl. der Sächs. AdW; 2005 erhält er zu seinem 75. Geb. die Ehren-Dr.-würde seiner Leipziger Studien-Univ. Seine umfangreichen sprachwiss. Forschungen sind letztlich stets auch von phil.-erkenntnistheor. u. logikwiss.(semiotischer) Relevanz; so gelangte nach seinem üblichen, sicher nicht sehr phil. ministeriellen „Praxiseinsatz" der Berliner Logik-Phil. Johannes *Dölling bis 1997 in die gen. Linguistik-Arbeitsgruppe von M. B.; 1992 grundsätzl. Äußerungen auch zu Konflikten bei der Erneuerung der Universitäten der vormaligen DDR wie auch bei der vollständigen Auflösung der DDR-Akademie, dok. in: Die Abwicklung der DDR, Hrsg. H. L. Arnold. Göttingen 1992.
DDR-Personen-Lexikon 2010 (Andreas Kölling/Dieter Hoffmann).

Publ. (Auswahl): Das Nibelungenlied. In Prosa übertragen von M. B und Uwe Johnson, Leipzig 1961 (erst mit der 8. A. 1983 durften beide Autoren genannt werden!); Strukturalismus. Ergebnisse, Methoden, Probleme. Im Kursbuch Nr. 5-1966 (hrsg. von M. Enzensberger); Modern linguistic: its development, methods and problems. Mouton. The Hague 1972; Psychologische Aspekte der Sprache. ZI für Sprachwiss. Bln. 1975; Die Integration autonomer Systeme. Überlegungen zur kognitiven Linguistik. Aka. der Wiss. der DDR. Bln. 1981 (Habilitationsschrift);(mit E. Lang): Grammati. u. konzeptionelle Aspekte von Dimensionsadjektiven. Berlin 1987; (Hrsg.): Syntax, Semantik u. Lexikon. Festschrift für R. Ruziska z. 65. Geb. Berlin 1988; (mit P. Bosch): Sprachtheor. Grundlagen für die Computerlinguistik. Stuttg. 1995; (Hrsg.): Die Rolle der Arbeit in verschiedenen Epochen u. Kulturen. Bln. 2003; Aspekte der Sprachfähigkeit: Struktur, Biologie. Kultur. Frankf./M. 2003. Dokumentation des Workshops „Grenzen der Linguistik überschreiten"! M. B. Werk im Spiegel der Leipziger Linguistik. Zu seinem 75. Geb. u. der Verleihung der Ehrendoktorwürde 2005.

Binkau, Horst
17. März 1954
ML-Philosophie-Lehrkraft einer ingenieurwissenschaftlichen Fachhochschule in Köthen
Geb. in Köthen und 1966–68 Polytechn. OS u. EOS; 1972 Abitur mit Auszeichnung; danach 1972–76 Phil.-Studium in Berlin mit anschl. Forschungsstudium im Hm. *Ley-Bereich „Phil.-Wiss." 1976–79 (mit Charakter einer univ. Instituts-Aspirantur); 1979 phil. Prom. z. Thema: *J. R. Mayer u. der Energieerhaltungssatz – Untersuchung über die weltanschaulich-phil. relevanten Auffassungen J. R. Mayers bei der Forschung u. Anwendung des Energieerhaltungssatzes* (Gutachter: H. *Ley, A. *Griese, H. Roth); 1979/80 wiss. Oberass. im ML-Wiss.-bereich Phil. (dial. u. hist. Mat.) am Inst. für M-L der Ing.-HS Köthen; wiederum Habil.-Asp. am Ley-Lehrstuhl der HUB und phil. Prom. B 1983: *Zum Verhältnis von Natur- u. Technikwiss. Eine phil. Untersuchg. am Beispiel der Thermodynamik* (die gleichen Gutachter wie bei der Prom. A); danach wiederum Einsatz als ML-Doz. im Grundlagenstudium bis 1989; mit Schließung aller ML-Sektionen des Hoch- u. Fachschulwesens zum Ende der DDR „nachwendisch" tätig als freiberuflicher Dozent in der Erwachsenenbildung.

Bisky, Lothar
17. Aug. 1941–13. Aug. 2013
Medienwissenschaftler und Parteivorsitzender der PdS wie der Partei Die Linke
Geb. in Zollbrück, Krs. Rummelsburg (Pommern im heutigen Polen) als Sohn eines Arbeiters; nach der Kriegsflucht aufgewachsen in Breckendorf (Schleswig-Holstein); ging 1959 allein in die DDR, um finanziell unabhängig 1961 hier sein Abitur abzulegen; 1961/62 Arbeit im VEB Blechverformungswerk Leipzig und anschl. Phil.-Studium an der HU zu Berlin, das er jedoch 1963–66 in Leipzig bei den dortigen Kulturwissenschaften fortsetzte u. beendete; 1963 SED-Eintritt u. anschließend 1966/67 zunächst wiss. Ass, dann aber 1967–70 wiss. MA am ZI für Jugendforschung (zuständig für jugendl. „Freizeitgestaltung"), wozu er 1969 in Leipzig mit einer soziolog. Arbeit zum Thema *Massenkommunikation und Jugend. Studien zu theoret. u. methodolog. Problemen* prom. (gem. Publ. mit W. Friedrich, Berlin 1971); – doch das wurde (wie üblich in der Phil.-Soz. u. den GW in der DDR) überhaupt nicht unmittelbar empirisch-theor. dann auch auf eine kritisch-sozialwiss. Analyse des realen Sozialismus selbst bezogen, sondern es erfolgte vielmehr (pol.-ideologisch ausweichend) 1975 die Prom. B *Zur Kritik der bürgerlichen Massenkommunikationsmittel* (auch umgehend publ. Berlin 1976 u. thematisch so fortgesetzt). 1979–1985 Doz. u. Prof. für marx.-len. Kulturtheorie an der AfG beim ZK der SED u. 1986 o. Prof. für Film– u. Fernsehwiss. sowie bis 1990 Einsatz als Rektor an der HS für Film u. Fernsehen in Potsdam-Babelsberg; am 4. Nov. 1989 einer der Redner der großen Demonstration auf dem Alexanderplatz in Berlin; danach kurzzeitig allgemein bildungspol. Erneuerungsversuche im Rahmen der SED/PdS; Okt. 1990–2005 Abg. des Brandenbg. LT u. Frakt.-Vors.; 1993–2000 PdS-Vors. u. seit 2003 Bundesvors. der PdS bzw. Links-Partei; als solcher 2005–09 auch Mitgl. des Dt. Bundestages und später des Europaparlaments; 1992/93 Mitwirkung

an zwei Kongressen zur „Vergangenheitsbewältigung" bzw. „Aufarbeitung" der DDR-Gesch.: „Unrechtsstaat" (als Hrsg.), Hamburg 1993 sowie „Rücksichten" (Mithg.), ebd. 1994; nach einem häuslichen Treppensturz schwer verletzt im Univ.-Klinikum Leipzig 2013 verst.; beigesetzt auf dem Dorotheenstädtischen Friedhof in Berlin. Autobiographie: So viele Träume. Mein Leben. Berlin 2005 sowie
DDR-Personen-Lexikon 2010 (A. Herbst/H. Müller-Enbergs).

Publ.: (Mitautor W. Friedrich): Massenmedien und ideolog. Erziehung der Jugend, Berlin 1976; (Mitwirkung): Jugend, Weltanschauung, Aktivität. Erkenntnisse in der ideologischen Arbeit mit der Jgd. Berlin 1980; Geheime Verführer. Geschäfte mit Shows, Stars, Reklame, Horror u. Sex. Berlin 1980 (3. bearb. A. 1982); (Mitautor D. Wiedemann): Der Spielfilm – Rezeption und Wirkung, kulturhist. Analysen. Berlin 1985; (Hrsg.): Die PDS – Herkunft und Selbstverständnis, eine pol.-hist. Debatte. Berlin 1996; (Hrsg.): Medien – Macht – Demokratie. Neue Perspektiven. Berlin 2009; (Hrsg. R. Reets): L. B. im neuen Dtl. Gespräche und Texte. Berlin 2013.

Bittighöfer, Bernhard
6. Sept. 1920–24. Okt. 1994
Partei-Moral-Philosoph am Institut für Gesellschaftswissenschaften beim ZK der SED
Geb. in Köln; 1926–36 Volksschule u. Real-Gymnasium (mittlere Reife); Maurerlehre u. Berufsschule; Okt. 1940 Wehrmacht u. am 12. Mai 1944 in sowjet. Kriegsgefangenschaft; Besuch versch. Antifa-Schulen u. Zirkel zum Studium der Gesch. der KPdSU; frühzeitig eingesetzt als hauptamtl. ML-Propagandist unter dt. Kriegsgefangenen; Ende 1949 nach abgeschl. sowjet.-umgeschulter Ausbildung Entlassung in die gerade gegründete DDR u. sofortiger propagand. Lehreinsatz in der SED-Betriebsparteischulung der KL Lpz.; 1951 deleg. z. neu gegr. IfG beim ZK der SED, als Asp. am Lehrstuhl Gesch. der KPdSU, der er schon in der UdSSR hochstalinistisch gefolgt war; parteiphil. Diss.-Thema 1956 (nun aber schon kein eigentl. Stalin-Thema mehr!): *Der Marxismus zu grundlegenden Fragen der prol. Revolution und der Taktik des Klassenkampfes sowie die meisterhafte Anwendung dieser Lehren bei der Ausarbeitung der Strategie u. Taktik der bolsch. Partei in der Periode der Neuorientierung auf die zweite Etappe der Revolution in Russland (März bis April 1917) durch Wladimir Iljitsch Lenin* (das ist die längste nachweisbare politagitatorische Überschrift einer parteiamtlichen Dr.-Arbeit, verfaßt ohne jede hist. Archivstudien); zugleich 1. Diss. auf dem Gebiet der KPdSU-Gesch. am IfG mit den Gutachtern (wiederum allein der sowjetruss. Emigrantenfamilie) Paul *Wandel u. Helene *Berg (selbst ohne jede aka. Qualifikation); noch bis Sommer 1959 Leiter des Lehrstuhls „Gesch. der KPdSU", jedoch nach dessen, wie üblich unerklärten Auflösung, wiederum „Dozent am Lehrstuhl Philosophie", Fachrichtg. Hist. Mat., nunmehr spezialisiert auf Probleme der sozial. Moral u. marx. Ethik (genauer sozial. Persl.-entwicklung u. komm. Erziehung); 1963–67 daher folgerichtig Mitgl. der Partei-Jugend-Kom. beim PB der SED; am 28. Jan. 1969 habil. mit Teilabschnitten aus der „autorenkollektiven" Monographie: *Moral u. Gesell. Entwicklungsprobleme der sozial. Moral in der DDR* (Berlin 1968), wiederum ohne jede sozialemp. Erhebungen und Belege, wie angewiesen allein SED-parteigeschichtliche Dok. auswertend; dabei entscheidend mitgewirkt bei der Fixierung

und Propagierung neuartiger parteimoralischer (zugleich höchst antikirchlich-atheistischer) sog. „*Zehn Gebote der Sozialistischen Moral*", die dann vom Ersten Sekretär des ZK der SED W. *Ulbricht persönlich staatsparteioffiziell als moralisch-politisch verbindliche Normen bzw. „Gebote" verkündet wurden; desweiteren Mitarbeit am Jugendweihe-Buch „Weltall-Erde-Mensch"(1962/64) sowie am Schullehrbuch „Staatsbürgerkunde" (1965/67); irgendwann dafür Ernennung zum parteiamtlichen Phil.-Prof. am IfG beim ZK der SED durch das staatl. Ministerium für Hoch- und Fachschulwesen der DDR; nach der offiziellen Berentung Kreisvors. des Kulturbundes der DDR in Berlin-Pankow; es sind insgesamt 6 DZfPh-Beiträge (davon 3 parteikollektiv verfaßte) 1957–1972 nachweisbar; verst. 1994 in Berlin.

Bloch, Ernst
8. Aug. 1885–4. Aug. 1977
Bedeutsamster DDR-Philosoph 1948–61 in Leipzig, aber „Hoffnung kann enttäuscht werden"
Geb. in Ludwigshafen (Rhein); Vater Eisenbahnbeamter; Philosophie-Studium (Nebenfächer Musik u. Physik) in München, Würzburg u. Berlin (bei Georg Simmel); 2008 phil. Prom. mit einer Arbeit über *Rickert u. das Problem der modernen ET.*; zw. 1908 u. 1912 Bekanntschaft mit Georg *Lukacs im Max-Weber-Kreis; 1914–18 „Geist der Utopie" und Antikriegsartikel aus der Schweiz; 1924–26 Auslandsreisen nach Italien, Frankreich und Tunesien; danach bis 1933 freier Publizist in Berlin; Bekanntschaft mit S. Kracauer, Th. W. Adorno, W. Benjamin u. B. Brecht; 1933 Emigration über Zürich, Wien (1934) und Paris (1935), zeitweilig in der Tschechoslowakei sowie schließlich in die USA (1938–48); dort Erarbeitung wichtiger phil. Manuskripte, die später zunächst nur in der DDR publ. werden konnten; Rückkehr nach Dtl (SBZ) mit Hilfe sowjet. Stellen; 1948 Berufung auf den Leipziger Lehrstuhl für Phil. (nach H.-G. *Gadamers Weggang 1947) durch die dortg. Gewifak. und gegen den erklärten Willen der Phil. Fak., da keine univ. Habil., phil. Publikationen u. Lehrpraxis vorlagen; schließlich landesministeriell durchgesetzte Berufung und ab 1949 umfangreiche, sehr erfolgreiche wie wirkungsvolle Vorlg.-Tg., insbes. zur Gesch. der Phil.; bis Anfang 1957 zugleich auch amt. Direktor des dortg. Inst. für Phil. (die „neuphil." Systematik des dial. u. hist. Mat. lag allerdings bereits in den Hdn. von R. O. *Gropp); 1952/53 Mitbegr. u. bis Ende 1956 (Verhaftung von W. *Harich als Chefred.) wichtigster Mithrsg. der DZfPh, dem einzigen Periodikum der offiziellen (erklärt marx.) DDR-Philosophie; dort Mitinitiator einer gegen die Stalin-dogm.-und linkssektier. Hegel-Marxismus-Rezeption (von R.-O. *Gropp) gerichtete Disk. (mit H. 5/1956 parteibefohlen bereits wieder abgebrochen); zum 70. Geb. 1955 noch ungewöhnlich vielfältige Ehrung mit einer Festschrift (über 100 Einträge), einem NP, VVO sowie die ordl. Akademie-Mitgliedschaft; März 1956 (unmittelbar nach dem XX. KPdSU-Parteitag, aber so nicht mit diesem unmittelbar zusammenhängend) Durchführung einer Intl. Konferenz zum Thema „*Das Problem der Freiheit im Lichte des wiss. Sozialismus*" (Bloch-Hauptreferat) in Berlin, deren bereits ausgedruckter Protokoll-Bd. jedoch nach den Ungarn-Ereignissen und Harichs Verhaftung Ende 1956 nicht mehr ausgeliefert

wurde; ab Jan. 1957 (verbunden mit der zwangsweisen Emeritierung wie eines regelrechten Institutsverweises) erfolgte die allein parteiorg. Machtergreifung im Lpz. Phil.-Inst. u. die pol.-ideolg. Ause. mit der Blochschen „Hoffnungs-Phil." (Brief der SED-Instituts-PL, verfasst von H. *Schwartze u. unterzeichnet u.a. von J. H. *Horn, H. *Seidel u. M. Müller-*Thom), um diese nunmehr als grundsätzlich unmarxistisch, pseudoreligös u. revisionistisch zu denunzieren; das geschah auf einer Lpz. Inst.-Phil.-Konferenz April 1957 unter Ltg. von R. O. *Gropp (ideolg. Scharfmacher jeder eigenständg. Phil. Disk. in der DDR) u. dem Institutsparteisekr. der SED J. H. *Horn (später geendet im Selbstmord); umgehend publ. u. hrsg. von diesen unter dem erschlagenden Titel „Ernst Blochs Revision des Marxismus" (Berlin 1957); bezeichnend ist dabei, dass teilweise die gleichen Festschriftgratulanten von 1955 (z. 70. Geb.) sich nunmehr unter den schärfsten Kritikern u. Verurteilern Blochs befinden; nachtretend äußert sich später nochmals dazu sein früherer Mitarbeiter M. *Buhr (jeweils in H. 4 1958 u. 1960 der DZfPh), nachdem er noch kurz zuvor bei Bloch prom. hatte; verbunden ist diese Abrechnung und Ausgrenzung mit einer totaler Stasi-Überwachung und vor allem staatspolitischer Verfolgung vieler seiner Schüler, vor allem unbeugsamen Anhänger (insb. Jürgen *Teller, sein „Major Tellheim"); daraufhin keinerlei Wirkungsmögl. mehr in der DDR und seit 1959 daher Vereinbarung u. Vorbereitung einer Gesamtausgabe seiner Werke beim westdt. Suhrkamp-Vg. (also durch „Linenzabgabe" des Ostberliner Aufbau-Verlages); Vortrags- und Urlaubsreisen erfolgen ebenfalls nur noch ins westl. Ausland u. nach Schließung der dt.-dt. Grenze im Aug. 1961 durch die DDR, nicht wieder in diese zurückgekehrt; doch es gelingt eine abenteuerliche (illegale) Überführung aller seiner wiss. Manuskripte in den Westen, trotz der org. Stasi-Beschlagnahme seiner Bibliothek in Leipzig wie des demonstr. Ausschluß aus der AdW in Ost-Berlin; sein Akademiekollege Jürgen *Kuczynski ließ es sich nicht nehmen, seine mißbilligende Verachtung in einem offenen Brief nachzuschieben, wonach Bloch offenbar nun „den Ehrgeiz (habe), mit (seinem) Überlaufen zum Feind den Nobelpreis zu ergattern. Tatsache ist jedoch: je größer der Verrat, desto minderwertiger der Verräter. Verachtungsvoll…"; daraufhin Annahme einer Gastprofessur an der Univ. Tübingen und nochmals intensive phil. Lehrtätigkeit sowie Gesamtausgabe seiner Werke in 16 Bdn (1984 darin auch seine Leipz. Vorlg. zur Gesch. der Phil.); trotzdem 1966 Protest gegen die westdt. Notstandsgesetzgebung sowie auch 1968 Unterstützung der dortigen kritischen Studentenbewegung (Begegnungen mit Rudi *Dutschke und letzter Besucher 1977 ist der gerade aus der DDR ausgebürgerte Wolf *Biermann); Ehrendoktorwürde in Zagreb (1969), Paris und Tübingen (1975 zum 90. Geb. mit linksstud. Protesten, die E. B. natürlich begrüßt); einziges Glückwunschschreiben aus der DDR kommt vom „freischaffenden" Wolfg. *Harich, der dessen Weggang aus der DDR immer noch zutiefst „bedauert, ja sogar verurteilt"; gest. 1977 in Tübingen. – Nach 1985 (Gedenken zum 100. Geb.) beginnt eine verhalten-zaghafte phil. Rehabilitierung auf einer wiederum internen Univ.-Konferenz in Lpz. zur weiterhin, nun „spätbürgerlichen Kritik" an Bloch mit entspr. abgestimmten Beiträgen von H. *Seidel, E. *Fromm, W. *Jopke, M. *Thom und dem weiter ideologiekritisch unerbittl. M. *Buhr; anders agiert G. *Irrlitz in „S&F" (H. 4/1985: „E. B. – *der* Phil.-historiker"). Erst seit 1990 umfangreiche hist.-krit. (jedoch sehr schamhafte) Aufarbeitung seiner früheren Wirksamkeit in Leipzig durch die aber inzwischen abgewickelten parteiphil. Institutskader; unabhängig davon und weit kritischer, vor allem umfassend dokumentierend, erfolgt diese Aufarbeitung durch den wiss. Nachwuchs (Mittelbau); und der rehabilitierte letzte Bloch-Schüler Jürgen *Teller hält als angestellter „Honorar-Prof." eine einmalige Bloch-Vorlg.; zugleich beginnt aber auch, ausgelöst durch den „utopielosen" Niedergang des realen DDR-Sozialismus eine nachholend ganz andersartige Kritik an Blochs offenbar weithin utopisch-ungebrochenem pol. Glauben (ohne jemals Parteimitgl. gewesen zu sein) an den früheren sowjetruss. Komm., trotz Stalins Großem Terror u. die Mosk. Prozesse, angeführt sogar von seinem eigenen Sohn Jan Robert B. in der Zft. S&F (H. 3/1991): „Wie können wir verstehen, dass zum aufrechten Gang Verbeugungen gehören?", während demgegenüber J. Fest hinsichtlich Blochs („Der zerstörte Traum", Bln. 1991) von einem regelrechten "Ende des utopischen Zeitalters" spricht, denn die Welt lebe „ihrem Zeitempfinden nach, keineswegs mehr im überschwenglichen ‚Noch Nicht' der Blochschen Phil., sondern eher im melancholischen ‚Nicht Mehr'". 2004 veranstaltete die Kustodie der Univ. Leipzig trotzdem nochmals eine Ausstellung z. phil. Thema „Denken ist Überschreiten. Ernst Bloch in Leipzig"; seit 1981 erscheint, hrsg. vom Ernst-Bloch-Archiv in Ludwigshafen (Geburtsort), ein Bloch-Almanach.

DDR-Personen-Lexikon 2010 (*Rauh) – DDR-Philosophenlexikon 1982 (*Handel).

Publ.: (alle DDR-Ausgaben bis 1960 sowie nach 1985/90): Freiheit und Ordnung. Abriß der Sozial-Utopien. New York 1946 im Aurora-Verlag u. Berlin 1947 im Aufbau-Verlag (Lpz. bei Reclam 1985); Subjekt-Objekt. Erläuterungen zu Hegel. Berlin 1951 (2. A. 1952); Avicenna u. die aristotelische Linke. Berlin 1952 (Düsseld. 1953); Christian Thomasius. Ein dt. Gelehrter ohne Misere. Berlin 1953; Das Prizip Hoffnung. Aufbau-Verlag Berlin Bd. 1 (1954), Bd. 2 (1955) u. Bd. 3 (1959); Wissen u. Hoffen. Auszüge aus seinen Werken. Festgabe z. 70. Geb. Berlin 1955; Differenzen im Begriff Fortschritt (Aka.-Aufnahme-Vortrag). Berlin 1956; Spuren (neu erw. Fassung). Frankf./M. 1959 (2. A. 1960); Thomas Müntzer als Theologe der Revolution (überarb. Nachdruck von 1921), Berlin 1960 (2. A. als Lizenz-Ausgabe des Aufbau-Verlages für Suhrkamp, Frankf./M. 1962); Das Morgen im Heute. Eine Auswahl. Frankf./M. 1960; Phil. Grundfragen. Teil 1: Zur Ontologie des Noch-Nicht-Seins. Ebd. 1961; Naturrecht u. menschl. Würde. Ebd. 1961; Verfremdungen. Ebd. 1962; Tübinger Einleitung in die Phil. Ebd. 1963; Gesamtausgabe seiner Werke in 17 Bden, ebd. 1961 ff.; Leipz. Vorlg. zur Gesch. der Philosophie. Bd. 1 (Antike) Bd. 2 (Christl. Phil. des MA), Bd. 3 (Neuzeitl. Phil. – 1. Descartes bis Rousseau), Bd. 4 (2. Deutscher Idealismus u. 19. Jhd.). Frankf./M. 1985 (2. A. 1989/92). – 10-facher Autor der DZfPh. 1953–5/1956.

Lite.: R.-O. Gropp (Hrsg.): Festschrift E. B. zum 70. Geb. Berlin 1955; J.-H. Horn (Hrsg.): E. B. Revision des Marxismus (Leipziger Instituts-Konferenz). Berlin 1957; Ernst Bloch und Georg Lukacs. Dokumente zum 100. Geb. Lukacs-Archiv Budapest 1984; KMU Leipzig: Ernst Bloch und die spätbürgl. Philosophie (Kolloquium). Leipzig 1985; Hoffnung kann enttäuscht werden. E. B. in Leipzig (Dokumentation). Frankf./M. 1992; M. Franske (Hrsg.): Die ideologische Offensive. E. B. – SED und Universität (Dokumente). Leipzig 1993; M. Neuhaus u. H. Seidel (Hrsg.): Ernst Blochs Leipziger Jahre. Beiträge des 5. Walter-Markow-Kolloquiums 1997. RL-Stiftung Sachsen. Lpz. 2001; A. Münster: Ernst Bloch. Eine politische Biographie. Hamburg 2012. *Anfänge*: Hoffnungsvolle Erwartungen. Ernst Bloch in Leipzig (Elke Uhl) S. 388–406.

Bluhm, Harald
25. April 1957
Diplom-Philosoph, Politikwissenschaftler und akademiewiss. MEGA-Edition
Geb. in Kleinmachow bei Berlin; 1964 Besuch der Botschaftsschule der DDR in Kairo und 1967–70 aktiver Radsportler beim SC Dynamo Berlin; 1975 ML-Studium in Leipzig abgebr. u. 1976–81 Phil.-Studium an der HU Berlin mit anschl. Einberufung zur NVA; danach Forschungsstudium 1983–86 an der Sektion Marx.-len. Phil. der HUB mit phil. Prom. A. zum Thema *Herausbildung u. Ausprägung des Klassenbegriffs von Karl Marx zwischen 1842 u. Anfang 1848. Phil. Aspekte einer hist. Begriffsbildung.* (Gutachter: H. *Pepperle, A. *Springer-Liepert, H. *Schulze); 1986–92 wiss. MA im Bereich Gesch. der Phil. ebd. u. 1992–98 wiss. Ass. am Lehrstuhl Pol. Theorie und Ideengesch. des Inst. für Sozialwiss. der HU; zugleich 1992–2006 Redakteur der Zeitschrift Berliner Debatte INITIAL; 2001 Habil. an der HUB z. Thema *Die Ordnung der Ordnung. Das pol. Philosophieren des Leo Strauss* (Gutachter: H. Münkler u. A. Söllner, publ. Berlin 2002, 2. A. 2007); seit 1999–2003 wiss. MA der BBAka. der Wiss. in der AG. „Gemeinwohl und Gemeinsinn" (Mithrsg. von 4 Forschungsberichten 2002); versch. Vertretungsprof. in Berlin u. Dresden; seit 2007 Prof. am Inst. für Politikwiss. u. Japanologie der MLU Halle u. seit 2008 Projektleiter der MEGA an der BBAW in Berlin.

Publ.: (Mitautor): Texte zu Politik, Staat u. Recht. Berlin 1990; (Mitautor-Hrsg. D. Klein/M. Brie): Umbruch zur Moderne? Hamburg 1991; (Mithrsg.): Konzepte pol. Handelns. Kreativität – Innovation – Praxen. Baden-Baden 2001; (Mithrsg.): Das System der Politik. Niklas Luhmanns pol. Theorie. Wiesbaden 2003; (Mithrsg.): Politische Ideengesch. im 20. Jhd. Baden-Baden 2006; (Hrsg.): Tosqueville. Kleine pol. Schriften (Schriften z europäischen Ideengesch., Bd. 1). Berlin 2006; (Hrsg.): Karl Marx/Friedrich Engels: Die dt. Ideologie (Klassiker auslegen. Bd. 36, Aufsatzsammlung). Berlin 2009; (Mithrsg.): Ideenpolitik. Berlin 2011.

Bochenski, Joseph Maria
30. Aug. 1902–8. Febr. 1995
Polnisch-katholischer/neuscholast. Logiker u. antikomm. Sowjetkritiker der Schweiz
Geb. in Czuszow (Polen) als Sohn eines Großgrundbesitzers; stud. zunächst Jura an der Univ. Lemberg und anschl. Nationalöko. an der Univ. Posen in den Jahren 1920–26; nach Eintritt in den Dominikanerorden 1927 weitere Studien der Phil. und Pädg. an der Univ. Freiburg in der Schweiz; daselbst phil. Prom. 1931 u. zugleich fortgz. Studium der Theologie an der Päpstl. Univ. des Heilg. Thomas von Aquin in Rom mit Abschluß einer theolg. Prom 1934; phil.-log. Lehrtg. in der Tradition der poln. Analytischen Schule (Lemberg); als poln.-kath. Nationalist und Patriot diente er in der engl. Armee (Poln. Teilstreikräfte) als Feldprediger und nahm bis 1945 am alliierten antifasch. Kampf in Italien teil; seit 1945–72 o. Prof. für Gesch. der europ. Phil. des 20. Jhd. an der Univ. Freiburg/Schweiz; umfassende phil.-theolg. Forschungen zur Gesch. der Logik, wobei er in der Tradition von J. Lukastiewicz die klass. aristl. Syllogistik mit der modernen mathe. Logik zu verbinden suchte; ausgehend von der neuscholastischen Tradition des Thomismus (also dem sog. Neotho-

mismus) versuchte er frühzeitig eine phil.-ontologische wie auch pol.-ideologiekrit. Ause. mit dem sowjetruss. „Diamat", den er aus tiefster rlg.-theolg. Überzeugung heraus „nicht nur als Irrtum, sondern als Sünde" (so zitiert nach Wikipedia) verstand u. bezeichnete; seine Mitarbeit am „Hb des Weltkomm." (1958) veranlasste ihn auch ein entspr. subtiles u. wirkungsvolles „anitkomm. Gutachten" für die Dt. Bundesreg. z. KPD-Verbot 1956 zu verfassen; daraufhin 1957 Gründung eines „Ost-Europa-Institut" in Freiburg sowie Hrsg. der „Studies in Soviet Thought" und der Zeitschriftenreihe „Sovietica"; konnte sowjet. Quellen im russ. Original lesen, da er im sog. „Russisch-Polen" geb. wurde und ein persönl. Erleben der Auswirkungen der Russ. Revolution u. Sowjetentw. auf Polen hatte; war dadurch einer im gesamten Ostblock, speziell auch in der DDR wie im komm. Polen u. in der UdSSR besonders verhasster und ideologisch bekämpfter „klerikaler Denker", vor allem als Begründer der „Sowjetologie"; seine Kritik des Sowjet-Marxismus bzw. sowjetruss. Diamat betraf weniger dessen letztlich für ihn unphil. Inhalte (wie bei G. A. *Wetter), als vielmehr dessen mehodolg. Widersinnigkeiten und unlogische, weil wesentlich ideolg.-propadandistische Agitationsweise; für ihn war der parteiamtliche Lb-Marxismus von Engels über Lenin bis *Stalin und danach lediglich ein (durchaus praktikables) weltbildliches Alltagsbewusstsein des „vorphil. Menschen", abschl. beurteilt als „kulturfremd, primitiv und im wesentlichen falsch"; L. *Kolakowskis spätere dreibändig-geschtl. Marxismus-Analyse u. Kritik ist ohne Bochenskis diesbezügliche Vorarbeit nicht denkbar; dessen phil. Hauptwerk bildet aber eine große problemgeschichtl. „Formale Logik" in der Reihe Orbis Academicus (Freiburg/Mün. 1956), die auch im Rahmen der teilweise log.-methodolog. ausgerichteten DDR-Phil. eine (so allerdings niemals genannte) unverzichtbare Studienquelle darstellte; zeitlebens war er außerdem ein begeisterter Nutzer schneller Sportwagen und selbst gesteuerster Privatjets; da schon 90jährig ist er „erfreut und beglückt", noch das Ende des Sowjet-Komm. mitzuerleben und nach dieser „echten Revolution" würde nun (nach deren so „reaktionärer" Zerschlagung durch Lenin- *Stalin, *Shdanow u. *Mitin) selbst die altrussische Phil. wieder zur (europäischen) Weltphil. gehören; zu seiner eigenen nationalen phil. (deutschsprachigen bzw. englischen) Zugehörigkeit erklärte B. 1991, „dass die dt. und dann die russ. Besatzungsmacht mir jede Veröffentlichung in meiner polnischen Sprache während fast 50 Jahren verboten hat(te)"; 1995 verst. in der Schweiz; eine sehr erstaunliche Stichwortaufnahme erfolgte trotzdem im DDR-Philosophenlexikon 1982 (Franklin Bormann).

Publ.: (dt.-sprachg. Auswahl nach 1945): Allgm. Phil. Bibl. Einführung in das Studium der Phil. Bern 1948; Europäische Phil. der Gegenwart. Bern 1947 (3. A. 1994); Der sowjetruss. Dial. Mat. (Diamat). Bern/Mün. 1950 (5. A. 1967); Die zeitgenössischen Denkmethoden. Bern/Mün. 1954 (10. A. Mün. 1993); Grundriß der Logistik. Paderborn 1954 (4. A. 1973, gem. mit A. Menne als „Grundriss der formalen Logik" in 5. A. 1983); Formale Logik. Freiburg/Mün. 1956 (5. A. 2002); Die dogm. Grundlagen der sowjet. Phil. (Stand 1958). Dordrecht 1959; (Mithrsg.): Handbuch des Weltkommunismus.

Freiburg 1958 (korea. Übers. 1966 in 4 Teilen); Wege zum phil. Denken. Freiburg 1959 (20. A. 1989); (Mithrsg. A. Menne): Logisch-phil. Studien. Freiburg/Mün. 1959; Bibl. der sowjet. Phil. Bern 1959; Logik der Religion. Köln 1968 (2. A. 1981); Marxismus-Leninismus. 13 Rundfunk-Vorlg. Mün./Wien 1973 (4. A. 1975); Autorität, Freiheit, Glaube. Sozialphil. Studien. – (Gedenkschrift) – Ein Philosoph mit Bodenhaftung. Zu Leben u. Werk von Joseph M. Bochenski. Sank Augustin 2011.

Boeck, Hans
27. Juni 1928–1977
Marxistischer Ethik- und Moraltheoretiker des Sozialismus in Halle
Geb. in Dolgen/Hinterpommern; Vater Dorfbriefträger; 1934–39 Dorfschule u. bis 1944 OS in Dramburg; Febr. 1944–März 1945 Marineflakhelfer in Swinemünde; nachkriegszeitlich 1946/47 fortgz. OS in Wittenberge mit Abiturabschluß; FDJ-Aktivitäten und KPD-Eintritt am 2. 4. 1946; seltene handschriftl. Ergänzung im Personalbogen: „HJ 1938–45"; eine Postamtlehre in Wittenberge, aber unterbrochen durch Parteischulung; 1948/49 hauptamtlich in der SED-KL tätig und delg. z. Studium 1949–52 an die Gesell.-wiss. Fak. der Univ. Leipzig (FMI); bereits im 1. Stdj. Hilfsass. im gesell.-wiss. Grundlagenstudium u. 1952 Dilom-Lehrer für ML; 1952–55 Ass. am Inst. für GW der MLU Halle; 1955–58 Aufbau eines analogen ML-Instituts an der TH Magdeburg; 1958 Prom. an der Phil. Fak. der KMU Leipzig mit einer Arbeit *Zu einigen Problemen der Theorie u. Herausbildung der sozial. Moral* (Gutachter: R. O. *Gropp u. Arno Müller, publ. 1959 u. d. T.: „Zur marx. Ethik u. sozial. Moral", ung. Übers. Budapest 1961 u. russ. Übers. Moskau 1962); 1959/60 wiederum Lehreinsatz im gesell.-wiss. Grundstudium in Leipzig; danach Berufung zum „Doz. für marx. Ethik" am Phil.-Institut der Univ. Halle; als solcher 1964 Mitgl. der „Ideolog. Kommission" der SED-Stadtltg. Leipzig; 1. Habil.-versuch 1967 scheitert an der Phil. Fakultät der HUB Berlin mit einem Vortrag zur „marx. Theorie der Handlung"; Thema der Habil-Arbeit: *Marx. Ethik u. sozial. Führungstätigkeit. Zum Begriff der Pflicht u. des Pflichtbewusstseins in der marx. Ethik* (Gutachter: H. *Scheler, Offizier-Prof. F. *Müller u. O. R. *Gropp, publ. u. d. T.: „Ethische Probleme der sozial. Führungstg." Bln. 1968); öffentl. Verteidigung am 23. Okt. 1967 in Berlin und am 25. Jan. 1968 erneuter Fak.-Vortrag z. Thema „Die marx. Theorie der Handlung als eine Grundlage für die Lösung ethischer Probleme"; Rudolf *Schottländer verweigert wiederum seine Zustimmung u. Unterschrift mit einem zusätzlichen negativen Votum; aber Herbert *Hörz ist zu dieser Zeit Dekan der Phil. Fak. der HUB, daher erfolgt am 23. Okt. 1968 schließlich noch ein 3. Anlauf, nun als „öffentl. Verteidig." unter dem alleinigen Vorsitz der marx. Univ.-Phil. H. *Ley, G. *Stiehler, H. *Scheler und F. *Müller; danach ungehinderte Berufung zum marx.-len. Doz. für Ethik in Halle (Gutachter: D. *Bergner und W. Jahn) und mit der III. HSR 1969 unvermittelt Prof. für das neue phantastische Fachgebiet „Prognose, Planung und Leitung gesell. Prozesse" an der Kurzzeit-Sektion „Organisationswiss." der vorhergehenden Wirtschaftswiss. Fak., die es aber schon bald so, wiederum parteipol. angewiesen, nicht mehr geben sollte, also univ. ersatzlos wieder aufgelöst wurde; ab

1975 Mitgl. des ministeriellen Beirates für Phil., jedoch frühzeitig bereits 1977 verst. – zusf. Publ.: „Ethik und Moral". Berlin 1977 und lediglich 7 DZfPh-Rez. 1964–77.

Bogner, Hagen
24. Jan. 1954
Parteiphilosophischer ML-Nachwuchkader in Halle
Geb. in Dahlenberg/Sachsen; 1968–71 EOS Bitterfeld und 1972 Russisch-Abi. an der ABF Halle; anschl. Studium 1972–77 an der Phil. Fak. der Staatl. Univ. Rostow/Don; nach seiner Rückkehr praktisch-pol. Einsatz als „wiss. Mtiarbeiter der zentralen Parteileitung" im VEB Chemiekombinat Bitterfeld (sog. „Praxiseinsatz"); anschl. Delegierung zur Asp. 1980–84 an die Aka. für Gesell.-wiss. beim ZK der SED in Berlin und phil. Prom. zum groß angelegten, „ideologiekritisch" gerade aktuellem Sammelthema *Zur Entwicklung des phil.-weltanschl. Pluralismus in der bürgerlichen Philosophie (W. James, N*Hartmann, K.*Poppe, H. F. Spinner) u. zu deren Wirkung auf die pol. Pluralismustheorien der Gegenwart* (Betreuer u. Themensteller E. *Fromm, weitere Gutachter: S. *Heppener u. H. *Malorny); danach 1984–91 wiss. Mitarb. an der ML-Sektion der MLU Halle, ab 1990 umbenannt in FB Pol.-wiss; dazw. 1988/89 eine univ. Teilasp. mit Freistellung zur Anfertigung der Prom. B 1989 an der Sektion Marx.-len. Phil. der Univ. Halle zum wiederum recht aktuellem Thema *Jürgen *Habermases Beschäftigung mit Marx. Deren Entw. u. ihre Ergebnisse im Prozeß der Ausarbeitung seiner „Kritischen Theorie der Gesell."* (Gutachter: R.*Bauermann, D.*Pasemann u. E. *Fromm); tatsächlich weilte *Habermas zu dieser Zeit einmalig zu einem Vortrag in Halle; nachwend. Einsemester-Vertretung als wiss. Mitarb. an der Univ. Trier (Pol.-wiss.) u. Sept. 1992 Stipendium der Robert-Bosch-Stiftung am CNRS Paris; trotz „pos. Evaluierung durch die neuen Eliten an der MLU" Halle erfolgte zum 31. 12. 1991 die Kündigung; daher 1992 kurzzeitig arbeitslos, aber ab 1. 6. d. J. jedoch bereits selbstg. Geschäftsführer einer Immobilienfirma.

Bohring, Günther
20. Jan. 1929–9. April 1990
Industriesoziologe und Technik-Philosoph an der HS für Chemie in Merseburg
Geb. als Sohn eines Gärtners in Naumburg/Saale; nach achtj. Volksschule in Bad Kösen 1943 Delegierung zur Lehrerbildungsanstalt Eilenburg (galt als Besuch der Oberschule) bis Kriegsende; nachkriegszeitl. Seume-OS in Weißenfels und 1948 Abitur mit SED-Eintritt; vermittelt zum Studium an der neu gegr. Gewi-Fak der FSU Jena, aber bereits 1949 Hochschulwechsel nach Leipzig u. daselbst 1951 Studienabschluß als Diplom-Lehrer für marx.-len. Gesell.-wiss. (entspr. Lehreinsatz an der dortg. ABF); 1955 Wechsel in das Marx.-len. Grundlagenstudium an der neu gegr. TH für Chemie in Leuna-Merseburg: Aufbau eines Phil.-Lehrbereich Dial. u. Hist. Mat. am dortg. ML-Inst. dieser HS; durch seinen Leipziger Dr.-Vater Robert *Schulz frühzeitige Orientierung auf die Analyse sozialer Prozesse; daher phil. Prom. (Leipzig 1961 am FMI) zum Thema *Die Bedeutung des marx.-len. Klassenbegriffs für das Verständnis der*

Klassenverhältnisse und der Aufgaben des Klassenkampfes in Westdtl. sowie später in Halle 1969 Prom. B zum Thema *Die bürgerliche ‚Philosophie der Technik': Wesen, Funktion und Etappen ihrer Entwicklung in Dtl.* (publ. 1976); danach fortl. Prof. im marx.-len. Grundlagenstudium in Merseburg, Institutsdirektor seiner ML-Sektion sowie auch Prorektor für „GeWi" seiner HS; zunehmend seit den 70er Jahren industriesoziologisch arbeitend (Einsatz des wiss.-techn. Leitungspersonals u. dessen Leistungsverhalten), was offensichtlich dazu führte, dass G. B. zum offiziellen „Betreuer" für eine ganz ähnliche Diss.-Schrift von Rudolf *Bahro eingesetzt wurde, deren erfolgreiche Verteidigung aber trotz dreier pos. Gutachter 1976 durch die Staatssicherheit verhindert wurde; nachwendisch kam es mit der verordneten Schließung und vollstg. Abwicklung der ML-Sektion auch an der Chemie-HS Merseburg zu spürbaren Zuspitzungen, in deren Folge es im Frühjahr 1990 zur nicht weiter erklärlichen Selbsttötung kam (nach einer persönl. Mitteilung von R. *Mocek).

Publ.: (Hrsg. zus. mit K. Braunreuther): Soziologie und Praxis. Beiträge zur Entwicklung der marx. Soziologie. Berlin 1965; Beiträge zur Industriesoziologie. Inst. M-L der HS Merseburg 1966; wiss. Red. der Materialien des Soziologie-Kongreß 1974; Technik im Kampf der Weltanschauungen. Ein Beitrag zur Ause. der marx.-len. Phil. mit der bürgerl. „Phil. der Technik". Berlin 1976 (publ. Diss B); Protokoll einer wiss. Arbeitstg. (Dez. 1979) zu Das Zusammenwirken von Arbeiterklasse und Intelligenz bei der Beschleunigung des wiss.-techn. Fortschritts. Ms.-druck der Sektion ML der TH für Chemie Leuna-Merseburg 1980; mehrfacher DZPh-Autor 1963–86 (u. a. mit R. Mocek) sowie auch zu „Umweltbewusstes Handeln in der sozial. Gesell." (zus. mit H. Hegewald).

Bollhagen, (Carl-) Peter
24. Sept. 1929–20. Mai 1972
Geschichtsphilosoph und Soziologe in Berlin u. Potsdam
1943 schwere toxische Diphterie mit zurückgebliebenem Herzleiden; kriegsbedingt 1945–49 nachgeholte Oberschule u. Reifeprüfung mit anschl. Geschichtsstudium 1949–53 an der HU Berlin, da noch kein eigenstg. Phil.-Studium; phil.-hist. Diplomarbeit zu den Beziehungen zw. Christian Wolff u. Lomonossow; Hilfsass. am Bln. Phil.-Inst. bei Kurt *Hager und Hermann *Scheler; Doktoraspirantur (zus. mit W. *Eichhorn I u. W. *Loboda) am ebd. 1953–56 (Abt. dial. u. hist. Mat.) u. Prom. z. Thema: *Kritik einiger phil. Theorien der westdt. SD* (politwiss. Themensteller ist Prof. K. *Hager, aber fachwiss. Gutachter: Klaus *Zweiling); danach Okt. 1956–März 1957 kurzer Einsatz als ML-Dozent im gesell.-wiss. Grundstudium an der HS für Außenhandel; jedoch nach Parteiverfahren schwer erkrankt u. Beurlaubung sowie freiberufl. Hausarbeit (zahlr. Übersetzungsarbeiten); 1959/60 wieder wiss. Mitarbeiter am Phil. Inst. der HUB u. nun verstärkte Arbeit auf dem Gebiet der Theorie u. Methodologie der Gesell.-wiss.; erneute Erkrankung (Umzug nach Potsdam aus gesundheitl. Gründen) u. „freiberuflich" 1965 habil. an der Pädg. HS Potsdam zum Thema: *Soziologie und Gesch.* (publ. 1966); ab 1967 Wiedereinstellung als wiss. Mitarb. am Berl. Phil.-Institut u. Forschungsarbeiten für die neu gegr. Abt. „Phil. Probleme der Gesell.-wiss." (aber gesundheitlich wie „charakterlich" nicht einsetzbar zu Leitungs- u. Erziehungsauf-

gaben, so der damalg. Inst.-Direktor Herbert *Hörz); 1970/71 wiederum Mitarbeiter im Bereich Hist. Mat. (Leiter E. *Lassow) u. zeitweilig. wiss. Zusammenarbeit mit G. *Stiehler daselbst; notiert wird als univ. „Wegfallmeldung" vom 26. 5. 1972: „letzter Arbeitstag 20. 5. 1972 (Sterbetag)"; also schließlich krankheitsbedingt gest.

Publ.: Wiss. Weltanschaug. Teil II, Hist. Mat. H. 2: Die Dialektik von PK u. PV als Grundlage der gesell. Entwicklung. Berlin 1960; Einführung in den Hist. Materialismus. Berlin 1962 (Tb-R. Unserer Weltbild, Bd. 26); (Hrsg): Soziolg. Forschung – Grundsätze u. Methoden. Berlin 1966 (ebs. Bd. 44); Soziologie und Geschichte. Berlin 1966 (und Giessen 1973); Gesetzmäßigkeit und Gesellschaft. Zur Theorie gesell. Gesetze. Berlin 1967; Interessen und Gesellschaft. Berlin 1967.

Bollinger, Steffan
30. Aug. 1954
Diplom-Philosoph, nachwendischer Politikwissenschaftler und linker Publizist in Berlin
Geb. in Berlin, 1961–69 Besuch der 1. Polytechn. OS Berlin-Prenzl. Berg, 1969–73 Erw. OS „Käthe Kollwitz" ebd. (Abitur); selbstverpf. zum 3-jährg. Armeedienst (NVA-Oberleutnant), danach 1976–81 Phil.-Studium an der HU Berlin u. anschl. Forschungsstudium (als Asp.) im Bereich Wiss. Komm.; Diss. A-Thema (1983) zu *Erfahrungen und Lehren des Kampfes der Arbeiterklasse für die Stabilität der Diktatur des Proletariats* (Betreuer H. *Kölsch); 1983–88 sog. „Praxis-Einsatz" in der BL der SED Berlin, Abteilung Wissenschaft (Hochschulpolitik) als parteipol. Mitarb.; 1987 (extern) Diss. B an der Aka. für Gesell.-wiss. beim ZK der SED zum Thema: *Weltanschl.-ideolog. Positionen der ökologisch-alternativen Bewegung in der BRD* (gem. mit B. *Maleck, publ. 1987); 1988–92 an der Ing.-Hochschule Berlin Einsatz als ML-Dozent und Bereichsleiter für Wiss. Komm. und Gesch. der Arbeiterbewe.; Juni 1990 „Umberufung" zum Hochschul-Doz. für Politische Wissenschaften und Leiter eines entspr. Bereichs dieser Ing.-HS; nach „eigener Abwicklung" u. Umstrukturierung ders. Realisierung versch. sozialer Projekte u. Dozent in der Erwachsenenbildung; seit 1998 Lehrtg. an der FU W.-Berlin, Otto-Suhr-Institut für Pol.-Wiss. (Schwerpunkt osteurop. Gesch.); seit 1992 Mitarbeit in der Hist. Kommission beim PV der PDS bzw. der Partei „Die Linke" sowie stellv. Vors. des Bildungsvereins „Helle Panke" der RLS; daselbst zahlr. gesell.-kritische u. zeitgeschichtl. Konferenzprojekte zur DDR-Geschichte sowie zu Sozialismustheorien.

Publ.: (Mitautor B. Maleck): Denken zw. Utopie und Realität. Weltanschauliche Probleme der Alternativ- und Ökologiebewegung in der BRD. Berlin 1987; (eberso): Auf der Suche nach Zukunft. Über Macht u. Ohnmacht des Utopischen. HUB-Inst. für Pol.-wis. Berlin 1992; „1989" – eine abgebrochene Revolution. Verbaute Wege nicht nur zu einer besseren DDR? Schriftenreihe des Gesell.-wiss. Forums e.V.: Gesellschaft-Geschichte-Gegenwart, Bd. 17, Berlin 1999; (Mithrsg.): Die DDR war anders. Eine krit. Würdigung ihrer sozialkulturellen Einrichtungen. Berlin 2002 (Ergänzungsband 2004); Das letzte Jahr der DDR. Zwischen Revolution und Selbsaufgabe. Schriftenreihe der RL-Stiftung. Bd. 11. Berlin 2004; (zus. mit U. van der Heyden u. M. Kessler als Hrsg.): Dt. Einheit und. Elitewechsel in Ostdtl. Schriftenreihe des Gesell.-wiss. Forums e.V. Bd. 24. Berlin 2002; Ebenso: Ausgrenzung oder Integration? Ostdt. Sozialwissenschaftler zw. Isolierung u. Selbstaufgabe. Schriftenreihe des Gesell.-wiss. Forums. Bd. 34. Berlin 2004; Imperialismustheorien. Hist. Grundlagen für eine aktuelle Kritik. Ed. Linke Klassiker (Bd. 1). Wien 2004; Lenin–Träumer und Realist (ebenso Bd. 5). Wien 2006;

Linke und Nation (ebenso Bd. 10). Wien 2009; zahlr. diesbezügliche „Helle Panke"-Hefte, Broschüren, Vorträge, Disk.-beiträge u. Artikel. – Selbstdarstellung S. B.: „Im falschen Land geboren, studiert, gelehrt, geforscht – Impressionen über die Zerstörung einer Elite" (2002).

Bönisch, Siegfried
14. März 1936
Marx.-len. Institutsphilosoph für Dialektischen Materialismus 1960–1990 in Leipzig
Geb. in Halle/Saale; Vater Wagenmeister; GS 1942–48 u. anschl. ZS 1948–50 in Falkenberg/Elster; daselbst Berufsausbildung als Maschinenschlosser bei der Dt. Reichsbahn; 1953–56 delg. zur ABF Halle (Abiturabschluss u. Hochschulreife); daraufhin 1956–61 Phil.-Studium in Leipzig (während der zu Ende gehenden *Bloch-Ause.), im NF allerdings Physik und Mathe.; 1961/62 daher entspr. naturphil. Asp. am H. *Ley-Lehrstuhl „Phil.-Wissenschaften" der HU Bln.; Thema der phil. Diss. (1966): *Ordnung als phil. Problem – (Eine Problemorientierung)*; 1965–69 wiss. Ass. am Leipziger Phil.-Institut (Bereich Dial. Mat.) u. 1966–69 zugleich Leiter eines interdispl. AK für Kybernetik mit entspr. Lehrveranstaltungen; 1969 Doz. für das Fachgebiet Dial. Mat. (Erkenntnistheorie); 1970 Zusatzstudium in Leningrad; 1971–74 Leiter der Immatrikulationskom. für Diplom-ML-Lehrer an der KMU Leipzig; das traditionsreiche Lpz. Phil. Inst. trägt nunmehr bis 1981 bzw. 1989 den Namen Sektion Marx.-len. Phil./Wiss. Kom.; 1979 Prom. B auf Beschluss des Senats der Univ. Leipzig zum Thema: *Untersuchungen zur positivistischen und hermeneutischen Linie im spätbgl. phil. Denken unter bes. Berücksichtg. des Verhältnisses von Erkennen u. Handeln* (Gutachter: H. *Ley, H. *Seidel, F. *Fiedler und R. *Mocek – zugleich entspr. Red. der 3. Lpz. Arbeitstg. „Erkenntnistheorie" am 8. Febr. 1974 mit diesem Thema); 1976–89 Mitgl. des Problemrates Dial. Mat. (Leiter G. *Redlow) beim Wiss. Rat für Marx.-Len. Phil. der DDR (Vors. E. *Hahn); 1978–90 Vors. der Sektion Phil. beim Bezirksvorstand der Urania Leipzig; 1981 Berufung zum o. Prof. u. 1982–90 Leiter des Wiss.-bereiches Dial. Mat. sowie 1987–90 stellv. Direktor f. Forschung der Leipziger Sektion Marx.-len. Phil.; nach deren Abwicklung durch die Sächs. Landesreg. Ende 1990 „ruhendes" Arbeitsverhältnis (Vorruhestand) u. keine univ. Weiterbeschäftigung mehr; 1998–2007 Leiter eines phil. AK der RL-Stiftung Leipzig, zus. mit K.-H. *Schwabe u. H.-M. *Gerlach Durchfg. zahlr. Arbeitstagungen zur hist.-krit. Aufarbeitung der DDR-Phil. vor Ort in Leipzig; – ausführliche Personenerfassung im neu erstellten Professorenkatalog der Univ. Leipzig und nachschlagbar im Internet. Auf Grund der phil.-hist. Ausrichtung (H.*Seidel/M.*Thom) sowie phil. -erkenntnistheor. Spezialisierung (A.*Kosing/D.*Wittich) kam es in den 70/80er Jahren an der Leipziger Phil.-Sektion im Diamat-Bereich zu verschiedenen phil.-begriffsgeschtl. Graduierungsarbeiten zur dialekt. Methode (s. z. B. M.*Wallner) bzw. zum denkbaren Kategorienbestand der mat. Dialektik, wobei aber deren ontolog. Hintergrund überhaupt nicht weiter angedacht wurde. In Berlin betrafen diese Nachforschungen zur sog. „subjektive Dialektik von Verstand und Vernunft" (M.*Leske/G.*Redlow), deren unmittelbar Hegelsche Herkunft natürlich nicht mehr verleugnet werden konnte.

Publ.: (Mitautor, Leiter des Lpz. Autorenkollektivs ist A. Kosing): Die Wissenschaft von der Wissenschaft. Berlin 1968/Tokio 1971; (Mithrsg. F. Fiedler): Marx. Dialektik in Japan. Beiträge japan. Phil. zu aktuellen Problemen der dial.-mat. Methode. Berlin 1987. Alle DZfPh-Beiträge 1961–77 sind dementspr. thematisierte Gemeinschaftsartikel.

Branstner, Gerhard
25. Mai 1927–18. Aug. 2008
Prom. Diplom-Phil. und humoristischer Schriftsteller mit radikal-linkspolit Ansichten
Geb. in Blankenhain (Thüringen) in einer Arbeiterfamilie (Porzellanwerkstätte); nach Besuch der Volksschule in den 30er Jahren ab 1942 dreij. Verwaltungslehre; nach kurzzeitg. Fronteinsatz westallierte Kriegsgefangenschaft bis 1947; später 1949–51 Besuch der ABF in Jena mit anschl. Phil.-Studium 1951–56 in Berlin (erster regulärer fünfjh. Phil.-Studiengang der DDR); danach phil. Lehreinsatz im gesell.-wiss. Grundlagenstudium der Abt. für M.-L. an der Jurist. Fak. der HU Berlin; phil. Prom. 1963 *Über den Humor u. seine Rolle in der Lite.* (Gutachter: Dr. Kaufmann, Prof. *Girnus, Doz. Taut nach Promotionsakte der Phil. Fak. HUB); daraufhin Cheflektor im Eulenspiegel-Vg. sowie im Vg. Neues Leben; ab 1968 freiberufl. Schriftsteller u. neben humoristischen Aphorismen u. Anekdoten auch utopische u. Kriminalromane in den 70 u. 80er Jahren mit z. T. vielen Auflagen; gleichzeitig aber auch bereits seit 1960 als GM u. IM „Richter" der DDR-Staatssicherheit mit konspirativer Wohnung „Friedrich", jahrzehntelang Berichte über zahlreiche Schriftstellerkollegen; nachwendisch zunehmende erklärt linkspol. Publizistik, die nach einem polemisch-beleidigenden Artikel im Jahr 2000 in der JW gegen Gregor Gysi (Vorwurf eines „verbürgerlichten" Verrats am „eigentlichen Sozialismus") zu einem von Michael *Brie beantragten Parteiausschluß aus der PdS hinführen sollte, was aber scheiterte; dem unausweichl. Niedergang des realen Sozialismus würde, so sein gesell.-utop. Bekenntnis, nach einem „langen Weg der eigentlichen Revolution" der „wirkliche Komm." nachfolgen; verst. in Berlin und beigesetzt auf dem Dorotheenstädt. Friedhof; erstaunliche Werkauswahl in 10 Bdn. Berlin 2003 ff. u. Autobiogr: „Liebengrün. Ein Schutzengel sagt aus". Berlin 2007 sowie „Die Hornisse – Phil. Streitschriften" (o. J.).

Publ.: (Auswahl): Die Weisheit des Humors. Sprüche u. Aphorismen zur Lebenskunst. Rostock 1968; Das Tier lacht nicht. Ein Stammbuch für den kommenden Menschen. Berlin. 3. A. 1971; Der Esel als Amtmann oder das Tier ist auch nur ein Mensch. Berlin 1987 u. Frankf./M. 1988; Verbürgerlichung – das Verhängnis der sozialistischen Parteien. „Marx. Forum" (hrsg. von J.-U. Heuer). Berlin 1996; Revolution auf Knien oder der wirkliche Sozialismus. Phil.-pol. Essays. Berlin 1997; Witz und Wesen der Lebenskunst oder die zweite Menschwerdung. Aufsatzsammlg. Schkeuditz 1999; Marxismus der Beletage. Aufsätze einer Phil. der pol. Ökonomie. Marx. Forum H. 25. Berlin 2000; Die Welt in Kurzfassung. Eine Mao-Bibel – Gegenschrift. Ed. Zeitgesch. Bd. 1. Berlin 2001; Das System Heiterkeit. Die Religion der Atheisten. (Phil. Salon). Berlin 2002; Die neue Weltofferte. Was Marx nicht wusste. Eine Blütenlese. Marx. Forum. H. 38. Berlin 2002; Wiederkehr. Die wahre Geschichte der Menschheit (eine Art geschichtspol. Vermächtnis des Autors). Bonn 2009.

Bräu, Richard
Jan. 1938
Diplom-Philosoph und parteipolitischer Universitätsfunktionär in Greifswald
Geb. in Grimmen; 1959–63 Phil.-Studium an der HU Berlin; Ass. am ML-Institut der EMAU Greifswald; sozialpäd. Diss. z. Thema *Soziales Verhalten u. Verhaltensdetermination in der Berufsgruppe Lehrer, untersucht u. dargestellt unter bes. Berücksg. kapital. u. sozial. Gesell.-schaftsverhältnisse in Dtl.* (1967); danach FdJ-Sekr. u. später auch SED-Univ.-Parteisekr. der Univ. Greifswald; Prom. B zum Thema *Kritische Analyse der geschichtsphil. Auffassungen Alfred Webers. Studie zur Ause. mit einer bes. Strömung der bürgl. dt. Soziologie des 20. Jhd.* (1976); damit dann Prof. im gesell.-wiss. Grundstudium der univ. ML-Sektion (späterhin als Forschungsgebiete umbenannte „Kultur- u. Bildungssoziologie"); 1985–89 schließlich noch letzter Prorektor für Gesell.-wiss. der Greifsw. Univ. ohne jede Reformversuche; nach univ. Amtsversust u. Selbstauflösung der ML-Sektion mit nachfolg. Abwicklung auch der Sektion Pädagogik (Erziehungswiss.) keinerlei univ. Weiterbeschäftigung, auch nicht am sich selbst erneuernden Phil. Institut; tellte sich keiner wiss. Evaluierung oder univ.-pol. Überprüfung („Fragebogenaktion"), daher fristlose Enlassung und minsterielle Abberufung als ML-Prof.; insgesamt eine exemplarische „gesell.-wiss." u. parteiamtliche Funktionärskarriere als univ. Politkommissar, besonders hinsichtlich der ideolg.-pol. Beaufsichtigung des dortigen kleinen Phil.-Instituts (gem. mit E. *Albrecht), ohne selbst jemals etwas fachphil. Eigenständiges zu erstellen; daher auch nur eine DZfPh.-Rez. (1975) und ein Bericht (1985), jeweils mit einem anderen Autor; dennoch westl. Reisekader (Einladungen u. Projekte), wofür alle seine Phil.-Kollegen jedoch nicht vorgesehen waren; im Zusammenhang mit der Verleihung der Ehren-Dr.-Würde an den Krupp-Manager Berthold Beitz 1983 in Greifswald (geb. 1913 im Landkreis Demmin, Pommern) soll ihm dieser als ein persönlich erfüllter „Besucherwunsch" die fortl. Lieferung der gr. hist.-krit. Nietzsche-Ausgabe (Hrsg. Colli u. *Montinari) für die ML-Sektion der Univ. Greifswald gewährt haben, die kaum jede ostdt. univ. Phil.-Sektion besaß; nachwend. Mitwirkung an der westdt. Alfred-Weber-Gesamtausg. (Marburg) sowie im post-sozialistischen Bildungsverein der mecklenburg. RLS in Greifswald weiterhin pol. aktiv.

Braun, Volker
7. Mai 1939
Dichter-Philosoph
Geb. in Dresden-Rochwitz als Sohn eines Wirtschaftsprüfers („Buchführer"), der noch in den letzten Kriegstagen als Vater von fünf halbwüchsigen Söhnen fiel; OS-Besuch u. Abitur 1957; vor Studienbeginn 3 Jahre prakt. Produktionsarbeit: 1957/58 Druckereiarb. in Dresden, 1958/59 Tiefbauarbeit im Kombinat „Schwarze Pumpe" und 1959/60 Maschinist im Tagebau Burghammer; anschl. Zulassung zum Phil.-Studium an der KMU Leipzig, als die vorangegangene *Bloch-Ära univ.-parteiphil. bereits ‚siegreich' beendet war; trotzdem bildet die Phil. *Blochs den wohl stärksten geistig-pol. Bezugspunkt in seinem diesbezüglich ungemein nachdenklichen dichterischen Gesamtwerk; 1965/66 Dramaturg am

Berl. Ensemble sowie 1972–76 Mitarb. am Dt. Theater in Berlin; 1976 einer der ersten Mitunterzeichner der Protest-Resolution gegen die Ausbürgerung Wolf *Biermanns; später auch Einsatz für die Rehabilitierung von Rolf *Bahro; 1977–90 wiederum Dramaturg am BE; bereits 1977 Mitglied der (west-dt.) Akad. der Wiss. u. Künste in Mainz, aber erst 1983 der AdK der DDR; seine Stücke. – stets belegt mit jahrelang verzögerter Uraufführung, durchzensierter Drucklg. sowie begleitet von schärfster parteipol. Kritik u. Ause. betreffen: Der Kipper (1965/72), Hinze u. Kunze (1968), Lenins Tod (1970), Guevara oder der Sonnenstaat (1975), Großer Frieden (1976) oder Tinka (1977) sowie dann programmatisch *Die Übergangsgesellschaft* (1982), greifen immer wieder, allein künstlerisch-dramatisch gestaltet, in aktuellste gesellschaftspol. Prozesse ein, die von den, dafür vorrangig zuständigen, jedoch unkritisch-parteifolgsamen Gesell.-wiss. u. Philosophen der DDR gerade so nicht mehr aufgegriffen wurden; daher heißt es bei V. B.: „Die Literatur hat nur einen Sinn, das wieder wegzureißen, was die Ideologen hinbaun. Das schöne Bewußtsein" (gegen das „falsche" also); jedoch: „die Literatur, die nur niedermacht, und die Ideologie, die etwas vormacht, sind gleich weit von der Wahrheit entfernt. Sie haben beide das Leben nicht."; 1988 erscheint eine Schriften-Ansammlung jener Jahre: „Verheerende Folgen mangelnden Anscheins innerbetrieblicher Demokratie" (der Bloch-Schüler Gerd *Zwerenz nennt das eine durchaus revoltierende „Sklavensprache"); darin steht versetzt mit G. Büchner die zeitnah alles entscheidende Frage: „Hat die Revolution gelohnt? – Was ist nun diese neue Epoche?" Und beim vorangegangenen „Studium der Gesch. der Okt.-Revolution" heißt es schließlich: „Die Wahrheit, Genossen, macht nicht schlapp, sie ist unsere Kraft. Die Fragen zu fragen, gestern tödlich, heute ein Schnee. Der Gesamtplan der Wirtschaft, das Tempo der Industrieealisierung, der Sozialismus in einem Land (in einem „halben" noch dazu); die Partei ist kein Debattierklub – aber die Gesch. disk. die Fragen zuende. Viele Verräter von einst wortlos rehabilitiert durch den Gang der Dinge. Ein Gang blutig, hart, irrational: solange wir geduckt gehen, blind, unsere Schritte nicht mächtig. Die sinnlosen Opfer, weil wir die Gangart nicht beherrschen (es gibt notw. Opfer). ‚Personenkult' die feige Ausrede, die alles erklären soll, ein Augenauswischen ... Der histor. Mat.: das w i r d, ist eins der Erlösungsworte, die uns in der Kinderkrippe buchstabiert werden". Der Ende 1989 noch mitunterzeichnete verzweifelte Rettungsappell „Für unser Land" bleibt wirkungslos und die angebl. „Übergangsgesellschaft" (parteiamtlich als solche nie zugestanden) hatte sich realgeschichtlich, nun auch im Theater erledigt u. wurde nicht nur wegen Zuschauermangels (bei „geöffneten Grenzen") bzw. der „angehaltenen Geschichte" stillschweigend abgesetzt. Und in einem Gedicht Das Eigentum (1990) heißt es schließlich zeilenvereinzelt: „Da bin ich noch – doch mein Land geht in den Westen. Ich selber habe ihm den Tritt versetzt. Und unverständlich wird mein Text. Die Hoffnung lag im Weg wie eine Falle". Dem folgen 1998 zusammenfassende zeitbezogene Äußerungen seit 1989 u. d. Titel „Wir befinden uns soweit wohl. Wir sind erst einmal am Ende"; darin „Die Räumung oder: *Das phil. Ereignis*", als der reale „Zusammenbruch des Kommunismus". „Hier," so zitiert er die Journale, „steckt der Grundfehler der ganzen Ontologie des Noch-Nicht-Seins und des darauf gegründeten Primats der Hoffnung"; doch ohne Bloch zu nennen, endet der

Dichter: „Wir aber, Philosoph, gehen auf das Feld der Niederlage, wo unser Brot wächst."
Bei der einmaligen/unvollendeten univ. Rehabilitierung von *Bloch zu dessen 100. Geb.
1985 an der KMU Leipzig ist V. B. ungemein kritisch mit dabei; – die des Blochschen
Assistenten „Tellheim", Jürgen *Teller, erfolgt erst nachwendisch verspätet und ist ihm
nur unverschämt. Doch was bleibt da als Unvollendete Gesch. (1990)?: „Der Wendehals
oder Trotzdestonichts", „arbeitslos, wie alle Weltanschauer und Veränderer hier, innerlich abgewickelt und entlassen von der zahlungsunfähigen Geschichte, die solche Angestellten nicht länger unterhalten kann. Dazu „nicht denken müssen ... Nichts beweisen
zu müssen! Das ist eine andere, siegreiche Philosophie"! Und weiter episodenhaft: „Ich
traf neulich zwei der Besten im Schlafwagen, Gosing und Eichholz I, auf dem Wege zu
einer Konferenz, und sie erzählten mir eine Nachtgeschichte: sie waren ihrer Funktionen
enthoben und auf geringes Geld gesetzt: in die Wüste geschickt. – In die Wirklichkeit. –
In die Lächerlichkeit! (Nun da musste ich lachen:) Warum habt ihr nicht nachgedacht,
als ihr die installierten Denker wart? Das haben wir, erwiderten sie, wir haben alles
erkannt, uns war die Misere bewusst." – Wie sehr unser „Dichter-Phil." sich durchgehend phil.-nachdenklich wie kritisch-ironisch äußert, also auch zum Philosophischen
als Person, Thematik oder Ereignis, dokumentieren aktuell nunmehr zusätzlich seine
Arbeitsbücher 1977–89 –Werktage I (2009) und sein 2. Arbeitsbuch 1990–2008 (2014);
es gibt leider kein verweisendes Namensregister, daher hier nur chronolg. aufgeführt
die entsprechenden „philosophischen Belege": „28. 6. 1985, habe mir zugang zur blochkonferenz verschafft; eine fast geheime ehrung/vernehmung des hundertjährigen im
leipziger senatssaal, seine tellheims, teller oder irrlitz, sind nicht geladen, so kann man
ihn als *bürgerlichen* philosophen behandeln. seidel, obzwar respektvoll, stempelt ihn
noch einmal zum ‚metaphysik(er) des utopischen'... buhr, der nach theologie fahndet,
wo es um erlösung vom elend geht, behandelt bloch als *ketzer*, das heißt für ihn: ‚als
kriminellen'; blochismus eine philosophie, verfügbar für unfertige individuen' – u. man
sieht buhr an, wie fertig er ist. das alleinselig machende hat er in der (akten)tasche,
blochs *kampfposition* wird als sozialismusfeindlich verdächtigt. u. dazu die angst, dass
er marxist sein könnte! das hieße natürlich ‚begründungspluralismus', man habe ‚nicht
nur für die entwicklung des marxismus, sondern für seine reinheit' sorge zu tragen. – ah,
in den dreck damit! – das leben, leipzig und die welt, blieb den ganzen tag ausgesperrt;
ein bürgerlicher philosoph konnte nicht dazu verführen, vom pult auf- und aus der
vornehmen tür zu schauen." (I/691f.); mehrfach wird Wg. „haug, staatlich angestellter
marxist (nicht marxologe) an der freien universität" (I/280) zitiert und auch auf seinem
„Ideologie-Theorie"-Beitrag (dabei ungemein doppelsinnig) „Ideologische Verhältnisse' in der DDR-Philosophie" von 1981 verwiesen (I/327). Ja, zu den phil. Autoren, „die
man immer wieder zu rate zieht" gehören für ihn immer noch weiterhin bleibend "hegel
oder marx oder bloch." (I/122). – Zu seinem bevorst. 80. Geb. erklärte unser „Dichter-Phil." in neueren autobiogr. „Steckbriefen" als „Handstreiche" nunmehr seinen Übergang vom „Schmerz zum Scheitern" in der Poesie und fragt: „Was erwartet ihr von mir?
Widerspruch. Widersprüchliches werdet ihr hören." Und: „Früher Arbeitseinsätze. Jetzt

Attentate. Je mehr ich weiß, desto mehr muß ich glauben", was schon wieder mehr an Kant als an Hegel und Marx, vielleicht aber auch wiederum nur noch an Bloch erinnert? DDR-Personen-Lexikon 2010 (B.-R. Barth/A. Lölling).

Brie, Michael
24. März 1954
Univ.-Philosophie-Prof. und marxistischer Gesellschaftsforscher der RL-Stiftung Berlin
Geb. in Schwerin (Meckl.), Vater im diplomatischen Dienst der DDR, daher Schulzeit teilweise im Ausland; 1972 Abitur mit Auszeichnung in Berlin-Mitte an einer EOS mit erweitertem Russischunterricht; anschl. NVA-Ehrendienst u. 1974 z. Phil.-Studium nach Leningrad delegiert, das jedoch mit dem Stdjh. 1976/77 an der Phil.-Sektion der HU Berlin fortgesetzt wurde; anschl. Forschungsstudent im Bereich Hist. Mat. (Karl-Marx-Stipendium) u. phil. Prom. A bei Gottfried *Stiehler z. Thema: *Zur systm. Darstellg. der Kategorien im hist. Mat. – die Kategorien Arbeit u. Produktionsweise* (Gutachter: G. *Stiehler u. Ek. *Lassow); danach Assistent im gesell.-wiss. Grundlagenstudium an der ML-Sektion der HUB u. 1985 Prom. B zu den *Entwicklungsstufen des sozialistischen Eigentums* (Gutachter: U. J. Heuer, H. Wagner, S. Stötzer) daselbst, wozu es sofort, also wenn jemand derartig problemorientiert u. eigenständig nachdachte, ideologisch-vorwurfsvolle (ängstliche) Andeutungen wie aber auch fachl. aufregende Diskussionen gab; ab Sept. 1985–89 Praxis-Einsatz in der Abteilung für die ML-Ausbildung des MHF sowie 1988 Berufung z. Hochschuldozenten für Hist. Mat.; gleichzeitig gem. mit Rainer *Land u. Dieter *Segert Etablierung eines zeitweilig/teilw. informellen reformtheor. Forschungsprojekts zur Konzeption eines modernen Sozialismus (jedoch nur als univ. Ms.-druck im Herbst 1989 erschienen und überhaupt nicht mehr „ausdiskutiert"); Nov. 1989 Mitbegr. einer Plattform „Dritter Weg" zur grundlg. Umgestaltung und Erneuerung der SED/PdS wie der realsozial. DDR-Gesell. insgesamt, was jedoch realgeschichtlich mehr oder weniger „zu spät kam"; 1990 noch Prof. für Sozialphil. am, nun vom langjährigen Prorektor für Gesell.-wiss. der HUB Dieter Klein, gegr. „Inst. für Interdiszpl. Zivilisationsforschung" (schon 1992 übergeleitet in einen regulären univ. Fachbereich Sozialwiss.); nach freiwilliger Offenlegung seiner MfS-Kontakte zweimalige Entlassung, jedoch von einem Arbeitsgericht angeordnete Wiedereinstellung bis 1994, dem schließl. einvernehmlicher Aufhebungsvertrag nachfolgte; anschl. Forschungen zur Transformation gesell.-pol. Strukturen in Russland u. a. sozialwiss. Projekte mit größerer publizistischer Wirksamkeit; seit 1999 Mitarbeiter der RLS (stellv. Vors.) u. Direktor eines dortigen „Inst. für Gesell.-analyse"; Mitglied der Grundsatz- bzw. Programmkom. der PDS bzw. heutigen Partei Die Linke sowie seit 2013 Mitgl der Lz-Sozietät (für Phil. u. Politikwiss.); hinsichtlich der Transformationsforschung enge Zusammenarbeit mit D. Klein, Rolf *Reißig u. Michael *Thomas, die jedoch neuerlich von altstaln. Autoren der „Jungen Welt" (völlig theorielos, neuideologisch u. ultralinks wie revolutions-utopisch) schon wieder als „gefährliche Illusionen" nur polemisch kritisiert und uneinsichtig bekämpft werden.
DDR-Personen-Lexikon 2010 (J. Wielgohs).

Publ.: (aus den vorlg. umfangr. Publ. ausgewählt): Wer ist Eigentümer im Sozialismus? Phil. Überlegungen. Berlin 1990; (Mithrsg. D. Klein):Umbruch zur Moderne? Krit. Beiträge. Hamburg 1991; (Ebenso): Zwischen den Zeiten. Hamburg 1992; (Mitautor D. Klein): Der Engel der Gesch. Befreiende Erfahrungen einer Niederlage. Berlin 1993; Der Abstieg der DDR-Intellektuellen – eine bittere Chance zur Hellsichtigkeit. Vortrag am Inst. für Wiss. u. Kunst. Wien 1993; (Mitautoren M. Chrapa und D. Klein): Sozialismus als Tagesaufgabe. Berlin 2003; (Hrsg.): Schöne Demokratie. Elemente totaler Herrschaft. Berlin 2007. Mithrsg. der „Beiträge zur kritischen Transformationsforschung" (2014/15). 1980–90 entspr. DZfPh – Grundsatzartikel z. Thematik der A u. B.-Diss.

Briese, Olaf
16. Juni 1963
Kulturhistorischer Diplom-Philosoph und univ. Privatdozent der Nachwendezeit
Geb. in Wittenberge; 1970–78 POS in Perleberg und danach EOS 1978–82; nach dem Abitur und der üblichen dreij. Armeedienstzeit, um einen gesicherten univ. Studienplatz zu erlangen, 1985–90 Studium der Phil. u. Literaturwiss. an der HU zu Berlin (Abschluß als Diplom-Phil.); nachwendische phil. Prom. 1994 z. Thema *Subjektgewinn gegen Substanzvertrauen. Zum Unsterblichkeitsdenken im jungen Dtl.* (Gutachter: U. Köster, Hamburg, H. Poschmann, Weimar und R. Rosenberg, Berlin – publ. u. d. T. „Anspruch des Subjekts", Stuttgart 1995); anschl. 1997–2001 wiss. Mitarb. am Kulturwiss. Seminar der HUB; daselbst 2002 Habil. mit einer vierteilg. kulturhist. Schrift z. Thema *Angst in den Zeiten der Cholera* (publ. Berlin 2003); seit 2002 wiss. Mitarb. am Inst. für Religionswiss. der FU Berlin u. späterhin versch. Vertretungsprof. (2006/07), zuletzt als Privatdoz. am Inst. für Kulturwiss. der HUB (2009/10).

Publ.: Autor u. Mithrsg. folgender kulturgeschichtlicher Projekte: Konkurrenzen. Phil. Kultur in Dtl. 1830–50. Porträts und Profile. Würzburg 1998; Die Macht der Metapher. Blitz, Erdbeben und Kometen im Gefüge der Aufklärung. Stuttg./Weimar 1998; Steinzeit. Mauern in Berlin. Berlin 2011; Geselliges Vergnügen. Unterhaltung. Bielefeld 2011; (Hrsg.): Eckensteherliteratur. Eine humoristische Textgestaltung im Biedermeier und Vormärz. Bielefeld 2013; (Hrsg. mit M. Friedrich): Religion – Religionskritik – Religiöse Transformation im Vormärz. Bielefeld 2015; Für des Staates Sicherheit. Das Löschwesen im 19. Jhd. u. die Gründung der ersten Berufsfeuerwehr in Berlin 1851. Berlin 2018.

Bröcker, Walter
19. Juli 1902–3. Aug. 1992
Philosophie-Historiker bis 1948 an der Universität Rostock
Geb. in Itzehoe als Sohn eines Fabrikdirektors; studierte nach dem Abitur (1920) bis 1933 langjährig Phil., Geschichte, Volkswirtschaftslehre u. Physik an den Universitäten Hamburg, Freiburg, Marburg u. Berlin; zwischendurch erfolgte 1928 in Freiburg die phil. Prom. bei M. Heidegger mit einer Arbeit zum Thema *Kants ‚Kritik der ästhetischen Urteilskraft'. Versuch einer phänomenolg. Interpretation* u. 1934 ebenso/ebenda die Habil. mit einer Arbeit zu *Aristoteles* (publ. Frankf./M. 1935, 5. A. 1987); 1933–35 SA-Zugehörigkeit, danach NS-Dozentenlager u. seit 1940 NSdAP-Mitglied; 1937–40 Privatdozent in Freiburg u. 1940/41 Vertretungsprof. in Rostock; danach bis 1948 Phil.-Prof. u. Institutsdirektor an der Univ. Rostock sowie 1942–45 letzter Dekan der dortg. Phil.

Fak.; im Zuge der univ. Entnazifizierung 1945/46 nur kurzzeitig entlassen, jedoch durch „akute NS-Aktenunkenntnis" u. damit erklärter antifasch. Wirksamkeit in Kriegszeiten wiederum rehabilitiert und sogar als „SED-Anwärter" geführt; Kurzlebenslauf W. B. v. 26. Nov. 1946: „Vor 1933 parteilos; 1939/40 Soldat u. sodann Mgl. der NSDAP, aber ohne jede Funktion. 1941 ordentl. Phil.-Prof. in Rostock. Ich kann eine planmäßige Tätigkeit gegen die NSDAP und den Faschismus in der Univ. nachweisen. Untersuchungsverfahren gegen mich deshalb 1944/45 von der NS-Dozentenführung. Wegen erwiesener antifasch. Haltung und Tätigkeit daher vom Antifa-Block politisch bereinigt u. von der SMA Berlin für unbedenklich erklärt. Jetzt gehöre ich der SED als Anwärter an." (es ist der alte NS-Ausdruck für diese nun aktuelle Kand.-zeit). Ab 1948 dann aber doch Prof. für Phil. an der Univ. Kiel (bezeichnend ist seine dortige univ.-aka. Antrittsrede „Im Strudel des Nihilismus", Univ.-Reden 1951, H. 3); 1992 daselbst verst. – In Rostock kam es danach 1948/49 noch zu einer einjährig versuchten Nachfolgerschaft von K.-H. *Volkmann-Schluck (H.-G. *Gadamer-Schüler, jedoch keine Nachfolge mehr in Leipzig möglich, da eine außeruniv. Berufung für Ernst *Bloch erfogte), der 1949 ebenso nach Köln abgeht, weil nunmehr überhaupt kein „bürgerl. Phil." mehr berufen wird(!). Danach gibt es bis z. Ende der DDR an der Univ. Rostock auch kein Phil.-Inst. mehr („gesell.-wiss." Übergangs-Fak. unter Ltg. des marx. Arbeiterlehrers Hermann *Duncker, bei dem wiederum E. *Albrecht prom. und habil.), dafür eine alles pol.-weltanschaulich beherrschende ML-Sektion mit einem sehr rührigen naturphil. AK, gegründet von Hr. *Vogel und weitergeführt bis 1990 von H.-J. *Stöhr (teilw. in Rückerinnerung an den Physiker-Phil. Moritz Schlick, 1911–17 in Rostock). – Zur Gesch. der Rost. Univ.-Phil. s. H.-C. *Rauh: „Philosophie aus einer abgeschlossenen Welt" Berlin 2017.

Publ.: Dialektik, Positivismus, Mythologie. Frankf./M. 1958; (zus. mit Pfarrer Hr. Buhr): Zur Theologie des Geistes. Pfullingen 1960; Das was kommt, gesehen von Nietzsche und Hölderlin. Pfullingen 1963; Platons Gespräche. Frankf./M. 1964 (4. A. 1990); Die Gesch. der Phil. vor Sokrates. Frankf./M. 1965; Ause. mit Hegel. In: Wiss. u. Gegenwart. H. 30. Frankf./M. 1965; Kant über Metaphysik u. Erfahrung. Frankf./M. 1970; Hrsg. M. Heidegger: Gesamtausgabe, Bd. 61/Abt. 2: Vorlesungen. Phänomenolg. Interpretationen zu Aristoteles. 1985.

Brüggemann, Jürgen
26. April 1948
Geb. in Bennstedt; Phil.-Studium an der MLU Halle mit anschl. Forschungsstudium und phil. Prom. A 1980 z. Thema *Der phil. Anarchismus des 19. Jhd. und seine Kritik durch Karl Marx und Friedrich Engels* (Gutachter: D. *Bergner, R. *Bauermann u. M. *Thom); danach unbefr. Ass. an der Sektion Marx.-len. Phil. der MLU Halle im Lehrbereich Gesch. der Phil. u. Kritik (Leiter: H.-M. *Gerlach) sowie Prom. B 1986 zum Thema *Kultur- und Sozialanthropologie, Studien zu ihrer Gesch. u. Epistemologie* (Gutachter: R. *Mocek, D. *Pasemann, D. Treide); 2. Aprilhälfte 1985 Jugoslawien-„Informationsreise" (Skopje u. Belgrad) u. Sept. 1986–Juli 1988 marx.-len. Lehr-Auslandseinsatz in Aden (Jemen) mit Familie; daraufhin Ernennung zum HS-Doz. an der Hallenser ML-Phil.-Sektion und Mitgl. der SED-GO-Ltg; 1990 daher wohl (nach

Abwicklung u. Abberufung) keine fachphil. Weiterbeschäftigung bzw. Übernahme mehr am dortigen neu gegr. Phil.-Inst. in Halle; Juli 1991 bereits verzogen ins westdt. Elmshorn/Kreis Pinneberg u. daselbst Kursleiter an der dortg. VHS (hatte schon zu DDR-Zeiten enge West-Kontakte zur Hambg. DKP); seit 2007 daher Mitglied des Kreisverbandes der „Linken" in Pinneberg u. seit Okt. 2011 zweiter Vorstand der Orsgruppe Elmshorn; keine weiteren phil. Publ. oder frühere DZfPh.-Beiträge nachweisbar.

Buhr, Manfred
22. Febr. 1927–22. Okt. 2008
Philosophie-Historiker und Akademik, langj. Direktor des ZIfPhil. an der AdW der DDR
Geb. in Kamenz als Sohn eines Steinmetzers; 1933–1944 Volksschule und kaufmännische Lehre; 1944/45 NSdAP-Eintritt, RAD u. Wehrmacht; 1945/46 wiederum sofortiger KPD-SED-Eintritt u. Neulehrer sowie 1946/47 Vorstudienanstalt (ABF) in Dresden; damit 1947–51 Studium der Gesch. u. Phil. an der Univ. Leipzig bei Walter Markow und Ernst *Bloch; anschl. 1952–56 wiss. Ass. u. Asp. am neu gegründeten Phil.-Inst. der KMU Leipzig (amt. Direktor *Bloch); daselbst 1956 (gerade noch vor dessen Zwangspensionierung) phil. Prom. z. Thema *Aufstieg u. Ausschaltung des dialektischen Denkens in der Phil. Immanuel Kants. Beitrag zur Entwicklungsgesch. des dial. Denkens in der klass. dt. Philos.* (Gutachter: E. *Bloch als Phil. u. W. Markow als Hist.); erst danach „verspätete" aktive Teilnahme an der politisch-ideolog. wie phil. Ause. um die nunmehr für „revisionistisch" u. unmarx. erklärte „Hoffnungs-Philosophie." seines früheren Lehrers (nachgeschobene DZfPh-Artikel 1958/60, jeweils in H. 4); seit 1957 Dienstleistungsvertrag mit der Dt. Aka. der Wiss. in Berlin (Ed. philosophiehist. Texte); 1962 univ. Habil. weit abgelegen an der EMAU Greifswald mit der Arbeit *Die ursprüngliche Phil. Johann Gottlieb Fichtes und die Französische Revolution* (Gutachter: E. *Alrecht, G. *Klaus, ebenso publ. 1965); danach bereits stellv. Inst.-Direktor von Georg *Klaus, der schon länger erkrankt ist, am neuen Aka.-Institut für Phil. sowie Ernennung zum außeruniv. (also lehrbefreiten) Aka.-Phil.-Prof.; seit dieser Zeit (keineswegs nur als ständiger Westreisekader) durchgehend „personenbezogener" Institutsberichterstatter für das MfS als IM „Rehbein" (vor allem hinsichtlich der Internatl. Hegel-Gesell. und W. R. *Beyer wie auch die „bürgerl." Hegel-Vereinigung u. H.-G. *Gadamer betreffend); mit der sog. Akademiereform seit 1969 bis 1989 durchgehend staatsaka. sowie zentralparteiamtlich (ZK-Abt. Wiss., Kurt *Hager) eingesetzter und, trotz aller Kritik an seinem autoritären wie intriganten Führungsstil von der SED-Führung, stets ausgehaltener zwanzigj. Dauerdirektor des neu gegründeten Zentral-Instituts für Philosophie (ZIfPh) der AdW der DDR; dazu allein zuständig für verschiedene aka.-phil. Publ.-Reihen sowie alle phil. „Westkontakte" u. entspr. internationalen Kongreßbesuche; 1969 korr. u. seit 1971 ordl. Mitgl. der AdW der DDR wie Vors. eines bes. „Rates für Grundfragen des ideolg. Klassenkampfes zwischen Sozialismus u. Imperialismus" (sog. Buhrsche „Kritik-Rat" zur koordinierten Ause. mit allen nur erdenkl. „Spielarten" spätbürgerl. Phil./Ideologie wie auch mit dem antimarx. Revisonismus in den eigenen parteilichen Reihen!), wozu er als durchgehender ostdt.

Hrsg. eine über 100-bändg. Aka.-Abfolge „Zur Kritik der bürgerl. Ideologie" (als sog. „Buhrsche Kritik-Reihe" bez.) 1971–87 verantwortete; 1988 nochmals „autorenkollektiv" zusammengefasst als marx.-len. "Enzyk opädie zur bürgerl. Phil. des 19. u. 20. Jhd." (nachwendisch so nicht fortg.). In den 70/80er Jahren im Rahmen der offiziellen marx.-len. Staatsparteiphilosophie der SED-DDR (durch die Abt. Wiss. beim ZK der SED zugleich parteibeauftragt wie stasikontrollierend) allein zuständig für alle internationalen westphil. Einsätze (Kontakte, Reisekaderauswahl sowie durch ihn allein zu genehmigende Westpubl.) von einigen auserwählten DDR-Kader-Phil. 1980/81 maßgeblich als Akademik und Institutsdirektor (gemeinsam mit den beiden anderen Aka.-Mitgl. H. *Hörz u. W. *Eichhorn u. dem SED-Inst.-Parteisekr. H. *Horstmann) verantwortlich für Parteiausschlüsse sowie staatl. Maßregelung (Arbeitsplatzversetzg mit jahrelanger wiss. Ausgrenzung, Zitier-, Lehr-, Konferenz- u. Publikationsverbot) einer aka. Philosophengruppe um Peter *Ruben und Camilla *Warnke, verbunden mit nachfolgender Absetzung des damaligen (univ.) DZfPh-Chefredakteurs H.-C. *Rauh durch die ZK-Abt. Wiss. (G. *Schirmer), da dieser als solcher letztverantwortlich gemacht wurde für die Veröffentlichung angeblich unmarx.-revisionist. Aufsätze von Ruben, wozu eine parteikollektiv verurteilende „Gutachtermappe" erstellt wurde. Erst im Mai 1990 daraufhin nachwendische basisdemokratische Abwahl als Institutsdirektor (Nachfolger P. *Ruben), Entlassung in den Vorruhestand, was jedoch die insgesamt anrollende aka.-phil. Instituts-Abwicklung nicht mehr aufhalten konnte. 1991 noch demonstrative Ehrenprom. an der Univ Oulu (Finnland), aber nur noch („altbewährte") Publikationen mit oder auch zu ihm in Italien und Österreich, aber keinerlei Wirksamkeit mehr im nun wieder ungehindert gesamtdeutschen Philosophiegeschehen. Zur entscheidend von ihm mit zu verantwortenden (total abgeschotteten) ostdt. Fehlentwicklung der (marx.-len.) Phil. in der DDR gibt es nachweislich trotzdem keinerlei selbstkritische Äußerungen oder Stellungnahmen mehr. – Buhr gehörte neben Erich *Hahn (Rats-Vors. der Marx.-Len. DDR-Philosophie) und dem anführenden „Wissenschaftsphil." Herbert *Hörz, zu den durchgehend hauptverantwortlichen „Kader-Philosophen" der DDR, die jahrzehntelang dem „Philophieanleitenden" Chefideologen der SED, Kurt *Hager (DDR-Philosoph Nr. 1 seit 1951), persönlich zuarbeiteten und unterstellt waren. Als die wichtigsten politideologischen „Funktionsträger" der vergangenen DDR-Philosophie über drei Jahrzehnte waren sie daher vor allem zuständig (sicherlich mit vielen anderen) für die poststalinistische Durchsetzung des Absolutheitsanspruchs der SED-Führung gegenüber diesem besonderen ostdt. Philosophiegebilde, also auch für die parteiamtliche wie staatliche Verfolgung u. Ausschaltung einer jeden „andersdenkenden Philosophie" von Ernst *Bloch bis Peter *Ruben, was hinsichtlich dieser beiden Denker wiederum in besonderer Weise durchgehend für B. zutrifft. Selbstkritisch gestellt hat er sich dieser einmlg. hist. Verantwortung allerdings niemals, umso vernichtender ereilte ihn jedoch nachwendisch die ostwestliche Kritik seiner zahlreichen (oft zuvor durchaus „dienstbaren") Mitarbeiter und tatsächlichen Opfer, bei weiterer (vereinzelt-skurriler) westlicher Anerkennung seines oft ganz merkwürdig-ambivalenten, scheinbar völlig andersartig-leutseligen ausländischen Wirkens u. Auftretens; eine persönlich bes. verbitterte Kritik und entlarvend-demaskierende Verurteilung seines Verhaltens lieferte sein jahrelanger linksmarx. (westdt.) Mitstreiter u. Vorstand der Interntl. Hegel-Gesell. W. R. *Beyer in dessen „Freibeuter in hegelschen Gefilden" (1983); – verst. Okt. 2008 in Berlin u. gewürdigt nur noch durch die linkssektiererische „Junge Welt" (A. *Schölzel); seine jahrzehntelange Stasi-Zusammenarbeit hat Guntolf *Herzberg umfassend aufgeklärt und damit öffentlich gemacht; weitere umfassende hist.-krit. Würdigung durch Camila *Warnke in: „Philosophie aus einer abgeschl. Welt", Abs. „Akademiephilosophie" (2017). DDR-Pers.-Lexikon 2010 (Jan Wielgohs) u. DDR-Phil.-lexikon 1982 (Rolf *Kirchhoff).

Publ.: einzelne fachphil. Artikel (DZfPh.), Einführungen, Reden und Vorträge müssen hier nicht gesondert aufgeführt werden, weil sie vom Autor mehrfach erfasst u. immer wieder in eigenen Sammelbänden nachgedruckt wurden; (Hrsg. mit G. Klaus): Kants Frühschriften. 2 Bde. Bln. 1961; (Hrsg.): Wissen u. Gewissen. Beiträge z. 200. Geb. Fichtes. Bln. 1962; (Hrsg.): Fichte-Briefe. Leipzig 1962 (2. erw. A. 1985); (Hrsg.): R. Garaudy, Gott ist tot. Eine Studie über Hegel. Berlin 1965 u. Frankf./M. 1966 (2. A. 1985); Fichte. Moskau 1965 (übers. von Jan Vogeler und bearb. von A. Gulyga); (mit A. Kosing): Kleines Wörterbuch der Marx.-Len. Phil. Berlin 1966 (7. A. 1984); (Hrsg.): Schelling, Münchener Vorlg. zur Gesch. der neueren Philosophie. Lpz. 1966 (2. A. 1968); (mit M. Klein): Oktober-Revolution – Grundanliegen der Menschheit. Humanismus, Menschenrechte. Frieden. Bln. 1967; (gemeinsam mit G. Irrlitz): Der Anspruch der Vernunft. Die klass. bürgerl. dt. Phil. als theor. Quelle des Marxismus. Teil 1. Berlin 1968 (Köln 1976 u. Moskau 1978, so nicht fortgz.); Immanuel Kant. Einführung in Leben u. Werk. Leipzig 1968 (4. A. 1989); Zur Gesch. der klass. dt. Phil. Leipzig 1972; (mit A. Gedö und V. Ruml): Zur Aktualität des Leninismus. (Kritk-Reihe, Bd. 12). Bln. 1972; (mit A. Gedö): Über die hist. Notwendigkeit des ideolg. Klassenkampfes (Kritik-Reihe, Bd. 75). Bln. 1976; (Mithrsg. T. Oiserman): Revolution der Denkart oder Denkart der Revolution. Beiträge zur Phil. Kants (Aka.-Symposium zum 250. Geb. Kants 1974). Schriften zur Phil. u. ihrer Gesch. Bd. 1 Berlin 1976; Vernunft, Mensch, Geschichte. Studien zur Entw.-gesch. der klass. bürgerl. Phil. Berlin u. Köln 1977; (mit J. Schreiter): Erkenntnistheorie – kritischer Rationalismus – Reformismus. Bln. 1979; (Mithrsg. T. Oiserman): Vom Mute des Erkennens (Aka.-Konferenz z. 150. Todestag Hegels). Bln. u. Frankf./M. 1981; (Mithrsg. R. Steigerwald): Verzicht auf Fortschritt, Geschichte, Erkenntnis u. Wahrheit. Kritik-Reihe Bd. 100. Berlin 1981 (Prag 1983 u. Moskau 1984); (Mithrsg. H.-J. Sandkühler): Phil. in weltbürgl. Absicht und wiss. Sozialismus. Köln 1985; (Mithrsg. W. Förster): Studien zur Phil. der Aufklärung. (1650–1800) in 2 Teilen. Berlin 1985/86; (Hrsg.): Phil. Weisheiten aus zweienhalb Jahrtausenden. Leipzig u. Hanau 1986 (4. A. 1990); Vernünftige Geschichte. Zum Denken über Gesch. in der klass. dt. Phil. (Aufsatzsammlung) Bln. 1986; (Mithrsg. H. Hörz): Naturdialektik – Naturwiss. Das Erbe der Engelsschen DdN. Bln. u. Frankf./M. 1986; (Mithrsg.): Geschichtlichkeit und Aktualität. Beiträge zu Werk u. Wirken von Georg Lukacs (Aka.-Konferenz 1985 zu dessen 100. Geb.). Bln. 1987; Eingriffe – Stellungnahmen – Äußerungen. Zur Gesch. u. gesell. Funktion von Phil. u. Wiss. (eigene Artikel- u. Vortragsansammlung mit Bibl. z. 60. Geb.). Bln. 1987; (Allein-Hrsg.): Enzyklopädie zur bürgl. Phil. im 19. u. 20. Jhd. Leipzig u. Köln 1988; (Mitautor): Republik der Menschheit. Franz. Revolution u. dt. Phil. Köln 1989; (Hrsg.): Franz. Revolution und klass. dt. Phil. (Aufsatzsammlung). Bln. 1990; (Mithrsg. D. Losurdo): Fichte – die Franz. Revolution u. das Ideal vom ewigen Frieden. Berlin 1991; Hist. Vernunft. Zum Denkeinsatz der klass. dt. Phil. (Artikelsammlung). Oulu 1992; (Hrsg.): Das geistige Erbe Europas. Neapel 1994. – 30-facher Autor (Artikel, Rez., B.-B.) der DZfPh von 1958 bis 1989.

Lite.: (Hrsg. H. Hörz, G. Kröber u. K.-H. Schöneburg): Pflicht der Vernunft. Das Spannungsfeld von Vernunft, Mensch und Geschichte. Berlin 1987 (Buhr-Festschrift-Ost z. 60. Geb.); (Hrsg. H. J. Sandkühler u. H. H. Holz): Fortschritt der Aufklärung. Klassische europäische Phil. u. mat. Dialektik. Köln 1987

(Buhr-Festschrift-West); (Hrsg. L. Berthold): Zur Architektonik der Vernunft. Berlin 1987 (245 S.) u. 1990 (684 S. als nochmlg. dt.-dt. u. interntl. Zusammenfassung der beiden anderen Festschriften!); (Hrsg. G. Oberkofler): Philosophie im Zeichen der Vernunft, Festgabe z. 70. Geb. Innsbruck-Wien 1996; G. Herzberg: Manfred Buhr. Ein Porträt. In: Phil.-Information 1/1997; A. Schölzel: Realisierte Vernunft. Zum Tode von M. B.. In: „Junge Welt" v. 23. Okt. 2008. – *Ausgänge*: Ein akademisches Zentralinstitut für Philosophie als „Platzverwalter der Vernunft". Versuch einer Dokumentation (H.-C. Rauh).

Burrichter, Clemens
1932–2012
Gesamtdeutscher Wissenschaftsforscher aus Erlangen mit vielfältigen DDR-Kontakten
Studium der Soziologie u. Phil. in Münster wie an FU Berlin 1960–67; daselbst phil. Prom. zum Thema *Fernsehen und Demokratie. Zur Theorie und Realität der pol. Information des Fernsehers* (publ. Bielefeld 1970); zunehmend intensive Beschäftigung mit der ostdt. Wiss.-entw. (im Rahmen der sog. bundesdt. „DDR-Forschung") durch ein Instituts für Gesell. und Wiss. (IGW) in Erlangen–Nürnberg, woran auch der Wissenschaftsphil. Jürgen *Mittelstrass mitwirkte; als dessen langj. Direktor vor allem in den 80er Jahren zahlreiche Begegnungen sowie gemeinsame Tagungen mit dem Inst. für Wiss.-Theorie, -Org. u. -Gesch. der AdW der DDR (Direktoren G. *Kröber/H. *Laitko), jährlich publ. als „Erlangener Werkstattgespräche" bis 1991. Bereits 1984 Hrsg. einer ersten bemerkenswerten Analyse z. Aufbauphase (bez. als „*Ein kurzer Frühling*") der DDR-Phil., worin die verschiedenen phil. Disk.-stränge der DZfPh 1951–58 z. formalen Logik und Dialektik (C. Fr. *Gethmann), zum Verhältnis des Marxismus z. Phil. Hegels (W. Ch. Zimmerli) sowie z. neueren Physik (G. Böhme) kritisch besprochen werden. Mit Schliessung seines angeblich „IA-kontaminierten Instituts" (L. Martens, – kein DDR-Phil. konnte anders „betreut", beauftragt u. berichtend überhaupt in den Westen reisen) nachwendischer Umzug nach Ost-Berlin u. weitere gem. Projekte zur sozialist. Analyse der Wissenschaftsforschung in der DDR, insb. mit deren ehemaligen ostdt. Hauptvertretern: H. *Laitko, R. *Mocek, K.-F. *Wessel u. D. *Wittich sowie wiederum auch mit J. *Mittelstrass (zuletzt z. Gedenken an Cl. B. u. G. *Kröber 2016 in Potsdam); verst. 2012 in Berlin-Pankow. Bei dieser, ganz sicher außergewöhnlichen gesamtdt. Personalie ergab eine Nachfrage bei der Bundesbehörde für die Stasi-Unterlagen der ehemaligen DDR, dass sich zu Cl. B. keinerlei „inoffizielle" Kontakte zum MfS nachweisen lassen. Sehr wohl gab es aber dafür jahrelang aufwendige bis peinliche Aufklärungsbemühungen (Erfassung u. Betreuung, Ausrichtung u. Kontrolle) aller entspr. ostdt. "Westkontakte" (bereffend Reiseaktivitäten, Kaderauswahl, Konferenzteilnahme, Berichterstattung, operative Analysen und Maßnahmepläne usw.), die wiederum nur eine erschreckende Gängelung und Hilflosigkeit der betroffenen DDR-Phil. diesen außerwiss. (aber höchst herrschaftlich anmaßenden) Politorganen des ZK-App. der SED-Führung wie der DDR-Sicherheitsorgane gegenüber offenbaren, die letztlich keinerlei freizügig-unabhängige persönlich-verantwortliche, also selbstbestimmte internationale wiss. Kontakte gestatten und alles unter ihrer entwürdigenden parteikollektivistischen wie letztlich informell-geheimdienstlichen, bis heute

belastenden Kontrolle behalten wollten. Vgl. hierzu eine entspr. Stasiakte der BStU mit der Signatur MfS-HA XVIII, Nr. 11683, in der symbolträchtig IM-Treffberichte, Akademie-Reiseberichte, Konferenz-Personenlisten, Besuchs- u. Gesprächsprotokolle, interne MfS-Analysen u. Direktiven hinsichtlich des jeweiligen operativen (westdt.) Einsatzgebietes (insb. Erlangen-IGW) von 1974–86 zusammengeführt sind.

Publ.: (Hrsg.): Grundlg. der hist. Wissenschaftsforschung. Basel/Stuttgart 1979; (Hrsg.): Wissenschaft und Systemstreit. Möglichkeiten und Grenzen der Ost-West-Wissenschaftsintegration. Erlangen 1980; (Hrsg.): Deutschlandpolitik u. Systemauseinandersetzung. Erlangen 1982; (Hrsg.): Wissenschaft und Entspannung. Beiträge vom XI. Erlanger Werkstattgespräch 1982. Erlangen 1984; (Hrsg.): Forschungspolitische Probleme u. Strategien für die 80er Jahre (XII.-1983). Erlangen 1984; (Hrsg.): Wissenschaftsforschung – neue Probleme und neue Aufgaben: Kolloquium der IGW im Wissenschaftszentrum Bonn 10./11. Juni 1985. Erlangen 1985; (Hrsg.) Spitzenleistungen in den Wissenschaften (XIII.-1984). Erlangen 1985; (Mithrsg.): Wissenschaftsforschung im internationalen Vergleich (XV.-1986). Erlangen 1987; (Hrsg.): Theorie und Praxis der Wissenschaftsforschung. Praxis und Konzepte (XIV.-1985). Erlangen 1987; (Mithrsg.): Wissenschaftsforschung im internationalen Vergleich (XV.-1986). Erlangen 1987; (Mithrsg.): Zur gegenwärtigen Lage von Wiss. und Forschungspolitik in der Tschechoslowakei, Polen und Ungarn. Erlangen 1988; (Mithrsg.): Wiss.-techn. Zusammnarbeit in den gegenwärtigen Ost-West-Beziehungen (Konferenzschrift April 1988). Erlangen 1988; (Hrsg.): Moderne Informationstechnologien u. die Gesellschaften in Ost- u. Westeuropa. (XVI.-1987). Erlangen 1988; (Hrsg.): Sozialgeschichte der Wissenschaften. Zur Methodologie einer hist. Wiss.-forschung (XVIII.-1989). Erlangen 1991; (Mithrsg.): Fusion der Wissenschaftssysteme (XIX.-Nov. 1990). Erlangen 1991; (Mithrsg.): Transformation u. Modernisierung (XX.-Nov. 1991). Erlangen 1992; (Mithrsg.): Ohne Erinnerung keine Zukunft. Zur Aufarbeitung von Vergangenheit in einigen europäischen Gesellschaften unserer Tage. (Kongreß Erlangen 1990). Köln 1992; (Mithrsg.): Auf dem Wege zur „Produktivkraft Wissenschaft". Beiträge zur DDR-Wiss.-gesch. Bd. 1. Leipzig 2002; (Mithg.): Reformzeit u. Wissenschaft. Bd. 2. Leipzig 2005; (Hrsg.): Deutsche Zeitgeschichte. Gesellschaft-Staat-Politik. Ein (gesamtdt.) Handbuch. Berlin-Dietz-Verlag 2006.

Buschinski, Susanne
8. Nov. 1929
ML-Philosophie-Lehrerin an der Humboldt-Universität zu Berlin
Geb. in Eilau (Kreis Liebau); 1936–44 vierstufige VS mit 8-Klassenabschluss; 1945–48 Schneiderinnenberuf u. bis 1951 darin arbeitend; 1951–54 ABF zur Hochschulreife mit anschl. Phil.-Studium in Berlin; wiss. Ass. u. planmäßige Asp. 1961/65 (wegen 3 Kinder 1965/67 freigestellt); ab 1967 ML-Sektion der HUB im Lehrbereich Phil. des dial. u. hist. Mat. (Lehrgruppenleiter Lothar *Kühne) u. Prom. A 1971 zum Thema: *„Nicht bürgerlicher, sondern sozialist. Mensch". Beitrag zur hist.-mat. Ause. mit der Auffassung des Menschen in der Geschichts- u. Kultursoziologie Alfred Webers* (Gutachter H. *Scheler, Phil.-Institut und W. *Loboda, ML-Sektion); dazu bemerkenswerte Eingabe der ML-Sektion an die Gesellwiss. Fak. (Dekanin Rita *Schober): Kandidatin forderte die Anerkennung mit entspr. Vermerk des erweiterten Wissenschaftsgebietes „Philosophie" auf ihrer Dr.-Diss.-Urkunde, also nicht ML-sektiererisch eingeschränkt nur auf dial. u. hist. Mat., woraus dann allerdings die ganz ebenso reduzierte u. parteiphil. Bezeichnung „marx.-len. Phil." wurde, so wie schon alle univ. Phil.-Institute der DDR nach der III. HSR (nicht so das aka. ZIfPh.) benannt worden waren; außerdem sei

die Prom.-Kand. über 40 Jahre alt u. daher vom Fremdsprachennachweis „befreit"; arbeitete zur Forschungsthematik „Zeitform" des gesell. Seins; 1974–77 zeitweilig am ZIPh der ADW u. seit 1981 im Bereich „Fernstudium Philosophie", wiederum ML-Sektion der HUBerlin; daselbst Prom. B zum Thema: *Zeit – Arbeit – gesell. Bewegung. Ein Beitrag zur Erforschung der Zeitform des gesell. Seins.* (Gutachter: A. *Griese u. Ch. Folmert); ansonsten ist lediglich eine Rez. in der DZfPh H. 12-1960 nachweisbar; nachwendisch keinerlei univ.-phil. Weiterbeschäftigung.

Buschmann, Cornelia
20. Aug. 1956
Philosophiehistorikerin der DDR-Aka. der Wissenschaften wie an der Univ. Potsdam
Geb. in Dresden; Phil.-Studium in Jena oder Berlin; seit 1983 wiss.-red. Mitarbeiterin in der Leibniz-Edtion (Leiter H. *Horstmann) des ZIfPh. der AdW der DDR; daselbst phil. Prom. A 1989 z. Thema *Geschichte u. Gesellschaft als phil. Problem. Die Problemstruktur der Phil. Christian Wolffs (1679–1754) und Tendenzen ihrer Rezeption unter bes. Berücksichtigung der phil. Preisschriftenliteratur der Berl. Aka. der Wiss. im 18. Jhd.* (Gutachter: W. *Förster und S. *Wollgast); Mitarbeit am Aka.-Sammelband (Hrsg. Förster) „Aufklärung in Berlin". 1986; aktuell beschäftigt am Lehrstuhl Pol. Phil./Phil. Anthropologie (Lehrstuhlleiter H.-P. *Krüger) des Phil.-Inst. der Univ. Potsdam; trotz Nachfrage keine weiteren Informationen verfügbar.

Butscher, Jens
15. März 1960
Geb. in Eisenach; Besuch einer POS mit erw. Russischunterricht; 1976 Berufsausbildung z. Nachrichtentechniker bei der Deutschen Post mit Abiturabschluss; 1979–82 dreijh. NVA-Verpflichtung (6 Mon. Unteroffiziersausbildung in Bad Düben, dann 30 Mon. in Karlshagen/Pennemünde im Jagdgeschwader 9); techn. Studienplatz in Ilmenau aufgegeben, und da auch der Studienwunsch Lateinamerkawiss. in Rostock scheitert, allgemein übliche Umlenkung z. ML-Phil.-Studium an der KMU Leipzig 1982–87; einschl. zwei Studien-Sem. in Halle bei H.-M. *Gerlach u. G. *Schenk; anschl. Forschungsstudium bei M. *Thom in Leipzig u. phil. Prom. 1991 zum Thema *„Ethik" und „Metaphysik": eine diskurshermeneutische Studie zu Text und Kontext der Philosophie von G. Lukacs* (Gutachter: H. *Seidel, M. *Thom, J. *Schreiter und G. Pasternack, Bremen); danach wiss. Ass. in der Uniklinik für Psychatrie der Univ. Leipzig; da eine sachgerechte wiss. Weiterentw. universitär nicht mehr möglich war, Verselbständigung als Mobilienmakler in Meiningen.

Caysa, Volker
24. Juni 1957–3. Aug. 2017
Anthroplogie des Körpers und Sportphilosophie in Leipzig
Geb. in Halberstadt; Besuch der EOS 1964–74 (10. Kl.); 1974–77 Sportschule Magdeburg als EOS (KJS) mit Abitur (Hammerwerfen 55,7 m im Jahr 1974; erlebte u. thematisierte

später auch Dopingpraktiken); anschl. 1978–83 Phil.-Studium in Leipzig (Diplom-Lehrer für ML-Phil.) u. bis 1988 wiss. Ass am FMI Lpz. (unterbrochen durch NVA-Grundwehrdienst 1983–85); phil. Prom. A 1988 z. Thema: *Die ‚Wissenschaft der Logik' als Metaphysik der Arbeit der Vernunft* (Themensteller, Betreuer u. Hauptgutachter: H. *Seidel sowie K. *Reiprich, M. *Buhr, und K. *Bal); 1988–91 wiss. Asp. (zur Diss. B-Vorbereitung, wiederum im Bereich Gesch. der Phil. bei H. *Seidel, der aber vorzeitig ausscheidet); mit Abwicklung der ML-Phil.-Sek. 1990 zunächst ABM als Hrsg. einer Lpz. univ.-phil. Zeitschrift für Kultur u. Kritik 1991/93; danach mehrfach arbeitslos, Lehraufträge u. 1996/98 Habil-Stipendiat der DFG am neugegr. Inst. für Phil. der Univ. Lpz. zum Thema *Der Sport als Macht. Über das Spannungsfeld von Bio- und Selbsttechnologie* (Gutachter: B. Ränsch-Trill, G. Gebauer, P. *Stekeler-Weithofer, 2001 publ. u. d. T. Körperutopien. Eine phil. Anthropologie des Sports. Frankf./M. 2003); gleichzeitig Lehraufträge zu „Grundlagen der Sportphilosophie" an der sportwiss. Fak. der Univ. Leipzig sowie Hrsg. entspr. sportphil. Texte, (Rc.-Vg. Lpz. 1997); später nachfolgende Nietzsche-Forschungen (2002–04 auch Vors. der ostdt. Nietzsche-Gesell.) und zeitweilige professorale Lehrveranstaltungen für Phil. an der Univ. Lodz/Polen; aber weiterhin PD am Inst. für Phil. der Univ. Lpz., jedoch keine Berufung; publ. Aktivitäten im Rahmen der RLS Leipzig und Berlin; nach schwerer Krebserkrankung 2017 in Leipzig verst. u. Gedenkveranstaltung.

Publ.: (Mithrsg. E. Uhl): „Hoffnung kann enttäuscht werden". Ernst Bloch in Leipzig. Frankf./M. 1992; (Hrsg. mit H.-D. Eichler): Praxis, Vernunft, Gemeinschaft. Auf der Suche nach einer anderen Vernunft (H. Seidel z. 65. Geb.). Weinheim 1994; Das Seyn entwerfen. Die negative Metaphysik M. Heideggers. (Lang 1994); (Mithrsg. H.-D. Eichler): Phil.-geschichte u. Hermeneutik. Lpz. 1996; Kritik als Utopie der Selbstregulierung. Über die existentielle Wende der Kritik nach Nietzsche. Berlin 2005; (Mithrsg. H.-M. Gerlach): Nietzsche u. die Linke. Leipzig 2006; (Hrsg.): Helmut Seidel. Philosophie vernüftiger Lebenspraxis (Textsanmmlung). Leipzig 2009; (Mitautorin K. Schwarzwald): Experimente des Leibes. LIT Verlag 2010; (Hrsg.): Philosophie u. Wirkl. Zur Herausbildung u. Begründung der Marxschen Philosophie (Habilschrift Helmut Seidel 1966). Leipzig 2011; (Hrsg.): Nietzsche – Macht – Größe. Nietzsche der Macht u. die Macht der Größe. Berlin/New York 2012. – *Anfänge*: Der andere Gadamer und sein Lpz. Rektorat. Über die Wiedergeburt der Hermeneutik aus dem Geist der demokratischen Kulturerneuerung.

Chaßchatschich, Fjodor Ig.
1907–1942
Sowjet-philosophischer Erkenntnistheoretiker des Dialektischen Materialismus
Nach Besuch eines pädg. Technikums und Lehrtg. z. dial. u. hist. Mat. an der Univ. Rostow beendete er 1934 an der MGU eine Asp. u. prom. als Dr.-Kand. z. Thema *Die Erkennbarkeit der Welt und deren Gesetzmäßikeit*; noch vor Kriegsbeginn verfasste er 1941 eine Dr.-Diss. z. Thema *Fragen der ET des Dial. Mat.*, die postum 1967 als Buch veröffentl. wurde; freiwillig meldete er sich mit seinen Studenten sofort zum Fronteinsatz u. fiel als einer der ersten Hochschullehrer der Phil. am 5. Nov. 1942 im Kampf gegen die fasch. Eindringlinge; nachkriegszl. wurden einzelne seiner wenigen phil.-erkenntnistheor. (sehr orthodoxen u. lehrdogmatischen) Schriften in den Anfangsjah-

ren der DDR-Phil. übersetzt u. erlebten mehrere A.: Über die Erkennbarkeit der Welt. Berlin 1951 (5. A. 1953); Materie u. Bewusstsein (als Vertiefung und Erweiterung dieser Schrift). Berlin 1955 (7. A. 1959); Ch. fand jedoch unerklärlicherweise im offiziellen DDR-Phil.-lexikon 1982 keinerlei personengeschichtl. Erwähnung mehr; diese bes. zusätzl. Aufnahme in das vorlg. Ps.-Vz. zur DDR-Phil. 1945–95 soll das etwas richtig stellen, denn seine lehrphil. Wirkung in den Anfangsjahren der DDR-Phil. war enorm.

Conrad, Thomas
3. Aug. 1952
Philosophie-Historiker und freiberuflicher Lektor
Geb. 1952 in Eisenach; nach dem Abitur u. einem dreijh. Armeedienst mit anschl. Studienplatzgarantie z. Phil.-Studium in Jena 1973–78; danach wiss. Ass. an der Sektion Marx.-len. Phil. der MLU Halle und phil. Prom. A 1983 zum Thema *Hans Vaihinger u. seine Philos. des Als Ob* (Gutachter: D. *Bergner, H.-M. *Gerlach); ab 1. 9. 1984 wiss. Sekr. der Sektionsleitung und 1988 wiss. Oberass. im WB Gesch. der Phil. und Kritik; nach Abwicklung und positiver Evaluierung Arbeitsplatzverlängerung bis 31. 3. 1993, aber keine realisierbare Habil. mehr; noch bis 1998/99 wiss. Mitarb. am neu begründeten Inst. für Phil. der Univ. Halle-Wittenbg; seit 2000 u. a. Lektor u. Koautor im Wirth Medienverlag sowie schließlich freiberufl. Lektor u. Autor. – Was kann, soll u. darf ich tun? Ethik für Pflegeberufe (Themenheft). Lpz. 2005.

Cornforth, Maurice
1909–1980
Britischer phil. Marxist (dial. Materialismus) und Chefideologe der KP Großbritanniens
In der DDR frühzeitig übersetzt (wahrscheinlich befürwortet von ostdt. Engl.-Emigranten); (gem. mit J. *Bernal): Die Wissenschaft im Kampf um Frieden u. Sozialismus. Berlin 1950; Wissenschaft contra Idealismus. Eine Unters. des „reinen Empirismus" u. der moderneren Logik. (mit einem Vw. von G. F. *Alexandrow). Berlin 1953; ein dreitlg. LB z. Dial. Mat. (1952): 1. Materialismus u. dial. Mehode, 2. Hist. Mat. u. 3. Theorie der Erkenntnis wurden nicht mehr übersetzt; seine Ause.-schrift mit Karl *Popper (1968) „Marx. Wiss. u. anitmarx. Dogma" erschien nur in einem westmarx. Verlag Frankf./M. 1970 (2. A. 1973); seine letzte Schrift trägt den engl. Originaltitel: Communism & Philosphy. Contemporary Dogmas and Revisions of Marxism (1980).

Cornu, Auguste
9. Aug. 1888–6. Mai 1981
Franz. Marx-Engels-Forscher in der DDR, an deren Akademie der Wissenschaften
Geb. in Beaune (Frankreich) u. aufgewachsen auf Korsika; 1906–14 (bzw. 1918) Studium der Germanistik, Ökonomie u. Rechtswiss. in Paris, aber auch in Deutschland (Berlin); 1913 Mitglied der SPF und ab 1922 der KPF; 1920 Prom. mit einer phil.-hist. Studie zu Moses Heß u. anschl. Gymnasiallehrer für dt. Sprache u. Literatur;

1934 Habil. mit einer Arbeit über den jungen Marx und nebenamtl. Lehrtätigkeit an der Sorbonne in Paris; im Zweiten Weltkrieg wirksam in der Resistance; nach seiner Pensionierung 1948 in Frankreich durch Vermittlung der KPF in die frühe DDR übergesiedelt u. 1949–51 Gast-Prof. für vergl. Geistes- und Literaturgesch. an der Univ. Leipzig sowie 1952–56 Prof. für Kulturgeschichte an der HU Berlin; ab 1957 Leiter einer für ihn eingerichteten aka.-phil. Marx-Engels-Forschungsstelle an der AdW, also außerhalb des parteiamtl. IML (zugleich Vorarbeiten für ein geplantes Marx-Engels-Wb); erforschte zeitlebens bis ins hohe Alter das Leben, Werk u. Wirken von Karl Marx und Friedr. Engels, insbesondere deren frühe Lebens- und Schaffensperiode bis etwa 1952; dadurch blieb seine breit angelegte (dreibändige) Marx-Engels-Doppelbiographie letztlich aber unvollendet. Andererseits wurden allein durch dieses Werk die sog. Marxschen „Frühschriften" lange vor ihrer ungemein verspäteten vollstg. Publikation im Rahmen der ME-Werkausgabe (abschl. Er gänzungsbände I/1 u. 2 erschienen sogar erst 1968) in der DDR allgemein bekannt; A. C. legte damit zugleich die Grundlagen für eine weitergehende Erforschg. des vormarx./utop. Komm. seiner Mitarbeiter: W. *Mönke (zu Moses Heß) u. der Fam. *Höppner (z. utop. Sozialismus); hohe staatl. Auszeichnungen der DDR u. die Ehren-Dr.-würde der HUB 1959; hochbetagt u. mehrfach aka.-wiss. geehrt, dennoch wenig phil. bekannt u. wirksam 1981 in Berlin verst. DDR-Pers.-Lexikon 2010 (D. Hoffmann) und DDR-Phil.-lexikon 1982 (M. Liebscher).

Publ.: (nur die in der DDR erschienenen Titel): Karl Marx u. die Entwicklung des modernen Denkens. Berlin 1950; Karl Marx. Die öko.-phil. Manuskripte. Berlin 1955; Marxens Thesen über Feuerbach. Berlin 1963; Die Herausbildung des hist. Mat. bei Marx. Berlin 1967; Karl Marx und Friedrich Engels. Leben und Werk. 3 Bde. Berlin 1954, 1962, 1968 (franz. u. russ. Übersetzung); (Hrsg. zus. mit Mönke, W.): Moses Heß. Phil. u. sozial. Schriften 1837–1850. Berlin 1961; – 2 Artikel in der DZfPh. in H. 7/1964 u. H. 1/1977 sowie 3 Rez. zur gl. Zeit. *Lite.*: Festl. Kolloquium zum 85. Geb. von A. C. am 20. Sept. 1973. In: Beiträge zur Marx-Engels-Forschung; – Dem Wirken A. C. gewidmet. Sitzungsberichte der AdW 1973, Nr. 20 (mit Schriftenverzeichnis). Berlin 1975.

Crüger, Herbert
17. Mai 1911–17. Jan. 2003
Antifaschistisch-komm. Widerstandskämpfer und stasiverfolgter Partei-Philosoph
Geb. in Rixdorf (bei Berlin); Volksschule in Berlin u. kaufmännische Lehre; ab 1933 illegale pol. Arbeit für den Nachrichtendienst der KPD (auch in NS-Organisationen) und 1937/38 im spanischen Bürgerkrieg (Barcelona); ab 1938 studiert er in Zürich Kunstgesch. u Archäologie ohne Abschluß; 1946 fortgz. KPD-Arbeit in Westdt. bis Funktionsverbot 1950, da angeblich verdächtiger „Westemigrant"; März 1951 Übersiedlung in die DDR u. bis 1953 Archäologie-Asp. an der Univ. Rostock (wiederum nicht abgeschlossen); ab 1953 ML-Phil.-Doz. im gesell-wiss. Grundstudium an der HU Berlin; parteikritische Diskussionen nach dem XX. Ptg. der KPdSU 1956/57; daraufhin im März 1858 Verhaftung durch das MfS und Aberkennung des VdN-Status; Dez. 1958 dazu Geheimprozess in Potsdam u. Verurteilung zu acht Jahren Zuchthaus wegen schweren Staatsverrats (Bautzen), dann aber vorzeitige Entlassung; ab Sept.

1961 wiss. Mitarb. am IZPh. der AdW und noch 1976 mit phil. Prom. zur *hist. Gesetzeserkenntnis* (zuvor schon publ.) berentet; 1990 vollständige pol. u. rechtl. Rehabilitierung mit anerkannter Parteimitgliedschaft ab 1935; verh. mit der Schauspielerin Mathilde Danegger, die stets zu ihm gehalten hatte; gest. in Zeuthen (bei Berlin). DDR-Personen-Lexikon 2010 (B.-R. Barth).

Publ.: Der Verlust des Objektiven. Zum Verhältnis von Vergangenheit und Gegenwart in der hist. Erkenntnis. (Buhr-Kritik-Reihe 59). Berlin u. Frankf./M. 1975; (mit G. Bartsch u. Ch. Zak): Geschichte als gesetzmäßiger Prozeß. Berlin 1976. – Verschwiegene Zeiten. Vom geheimen Apparat der KPD ins Gefängnis der Staatssicherheit. Berlin 1990; Ein alter Mann erzählt. Lebensbericht eines Kommunisten. Schkeuditz 1998.

Dammaschke, Mischka
22. Aug. 1952
Nachwendischer Chefredakteur der Deutschen Zeitschrift für Philosophie
Geb. in Berlin; Vater Diplom-Journalist u. Mutter Bibliothekarin; nach der Schulzeit (Abitur) 1971/72 verkürzter (aus gesundhe tl. Gründen) NVA-Ehrendienst; daraufhin Phil.-Studium 1973–77 in Berlin mit anschl. Forschungsstudium im Lehrbereich Ethik (1978 Phil.-Diplom) mit einem „W. Pieck-Stipendium"; daselbst phil. Prom. 1982 z. Thema: *Gemeinschaftlichkeit u. Revolution, zur Entwicklung der Ethik von Georg *Lukacs (1908–1919)* (Gutachter: H. E. *Hörz und G. *Fröschner); danach ab 1980 Einsatz im ML-Philosophiebereich der HS für Ökonomie Berlin-Karshorst (Direktor G. *Söder); ab 1989/90 Redaktionsarbeit in der DZfPh, für deren Erhalt er sich auf gesamtdt. Weise mit anderen, nach diskussionsloser vollständiger „verlagstechn. Entlassung" des gesamten DDR-Phil.-Redaktionskollegiums wie des letzten noch amtierenden Chefred. Jörg *Schreiter, einsetzte; trotzdem erfolgte eine (vor allem them.) Umwandlung dieser ehemals einzigen marx. DDR-Phil.-Zeitschrift (1952/53 gegr. von W. *Harich und E. *Bloch) in eine „Zweimonatszeitschrift der internationalen phil. Forschung"; ehemalige DDR-Phil. sind bis auf wenige jüngere Ausnahmen keine Autoren dieses Journals mehr; deren damit abgeschl. bzw. vergangene längere ostdt. Vorgeschichte 1953–89 erscheint nur noch gelegentlich mit episodenhaften DDR-phil. Archivnachdrucken (z. B. der *Jacoby-Denkschrift von 1954); Heft 4/2013 enthält einmalig jubiläumsbezogen den Schwerpunkt: „Erinnerungen an die Anfänge". 60 Jahre Deutsche Zeitschrift für Phil. (mit Beiträgen von W. *Harich sowie von den Jungphil. A. *Amberger und A. *Heyer); aktuelle Mithrsg. der Zft. sind u. a. Axel Honneth (Univ. Frankfurt/M.) und Hans-Peter *Krüger (Univ. Potsdam).

Dathe, Uwe
6. März 1962
Kulturhistorischer Logiker in Jena
Geb. in Breitenbach u. nach Abschluß der polytechn. OS Leipzig 1978–81 Berufsausbildung z. Maschinen- u. Anlagenmonteur im VEB Kirow-Werken Leipzig; anschl. Nov. 1982–Mai 1984 Grundwehrdienst bei der NVA; 1984–89 Philosophie-Studium an der

KMU Lpz. u. nach dem Staatsexamen als ML-Diplomlehrer für Phil. u. Forschungsstudium im Bereich Logik der Sektion Phil. bzw. dann des Instituts für Logik und Wissenschaftstheorie der Univ. Leipzig; phil. Prom. ebenda 1992 zum Thema *Frege in Jena. Eine Untersuchung von Gottlob Freges Jenaer Mikroklima zwischen 1869 und 1918* (Gutachter: L. *Kreiser, Ch. Thiel, Erlangen u. G. Gabriel, Bochum); 1993–96 wiss. Mitarb. am gen. Logik-Institut in Leipzig u. 1979–2000 ebs. am Inst. für Phil. der FSU Jena; anschl. bis 2005 Lektor des Dt. Aka. Austauschdienstes an der Univ. Kiew in der Ukraine tätig; versch. Anstellungen im Wiss.-bereich Gesch. und seit Ende 2013 wiss. Mitarb. am Lehrstuhl Wirtschaftspol. der Univ. Jena zur wiss.-bibliothekar. Erschließung des Nachlasses von Walter Euken.

Dawydow, Juri N.
1929–2007
Spezialist für westeuropäische (genauer deutsche) Philosophie und Kunst-Soziologe
Geb. in der Ukraine u. beendete 1952 die Univ. Saratow; 1958 Prom. z. *Kampf um das Hegelsche „Phänomenolg. Denken" in der westlichen (abendländischen) Phil. des XIX. Jhd.*; 1959–62 Mitarbeit an der sowjt. „Phil. Enzyklopädie" u. 1963–65 Ausgestaltung einer fundamental-phil. Bibl. an der AdW der UdSSR; 1965–70 Arbeit im sowjet. Kultur-Ministerium sowie lite.- u. kunstsoziolg. Forschungen; 1977 ideologiekritische Ause. mit der „Frankf. Schule"; später postsowjet. Forschungen dann speziell zu Max Weber und die deutsche Philosophie des 20. Jhd. ohne ML-Wertung.

Publ.: (dt.-sprachige Übersetzungen): Freiheit u. Entfremdung. Tb-Reihe UWB, Bd. 29. Berlin 1964 (westdt. Lizenzausgabe Frankf./M. 1969); Die sich selbst negierende Dialektik. Kritik der Musiktheorie Th. Adornos. Buhrsche Kritik-Reihe Bd. 6. Bln. u. Frankf./M. 1971; Die Kunst als soziolg. Phänomen. Dresden 1974; Zwei Bündel Briefe. Hist. Roman. Berlin 1988; Russland und der Westen. Heidelberger Max -Weber-Vorlg. 1992. Frankf./M. 1995.

Decker, Gunnar und Kerstin
Letzte stud. DDR-Philosophie-Absolventen der Humboldt-Universität zu Berlin 1990
Geb. 1965 in Kühlungsborn bzw. 1962 in Lpz.; beide prom. 1994 an der HUB „religionsphil." (institutionell hervorgegangen aus der AG am Inst.-Phil. „Wiss. Atheismus" von W. *Kleinig):
G. D. z. Thema: *Protestantische Mystik. Überlegungen zu einem Begriff am Beispiel Gottfried Arnolds* (Themenvergabe W. Schmidt-Biggemann; Stipedium an Herzog-August-Bibl. Wolfenbüttel); anschl. freiberufl. Theater- u. Filmkritiker (fürs ND) sowie Autor biograph. Bücher zu Ernst Jünger (1997); Gottfried Benn (2009); Franz Fühmann (2009); Georg Heym (2011) sowie Hermann Hesse (2012) u. Georg Trakl (2014); Franz von Assisi (2016); 1965. Ein kurzer Sommer der DDR. Mün. 2015: eine ideolg.-pol. dok. DDR-Kulturgesch. der 60er Jahre u. neuerlich ebenso „Zwischen den Zeiten". Die letzten Jahre der DDR. Berlin 2020.
K. D. zum Thema: *Theonomie. Geschichtsphilosophie als „Kompensation ihres Endes"; die Retheologisierg. des Historischen im Werk Paul Tillichs u. Theodor W. Adornos*

(Betreuer?); anschl. freiberufliche journalistische Tg. (Tagesspiegel) u. schriftstellerische Arbeiten, ebenfalls zumeist Biographien: zu Heinrich Heine (2005); Paula Modersohn-Becker (2009); Else Lasker-Schüler (2009); Lou Andreas-Salome (2010), Nietzsche und Wagner. Gesch. einer Hassliebe (2012) sowie Bearbeiterin von Autobiographien der DDR-Schauspielerinnen Angelica Domröse (2003) u. Annekathrin Bürger (2007).

Gemeinsame DDR-bezügliche **Publ.:** Gefühlsausbrüche oder Ewig pupertiert der Ostdeutsche. Reportagen, Polemiken, Protäts. Berlin 2000; Letzte Ausfahrt Ost. Die DDR im Rückspiegel. Berlin 2004. Über die unentw. Kunst, ungeteilt zu erben. Eine Deutschstunde. Berlin 2009; Reportage: Die Klasse von 1990. In: „Philosophie-Magazin" Nr. 1/2013: insb. zum Stasi-Fall A. *Schölzel in ihrem Phil.-Stdj. an der HU Berlin.

Deiters, Heinrich
2. Juli 1887–31. Jan. 1966
Reformpädagoge der frühen DDR mit universitärem fachphil. Lehranspruch
Geb. in Osnabrück als Sohn eines Regierungsrates u. Abitur an einem Realgymn.; studierte danach Germ. u. Gesch. in pädg. Hinsicht in Heidelberg, Münster u. Berlin (gesagt wird auch Phil. u. Literaturwiss.); germanist. Prom. 1911 zum „Stil in Hebbels Tagödien" in Berlin bei Friedrich Paulsen (bei dem auch G. *Jacoby zu Herder prom.), noch vor dem 1. Lehrer-Staatsexamen; daraufhin Referendariat u. prakt. Schuldienst sowie dazw. auch zeitweiliger Kriegseinsatz; danach wieder Lehrer u. 1927–1933 Oberschulrat für Kassel; aber wegen seiner SPD-Mitgliedschaft von den Nazis sofort entlassen; mühsame Arbeit als Privatlehrer bis 1945; mit der sowjet. Eroberung von ganz Berlin, schon im Mai 1945 Übernahme des Paulsen-Gymn. in Berlin-Steglitz als Direktor u. zum Jahresende bereits Leiter des Referats Lehrerbildung der Dt. ZV für Volksbildung in der SBZ (Leiter Paul *Wandel); zugleich 1946 Übernahme einer Pädg.-Prof. an der Berl. „Linden-Universität" (Dekan Wilhelm Heise, nach dem frühen Tod von Arthur *Liebert, Nachruf von H. D.); Vors. der Landesgruppe des KB in Berlin u. 1949–58 auch Mitglied der VK der DDR für diesen sowie Mithrsg. der damals noch gesamtdt. Zft. „pädagogik" (Chefred. G. A. *Lange); 1952 Mitdirektor des Inst. für Systm. Pädg. u. Gesch. der Pädg. (mit Robert Alt, bereits ZK-Mitgl. u. Akademik) und 1948–1958 Dekan der Pädg. Fak. der HUB; 1959 em. mit dem 150. Berliner Univ.-Jubiläum (Gedenkartikel für Friedr. Paulsen, aber eben nicht für Eduard *Spranger). Bedeutsamer Einsatz für die generelle univ. Lehrerausbildung (auch der Grundschullehrer), womit er sich aber gegen das neue DDR-VB-Minst. nicht durchsetzen konnte. Ebenso scheiterten frühere gem. Versuche (um 1947/48) mit Arthur *Baumgarten (eigenständige phil. Lehrprogramme für „Gesch. der Phil." wie „dial. u. hist. Mat.", im Zentralen Pädg.-Archiv vorlg.) zur Einführung einer durchgehende univ.-phil. Grundausbildung aller Lehrer (dadurch auch Mitgl. der späteren Aka.-„Sektion Phil."), als die SED-Führung 1948 gerade damit begann, eigene parteiorg. Doz.-Lehrgänge für „Philosophie" an ihrer PHS abzuhalten und danach ab 1951 gesamtuniv.-obligatorisch ein sog. „gesellwiss. ML-Grundlagenstudium", mit einem bes. „Phil.-Anteil", jedoch allein zum dial. u. hist. Mat. einführte, womit alle anderen fachphil. Versuche ausgesetzt wurden. Der im Berliner Archiv für Reformpädg. aufbewahrte Nachlass von D. enthält äußerst krit. persönliche

„Reflexionen" über die für ihn schon ungemein früh einsetzende real-sozial. (stalinistische) Fehlentwicklung bereits nach 1948/49 u. dann weitergehend nach 1958, die natürlich nie veröffentlicht wurden; trotzdem erfolgten vielfältige Ehrungen zum 70. Geb. 1957 mit einer kl. Festschrift „Beiträge zur systm. Päd." seiner Kollegen sowie einer Sammlung Päd. Aufsätze und Reden (Berlin 1957); zu seinem 100. Geb. 1987 erschien in der Reihe „Beiträge zur Gesch. der HUB" Nr. 18 eine letzte Artikelabfolge seiner Päd.-Schüler unter der Überschrift: „Bildungspolitiker – Lehrerbildner – Pädagoge", allerdings wiederum ohne jede Bibl. seiner Schriften, denn diese betreffen vor allem seine früheren reformpäd. Bestrebungen, immer verb. mit Bezügen zur Phil. als Bestandteil einer jeden päd. Ausbildung, ganz nach dem großen univ.-phil. Vorbild von Eduard *Spranger in der 1. H. des 20. Jhd., die er aber in der sich entwickelnden frühen DDR so letztlich niemals verwirklichen konnte. Vgl. dazu: „Bildung u. Leben. Erinnerungen eines dt. Pädagogen", hrsg. u. eingel. von D. Oppermann. Köln/Wien 1989.
DDR-Personenlexikon 2010 (Gert Geißler).

Deutscher, Isaac
3. April 1907–19. Aug. 1967
Jüd. Historiker und Kritiker des Kommunismus; große Stalin- u. Trotzki-Biographie
Geb. in Galizien und jüd.-poln. Herkunft sowie als Korektor u. internatl. Tagesjournalist (der dt. wie englischen Sprache mächtig) tätig. Nach früher Abkehr vom jüd.-orthodoxen Glauben 1926 Eintritt in die poln. KP, aus der er aber schon 1932 wieder ausgeschlossen wurde, weil er aus deren Sicht „Die Gefahr des Nazismus" übertrieb und Panik in die Reihen der komm. Mitgliedschaft verbreiten würde (Wikipedia-Eintrag). Ebenso frühzeitig schrieb er schon 1936 eine Broschüre über den ersten der Mosk. Schauprozess gegen Stalins parteipol. Rivalen im Kampf um die Macht. Im April 1939 verliess er Polen und ging als Korrespondent einer poln. Zeitung nach England, um von 1942–47/49 für die führenden engl. Wochenzeitungen „The Observer" u. „The Eoconomist" zu arbeiten. Während dieser Zeit wurden seine Eltern und zwei seiner Geschwister von den Nazis nach Auschwitz deportiert u. dort umgebracht. Nach dem Krieg begann er mit umfangreichen hist. Nachforschungen z. Gesch. des Sowjet-Komm. u. veröfftl. 1949 zu dessen 70. Geb. seine 1. *Stalin-Biographie, dem 1954–63 noch eine dreibändige zu Trotzki nachfolgte. In den 60er Jahren ist er nochmals engagiert bei den (erneut marx. orientierten) „Neuen Linken" u. deren Aktivitäten gegen den amerik. Vietnam-Krieg; zugleich nochmalg. Hinwendung zur ihn zeitlebens bewegenden „Judenfrage"; verst. 1967 in Rom. – Vor allem seine große Stalin-Biogr. spielte in der Zeit der Entstalinisierung nach 1953/56 (Stalins Tod wie Entthronung auf dem XX. KPdSU-Ptg.) auch in der DDR eine entsch., natürlich inoffiziell aufklärerisch-ideologiekritische Rolle; später ganz ebenso seine Trotzki-Biogr. insbes. bei den marx. Phil.- u. Gesch.-Stud., da sich die parteiamtl. Stalinsche KPdSU-Geschichte von 1938 als völlig hist.-verlogen herausgestellt hatte. Bis 1961 war aber diese verbotene, da antisowjet. Lite. zumeist nur in der Amerikagedenkbibl. in West-Berlin einsehbar, danach nur noch gefahrvoll-illegal und absolut-strafbar in die DDR beschaffbar. Außer

den ML-Partei-Inst. des ZK der SED besaßen nur noch die beiden ostdt. Präsenzbibl.: die DB in Lpz. und die Dt. Staatsbibl. in Ost-Berlin entspr. Belegexemplare und diese waren daselbst nur mit schwierigen (zumeis fadenscheinigsten) Sondergenehmigungen überhaupt zugänglich und einsehbar (ohne jede Ausleihe oder Foto-Kopien!). Es war dies die einzige Möglichkeit (ohne jeden Zugang zu den Partei-Archiven), sich vermittels von *Biographien* über den „rohen Komm." (Marx) bzw. terrorist. Stalinismus überhaupt eine eigenständige Aufklärung und persönliche hist.-krit. Klarheit zu verschaffen. Und um zu diesem, gesell.-wiss. sogar nicht thematisierten und erforschten abgeschlossenen Gesellschaftssystem des realen Sozialismus, seine Phil. als Ideologie, überhaupt eine realistische (antiutopische) und parteidistanzierende Haltung einnehmen zu können; auch noch nachwendisch gehörte diese *Stalin-Biogr. ebenso wie die dazu sofort neu aufgelegten Schriften von Wolfg. *Leonhard u. Herm. *Weber weiterhin zum geistigen Rüstzeug einer jeden hist.-krit. „Aufarbeitung der SED-Diktatur" ebenso wie deren darin eingeschlossenen staatsparteioffiziellen ML-Phil.

Publ.: (nur dt.-sprachige Übers.): Stalin. Die Gesch. des modernen Rußland. Zürich 1951; Stalin. Eine pol. Biographie. Stuttgart 1962 (erw. Neuausgabe. Berlin 1978 u. ostdt. Nachauflage, Berlin 1989); Trotzki. Stuttgart 1962/63 (dreibändig); Die unvollendete Revolution 1917–1967. Frankf./M. 1967; Lenins Kindheit. Frankf./M. 1973 (unvollendet; Marxismus und UdSSR. Frankf./M. 1974 (darin die wichtige Unterscheidung zw. "klass. Marxismus" und „Vulgär-Marxismus"); Die ungelöste Judenfrage. Zur Dialektik von Antisemitismus und Zionismus. Berlin 1977. – Der nichtjüdische Jude. Essays. Berlin-Rotbuch-Vg. 1988.

Didier, Viktor
18. Juni 1929 – verst.
Diplom-Phil. und staatsparteilicher ML-Lehrer
Geb. in Ensdorf/Saar in einer Arbeiterfamilie; Volksschule 1935–43 u. 1944/46 längere Zeit krank; aber KPD-Eintritt und 1951–53 ABF-Halle; anschl. Phil.-Studium ebenda, danach Berufseinsatz im marx.-len. Grundlagenstudium; 1963–68 pol. Mitarbeiter im MdI u. 1968–74 wiederum Fachschullehrer für ML-Grundlagen an der Ing.-Schule Berlin-Lichtenberg, 1973 befristeter Invalidenrentner (herzkrank) und 1977 univ. Prom. an der Sektion Marx.-len. Phil der HUB zu *Nicolai Hartmanns Ontologie u. seine Auffassung von der Stellung des Menschen in der Welt. Analyse u. Kritik einer objektividealist. Gesell.-auffassung* (Gutachter: H. *Hörz, K.-F. *Wessel u. H. *Steininger, alles keine ausgewiesenen fachphil. *Hartmann-Spezialisten wie es zu dieser Zeit allein Wolfgang *Harich in der DDR gewesen wäre). Derartige fachunkundige bzw. parteibeauftragte phil. Promotionsgutachten gab es also, wie vielfältig belegt, nicht nur an den Partei-Instituten, sondern auch universitär, insbesondere wenn die betreffenden sog. „Praxiskader" aus dem zentralen Parteiapparat (Beispiel E. *Frommknecht), dem ministeriellen Staatsapparat (Beispiel W. *Pfoh) oder eben aus dem staatspolitischen Sicherheitsbereich kamen u. unbedingt „außerordentlich" ohne jeden phil. Lehreinsatz auch noch promoviert werden wollten/sollten.

Dietzsch, Steffen

21. Aug. 1943

Schelling- und Kant-Forscher, phil.-hist. Editor und kulturkritischer Philosoph

Geb. in Chemnitz; mittlere Reife 1959 u. dann Chemiefacharbeiter; 1961–64 Wehrdienst in der NVA u. nachgeholtes Abitur auf der Abendschule; 1965–69 Phil.-Studium in Lpz u. 1973 phil. Prom. A ebd. z. Thema: *Zeit u. Geschichte. Untersuchungen zur Identitätsphil. von F. W. J. Schelling* (Gutachter: H. *Seidel u. G. *Irrlitz); nachflg. 1975–91 wiss. Mitarbeiter im ZIfPh der AdW im Bereich phil. Edition, ab 1983 Leiter dieser Abt. (Nachfolge W. *Schuffenhauer); 1986 Habilitation (Diss. B) ebd. zum Thema: *Zur Herausbildung des geschichtlichen Denkens in der klass. bürgl. dt. Phil. Studien zur Theorieentwicklung des Geschichtlichen zw. Kant u. Hegel* (Gutachter: M. *Naumann, K.-H. Schöneburg, H.-M. *Gerlach); 1989 verspätete (nach parteipol. bestrafter Zurückstellung wegen unstatthafter Westkontakte) Ernennung zum Aka.-Prof. für Gesch. der Phil.; nach Abwicklung dieser staatsaka. Einrichtung 1991–93 wiss. MA am Inst. für Phil. in Marburg (Kantforschungsstelle); 1993–98 Lehr-Prof. für prakt. Phil. der Fern-Univ. Hagen; 1998/99 Vertretungs-Prof. am Inst. für Phil. der Univ. Lpz.; 1999–2004 projektgebundener wiss. Mitarb. am Inst. für Phil. (Lehrstuhl V. *Gerhardt) der HU Bln. (z. Phil. Fak. der Univ. Königsberg 1770–1870) und 2001/2 Fellow-in-Residence des Kolleg Friedrich-Nietzsche der National-Stiftung Weimar; 2006–08 (als stellv.) geschäftsf. Direktor des Kondylis-Inst. für Kulturanalyse und Alterationsforschung Hagen sowie weiterhin Lehrbeauftragter am Inst. für Phil. der HU Berlin. Festschrift: *Das Daedalus-Prinzip. Ein Diskurs zur Montage u. Demontage von Ideologien*, zum 65. Geb. hrsg. von Leila Kais, mit umfängl. Bibl. Berlin 2008.

Publ.: (Hrsg. mit B. Dietzsch): Von den Träumen der Vernunft. Kants kleine Schriften zu Kunst, Phil., Gesch. u. Pol. Lpz./Weimar 1979 (2. A. 1981); Schelling-Biographie. Leipzig/Jena/Berlin sowie Köln 1982; (Hrsg.): Natur – Kunst – Mythos. Beiträge zur Phil. F. W. J. Schellings. Berlin 1978; (Hrsg.): F. W. J. Schelling. Schriften 1804–1812. Berlin 1982; (Hrsg.): Karl Rosenkranz – Geschichte der Kant'schen Phil. (Phil.-hist. Texte). Berlin 1987; Dimensionen der Transzendentalphil. Studien zur Entwicklung der klass. bürgl. dt. Phil. 1780–1810. Bln. 1990 (Tokyo 2013); Fort-Denken mit Kant. Phil. Versuche von diesseits u. jenseits der Fakultät. Essen 1996; Kleine Kulturgeschichte der Lüge. Stuttgart 1998 (Warschau 2000); (Mitautor R. Schmidt): Nietzsche im Exil. Übergänge in gegenwärtiges Denken. Weimar 2001; Wider die Schwere. Phil. Versuche über geistige Fliehkräfte. Berlin 2002; (Mitautor): Das Irrationale denken. Reflexionen zum Verstehen der Gegenwart. Leipzig 2003; Immanuel Kant. Eine Biographie. Lpz. u. Darmstadt 2003 (poln. Übers. Warszawa 2005); Wandel der Welt. Gedankenexperimente (Aufsatzsammlung). Heidelberg 2010; (Mithrsg. Wl. Hedeler): 1940. Stalins glückliches Jahr. Moskau 2011; (Mitautor W. Lehrke): Geheimes Deutschland. Von Dtl. europ. Gründen. Moldenberg 2013; (Mitautorin Cl. Terne): Nietzsches Perspektiven. Denken und Dichten in der Moderne. Berlin/Boston 2014; Denkfreiheit. Über Deutsche und von Deutsschen. Lpz. 2016. – zahlr. Editionen, u. a. aktuell der Werke von Oskar Levy in 3 Bdn (2005/06 u. 2011).

Dobrow, Gennadi M.
9. März 1929–4. Jan. 1989
Begründer der sowjetukrainisch-akademischen Wissenschaftsforschung
Nachkriegszeitl. Studium der Mechanik u. des Maschinenbaus am Kiewer Polytechn. Institut; 1953 technikgeschichtl. Prom. z. sowjet. Kohleförderkombinat, insb. im Donbass (publ. 1958); 1955–61 pol. Arbeit im Kiewer Gebietskommitee des Komsomol; ab 1963 Mitarb. des Inst. f. Gesch. der AdW der Ukrainischen SSR, übernahm daselbst die Abt. Technik-Gesch.; zuneh. Erforschung der Org. u. Leitung sowie Prognose von Wiss.- und Technikentw.; 1966 entspr. Monographie zur „*Wissenschaftswissenschaft*", die heute als Geburtsurkunde dieses Gebiets in der Ukraine gilt; damals wurde diese Einführung jedoch keineswegs in der „sowjet.-sozial. Ukraine" oder darüber hinaus unmittelbar wirksam, spielte aber nach ihrer ostdt. Übers. 1969 bei der Etablierung der Wissenschaftsforschung in der DDR, neben J. Bernals „Wiss. in der Gesch." eine erhebliche Rolle (Mitteilung H. *Laitko); – oft sich verändernde institutionelle Zuordnung und Bezeichnungen: 1969 „Rat zur Erforschg. der Produktivkräfte"; 1971 „Inst. für Kybernetik"; 1984 „Zentrum z. Erforschg. des wiss.-techn. Potentials"; 1986 wiederum Zentrum für Wiss.-Gesch. u. Mai 1991 schließlich als solches selbstg. Aka.-Institut in der Ukraine, das heute seinen Namen trägt; auch internationale Wirksamkeit u. 1971 sogar DDR-Orden „Banner der Arbeit"; befasste sich u.a. auch (nach Mitteilg. von G. *Kröber) mit der „Systemanalyse von Fehlern" oder einer „Angewandten Systemanalyse von Misserfolgen", kürzer übers. auch „Kaputtologie" genannt, die jedoch aus sehr nachvollziebaren pol.-ideolg. Gründen zu Sowjetzeiten (und damit ebenso auch nicht in der DDR) erscheinen konnte, was seine Adlaten aber postsowjetisch umgehend nachholten; die gehäufte Herkunft origineller sowjetphil. Ideen und Leistungen aus der Ukraine (nach vorliegender Pers.-Vz. zur DDR-Phil.) ist erstaunlich, ebenso wie deren bes. Rezeption in der DDR

Publ.: (hrsg. von G. Lotz u. übers. von H. Horstmann): Wissenschaftswissenschaft. Einführung. Berlin 1969 (2. A. 1970); Wissenschaftsorg. u. Effektivität. Berlin 1971; Prognostik in Wiss. u. Technik. Berlin 1971; Potential der Wiss. Berlin 1971; Wissenschaft. ihre Analyse u. Prognose. Berlin 1974; (Red.): Leitung der Forschg. Berlin 1974 (2. A. 1976); (Hrsg. u. Mitautor): Wörterbuch der Wissenschaftsforschung. Berlin 1980 (2. erw. A. 1984); Wissenschaft. Grundlagen ihrer Org. u. Leitung. Berlin 1980.

Dölling, Evelyn, geb. Ritter
18. Sept. 1944
Akademiephilosophische Logik und Semiotik in Berlin
Geb. in Freiwalde, Kr. Osterode (Funktionärseltern); 1951–59 Grundschule u. 1959–63 erw. OS mit dortigem SED-Eintritt; 1963/64 „Sonderlehrgang" des ZK der SED zur Ausbildung von Schreibkräften; seit April 1964–68 Sekretärin der SED-KL Leipzig u. Stadtverordnete; 1968–72 Phil.-Studium an der HU Berlin, Universitätsparteischule sowie Kand. der SED-KL 1971–74; Forschungsstudium 1972–75 im Bereich Logik der Berl. Phil.-Sektion; nach Prom. A. 1975 z. Thema: *Einige Aspekte einer Logik empirischer Zusammenhänge* (Gutachter: H. *Wessel und K. *Söder) wiss. Mitarb. im ZIfPh

der Aka. der Wiss. (im Bereich Wiss.-entw., Leiter H. *Hörz); während der *Ruben-Affäre 1981 als Mitgl. der Inst.-Parteileitung zugleich auch in der „Parteiverfahrenskommission"; späterhin BGL-Vors. des Institut und daselbst 1985 Prom. B (Habil) z. Thema: *Logik u. Sprache. Untersuchungen zum Gebrauch des Existenzprädikates* (Gutachter: u. a. H. *Hörz – publ. 1986); 1987 Gründung einer Forschungsgruppe „Logik und Sprache" am ZIPh der AdW u. 1988 Aka.-Prof. für Phil. Logik; seit 1994 Arbeitsstelle für Semiotik der TU Berlin (univ.-phil. Lehrtg.) u. ab 30. März 2011 Ruhestand.

Publ.: Zum Gebrauch des Existenzprädikates in der Gesch. der Phil. u. Logik. Aka.-Studien 1981; (Hrsg.): Logik in der Semantik – Semantik in der Logik. AdW 1987; (Hrsg.): Repräsentation und Interpretation. Arbeitspapiere zur Linguistik. TU Berlin 1998; Wahrheit suchen und Wahrheit bekennen. – Alexius Meinong (Biographie). Studien zur österr. Philosophie, Bd. 28. Amsterdam 1999. – Publ.-Liste u. fachlog. Würdigung bei L. Kreiser: Logik und Logiker in der DDR. Leipzig 2009.

Dölling, Irene
23. Dez. 1942
Philosophie, Kulturwissenschaft und Geschlechterforschung in Berlin u. Potsdam
Geb. in Leicester/England, da Eltern 1939–45 in der engl. Emigration; Schulbildung mit Abi. 1961 (Ossietzky-OS Berlin-Pankow); 1961–66 Studium der Bibl.-wiss. u. Phil. an der HU Berlin; mit Gründung der Sektion Ästhetik-Kulturwiss. daselbst Asp. und 1970 Prom. A *Zur marx. Theorie der Triebkräfte praktisch-geistigen Verhaltens der Individuen. Zu einigen Vors. der Kulturtheorie der sozial. Gesell.* (Gutachter: D. *Mühlberg, E. *Pracht u. H.-D. *Schmidt); 1975 Diss. B (Habil.) zum Thema *Die kulturtheor. Konzeption der Persönlichkeit: Zur Rolle der biolg. Konstitution im Prozeß der Persönl.-entw., weltanschaul. und methodolg. Aspekte* (1979 publ. u. d. T.: Naturwesen, Individuum und Persönl...in der marx.-len. Kulturtheorie); 1985 Berufung zur Professorin für Kulturtheorie sowie 1989 Mitbegründerin des Zentrums für Interdispl. Frauenforschung und 1990/91 dessen erste wiss. Leiterin an der HUB; 1994–2008 Prof. für Frauenforschung u. Soziologie der Geschlechterverhältnisse an der neugegr. Wirtschafts- und Sozialwiss. Fak. der Univ. Potsdam; Abschiedskolloquium 2008 z. Thema „Geschlechter wissen mehr"; Mitglied der Leibniz-Sozietät.
DDR-Personen-Lexikon 2010 (Jan Wielgohs).

Publ.: Individuum und Kultur. Berlin 1986; Der Mensch und sein Weib. Frauen- u. Männerbilder, geschichtl. Ursprünge u. Perspektiven. Berlin 1991; (Hrsg.) Pierre Bourdieu: Die Intellektuellen u. die Macht. Berlin 1991; (Hrsg. mit B. Krais): Ein alltägliches Spiel. Geschlechterkonstruktion in der sozialen Praxis. Frankf./M. 1997; (Hg.-Red.):Geschlechterverhältnisse in Ostdt.: Potsdamer Studien zur Frauen- und Geschlechterforschung e.V. Potsdam 2003; (Hrsg.): Transformation von Wissen, Mensch u. Geschlecht. Königstein 2007.

Dölling, Johannes
2. Nov. 1947
Philosophischer Spezialist für Logik und angewandte Linguistik
Geb. in Markneukirchen, Kr. Klingenthal; Vater Neulehrer u. Schuldirektor (später ML-Lehrer); 1954–62 Grundschule in Oelsnitz im Vogtland u. 1962–66 erw. OS in KM-Stadt (Abitur/SED); 1966–70 Phil.-Studium in Berlin (Diplom 1971) u. 1971–73 wiss. Sekretär des E/A/W-Direktors der Sektion Marx.-len. Philosophie der HUB (zugleich Logik-Seminare ebd.); 1975 Prom. A. z. Thema: *Definitionstheorien* (Gutachter: D. Schulze, K. *Söder und Horst *Wessel, Bereichsleiter Logik der Sektion); 1976–80 „Praxis-Einsatz" als wiss. Mitarb. im MHF der DDR (Arbeitsbereich Philosophie-Gesellwiss.); 1981–91 ebs. wiss. Mitarb. in der Forschungsgruppe „Kognitive Linguistik" von Manfred *Bierwisch am ZI für Sprachwiss. der AdW der DDR; seit 1997 „logisch orientierte" Lehrkraft (PD) am Inst für Linguistik der Univ. Lpz.

Publ.: (Hrsg.) Logische u. semantische Aspekte der Negation. AdW-Druck. Berlin 1988; System. Bedeutungsvariationen, semantische Form und kontextuelle Interpretation. Linguist. Arbeitsberichte, Nr. 78. Leipzig 2001; (Mithrsg.): Event Structures in Linguistic and Interpretation. Berlin-NewYork 2008.

Domin, Georg
16. Juli 1926–24. Mai 2014
Wissenschafts-Philosoph in Halle (Univ.) und Berlin (Aka. der Wissenschaften)
Geb. in Schaulen (Litauen); nach sowjet.-russ. Besetzung 1939 „Aussiedlung" Anfang 1941 nach Ostpreußen; 1941/42 verkürzte OS u. HJ-Flieger; Kriegseinsatz in Frankreich und Dez. 1944 verwundet; Lazarett Aschersleben u. westl. Kriegsgefangenschaft; Sept. 1946 entflohen und Rückkehr nach Berlin; 1947–49 Bahnunterhaltungsarbeit und ABF-Hochschulreife 1952; danach bis 1957 Phil.-Studium in Berlin mit anschl. Einsatz im gesell.-wiss. Grundstudium in Dresden (HS für Verkehrswesen); naturwiss. Fachausbildung im Rahmen der Asp. am *Ley-Lehrstuhl für die phil. Probleme der Naturwiss. der HU Berlin u. 1962 phil. Diss. zum Thema: *Ause. mit der weltanschaul. Position Pascal Jordans unter bes. Berücksichtigung seiner Auffassungen zu einigen Grundproblemen der Biologie* (Gutachter: H. *Ley, Harald *Wessel, A. Mette); danach wiss. Ass. u. Lehreinsatz am Phil. Inst. der MLU Halle; daselbst 1969 Habil. zum Thema *Die Wissenschaftsbewegungen der Gegenwart u. die gesell. Entwicklungs- und Anwendungsbedingungen der Wissenschaft. Zum Verhältnis von Wiss.-theorie, Ideologie und Politik* (Gutachter: D. *Bergner und R. *Mocek); danach Wechsel (für die 70/80er Jahre, wohl auch als Prof.) z. Berl. Aka.-Inst. für Wiss.-theorie und -org. (Gründungsdirektor G. *Kröber), später auch für Wiss.-gesch. (Leiter H. *Laitko); mit Abwicklung auch dieses Aka-Inst. in den Vorruhestand und verst. 2014 in Forst.

Publ.: (Hrsg. mit R. Mocek): Ideologie und Naturwissenschaft. Politik u. Vernunft im Zeitalter des Sozialismus und wiss.-techn. Revolution. Berlin 1969; (Autorenkollektiv/Mitautor): Bürgerliche Wissenschaftstheorien und ideolog. Klassenkampf (Wissenschaft u. Gesellschaft, Bd. 2). Berlin 1973;

(Mitautor): Bürgerl. Wissenschaftsauffassungen in der Krise. Berlin 1976; (Hrsg.-Autorenkollektiv): Imperialismus u. Wissenschaft. Berlin 1977; Wissenschaften u. Wissenschaftsforschung aus der Sicht eines Beteiligten am Experiment DDR (Aufsätze 1960–96). Berlin 1997; Lebensansichten. Erlebnisse, Standpunkte u. Bekenntnisse. Berlin 2004. DZfPh-Beiträge 1965–71 fünf Grundsatzartikel zur Prognostik u. Planung von Wissenschaftsentwicklung.

Dressler, Helmut
6. Febr. 1931
ML-Einsatz an der Theologischen Fakultät der Humboldt-Universität zu Berlin
Geb. in Reichenberg (CSR) als Sohn eines „werktätigen Einzelbauern"; mit nachkriegszeitl. Umsiedlung Tischlerlehre und SED-Eintritt mit 15 Jahren 1946; danach Kreisparteischule (Saalkreis) u. 1949 Landesparteischule (S-A); 1950–52 Besuch der ABF „W. *Ulbricht" in Halle; anschl. fünfj. Phil.-Studium an der HU Berlin (NF Geschichte u. „etwas Theologie"); 1957 Diplomarbeit „Über das Absterben der Arbeitsteilung im Sozialismus" (Betreuer Hm. *Scheler); anschl. 1. Berufseinsatz 1957–60 als pol. Mitarb. im Staatssekr. für Kirchenfragen; danach wiss. Ass. am ML-Inst. der HUB u. ab 1. 9. 1962 als wiss. Oberass., ML-Dozent und Abt.-Leiter des gesell.-wiss. Grundlagenstudiums an der Theolg. Fak. der HU Bln. wirksam; dazu dann 1964 entspr. ML-Diss. z. unglaubl. Thema *Evangl. Kirche und Imperialismus in Westdt. 1945–63. Eine zeitgeschichtl. Untersuchung zur Rolle der Führungskräfte des pol. Klerikalismus im evang. Bereich bei der Vorbereitung, Entstehung u. Entwicklung der militaristisch-klerikalen Diktatur des westdt. staatsmonopolist. Kapitalismus* (Gutachter: W. Bartel u. D. *Bergner); eine DZfPh-Rez. zu M. *Reding: „Der pol. Atheismus" (H. 1–2/1960).

Duncker, Hermann
24. Mai 1874–22. Juni 1960
Ältester parteiamtl. Marximus-Lehrer der KPD-SED der DDR von drei Generationen
Geb. in Hamburg; Vater Kaufmann; 1883–91 Gymnasium in Göttingen und danach bis 1895 Konservatorium in Leipzig, Studium der Musikwiss. abgebrochen; dafür 1896–1900 Studium Nationalökonomie, Gesch. u. Phil. in Leipzig, 1903 abgeschl. mit einer hist. Prom. über *Das mittelalterliche Dorfgewerbe*; zeitweilg. geistige Anlehnung an Schopenhauer, Nietzsche und Wundt; überwunden durch marxistische Selbststudien u. Lehrtätigkeit (Parteischulung) in der SPD, deren erster sozialpol. und marx. „Wanderlehrer"; 1915–18 Militärdienst im I. Weltkrieg u. 1918/19 Mitbegr. des Spartakusbundes wie der KPD; vor allem aber Gründer u. Leiter der Berl. Marxistischen Arbeiter-Schulung (MASCH), wozu er bis 1933 zahlreiche populärwiss. Lehrmaterialien als „Einführungen in den Marxismus" sowie „Elementarbücher des Komm." (1929/30) verfasste; in phil.-marx. Artikeln lieferte er sich 1923 Eine Ause. mit Georg *Lukacs u. polemisierte 1931 mit „Max Adlers Revision des phil. Marxismus"; 1933 von den Nazis sofort verhaftet und im Zuchthaus Brandenburg inhaftiert; daher 1936–41 Exil in Dänemark, England, Frankreich u. 1938–41 interniert in Marokko, 1941–47 USA; von daher Rückkehr nach Deutschland (SBZ) und sofortiger Einsatz als Prof. u. Dekan

an der neu gegründeten Gesell.-wiss. Fak. der Univ. Rostock; doch schon 1949, inzw. 75 jährig, aber auch weil ein sog. „West-Emigrant" u. wegen mangelnder Stalinschen Orthodoxie, Einsatz als Direktor der Gewerkschaftshochschule Bernau (b. Berlin); weitere eigenständige grundlg. Vorlesungen zur „Einführung in den Marxismus" bzw. in die „marx. Phil." (nicht publ.), wobei für ihn gar kein „bes. Leninismus" (oder gar Stalinismus) vorstellbar waren; phil. Disz.-beiträge zur Jenenser Logik-Konferenz (Protokoll, 1953) u. zur Berliner Freiheitskonferenz (Protokoll, 1956); 1953 erster KM-Orden von W. Pieck u. 1954 Ehrendoktorwürde der KMU Lpz. verliehen; erst nach der „Entstalinisierung" 1956 konnten einige seiner früheren marx. Einführungen u. Vorworte in Sammelbänden in der DDR wieder erscheinen; gest. in Berlin; sein Sohn Wolfgang D. (Jg. 1909) wurde im sowjet. Exil Opfer der Stalinschen Säuberungen (1938 verhaftet, 1942 verst.); dessen Frau Erika D. überlebte mit ihrem Sohn Boris D. (geb. 1937 in Moskau) als Arbeiterin in einer Panzerfabrik; sein ältester Sohn Karl D. wurde Psychologe und nahm sich 1940, von der Berl. Univ. u. aus Nazi-Dtl. zuvor vertrieben, in den USA das Leben; – seine Frau Käte D. verstarb bereits 1953 in Bernau. Vgl. hierzu eine gem. nachwend. Publ.: (hrsg. v. H. Deutschland): Ein Tagebuch in Briefen (1894–1953). Bln. 1991. – Eine jetzige evangl. Grundschule in Berlin Lichtenberg hieß zu DDR-Zeiten „Hm.-Dunker-OS." u. von 1974–90 trug ein optischer VEBetrieb in Rathenow seinen Namen; in Rostock steht im Hafengelände noch ein Hermann-Duncker-Denkmal; die ehemalg. Gewerkschaftsschule Bernau/b. Berlin ist heute wieder ein bedeutsames Bauhausgelände und Flüchtlingsheim. – Während Hm.*Dunker vor 1933 noch als wirklich lehrende und eigenständig publ. Einzelpersönlichkeit eine ganze komm. Parteischule repräsentierte, so erhöhte sich der Personalbestand der staatsparteilich siegreichen SED nach 1945 bis 1989 in Gestalt ihrer PHS und der späteren Aka. für Gesellwiss. auf mehrere hundert Nomenklaturkader und Funktionsträger; nachwendisch zumeist ohne jeden weitergehenden Bestand.
DDR-Personen-Lexikon 2010 (H. Müller-Enbergs) und DDR-Philosophenlexikon 1982.

Publ.: Volkswirtschaftliche Grundbegriffe. Stuttgart 1908; Ein Wegweiser zum Studium der öko. Grundlehren von Karl Marx. Als Anleitung zum Selbststudium. Berlin 1927, 2. A. 1932; Spinozas Stellung in der Vorgesch. des dial. Materialismus. Reden u. Aufsätze zur Wiederkehr seines 250. Todestages v. A. Thalheimer und A. M. Deborin mit einem Vorwort von H. D. Berlin 1928 (Marx. Bibl. Bd. 13); Über hist. Mat. Ein Quellenbuch in 2 Teilen hrsg. von H. D. T/I: Die Herausbildung der mat. Welt- und Geschichtsauffassung 1842–46. T/II: Die mat. Geschichtsauffassung in den Schriften seit 1846. Internl. Arbeiter-Vg. Berlin 1930 (Nachdruck Frankf/M. 1971); Pol. Ökonomie. Marxistische Arbeiterschulung. Kurs I (H. 1–10), Kurs II (H. 1–6) als Gesch. der internationalen Arbeiterbewegung. (Autoren: H. D., A. Koldschmidt und K. A. Wittfogel. Wien 1930; Das „Kommunistische Manifest" – das wiss. Programm der international. Arbeiterbew. Der marx. Leitfaden zum Geschichtsstudium. Lektion der PHS „Karl Marx". Berlin 1958; Einführung. in den Marxismus. Ausgewählte Schriften und Reden: Bd. 1 (Gewerkschaftsverlag Tribüne, Berlin 1958) Bd. II (1959); Gedanken H. D. zu Studium und Lehre. Aus seinem lite. Nachlaß, hrsg. von H. Deutschland. Berlin 1962; Der Traum meines Lebens. Reden und Aufsätze. (zu seinem 100. Geb.). Berlin 1974; Einführung in den Marxismus (entsch. Neudrucke). Frankf/M. 1972 (2. A. 1985). Autorenkolektiv: Lehrer dreier Generationen. Berlin 1974 (Gedenkband zum 100. Geb.).

Dutschke, Rudi
7. März 1940–24. Dez. 1979
DDR-Flüchtling und Westberliner Studentenführer in den 60er Jahren
Geb. als Sohn eines Postbeamten im brandenbg. Schönefeld bei Luckenwalde, christlich wie realsozialistisch in der DDR erzogen u. sozialisiert; begeisterter Sportler (Zehnkämpfer) und wollte Sportjournalistik stud., was ihm jedoch wegen Verweigerung des üblicherweise dazu notwendigen NVA-Wehrdienstes (mit anschl. Studienplatzgarantie!) verwehrt wurde; daher nach dem Schulbesuch in Luckenwalde (Abitur) zweij. Berufsausbildung zum Industriekaufmann in einem volkseigenen Betrieb; danach (1961) jedoch Nachholung eines „Westabiturs", um endlich ungehindert studieren zu können; bleibt nach dem 13. Aug. 1961 in West-Berlin und beginnt daselbst an der FU ein Soziologie-Studium; phil. Studien sowohl zu Heidegger u. Sartre wie zu G. *Lukacs, E. *Bloch u. die Frankf. Schule, aber auch zum christl. Sozialismus; Mitte der 60er Jahre erste pol. Studentenproteste gegen den amerik. Vietnamkrieg, die westdt. Notstandsgesetzgebung und für entschiedene Univ.-Reformen vermittels der stud. Polit-Losung: „Unter den Talaren, Muff von 1000 Jahren". – In der DDR findet zur gl. Zeit 1967/68 ebenfalls eine staatsparteilich von oben angeordnete und durchgestellte III. realsozial. HSR mittels einer univ. Zentralisierung durch Abschaffung der traditionellen Fakultäten u. willkürliche Sektionsbildungen statt, wobei insbes. alle univ. Vorlg.-Verzeichnisse für zwei Jahrzehnte verschwinden und jede persönlich freizügige/ selbstbest. Studienplangestaltung endgültig unmöglich wurde; von der nunmehr allein u. sektiererisch marx.-len. Ausrichtung aller sog. „gesellschaftswiss." Studienfächer, insb. aber der Phil. selbst, ganz zu schweigen; das ist natürlich alles so nicht vergleichbar! – Demgegenüber vollzogen sich jenseits der Mauer in West-Berlin 1967 utopisch-linksmarx. Radikalisierungen durch stud. Demonstrationen u. Aktionen gegen den Springer-Verlag und für die Gründung einer „Kritischen Univ." an der FU in West-Berlin, woran R. D. nun entscheidend konzeptionell wie universitätsöffentlich anführend beteiligt ist; daraufhin scheitert sein Prom.-Vorhaben zu Georg *Lukacs bei H.-J. *Lieber (Rektor, ging später zur Sporthochschule Köln, nachdem seine frühere/ jugendl. NSdAP-Mitgl.-schaft thematisiert wurde), der einem Antrag zur Assistenzverlängerung wegen der radikal-univ. Führungsrolle seines Kand. bei allen Studentenstreiks wie außerparlamentarischen SDS-Aktionen nicht mehr zustimmen wollte; (zumeist pseudorevolutionäre) FU-Debatten mit Herbert *Marcuse u. weitere gegenseitige politdemaggoische Aufheizung der Öffentlichkeit in West-Berlin (Jg. *Habermas spricht in Hannover sogar von einem „linken Faschismus", wofür er sich später jedoch, dies wiederum relativierend, entschuldigt), in deren Folge es zu einem sinnlosen Pistolen-Attentat auf D. am 11. April 1968 (Gründonnerstag) auf dem Kurfürstendamm vor der SDS-Zentrale in West-Berlin kommt; daraufhin schwerste Unruhen u. Gewaltaktionen gegen die Springerpresse zu Ostern in der gesamten Bundesrep. Für D. folgen monatelange Therapien, um sich von seinen schweren Kopfverletzungen zu erholen und um vor allem sein Denk- und Sprachvermögen wieder zu erlangen. Es erfolgt die Selbstauflösung des SDS und seine persönl. Emigr. nach GB; doch ein Wei-

terstudium an der Univ. Cambridge wurde 1970 dennoch durch Ausweisung der neuen konsv. engl. Regierung unmöglich gemacht; daher Übersiedlung nach Dänemark u. Dozentenstelle für Soziologie an der Univ. Aarhus; 1972 einmalig. Einreise nach Ost-Berlin und Besuche bei Wolf *Biermann; später auch Kontakte zu Robert *Havemann und Rudolf *Bahro; Mitte 1973 politikwiss. Prom. bei den FU-Soziologen Urs Jaeggi u. Peter Fuhrt in West-Berlin *Zur Differenz des asiatischen u. europäischen Weges zum Sozialismus* (veröfftl. u. d. T. „Versuch, Lenin auf die Füße zu stellen", Berlin 1974); bezugnehmend auf G. *Lukacs (sein früherer Diss.-Entwurf bei Rektor Lieber), aber in Abgrenzung vom autoritären Sowjet-Stalinismus, wie auch vom, für ihn stets bleibend untragbaren realen DDR-Sozialismus; daher Suche nach einem sog. „dritten Weg" bzw. „rätedemokrati." Reformsozialismus, was jedoch kaum noch Anklang finden sollte; trotz aller vorangegangenen theor.-hist. Rechtfg. von „revolutionärer Gewalt" jedoch zunehmend Ablehnung des anschl. RAF-Terrorismus als bloßem „Bürgerschreck"; daher Hinwendung zur grünpol. Bewegung in der Bundesrep; aus all dem herausgerissen am 24. Dez. 1979 in seinem dänischen Exil durch einen epileptischen Anfall in seiner Badewanne tödlich verunglückt und ertrunken; der Theologe M. Niemöller überläßt ihm seine Grabstelle auf dem Friedhof Berlin-Dahlem u. H. Gollwitzer spricht die Abschiedsworte; es gibt viele erinnernde Nachrufe, aber eine größere mobilisierende Gedenkveranstaltung findet nicht mehr statt; nachwendisch wird sehr symbolträchtig zu seinem 68. Geb. der da noch namenlose Vorplatz des inzw. aber auch schon stillgelegten Dorfbahnhofs (ein westdt. Neubesitzer) seines Geburtsortes Schönefeld (Nuthe-Urstromtal) als „Rudi-Dutschke-Platz" benannt u. auf dem Campus der FU in Berlin-Dahlem gibt es einen „Rudi-Duschke-Weg" zu seinem Gedenken; zuallerletzt wurde ebenfalls 2008 ein Teilstück der Kochstraße in Berlin-Kreuzbg. (in unmittelbarer Nähe des einst so verhaßten und bekämpften Axel-Springer-Verlages) in Rudi-Duschke-Straße umbenannt, wogegen es jahrelange gerichtl. Klagen gab, die aber abgewiesen wurden. – R. D. hatte ein fast „mütterliches" Verhältnis zu einer, natürlich für ihn nur „demokratisch-sozialistisch" (wiedervereinigten) deutschen Nation als sein „Vaterland". Wie er allerdings darüber aktuell, auf seine unerbittlich krit.-analyt. Art reflektierend reagieren würde, das können wir natürlich nicht mehr erfahren; doch von seinen früheren „linksradikalen" Mitstreitern (B. Rabehl) wird er seit dem nun auch praktischen Ende des realgeschichtlich gescheiterten Sowjet-Sozialismus sogar noch rechtsradikal umgewertet; zahlreiche Biographien und nachveröffentlichte Tagebücher verdeutlichen seinen früheren pol.-phil. Denk- und Lebensweg; doch während der gesamten DDR-Zeit spielte er demgegenüber (weder seine anfängliche ostd. Herkunft noch weitergehende westdt. Wirksamkeit) irgendeine Rolle; darüber erfuhr man nur etwas aus den bürgerlichen Westmedien oder es gab dazu die üblichen linkskomm. (westdt.) Attacken in konstruierter feindbildlicher Gemeinschaft mit *Havemann, *Biermann, *Bahro als immer nur parteifeindliche konterrevolutionäre Renegaten (wenn nicht gar Trotzkisten).

Publ.: (Hrsg.): Zur Literatur des revolutionären Sozialismus von Karl Marx bis in die Gegenwart. sds-korrespondenz Berlin 1966 (Reprint Köln 1996); Der lange Marsch. Wege der Revolution in Lateinamerika. Bericht des Internationalen Forschungs- und Nachrichteninstituts der FU. München 1968; Versuch, Lenin auf die Füsse zu stellen. Über den halbasiat. u. den westeurop. Weg zum Sozialismus; Lenin, Lukacs u. die 3. Internationale (1. Diss.-Versuch). Bln. 1974 (Aarthus 1974/Barcelona 1976, Neuausgabe W.-Berlin 1984); (Mithrsg. M. Wilke): Die Sowjetunion, Solschenizyn und die westl. Linke. Hamburg 1975 (Zagreb 1983); Der Komm., die spätere Verfassung dess. in der UdSSR u. der Weg der DDR zum Arbeiteraufstand am 17. Juni 1953. Barcelona 1978; (Hrsg. Ehefrau Grete D.): Mein langer Marsch. Reden, Schriften u. Tagebücher aus 20 Jahren. Hbg. 1980 (2. A. 1981); Geschichte ist machbar. Texte über das herrschende Falsche u. die Radikalität des Friedens. Berlin 1980 (2. A. 1991); (Hrsg. Karola Bloch): R. D."Lieber Genosse Bloch". Briefe 1968–79. Mössingen 1988; Aufrecht gehen. Eine fragmentarische Autobiographie. Berlin-Kreuzberg 1981 u. Frankf./M. 1985; (Hrsg. Gretchen D.): Die Revolte. Wurzeln u. Spuren eines Aufbruchs. Hambg 1983; (Hrsg. G. Klotz): R. D. – Jeder hat sein Leben ganz zu leben. Tagebücher 1963–1979. Köln 2003 u. München 2005. R. D. – Das Problem der Revolution in Dtl. Reden, Streitgespräche u. Interviews. CD Mün. 2008.

Lite.: Gretchen Dutschke: R. D. Wir hatten ein barbarisches, schönes Leben. Eine Biographie. Köln 1996; J. Miermeister: Ernst Bloch, R. D. Hambg. 1998; U. Chaussy: Die drei Leben d. R. D. Eine Biographie (1983). Zürich 1999; Rudi-Marek D.: Spuren meines Vaters. Köln 2001; Rabehl, B.: R. D. – Revolutionär im geteilten Dtl. Dresden 2002; M. Karl: R. D. Revolutionär ohne Revolution. Frankf./M. 2003.

Dwars, Jens-Fietje
1960
Diplom-Philosoph, Germanist und Buchautor

Geb. in Weißenfels als Sohn eines Werklehrers; nach dem Sprach-Abitur auf der ABF Halle 1977/78 Studium der Phil. in der VR Polen (Wroclaw), das jedoch wegen der beginnenden poln. Streikentwicklung bereits 1980 wieder unterbrochen u. dann 1981 mit MHF-Beschluß vollständig abgebrochen wurde; Forts. dess. an der HUBerlin u. 1983 abgeschl. als phil.-hist. Forschungsstudium an der FSU Jena z. Thema „Anthropologie und Geschichte bei Ludwig Feuerbach"; 1986/87 erneut unterbrochen durch NVA-Einberufung zu den Grenztruppen; danach wiss. Ass. u. marx.-len. Lehreinsatz bei den Germanisten der Jenenser Univ. sowie phil. Prom. z. Thema *Anthropolog. Historie – hist. Anthropologie? Darstellung und Entw. des Feuerbachschen Geschichtsdenkens* (Gutachter: E. *Lange u. G. *Irrlitz); darufhin aufgenommen als „Rektorberufungskader" zur „vorgemerkten Habilitation"; nachwendisch dann jedoch wegen Nachweis einer Mitarbeit für das MfS 1979–88 Lehrverbot und keinerlei univ. Weiterbeschäftigung mehr in Jena, arbeitslos und Umschulung zum Referenten für Werbung, Marketing und Öffentlichkeitsarbeit; seit 2000 freischaffender Autor, Herausgeber regional-kulturgeschichtlicher Miniaturen u. Organisator entspr. Ausstellungsprojekte sowie erfolgr. Dokumentarfilmer u. Sachbuchautor (Biographien, u. a. zu Johannes R. Becher und Peter Weiss); „Selbstdarstellung" 1996.

Publ.: Hrsg. von Lesebüchern zu Goethe (1992) u. Büchner (1994); Abgrund des Widerspruchs. Das Leben des Joh. R. Becher. Berlin 1998; Joh. R. Becher – Triumph und Verfall. Eine Biogr. Berlin 2003; (Hrsg.): Hundert Gedichte – Friedrich Nietzsche. Berlin 2006; Und dennoch Hoffnung. Peter Weiss. Eine Biographie. Bln. 2008.

Dymschitz, Alexander
12. Juli 1910–6. Jan. 1975
Sowjetischer Literaturwissenschaftler und Schriftsteller sowie Kulturoffizier der SMAD
Geb. bei Reval (Tallin) und daher zweispr. aufgewachsen; Absolvent der lite.-wiss. Fak. des Leningrader Instituts für Kunstgesch. u. 1936 phil. Prom. zur *Poesie der bolschewist. Presse zw. 1890–1917*; danach eingesetzt in der Kritik-Abt. der Zeitschrift Krasnaja Swesda und gleichzeitige Arbeit an einer Habil.-schrift über Wl. Majakowski, deren Begutachtung bis 1943 verzögert u. schließlich nicht angenommen wurde; 1939 Eintritt in die KPdSU u. bis 1941 Lehrtg. für russ. u. dt. Lite. an der Leningr. Univ.; ab Juni 1941 sofort Politoffizier der Roten Armee u. red. Mitarb. einer Armeezeitung, in der neben seinen Fronterlebnissen auch Kurzgeschichten u. lite. Skizzen erscheinen; daher mit Kriegsende im Mai 1945 als sowjet. Presseoffizier in der SBZ Inspektor für die ostdt. Presse sowie Mitbegründer (Kulturredak.) der „Täglichen Rundschau"; ab Nov. 1945 Einsatz in der Kulturabt. der SMAD u. zuständig für die Instandsetzung und Wiedereröffnung von Theatern in Ost-Berlin u. der SBZ; auch an der Gründung der DEFA war er beteiligt; 1949 Rückkehr in die UdSSR u. in Leningrad als HSL wirksam; 1960 Übersiedlung nach Moskau und Mitarbeit an versch. sowjet. Literatur-Zeitschriften sowie auch im staatl. Filmwesen der UdSSR; 1971/72 Korr. Mitgl. sowohl der AdK wie der AdW der DDR; 1972 stellv. Direktor des Gorki-Inst. für Weltlite. der AdW der UdSSR sowie vielfältige kulturpol. u. kunstphil. Wirksamkeit in der DDR.
DDR-Personen-Lexikon 2010 (Wl. *Hedeler)

Publ.: (nur dt.-sprachige Übers.): Marx und Engels im Kampf um den Realismus. Berlin 1958; Ein unvergeßl. Frühling. Proträts u. Erinnerungen. Berlin 1970; Marx und Engels und die dt. Literatur. Moskau 1972; Reichtum und Wagnis der Kunst. Aufsätze über Kunst und Lite. Berlin 1974; Wandlungen u. Verwandlungen des Antikommunismus. Essays zu Lite. u. Ästhetik. Berlin 1977; Wissenschaftler, Soldat, Internationalist. Berlin 1977. – A. Hartmann/W. Eggeling: Sowjetische Präsenz im kulturellen Leben der SBZ und frühen DDR 1945–53: Berlin 1998. Kap. 5.2.4: Kultur-Offiziere, und speziell zu A. D. S. 167–73.

Eckardt, Michael
6. Nov. 1974
*Umfassende Nachforschungen und Publ. zu Georg *Klaus u. Georg *Mende in Jena*
Geb. in Schmalkalden (Thüringen) u. bereits „nachwendisch" 1993 OS mit Abi. sowie Grundstudium der Betriebswirtschaftslehre ebd.; anschl. kombiniertes Univ.-Studium der Medien-, Kultur- u. Kommunikationswiss. in Weimar, Wien u. Durban (Südafrika); 2001 Abschluß als Diplomkulturwiss. (Medien) an der Bauhaus-Univ. Weimar mit einer Arbeit zu *Elemente einer Medientheorie bei Georg Klaus* (publ. 2005); danach Ergänzungsstudium an der FSU Jena der Geschichte und 2003/04 postgraduales Studium der Journalistik an der Univ. Stellenbosch in Südafrika; 2005/06 Zuarbeit für die Senatskommission zur Aufarbeitung der Gesch. der Univ. Jena im 20. Jhd., wozu umfangreiche univ. Archiv-Studien zu Max *Bense und Georg *Klaus (aktuell auch zu G. *Mende) erfolgten, also zu den nachkriegszeitlich entsch. „Anfängen" der ostdt.

Phil.-Entw. in Jena; 2007 filmgeschichtl. Prom. an der Univ. Göttingen (publ. 2008); seither freiberufl. Tg. als Pressereferent, PR-Berater, Journalist u. Verleger; z. Z. bester ostdt. Kenner der Lebensgesch. wie des Gesamtwerkes von Georg *Klaus, wozu folg. Schriften von ihm erstellt und hrsg. wurden:

Publ.: (Hrsg.): Mensch-Maschine-Symbiose. Ausgewählte Schriften von G. Klaus zur Konstruktionswiss. und Medientheorie. Weimar 2002; Medientheorie vor der Medientheorie. Überlegungen im Anschluß an G. Klaus. Berlin 2005; (Hrsg.): Die Semiotik von Georg Klaus. Jubiläumschrift zu dessen 100. Geb. In: Zeitschrift für Semiotik. Tübingen. H. 3–4/2011.

Eckart, Gabriele
23. März 1954
Phil.-Studium in Berlin, als DDR-Schriftstellerin bzw. Spanien-Dozentin in den USA
Geb. 1954 in Falkenstein (Vogt.), aufgewachsen in Auerbach in einer „Parteifamilie"; Vater SED-Funktionär sowie öko. Direktor, Mutter kaufm. Angestellte u. ihr Zuhause ist eine eingetragene „Treffwohnung der Stasi"; mit 17 Jahren daher (also noch vor dem Abitur) bereits Verpflichtungserklärung als IM „Hölderlin" und Berichte über ein „Poetenseminar der FDJ"; Phil.-Studium 1972–76 in Berlin u. erste Gedichte-Veröffentlchg. (Poesiealbum Nr. 80,1974); zunehmende (qualvolle und gefährliche) Abwendung von der Stasi als freischaffende Autorin; 1979 Sonderkurs am Inst. für Literatur „Joh. R. Becher" in Leipzig; 1980 FDJ-Kulturarbeitsauftrag im Kooperationsverbund Havelobst, woraus ungemein realistisch-kritische (persönl.) Protokolle von Tonbandinterviews mit dort Beschäftigten entstehen; die geplante Veröffentlg. dieses „Mein Werderbuch – So sehe ick die Sache" wird nach 3 Jahren 1981–84 Zensurpraxis schließlich verhindert; dazu erfolgt eine MfS-Erfassung in zwei op. Vorgängen: OPK „Ecke" (1982) u. OV „Kontra" (1985); nach Übergabe des ursprüngl. Werder-Manuskriptes an einen westdt. Verlag, ein erster Ausreiseantrag mit Brief an E. Honecker, 1985 wiederum zurückgezogen; 1986/87 dafür Lesereisen in die Bundesrep. u. die USA; danach endgültige Übersiedlg in die BRD (aber Beibehaltung der DDR-Staatsbürgerschaft) mit nachfolg. Auswanderung in die USA; 1992 holt sie aber auch dort die nachwendische Öffnung sowie eine nur teilweise u. einseitige Veröffentlg. ihrer Stasiakten durch einen westdt. Journalisten in ihrer Abwesenheit ein; 1993 germanist. Prom. an der Univ. Minnesota z. Thema *Sprachtraumata in den Texten Wolfgang *Hilbigs* (ebenso 1996 veröfftl. im internationalen Wissenschaftsverlag Peter Lang); da nach diesem Germanistik-Abschluß keine univ. Anstellung folgt, noch ein „2. Abschluß in Hispanistik" und somit seit 1999 Sprach-Dozentin für Deutsch und Spanisch an einer amerik. Universität, aber offenbar nicht mehr schriftstellerisch tätig, da an dieser ihrer „DDR-Stasi-Geschichte" wohl persönlich zerbrochen.
DDR-Personen-Lexikon 2010 (Sg. Faust).

Publ.: Tagebuch. Gedichte. Berlin 1978 (2. erw. A. 1982); Sturzacker. Gedichte 1980–84. Berlin 1985; Der Seidelstein. Eine Novelle. Berlin 1986 (2. A. 1989); Per Anhalter. Geschichten und Erlebnisse aus der DDR. Berlin 1982 u. Köln 1986; So sehe ich die Sache. Protokolle aus der DDR („Werder-Buch"). Köln 1984; Wie mag ich alles, was beginnt. Gedichte. Köln 1987; Frankreich heißt Jeanne. Drei Erzählungen. Berlin 1990; Der gute fremde Blick. Eine (Ost)Deutsche entdeckt Amerika. Ein Reisebericht. Köln 1992; Ein phantastisches Gefühl, weit weg zu sein. In: Go West! Ostdeutsche in Amerika. Porträts, hrsg. von A. Lehmann. Berlin 1993 (daraus wie aus einem Briefwechsel sind alle voranst. Zitate entnommen). Ein Gedicht aus dem Jahr 1972 ist überschrieben: *Vorm Philosophie-Studium*. – J. Walter: Sicherungsbereich Literatur. Schriftsteller u. Staatssicherheit. Berlin 1996.

Ehlers, Dietrich
4. April 1946
Diplom-Physiker und Philosophie-Historiker
Geb. in Nauendorf bei Oschatz/Sa.; Schulzeit in Greifswald u. Saßnitz/b. Rostock bis 1964 (Abitur); anschl. Physik-Studium in Jena u. Diplom 1964; danach wiss. Assistent an der ML-Sektion der FSU Jena und 1970/71 Grundwehrdienst bei der NVA; nachfolg. Aspirantur am Ley-Lehrstuhl für phil. Probleme der Naturwiss. der Sektion Phil. der HUB u. daselbst 1975 phil. Prom. A *Zum problemlösenden Verhalten bei Nicolaus Copernicus* (Gutachter: H. *Ley, P. *Ruben u. S. *Wollgast); seit Mitte 1975 wiss. Mitar. in der Forschgr. Wissenschaftsgesch. (Leiter H. *Laitko) am Inst. für Wissenschaftstheorie, -organisation u. -geschichte (Direktor G. *Körber) der AdW der DDR bis ungefähr 1991; weiteres unbekannt.

Publ.: (zus. mit F. Jürß): Aristoteles. Leipzig 1982 (3. A. 1989); (Hrsg.): Briefwechsel – Heinrich Diels, Hermann Usener und Eduard Zeller 1870–1908. 2 Bde. Berlin 1992.

Ehlers, Klaus
21. Aug. 1942
Diplom-Lehrer und ML-Philosophie-Dozent in Rostock
Oberschulreife u. 1965–69 Lehrer-Studium der Gesch. u. Germanistik an der WPU Rostock; anschl. befr. Ass. im WB marx.-len. Phil. der dortigen ML-Sektion; univ. Zusatzstudium der Meeresbiologie in Rostock; 1974 phil. Prom. *Zu einigen Aspekten bei der Herausbildung u. zur Kritik des Strukturalismus, unter bes. Berücktg. strukturalist. Denkens in der Naturwiss.* (Gutachter: H. *Vogel, U. Seemann, R. *Löther); 1975–87 Oberass. an der ML-Sektion ebd., 1977–80 Auslandseinsatz als Deutschlektor am Kulturzentrum der DDR in Stockholm; nachfolgende Mitarbeit im univ. AK „Phil.-Naturwiss." von Heinrich *Vogel (späterer Leiter ist H.-J. *Stöhr); 1986 Prom B an der KMU Leipzig z. Thema *Kritische Theorie als Kommunikationstheorie. Studien zum Begriff des kommunikativen Handelns in der Gesell.-auffassung von Jürgen Habermas* (Gutachter: W. *Lorenz, W. Hartung und S. *Bönisch), als sich tatsächlich auch J. *Habermas gerade zu einem einmaligen Vortrag an der Phil.-Sektion in Halle befand; 1987–90 Hochschuldozent für dial. u. hist. Mat. an der ML-Sektion der WPU Rostock; nach deren Schließung (nach 40 Jahren!) selbsterneuernder Gründungsversuch eines

Philosophie-Instituts an der Univ. Rostok bis dieses wiederum von „westphil." Gründungsakteuren (H.-J. *Wendel u. a.) völlig umstrukturiert u. personell gänzlich neu (wie auf einer „grünen Wiese") besetzt und eingerichtet wurde; univ. Entlassung u. Arbeitslosigkeit für alle früheren ML-Mitarbeiter folgen; daher 1992–2005 freier Lehrer für sozialphil. Beratungskommikation bei pädg. helfenden Berufen in Rostock. – *Ausgänge*: Rostocker Phil. Manuskripte. Ein Dialog zw. Philosophen und Einzelwissenschaften (gem. mit H.-J. Stöhr).

Eichberg, Ralf
12. Jan. 1962
Diplom-Philosoph und Geschäftsführer der Nietzsche-Gesellschaft in Naumburg/Saale
Geb. in Schönberg/Meckl.; polytechn. Schulbildung 1968–80 u. Abibitur in Grevenmühlen; 1980/81 Berufsausbildung z. Maschinenmonteur sowie Grundwehrdienst 1981/83, danach 1983/84 abgebr. Architekturstudium in Weimar; dafür 1984–89 Phil.-Studium an der MLU in Halle (phil Diplomarbeit zur Nietzsche-Rezeption in der dt. SD, Betreuer H.-M. *Gerlach); daselbst 1989–94 Assistent am erneuerten Inst. für Phil.; seit 1990 bereits Geschäftsführer der ebenso neu gegründeten „Förder- und Forschungsgem. Friedrich Nietzsche", der späteren Nietzsche-Gesell. e.V.; 1. Vors. ist Hans-Martin *Gerlach bis 1998; 1994–99 bei dieser wiss. Mitarb. in Halle/Naumburg mit verschiedenen Projekten zu deren endgültiger Etablierung; 2006–09 Doktorand am Inst. für Kultur- u. Kunstwiss. der HU Berlin (Betreuer R. *Reschke) u. phil. Prom. *Zur Gesch der ersten Nietzsche-Edition: Freunde, Jünger und Herausgeber* (publ. 2009); aktuell weiterhin Geschäftsführer der Nietzsche-Gesell. in Naumburg/Saale u. seit 2010 ebenso Leiter des nunmehrigen Nietzsche-Dokumentationszentrums ebenda; seit 1994 Mithrsg. der Jahresschrift: *Nietzsche-Forschung*, auch Pflege der mitteldt. Nietzsche-Gedenkstätten sowie jährli. Internationale Nietzsche-Tagungen, ostdt. Nietzsche-Studienkurse und Ansammlung einer umfassenden internatl. Nietzsche-Bibliographie.

Publ.: Die Förder- u. Forschungsgemeinschaft Friedrich Nietzsche e.V. Geschichte und Auftrag. Halle 1991; Friedrich Nietzsche in Mitteldeutschland. Herkunft u. späte Rückkehr. Halle 1994; Plakate zum 100. Todestag von Friedrich Nietzsche. Berlin 2000; Die Kunst zu Leben – Weisheiten der Welt. Leipzig 2001 (9. A. 2009); Nietzsche als Erzieher. Vorträge u. Aufsätze. Münster 2002; Eine Stiftung für Friedr. Nietzsche (Stiftungsinitiative). Naumburg/Halle 2004.

Eichhorn I, Wolfgang
23. Febr. 1930
Historischer Materialismus und Geschichtsphilosophie in Berlin an der DDR-Akademie
Geb. in Unterneubrun, Krs. Hildburghausen (Thür. Wald); 1936–42 Grund- u. Aufbauschule; 1945–48 OS u. Abitur ebd.; 1947 bereits SED; 1948–51 Studium an der Gesell.-wiss. Fak. der FSU Jena (Dial. Mat.) u. April–Aug. 1951 Doz.-Lehrgang für das gesell.-wiss. Grundstudium (des Staatssekr. für Hochschulwesen der DDR) in Eberswalde (bei Berlin); Ablegung eines Staatsexamens „Grundlagen des ML" u. einer ML-

Dozentenprüfung; ab Herbst 1951 sofortg. Lehr-Einsatz im gesell.-wiss. Grundstudium (für Hist. Mat. u. Wiss. Sozialismus) an versch. Fakultäten der HU Berlin; gleichz. auch Einsatz am Inst für Gesell.-wiss. beim ZK der SED; ab 1954 planmäßige Asp. am Berl. Phil. Inst. u. 1956 phil. Prom. (ohne jede Sprachprüfung, im Nebenfach Pol. Ökonomie) z. Thema: *Über das Gesetz des dial. Widerspruch u. einige Fragen seines Wirkens in der Übergangsperiode vom Kapitalismus zum Sozialismus in der DDR*; 1957/58 Hochschuldozent u. Parteisekretär am Phil. Inst. sowie Lehrtätigkeit zum Hist. Mat. (auch Ethik) u. Wiss. Sozm.; am 7. März 1958 institutsbeauftragter Versammlungsleiter (bei Abwesenheit des Instituts-Direktors G. *Klaus/Instituts-Parteisekretär ist E. *Hahn) einer Institutsveranstaltung, die zur anschließenden Stasi-Verhaftung (und späteren Verurteilung) dreier Phil.-Studenten (P. *Langer, Kh. *Messelken u. H.-D. *Schweikert) des Instituts führen sollte; ab Jg. 1960 Mitglied des Red.-Kollegium der DZfPh u. bis 1963 deren Chefredakteur; 1965 Habil. z. Thema *Der Mensch in der sozialistischen Epoche* (Gutachter: H. *Scheler, M. *Klein u. W. *Heise) u. später Akademie-Prof. für Hist. Mat.; 1969/71 kurzzeitig Leiter des Forschungsbereichs Gesellschaftswiss. der AdW u. ab 1973 auch deren ordentl. Mitgl.; mit Gründung des ZIfPh an der AdW 1969 dessen langj. Bereichsleiter für Hist. Mat.; 1980/81 mit den beiden anderen „Akademiks" Manfred *Buhr u. Herbert *Hörz institutsverantwortl. Mitwirkung bei der parteiorg., pol.-ideolog. wie auch fachphil. Ausschaltung einer angeblich „revisionistischen" aka. Phil.-gruppe um Peter *Ruben u. Camila *Warnke; Mitautor/Mithrsg. fast aller marx.-len. Phil.-Lehr- u. Wörterbücher in der DDR sowie der Rats-Reihe „Grundfragen der marx.-len. Philosophie" (seit 1971); jahrelang Problemratsvors. für Hist. Mat. im Rahmen des Wiss. Rates für Marx.-Len. Phil. der DDR (Dauervors. E. *Hahn); bereits 1990, noch vor endgültiger Abwicklung der DDR-Aka. u. ihres Phil.-Inst. Vorruhestand u. baldige Berentung; mit ersatzweiser ostdt. Gründung der Leibniz-Sozietät e.V. 1993 in Berlin deren Generalsekretär u. Schatzmeister, verantwortlich für eine, nun sog. „sozial- und geisteswiss. Klasse"; bisher keinerlei selbstkrit. Aussagen zur eigenen, jahrzehntelangen Mitverantwortg für die parteiuniformierte Fehlentwicklung und das abrupte Ende der marx.-len. DDR-Phil.

DDR-Pers.-Lexikon 2010 (H. Müller-Enbergs) u. DDR-Phil.lexikon 1982 (R *Kirchhoff).

Publ.: Über die Widersprüche beim Aufbau des Sozialismus. Unser Wb. 9. Berlin 1959; Von der Entwicklung des sozial. Menschen. Berlin 1964; Wie ist Ethik als Wissenschaft möglich? Berlin 1965; (Hrsg.): Menschenbild der marx.-len. Philosophie (Beiträge). Berlin 1969; (Hrsg. u. Mitautor): Die Dialektik von PK und PV. Berlin 1975; (Leiter des Autorenkollektivs/Mitautor): Marx.-len. Phil. (Lehrbuch). Berlin 1979 (2. A. 1982); (zus. mit A. Bauer): Zur Dialektik des Gesch.-prozesses. Studien über die materiellen Grundlagen der hist. Entwicklung. Berlin 1983; (zus. mit A. Arnold u. A. Bauer): Der tätige Mensch. Berlin 1987; (zus. mit W. Küttler): „…dass Vernunft in der Geschichte sei". Formationsgesch. und revolutionärer Aufbruch der Menschheit. Berlin 1989 (gemeint war natürlich der rev. Aufbruch von 1789 wie auch 1917 zum 40. Jahrestag der DDR; aber nicht mehr kommentiert u. erklärt wurde deren friedlich-revolutionäres Ende danach); (Hrsg.): Revolution der Denkungsart. Zum 200. Todestag von Im. Kant. Berlin 2004 (Sitzungsberichte der LS); (Hrsg. mit W. Küttler): Was ist

Gesch? Aktuelle Entwicklungstendenzen von Gesch.-phil. u. Gesch.-wiss. Berlin 2008 (LS);– überaus wichtiger Autor der DZfPh. in den Jahren 1957–89.
Lite.: Geschichtsphilosophie. Kolloquium zum 70. Geb. von W. E. Sitzungsberichte der Leibniz-Soz., Bd. 37, H. 2. Berlin 2000; Marxistische Wissenschaft. W. E u. Erich Hahn zu ihrem 80. Geb. von ihren Freunden zugedacht (H. H. Holz, A. Maszone, G. v. Behm). Köln 2010.

Eichhorn II, Wolfgang
29. Jan. 1931–verst. 2011
Marxistisch-leninistischer Sozialphilosoph der an HU zu Berlin
Geb. in Hennersdorf, Krs. Reichenbach; 1937–42 Volksschule in Jüterbog u. Berlin-Adlershof; daselbst OS bis 1944/45 u. evakuiert; 1945–49 Berufsausbildung z. Elektroschlosser im RAW Schöneweide (Reichsbahn); 1951–54 ABF Berlin – Hochschulreife u. 1954–58 Phil.-Studium an der HUBerlin, mit der Spezialisierung Hist. Mat., angestellt als wiss. Assistent; unterbrochen 1960–62 durch ein Zusatzstudium in Leningrad; 1964 phil. Prom. *Zum Einfluß des wiss.-techn. Fortschritts auf die Überwindung wesentlicher Unterschiede zw. geistiger u. körperlicher Arbeit* (Hauptbetreuer H. *Scheler); danach wirksam in der Inst.-Forschungsgr. Phil. Probleme der Gesell.-wiss. (Leitung H. *Steiniger), zeitweilig integriert in den Bereich Phil.-Naturwiss.; 1970 Prof. für Hist. Mat. sowie SED-GO-Sekretär der Sektion Phil.; 1981 nachgeholte Prom. B zum Thema: *Sozialstruktur als Erkenntnis-Gegenstand des hist. Mat. – Theor.-methodolg. Probleme*; mit Abwicklung d. Berl. ML-Phil.-Sektion 1990 keine fachphil. Weiterbeschäftigung mehr u. daher sofortiger Vorruhestand.

Eichler, Bernd (H. J.)
14. Juni 1942
Diplom-Philosoph, wiss.-phil. Akademieanstellung und praktizierender Musiker
Geb. in Berlin; Vater Hochschullehrer an der KMU Leipzig und Mutter Richterin; zehnkl. polytechn. OS in Ludwigsfelde verb. mit Berufsausbildung (Maschinenbauer) und Abitur; Militärdienst bei der NVA, anschl. Phil.-Studium in Berlin u. zunächst wiss. Mitarb. der Pol. Hauptverwaltung der bewaffneten Organe der DDR; 1971 planm. Asp. im Bereich Phil.-Wiss. der Berl. Phil. Sektion u. 1975 phil. Prom. z. Thema: *Biologismus und Verhaltensforschung. Zur phil. Problematik u. parteil. Ause. mit gegenwärtiger biologistischer Ideologie unter bes. Berücksichtg. der Verhaltensforschung* (Gutachter: H. *Hörz, G. *Tembrock, H. *Ley); danach Anstellung als wiss. Mitarb. im aka.-phil. Hörz-Bereich Phil.-Wissenschaftsentw. des ZIfPh der AdW der DDR; nachwend. fortgz. musikpraktische Betätigung im Musikinstrumentenbau wie entsprechende Vorträge u. Vorlesungstätigkeit (Ernennung z. künsterischen Prof.). – „Das Hümmelchen" – ein altdt. Dudelsack. Leipzig 1990. – Es war überhaupt nicht unüblich, daß einzelne angehende Schriftsteller zugleich auch eine aka.-phil. Anstellung am ZIPh. der DDR-Akademie fanden; vergl. dazu die Pers.-Stichworte von J.*Erpenbeck u. H. *Horstmann, was an den univ.-phil. Instituten wegen der wöchentlichen Lehranforderungen natürlich ganz unvorstellbar gewesen wäre.

Eichler, Klaus-Dieter
17. Sept. 1952
Leipziger Phil.-Historiker für die Antike mit nachwendischer Berufung nach Mainz
Geb. in Gernrode am Harz; Oberschulausbildung mit Abitur, anschl. Phil.-Studium 1971–76 an der KMU Leipzig; nach erfolgr. Forschungsstudium bei Helmut *Seidel bereits 1979 phil. Prom. z. Thema: *Die Herausbildung der sokratischen und frühen platonischen Philosophie unter bes. Berückstg. des Einflusses ökonom., sozialer und politischer Bedingungen*; 1985/6 zwei Semester Zusatzstudium in Moskau an der dortigen Aka. der Wiss. der UdSSR; Habil. (Diss. B) 1988 mit einer Arbeit zum Thema: *Probleme der Genesis und der Entwicklung der antiken griechischen Phil.* (Hauptgutachter wiederum H. *Seidel); nach Abwicklung auch des Leipziger Phil.-Instituts versch. Publ.-Projekte u. Anstellungsverhältnisse an der Univ. Lpz; Mithrsg. des Journals Kultur und Kritik. Leipziger phil. Zeitschrift u. 1990–97 zudem Vors. der nachwendisch gegr. Leipziger Gesellschaft für Phil. u. Kultur; 2002 Annahme einer Prof. für Antike Phil. u. deren Rezeption von der Neuzeit bis zur Gegenwart (mit zusätzl. Schwerp. Ethik und Didaktik der Phil.) an der Johann-Gutenberg-Univ. Mainz (teilweise in Nachfolge von H.-M. *Gerlach); umfangreiche univ.-phil.-geschichtl. Forschungen zum 600. Leipziger Univ.-Jubiläum 2009 sowie Gedenkrede zum Ableben von H.-M. *Gerlach z. Jahresanfang 2012 in Leipzig u. in Mainz.

Publ.: (Hrsg. mit V. u. P. Caysa sowie Elke Uhl): "Hoffnung kann enttäuscht werden". Ernst Bloch in Leipzig. Frankf./M. 1992; (Hrsg. mit V. Caysa): Praxis, Vernunft, Gemeinschaft. Auf der Suche nach einer anderen Vernunft (Helmut Seidel z. 65. Geb. gewidmet). Weinheim 1994; (Hrsg. mit U.-J. Schneider): Russ. Phil. im 20. Jhd. Leipzig 1996; (Hrsg. mit V. Caysa): Philosophiegeschichte u. Hermeneutik. Leipzig 1996; (Hrsg.): Philosophie der Freundschaft. Leipzig 1999; (Mitautor J. Schneider): Zur Alltagsgeschichte der Phil. in Leipzig. Lpz. 2005. *Ausgänge*: Antike Philosophie in der DDR.

Eichler, Uta
13. Juni 1952
Kierkegaard-Herausgeberin u. Lehrkraft am Phil. Seminar der MLUniv. Halle
Geb. in Gera; nach POS und Abitur Phil.-Studium in Leipzig (Ehemann K.-D. E.) u. z. 1. 4. 1980 als wiss. Ass. Wechsel zur Phil.-Sektion der Univ. Halle und daselbst im gl. Jahr phil. Prom. A zum Thema *Von der Existenz zu den objektiven gesell. Verhältnissen. Studien zur Interpretation und Kritik der Ethikauffassung Sören Kierkegaards* (Hauptgutachter: H.-M. *Gerlach); seit 1. 9. 1981 unbefr. Ass. und ab 1. 9. 1988 Oberass. im Lb Ethik der Sektion marx.-len. Phil. ebenda; nach pos. Evaluierung 1990 Weiterbeschäftigung als wiss. Mitarb. am neu gegr. Phil.-Institut u. dort weiterhin in der univ.-phil. Lehre des Seminars tätig, aber keine nachwendische Habil. mehr nachweisbar.

Publ.: Reclam-Hrsg. (Stuttgart, nicht mehr Leipzig) von Kiergegaard-Werken: Der Begriff der Angst (1992), Tagebuch des Verführers (1994), Krankheit zum Tode (1997) und Hrsg. einer übers. Kierkegaard-Studie: Die unmittelbaren erotischen Stadien oder das Musikalisch-Erotische. Hamburg 1999; mit anderen Autoren Lehrtext zu „Ethik kompetenzorientiert unterrichten" (2013); Karl Marx und Sören Kierkegaard im Urteil von Hannah Arendt. Helle Panke, Berlin 2020.

Einstein, Albert
14. März 1879–18. April 1955
Physik-Nobelpreisträger mit großer phil.-weltl. u. pol.-moralischer Wirkung in der DDR
Geb. in Ulm in einer assimilierten, nicht mehr streng religiösen dt.-jüd. Unternehmerfamilie (elektrochemische Geräte); Besuch der Volksschule u. eines Gymnasiums in München, das heute seinen Namen trägt; 1994 Schulabbruch in Dtl. und späteres Abitur an einer Gewerbe-Schule in der Schweiz; anschl. 1896–1900 Besuch eines Polytechnikums in Zürich mit Dipl.-Fachlehrerabschluss für Mathe. u. Physik; zunächst Hauslehrer, dann feste Anstellung als techn. Experte beim Schweizer Patentamt in Bern; 1905 werden bahnbrechende physikal. Arbeiten z. speziel. Relativitätstheorie publ., womit er an der Univ. Zürich im Fach Physik prom. u. in Bern 1908 auch habil. wird; an der TH Zürich schließlich 1912 Prof. für Theor. Physik; 1914–32 durch Max Planck vermittelte u. besoldete Anstellung für weitere physikl. Forschungszwecke (zur Ausarbeitung der allgm. Rel.-Theorie) als Mitglied der Preuß. Aka. der Wiss. in Berlin, verb. mit einer Lehrberechtigung an dortg. Univ.; Einrichtung des sog. "Einsteinturms" in Potsdam zur emp. Verifizierung der Relativitätstheorie und Ende 1922 Nobelpreisverleihung; zunehmende antisemitische Anfeindungen, auch wegen seiner grundpazifistischen wie prosozialistischen Einstellung; Einstein wird z. vortragenden Weltbürger u. kehrt angesichts der bedrohl. Machtergreifung der Nazis von einer Vortragsreise in die USA Ende 1932 nicht wieder nach Dtl. zurück, wohin schließlich sämtliche Kontakte durch Selbstaustritt auch aus der Berlin-Preuß. Wiss.-Aka. wie durch strafrechtliche Ausbürger. u. private Enteignung abgebrochen werden; daraufhin Forschungsanstellung in Princeton, New Jersey u. 1940 US-amerik. Staatsbürgerschaft; empfiehlt Präsd. Roosevelt angesichts der dt.-fasch. Bedrohung des Weltfriedens den amerikanischen Bau von Atombomben, woran er selbst aber „als Sicherheitsrisiko" nicht beteiligt ist; lehnte nachkriegszeitlich weiterhin jede „Einlassung" mit dt. Einrichtungen, ja selbst das Erscheinen seiner Bücher in Dtl. ab; um so enger wurden dadurch seine kulturell-pol. (jedoch nicht relg.) Kontakte zu Israel, wohin später auch sein gesamter wiss. Nachlaß verbracht wurde; mit Bertrand Russell und weiteren namhaften Wissenschaftlern bis in sein Todesjahr 1955 bemüht, um den Erhalt des nuklear bedrohten Weltfriedens u. sich einsetzend für internationale systemübergreifende Abrüstung und eine friedliche Nutzung der Atomenergie. – Der fachphysikal. u. naturwiss.-weltbildl. wie auch menschl.-moralischer Einfluß (allerdings in strikter pol. Absehung von seiner Judenheit) Einsteins ist in der geistig-kulturellen wie wiss.-phil. DDR-Öffentlichkeit unübersehbar, wenn auch die 1000fache westliche Fachliteratur zu Einstein kaum in diese gelangte; wenig bekannt waren auch (weil nicht mehr eindeutig belegbar) seine sicher berechtigten, von der parteiamtl. Lehrdogmatik des Marxismus jedoch nicht so gern gesehenen oder gar zitierten gutachterl. Einwände gegen ein ihm von Eduard Bernstein 1924 vorgelegtes Engelsches „naturphil." Ms, der später allein von sowjetphil. Seite so (wohl unzutreffend) überschriebenen „Dialektik der Natur" (1873–83), das in der ersten Mosk. MEGA veröffentlicht werden sollte; die elementarmathe. Arbeiten von Marx waren zuvor

schon vom durchaus sozial. eingestellten Physiker M. Leo Arons als „schülerhaft" bez. worden; doch deren damalg Mitveröffentlichung scheiterte allein schon am Stalinschen Terror gegen den damaligen wiss. Leiter des Marx-Engels-Lenin-Instituts W. Adoradski; Einstein bewertete ansonsten anfänglich die Russische Revolution v. 1917 als einen hoffungsvollen sozialpolitischen Befreiungsakt u. bewunderte Karl Marx vor allem als geistige Größe des jüdischen Volkes, so wie Moses u. Spinoza; 1927 wurde Einstein z. Ehrenmitglied der Sowjetischen Aka. der Wiss. gewählt; später distanzierte er sich (ganz im Unterschied zu Ernst *Bloch) jedoch vom Stalinschen Terror und den entspr. Schauprozessen, sofern dabei insb. weltbekannte Fachkollegen betroffen waren; als der siegreiche sowjetdogm. Stalinismus sich nachkriegszeitlich ideologisch-weltanschaulich durchsetzte, wurde selbst die Einsteinsche Relativitätstheorie (die „Relativisten") als der angeblich, da schon allein vorherr. dial.-mat. Weltbild-Philosophie des ML widersprechender „physikal. Idealismus" ideologisch denunziert u. auch im Rahmen der staln. DDR-Philosophie entspr. bekämpft (s. B. *Fogarasi, 1958 und H. *Korch, 1959); danach kam es jedoch sehr bald zu einer gründl. und nachholend nur noch wiss. Bearbeitung, ja völligen Neubewertung des Einsteinschen fachphysikalischen Denkens (insb. durch H.-J. *Treder), des „naturphil." Erbes Einsteins (durch A. *Griese u. R. *Wahsner) wie auch seiner sozialpolitischen Ansichten (s. S. *Grundmann); in populärwiss. Hinsicht hat sich vor allem Fr. *Herneck um die Verbreitung des Einsteinschen Denkens in der DDR bemüht; im Ausland wurde der Akademie-Physiker-Phil. H.-J. *Treder aus Potsdam zeitweilig sogar als der „2. Einstein" bzw. „Einstein der DDR" bez., wobei auf diesen auch die wichtigsten späteren Einstein-Veröffentlg. u. –Jubiläen zu dessen 100. Geb. (1979) in der DDR zurückgehen, was nachfolgende Publ.-Liste verdeutlicht, die jedoch nur die entspr. ost-dt. -Publ. zu Einstein auswählt u. dok. (den allein übers. sowjetwiss. Erhebungen stehen dabei vor allen westdt. u. internationale Einsteinbiographien gegenüber, die jedoch nur privat in die DDR gelangten); denn keine einzige der bekanntesten Schriften von oder über A. E. konnten jemals in der DDR erscheinen; doch wurde er forgz. elementarmaterialistisch (naturweltbildlich) und friedenspol. (propagandistisch) wie kein anderer Weltwissenschaftler vereinnahmt (so nur noch vergleichbar mit Albert *Schweizer); das fachphysikal. Studium seiner kritisch-offenen Theorie und sein eigentlich zweifelndes Welt- u. Gesell.-bild betraf das weniger.

Publ. u. Lite.: W. J. Lwow: A. E. Leben u. Werk (1. russ. Übers. zu A. Einstein in der DDR) Urania-Verlag Leipzig-Jena 1957; F. Herneck: A. E. Ein Leben für Wahrheit, Menschlichkeit und Frieden. Buch-Vg. Der Morgen. Berlin 1963 (3. erg. A. 1967); (Phil.-Autorenkollektiv H. Steinberg, A. Griese und S. Grundmann): Relativitätstheorie und Weltanschauung. Zur phil. u. wiss.-pol. Wirkung Albert Einsteins. Berlin 1967; (Hrsg. H.-J. Treder): Grundzüge der Relativitätstheorie. Aka.-Verlag Berlin 1969 (Übernahme vom Verlag Vieweg); Ebenso: Über spezielle und allgemeine Relativitätstheorie. Berlin 1969; F. Herneck: A. Einstein – Biographie (naturwiss. biogr. Reihe Bd. 14) Lpz. 1974 (7. A. 1986); ders.: Einstein u. sein Weltbild. Aufsätze u. Vorträge. Berlin 1976 (4. A. 1987); B. G. Kuznetsow: A. E. Leben, Tod, Unsterblichkeit (mit einem Geleitwort von H. J. Treder/übers. von S. Wollgast). Berlin 1977; K. Ch. Delokarow: Relativitätstheorie und Materialismus, phil. Fragen der speziellen Rel.-theorie in der sowjet. Disk. der 20/30er Jahre (Übers. N. Hager). Berlin 1977; Friedr. Herneck: Einstein privat

(Erinnerungen 1927–33). Berlin 1978 (4. A. 1990); H.-J. Treder: A. E. Beitrag z. 100. Geb. (Studienmaterial für die Hand des Lehrers). Potsdam 1978; Festveranstaltung der KMU Leipzig aus Anlaß des 100. Geb. von A. E. (22. Febr. 1979). Leipzig Univ.-Reden 54. Leipzig 1979; (Hrsg. H.–J. Treder): Albert Einstein in Berlin. Teil 1: Darstellung u. Dokumente. Teil 2: Spezialinventar u. Regesten. Berlin 1979; (Hrsg H. Laitko u. R. Zott): Materialien des 12. Berl. Wiss.-hist. Kolloquiums am 22. März 1979 aus Anlaß des 100. Geb. von A. E. (als Ms. gedruckt). Berlin 1980; (Hrsg W. Schlicker): A. E. – Physiker u. Humanist. Illustrierte hist. Hefte. Berlin 1981; (Hrsg. M. Grüning): Ein Haus für A. E. Erinnerungen, Briefe, Dokumente (Biographie 1929–1932). Berlin 1990; S. Grundmann: „Einsteins Akte". Einsteins Jahre in Dtl. aus der Sicht der dt. Politik (1919–1944). Berlin 1997.

Eiselt, Klaus
Geb. 14. Juni 1931 in Ruhla; bis 1946 Volksschule; 1950 vom VEB Ruhla zur ABF in Jena delegiert; danach ein Jahr Phil.-Studium an der Univ. Jena und ab 1953 für fünf Jahre Phil.-Studium an der *Shdanow-Univ. Leningrad mit einem Doppel-Abschluss als Diplom-Phil. u. Psychologe; 1959 wiss. Ass. am Inst. für Phil. der HU Berlin u. phil. Lehre im Dial. Mat u. seiner ET; 1962 mit Auftrag wiss. Arbeiten ins MDI und ab 1970 dann wiss. Mitarbeiter im Kombinat VEB Elektr. Bauelemente Teltow (Direktorat für Kader u. Bildung); phil. Prom. 1971 z. Thema *Einige Probleme der Widerspiegelung als allgm. Eigenschaft der Materie* (Gutachter: H. *Hörz u. K. *Söder); weiterer Verbleib unbekannt u. nicht mehr zu ermitteln.

Eisler, Rudolf
(1873–1926)
Wörterbuch der philosophischen Begriffe (1899–1927) und Philosophenlexikon (1912)
Philosophischer Privatgelehrter in Wien u. hist.-personell so überhaupt nicht *z u r* Gesch. der offiziellen DDR-Philosophie gehörend; doch dessen zahlreiche phil.-enzyklopädischen *Nachschlagewerke,* insbes. sein, in Einzelleistung erarbeitetes dreibändiges *Wb der phil. Begriffe* (1899, 4. A. 1927/30) und sein späteres *Philosophenlexikon* (1912) dienten, ebenso wie der mehrbändige *Grundriß der Gesch. der Phil.* (1863, 13. A. 1956/57) von Friedrich Ueberweg und das *Philosophen-Lexikon* von Werner *Ziegenfuß in 2 Bände (Berlin 1950/51) als unversiegbare Quelle und Nachschlagewerke eigentlicher fachphil. Arbeit sowie ständiger persönl. Weiterbildung. Ohne diese vorangegangenen Werke wäre auch das einzige, zuerst ein- (1964) u. dann zweibändige (1969/76) marx.-len. *Philosophische Wb* der DDR (hrsg. von G. *Klaus u. M. *Buhr) allein schon begriffsstatistisch überhaupt nicht vorstellbar u. erstellbar, vor allem aber in seiner sektiererisch-dogmatischen, weil allein marx.-len. Einseitigkeit überhaupt nicht verstehbar und durchschaubar gewesen; selbst das spätere große westdt. *Historische Wb. der Philosophie* in 10 Bdn. 1971 ff. erstellt erst eine weit umfänglichere Überarbeitung (mit über 100 Mitautoren) des Eislerschen Alleinwerkes dar, das aber in der DDR so kaum beschaffbar war. – Familiengeschichtlich sei hier noch angemerkt, dass hinsichtlich der früheren KPD- u. späteren DDR-Geschichte alle drei linkskomm. Eisler-Kinder für diese sehr bedeutsam waren: Ruth Fischer (1895–1961)

in der vorkriegszeitlichen KPD-Entwicklung so wie ihre beiden Brüder Gerhard E. (1897–1968) und Hanns E. (1998–1962) in der nachkriegszeitlichen DDR-Geschichte.

Elm, Ludwig
10. Aug. 1934
Marxistischer Zeithistoriker und Konservatismusforscher in Jena
Geb. in Greußen, Kr. Sangershausen in Thüringen; Grundschule u. landwirtschaftliche Lehre mit Berufsschule; später entspr. Fachschule und ein gesell.-wiss. Studium in Leipzig; 1956 beendet als Diplom-Lehrer für M-L u. anschl. Einsatz im marx.-len. Grundlagenstudium an der FSU Jena; daselbst 1964 hist.-phil. Prom. *Zur Geschichte des Linksliberalismus in der Frühperiode des dt. Imperialismus (1897–1907)* sowie 1971 Prom. B z. Thema *Hochschule u. Neofaschismus. Zeitgeschichtl. Studien zur Hochschulpol. in der BRD* (publ. Berlin 1972); 1967–78 Mitglied der SED-KL Jena-Stadt (dazu 1964–78 der UPL); zugleich auch Mitgl. der DDR-VK (für den KB der DDR) 1971–81; langj. Mitglied der Buhrschen Kritik-Rates für „Grundfragen der ideolg. Ause. zw. Sozialismus u. Imperialismus" an der AdW; zunächst Prof. für Wiss. Sozialismus an der ML-Sektion der Univ. Jena, später dann für allgemeine Geschichte ebd. bis 1991 (danach Abwicklung u. Entlassung bzw. Vorruhestand); 1992–94 Mitbegründer u. Vors. des Jenaer Forums für Bildung und Wiss. e.V. sowie seit 1994 Landessprecher des Bundes der Antifaschisten in Thüringen; zugleich 1994–98 Mitgl. des dt. Bundestag, über die Landesliste der PdS und Hrsg. von „Ansichten zur Gesch. der DDR" (gegenläufige Enquete-Kom. d. PdS) zur „Überwindung der Folgen der SED-Diktatur im Prozeß der dt. Einheit", Bd. 7/8 zum „Alltag-DDR" (1997) sowie Bd. 9/10 „Wendezeit 1989/90". Eggersdorf 1998; Fortführung zahlreicher zeithist. Veranstaltungen zum (neudt.) Konservatismus im Rahmen des „Thüringer Forum für Bildung u. Wiss. Jena" (Landesorg. der RL-Stiftung Thüringen); 2004 Tagung zu „Konservative Perspektiven im neoliberalen Zeitalter" (Protokollband mit bibl.- u. biographischen Angaben 1934–2004), Jena 2004/05.

Publ.: Zwischen Fortschritt u. Reaktion. Gesch. der Parteien der liberalen Bourgeoisie in Dtl. (Schriften des Inst. für Gesch. Bd. 32). Berlin 1968; (Hrsg.): Formierte Universität. Eine Analyse zur westdt. Hochschulpol. Berlin 1968; Der neue Konservatismus. Zur Ideologie u. Politik einer reaktionären Strömung in der BRD. Zur Kritik der bürgerl. Ideologie (Buhrsche Kritik-Reihe Bd. 49). Berlin 1974, ebenso (Verlag Marx. Blätter) Frankf./M. 1974 (poln. u. russ. Übersetzung: Poznan 1979 u. Moskva 1980); Aufbruch ins Vierte Reich? Zu Herkunft und Wesen einer konservativen Utopie. Berlin 1981; (Hrsg.): Konservatismus in der BRD. Wesen, Erscheinungsformen, Tradition (Wiss. Konferenz Jena 1981). Beiträge zur Kritik der bürgerl. Ideologie u. des Revisionismus (im Auftrag des Buhrschen „Kritik-Rates"). Berlin 1982; (Mitautoren: R. Rudolf u. H. Malorny): Traditionen des Konservatismus. Berlin 1982; (Autorenkollektiv): Alma mater Jenensis. Gesch. der Univ. Jena (zum 425. Jubl.). Weimar 1983; (Hrsg.): Leitbilder des dt. Konservatismus – Schopenhauer, Nietzsche, Spengler, Heidegger, Schelsky, Rohrmoser, Kaltenbrunner u.a. Köln 1984; (Hrsg.): Falsche Propheten. Studien zum konservativ-antidemo. Denken im 19. u. 20. Jhd. Berlin 1984; (Hrsg.): Rechte Weltordnung? Berlin 1985 u. Köln 1986 u. d. T „Konservatismus heute"; Konservatives Denken 1789–1848/49. Darstellung u. Texte. Studien zur spätbürgerl. Ideologie. Berlin 1989; Nach Hitler. Nach Honecker. Der Streit der Deutschen um die dt. Vergangenheit. Berlin 1991; Füxe, Burschen, Alte Herren. Studentische Korporationen vom

Wartburgfest bis heute. Köln 1992; Das verordnete Feindbild. Neue dt. Gesch.-ideologie u. antitotalitärer Konsens. Köln 2001; Der dt. Konservatismus nach Auschwitz. Von Adenauer u. Strauß bis Merkel und Stoiber. Köln 2007; Wenn ich einmal Kanzler wär. Ein Zwischenruf zur dt. Einheit. Köln 2009; Der Mantel der Gesch. u. a. dt. Denkwürdigkeiten. Ein kl. Lexikon zur Zeitgeschichte. Köln 2011; Geschichte eines Historikers. Erinnerungen an drei dt. Staaten. (Autobiographie) Köln 2019 (war nicht mehr auswertbar).

Emmel, Hildegard
23. Juli 1911–6. Jan. 1996
Goetheforscherin, ein Jahrzehnt lang in der DDR: Weimar, Rostock und Greifswald
Geb. in Frankf. am Main u. daselbst Abitur 1931; danach 1931–36 umfassende Studien der Fächer Deutsch, Gesch., evangl. Theologie, Phil. u. Volkskunde mit anschl. Referendarausbildung (Staatsexamen für Dt. u. Gesch.); bereits 1935 erfolgte eine literaturwiss. Prom. und ab 1938 Lehrerin an einer OS (Gymn.) in Hessen, wo sie 1943 z. Studienrätin befördert wird; 1946–49 Mitarbeit am Goethe-WB der Univ. Hamburg, ebenso fortgz. 1950/51 in Weimar; glaubte fest an die (tatsächliche) ostdt. „Frauenförderung" als wiss. Nachwuchs, weshalb sie sich 1951 als erste Frau (!) an der Univ. Rostock habilitierte und umgehend 1951–55 mit der Wahrnehmung einer Doz. für dt. Lite.-gesch. betraut wurde; gleichzeitig wird sie ständig in pol.-ideolg. Ause., obwohl parteilos, mit der dortg. Univ.-Parteileitung der SED verwickelt. Diese Unstimmigkeiten steigerten sich noch dadurch, dass der Inst.-Direktor ihrer Lite.-Abt. zwar SED-Mitgl., aber lite.-wiss. weder prom. noch habil. ist. Seine dogm.-unqualifizierten Versuche, den ML massiv und unverdrossen allein parteiamtlich einzuführen, ergaben keine ernsthafte und qualifizierte, marx. begründete Lite.-wiss., sondern nur deren vulgärmat. und parteideolg. Trivialisierung. Um diesen Konflikt (allerdings so nur scheinbar) aufzulösen, erfolge 1956 durch das Staatssekr. für das HFW der DDR eine professorale Berufung an die Nachbar-Univ. Greifswald, was jedoch postwendend da zu neuen pol.-ideolg. Ause. führen sollte, in die nun auch der dortige parteimarx. Chef-Phil. Erhard *Albrecht massiv eingriff. Denn inzw. hatte die junge Lite.-Prof. eine ungewöhnl. wie problemreiche Goethe-Analyse zu „Weltklage und Bild der Welt in der Dichtung Goethes" (Weimar 1957) vorgelegt, die umgehend eine unglaubliche Verurteilungswelle bis in die provinzielle parteiamtl. OZ hinein auslöste, woran sich unqualifizierte SED-Pareifunktionäre aller drei Leitungsebenen: der BL Rostock, der KL Greifswald und UPL auf einer außerordtl. wie öffentl. Sitzung der Phil. Fak. am 14. Mai 1958 intensiv beteiligten, wozu ein Protokoll im UA vorliegt. Vor allem ging es um eine angeblich reaktionäre, bürgerlich-revisionistische "Verfälschung des Goethe-Bildes" Dazu erlärte Erh. *Albrecht wörtlich: „Wir müssen allen Verfälschungen entgegentreten, um die Studenten nicht später in der sozialistischen Praxis scheitern zu lassen." (ND v. 15. Mai 1958). Und so beschließt diese Fak. in Greifswald ungerührt u. parteifolgsam sogar in öffentl. Abstimmung (!) mit einer (ihrer eigenen) Gegenstimme wörtlich: „Frau Prof. Emmel verfügt nicht über die notwendige wiss. u. pol. Qualifikation, um Deutschlehrer für die sozial. Praxis ausbilden zu können."; sie verhalte sich zudem

„würdelos u. unmoralisch"(!), weil sie uneinsichtig keine marx. Kritik akzeptiere und so auch keine Selbstkritik übe. Dieser allein schon rechtlich unstatthaften Entlassung folgten unannehmbare Arbeitsangebote u. schließlich 1960 die eigene ernüchternde Rückkehr in die Bundesrepublik. Später schilderte die so Betroffene selbst in einem entspr. Lebensbericht „Die Freiheit hat noch nicht begonnen. Zeitgeschichtl. Erfahrungen" (Rostock 1991) u. a. auch ihre zehnjährigen ostdt. Erfahrungen, während die Greifswalder Univ. zugleich am 15. Nov. 1991 der inzw. „weltweit gereisten" Germanistin gewissermaßen als unabdingbare Wiedergutmachung die Ehrendoktorwürde der wieder begründeten Phil. Fak. überreichte. Umfänglich dok. sind alle diese Vorgänge in: (hrsg. v. Jan Cölln u. F.-J. Holznagel): Positionen der Germanistik in der DDR. Personen–Forschungsgebiete–Organisationsfelder. Berlin 2013, S. 91ff. wie natürlich auch in der neuen Greifswalder Universitätsgeschichte z. 550. Univ.-Jubiläum 2006; die bes. Rolle des marx-len. Kader-Phil. E. *Albrecht in dieser Ause. (gleichzeitig langjährig auch noch mit dem altbürgl. Univ.-Phil. Günther *Jacoby) sind umfänglich in Band IV (Phil. aus einer abgeschl. Welt, 2017) dieser Reihe zur hist.-krit. Aufarbeitung der DDR-Philosophie im Abs. z. Gesch. der Greifswalder Univ.-Phil. dargestellt.

Engelstädter, Heinz
3. März 1932
Langjähriger Ministeriums-Mitarbeiter und universitärer Ethik-Professor in Berlin
Geb. in Bärenstein/Krs. Annaberg; GS 1938–42 und nach dem Abitur ab 1950 Studium an der gesell.-wiss. Fak. der Univ. Leipzig (Franz-Mehring-Institut) u. 1953 Diplom-Lehrer für ML; sofortiger Lehreinsatz im gesell.-wiss. Grundstudium; danach Fachreferent für Philosophie u. Leiter der Abt. gesell.-wiss. Grundstudium im damlg. Staatssekretariat für Hochschulwesen (Staatssekr. G. *Harig); 1962–65 Aspirantur am Inst. für Gesellwiss. beim ZK der SED (X. Lehrgang u. 1963 dortiges Phil.-Diplom) u. phil. Prom. 1966 z. Thema: *Funktionsweise der sozial. Moral beim umfassenden Aufbau des Sozialismus in der DDR* (Gutachter: A. *Kosing, R. *Miller u. J. *Schmollack); anschl. wiederum Einsatz im nun DDR-Min. für Hoch- u. Fach schulwesen als Abteilungsleiter für „Philosophie und Geschichte"; seit 1970 dafür Hochschul-Dozent für Ethik, sozial. Moral- und Hochschulentw. sowie die Wissenschaftspol. der Partei; zugleich seit 1970 wiederum wiss. Mitarb. des Ministers für HFS (H.-J. Böhme) u. 1982 univ. Habil. (Diss. B) z. Thema: *Werte als gesell. Verhältnis* (Gutachter: Helga *Hörz, E. *Albrecht, Junghänel) und damit Ethik-Moral-Prof. an der Sektion Marx.-len. Phil. der HUB (zugleich f. Friedensforschung); 1990 daselbst abgewickelt und sofortg. Vorruhestand; aktuell im Internet aktiv als sog. „Berl. Wertekritiker" – Hauptwerk: „Metamorphosen im Wertverständnis", aber kein Autor der DZfPh. – Es war üblich, langjährig ausgediente phil. Funktionsträger (also Staats- und Parteifunktionäre) aus dem zentralen Partei- und Staatsap. univ.- bzw. aka.-phil. abzustellen und weiter parteipol. einzusetzen ; vergl. hierzu z. B. Fred *Müller am Phil.-Inst. der Universität oder Math.*Klein am ZIPh. der Akademie.

Engler, Wolfgang
8. Mai 1952
Diplom-Philosoph, Soziologe, Schauspielschul-Direktor und kulturkritischer Autor
Geb. in Dresden; 1958–68 10-klassige-Polytechn. OS in Berlin-Prenzl. Berg u. bis 1970 Lehre als Facharbeiter für Datenverarbeitung; prakt. Arbeit als „Operator" beim VEB Maschinelles Rechnen sowie an der VHS (2. Bildungsweg) das Abitur nachgeholt (Hochschulreife); 1971–73 NVA-Armeedienst mit Bewerbung z. Philosophie-Studium an der HUBerlin 1973–76; seit dem 3. Stdjh. Spezialisierung auf phil.-methodolg. Fragen der Pol. Ökonomie (Arbeitsgruppe Herb. *Steininger); als Phil.-Beststudent 1977 Forschungsstudium u. 1978 Diplomarbeit Über den Zusammenhg. von Ricardo, Hegel u. Marx (als) Quellen zur Kritik der pol. Ökonomie (Humboldtpreis); phil. Prom. A 1980 z. Thema: *Zusammenhang von Phil. u. öko. Theorie bei der Bestimmung des theor. Ausgangspunktes der Pol. Ökonomie des Sozialismus* (Gutachter: H. *Steininger und W. *Eichhorn II aus dem Lehr- und Forschungsbereich Phil. Probleme der Gesell.-wiss. an der Sektion Phil. der HUB u. H.-P. *Krüger von der HfÖ-Berlin); 1981–88 wiss. Ass. am Inst. für Schauspielregie Berlin (wurde 1985 Bestandteil der Schauspielschule „Ernst Busch"); das 1989 am Aka.-Inst. für Theorie, Gesch. und Org. der Wiss. eingereichte und erfolgreich verteidigte Habil.-thema (Diss. B) lautete: *Teilnehmen und Beobachten. Zur Kritik der Wissenssoziologie* (Gutachter: G. *Kröber und R. *Mocek, publ. 1992); 1988–90 Berufung zum Hochschuldozent für die phil. Grundausbildung an der Schauspielhochschule; 1991 Forts. der Lehre zunächst als wiss. Mitarb. u. 2004 Berufung z. Prof. für Ästhetik und Kultursoziologie; 2005 Wahl u. Berufung zum Rektor der Hochschule für Schauspielkunst „Ernst Busch" in Berlin bis zur Em. 2017 wiedergewählt u. weiterhin Doz. im Fach Regie.

Publ.: Die Konstruktion von Aufrichtigkeit. Zur Gesch. einer verschollenen diskursiven Formation. Wien 1989; Selbstbilder. Das reflexive Projekt der Wissenssoziologie. (Diss. B). Berlin 1992; Die zivilisatorische Lücke. Versuche über den Staatssozialismus. Frankf./M. 1992; Die ungewollte Moderne. Ost-West-Passagen. Frankf/M. 1995; Die Ostdeutschen. Kunde von einem verlorenen Land. Berlin 1999 (erw. u. aktual. A. 2019); Die Ostdeutschen als Avantgarde. Berlin 2002; Bürger ohne Arbeit. Für eine radikale Neugestaltung der Gesellschaft. Berlin 2005; Unerhörte Freiheit. Arbeit und Bildung in Zukunft. Berlin 2007; Lüge als Prinzip. Aufrichtigkeit im Kapitalismus. Berlin 2009; Verspielt. Schriften u. Aufsätze zu Theater u. Gesellschaft. (Artikelsammlung zum 60. Geb.) Bln. 2012; (mit Jana Hensel): Wer wir sind. Die Erfahrung ostdeutsch zu sein. Berlin 2018.

Ennuschat, Wilpert
Keine Lebensdaten. Phil.-Studium in Jena u. wiss. Ass. im dortg. Lehrbereich Hist. Mat.; phil. Prom. 1977 *Zur phil. Bestimmg. der Kategorie „Produktivkräfte" unter bes. Berücksichtg. der 'Grundrisse zur Kritik der Pol. Ökonomie (Rohentwurf) 1857/58' von Karl Marx* (Gutachter: E. *Lange, E. *Herlitzius, J. *Klügl) u. Prom. B 1986 z. Thema *Hist. Mat. und Kapitalanalyse – die Ausdifferenzierung des dial. Gehalts sowie der methodolg. Substanz der Kategorien „Produktivkräfte" und „Produktionsverhältnisse" in den (Marxschen) „Grundrissen zur Kritik der pol. Ökonomie"* (Gutachter: D. *Alexander, E. *Lange und M. *Thom); mit Abwicklung der Jenenser marx.-len. Phil.-Sektion

ab 1990 in Leipzig als Immobielienmakler (zugehörig zur Dt. Bank) wirksam; später auch selbständig; um 2003 schlicht verst. in einem Fitness-Studio.

Enskat, Rainer
25. Sept. 1943
Gründungsprofessor für Theoretische Philosophie in Halle 1992
Geb. in Bad Harzburg; nach der schul. Grundausbildung (Gymn.-Abitur) umfassendes Studium der Phil., Politikwiss. u. Soziologie an den westdt. Univ. Hamburg, Marburg u. Göttingen; daselbst 1976 phil. Prom. zu *Kants Theorie des geometr. Gegenstandes* (publ. Berlin 1978) u. Habil 1983 an der Univ. Freiburg z. Thema *Wahrheit u. Entdeckung. Log. u. erkenntnistheor. Untersg. über Aussagen u. Aussagenkontexte* (publ. Frankf./M. 1986); jeweils prom. u. habil. bei Wolfgang Wieland; 1. Berufung z. Prof. an die Univ. Heidelberg; mit Wiederbegr. eines univ. Seminar für Philosophie in Halle gem. mit Manfred *Riedel (Prakt. Phil.) 1992 westdt. Gründungsprof. für Theor. Phil. an der Univ. Halle; 1995–97 Ko-Direktor des ersten mitteldt. geisteswiss. DFG-Graduierten-Kolleg zum Komplexthema Identitätsforschung in der Gesch.-wiss., Phil. und Soziologie; 2005–07 Geschäftsf. Direktor des Interdispl. Zentrums für die Erforschung der Europäischen Aufklärung an der MLU Halle-Wittenberg u. zur gl. Zeit Ko-Direktor des Landesforschungsschwerpunktes Aufklärung-Religion-Wissen; 2008 erfolgte seine reguläre univ. Entpflichtung.

Publ.: Die Hegelsche Theorie des praktischen Bewusstseins. Frankf./M. 1986; (Hrsg.): Wissenschaft und Aufkärung. Monatsvorträge zur Gesch. der Univ. Halle im WS 1995/96. Opladen 1997; (Mitautor): Fremdheit und Vertrautheit. Hermeneutik im europäischen Kontext. Dok.-Bd. des internationalen Kongresses vom Sept. 1994 an d. Univ. Halle. Leuven 2000; Erfahrung u. Urteilskraft. Dok.-Band der Tg. des Engeren Kreises der Allgm. Gesell. für Phil. in Dtl. an der Univ. Halle Sept. 1997. Würzburg 2000; Authentisches Wissen. Prolegomena zur ET in praktischer Hinsicht. Göttingen 2005; Bedingungen der Aufklärung. Phil. Untersg. zu einer Aufgabe der Urteilskraft. Weilerswist 2008; (Mithrsg.): Aufklärung u. Wissenschaft. Dokumentenband des Meetings, veranst. von der Dt. Aka. der Naturforscher Leopoldina, dem Interdispl. Zentrum für die Erforschung der Europäischen Aufklärung (IZEA) und dem Sem. für Phil. der MLUniv. Halle-Wittenberg am 25. u. 26. Jan. 2007. Halle 2012; (Hrsg.): Kants Theorie der Erfahrung. Berlin 2014; Urteil und Erfahrung. Kants Theorie der Erfahrung. Teil I, Göttingen. 2015.

Erpenbeck, John
29. April 1942
Biophysiker u. Romanschriftsteller am ZI für Phil. der Aka. der Wiss. der DDR
Geb. in Ufa (Baschkirien/UdSSR) als Kind der Schriftsteller Fritz Erpenbeck u. Hedda Zinner; 1945 Rückkehr nach Deutschland, in die SBZ, Berlin-Pankow; nach Abi. an Friedr.-List-OS Berlin–Ndsh. 1960 Studium der Physik mit der späteren Spezialisierung auf Biophysik (1965); 1968 naturwiss. Prom. z. Thema: *Gegenstromdiffusion in flüssiger Phase mit anschließender Zirkulationsvervielfachung*; kurzzeitige Tg. als Experimentalphysiker am Inst. für Biophysik der AdW zu Berlin u. 1971–73 wiss. Mitarb. im Min. für Wiss. u. Technik, Kern- u. Kosmosforschung; danach bis zur Aka.-Inst.-Abwicklung 1990/91 Wiss. Mitarb. am ZI für Phil. der AdW, nunmehr beschäftigt

mit phil. Probl. der Psychologie kognitiver, emotional-motivaler u. volitiver Prozesse im Wiss.-bereich von Herbert *Hörz; daselbst 1978 Habil. (Diss. B) *Zur Erkenntnistheorie u. Psychophysik kognitiver Prozesse* (publ. 1980); 1984 Ernennung z. Aka.-Prof. für phil. Probleme der Naturwiss; nach Inst.-Abwicklung 1991–95 „Wiss.-forschung" in einer Förderungsorg. der Max-Planck-Gesell. u. 1995–98 wiss. Mitarb. der Univ. Potsdam, Arbeitsgr. Wiss.-kommunikation; ab 1998 Senior Consultant des Projekts Lernkultur „Kompetenzentwicklung", tätig bei der Steinbeis HS Berlin für betriebliche Weiterbildg u. berufl. Kompetenzentwicklung. – Seit 1972 bis 1996 auch nachweisbare künstlerisch-lite. Publ. wie Gedichte/Erzählungen/Romane, wozu auch der „Wenderoman": Aufschwung (1996) gehört, der eine DDR-aka.-wiss. Institutsabwicklung thematisiert; Mitglied der Leibniz-Soz. u. Hrsg. e. Festgabe für Herbert *Hörz zu dessen 80. Geb. 2013 mit sich wiederholender (so wie schon 1981 als parteilicher „Gutachter" gegen phil. Schriften von Peter *Ruben) bzw. fortgesetzter Polemik gegen seine früheren wie aktuell vermeintlichen Widersachern an der „phil. Front".

Publ.: Was kann Kunst. Gedanken zu einem Sündenfall. Mit einem Beitrag von Rita Schober. Halle/Leipzig 1979; Philosophie contra Naturwissenschaft. Weltanschauung heute, Bd. 16. Berlin 1977; Psychologie u. ET. Zu phil. Problemen psychischer Erkenntnisprozesse. Berlin 1980 (publ. Diss. B 1978); Motivation. Ihre Psychologie u. Philosophie. Berlin 1984; Das Ganze denken. Zur Dialektik menschl. Bewußtseinsstrukturen und -prozesse. Berlin 1986 (2. A. 1989); Wollen u. Werden. Ein psycholg.-phil. Essay über Willensfreiheit, Freiheitsstreben u. Selbstorg. Konstanz 1993; (mit J. Weinberg): Menschenbild u. Menschenbildung. Bildungstheor. Konsequenzen der unterschiedl. Menschenbilder in der ehemlg. DDR u. in der heutg. Bundesrepublik. Münster 1993; Selbst, Selbstkonzepte, Selbstkonzepttraining. München und Berlin 1994; – seitdem zus. mit V. Heyse zahlreiche kompetenzbezügliche Publ., die aber mit früheren phil.-erkenntnistheor. Fragen kaum noch etwas zu tun haben.

Eschke, Hans-Günter
26. April 1930–27. Nov. 2007
Prof. für die Phil. des dial. u. hist. Materialismus an der ML-Sektion der FSUniv. Jena.
Phil. Diss. am IfG beim ZK der SED 1962 zum Thema: *Die marx.-len. Lehre vom konkreten Charakter der Wahrheit u. ihre Überlegenheit über die phänomenolog. Wahrheitskonzeption Edmund Husserls*; 1964/65 zwei entspr. DZfPh-Beiträge u. Diss. B zu *Marxismus-Leninismus oder „Philosophische Anthropologie". Eine Auseinandersetzung mit der phil. Anthropologie Max Schelers* (Jena 1974); nach Schließung der dortg. ML-Sektion 1990 in Thüringen maßgeblich an der Wiederbegründung des Deutschen Freidenker-Verbandes der DDR beteiligt (1. Gründungsvors. des Kreisverbandes Jena); später Referent für Weltanschauungsfragen beim Bundesvorstand des DFV wie dessen Vertreter in der „Weltunion der Freidenker"; dazu aber erst nachwendisch völlig andere Veröffentlichungen.

Publ.: Arbeit und Menschenwürde. Frankf./M. 1994; (Hrsg. mit Jan Bretschneider): Lexikon freien Denkens. Neustadt 2000; (ebenso): Humanismus, Menschenwürde und Verantwortung in unserer Zeit. Neustadt 2004.

Eschler, Erhard
12. Juni 1930
ML-Philosoph in Leipzig
Geb. in M.-Schönberg/CSSR als Sohn eines prom. Juristen; 1936–44 Besuch der Volksschule; dann als Jugendlicher noch 1944/45 „zu Kriegsdiensten verpflichtet"; nach Umsiedlung 1945–49 fortgz. OS-Ausbildung (Abitur) in Magdeburg; anschl. FDJ-Arbeit und 1951/52 ein Pädg.-Studium für Gesch. an der HU Berlin; dann aber Wechsel zu einem gerade neu eingerichteten „gesell.-wiss. Studium" ans FMI der KMU Leipzig 1953/55 (Diplom rer. pol.); dazu sofortg. Hilfsass. im gesell.-wiss. Grundstudium u. wiss. Oberass. am Inst. für M.-L., im Fachbereich Philosophie des dial. u. hist. Mat.; daselbst 1961 phil. Diss. zum Thema: *Über die sozialphil. Seite im Schaffen Wilhelm Wundts. Sein besonders durch seine ‚Völkerpsychologie' geführter Kampf gegen Klerikalismus und Reaktion* (Gutachter: H. *Beyer u. W. *Müller – beide keine eigentlichen Wundt-Spezialisten, was aber das Thema erlaubte); nachfolgende Habil.-Schrift 1967 z. Thema: *Phil. Probleme der Theorie der Anthropogenese. Versuch einer Würdigung des Beitrages der Verhaltensforschung zur Theorie der Anthropogenese* (Gutachter in den mir vorlg. Univ.-Akten nicht mehr feststellbar!); später ML- Prof. an der Dt. HS für Körperkultur Leipzig bis zu deren teilwiesen Abwicklung zum Ende der DDR.

Publ.: ML-Studienanleitung „Marx.-len. Ethik und sozial. Moral" (DHFK-Leipzig 1983); (mit W. Meischner): Wilhelm Wundt (Urania-Biographie). Leipzig u. Köln 1979; 1969/77 4 DZfPh.-Beiträge zur Prom.-Thematik.

Falcke, Heino
12. Mai 1929
Evangelischer Theologe und Schleiermacher-Forschung
Geb. in Riesenburg (Westpreußen); studierte nachkriegszeitlich Theologie nicht nur in Berlin, sondern ebenso in Göttingen und Basel (dort 1950 kurzzeitig stud. Hilfskraft bei Karl Barth); kehrte jedoch 1952 zur kirchl. Arbeit in die DDR zurück; seine weitere theolg.-phil. Ausbildg (hinsichtlich Schleiermachers, dieser keineswegs nur als Theologe verstanden) vollzog sich an der Univ. Rostock, der dortg. Theolg. Fak.; 1958 Prom. z. Thema *Die Gesellschaftslehre (des jungen) Schleiermachers*, danach bis 1963 Pfarrer in Wegeleben (Krs. Halberstadt) und 1962 die Habil. z. Thema *Die phil. u. theolg. Grundlagen der Gesellschaftslehre Schleiermachers*; eine Publ. war, wie in der DDR allgm. üblich, jedoch nicht möglich; es konnte lediglich, sehr verspätet eine Kurzfassung 1977 in einem theolg. Verlag in Zürich erscheinen; 1963 Mitarb. an staatskrit. Texten, u. a. an Zehn Artikeln zu Dienst u. Freiheit der Kirche; 1963–73 war F. Direktor eines ostdt. Prediger-Seminars der Evangl. Kirchen in der DDR und leitete danach bis 1994 das Propstsprengel in Erfurt; während dieser Zeit war er zugleich auch 1974–1987 Vors. des Ausschusses für Kirche und Gesell. des Bundes der Evangl. Kirchen in der DDR; als besonders mutig u. wirkungsvoll sollte sich sein Vortrag „Christus befreit, darum Kirche für andere" auf der Synode 1972

in Dresden erweisen, was ihm eine „staatsicherheitliche" („negativ-feindliche") Observierung im OV „Milan" einbrachte; H. F. sprach darin von der „Hoffnung einer verbesserlichen Kirche in einem verbesserlichen Sozialismus", in dem es nunmehr vor allem um die „Freiheit des Individiums und die Mündigkeit des Bürgers" (Wikipedia-Eintrag) gehen sollte; erst später publ. in einer Sammlung seiner Aufsätze, Reden u. Vorträge unter der bezeichnenden Überschrift „Einmischungen" (Lpz. 2014); weitere krit. Reden auf den ostdt. Kirchentagen 1978, 1983 u. 1988 folgten; ebenso Förderer gesell.-opp. Gruppen in der Kirche und 1983 als Vertreter der unabhg. Friedensbewe. der DDR ostdt. Redner auf der gr. Friedensdemo. in Bonn; 1989/90 Engagement in der DDR-Bürgerbewe. sowie schließlich bei der Auflösung des MfS; Vors. des Runden Tisches im Bezirk Erfurt; Kritiker des zu schnellen kirch. u. staatl. Vereinigungsprozesses; seit 1994 im „Ruhestand".
DDR-Personen-Lexikon 2010 (Eh. Neubert).

Publ.: Vom Gebot Christi, daß die Kirche uns die Waffen aus der Hand nimmt u. den Krieg verbietet. Stuttg. 1986; Mit Gott Schritt halten. Reden u. Aufsätze eines Theologen in der DDR aus 20 Jahren. Berlin 1986; Die unvollendete Befreiung. Mün. 1991; Die unvollendete Revolution. Stuttg. 1992; Wo bleibt die Freiheit? Christ sein im Zeitalter der Wende. (Autobiographie). Freiburg 2009.

Fedossejew, Pjotr N.
1908–1990
Parteiamtlicher Multifunktionär der Sowjet-Philosophie über Jahrzehnte
Geb. in Starinskoje im Gebiet Gorki; bis 1930 Besuch eines Pädg. Instituts ebd. mit anschl. Asp. am Mosk. Inst. für Gesch. und Phil.; 1936–41 wiss. Mitarbeiter am Inst. für Phil. der AdW der UdSSR; dann 1941–55 Parteiarbeiter im ZK-Apparat der KPdSU und gleichzeitig Chefred. des theor. Parteiorgans „Bolschewik" und Leiter des Lehrstuhls Dial. Mat. an der Aka. für Gesell.-Wiss. beim ZK der KPdSU; 1955–62 wiederum Direktor des Inst. für Phil. der AdW der UdSSR (dazu 1960 Akademik) und 1962–67 auch Vizepräsd. ders.; 1967–73 wiederum Direktor des Inst. für M-L beim ZK der KPdSU sowie ZK-Mitglied) u. 1971–88 Ratgeber (also parteibeauftragter gesell.-wiss. Poltikommissar) der AdW in der UdSSR; so auch ordtl. Aka.-Mitgl. in der DDR; verst. 1990. – Das postsowjet. (russ.) Phil.-Lexikon von 1999 würdigt ihn phil. kommentarlos u. rein funktional nur noch mit 10 Zeilen; seit den 50er Jahren in der DDR parteiphil. übersetzt-publiziert sowie zentralparteibeauftragt belehrend auftretend und wirksam; wichtigster parteipol.-ideolog Kooperationspartner für Kurt *Hager in allen ML-phil. Grundsatzfragen.
DDR-Philosophenlexikon 1982 (GSE).

Publ.: (nur dt.-sprachige Übers. der DDR): Kursus Dial. u. Hist. Mat. (Studienmaterial der PHS). Berlin 1952; Sozialismus u. Humanismus. Berlin 1960 (Moskau 1958); Mitautor: W. I. Lenin. Biographie. Berlin 1961 (Moskau 1960); Hauptredak. Gesch. der KPdSU in sechs Bänden. Berlin 1968/1976/1982; (Gesamtredaktion): Wiss. Komm. (LB). Berlin 1972 (3. A. 1975); Kommunismus u. Philosophie. Berlin

1973 (Moskau 1962/1971); Der Marxismus im XX. Jhd.-Marx, Engels, Lenin u. die Gegenwart (hrsg. in dt. Sprache vom ZIfPh. der AdW der DDR). Berlin u. Frankf./M. 1973 (Moskau 1972); Leiter des Autorenkollektivs: Karl Marx. Biographie. Berlin 1979 (7. A. 1984 – Moskau 1968); (Mitautor): „Demokratischer Sozialismus". Ideologie des Sozialreformismus (Buhrsche Kritik-Reihe Bd. 98). Berlin 1980; (Autorenkollektiv-Leiter): Mat. Dialektik. Kurzer Abriß. Berlin 1983 (Moskau 1981, – in der DDR übers. u. wiss. bear. von Kl. Kneist, da eine eigene, eingeplante Lehrbuchprod. zur mar.-len. Mat. Dialektik von G. Redlow/M. Leske nicht mehr zustande kam).

Feiereis, Konrad
14. Jan. 1931–15. Juli 2012
Römisch-katholischer Theologe und innerkirchlicher Religions-Philosoph in Erfurt
Geb. in Glogau, Niederschlesien (Polen); studierte am Priesterseminar Königstein/Taunus u. in Freiburg/Br. Theologie; pastoraltheolg. Ausbildung und Priesterweihe 1954 in Neuzelle; danach Kaplan in Beeskow, Storkow u. Görlitz; 1959 Ass. am Erfurter Priesterseminar (Phil.-Theolg Studium); theolg.-phil. Prom. 1965 an der Kath.-Theolg. Fak. der Univ. München mit einer Arbeit zum Thema: *Die Umprägung der natürlichen Theologie in Religionsphilosophie. Ein Beitrag zur dt. Geistesgeschichte des 18. Jhd.* (publ. Leipzig 1965); danach 1966 wiederum prakt. Seelsorge (u. Pfarradministrator) in Königshain (Sachsen); 1966 Lehrauftrag für Phil. in Erfurt u. 1968 Doz. für Phil. daselbst; 1974 ordl. Prof. u. Übernahme des dortigen Phil.-Lehrstuhls (Vorgänger Erich *Kleineidam) bis 1997; mehrfach Rektor des Priester-Seminars Phil.-theolg. Studien in Erfurt; Konsultor des Päpstl. Sekr. für den Dialog mit den Nichtglaubenden u. 1985 Päpstl. Ehrenkaplan; 1986 Teiln. am Dialogtreffen von Christen u. Marxisten in Budapest mit dem Referat „Das Zusammenleben von Christen u. Marxisten in der DDR"; 1989 Referat beim Kolloquium des Päpstl. Rates für die Nichtgläubigen mit dem sowjet. KSZE-Komitee zum Thema „Das gem. europ. Haus. Bereiche der Zusammenarbeit zw. Ost- u. Westeuropa"; bei Wiederbegründung der Univ. Erfurt 1994 Bildung einer Kath.-Theolg. Fak. mit dem weiter bestehenden „Lehrstuhl Philosophie"; 1999 em. im Ruhestand (Nachfolger Phil.-Lehrstuhl Eberhard *Tiefensee); Berichterstatter der Enquete-Kommission Aufarbeitung von Gesch. u. Folgen der SED-Diktatur für den Bereich „Kirche in der DDR".
DDR-Personen-Lexikon 2010 (Ch. Baumann).

Publ.: Seit 1985 zahlreiche Veröffentlichungen (Artikel, Beiträge, Vorträge) zur kirchlich-religiösen Situation in der DDR sowie auch zur offiziellen „Phil. in der DDR": Wahrheit – Wissenschaft – Fortschritt, betrachtet aus christl. Sicht (1987); (Hrsg.): Josef Pieper: Thomas von Aquin. Leben u. Werk. Münchner Lizenzausgabe für die DDR. Leipzig 1984; (Hrsg.): Scholastik. Gestalten und Probleme der mittelalterl. Phil. (westdt. Lizenzausgabe für die DDR). Leipzig 1985 (2. A. 1989); (Hrsg.): B. Weissmahr: Philosophische Gotteslehre (Stuttg. Ausgabe für die DDR). Leipzig 1989. (Hrsg. mit W. Ernst): Denkender Glaube in Geschichte u. Gegenwart (1392–1816). Festschrift aus Anlaß der Gründung der Univ. Erfurt vor 600 Jahren und aus Anlaß des 40jährg. Bestehens der Phil.-Theolg. Studien in Erfurt (Erfurter Theolg. Studien, Bd. 63). Leipzig 1992; E. Coreth (Hrsg.): Von Gott reden in säkularer Gesellschaft. Festschrift für K. F. zum 65. Geb. Leipzig 1996.

Fetscher, Iring
4. März 1922 – 19. Juli 2014
Politik-Wissenschaft und Marxismus-Forschung in der BRD
Geb. in Marbach am Necker als Sohn eines Sozialhygiene-Mediziners (in der Volkschullehrerausbildung an der TH Dresden), daher dort aufgewachsen, wo der Vater 1934 seine univ. Anstellung u. am letzten Kriegstag daselbst auch sein Leben verlor; 1928–32 Volksschule, anschl. König-Georg-Gymn. bis zum gerade noch regulär erlangen Abitur; 1940 Besuch einer Dolmetscherschule u. nach Aufnahme in die NSdAP mit 18 Jahren freiwillige Meldung zum Militär als Offiziersanwärter (ihm später alles nicht mehr „nachvollziehbar" sowie ganz u. gar „unerklärlich", daher wohl auch nachkriegszeitl. Übertritt zum Katholizismus); in einem Artillerieregiment, zuletzt als Oberleutnant, fünfj. Kriegseinsatz in Belgien, der UdSSR und den Niederlanden; doch schon nach kurzer britischer Kriegsgefangenschaft bereits im Herbst 45 Studienbeginn der Phil., Germanistik, Romanistik u. Gesch. an der Sorbonne in Paris u. der Univ. Tübingen, um bereits 1950 mit einer Arbeit über *Hegels Lehre vom Menschen* daselbst zu prom.; 1959 erfolgt die Habil. mit einer Schrift zu *Rousseaus pol. Philosophie. Zur Gesch. des demokratischen Freiheitsbgriffs* (publ. Neuwied/Berlin 1960); anschl. PD für Politikwiss. in Stuttgart u. 1963 Berufung an die Joh.-Wolfg.-Goethe-Univ. in Frankf./M. für pol. Theorie u. Ideengeschichte bis zur Emeritierung 1987; zahlreiche Gastprof. in Amerika, Tel Aviv und Australien; seit 1946 in der SPD und pol. Berater der beiden SPD-Kanzler der Bundesrep. W. Brandt und H. Schmidt sowie an der Seite von Erhard Eppler Mitglied der SPD-Grundwertekommission; altersbedingt-rückerinnerlich in den 90er Jahren verspätete persönl. Aufarbeitg. seiner Existenz während der NS-Zeit, publ. u.d.T. „Neugier und Furcht. Versuch, mein Leben zu verstehen" (1995); hinsichtlich der DDR-Phil. waren vor allem seine bahnbrechenden hist.-krit. Arbeiten z. Themenkomplex *Marx und Marxismus*, für diese stets hochpol. u. ideologiefeindlich (da natürlich auch antisowjetisch wie antikommunistisch), ungemein wirksam und eingreifend (aufklärend und gefährlich, daher ideolog.–pol. bekämpft); so allein schon sein einmalg. kritischer Textkommentar zu Stalins parteiheilg. Katechismus „Über dial. und hist. Mat." von 1938 (1956, der damals allerdings gerade aus dem parteiphil. Verkehr in der DDR gezogen wurde), wie zugleich der überaus programmatische Titel, kurz nach dem XX. KPd SU-Ptg.:"Von Marx zur Sowjetideologie" (1956, bis 1987 in 22. Aufl.) sowie nachfolgend die dreibändg. Dok. Der Marxismus. Seine Geschichte in Dokumenten (1963–65) in seinen drei allbekannten ML-Bestandteilen: der Philosophie (Ideologie), Pol. Ökonomie wie Politik bzw. Gesch. des Sozialismus/der Arbeiterbewe.; 1966 schließlich ergänzt durch eine analog gestaltete Marx/Engel-Studienausgabe in vier Bdn., als die MEW-Edition in der DDR gerade vollendet wurde; 2004 nochmals fünfbändig im Aufbau-Verlag nachaufgelegt, was sich pol. demonstrativ gegen den weiteren Vertrieb der parteiamtl. ostdt. ME-Werkausgabe richtete; weiterhin auch Hrsg. der „Marxismusstudien" in 7 Folgen der Evangl. Aka. 1954/72; darin versch. erhellende Analysen zur aktuellen DDR-Phil., u. a. zur 1956 abgebrochenen Hegel-Marxismus-Disk. in der DZfPh.; Mithrsg. von Pipers Hb. der pol. Ideen (in 5 Bdn, 1985 ff.), schließlich eine der begehrtesten Titel in der zu Ende gehenden, politisch erstarrten und ausweglosen DDR-

Wirkl.; über 90jährig verst. in Frankf./M. (unter d. Trauergästen auch J. *Habermas); keins seiner Marxismus-krit. Werke sollte jemals in der DDR erscheinen oder auch nur rezensiert werden, aber deren verschlungene Rezeption erfolgte trotzdem; einmalg. Autor der DZfPh, H. 3/56: Über das Verhältnis des Marxismus zur Phil. Hegels.

Publ.: Von Marx zur Sowjetideologie. Frankf./M. 1956 – zuletzt 22. A. 1987 u. dem Zusatztitel „Darstellung, Kritik u. Dokumentation des sowjet., jugosl. u. chin. Marxismus"; Karl Marx u. der Marxismus (Aufsätze aus den „Marxismusstudien"). Mün. 1967; Der Kommunismus von Marx bis Mao Tse-tung. Texte, Bilder u. Dok. Klagenfurt 1970; Herrschaft u. Emanzipation. Zur Phil. des Bürgertums. Mün. 1976; Marx. In der Reihe Meisterdenker. Freiburg 1999 u. 2004; Festschrift zum 80. Geb. Der demo. Nationalstaat in den Zeiten der Globalisierung: pol. Leitideen für das 21. Jhd.. Berlin 2002; Für eine bessere Gesell. Studien zu Sozialismus und SD. Wien 2007; (Hrsg.): Das große Lesebuch. Karl Marx. Frankf./M. 2008.

Feyl, Renate
30. Juli 1944
Diplom-Philosophin und Schriftstellerin in Berlin
Geb. in Prag; danach umgesiedelt und aufgewachsen in Jena; absolvierte nach der Schulausbildung (Abitur) eine Lehre als Buchhändlerin und studierte 1966–71 in Berlin Philosophie; arbeitete als freie Journalistin für versch. DDR-Zeitschriften, ehe sie ihre schriftstellerische Laufbahn mit biograph. Essays über teilweise ganz vergessene Frauen der frühen dt. Wiss.- und Kunstgesch. begann; auswählend seien dazu hier als Publ. aufgeführt (außer Romane):

Das dritte Auge war aus Glas. Eine Studentengeschichte. Rudolstadt 1971; Der lautlose Aufbruch. Frauen in der Wissenschaft. Berlin 1981 (Darmstadt 1983); Das sanfte Joch der Vortrefflichkeit (über Schillers Schwägerin Caroline von Wolzogen). Köln 1999; Aussicht auf bleibende Helle. Die Königin (Sophie Charlotte) und der Phil. (Leibniz). Köln 2006; Lichter setzen über grellem Grund (über die franz. Malerin Elisabeth Vigee aus der franz. Revolutionszeit). Köln 2011; (Und das erinnert schon fast etwas an die erschreckende Engelsche Grundfrage der Phil., „geschlechterspezifisch" fixiert): Das Sein ist das Weib, Denken der Mann. Ansichten u. Äußerungen für u. wider die gelehrten Frauen. Berlin (UnionsVerlag) 1984; westdt. Ausgabe verkürzt und mit einem anderen Untertitel: Für und wider des Intellekts der Frau von Luther bis Weihninger, mit einer Nachbemerkg. der hrsg. Autorin. Darmstadt 1984; Die unerlässliche Bedingung des Glücks (zu Lasalles „roter Gräfin"). Köln 2019. – Biogr.-familiengeschtl. anzuführen wäre hier noch, dass der Vater von R. F., Othmar Feyl als ordtl. DDR-Prof. der Bibl.-Wiss. aus Protest gegen den Einmarsch von Truppen des WP 1968 in die CSSR aus der SED austrat, dafür auf seine professorale Lehrbefugnis verzichtete und daraufhin in die UB strafversetzt wurde, beschäftigt mit der Erstellung einer Bibl. zur Gesch. der HU zu Berlin; – unter den hier aufgeführten offiziellen DDR-Phil. ist mir ein solcher „Fall" des parteipolitischen Protestes weder davor noch danach jemals unter gekommen.

Fiedler, Frank
13. Mai 1928–12. Febr. 2007
Dialektischer Materialismus und Wissenschaftsphilosoph in Leipzig
Geb. in Mühlhausen als Sohn eines Zahnarztes; 1934–43 Schulausbildung und kriegsbedingt 1944/45 Luftwaffenhelfer; 1945/47 nachgeholtes Abitur in Weimar u. 1947–52

Buchhändlerlehre u. Arbeit in diesem Bereuf; anschl. Phil.-Studium in Leipzig und danach 1956–60 wiss. Ass. am Inst. für Phil./Abt. Dial. Mat. in pol.-phil. bewegten Zeiten (*Blochs Zwangsem.); 1961 ebd. phil. Prom. *Zum Verhältnis von Natur- u. Gesellschaftswissenschaft. Eine Kritik der Trennung von Natur- u. Gesellschaftswiss. in der modernen bürgerl. Philosophie* (Gutachter: R. O. *Gropp u. W. *Müller, publ. u. d. T. Von der Einheit der Wiss. Berlin 1964); Habil. 1966 (umgeschrieben 1971 in Dr. sc.) zum Thema *Differenzierung, Integration u. Einheit der Wiss.* (Gutachter: A. *Kosing u. a.); 1967 Doz. und 1969 Prof. für Dial. Mat. an der Sektion Marx.-len. Phil. der KMU Leipzig (bis 1990); mehrfach deren Sektionsdirektor 1969/71, 1974/76 u. 1981/85; Reisekader u. versch. Auslandseinsätze in Japan, Kuba und Äthiopien; 1990 Antrag auf Abberufung aus gesundheitl. Gründen; danach überhaupt keine weiteren Aktivitäten mehr nachweisbar und verst. 2007 in Graal-Müritz.

Publ.: „Einheitswissenschaft" oder Einheit der Wissenschaft? Berlin 1974; (Mithrsg.): Dial. u. hist. Mat. Lehrb. für das marx.-len. Grundlagenstudium. Berlin 1974 (14. A. 1987); (hrsg. zus. mit G. Gurst): Jugendlexikon Phil. Leipzig 1979 (6. A. 1988); (Hrsg. mit S. Böhnisch): Marxistische Dialektik in Japan. Berlin 1989. – 1958–1988 zwanzigfacher Autor der DZfPh. z. Thema seiner beiden wiss.-phil. Prom.-Schriften.

Finger, Otto
14. Febr. 1931–24. April 1989
Universitärer und akademischer Philosophie-Historiker in Berlin
Geb. in Rybnik (Polen) als Sohn eines Konditors; während der NS-Zeit Besuch der GS u. ab 1942 die OS für Jungen in Freiburg/Schles.; nach kriegsbedingter einjähriger Unterbrechung (prakt. Arbeit in einer Möbelfabrik) u. Umsiedlung in die SBZ, ab 1946 fortgz. Schulbesuch an der Geschwister-Scholl-Schule zu Auerbach/Vogtl. u. Abitur 1950; danach bis 1952 pol. Arbeitseinsatz in einer FDJ-KL u. später in deren Zentralrat in Berlin sowie beim Internatl. Studenten-Bund in Prag; anschl. Phil.-Studium ab 1952–56 an der HU zu Berlin (2. Lehrg., – Vorlesungen noch bei K. *Hager, G. *Klaus u. H. *Scheler), Staatsexamen 1956; danach wiss. Mitarb. bei der AG Phil an der DAW zu Berlin (Edition phil.-hist. Texte, speziell zum bisher verkannten dt. phil.-mat. Erbe); da die Akademie noch kein eigenes Prom.-Recht hatte, phil. Prom. 1960 an der EMAU Greifswald z. Thema *Eine Erscheinungsform des mechanischen Mat. in Dtl. des 18. Jhd.* (Gutachter: E. *Albrecht, H. J. Geerdts); Habil. 1965 ebenso an der FSU Jena z. Thema: *Joseph Dietzgen. Studie zur Genesis u. zum System der Dietzgenschen Philosophie unter Berücksichtg. einiger ihrer wesentl. Bezüge zur Entwicklung des Mat. in Dtl. und zu den weltanschl. Parteienkämpfen in der 2. H. des 19. Jhd.* (Gutachter: G. *Mende u.a.); späterer Wechsel ans univ. Berliner Phil.-Inst. als wiss. Mitarb. sowie als Dozent, dann Leiter der im Aufbau befindl. Abt. Phil.-Fernstudium und Weiterbildung am Institut/Sektion Phil. der HUB in den 60er Jahren; 1971/73 APO-Sekretär der SED-GO Phil., aber vorzeitig freigestellt für eine parteikollektive Arbeit am neuen LB dial. u. hist. Mat. (1973/74); zum 1. 7. 1974 ungewöhnl. univ. Abberufung als Prof. für Gesch. der marx.-len. Phil. (u. nur noch Honorar-Prof. für Gesch. der Phil.) bei

gleichzeitiger Übernahme in den Bereich Gesch. der Phil. am ZIPh. der AdW als Abt.-leiter; erneut internes Parteiverfahren (jedoch aus keinerlei „pol. Gründen") und schließlich als SED-Mitgl. gestrichen nach verursachten schwerem Verkehrsunfall mit einem „westeingeführten" Volvo bei Trunkenheit; schließlich zum 1. 9. 1980 vorzeitg. Invalidenrentner u. Dez. 1980 auch Abberufung als Honorar-Prof. der HUB u. vorzeitg. Beendigung des Arbeits-V. mit der AdW; verst. wahrsl. nach längerer Krankheit in Berlin, da in den 80er Jahren keinerlei phil. Publ. mehr nachweisbar sind; 2015 aktenkundl. Sterbedatum beim Einwohnermeldeamt belegt mit dem 24. April 1989 in Berlin-Hohenschönh, aber ohne jede öffentl. Bekanntgabe (weiterhin keinerlei aka.-phil. Akteneinsicht möglich).

Publ.: Von der Materialität der Seele. Beitrag zur Gesch. des Materialismus und Atheismus in Dt. der 2. H. des 18. Jhd. Berlin 1961; (hrsg. zus. mit F. Herneck): Von Liebig zu Laue. Ethos und Weltbild gr. Naturforscher u. Ärzte. Berlin 1963; Sozialistische Ideologie. Ihre Grundlg. im Marxschen u. Leninschen Mat. Berlin 1970; Phil. der Revolution. Studie zur Herausbildung der marx.-len. Theorie der Revolution als mat.-dial. Entw.-theorie u. zur Kritik gegenrevolutionärer Ideologien der Gegenwart. Berlin 1975; Hist. Mat. u. zeitgen. Tendenzen seiner Verfälschung (Aka.-Schriften-Reihe Bd. 6) Berlin 1977; Joseph Dietzgen. Beitrag zu den phil. Leistungen des dt. Arbeiterphil. Berlin 1977; (Hrsg.): Joseph Dietzgen. Schriften in 3 Bänden. Berlin 1961–65. Zwanzigfacher erfolgreicher Autor der DZfPh. 1957–77.

Fischer, Ernst
3. Juli 1899–31. Juli 1972
Österreichischer kritischer Marxist des 20. Jhd. in der Nachstalinzeit in Wien
Geb. in Komtau/Böhmen als Sohn eines Berufsoffiziers; nach Ende des I. Weltkrieg (Einsatz an der italn. Front) Studium der Phil., Germanistik u. Gesch. in Graz (4 Semester); seit 1920 Sozialdemokrat u. Kulturredakteur einer Arbeiter-Zeitung; mit aufkommendem Faschismus 1934 Übertritt in die KPÖ und Emigration nach Prag; 1939–45 im Mosk. Exil („Hotel Lux") und antifasch. wirksam; sofortg. Rückkehr nach Österr. u. schon 1945 erster Staatssekretär für Volksaufklärung, Erziehungswesen u. Kultur in der Provisorischen Staatsreg. seines Landes; gleichzeitig bis 1959 Abgeordneter im Nationalrat sowie 1945–69 Mitglied des ZK der KPÖ; vielfältig journalistisch-schriftstellerisch tätig, u. a. Hrsg. der kulturpol. Wochenzeitschrift „Tagebuch"; nach Enthüllungen der Stalinschen Verbrechen (1956/61) und mit Entwicklung des tschechoslowakischen Reformsozialismus beginnende selbstkrit. Verabschiedung vom orthodoxen Partei-Marxismus sowjet. Prägung; 1963 mit Roger *Garaudy Teilnehmer an der nachhaltig wirksamen Interntl. Kafka-Konferenz in Prag; weitere langwierig-schmerzhafte Abwendung von seinen eigenen früheren Stalindogm. Positionen, nicht nur in der Kunst- u. Literaturtheorie des „Sozial. Realismus", was schließlich 1969, nach pol. Kritik am sowjet. Einmarsch in die CSSR und der Niederschlagung aller dortg. Demokratisierungsversuche („Prager Frühling") zum ZK- u. Parteiausschluß führen sollte; autobiographisch verarbeitet in seinem letzten, postum erschienenen Buch „Das Ende einer Illusion" (1973). Im Wechsel u. Abbruch der anfänglich großen kulturpol. Wertschätzung F. der 50er Jahren in der frühen DDR, dem 1969

schließlich die öffentl. parteipol.-revisionist. Verurteilung durch den SED-Chef-Ideologen Kurt *Hager (9. ZK-Tg. Okt. 1968) u. seines damals führenden Partei-Phil. Alfred *Kosing (1969) folgte, widerspiegelt sich genaustens F. eigene existentielle Wandlung vom unkritisch-parteihörigen Stalinisten („Panzerkommunismus") zum selbstbestimmten krit. Marxisten am Ende seines Lebens; so nur noch vergleichbar, daher auch ebenso bekämpft auf naturwiss. Seite, mit Robert *Havemann.

Publ.: Freiheit und Persönlichkeit. 3 Vorlg. über Probleme der modernen Philosophie. Berlin 1948; Von der Notwendigkeit der Kunst (Eröffnungs-Bd. der „Fundus-Bücher", Bd. 1). Dresden 1959 (2. A. 1961); Zeitgeist u. Literatur. Gebundenheit und Freiheit der Kunst. Wien 1964; Kunst und Koexistenz. Beitrag zu einer modernen marx. Ästhetik. Reinbek 1966; Erinnerungen u. Reflexionen (bis 1945). Reinbek 1969; (zus. mit Franz Marek): Was Marx wirklich sagte. Wien 1968; (ebenso): Was Lenin wirklich sagte. Wien/Mün. 1969; Ende einer Illusion. Erinnerungen 1945–1955. Wien 1973 (Neuauflage 1988); Werke in Einzelausgaben. 8 Teilbände (unvollendet) Frankf/M. 1984/91.

Lite.: A. Kosing: Ernst Fischer – ein moderner Marxist? Berlin 1969; Ruth von Mayenburg (2. Ehefrau von E. F. seit 1955): Hotel Lux. Mün. 1978; B. Fetz (Hrsg.): E. Fischer. Texte u. Materialien. Wien 2000; S. Baryl:: Zwischen Stalin u. Kafka. Ernst Fischer zw. 1945 bis 1972. Bonn 2008.

Fischer, Peter
2. Dez. 1959
Ethik und Technik-Philosophie
Geb. in Sonneberg/Thüringen; 1966–76 POS ebd. u. 1976–79 Berufsausbildung z. Facharbeiter für Nachrichtentechnik mit Abitur bei der DP in Lpz.; 1979–82 Ufz. auf Zeit bei der NVA u. 1982/83 Mitarbeiter der Stadt- u. Kreisbibl. Sonneberg; 1983–87 Phil.-Studium in Leipzig und Halle/S.; vorzeitg. Abschluß als Diplom-Phil. im Rahmen der Begabtenförderung; Thema der Diplomarbeit: „Die phil. Begründung der Wissenssoziologie" (Karl Mannheim); 1987–90 Initiator, Mitbegründer und Red.-Mitglied der phil. Stud.-Zeitschrift „Seminarum"; z. gl. Zeit Forschungsstudium an der KMU Leipzig, Sektion Marx.-len. Phil. und phil. Prom. z. Thema *Die Struktur moralischen Selbstbewusstseins. Studie zu ontolog., anthropolog. und tätigkeitstheor. Grundlagen der Ethik* (Gutachter: W. *Lorenz, H. *Seidel, W. Jantzen, Bremen); 1990–1996 wiss. Ass. am strukturell u. personell erneuerten Inst. für Phil. der Univ. Leipzig; 1996–2000 Habilitationsstip. der DFG u. 2001 Habil. an der Univ. Stuttgart z. Thema *Moralität u. Sinn. Zur Systematik von Klugheit, Moral und symbol. Erfahrung im Werk Kants* (Gutachter: Chr. *Hubig, G. Bien, H.-J. Engfer – publ. Mün. 2003); 2006 Titel-Verleihung „apl. Prof." d. Univ. Stuttg., 2010 Umhabilitation an die Univ. Leipzig; 2009–11 Drittmittelstelle zur wiss. Bearbeitung des DFG-Projektes „Biopolitik" am Inst. für Phil. der Univ. Stuttgart bzw. ab 2010 an der TU Darmstadt.

Publ.: (Hrsg.): Freiheit u. Gerechtigkeit. Perspektiven pol. Phil. Leipzig 1995; (Hrsg.): Technikphilosophie. Von der Antike bis zur Gegenwart. Leipzig 1996; Einführung in die Ethik. München 2003; Phil. der Technik. Eine Einführung. Paderborn 2004; Politische Ethik. Eine Einführung. Paderborn 2006; Phil. der Relgion. Göttingen 2007 (Zagreb 2010); (Mithrsg.): Die Reflexion des Möglichen. Zur Dialektik von Handeln, Erkennen u. Werten. Berlin/Münster 2012.

Fleischer, Helmut
8. Nov. 1927–12. Okt. 2012
Westdeutscher Marxismusforscher
Entstammt einer evangl. Pfarresfamilie; als 17jähriger Gymnasiast bereits zur Wehrmacht eingezogen und noch in den letzten zehn Tagen an die Ostfront kommandiert; bei der allgem. Kapitulation in sowjet. Kriegsgefangenschaft und verschickt in ein Arbeitslager östlich von Moskau; als interessierter Kursant (antfasch. Umschulungskand.) erste Kenntnisnahme des Stalinschen Sowjetmarxismus wie der siegreich propagierten KPdSU-Gesch.; diese ungemein einprägsamen Schulungen führten später zur wiss. Erforschung der tatsächlichen Geschichte, speziell des sowjet.-russ. Marxismus wie der poststaln. Ideologie insgesamt; 1947 frühzeitige Rückkehr über Frankf.-Oder in seine fränkische Heimat, um das Abitur nachzuholen; anschl. Studium der Philosophie, neueren europ. Geschichte u. Psychologie in Erlangen sowie phil. Prom. bereits 1955 daselbst mit einer Arbeit zu Nic. *Hartmanns OT des idealen Seins* (später versucht er auch die unausgesprochen vorlg. ontolg. Grundlagen der marx.-len. Phil. bzw. des dial. Mat. aufzuspüren); danach acht Jahre als wiss. Mitarbeiter am Osteuropa-Institut der FU Berlin u. Analysen z. aktuellen sowjet. Philosophieentw.); 1969 phil. Lehraufträge u. ab 1973–95 Phil.-Prof. an der TH Darmstadt; z. 65. Geb. Festschrift mit Beiträgen von M. *Bochenski, I. *Fetscher, W. F. *Haug u. Wd. Schmied-Kowarzik (Hrsg.- Würzburg 1993); die praxisphil. Auffassung der Marxschen Lehre erkennt er in keiner Weise im offiziellen realsozial. Partei-Marxismus als gegeben: grundgelegt u. ausgeführt (Marxismus und Geschichte. Frankf./M. 1969, 6. A. 1977); nachwendisch stellt er fest, dass der Marxismus als „Epochenphänomen" (1993) auch keine neue Epoche emanzipierender Menschheitsgesch. eröffnete; (Hrsg. einer entspr. Aufsatzsammlung): „Marxismus in seinem Zeitalter"; die Beiträge von E. Nolte, W. F. *Haug, G. *Irrlitz, R. *Schröder u. V. *Gerhardt verdeutlichen dieses wahrlich „epochale" Scheitern; lebensrückerinnerlich erklärt er das alles als auch seinen Weg „Aus Hitlers Krieg durch Stalins GULag" (Freiburg 2010), den einige andere (insb. ostdt.) DDR-Phil. seiner Kriegsgeneration, ebenfalls daher kommend, jedoch gänzlich anders realisierten, um damit erst lebensendlich (dann schon nicht mehr an der Seite der UdSSR) endgültig und nochmals erschüttert zu scheitern.

Publ.: (weitere): Marx u. Engels. Die phil. Grundlinien ihres Denkens. Freiburg/Mün. 1970 (2. A. 1974); Kritik der marx.-len. Schulphil.– Sozialphil. Studien. Berlin 1973; Karl Marx. Die Wende der Philosophie zur Praxis. In: Phil. der Neuzeit II. Göttingen 1976; Ethik ohne Imperativ. Zur Kritik des moral. Bewusstseins. Frankf./M. 1987; Epochenphänomen Marxismus. Wie wird Karl Marx den Marxismus überdauern? Hannover 1993.

Flierl, Thomas
3. Juli 1957
Philosophie-Studium, Kulturwissenschaftler und Berliner Wissenschafts-Senator
Geb. in Berlin als Sohn des Architekturhistorikers Bruno Flierl; Besuch der zehnklassigen POS u. 1974–76 die EOS „Carl von Ossietzky" in Berlin-Pankow (Abitur); danach

1976–81 Studium der Phil. mit Diplom-Abschluss an der Sektion Ästhetik/Kulturwiss. der HUBerlin; anschl. Forschungsstudium u. 1984/85 Assistent daselbst; 1985 phil. Prom. z. Thema: *Ästhetik der Aneignung. Studie zu weltanschaul.-metholg. Grundproblemen der marx.-len. Ästhetik...*; persönl. Protest u. öffentl. Kritik an der SED-parteiamtlich verfügten Sprengung des denkmalgeschützten Gasometers im Prenzl. Berg (heutiger Ernst-Thälmann-Park); daraufhin Abbruch der wiss. Tg. an der Univ. und versetzt ins „Zentrum für Kunstausstellungen" (deklariert als „kulturpol. Praxiseinsatz"); 1987–90 wiss. Mitarbeiter, Referent und Abt.-Leiter im Bereich Kulturaustausch im Min. für Kultur der DDR; 1990–96 Leiter des Kulturamts Berlin-Prenzl. Berg u. 1995–99 MdA Berlin; 1998–2000 Bezirksstadtrat für Ökologie, Stadtentw., Bauen u. Wohnen in Berlin-Mitte; 2002–Sept. 2006 Senator für Wissenschaft, Forschung u. Kultur des Landes Berlin und noch bis 2011 MdA Berlin; freier Mitarbeiter der RLS Berlin und aktuell Vors. der Max-Lingner-Stiftung in Berlin-Pankow-Ndsh., und seit 2007 auch Vors. der Hm.-Henselmann-Stiftung; seit 2011 Mitgl. des wiss. Beirats der Ernst-May-Gesell. Frankf./M. u. seit 2012 Mitgl. des Bauhaus-Inst. für Gesch. u. Theorie der Architektur und Planung an der Bauhaus-Univ. Weimar.
DDR-Personen-Lexikon 2010 (H. Müller-Enbergs).

Publ.: (Hrsg.): List u. Schicksal der Ost-Moderne. Hermann Henselmann z. 100. Geb. Berlin 2008; (hrsg. mit E. Müller): Vom kritischen Gebrauch der Erinnerung. Berlin 2009; (Mithrsg.): Die kulturelle Mitte der Hauptstadt. Projekt Humboldt-Forum in Berlin. Bonn 2009; (Hrsg.): Standartstädte. Ernst May in der Sowjetunion 1930–33. Berlin 2011; (Hrsg.): Max Lingner. Das Spätwerk (1949–1959 in der DDR) mit Ausstellung in Beeskow. Berlin 2013.

Florian, Klaus-Peter
1. Sept. 1953
Akademie-Nachwuchsphilosoph für die marx.-len. Theorie der Gesellschaftsformation
Geb. in Guben u. nach dem Abi. Studium der marx.-len. Phil. 1972–1976 an der entspr. Lehr-Sektion der HUB; danach Weiterbeschäftigung am ZIfPh. der AdW im Forschungs-Bereich Hist. Mat. (Leiter W. *Eichhorn I) auf dem Gebiet der marx.-len. Formationstheorieabfolge wie Revolutionstheorie; dazu 1986 aka.-phil. Prom z. Thema *Phil. Fragen des Wechsels öko. Gesellschaftsformationen–Prozeß u. Subjekt der Revolution* (Betreuer u. Hauptgutachter: W. *Eichhorn u. so publ., ein Jahr vor dem revolutionären Untergang der DDR im Dietz-Verlag Berlin, u. d. T.: „Revolution. Fragen an die Geschichte und Gegenwart" mit der „epochalen" Zwischenüberschrift: „Sozialistische Revolution – Weltprozeß – Zukunft der Menschheit"; – möglicherweise denkbare revolutionäre Veränderungen des realen Sozialismus selbst werden da natürlich nicht reflektiert; nach 1988 noch stellv. Bereichsleiter am gen. Aka-Institut für Phil. bis zu dessen vollständiger Abwicklung; – wie aber sollte diese, mit derartigen rein pol.-ideolg. Kernthemen der offiziellen marx.-len. DDR-Parteiphil., von ihrer 2. Lehrergeneration derartig fehlorientierte 3. DDR-„Schüler"-Generation überhaupt jemals fachphil. oder auch nur geschichtswiss. nachwendisch überleben und weiter arbeiten können? Wie C. *Warnke in ihrer aka.-phil. Inst.-Gesch. belegt, unterlag vor

allem der Forschungsbereich Hist. Mat. mit seinem jahrzentlg. Leiter W. *Eichhorn I am intensivsten und unmittelbarsten der irrealen und gescheiterten SED-Parteipolitik bei derartig ideologisierten, rein apologetischen (letztlich nur noch außerphil.) Auftragsarbeiten ohne jedes wiss. begründetes Gesch.-bewusstsein und ein wirklich zeitgemäßes Revolutionsverständnis.

Fogarasi, Bela
25. Juli 1891–28. April 1959
Ungarischer leninistisch-stalalinistischer Partei-Philosoph der „dialektischen Logik"
Geb. u. gutbürgerlich aufgewachsen in Budapest; fortgz. geisteswiss. Studien in Heidelberg u. daselbst wie seine Landsleute, der ältere Georg *Lukacs u. der etwas jüngere Karl Mannheim, Mitgl. des sog. „Sonntagskreises" um Max Weber; 1918 Mitglied der ung. KP u. während der Ung. Räterep. im Volkskommissariat für Unterrichtswesen (Leiter ist G. Lukacs) Abt.-Leiter für Hochschulwesen; nach deren Niederschlagung wie G. Lukacs Emigration nach Wien bzw. Berlin; dann frühzeitig in die UdSSR u. dort nahezu unangefochten als streng staln. Phil.-Prof. 1930–40 an der sowjt. Aka. der Wiss. in Moskau tätig; 1945 Rückkehr nach Budapest, sofortg. Univ.-Prof., Aka.-Mitgl. wie jahrelang auch Chefred. der theor. Zeitschrift der Partei; ebenso Mitbegründer u. Direktor des Aka.-Instituts für Phil. sowie Hauptredakteur der üblicherweise einzigen marx.-len. Phil.-Zeitschrift des Landes; parteiamtlich 1953 als Leiter des Inst. f. Wirtschaftswiss. eingesetzt und seit 1957 Mitglied des ZK der USAP; bekämpfte ideologisch den sog. „physikalischen Idealismus" und versuchte jeden Alleinvertretungsanspruch der formalen Logik als mathe. Logik durch die Herausstellung einer irgendwie darüber stehenden, höheren mat. begründeten „dial. Logik" (erkenntnistheor.-kategorial fixierbar) zurückzuweisen; in der DDR-Phil. wurde dieser letztlich so nicht einlösbare Anspruch einer sog. (gegenüber der so angeblich inhaltslosen, weil „formal-abstrakten Logik") „inhaltvoll-konkreten dial. Logik" (auch denkbar als marx. Kategorienlehre oder nur „leninistischen ET") schon frühzeitig von Georg *Klaus entschieden zurückgewiesen und später (insb. von Peter *Ruben) auch auf die ausdrückliche Nicht-Identität u. Verschiedenheit von Logik (Analytik) und phil. Dialektik verwiesen; um die (formale) Logik überhaupt (speziell im pädg. Bereich) ideologiefrei wie entpolitisiert durchsetzen zu können, wurde sie jedoch zumeist phil.-marx.-matl. als „dial. Methodologie" deklariert, wie L. *Kreiser in seiner „Gesch. der Logik in der DDR" (Leipzig 2009) belegen konnte; an der mehrfachen massiven pol.-phil. (revi.) Verurteilung von Georg *Lukacs scheint sich B. F. offenbar aber nicht an vorderster ideolg.-„phil. Front" beteiligt zu haben; allerdings verstarb er bereits 1959 in Budapest, als das (so auch massiv in der DDR) gerade wieder für über 25 Jahre bis 1985 einsetzte und anhalten sollte.
DDR-Philosophenlexikon 1982 (Istvan Szerdahelyi).

Publ.: Marxismus es logika (Budapest 1946); Die Zerstörung der Kultur in Dtl. unter der Herrschaft des Fam. Sowjet. Armee-Verlag Berlin 1946; Kritik des physikal. Idealismus. Berlin 1953; Logika (Budapest 1953, dt. Übers. als „Logik" im Aufbau-Vg. Berlin 1955 (2. A. 1956 – russ. Übers. Moskau 1959); u.

d. Titel „Dialektische Logik" (Nachdruck 1955). Giessen 1971 (Rotdruck Bd. 18); ebenso: mit einer Darstellung erkenntnistheor. Grundbegriffe. (Reihe: Texte des wiss. Kom.). Offenbach 1997. – 1953/56 dreif. Teilnahme an der phil.-Physik-Disk. der DZfPh., aber gerade nicht an der gleichzeitigen phil. Logik- und Hegel-Marxismus-Debatte ebenda. – So widersinnig wie sich eine „dialektische Logik" letztlich erweisen sollte, so auch der andauernde Lb-Versuch zu einer „materialistischen Dialektik" (s. hierzu das Stichwort G. *Redlow).

Fölsch, Wolfgang
19. Mai 1958
Diplom-Philosoph und nachwendischer Urania-Firmengründer in Salzwedel
Geb. in Salzwedel; 1964 eingeschult u. 1976 Reifeprüfung; 1976–78 Grundwehrdienst bei der NVA; anschl. Phil.-Studium 1978/82 an der HU Berlin; 1982 Forschungsstudium mit Staats-Examen (Phil.-Diplom) und phil. Prom. 1986 zum Thema *Hegels Begriff der dialektischen Negation und dessen inhaltl. Grundlegung in seinem geschichtsphil. Denken* (Gutachter: Fr. *Kumpf, Erh. *Lange u. Wa. *Jopke); seit 1985 befr. Ass. im FMI Leipzig in der marx.-len. Weiterbildung eingesetzt; nach Abwicklung dieser Einrichtung Existenzgründer (1991) und Geschäftsführer eines selbstg. Urania-Vereins z. Erwachsenweiterbildung in Salzwedel, der Geburtsstadt von Jenny Marx, daselbst entsprechend erinnerungsträchtig wirksam.

Förster, Johannes
22. Mai 1922–verst. 1992
Logik-Pädagoge in Leipzig
Geb. in Ronneburg/Thürg.; 1928–35 Besuch der Volks- u. Mittelschule daselbst u. bis 1940 die OS in Gera; WS 1942/43 Studienbeginn der Volkswirtschaften an der Handelsschule in Leipzig; abgebrochen durch Wehrmacht, Kriegsteilnahme u. amerik. Kriegsgefangenschaft; 1948 Redaktionshilfskraft u. Redakteur im Verlag Volk u. Wissen; 1952 von dort delg. zum Geschichtsstudium nach Halle, aber bereits 1953 Wechsel zum Phil. Institut der KMU Lpz.; ebenda vorzeitiger Diplomabschluss und als wiss. Ass. spezialisiert auf phil. „(dial.) Logik" (Mitarbeiter von Joh. H. *Horn auf diesem Gebiet); Logik-Unterricht auch an der Jurist. Fak. und Fak. für Jornalistik; phil. Prom. 1962 *Über Urteil und Begriff und ihre dial. Einheit. Ein Beitrag zur marx. dial. Logik* (Gutachter: R. O. *Gropp, E. *Albrecht und auch K. *Zweiling); Nebenfach-Prüfung in Psychologie (Hans Hiebsch); 1963 univ. Disziplinarverfahren u. 1964 Wechsel zum Pädg. Inst. K-M-Stadt, Zweigstelle Zwickau, Lehrstuhl „Staatsbürgerkunde"-Lehrerausbildung mit elementarem Logik-Anteil; 1969 Hochschul-Doz. für dial.-hist. Mat. und später auch Direktor der dortg. ML-Sektion; da die formale Logik-Ausbildung keine sonderliche pädg.-pol. Anerkennung findet, verstärkte wiss.-log. bzw. dial. Methodologie-Angebote (je nachdem, wie sich das gerade „politisch-weltanschaulich" vertreten und rechtfertigen ließ), was so wiederum auf die „marx. dial. Logik" hinauslief; näher erklärt wird das alles bei L. *Kreiser: „Logik und Logiker in der DDR". Leipzig 2009. S. 313ff.

Förster, Wolfgang
7. März 1935
Philosophie-Historiker am ZI für Philosophie der AdW der DDR
Geb. in Leipzig; Vater kam noch im Mai 1945 in amerik. Kriegsgefangenschaft ums Leben; 1941–49 Volks- bzw. Grundschule; 1949–53 Karl-Marx-OS in Leipzig (Abitur); danach bis 1958 Phil.-Studium in Leipzig und schon als FDJ-Student an Ause. mit der für ihn unmarx. „Hoffnungsphil." von Ernst *Bloch beteiligt (s. Bloch-Revisionismus-Band 1957); bis 1962 Lektor für Phil. im Aka.-Vg.; danach wiss. Mitarb. in der neu gegründeten Abt. Fernstudium Phil. an der HU zu Berlin, späterhin deren Leiter; Arbeitsgebiete: Gesch. der vormarx. Phil., speziell klass. dt. Philosophie (Schelling); phil. Prom. daher 1967 am Inst. für Phil. der HUB z. Thema: *Von der Philosophie zur Religionsphil. – Hauptlinien in der phil. Entw. Friedr. W. Joseph Schellings* (Gutachter: G. *Stiehler u. H. *Seidel); später Wechsel ans ZIfPh der AdW (Direktor M. *Buhr) u. daselbst phil. Habil. (Diss. B) 1979 z. Thema: *Mensch u. Geschichte: Studien zur klass. dt. bürgerl. Phil.*; in den 80er Jahren schließlich Ernennung z. Aka.-Prof. u. formeller Leiter des ureignen Buhrschen Forschungsbereichs Gesch. der Phil. u. deren Kritik; mit Abwicklung dieser Einrichtung 1991 in den Vorruhestand u. „Privatgelehrter" in Berlin-Pankow, nun erst letztmalig mit einer verspätet wirklich eigenen phil. Publ.

Publ.: Hrsg. (insb. mit Buhr, M.) folgender Aka.-Schriften (Berlin): Studien zur Vorgesch. des hist. Mat. Bd. 1. Bürgerliche Revolution u. Sozialtheorien (1982) und Bd. 2. Gesellschaftslehren der klass. dt. Phil. (1983); Studien zur Philosophie der Aufklärung: 1. Gesellschaft – Kritik (1985) u. 2. Geschichte – Revolution (1986); Aufsatz-Sammlung zum Berlin-Jubil. 1987: 1. Klass. dt. Phil. in Berlin (1988) u. 2. Aufklärung in Berlin (1989); 1. eigene zusammenfassende Publ. zur klass. dt. Philosophie. Grundlinien ihrer Entwicklung. Frankf./M. 2008.

Frank, Hartwig
30. Juni 1955
Logik-Lehr-Philosoph in Greifswald
Geb. in Barth/M-V.; 1974–79 Studium der Phil. u. Logik in Leningrad; wiss. Ass. am Inst. für Phil. (Fernstudium) der EMAU Greifswald; 1983 phil. Prom. z. Thema: *Untersuchungen zum Verhältnis von nachklass. bürgl. Phil. u. Psychologie, dargestellt unter bes. Berücksichtigung von Werk u. Wirken Carl Stumpfs* (Themensteller, Betreuer u. Gutachter R. *Pester); Lehrtätg. auf dem Gebiet der phil. Logik sowie Gesch. der zeitgen. (spätbürgl.) Philosophie; nach Inst.-Abwicklung 1990/91 befristete Wiedereinstellung als Ass. u. 1992 Stipendiat der Alexander-von-Humboldt-Stiftung an der Univ. Erlangen mit den Forschungsschwerpunkten Gesch. der Logik im Verhältnis zur MP; Habil. 2002 in Greifswald dann jedoch (bei W. *Stegmaier) zum Thema: *Zeichen als Grenze des logischen Raums. Untersuchungen zu Aristoteles, Kant u. Derida* (nicht publ.); danach PD u. Lehrbeauftragter am neu begr. Phil. Inst. der EMAUniv. Greifwald; Lehr- u. Forschungsgebiete: Logik-Gesch., Sprach- u. Zeichenphil. sowie russ. Phil. (Die Metapher Russland im Denken Nietzsches. Nietzsche-Studien 36, 344–66,

2007; erfreuliche fortl. univ.-phil. Weiterbeschäftigung bis 2015 und darüber hinaus offensichtlich garantiert.

Publ.: (hrsg. mit W. Stegmaier): Hauptwerke der Philosophie, von Kant bis Nietzsche. Rc.-Vg. Stuttg. 1997; (hrsg. mit H.-C. Rauh): Günther Jacoby. Königsberg 1881–1969 Greifswald. Lehre–Werk u. Wirkung. Lübeck 2003; – zahlreiche phil. Fachartikel sind im Internet registriert u. abrufbar.

Frankenhäuser, Gerald

Geb. 21. Jan. 1951 in Milda; POS 1957–67 in Gotha; anschl. Lehrer-Bildung in Nordhausen (Deutsch, Mathematik, Sport) sowie 1971–74 dreij. Armeedienst bei der NVA als Bataillonsfeldscher; 1974–79 Phil.-Studium an der FSU Jena; daselbst als befr. Ass. 1984 phil. Prom. A z. Thema *Die Differenz der phil.-weltanschaul. Begründung der ethischen Systeme Fichtes u. Hegels* (Gutachter: W. *Kahle, F. *Tomberg u. G. *Irrlitz); anschl. Lehreinsatz im gesell.-wiss. Grundlagenstudium, Bereich Medizin der MLU Halle-Wittenberg von 1983 bis zur Auflösung der dortg. ML-Sektion; zuvor aber noch phil. Prom. B zum Thema *Die Auffassungen von Tod u. Unsterblichkeit in der klass. dt. Phil. von Im. Kant u. L. Feuerbach* (Gutachter: E. *Luther, A. *Thom und Fr. *Tomberg – publ. Frankf./M. 1991); 1989–91 Oberass. an der PH Dresden; anschl. versch., speziell pädg.-medz. Lehrprojekte an entspr. Berufsschulen (als Schulleiter); seit 2006 freiberufl. tätig im Praxisbereich Mediation u. Lebenshilfe (Konfliktmanagement).

Franz, Michael
23. Sept. 1937
Philosophie-Ästhetik und Kultursemiotik in Berlin

Geb. in Berlin; Vater fortschritl. Gallerist in West-Berlin; GS 1943/44 u. 1947–50 Fr.-Schiller-Schule in Berlin-Charlottenburg; 1950–55 fortgz. Schulausbildung am Berl. Gymn. z. Grauen Kloster (Abitur); anschl. Phil.-Studium (u. Kunstgeschichte) an der HU Berlin; Sept. 1957–59 Studienunterbrechung wegen eines, als parteifeindlich eingestuften Disk.-Papiers: 44 Thesen, jedoch keine weitere Strafverfolgung, sondern nachfolgender Einsatz zur innerbetriebl. Parteiarbeit in West-Berlin; 1960–62 Forts. u. Beendigung des Phil.-Studiums an der HUB; danach 11 Jahre Kulturredakteur bei der Berliner Welle sowie als Parteijournalist der SEW-Zeitung „Wahrheit"; 1973 Übersiedlung in die DDR, um wiss. arbeiten zu können; dazu ab 1974 Asp. an der Sektion Ästhetik–Kulturwiss; aber wegen des fehlenden universitätsamtl. Russisch-Abschlusses wurden (mit Erreichen des 40. Lebensjahres) schließlich beide Promotionen im Jahre 1979 angesetzt (!) und nacheinander realisiert: Diss. A (WS, 23. Mai): *Zur Einführung zeichentheor. Grundbegriffe in die Ästhetik* sowie Diss. B (SS, 18. Sept.): *Gestalt und Abbild: zur semantischen Spezifik künstl. Aneignung* (Gutachter jeweils W. *Heise u. E. *Pracht); 1981 Berufung z. Doz. für Systm. Ästhetik; 1983 Wechsel z. neugegr. Inst. für Ästhetik u. Kulturwiss. der AdW; 1987 Berufung daselbst zum Aka.-Prof. für phil. Ästhetik; fortgesetzte Lehrtätigkeit zu Ästhetik-Semiotik; 1990–96 Gründung u. Leitung des Berl. AK Kultur-Semiotik und 1996–2000 DFG-Projekt „Hist. u. systm.

Studien zu einer vergleichenden Zeichentherie der Künste" (Zentrum für Lite.- u. Kulturforschung Berlin); seit 1995 Mithrsg. der Weimarer Beiträge.

Publ.: Mitarbeit an den Kolektivwerken „Ästhetik heute". Berlin 1978 sowie „ Ästhetik der Kunst" Berlin 1978; Wahrheit in der Kunst. Berlin 1984 (2. A. 1986); Von Georgias bis Lukrez. Antike Poetik u. Ästhetik als vergl. Zeichentheorie. Berlin 1999; Daidalische Diskurse. Antike-Rezeption der High Techne. Berlin 2005. – *Denkversuche*: Der „Auszug der Ästhetik aus der Phil."". Phil. Ästhetik auf dem Weg in die Interdisziplinarität.

Freyer, Hans (Johannes)
31. Juli 1887–18. Jan. 1969
Philosoph, Soziologe, Historiker und ab 1933 Prof. für „pol. Wiss." an der Univ. Leipzig
Geb. in Leipzig; studierte 1907/08 zunächst in Greifswald Theologie, Nationalökonomie, Gesch. u. Phil.; fortgz. in Leipzig u. daselbst bereits 1911 prom. zur *Gesch. der Geschichte der Phil. im 18. Jhd.*; Weltkriegsteilnahme als Frontsoldat; 1920 Habil. zur *Bewertung der Wirtschaft im phil. Denken des 19. Jhd.*; 1922–25 Berufung als Prof. für Phil. an die Univ. Kiel; 1925 erster Lehrstuhl für Soziologie an der Univ. Leipzig (damlg. Mitbewerber: A. *Vierkandt, O. Spann, M. Adler); 1932–33 Dekan der Philologisch-Hist. Abt. der Phil. Fak. der Univ. Leipzig; 1933 demonstrative Umschreibung seiner Soziologie-Prof. in eine für „Politische Wissenschaften" sowie Direktor eines „Inst. für Kultur- und Universalgesch."; Absetzung des amt. Präsd. der Deutschen Gesell. für Soziologie F. Tönnies und verfügt als deren nunmehriger An-„Führer" nur noch deren letztendliche Auflösung; Nov. 1933 öffentl. univ. Bekenntnis zu Hitler, jedoch kein NSdAP-Mitglied (ganz im Unterschied zu seinen 2 Schülern A. Gehlen u. H. Schelsky); im Mai 1934 mit H. Frank und A. Rosenberg Mitbegr. der NS-Aka. für Dt. Recht; ab 1938 Gastprof. für „Deutsche Kulturgesch." an der Univ. in Budapest; 1941–45 zusätzlich Direktor des neu gegr. „Deutschen Wiss.-Instituts" ebenda, getragen durch das RA-Ministerium; verfasst vor Ort eine „Weltgeschichte Europas" (publ. 1948); wegen bedrohl. Kriegsumstände ab Okt. 1944 nach Wien evakuiert u. daselbst weitere „deutsch-kulturelle" Lehrtg.; noch im März 1945 durch die dt. NS-Reichsreg. wieder „dienstzurückversetzt" an die Univ. Leipzig; daselbst mehrj. univ. Entnazifizierungsprozedur (wobei alle seine Fragebögen keinerlei nationalsozial. Tg. dok.) unter dem Rektorat H.-G. *Gadamer; nennt sich merkwürdigerweise nun wieder „Johannes" u. versucht vergeblich durch schlichte „Zurückbenennung" seine frühere Soziologie-Prof. von vor 1933 wieder zu erlangen; eine zusätzlich angeordnete ministerielle Überprüfung (durch die Landesreg. Dresden) seines publ. Schriftgutes nach 1933 führte jedoch zur Unterbindung jeder weiteren kulturgeschichtlichen Lehrtg. an der Univ. Leipzig und am 16. März 1948 schließlich zu folgender (nachholender) Einsatz-Festlg. des Landes-Ministerium für Volksbildung in Sachsen: „Mit Rücksicht auf die in Ihrem Schriftgut vertretende Ideologie werden Sie z. 1. März 1948 aus sämtl. Ämtern bei der Univ. Leipzig entlassen.", wogegen es bekanntlich in der SBZ nach sowjetkomm. ebenso wie antifasch.-demokratischen bzw. auch parteilich-klassenkämpferischem Rechtsverständnis keinerlei Einspruch oder gar weitergehende

„verbeamtete Rentenbesoldung" mehr gab, so wie das nachkriegszeitlich in Westdt. aber bereits durchgehend der Fall war; seine diesbezüglich NS-belasteten Schriften der 30er Jahre gelangten daraufhin auf die sog. Leipziger Bibl.-Liste 1946/48 der auszusondernden NS-Lite.; anschl. Umzug nach Westdt., wo es aber ebenso zu keiner regulären univ.-professoralen Anstellung mehr kommen sollte; zeitweilig. daher wiss. Mitarb. im Brockhaus-Verlag Wiesbaden als welthist. Berater; 1954/55 Mithilfe beim Aufbau eines Soziologie-Instituts in Ankara/Türkei; jedoch 1955 Anstellung als Prof. für Soziologie zwecks beamtenrechtl. Em. u. Berentung an der Univ. Münster u. Lehraufträge daselbst; u. a. auch Schulungkurse zum kritischen ML-Verständnis für Bundeswehroffiziere; sein fortgz. konservatives Gesell.-denken in seinen nachkriegszeitl. Schriften, veranlassten allein drei entspr. ideologiekritische ML-Diss. in der DDR zu H. F., während er in der westdt. Stud.-Bewegung altersbedingt keine bes. Rolle mehr spielen sollte, da verst. 1969 in Wiesbaden.

Publ.: Theorie des objektiven Geistes. Eine Einleitung in die Kulturphil. Leipzig 1923. 3. A. 1934. Stuttg. 1966; Der Staat (Staat und Geist, Bd. 1). Lpz. 1925; Soziologie als Wirklichkeitswiss. Log. Grundlg. des Systems der Soziologie. Leipzig 1930 (2. A. Stuttg. 1964); Revolution von rechts. Jena 1931 (Nachdruck Moskau 2009); Das pol. Semester. Ein Vorschlag zur Univ.-Reform. Jena 1933; Pallas Athene. Ethik des pol. Volkes. Jena 1935; Die pol. Insel. Eine Gesch. der Utopien von Platon bis zur Gegenwart. Lpz. 1936 (Nachdr. Wien 2000); Machiavelli. Leipzig 1938; Herrschaft u. Planung. 2 Grundbegriffe der pol. Ethik. Hamburg 1939; Theorie des gegenwärtigen Zeitalters. Stuttg. 1955 (2. A. 1958); Technik im techn. Zeitalter. Stellungnahme zur geschtl. Situation. Düsseld. 1965; Gedanken zur Industriegesell. Mainz 1970; Herrschaft, Planung u. Technik. Aufsätze zur pol. Soziologie. Weinheim 1987.

Lite.: H. Friedrich: Hans Freyer. 1887–1969. Zur marx.-len. Kritik und Einordnung seiner phil. und soziolg. Auffassungen. TU Dresden Diss. 1973. R. Gielke: Hans Freyer als Geschichtsphil., eine ideologiekritische Studie zum bürgerl. Geschichtsdenken in der allgm. Krise des Kaplm. HU Berlin-Diss. 1982; P. Jänicke: Zur Entw. und Begründung imperialist. Weltanschauungsdenkens bei Hans Freyer. Ein Beitrag zur marx.-len. Analyse u. Kritik spätbürgerl. Phil. KMU Leipzig Diss. 1983; – E. Üner: Soziologie als „geistige Bewegung". Hans Freyers System der Soziologie u. die „Leipziger Schule". Univ.-Mün. Diss. 1992 u. R. P. Sieferle: Die konservative Revolution. Fünf Biographien (u. a. zu Ernst Jünger und Hans Freyer). Frankf./M. 1995.

Freytag-Löringhoff, Bruno Baron von
11. Juni 1912–28. Febr. 1996
Phil.-ontologischer Logiker in Tübingen u. wichtigster *Jacoby-Schüler aus Greifswald
Geb. in Bilderlingsdorf bei Riga; mit Kriegsende, den revolutionären u. sowjet.-russ. Unruhen 1918/19 Flucht nach Dtl u. später längeres Studium der Mathe., Physik und Phil. an den Univ. Greifswald und München; politisch äußerst national-konservative Einstellung und daher früh überzeugter NSdAP-Eintritt, späterer techn. Wehrmachtsoffizier und aktive Kriegsteilnahme; 1936 phil.-mathe. Prom. bei Günther *Jacoby in Greifswald, seinem wichtigsten logisch-phil.-ontolog. Lehrer zeitlebens, *Zum Problem der „mathe. Existenz"* (publ. u. d. T. „Die ontolog. Grundlagen der Mathematik". Halle 1937); Kriegshabilitation 1944 in Freiburg/Breisgau (mit vorlg. Gutachten u. a. von M. Heidegger) zum Thema *Die Leistungen der Logik und die log. Leistungen der Logistik*, fortgz. u. beendet nach erfolgter Entnazifizierung 1947 in Tübingen; auf dem III.

(west-) Dt. Kongreß für Phil. 1950 in Bremen Austräger einer wichtigen Logik-Debatte, die parallel zur ostdt. Logik-Disk. in Jena 1951 verläuft; nach längerer Doz.-Zeit ab 1955 a. o. Prof für phil. Propädeutik u. Logik; gleichzeitig versuchte Bewerbung als Lehrstuhl-Nachfolger von Jacoby in Greifswald, was aber aus „staatspol." Gründen scheitert, denn die marx. Nachfolge ist durch die staatssekretariatisch angeordnete Einsetzung von E. *Albrecht (vorbei am Votum der dortg. Phil. Fak. u. Jacobys Absichten) längst parteimarx. geregelt; im Geiste Jacobys gelingt Freytag eine Rekonstruktion u. Darstellung der klass. aristotel. Logik in neuer symbolischer Gestalt sowie 1957 die techn. Rekonstruktion einer nur zeichnerisch überlieferten Rechenmaschine von 1623; als Phil.-Dekan schwierigste studentisch-politische Probleme bei der Toten-Ehrung für Ernst *Bloch 1977 an der Univ. Tübingen (schon 1960/61 entschiedene Frontstellung gegen dessen Gast-Professur daselbst); nach seiner Emeritierung comp.-techn. Umsetzungsversuche von log. Kalkülen; nach der Wende in der DDR und mit Beginn der univ. Selbsterneuerung 1989/90, auch des kl. Greifsw. Phil.-Instituts, persönlich bemüht um die Wiederbelebung der ontolog.-phil. Denktradition von *Jacoby in Greifswald (Jacoby-Konferenz 1991 u. Ehrendoktorwürde der Phil. Fak.) sowie Nachdruck der großen dreibändg. Jacoby-„Ontologie" (1925/55, zweibändig 1993); verst. am 28. Febr. 1996 nach folgenschwerem Schlaganfall in Tübingen; sprach sich hinsichtlich der abgewickelten marx. DDR-Phil. stets gegen eine erneute (so selbst nach 1945 miterlebte, für ihn also fortgz. bzw.) „zweite Entnazifizierung" in Greifwald aus. – F.-L. ist seit dem Ableben von Jacoby 1969 in Greifswald Erbe des wiss. Nachlasses von *Jacoby, der allerdings vor seiner „Übersiedelung" 1970/71 staatspol. von E. *Albrecht u. P. *Hadler vor Ort gesichtet u. aussortiert wurde (lagert heute allgemein zugänglich in der UB Tübingen).

Publ.: Gedanken zur Phil. der Mathematik. Meisenhain am Glan 1948; Logik (1.) Ihr System u. ihr Verhältnis z. Logistik. Zürich/Wien 1955 (5. A. 1972) u. Logik (2.) Definitionstheorie u. Methodologie des Kalkülwechsels. Stuttg. 1967; W. Schickards Tübinger Rechenmaschine von 1623 im Tübg. Rathaus. Tübingen 1961 (5. A. 2002); Der wandernde Schatten. Klass. Anleitung z. Verständnis u. Bau von Sonnenuhren. Gundholzen 1966; Werbung für Philosophie. Meisenhain 1973; Neues System der Logik. Rekonstruktion u. operative Anwendung des Aristotelischen Ansatzes. Hamburg 1985; (Hrsg.): G. Jacoby: Allgemeine Ontologie der Wirklichkeit (mit biogr. Einlg. und Bibl.) 2. A. in 2 Bdn Tübingen 1993; Die alte Logik wird wieder jung. In: Günther Jacoby (1881–1969). Zu Werk und Wirkung (Jacoby I – Konferenzbericht 1991 des abgewickelten Phil.-Inst. – Wiss. Beiträge der EMAU Greifswald 1993.

Friedrich, Horst
24. Mai 1935
Diplom-Philosoph und politische Ökonomie des Sozialismus
Geb. in Trebitz/Schlesien u. VS 1941–45 ebenda; 1945–49 GS in Langenleuba-Oberhain, Kr. Geithain sowie OS 1949–53 in Rochlitz/Sa. bzw. Zwickau (Abitur); anschl. Phil.-Studium 1953–57 in Leipzig (zur „Blochzeit"); kann aber als wiss. Ass. am Inst. für Phil. verbleiben, Abt. Hist. Mat. u. 1961 phil. Prom. z. Thema *Über den Klasseninhalt der nationalen Frage in Dtl.* (Gutachter: K. *Zweiling u. R. Arzinger); 1961/62 Lehrbeauftragter für dial. u. hist. Mat. am Inst. für M-L der KMU Leipzig und anschl.

Doz. der ML-Abt. der dortg. Wiwifak; 1969 Habil. zu *Karl Marx' Begriff des öko. Gesetzes* (Gutachter: F. *Fiedler u. H. *Seidel); darauf 1970–74 ML-Lehrgruppenleiter und Prof. (dial. u. hist. Mat.) an der Sektion Pol. Ökonomie/Marx.-Len. Org.-wiss. ebd.; 1973 Verleihung des Titels „Dr. sc. phil." durch den Wiss. Rat der KMU Leipzig; daraufhin 1974–82 Prof. für dial. u. hist. Mat. am FMI ebd.; 1982–1990 ebenso Prof. für dieses ML-Lehrgebiet an der FSU Jena, 1985–87 Direktor der dortg. ML-Sektion und 1987–90 dann noch Prorektor für Gesell.-wiss. der Univ. Jena sowie Mitgl. im Wiss. Rat für Marx.-Len. Phil. der DDR (Dauervors. E. *Hahn) an der AfG beim ZK der SED; nachwendische Abberufung von all diesen parteiuniv. ML-Ämter, aber dennoch nachholende, sehr bemerkenswerte dialektisch-marxistische Hegel-Beschäftigung.

Publ.: (Mitautor): Gegenstand, Aufgaben und Methoden der pol. Ökonomie des Sozialismus. Berlin 1976 (2. A. 1981); Die Produktionsverhältnisse (phil. Rats-Reihe). Berlin 1981; (Mithrsg.): Dial. u. Mist. Mat. (ML-HS-Lb). Berlin 1988 (in 15. A.); Hegels ‚Wiss. der Logik'. Ein marx. Kommentar in drei Teilen, gefördert von der RLS. Bln. 2000/10 im Dietz-Verlag.

Friemert, Veit
7. Nov. 1957
Philosophie-Historiker der 3. Nachwuchsgeneration in Berlin
Geb. in Dresden als Sohn eines Berufschullehrers u. einer Horterzieherin; 1964 POS u. 1972 delg. zur EOS mit Reifeprüfung 1978 (Abitur); anschl. 18-monatl. Wehrdienst bei der NVA und Studienplatz an der TU Dresden (3 Sem. mit vorzeitg. Exmatrikulation), ab 1. Jan. 1980 nachfolgendes Studium der Klinischen Psychologie an der Mdz. Aka. Dresden und Krankenpfleger; später „umgelenkt" zum Phil.-Studium an die HU in Berlin; 1986 Diplomarbeit bei A. *Schölzel zum Thema „Die Interpre. der Hegelkritik in J. Habermas' Schelling-Diss. Eine Analyse der Spezifik ihrer spätbürgl. Verortung"; anschl. Forschungsstudium 1986–89 an der Sektion ML-Philosophie u. phil. Prom. 1990 z. Thema *Die sprachphil. Neuformulierung des Subjektbegriffs im spätliberalen Denken. Eine marx. Entgegnung auf den Paradigmenwechsel von Dilthey zu Habermas* (Gutachter: G. *Irrlitz, H.-P. *Krüger sowie ein „Negativ"-Gutachten von G. *Schenk, Halle; der amt. Inst.-Direktor Heinz *Kuchling erklärt das einfach aus den zu „unterschiedl. phil. Positionen" der Gutachter-Phil. u. damit die beiden anderen überaus pos. Gutachten für allein verbindlich; Prom.-Vors. ist in diesem letzten eigenständigen Inst.-Verfahren der Phil.-Historiker Heinz *Pepperle); nachwendisch red.-phil. Übersetzungsarbeiten.

Frischmann, Bärbel
30. Sept. 1960
Nachwendische professorale Philosophie-Historikerin in Erfurt
1979 erw. OS Hildburghausen/Thür. (Abitur); 1979–83 Philosophie-Studium an der HUBerlin anschl. Forschungsstudium an der FSU Jena (1987 Diplom) mit phil. Prom. zum Thema *Ernst Cassirers kulturphil. Bestimmung des Menschen als animal symbolicum* (Gutachter: F. *Tomberg, H.-M. *Gerlach und H. *Pepperle); 1987/88 prakt.-pol.

Arbeitseinsatz als Mitarbeiterin im BV Berlin des DFD; 1988/91 wiss. Mitarb. am ZIPh der AdW der DDR (Bereich ‚Kritik'); 1992/93 Projektfinanzierung in Rahmen des WIP; 1992–96 Lehrtätigkeit u. wiss. Mitarb. am Inst. für Allgm. Pädg. (Abt. Phil. u. Pädg.) der HUB; 1997/98 Habilitations-Stipendium ebd.; 1999–2005 wiss. Ass. am Inst. für Phil. (FB Kulturwiss.) der Univ. Bremen; 2002 daselbst Habil. z. Thema *Vom transzendentalen zum romantischen Idealismus. Zur Fichte-Rezeption und Fichte-Kritik in Friedrich Schlegels frühromantischem Philosophiekonzept* (Gutachter: H.-J. *Sandkühler, G. Pasternack, J. Stolzenberg – publ. 2005); 2005/07 Akademische Rätin am dortigen Phil.-Institut u. Verleihung des Prof.-Titels durch die Univ. Bremen; 2007/08 Gastprof. am Phil. Sem. der Univ. Tübingen; seit April 2009 Prof. mit Lehrstuhl für Gesch. der Phil. an der Univ. Erfurt (Phil.-Institut).

Publ.: Mit-Hrsg. folgender Schriften: Erziehungswiss., Bildung, Philosophie. Weinheim 1997; Das neue Licht der Frühromantik. Paderborn 2009; Sprache – Dichtung – Phil. Heidegger u. der dt. Idealismus. Freiburg 2010; Bildungstheorie in der Diskussion. Freiburg. 2012; Grenzziehungen u. Grenzüberwindungen. Phil. u. interdisziplinäre Zugänge. Hannover 2014; Ironie in Phil., Lite. u. Recht. Würzburg 2014; Über den Horizont. Berlin 2019.

Frolow, Ivan T.
1929–1999
Sowjetrussischer Wissenschafts-Philosoph in Moskau
Absolvierte bis 1953 die Phil. Fak. der MGU mit phil. Asp. bis 1956; zugleich bis 1965 Redakteurstg. u. Dr.-Diss. z. Thema *Probleme der Methodologie biolg. Forschung*; 1965–68 „Helfer" (Referent/pol. Mitarb.) eines ZK-Sekr. der KPdSU; danach 1968–77 Chefred. der Zeitschrift Fragen der Philosophie; 1970 MGU-Prof. u. seit 1976 korresp. Mitgl. der AdW der UdSSR; 1977–80 leit. Redakteur der intl. Zft. Probleme des Friedens u. des Sozialismus (Prag); seit 1980 Vors. des Wiss. Rates für phil. u. soziale Probleme von Wiss. u. Technik beim Präsidium der AdW der UdSSR; 1986/87 Hauptred. der Zft. „Kommunist" und 1987 Akademik; 1987–89 Berater des Generalsekr. Gorbatschow im ZK der KPdSU u. 1989–91 Chefred. der Partei-Zeitung „Prawda" sowie 1990/91 Mitglied des letzten PB der KPdSU; danach bis 1998 Präsd. des Interdizipl. Zentrums der Wiss. vom Menschen; verst. 1999 in Moskau. – In der DDR vielseitig publ. u. rezipiert; gehörte jedoch nicht zu den offiziellen Gremien in der Zusammenarbeit mit dieser; doch zwei dt.-sprachg. Publ. in der Buhrschen Kritik-Reihe sowie in der WB-Reihe des DVW waren sehr wirkungsvoll.

Publ.: (deutschsprachige Übers.): Kausalität u. Zweckmäßigkeit in der lebenden Natur. Eine Skizze der phil. Ause. in der mod. Biologie. TB-Reihe UWB Bd. 35. Berlin 1963; Wiss. Fortschritt u. Zukunft des Menschen. Kritik des Szientismus, Biologismus und eth. Nihilismus. Buhrsche Kritik-Reihe Bd. 89. Berlin u. Frankf./M. 1978; Der Mendelismus u. die phil. Probleme der mod. Genetik (Hrsg. von R. Löther). Wiss. TB. Bd. 28. Bln. 1981; Mensch – Wiss. – Humanismus. Zur Kritik des Anthropologismus u. Soziobiologismus. Buhrsche Kritik-Reihe. Bd. 107. Bln. u. Frankf./M. 1986; (Hrsg.): Globale Probleme der Zivilisation. Sozialismus u. Fortschritt der Menschheit. Beiträge zur marx. Theorie. Düsseldorf. Ed. Marxist. Blätter,1988.

Fromm, Eberhard
9. Dez. 1938
Parteiamtlicher ML-Phil.-Historiker als Kritik bürgl. Ideologie an der AfG der SED
Geb. in Hammersmühle/Krs. Rummelsburg; Vater Papiermacher vor Ort; Mittlere Reife 1950 in Greifswald u. ein prakt. Jahr in Wismar; 1956 z. Studium ans Dt. Inst. für Berufsausbildung in Berlin delg; 1959 zweite Lehrerprüfung für Berufsschulbildung, Fachrichtung Wirtschaft u. Verwaltung; 1959–65 Lehrer für Staatsbürgerkunde u. Deutsch an der Berufsschule in Naumburg/S.; 1960 Germ.-Fernstudium an der PH Potsdam und 1963 Fernstudium Phil. in Halle/S. mit vorzeitg. Staatsexamen 1965 abgeschlossen; Okt. 1965 delg. zur Asp. am Lehrstuhl Phil. des IfG. beim ZK der SED u. 1968 phil. Prom. z. Thema: *Macht u. Demokratie in der gegenwärtigen Etappe des westdt. staatsmonopol. Herrschaftssystems im Blickfeld der bürgerl. pol. Ethik* (Gutachter: R. *Miller u. W. *Jopke, publ. Berlin 1970 u. d. Titel: Politik und Moral. Zur Kritik imperialistischer politischer Ethik); 1969 berufen z. ML-Doz. u. 1974 Diss. B (Habil.) z. Thema: *Ause. der marx.-len. Phil. der DDR mit der bürgerl. Phil. in den Jahren 1949–1963* (Gutachter: D. *Bergner u. Fr. *Richter), Teil-Kp. für den Jubiläumsbd. Zur Gesch. der marx.-len. Philosophie in der DDR (Berlin 1979); Berufung z. Prof. für marx.-len. Phil. (Partei-Spezialist für die Kritik der spätbürgl. Phil. u. Ideologie) an der Aka. für GW beim ZK der SED, was auch die Mitwirkung an der populären Verlagsreihe „Neues Leben konkret" (nlk) belegt; nach Umbenennung u. Selbstauflösung dieser unmittelbar parteiphil. Instituts-Einrichtung 1990 versch., nun die regionale Berlingesch. und andere geisteskulturgeschtl. ABM-Projekte im sog. „Luisenstädtischen Bildungsverein" (LSBV) Berlin betreffend.

Publ.: Geistige Freiheit im Sozialismus (ABC des M.-L.). Berlin 1975; Ideal u. Wirkl. Vom Werden der sozial. Persönlichkeiten (nlk 22). Berlin 1975; (Hrsg. AfG – wiss. Red. zus. mit V. Wrona): Der phil. Revisionismus. Quellen, Argumente, Funktionen im ideolog. Klassenkampf. Berlin 1977; Wer denkt noch wie Schneewittchen? Ideen unserer Zeit contra Geit der Vergangenheit (nlk 34). Berlin 1978; (Hrsg. AfG, Leiter des Autorenkollek.): Denken gegen die Zeit. Die geistige Krise des Imperialismus. Bln. 1981; Das schwarze Kaninett. Geschichten von Sowjetologen, DDRologen u. a. Astrologen (nlk 53). Bln. 1983; Marx von rechts gelesen. Das konservative Marxbild der achtziger Jahre. (nlk 91). Berlin 1989; Arthur Schopenhauer. Vordenker des Pessimismus. Berlin 1991; Der Kult der großen Männer (Kritik am Personenkult). Berlin 1991; (Aka. Tage des LSBV – hrsg. mit G. Mende): Vom Beitritt zur Vereinigung. Schwierigkeiten beim Umgang mit der dt.-dt. Geschichte. Berlin 1993; (LSBV-Hrsg. mit G. Mende): 800 Jahre Berlin-Geschichte. Tag für Tag. Folge 1 (1996) u. Folge 2 (1998); (Hg. LSBV): Meister der dt. Sprache. Zeitzeugen des 20. Jhd. Die dt.-sprachigen Literaturnobelpreisträger von Mommsen bis Grass. Berlin 2004; (Hrsg. LSBV): Herren der Mittwochgesell. Zur Gesch. der Berliner Aufklärung. Studien zur Anatomie des dt. Intellektuellen. Berlin 2005.

Fromme, Joachim
Geb. 21. Febr. 1958 in Lichtenstein, Kr. Ernstthal; 1973–77 EOS in Stollberg und anschl. 3 Jahre Ehrendienst bei der NVA; Phil.-Studium 1980–85 an der KMU Leipzig u. phil. Prom. 1990 in Leipzig *Zur Entstehung und Struktur der Wiss.-philosophie Ernst Machs und ihre Rezeption durch Friedrich Adler; eine Studie zur wiss. Rev. an der Wende zum*

20. Jhd. u. ihrer weltanschaul. Interpretation (Gutacher: B. *Okun u. R. *Mocek) an der ML-Sektion „Gesellschaftstheorie"; nach deren Schließung keine univ. Anstellung mehr, daher Freiberufler in der Computerbranche.

Frommknecht, Helmut
31. Okt. 1919–9. Dez. 1983
Einmalige SED-ZK-beauftragte phil. ML-Lehrbuch-Prom. an der HU zu Berlin
Geb. als Arbeiterkind in Berlin-Wedding; nach Volksschulbesuch kaufmännische Lehre und versch. entspr. Arbeitseinsätze; 1941 zur Nazi-Wehrmacht eingezogen u. 1943 bei Stalingrad in sowjet. Kriegsgefangenschaft; umgeschulte pol. Agitation unter den dt. Kriegsgefangenen; daraufhin Besuch der sowjet. ZS 2041 bei Moskau zur antifasch. Umerziehung; trotzdem erst 1949 Rückführung nach Dtl. in die SBZ/DDR u. sofortiger SED-Beitritt; Leiter der Betriebs-Parteischule des Stahl- u. Walzwerkes Henningsdorf b. Berlin (dazu qualifiziert durch allerlei Parteischulungskurse u. parteiamtl. Vortragstätigkeit); seit 1951 bereits im zentralen Parteiap. des ZK der SED und davon 1964–1971 als persönl. Mitarb. (Referent) von Kurt *Hager, Sekr. der ZK u. Ideologiechef der SED; nach massiver Kritik am LB „Marxist. Phil." (Berlin 1967, Gesamtred. Alfred *Kosing) durch diesen, kommt es 1971 zur kollektiven Erarbeitung einer neustaln. *Einführung in den dial. u. hist. Mat.* für den oberschul. Staatsbürgerkundeunterricht (11./12. Kl.), die bis 1980 in 10 Auflagen erschien; als parteibeauftragtes Autorenkollektiv gemeinschaftlich verfasst von G. *Redlow, H. F., M. *Klein (Leitung) sowie Hb. *Hörz, E. *Fromm, G. *Stiehler und dem ND-Redakteur H. *Wessel als weitere Zuarbeiter; allein aus diesem lehrbuchartigen Publ.-Vorhaben resultiert nun eins der ungewöhnlichsten univ.-phil. Prom.-Vorgänge der offiziellen (in diesem Fall also regelrecht „parteieigenen") marx.-len. DDR-Phil.; denn mit Erscheinen dieser arbeitskollektiven Einführung stellt der namentlich aufgeführte red. Mitautor H. F. zugleich 1971 den „Antrag" auf die Eröffnung eines Prom.-Verfahrens in Anerkennung seiner in diesem Lb aber gar nicht bes. ausgewiesenen und gekennzeichneten (da weitgehend kollektiv erarbeiteten) Unterabschnitte; es gibt daher auch kein extra ausgewiesenes bzw. ausgearbeitetes namentliches Promotionsexemplar, sondern alle Univ.-Bibl. des Landes erhielten lediglich als Prom.-„Belegexemplar" die vorliegende vollständige Einführung als Buchpubl. von 1971 (535 S.) mit ihren nahezu 10 Mitautoren, von denen nun wiederum(!) G. *Redlow, M. *Klein sowie der ND-Redakteur H. *Wessel als handschriftlich eingetragene sog. „Gutachter" fungieren; eine im Univ.-Archiv vorlg. Prom.-Akte (der Sektion Marx.-len. Phil. der HU zu Berlin) benennt dazu als parteipol. geradewegs aktuelles (fiktives) Prom.-Thema dieser „phil. Diss. A" *Grundprobleme des hist. Mat. unter bes. Berücksichtg. ihrer Bedeutung für die Gestaltung der entwickelten sozialist. Gesell. in der DDR*, was aber wiederum im Inhaltsverzeichnis als solches so gar nicht vorkommt und das dann auch in der Lpz. Nationalbibl. so gar nicht aufgeführt ist, denn dort steht lediglich angegeben als Titel „Einführung". Berlin 1971; als einziger Beleg für diesen offenbar allein parteizentral org. „gesell.-wiss." Prom.-Vorgang, der natürlich ohne jede univ. Öffentlichkeit stattfand (offensichtlich angewiesen aus der Kaderab-

teilung des ZK der SED) wird lediglich eine aktuell nachgefertigte(!) Urkunde als sog. „Diplom-Gesellschaftswissenschaftler" ohne jedes entspr. Studium an der parteieigenen Aka. für Gesell.-wiss. beim ZK der SED v. 1970 vorgelegt (unterschrieben von deren Rektor Otto Reinhold); doch selbst an dieser hätte es eine solch merkwürdige Prom., ohne vorangegangene Asp. und parteiphil. Grundausbildung nicht gegeben; der unabdingbare Prom.-Sprachnachweis für Englisch wird durch den Sektionsdrk. H. *Hörz wohl aus Altersgründen erlassen u. hinsichtlich der 1. Fremdsprache Russ. erscheint sinnigerweise der Hinweis auf den „7-jährigen SU-Auffenthalt" als sowjet. Kriegsgefangener als angemessen; auch der allgemein übliche ML-Nachweis erledigt sich durch einfach entspr. Vorträge/Lektionen an der SED-Parteihochschule; und an der sowieso nicht Sektionsöffentl. Verteidigung am 29. 6. 1971, die als solche überhaupt nicht weiter bekannt gemacht wurde, kamen parteibefohlen (es handelte sich immerhin um einen langj. Nomenklaturkader des ZK der SED, der Abt. Wiss. aus dem einflussreichen persönl. „Büro Hager", DDR-Phil. Nr. 1, der selbst dauerhaft freigestellte eigentl. Lehrstuhlleiter für Dial. Mat. an dieser Phil.-Sektion, der aber selbst natürlich kein Gutachten für seinen parteiamtl. Mitarb. anfertigte) die wichtigsten Prof. der Berliner ML-Phil.-Sektion z. parteikollektiven Einsatz: H. *Ley (als Prüfungsvors.), H. *Hörz (als Sektionsdirektor), M. *Klein u. G. *Redlow von der „Gewi-Aka." als Gutachter sowie G. *Stiehler u. W. *Eichhorn II als gesell.-wiss. Bereichsleiter bzw. Sektionsparteisekr.; und die aktuell verantwortl. Dekanin der neuen „Gewifak" (nicht mehr Phil. Fak. nach der III. HSR v. 1968/69) ist Rita *Schober; es gibt in der gesamten DDR-Phil. wie früheren Wiss.- u. Univ.-geschichte dieses Landes keinen derartig ungewöhnlichen, „zentralparteibeauftragten" Prom.-vorgang mit einer derartig merkwürdigen Diss.-Schrift, die nachfolgend (1971–80) in dieser eingereichten u. gedruckten LB-ausführung (von deren Mill.-auflage einmal ganz abgesehen) jedes Jahr als ein solches parteiamtl. ML-LB. neu aufgelegt wurde u. damit insgesamt 10 unglaubl. Auflagen (somit auch als Prom.-schrift) erlebte. Zu fragen wäre lediglich noch: wozu wurde dieser gewagtproblematische Aufwand eigentlich überhaupt betrieben, nur um dadurch eine univ.-aka. Prom.-Urkunde für ‚Marx.-len. Phil.' zu erlangen? Über den weiteren Verbleib des somit „univ.-phil." prom. gesell.-wiss. Funktionsträger im Rahmen des zentralen ZK-Parteiap. der SED erfuhr man erst wieder etwas aus der „Festschrift der AfG 1951–1981", worin die neue parteipol. Funktionsbezeichnung des so aus dem Hager-Büro u. der Abt. Wiss. des ZK der SED umgesetzten Mitarbeiters nunmehr lautet: „Stellvertreter des Rektors (Otto Reinhold) u. Prorektor für Wiss.-org., Inf./Dok." an der AfG beim ZK der SED (wahrscheinl. so gepl. ZK-Einsatz bereits seit 1971), wozu also diese aka. Weihe einzig u. allein erfolgte; in einer dazu übl. kaderbezogenen „Sekretariatsvorlage" vom 28. Sept. 1971 begr. *Hager selbst diesen innerzentralparteil. Einsatz seines langj. vertrauten Kaders in der führenden AfG mit den Worten: „Die Besetzung dieser Funktion ist seit langem notwendig, um eine pol. stärkere und straffere Leitungsarbeit zu gewährleisten (wie gesagt handelt sich dabei um die interne „Wissenschaftsorg." dieser Partei-Aka. und um die später noch dazu kommende gesellwiss. „Inf. u. Dok.", wozu dieser Kader thematisch überhaupt keine fachwiss. Vors. mitbringt). Zugleich ist mit dieser Funktion eine qualitativ bessere u. systematische Inf. an die Parteiführung verbunden.", worum es *Hager also persönlich wohl vor allem gerade dieser Partei-Aka. gegenüber zu gehen scheint. 1980 wird dieser ZK-Kader Dr. phil. SF schließlich noch Vors. des Wiss. Rates für gesell.-wiss. Inf. und Dok. der DDR u. damit wiederum zum (dazu nicht weiter qualifizierten) West-Reisekader auf internatl. Fachkongressen in Wien, Athen u. Bonn über Inf. u. Dok. der wiss. Arbeit; 1982 erfolgt jedoch durch erneuten entspr. Sekr.-beschluß des ZK der SED vom 8. 11. d. J. die Abberufung aus gesundheitl. Gründen (*Verteiler* dieses Beschlusses: 1.–13. Expl. Sekr. des ZK der SED, 14. Expl. Abt. Kaderfragen dess, 15. Expl. Abt. Wiss. dess. und 16. Expl. AfG beim ZK der SED; – nach Invalidisierung schwer erkrankt (Angina pectoris) verst. 1983 in Berlin. – Zur Zentr. Inf.- u. Dok.-Zentrale an der AfG u. deren eigentl. Arbeit und gesel.-wiss. (insb. phil.) Funktion s. das Pers.-Stichwort Chr. *Neumann.

Fröschner, Günter
9. Dez. 1931–20. Nov. 2015
*Diplom-Philosoph, *Georg-Lukacs-Spezialist und Bibliothekswissenschaftler*
Geb. in Berlin, 1938–42 Besuch der Grundschule u. 1942–47 kriegsbedingt unterbrochene OS (ohne Abitur); 1948/49 Arbeit als Magaziner in der ZB der Gewerkschaften Berlin; 1949–52 Besuch der ABF der HU Berlin (Hochschulreife); 1952–58 Studium der Phil. (2. Jahrg.) u. ab 1953 der Bibl.-Wiss. im Nebenfach ebenda; 1958/61 wiss. Ass. in der DB Leipzig sowie Dt. Staatsbibl. Berlin mit zusätzl. Ausbildung zum wiss. Bibliothekar; Leitung der „gesellwiss. Beratungsstelle" (also Sperrbibl. für NS- und Westliteratur) sowie des Fachreferats Phil.; ab Sept. 1961 z. wiss. Asp. am Lehrstuhl Phil. des IfG beim ZK der SED und 1965 Abschluss mit phil. Prom. zum Thema: *Die Herausbildung u. Entw. der geschichtsphil. Anschauungen von G. Lukacs. Kritik revisionistischer Entstellungen des M.-L.* (Gutachter: W. *Heise u. W. *Schubardt); anschl. wieder Einsatz im wiss. Bibl.-wesen der HU Berlin; Erarbeitung von entspr. Lehrmaterialien sowie eines Ausstellungskatalogs für Hegel 1770–1970 in der Dt. Staatsbibl. (Unter den Linden); 1972–88 Leiter des Lehr- u. Arbeitsbereichs Bibl.-wiss. der HU zu Berlin.

Fuchs, Emil
13. Mai 1874–13. März 1971
Evangelischer Theologe und religionssozialistischer Ethiker in Leipzig
Geb. in Beerfelden (Baden) in einer evangl.-luth. Pfarrersfamilie; Gymn. in Darmstadt; 1894–97 Theologie-Studium an der Univ. Gießen, daselbst 1. theolg. Examen mit üblichem Militärdienst; anschl. Prediger-Seminar in Friedberg (Wetterau) und 1899 2. theolg. Examen; frühzeitig beeinflusst von den christlich-sozialen Ideen Fr. Naumanns; 1900 ordiniert u. prom. z. Lic. theol. in Gießen; anschl. Pfarrassistent u. 1902/03 u.a. Vikar in der dt. Gemeinde in Manchester; von 1905–18 Pfarrstelle in Darmstadt u. daselbst Gründung einer „Volksakademie"; 1918 Pfarrer in der Westvorstadt am Ehrensteig, einer Arbeitergemeinde von Eisenach; hier 1919 Gründung der ersten Volkshochschule Thüringens; politisch org. zunächst als Mitglied der DDP

mit Fr. Naumann u. ab 1921 als erster evangl. Pastor Mitglied der SPD; Mitbegründer und 1926–30 Landesvors. des Bundes ‚Relg. Sozialisten'; nachfolgende Verbindungen zu den Quäkern (Vereinigung von Sozialarbeit u. Friedensdienst); sollte 1930/31 einen neuartg. Lehrstuhl an der Univ. Halle-Wittenberg übernehmen, was aber von der dortg. Theolg. Fak. abgelehnt wurde; nach langen politischen Konflikten mit der evangl. Landeskirche in Thür. sowie seiner dortg. Gemeinde wurde er 1931 Prof. für Religionswiss. an der Pädg. Aka. Kiel; 1933 zuerst beurlaubt, dann entlassen und auch kurzzeitig inhaftiert; anschl. versch. Gelegenheitsarbeiten (u. a. Versandhandel theolg. Schriften); seit 1943 versetzt in den Ruhestand u. daraufhin Emigr. in die Schweiz.; 1945 pol. tätig für die SPD in Hessen und 1946 Theologie-Prof. an der Univ. Frankf./M. sowie 1948/49 Gastvorlg. in den USA; 1949 schließlich Übersiedlung in die DDR u. 1950 (bereits 75-jährig) Prof. für Systm. Theologie u. Religionsphil. an der Univ. Leipzig u. bis 1958 Direktor des von ihm daselbst gegr. Instituts für Religions-Soziologie; 1950 Mitgl. des Weltfriedensrates der DDR u. CDU-Ehrenmitgliedschaft; nach seiner Emeritierung 1959 trat Fuchs aus der evangl. Kirche aus; am 9. Febr. 1961 Empfang durch den Staatsratsv. Walter *Ulbricht, vom CDU-Vorstand jährlich gefeierte Begegnung; dabei setzte sich E. F. mehrfach für inhaftierte Kirchenangehörige sowie auch für jungentl. Armeeverweigerer (spätere Bausoldaten) ein, protestierte gegen die Verfolgug der Jungen Gemeinde, wie auch gegen den Abriss der Leipziger Universitätskirche; sogar dem mit ihm befreundeten Ernst *Bloch versuchte er, nach dessen parteiverordneter Zwangsemeritierung zu helfen; – wie kein anderer DDR-Theologe bzw. „religiöser Sozialist" suchte er geistige Brücken vom Christentum zum Sozialismus bzw. Marxismus u. dessen Ethik zu schlagen. Vater von Klaus *Fuchs, der 1959 nach langer Haftstrafe wegen (sowjet.) Atomspionage in England zu ihm nach Leipzig in die DDR zurückkehrte; über 90zigjährig verst. in Berlin u. begraben auf dem ZF Friedrichsfelde in Berlin (Ehrengrab der Stadt). – Bei ihm ist außerdem sein Enkel, der Wissenschaftsphil. Klaus *Fuchs-Kittowski aufgewachsen.
DDR-Personen-Lexikon 2010 (Eh. Neubert).

Publ.: (Auswahl nach 1945): Christentum u. Sozialismus. Offenbach/M. 1948; Marxismus und Christentum. Leipzig 1952 (3. A. 1955); Christlicher Glaube. 2 Bde. Leipzig 1958/60; Christliche und marxistische Ethik. Lebensgestaltung u. Lebensverantwortung des Christen im Zeitalter des werdenden Sozialismus. 2 Teile. Lpz. 1956/59; Mein Leben (Autobiographie). Tl. 1 (1957) – Tl. 2: Ein Christ im Kampf gegen den Faschismus, für Frieden und Sozialismus. Leipzig 1959; Christentum am Scheidewege. Berlin 1963; Vom Sinn des menschl. Daseins. Eine Ause. mit Martin Heidegger. DZfPh. H. 8/1962; aktuell erschienen noch 2 rein theolg. Schriften hrsg. von Cl. Bernet, Cl. u. Kl. Fuch-Kittowski: Auslegung des Evangeliums nach Markus und Der Brief des Paulus an die Römer (Hamburg 2015).
Lite.: Ruf und Antwort. Festgabe für E. F. zum 90. Geb. Leipzig 1964; Hr. Fink u. Hb. Trebs (Hrsg.): E. F.-Von Schleiermacher zu Marx. Berlin 1969; Ein Leben für Frieden u. Sozialismus. Zum 100. Geb. von E. Fuchs (Hauptvorstand der CDU). Berlin 1974; G. Wirth (Hrsg.): Nachfolge u. Engagement. Zum 110. Geb. von E. F., (Hefte aus Burgscheidungen, Nr. 224). Berlin 1984; K. Reiprich (Hrsg.): Christentum, Marxismus u. das Werk von Emil Fuchs. RLS Sachsen. Leipzig 2000; Dez. 2015 gem. Symp. der RLS Berlin u. der Leibniz-Sozietät zu Ehren von Emil Fuchs.

Fuchs, Klaus Emil Julius
29. Dez. 1911–28. Jan. 1988
Atom-Physiker-Spion in England (Emigration), danach auch phil. wirksam in der DDR
Geb. in Rüsselsheim/M.; Vater evangl. Theologe Emil *Fuchs; Volksschule daselbst u. Gymn. in Eisenach (Abitur 1928); Studium der Mathematik und Physik in Leipzig u. Kiel; 1930–32 zunächst SPD, nach Parteiausschluß dann KPD; bereits Juli 1933 Emigration über Paris nach England u. Fortz. des Physik-Studiums in Bristol; 1937/38 math.-physikal. Dp.-Prom. u a. bei Max Born; 1940/41 zeitweilig als „feindl. Ausländer" interniert (auf Isle of Man und Canada); 1941 Rückkehr nach Edinburgh und Mitwirkung am dortg. (streng geheimen) britisch-militär. Atombombenprogramm, worüber er sofort (obwohl seit 1942 brit. Staatsbürger), dazu geführt durch das komm. Geschwisterpaar Jürgen *Kuczyski/Ruth Werner, schon während des fasch. Krieges wie danach, dem sowjet.-militär. Geheimdienst fortl. berichtet; Dez. 1943–Juni 1946 in gleicher Mission auch am US-Atombombenprogram in Los Alamos aktiv; ab Mitte 1946 Ltr. des Theoriebereichs im brit. Atomforschungszentrum Harwell; stand damit kurz vor der Aufnahme in die ehrwürdige Wiss.-akademie Royal Society, als er 1949/50 doch noch als sowjet. „Atomspion" enttarnt zur einzig mögl. Höchststrafe von 14 Jahren Freiheitsentzug u. Aberkennung der brit. Staatsbürgerschaft verurteilt wurde; Juni 1959 vorzeitige Begnadigung wegen „umfassendem Geständnis u. guter Führung" bei sofortiger Abschiebung in die DDR; Heimkehr zum Vater E. *Fuchs in Leipzig und Anerkennung als VdN; SED-Beitritt u. Heirat mit der ZK-Mitarbeiterin (Abt. Internationale Verbindungen) Margarete Keilson; 1959–72 Bereichsleiter und stellv. Direktor im ZI für Kernforschung Rossendorf (b. Dresden) und ab 1961 zugleich nebenamtl. Prof. für Theor. Physik an der TU Dresden; ab 1967 Mitgl. des ZK der SED und 1972 Ord. Mitgl der AdW; 1974–78 Ltr. des Forschungsbereichs Physik, Kern- und Werkstoffwiss. der AdW und Jan. 1979 em.; 1983 Mitgl. des Kommitees für wiss. Fragen des Friedens u. der Abrüstung; gest. in Dresden u. begraben in Gedenkstelle der Sozialisten in Berlin-Friedrichsfelde (über irgendeine sowjet.-russ. Anerkennung seiner „friedenserhaltenden Kundschafterdienste" ist wie üblich nichts weiter bekannt geworden). Neben einzelnen fachwiss.-physik. Beiträgen, die hier nicht aufgeführt werden, äußerte sich K. F. auch zu e. naturphil. Themen (4 Beiträge in der DZfPh 1961/72) sowie zu best. wissenschaftstheor. wie physikhist. Fragen. – In Carl Zuckmayers Drama „Das kalte Licht" (1955) wird sein Lebensweg auch künstlerisch-verfremdet thematisiert.
DDR-Personen-Lexikon 2010 (H. Kant/H. Müller-Enbergs).

Lite.: G. Flach: Klaus Fuchs – sein Erbe bewahren (Akademie-Gedenkkolloquium der Klasse Physik am 19. Jan. 1989). Berlin 1990; R. Friedmann: Der Mann, der kein Spion war, das Leben des Kommunisten und Wissenschaftlers Klaus Fuchs. Rostock 2005; G. Flach (Hrsg.): Ethik in der Wiss. und Verantwortung des Wissenschaftlers. Zum Gedenken an K. F. Berlin 2008; Gedenkkolloquium der Leibniz-Societät für K. F. Dez. 2011.

Fuchs-Kittowski, Klaus
31. Dez. 1934
Diplom-Philosoph aus Leipzig und Informationswissenschaftler in Berlin
Geb. in Berlin; Eltern im antifasch. Widerstand, Mutter stirbt bereits 1938 durch Suizid; sie ist die älteste Tochter des Theologen Emil *Fuchs u. Schwester des Kernphysikers Kl. *Fuchs; ab 1945–50 reformpäd. Internatsschule im Odenwald; danach Übersiedlung in die DDR, wächst beim Großvater Emil Fuchs in Leipzig auf; nach Grundschulabschluß 1950 Lehre als Landmaschinenschlosser im VEB Bodenbearbeitungsgeräte Leipzig; 1953 vom Betieb zur ABF deleg. (da 1956 Abitur); anschl. bis 1961 Phil.-Studium an der KMU Leipzig (Dipl.-Phil.); während der Auseinandersetzungen um die Zwangsemeritierung von E. *Bloch 1956/58 weitgehend geschützt durch seine großväterliche Familie (u. deren persönliche Bekanntschaft mit Bloch), daher auch keinerlei Studienunterbrechung oder gar Studienausschluß; vielmehr 1961 sofortg. phil. Asp. am H. *Ley-Lehrstuhl für phil. Probleme der Naturwiss. des Berliner Phil.-Institut; 1964 phil. Prom. zum Thema: *Das Problem des Determinismus – techn. Regelungen und das Regelungsgeschehen im lebenden Organismus* (Gutachter: H. *Ley u. S. Rapoport); 1964–68 wiss. Mitarb. in der Abt. Datenverarbeitung am Rechenzentrum der HUB; bereits 1969 erfolgt die Prom. B (Habil.) z. überarbeitet-erweiterten Thematik der Diss A (daher Gutachter erneut Ley-Rapoport wie zusätzlich H. *Hörz); publ. unter dem durchgehend gleichlautenden Titel: *Probleme des Determinismus und der Kybernetik in der molekularen Biologie, Tatsachen u. Hypothesen über das Verhältnis des techn. Automaten zum lebenden Organismus.* Jena 1969 (2. überarb. u. erw. A. 1976); 1969–72 kurzz. Dozent für phil. Probleme der Kybernetik an der Sektion Öko. Kybernetik und Operationsforschung (1970 schon wieder umbenannt); 1972–92 daher Prof. für Informationsverarbeitung an der HUB-Sektion (seit 1970 so benannt) f. Wiss.-theorie u. -organisation (WTO) bis zu deren ersatzloser univ. Abwicklung 1991; 1973/74 sog. Zusatzstudium in Moskau und ungewöhnliche Forschungsaufenthalte 1981/82 und 1988/89 in die USA; seit 1985 Mitglied der Gesell. für Informatik u. seit 1992 versch. Gastprofessuren u. Lehraufträge, vor allem an österr. Hochschulen; 1999 Mitglied der Leibniz-Soz. sowie seit 2001 Mitglied der Dt. Gesell. für Kybernetik sowie der Gesell. für Wissenschaftsforschung e.V. an der HU Berlin. – Zahlreiche fachwiss. (biokybernetische und informationstheor.) Artikel u. Beiträge in Zeitschriften (auch der DZfPh. 1965–87) und Sammelbänden (jedoch fast immer in Kooperation mit anderen Autoren, insbesondere anfangs mit Bodo *Wenzlaff).

Publ.: S. Piotrowski (Hrsg.): Kybernetik und Interdisziplinarität in den Wiss. Georg Klaus zum 90. Geb. Berlin 2004; Mithrsg. G. Flach: Ethik in der Wissenschaft, die Verantwortung der Wissenschaftler. Zum Gedenken an Klaus Fuchs (Berlin 2008). Hrsg. Chr. Floyd u. a.: Stufen zur Informationsgesellschaft. Festschrift zum 65. Geb. Frankf./M. 2002, darin auch Publ.-Liste; Mithrsg. zweier theolg. Schriften seines Großvaters Emil Fuchs (2015).

Funke, Rainer
3. April 1957
Philosophie-Studium und Angewandte Ästhetik (Design)
Geb. in Meissen; nach üblicher Oberschulzeit (Abitur) 1976–81 Phil.-Studium an der Sektion Marx.-len. Phil. der MLU Halle (Diplom-Phil.); Einstellung als befr. Ass. u. 1985 phil. Prom. z. Thema *Handlungstheor. Aspekte der Sprache hinsichtlich der Zeichenbedeutung* (Gutachter G. *Schenk u. K.-D. *Noack); anschl. bis 1990 (Abwicklung der Phil.-Sektion) wiss. Ass. im Lehrbereich Logik; 1990–92 Oberass. in der Abt. Designtheorie der HS für Industrielle Formgestaltung Halle Burg Giebichstein; Gründungsmitglied des Inst. für ökolog. Äst. in Halle; seit 1992 Prof. für Designtheorie an einer entspr. FHS in Potsdam; 1992–94 Gründungsdekan u. 1994–96 Dekan daselbst sowie seit 1997 Leiter des interdiszipl. Forschungsprojekts „Leben im Alter" ebd; 1993–2003 Mitglied des Gründungsvorstandes u. Vorstandsvors. der „Design-Initiative Brandenburg-Berlin e.V." u. 2003–06 Gastprof. für Designtheorie an der Kunstuniv. in Linz/Österr.
Publ.: (Hrsg. u. Mitautor): Gut & Böse. Moralische Dimensionen von Design bei jungen Menschen. FHS Potsdam 2011; (Mithrsg.): Care Design. Neue Designhorizonte für (zu) pflegende Menschen. Ebenda 2012; (Hrsg.): Dinge, Räume und persönliche Identität. 66 Proträts. Ebd. 2013.

Furian, Gilbert
Exmarikulierter Philosophie-Student in Leipzig und Politischer Stasi-Häftling in Berlin
Geb. 1945 in Görlitz als Sohn eines Angestellten und einer Hausfrau; 1951–58 Grundschule u. schon auf dieser Warnung des Klassenlehrers, nicht zur Konfirmation zu gehen, sondern in die FDJ einzutreten („sonst nicht auf die EOS"); 1958 EOS und (anpassungshalber) Eintritt in die FDJ, aber wegen Tragen des Zeichens der JG auch im Unterricht wiederum Ausschluss aus dieser; 1963 erfolgr. Abitur, aber keine Zulassung z. Dolmetscherstudium; daher Lehre als Verkehrskaufmann u. zeitwlg. Arbeit im Rostocker Überseehafen; 1965/66 NVA-Grundwehrdienst und dortg. Befürwortung eines („umgelenkten") Phil.-Studiums an der KMU in Leipzig (wichtigste Phil.-Lehrer Hm. *Seidel und D. *Wittich); jedoch 1970 vorzeitg. Exm. aus allein pol. Gründen, da er sich vorangehend in seinem Phil.-Sem. kritisch z. Einmarsch von Truppen des Warschauer Vertrages in die CSR äußerte; allerdings wurde die Exm. völlig entpolitisiert nach der univ. Disziplinarordnung mit einem ‚unmoralisch-ehrlosen' Verhalten gerechtfertigt; danach wieder prakt. Arbeit im erlernten Beruf im VEB Wärmeanlagenbau; 1982 unerlaubte Punk-Interviews in Berlin (nachwendisch publ. u. d. T. „Auch im Osten trägt man Westen". Berlin 2000, 4. A. 2012) und deren illegale Vervielfältigung sowie Verteilung, auch in West-Berlin, was jedoch von der Staatssicherheit aufgedeckt u. verhindert wurde; daher nachfolg. Verhaftung, langwg. Stasi-Verhöre, dennoch vorzeitige Entlassung, jedoch trotz des westdt. „Freikaufs" ausdrücklich in der DDR verblieben; umfangreiche nachwendische Aufarbeitung dieser persönl. Erlebnisse u. anderer pol. Verurteilungen, einmalig verbunden mit selbstkrit. Einbeziehung von ehemlg. Stasi-Vernehmern u. DDR-Richtern in versch. Publ., daran ent-

scheidend mitwirkend, sowie jahrelange Zeitzeugen-Führungen in der Stasi-Gedenkstätte Berlin-Hohenschönhausen.

Lite. (jweils als Mitwirkender): Mehl aus Mielkes Mühlen. Pol. Häftlinge und ihre Verfolger (Erlebnisberichte). Berlin 1991, 3. erw. A. 2008; Der Richter und sein Lenker. Pol. Justiz in der DDR. Berichte u. Dok. Berlin 1992.

Gäbler, Klaus
5. Okt. 1931
Moskauer Diplom-Philosoph und SED-ZK-Abteilungsleiter für Propaganda
Geb. in Steinpleis, Werdau; Schulzeit mit OS bis 1950, bereits 1947 SED; anschl. zunächst 1950–52 Phil.-Studium in Leipzig; fortgesetzt an der Lomonossow-Univ. in Moskau bis 1957, abgeschl. als Diplom-Phil.; in dieser Zeit gem. mit H. *Seidel einmlg. Disk.-Beitrag Über das Verhältnis des Marxismus zur Phil. Hegels (DZfPh-H. 2/1956, u. a. Debatte zum Hegelbuch von G *Lukacs, 1954); nach Rückkehr in die DDR prakt.-pol. Einsatz in der SED-BL Leipzig als pol. Mitarb; 1958–61 wiss. Ass. am Inst. für Phil. der KMU Leipzig (dort aber ohne Prom.-Abschluss); danach Mitarbeiter in SED-ZK-Abt. f. Propaganda, 1963 daselbst Sektorenleiter, 1967 stellv. Leiter u. schließlich 1979–89 bis zur Selbstauflösung der SED deren Abt.-leiter; zuvor 1978 Prom. am IML beim ZK der SED zum allgewaltigen Polit-Thema: *Philosophie, Arbeiterklasse u. Revolution. Eine Studie über den Beginn der theor. Begründg. des Wechselverhältnisses von dial.-mat. Phil., revolutionärem Proletariat und sozial. Revolution in den ersten Schriften von Karl Marx (1836–1844)*; als ZK-Abteilungsleiter 1981–Dez. 89 zugleich auch Mitglied des ZK der SED; keine nachwendischen (irgendwie philosophierelevanten) Aktivitäten mehr bekannt geworden; – zus. mit M. Börner, G. *Ludwig, Hm. *Seidel und H. *Plavius die ersten SU-Phil.-Stud. aus der DDR in Moskau so wie E. *Lange u. G. *Kröber in Leningrad.
DDR-Personen-Lexikon 2010 (H. Müller-Enbergs).

Publ.: (Mitautor H.-H. Angermüller): Literatur u. ihr Vertrieb. Berlin 1967; (zus. mit G. Lederer u. A. Schoen): Triumpf des M.-L. Die marx.-len. Wissenschaft – Wegbereiter beim sozial. Aufbau in der DDR. Dresden 1969.

Gadamer, Hans-Georg
11. Febr. 1900–13. März. 2002
Nachkriegs-Rektor in Leipzig bis Oktober 1947
Geb. in Marburg; Studium der Phil., Germanistik, Kunstgesch. u. klass. Philologie in Breslau, München, Freiburg u. Marburg; 1922 Prom. bei P. Natorp u. N. *Hartmann daselbst mit einer Abhandlung zu Platon; 1927 Staatsexamen für das Höhere Lehramt; Phil.-Habil. 1929 bei M. Heidegger in Freiburg zu *Platons dialektische Ethik* (so publ. 1931); Vertretung versch. von den Nazis aus rassistischen und/oder pol. Gründen entlassener Phil.-Prof. u. 1935 Teilnahme an einem NS-Dozentenschaftslager; ab 1939 o. Prof. (in Nachfolge von A. Gehlen, der nach Königsberg ging) u. Direktor des Phil. Sem. der Univ. Leipzig, obwohl kein PG (Parteimitgl), aber auch kein bes. NS-Gegner

(damlg. pol. Einschätzungen sind nicht mehr aktenkundig); als philolog. Antike-Spezialist betont er die staatspol. Auffassung Platons als Beitrag z. erklärten „Kriegseinsatz der Geisteswiss."(1942); dazu 1941/44 Phil.-Vorträge in versch. kriegsbesetzten europäischen Hauptstädten (Paris, Prag, Lissabon); Sept. 1945 Vortrag zur Bedeutung der Phil. für die neue antifach.-demo. Erziehung; sogleich 1945 Dekan der Phil. Fak. (Einsatz für Hans *Freyer und die Wiederberufung von Th. *Litt) sowie von Jan. 1946–Okt. 1947 zweiter Nachkriegsrektor der Univ. Lpz.; Festrede zu deren Wiedereröffnung am 5. Febr. 1946: Über die Ursprünglichkeit der Wiss.; dazu vielfältige Wirksamkeit im ostdt. Kulturbund zur geistig-kulturel. Erneuerung. Dtl. (April 1947 Rede: Über das Verhältnis der Phil. zu Kunst u. Wiss.); letzte Leipziger Univ.-Rede Aug. 1947 zu „Arbeiterstudium und Univ."; offiziell genehmigte Übersiedlung in die Westzonen u. ab 1. Okt. 1947 sofortg. Anstellung an der Univ. Frankf./M. (Berufung 1948) und 1949 Berufung in Nachfolge Karl Jaspers nach Heidelberg; daselbst 1968 em. und 2002 übereinhundertjährig verst.; sein Lpz. Assistent K.-H. *Volkmann-Schluck, seit 1939 mit G. in Leipzig, noch am 16. März 1945 habil. zu Cusanus, konnte jedoch dessen Nachfolge nicht mehr antreten, da auf diesen Lehrstuhl gegen den erklärten Willen der damlg. Phil. Fak. durch das Sächs. Landesmin. Ernst *Bloch berufen wurde. Die Übersiedlung in die Westzone realisierte G. auf abenteuerl. Weise zonenübergreifend mit seiner gesamten phil.-wiss. Arbeitsbibl. leibhaftig in einem Güterwagen der DR. – Mit seinem phil.-grundlg. Werk „Wahrheit und Methode" (1960) in der BRD Begründer der mod. phil. Hermeneutik; 1962 Gründung der Intl. Hegel-Vereinigung und deren erster Präsd (teilweise gerichtet gegen die linksmarx. Intl. Hegel-Gesell. von R. W. *Beyer und M. *Buhr); Teilnehmer am XVII., nun gesamtdt. Phil.-Kongreß 1996 in Leipzig sowie nachholende Ehrendoktorwürde der Lpz. Univ. sowie zugleich symbol. Ehrenmitglied der dort ansässigen Sächs. Aka. der Wiss.; – gewährte mir noch zu Lebzeiten vorbehaltlos großzügige Akteneinsicht im UA in Leipzig, was jedoch erstaunlich wenig ergab.

Lite.: (Auswahl): Phil. Lehrjahre. Eine Rückschau. Frankf./M. 1976; T. Orosco: Platonische Gewalt. Gadamers. pol. Hermeneutik der NS-Zeit. Berlin 1995; J. Groundin: H.-G. G. Eine Biographie. Tübg. 1999.– *Anfänge*: Der andere Gadamer und sein Leipziger Rektorat. Über die Wiedergeburt der Hermeneutik aus dem Geist der demo. Kulturerneuerung (V. Caysa).

Gagarin, Aleksej P.
1895–1960
Sowjetischer parteiatheistischer ML-Philosoph
Ausgebildet 1929 am Partei-Inst. der „Roten Professur" u. phil. Prom. zu Franz Mehring; danach Politleiter in einem Sowchos; 1935 Dekan am Mosk. Inst. für Literatur u. Kunst sowie Lehrstuhlleiter für dial. u. hist. Mat. (1937 erfolgte die umfassende Einführung des gesellwiss. Grundlagenstudiums nach J. *Stalins parteiamtl. Grundkurs an allen Landes-Universitäten, für alle Fächer und „über alle elf Zeitzonen"!); 1937–41 Einsatz im Ministerium (Kommitee) f. das HFW der UdSSR; danach wiederum Dekan an der MGU u. Redakteur eines atheistischen Journals „Hinweg mit den Göttern", woraus

später auch in der DDR, nach diesem sowjetphil. Vorbild, eine reguläre phil. Abt. für Wiss. Atheismus (gelegentlich auch für „marx. Religionserforschung") hervorging (anfangs Olaf *Klohr in Jena u. später W. *Kleinig an an der HUB).

Publ.: Die amerikanische bürgerl. Phil. und Soziologie im Dienste des Imperialismus. Berlin 1953; (dt. Broschur): Die Entstehung und der Klassencharakter des Christentums. Berlin 1954 (4. A. 1956).

Garaudy, Roger
17. Juli 1913–13. Juni 2012
Französischer komm.-marx. Theoretiker und später verurteilter „Renegat"
Geb. in Marseille; führender Parteiphil. u. Chefideologe der KPF in den 50er Jahren, dessen damlg. orthodox-marx.(phil.) Werke deshalb vorbehaltlos (hrsg. von G. *Klaus u. M. *Buhr) in in der DDR publ. wurden, seine dann nach 1965/68 verurteilten „revisionistischen" Schriften nur noch in der BRD; nach der kurzen u. schließlich abgebrochenen sowjet. Entstalinisierung (1956/61) entwickelte G. reformkomm. Vorstellungen, die jedoch von der uneinsichtigen franz. KP-Führung stets als revisionist. Abweichungen vom sowjet-dogmatischen (marx.-len.) Wege verurteilt wurden; frühzeitig nach dem II. Vatikanischen Konzil (1962/65) wagte R. G. den (ideologiefreien) Dialog zu der Frage: „Ändert sich das Verhältnis zw. Katholizismus u. Marxismus?"; mit der Schrift „Die große Wende des Sozialismus" (1969/70) erfolgte sein Parteiausschluss, worauf er als „Alternative: ein neues Modell der Gesellschaft jenseits von Kapitalismus u. Sozialismus" (Hambg, 1973) als dritten Weg propagierte u. weiterhin „für einen Dialog der Zivilisationen" (Europaverlag, 1980) eintrat; als „letzten Ausweg" sprach er sich „für eine Feminisierung der Gesellschaft" aus (München 1982/85); nach seinem merkwürdigen Übertritt zum Islam wurde er zunehmend zum (antisemitisch mißbrauchten) Kritiker des jüdischen Staates Israel, dessen sog. „Gründungsmythen" er geißelte, was ihn bis zur strafrechtlich verurteilten Leugnung des Holocausts verleitete; eine zweibändg. „Biographie des 20. Jhd." (Hannover 1986/88) betrachtet er als sein „phil. Testament"; G. verstarb fast 100-jährig im Jahre 2012 in der Nähe von Paris.

Publ.: Folgende seiner phil. Werke erschienen in der DDR: Die franz. Quellen des wiss. Sozialismus. Berlin 1954; Die Freiheit als phil. u. hist. Kategorie. Berlin 1959; Die materialistische Erkenntnistheorie (hrsg. von G. Klaus). Berlin 1960; Gott ist tot, das Problem, die Methode u. das System Hegels (hrsg. von M. Buhr). Berlin 1965. 1956 nahm G. noch an der von Ernst Bloch org. „Freiheits-Konferenz" in Berlin teil; die Buhrsche (100 kleinbändige) Kritik-Reihe wurde 1970 eröffnet mit dem H. 1 (I. Bauer/A. Liepert) mit „Sirenengesang eines Renegaten oder Die ‚große Wende' des Roger Garaudys". In der offiziellen DDR-Phil. (ihrer parteigeschichtl. Selbstdarstellung) der 70/80er Jahre wurde Garaudy daraufhin nicht mehr erwähnt; verlegt wurde er dafür massenhaft in der BRD. In Garaudy zeigt sich wahrscheinlich sehr personifiziert der vollständige „geistige Zerfall" einer ursprünglich so „geschlossen und einheitlich" agierenden parteikomm. Ideologie/Weltanschauung/Philos. des 20. Jhd.; seine phil. ET endete aber schon frühzeitig mit dem typisch französisch-emanzipatorischen Satz: „Am Ziele angelangt, mündet diese in die Freiheitslehre"! Das hat er wohl für sich stets beansprucht.

Gedö, Andras
Ungarischer marx.-len. Partei-Philosoph in engster Zusammenarbeit mit Manfred Buhr
Geb. 1932 in Budapest; nachkriegszeitl. Studium der Phil. an der Budapester Univ. u. phil. Prom. 1959 wie Dr. sc. 1969; 1961–71 Mithrsg. „World Marxist Review" (Prag), 1972 Phil.-Prof. am Inst. für Politische Studien (wahrschl. aber PHS bzw. Parteiaka. für Gesell.-wiss.); Mithrsg. der Buhrschen Aka.-Reihe „Zur Kritik der bürgerlichen Ideologie" (1971–87, 110 Hefte); 1982–2006 Mitglied der Intl. Gesell. für Dial. Phil. – Societa Hegeliana (1. Vors. ist H. H. *Holz); Über sein tatsächl. Verhältnis zu Georg *Lukasc war nichts zu erfahren.

Publ.: Der entfremdete Marx. Zur existentialistisch-"humanistischen" Marxismus-Deutung. Buhrsche Kritik-Reihe H. 8. Berlin u. Frankf./M. 1971; (mit M. Buhr u. V. Ruml): Die phil. Aktualität des Leninismus. Kritik-Reihe 12. Berlin u. Frankf./M. 1972; (mit M. Buhr): Über die hist. Notwendigkeit des ideolg. Klassenkampfes. Kritik-Reihe 75. Berlin u. Frankf./M. 1976; Philosophie der Krise. Kritik-Reihe 90. Berlin u. Frankf./M. 1978; (Mitautor): Moderne, Nietzsche, Postmoderne. Studien zur spätbürgl. Ideologie. Berlin 1990; Phil. und „Nicht-Philosophie" nach Hegel. Studien zum Streitfall Dialektik. Ed. Marx. Blätter 101. Essen. 2002.

Gehlauf, Karlheinz
19. März 1930–19. April 2007
Als Geschichtslehrer vom Wiss. Kommunismus zum ostdeutschen Heimatforscher
Geb. in Altenburg/Bz. Leipzig als Sohn eines Technikers mit Vorfahren bis ins 16. Jhd. hinein daselbst; 1936–48 (kriegsbedingt unterbrochen) Grundschule u. Erw. OS (Abitur); anschl. Berufsausbildung als mittelschulischer Geschichtslehrer an der Pädg. Fachschule Gera (1. und 2. Lehrerprüfung); 1952 mit Parteiauftrag als Schulinspektor in den „Grenzkreis" Schleiz; 1956–59 Direktor einer POS und zunehmender ML-Unterricht am Inst. für Lehrerbildung in Altenburg; zugleich Abendstudium in Leipzig u. abgeschl. als Diplom-Lehrer ML 1965; ab 1966 Abt. Staatsbürgerkundelehrerausbildung (ML-Phil.-Anteil) der KM Uni. Leipzig u. mit dortiger Sektionsgründung M-L-Phil./Wiss. Sozm. zuständig für die nun massiv anlaufende WK-Ausbildung der Leipz. ML-Phil.-Sektion.; 1969 phil. Prom. z. Thema: *Thomas Hobbes' Phil. und ihr Verhältnis zu Wiss. u. Pol. seiner Zeit* (Gutachter: H. *Seidel, H. *Lindner und Doz. Hr. *Schwartze); anschließend genau 20 Jahre Lehre zum Wiss. Sozm./Kom. an dieser ML-Sektion (nachwendisch wieder umbenannt in „Gesellschaftswissenschaften"), was jedoch keinen univ. Bestand mehr haben sollte; daraufhin Entlassung aus dem Hochschuldienst u. Vorruhestand; nach 1995 anerkannter Altenbg. Heimatforscher im örtl. Fremdenverkehr u. verst. in der Skatstadt Altenburg.

Publ.: Mitarbeit am LB. Staatsbürgerkunde. Kl. 7–12 (1974); Zur Entw. der Bündnisbeziehungen zw. Arbeiterklasse u. Intelligenz unter Führung der marx.-len. Partei beim Übergang vom Kapitalismus zum Kommunismus. Textauswahl „Klassiker" des ML zu Lehrzwecken. Leipzig 1975; Arbeiterklasse, Intelligenz, Studenten. ML-Klassiker-Textauswahl. Leipzig 1980; Lehrbrief z. Wiss. Kom. 1–3. Leipzig 1983/84; 5 entspr. Berichte in der DZfPh. 1973–77; nachwendisch kulturhist. Porträts Altenburgs, 7 Bände 2002/06.

Gehrke, Rudolf
1927–1995
Universitärer Kulturfunktionär in Leipzig
Geb. in Stettin; frühzeitiges nachkriegszeitl. Phil.- und Lite.-Studium bei Ernst *Bloch u. Hans Mayer; wiss. Oberass. am Inst. für Phil. in der Abteilg. Ästhetik u. Kulturtheorie (Leiter Erh. *John); Vors. einer sog. Kulturkom. der KMU Leipzig und persönl. Referent des Rektors G. Mayer; phil. Prom. 1963 *Zur gesetzm. Herausbildung und nationalen Bedeutung der sozial. Kultur in der DDR.* (Gutachter: E. *John); als IM „Heinz Werner" zahlreiche negativ-krit. Berichte zu H. Mayer; 1964–79 Stadtrat für Kultur in Leipzig; verst. 1995 in Leipzig.

Publ.: (Mithrsg.): Beiträge zum nationalen Kulturvorbild der DDR auf dem Gebiet der Wissenschaft. Dem Rektor Georg Mayer z. 70. Geb. Leipzig 1963; (Autorenkollektivleiter): Zwischen Auerbachs Keller u. Grünau. Bln. 1987; Anekdoten von Friedr. dem Großen. Miniaturverlag Leipzig 1996.

Geisler, Ulrich
16. Juni 1937
Vom Wiss. Kommunismus zur schulischen Sozialkunde
Geb. in Waldenburg (Schlesien) als Sohn eines Apothekers; bis 1945 VS in Weißstein, Kr. Waldenburg; 1946 Umsiedlung in die SBZ nach Pfaffendorf bei Königsstein, Kr. Pirna; ab 1946 fortgz. Schulbesuch in Dresden u. 1955/56 Lehre als Reisebürofacharbeiter daselbst, abgebr. wegen Studienbeginn der Phil. 1956–60 an der KMU Lpz.; angestellt am Phil.-Inst. – im Bereich Gesch. der Phil. (Hm. *Seidel) u. Mitarbeit am gepl. Projekt Gesch. der ML-Phil. in Dtl. Bd. II (1917–45), das jedoch wegen ständiger Parteiführungseinsprüche nie erscheinen sollte; 1965 phil. Prom. z. Thema: *Marx.-len. Phil. contra fasch. Demagogie. Zur Gesch. des ideolg. Kampfes der KPD gegen den Faschismus in der Periode der Weltwirtschaftskrise 1929–1933* (Gutachter: A. *Kosing, benennt damalg. Stalin-Fehler u. H. *Seidel, verweist auf K. Jaspers); 1965–69 Wiss. Oberass. ebd. u. einziger gem. DZfPh.-Artikel mit H. *Seidel z. Kritik an Herb. *Marcuse (H. 4/69); 1970–84 Doz. für dial. u. hist. Mat. an der Sektion Marx.-len. Philosophie/Wiss. Sozm. u. 1983 Prom. B nun zu einem westdt. Thema: *Politikauffassung u. Reformismus. Zur phil. u. sozialtheor. Disk. in der SPD der 70er Jahre* (Gutachter: *Mocek, Kowalski u. Menzel); Leiter einer Forschungsgruppe zur „Kritik bürgl. politischer Theorien" (s. dazu entsprende Lehrbriefe 1–8, Dresden 1983/84); 1984–91 Prof. für Wiss. Kom. an der entpr. WK-Sektion der KMU Leipzig; 1990 Direktor der (dazu noch umbenannten) Sektion „Politikwiss. u. Soziologie" an der Univ. Leipzig; zum 31. Dez. 1990 Abberufung als Prof. u. ruhendes Arbeitsverhältnis (Warteschleife) bis 30. Sept. 1991; 1991/92 Wiss. Mitarbeiter mit befristetem Arbeitsverhältnis am univ. Fachbereich Pol.-wiss. u. Soz. (danach arbeitslos bzw. Vorruhestand); 1992–2007 Herausgeber u. Autor von Schulbüchern zur Sozialkunde (Leipzig, Kl. 7/8 – 11/12).

Gelhar, Fritz
1. Juli 1937–März 2015
Kosmos- u. Raumfahrt-Phil. am ZI für Phil. der Akademie der Wiss. zu Berlin
Geb. in Kotzenau/Schlesien, Vater Arzt; Umsiedlung 1945/46 u. Schulabschluß mit Abitur 1954 in Heyerswerda; anschl. Phil.-Studium an der HU Berlin begonnen, aber wegen Krankheit insgesamt vier Jahre unterbrochen; Phil.-Diplom 1963 (Abschlußarbeit zu phil. Problemen der Spezl. Relativitätstheorie); danach Assistent im gesell.-wiss. Grundstudium der TU Dresden; daselbst 1968 phil. Prom. z. Thema: *Logik und Realität. Über die Herkunft der log. Beziehungen*; ab 1973 wiss. Mitarbeiter am ZIfPh. der AdW (H. *Hörz-Bereich Phil.-Wissenschaftsentwicklung, spezialisiert auf Kosmosforschung u. phil. Fragen der Raumfahrt); 1985 beteiligt an einer Werkausgabe, Bd. 6: „Naturbild und Weltanschauung" für W. *Hollitscher; 1989 Aka.-Prom. B (Habil) z. Thema: *Die selbstschöpferische Kraft der Materie. Zur Gesch. des Entwicklungsgedankens in Physik und Philosophie* (Gutachter: H. *Hörz, W. Ebeling, H. *Horstmann); nach Aka.-Abwicklung Vorruhestand und Organisation der „Raumfahrtshist. Kolloquien" an der Sternwarte Berlin; nachwendisch ungehindert publ.: „Wie der Mensch seinen Kosmos schuf". Eine kleine Kulturgesch. der Astronomie.

Gellert, Inge (verh. Jahn)
23. Aug. 1952
Als Diplom-Phil. im Brecht-Zentrum Berlin und verspätete aka.-phil. Hegel-Edition
Geb. in Großzöbereitz in einer LPG-Genossenschaftsbauernfamilie; 1959 eingeschult u. nach der EOS 1967–71 mit Abitur in Bitterfeld sowie bis 1975 Phil.-Studium in Jena; anschl. Lehreinsatz im gesell.-wiss. Grundstudium an der HU zu Berlin; daselbst 1980 phil. Prom. A (als verh. Jahn) am *Ley-Lehrstuhl Phil.-Naturwiss. der Sektion Phil. der HUB *Zum phil. Denken der Ärzteschaft der BRD, besonders zum Einfluß existentialist. Richtungen, dargestellt an der Zeitschrift „Deutsches Ärzteblatt" 1970–1979* (Gutachter: H. *Ley, H. Spaar, D. Stenzel); danach Arbeit im nachgeordneten Kulturbereich; u. a. red. Bearbeitung einer Dok. im Berliner Brecht-Zentrums der DDR zum Thema: „Brecht u. Marxismus" (Protokoll der Brecht-Tage 1983), Berlin 1983; zeitweilig auch Mitarbeiterin am ZIfPh. der AdW (Abt. Edition phil.-hist. Texte) und von M. *Buhr „gestattet-beauftragte" Bearbeitung von Hegels „Frühe Studien und Entwürfe 1787–1800" (obwohl gerade dazu kaum phil.-hist. überhaupt qualifiziert), als letzte Hegel-Edition der DDR ohne jede Berücksichtigung der laufenden westdt. hist.-krit. Gesamtausgabe der Werke Hegels) Aka.-Vg. Berlin 1991; danach Direktorin des Brecht-Zentrums Berlin, aber keine weitere Anstellung u. Wirksamkeit in fachphil. Hinsicht.

Publ.: (hrsg. mit B. Walburg): Brecht 1990. Schwierigkeiten mit der Kommunikation? Kulturtheor. Aspekte der Brechtschen Medienprogrammatik. Schriftenreihe des Brecht-Zentrums, Bd. 7, Berlin/Wien 1991;; Mithrsg.(zus. mit W. Hecht) von Brechts Werken: Bd. 22 (Schriften 1933–42), zwei Teile, Berlin 1993; aktuell befaßt mit versch. Ausstellungsprojekten.

Genz, Sabine
5. Juli 1950
Parteigeschichtliche Philosophiehistorikerin in Berlin
Geb. in Döbeln; übl. politechn. Berufsausbildung („Rinderzüchterin") mit Abitur u. anschl. Phil.-Studium 1972–76 an der HU Berlin; Absolventeneinsatz 1976–81 an der SED-Partei-Kreisschule Berlin-Treptow in der ML-Weiterbildung; danach parteiamtl. Delegierung zur wiss. Asp. an die Aka. für Gesell.-wiss. beim ZK der SED u. 1985 dort phil. Prom. zum ungewöhnlichen (allein dort möglichen, da archivbestimmten) Thema *Das ‚Forschungsinstitut für wiss. Sozialismus' beim Parteivorstand der SED. Eine phil.-hist. Analyse* (Betreuerin ist Sieglinde *Heppener und Gutachter: Fritz *Richter – teilw. publ. in DZfPh. H. 8–9/1984 z. 35. Jahrestag der DDR), beruhend auf erstmalig zugelassenen Parteiarchiv-Studien und persönl. Befragungen von noch lebenden Akteuren (Ernst *Hoffmann), das als parteiamtl. Forschungs-Institut zur direkten Vorgeschichte des im Dez. 1951 (zu *Stalins 72. Geb.!) gegr. IfG wie des späteren IML beim ZK der SED gehört; diese Diss. enthält erstmalig die namentl. Auflistung von Teilnehmern am Phil.-Dozentenlehrgang der PHS 1948/49, aus dem der gesamte spätere Kernbestand der parteimarx.-len. „Kader-Philosophen" der DDR hervorging; doch erst das nachfolgende IfG bildete zugleich den Ausgangsp. der daraufhin jahrzehntelangen parteigeschulten Asp.-Ausbildung am oberstgesell.-wiss. SED-Partei-Institut bzw. der späteren „Gewi.-Aka.", die wiederum immer als absolut parteibeherrschte Gegenstück zur wesentlich *naturwiss.-techn.* ausgerichteten Staats-Aka. der Wiss. der DDR angesehen wurde; der partl. Selbstauflösung bzw. westl. Evaluierung u. Abwicklung als grundsätzlich *außeruniversitäre* (das war wesentlich) partei- wie staatsaka. Wiss.-Institutionen der SED-DDR entgingen sie beide nicht ihrem Ende u. verschwanden schließlich nach 1990/91 gleichermaßen, was insb. ihre übergroßen jeweilg. außeruniv. Phil.-Einrichtungen unabdingbar betreffen sollte. Das ist jedoch nur der symbolträchtige „Rückbau" jener anfänglichen „gesell.-wiss." bzw. parteiphil. Einrichtungen, womit also schon 1946, 1948 und 1951 systematisch begonnen worden war. – Vgl. hierzu insbesondere L. Martens „Rote Denkfabrik". Zur Gesch. der AFG beim ZK der SED. Berlin 2006.

Gerhardt, Volker
21. Juli 1944
Prof. für Prakt. Phil. an der HU Berlin seit 1992 – Mitglied der BB-Aka. der Wiss. seit 1998 u. entschiedener Akteur und Förderer der hist.-krit. Aufarbeitung der DDR-Phil.
Geb. in Guben/Brandenburg, nachkriegsbedingt aufgewachsen in Hagen/Westfahlen; Studium der Phil., Psy. u. Rechtswiss. in Frankfurt/M. u. Münster; daselbst erfolgt 1974 die Prom. zum Thema *Vernunft u. Interesse*, betreffend die *Vorbereitung auf eine Interpretation Kants* (publ. 1976); nach der Habilitation (1984) Mitwirkung an der Gründung der Fernuniversität Hagen u. 1985 erste Prof. für Phil. in Münster; 1988–92 Leitung des Inst. für Phil. an der Dt. Sport-H S Köln (in Nachfolge H. J. *Lieber); 1991 Gründungs-

direktor u. Professur für Prakt. Phil. am neuen Inst. für Phil. in Halle, besetzte dann aber schon 1992 einen solchen Lehrstuhl (mit dem Schwerpunkt Rechts- u. Sozialphil.) am abgewickelten bzw. neugegr. Inst. für Phil. der HU zu Berlin, dessen 1. gef. Direktor er nach dem Rückzug von H. *Kuchling von diesem Amt Ende 1992 wurde; in einem aka. Festvortrag 1993 bei Begrüßung der neuberufenen Prof. geht es folgerichtig „Zur phil. Tradition der HU" Berlin (später als umfassende Publ. betitelt mit Ed. *Spranger: „Berliner Geist". Eine Gesch. der Berl. Univ.-Phil. bis 1946. Berlin 1999), woran wieder anzuknüpfen war; seit 1998 Mitgl. der neugegr. Berlin-Brandenbg. Aka. der Wiss. u. 2001/07 als deren Vizepräsident zuständig für alle geisteswiss. Forschungsvorhaben; dazu Vors. der aka.-wiss. Kant- und Nietzsche-Kommission (deren abschl. Werkausgaben betreffend) und langj. Mitwirkung an der schon 1990 in Halle (später Naumburg) gegr. (ostdt.) Fr. Nietzsche-Gesell. (umstritten durch M. *Riedel späte Kritik am Mitbegründer H.-M. *Gerlach, den G. daraufhin verteidigte); Veranstalter u. Hg. einer Vorlg.-Reihe zur im Foyer der HUB seit 1953 „angeschlagenen" 11. Marxschen Feuerbach-These (Berlin 1996), wobei danach gefragt wurde, ob diese These wirklich (weiter so) als „Leitspruch" für eine erneuerte Humboldt-Universität fungieren sollte; im selben Jahr erschien der umstrittene Artikel „Die Asche des Marxismus", u. es erfolgte die Durchführung und Herausgabe einer weiteren Ring-Vorlg. z. Marxismus. Versuch einer Bilanz (Magdeburg 2001); an beiden Projekten beteiligten sich zahlreiche, inzw. kritische ehemalige DDR-Phil.; seit 1999 (Eröffnungskonferenz an der HU Berlin) auch Unterstützung eines mehrjährig laufenden Projektes zur hist.-krit. Aufarbeitung der DDR-Phil 1945–95 (durchgeh. Hrsg. und Projektleiter H.-C. *Rauh): Bd. I. „*Anfänge* der DDR-Phil." als Mithrsg. Berlin 2001; Bd. II. „*Denkversuche. Die DDR-Phil. in den 60er Jahren*". Mithrsg. P. *Ruben. Berlin 2005 sowie Bd. III. „*Ausgänge. Zur DDR-Phil. in den 70/80er Jahren*". Mithg. H.-M. *Gerlach. Berlin 2009; danach weitergehende Projektunterstütz. für eine *Institutionenanalyse* (Institutsgeschichten) ders. u. einen *personengeschtl.* Abschlußband: Personal-Verz. zur DDR-Phil. 1945–95 (hier vorlg.); gem. mit Re. *Reschke 1995–2010 Hrsg. der Jb.-Reihe zur Nietzscheforschung; seit Juli 2014 als univ.-phil. Senior der HUB em.; zuvor zwei Festschriften zum 65. Geb., betitelt: „Was ist Leben"? und "Individualität u. Selbstbestimmung". Berlin 2009. – Neben seinen zahlreichen Analysen zur Phil. Fr. Nietzsches und Im. Kants, scheint diese letzte Überschrift ein ganz bes., wenn nicht das zentrale Anliegen (jedenfalls gerade aus ostdt. Sicht) seines Philosophierens zum Ausdruck zu bringen; nicht unerwähnt sollte sein persönl. Einsatz (Laudatio) z. Verleihung der phil. Ehrendoktorwürde an Wolf *Biermann am 7. Nov. 2008 bleiben. – Zu seiner Gesamtphilosophie existiert ein ausführl. Wikipedia-Eintrag; neben Herb. *Schnädelbach wichtigster nachwend. Phil.-Ordinarius an der HU zu Berlin.

Publ.: (Auswahl): jahrzehntelange Mitwirkung an der gr. Nietzsche-Edition von M. *Montinari u. a.; (zus. mit Fr. Kaulbach): Immanuel Kant. Darmstadt 1980 (spätere Auflagen); Pathos u. Distanz. Studien zur Phil. Friedr. Nietzsches. Stuttg. 1988; Friedrich Nietzsche. München 1992 (4. A. 2006); Selbstbestimmung. Das Prinzip der Individualität. Stuttg. 1999 (2. erw. A. 2018); Der Mensch wird geboren. Kleine Apologie der Humanität. Mün. 2002; Immanuel Kant. Vernunft u. Leben. Stuttg. 2002; Die angeborene Würde des Menschen. Aufs. z. Biopol. Berlin 2003; Partizipation. Das Prinzip der Politik. Mün. 2007. (Mithrsg.): Was ist der Mensch? Berlin 2008; Exemplarisches Denken (Aufsatzsammlung). Paderborn 2009; (Mithrsg.): Gestalten des Bewußtseins (Hegel-Konferenzbericht). Hamburg 2010; (Mithrsg.):Evolution der Natur und Kultur. Berlin 2010; Öffentlichkeit: die pol. Form des Bewußtseins. Mün. 2012; Der Sinn des Sinns. Versuch über das Göttliche. Mün. 2014; Glauben u. Wissen. Ein notwg. Zusammenhang. Stuttg. 2016; Humanität. Über den Geist der Menschheit. München 2019.

Gerlach, Hans-Martin
10. Dez. 1940–5. Jan. 2011
Einziger ostdt. Professor für Philosophiegeschichte sowohl in Halle als auch in Mainz
Geb. in Wimmelburg bei Eisleben; Abi. an der Martin-Luther-OS ebd. 1959 u. anschl. Phil.-Studium (Hauptfach) in Leipzig, im Nebenfach Literatur- u. Kunstgesch.; 1964 Phil.-Diplom u. danach Ass. am Inst. für Phil. der MLU Halle; daselbst 1968 phil. Prom. z. Thema: *Die pol. Phil. Karl Jaspers* (Gutachter: D. *Bergner u. R. *Mocek – publ. 1974 u. 1987); 1974 längerer Studienaufenthalt in Krakow (Polen); 1975 Prom. B (Habil.) z. Thema *Von der Existenz zum Sein. Existenzphil. von Jaspers und Heidegger – ein Vergleich* (Gutachter: Bergner, Mocek u. H. Mahr); 1976 Dozent für Gesch. der Phil. und später Leiter eines entspr. Wiss.-bereichs (in Nachfolge D. *Bergner) an der Sektion Phil. der MLU Halle-Wittenberg; 1979 Vorbereitung u. Durchführg eines univ. Christian-Wolff-Kolloquiums anl. seines 300. Geb. (mit interntl. Beteilig.); 1982 außerordtl. Prof u. bis 1987 Sektionsdirektor (Vorgänger R. *Mocek/Nachfolger G. *Schenk); 1984 ordentl. Phil.-Prof. für Gesch. der Phil. u. Kritik der modernen bürgl. Phil. (Lehrstuhl-Nachfolge D. *Bergner); org. in den 80er Jahren folgende phil.-hist. Konferenzen in Halle: Karl Jaspers (1983), Georg *Lukacs (1985), Descartes (1987) u. gem. mit G. *Schenk zu Heidegger u. Wittgenstein (1989); 1987/90 Mitgl. des Red.-kollg. der DZfPh u. kurzzeitig 1989/90 noch Vors. des Beirates für Phil. beim MHF (in Nachfolge von G. *Stiehler), später umbenannt in „AK Universitätsphil.", der jedoch mit dem Ende der DDR und der regionalen ostdt. Länderbildung keinerlei übergreifende fachphil. Wirkung mehr zu erzielen vermochte, weil durch die Abwicklung vollständig gegenstands- u. institutionslos geworden; 1991 nach Abwicklung der früheren Sektion marx.-len. Phil. (umbenannt Phil. Seminar) und trotz „pos. Evaluierung" universitär nicht weiter beschäftigt, entlassen u. arbeitslos; 1991/93 ABM-Beschäftigung z. Aufarbeitung der Hallenser Univ.-Phil.-gesch. (während der Aufklärungszeit) in Vorbereitung des 300. Gründungsjubiläums der MLU Halle 1994; ab 1993 Angebot des Phil. Seminars der Johann-Gutenberg-Univ. Mainz z. Vertretung einer Prof. für „Phil. des Bewußtseins mit dem hist. Schwerpunkt Phil. der Neuzeit" u. schließlich 1997 als erster u. einziger (professoraler) DDR-Phil. auf eine C4-Stelle in den alten Bundesländern daselbst berufen, zugleich auch als Leiter der dortigen Kant-Forschungsstelle; zuvor 1990–98 erster Vors. der ost-dt. Förder- u. Forschungsgem. Friedrich Nietzsche (seit 1998 kurz Nietzsche-Gesell. in Naumbg., unliebsame Ause. mit M. *Riedel um seine Nietzsche-Rezeption in der DDR); 2005 em. und verstärkte Mitarbeit an der hist.-krit. Aufarbeitung der DDR-Phil. (RL-Stiftung Sachsen in Leipzig) sowie Mithrsg.

(gem. mit H.-C. *Rauh) von Bd. III *Ausgänge. Zur DDR-Phil. in den 70/80er Jahren.* Bln. 2009; Anfang 2011 überraschend kurz nach s. 70. Geb. an Leukämie in Leipzig verst. Gedenkrede K. D. *Eichler in Mainz, der ebd. auch sein Nachfolger für antike Phil. wurde.

Publ.: Existenzphil. und Politik. Kritische Ause. mit Karl Jaspers. Berlin 1974; (zus. mit R. Mocek): Bürgerl. Philosophieren in unserer Zeit. Berlin 1982; Martin Heidegger. Denk- u. Irrwege eines spätbürgl. Philosophen. Berlin 1982; (gem. hrsg. mit G. Rieske): S. F. Odujew. Auf den Spuren Zarathustras. Berlin 1976/Köln 1977; Existenzphilosophie – Karl Jaspers. Berlin 1987; Christian Wolff oder von der „Fryheit zu philosophieren" u. ihre Folgen. Texte u. Kommentare z. Vertreibung des Philosophen Wolff aus Halle. Ebd. 1993; (zus. mit H. R. Sepp): Husserl in Halle. Frankf./M. 1994; (Mithrsg.): Jahrbuch z. Nietzscheforschung Berlin 1994/95; (Hrsg.): Christian Wolff und seine Gegner. Hamburg 2001; 20facher Autor der DZfPh. 1966–89. Vollstg. Schriften-Vz.: In memoriam Hans-Martin Gerlach 1940–2011. Univ.-Mainz. – *Anfänge*: Ein „ideologischer Schädling". Leo Kofler in Halle. *Ausgänge*: „Zerstörung der Vernunft" oder „Koalition der Vernunft"? Über Kontinuität und Wandel in der Analyse und Kritik spätbürgerlicher Phil. am Beispiel einer Halleschen Forschungsstrategie.

Gethmann, Carl Friedrich
22. Jan. 1944
Gründungsdirektor des Instituts für Philosophie der HU zu Berlin 1990

Geb. in Landsberg an der Warte (Polen); Studium der Phil. in Bonn, Innsbruck u. Bochum; 1967 lic. phil. (kath.-theolg. Fak. in Innsbruck) und 1971 phil. Prom. an der Ruhr-Univ. zum Thema *Verstehen und Auslegen. Untersuchungen zum Methodenproblem in der Phil. Martin Heideggers* (publ. Bonn 1974); 1978 Habilitation an der Univ. Konstanz z. Thema *Protologik. Untersuchungen zur formalen Pragmatik von Begründungsdiskursen* (publ. Frankf./M. 1979/82); danach 1979 Wiss. Rat u. C3-Prof. an der Gesamthochschule Essen; Mitautor (Hrsg. C. *Burrichter): „Ein kurzer Frühling der Philosophie. DDR-Philosophie in der Aufbauphase": *Formale Logik u. Dialektik. Die Logikdiskussion in der DDR 1951–58* (Paderborn 1984); 1990/91 Gründungsdirektor (wiss. Sekr. ist Geo *Siegwart, später C4-Prof. für theor. Phil. in Greifswald) für das erneuerte Inst. für Phil. an der HU Berlin nach dessen vorangeg. Senats-Abwicklung (außer H. *Wessel-Logik u. G. *Irrlitz phil. Propädeutik); vollstg. ostpersonelle Entlassung durch eine evaluierende westdt. Struktur- u. Personalkom. sowie fortl. westorientierte Neuberufungen; daraufhin erklärt der letzte frei gewählte u. noch amtierende Direktor Heinz *Kuchling seinen Rücktritt und der gerade erst neu berufene Prof. für prakt. Phil. Volk. *Gerhardt wird als erster gf. Direktor eingesetzt; mit Ende des Ost-Berlin-Einsatzes (dafür 2003 univ. Ehrenprom. z. Dr. phil. daselbst) erfolgt 1992 die Berufung auf eine C4-Prof. an der Univ. Essen u. 1998 Mitglied der Berlin-Brandenburg. Aka. der Wiss., seit 2002 auch Mitgl. der Dt. Aka. der Naturforscher Leopoldina in Halle/Saale; 2006/08 Präsident der Dt. Gesell. für Phil. z. Durchführung des XXI. Phil.-Kongresses „Lebenswelt u. Wissenschaft" 2008 in Essen; aktuell Mitgl. des Ethik-Rates der Bundesrep. Dtl.

Publ.: Theorie des wiss. Argumentierens. Frankf./M. 1980; Logik u. Pragmatik. Frankf./M. 1982; Lebenswelt und Wissenschaft. Bonn 1991; Handeln unter Risiko im Umweltstaat. Berlin 1993; Person und Sinnerfahrung. Darmstadt 1993; Dasein. Erkennen u. Handeln. Berlin 1993; Vom Bewusstsein zum Handeln. Paderborn 2007; Die Verantwortung des Politikers. Paderborn 2008; Langzeitverantwortung. Darmstadt 2008.

Girnus, Wilhelm
27. Jan. 1906–10. Juli 1985
Staatssekretär für das DDR-Hochschulwesen und Chefredakteur von „Sinn & Form"
Geb. in Allenstein/Ostpreußen (heutige Polen) als einziges Kind eines Gerbers und späteren Beamten; 1912–25 VS, Gymn. u. Abitur; anschl. Werkstudium an der Staatl. Aka. für Kunst und Kunstgewerbe (Kunsttischler) sowie an der Höheren Gewerbeschule am Polytechnikum in Kassel; nebenher Studium der dt. u. franz. Literatur sowie Kunstgeschichte in Breslau, Paris (Auslandssemester) u. Königsberg; 1928 Examen an der Berl. Kunsthochschule als Werklehrer und Kunsterzieher, absolvierte ein zweijh. Referendariat u. war anschl. als Lehrer tätig; bereits 1929 Eintritt in die KPD u. daher wegen komm. Betätigung nach dem 2. Staatsexamen 1933 als Studienassessor am Gymn. Hohenstein entlassen; nach der Machtergreifg. der Nazis mehrfach verhaftet u. wegen Vorber. zum Hochverrat verurteilt; 1937–45 im KZ Oranienburg u. während eines Marsches ins KZ Dachau geflohen; mit Kriegsende 1945 Verw.-Funktionär im Schulwesen des Landes Thüringen und 1946–49 Intendant des Berl. Rundfunk; danach bis 1953 ND-Redakteur, verantwortl. für Kulturpol. – vertrat in allen damalg. Kunstdebatten (Barlach-Ausstellung der DAK, um Paul Dessau und Hanns Eisler) parteiamtlich einen ausgesprochen stalinistisch-dogm. Standpunkt; 1953 phil. (literaturwiss.) Prom. an der KMU Leipzig b. Hans Mayer zu *Goethe. Der größte Realist dt. Sprache. Versuch einer kritischen Darstellung seiner ästh. Auffassungen* (Teilveröfflg. 1962); kurzzeitig 1953–55 Leiter der Abt. „Schöne Literatur und Künste" im ZK der SED; dann (in Nachfolge von G. *Harig) 1957–62 Staatssekr. für das Hoch- u. Fachschulwesen der DDR u. verantw. für die weitere Politisierung dess. nach 1958 (V. SED-Parteitag) wie um 1961; anschl. Berufung z. Prof. für Allgm. Literaturwiss. an die HU zu Berlin sowie 1964–81 schließlich erfolgreicher Chefred. der Literatur-Zft. der DAK Sinn&Form, in der traditionell (vor allem dann unter s. Nachfolgern in den 80er Jahren) auch immer mehr phil. Beiträge erschienen, die im einzigen „Fachorgan" der da schon vollständig parteiorg. DDR-Philos. einfach nicht mehr erscheinen konnten (später zu Bloch u. Nietzsche); seit 1952 im Vorstand der Goethe-Gesell. u. 1957–74 auch Vizepräsd. der Dt.-Franz. Gesell. der DDR; verst. 1985 in Bln. – Sohn Wolfgang G. (geb. 1949) stud. an der TU Dresden (Dipl-Lehrer für Chemie u. Mathematik) u. war anschl. bis zu deren Abwicklung wiss. Mitarb. am Aka.-Inst. für Theorie, Gesch. u. Org. der Wiss. an der AdW der DDR u. bekannte sich 1991 zu seiner Stasi-Tg.
DDR-Pers.-Lexikon 2010 (J. Kaulfuß/H. Müller-Enbergs).

Publ.: Wer macht Geschichte? Zur Kritik der faschistischen Geschichtsfälschung. Berlin 1946; Francois Marie Arouet de Voltaire. Leben u. Schaffen (Kurzbiographie des Schulbuchverlages Volk u. Wissen)

Leipzig/Berlin 1947 (spätere Nachauflage im Aufbau-Verlag Bln. 1958); Johann Wolfgang v. Goethe. Über Kunst u. Literatur. Klass. Erbe aus Phil. und Gesch. Berlin 1953; Ebenso. Goethe. Ausgewählte phil. Texte. Reihe Phil. Erbe Bd. 2. Berlin 1962; Von der unbefleckten Empfängnis des Ästhetischen. Zur „Ästhetik" von G. *Lukacs. Zweitausend Jahre Verfälschung der aristotelischen „Poetik"/Kunst u. Gesch., Buhrsche Kritik-Reihe z. Ause. mit der bürgl. Ideologie. Bd. 13. Berlin 1972; Zukunftslinien. Überlegungen z. Theorie des sozial. Realismus. Ebenso. Bd. 44. Berlin. 1974; Aus den Papieren des Germain Tawordschus. Unvollständiger Bericht über eine Lebenserfahrung (autobiograph. Roman). Rostock 1982.

Gleserman, Grigori J.

1907–1980

Sowjetphilosophischer Spezialist für den Hist. Mat. und den Wiss. Kommunismus

Absolvierte zunächst 1926–30 ein volkswirtschaftl. Studium, war dann in der marx.-len. Lehre tätig (1940 prom.) und nach Kriegsteilnahme (red. propagandistische Tg.) 1948 Dr.-Diss. am Inst. für Phil. der AdW der UdSSR; seit 1955 Lehrstuhlleiter für dial. u. hist. Mat. an der Aka. für Gesellwiss. beim ZK der KPdSU u. 1967–75 deren Prorektor; korr. Mitglied der Aka. der Pädg. Wiss. der UdSSR; im postsowjt. Phil.-Lex. von 1999 nur noch mit 12 Z. gewürdigt; in der DDR dreißig Jahre lang (1950–1980) parteiphil. übersetzt wie persönlich wirksam. DDR-Philosophenlexikon 1982 (Autorenkollektiv).

Publ.: (nur dt.-sprachige Titel): Wie eine Besprechung vorbereitet und durchgeführt wird. Bibl. des Agitators. Berlin 1951; Über die Überwindung der Klassenunterschiede zw. Arbeitern und Bauern in der UdSSR. Berlin 1951; Der M-L über Basis u. Überbau. Berlin 1951; J. W. Stalin über den objektiven Charakter der Gesetze der gesell. Entw. u. ihre bewußte Ausnutzung durch die Menschen. Berlin 1954; Das gesell. Sein und das gesell. Bewußtsein. Schriften für junge Sozialisten. Berlin 1958; Die Zukunft, die heute beginnt. Berlin Vg. Neues Leben 1961; (gem. Referat mit G. Heyden): Der Kampf gegen die Ideologie des Antikomm., einen Kampf um Frieden, Demokratie u. Sozialismus. Berlin SED-ZK-Abtg. für Prop. 1967; Der hist. Mat. u. die Entw. der sozial. Gesell. Berlin 1969 (2. überarb. A. 1973); Der objekt. Cha. der Gesetze des Sozialismus u. ihre bewusste Nutzung. Bln. 1973; Klassen u Nation (Übers. aus d. Russ. von A. Bauer u. Chr. Zak) Rats-Reihe „Grundfragen der marx.-len. Phil. Berlin 1975; (Red.-Leitung): Die entw. sozial. Gesell. Wesen u. Kriterien. Und Kritik revisionist. Konzep. Gem.-Arbeit der Aka. für Geselwiss. beim ZK der KPdSU und SED. Berlin 1978 (4. A. 1980). 1972 erschien als Raubdruck im „Roten Druckstock" Frankf./M.: „Eine neue Etappe der marx. pol. Ökonomie", mit Beiträgen von J. Stalin, F. Oelßner u. G. G. aus dem Jahre 1951.

Goerdt, Wilhelm

9. Dez. 1921–7. Sept. 2014

Westdeutscher Spezialist für russisch-sowjetische Philosophie

Geb. in Bochum/Westfalen; daselbst 1939 OS-Abschluß mit Abitur u. sofortiger Einzug zur Wehrmacht; nach Kriegsteilnahme an der Ostfront sowjetische Kriegsgefangenschaft bis Anfang 1956 (verurteilt zu 25 Jahren Lagerhaft wegen angebl. Partisanenbekämpfung); Freilsg. nach Adenauer-Besuch in Moskau 1955 und mit dem (XX.) „Entstalinisierungs"-Parteitag der KPdSU 1956; danach Studium der Phil. u. Slavistik an der Westf. Wilhelms-Univ. Münster u. bereits 1960 phil. Prom. bei J. Ritter zum Thema *Die ‚allseitige universelle Wendigkeit' (gib-kost). Untersuchungen zu V. I. Lenins*

Theorie der Dialektik (publ. Wiesbaden 1962); Habil. 1968 zur Gesellschaftsphil. des Slawophilen Iwan Kirjewski: *Vergöttlichung u. Gesellschaft* (ebd. 1968); 1972 Prof. f. Prakt. Phil. an der Ruhr-Univ. Bochum u. seit 1974–87 Inhaber des einzigen westdt. Phil.-Lehrstuhls mit bes. Berücksichtig. der osteuropäischen (speziell russ.) Philosophie, hervorgehend aus seiner jahrelangen Lehr- u. Forschungsarbeit zur vorsowjet. Phil. in Russland entstanden; gewissermaßen fast zum Ende der UdSSR, erschien sein Standardwerk „Russische Philosophie. Zugänge u. Durchblicke" (Freiburg/Brg. 1985) und Teil II „Texte" (ebd. 1989); verst. 2014 in Arnsberg (Nachruf der Univ. Münster). Der Autor nahm vorweg, was heute in Russland postsowjetisch allein als anerkannter (komm. verfolgter und liquidierter, altrussischer sowie vertriebener und emigrierter) Phil. noch bzw. so nun wieder existent ist; eine hist.-krit. Aufarbeitung des komm. phil. Erbes (außer zu G. Bucharin, s. S. *Hedeler) sowie in der DDR (einschließlich des bedrückenden sowjetphil. Erbes in dieser) findet praktisch nicht statt; die „dt. Phil." reduziert sich heute für die Russen (wahrscheinlich so schon immer, auch zu Sowjetzeiten) auf die dt. phil. Klassik und nachkriegszeitlich nicht viel anders allein auf die aktuelle „westdt. Phil." ohne jede, für sie sowieso nur „sowjetphil." übersetzt, angehängte und abgelegte parteiamtliche marx.-len. DDR-Phil. (s. voranstehend G. *Gleserman, im Ggs. dazu jedoch nachfolgend A. *Gulyga); schon zu Sowjetzeiten war in der Lenin-Bibl. die westdt. phil. Literatur ausgelegt und nicht etwa irgendwelche phil. DDR-Autoren, da wie angewiesen zu 33% sowieso nur ideologisch-parteipol. u. Stalinleninistisch übersetzte sowjetphil. Lite., die heute einfach nicht mehr existent ist.

Publ.: „Fragen der Philosophie". Ein Materialbericht z. Erforschung der Sowjetphilosophie im Spiegel der Zft. ‚Voprosy filosofii' 1947–1956. Köln 1960; (Hrsg.): Die Sowjetphilosophie. Wendigkeit und Bestimmtheit. Dok. Darmstadt 1967; „Glasnost" und der russische Beitrag zur Weltphilosophie. Ein Gespräch. In: „Inf. Phil." H. 2. 1992; Russische Philosophie. Grundlagen. Freiburg 1995 (2. A.).

Goldenbaum, Ursula
Philosophiehistorikerin in Berlin und Atlanta
Geb. 1952 in M.-V.; Vater Ernst G. 1948–1982 Vors. der DBD u. 1949/50 kurz 1. Min. für Land- u. Fortswirts. der DDR; nach Schulzeit mit Abitur anschl. Phil.-Studium an der HU Berlin; 1983 phil. Prom. am ZIfPh. der AdW der DDR z. Thema: *Modus societa. Spinozas Begründung einer Wiss. von der Gesellschaft als Naturwiss.*; Mitarbeit an der Leibniz-Ausgabe; nach Inst.- und Akademie-Abwicklung 1992–1997 Forschungsarbeiten am Potsd. Zentrum für Europä. Aufklärung; (Hrsg.): Appell an das Publikum, 2 T: *Die öffentl. Debatte in der dt. Aufklärung 1687–1796*. Berlin 2004 (zugleich 2001 als Habil-Schrift am Inst. für Phil. der TU Berlin anerkannt); daselbst PD u. phil.-hist. Lehraufträge; entspr. Lehrtätigkeit auch an der EMORY-University-Department of Philosophy in Atlanta/USA.

Publ.: (Hrsg.): G. W. Leibniz. Phil. Schriften und Briefe 1683–1687. Berlin 1992; Einführg in die Phil. Spinozas. Lehrmaterial der Fern-Univ. Hagen 1993; Das Publikum als Garant der Freiheit der Gelehrtenrep. (Max-Planck-Inst. für Wissenschaftsgesch. H. 229). Berlin 2002; (Hrsg.): Chr. Wolff,

Gesammelte Werke, Abtg. 3. Materialien u. Dok. Bd. 128. Hildesh. 2011; (Mithrsg.): Berl. Aufklärung. Kulturwiss. Studien. 2–4, Hannover 2003/11.

Görlich, Johann (Josef) Wolfgang
10. Mai 1907–verst.
Westberliner Kritiker des dialektischen Materialismus
Geb. in Kattowitz/Oberschlesien in einer kinderreichen Arbeiterfamilie als Sohn eines Reichsbahnlokführers; 4 Jahre Volksschule u. Humanist. Gymn. in Hindenburg; um stud. zu können, nach dem Abitur Eintritt in den Jesuitenorden, wodurch er in 10 Jahren eine gründl. Ausbildg. in allen phil. u. theolg. Disziplinen erhielt; Studium in Frankf./M., Wien u. Rom 1936–38 am Gregorana (verlangtes Bekenntnis z. Thomismus); 1940 in Frankf./M. an einer kath. HS den theolg. („Römischen") Dr. und als Jesuit kein Kriegsdienst in der NS-Zeit; Dez. 1945 endgültiger Bruch mit der römisch-kath. Kirche u. Ordensaustritt; 1948 eine phil. Prom. an der Univ. Erlangen zum existenzphil. Thema *Die Seinsfrage, eine Ause. mit Heidegger*; da keine kirchl. Anstellung mehr in Essen, praktische Arbeit als Bergmann; da „lernte ich 1951 das Prolt. aus eigener Anschauung kennen. Darauf studierte ich den Marxismus" und ging so (sicher voller sozialrev. Romantik+realsozl. Illusionen) 1956 in die DDR, wo er vom Staatssekretariat ans ML-Inst. für GW der TH Dresden (Direktor H. *Ley) als wiss. Oberass. eingestellt wurde; erl. eine Neuübersetzung von Bacons „Novum Organon" für die Phil. Studientexte der DAW zu Berlin (1962 unerwähnt, hrsg. von M. *Buhr); durch Festlg. im ZK der SED (W. *Möhwald) u. im MHF (H. *Engelstätter) Weitervermittlung nach Bln. ans Phil.-Inst. der HU (1957/58), um sich mit dem Neo-Thomismus (so wie G. *Klaus 1957/58 im „Anti-Wetter") auseinanderzusetzen; da aber keine phil. Lehrtg. am Institut (Direktor H. *Scheler) gestattet wird, droht er mit dem Weggang nach Westdt.; spätere „Republikflucht" bzw. entgeisterte Rückkehr erfolgt dann Sept. 1959, weil er „Spitzeldienste für den SSD" hätte leisten sollen (Erklärung im Aufnahmelager in West-Berlin-Marienfelde); bekam daraufhin umgehend einen Lehrauftrag für aktuelle „Osteuropäische Soziologie" u. Sowjet-Philosophie an der FU in West-Berlin, während die internen DDR-Behörden vermuten, dass W. G. von vornherein vom Jesuitenorden in die DDR „geschickt" worden war; – vgl. dazu die ganz ähnl. personelle Episode zu A. *Tondi an der Berliner HU.

Publ.: Zur Problematik der mat.-dial. Analyse u. Integration physikal. Forschungsergebnisse. FU Berlin 1965, Osteuropa-Inst. Bd. 8; Semantik u. dial. Mat. Darstellung u. Analyse der mo. marx.-len. Widerspiegelungstheorie in der DDR. Ebenso 1969, Bd. 10; Geist u. Macht in der DDR. Die Integration der komm. Ideologie. Olten 1968.

Gößler, Klaus
17. Sept 1929
Marxistischer Erkenntnistheoretiker in Leipzig
Geb. in Halle als Sohn eines kaufm. Angestellten; 1936–40 Volksschule daselbst u. 1940–48 OS (Abitur); davor bis 1945 in der HJ mit nachfolgender „ideolg. Umer-

ziehung" und 1948 bereits in der SED; anschl. 1949 Lehrerbildungskurs u. ab 1950 einsatzbereiter Neulehrer in Halle; 1951 nachholende 1. Lehrerprüfung u. Dez. d. J. Doz.-Lehrgang für Gesellwiss.; sofortg. Einsatz am Inst. für Lehrerbildung (Politunterricht); 1953 deleg. zur wiss. Partei-Asp. ans Inst. für Gesell.-wiss. beim ZK der SED; daselbst schon 1959 ML-Wahrnehmungsdoz. und 1961 phil. Prom. z. Thema *Über das Wesen des Lebens. Ein Beitrag z. dial.-mat. Interpretation neuerer Ergebnisse der Biologie u. zur Ause. mit den Auffassungen des kath. Neo-Vitalismus* (Gutachter: Doz. Dr. Gottschalk u. Doz. Dr. O. *Klohr, Inst.-Direktor ist E. *Hoffmann u. Lehrstuhlleiter G. *Heyden, publ. Berlin 1964 u. russ. Übers. Moskau 67); 1. 1. 1962 hochschulministerielle Berufung zum HS-Doz. für Dial. Mat. und 1963–66 hauptamtl. SED-Parteisekr. an der Mdz. Fak. der HU Berlin (Charite); 1966–70 ebs. Doz. am Phil. Inst. bzw. Sekt. Marx.-len. Phil. der KMU Leipzig zum gem. Aufbau des Leipziger Zentrums für ET (späterer Lehrstuhlleiter D. *Wittich aus Berlin); 1. 9. 1970 Berufung z. ordtl. Prof. für Dial. Materialismus (ET) ebd.; 1977 nachholende Prom. B *Über das Verhältnis von ökon. Gesell.-formation und gesell. Erkenntnisprozeß* (Gutachter: H. *Opitz, D. *Wittich und A. *Kosing); 1976–81 Sektionsdirektor u. 1982–85 Auslandseinsatz als ML-Gastprof. der Addis-Abeda-Univ.; mit nachwendischer univ. Umgestaltung u. Sektionsabwicklung z. 12. Mai 1990 auf eigenen Wunsch Versetzung in den Vorruhestand u. am 8. 6. d. J. ebenso auf eigenen Antrag univ. Abberufung z. 1. 9. 1990 durch den Min. für Bildung u. Forschg. der DDR u. endgültg. Vollzug der Emeritierung zum 1. 9. 1994 (nach aktuellem Prof.-Katalog der Univ. Leipzig).

Publ.: Der Kompaß unserer Epoche. ABC des M.-L. Berlin 1962; (Autorenkollektiv): Zum Verhältnis von individuellem und gesell. Erkenntnisprozeß. Berlin 1974; (zus. mit M. *Thom): Die materielle Determiniertheit der Erkenntnis. Berlin 1976; (Mitautoren D. *Wittich und H. *Wagner): Marx.-len. Erkenntnistheorie. Berlin 1978 (2. A. 1980). – 18 DZfPh.-Beiträge 1956–83.

Gottwald, Siegfried
30. März 1943–20. Sept. 2015
Logiker in Leipzig
Geb. in Limbach/Sachsen in einer Büroangestelltenfamilie; 1949–57 achtj. GS u. anschl. vierj. OS; 1961 Abi. vb. mit Sieger in der Mathe-Olympiade des Bezirks K-M-Stadt; anschl. Mathe-Studium an der KMUni. Leipzig (im Nf. auch Physik und Phil./Logik); Einarbeitg. in die Mengenlehre von D. Klaua und Karl *Schröter-Schüler; mathe.-naturwiss. Prom. 1969 z. *Konstruktion von Zahlenbereichen und die Grundlagen der Inhaltstheorie in einer mehrwertigen Mengenlehre*; 1977 ebs. Prom. B z. Thema *Ein kumulatives System mehrwertiger Logiken*; „da zu jener Zeit in der Sektion Mathe. d. Univ. Leipzig keine Nicht-SED-Mitglieder zu HL berufen wurden"(!), Febr. 1979 auf Initiative und Vermittlung von L. *Kreiser Wechsel zur Sektion Marx.-len. Phil. als Doz. für math. Logik im Lehrbereich Logik (Leiter L. *Kreiser); 1987–92 ao. Prof. für Math. Logik ebenda und 1992–2008 Prof. für Logik (u. geschäftsf. Direktor) am, durch L. *Kreiser „außerhalb" der Phil.-Sektion neu gegr. Inst. für Logik u. Wiss.-theorie an der Fak. für Sozialwiss. u. Phil. der Univ. Leipzig, das jedoch danach keinen weiteren

eigenen Bestand mehr haben sollte. – Personalangaben aus „Prof.-Katalog der Univ. Leipzig" (Datenbank) sowie Selbstdarstellung in: L. Kreiser: Logik u. Logiker in der DDR. Leipzig 2009, S. 139–145 (mit wiss. Werdegang).

Publ.: (zus. mit L. Kreiser u. W. Stelzner): Einführung in die nichtklass. Logik. Berlin 1988; (Hrsg.): Lexikon bedeutender Mathematiker. Leipzig 1990; (Mithrsg.): Meyers kl. Enzyklopädie Mathematik. Mannheim 1995.

Gregor, Helmut
6. April 1924–verst.
Phil.-soziologische Forschungsarbeiten an der Philosophie-Sektion der HU Berlin
Geb. in Bernsdorf (Vater 10 Jahre arbeitslos, 7 weitere Geschwister); 1930–38 Volksschule u. anschl. Maschinenbaulehre; 1938 HJ u. 1942 in die NSdAP übernommen (einziger Lebenslauf e. DDR-Phil., in dem ich diese ehrl. Feststellung so auch gefunden habe); 1942–45 Militärzeit u. Kriegsteilnahme (schwer verwundet und Kriegsgefangenenlazarett); 1945/46 KPD/SED u. 1947/49 Neulehrer für Geschichte; 1949–51 ABF „Friedr. Engels" der HU zu Berlin mit Abi. u. Hochschulreife; anschl. Phil.-Studium in Berlin in den 50er Jahren (mit Unterbrechg. eines Sonderlehrgangs des ZK 1952/53); 1958–62 wiss. Ass. an der Gewerkschaftshochschule Bernau u. bis 1967 ML-Einsatz im Bereich Medizin der HUB; ab 1967 wiss. Asp. am Berl. Phil.-Institut zu soziolg. Problemen der sozial. Persl.-Entw. am Fließband und 1970 phil. Prom. z. Thema: *Wechselbeziehungen zw. biolg. u. gesell. Wesensmerkmalen und Eigenschaften des Menschen unter den Beding. der Fließbandarbeit und ihre Bedeutung für die Individualitäts- u. Persl.-Entw. im Sozialismus* (Gutachter: W. *Eichhorn II, Fred *Müller und ein Mediziner); anschl. Tätigkeit in der marx.-len. Weiterbildg. der HUB und seit 1980 tätig im Fernstudium Phil. ebd.; 1984 Prom. B zum Thema *Der Wirkungsmechanismus der gesell. Gesetze, dargestellt an obj. Gesetzen des Sozialismus* (Gutachter: W. *Eichhorn I, A. *Griese, H. *Steininger); 1989 reguläre Berentung u. keinerlei weitere Daten mehr gefunden; wahrl. um das Jahr 2000 verst.

Griese, Anneliese
1. Juni 1935–27. Dez. 2014
Dial. Mat., Naturphilosophie u. MEGA-Forschung zu Fr. Engels an der HU Berlin
Geb. in Neubrandenburg; 1941–50 Grundschule, dann OS und Abitur 1954 ebd.; anschl. Phil.-Studium in Berlin 1954–59 (im Nebenfach Physik u. Mathe.), Abschluss Diplom-Phil.; 2 Jahre wiss. Ass. im Bereich Dial. Mat. des Inst. für Phil.; 1961–65 planm. wiss. Asp. am *Ley-Lehrstuhl phil. Probl. der Naturwiss. u. 1965 phil. Prom. z. Thema: *Einsteins Auffassungen z. Problem der materiellen Einheit der Welt. – Phil. Aspekte seines Programms zur Weiterentw. der Physik* (Gutachter: H. *Ley, H.-J. *Treder u. H. *Hörz); 1965–68 geschäftsf. Oberass. im Asp.-Bereich Phil.-Naturwiss.; 1969 Berufung zum Hochschuldozentin für Dial. Mat. u. 1968/71 erfolgreiche Bereichsleiterin Dial. Mat. (abgelöst durch G. *Redlow, versetzt aus dem ZK-„Büro Hager"); 1971–74 stellvertr. Sektionsdirektorin für Erziehung u. Ausbildung; anschl. Freistellung (Asp.)

für Prom. B 1977 zum Thema: *Gesetz – Bewegung – Entwicklung. Phil. Aspekte des Zeitproblems in der Physik* (gl. Gutachter wie bei Diss. A); 1979 Berufung zur Prof. für Phil. Probl. der Naturwiss. u. Mitwirkung an der MEGA-Edition: Bd. I/26 Neuausgabe der „Dialektik der Natur" von Fr. Engels (1985) sowie Bd. IV/31: naturwiss. Exzerpte u. Notizen von Marx u. Engels der Jahre 1877–83; 1985–87 vorletzte Sektionsdirektorin (jedoch unvermittelt abgelöst durch Helga *Hörz auf Beschluss der univ. SED-KL) der Sektion M.-l. Phil.; mit deren Abwicklung zum 31. Dez. 1990 sofortg. Eintritt in den vorzeitg. Ruhestand (Altersübergangsgeld); gefördert durch die Intl. Marx-Engels-Stiftung Amsterdam u. die MEGA-Arbeitsstelle der BBAdW; damit Fortführung u. Vollendung (mit a. Mitarbeitern) der Arbeit am MEGA-Band IV/31 (publ. Berlin 1999) wie Wiederaufnahme u. Abschluss der Arbeiten am Bd. IV/26 mit weiteren naturwiss. Exzerpten u. Notizen von Marx aus dem Jahr 1878 (publ. 2011); zahlr. entspr. Veröffentlichungen in den Marx-Engels-Jahrbüchern sowie in der Reihe Beiträge zur Marx-Engelsforschung; Ehren-Kolloquium am 25. März 2006, dem 70. Geb. z. Thema: Karl Marx und die Naturwissenschaften im 19. Jhd. (Mitveranstalter H. J. *Sandkühler, Univ. Bremen); nach längerer Krebserkrankung verst. am 27. Dez. 2014 in Berlin-Pankow-Niederschönhausen und dort gedenk-feierlich beigesetzt.

Publ.: (zus. mit H. Hörz): Neue Aspekte des Verhälnisses von Naturwiss. u. marx.-len. Phil., erl. am Raum-Zeit-Problem. Berlin 1968; (Hrsg. mit H. Laitko): Weltanschauung u. Methode. Phil. Beiträge zur Einheit von Natur- und Gesell.-wiss. Berlin 1969; (Hrsg. zus. mit H. Laitko): Gesetz, Erkenntnis, Handeln. Beiträge zur marx.-len. Gesetzesauffassung. Berlin 1972; (Hrsg.): Friedr. Engels „Dialektik der Natur" (MEGA-Bd. I/26). Berlin 1985; Einführung in Engels` Schrift Dialektik der Natur. Berlin 1986 (2. A. 1988); (Mithrsg. H. J. Sandkühler): Karl Marx zw. Phil. u. Naturwiss. – Phil. u. Gesch. der Wiss. Bd. 35. Wien 1997. – 15 DZfPh.-Beiträge 1962–89.

Grille, Dietrich
Vertriebener Philosophie-Student aus Jena und westdt. Politikwissenschaftler
Geb. im März 1935 in Gotha; Abitur 1954 in Vacha/Rhön; Phil.-Studium 1954–58 an der FSU Jena; Frühjahr 1958 auf Betreiben der Univ.-SED (Mitstudenten W. *Herger u. D. *Alexander) exmatrikuliert und daraufhin „Republikflucht"; durch mitgebrachte Tbc-Erkrankung weitere 1,5 Jahre heilungsbedingte „Absonderung"; Studienfortsetzung in Marburg u. 1964 phil. Prom. zu *Alexander Bogdanow-Malinowwskij – Beiträge zur Gesch. u. Theorie des frühen Bolschewismus* (publ. unter dem bekannten Titel: „Lenins Rivale. Bogdanow und seine Philosophie". Köln 1966); 1965/66 Studienleiter für Pol. Bildung und Jugendsozialarbeit in Erlangen; 1967–71 Redaktion der „Brockhaus-Enzyklopädie"; 1976 Berufung an die Georg-Simon-Ohm-Fachhochschule für Politikwiss. (Zeit- u. Sozialgeschichte) sowie Philosophie; zeitweilig Prorektor dieser Hochschule; polemische Streitschrift zur „Ostpolitik außen, Volksfront innen?" Mün. 1979; langj. tätig im „Förderkreis Heimattreuer Thüringer/Mainz"; nach der Wende Hrsg. eines Sonderbandes der Reihe „Kultur und Gesch. Thüringens. Landeskundl. Jb. für Dtl. Mitte" Bd. 15 mit (eigenen) Reden u. Aufsätzen als „Selbstzeugnisse – Zeitzeugnisse" (2006); Redner u. Mitautor der Univ.-Tg. „Unrecht u. Aufarbeitung" Juni

1992 in Jena mit Beitrag: *„Abwicklung" durch die SED* (Leipzig 1994); verst. 19. März 2011 in Nürnberg.

Grimschl, Hans-Martin
27. Juli 1932
Erarbeitung von philosophischen Fernstudienmaterialien in Leipzig
Geb. in Einsiedel/Chemnitz als Sohn eines Maschinenführers; 1938–47 mit kriegsbedingten Unterbrechungen Besuch einer achtkl. VS; anschl. 1947–50 Berufausbildung als Bäcker und durch ein FDJ-Aufgebot bis 1954 zur VP (Ausbildung Politoffizier); danach 1955–52 Arbeit im SED-Parteiapp. u. durch eine Sonderreifeprüfung zum 4 jährg. ML-Studium am FMI der KMU Leipzig (Diplom-Lehrer für ML-Phil.); Lehreinsatz an der Jurist. Fak. (später Sektion Rechtswiss.) u. daselbst „Fachgruppenleiter für Phil." im gesell.-wiss. Grundlagenstudium; 1975 phil. Prom. *Zur Entstehung u. Entw. der Naturrechtslehre* (Gutachter: H. *Seidel, Ingo Werner, H. *Boeck); erarb. jahrelang Lehrmaterialien für das Phil.-Fernstudium an der Lpz. Univ., speziell zur vormarx. Phil. als kommentiert eingeleitete phil.-hist. Lehrtexte, insb. da, wo die entspr. phil.-hist. Fachlite. im Buchhandel wie in den Bibliotheken fehlte.

Gropp, Rugard Otto
22. März 1907–4. Juli 1976
Stalin-dogmatischer Kritiker Hegels und parteiamtlicher Gegner Blochs in Leipzig
Geb. in Magdeburg; Vater Magistratsinspektor; 1913–17 VS u. 1917–26 Realgymn. daselbst; erlernte zunächst den Beruf eines Büroangestellten; 1926–29 Werkstudent zum Studium der Germanistik, Gesch., Phil. und Kunstgesch. an den Univ. Leipzig, Mün. u. Berlin; Studienabbruch aus finzanziellen Gründen und 1929 KPD-Eintritt; arbeitslos u. Gelegenheitsarbeiten als Stenotypist und Korrespondent; 1940 Wiederaufnahme des Studiums in Halle, um einen Abschluss zu erlangen, aber wegen illegaler antifasch. Aktivitäten 1941 Verhaftung durch die Gestapo u. ein Jahr Gefängnis, anschl. ins KZ Sachsenhausen verbracht; Nov. 1944 Versetzung in eine sog. „Bewährungsbrigade" (Strafbat. 999) u. Übertritt zur Roten Armee; 1945 aus einem sowjet. Lazarettlager entlassen u. Rückkehr nach Dtl.; Forts. des Studium als sofort parteilich eingz. Hilfsass. im Phil. Sem. der MLU Halle u. 1948 phil. Prom. *Zur bürgl. Geschichts- u. Gesellschaftsproblematik. Eine Untersuchg vom Standp. des hist. Mat.* an der neugegr. Gesellwiss. Fak. der Univ. Leipzig (Gutachter: A. *Baumgarten u. W. Markow); es kommt zu keiner festgelegten Überarbeitung der Prom.-Schrift, weil Tbc erkrankt; dennoch gleichzeitige Teilnahme am 2. Doz.-Lehrgang der PHS 1949/50 (4 Monate) anschl. entspr. Lehrtg. zum dial. u. hist. Mat. in Halle u. Leipzig; 1950 maßgeblich mitwirkend an der wiss. Demontage und pol. Vertreibung von Leo *Kofler aus Halle („*Ein ideologischer Schädling*", was einen erschreckend Stalin-faschist. Sprachgebrauch offenbart); ansonsten Phil.-Sem. zu *Stalins genialen Schriften jener Jahre; 1953 Habil.-Thema zu *Voraussetzung u. Aufbau der*

Geschichtswiss. – Zur Kritik des hist. Empirismus (Gutachter: E. *Bloch, E. Engelberg, Rob. *Schulz u. A. *Conu) u. sofortg. Berufung zum lehrbeauftragten Prof. für dial. u. hist. Mat. sowie stellv. Inst.-Direktor einer entspr. marx.-len. Grundlagenabteilung (Phil.-Inst.-Direktor ist E. *Bloch); 1954 Auslöser einer DZfPh.-Diskussion „Über das Verhältnis des Marxismus zur Philosophie Hegels" (durchaus org. von W. *Harich); 1956/57 entsch. Mitwirkung an der parteiamtl. Zwangsemeritierung Ernst *Blochs (Absetzung als Inst.-Direktor) sowie bei der pol.-ideolg. Ause. mit dessen Anhängern am Institut (entspr. Revisionismus – Tg.); 1958/60 dazu stellv. Institutsdirektor; ab 1960 jedoch (so auch krankheitsbedingt) abgeschoben nach Berlin (AdW-Schonplatz); Nachfolger Klaus *Zweiling, auch bereits im Vorrentenalter; Ltr. einer bes. Arbeitsgruppe für Phil.-Gesch. am neu gegründeten Aka.-Inst. für Phil. u. Hg. der Schriftenreihe „Phil. Erbe" – mit Texten zu Fichte, Goethe u. Hegel 1962/64; 1965 als OdF frühberentet und verst. 1976 in Berlin; einzige univ. Ehrung von M. *Thom: ROG (1907–76) in der Reihe „Namhafte Hochschullehrer der KMU Leipzig", Bd. 3. S. 27–35, Leipzig 1983.
DDR-Personen-Lexikon 2010 (J. Wielgohs) und Philosophenlexikon 1982 (W. *Förster).

Publ.: (Hrsg.): Festschrift für Ernst Bloch zum 70. Geb. Berlin 1955; (Mitautor): Ernst Blochs Revision des Marxismus. Berlin 1957; Der dial. Mat. Kurzer Abriß. Leipzig 1957 (9. A. 1959; Budapest 1958, Praha, Moskva u. München 1960); Zur Frage der Gesch. der Phil. u. des dial. Mat. Berlin 1958; Das nationale phil. Erbe. Über die progressive Grundlinie in der dt. Phil.-Gesch. Berlin 1960: (zus. mit F. Fiedler): Von Cusanus bis Marx. Leipzig 1965; Grundlagen des dial. Mat. Berlin 1969 (3. A. 1971); (Hrsg. von W. Förster): Gesch. und Phil. Beiträge zur Geschichtsmethodologie, zur Philosophiegesch. u. zum dial. Mat. Berlin 1977.

Grundmann, Siegfried
10. Dez. 1938
Stadt-Soziologe u. Wissenschaftsforscher, insbesondere zu Einstein in Berlin
Geb. in Lauenhain/Sachsen als Sohn eines Zimmermannmeisters; GS 1944–52 und OS bis 1956; danach gesellwiss. Studium am FMI der KMU Leipzig bis 1960 mit der Spezialisierung auf Phil.-Gesch.; anschl. Lehreinsatz als Ass. im gesell.-wiss. Grundstudium 1960/68 am Inst. für M-L der TU Dresden; dazw. 1964 phil. (wiss.-geschichtl.) Prom. am Karl-Sudhoff-Inst. für Gesch. der Med. und Naturwiss. der KMU Leipzig z. Thema: *Der dt. Implm., Einstein u. die Relativitätstheorie 1914–1933* (Gutachter: G. *Harig); danach Wechel z. sich herausbildenden marx. Soziologie an der Aka. für Gesell.-wiss. (hatte keine naturwiss. Ausrichtung) beim ZK der SED; daselbst 1973 Prom. B z. Thema: *Gegenwart und Zukunft. Phil. u. sozialöko. Probleme der Gesellschaftsprognostik* (Gutachter: E. *Hahn, A. *Kosing); Doz. und 1980 Prof. für Soziologie bis zur Selbstauflösung dieser gesell.-wiss. Partei-Aka. 1990; Realisierung sozialwiss. u. historischer Buch-Projekte, anfänglich im Rahmen des nachwend. gegründeten Berl. Inst. für Sozialwiss. Studien (Leitung R *Reißig); danach arbeitslos u. freiberuflich mit versch. Publ.-Projekten wiederum speziell zu Albert *Einstein befaßt.

Publ.: Zur Entwicklung der Arbeiterklasse u. ihrer Struktur in der DDR. Berlin 1976; Das Teritorium. Gegenstand soziolg. Forschung. Berlin 1981; Die Stadt. Gedanken über Gesch. und Funktion. Berlin 1984; Wohnortwechsel. Volkswirtschaftl. u. soziale Aspekte der Migration. Berlin 1988; Die Sozialstruktur der DDR. Berlin 1997; Bevölkerungsentwicklung in Ostdt. (1945 bis in die Gegenw.). Berlin 1998; Einsteins Akte. Berlin 1997 (korr. Nachdruck 1998 – 2. A. 2004); Geheimap. der KPD im Visier der Gestapo. Berlin 2008; Die V-Leute des Gestapo-Kommissars Sattler. Berlin 2010. – vorangehend 10 DZfPh-Beiträge 1969–1975 zur marx.-len. Gesellschaftsprognostik und entsprechende Kritiken der „bürgerl. Zukunftsforschung".

Grüning, Thomas
15. Aug. 1953
Philosophie-Historiker in Jena in der 3. Nachwuchsgeneration
Geb. in Callerfeld im Thüringer Wald; nach Oberschulzeit (Abitur) u. NVA – Absolvierung e. Phil. Studium 1974–77 an der FS-Univ. Jena mit anschl. Forschungsstudium an der Sekktion Marx.-len. Phil. der HU zu Berlin (Stiehler-Forschungsgruppe) mit phil. Prom. 1980 z. Thema *Der hist. Mat. als Interessenausdruck der Arbeiterklasse, objektive soziale Beding. und ideengeschichtl. Vorausg.* (Gutachter: G. *Stiehler, E. *Lange u. H. *Klügl); Prom. B 1989 in Jena z. Thema *Die Konzeption des Zusammenhangs von ‚Wissenschaft der Logik' u. Gesch. der Phil. in ihrer problemgeschichtl. Herausbildung und system. Ausführung als Ausdruck der widersprüchl. Einheit von bürgerl. Humanismus u. objekt. Idealismus im Denken Hegels* (Gutachter: E. *Lange, G. *Stiehler, Fr. *Tomberg); nachwendische Gründung und Leitung (Direktor) eines „Instituts für Lese- u. Rechtschreibtraining" in Jena.

Publ.: (zus. mit Kl. Vieweg): Vision und Konstruktion einer Vernunftgesellschaft der Freiheit. Daedalus, Bd. 1. Frankf./M. (Lang) 1991; Das geistige Deutschland. Wesen u. Gestalt unserer Kultur in der europäischen Gesch. u. Gegenwart (Pol. u. moderne Gesell. Bd. 6.). Berlin 2008.

Grunwald, Manfred
12. Okt. 1934
Philosophische Probleme der Naturwissenschaften in Jena
Geb. in Lindenhorst/Ostpr. als Sohn einer Arbeiterfamilie; besuchte vor 1945 die vierkl. VS u. nach 1945 eine GS (8 Kl.); 1949 Berufsausbildung als Lackierer mit Facharbeiterabschluss u. bis 1953 tätig als Plakatmaler; 1954–56 ABF-Besuch in Halle u. danach Phil.-Studium an der FS-Univ. Jena; 1961–63 wiss. Ass. am dortigen Inst. für Phil.; seit 1963 Mitarbeit am *Korch-Lehrstuhl für phil. Fragen der Naturwiss.; daselbst 1966 daher auch phil. Diss. A: *Zum Verhältnis von Kausalität und Gesetz.* (Gutachter: H. *Korch u. G. *Mende) u. 1976 Prom. B zum Thema *Wiss. Erkennen u. Ziel, erkenntnistheor. Betrachtungen zu den weltanschaul. Grundlagen.* Jena 1976; weitere ML-Beförderung u. nachwend. Verbleib unbekannt. – Bearbtg. von: Weltanschauung, Wissenssysteme, Erkenntnisfortschritt. 2. Jenaer Arb.-Tg. zu phil. Aspekten der Einheit naturwiss. Erkenntnis, 1988 an der FSU Jena.

Grunwald, Sabine
12. März 1957
Promovierte Dipl.-Philosophin in Berlin
Geb. in Berlin (Vater Physiker), EOS mit Abitur 1975; ab 1977 Phil.-Studium in Berlin u. 1981 Forschungsstudium; 1982 Diplomarbeit zu J.-P. Sartre (Sektionspreis) als Vorarbeit z. phil. Diss. 1986 z. Thema: *Die Entwicklung des Satreschen Existentialismus in seiner Beziehung zum Marxismus von 1925–1956. Eine Untersuchung zur Vorgesch. des Versuchs Jean-Paul Satres, Marxismus u. Existentialismus zu vereinen;* wiss. Betreuung Horst *Süßenbach, Leiter der Forschungsgruppe „Kritik der modernen bürgl. Phil." im Lehrbereich Gesch. der Philosophie der Sektion Marx.-len. Phil. der HU Berlin; weitere Gutachter: H. H. *Hörz und W. v. *Wroblewsky; ab 1. 3. 1986 wiss. MA im Bereich Dial. Mat. (Leiter: G. *Bartsch u. G. *Richter) am ZIPh der AdW der DDR; nach deren Abwicklung Ende 1991 pos. Evaluierung durch den Wiss.-Rat u. Aufnahme ins Wissenschaftler-Integrationsprogramm (WIP) an der HU Berlin (Inst. für Politikwiss.) u. phil. Weiterarbeit bis 1996 daselbst zu Alex. Kojeve u. die franz. Hegelrezeption; danach aber keine univ. Weiterbeschäftigung mehr realisierbar u. daraufhin Zusatzausbildung u. erfolgreiche Umschulung zur prakt. Kulturarbeit sowie Konflikberaterin in Berlin.

Gulyga, Arseni Wl.
21. April 1921–10. Juli 1996
Sowjetruss. Philosoph zur klass. dt. Philosophie und traditionellen russ. Philosophie
Geb. in einer metallogischen Ingenieurfamilie aus der Ukraine (der Vater verstirbt im Stalinschen Arbeitslager als „Voksfeind"); keine Zulassung zur Philog. Fak. u. so später auch nicht als Dolmetscher in der Armee; begann daher sein Studium an der Mosk. Phil. Fak. (Inst. für Phil., Lite. u. Gesch.)1938, ein Lehrer ist M. *Lifschitz; unterbrochen durch Teilnahme am Großen Vaterländischen Krieg und erlebte das Kriegsende in Königsberg 1945; nachkriegszeitl. Einsatz als sowjet. Kulturoffizier in Berlin als „Theaterreferent"; fortgz. Studium an der Phil. Fak. der MGU Moskau u. am Aka.-Inst. für Gesch. schließlich eine Kand.-Diss. über die „Herausbildung der SED" (auf der Grundlage von Materialien des damlg. Parteischullehrers W. *Leonhard); von 1956 bis 1986 dann durchgehende Arbeit am Inst. für Phil. der AdW der UdSSR als „dienstältester wiss. Mitarb.", da keine weitere Beförderung erfahrend; 1962 wird eine Dr.-Diss. lediglich zur „Gesch. des dt. Materialismus" zugelassen, denn allein zur klass. dt. Phil., Hegel oder Kant, wird für ihn einfach ausgeschlossen; wahrscheinlich trotzdem der beste sowjetphil. Kenner der klass. dt.-sprachigen Phil.-, Lite.- u. Kulturgesch. in der UdSSR, wurde aber gerade deshalb (von M. *Buhr ebenso sowie von T. *Oiserman bewerkstelligt, aus reinen aka.-phil. Konkurrenzgründen) in der DDR nicht verlegt: nur sein „Hegel" erscheint gesamtdt. bei Rc. Lpz. u. in Frankf./M. 1974, ebenso wie sein „Herder" (1978); jedoch Kant wiederum nur Frankf./M. 1981/83 u. Schelling Stuttg. 1989 allein in der BRD; erst nachwendisch wird nachholend 1990, nun gesamtdt. ein „Abriß zur klass. dt. Phil." publ.; betrachtete fachphil. Biogra-

phien zu Kant, Herder, Schelling u. Hegel stets als in sich geschl. problemgeschichtl. Darstellungen u. wichtigstes Mittel einer wirklich wiss. Phil.-Gesch. ganz ebenso bemühte er schon in den 80er Jahren („zunächst illegal, seit 1985 legal") unter großen ideolg.-pol. Vorbehalten und Anfeindungen um das wirkliche, aber schon seit 1922 bolschewistisch vertriebene (Lenins „Philosophendampfer" nach Westeuropa) u. danach öffentlich regelrecht liquidierte (Stalins Entsorgung der Bibliotheken) nationalruss. phil. Erbe, wozu Ed. ausgew. Werke von Fjodorow (1982) u. Solojew (1988) in der Buchreihe „Denker der Vergangenheit" erscheinen (dafür denunziert zuvor als „Westler", nunmehr auch als „Slawophiler"); 1988 Mitbegründer einer „Dostojewski-Gesell." u. postsowjet. Propagierung der sog. „Russ. Idee" („Sobornost" als die Zentralkategorie des russ. Denkens); 1991/92 für zwei Jahre mit seiner Frau Iskra als wichtigste Mitarbeiterin Fellow am Wissenschaftskolleg in Berlin zur weiteren Aufarbeitung der „russ.-phil. Emigrationsliteratur" und Sept. 1993 einmalige Teilnahme am XVI. Dt. Kongreß für Philosophie in Berlin mit dem daher nur folgerichtigen Beitrag: „Die ‚russische Idee' u. der dt. Idealismus. Zur Wiedergeburt einer kulturellen Realität" (Protok.-Bd., Berlin 1995). – Als einziger früherer sowjetruss. Philosoph der 1991 untergegangenen UdSSR Interview der DZfPh 1992/H. 8 zur Tradition der russ. Phil. im postsowjet. Zeitalter (Befrager M. *Damaschke u. Wl. *Hedeller); diese beiden Autoren verfaßten dann auch noch einen ebenso ungewöhnl. Nekrolog auf ihn (ebd. H. 5/1996), worauf das voranst. biogr. Pers.-Stichwort wesentlich beruht. Bei über 30, hier nochmals mit aufgef. SU-Phil. erfolgte jedoch keine Erwähnung im DDR-Philosophenlexikon 1982. A. G. ist der einzige wirklich gesamtdt. anerkannte sowjet-russ. Phil., der auch die dt. Wiedervereinigung als „Kulturnation" vorbehaltlos öffentlich befürwortete. In seiner postsowjet./neuruss. Heimat erscheinen allein von ihm in Moskau seine früheren Werke wieder neu aufgelegt, so sein „Selling" (1994), Kant (2005) und „Gegel" (2008).

Publ.: Der dt. Materialismus am Ausgang des 18. Jhd. (Übers. I. Bauer/G. Korf) Berlin 1966; G. W. F. Hegel. Leipzig und Frankf./M. 1974; (Hrsg.): M. M. Zoscenko: Schlüssel des Glücks. Leipzig und Münschen 1977; J. G. Herder. Eine Einführung in seine Philosophie. Leipzig u. Frankf./M. 1978; Im. Kant. (Moskau 2. A. 1981), zwei westdt. Ausgaben: Frankf. 1981 u. 1985 (Boston 1982), aber nicht in der DDR, in der allein M. Buhr Kant für sich belegt hatte; Schelling. Stuttgart 1989. Moskau 1982; (Hrsg.): Franz Kafka: Zamok (Das Schloß). Moskva 1990; Hauptwerk: Die klass. dt. Philosophie. (Übersetzung: W. Hedeller) Reclam Leipzig 1990; Die russ. Idee und ihre Schöpfer (1995) und eine Materialsammlung für eine noch geplante Schopenhauer-Biographie.

Guntau, Martin
12. Okt. 1933–26. Juli 2019
Phil. Fragen der Geowissenschaften und Wissenschaftsgeschichte in Rostock
Geb. in Gilgenau (Ostpreußen); Grundschule bis 1949 u. OS mit Abitur 1953; bis 1958 Studium der Mineralogie an d. Bergakademie Freiburg u. 3 Jahre wiss. Ass. daselbst; 1961–64 planm. Asp. am Berl. *Ley-Lehrstuhl phil. Probl. der Naturwiss. u. phil. Prom. z. Thema *Bemerkungen zu den Begriffen Aktualismus u. Gesetz in den*

geolg. Wissenschaften (Gutachter: H. *Ley u. R. Daber); Rückkehr nach Freiberg u. bis 1970 Leiter der Sammlungen für Mineralogie u. Lagerstättenlehre; ab 1962 Lehre zur Gesch. der geolg. Wissenschaften; 1968–73 hauptamtl. stellv. SED-Parteisekr. der Bergaka; 1975 Doz. für Wiss.-gesch. u. 1976 Umberufung nach Rostok an die dortg. Sektion Geschichte; 1977 Prom. B (Habil): *Zu den weltanschau. Vors. und den Beding. im Bereich der PK-Entw. für das Entstehen der Geologie als naturwiss. Disziplin* wiedrum am Ley-Lehrstuhl der HUB (Gutachter: H. *Ley, E. *Wächter, R. Daber); langj. Vorstandsmitglied der Gesell. für Geo-Wiss. der DDR (AK Gesch. u. Phil. ders.); 1981–1992 Prof. für Wiss.-Gesch. an der Sektion Gesch. der WPU Rostock (1986–89 Sektionsdirektor); Frührentner wegen Aufhebung des Lehrstuhls Wiss.-Gesch. an der Univ. Rostock; Fortführung der Arbeit in zahlreichen weiteren Projekten (Konferenzen); verst. am 26. Juli 2919 in Leipzig.

Publ.: (mit H. Wendt hrsg.): Naturforschung und Weltbild. Eine Einführung in die in phil. Probleme der mod. Naturwiss. Berlin 1964 (2. A. 1967); (Hrsg. mit H. Laitko): Der Ursprung der modernen Wiss. Studien zur Entstehung wiss. Disziplinen. Berlin 1987; Hrsg. u. Mitautor der Uni.-Reihe Rost. Wiss.-hist. Manuskripte; Zur gesch.-wiss. Arbeit im Norden der DDR 1945–1990 (100. wiss.-hist. Kolloquium Febr. 2007 in Rostock-Warnemünde); (Hrsg.): Zur Gesch. der Geowiss. in der DDR. Teil II. Usedom 2011.– 2 DZfPh-Beiträge 1965.

Gutzeit, Martin
30. April 1952
Theologe in philosophischer Hinsicht und nachwendisch bürgerbewegter Politiker
Geb. als Sohn eines Pfarrers in Cottbus; zehnkl. POS (ohne Abi) u. 1968–70 Ausbildung zum Elektromonteur in Calau; 1970/71 Relaismechaniker bei der Energieversorgung Cottbus mit nachgeholtem Abi. auf der Abendschule ebenda; Totalverweigerung des DDR-Wehrdienstes; 1971/72 Diakoniehelfer auf dem Martinshof in Rothenburg (Oberlausitz); 1972–79 innerkirchliches Studium der Theologie u. Philosophie am Sprachenkonvikt Berlin: „Phil. spielte nicht nur in den explizit phil. Veranstaltungen eine Rolle", sondern ganz ebenso in fast allen theolg; anschl. weitere private Studien der Phil. Hegels und Kants, wozu 1977–81 u. a. mit M. Meckel ein, vor allem von der Stasi überwachter „Hegel-Kreis" gebildet wurde; 1980–82 Vikariat in Berlin-Pankow und 1982–86 Pastor in Schwarz (bei Neustrelitz); 1984 Mitarb. im AK Theologie u. Phil. beim Bund der Evangl. Kirchen in Berlin; 1986–Jan. 1990 Repetent bzw. Ass. bei Richard *Schröder am Sprachenkonvent Berlin u. weitere Arbeiten zu Hegels „Wiss. der Logik" u. Religionsphil.; unterbrochen durch zunehmende pol. Aktivitäten, wie Gründungsaufruf der SDP mit M. Meckel v. 24. 7. 1989 u. am 7. Okt. d. J. Mitbegründer der ostdt. SDP in Schwante (b. Oranienburg); Teilnehmer der Opposition am Zentr. Runden Tisch wie März–Okt. 1990 Mitglied der ersten frei gewählten VK der DDR, danach Übern. in den gesamtdt. Bundestag; Febr.–Sept. 1991 zugleich wiss. Ass. an der Theolg. Fak. der HU (wiederum für Philosophie) am neu gegr. univ. Theolg.-phil. Lehrstuhl für R. *Schröder; Okt. 1991–Dez. 92 Werkvertrag der Friedr.-Ebert-Stiftung z. Erforschung der Opposition des Herbstes 1989; ab Jan. 1993 Landesbeauftragter für

die Unterlagen des Staatssicherheitsdienstes der ehemlg. DDR in Berlin; März 1992–Juni 1994 Sachverständiger in der Enquete-Kommission des Dt. Bundestages zur Aufarbeitung von Geschichte u. Folgen der SED-Diktatur in Dtl.
DDR-Personen-Lexikon 2010 (H. Müller-Enbergs).

Publ.: (Hrsg. zus. mit M. Meckel): Opposition in der DDR. 10 Jahre kirchl. Friedensarbeit, kommentierte Quellentexte. Köln 1994; Auf dem Wege zur friedlichen Revolution. Berlin 2008 (2. akt. A. 2009); (Mithrsg.): Opposition und SED in der Friedl. Rev. 1989/90 (Protokoll einer entspr. Konferenz 2008). Berlin 2012; (Hrsg.): Querschnitt einer Diktatur. Die DDR 1952 – 1962 – 1972 - 1982. Berlin 2012.

Habermas, Jürgen
18. Juni 1929
Weltweit anerkanntester historisch-kritischer „Gesellschaftsphilosoph" unserer Zeit
Geb. in Düsseldorf als Sohn eines Syndikus bei der Industrie- und Handelskammer in Gummersbach; kriegsbedingte Schulunterbrechung wegen Einsatz als Sanitätshelfer u. im Herbst 1944 noch als „Fronthelfer am Westwall", jedoch 1945 keine Einberufung zur Wehrmacht mehr; dafür nachkriegszeitl. Arbeit auf „einem Bauernhof, für Kost u. Logis"; dann fortgz. Besuch der Oberschule (Abitur 1949) in Gummersbach; anschl. konzentriertes Studium in Göttingen, Zürich u. Bonn der Phil., Psychologie, dt. Literatur u. Ökonomie; hörte u. a. die 1945/47 die aus Berlin u. Leipzig geflohenen Univ.-Phil. Nc. *Hartmann und Th. *Litt; 1953 aufsehenerregender FAZ-Artikel „Mit Heidegger gegen Heidegger denken" (zu dessen Metaphysik-Vorlg. von 1935); schließt sein Studium 1954 mit einer phil. Prom. zum Thema *Das Absolute u. die Geschichte (deren Zwiespältigkeit) im Denken Schellings* (publ. 1954) bei E. Rotacker und O. Becker ab (beide waren schon vor 1933 Parteigänger Hitlers) und arbeitet zunächst erfolgreich als freier Journalist; Schriften des jungen Marx (vermittelt über Georg *Lukacs u. Herb. *Marcuse) u. der modernen Soziologie werden weiter im Selbst-Studium angeeignet; mit der Rückkehr von Th. W. Adorno aus dem Exil nach Dtl. dessen Forschungs-Assistent 1955–59 am wieder eröffneten Inst. für Sozialforschung in Frankfurt/Main; jedoch seine vermerkte „neomarxistische" Ausrichtung (s. wichtigen „Literaturbericht z. phil. Disk. um Marx u. den Marxismus", 1957) sowie zunehmend „linkspolitische" Einstellung (mit G. Heinemann gegen die atomare Aufrüstung der Bundeswehr), verbunden mit einer „radikal-demokratischen Kapitalismuskritik" u. soziolg. Untersuchungen zur Frankf. Studentenschaft (Student und Politik) missfallen dem Inst.-Direktor Max Horkheimer; deshalb 1959/61 Habil.-Stipendium der DFG u. sehr erfolgreiche Habil. 1961 zum *Strukturwandel der Öffentlichkeit. Untersuchungen zu einer Kategorie der bürgerl. Gesellschaft* (publ. 1962) beim Marburger (einzigen) Univ.-Marxisten und demokratischen Sozialisten W. *Abendroth; daraufhin sofortige außerordentl. Professur für Phil. an der Univ. Heidelberg, wiederum durchgesetzt von H.-G. *Gadamer (vormals aus Leipzig); sein erster Assistent ist der spätere Soziologe O. *Negth, da bereits politisch aktiv im SDS; 1964 (zum Max-Weber-Gedenken 100) setzt der sog. Positivismusstreit in der dt. Soziologie ein, und dazu phil.-dialektisch an der Seite von Adorno gegen Karl *Popper u. Hans Albert streitend: „Kritische (dia-

lektische) Theorie" gegen „Krit. (neopositivistischen) Rationalismus" sowie gleichzeitig univ. Nachfolger von Horkheimer als Prof. für Phil. u. Soziologie am Inst. für Sozialforschung der Univ. Frankf./M. (aber nicht als Mit-Direktor von Adorno) u. unmittelbar mit einbezogen in die rebellierende linkssozialist. Studentenschaft (R. *Dutschke u. H.-J. *Krahl), die er zunehmend als „scheinrevolutionäre Kinder" bez. bzw. sogar als „linken Faschismus" scharf kritisiert; jedoch „Die Linke antwortet Habermas" (1968) ebenso unverholen; nach dem plötzl. „Urlaubsherztod" von Adorno in den Bergen (1969) Gastprofessur in den USA und intensive Kenntnisnahme des amerik. Pragmatismus wie der Analytischen Phil.; gleichzeitig fortgz. sozialwiss. Grundlagenstreit mit N. Luhman zu dessen „Theorie der Gesellschaft oder Sozialtechnologie", u. z. Frage: „Was leistet die Systemtheorie?" (1971); danach erfolgt ein zehnjähriges Ausscheiden aus dem bereits ausklingend „revolutionsbewegten" Universitäts-Lehrdient in Frankf./Main und bis 1983 (neben C.-Fr. v. Weizsäcker) Direktor des Max-Planck-Inst. zur „Erforschung der Lebensbedingungen der wiss.-techn. Welt" in Starnberg/München; hier entsteht eine „Krisenanalyse" als „Legitimationsproblem(e) im Spätkapitalismus" (1973) u. zurückschauende „Rekonstruktion des hist. Mat." (1976); vor allem aber sein zweibändiges Hauptwerk „Theorie des kommunikativen Handelns" (1981); 1983–94 univ. Rückkehr als Prof. für Phil. nach Frankf./Main mit den Schwerpunkten Sozial- und Geschichtsphilosophie; während des sog. Historikerstreits (mit E. Nolte u.a.) wendet er sich mit anderen entschieden gegen jede Relativierung der NS-Verbrechen bzw. deren unhist. Aufrechnung mit dem totalitär-komm. Stalinismus; – mit dem überraschenden Niedergang des realen DDR-Staatssozialismus 1989/90 verb. sich für ihn geradezu programatisch eine „nachholende Revolution" (publ. in seiner ersten, dadurch mögl. DDR-Publ. „Die Moderne – ein unvollendetes Projekt", Lpz.-Reclam-Vg. 1990); zugleich stellt er im Mai 1991 in Die Zeit unerbittlich fest: „Die Entwertung unserer besten und schwächsten intellektuellen Traditionen ist für mich einer der bösesten Aspekte an dem Erbe, das die DDR in die erweiterte Bundesrep. einbringt"; daher sein richtungweisender Beitrag „Was bedeutet ‚Aufarbeitung der Vergangenheit' heute?" (Leipzig 3. A. 1993); dennoch gehört er keinerlei gesamtdt. Wiedervereinigungsgremien in Ostdtl. an, und einer damit anlaufenden (wesentlich westdt.) Übernahme-Angliederung (Evaluierung, Umstrukturierung, personellen Erneuerung) der nicht nur pol.-ideolg. gescheiterten DDR-Philosophie steht er skeptisch gegenüber; – kam aber zuvor als einer der wenigen BRD-Philosophen vorwendisch 1988 (auf Einladung von R. *Mocek) zu einem doch wenig öffentlich gemachten univ. Vortrag und Gespräch nach Halle: „Ich hatte den Eindruck, dass die offizielle Philosophie im sinkenden Boot die Fühler nach dem lange beschimpften Frankfurt ausstrecken wollte (nachdem mich schon Herr *Oizerman bei Gelegenheit eines Hegelkongresses in jovialem Ton darum gebeten hatte, daß ich ihm doch die Klassifizierung als ‚kleinbürgerlicher Knecht des Kapitalismus' nicht übelnehmen sollte). Aber insgesamt war die Runde der Kollegen depressiv gestimmt – Ökologie statt Sozialismus. Beim Abendempfang saß eine Kollegin etwas gequält in der Ecke; sie hatte für ihr Kierkegaard-Studium Dänisch gelernt (U. *Eichler, HCR), durfte aber nicht ausreisen. H.-P. *Krüger (habil. sich 1987 in „marx. Ause." u. a. zu Habermas) unterhielt sich erst offen mit mir, als wir die Räume des Gästehauses verlassen hatten." (Brief v. Mai 2015 an den Autor dieses Pers.-Stichwortes); der letzte ideolog.-hilflose Versuch des Rats-Vors. für Marx.-Len. Phil. der DDR, E. *Hahn im Okt. 1989 (regulierte jahrelang gemeinsam mit M. *Buhr die öffentliche „Nichtbeschäftigung" mit den Werken von Habermas), nun doch noch/erneut eine verstärkte pol.-ideolg. Ause. vor allem mit diesem anzuzetteln, wurde jedoch in diesem Vorbereitungsgremium bereits ganz entschieden abgelehnt u. zurück gewiesen; vorangehend war ihm schon 1974 durch „gesamtdt." Betreiben (W. R. *Beyer wie M. *Buhr) die unmittelbare Teilnahme am Mosk. Hegel-Kongreß auf lächerlichste Weise verweigert worden, aber bereits Ende 1989 hält er Vorlg. in Moskau und wird 1994 sogar Auswärtg. Mitgl. der Russ. Aka der Wiss; mit seiner Studie „Faktizität u. Geltung" (1992, seinem 2. Hauptwerk) entwirft er eine zeitbezogene normative Theorie des demokr. Rechtstaats; 1994 reguläre univ. Emeritierung in Frankfurt und weiter wohnhaft in Starnberg; 2005 kommt es zu einem wichtigen Religionsgespräch mit Josef Ratzinger (dem späteren Röm.-kath. Papst Benedikt XVI.), publ. unter dem gemeinschaftl. Titel „Dialektik der Säkularisierung: über Vernunft u. Religion" (8. A. Freibg. 2011); in den letzten Jahren intensiv bemüht, sich weiterhin aktuell politisch einmischend, um die Klärung des „national-demokratischen" und „europarechtlichen Status" eines vereinigten Europas; seit 1997 Mithrsg. der pol.-wiss. Monatszeitschrift "Blätter für dt. u. internationale Politik"; zu einer Wuppertaler univ. Tg. 2012 über/mit „Habermas u. der Hist. Materialismus" (publ. Freiburg 2014) war jedoch schon kein einziger Vertreter der vormlg. marx.-len. DDR-Philosophie oder einst westdt. DKP-Marxisten eingeladen; – zahlreiche Ehrendoktorwürden weltweit und seit Jahren der zumeist zitierte dt.-sprachige phil. Autor unserer Zeit. (hrsg. v. A. Honneth): Festschrift z. 60. Geb. 1989 als „Zwischenbetrachtungen. Im Proz der Aufklärg". Frankf./M. 1989 und (Hrsg. M. Funken): „Über H. Gespräche mit Zeitgenossen" (z. 80. Geb.). Darmstadt 2009; „Der Aufklärer." J. H. zum 85. Geb. als "Alle Blätter"-Texte von u. zu J. H. Berlin 2014; zu seinem 90. Geb. 2019 nochmaliger univ. Auftritt in Frankf./Main und schon euphorische Würdigung als „Weltverbesserer" in Die ZEIT Nr. 25 v. 13. Juni d. J. – s. weiter seinen umfassenden Wikipediaeintrag. – Keine Erfassung im DDR-Philosophenlexikon 1982, dafür aber an gl. Stelle Ernst Haeckel, K. *Hager u. sein getreuer parteiphil. Apologet Erich *Hahn.

Publ. *(Auswahl)*: Theorie und Praxis. Sozialphil. Studien. Frankf./M. 1963 (6. A. 1993); (Hrsg.): Hegels Pol. Schriften. Frankf./M. 1966; Zur Logik der Sozialwissenschaften. Phil. Rundschau. Beiheft 5/1967 (Frankf./M. 1970, 5. erw. A. 1982); Technik u. Wissenschaft als ‚Ideologie'. Frankf./M. 1968 (16. A. 1965); Protestbewe. u. Hochschulreform. Frankf./M. 1968; Erkenntnis und Interesse. Ebd. 1968 (11. A. 1994); (Hrsg.): Antworten auf Herb. Marcuse. Frankf./M. 1968; (W. Abendroth u.a.): Die Linke antwortet Habermas. Frankf./M. 1968; Arbeit, Erkenntnis, Fortschritt. Aufsätze 1954–1970 (Raubdr.); Phil.-pol. Profile. Frankf./M. 1971; (mit Nic. Luhmann): Theorie der Gesell. oder Sozialtechnologie – Was leistet die Systemforschung? Frankf./M. 1971 (10. A. 1990); Legitimationsprobleme des

Spätkapitalismus. Frankf./M. 1973 (9. A. 1992); Kultur u. Kritik. Verstreute Aufsätze Frankf./M. 1973; Politik, Kunst, Religion. Essays über zeitgenösische Philosophen. Aufsatzsammlung. Stuttgart 1978 (u. 2012); (Hrsg.): Stichworte zur „geistigen Situation der Zeit". Bd. 1: Nation und Republik. Bd. 2: Politik und Kultur. Frankf./M. 1979 (5. A. 1991); Moralbewußtsein u. kommunikatives Handeln. Frankf./M. 1983 (6. A. 1996); Der phil. Diskurs der Moderne. Zwölf Vorlesungen. Frankf./M. 1985 (5. A. 1996); Nachmetaphysisches Denken. Philos. Aufsätze. Frankf./M. 1988; Die nachholende Revolution. Kl. pol. Schriften. Frankf./M. 1990; Erläuterungen zur Diskursethik. Frankf./M. 1991; Vergangenheit als Zukunft? Das alte Dtl. im neuen Europa. Interview. Zürich 1991; Faktizität u. Geltung. Beiträge zur Diskurstheorie des Rechts u. des demokratischen Rechtsstaates. Frankf./M. 1992; Vorstudien u. Ergänzungen zur Theorie des kommunikativen Handelns. Frankf./M. 1995; Die Normalität einer Berliner Republik. Kl. pol. Schriften VIII. Frankf./M. 1995; Die Einbeziehung des Anderen. Studien zur pol. Theorie. Frankf./M. 1996; Die postnationale Konstellation. Pol. Essays. Frankf./M. 1998; Wahrheit u. Rechtfertigung. Phil. Aufsätze. Frankf./M. 1999; Zeit der Übergänge. Kl. pol. Schriften IX. Frankf./M. 2001; Die Zukunft der menschl. Natur. Auf dem Wege zu einer liberalen Eugenik. Frankf./M. 2001; Kommunikatives Handeln und transzendentalisierte Vernunft. Stuttgart 2001; Zeitdiagnosen. Zwölf Essays. 1980–2001. Frankf./M. 2003; Der gespaltene Westen. Kl. pol. Schriften X. Frankf./M. 2004; Zwischen Naturalismus u. Religion. Phil. Aufsätze. Frankf./M. 2005; (mit J. Derida): Phil. im Zeichen des Terrors. Zwei Gespräche. Hamburg 2006; Ach, Europa. Kl. pol. Schriften XI. Frankf./M. 2008; Zur Verfassung Europas. Ein Essay. Berlin 2011; Nachmetaphysisches Denken II. Aufsätze und Repliken. Berlin 2012; Im Sog der Technokratie. Kl. pol. Schriften XII. Frankf./M. 2013; Phil. Texte. Studienausgabe in 5 Bdn. Aufsatzsammlg. Frankf./M. 2009; Zur Theorie des kommunikativen Handelns. Gesamtausgabe in 5 Bdn. Ebs.; Auch eine Gesch. der Phil. 2 Bde. Berlin 2019.

Lite.: D. Horster: Jürgen Habermas zur Einführung. Hamburg 1988 (3. überarb. A. 2006); Fr. Tomberg: Habermas und der Marxismus. Zur Aktualität einer Rekonstruktion des Hist. Materialismus. Würzburg 2003; R. Wiggershaus: J. H. Rowohlts Monographien. Hbg. 2004; St. Müller-Doohm: J. H. Suhrkamp Basis Biographie Bd. 38. Frankf./M. 2008; H. Brunkhorst/R. Kreide/C. Lafort (Hrsg.): Habermas-Handbuch. Stuttg. 2009; J. Greve: J. H. Eine Einführung. UTB 2009; M. Funken (Hrsg.):Über Habermas. Gespräche mit Zeitgenossen. Darmstadt 2008 (2. erg. A. 2009); St. Müller-Doohm: J. H. Eine Biographie. Berlin 2014; S. Rapic (Hrsg.): H. u. der hist. Mat. Kongreß 2012 in Wuppertal, mit zahlreichen Erwiederungen von J. H. Freiburg 2014 (2. A. 2015).

Hadler, Paul
4. Nov. 1927–verst.
Philosophieverantwortlicher Universtätsbibliotheksdirektor der EMAU Greifswald
Geb. in Ludwigslust/Meckl. als Sohn eines Steueramtmanns; kriegsbedingt unterbrochen 19 47 Reifeprüfung (Abitur) u. anschl. pädg. Sprachenstudium in Rostock der engl. u. franz. Philologie; damals unmittelbar nachkriegszeitlich in der SBZ und in Rostock noch möglich, auch univ.-phil. Studien bei W. *Bröcker, Joh. E. *Heyde u. K.-H. *Volkmann-Schluck sowie natürlich beim neumarx. Doz. E. *Albrecht (prom./ habil. bei Hm. *Dunker an der sog. „Gewifak"); nach dem Staatsexamen 1952 (Diplom-Philologe), als das Phil.-Studium in der DDR gerade so erst allein in Berlin, Leipzig und Jena wiederbegr. wurde, jedoch in Rostock bis 1989/90 überhaupt kein eigenständiges Phil.-Inst. mehr erhalten blieb, also nur noch eine gesamtuniv. ML-Sektion bestand; daher wiss. Ass. am (insb. durch den noch zuletzt verbliebenen „altbürgerl." Univ.-Phil. G. *Jacoby nominell weiter bestehenden) Phil. Inst. der EMAU Greifswald, beim ersten, gerade dazu neu berufen-eingesetzten marx. Parteiphil., später nur noch

Sprach-Phil., Eh. *Albrecht; daselbst phil. Diss. 1957 z. Thema *Der Psychologismus in der Ästhetik von Th. Lipps u. seine Grundlagen* (Gutachter: E. *Albrecht,W. *Besenbruch); nachfolgend wohl auch „gesellschaftswiss." Elementarkurse im marx.-len. Grundlagenstudium, da in Greifswald das Phil. Inst. mit der III. HSR 1968–76 zeitweilig geschlossen u. in die ML-Sektion als red. Phil.-Bestandteil des dial. und hist. Mat. aufging (außer die „semiotische Arbeitsgruppe Albrecht"); daher zusätzliche wiss. Bibliothekar-Ausbildung u. Hauptreferent für phil. Literaturbeschaffg sowie später bis zur Wende 1989/90 auch noch Bibliotheksdirektor der UB Greifswald; in der Greifswalder Univ.-Gesch. z. 500. Jubiläum 1956 (Bd. 2) wichtiger univ.-phil. Beitrag „Zur Gesch. des Lehrfaches Philosophie an der Univ. Greifswald", der mit Hm. *Schwarz als phil. „Wegbereiter der NS" und E. *Albrecht als neuem „Phil.-Institutsleiter ab 1. Jan. 1956" endet, womit die vorangegangene einmalige regelrechte „Doppelherrschaft" mit dem letzten, noch in der DDR verbliebenen „altbürgerlichen" Phil.-Prof., Günth. *Jacoby, endgültig ausgesetzt ist; 1969/70 nach dem Ableben dieses stadtbekannten univ.-phil. Originals erfolgte staatsparteibeauftragt eine (jedoch letztlich von Albrecht persönlich veranlasste wie angewiesene) eigenhändige Durchsicht durch Paul Hadler des gesamten schriftl. Jacoby-Nachlasses (testamentarisch vererbt an seinen wichtigsten Schüler in Tübingen, Baron *Freytag-Löringhof) vor dessen regulärer BRD-Überfg in die dortige UB (erst nachwendisch dann auch für uns zugänglich); bei dieser gezielten Herausnahme aller unbotmäßigen DDR-bezüglichen Papiere u. Dokumente, soll es sich (nachwend. persönl. Mitteilung an mich) um mehere umfangreiche Aktendeckel gehandelt haben, darunter ministerielle Jacoby-Briefe, Zuarbeiten für die westdt. Phil.-Gesell. und deren ersten Phil.-Kongresse, an denen Jacoby noch teilnahm, vor allem aber um Vorarbeiten, Entwürfe u. Endfassungen seiner überaus kritischen Denkschrift „Zur Lage der Univ.-philosophie in der DDR" aus dem Jahre 1953/54 (die anschl. auf schärste Kritik der damalg. Partei- und Kader-Phil. der DDR stieß) handeln; eine aufwendige wie schwierige nachwend. Wiederbeschaffung dieser „Jacoby-Papiere" mit Hilfe (schriftl. Befragung) aller beteiligten Personen gelang jedoch nicht, weil insbs. der Sohn Albrechts jede Mithilfe verweigerte.

Publ.: (Übers. u. wiss. Bearbeitung): Bibliothekarisch-bibliograph. Klassifikation Bd. 23. Zu Philosophische Wissenschaften, Psychologie. Berlin 1973; (Wiss. Red.): Johann Carl Dähnert (1719–1785). Bibliotheksgesch.. Beiträge zu seinem 200. Todestag. Greifswald 1986.

Hager, Kurt
24. Juli 1912–18. Sept. 1998
SED-Chef-Ideologe und „DDR-Philosoph Nr. 1" 1949–1989
Geb. in Bietingheim; Volksschule u. Oberrealschule (1931 Abitur); frühzeitige komm. Betätigung u. antifasch. Widerstandsaktionen (1935 „Kabelattentat" in Stuttgart während einer Hitlerrede); 1936/37 Kurier des komm. Jgd.-Verbandes in der Schweiz, CSR u. Berlin; 1937–39 Teilnahme am span. Bürgerkrieg als Journalist; 1939 Flucht über Frankreich in die engl. Emigration; 1941–45 Forstarbeiter u. Schweizer; 1944–46 Politleiter der KPD-Gruppe in GB; Juli 1946 über Prag Rückkehr nach Dtl. in die SBZ

u. 1947/48 stellv. Chefred. des „Vorwärts" in Berlin; 1948 Teilnahme (mit anderen späteren DDR-Phil. aus der Gründer- u. Aufbaugeneration) an einem 4-monatl. „Phil.-Dozenten"-Lehrgang der SED-PHS in Kleinmachnow; danach 1949–52 Leiter der späteren ZK-Abt. Parteischulung und -propaganda; gleichzeitig bereits 1949 Ernennung (ohne jeden Studienabschluß oder phil. Prom. u. Habil.!) z. ordl. Prof. für Dial. u. Hist. Mat. an der HU Berlin (es ist der frühere Lehrstuhl von Fichte u. Hegel, *Hartmann u. *Spranger) u. 1951 auch noch parteiamtl. „Lehrstuhlleiter für Phil." am neugegr. Partei-Inst. für Gesell.-wiss. beim ZK der SED, zur außeruni. Aspirantenausbildung für das gesell.-wiss. Grundstudium, kulturpol. Bereiche u. den zentralen Parteiapp.; 1950 Kand. u. ab 1954 Mitgl. des ZK der SED sowie ab 1952 Leiter der ZK-Abtg. Wissenschaft und HSW; ab 1955 Sekr. des ZK der SED und seitdem bis 1989 ununterbrochen parteizentral verantw. für den geistig-kulturellen Gesamtbereich von Wiss., Volksbildg., Kultur, Akademien und Hochschulen der DDR; 1958 Kand. und ab 1963 Mitgl. des PB sowie unter W. *Ulbricht Leiter der „Ideolog. Kommission" beim PB der SED, später noch weitere Staats- und Parteifunktionen; ab 1972 dafür alle 5 Jahre den Karl-Marx-Orden als durchgehender *Chef-Ideologe der SED*, so auch unter E. Honecker; seit 1951 (Jenaer Logik-Konferenz) der wichtigste Funktionsträger der sich entw. DDR-Phil., daher bez. als der „*DDR-Phil. Nr. 1*"; somit auch persönlich verantw. für zahlreiche parteidogm. „Revisionismus"-Vorwürfe in versch. phil. Grundsatzdisk. z. B. zur „Naturphilosophie" (W. *Hollitscher-Vorlg. 1950), zur Harichverurteilung 1957, zum „praxisphil." LB „Marx. Phil." von A. *Kosing (1968); stets vermittelt über andere mitverantwortliche SED-Funktionsträger, wie H. *Hörnig, G. *Schirmer, E. *Hahn, M. *Buhr und H. *Hörz), letztlich so auch bei der aka.-phil. „Ruben-Affäre" (1981); auf fast jedem DDR-Phil.-Kongreß belehrende parteiamtliche Polit-Auftritte (1968 z. 150. Karl-Marx-Gedenken Hauptreferat und Schlusswort, 1982 zum 150. Todestag Hegels); erst Anfang Nov. 1989 zum letzten VII. Phil.-Kongress der DDR, schließlich ausgeladen, jedoch nur um sich eine nunmehr nutzlos gewordene Ause. mit ihm zu ersparen; seine stalinisti. Grundthese bezog sich auf eine fortl. Verschärfung des ideolog. Klassenkampfes mit allen nur erdenklichen Erscheinungsformen bürgerl. Ideologie (Philosophie) u. jedes parteifeindl. Revisionismus. Ende 1989 Verlust aller Parteifunktionen und symbolischer Ausschluss aus der SED/PdS; zuvor wollte er noch aus dem einzigen DDR-Philosophenlexikon 1982 (Autorenkollektiv) wieder „herausgenommen" werden; ein abschl. Gespräch 1991 mit ihm (in Anwesenheit s. Tochter) ergab keinerlei selbstkritische Aufschlüsse zur DDR-Phil. (nicht einmal zur sog. „Ruben-Affäre", über die durch Gregor *Schirmer sogar im PB berichtet wurde: doch E. H. fragte lediglich nach, ob die aka. Phil.-Gruppe denn das PB stürzen wollte!?, was verneint wurde, womit diese Debatte auch schon erledigt war); gest. 1996 in Berlin, nachdem er zuvor schon aus der stasiabgeschirmten „Waldsiedlung" des SED-PB bei Wandlitz ausziehen mußte, das er jedoch nunmehr makabererweise als „Getho" zu bezeichnen meinte; – seine *Erinnerungen* (1996) erwähnen seinen wichtigsten/ getreuen Phil.-Partner in den 70/80er Jahren, Erich *Hahn als parteiamtl. Ratsvors. der Marx.-Len. DDR-Phil., mit keinem Wort mehr; – was hatte sich damit alles, aber

mit welch erbärmlichen Folgen für die ostdt. Phil., derartig parteigesteuert-fehlentwickelt-abgewickelt nachwirkend, doch schlagartig erledigt?
DDR-Pers.-Lexikon 2010 (B.-R. Barth/H. M.-Enbergs) u. Phil.-lexikon 1982 (Autorenkollektiv).

Publ.: Der dial. Mat. – die theor. Grundlage der Politik der SED. Berlin 1958 (Konferenzprotokoll); Humanismus und Wissenschaft (Reden u. Aufsätze). Berlin 1961; Die Aufgaben der Gesellwiss. in unserer Zeit. Berlin 1969; Grundfragen des geistigen Lebens im Sozialismus. Berlin 1970; Marx.-len. Philosophie u. ideolg. Kampf. Berlin 1970; Sozialismus u. wiss.-techn. Revolution. Berlin 1973; Die Gesell.-wiss. vor neuen Aufgaben. Berlin 1981; Beiträge zur Kulturpolitik. 1982–87. 2 Bde. Berlin 1987; Wissenschaft und Wissenschaftspolitik im Sozm. Vorträge 1972–87. Berlin 1987; Kontinuität u. Veränderung. Beiträge zu Fragen unserer Zeit. Berlin 1989; Erinnerungen. Leipzig 1996. – 4 DZfPh-Beiträge: 1. Die Bedeutung des Werkes von J. W. Stalin "Ökonom. Probl. des Sozialismu in d. UdSSR" (H. 1/1953); 2. Der Kampf gegen bürgerliche Ideologien und Revi. (5–6/1956); 3. Die phil. Lehre von Karl Marx u. ihre aktuelle Bedeutung (SH 1968); 4. Das Erbe Hegels liegt in unseren Händen (H. 4/1982).

Hager, Nina
1. Dez. 1950
Physik-Studium u. akademiephil. Kosmosforschung im Hörz-Bereich der DDR-Aka.
Geb. in Berlin; 1957–60 Schulbesuch in Pankow; Vater ZK-Sekretär u. Mitglied des PB der SED; weiterer Schulbesuch bis 1965 in Wandlitz, danach OS in Berlin (1969 Abi.); anschl. Physik-Studium u. seit 1973 wiss. MA im H. *Hörz-Bereich „Phil.-Wissenschaftsentw." am ZIfPh. der ADW, die erklärt: „Ihre gesamte wiss., gesell. u. pol.-ideolg. Entwicklung rechtf. die (phil.) Prom. A 3,5 Jahre nach Abschluß ihres Hochschulstudiums" z. Thema: *Fragen der Modellproblematik am Beispiel der Festkörperphysik* (1977) am Hm. *Ley-Lehrstuhl für phil. Probleme der NW an der Phil.-Sektion. der HU Berlin; Aka.-Prom. B folgt 1987 zum Thema: *Mensch u. Kosmos in der wiss.-techn. Revolution*; Westreisekader z. Intl. Deutschlandsberger Symposium u. entspr. Berichterstattungen; 1989 Aka-Prof. z. bis dahin so gänzlich unbekannten bes. Berufungsgebiet „Marxismus und Naturwissenschaft"; nachwendisch keinerlei phil. Weiterbeschäftigung, aber parteipol. Aktivitäten in der westdt. DKP und Kritik an der „verräterischen" ostdt. PdS; Mitarbeit in der linksmarx. Marx.-Engels-Stiftung Wuppertal und polit-journalist. Betätigung ohne jeden phil. Hintergrund, der wahrscheinlich so auch nie wirklich vorhanden war; 2017 unglaubliche Aufnahme in die ostdt. Leibniz-Soz., nun für „Physik und Naturphilosophie", die somit also nicht mehr ideologisch verschmäht ist; Gratulation für Hb. Hörz zum 85. Geb. 2018, ansonsten keinerlei fachnaturphil. Wirksamkeit mehr nachweisbar.

Publ.: Modelle in der Physik, erkenntnistheor.-methodolg. betrachtet (Reihe „Mathematik u. Physik" Bd. 278). Berlin 1982; Der Traum vom Kosmos. Phil. Überlegungen zur Raumfahrt (hrsg. im Auftrag des Wiss. Rates für Marx.-len. Phil. an der Aka für GW beim ZK der SED). Berlin 1988; (Mithrsg. G. Banse): Verantwortung aus Wissen. Beiträge von Wissenschaftlern zu Friedensforschung u. Friedenskampf. Berlin 1989; Raumfahrt in der weltanschaul. Auseinandersetzung (Hrsg. „Wissenschaft und Sozialismus" e.V.). Frankf./M. 1993.– 1975–89 ca. 10 DZfPh-Beiträge, aber stets nur gemeinschaftlich mit anderen Phil.-Autoren aus ihrem aka.-phil. Hörz-Bereich.

Hahn, Elke
12. Juni 1955
Beiträge zur Schellingforschung
Geb. in Wartin und 1970–74 EOS in Wismar (Abitur); anschl. zweijähriges Fremdsprachen-Studium in Leipzig, abgebrochen u. 2 Jahre Arbeit im MHF der DDR in Berlin u. delg. zum anschl. Phil.-Studium 1980–85 (Diplom) an die HU Berlin; danach 2 Jahre wiss. MA im ZIf Ph. der AdW der DDR (Leibniz-Ed.) sowie ein Forschungsstudium 1987 als planm. Asp. im *Ley- *Wessel-Bereich Philosophie-Naturwissenschaften der ML-Phil.-Sektion an der HUB; daselbst 1990 phil. Prom. A z. Thema *Die Identitätsphilosophie von F. W. J. Schelling. Eine Untersuchung seines wissenschaftstheor. Konzepts z. Aufbau des absoluten Vernunftsystems* (Gutachter: G. *Irrlitz, R. *Pester, G. *Wicklein); Mitarbeit in der Schelling-Forschungsstelle der AdW u. in deren Auftrag Hrsg. der „Berl. Schelling-Studien" 2000 ff.; nicht zu verwechseln mit der Reihe „Schelingiana" (1989 ff.) der Internl. Schelling-Gesell. oder neuerlich den „Schelling-Studien". Internationale Zft. zur klass. dt. Philosophie (2013/14). – Frühere Arbeiten zu Schelling im Rahmen der marx.-len. DDR-Phil. betrafen vor allem Prom.-schriften von Wg. *Förster (1967) u. St. *Dietzsch (1973).

Hahn, Erich
5. März 1930
Langjähriger Vorsitzender des Rates für Marx.-Len. Phil. der DDR in den 70/80er Jahren
Geb. in Kiel; Vater prom. Volkswirtschaftler, verst. 2. Mai 1945; 1936/40 Grundschule in Berlin; Kriegsevakuierung 1943/45 ins Erzgebirge, 1948 Abitur in Zehlendorf (W.-Berlin); 1948/50 landwirtschaftlicher Lehrling auf einem volkseigenen Gut, Marke bei Nauen: „Ich lernte die Arbeiterbewegung kennen" u. „wollte die marx.-len. Weltanschauung analysieren" (Habil-Lebenslauf 1965); vor Aufnahme des Studiums daher ein Jahr hauptamtl. Instrukteur der FDJ-Kreisleitung Nauen; studiert zunächst im Studienjahr 1951/52 Geschichte, dann bis 1956 Philosophie an der HU zu Berlin; 1956/58 wiss. Ass. im Lehrbereich Hist. Mat. sowie anschl. Aspirantur bei dessen Leiter H. *Scheler, 1961 abgeschlossen mit der Prom. z. zeitnahen Thema: *Über die Bedeutung des unmittelbar gesell. Charakters der Arbeit bei der Herausbildung des sozialistischen Bewusstseins der Klasse der Genossenschaftsbauern"* (so teilw. publ. als „Neue Bauermoral", im Urania-Verlag 1962); 1957/61 Mitglied der UPL und 1958 Institutsparteisekretär (Studentenprozess); seit 1964 Leiter der Lehr-Abt. Hist. Mat. am Inst. für Phil. der HUB; 1965 Habil. z. Thema *Philosophische Aspekte der soziolog. Theorie* (publ. als „Soziale Wirklichkeit u. soziolog. Erkenntnis", 1965); anschl. Studienaufenthalt in der SU; 1966/71 Lehrstuhlleiter für marx.-len. Soziologie am Partei-Institut, der späteren Aka. für GW beim ZK der SED; 1971/89 Direktor des dortigen Inst. für Marx.- Len. Phil. (nach parteiamtl. Ablösung von A. *Kosing) u. zugleich parteibeauftragter Vors. des Wiss. Rates für diese Phil. in der DDR, bis Ende 1989 dessen Selbstauflösung erfolgte; weitere Mitgliedschaften u. Funktionen: Redaktionskolleg. der einzi-

gen Phil.-Zeitschrift der DDR; 1972–89 Ko.-Vors. der gem. Kommission von Philosophen der DDR u. UdSSR; zugleich als Westreisekader führender Repräsentant der DDR-Phil. im Ausland sowie anerkannt in linksmarx. Kreisen der BRD; 1974 korr. u. 1980 Ordl. Mitglied der Aka. der Wiss. der DDR ebenso wie der Aka. der Pädg. Wiss; seit 1950/51 SED-Mitglied, wird Hahn als einziger Phil. der DDR in den 70/80er Jahren (neben Kurt *Hager, als dem DDR-Phil. Nr. 1) zweithöchster Funktionsträger der allein vorherr. Staatspartei-Philosophie des ML: 1976 Kand. wie von 1981–89 Vollmitgl. des ZK der SED; damit ist er für fast 2 Jahrzehnte persönlich mitverantwortlich für die somit unter strengster zentraler Parteikontrolle stehende, durchgeplante phil. Forschung in der DDR, die Abhaltung von laufenden parteipol. ausgerichteten DDR-Philosophie-Kongressen mit Hagers Auftritten sowie für das nur noch parteikollektivistische Mitverfassen und massenhafte Erscheinen von poststalinistisch denknormierten Lehrbüchern zur marx.-len. Phil. ohne irgendwelche wiss. Pluralität oder gravierende Streitpunkte; in dieser Zeit reduzierte sich eine solch angepaßt-kritiklose, aber absolut glaubhaft-überzeugte parteiphil. Wirksamkeit praktisch auf die fortl. politideolg. Einbindung der offiziellen marx.-len. DDR-Philosophie in die fünfjährig wiederkehrende SED-Parteitags-Vorbereitung bzw. deren -Auswertung, was die restlichen Philosophen der DDR zunehmend nur noch mehr oder weniger teilnahmslos ergeben und uninteressiert über sich ergehen ließen; mit dem (un)vorsehbaren Ende der SED-DDR-Herrschaft schmerzvolle Selbstauflösung aller entspr. parteiorg. Philosophie-Institutionen schon bis Ende 1989, nachfolgend ab 1990 Vorruhestand und Verlust aller vorgenannten Ämter, Funktionen wie bleibender Wirksamkeit u. Einflußnahme im Rahmen der nachwendisch wieder gesamtdeutschen Phil.-entw.; seither beschäftigt mit einer nachholenden Rezeption des gesellschaftsontolog. Werkes von G. *Lukacs. Doch es gibt kaum ernsthafte Bemühungen zur hist.-krit. Aufarbeitung der von ihm entscheidend persönlich mit zu verantwortenden Fehlentwicklung der offiziellen DDR-Philosophie in den ausgehenden 70/80er Jahren; bei keinem anderen ostdt. Philosophen aus der DDR bilden auf Grund des pol.-ideologischen Charakters ihrer, letztlich nur noch partei-org. angeleiteten marx.-len. Philosophie, einzelne Lebensabschnitte, fortlaufende Funktionsübernahmen u. entsprechende Publikationsresultate eine solch überschaubare bezeichnende Einheit; das Credo seiner phil. Daseinsweise in der DDR war immer nur die unabdingbare Einheit von Phil. als Ideologie mit der Politik der Partei, wonach er sein eigenes phil. Agieren und das aller anderen DDR-Philosophen bestimmte und auszurichten versuchte. So betrifft E. Hahns erster Bericht 1959 (H. 5/6-DZfPh.) über angeblich Neue Wege im Philosophiestudium die unmittelbare Durchführung v. Lehrveranstaltungen beim prakt. landwirtschaftl. Ernteeinsatz im sozialistischen FDJ-Jugenddorf Genschmar/Oderbruch; und in seiner letzten offiziellen Äußerung in der DZfPh (H. 10–11/1989) erklärt er, ungebrochen rückblickend auf 40 Jahre DDR-Phil., dass er „als landwirtschaftlicher Lehrling möglicherweise ohne die Broschüre *Stalins (im KPdSU-Grundkurs von 1938) niemals erfahren hätte, was Philosophie ist. Denn Phil. trat uns in der Partei Anfang der 50er Jahre (als) Arbeit der FDJ erstmalig in Gestalt eben dieses berühmten Kapitels aus

Stalins 'Kurzem Lehrgang'(der KPdSU) entgegen. Ich weiß nicht, wenn mir da Hegel als erstes in die Hand gefallen wäre, ob ich nicht die Finger von der Phil. gelassen hätte." (S. 996) Irgendwie hatte sich damit tatsächlich ein derartig stalinistisch vor- u. ausgeprägtes marx.-len. Philosophenschicksal mit dem Ende der DDR vollendet, denn nach H. *Seidel betrifft gerade das entsch. Verhältnis zu Hegel eine Wesensbestimmung der marx.-dialek. Philosophie; – nachwendische phil. Wirksamkeit in der (ostdt.) Leibniz-Sozität; aber am 3. Febr 2010 wird die bisher versuchte hist.-kritische ‚Aufarbeitung', von der überhaupt keine Rede sein kann, als „Schmalspurgeflüster" bezeichnet (zuvor schon bei der „GSBM" erneut wieder „frontphil." als weltanschaul. „Erinnerungsschlacht", 2009), denn: "Der Blick auf die DDR erfolgt durch die Brille der bürgerl. Ideologie und Weltanschauung Maßstab der Beurteilung sind bürgerl. Wertvorstellungen und Begriffe", womit jedes phil. Tun weiterhin völlig unverstanden bzw. ungebrochen als klassenmäßig-parteilich und ideologisch aufgefaßt wird. Die unabdingbare Parteilichkeit eines solchen poststalinistischen Phil.-Verständnisses als ‚Lb.-Marxismus' läßt offenbar einfach keine andere Sicht mehr zu. – Festschrift der Lbz.-Soz. z. 80. Geb. 2010 (gem. mit W. *Eichhorn I). Köln 2010. – E. H. alleiniges Ausbildungs-, Forschungs- und Publikationsgegenstand bilden durchgehend der Hist. Mat. (darin phil.-meth. zeitweilig eingebettet die Soziologie in ihren verspäteten DDR-Anfängen in den 60er Jahren) u. durchgehend das Ideologieproblem (1968). Unter „Ideologie als Klassenbewußtsein" subs. er ganz folgerichtig auch die mit Lenin ebenso „parteilich" aufgefaßte, daher parteiorg. und klassenkämpferisch eingebundene ML-Philosophie als „wiss. Weltanschauung" u. Ideologie (dies auch hinsichtlich der Künste u. der marx.-len. Gesell.-wiss. überhaupt) so wie letztlich das gesamte „geistig-kulturelle Leben" der DDR unter Führung der SED u. ihrer ZK-Abt. Wiss. (K. *Hager/H. *Hörnig) stand. Vollständig im Einklang mit dieser u. dem zusätzlichen Kritik-Rat von M. *Buhr verschärfte sich zugleich auch ständig (von *Stalin immer so terroristisch-herrschsüchtig als gesetzmäßig hervorgehoben) der ideologische Klassenkampf mit der bürgerlichen Ideologie wie jedem parteiabtrünnigen Revisionismus; eine kritische Analyse der eigenen, oftmals selbst krisenhaften Gesell.-entw. des realen Soz. bleibt dadurch im Prinzip außerhalb einer jeden Betrachtung, wodurch die marx. DDR-Phil. letztlich z. bloß staatspol. Legitimation u. ideolg.-hörigen Dienstmagd der Partei herabsank und verkam, wofür H. vor allem im stets unmittelbarem *Hager-Auftrag stand und daher persönlich verantwortlich zu machen wäre. Denn nach einem soziolog. Zwischenspiel zur ebenfalls allein parteiinstitutionellen Etablierung der Soziologie am Inst. für Gesell.-wiss. des ZK der SED wird H. erneut parteizentral dazu eingesetzt (nach Ersetzung von A. *Kosing), um in den 70/80er Jahren für fast zwei Jahrzehnte als Lehrstuhlleiter, Institutsdirektor und zugleich Dauer-Vors. eines sog. „Wissenschaftlichen Rates für Marx.-Len. Phil. der DDR" im Kollektiv mit anderen Kader-Phil. für die parteiangeführte u. parteikontrollierte („vereinheitlichte wie abgeschlossene") Steuerung (Planung, Ausrichtung und Abrechnung) aller planzentralen Forschungsaufgaben dieser Philosophie verantw. zu sein. In den folgenden Jahren praktisch nur noch an diversen, stets parteikollektiv erarbeiteten marx.-len. Phil.-Lehrbüchern in unvorstellbaren Massenauflagen anführend beteiligt. Und auf entspr. DDR-Phil.-Kongressen gab er stets in Auswertung jeweiliger SED-Parteitagsbeschlüsse in sog. Hauptreferaten die jeweils aktuellen idologisch-politischen Leitlinien u. Themenkomplexe der offiziellen DDR-Philosophie für die nachfolg. Jahren bekannt; damit war es natürlich mit jeder Eigenständigkeit von Philosophie/des phil. Denkens in der DDR endgültig vorbei. Doch Ende 1989 löst sich dieser ganze, so machtlos-unwirklich gewordene parteiorg. Leitungsrahmen dieser offiziellen DDR-Philosophie in ein völlig wirkungs- und gegenstandslos gewordenes Nichts auf, was die nur noch parteianführenden Funktionsträger dieser Art von Phil. buchstäblich arbeitslos machte. Im Unterschied zur neuländerspezifisch abgewickelten Univ.-Phil. löste sich die unmittelbar parteiinstitutionalisierte ML-Philosophie daher schon vor dem staatsoffiziellen Ende und schließl. Beitritt der DDR zur BRD Ende 1989 einfach nur noch wie „von selbst" auf; – irgendeine selbstkrit. Stellungnahme zu diesem erbärmlichen Niedergang, theor.-praktisch ohne jeden persönlichen „ideolog. Widerstreit" sucht man jedoch bis heute vergeblich, man ging schlicht im Leitungs-Kollektiv unter, also beschäftigungslos nach Hause und privatisierte sich. – Doch wie war es möglich, zuvor diesem unphil. Gebilde nicht weit entschiedener entgegen getreten zu sein!?

DDR-Personen-Lexikon 2010 (H. Müller-Enbergs/J. Wielgohs) u. DDR-Philosophenlexikon 1982 (Frank *Rupprecht).

Publ.: Neue Bauernmoral, Leipzig 1962; Soziale Wirklichkeit und soziologische Erkenntnis, Berlin 1965; Hist. Mat. u. marx. Soziologie, Berlin 1968; Ideologie, Berlin 1969; Materialistische Dialektik u. Klassenbewußtsein, Berlin 1974; Objektive Gesetzmäßigkeiten u. bewußtes Handeln im Sozialismus, Hauptreferat auf dem IV. Phil.-Kongreß der DDR, Berlin 1975; Grundlagen des Hist. Mat. (Gesamtredak. u. Mitautor), Berlin 1976; Marx.-len. Philosophie, geschrieben für die Jugend (gem. mit A. Kosing), Berlin 1978 (16. A. 1989); Einführg. in die Marx.-len. Philosophie (im Dreierkollektiv) Bln. 1983 (13. A. 1989); Ideologie u. Kunst (Akademie-Lektion). Berlin 1984; Friedenskampf ohne Ideologie? (Weltkongreß-Rede), Bln. 1988; Zur Dialektik von Menh.-entw. u. Klasseninteressen. Berlin 1989; Ideologie. Marxistische Lesehefte. Schkeuditz 1998 (nichts als eine marx. Zitatenabfolge, nun aber auch mit Bucharin, Adorno, Horkheimer, Bloch und Lukacs angereichert); Positionen zum SED-SPD-Dialogpapier „Streit der Ideologien" von 1987 (unterscheidet sich grundsätzlich von der Sicht des eigentl. Mitautors R. Reißig). Berlin 2003; Weltanschauung und Erinnerungsschlacht. Gesell. z. Schutz von Bürgerrecht u. Men.-würde e.V. Europ. Friedensforum Nr. 58. Berlin 2009; Mitautor: Kritik des gesell. Bewußtseins (Lenin, Imperialismus u. Ideologie). Hamburg 2016; Lukacs u. der orthodoxe Marxismus (zur G. L.-Schrift von 1923). Bln. 2017. – 30facher Autor der DZfPh. 1959–1989. *Ausgänge*: Aus der Arbeit des Wiss. Rates für Marx.-Len. Phil. der DDR. Versuch einer Dokumentation.

Hahn, Toni
12. Okt. 1936
Moral-Bewußtseins-Philosophin und Akademie-Soziologin

Geb. in Berlin; Vater Diplom-Ing.; 1946–54 OS in Berlin-Friedrichshagen; danach Phil.-Studium in Berlin bis 1959; gerade aktuelles Diplom-Arbeit z. Thema: „Die 10 Gebote der soz. Moral (in Gegenüberstellung zu den mosaischen Geboten) u. ihre Bedeutung für die Herausbildung des sozl. Bewusstseins"; verh. mit E. *Hahn u. 5

Kinder bis 1976; Lehreinsatz an der ML-Sektion im gesell.-wiss. Grundstudium 1959–63; danach zweijh. wiss. Asp. im Bereich Ethik des Phil.-Inst. u. 1965 phil. Prom. z. Thema: *Die Motivation soz*l. *Arbeit u. ihre Erforschung* (Gutachter: H. *Ley u. W. *Eichhorn I); 1969 Dozentin für marx.-len. Ethik, aber bereits 1971 Wechsel zur Soziologie, also zur soziogl. Erforschung des gesell. Bewußtseins; 1978 Prom. B z. Thema: *Theor.-metholg. Probleme der Erforschung hist.-spezif. Strukturen, Inhalte und Funktionen sozialistischer Motivation* (Gutachter: W. *Eichhorn I, Kosakowski, R. *Miller u. G. *Stiehler); nach Ernennung zur Professorin 1983 Bereichsleiterin („Lebensweise") am Inst. für Soziologie u. Sozialpol. der AdW der DDR bis zur dessen Abwicklung; danach im Brandenbg. Inst. für Arbeitsmarkt- u. Beschäftigungsentw. (1995); org. nachwendisch alljährl. Absolventen-Treffen der ersten Berliner Phil.-Stud.-jahrgänge 1951–1956/58, die späterhin zweite Lehrergeneration der DDR-Philosophie.

Publ.: Mitarbeit an 2 phil. Studienanleitungen z. marx. Ethik (1966/69); Motivation, Motivforschung, Motivtheorie. Berlin 1985; (Hrsg. mit R. Welzkopf): Innovation und Motivation in Forschung, Entwicklung u. Überleitung. Schriftenreihe Soziologie: Berlin 1988; (gem. mit G. Schön): Arbeitslos – chancenlos? Verläufe von Arbeitslosigkeit in Ostdeutschland. Transformationsprozesse, Bd. 11. Opladen 1996. 7 entspr. DZfPh-Beiträge 1964–1986.

Händel, Alfred

Geb. 1923; ausgebildeter älterer Pädagoge, wahrscheinlich als parteiphil. „Logik-Lehrer" so nicht promoviert; dennoch gemeinsam mit K. *Kneist versucht, am Lehrstuhl für Philosophie des IfG beim ZK der SED (Leiter K. *Hager) analog zu der seit 1951 univ. wieder errichteten Grundstruktur eines „vollwertigen" Phil.-Instituts auch an einer entspr. Parteieinrichtung eine phil. Lehrgruppe Logik u. ET. zu etablieren; das Resultat bildete zeitweilig ein eigenständiggem. "Kurzer Abriß der Logik" (1960/62), während zur gl. Zeit A. *Kosing z. „marx.-len. ET des dial. Materialismus" (1960) ebd. prom. wurde; die fachphil. Kritik an diesen „dial.-mat." Logik-Versuchen („ein sehr flacher u. rasch vergessener Abguss der ‚Formalen Logik' von G. *Klaus", L. *Kreiser, 2009, S. 31) folgte zwangsläufig u. wurde schließlich durch die Einführung „Elementare Logik" von W. *Segeth (1966 ff.) ersetzt; übrig blieben davon die phil.-erkenntnistheor. Frage nach der „Wahrheit"(1964) bzw. der Übergang zu Problemen der „dial.-mat. Methode" (K. *Kneist) und die von A. Kosing präsentierte ET (eingepl. Tb in der Reihe „Unser Weltbild" Bd. 23 als Einführung in die marx. ET) erschien daraufhin auch nicht mehr; diese wurde schließlich (ebenso wie die Logik) zu einem allein univ.-phil. Schwerpunkt am Phil. Inst. in Leipzig (Leiter D. *Wittich bzw. L. *Kreiser); und ebenso red. sich am parteiphil. ZK-Inst. auch die „Gesch. der Phil." letztlich auf eine Darstellg ders. allein als parteiamtliche „marx.-len. Phil.-Gesch." (Fr. *Richter,W. *Wrona, S. *Heppener) bzw. auf „Gesch. u. Kritik" (also ideolg. Ause. mit) der spätbürgl. Phil. als Ideologie und jedem erdenkl. Revisionismus (E. *Fromm/V. *Wrona).

Publ.: Kurzer Abriß der Logik. Tb-Reihe Unser Weltbild. Bd. 14. Berlin 1960 (2. A. 1962 u. ung. Übers. Budapest 1964); Der phil. Materialismus. ABC des M-L. Berlin 1962; Wahrheit – ein Problem? Tb-Reihe Unser Wb Bd. 28. Berlin 1964.

Handel, Gottfried
1. Juni 1929–5. Mai 1980
Leipziger ML-Lehrer, UPL-Parteisekretär und parteiamtlicher Universitäts-Historiker
Geb. in Zeitz, daselbst Besuch der Dorfschule Schellbach 1935–39; danach Gymn. ebd. u. 1945/46 Hilfsarbeiter; 1946–48 Drogerielehre; 1949/50 abgebr. Chemie-Studium in Halle; dafür 1950–53 ML-Studium in Leipzig; 1953–58 Assistent am dortg. Phil.-Institut; 1958/59 Leiter des Sonderstabes der UPL z. 550-Jahr-Feier der Univ. Lpz.; 1958–61 hauptamtl. stellv. Parteisekr. ders.; 1961–66 ebenso UPL-Sekr. der Univ. Jena sowie Mitgl. der SED-KL Jena; 1965–67 Mitgl. SED-BL Gera; 1967–70 wiss. Asp. am Inst. für Phil. der FSU Jena und phil. Prom. zum passenden Thema: *Probleme der marx.-len. Weiterbildung von Wissenschaftlern, insb. Hochschullehrern*; daraufhin 1970 ordl. Prof. für dial. u. hist. Mat. sowie Direktor am FMI der KMU Leipzig; 1976 Entlastung aus gesundheitl. Gründen und 1976–80 Leiter der Kommission für Univ.-Gesch. der KMU Leipzig, die damit unter unabdingbare SED-Parteikontrolle kam; bes. Forschungsergebnis zum sowjt. Major *Patent, einen Verfechter der marx.-len. Phil. in der SBZ/DDR (1977).

Publ.: (Mithrsg.) G. Harig – Ausgewählte phil. Schriften 1934–59 Leipzig 1973; (Mithrsg.): Dokumente der Sowjt. Militäradministration in Deutschland zum Hoch- und Fachschulwesen 1945–49. Berlin 1977; Die pol.-weltanschau. und phil. Bildung an den Antifa-Schulen in der UdSSR (DZfPh 9/1979 –Bericht); (Hrsg.): Überblick zur Gesch. des marx.-len. Grundlagenstudiums an den Universitäten, Hoch- u. Fachschulen. Leipzig 1981; konzeptionelle Vorbereitung der hist. Univ.-Reihe: Namhafte Hochschullehrer der KMU Leipzig 1982(1) bis (8)1986 (darin u.a. zu O. R. Gropp von M. Thom).

Haney, Frank
20. Jan. 1952
Wissenschaftsforscher der jüngeren Generation in Jena
Geb. in Gräfenau-Angstedt/Thüringen als Sohn des Jenenser Rechtswiss.-Prof. Gerh. Haney; abgeschl. Physik-Studium in Jena, dann Übergang zum naturphil. Lehrstuhl von Hm. *Korch an der ML-Sektion der Univ. Jena; daselbst phil. Prom. A an der gesell.-wiss. Fak. 1979 mit einer Arbeit *Zur Einheit der Physik* (Gutachter: H. *Korch, E. Schmutzer, K. *Wagner); Prom. B 1987 z. wiss.-theor. Thema *Die Gesetzmäßigkeiten der Wissenschaftsentw. u. die Dynamik des Theoriensystems in der Physik* (Gutachter: H. *Korch, Schmutzer u. K.-H. *Kannegießer); nachwendische Gründung und Betreibung eines EDV-Dienstleistungsunternehmens in Jena.

Hanf, Thomas
27. Juni 1953
Wissenschaftsforscher und Soziologe in Berlin
Geb. in Berlin; 1959–71 Schulausbildung mit Abitur; anschl. Mathe.-Studium an der HU Berlin (Diplom) u. Forschungsstudium der Philosophie (Prom.-Stipendium) am Hm. *Ley-Lehrstuhl für phil. Probleme der Naturwiss. der Sektion Marx.-len. Phil. ebd.; abgeschl. mit phil. Prom. 1979 zum Thema *Das phil. Konzept der Wiss. als all-*

gemeine Arbeit und das Problem des Anfangs der Mathematik (Gutachter: P. *Ruben, H. *Ley, L. *Läsker – kurz vor der parteiamtl. Verurteilung dieser Konzeption von *Ruben, Hb. *Laitko und L. *Läsker als revisionistisch an der AdW 1981); danach wiss. Mitarb. am Inst. für Soziologie u. Sozialpol. der AdW der DDR in Berlin; 1986/87 Forschungsaufenthalt in Moskau u. Nowosibirsk; 1989 Mitbegründer der Gesell. für Soziologie der DDR u. Vors. des Berl. Verbandes, ebenso 1991 Mitbegründer des Sozialwiss. Forschungszentrums Berlin-Brandenburg (SFZ); nach Instituts- u. Aka.-Abwicklung Aufnahme ins anschl. Wissenschaftler-Integrationsprogr. und dazu wiss. Mitarb. am Inst. für Soziologie der MLU Halle; daselbst bis 2002 wiss. Ass. am Lehrstuhl für Theorie u. Gesch. der Soziologie (aber keine Habil. mehr); zw. 2003 u. 2010 drei Vertretungsprofessuren in Kassel, Halle und Frankf./Oder; seitdem wiss. Mitarb. und ehrenamtl. Ko-Geschäftsführer des SFZ in Berlin; im Rahmen der „Ostdeutschlandforschung" mit anderen (M. *Brie u. M. *Thomas) Grundsatzfragen der Transformationsforschung, Sozialen Ungleicheit u. Armutsanalysen; zahlreiche gemeinschaftliche Sozial-Studien zu Brandenburg sowie für Fraktionen von Parteien des Landtages in Potsdam.

Häntsch, Carola
4. Nov. 1956
Diplomabschluß als Nordistin (Finnland) u. prom. Diplom-Philosophin in Greifswald
Geb. in Frankf./Oder und OS (Abitur) ebd; Studium der der Nordeuropawiss. (Finnland) u. im Fernstudium Phil. an der EMAU Greifswald; 1986 phil Prom. z. Thema (Betreuer R. *Pester): *Der Einfluß des Hegelianismus in Finnland, dargestellt am Beispiel des finn. Philosophen u. Staatsmanns Johan Vilhelm Snellman (1806–1881)*; seit 1985 wiss. Mitarb. an der früheren ML-Sektion und ab 1991/92 wiss. Ass. am neu gegründeten Phil.-Inst. der Univ. Greifswald (Gründungsdirktor W. *Stegmaier); 1993/94 Forschungsauffenthalt am Inst. für Phil. der Uni. Helsinki, jedoch keine Habil. realisiert; daher spätere univ. Weiterbeschäftigung als wiss. MA im Aka. Auslandamt (Hochschulbeziehungen zu Nord- und Osteuropa); zugleich weiterhin Lehrbeauftragte für Phil. und aktuell auch wieder für Finnistik; Forschungsschwerpunkte: Gesch. der Philosophie Nordeuropas (insb. Finnlands) im 18. bis 20. Jhd. – Das kleinste phil. Inst. der EMAUniv. in Greifswald hatte sich schon zu DDR-Zeiten zunehmend mit der Phil.-Entw. in Nordeuropa (einzelner nordeurop. Länder) beschäftigt, aber es konnte kein einziger Inst.-Angehöriger jemals dorthin vorwendisch reisen; dies war anderen pol. Funktionsträgern der Univ. wie R.*Bräu als UPL-Sekretär u. Prorektor für Gewi ohne jede dazu vorh. phil. Qualifizierung und Sprachkenntnisse vorbehalten.

Publ.: (Hrsg. mit H. Frank): Günther Jacoby (1881–1969). Zu Werk u. Wirkung. Greifswald 1993; (Hrsg.): Phil. im Ostseeraum. Beiträge des Nord- und Osteurop. Forums für Phil. in Greifswald. Wiebaden 2004; (Mithrsg.): Thomas Thorhild (1759–1808), ein schwedischer Philosoph in Greifswald (Lehrstuhl Nordeuropa-Gesch. Bd. 10). Greifswald. 2008. – *Ausgänge*: Ein Greifswalder Institutsprojekt. Nachklass. bürgerl. Phil. und Einzelwiss.

Harich, Wolfgang
6. Dez. 1923–15. März 1995
Publizist – Philosophie-Dozent – Verlagslektor – DDR-Häftling – Nietzsche-Kritiker
Geb. in Königsberg; Vater Lite.-Wiss. u. Romanschriftsteller; 1930–42 Volksschule sowie Gymn. in Neuruppin u. Berlin; offensichtlich ohne regulären Abi.-abschluss wegen pazifistischer Äußerungen; schon als Oberschüler 1940/42 inoffizieller Gasthörer bei phil. Lehrveranstaltungen von Ed. *Spranger u. Nic. *Hartmann an der Berliner Wilhelms-Univ.; auch zur Theologie, Germanistik u. Kunstgeschichte sowie weitere autodidaktische Studien, sehr früh anthropologisch beeinflusst durch Arnold Gehlen; Okt. 1942 reguläre Einziehung zur Wehrmacht, deren Einsätzen an der Ostfront er durch simulierte Erkrankungen u. Lazarettaufenthalte zu entgehen versucht; 1943 daher wegen unerlaubter Entfernung von der Truppe inhaftiert u. militärdienstlich abgestraft; 1944/45 schließlich überhaupt keine Rückkehr mehr zur „kämpfenden Truppe", also praktisch desertiert u. in Berlin untergetaucht; Anschluß zu antifasch. Widerstandsgruppen; begrüßt daher persönlich und begeistert die in Berlin einrückenden sowjet. Besatzungstruppen im (späteren) Westteil der Stadt; 1946 Eintritt in die KPD-SED u. versuchte Forts. seiner nun wesentlich kunst- und literaturwiss. Studien (weil kein reguläres Phil.-Studium mehr möglich), die jedoch wiederum zu keinem geregelten univ. Abschluss gelangen, denn ein univ. Phil.-Studium (alleinige Phil.-Vorlg. v. Liselotte *Richter) existiert mit der FU-Gründung 1948 (H. *Leisegang und H-J *Lieber) nur in West-Berlin, an der ost-berliner „Linden-Univ. wird erst 1951 ein Phil.-Inst. errichtet; stattdessen vielfältigste kultur-publ. Aktivitäten als Lite.- u. Theaterkritiker in der nachkriegszeitl. Berl. Tagespresse West (Kurier) wie Ost (Tägl. Rundschau); 1948 neben K. *Hager, G. *Klaus, H. *Ley, R. *Schober mit W. *Heise jüngster Teilnehmer am ersten Doz-Lehrgang der SED-PHS in Kleinmachnow, offenbar sein einzigen Abschluss; danach sofortg. Lehreinsatz als Phil.-Doz. im gesell.-wiss. Grundstudium an der Pädg. Fak der HU Berlin; 1951 durch ministerielle Sonderregelg einer verkürzten Asp. für den wiss. Nachwuchs phil. Prom. (nicht wie eigentlich beabsichtigt zu Hegel, sondern) zu *Herder und die bürgerl. Geisteswissenschaft* (Gutachter: W. *Hollitscher u. A. *Baumgarten); daraufhin eigenständige phil.-hist. Vorlg. (neben K. *Schrickel) am 1951 neu gegründeten Berliner Phil.-Inst. z. antiken, neuzeitl. und Aufklärungs-Phil, zunehmend auch zu Hegel (auf Grundlage der G. *Lukacs-Ed. zum „jungen Hegel", Zürich 1948); dazu 1952 parteipol. Ause. am Berl. Phil.-Inst. wegen einer problematischen sog. „Hegel-Denkschrift" an die SED-Parteiführung – F. *Oelßner) zur unmarx. wie antileninist. Hegelrezeption Stalins und seiner phil. ungebildeten dogm. Anhänger im eigenen Phil.-Institut (*Hager, *Hoffmann, *Hollitscher); dafür 1953 „Parteistrafe", weil es sich bei Hegel um ein nach A. *Shdanow u. mit Stalin um ein „längst gelöstes Problem" handeln würde; während C. *Warnke nachwend. rückblickend in all ihren Beiträgen zum jungen Harich dessen damalig. phil.-hist. Vorlg. durchgehend als pos. bewertet, berichtet ein anderer Teilnehmer, der spätere brandenburg. Schriftsteller Günter de Bruyn darüber autobiographisch, wie tat-

sächlich unabhängige Prof. der von Harich kritisierten „bürgl. Geisteswiss." nicht mehr geduldet u. verdrängt wurden: „An ihre Stelle traten neuberufene Marxisten, wie der noch sehr junge Wolfgang Harich, den ich als geistreich-frechen Feuilletonisten der westlich lizenzierten Presse bewundert habe. Jetzt enttäuschte er mich mit Vorlg. gegen den Geist Nicolai Hartmanns, die nicht frech und witzig, sondern diffamierend und kalauernd waren und üppig mit Marx- und Stalinzitaten versehen. Seine maßlose Eitelkeit, die er nicht verhehlte, wirkte auf mich peinlich", also bedrückend und so gar nicht mehr befreiend. (Zwischenbilanz, S. 365); zunehmende red. Verlagstätigkeit u. 1952 außeruniv. Gründung (u. a. mit Ernst *Bloch als Mithrsg.) der Deutschen Zeitschrift für Philosophie (DZfPh), deren erster u. einzig wirklich eigenständig-bedeutsamer Chefred. er bis Ende 1956 (seine Inhaftierung) war; doch bereits 1954 beendet W. H. ohne jede Habil. seine erfolgreiche univ.-phil. Lehrtg. (auch wegen zunehmender parteistudentischer FDJ-Kritik, die sich ebenfalls gegen die antimat. „Idealisten Platon und Hegel" richtete, die H. z. unabdingb. phil. Selbststudium empfohlen hatte, und widmete sich fast nur noch herausgeber. u. verleger. Arbeiten im Aufbauverlag (Heine-Werkausgabe, Herder-Editionen, insb. Bloch- und Lukacs-Werke sowie einer bemerkenswerten *Phil. Bücherei*-Reihe 1954/58); nach dem XX. Ptg. der KPdSU 1956 u. der Entthronung Stalins intensive pol.-konzeptionelle Reform- und nationale Demokratisierungsvorschläge zur realsozialist. DDR-Gesell., der SED wie des gesamten geistig-kulturellen Lebens; vor allem ging es ihm um eine schöpferisch-streitbare Wiederbelebung u. „Weiterentwicklung"(!) des stalinistisch-dogmatisch erstarrten Marxismus; doch was anfangs noch als begrüßt-eingeforderter u. parteiamtlich zugelassen-geduldeter Kampf gegen Stalinschen *Dogmatismus* begann, endet nach den tragischen Ungarn-Ereignissen im Herbst 1956 schließlich mit folgenschweren Vorwürfen des *Revisionismus* u. staatsparteifeindlicher konterrev. Betätigung; die um sich greifenden Stasi-Verhaftungen betreffen schließlich eine ganze intellektuelle Gruppierung u. deren Verurteilung 1957 (Harich selbst z. Höchststrafe von 10 Jahren Zuchthaus); neben dem Verlagsleiter W. *Janka (8 Jahre) wird auch der völlig unbescholtene Red.-Sekr. der DZfPh M. *Hertwig (ein früherer Assistent von Hager, der sich natürlich überhaupt nicht für ihn einsetzte) mitverurteilt; die Redaktion der weiterhin einzigen DDR-Phil.-Zeitschrift wird personell vollkommen umgebildet und unter absolute Parteikontrolle des IfG beim ZK der SED gestellt: Chefredakteure sind nun: M. *Klein u. A. *Kosing aus diesem Partei-Inst. und ein bereits ausgedrucktes Hegel-Heft 5/1956 mit Beiträgen von Bloch und Harich wurde total liquidiert; dafür erscheint erst im Frühjahr 1957 ein verspätetes Ersatzheft 5/6-1956 mit Politbeiträgen von W. *Ulbricht und K. *Hager; Harich wird danach nie mehr Autor dieser Zeitschrift und darf auch zu DDR-Zeiten nicht mehr in ein univ.-phil. Lehramt zurückkehren; neben dem obligaten SED-Ausschluss durch den Verlag wird ihm – beantragt durch das Phil. Institut der HUB (W. *Eichhorn I als Parteisekr.) auch noch seinen univ. Dr.-Titel aberkannt; in den letzten Haftjahren werden ihm literaturwiss. Arbeiten zu Jean Paul gestattet, und er beginnt seine spätere freiberufliche red. Arbeit an der Feuerbach-

Ausgabe (Allein-Hrsg. ist aber W. *Schuffenhauer vom ZIfPh der AdW); kurz nach seinem 40. Geb. (durch eine Amestie z. 15. Jahrestag der DDR) erfolgt Weihn. 1964 nach 7 Jahren Haft („vorzeitig begnadigt" bei „andauernder Bewährung") die Haftentlassung; findet aber keinerlei feste Anstellung, Publ.-möglichkeiten oder irgendeine öffentl. kulturelle oder gar pol. Betätigung mehr in der DDR; daraufhin in den 70er Jahren Hinwendung zu westl.-ökolg. Themen, woraus sein erneut umstrittenes Konzept eines „Kommunismus ohne Wachtum" resultierte, das allerdings nur in der BRD öffentlich disk. werden konnte (das gilt in dieser Zeit bis 1985 ebenso für G. *Lukacs u. E. *Bloch oder auch R. *Bahro); nach schwerer Herzop. in der Schweiz vorzeitige Invalidisierung u. 1979/81 offizielle Ausreise aus der DDR zu Studienaufenthalten nach Österr. u. in die BRD; daselbst auch zeitwlg. öko.-pol. Betätigung bei den „Grünen", womit er jedoch konzeptionell u. persönlich scheitert; daher bereits 1981 offizielle Rückkehr in die DDR, da er sich auch nicht als westlich „anerkannter" DDR-Flüchtling mit Rentenanspruch in der BRD endversorgen lassen wollte; in den nachfolgenden 80er Jahren in der DDR weiter vollständig isoliert, nur noch massenhafte „briefpersönliche" Eingaben und Proteste gegenüber der Partei- u. Staatsführung wegen seiner nicht anerkannten Arbeiten zu Jean Paul, zum verschmäten Erbe von Georg Lukacs sowie vor allem zu einer allein für ihn bedrohlichen „Nietzsche-Renaissance" in der DDR (dazu peinl. Ause. mit St. Hermlin); auch der Versuch einer Wiederaufnahme in die SED wird 1987 von dieser (Grundorg. d. Aka.-Vg.) ‚zentraldemokratisch' abgelehnt; – von M. *Buhr im Parteiauftrag ausgewählt-bereitgestellte DDR-Phil. sollen ihn in nichtöffentl. Disk.-runden nichts als beschäftigen und „ruhigstellen", was sich alles mit dem schnellen Ende der DDR 1989 ergebnislos erledigte; bereits am 30. 3. 1990 erfolgt die staatsrechtliche Kassation seiner ungerechtfertigten Verurteilung von 1957 u. eine vorläufige Haftentschädigung wird ausgehandelt, was aber noch keine parteipol. Rehabilitierung darstellte; vielmehr kommt es mit Walter *Janka zu erbitterten persönl. Ause. um beider „Schwierigkeiten mit der Wahrheit"; alle nun schon völlig verspäteten Wiedereingliederungsversuche in die univ.-phil. Lehrtätigkeit an der HUB wie an der FUB scheitern, jedoch keineswegs nur an irgendeiner „Altersgrenze"; 1993 erscheint sein eigner verzweifelter Rechtfertigungsversuch (so nicht nur gegen Janka): "Keine Schwierigkeiten mit der Wahrheit. Zur nationalkomm. Opposition 1956 in der DDR"; 1992–94 Gründer und Vors. der Alternativen Enquete-Kommission „Deutsche Zeitgeschichte" zur Aufarbeitung und Neubewertung der DDR-Gesch.; 1994/95 offizielles PdS-Mitglied u. wohl auch DKP-Annäherungen; schwer herzerkrankt gest. 1995 in Berlin; Versuche z. Gründung einer unabhängigen Harich-Gesell. wie einer systm. Aufarbeitung seines umfangreichen wiss. Nachlasses, der umgehend in das Sozialwiss. Archiv Amsterdam verfrachtet wurde, scheiterten bisher stets an gerichtlichen Einsprüchen seiner letzten Ehefrau u. Witwe; aber seit 2013 gibt nun A. *Heyer (teilweise gemeinsam mit dieser) seine umfänglich komment. „Schriften aus dem Nachlass" heraus, der offensichtlich auch alle anderen schon veröffentl. Schriften (also das Gesamtwerk) umfaßt; das ist damit die einzige wirkliche Werkausgabe eines ehemlg. DDR-Phil., sieht man einmal von den früheren (dann westdt.) Werkausgaben zu *Bloch u. *Lukacs hier ab.

DDR-Personen-Lexikon 2010 (H.-C. *Rauh/B.-R. Barth), aber kein Eintrag im DDR-Philosophenlexikon von 1982 oder sonstige DDR-phil. Erwähnung (1988).

Publ.: (Hrsg.): Protokoll der phil. Konferenz über Fragen der Logik, Jena 1951. DZfPh-Beih. 1, Berlin 1953; (Hrsg.): Rudolf Hayn und sein Herderbuch. Beiträge zur kritischen Aneignung des literaturwiss. Erbes. Berlin 1955; Jean Pauls Kririk des phil. Egoismus, belegt durch Texte u. Briefstellen im Anhang. Leipzig 1967 sowie Frankf./M. 1968; Zur Kritik der revl. Ungeduld. Eine Abrechnung mit dem alten u. neuen Anarchismus. Basel 1971 u. Berlin 1998; Jean Pauls Revolutionsdichtung. Versuch einer neuen Deutung seiner heroischen Romane. Berlin 1974; Kommunismus ohne Wachstum? Babeuf und der „Club of Rom". Sechs Interviews. Hambg 1975; Nietzsche und seine Brüder. Eine Streitschrift in sieben Dialogen z. Symposion „Bruder Nietzsche" der Marx-Engels-Stiftung" in Wuppertal. Berlin 1994 u. Paris 2010; Ahnenpass. Versuch einer Biographie, hrsg. von Th. Grimm. Berlin 1999; Nicolai Hartmann. Leben, Werk, Wirkung. Hrsg. v. M. Morgenstern. Würzburg 2000; Nicolai Hartmann – Größe u. Grenzen. Versuch einer marx. Selbstverständigung. Würzburg 2004; red. Bearbeiter von L. Feuerbachs Gesammelte Werke, 11 Bände. Berlin 1967–81.

Lite.: Ein Streiter für Deutschland. Ause. mit W. H. Harich-Gedenk-Kolloquium am 21. März 1996 in Berlin. Texte, Disk.-beiträge, Essays zu u. über den Philosophen W. H. hrsg. von S. Prokop. Berlin 1996; M. Eckholdt: Begegnung mit W. H. Schwedt/Oder 1996; S. Prokop: Ich bin zu früh geboren. Auf den Spuren W. H. Berlin 1997; Anne Harich: Wenn ich das gewusst hätte. Erinnerungen an W. H. Berlin 2007; W. H. zum Gedächtnis. Eine Gedenkschrift in 2 Bdn. Hrsg. v. St. Dornuf u. Rh. Pitsch. Mün. 1999/2000; Das Harich-Gedenk-Kolloquium November 2003. Berlin 2005. Schriftenreihe Marxistische Theorie u. Politik Nr. 3; S. Sieber: W. Janka und W. H. – Zwei DDR-Intellektuelle im Konflikt mit der Macht. Berlin 2008. – *Anfänge*: Der junge Wolfgang Harich. Seine Vorlesungen zur Gesch. der Philosophie 1951–1954 (C. *Warnke). Hrsg. A. Heyer: Schriften aus dem Nachlaß in 13 Bdn. Marburg 1913 ff.

Harig, Gerhard
31. Juli 1902–13. Okt. 1966
Fachphysiker, SU-Emigrant u. KZ-Häftling, Staatsekretär u. Wissenschaftshistoriker
Geb. in Niederwürschnitz (Erzgeb.); Vater Mediziner; ab 1913 Schiller-Realgym. in Leipzig; 1922–27 Studium der Physik, Mathe. u. Mineralogie daselbst u. in Wien; 1928 phil. Prom. zu einem experimental-physikal. Thema in Lpz.; 1927–33 Assistent am Inst. für Theor. Physik der TH Aachen; 1933 sofort entlassen und anschl. Emigration in die UdSSR (Leningrad); Forschungsarbeit am dortg. Physikal. Institut einer TH; 1934–1937 ausländ. „Spezialist" an der Aka. der Wiss. der UdSSR, Inst. für Gesch. der Wiss. u. Technik u. bemerkenswerte Mitarbeit an einem Gedenkband zum 10. Todestag W. I. Lenins 1934 („Lenin und die moderne Physik"); 1937/38 U-Haft wegen „Spionageverdacht" (offiziell wird erklärt, er sei in dieser Zeit wiss. MA der Öffentl. Staatsbibl. in Leningrad gewesen); nach eigener Aussage jedoch vom NKWD z. nachrichtendienstl. Einsatz in Dtl. ausgebildet u. zum Zwecke der Tarnung „direkt" nach Dtl. ausgeliefert worden (offiziell gesagt: „Rückkehr zur illegalen Arbeit in das fasch. Dtl."); 1938 in Stettin schon bei der Ankunft im Hafen sofort verhaftet u. daraufhin bis 1945 im KZ Buchenwald „überlebt"; ab Nov. 1945 Leiter des Statistischen Amtes der Stadt Leipzig (Volkszählung); am 2. Okt. 1945 erster Vortrag über „Die ET des Marxismus" bzw. zu

Lenins Werk „Mat. u. Em." in der Kulturabteilung der KPD in Leipzig (Leiter Hm. *Ley); 1946/47 Hauptreferent für Phil. im Zentralsekretariat der SED in Berlin; 1947/48 erste ostdt. Berufung (gegen den hartnäckigen Widerstand der „reak. bürgerl." Phil.-Prof.: H-G *Gadamer als Rektor, H. *Freyer u. T. *Litt von der Phil. Fak.) zum Prof. für Gesch. der Naturwiss. und Technik an der 1947 neugegr. Gesell.-wiss. Fak. der Univ. Leipzig (überregional durchgesetzt über P. *Wandel, Präsd. der ZVW für Volksbildung in Berlin); Übers. u. Hrsg. von M. *Rosental: „Mat. u. idealist. Weltanschauung" (Berlin 1947); SS 1948 erste geschl. Hauptvorlg. zum Dial. u. Hist. Mat. in Leipzig (dafür Nov. 1948 entspr. 1. Lehrstuhlberufung in der SBZ/DDR); 1948–50 geschäftsf. Direktor des Franz-Mehring-Instituts daselbst z. Ausbildung von weiteren „Kadern" für das bereits eingeplante ML-Grundlagenstudium; 1950/51 Hauptabteilungsleiter für Hochschulen u. wiss. Einrichtungen (Akademien) im Berl. Zentral-Min. für Volksbildung der DDR (entspr. ostdt. Länderverwaltungen werden dazu endgültig abgeschafft); 1951–57 erster Staatssekr. des neugebildeten ministerellen Staatssekr. für HS-Wesen der DDR; zuallererst verantwortlich für die flächendeckende Einführung des marx.-len. Grundlagenstudiums als Pflichtfach für alle Studenten in der DDR, so bis Ende 1989; 1951 aber auch staatsekret. Anweisung zur Wiederbegründung dreier univ. Phil.-Institute zunächst nur in Jena, Leipzig und Berlin mit entspr. professoralen Kaderzuweisungen (s. Phil.-Inst.-geschichten in Bd. IV dieses Gesamtprojektes); 1957 Ablösung u. Rückkehr nach Leipzig (Nachfolger W. *Girnus) u. nunmehr ordl. Prof. für Gesch. der Naturwiss. an der Math.-Naturwiss. Fak. u. Direktor des Karl-Sudhoff-Inst. f. Gesch. der Naturwiss. u. Medz. sowie Mitbegr. u. -hrsg. der NTM-Schriftenreihe „Gesch. der Naturwiss., Technik u. Medz."; Ende Mai 1958 Teilnahme an der Allunionskonferenz zur Gesch. der Naturwiss. u. Technik in Moskau u. Okt. d. J. verantw. für die sofortg. Durchführung eines entspr. Interntl. Symposiums über Phil. u. Naturwiss. in Leipzig (zur 550-Jahrfeier der Uni.); 1959–63 Dekan der Math.-Naturwiss. Fak. der KMU u. ab 1958 auch Mitgl. der SED-BL Leipzig und Vors. des BV Leipzig der Urania; 1963 auf einer Tg. der „Sektion Phil." der AdW erste gravierende Ause. mit Rob. *Havemann; 1965 Vors. des DDR-Nationalkommitees für Gesch. und Philos. der Wiss.; 1965/66 Mitglied der Senatskom. zur Erforschung der Leipziger Univ.-gesch. – Nachweisbar sind zahlreiche Fest- und Gedenkreden als Staatssekretär an fast allen ostdt. Hochschuleinrichtungen jener Jahre; G. H. ist wichtigster Wegbereiter der DDR-Wissenschaftsforschung in den nachfolgenden Jahren; noch vor seiner regulären Em. 1966 gest. in Leipzig; phil. Gedenkband seiner Univ. zum 70. Geb. (1972/73).

DDR-Pers.-Lexikon 2010 (H.-C. *Rauh) und DDR-Phil.-lexikon 1982 (G. *Handel).

Publ.: Das Hochschulwesen in der Sowjet-Union. Ergebnisse einer Delegationsreise. Berlin 1952; (Hrsg.):Alex. v. Humboldt. Eine Auswahl. Leipzig-Jena 1959 (2. verb. A. 1964); (Hrsg. mit J. Schleifstein): Beiträge zum Internatl. Symposium über Naturwiss. und Phil. Berlin 1960; (Hrsg.): Von Adam Riese bis Max Planck. 25 gr. dt. Mathematiker u. Naturwissenschaftler. Leipzig 1961; Die Tat des Kopernikus. Die Wandlung des astronom. Weltbildes im 16. u. 17. Jhd. Leipzig 1962 (2. A. 1965); (Hrsg. mit H. Neels): Die Entwicklung der Wiss. zur unmittelbaren Produktivkraft (Konferenzprotokollband). Leipzig 1963; (Hrsg. mit M. Steinmetz): Lehre, Forschung, Praxis. Die KMU Leipzig z. 10. Jahrestag ihrer

Namensgebung am 5. Mai 1963. Leipzig 1963; Naturwissenschaft, Tradition u. Fortschritt (Vorträge). Leipzig 1963; (Hrsg.): Bedeutende Gelehrte in Leipzig. Bd. II. (Naturwissenschaftler u. Mediziner). Leipzig 1965. – (Hrsg. G. Handel): Ausgewählte phil. Schriften 1934–1959. Leipzig 1973 (mit Bibliographie u. biogr. Angaben); Schriften zur Gesch. der Naturwiss., hrsg. von Georg Harig u. G. Wendel. Berlin 1983. – 1957/59 drei DZfPh-Beiträge. Gedenkkolloquium der RL-Stiftung Sachsen Leipzig am 31. Mai 2002 zu Werk und Wirken von Gerhard Harig u. Walter Hollitscher. Naturwissenschaften im Blickpunkt von Philosophie, Geschichte und Politik, Leipzig 2004.

Hartmann, Bruno
26. April 1937–18. Nov. 2010
NVA-Offizier, Phil.-Fernstudent u. Logik-Philosoph an der AdW der DDR in Berlin
Geb. in Hamburg in einer komm.-antifasch. Arbeiterfamilie; 1952 siedelt die Familie auf Beschluß des ZK der KPD in die DDR über; bis 1956 Besuch der OS in Berlin und Dresden, ab 1959 Ausbildung an einer Offiziersschule der NVA in Dresden (1. Offiziersgrad abgeschl.); 1963–68 Phil.-Fernstudium an der HU Bln. (Diplom) u. 1966/71 Versetzung ins Min. f. NV, Abt. Wissenschaft; nach 15-jährg. Dienstzeit in der NVA als Major in die Reserve versetzt; danach wiss. Aspirant an der Sektion WTO der HUB und 1975 Prom. am H. *Ley-Lehrstuhl Phil. Probleme der Naturwiss. mit dem logik-phil. Thema: *Zur Inhaltslogik. Ein Beitrag zur Präzisierung des Inhalts von „Logik"* (Gutachter: D. Schulze, P. *Ruben, W. *Segeth); später Anstellung am ZIfPh der AdW (Bereich Dial. Mat., Leiterin C. *Warnke); 1981 unmittelbar verwickelt in die fachphil. u. dann parteipol. Angriffe gegen die angeblich „revisionistische" Phil.-gruppe um Peter *Ruben 1980/81 am ZIPh durch M. *Buhr, H. *Hörz, R. *Kirchhoff u. a.; in deren Folge (mit anderen) SED-Parteiausschluß u. Zwangsversetzung ans Inst. für Theorie u. Gesch. der Wiss. der AdW (Leiter: G. *Kröber und H. *Laitko) erfolgen; 1990 rehabilitierte Rückkehr ans ZIPh z. nachholenden Habil. (Diss. B) z. Thema: *Logik der Logistik* bzw. später: *Logik und Arbeit. Ein mit der phil.-log. Erklärung des Fregeschen Logik-Konzepts anhebender Versuch der ökon.-prakt Fundierung von Logik und log. Fundierung öko. Theorie* (publ. 1994); nach Abwicklung der Aka.-Phil. versch. prakt. Projektrealisierungen; durch einem unvermittelten Sportunfall arbeitsunfähig und nach langer Krankheit 2010 in Berlin verst.

Hartmann, Leopold
1899–1997
Verhinderte Habilitation 1955, nachgeholt 1992 mit 92,5 Jahren in Jena
Geb. in Lobeda bei Jena als Sohn eines Medizinalrates; nach Besuch eines Gymn. 1918–1925 Studium der Naturwissenschaften, Psychologie wie Philosophie in Jena u. Heidelberg; bereits 1925 prom. mit einer Diss. zum Thema *Sind Naturgesetze veränderlich? Eine phänomenolog. Untersg. als Beitrag zur Grundlg. der Naturwiss.* (publ. 1926). Ein „Stipendium der Notgem." der dt. Wissenschaft ermöglichte ihm weitere Studienaufenthalte in Köln u. Göttingen; 1931 übernahm er eine Dozentur an der VHS in Jena u. während der Nazi-Zeit tätig als freier Mitarbeiter lokaler Zeitungen u. Zeitschriften in Thüringen; 1943 Einberufung zur Wehrmacht u. Soldat im

2. Weltkrieg; nach 1945 Mitglied der LDPD u. provisorischer Schulrat in Jena; ab 1947 wirkte er als Studienrat an der Vorstudienabteilung der Univ. Jena, der späteren ABF u. wurde 1955 mit der Wahrnehmung einer univ. Phil.-Doz. f. Gesch. u. Theorie der Naturwiss. an der Phil. Fak. beauftragt; jedoch mit der Ablehnung seiner Habilitationsschrift *Kausalität und Wirklichkeit* wurde aus letztlich politisch-ideolg. Gründen (was der zugleich em. Prof. P. F. *Linke nicht mehr verhindern konnte) durch den neuen Inst.-Direktor G. *Mende seine gerade erst begonnene Universitätslaufbahn vorzeitig wieder beendet; nach der univ. Entlassung arbeitslos und wieder Privatgelehrter in Jena; „begleitete das Musikleben der Stadt Jena über Jahrzehnte mit seinen Konzertbesprechungen" u. verfasste darüber hinaus versch. literarisch-heimatkundl. Beiträge zu „Goethe in Jena" (1970) oder „Schillers Jenaer Jahre" (1977); desweiteren hielt er Vorträge im KB der Stadt und unterrichtete an der Ing.-Schule „Carl Zeiß" in Jena. – Am 29. Jan. 1992 wurde dem inzwischen 92-jährigen Gelehrten in einer außergewöhnl. aka. Feierstunde der FSU Jena post festum die Würde eines „Doctor philosophiae habilitatus" verliehen, als späte Anerkennung für seine 36 Jahren zuvor (1955) von den damalig. Jenaer parteimarx. Philosophen (G. *Mende als Institutsdirektor u. G. *Klaus als zusätzl. Gutachter) abgelehnte u. verhinderte Habilitationsschrift; die Laudatio hielt der Gründungsdirektor des neuen Phil.-Inst. der Univ. Jena W. *Becker (Univ. Gießen), und der so rehabilitiert Habilitierte seine bewegende Antritts-Vorlg. „Über Freiheit"; verst. 1997 in Bielefeld. – Mit dem uralten Leop. Hm. wurde zugleich auch der weit jüngere (abgebrochener Studiengang) Jenenser Phil.-Student Siegfried *Reiprich rehabilitiert.

Hartmann, Nicolai
20. Febr. 1882–9. Okt. 1950
Hauptvertreter der Neueren Ontologie in Dtl. in der 1. Hälfte des 20. Jhd. in Berlin
Geb. in Riga als Sohn eines Ingenieurs dt. Abstammung; absolvierte das dt.-sprachige Gymn. in Sankt Petersburg sowie 1903–05 Studium der klass. Philologie u. Phil. daselbst, daher auch Kenntnis der russ. Sprache; mit Ausbruch der Revolution von 1905 und nachfolgender Schließung der dortigen Univ. Fortz. des Studium in Marburg (bei H. Cohen u. P. Natorp) u. bereits 1907 phil. Prom. mit einer Arbeit *Das Seinsproblem in der griech. Phil. vor Platon* bei diesen ebenda (publ. fortgeführt in „Platos Logik des Seins", 1909); es folgt sogleich auch die Habil. zu den *phil. Anfangsgründen der Mathematik* u. weitere phil.-naturwiss. Studien betreffen die „Die phil. Grundlagen der Biologie"(1912), was bereits sein „realistisches" Phil.-Verständnis verdeutlicht; langjährg. Kriegseinsatz 1914–18 in der militärischen Abwehr als Dolmetscher u. Nachrichtenoffizier an der Ostfront; nach dem Krieg a.o. Prof. in Marburg; 1921 das erste theor. Hauptwerk „Grundzüge einer Metaphysik der Erkenntnis" zur phil. Grundlg. der Neueren Ontologie und daraufhin Lehrstuhl für Phil. (in Nachfolge Natorp); 1925 ebs. Köln und schließlich 1931 Berlin, an der Seite von Ed. *Spranger; während der NZ-Zeit keinerlei pol. Betätigung und bis zum Kriegsende 1945 Ausarbeitung seines Systems der Ontologie: „Das Problem des geistigen Seins" (1933);

„Zur Grundlg. der OT" (1935); „Mögl.-Wirkl." (1938) u. „Der Aufbau der realen Welt. Grundriß der allgm. Kategorienlehre" (1940); 1942 Hrsg. u. Mitautor eines gem. Lehrwerkes „Systematische Philosophie", – anthropologisch eingeleitet durch A. Gehlen; in dieser Zeit ist der gescheiterte Oberschüler W.*Harich bereits inoffiziell univ. Gasthörer bei ihm wie auch bei Ed. *Spranger; mit Einmarsch der Roten Armee 1945 fluchtartiges Verlassen Berlins (er „kannte seine Russen", die ihn auch behalten u. einsetzen wollten) in Richtung Westen, bei Verlust wichtiger Manuskripte, obwohl gerade er möglicher weise überhaupt nichts pol.-phil. zu befürchten hatte; ganz im Gegenteil: bei seiner bes. biogr. Herkunft (Petersburg), russ. Sprachkenntnissen und realistisch-ontolg. Philosophie (später so vorbehaltlos rezipiert von G. *Lukacs) sowie keinerlei NS-Belastung, wäre er für die sowjet. Besatzungsmacht genau der richtige univ.-phil. Ansprechpartner gewesen; es soll daher auch ernsthafte Bemühungen gegeben haben, ihn wieder zurück nach Berlin zu holen; daher blieb er auch weiterhin Mitgl. der ehemlg. Berlin-Preuß. Aka der Wiss. und verantw. für die noch laufende Kant-Edition; in der großen marx.-antifasch.-ideologiekrit. Abrechnungschrift von G. *Lukacs Zerstörung der Vernunft (1954 in 2. A. mit dem zusätzlich verschärften Untertitel „Der Weg des Irrationalismus von Schelling bis Hitler") ist N. Hm. und die „neuere OT" in keiner Weise diesbezüglich erwähnt u. betroffen; vielmehr erscheint dieser später in dessen großer Gesellschafts-OT neben Hegel und Marx als „Vorstoß zu einer echten OT" sogar als marxistisch integrierbar u. weiterführbar; im Rahmen der offiziellen DDR-Phil. erfolgt jedoch eine durchgehend phil.-erkenntnistheor. Ablehnung und Bekämpfung der „Gesell.-OT" von Hartmann, wie insb. der „Wirkl.-OT" von G. *Jacoby aus Greifswald; nachwendisch wird sich wiederum W. Harich nochmals an seinen früheren phil. Lehrer im Vorkriegs-Berlin erinnern: „Größe u. Grenzen" (2000); dieser stirbt 1950 an den Folgen eines Schlaganfalls in Göttingen, ohne in Dtl. eine bes. Anhängerschaft oder Schule zu hinterlassen; das damals sehr bekannte „Phil.-Lexikon" von W. *Ziegenfuß (Bd. 1, Berlin 1949, S. 454 ff.) enthält aber noch eine sehr informative „Selbstdarstellung" aus Vorkriegstagen sowie vollstg. Bibl. und Literaturhinweise zu seiner ontolg.-realist. Phil.; ein Zusammenhg zur dreibdg. „Allgm. OT der Wirkl." (Halle 1925/55) von G. *Jacoby (Greifswald) sollte sich jedoch weder bei Hm. noch bei G. *Lukacs ergeben u. das DDR-Phil.-lexikon (1982) behandelt auch ihn wiederum gänzlich schematisch-vulgärmaterialistisch als „objektiv-idealistisch" ohne jede dial.-mat. (oder gar „kategoriale") Anschlussmöglichkeit; denn die marx.-len. DDR-Phil. ignorierte solche Bezüge allein schon wegen ihrer, der spätbürgl.-ideal. OT vollkommen entgegenz. Prioritätensetzung der Leninschen „ET des dial. Mat." (1908), weshalb es überhaupt keine ausgesprochen ontologischen (d. h. metaphysische) Überlegungen weder zu Hartmann noch zu Jacoby und letztlich auch nicht zum späten Lukacs geben konnte; von den tatsächlich ungeklärten/niemals kritisch angesprochen ontolog. Vors. des Diamat ganz zu schweigen (s. das Stichwort OT im Phil. WB, Lpz. 1976). – Bemerkenswerter Eintrag im DDR-Philosophenlexikon 1982 zu Nic. Hartmann (Karoly Redl) u. *Harich arbeitete zeitlebens zu diesem, ohne das etwas davon zeitnah erschien; er hätte das alles sowieso nur letztlich (so wie sich selbst dazu) verhindert u. nicht phil. weiterführend darstellen können.

Hasselberg, Erwin
15. Okt. 1958
Nachwendischer bibliograhischer Hegelforscher in Berlin
Geb. in Plau am See; nach dem Abitur Phil.-Studium in Berlin sowie Forschungsstudium bis 1987 (Lehrbereich G. *Redlow); phil. Prom A. jedoch wegen dessen „Umbildung" erst 1990 z. Thema *Eine phil. Untersuchung z. Konfliktbegriff* (Gutachter: M. *Leske, HUB u. U. Wasmuth, FUB); da keine univ. Weiterbeschäftigung am umgebildeten Phil.-Inst. mehr möglich, Juni 1990–Mai 1993 Geschäftsführer eines gegründeten *Hegel-Institut Berlin* e.V. (gem. mit Frank *Radtke); späterhin Verleger und seit Juni 1996 Inhaber des Talpa-Verlages in Berlin-Friedrichshagen: gemeinschaftliche Erarbeitung einer internatl. Hegel-Bibl. in drei Bänden, allein zu Hegels „Wiss. der Logik" und ihrer Rezeptionsgeschichte im 20. Jhd., Wien 1993; (Hrsg. Hegel-Inst.): Der Dialogbegriff am Ende des 20. Jhd. Internationale wiss. Konferenz anlässlich des 225. Geb. von G. W. Fr. Hegel. Berlin 1995; keine Fortführung des Projektes wegen fehl. univ.-phil. Anbindung, fachphil. Anerkennung sowie ausgehender finanzieller Unterstützung.

Hastedt, Heiner
3. Jan. 1958
Lehrstuhlinhaber für Theoretische Philosophie in Rostock seit 1992
Geb. in Zeven/Niedersachsen; nach gymnasialem Schulbesuch mit Abitur 1976–82 Studium der Philosophie, Sozialwiss, Theologie, Germanistik und Pädg. in Göttingen, Bristol (GB) u. Hamburg; 1982 und 1984 1. u. 2. Staatsexamen für das Lehramt an Gymn.; ab 1984 jedoch wiss. Mitarb. am Phil. Seminar der Univ. Hamburg u. 1987 phil. Prom. z. Thema *Das Leib-Seele-Problem. Zwischen Naturwiss. des Geistes u. kultureller Eindimensionalität* (Gutachter: U. Steinvorth u. H. *Schnädelbach, publ. Frankf./M. 1989); 1987/88 Mitarbeit im Arbeitskreis Technologiefolgeabschätzung u. Technikbewertung im Zusammenhang mit dem gepl. biotechnolg. Zentrum in Hambg; 1989–92 wiss. Ass. an der Univ. Paderborn u. Habil. 1991 ebenda z. Thema *Aufklärung und Technik. Grundprobleme einer Ethik der Technik* (Gutachter: H. Tetens, publ. Frankf./M. 1994); 1991/92 Stiftungsprof. am Humboldt-Studienzentrum der Univ. Ulm, jedoch mit Wiedergründung des Rostocker Phil.-Inst. seit 1. Okt. 1992 Lehrstuhlinhaber für Phil. mit bes. Berückstg. der prakt. Phil. (Gründungsprof.); 1998–2002 Prorektor für Struktur u. Entw.-Planung sowie für Internationale u. Öffentl.-Arbeit der Univ. Rostock, während sein ebenso westberufener Phil.-Kollege H. J. *Wendel (für theor. Phil.) anschließend 2002–06 sogar als Rektor dieser Univ. fungieren sollte; Mithrsg. der Inst.-Reihe „Rost. phil. Manuskripte" N. F. (H. 1–8) 1994–2000 (Vorgänger-Reihe: Heft 1. 1964–31. 1990, hrsg. anfangs von Hr. *Vogel u. anschl. v. H. J. *Stöhr weitergeführt); jedoch eine ausdrückl. Bezugnahme und Rückerinnerung an diese

DDR-phil. Vorgesch. gibt es in Rostock, anders als an der Univ. Greifswald, überhaupt nicht; lediglich weiter zurückliegend wird allein univ.-geschichtlich an Moritz Schlicks frühere kurzz. Wirkung in Rostock (1911–17) durch Konferenzen u. die Edition seiner Schriften erinnert.

Publ.: Ethisch handeln. (Hochschulbuch). Hannover 1991; (Mithrsg. E. Martens): Ethik. Ein Grundkurs. Reinbek 1994; (Mithrsg.): Sich im Denken orientieren. Festschrift für Herb. *Schnädelbach. Frankf./M. 1996; Der Wert des Einzelnen. Eine Verteidigung des Individualismus. Frankf./M. 1998; Sartre. Grundwissen Phil. Leipzig 2005; Gefühle. Phil. Bemerkungen. Stuttg. 2005; (hrsg. mit G. Keil/H. Schnädelbach): Was können wir wissen, was sollen wir tun? Zwölf phil. Antworten. Hbg. 2009; Moderne Monaden. Erkundungen. Wien 2009; (Hrsg.): Was ist Bildung? Eine Textanthologie. Stuttg. 2012.

Haug, Wolfgang Fritz
23. März 1936
Marxistischer Philosophie-Prof. an der Freien Universität in Berlin-West
Geb. in Esslingen am Neckar; 1955–63 Studium der Phil., Romanistik und Religionswiss. in Tübingen, Montpellier, West-Berlin u. Perugia; 1965 phil. Prom an der FU zum Thema *Jean-Paul Sartre und die Konstruktion des Absurden* (Gutachter: H.-J. *Lieber und W. Weischedel, publ. 1966, 3. A. 1991); 1972 Habil. dann kumulativ mit den Publ. „*Der hilflose Antifaschismus*" (1967) sowie „*Kritik der Warenästhetik*" (Gutachter: M. von Brentano u. K. Heinrich) vb. mit dem Habilvortrag: „Die Bedeutung von Standpunkt und sozialist. Perspektive für die ‚Kritik der pol. Ökonomie'" (entsch. Untertitel des Marxschen „Kapital" v. 1867); 1979–2001 vermutlich neben W. *Abendroth (Marburg) der einzige verbeamtete marx. Phil.-Prof. der alt-westdt. Bundesrep. u. West-Berlins (im Unterschied zu deren staatsparteiamtlich massenhaft marx. Prof.-Vergabe in der DDR); besonders bekannt durch seine, vielfach publ. ‚kapitallog.' „Vorlesungen zur Einführung ins ‚Kapital'" (publ. 1974 – 5. A. 1990/6. A. 2005) sowie umfassende gemeinschaftliche Forschungen zu „Faschismus und Ideologie" (1980), ebenso wie das Projekt „Ideologie-Theorie"; Mitbegründer der Zeitschrift wie des Verlages „Das Argument", worin all das auch ungehindert publ. und disk. werden konnte, allerdings fast gar nicht durch die offizielle marx.-len. DDR-Phil.; Mithrsg. der „Gefängnishefte" von A. Gramsci 1991–20 02 in 10 Bdn; 1996–2001 Gründungsvors. des Berl. „Inst. für kriti. Theorie (InkriTh) e.V.", das seit 1994 vor allem der internationalen (nun auch gesamtdt.!) Erarbeitung eines umfassenden „Hist.-krit. Wb. des Marxismus" dient (geplant in 15 Bdn, 2012 Bd. 8/I: K-L), woran inzw. auch zahlreiche ehemlg. marx. DDR-Phil. u. Historiker (insb. aus der früheren MEGA-Forschung) mitarbeiten; seit 1996 Mitgl. der Leibniz-Sozietät, mit zahlreichen anspruchsvollen kritisch-marx. Vorträgen, was so zu DDR-Zeiten (als jeder „pluraler Marxismus" parteiamtlich und frontideologisch nur bekämpft werden mußte) natürlich nicht gefragt u. erlaubt war, geschweige denn westpubl. jemals übernommen wurde, während die ddr-phil. Literatur von WFH zumeist kritisch rezipiert wurde; zahlreiche Bezugnahmen bei V. *Braun in dessen Arbeitstagebüchern; verh. mit der feministischen Sozio-

login Frigga Haug. – Materialien zum Hist.-krit. Wb. des Marxismus. W. F. H z. 60. Geb. Hamburg 1996 (Aufsatzsammlung); Eingreifendes Denken. W. F. H. z. 65. Geb. Münster 2001 (mit Bibl.).

Publ.: Der hilflose Antifaschismus. Zur Kritik der Vorlg.-Reihe über Wiss. u. NS an dt. Universitäten. Frankf./M. 1967; Kritik der Warenästhetik (Frankf./M. 1971. 10. A. 1990. 2. erw. Neuauflage 2009); (Mitautor): Fasch. u. Ideologie. Hamburg 1980; Vom hilfl. Antifasch. zur Gnade der späten Geburt. Hamburg 1983 (2. erw. A. 1993); (Mitautor – Projekt Ideologie-Theorie): Die Camara obscura der Ideologie. Berlin 1984; (Hrsg.): Pluraler Marxismus. 2 Bde. Bln. 1985/87; Die Faschisierung des bürgl. Subjekts. 1986/87; M. Gorbatschow. Versuch über den Zusammenhang seiner Gedanken. 1989/90; Deutsche Philosophen 1933. Hambg 1989; Elemente einer Theorie des Ideologischen. Hambg 1993; Philosophieren mit Brecht und Gramsci. Hamburg 1996 (2. erw. A. 2005); Dreizehn Versuche, marx. Denken zu erneuern, gefolgt von Sondierungen zu Marx/Lenin/Luxemburg. Dietz-Vg. Berlin 2001; Unterhaltungen über den Sozialismus nach seinem Verschwinden. Bln. Inst. für Krit. Theorie. Köln 2002; Neue Vorlg. zur Einführg. ins „Kapital". Hbg. 2006; Einführung in marx. Philosophieren. Die FU-Abschiedsvorlg. 2006; Die kulturelle Unterscheidung. Elemente einer Phil. des Kulturellen. Hamburg 2011; High tech-Kaplm. in der großen Krise. Hamburg 2012; Das "Kapital" lesen – aber wie? Materialien zur Phil. u. Epistemologie der marx. Kapitalismuskritik. Hbg. 2013 (zugleich auch Vortrag in der Leibniz-Soz. v. März 2014); Jahrhundertwende. Werkstatt-Journal 1990–2000. Hbg. 2016; Vorschule zur Phil. der Praxis. Hbg. 2021.

Hauser, Arnold
8. Mai 1892–28. Jan. 1978
Ungarischer deutsch-englischer marxistischer Kunstsozialhistoriker
Geb. in der ung. Kleinstadt Temesvar u. Besuch des Gymn.; anschl. Studium der Germ. u. Romanistik sowie der Phil. in Budapest mit Bildungs- u. Studienaufenthalten in Frankreich (Paris) u. Dtl. (Berlin); intellektuell befreundet mit K. Mannheim, G. *Lukacs u. B. *Fogarasi (Budapester Sonntagskreis); 1919 gem. Mitwirkung an der Kulturpol. der Ung. Räterepublik unter der Leitung von Georg Lukacs u. anschl. Flucht nach Italien; zeitweilg. Arbeit im Filmgeschäft; 1938 zur endgültg. Emigration nach England; kunstsoziologisch aufgefordert, entsteht in zehnj. Forschungsarbeit eine fundierte „Sozialgeschichte der Kunst und Literatur" (1951 – München 1953); 1951–57 Arbeit als Lektor u. anerkannte Lehrtätigkeit in London u. den USA; 1958 „The Philosophy of Art History" (dt. Übers. München 1958) und 1974 noch eine „Sociology of Art"; 1977 altersbedingte Rückkehr in die ung. Heimat u. Ehrenmitglied der Ung. Aka. der Wiss.; führte noch ein „Gespräch mit Georg Lukacs" (hrsg. mit e. Nachw. von P. Ch. *Ludz – Mün. 1978); verst. im Alter von 85 Jahren in Budapest. – seine berühmte „Sozialgesch. der Kunst und Lite." erschien jedoch nur in Westdt. bis 1990 in mehrfachen Auflagen, in der DDR nur einmal, vollständig verspätet als Lizenzausgabe in Dresden 1987 eine zweibändg. Fassung in der „Fundus-Reihe" Bd. 106–110; – seinem kunstsoziolog. Anliegen wurde jedoch besonders an der EMAU Greifswald kunstwiss. nachgegangen.

Havemann, Robert
11. März 1910–9. April 1982
Antifa – poststalinist. Philosophie-krtischer Naturwissenschaftler und DDR-Dissident Nr. 1

Geb. in München; Vater Lehrer u. Journalist, schrieb populärwiss. Bücher, seine Mutter war Kunstmalerin; 1929 Abitur in Bielefeld; danach Chemie-Studium bis 1933 in Mün. u. Berlin; 1935 naturwiss. Prom. u. 1943 Habil. in Berlin; jedoch im gl. Jahr Verhaftung und verhängte Todesstrafe durch den VGH (nicht vollstrekt, weil „kriegswichtige" Arbeiten); 1945–50 Inst.-Dir. der Kaiser-Wilhelm-Gesell. u. ab 1946 zugleich auch Prof. für Physikal. Chemie an der Berl. Linden-Univ.; nach öffentl. pol. Protesten gegen die US-amerik. Atomrüstung fristlose Entlassung in West-Berlin u. endgültige Übersiedlung nach Ost-Berlin in die DDR; Inst.-Direktor u. pol. eifriger Studentendekan an der HU Berlin; 1960/61 Leiter der Arbeitsstelle für Photochemie an der AdW sowie deren Korr. Mitglied; nach dem XX. KPdSU-Ptg. 1956 bis XXII. 1961 und deren Stalinabrechnungen, zunehmende Kritik an den undemo. gesell.-pol. Verhältnissen in der DDR und dem ideolog. ML-Dogm. in der SED (wie deren „Hauptverwaltung Ewige Wahrheiten"); verstärkte, zumeist aber nur provokante Teilnahme an damalg. phil. Grundsatzdisk. in der DDR (Gegenstand der Phil.); 1963/64 überaus kritische Vorlg. z. Thema „Naturwiss. Aspekte phil. Probleme" (im Westen sofort veröffl. u. d. Titel *Dialektik ohne Dogma*); danach erfolgten wiederum: Streichung als Kand. der Volkskammer (für den Kulturbund), Ausschluß aus der SED, fristlose univ. Entlassung wie auch Aufgabe der Aka.-Arbeitsstelle; damit über Jahre fakt. Berufs- und Publ.-verbot, Reisebehinderung, Stasi-Überwachung u. Hausarrest für den „Staatsfeind Nr. 1"; jedoch weiterhin Festhalten an der utopischen Illusion eines „demokratischen Sozialismus" u. nur noch westpubl. pol. wirksam; gest. 1982 in Grünheide (b. Berlin). Ende 1989 vollstg. Rehabilitierung durch die ZPKK der SED und Gründung einer „Havemann-Gesell." in Berlin (zahlreiche nachholende Publikationen); 2006 anitfasch. Ausz. als „Gerechter" durch den Staat Israel, aber auch nachwendische Aufklärung über seine nachkriegszeitl. Zusammenarbeit mit dem sowjt. KGB wie DDR-Staatssicherheit, wodurch er eigentlich zeitlebens zugleich auch als „geschützte Quelle" existierte; – eine Hv.-Tochter hat mit W. *Biermann zwei gem. Kinder und Sohn Florian Hv. (geb. 1952) schrieb eine umfängliche (über 1000 S.) kritische Familiensaga „Havemann" (2007).
DDR-Personen-Lexikon 2010 (D. Hoffmann), natürlich kein Eintrag im DDR-Philosophenlexikon 1982.

Publ.: Fragen-Antworten-Fragen. Aus der Biogr. eines dt. Marxisten. Mün. 1979; Ein dt. Kommunist. Rückblicke u. Perspektiven aus der Isolation. Hamburg 1978; Morgen. Die Industriegesell. am Scheideweg. Mün. 1980; Warum ich Stalinist war und Antistalinist wurde. Berlin 1990 (hrsg. von D. Hoffman u. Hub. Laitko); (Hrsg. H. Jäckel): Rückantworten an die Hauptverwaltung „Ewige Wahrheiten". München 1971(erw. A. Bln. 1990); Berliner Schriften, Aufsätze, Interviews, Gespräche u. Briefe aus den Jahren 1969–76. Berlin 1976 und Mün. 1977 (4. A. 1987); (Hrsg. H. Jäckel): Ein Marxist in der DDR. Für R. H. München 1980; (Hrsg. S. Müller u. B. Florith): Die Entlassung. R. H. u. die AdW 1965/66.

Schriftenreihe der Rob.-Hv.-Gesell. Bd. 1. Berlin 19 96; (Mithrsg.): D. Hoffmann: Der Physikochemiker R. H. (1910–1982) – Eine dt. Biographie. In: Naturwiss. u. Technik in der DDR. Berlin 1997; Cl. Vollnhals: Der Fall Havemann. Ein Lehrstück pol. Justiz. Berlin 1998; Chr. Sachse: Die pol. Sprengkraft der Physik. R. H. im Dreieck zw. Naturwiss., Philosophie und Sozialismus. Münster 2006. *Denkversuche*: Robert Havemanns Probleme mit der marx. Philosophie (G. Herzberg).

Hecht, Hartmut
21. März 1949
Physiker-Philosoph und akademie-philosophische Leibniz-Edition
Geb. in Perwenitz/Kr. Nauen; Vater NVA-Offizier; eingeschult 1955 u. Abitur 1967 in Neubrandenburg; anschl. Physik-Studium an der HU Berlin u. Forschungsstudium im Hm. *Ley-Bereich für phil. Probleme der Naturwiss. an der Sektion Phil. der HUB; ebd. phil. Prom. A z. Thema P*hil. Grundlagen physikal. Bewegungsauffassungen* (Gutachter: H. *Ley, P. *Ruben, U. Hundt); spätere phil. Habil. (Diss. B) ebenda 1984 z. Thema: *Studien zum Verhältnis v. ET und Raum-Zeit-Lehre in der Phil. Hans Reichenbachs* (Gutachter: Hm. *Ley, A. *Griese, W.-D. Kraeft); ab 1978 wiss. Mitarbeiter im Phil.-Fernstudium (Institut) der EMAU Greifswald u. seit 1984 Anstellung an der Aka der. Wiss. der DDR (aktuell Berlin-Brandbg. Aka.-Wiss.), beschäftigt mit der Leibniz-Edition, Reihe VIII. Naturwiss.-mdz.-techn. Schriften (Mithrsg.) Bd. 1: 1769–1676. Berlin 2009 sowie univ.-phil. Lehrtätigkeit in Berlin zu Leibniz; 2013 beendetes Arbeitsverhältnis u. Rentner; 2014 Aufnahme in die Leibniz-Sozietät zur Vorbereitg des bevorst. Leibniz-Jubl. 2016 (300. Todestag) mit entspr. Konferenz u. Publ.

Publ.: (Mit-Hrsg.): Rob. Havemann: Dialektik ohne Dogma? (verspätet nachgeholte ost-dt. Ausgabe) Berlin 1990; (Hrsg.): G. W. Leibniz im phil. Diskurs über Geometrie u. Erfahrung. Berlin 1991; Gottfried Wilhelm Leibniz. Mathematik u. Naturwiss. im Paradigma der Metaphysik. Stuttg. u. Leipzig 1992; (Hrsg.): Leibniz – Monadologie. Stuttgart 1998 (2. A. 2008); (Hrsg.): Pierre Louis Moreau de Maupertuis. Eine Bilanz nach 300 Jahren. Berlin 1999; (Mithrsg.): Franz. Aufklärung. Berlin 2001; (Hrsg.): La Mettrie. Ansichten u. Einsichten. Berlin 2004; (Hrsg): Gottfr. Wilh. Leibniz – ein unvollendetes Projekt. Aufsatzsammlung der Lz.-Soz. z. 300. Todestag des Phil. Berlin 2017; (Mithrsg.): Emilie Du Chatelet u. die dt. Aufklärung. Aufsatzsammlg. Wiesbaden 2019.

Hedeler, Wladislaw
28. Jan. 1953
Spezialist für sowjet-russische Geschichte und Philosophie in Berlin
Geb. in Tomsk (UdSSR); Vater Journalist u. Mutter Bibliothekarin (antifasch. Emigranten in stalinist. Verbannung); Ende 1955 Übersiedlung der Familie nach Leipzig; 1959 Einschulung und 1971 Abitur in Berlin; anschl. Grundwehrdienst bei der NVA; 1973–75 Phil.-Studium in Berlin; danach bis 1981 wiss. MA in der Zentralstelle für phil. Inf. u. Dok. an der Aka. f. GW beim ZK der SED sowie Mithrsg. des Informationsbulletins „Aktuelle Probleme der Phil. in der UdSSR"; anschl. bis 1985 Asp. am Lehrstuhl Phil. der sowjet. Aka. für Gesell.-wiss. beim ZK der KPdSU in Moskau mit phil. Prom. z. Thema *Kritische Analyse der fehlerhaften phil. u. sozialpol. Auffassungen N. Bucharins u. ihrer Kritik durch W. Lenin* (nachwendisch teilw. publ. in DZfPh.-H. 12/89, dann mit

der Überschrift: „N. I. Bucharin – Der Weg eines Mitstreiters und Kampfgefährten W. I. Lenins z. Marxismus" – 2015 als selbstg. gr. Publ. u. d. Titel: „Nic. Bucharin. Stalins tragischer Opponent"); bis Ende 1989 wiss. Oberass. am Inst. für ML-Phil. der Aka. für GW beim ZK der SED; 1990 Mitorganisator des 1. und 2. „Forums junger Phil. der DDR" u. Mithrsg. entspr. Tagungsmaterialien; publ. 1990 folgende beiden wichtigen DZfPh.-Beiträge: *Für u. Wider Trotzkis Marxismus* (H. 8/1990) sowie: *Die Widerkehr der ausgebürgerten Philosophen* (H. 12/1990); seit Auflösung der AfG tätig als z. T. freiberufl. Übersetzer, Publizist u. Hrsg. z. Gesch. der Komintern der KPdSU sowie der Zeit des Großen Stalinschen Terrors wie der Gesch. der sowjet. Gulags. (Mitübers.) A. W. *Gylyga: Die klass. dt. Philosophie. Leipzig 1990. Übers. u. Hrsg. folgender Schriften v. Nik. Bucharin u. a.

Publ.: Ökonomik der Transformationsperiode (1990); 1929. Das Jahr des großen Umschwungs (1991); Gefängnisschriften: Bd. 1: Der Sozialismus und seine Kultur (1996) u. Bd. 2: Phil. Arabesken – dialekt. Skizzen (2005); Nikolai Bucharin. Biographie. Mainz 1993; Stalin – Trotzki – Bucharin. Studien z. Stalinismus. Mainz 1994; Georgi Dimitroff. Tagebücher 1933–43. Berlin 2000; 1940. Stalins glückliches Jahr. Berlin 2001; Stalinscher Terror 1934–1941. Eine Forschungsbilanz. Berlin 2002; Chronik der Moskauer Schauprozess 1936, 1937 und 1938. Planung, Inszenierung u. Wirkung. Berlin 2003; Der Tod des Diktators. Hoffnungen u. Enttäuschungen. Berlin 2003; N. I. Bucharin. Bibliographie 1911–1938. Berlin 2005; (Mitautor): Das Grab in der Steppe. Leben im GULAG. Die Gesch. eines sowjt. Besserungslagers 1930–1959. Berlin 2007; (Mithrsg.): Schwarze Pyramiden, rote Sklaven. Der Streik in Workuta im Sommer 1953. Leipzig 2007; (Mithrsg.): Die Weltpartei aus Moskau. Gründungskongreß der Komm. Internationale 1919. Protokoll u. neue Dok. Bln. 2008; (Hrsg.): W. Ruge: Lenin, Vorgänger Stalins (mit einem Nachwort von Eugen Ruge). Berlin 2010; Die Ökonomik des Terrors. Zur Org.-gesch. des Gulag 1939–1960. Hannover 2010; (Hrsg.): Vom Schmieden neuer Menschen. Lagerberichte. Leipzig 2011. (Hrsg.): Jossif Stalin oder: Revolution als Verbrechen. Berlin 2011; Nikolai Bucharin. Stalins tragischer Opponent. Eine pol. Biographie. Berlin 2015.

Hedtke, Ulrich
19. März 1942
Diplom-Philosoph und akademie-philosophischer Soziologe
Geb. in Berlin (Tischlerhandwerksbetrieb der Familie); 1948–56 GS u. 1956–60 OS (Abitur); 1961 anfängl. Chemiestudium in Greifswald, aber schon 1962 abgebrochen u. stattdessen ab 1963–68 Fernstudium Philosophie an der HU Berlin u. ab Febr. 1964 hauptamtl. pol. Mitarb. der BL der FDJ Berlin; 1968/70 Aspirantur im H. *Ley-Bereich u. ab 1971 wiss. Assistent im Bereich Soziologie der Sektion Phil. der HUB; Prom. zum Thema 1975: *Nicolaus von Kues – phil. u. soziolg. Probleme im dial. Denken des Renaissancephilosophen*; danach wiss. MA im ZIfPh der AdW im „Kritikbereich" bei M. *Buhr; im Zusammenhang mit der *Ruben-Affäre 1981 Ausschluß aus der SED und Umsetzung in den *Hörz-Bereich phil. Probleme der Wiss.-entw. im ZIfPh. der AdW; 1990 vollständige Rehabilitierung u. nachgeholte Prom. B (Habil.) z. Thema: *Gemeinschaft, Gesellschaft u. Entwicklung als Themen der prakt. Philos.*; nach Abwicklung der Aka.-Phil. versch. Projekte, u. a. katalogisierende Nachforschungen zu Joseph Schumpeter sowie Hrsg. (zus. mit C. *Warnke) einer Online-Edition der phil. Schriften

von „peter ruben de." – Publ. zu: Stalin oder Kondratieff. Endspiel oder Inovation. Berlin 1990.

Hegewald, Helmar
27. Juni 1941
M-L Ethik-Professor und nachwendischer Umweltpolitiker in Dresden
Geb. in Radebeul; Abitur 1960 an der Kreuzschule Dresden mit Abschluß als Chemiefacharb; anschl. Studium der Berufspädg. an der TU Dresden; nach 1965 Ass. im gesell.-wiss. Grundstudium daselbst; 1971 an der neugegr. Sektion Phil. u. Kulturwiss. phil. Prom. zum Thema: *Zur theor. Begründung u. Herausbildung sozial. Rationalitätsdenkens als Systemdenken der Arbeiterklasse: eine marx.-len. phil. Problemorientierung*; 1976 Zusatzstudium in Leningrad; 1979 Prom. B zum Thema: *Zur Dialektik von wiss.-techn. Revolution u. Moralfortschritt im Sozialismus* sowie 1980 Hochschuldozent an dieser Sektion; 1987–91 dann o. Prof. für marx.-len. Ethik an der ML-Sektion der TU Dresden; frühzeitig pol. aktiv im Bezirksvorstand der „Gesell. für Natur u. Umwelt"; daher 1986–90 KB-Abgeordneter des BT Dresden, anschl. bis 1994 PdS-Abgeordneter im Sächs. Landtag (Vors. des Umweltausschusses, jedoch Abwahl nach Bekanntwerden seiner früheren Stasi-IM-Mitarbeit); später Lehre an der Sächs. Verwaltungs- u. Wirtschaftsakademie Moritzburg sowie Gründung einer Firma als Stiftung Umwelt- u. Naturschutz Brandenburg e.V.
DDR-Personen-Lexikon 2010 (H. Müller-Enbergs).

Hein, Christoph
8. April 1944
Phil.- und Logikstudium in Leipzig und Berlin, Dramatiker, Erzähler u. Essayist
Geb. in Heizendorf (Schles.), 1945 von da ausgewiesen u. aufgew. in Bad Düben (Sachsen); Vater evangl. Pfarrer u. verweigerter Oberschulbesuch; daher 1958–61 Internatsschüler auf einem westberl. Gymn. für alte Sprachen; 1960 darum Übersiedlung der Familie nach Ost-Berlin; nach DDR-Grenzziehung 1961 Gelegenheitsarbeiter u. bis 1964 nachgeholtes DDR-Abitur an der Abendschule; 1967–70 Phil.-Studium in Leipzig, 1971 fortgz. Logik-Studium am Phil.-Institut in Berlin bei H. *Wessel (Logikkonzept A. *Sinowjew u. Diplomarbeit zur mehrwertigen Logik); anschl. Dramaturg und Autor an der Ost-Berliner Volksbühne; 1982 Novelle *Der fremde Freund* u. 1985 Roman *Horns Ende*, worin der Selbstmord des Leipziger Logik-Doz. u. Parteisekretärs am Phil. Inst. der KMU Leipzig, Joh. Heinz *Horn im Zusammenhang mit der Zwangsemeritierung von Ernst *Bloch 1957/58 in einer versetzten, also lite.-künstlerisch verfremdeten Weise thematisiert wird: es handelt sich daher um einen strafverzt. Hist., der sich (nicht wie im wirkl. Leben des Phil.) als Museumsdirektor in einer Kleinstadt aufhängt; in der offiziellen parteiamtl. DDR-Phil.-gesch. wurde gerade dieser tragische Fall ansonsten Jahrzehnte lang totgeschwiegen, und es gab dazu bis 1990 keinerlei parteistaatlich erlaubten Archivzugang, was jedoch wiederum „stellvertretend" geradezu solch eine bes. lite.-künstlerisch verfremdete Verarbeitung ermöglichte, vielleicht auch

verlangte, da spätere Phil.-Studenten (so wie Ch. H. sicher auch) davon nur andeutungs- u. gerüchteweise erfuhren. – In einem Interview mit der Zeitschrift Theater der Zeit H. 7/1978 erklärt H. allerdings „Für das Nichtstattfinden von Zeitung/Berichterstattung ist Theater kein Ersatz." (zi. nach: „Öffentlich arbeiten", 1987, S. 100); im Roman *Der Tangospieler* (1989) geht es ebenfalls um einen nach 1965 strafrechtlich-pol. verurteilter Hist.-Doz. der Lpz. Univ., dessen fragwürdige Wiedereingliederung erzählt wird; 1987 öffentl. Protest (gem. mit Günter de Bruyn) gegen die (in)offizielle staatsparteiliche DDR-Zensur auf dem X. Schriftsteller-Kongress mit den unglaubl. Worten: „Diese Zensur der Verlage u. Bücher, der Verleger u. Autoren, ist überlebt, nutzlos, paradox, menschen- u. volksfeindlich, ungesetzlich u. strafbar" (im Rahmen der offiziellen DDR-Phil. funktionierte diese vor allem als denkdiziplinierendes „Gutachterunwesen"); am 4. Nov. 1989 Mitwirkung bei der großen Protestkundgebung in Berlin-Mitte als nachdenklich-fragender Redner auf dem Alexanderplatz; 1990–2006 Mithrsg. der krit. Wochenzeitschrift „Freitag" (ehemaliger KB-„Sonntag"); zahlreiche Literaturpreise und 1994 sogar das Bundesverdienstkreuz; trotzdem weiterhin durchaus kritisch zur gesamtdt. Einheitsentwicklung; Autobiographie der Jugendjahre *Von allem Anfang an* (1997); im neuesten Roman *Weiskers Nachlass* (2011) wiederum Thematisierung einer von fortl. Abwicklung bzw. landesuniv. Geld- u. Stellenreduzierung; euroglobal-bürokratische Verschulung wie geistige Verflachung des Lehrbetriebes bedrohten die wiss. Existenz eines inzw. vorgealterten kulturwiss. HSL (Literaturhist.) u. seines allerdings etwas exotisch-unwirklichen Forschungsthemas. – In seiner jüngsten Textsammlung *Gegenlauschangriff* (2019) handelt es sich um „Anekdoten aus dem letzten dt.-dt. Kriege", womit er die anhaltend höchst widersprüchl. dt. Einheitsentw. nach 1990 meint charakterisieren zu müssen. Außerdem gibt es auch unter Schriftstellern (und Künstlern) aus der DDR (u. natürlich aus westdt. journalistischer Sicht über diese) ganz ähnliche überaus kritische Grundsatzdebatten über die „Gesch. der DDR-Literatur" bzw. über „Kunst u. Literatur in/aus der DDR", so wie das auch bei der hist.-krit. Aufarbeitung der DDR-Philosophie seit Jahren der Fall ist; deren nachkriegszeitlich „vereinheitlichte" (gesamtdt.) Auffassung u. Darstellung wird wohl noch sehr lange ein uneingelöstes dt.-dt. Jhd.-Projekt bleiben. Doch unser streng phil.-logisch ausgebildeter Autor Chr. Hein verkündet diesbezüglich keinerlei weltanschaul. Erbauungen oder gar neuartige moral. Wertungen, sondern versteht sich allein als ein nüchterner Chronist in der Tradition der Aufklärung, der auch literarisch weder „Botschaft noch Moral" vermitteln will. Doch zu DDR-Zeiten „ersetzten" künstlerische (romanhafte wie erzählende) Geschichten oftmals die dafür eigentlich zuständige, aber nur noch parteiamtlich kaschiert-entfremdete „gesellwiss." (so auch phil.) Belobigung bis verlogene Rechtfertigung der realen Sozialismus-Wirkl., was natürlich ein untragbarer, aber durchaus bemerkenswerter Zustand war. Nicht zufällig wurden daher vielleicht gerade dadurch zahlreiche studierte Diplom-Philosophen (wie Volker *Braun oder W. *Biermann auch) zu zeitkrit. Schriftstellern u. Liedermachern u. gelegentlich ein sehr gebildeter marx. Philosoph ihr entscheidender geistiger Ansprechpartner, womit wir vor allem (anschl.)Wolfgang *Heise meinen. Chr. Hein war verh. mit der Drehbuchautorin und Regisseurin Christiane H. (1944–2002), die ebenfalls in Leipzig ab 1965 Phil. studierte und 1977 mit einer Arbeit *Zum Verhältnis von Emperie und Theorie im Neopositivismus* (Betreuer und Gutachter: Dieter *Wittich) prom. wurde. – 2020 übergab Ch. H. seinen „Vorlass" dem Literaturarchiv Marbach. DDR-Personen-Lexikon 2010 (Th. Hörnigk/A. Kölling).

Heinrich, Gerda
29. Okt. 1939
Philosophiehistorische Romantik-Erforschung an der Berliner Akademie der Wiss.
Geb. in Stralsund, absolvierte nach dem Abitur 1957–60 an der KMU Leipzig ein Pädg.-Studium der Germ. u. Slavistik, um 1960/61 einsatzgemäß kurzzeitig als Lehrerin für Deutsch u. Russisch an einer POS in Lüdershagen, Kr. Güstrow zu arbeiten; danach ab 1961 wiss.-techn. MA am Inst. für Phil. (im Bereich Edition phil.-hist. Texte) der AdW zu Berlin (Direktor Georg *Klaus); zugleich zusätzl. Philos.-Studium an der HUB, teilw. im Direkt- u. Fernst. 1961–66 (Diplom-Phil.); danach 1964–67 als wiss. MA am Inst. für dt. Sprache und Lite. der AdW, Arbeitsgruppe Wb. der Literaturwiss., jedoch ab 1967 wiederum am neu gegr. Phil.-Inst. ebd. wiss. Aspirantin, abgeschl. mit einer phil. Aka.-Prom. 1973 zu *Geschichtsphil. Positionen der dt. Frühromantik: Friedr. Schlegel u. Novalis* (Gutachter: M. *Buhr, Cl. Träger, W. Höppner-Seidel – wirkungsvoll publ. Berlin 1976 u. Kronbrg/Ts. 1977); publ. als Mitautorin (I. *Bauer u. A. *Liepert) das erste Heft der Buhrschen Reihe Zur Kritik der bürgerl. Ideologie: „Sirenengesang eines Renegaten oder die große Wende des Roger *Garaudy". Berlin 1971; – nach der phil.-literaturwiss. Prom. ab 1. 1. 1974 – 31. 12. 1991 (Abwicklungsende) wieder wiss. MA am ZI für Literaturwiss. der AdW mit dem Arbeitsgebiet: Dt. Frühromantik, Zeitschriftenlite. um 1800 und Gesch. der Judenemanzipation in 17.–19. Jhd.; – Herausgeberin folgender wichtiger Beiträge zur dt. Romantik: *Athenäum. Zeitschrift der Gebrüder Schlegel*. Leipzig 1978 (2. A. 1984); Dichtung, Schriften, Briefe von W. Hr. Wackenrode. Bln. 1984 (Union-Verlag u. als Lizenzvergabe nach Darmstadt u. München 1984); *Deutschland. Eine Zeitschrift* (Auswahl). Lpz. 1989; 1992–97 weiter beschäftigt am Zentrum für Europ. Aufklärung in Potsdam (später Max-Planck-Gesell.); 1998/99 stellungslos, danach regulär berentet.

Heise, Wolfgang
8. Okt. 1925–10. April 1987
Universitätslehrer zur Gesch. der Phil. und Ästhetik der deutschen Klassik in Berlin
Geb. in Berlin-Charlottenburg; Vater Studienrat u. Pädg.-Prof.; 1932/35 Volksschule u. 1943 Abitur am Fr.-Paulsen-Realgymn. mit anschl. kaufm. Ausbildung 1943/44; ab Nov. 1944 als sog. „jüd. Mischling" mit weiterem Ausbildungsverbot belegt im Arbeitslager; 1945 Kulturarbeit in Berlin-Steglitz u. KPD-Eintritt; 1946 Studienaufnahme an der Berl. Univ. in den belegbaren Fächern Kunstgesch. u. Germanistik (Philosophie ist noch „ausgeschlossen"); 1949 daher wiss. Asp. für Phil. sowie Teilnahme am SED-Dozentenlager der PHS in Kleinmachnow; 1952 wiss. Oberass. am neu gegr. Phil. Inst.

der HU Berlin (Abt. Gesch. der Phil. mit W. *Harich) u. 1954 phil. Diss. (nicht veröffentl.) zu *Johann Christian Edelmann (1698–1767). Seine hist. Bedeutung als Exponent der antifeudalen bürgerlichen Opposition in der Mitte des 18. Jhd. – Eine Studie zur Gesch. der dt. Aufklärung* (Gutachter u. a. Kurt *Hager, Kl. *Schrickel); 1955 Wahrnehmungsdoz. für Theor. u. Gesch. der Ästhetik (Lehrstuhlleiter W. *Besenbruch); 1958 Wahrnehmungsprof. für Gesch. der marx. Phil. (Institutsvorlesung) und 1963 Habil. mit einer umfänglichen u. grundsätzlichen Arbeit z. Thema *Philosophie als Krisenbewußtsein u. illusionäre Krisenüberwindung. Eine Untersuchung zu den Gesetzm. der Entwicklung in der modernen bürgerl. Phil. in Dtl.* (Gutachter: H. *Scheler, H. *Ley, G. Scholz u. 1964 publ. u. d. T. "Aufbruch in die Illusion", ein geplanter 2. Forts.-Teil zu dieser ideologiekrit. Thematik erschien nicht mehr); während G. *Lukacs 1954 mit seiner „Zerstörung der Vernunft" vor allem auf die Rolle des *Irrationalismus* in der spätbürgl. bzw. nachklass. Phil. in Dt. verwies, betont W. H. insbesondere deren zunehmende *Theologisierung* (2. große Institutsvorlesung); folgende bemerkenswerte Habilvortragsthemen hatte H. vorgeschlagen: „Zur Struktur der Ideologie des Hitlerfaschismus"; „Bedeutung der Öko.-phil. Ms. von Marx(1844) für die Herausbildung des dial. u. hist. Mat."; „Zur Kritik der phil.-hist. Grundpositionen von G. Lukacs" und „ Zur Ideologienlehre von Marx in ihrer Bedeutung für die Kritik der bürgl. Phil."; zu keinen diesen Themen redete er aber explizite bei seiner Habil-Verteidigung, sehr wohl aber in seien beiden großen Grundvorlg. in den 60er Jahren am Phil. Inst.; anschl. Berufung zum Prof. für Gesch. der Phil. u. 1962–64 zugleich Ltr. der Fachrichtung Phil. (aber nie Inst.-Direktor); 1964 kurzz. Prorektor für Gesell.-wiss. der HUB, aber wegen seines persl. Einsatzes für Rob. *Havemann aus parteipol. Gründen sofort wieder entbunden; daraufhin 1965/66 ebenso kurzz. Dekan der Phil. Fak. u. wiederum vorzeitig amtsenthoben nach fortgz. institutsinternen parteipol. Ause. um eine verweigerte Unterschrift auf einem ZK-Brief an die KPI-Zeitschr. „Unita" (erneut z. Havemann-Fall), die ihm der damlg. Inst.-Parteisekr. W. *Eichhorn II, W. *Jopke (Heises damals wichtigster Schüler) u. Hb. *Hörz (sein Nachfolger als Dekan) bei einem Kuraufenthalt an der Ostsse abnötigen wollten; danach endgültiger Wechsel, auch im Zusammenhang mit den krisenhaften CSSR-Ereignissen 1968 und der III. HSR, von der nun „Sektion Marx.-len. Phil." (Direktor Herb. Hörz) zum neugegr. Inst./Sektion für Ästhetik u. Kulturwiss. der HUB, wo er 1972 zum ordtl. Prof. für Gesch. der Ästhetik umberufen wurde; erneut umfangreiche Forschungs-(doch seine diesbezüglich beiden theor.-geschichtl. Hauptwerke erscheinen erst postum 1988/90) und Vorlg.-tätigkeit mit bes. Ausstrahlung auf zahlreiche Schriftsteller, wie Christa Wolf oder Volker *Braun; Nov. 1977 persönl. Protestbrief wegen der Ausbürgerung Wolf *Biermanns an den SED-Ideologiechef Kurt *Hager; bereits 1985 aus gesundheitlichen Gründen frühberentet u. zugleich noch Korr. Aka.-Mitglied; 1987 an den Folgen eines Herzinfarkts beim verspäteten Transport ins Krankenhaus verst.; gr. Trauerfeier für W. H. im Senatssaal der HUB (Gedenkrede Heiner Müller zu „ein Feuer im Garten", was sich auf Heises hinterlasse Ms. bezog); nachwendisch mehrere univ. Gedenkveranstaltungen für ihn u. 1995 Einrichtung eines

Wg. Heise–Archiv an der HUB; W. *Biermann nennt ihn 2008 bei seiner verspäteten (1963) Diplomübergabe sowie gleichzeitig verliehenden univ. Ehrendoktorwürde in einem Festvortrag den „wahrscheinlich einzig richtigen Philosophen in der ganzen DDR" u. bezeichnet ihn wörtlich als seinen „DDR-Voltaire"; W. H. war für uns in den 60er Jahren der wichtigste marx. Phil.-Lehrer am Berliner Phil.-Institut der HU; nach seinem (pol.-phil.) Weggang dominierten an diesem der naturphilos. Hm. *Ley-Lehrstuhl, der Hörzsche „dial." Weltbild-Determinismus, die Leninsche Hegelrezeption (Fr. *Kumpf) wie die poststaln. ML-„Einführungs"-Philosophie (G. *Redlow) und es fehlte der kritisch-belebende Geist der ausgezogenen „Kulturfachleute"; in einem ratsuchenden Gespräch mit H.-P. *Krüger meinte W. Heise: „Wenn Du in diesem Land philosophieren willst, dann kannst Du das an keiner phil. Einrichtung tun. Diese sind inzwischen längst parteipol. instrumentalisiert. Der Druck ist vergleichsweise bedeutend geringer in der Literatur, den Künsten, an Theatern. Oder suche Dir eine Fachdisziplin, die es sich noch leisten kann, für Grenzfragen eine Art ‚Hausphil.' zu beschäftigen." – Wichtige Schülerin und Nachfolgerin in der Gesch. der kulturwiss. Ästhetik wurde die spätere Nietzsche-Forscherin Renate *Reschke. 2013 würdigten zwei seiner Anhänger bzw. Schüler unterschiedl. Generationen (G. *Irrlitz, 1935 u. E. *Müller, 1954) W. H. als Ästh.-Phil. in 2 hrsg. Bdn seiner „Schriften" auch umfänglich biographisch. Heise war der gebildetste marx. Phil. der HUB.
DDR-Personen-Lexikon 2010 (Cl. Salchow), aber natürlich keine Erfassung im DDR-Philosophenlexikon 1982.

Publ.: Die hist. Bedeutung der Thesen von Karl Marx über Feuerbach (Einheit 11/1953); Zu einigen Fragen der marx. Ästhetik (DZfPH. 1/1957); Antisemitismus u. Antikommunismus (ebd. 12/1961); Über die Entfremdung u. ihre Überwindung (ebd. 6/1965); Zur Krise der bürgerl. Philosophie (ebd. 2/1966, danach kein Autor der DZfPh mehr); Die dt. Phil. von 1895–1917. Berlin 1962; (zus. mit J. Kuczynski): Bild und Begriff. Studien über die Beziehungen zw. Kunst u. Wiss. Berlin-Weimar 1975; Realistik und Utopie. Aufsätze zur dt. Literatur zw. Lessing und Heine. Berlin 1982; (zus. mit Hm. Bock): Unzeit des Biedermeiers. Hist. Miniaturen zum dt. Vormärz 1830–1848. Urania Verlag 1985 u. Köln 1986; Brecht 88 (Ed. W. Heise): Anregungen z. Dialog über die Vernunft zur Jahrtausendwende. Berlin 1987 (2. erw. A. 1989); – Hölderlin. Schönheit und Geschichte. Berlin/Weimar 1988; (Hrsg. R. Heise): Die Wirklichkeit des Möglichen. Dichtung u. Ästhetik in Dtl. 1750–1850 (Aufsatzsammlung). Berlin 1990; (Hrsg. G. Irrlitz und F. Müller): Schriften in zwei Bänden. Bd. 1 (1975–87) und Bd. 2: Aus seinem Leben u. Denken. Frankf./M. 2012. – Gedenkschriften: Protokoll des 2. und 3. W.-Heise-Kolloquiums 1992 wie 1994. In: angebote. Organ für Ästhetik, 1993 (6) u. (8) 1995 (mit Bibl.); Das Wolfgang-Heise-Archiv (HUB – öffentl. Vorlg. 1998/1999); G. Irrlitz: In Memoriam W. H. 1925–1987 (DZfPh 6/2005). – Denkversuche: Abschied von den Illusionen. W. Heise in den 60er Jahren (C. Warnke).

Heitsch, Wolfram
6. Mai 1940
Mathematiker-Philosoph
Geb. in Glatz (Schlesien); Vater Landwirt; 1946–53 Besuch der GS u. bis 1957 OS in Schleiz (Abitur); 1957–62 Studium der Mathematik in Jena (Diplommathematiker); anschl. phil. Asp. am Hm. *Ley-Lehrstuhl für phil. Probleme der Naturwiss. des Inst.

für Phil. der HU Berlin u. bereits 1965 phil. Prom z. Thema *Allgemeinheit und Unendlichkeit – eine erkenntnistheor.-logische Analyse* (Gutachter: *Ley, H. *Hörz u. Klaua); nach einem kürzeren Einsatz an der ML-Sektion der WPU Rostock weiter beschäftigt am neugegr. Inst. für Theorie und Gesch. der Wiss. an der AdW; 1977 Prom. B (Habil.) in Leipzig mit der dazu bereits veröfftl. Arbeit zu *Mathematik u. Weltanschauung*. Berlin 1976 (2. A. 1978); – 15 DZfPh-Beiträge 1963–77; 1996 ist noch ein Lehrmaterial nachweisbar: Automatisches Theorembeweisen durch log. Programmierung (Bln.-Inst. für Informatik), ansonsten keine weiteren Daten erfahrbar.

Heppener, Sieglinde
8. Okt. 1934
Marxistische DDR-Phil.-Historikerin u. nachwendische SPD-Abgeordnete in Potsdam
Geb. in Berlin; 1941–46 GS u. bis 1953 OS (Abitur); 1953–63 red. Hilfskraft in der Abt. Gesch am Inst. für M-L beim ZK der SED; 1963–65 Fernstudium für Phil. in Leipzig (FMI), dann in Berlin (teilw. im Direktstudium an der HUB); 1965–72 wiss. Ass. bzw. Oberass. am Lehrstuhl Phil. des Inst. für GW beim ZK der SED; daselbst phil. Prom. A 1970 z. Thema *Phil. Probleme der bewussten Gestaltung der sozial. Prod.-V. und der Entwicklung der PK unter den Beding. der Einheit von sozial., wiss.-techn. u. Kulturrevolution in der Periode von 1956 bis z. VI. Ptg. der SED (1963)* – als DDR-Phil.-Gesch.-projekt aber erst 1979 publ.); danach 1972 Berufung zur Dozentin u. 1977 nachgeholte Prom. B (Bestandteil eines zentralen gesellwiss. Forschungsplans der Parteiführung) z. Thema: *Hist. Mat. und Aufbau des Sozialismus in der DDR. Zur Ausarbeitung von Grundfragen des hist. Mat. in der marx.-len. Phil. der DDR (1949–1962)*; Sekretärin der gem. Phil.-Kommission DDR (Vors. Erich *Hahn) – UdSSR (entspr. DZfPh-Berichte 1976/1977); 1984 Ernennung zur Professorin an der Aka für Gw. beim ZK der SED für Gesch. der marx.-len. Phil. in der DDR, Mitarbeit in einem dortig. parteibeauftragten Autorenkollektiv (Leiterin: V. *Wrona) an der letzten (1988) zusammenfassenden parteigeschichtl. Gesamtdarstellung „Zur Gesch. der marx.-len. Phil. in Dtl." (1979 noch als Bd. III: „...in der DDR"), nunmehr z. 40. DDR-Jubiläum neu betitelt: „Phil. für eine neue (!) Welt"; darin Autorin der abschl. beiden Kp. 7/8. zur phil.-marxistisch, immer nur siegreich charakterisierten DDR-Gesch. ohne jede Krisen und Widersprüche, Schwierigkeiten u. Probleme – unmarxistischer geht's nimmer !; seit 1983 (in Nachfolge der erkrankten V. *Wrona) Leiterin des Forschungsbereichs Gesch. der marx.-len. Philosophie an der AfG beim ZK der SED (Dauer-Direktor E. *Hahn, ZK-Mitglied sowie Vors. des Rates für Marx.-len. Phil. der DDR, – alles ebenso bis Ende 1989). – Danach 1993 Mitglied der SPD u. seit 2005 Abgeordnete im Brandenbg. Landtag; in diesem sodann seniorenpol. Sprecherin ihrer Fraktion u. 2009 sogar dessen Alterspräsidentin (Eröffnungsrede); – zur hist.-krit. Aufarbeitung der zuvor immer nur siegreich gefeierten und dann gescheiterten marx.-len. DDR-Partei-Phil., die sie wie kein anderer so überaus parteilich-unkritisch-folgsam einst mit erforschte und darstellte, sind uns jedoch keine diesbezüglichen Beiträge mehr bekannt geworden; ein so zweigeteiltes DDR-kommunistisches und Brandenburg-sozialdemokratisches (s. dazu

auch „Paul Singer": einst 1957 und jetzt 1994 dargestellt) Leben ist schon außergewöhnlich u. in jeder Hinsicht erstaunlich und einmalig im Rahmen der offiziellen parteimarx. DDR-Philosophie 1945–95. – Für ihren Einsatz „für die Belange der älteren Generation" 2016 der Verdienstorden des Landes Brandenburg.

Publ.: (Mitarbeit): Paul Singer – ein bedeutender Führer der dt. Arbeiterbewegung. Inst. ML beim ZK der SED. Auswahl aus Schriften u. Reden. Berlin 1957; (Hrsg.): Paul Singer – jüd. Unternehmer, sozialdemo. Politiker u. Verleger. Zu seinem 150. Geb. (Landesvorstand der SPD) Berlin 1994; Theor. und metholg. Probleme der Erforschung u. Propagierung der Gesch. der marx.-len. Phil. (Materialien eines Koloquiums an der AfG am 27. April 1989 – wiss. Red. zus. mit H. Klein). Berlin 1989; (Hrsg. v. Ehepaar H.): Quellen zu Opposition und Widerstand Ostberliner Sozialdemokraten 1945–1961. Berlin 2004.

Herger, Wolfgang
10. Aug. 1935
Diplom-Philosoph, FDJ-Funktionär und Politkader des ZK der SED
Geb. in Rudolstadt (Thür.); 1949 Abitur u. FDJ-Arbeit; anschl. 1953–58 Phil.-Studium in Jena (Diplom) u. 1957/58 SED- und FDGB-Beitritt; 1958–62 wiss. Ass. am Inst. für Phil. der FSU Jena sowie 1959/60 hauptamtl. FDJ-Sekr. im Jenaer Glaswerk; 1961/62 Inst.-Partei-Leitung der SED; 1963 2. Sekr. der FDJ-GO an der FSU u. 1963/64 1. Sekr. der FDJ-KL Jena; zuvor 1963 phil. Prom. *Zur Dialektik von gesell. Notwendigkeit u. sittl. Freiheit in unserer Epoche – Untersg. zu Grundfragen der marx.-len. Ethik* (Gutachter: G. *Mende u.a.); 1964–76 Sekr. des ZR der FDJ u. dazu Mitglied des ZK der SED bis Dez. 1989; daselbst von 1976–85 Leiter der ZK-Abteilung Jugend; zugleich 1971–90 Abgeordneter VK für die FDJ und in dieser 1976–85 Vors. des Jugendausschusses; später Vors. des Ausschusses für Nationale Verteidigung in der VK bis 18. 3. 1990; zugleich 1985–89 Leiter der Abteilung Sicherheitsfragen des ZK der SED und dadurch wiederum Mitglied des Nat. Verteidigungsrates der DDR; in all diesen ZK-Funktionen war er engster Mitarbeiter v. Eg. Krenz bis zu dessen Wahl als Generalsekr. des ZK der SED; zum Jahresende 1989 dann mit diesem Verlust aller Parteiämter und ab 1990 arbeitslos; Arbeit als Pförtner u. Mitarbeiter versch. Handelsorg.; 1998 Anklage, Prozess u. Verurteilung (22 Mon. auf Bewährung) mit anderen Polit-Militärs wegen (zentralparteipol. verantwortlich) Beihilfe zum Totschlag (Maueropferprozeß) durch das Berl. Landgericht; nach einer FS-Dok. über „Das Ende des Politbüros" (2009) wurden erstmalig sehr autentische und selbstkritische (private) Tagebuchaufzeichnungen über den fortschreitenden Zerfallsprozess der SED-Führg. im abschl. Krisenjahr 1989 von ihm bekannt; W. H. ist sicher der parteiu. staatspol. am höchsten aufgestiegene u. eingebundene prom. Diplom-Phil. der SED-DDR gewesen.
DDR-Pers.-Lexikon 2010 (A. Herbst/H. Müller-Enbergs).

Herlitzius, Erwin
15. März 1921–29. Jan. 2012
Diplom-Gesellschaftswissenschaftler in Dresden
Geb. in Erfurt, Vater Ingenieur; Grund- u. Oberschule 1933–37 (mittlere Reife); 1937 vierj. Maschinenschlosserlehre (bzw. techn. Zeichner) u. 1940 Montagetechniker in Brake/Oldenburg; ab 1941 Kriegsdienst (Luftnachrichtendienst als Dolmetscher eingesetzt) u. April 1945 amk. Kriegsgefangenschaft; 1946 Rückkehr nach Erfurt, Abiturkurs an der Volkshochschule u. SED-Eintritt; 1947 Studium an der neugegr. Gesell.-wiss. Fak. der FSU Jena (3 Jahre, hört da noch H. *Leisegang u. P. F. *Linke) u. Abschluss als Diplom-Gesell.-wiss. (dazu Hilfsass. bei G. *Klaus); sofortg. Doz.-Einsatz als ML-Lehrer am Theater-Institut Weimar; April–Juli 1951 SED-Doz.-Lehrgang in Eberswalde u. danach 1951–63 wiederum Doz. im gesell.-wiss. Grundstudium (Inst.-Direktor u. Prorektor für Gesell.-wiss.) an der Bergakademie Freiberg; erst 1959 phil. Prom. (eingereicht 1957) am Inst. für Phil. der HU Berlin z. Thema *Georgius Agricola (1494–1555), seine Weltanschauung und seine Leistung als Wegbereiter einer mat. Naturauffassung* (so publ. 1960; Gutachter: K. *Hager, H. *Simon, G. *Harig, – G. *Klaus und E. *Bloch hatten eine Begutachtung abgelehnt); 1964 Prof. mit Lehrauftrag für dial. und hist. Mat. an der TU Dresden wie Direktor des dortg. Inst. für Phil.; 1965 Habil. wiederum an der HU Berlin (1963 eingereicht) z. Thema *Der Marxismus über Wesen, Begriff u. Ursprung der Religion* (Gutachter: O. *Klohr, H. *Scheler, H. *Ley; W. *Heise lehnte ein Gutachten ab); mit der III. HSR 1969 bis 1986 (em.) ordl. Prof. für marx-len. Phil. an der Sektion Philosophie u. Kulturwissenschaften der TU Dresden; zeitweise daselbst Institutsdirektor sowie Dekan u. wiederum Prorektor für Gesell.-wiss.; nach dem Tod seiner Frau 1994 Rückzug aus Dresden auf sein Waldgrundstück in Radeburg und keine öffentl. oder wiss. Wirksamkeit mehr nachweisbar; 90jährig 2012 verst. in Meißen. – Sein ML-phil. Nachfolger ist 1986-1990 Adolf *Bauer.

Publ.: (Mitautoren F. Richter u. J. Albert): Entstehungsbedingung u. Entwicklung der Technikwissenschaften. Leipzig 1982; (Mitautor von 71 Fachwiss.): Ingenieurökologie. Jena 1983 (2. A. 1989); 10 DZfPh-Artikel 1957–69, zumeist mit anderen bekannten Autoren.

Herneck, Friedrich
16. Febr. 1909–18. Sept. 1993
Bekanntester populärer Wissenschaftshistoriker der DDR
Geb. in Brüx (Nordböhmen); Vater Lehrer-Gymnasial-Prof.; nach dem Abitur 1928 Studium der Naturwiss. (auch Geophysik) u. Phil. (u.a. bei R. Carnap) an der dt. Univ. Prag, aber ohne regulären Abschluß; anschl. 1934–38 freiberufl. Theatertätigkeit als Sprecher, Schauspieler u. Dramaturg; daher 1941 an der Univ. Erlangen phil. Prom. zum Thema *Die dt. Bühnenlautung der letzten fünfzig Jahre, ermittelt aus Schallplattenaufnahmen bedeutender Bühnensprecher. Eine sprechkundlich-phonetische Untersuchung* (ex. nur als handschriftl. Exemplar) während einer Miliärbeurlaubung u. erstaunlichen Freistellung; 1940 NSdAP-Beitritt, den er aktenkdg. aber zeitlebens verschwieg; 1941–45 Teilnahme am Russland-Feldzug, freiwillige Gefangennahme u.

sofortiger Einsatz als antifasch. Front-Agitator des NKFD; 1945 Mitbegründer der KPD in Frankf./O. u. 1946–52 Lehrer an der LPS der SED Brandenbg.; anschl. Doz. für dial.-hist. Mat. an der PH Potsdam; ab 1954 fortgz. Lehrtg. im gesell.-wiss. Grundstudium der HU Berlin; 1958 massive Revisionismus-Vorwürfe wegen eigenständiger u. differenzierter (vor allem quellenbezogener!) Sicht auf den Physiker-Phil. Ernst Mach (parteipol. ML-Wächter sahen darin eine ideolg. Relativierung der parteidogmatischen Leninschen Kritik an diesem) sowie wegen der Unterstützung von antistalinistischer Auffassungen Rob. *Havemanns; daraufhin Entzug der univ. Lehrbefugnis u. freigestellt zu physikhist. wie univ.-geschichtl. Forschungsarbeiten u. Gesamtred. der dreibändg. Festschrift „Forschen und Wissen" zur 150-Jahr-Feier der HU zu Berlin 1960; 1961 Habil. z. Thema *Der Chemiker Wilhelm Ostwald u. sein Kampf um die Verbreitung eines naturwiss. begründeten Weltbildes. Ein dok. Beitrag z. Gesch. der Naturwiss. u. ihrer atheist. Traditionen*; zugleich Gründer einer Zentralen Kommission für Fotographie (1961); ab 1964 wieder erlaubte univ. wissenschaftsgeschichtliche Lehrtätigkeit als Dozent und 1967 Berufung z. Prof. für Gesch. der Naturwiss. an der HUB; fast alle seine zumeist populärwiss., aber stets archivarisch-dokumentierenden Veröffentlg. konnten nur im Buchverlag der LDPD „Der Morgen" erscheinen; – ein bekannter Dresdner Phil.-Historiker vermeldete als IM der Stasi 1972, dass H. zwar „in seiner wiss. Arbeit (sehr genau ist). Er überprüft jede Jahresz., ihm entgeht keine Flüchtigkeit, aber ich persönlich halte ihn für keinen guten Marxisten. Hat Marx zwar gelesen, aber nicht verstanden. Wenn man ganz genau hinschaut, so blickt überall Einstein durch"(!). 1974 em. und dann noch 20 Jahre außeruniv. weiterforschend; mehrhundertfacher (bisher unveröffentl.) Briefwechsel mit fast allen führenden Physikern des 20. Jhd.; verst. 1993 in Berlin; nachfolgend vielfältige Erinnerungsveranstaltungen zu seinem Werk und Wirken.

DDR-Personen-Lexikon 2010 (D. Hoffmann).

Publ.: (Hrsg.) Wissenschaft contra Aberglaube. Aus den atheist. Schriften W. Oswalds. Lpz.-Jena 1960; Fotografie u. Gesellschaft. Beiträge zur Entw. einer sozialistisch-realistischen dt. Lichtbildkunst. Halle 1961; (zus. mit O Finger): Von Laue bis Liebig. Ethos und Weltbild gr. dt. Naturforscher u. Ärzte. Berlin 1963; Die marx.-len. Ästhetik als Grundlage des bildjournalist. Schaffens. Berlin 1965; Albert Einstein. Ein Leben für Wahrheit, Menschl. und Frieden. Berlin 1963 (3. A. 1967), danach Leipzig 1974 (7. A. 1986 und 4 Übersetzungen); Bahnbrecher des Atomzeitalters. Große Naturforscher von Maxwell bis Heisenberg. Berlin 1965 (9. übarb. A. 1984, neun Übers.); Rektoren der HU zu Berlin. Halle 1966; Abenteuer der Erkenntnis. Fünf Naturforscher aus drei Epochen (Biographien). Berlin 1973; Einstein u. sein Weltbild. Berlin 1976 (3. A. 1979); Einstein privat (1927–33). Berlin 1978 (4. A. 1990); Max von Laue. (Biographien Bd. 42). Leipzig 1979; Fotografie und Wahrheit. Beiträge zur Entw. e. sozial. Fotokultur. Leipzig 1979; Die heilige Neugier. Erinnerungen, Bildnisse u. Aufsätze z. Gesch. der Naturwiss. Berlin 1983 (2. A. 1989); Wissenschaftsgeschichte. Vorträge und Abhandlg. Berlin 1984. – Wissenschaftshist. Kolloquium anläßlich des 75. Geb. von Prof. em. Dr. habil. Friedr. Herneck. Sektion Wissenschaftstheorie u. -organsation der HUB. Gesell.-wiss. Beiträge H. 34. (Red. D. Schulze). 1984 (mit Bibl.); D. Hoffmann: Fr. H. (1909–1993). Nachrichtenblatt der Dt. Gesell. für Gesch. der Medz., Naturwiss. u. Technik e.V. 46. Jg. H. 3/96. – Nachlaß-Archiv für Gesch. der Naturwiss. u. Philosophie Friedrich Herneck (Dresden).

Herold, Rudolf
30. Jan. 1921–verst.
Dogmatischer Partei-„Philosoph" in den Anfangsjahren
Unklar, woher er kommt u. was er überhaupt studiert haben könnte; Aufstieg über den zentral. SED-Parteiapp. u. frühzeitig parteibeauftragte Teilnahme an der Jenenser Logik-Konferenz v. 1951 (völlig unqualifizierter Disk.-beitrag z. Logik-Referat von E. *Hoffmann mit zwei Lenin-Zitaten belegt); ebenso parteiamtl. Mitwirkung an der Leipziger „Bloch-Revisionismus"-Tg. 1957 (primitiver klassenkämpferischer Beitrag); wie W. *Schubert („Partei-Aspiranten") vom IfG beim ZK der SED herkommend, gelangten beide als phil. unprom. „gesell.-wiss." Parteipropagandisten u. antirevisionistische ideolog. Scharfmacher (Mitarbeiter von E. *Hoffmann) im Krisenjahr 1956/57 und nach der Verhaftung von W. *Harich als Chefredak. der DZfPh. ab 1957 kurztg. sogar parteibeauftragt, aber fachphil. dazu völlig unqualifiziert, ins neue, völlig umgebildete Red.-Kollegium der einzigen DDR-Phil.-Zeitschrift (Chefred. M. *Klein vom IfG beim ZK der SED); ein „Hauptbeitrag" mit G. *Heyden (ebenso kurz parteibeauftragter Red.-Sek. der Zeitschrift): „Über den Beitrag der SED zur Theorie und Praxis der nationalen Frage in Dtl.- Zum 70. Geb. von W. *Ulbricht" (H. 6/1963); parteiamtl. Kontrollredakteur des übers. SU-Lehrb.„Grundlagen des ML" (Berlin 1958, 7. A. Berlin 1963); durch üblichen SED-„Sekretariatsbeschluß" vom 8. Nov. 1961 unprom. „Phil.-Lehrstuhl-Leiter" für dial. und hist. Mat. an der SED-PHS „Karl Marx"; nach parteijournl. u. politagitatorischer Prom. 1966 am IfG z. tagespol. Klassenkampf-Thema zur *Selbstbestimmung und Selbstbestimmungsdemagogien in Dtl. Eine Ause. mit antinationalen Bonner Parolen*, wiederum durch Sekr.-beschluss des ZK vom 8. März 1966 Einsatz als Leiter der BPS „Friedr. Engels" Berlin (ebenso wieder abberufen zum 3. Jan. 1974); noch in den 70er Jahren internationalistischer ML-Dozenteneinsatz in der VR Jemen; dafür nach 1969 den VVO in Bronze u. z. 60. Geb. 1981 in Silber; 1986 Parteiveteranenrentner und als Publ. ansonsten nachweisbar:

Der 7-Jahr-Plan der Landwirtsch. Die Bauern der DDR gestalten ihre Zukunft. 1960; Kann der Mensch sein Schicksal meistern? ABC des ML. Bln. 1964.

Hertwig, Manfred
18. Mai 1924
Redaktionssekretär der DZfPh 1955/56, verhaftet und verurteilt mit Wolfgang Harich
Geb. in Breslau, Vater Mechaniker; Besuch der Volks-, Mittel- u. OS (Abitur 1942); kaufm. Lehre in e. Drogerienhandlung; anschl. Reichsarbeitsdienst, Einzug zur Wehrmacht u. Frühj. 1943 Kriegseinsatz in d. UdSSR; verwundet im Lazarett u. Unteroffizierslehrgang; z. Kriegsende 1945 wiederum im Lazarett bei Bremen; Nachkriegszeit mit den Eltern nach Jena; dort 1945/46 erste pol. Betätigung in der SPD/SED; ebd. 1946–49 Studium der Geschichte, Lite.-wiss. u. dann Philosophie; anschl. Ass. am dortg./zeitwlg. Inst. f. Dial. Mat. von W. *Wolff; 1949–51 Mitarbeiter im Potsdamer SED-Forschg.-Inst. für Wiss. Soz. (Abt. Phil.); nach dessen Auflösung (mit

Gründung des IfG beim ZK d. SED) 1951 Oberref. im Sektor Phil. des Staatssekr. für HS-Wesen (G. *Harig) u. Gründung von drei univ. Phil.-Instituten in der DDR; Ausbildungsabschluss auf einem ML-Dozentenlehrg. der SED; daraufhin ab 1952 Lehreinsatz im gesell.-wiss. Grundstudium u. Assistenstenstelle am Phil. Inst. der HU Berlin (persl. Assistent von K. *Hager); ab 1954 Red.-Sekr. der DZfPh. in Nachfolge von Kl. *Schrickel, unter derem 1. Chefred. W. *Harich; wie dieser 1955 Ausscheiden aus der angestellten univ. Lehrtg. u. freiberufliche Red.-arbeiten (DZfPh und Akademie-Vg.) sowie gepl. Dr.-arbeit; Ende Nov. 1956 gemeinschaftl. Verhaftung wegen Zugehörigkeit zu einer angeblich (partei- u. staatsfeindl.) konterrev. Gruppierung um Harich-Janka; wie diese angeklagt vom OG der DDR, zu 2 Jahren Zuchthaus verurteilt u. von der ZPKK danach aus der SED ohne jede Anhörung ausgeschlossen; nach Haftentlassung sofortg. Rep.-flucht u. schon ab 1959 Studienleiter der Vereinigung für pol. Bildung in Hamburg, wieder SPD-Mitgl. und freier Publizist; Anfang der 90er Jahre Anhörung im Dt. Bundestag durch die Enquete-Kom. zur „Aufarbeitung von Gesch. u. Folgen der SED-Diktatur in Deutschland" z. Thema „Der Umgang des Staates mit oppositionel. u. widerständigem Verhalten" 1954/57 (Bd. 7. Frankf./M. 1995).

DDR-Personen-Lexikon 2010 (H. Müller-Enbergs).

Publ.: Über die Rolle der Volksmassen u. der Persönlichkeit in der Geschichte. Bibl. des Propagandisten, dial. u. hist. Mat., H. 3. Bln. 1956; (gem. mit K.-H. Ness): Diskussion u. Dialektik. Mün. 1965; Vom antiautoritären Kampf zum autoritären Zentralismus radikaler Studentengruppen u. marx.-len. Demokratietheorie. Hrsg. vom Kuratorium für staatsbürgerl. Bildung. Hamburg 1972.

Herzberg, Guntolf
9. Juni 1940
Oppositioneller DDR-Phil. der 70/80er Jahre und Aufarbeitung der DDR-Philosophie
Geb. in Berlin; Vater Eisenbahner; 1946–54 Grundschule u. 1954–58 Oberschule (Abitur); nach Ablehnung der Bewerbung z. Journalistik-Studium in Leipzig Lehre als Schriftsetzer u. Korrektor; 1961–65 dann Phil.-Studium an der HU Berlin; kurzz. wiss. Sekretär des Dekans der Phil. Fak. (W. *Heise); ab 1966 Ass. am Inst. bzw. ZI für Phil. an der DAW/AdW sowie univ. Lehrtätigkeit im gesell.-wiss. Grundstudium; 1972 Gründung einer opp. Freitagsrunde, observiert durch das MfS (OV „Korrektor") u. bereits 1973 wegen dieses nichtgenehmigten Disk.-Kreises SED-Parteiausschluss, Entlassung, Berufs- u. Publ.-Verbot; daher freiberufl. Red.- u. Übers.-arbeiten; trotzdem 1976 phil. Prom. an der HU Berlin zum Thema *Wilhelm Dilthey u. das Problem des Historismus* (Gutachter: W. *Heise, H. *Klenner und W. *Jopke); Okt. 1976 Protestbrief gegen die Ausbürgerung von Wolf *Biermann u. Zusammenarbeit mit R. *Bahro; weiterhin Mitbegr. und Teilnehmer verschiedener opp. Zirkel im Lande; 1984/85 schließlich arbeitslos und beantragte Ausreise nach West-Berlin; pol. aktiv bei den „Grünen" und 1987 wiss. Mitarb. am Inst. für Phil. der FU Berlin; 1990 MA. in versch. wiss.-pol. Gremien zur Erneuerung, dann aber Aufarbeitung der DDR-SED-Geschichte; dazu 1993/94 MA der Abt. Bildung und Forschung der Bundesbehörde für die Unterlagen

der Staatssicherheit der DDR (systm. Unters. v. Stasi-Verstrickungen führender DDR-Phil.); 1994–2005 Mitarb. am Inst. für Phil. der HU Bln.; umfangreiche phil. Lehrtg., aber nicht mehr phil. habil.; dafür aber zahlreiche Projekte zur hist.-krit. Aufarbeitung der DDR-Philosophie; Selbstdarstellung „Modellfall G. H." In: Innenansichten ostdt. Philosophen, hrsg. v. Nb. *Kapferer. Darmstadt 1994; wichtige Nachforschungen und Publ. zu Rudolf *Bahro und Friedr. *Bassenge.
DDR-Personen-Lexikon 2010 (J. Wielgohs).

Publ.: (Hrsg.): Überwindungen. Schubladentexte 1975–1980. Berlin 1990; Einen eigenen Weg gehen. Texte Ost u. West 1981–1990. Berlin 1991; Abhängigkeit u. Verstrickung. Studien zur DDR-Phil. Berlin 1996; Aufbruch u. Abwicklung. Neue Studien z. Phil. in der DDR. Berlin 2000; (Biographie mit K. Seifert): Rudolf Bahro. Glaube an das Veränderbare. Berlin 2002; Anpassung und Aufbegehren – die Intelligenz der DDR in den Krisenjahren 1956/58. Berlin 2006; (Hrsg.): Rudolf Bahro. Denker – Reformator – Homo politicus (Nachlaßschriften). 2007. *Denkversuche*: Rob. Havemanns Probleme mit der marx. Phil.; *Ausgänge*: Streitbarer Idealismus. Der Philosoph und Altphilologe Rudolf Schottländer sowie Die Wunde Rudolf Bahro.

Heussi, Karl
16. Juni 1877–25. Jan. 1961
Evangelischer Religionslehrer und Kirchenhistoriker in Jena
Geb. in Leipzig in einer Kaufmannsfamilie; Besuch des dortg. Nikolaigymnasium u. anschl. Studium der Theologie, Gesch. u. Philosophie in Leipzig, Berlin u. Marburg, um Religionslehrer zu werden; phil. Prom. 1903 z. *Kirchengeschichtsschreibung* beim bedeutenden Kulturgeschichtler Karl Lamprecht an der Univ. Leipzig (weitere ihn prägende Lehrer: A. Harnack, W. Dilthey und E. Troeltsch); 1911 zusätzl. Lizentiat der Theologie in Heidelberg; 20 Jahre Ober-Lehrer (mit Prof.-Titel) am König-Albert-Gymn. in Leipzig; 1924 Berufung zum ordtl. Prof. f. Kirchengesch. an der Univ. Jena (1953 em.); 1930 Rektor in schwieriger vornationalsozial. Zeit (Antrittsvorlg. des nicht zu verhindernden „Rasse-Günthers" in Hitlers Anwesenheit); sein Jhd.-„Kompendium der Kirchengeschichte" (Tübingen 1907–09, 18. A. 1991), allgemein kulturgeschichtlich angelegt, erwies sich zus. mit einem Abriss ders. (1913, 6. A. 19 60, auch nachkriegszeitlich in der SBZ/DDR erschienen: entspre. ostdt. Ausgaben 1957 zu s. 80. Geb. in der Evangl. Verlagsanstalt Berlin bzw. bei Böhlau in Weimar) als das wichtigste kirchengeschichtl. Lehr- u. Nachschlagewerk für jeden (gerade auch marx.) Phil.-Historiker, insbesondere was die kultur- u. sozialgeschichtlich periodisierte Deutungs- und Darstellungsweise der (allerdings eingeschränkt christl.-abendl.) Kirchengeschichte, ihrer Lehrinhalte, Personen- und Instutionengesch. betrifft; nach 1965 erschien dieses Lehrwerk jedoch nur noch in Westdt. in weiteren acht Auflagen (jedoch innerkirchl. Einfuhr in die DDR); 1954 folgte noch eine wichtige Gesch. der Theolg. Fak. zu Jena (eröffnete die Jubl.-Reihe „Darstellg. z. Gesch. der Univ. Jena", Bd. 1. Weimar), die sich universitätsgeschichtlich als ebenso bedeutsam wie die entspr. univ.-phil. Darstellg. von Max Wundt: „Die Phil. an der Univ. Jena" (Jena 1932) erweist, wenn es um den

traditionsreichen geisteskulturgeschichtl. (fakultätsübergreifenden) Zusammenhang von Theologie/Religion und akademischer Philosophie geht.
DDR-Personenlexikon 2010 (Eh. Neubert).

Publ.: Altertum, Mittelalter und Neuzeit in der Kirchengeschichte. Ein Beitrag z. Problem der hist. Periodisierung. Tübingen 1921 (Nachdruck Darmstadt 1969); Die Krisis des Historismus. Tübingen 1932; Der Ursprung des Mönchtums. Tübingen 1936 (Nachdruck Aalen 1981).

Heyde, Johannes Erich
22. Mai 1892–4. Juni 1979
„Grundwissenschaftlicher" Pädagogik-Philosoph in Rostock bis 1950
Geb. in Polkenberg bei Grimma; 1912 dort Abi.; anschl. bis 1915 studierte er klass. Philologie u. Phil. in Greifswald (bei Joh. Rehmke, dessen wichtigster „grundwiss." Anhänger er wurde); phil. Prom. 1915 *Über den Wertbegriff* (publ. Lpz. 1916); 1915/16 einj. Militärdienst; anschl. Studienreferendar u. Studienrat in Pasewalk, Stettin u. Greifswald; Habil. in Greifswald 1928 scheiterte jedoch; daher 1928–42 Prof. für Phil. u. pädg. Psy. an der HS für Lehrerbildung in Rostock; 1942–45 Lehrbeauftragter für Phil. u. Pädg. an den Univ. Greifswald (in Vertretung des ausgesetzten G. *Jacoby) sowie in Rostock; bei dem ehemalg. Greifsw. NS-Phil. Schulze-Soelde habil. er sich noch 1944/45 mit einer zusammenfassenden Kumulationsschrift in Innsbruck; bereits Aug. 1945 entnazifiziert u. weiterhin Lehrbefugnis für Phil.+Pädg. an der Univ. Rostock, 1946 an deren neugegr. Pädg. Fak. Prof. für Phil. wie kurz Institutsdirektor u. Dekan ders.; da kein Phil.-Inst. in Rostock mehr besteht (Scheitern der Phil.-Berufung *Volkmann-Schluck) 1950–1957 schließlich o. Prof. für Phil. an der TU Berlin-West. Als wichtigster Anhänger von Joh. Rehmke und dessen „Phil. als Grundwiss." war er jahrlanger Geschäftsführer der „Johannes-Rehmke-Gesellschaft" sowie Hrsg. ihrer phil. Zeitschrift „Grundwissenschaft" (1910–31); ebenso Hrsg. von Festschriften für Rehmke 1923 (75. Geb.) u. 1928 (80. Geb.) im Rahmen dieser Zeitschrift; desw.: J. Rehmke. Lpz. 1931 sowie „Joh. Rehmke u. unsere Zeit". Berlin 1935, worin er versucht, diesen nationalsoz. zu empfehlen; sein Hauptwerk ist eine propäd. „Technik des wiss. Arbeitens", seit 1930 bis 1970 in 10 Auflagen erschienen.

Publ.: Grundlegung der Wertlehre. Leipzig 1916; Rehmke-Bibliographie (1918); Grundwiss. Philosophie. Lpz. 1924; Wert. Eine phil. Grundlegung. Erfurt 1926; Geamtbibliographie des Wertbegriffs (1928); (mit H. Märtin): Grundlage u. Gestalt ganzheitlicher Unterrichtweise. Langensalza 1937; Wege zur Klarheit. Gesammelte Aufsätze. Berlin 1960 (mit fast vollstg. Bibliographie).

Heyden, Günter
16. Febr. 1921–21. Jan. 2002
Partei-Phil. der Anfangsjahre in höchsten Gremien und privilegierter Hochseesegler
Geb. in Stargard (Hinterpommern); Vater Ofensetzer; Volksschule, Lehre als Ofensetzer, in diesem Beruf tätig; 1941–45 Kriegseinsatz mit anschl. sowjet. Kriegsgefangenschaft bis Ende 1949 u. Besuch dortg. Antifa-Schulen; Rückkehr nach Dtl. in die

DDR u. sofortg. Lehrtg. an einer Gewerkschaftsschule; 1952–56 gesell.-wiss. Asp. am IfG beim ZK der SED u. ebd. 1956 politphil. Prom. zum Thema *Die dt. Geopolitik, eine fasch. Richtung in der bürgl. Soziologie* (publ. 1958); anschl. parteiphil. Lehrtg. u. nach der Verhaftung von Chefred. *Harichs 1957–87 im Parteiauftrag Mitgl. des Red.-Kollegiums der DZfPh. (zeitwlg. als dazu völlig unqualf. Redaktionssekretär); 1957–64 u. 1966–69 Lehrstuhl-Leiter Marx.-len. Phil. am IfG; seit 1962 daselbst Prof. für Hist. Mat. (Soziologie) u. 1966 Prof. mit Lehrstuhl für marx.-len. Phil. (genauer dial. u. hist. Mat.); dazw. 1965–67 „Parteieinsatz" als stellv. Direktor des Inst. für Meinungsforschung beim ZK der SED und dadurch Mitglied der Agitationskommission des PB; zugleich beaufsichtigte er wiederum im Parteiauftrag (als „amtierender Leiter") 1964–68 die Arbeit der Sektion Philosophie an der AdW (Vorstufe des späteren Rates für marx.-len. Phil. an der AfG beim ZK der SED, Nachfolger A. *Kosing, aus Leipzig zurück, jedoch nur bis 19 71, dann E. *Hahn bis Ende 1989); danach 1969–89 langjh. Direktor des IML beim ZK der S ED; Leiter der MEGA-Redak.-Kom. auf DDR-Seite u. 1976–89 auch Mitgl. des Red.-Kolleg. der Einheit sowie 1981–89 Mitgl. des ZK der SED (daselbst Mitgl. der ZRK) u. 1986 KMO zum 65. Geb.; 1989 Verlust aller parteiamtl. Ämter u. Funktionen; H. G. war zu DDR-Zeiten außerdem ein passionierter u. privilegierter Hochseesegler mit staatssicherheitl. Sondergenehmigung auf der ansonsten „grenznah" abgesperrten Ost-See vor Rostock, dem Dars u. um die Insel Rügen herum; verst. 2002 in Berlin, aber keinerlei nachwendisch selbstkritische Äußerungen zu seinem jahrzehntelangen parteibeauftragten Funktionsträgerdasein hinsichtlich der marx.-len. DDR-Philosophie; dafür als passionierter Segler Autor von Brett-Surfer-Literatur.

DDR-Personen-Lexikon 2010 (A. Herbst/H. Müller-Enbergs) u. DDR-Philosophenlexikon 1982 (Fr. *Richter).

Publ.: (zus. mit M. Klein und A. Kosing): Philosophie des Verbrechens. Gegen die Ideologie des dt. Militarismus. Berlin 1959; (zus. mit A. Mollnau u. H. Ulrich): Wegweiser zum Atheismus. Vom Jenseits zum Diesseits. Urania-Leipzig/Jena 1959–62 (3 Bde); (zus. mit A. Pietschmann): Der Grundwiderspruch in Dt. Berlin 1961 (3. A. 1965 u. d. Titel: Die dt. Frage); (Hrsg.): Sozialismus, Wissenschaft, Produktivkraft. Über die Rolle der Wiss. beim umfassenden Aufbau des Sozialismus in der DDR (Konferenzprotokoll des IfG). Berlin 1963; (Mitautor u. Hrsg.): Manipulation. Die staatsmonopolistische Bewußtseinsindustrie. Bln. 1963; (Hrsg.): Wissenschaft contra Spekulation. Bln. 1964; (Hrsg.): Gesellschaftsprognostik. Probleme einer neuen Wissenschaft. Bln. 1967; (red. Hrsg.): Verbrechen ohne Chance. Gegen die Ideologie des Antikommunismus. (Konferenzprotokoll des IfG). Berlin 1967; Der Leninismus und Grundfragen des ideolg. Kampfes der Gegenwart (Kultur-Referat Dresden). Berlin 1970; Ideologie des Sozialdemokratismus in der Gegenwart. Frankf./M. 1972; Einführung in Lenins Schrift „Was tun?". Berlin 1982 (5. A. 1989); (Hrsg.): KPdSU u. SED – internationale Zusammenarbeit in Geschichte und Gegenwart. Berlin 1988; – Mitautor versch. Lehrbücher zur marx.-len. Phil. in den 60er Jahren. – 15 entspr. DZfPh-Beiträge 1959–1972. – Brettsegeln. Sportverlag Berlin 1979 (russ. Übers. 1982) und (zus. mit K. Winkler): Funboard-Surfen. Berlin 1990.

Heyer, Andreas
18. Febr. 1974
Politikwissenschaftler und Harich-Herausgeber
Geb. in Halle-Dölau, Vater als Chemiker an der Univ. Halle tätig; nachwend. Abitur 1992 an der EOS Thomas Müntzer; anschl. prakt. Arbeitsjahr in Köln; 1993–99 Studium der Pol.-wiss. (Diplom) u. Jura an der MLU Halle; 2000–02 Stipendiat der Graduiertenförderung des Landes Sachsen-Anhalt und anschl. 2002/03 wiss. Mitarbeiter des Inst. für Pol.-wiss. der Univ. Halle; daselbst phil. Prom. 2003 mit *Materialien zum pol. Denken Diderots. Eine Werkmonographie* (Gutachter: I. *Fetscher u. R. Saage, publ. Frankf./M. 2004); 2003–07 DfG-Projekt zu „Sozialutopien der Nz."; 2006/7 univ. Lehraufträge in Göttingen u. 2010–12 ebenso in Braunschweig; laufende Arbeitsgebiete: Aufklärungsforschung, Utopien d. Neuzeit u. Gesch. der DDR-Phil., insb. z. Wolfg. *Harich, eine mehrbändg. kommentierte Werkausgabe seit 2013 herausgebend.

Publ.: Studien zur pol. Utopie. Theor. Reflexionen u. ideengeschichtl. Annäherungen. Hambg 2005; Die franz. Aufklärung um 1750 (Lehrbuch), 2 Bde (Denkansätze und Bibliographie). Berlin 2005; Die Utopie steht links. Ein Essay. RL-Stiftung Berlin 2006; Der Stand der aktuellen Utopieforschung. 3 Bde. Hambg. 2008/10; Sozialutopien der Neuzeit. 2 Bde (bibliogr. Handbuch). (Hrsg.): 2008/09; Der Zerfall der alten Welt: Morus u. Machiavelli. Norderstedt 2011; Der konstruierte Dessident. W. Harichs Weg zu einem undogm. Marxismus. Reihe Helle Panke Berlin 2011; (Hrsg.): Harichs pol. Philosophie. Hamburg 2012; (Hrsg.) Wolfgang Harich: Schriften aus d. Nachlaß. Bd. 5. An der ideolog. Front. Hegel zw. Feuerbach und Marx. Marburg 2013; Bd. 3. Widerspruch und Widerstreit. Studien zu Kant. Marburg 2013; Bd. 4 Herder und das Ende der Aufklärung. Marburg 2014; W. Harich sprach über Georg Lukacs. Phil. Gespräche „Helle Panke", Nr. 33. Berlin 2014.

Hilbig, Klaus
10. Febr. 1930–16. März 1986
Chefredakteur der Studentenzeitschrift Forum 1965–1972
Geb. in Leipzig; Vater Hufschmied u. E.-Schweißer; Volksschule u. 1941 als Oberschüler evakuiert nach Niederschlesien u. 1945 erneut umgesiedelt nach Ronneburg (Thür.); 1948 Abi. in Gera; 1948–51 verkürztes Studium an der neu gegr. Gesell.-wiss. Fak. der FS-Univ. Jena (Vorform des späteren ML-Studiums am FMI in Lpz.); 1950 zugleich FDJ-GO-Sekr. ebd. u. 1951–60 Chefred. der Wochenzeitschrift „Der junge Pionier"; 1954 Abschluß eines gesell.-wiss. Fernstud. am IfG des ZK der SED und 1960/61 Asp. daselbst; 1962–65 fortgz. an der AfG des ZK der KPdSU in Moskau (damit Nomenklatura des ZK der SED) und phil. Prom. z. Thema *Das sittliche Ideal in der marx.-len. Ethik* (Gutachter: R. *Miller, M. *Klein); anschl. Chefred. der FDJ-Stud.-Zeitschrift FORUM (durchaus diskussionsfreundlich um 1969 mit bemerkenswerten phil. Debatten); später pol.-org. Mentor der FDJ-Singebewegung; ab 1972/74 Chefred. für Kulturpol. im DDR-FS u. Gründer der Sendung „Kulturmagazin"; wegen fortschreitender Erkrankung Dozenteneinsatz an der PHS „Karl Marx" (red. Leiter der Publ.-Abt.); verst. 1986 in Berlin.
DDR-Personen-Lexikon 2010 (B.-R. Barth).

Publ.: (Mitautor): Über die pädg. Arbeit in der Pionierorganisation „Ernst Thälmann". Berlin 1955; Was ist das, der Klassenstandpunkt? Berlin 1968/69; ein parteipol. DZfPh-Artikel 2/1962.

Hirdina, Karin
2. Sept. 1941–25. Sept. 2009
Philosophisch-kulturwiss. Ästhetik an der HU zu Berlin
Geb. in Kraschen (Schlesien); nach dem Abitur 1961 Studium der Phil., Germanistik im Nf. u. Kulturwiss. (Abschluss) sowie univ. Lehreinsatz ab 1965 an der mit der III. HSR neu gegr. Sektion Ästhetik u. Kulturwiss. der HUB (ausgegliedert aus dem Berl. Phil.-Inst.); 1974 phil. Prom. z. Thema: *Der Zusammenhang zw. sozialem u. ästh. Programm in bürgl. Stadtutopien*; Prom. B 1978 *Zum Zusammenhang von Vergesellschaftung u. Ästhetik. Studie zur ästh. Konzeption in den 20er Jahren;* danach Hochschuldozentin, aber erst 1989/90 Berufung als Prof. für phil. Ästhetik sowie 1993 Um- bzw. Neuberufung für systm. Ästhetik am Sem. f. Ästhetik der HUB; phil.-äst. Beeinflussung durch ihre univ. Lehrer u. Gutachter W. *Heise, E. *Pracht u. L. *Kühne; verh. mit dem Designtheoretiker Heinz Hirdina (Kunsthochschule Weisensee); 2006 regul. Ruhestand und sofortg. Wegfall dieser bes. (kw) univ. Ästhetik-Professur; krankheitsbedingt 2009 verst. in Berlin.

Publ.: Ästhetik heute. Mitarbeit im Autorenkollektiv unter der Ltg. von E. Pracht. Berlin 1978; Pathos und Sachlichkeit. Tendenzen materialist. Ästhetik in den 20er Jahren. Berlin u. Mün. 1981; Günther de Bruyn. Leben und Werk (Schriftsteller der Gegenwart, Bd. 18). Berlin 1983 (2. A. 1987); Ästhetik der Kunst (Mitautoren E. Pracht und M. Franz). Berlin 1987; In memoriam Lothar Kühne (hrsg. mit M. Brie). Berlin 1993; Ästhetik – Aufgabe(n) einer Wissenschaftsdisziplin. Protokollband des Seminars für Ästhetik der HUB (hrsg. mit R. Reschke). Freiburg 2004; weitere Texte in Periodika u. Zeitschriften (Auswahl) im Internet der HUB erfasst u. einsehbar.

Hocke, Erich
Militär-Philosoph in Dresden
Geb. 1934; nach dem Abitur 1955–59 Phil.-Studium an der HU Berlin (Diplom); zunächst angestellter „Zivillehrer" im gesell.-wiss. Grundstudium für dial. u. hist. Mat. an der ersten Militäraka. „Friedrich Engels" in Dresden („Klassiker"-Einführungen) und von Anbeginn spezial. auf marx.-len. Erkenntnistheorie (Fachgebiet 1. 12. des Lehrstuhls Philosophie für dial. u. hist. Mat.); einziger univ.-aka. ausgebildeter Lehroffizier dieser Militär-Aka.; nach milit. Grundausbildung als Oberleutnant in den „aktiven Wehrdienst" übernommen; Übersetzung des sowjet. Werkes "Militärstrategie" (Red. Marschal Sokolowski, Moskau 1963). Bln. 1965; „Prof. W. *Heise (HUB) hielt eindrucksvolle Vorträge im Lehrstuhl und vor den Offiziershörern zu Problemen der Ause. mit der bürgl. Ideologie"; nach 1969 Umbenennung in „Lehrstuhl Marx.-len. Philosophie" (Leiter ab 1974 W. *Scheler) und Fachgruppenleiter für (12.2) Erkenntnistheorie, Wissenschaftstheorie u. Methodologie; 1970/71 phil. Prom. z. Thema *Der Kampfes- u. Siegeswille als Bestandteil des moral. Geistes der sozial. Armee* u. 1973 als Major Ernennung zum Hochschuldoz. für dial. u. hist. Mat.; weitere SU-Übers. (gem.

mit Oberst Prof. Dr. G. Rau – 1. „Phil.-Prof." der Militäraka. 1970, verst. 1973) einer sowjet-militärphil. Kollektivpubl. über „Das phil. Erbe W. I. Lenins u. Probleme des modernen Krieges". Berlin 1974; nach externen (praxisphilos.) Debatten im Rahmen der DDR-Phil. 1976 erneute Lehrstuhlumgestaltung, dadurch Leiter der Fachgruppe 101.11 Dial. Mat. u. ET; 1977 gem. Prom. B mit Wg. *Scheler *Zu phil. Problemen von Krieg und Frieden in der Gegenwart* im Rahmen eines entspr. Lehrstuhl-Kolloquiums (publ. 1977, 2. A. 1982); daraufhin Berufung als Oberstleutnant zum a.o. Prof. u. Mitglied des Buhrschen Kritik-Rates für Grundfragen des ideolg. Kampfes zw. Sozialismus u. Kapitalismus an der AdW der DDR; 1979–82 erste Phil.-Lehrer-Ausbildung von 12 Politoffizieren der NVA durch Lektionen zahlreicher DDR-Phil. in Dresden; 1983 Umsetzung als „Lehrstuhlleiter" für Wiss. Kom. an der Militäraka. (womit der letzte „Raucher" den „phil. Nichtraucherlehrstuhl" verließ, so der Kapitän z. See Prof. Werner *Scheler) u. daselbst 1985 Berufung zum o. Prof.; zum VI. Phil.-Kongreß der DDR 1984 Mitautor einer Gemeinschaftsarbeit der Militäraka. zum Thema „Die Philosophie des Friedens im Kampf gegen die Ideologie des Krieges", um die es dann mit der Politführung (PHV) d. NVA parteiamtliche Meinungsverschiedenheiten gab, vor allem wegen einer ganz missverstandenen (abstrakt-formalisierten) Picasso-Zeichnung auf dem Titelblatt; in der militr. hingenommenen „Wendezeit" 1989/90 übl. Umbenennung des WK-Lehrstuhls in „Politikwissenschaften" bzw. einen Interdiszipl. Wiss.-bereich „Sicherhheitspolitik" an der Militäraka. Dresden; 1990 noch Dekan einer dortg. „Sozialwiss. Fakultät", jedoch unmittelbar nachfolgende regierungsamtl. Entlassung aus der NVA; danach Gründungsmitglied der Dresdener Studiengem. Sicherheitspol. (stellv. Vors. der DSS) und weiterhin beschäftigt mit den Themen: „Friedens- u. Konfliktforschung" sowie „europ. Sicherheit"; verst. 1999 in Dresden; zur bes. Rolle der *Militär-Phil.* in der *DDR* ex. inzw. eine entspr. Dok. über die Gesch. der Militär-Aka. „Fr. Engels" 1959–1990 in Dresden.

Publ.: (Hrsg.) Phil. Probleme der pol. Prop. in der NVA. Materialien e. Kolloquiums. Dresden 1966; (Übers. u. Hrsg. SU-Publ): Militärstrategie. Berlin 1965/66; Probleme der marx.-len. ET u. Methodologie. Lehrfach 10113. Dresden 1971; (Mitautor): Der Sinn des Kampfes u. Sieges im Krieg zur Verteidigung des sozial. Vaterlandes u. der Kampf- und Siegeswille der Angehörigen der NVA. Dresden 1973; (Mithrsg. G. Rau SU-Publ.): Militärische Theorie und militärische Praxis. Berlin 1972 (4. A. 1980); (Mitautor): Hauptspielarten in der Stellung der bürgerl. Phil. der BRD zum Krieg in der Gegenwart. Dresden 1975; (gem. mit W. Scheler): Die Einheit von Sozialismus und Frieden. Berlin 1977 (2. A. 1982); (Hrsg. SU-Publ.): Methodologie der militärwiss. Erkenntnis. Berlin 1980; Der Prozeß der Entschlußfassung als schöpferischer Erkenntnisprozeß. Dresden 1980; (Hrsg. SU-Publ.): Krieg u. Armee. Ein phil.-soziolg. Abriß. Berlin 1979 (2. A. 1981); (Mitautor): Friedrich Engels und der militär. Schutz des Sozialismus. Berlin 1980/81; Zur Methodologie der Ause. mit der bürgerl. Ideologie im Ausbildungsfach WK. 2 Teile. Dresden 1986; Konflikte im ehemaligen Jugoslawien u. die Rolle von Streitkräften. DSS-H. 22. Dresden 1995.

Hoffmann, Ernst

2. Aug. 1912–23. Aug. 2003

Parteiamtlicher „Philosoph und Historiker" in Stalindogmatischen Zeiten

Geb. in Elberfeld; Vater Redakteur u. SPD-Landtagsabg.; Realgymnasium-Abitur und 1932 Studienbeginn an der Univ. Köln; 1933 abgebrochen wegen antifa. Aktivitäten, Verhaftung u. Anklage wegen „Vorber. zum Hochverrat"; 1936 entlassen u. Flucht nach Prag; 1938 Emigr. nach England; erneute Studienversuche, abgebrochen wegen Internierung und gewerkschaftl. Aktivitäten; Okt. 1946 Rückkehr nach Dtl., Berlin u. persönl. Mitarbeiter von Paul *Wandel (Volksbildung u. Hochschulwesen); 1948 Teilnehmer am 1. Doz.-Lehrgang der SED-PHS in Kleinmachnow; danach stellv. Leiter des Phil.-Bereichs am Forschungsinst. für Wiss. Sozm. beim PV der SED (Sept. 1949 Marx-Engels-Lenin-Inst., später mit Stalin dazu, – dann IML); 1950 Leiter des Sektors Wissenschaften u. Hochschulen in der ZK-Abtg. Prop. (Abt.-Leiter Kurt *Hager) u. parteiverantw. für die II. DDR.-HS-Reform 1951, – insb. für die Einführung des obligator. ML-(gesell.-wiss.) Grundlagenstudiums an allen Hoch- u. Fachschulen in der DDR; Nov. 1951 neben Georg *Klaus 2. (parteibeauftragter) Hauptreferent auf der Jenenser Logik-Konferenz; 1952 per SED-ZK-Beschluß (ohne jeden Studienabschluß, univ. Prom. od. Habil. – so wie zuvor schon K. *Hager u. a. parteiamtliche Funktionsträger der Gesell.-Wiss.) Prof.-Titel für ML-Phil. (des dial. u. hist. Mat.), – staatlich verliehen durch den neuen DDR-Staatssekr. für das HSW G. *Harig; zugleich stellv. Leiter des Lehrstuhls Geschichte (der dt. Arbeiterbewe., PB-Leiter ist H. Matern) am neugegr. IfG beim ZK der SED; 1958–62 stellv. bzw. amt. Dir. dess.; nach Ablösung u. Abschiebung aus dem ZK-Parteiap. nun ebenso Prof. für Theorie u. Methode der Geschichtswiss. (wiederum ohne jede wiss. Voraussetzungen) an der HU Berlin; 1977 em. u. 1982 KMO; über 90-jährig verst. in Berlin-Pankow. – Artikelsammlg. zum 70. Geb. mit Lebenslauf u. Bibl. zu „Revolution und proletar. Partei in der dt. Gesch." (hrsg. von der AfG beim ZK der SED, Berlin 1982); ebenso „Gesellschaftsformation in Theorie und Geschichte" (hrsg. von der HU Bln 1983). – Einziger DZfPh-Artikel „Über die Leninsche Revolutionstheorie und ihre Anwendung auf Dtl." (H. 5/1958).

DDR-Personen-Lexikon 2010 (H.-C. *Rauh).

Hoffmann, Gerd-Rüdiger

14. Juni 1952

Diplom-Philosoph und Afrikawissenschaftler

Geb. in Luckau als Sohn eines Behördenangestellten; erw. OS Walter Rathenau in Senftenbg. 1967–71 mit Abitur; nach dazu üblich gewordenen drei. NVA-Dienst Phil.-Studium 1974–79 an der KMU Leipzig; als Diplomlehrer für ML-Philosophie 1979–92 wiss. Ass. an der Sektion Afrika- u. Nahostwissenschaften der KMU Leipzig; 1984 phil. Prom. z. Thema *Faktoren und gegenwärtige Tendenzen der Entwicklung nichtmarx. Philosophie in Afrika* (Gutachter: K. Büttner, W. *Müller, O. *Klohr); 1988 erste Afrikareise mit phil. Lehrtätigkeit; nachwendisch 1993 arbeitslos und freiberuflich tätig; 1995–2004 Mitarbeiter eines brandenbg. Landtagsabgeordneten (2002 sogar Direktkand.

der PdS für die Bundestagswahl 2002) und von 1998–2010 Kreisvorsitzender der PdS/ Die Linke; seit 2004 selbst Mitglied des Landtages in Brandenburg für den Wahlkreis Oberspreewald-Lausitz u. Mitgl. des Ausschusses für Wiss., Forschg. und Kultur sowie kulturpol. Sprecher seiner Fraktion bis Ende 2009; nach Bekanntgabe seiner früheren (innerparteilich jedoch verschwiegenen) Mitarbeit für das MfS der DDR zwangsweise Fraktionsaustritt, aber fraktionslos weiter kulturpolitsch wirksam.

Publ.: (Autor u. Mithrsg. R. Moritz und H. Rüstau): Wie und warum entstand Philosophie in verschiedenen Regionen der Welt? Berlin 1988; Afrika. Texte zur afrikanischen Philosophie. Ausgw. u. eingl. von G.-R. H. (Beiträge zur Unterrichtspraxis: Philosophie) Berlin 1993; (Hrsg.): Afrikanische Philosophie. Mythos u. Realität. Übers. aus dem Engl. Berlin 1993.

Hoffmann, Günter
12. Jan. 1942
ML-Dozent und Prof. in Rostock
Geb. in Brandenburg; 1960 Abitur an dortg. Goethe-OS u. 2 Jahre NVA; anschl. sportorg. u. kulturpol. Tg. in Rostock u. Bad Doberan; 1969–72 Studium der Rechtswiss. an der ML-Univ. Halle (Diplom-Jurist) und anschl. Phil.-Forschungsstudium an der dortg. Sektion sowie phil. Prom. 1975 in Halle *Zur phil. Analyse bürgl. Theorien über die internationalen Beziehungen* (Gutachter: D. *Noske, R. *Mocek, M. Krüger); danach Lehreinsatz im gesell.-wiss. Grundstudium der WP-Univ. Rostock u. 1979 an dortg. ML-Sektion Prom. B z. Thema *Die Bundesbauordnung in der BRD. Analyse unter bes. Berücktg. phil. Aspekte* (Gutachter: U. Seemann, M. Krüger, D. *Noske); 1980 Hochschuldoz. u. 1987 o. Prof. für dial. und hist. Mat. sowie 1987–90 Direktor der dortg. ML-Sektion; mit der Wende ministerielle wie univ. Abberufung zum Jahresende 90; daraufhin 1990/91 wiss. Oberass. am (selbst noch) gegründeten Inst. für Phil. (zeitwlg. Direktor), das es seit Kriegsende (West-Abgang W. *Bröcker 1947 u. Nicht-Berufg. von *Volkmann-Schluck 1949) in Rostock praktisch nicht mehr gab u. trotz mehrfacher Fehl-Versuche (aus der dortg. ML-Sektion heraus) zu DDR-Zeiten nicht wieder begründet wurde; daher bestand allein ein sehr rühriger marx.-len Phil.-Bereich als bes. AK für „phil. Probleme der Naturwiss.", der insgesamt über 30 publ. Kolloquien veranstaltete (Rost. Phil. Ms.), begr. von Hr. *Vogel, später weiter geleitet von H.-J. *Stöhr; 1991 endgültige Entlassung aller früheren ML-Mitarbeiter u. schließlich allein westdt. Phil.-Institutsneugründung (H. *Hastedt und H.-J. *Wendel); 1991–96 dreij. ABM u. anschl. Tg. als Leiter einer Beschäftigungsgesel.; 1996–2007 jurist. Berater einer Landesgesel. für Arbeits- und Strukturpol.; seit 2007 Rentner.

Hofmann, Paul
26. Nov. 1880–7. März 1947
Entlassender Berliner Universitäts-Philosoph 1938–1945
Geb. in Berlin; Studium der Phil. und Psy. in Rostock, habil. u. PD 1914 in Berlin; nach damaliger Kriegsteilnahme (Frontsoldat) und nach erster grundl. phil. Veröffentlg. 1922 a. o. Prof. in Berlin; konstituierte eine „sinnerforschende Phil." (als Sinnwiss.

in Unterscheidung zur einzelwiss. Sachwiss.); weitere phänomenolg. Untersuch. z. Sinn-Begriff richten sich gegen M. Heideggers fundamentalontolg. Phil.-konzept; 1938 endgültiger Entzug der univ. Lehrbefugnis durch die Nazis, weil „jüd. Mischling"; 1945 sofortg. Wiedereinsetzung als o. Phil.-Prof. bzw. „Wiedergutmachungsberufung" (R. Mehring); da schon schwer erkrankt, nur noch häusl. Lehrangebote z. theor. Phil.; Einsatz für die Berufung von Lis. *Richter als erste univ. Phil.-Doz. u. Phil.-Professorin in Berlin; verst. im März 1947 in Berlin.

Publ.-Auswahl: Die antithetische Struktur des Bewußtsein. Grundlg. e. Theorie der Weltanschauungsformen. Berlin 1914; Empfindung und Vorstellung. Ein Beitrag z. Klärung psycholg. Grundbegriffe. Berlin 1919 (Nachdruck Berlin 1978); Die Antinomie im Problem der Gültigkeit. Eine krit. Untersg. zur ET. Berlin-Leipzig 1921; Allgemeinwiss. u. Geisteswiss. Eine methodlg. Untersg. Berlin 1925; MP oder verstehende Sinn-Wiss.? Gedanken z. Neugründung der Phil. im Hinblick auf Heideggers „Sein u. Zeit". Berlin 1929; Sinn u. Geschichte. Hist.-systm. Einleitung in die sinnerforschende Philosophie. Mün. 1937.

Hofmann, Walter
3. Jan. 1930
Universitärer Philosophielehrer in Berlin mit fortlaufenden Schwierigkeiten
Geb. in Aschersleben; 1936–40 Volksschule u. 1940–45 Mittelschule; 1945–48 Dom-Gymn. in Magdeburg (Abitur); studierte zunächst ein Sem. Theologie, dann jedoch anschl. Studium der Psychologie (Hauptfach, im Nebenfach bereits Phil. bei Leo *Kofler u. G. *Mende) an der ML Univ. Halle; Studienunterbrechung nach Vordiplom wegen (versuchter) zeitweilg. "Republikflucht" 1950 nach Berlin-West; nach Rückkehr daher kurzzeitige Inhaftierung durch den SSD 1951; 1951/52 wiederum hauptamtl. FDJ-Sekr. in Magdeburg u. 1952–54 Offiziersschüler der KVP in Dresden (aber ohne Abschluss); danach 1954–58 erneutes Phil.-Studium an der KMU Leipzig, aber im Zusammenhang mit der Zwangsemeritierung von Ernst *Bloch 1957/58 erster Parteiausschluss mit anschl. Exmatrikulation (mit vielen anderen namenlosen damlg. Leipziger Phil.-Studenten, nicht jedoch so z. B. Mitstud. Kl. *Fuchs-Kittowski oder G. *Irrlitz, die das privilegiert bzw. familiär geschützt überlebten); daraufhin Bewährung in der realsozl. Produktionspraxis (Rangierbahnhof Leipzig der DR) u. danach Wiederzulassung allein z. Medz.-Studium (wiederum abgebrochen); schließlich erneute Forts. des Phil.-Studium an der HU zu Berlin 1960–63 (im Ergänzungsfach wiederum Psychologie); Phil.-Diplom u. wiss. Ass./Mitarbeiter am Phil. Inst. (Lehrbereich ET, D. *Wittich); 1968 phil. Prom. am H. *Ley-Lehrstuhl für phil. Probleme der Naturwiss. z. Thema *Widerspiegelungstheor. Analysen der Hypothesen der Physiologie der höheren Nerventätigkeit. Über Grundfonds, Grundgesetze u. Systemchar. höherer Nerventätigkeit* (Gutachter: H. *Hörz, H. *Ley); anschl. marx.-len. Lehreinsatz an der Aka. für ärztl. Fortbildung; später umfangreiche und sehr erfolgreiche fachphil. Lehre an der neugegr. Sektion Ästhetik u. Kulturwiss. der HUB; daselbst jedoch nach einer staaatssicherheitlichen „Erhebung" ders. (OV „Gaukler") 1979 erneuter (2.) Parteiausschluss, nun mit absolutem Lehrverbot wegen parteifeindlicher („kritisch-marx.")

Ansichten, die dem allein vorherr. dogm. Lehrbuch-ML widersprachen; wird mit wiss. Übersetzungen universitär weiter beschäftigt, 1984–89 schließlich an der Sektion WTO in einer MEGA-Gruppe mit der mühs. Entzifferung (schwer lesbarer) Marxscher Manuskripte (geolog. Lehrbuchabschriften, deren wiss. Wert er jedoch anzweifelt); im Herbst 89 umgehend vollständige univ. Rehabilitierung u. Wiederaufnahme in die Partei, – jedoch Febr. 1990 wiederum (nun endgültiger) Austritt aus der SED; Anfang 1991 Vorruhestand, aktuell wohnhaft in Bonn. – „Ich war nie Stalinist". Von der Schwierigkeit, Sozialismus demokratisch zu denken. W. H. zum Siebzigsten. Beiträge von Weggefährten, hrsg. von Ed Stuhler u. M. Hübner. Berlin 2000 (mit vollstg. Publikationsliste seiner Artikel u. Rez., auch DZfPh. 1963–1970). *Ausgänge*: Walter Hofmann. Ein begeisternder Philosophielehrer.

Hogrebe, Wolfram
27. Sept. 1945
Prof. für Theoretische Philosophie 1992–1996 in Jena
Geb. in Warburg/Westfalent; ausgebreitetes Phil.-Studium an versch. Univ. u. Prom. 1972 an der Heinrich-Heine-Univ. Düsseldorf z. Thema *Kant u. das Problem einer transzendentalen Semantik* (publ. Mün. 1974) u. habil. daselbst 1976 mit einer Schrift, betitelt *Archäologische Bedeutungspostulate* (publ. Mün. 1977); nach einem längeren Studienaufenthalt in Budapest (Bekanntschaft auch mit einzelnen marx. DDR-Phil., wie z.B. A. *Kosing) 1980 zurück nach Düsseldorf als Phil.-Prof.; mit der dt. Wiedervereinigung u. der personal-strukturellen Umgestaltung des Phil. Inst. in Jena (Gründungsdirektor ist W. *Becker) 1992–96 o. Prof. für Theor. Phil. daselbst (1. geschätsf. Inst.-Direktor); 1996 wechselte er wieder an eine westdt. Univ. ins Rheinland, nach Bonn; 1999–2002 ebd. Präsd. der Dt. Gesell. für Phil. Veranstalter des XIX. Dt. Phil.-Kogresses 2002 z. Thema „Grenzen u. Grenzüberschreitungen" (publ. 2004); wurde auch Mitgl. der Sächs. Aka. der Wiss. zu Leipzig; war aber als westdt. Phil.-Prof. die kürzeste Zeit an einer ostdt. Univ. der neuen Länder im ost-westdt. „Phil.-Einsatz", aber trotzdem sehr an deren phil. Umorientierung wie hist.-krit. Aufarbeitung der früheren DDR-Philosophie auch persönlich interessiert.

Publ.: Deutsche Phil. im XIX. Jhd. – Kritik der idealistischen Vernunft. (von Schelling bis Nietzsche, aber so nicht Hegel). Mün. 1987; Metaphysik u. Mantik. Die Deutungsnatur des Menschen. Frankf./M. 1992; (Hrsg.): Philosophie in Jena. Reden anlässlich der Neugründung des Phil. Inst. der FS Univ. Jena 1992. Jenaer phil. Vorträge u. Studien Nr. 1. Erlangen 1993; Sehnsucht u. Erkenntnis. Antrittsvorlg. ebd. am 11. Nov. 1993. Ebenso Nr. 10. Erlangen 1994; Erkenntnis u. Ahnung. Vortrag in der Sächs. Aka der Wiss. am 10. März 1995. Berlin 1996; Orphische Bezüge. Abschiedsvorlg. am 5. Febr. 1997 in Jena. Ebd. Nr. 21. Erlangen 1997; (Hrsg.): Subjektivität. Kongreß 1994 in Jena (nur westdt. Autoren, kein ostdt. Vertreter). Mün. 1998; Das Absolute. Bonner phil. Vorträge u. Studien 1. Bonn 1998; (Mithrsg.): Jacob Friedrich Fries. Symposium Okt. 1997 in Jena zu Probleme u. Perspektiven von J. Fr. Fries' Erkenntnislehre u. Naturphil. Frankf./M. 1999; (Hrsg.): Philosophie Hungarica. Profile zeigen, phil. Forschungen in Ungarn. Würzburg 2001; (Hrsg.): Materialien z. Gesch. der Allgm. Gesell. für Philosophie in Dt. 1950–2002, dok. Abfolge aller (west)dt. Phil.-Kongreße ab 1947. Bonn 2002; (Hg.) Mantik. Profile prognost. Wissens in Wiss. u. Kultur. Würzbg 2005 (2. verb. A. als MP u. Mantik. 2013);

Phänomen u. Analyse. Grundbegriffe der Phil. des 20. Jhd. in Erinnerung an Hegels „Phänomenologie des Geistes" (1807). Würzburg 2008; Riskante Lebensnähe. Die scientistische Existenz des Menschen. Berlin 2009; Neues Handbuch phil. Grundbegriffe. 3 Bde, Freiburg/Br. 2011; Der implizite Mensch. Bln. 2013; Phil. Surrealismus. Bln. 2014; Metaphysische Einflüsterungen. Frankf./M. 2016; Duplex. Strukturen der Intelligibilität. Frankf./M. 2018; Szenische MP. Frankf./M. 2019; Das Zwischenreich. Frankf./M. 2020.

Höll, Ludz
10. März 1953–17. Okt. 2013
Sowjet-philosophisches Auslandsstudium 1974–1982 in Rostow am Don
Geb. in Stadtroda; 1961–71 EOS und 1971/72 EOS (11. Kl.), dann ABF Halle (erweitertes Russisch-Abitur fürs Auslandstudium); 1974/80 Phil.-Studium in Rostow/Don mit Kand.-Abschluss (entspricht Prom. A) 1982; ab 1983 befr. Ass. an der Sektion M-L. Phil. (Lehrbereich Dial. Mat. in der Forschungsgruppe Mat. Dialektik) der KMU Leipzig; 1989 Prom. B z. Thema *Das Allgemeine. Studien zur dial.-mat. Auffassung des Begriffs des Allgemeinen* (Gutachter: S. *Bönisch/H. *Seidel/H.-C. *Rauh); z. 19. Dez. 1990 Abwicklungsbescheid und Warteschleife ab 1. 1. 1991; zeitweilg. (befristete) Arbeitsverträge 1991/1992/1993 (31. 7.); jedoch nach Wiedergründung u. Neubesetzung des Phil.-Instituts keine Weiterbeschäftigung, weil aus einer abgewickelten (also nicht überführten) ML-Phil.-Einrichtung der Univ. Leipzig herkommend (gleichlautende Bescheide auch an andere frühere Sektionsmitarbeiter); danach 2002/05 red. Arbeiten bei der RL-Stiftung Sachsen in Leipzig; verst. 17. Okt. 2013 in Lpz.

Hollitscher, Walter
16. Mai 1911–6. Juli 1986
Österreichischer Weltbild-Phil. in der frühen DDR (HU Berlin) u. später in Leipzig
Geb. in Wien in einer gutbürgerl. Kaufmannsfamilie; nach dem Abitur (1929) ein umfänglich-vielseitiges naturwiss. Univ.-Studium der Medizin, Biologie u. auch Philosophie in Wien; bereits 1934 prom. er bei den damals führenden Phil. in Österreich: M. Schlick u. R. Reininger z. Thema *Gründe u. Ursachen des Streites um das Kausalprinzip in der mo. Physik* u. gehörte damit zu den jüngsten Mitglieder des „Wiener Kreises"; in dieser Zeit weiterhin eine psychoanalytische Ausbildg; weil seit 1928 auch Mitglied der KPÖ 1938 (Hitlers Einmarsch) Flucht über die Schweiz zur Emigration nach England, wo er psychotherapeutisch arbeitet; 1946 zu nächst Rückkehr nach Wien z. kulturpol. Arbeit für seine Partei, aber keine univ. Anstellung; durch parteiamtliche Befürwortung von Ernst *Fischer 1949 Gastprof. mit Lehrauftrag für Naturphil. an der HU zu Berlin; 1950 Ernennung z. Phil.-Prof durch ein entspr. Befürwortungsschreiben von A. *Baumgarten u. Ablösung der nur kommis. Institutsdirektorin Lis. *Richter; somit 1. nachkriegszeitl. parteimarx. Phil.-Direktor des dann 1951 wieder begründeten Ost.-Berl. Phil.-Inst. (inzw. gab es ein solches aber bereits unter Leitung des schon 1948 aus Jena geflüchteten Phil.-Prof. Hans *Leisegang an der FU in West-Berlin); berühmte naturphil. Vorlg.-Reihe 1949/50 zur „Dialektik der Natur" (nach Friedrich Engels),

die jedoch trotz pos. Begutachtg. durch Kl. *Zweiling u. Rob. *Havemann, als schon ausgedruckte Buchvorlage, noch am Vorweihnachtstag (23. Dez. 1950) in einem von den beiden ZK-Mitarbeiter Kurt *Hager u. Ernst *Hoffmann geleiteten „phil. Disk." (in Wahrheit nichts als ein ideolg. Scherbengericht) fast aller damals schon vorh./allerersten DDR-Phil. als „nicht-marx." abgeurteilt u. damit nie mehr weiter veröffentlicht wurde (so dok. durch ein erschreckendes Partei-Protokoll, nachw. publ. 1991); mit Inst.-Gründung 1951 daher erneute Umberufung auf den neugegr. Lehrstuhl für Logik u. ET (spätere Nachfolge ab Mitte 1953 G. *Klaus); Frühj. 1953 plötzl. Verschwinden (sog. „verdeckte Verhaftung" durch die Staatssicherheit, wie man heute eindeutig nachweisen/belegen kann) und völlig unerklärt bleibende Einstellung jeder weiteren Vorlg.-Tg. mit anschließend sofortiger „Beurlaubung" von allen univ. Institusämtern durch den Staatssekr. G. *Harig, der wiederum die durch das MfS verfügte, genau terminisiert vorgeschriebene parteistaatl. Ausweisung aus der DDR (offiziell bezeichnet als „parteiabgesprochene Rückkehr" nach Wien) nachfolgte; das ist alles verbunden mit abenteurlichen und entehrenden Anschuldigungen wegen angebl. westlicher Agententg. wie einer damit erpresserisch abgenötigten staatssicherheitlichen „Verpflichtungserklärung" zur weiteren geheimdienstl. Zusammenarbeit von Wien aus, die jedoch so niemals realisiert wurde; seine derartige „Freilassung" (ohne Schauprozeß) Mitte 1953 verdankt er einzig und allein dem plötzl. Ableben Stalins (5. März) wie dem 17. Juni (Neuer Kurs); nach der später mehrfach erfolgten Zuwahl ins ZK der KPÖ kommt es seit 1965 ff. zu einer großzügigen Wiederberufung als jährlicher Gast-Prof. für phil. Probleme der modernen Naturwiss. an die KMU Leipzig (verbunden mit jährl. Kuraufenthalten mit seiner Frau in der DDR als offensichtl. Wiedergutmachung); 1971 Verleihg einer dortigen Ehrendoktorwürde u. 1983/85 folgte, hrsg. vom ZIfPh an der AdW (H. *Horstmann u. a. Bearbeiter) eine sechsbändg Werkausgabe unter dem völlig zutreffenden Gesamttitel „Natur u. Mensch im Weltbild der Wissenschft"; zu seinem 70. Geb. 1981 fand in Leipzig ein Festkolloquim statt u. 2002 zum 90. Geb. nochmals eine Gedenkveranstaltung der RL-St. Sachsen für W. H. und G. *Harig gemeinsam; ebenso erfolgte 1991 eine um 40 Jahre verspätete Veröffentl. seiner naturdial. Vorlesungen von 1949/50 (mit Protikoll der parteiphil. Verurteilung ders.) an der HUB und 2011 die erstmlg. publizistische Offenlegung seiner, für die DDR-SED-Führung (insb. *Hager) bedrückende wie schmachvolle Stasiakte 1953: enthält seinen parteilichen (selbstkritischen) Lebenslauf, nach erniedrigender stalinist. Stasi-Verhörmethode, „reumütig" sich ständig und umfassend nur selbst beschuldigend, verfaßt), zu DDR-Zeiten niemals thenatisiert und aufgearbeitet; verst. 1986 in Wien.
DDR-Personen-Lexikon 2010 (H.*Laitko) und DDR-Phil.-lexikon 1982 (D. *Wittich).

Publ. (nur für die frühe DDR-Phil.-Gesch. relevante Titel): (Mithrsg.): Moritz Schlick: Grundzüge der Naturphilosophie. Aus dem Nachlaß. Wien 1948; Die Entwicklung im Universum. Berlin 1951; …wissenschaftlich. 64 gemeinverständl. Aufsätze über Natur u. Gesell. Berlin 1951; Die Natur im Weltbild der Wiss. Wien 1960; Der Mensch im Weltbild der Wiss. Wien 1969; Zum Gedenken an M. Schlick. In: Rost. phil. Manuskripte. H. 8/1970; Aggression im Menschbild. Frankf./M. 1970; Kain oder Prometheus? Zur Kritik des zeitgen. Biologismus. Berlin 1972; Der überanstrengte Sexus. Die sog. sexuelle Emanzipation im heutigen Kapitalismus. Berlin 1975; Natur und Mensch im Weltbild der Wissenschaft (hrsg. von H. Horstmann): 1. Die menschl. Psyche. 2. Materie-Bewegung-Entwicklung. 3. Ursprung u. Entwicklung des Lebens. 4. Lebewesen Mensch. 5. Mensch u. Gesellschaft. 6. Naturbild u. Weltanschauung. Berlin 1983/85 (alle ursprüngl. Texte wurden durch zahlreiche aka.-phil. „redaktionelle Ergänzungen verändert"); Vorlesungen zur Dialektik der Natur. Erstveröffentlichung der 1949/50 an der HUB gehaltenen Vorlesungsreihe. Hrsg. von K.-H. Braun u. K. Wetzel. Marburg 1991 (enthält auch das Protokoll der phil. Disk. über das Buch des Gen. Hollitscher „Naturphilosophie" am 23. Dez. 1950, 10 Uhr im Clubhaus des KB, Jägerstraße, Berlin-Ost). – Naturwiss. Weltbild u. Gesellschaftstheorie. Werk u. Wirken von Gerh. Harig und Walter Hollitscher. RLS Leipzig 2004 (darin insb. die Beiträge von H. Laitko u. D. Wittich zu W. H.); H.-C. Rauh: Verdächtigt. Gedemütigt. Ausgewiesen. Erinnerungen an ein Philosophenschicksal aus dem Jahre 1953 (ND v. 14./15. Mai 2011). *Anfänge*: Walter Hollitscher u. seine Naturdialektik-Vorlesung in Bln. 1949/50 (Hub. Laitko).

Holz, Hans Heinz
26. Febr. 1927–11. Dez. 2011
Leipziger Blochschüler und ontologischer Dialektiker in der Schweiz
Geb. in Frankf./M.; geriet bereits als 17-jähriger 1944 in Gestapohaft; schon während seines Phil.-Studiums publizistisch tätig; sein 1. Prom.-Versuch über das bereits richtungsweisende Thema *Die Selbstinterpretation des Seins* fand 1954 an der Univ. Mainz keine Zustimmung, vor allem verhindert durch den (wegen NSdAP-Mitgliedschaft seit 1933) 1946 aus Jena „vertrieben/geflohen", eigentlich aber entlassenen G. *Martin, der den jüngeren, antifasch.-komm. Promovenden über Jahre bis 1970 in Bern mit politisch-aka. Verdächtigungen verfolgte; auch das 2. Diss.-Thema zu *Herr und Knecht bei Leibniz u. Hegel. Zur Interpretation der Klassengesell.* (publ. 1968) wurde zwar 1956 in Leipzig durch Ernst *Bloch angenommen und positiv begutachtet, aber der abschl. formelle univ.-aka. Promotionvorgang konnte wegen der gerade parteiamtlich verfügten Zwangsemeritierung Blochs erneut nicht abgeschlossen werden, und auch HHH. mußte daraufhin Leipzig „fluchtartig" wieder verlassen; selbst seine bedeutende Leibniz-Monographie (Stuttgart 1958) wurde von G. *Mende in einer Kurz-Rez. (DZfPh H. 5–6/1959) auf eine parteiphil. äußerst belehrende Weise als unmarxistisch und revisionistisch abgelehnt, so dass diese in der DDR erst spät 1983 erscheinen konnte; durch Fürsprache des damlg. Institutsdirektors u. Dekans A. *Kosing erfolgte schließlich 1969 (nach entspr. zentraler ZK-„Rücksprache" und Zustimmung im Rahmen einer geschl. Fak.-Sitzung) mit 13-jähr. Verzögerung der reguläre Abschluss dieses Promotionsvorganges; zwischenzeitlich journal. tätig, publ. weiterhin phil. Bücher u. ist herausgeberisch tätig; doch auch ein anschl. versuchtes Habil.-Verfahren in Bern scheitert erneut aus pol. Gründen ebs. wie eine Berufung nach West-Berlin an die FU; 1971–78 schließlich gegen große Widerstände eine Phil.-Professur in Marburg (entschiedene Fürsprache W. *Abendroth); danach bis zu seiner Emeritierung eine solche Prof. in Groningen/Niederlande; Mitbegr. einer Interntl. Gesell. für dial. Phil. (sog. Ergänzungsgründung zur Interntl. Hegel-Gesell. v. R. W. *Beyer); 1991 spricht er als inzw. einziger bzw. letzter marx.-len. Phil. von „Niederlage *und* Zukunft des Sozialis-

mus"; 1993 Gründg. der Zft. TOPOS. Internationale Beiträge z. dialek. Theorie (jährl. them. Hefte); 1994 verspätete, aber sofort wiederum programmati. Mitgliedschaft in der DKP u. es entfaltet sich seine besonders linksorthodox-komm. (altstalinist.) Einflussnahme (zeitweilg. ist phil. Schülerin auch Sahra *Wagenknecht) auf Teile der „untergegangenen" marx.-len. DDR-Phil. in der Ostberl. Leibniz-Sozietät (in dieser seit 1997 Mitglied); seiner dreibdg. Problemgesch. des dial. Denkens der Neuzeit „Einheit und Widerspruch" (1997) folgt 2004 noch ein systm.-kategorialer „Versuch einer Grundlegung der Dialektik"; 2007 erfolgt durch die Leibniz-Soz. (persönlich org. von Erich *Hahn) eine große univ. Würdigung z. 80. Geb. im Senatssaal der HU zu Berlin; durchaus privilegiert u. vermögend wohnend auf seinem Altersruhesitz Sant Abbondio in der Südschweiz verst., wurde seine Asche über dem Lago Maggiore verstreut; umfängliche Würdigung in der ostberl. JW als pol.-theor. „Denker des Ganzen" sowie als zukunftsweisender „phil.-dial. Denker des Komm." (durch Rob. *Steigerwald); Schlußsatz von ihm selbst: „Wo bitte, geht's zum Kommunismus? Nur auf dem Wege der Dialektik der Vernunft. Was außerhalb dieser Dialektik sich auf ein einfach moralisierendes Bewerten, gar auf ein bloßes Unwort zum Verwerfen beschränkt, bleibt bloßes Geschwätz."; daher auch prinzipielle Ablehg. einer jeden „hist.-krit. Aufarbeitung" der DDR-Phil. (so mir persönlich gegenüber als Hrsg. dieser Reihe geäußert). Festschriften z. 80. Geb. (Hrsg. Chr. Hubig u. J. Zimmer): Unterschied u. Widerspruch. Perspektiven auf das Werk von H.H.H. Köln 2007; (Hrsg. E. *Hahn u. Silvia Holz-Markun): Die Lust am Widerspruch. Theorie der Dialektik. Symp. z. 80. Geb. von H.H.H. Berlin 2008. – Freiheit und Vernunft. Mein phil. Weg nach 1945. Bielefeld 2015. Lebensendlich rechtfertigt H. noch den Stalinschen Terror als hist. unumgänglich

Publ. (nur die für die marx.-len. DDR-Phil. relevanten u. wirksam gewordenen Titel): (Hrsg. mit Leo Kofler u. W. Abendroth): Gespräche mit Georg Lukacs. Reinbeck 1967; Widerspruch in China. Pol.-phil. Erläuterungen zu Mao Tsetung. München 1970; Vom Kunstwerk zur Ware. Studien zur Funktion des ästh. Gegenstandes im Spätkapitalismus. Neuwied/Berlin 1972; (zus. mit H. J. Sandkühler): Betrifft Gramsci. Phil. u. revl. Politik in Italien. Köln 1980; Dialektik und Widerspiegelung. Köln 1983; Niederlage und Zukunft des Sozialismus. Essen 1991; Einheit und Widerspruch. Problemgesch. der Dialektik der Neuzeit. 3 Bde. Stuttgart/Weimar 1997; Weltentwurf u. Reflexion. Versuch einer Grundlg. der Dialektik. Stuttg./Weimar 2005; Aufhebung u. Verwirklichung der Philosophie. Berlin 1910/11. Bd. 1: Die Algebra der Revolution. Von Hegel zu Marx; Bd. 2: Theorie als materielle Gewalt. Die Klassiker der III. Internationale; Bd. 3: Integrale der Praxis. Aurora u. die Eule der Minerva; (zus. mit S. Markun): Ernst Bloch. System u. Fragment. Halle 2010. DZfPh 1954/57: 3 Artikel u. 3 Rez. sowie H. 3/1990 orthodoxer Gedenkartikel für den bulg. Altstalinisten Todor *Pawlow (1890–1977); Die Sinnlichkeit der Vernunft. Gespräche mit A. Schöhel u. Joh. Oehme Febr. 2011.

Hoppe, Günther
25. Febr. 1925 – verst.
Polit-Philosoph der SED-Partei-Akademie in für Gesellschaftswissenschaften in Berlin
Geb. in Chemnitz, Vater Textilarbeiter; 1931–39 VS in Oberfrohna u. 3 Jahre Fleischerlehre mit Berufsschule; 1943 eingezogen z. fasch. Wehrmacht u. am 9. Febr. 1945 in sowjt. Kriegsgefangenschaft (Hauer in einem Kohleschacht in Westsibirien); April

1949 deleg. zur Antifaschule Nr. 2041 in Talisa u. z. 23. 12. 1949 Entlassung in die SBZ/ DDR; Produktionsarbeiter sowie 1950/51 Kand. u. Mitglied der SED; Lehrtätigkeit an der Kreisparteischule in Chemnitz und von da delegiert ans neugr. Inst. für Gesellwiss. beim ZK der SED, Lehrstuhl Gesch. der KPdSU, nach 1956 umbenannt in „Pol. Grundfragen des ML"; 1959–62 pol. Mitarbeiter des Direktors (M. *Klein); Prom. 1962 (wohl wegen seiner eigenen militäri. Vergangenheit zum Thema *Kritik der imperialistischen „Wehrsoziologie"* publ. als „Wehrgemeinschaft" wider den Frieden, Berlin 1964); weiterhin parteipol. Mitarbeiter u. Prof. für Wiss. Sozm./Komm. bis 1989.

Publ.: DZfPh-Artikel (mit G. Heyden): Zur Dialektik des Sozialismus. Zum 75. Geb. von Walter Ulbricht (H. 6/68); (mit A. Kosing): Marx.-len. Phil. und Gestaltung der entw. sozial. Gesell. (H. 3/71); (mit F. Richter): Zu einigen Aspekten der Arbeit auf dem Gebiet der marx.-len. Phil. nach dem VIII. Ptg. der SED (H. 1/72).

Höppner, Joachim
6. Okt. 1921–17. März 2007
Aka.-philosophischer Erforscher des vormarx. (bzw. utopischen) Kommunismus
Geb. in Rostock, Vater Druckereibesitzer; 1931–39 Gymnasium u. Abitur; 1939 Einberufung zum Militärdienst und Kriegsteilnahme, westalliierte Kriegsgefangenschaft; 1946 Buchbinder in der elterlichen Buchdruckerei; 1946/47 einj. Ausbildung zum Geschichtslehrer u. 1947/48 Arbeit als Neulehrer in Wismar für Gesch. u. Gegenwartskunde; 1948 Fachlehrerprüfung für Geschichte, Deutsch u. Pädg. in Schwerin; 1948/50 Fachlehrerausbildg. an der Univ. Rostock; Okt. 1949–Jan. 1950 Teilnehmer des 2. Doz.-Lehrgangs der PHS der SED u. danach 1950/53 wiss. Ass. an der Dt. Verwaltungs-Aka. Potsdam-Babelsberg; nach Tbc-Erkrankg. (1953/54) 1954/57 außerplm. Asp. am Inst. für Phil. der KMU Leipzig (dabei getreuer Helfer von R. O. *Gropp im Kampf gegen E. *Blochs spekulativen „Hegelianismus"); ebenda 1960 phil. Prom. daher z. Thema *Ludwig Feuerbach u. seine materialistische Weltanschauung in ihrer hist. Bedeutung für die wiss. Philosophie* (Gutachter: R. O. *Gropp und J. *Schleifsten); 1961–72 wiss. Arbeitsgruppenleiter am ZI für Sprachwiss. der AdW, Projekt Marx-Engels-Wörterbuch (mit druckfertigem Bd. 1 jedoch eingestellt und Übernahme durch das IML); 1973–1986 wiss. MA u. stellv. Bereichsleiter für Gesch. der Phil. am ZIPh der AdW (Direktor M. *Buhr): Mitarbeit am Phil. Wörterbuch und phil.-hist. Herausgebertg.; ab 1974 Zusammenarbeit mit Ehefrau W. Seidel-Höppner (geb. 1928, prom. 1961 am IfG: Weitling-Monographie) am parteizentral gepl. Forschungsprojekt „Gesch. des vormarx. Sozialismus in Dtl."; zur „Ruben-Affäre" 1981 belieferte er die parteistaatl. „Einschätzungskommission" des ZfPh (der er selbst angehörte) allein mit drei superkrit. Papieren, verweigerte aber nachwendisch als einziger Gutachter dieser sog. „grünen Mappe" deren dokumentierende Drucklegung; verst. 2007 in Berlin; wichtigste Publ. zum „Sozialismus vor Marx. Beiträge zu Theorie u. Gesch. des vormarx. Sozialismus". Berlin 1987; DZfPh.-Beiträge 1956–1975 betreffen 4 Artikeln u. 6 Rez.

Horn, (Johannes) Heinz
5. Jan. 1909-8. Jan. 1958
Logik-Philosoph und zu Bloch-Zeiten Parteisekretär in Leipzig
Geb. in Radebeul-Kötzschenbroda bei Dresden als Sohn eines Ingenieurs und Fabrikanten; vier Jahre VS u. 1919 Gymn. zum Heilg. Kreuz in Dresden bis 1928 (Reifezeugnis); anschl. Univ. Studium in München, Wien u. Leipzig der Phil., Soziologie und Zeitungskunde; phil. Prom. 1932 an der Univ. Leipzig z. erstaunl. Thema *Lenin als Philosoph* bei Hans Driesch, Th. *Litt u. H. *Freyer (publ. Dresden 1933); 1931–33 KPOP, daher in der NS-Zeit keine pol. Betätigung, aber auch keiner NS-Org. angehörig; 1933–39 Stenotypist und Korrespondent einer Druckmaschinenfabrik (väterliche Geschäftsleitung); 1939/40 zur Polizeireserve Dresden (entlassen wegen früherer komm. Einstellung), daher zur Wehrmacht eingezogen u. nachfolg. „Kriegseinsatz im Felde" (SU-Ukraine als Kompanieschreiber); Kapitulation am 8. Mai 1945 Kurland u. bis Okt. 1948 sowjet. Kriegsgefangenschaft (Bergbauarbeiten und Eisenbahnbau); zuvor Jan.–Aug. 1948 Zentrale Antifaschule 9999 in Krasnogorsk bei Moskau; Entlassung üb. Frankf./O. in die SBZ; Ende 1948 SED; 1949/50 Schulleiter in Borna; 1951–54 Direktor des Inst. für Lehrerbildung in Radebeul; mit Stdj. 1953/54 Übernahme der traditionellen Logik-Lehre, angelehnt an Bela *Fogarasis (*dialektische*) *Logik* am Phil.-Inst. der KMU Leipzig; ab Sept. 1954 daselbst mit der Wahrnehmung einer Phil.-Doz. lehrbeauftragt: „Darstellung der Logik u. ihrer Gesch. auf marx. Grundlage" (also Lehre zur „dial. Logik", höher gestellt als die traditionelle formale Logik); seit Nov. 1955 1. Sekr. der BPO des Phil.-Inst. und Anfang 1956 Habil. z. Thema: *Widerspiegelung u. Begriff. Eine log.-erkenntnistheor. Untersuchung* (Gutachter: E. *Bloch und R. *Schulz, publ. 1958, hrsg. von seiner Witwe A. Horn); während der sich 1956/57 zuspitzenden, allein parteiorg. pol.-ideolg. Ause. (vom SED-Generalsekr. W. *Ulbricht persönlich über den BZ-Sekr. Paul Fröhlich u. den univ. Agi.-Prop.-Sekr. R. Wetzel zur Inst.-Parteileitung durchgestellt) um die Amtsenthebung u. Zwangsemeritierung von Ernst Bloch weiterhin Institutsparteisekretär; berüchtigter Parteileitungsbrief v. 18. Jan. 1957 (verfaßt von Hr. *Schwartze) an Bloch wurde u. a. unterzeichnet von Dr. Horn, den Gebrüdern W. u. H. *Seidel sowie dem späteren Ehepaar M. *Müller u. A *Thom); Anfang April 1957 Veranstalter einer allein von der PL der SED am Inst. für Phil. veranstalteten „Konferenz über Fragen der Blochschen Philosophie" (aber gänzlich ohne dessen Einbeziehung oder Teilnahme) wie auch Hrsg. des entspr. Protokollbandes *Ernst Blochs Revision des Marxismus*. Kritische Ause. marx. Wissenschaftler mit der Blochschen Philosophie (Berlin 1957); der abschl. Beitrag von J. H.„Kritische Bemerkungen zur Phil. Blochs" umfasst allein über 100 S. u. endet mit dem def. Satz, „dass für (diese) kein Platz in *der* Lehre ist, die v. Marx, Engels u. Lenin herausgebildet wurde!"; dazu erschien noch ein Beitrag gegen Blochs Fortschrittsbegriff in DZfPh H. 1/1957 gem. mit R. *Schulz, wofür offenbar sogar die sofortige Aufnahme ins parteierweiterte Red.-Kollegium der DZfPh erfolgte; wahrscheinlich an Stelle von E. *Bloch als vorhergehender Mithrsg. der Zeitschrift 1953–56, denn H. agierte parteiamtlich praktisch als amtierender Inst.-Direktor; doch völlig überraschend

erhängt sich dieser um seinen 49. Geb. herum am 8. Jan. 1958 in einem Waldgebiet bei Dresden, angeblich mit dem an einer Schnur umgehängten SED-Parteiabzeichen, wie G. *Zwerenz später zu berichten weiß. Dieses überaus tragische Ereignis wurde in der offiziellen parteiamtl. DDR-Phil.-Gesch. natürlich niemals thematisiert; daher verwundert es nicht weiter, daß schließlich allein ein Schriftsteller, Ch. *Hein, selbst späterer Phil.-Student in Leipzig, der sicher auch nur gerüchteweise davon hörte, dieses einmalige, bis heute unaufgeklärte DDR-Philosophen-Schicksal, weitgehend künsterisch-literarisch verfremdet, in seinem fiktiven Historiker-Roman *Horns Ende* (1985) ersatzweise aufarbeitend umgestaltete. Nachwendisch hat vor allem der Lpz. Logik-Historiker L. *Kreiser auf das dial. Logik-Konzept von J. H. H. verwiesen; – seinen parteiwirksamen Opfer, wie J. *Teller u. L. *Kleine, wurde nachwendisch in Leipzig ebenfalls gedacht; u. der Phil.-Historiker H. *Seidel entschuldigte sich für seine Teilnahme an der Bloch-Absetzung u. auch M. *Thom (Müller) bekannte sich zu ihrer entspr. Unterschrift im PL-Brief z. damaligen parteiamtlichen Zurechtweisung Blochs; doch die aktuelle Leipziger Universitätsphil.-Gesch. erwähnt Horn schon nicht mehr, denn die näheren Umstände seines Ablebens sind bis heute unaufgeklärt (verschwundener „Abschiedsbrief"); es gab auch keinen Nachruf oder sonstige Mitteilung, jedoch seine Habilschrift „Widerspiegelung und Begriff" wurde noch im gleichen Jahr 1958 von seiner Frau verlegt. In einer Festschrift für Christian Thiel. Paderborn 2019, hg. von Matth.. Wille hat L. *Kreiser in einem weitergehenden Essay zu „Johannes Heinz Horn – Mensch, wiss. Schaffen, trag. Tod" dessen Logikkonzept analysiert; leider werden aber nicht dessen frühere „Lenin als Phil."-Prom.-schrift von 1932/33 mit einbezogen u. auch nicht der oben gen. PL-Brief an Bloch oder die eigentliche phil. Kritik an „Blochs Revisionismus"; die ideologiefreie Logik ermöglicht offensichtlich ein solches Gedenken.

Hörnig, Hannes (eigentlich Johannes)
1. April 1921–24. Jan. 2001
Unteroffizier, Grundschullehrer, parteioberster Wiss.-wächter im ZK der SED 1953–89
Geb. in Leppersdorf (bei Dresden) in einer Arbeiterfamilie; 1927–35 VS u. anschl. 1935–40 Lehre u. Arbeit als Karosserieschlosser; 1940–45 Unteroffz. der Nazi-Wehrmacht im Waffenmeisterdienst; 1945/46 SPD/SED u. Okt. 1945 Neulehrerkurs, um danach 1946–49 als Grundschullehrer in Obersteina (Krs. Kamens) zu arbeiten; ab Mai 1949 Sekr. des FDGB-Vorst. in Kamenz und ab 1. 9. 1950 bereits Kreisschulrat ebd.; in stalinistischer Hochzeit 1950–52 Besuch der SED-PHS u. sofortiger ununterbrochener Einsatz im zentralen SED-Parteiapp: 1953 Sektorenleiter, 1953/54 stellv. Abt.-Leiter u. seit 1955 durchgehend bis Ende 1989 (ungebrochener, sich selbst belobigender Entlassungsbrief an Krenz) Leiter der allmächtigen ZK-Abt. Wissenschaften (in Nachfolge von K. *Hager, ihm ebenso lange übergeordneter ZK-Sekr. für Wiss., Kultur u. Volksbildung im gl. Zeitraum); in diesen gut 35 Jahren gab es kein „besonderes Vorkommnis" oder „phil. Ereignis", keine Thematik, Personalie bzw. folgenschwere autoritäre Entscheidung u. Maßnahme, insbesondere im Bereich der Philosophie, die nicht

von diesem, dazu fachlich gänzlich unqualifizierten, nur parteiherrschaftlich politideolg. herum kommandierenden „Wiss.-Wächter", natürlich unter der ebenso lang andauernden Gesamtverantwortung von Kurt *Hager, nicht wahrgenommen, beeinflußt und parteimäßig geregelt wurde (stets konkret durchgeführt u. beaufsichtigt in all diesen Jahren durch die unteren, speziell für die DDR-Phil. langj. verantw. pol. Mitarb. dieser ZK-Abt. Wiss.: W. *Möhwald und G. *Mertsching); seit 1963 Kand. u. bis 1989 ununterbrochen SED-ZK-Mitglied; 1975 Kampforden für Verdienste um Volk u. Vaterland und Ehren-Dr. der Phil. Fak. der KMU Leipzig, wozu 1982 noch ein Honorar-Prof.-Titel kam; bereits 1977 wurde diesem ewigen parteiverantwortl. Wiss. Leiter als dauerhaftem Stellvertreter der Jurist Prof. Dr. Gregor *Schirmer z. Seite gestellt, der dann in den 80er Jahren die entscheidenden parteipol. Orientierungs- und ideolg. Brandreden, insbesonders im Berl. Univ.- u. Aka.-Bereich hielt (1981 z. B. zur aka.-phil. *Ruben-Affäre oder universitär 1982 bei der Absetzung des Chefred. der DZfPh. 1982, H.-C. *Rauh); von einer späteren selbstkrit. Analyse u. Aufarbeitung der Gesch. dieser einflußreichen parteiamtl. Wiss.-Abt. des ZK der SED und ihres wahrlich unverbesserlichen, regelrecht intelligenzfeindlichen proletarischen Dauerleiters, mit seinem nie abgelegten Unteroffiziersgehabe, wie aller seiner untergeordneten Zuarbeiter und Ausführer, ist nichts weiter bekannt geworden; Ende 1989 mit Selbstauflösung der SED, sich selbst absetzend und parteiberentet in Berlin 2001 fast 80jährig verst.; nachweisbar sind allein 10 Partei-Vorträge in den 70/80 er Jahren, stets zur fortl. „Auswertung der Wissenschaftspolitik der Partei", also die parteiamtliche ZK-Beschäftigung vor allem mit sich selbst: eine proletkultartig-ungebildete wie letztlich geistig-kulturell abwegige SED-Allmacht über die Wissenschaften, die Philosophie und die Künste während aller 4 real-sozialistischen Jahrzehnte der DDR; – es gibt keinen anderen ideolg.-pol. Funktionsträger der SED-DDR, an dem man den ungebrochenen poststalinistischen Dogmatismus, die Willkür u. Wissenschaftsfeindlichkeit eines derartig autoritär vorherr. ZK-Bereichs so folgenschwer verdeutlichen könnte. Durch die ebenso lange Herrschaft von Kurt *Hager als dem „DDR.-Phil. Nr. 1" war die marx.-len. Phil. der DDR dieser SED-ZK-Abt. „Wissenschaft" im ganz besonderem Maße ausgeliefert, was deren gewaltiger parteiamtl. (ungemein personenbezogener) Bestand im Bundes-Archiv Berlin-Licherfelde zeigt u. nun freilegt.
DDR-Personen-Lexikon 2010 (H. Müller-Enbergs).

Horstmann, Hubert
23. Dez. 1937
Akademie-Philosoph, Parteisekretär und Romanautor
Geb. in Mosbach als Sohn eines Försters; zunächst Lehre als Gärtner, holte 1955–58 das Abitur auf der ABF in Halle nach, um danach 1958–63 an der HU Berlin Phil. zu studieren; doch bevor seine eigentl. aka.-phil. Tg. einsetzte, veröffentl. er 2 utop. Romane; phil. Aka.-Prom. 1972 z. Thema *Der Physikalismus als Philosophie u. Weltanschauung. Ein Beitrag zur Ause. mit der positivistischen Denkweise* (publ. Berlin 1973); 1979/81 als Instituts-GO-Parteisekr. des ZIPh der ADW unmittelbar in die pol.-ideolg.

Ause. um die angeblich „revisionistisch-parteifeindl." Phil.-Gruppe um Peter *Ruben (mit mehreren Berichten) aktiv einbezogen; daraufhin 1982 zugelassene phil. Prom B (Habil.) mit dem polit.-ideologisch sehr folgerichtig. Thema *Zum Problem des Verhältnisses zw. Objektivität und Parteilichkeit in Philosophie, Einzelwiss. u. Alltagsdenken* mit anschl. sofortiger Ernennung zum Aka.-Prof. für Dial. Mat.; zeitweiliger Einsatz im Forschungsbereich Gesellwiss. der DDR-Aka.-Leitung; später über die Aka.-Abwicklung 1991 hinaus noch in der Leibnizforschung (Theodicee, 1996) weiter beschäftigt; dann jedoch wieder schriftstellerisch tätig, aber keinerlei Antwort auf mehrere schriftl. Anfragen, insb. zu seinen Prom.-Gutachtern, da diesbezüglich noch kein zeitnaher Zugang zu seiner Person im Aka.-Archiv möglich.

Publ.: Die Stimme der Unendlichkeit (Zukunftsroman). Berlin 1966 (Tb. 1989); Die Rätsel des Silbermondes (Utop. Roman). 1971 u. 1973 (4. A. 1979); Der Physikalismus als Modellfall positivist. Denkweise. Buhr-Kritik-Reihe: Zur Kritik der bürgerl. Ideologie, Bd. 26. Berlin 1973 u. Frankf./M. 1973; Studien zur metaphysischen u. dial.-materialist. Denkweise. Schriften zur Phil. u. ihrer Gesch. Bd. 5. Berlin 1977; – Hrsg. der Schriften von W. Hollitscher: Naturbild und Weltanschauung in 5 Teilbändchen. Berlin, Köln u. Wien 1983/85 (mit anderen aka.-phil. Mitarbeitern); Christian Franz Paulini (1645–1712). Arzt-Dichter-Historiker-Fälscher. Zweibrücken 2011.

Hörz, Helga Erika
27. Juli 1935
Marx. Ethikprofessorin an der HUB und als DDR-Frauenrechtlerin im UNO-Einsatz
Geb. in Danzig; Vater Kranfahrer auf einer Werft ebd. u. antifasch. Widerstandskämpfer; endkriegsbedingt unterbrochene Schulausbildung durch „Flucht gen Westen", in die spätere SBZ; bereits ab 1952 Phil.-Studium an der HU zu Berlin u. dabei seit 1954 mit dem späteren Wiss.-Phil. Herb. *Hörz verh.; ab 1957 prakt.-pol. Einsatz als FDJ-Sek. in einem Berl. Großbetrieb (VEB Glühlampenwerk) und anschl. Lehrtg. im gesell.-wiss. ML-Grundlagenstudium an der Hochschule für Ökonomie Bln.-Karlshorst (Leiter G. *Söder); zur Asp. zurück ans Berl. Phil.-Inst. u. 1965 phil. Prom. z. Thema *Einige phil.-ethische Probleme* (d. h. Geschlechterpsychologie u. Arbeitsmoral) *bei der Bestimmung der gesell.-pol. Rolle der Frau und der Durchsetzung ihrer Gleichberechtigung* (Gutachter: H. *Ley u. F. *Müller, publ. 1968 u. d. Titel: „Die Frau als Persönlichkeit") und 1969 mit der III. HSR Ernennung zur Hochschuldozentin für marx.-len. Ethik an der neu gegr. Sektion Marx.-len. Phil. (Direktor ist ihr Ehemann); 1972 gem. Mosk. Studienaufenthalt zur Vorbereitung der Prom. B 1974 z. Thema *Persönlichkeit, Moral u. sittliche Erziehung* (Gutachter: H. *Steininger, R. *Löther, G. Rosenfeld u. A. *Iljin, publ. u. d. Titel: „Blickpunkt Persönlichkeit", Berlin 1975); anschl. Ernennung zur Prof. für marx.-len. Ethik an der Berl. Phil.-Sektion; 1987–89 (in Nachfolge von A. *Griese) auch deren vorletzte Institutsdirektorin (als parteidirigierter Einsatz durch die SED-KL der HUB), jedoch bereits Ende 1989 „krankheitsbedingter" Rücktritt u. schnellstmöglichster Vorruhestand, wodurch die auslaufenden Institutsgeschäfte während der nachfolgenden fachl. Evaluierung u. unabwendbaren Abwicklung (thematische Umstrukturierung wie einschneidende Personalerneuerungen) allein durch

ihren Stellvertreter H. *Kuchling wahrgenommen werden mußten; vertrat dafür zuvor jahrelang die DDR-„Frauenrechte" (in Absprache mit der entspr. ZK-Abt. „Frauen") als Mitglied einer UNO-Kommission Zum Status der Frau u. war in der Internl. Demokrat. Frauenföderation (IDFF) ebenso parteibeauftragt für die DDR wirksam, wobei über diese „ehrenamtlichen" Reiseaktivitäten (stets dafür univ. freigestellt) in der ML-Phil.-Sektion wenig bekannt wurden; mit der dt. Wiedervereinigung waren sowohl ihr phil.-ethischer (marx.-len.) Lehrstuhl am erneuerten Phil.-Institut der HUB (denn sie stellte sich keiner fachl. Evaluierung) wie ihre staatsparteibeauftragte UNO-Tg. mit schließl. Untergang der DDR tatsächlich vollkommen gegenstandslos geworden, was jedoch nachwendisch von ihr unsinnigerweise als eine nun gleich „doppelte Abwicklung" bezeichnet und dargestellt wurde; arbeitete seitdem als Veranstalterin für Senioren der RLS Berlin (Helle Panke) u. veröfftlicht wie schon ihr Ehemann 2009 ihre Memoiren mit dem zutreffenden Titel: „Zwischen UNI und UNO – Erfahrungen einer Ethikerin", woraus man jedoch wegen der völlig unkrit. wie immer sich nur selbstbelobigenden Darstellung, also der Weglassung vieler Namen und eigentlich relevanter (außerpersönlicher) phil. Konfliktstoffe für eine sachkundige Institutsgesch. leider rein gar nichts entnehmen kann. Der zwangsläfige (um es nicht marx. zu sagen „gesetzmäßige") Niedergang der DDR wird nicht erklärt, sondern nur als ganz persönliche Erfolgs- bzw. Verlustgeschichte thematisiert und dargestellt.

Publ.: (gem. hrsg. mit U. Wilke): Marx.-len. „Lehrbuch zur Ethik". Berlin 1986 (2. A. 1989); Der lange Weg zur Gleichberechtigung. Die DDR u. ihre Frauen. Berlin 2010; (gem. mit H. Hörz): Ist Egoismus unmoralisch? Grundzüge einer neomodernen Ethik. Berlin 2013.

Hörz, Herbert
12. Aug. 1933
Akademie-Mitglied und weltbildlich-deterministischer Wissenschaftsphilosoph
Geb. in Stuttgart, Stiefvater Schwimmeister; ab 1940/41 Schulbesuch in Erfurt u. nachkriegszeitlich Pionierleiter und FDJ-Sekretär u. bereits 1949 SED-Kand. vor dem Abi 1952; anschl. Phil.-Studium in Jena u. 1953 mit G. *Klaus nach Berlin (Nebenfach Physik); dann Inst.-Ass. beim Physiker-Phil. K. *Zweiling (Bereich Dial. Mat.) u. phil. Prom. 1960 z. Thema *Die phil. Bedeutung der Heisenbergschen Unbestimmtheitsrelationen* (publ. u. d. T. „Werner Heisenberg u. die Philosophie". Berlin 1966); mitwirkend beim Aufbau des ab 1959 neugegr. Herm. *Ley-Lehrstuhls bzw. späteren Bereichs „Phil. Probleme der Naturwiss." am Berl. Phil.-Inst. der HUB; bereits 1962 Habil. z. Thema *Dial. Mat. und Quantentheorie. Ein Beitrag zur Klärung phil. Probleme der mod. Physik* (Gutachter: H. *Ley, K. *Zweiling, A. *Polikarow, publ. u. d. Titel: „Atome, Kausalität, Quantensprünge". Berlin 1964); danach Doz. für Dial. Mat. am Institut u. Prof. mit Lehrauftrag für phil. Probleme der Naturwiss.; in Nachfolge von W. *Heise 1967/68 Dekan der sich in Folge der III. HSR auflösenden Phil. Fak. (danach Gesell.-wiss. Fak. – Dekanin Rita *Schober); anschl. 1968–72 Gründungsdirektor der damit ebenfalls ideologisch-sektiererisch in Sektion Marx.-len. Phil. umbenannten Berlin-universitären Phil.-Einrichtung (dadurch kaum noch terminologisch unter-

scheidbar von der übergreifenden ML-Sektion einer jeden HS u. Univ. in der DDR); selbst jedoch 1969 so ordl. Prof. für Dial. Mat., worauf das ND vom 2. Sept. d. J. den jungen „Genossen Prof." schlicht als „Sieger zweier Revolutionen" vorstellte; 1972 NP u. 1972/73 Gastprof. der Lomonossow-Univ. in Moskau; 1973 Korr. Mitgl. der AdW. und Wechsel zum lehrbefreiten aka. ZI für Phil., das seinen ursprüglichen Fachnamen „Philosophie" wegen seiner internl. Verbindungen u. privilegierten Westreisetg. unter der Leitung von M. *Buhr, selbstverständlich behalten durfte; daselbst bis 1988 Leiter (Nachfolge Uli *Röseberg) des von ihm gegr. aka.-phil. Ergänzungsbereichs Phil. Fragen der Wiss.-entwicklung (als außeruni. Ableger des H. *Ley-Lehrstuhls u. zusätzlich z. schon best. Aka.-Inst. für Wiss.-theorie), nachwendisch dann wiederum abgekürzt mit Wiss.-philosophie; 1977 Ord. Mitgl. der AdW u. als Kreisvorsitzender der dortg. Gewerkschaftslg. auch Mitgl. der SED-KL der Gesamt-Akademie der DDR u. ihres Präsidiums; in den 70/80er Jahren Mitgl. des Wiss. Rates für Marx.-len. Phil. der DDR (Dauervors. Erich *Hahn) sowie Vors. des Problemrates Phil.-Naturwiss. wie auch langj. Mitgl. des Red.-Kollegiums der DZfPh, der wie kein anderer DDR-Kader-Phil. mit seinem folgsamen Bereichsanhang jahrelang unbequeme, ihn kritisierende Disk.-Artikel abzulehnen wußte; da vollständig lehrbefreit, ständiger Westreisekader und internationaler Konferenzteilnehmer, stets repräsentativ im Namen der offiziellen DDR-Phil. (auch wenn, wie in Finnland gar nicht eingeladen, z. B. einfach statt P. *Ruben auftretend); schließlich 1981 federführend mit den beiden anderen Inst.-Akademiks (M. *Buhr und W. *Eichhorn) beteiligt an der staatsparteipol. Maßregelung (Parteiausschluss, Arbeitsplatzversetzung, Lehr-, Publ.- u. Zitierverbot) einer angeblich revi.-parteifeindl. Phil.-gruppe um P. *Ruben u. C. *Wahrnke; daraufhin 1982–90 (neben Rolf *Kirchhoff) auch stellv. Inst.-Dir. von Buhr; – in der Wendezeit 1990/91 kurzzeitig noch Vizepräsd. der DDR-AdW bis zu deren Schließung bzw. Abwicklung; bei der versuchten Selbst-Erneuerung des ZIfPh. stimmte er als einziger gegen die erstmalig instituts-demokratisch erfolgte Wahl-Ernennung von Peter *Ruben als Nachfolger des zurück getretenden Langzeit-Direktor *Buhr; unglaubl. Aussage 1992: „Unmittelbare Kontakte z. Führung der SED hatte ich nicht. Aber einer meiner Lehrer an der HU war Prof. K. *Hager. Und später arbeitete seine Tochter (Nina *Hager) bei mir, so dass sich hin und wieder auch persönliche Gespräche ergaben"; 1992–95 Mitarbeiter einer Arbeitsstelle der neugegr. Berlin-Brandbg. AdW (Helmholtz-Forschung), wogegen es jedoch Einspruch u. Proteste gab; daher 1998–2006 Präsd. der zuvor schon gegr. Leibniz-Soz. ehemlg. Aka.-Mitglieder der DDR u. aktuell deren Alters- und Ehrenpräsd.; eine Mitarbeit an laufenden Projekten zu einer hist.-krit. Aufarbeitung der „untergegangenen" marx.-len. DDR-Phil. wurde von ihm (zus. mit einigen seiner verbliebenen Anhänger) stets ungemein demonstrativ und beleidigt abgelehnt, wobei sich aber die (nun rein „charakterliche") Verurteilung schon früher bzw. heute entschieden andersdenkender Kollg. ungebrochen fortsetzt (als sog. „lebenswendische" Selbstdarstellung); vertritt seit Jahrzehnten nichts weiter als seine fortl. einzelwiss. u. wiss.-populär aktualisierte wie sich so ständig verbreiternde deterministische Weltbild-Philosophie, die unter Phil. nichts als eine Art weltanschaul. Verallgemeinerung von immer andersartigen Ergebnissen der sich entwickelnden Naturwissenschaften versteht; daher auch schon früher Mithrsg. der entspr. Reihe Weltanschauung heute im DVW-Berlin 1974–83, 40 Bände, und vorangehend hieß diese Reihe schon „Unser Weltbild", 1958 ff.; eine aktuell zusammenfassende Schrift „Wahrheit, Glaube und Hoffnung. Phil. als Brücke zw. Wiss. und Weltanschauung" (Bln. 2007) verdeutlicht weitergehend diese Art „verallgemeinernde" Phil.-Auffassung; seine zahlr. Mitautorenschaften deuten durchaus auf eine wiss.-kollektiv verbindliche Bereichsgruppierung (Bereichskonzeption), vor allem von/an ihm selbst ausgerichtet u. bestimmt; seit 1954 verh. mit der marx.-len. Moral-Philosophin u. DDR-Frauenrechtlerin H. E. *Hörz; daher gem. publ. „Grundzüge einer neomodernen Ethik" (Berlin 2013); zu seinem 80. Geb. bekam er von seinem DDR-phil. Kurzbiographen (1982) J. *Erpenbeck die nochmals elektronisch rekonstruierten Druckfahnen eines 1990 vom Aka.-Vg. einfach nicht mehr ausgelieferten, letzten derartigen wiss.-phil. Gemeinschaftswerkes z. seit Engels ganz unerschöpflichen „Dialektik der Natur u. Naturerkenntnis" symbolisch in der Lz.-Soz. überreicht; es dok. bis wohin man schon damals zum Ende nicht mehr viel weiter gelangt war und dann auch bis heute stehengeblieben ist. Denn kein anderer DDR-Phil. (das ergab dazu eine internationale Zft.-Analyse) zitiert seit Jahrzehnten vor allem immer nur sich als Autor selbst, seine Reden und Funktionen als autobiogr. „Lebenswenden...vor, in und nach der DDR" (2005), mit ihren zahlreichen (nur noch früheren) internatl. Begegnungen u. Bekanntschaften (die aber anderen DDR-Phil. „staatsparteiamtlich" untersagt waren), und weiter nachtretender Kollegenschelte (K.-F. *Wessel, Rubengruppe) runden das einfach nur noch ab; die nachfolgende biblgr. Erhebung enthält zu all dem zahlreiche weitere Hinweise u. Belege.

DDR-Pers.-Lexikon 2010 (J. Wielgohs) u. DDR-Phil.-lexikon 1982 (John *Erpenbeck).

Publ. (Auswahl): Der dial. Determinismus in Natur und Gesellschaft. Unser Weltbild, Bd. 34. Berlin 1962 (5. erw. A. 1974); Materie u. Bewusstsein (Lektion an der PHS). Berlin 1965; (Mithrsg. H. Ley u. R. Löther): Quo vadis, Universum? Berlin 1965; Physik u. Weltanschauung. Urania-Verlag 1968; (Mithrsg. R. Löther u. S. Wollgast): Naturphilosophie, von der Spekulation z. Wissenschaft. Berlin 1969; Materiestruktur. Berlin 1971; (Hrsg. mit S. Wollgast): Hm. v. Helmholtz: Phil. Vorträge und Aufsätze (Phil. Studientexte). Berlin 1971; (Hrsg.-Kollektiv): Weltanschaulich-phil. Bildung u. Erziehung im math.-naturwiss. Unterricht. Berlin 1972; Marx. Phil. und Naturwissenschaften (die sog. „Hörz-Bibel"). Berlin u. Köln 1974; (Hrsg. mit A. J. Iljin): Der dial. Mat. u. seine Kritiker. Berlin 1975; (zus. mit J. Erpenbeck): Philosophie contra Naturwiss.? (Weltanschg. heute, Bd. 16). Bln. 1977; Wer – was – wann? Entdeckungen u. Erfindungen in Naturwiss. und Technik. Leipzig 1977 u. 2. A. 1980 (gem. Einleitung mit P. Ruben wird in der 3./4. A. 1985/1989 ersetzt durch G. Banse); (zus. mit R. Löther u. S. Wollgast): Phil. u. Naturwiss. – Wörterbuch zu den phil. Fragen der Naturwiss. Berlin 1978 (2. überarb. A. 1983 entfernt alle entspr. Artikel von P. Ruben); Zufall, eine phil. Untersg. Berlin 1980; (zus. mit U. Röseberg): Mat. Dialektik in der physikal. u. biolog. Erkenntnis. Berlin 1981; (zus. mit K.-F. Wessel): Phil. Entw.-theorie.-Weltanschauliche, erkenntnistheor. u. methodolg. Probleme der Naturwiss. Berlin 1983; Was kann Philosophie? Gedanken zu ihrer Wirksamkeit (Rat für Marx.-len. Phil. der DDR, eine versuchte Kritik von Frank Richter daran wird unterdrückt). Berlin 1986; (Hrsg. mit M. Buhr): Naturdialektik-Naturwiss. Das Erbe der Engelschen „Dialektik der Natur" (Konferenz-Bd.).

Berlin 1986; (zus. mit K.-F. Wessel): Philosophie u. Naturwiss. (Hochschullehrbuch). Bln. 1986; (Hrsg. zus. mit G. Kröber und K.-H. Schöneburg): Pflicht der Vernunft. Spannungsfeld von Vernunft, Mensch u. Gesch. (M. Buhr z. 60. Geb.). Berlin 1987; Wiss. als Prozeß. Berlin 1988; (Hrsg. mit E. Geißler): Vom Gen zum Verhalten. Der Mensch als biopsychosoziale Einheit. Berlin 1988 (Gestalter dieses univ.-phil. Konzept war jedoch K.-F. Wessel); Phil. der Zeit. Zeitverständnis in Gesch. und Gegenwart. Berlin 1989 (2. A. 1990); Brückenschlag zw. zwei Kulturen. Helmholtz in der Korrespondenz mit Geisteswiss. und Künstlern. Marburg 1997; Mat. Dialektik. Aktuelles Denkinstrument zur Zukunftsgestaltung (enthält nur eine Zusammenfg. seiner bishg. Werke, jedoch nichts zu deren eigentlicher theor.-phil. Erfassung). Bln. 2009; (zus. hrsg. mit H. Laitko): Akademie und Universität in hist. und aktueller Sicht. Abhdlg. der Lz.-Soz. Bd. 29. Berlin 2013; Ist der Marxismus noch zeitgemäß? Erfahrungen, Analysen, Standpunkte (unglaubl. Fragestellung, aber nicht eine einzige intl. oder gesamtdt. marx. Debatte wird berücksichtigt). Berlin 2016; Ökologie, Klimawandel und nachhaltigkeit. Herausforderungen im Überlebenskampf der Menschheit (allgemein weltbildlich gibt es so überhaupt kein auszulassendes Thema). Berlin 2018; (Mithgb. G. Banse u. D. B. Hermann): 25 Jahre Leibniz-Sozietät der Wissenschaften zu Berlin. Reden der Präsd. auf den Lz.-Tagen 1993–2017. Bln. 2018 – Insgesamt gesehen ist HH so auch der häufigste Autor der DZfPh 1960–90; – Festschrift zum 70. Geb. (Hrsg. G. Banse u. S. Wollgast): Philosophie u. Wissenschaft in Vergangenheit u. Gegenwart. Abhandlungen der Lz.-Soz. Bd. 13. Berlin 2003; (mit Helga H.): Frieden – Geschenk oder Aufgabe? Bln. 2018.

Hosang, Maik
29. Dez. 1961
Berliner Diplom-Philosoph und praktizierender Sozialökologe bei Dresden
Geb. in Bautzen; ebenda Schulausbildung mit EOS-Abitur; anschließend Wehrdienst; 1983–87 Phil.-Studium in Berlin, im Nebenfach etwas Psychologie sowie Biologie/Anthropologie; anschl. Forschungsstudium 1987–90 an der Sektion für Phil. der HUB (zuerst bei G. *Stiehler, fortgesetzt bei M. *Brie); Diss.-Thema 1990: *Der Mensch in den Evolutionsgeschichten der Selbstorganisation. Zur Rehabilitierung von Marx.* (Gutachter: M. *Brie, A. Honneth, H.-C. *Rauh); 1991–98 wiss. Ass. u. Lehrtätigkeit am neu gegr. Berliner Institut für Sozialökologie bei Rudolf *Bahro; 1999 Habil. am ehemlg. Ley-Wessel-Lehrstuhl der HU Berlin z. Thema *Homo sapiens integralis – Menschliche Manager in der Region 21. Transdisziplinäre Begriffe für eine nachhaltige Entwicklung* (Gutachter: K.-F. *Wessel, F. Streiffeler, R. Riedl, publ. 2000); seit 1999 Etablierung eines Freien Instituts für integrierte Sozialökologie in Pommritz im Rahmen eines von R. *Bahro u. Kurt Biedenkopf initiierten Zukunftsforschungsprojekts (Lebens-Gut, daselbst späterhin Geschäftsführer); zugleich 1999–2002 Projektleiter am Inst. für Wirtschafts- u. Sozialwiss. des Landbaus der HUB z. Aufbau eines Rudolf-Bahro-Archivs für Sozialökologie; 2002–05 Initiator u. Leiter eines Sozialökolg. Forschungsprogramms „Natur-Kultur-Mensch" am Internationalen Hochschulinstitut Zittau; 2006/07 Konzeption u. Leitung des Projekts „Jacob-Böhme u. die Weltethik" in Zusammenarbeit mit der HS Zittau/Görlitz; weiterhin Wirksamkeit am Institut für Integrierte Sozialökologie (IFIS) Pommritz sowie professorale kulturphil. Lehrtg. an der Fachhochschule Zittau/Görlitz.

Publ.: (Hrsg.): Rudolf Bahro (zum 60. Geb.). Apokalypse oder Geist einer neuen Zeit, Berlin 1995; Der integrale Mensch. Gladenbach 2000; (Mitautor): Vorzeichenwechsel. Wie die Gesell. sich verändern kann. Berlin-Wien 2005; (Mitautor): Die emotionale Matrix. Grundlagen für gesell. Wandel u. nachhaltige Innovation. Mün. 2005; (Mithrsg.): Integration. Natur – Kultur – Mensch. Sozialökolog. Innovationenen für eine zukunftsfähige Lebensweise. Tg.-Bd. des Rudolf-Bahro-Symposiums an der HU Berlin (zum 70. Geb. Nov. 2005). Beiträge zu einer kritischen Human- und Sozialökologie. Mün. 2006; Jacob Böhme – Der erste dt. Philosoph. Das Wunder von Görlitz, 2007; Eves Welt. Liebe in Zeiten des Klimawandels (Roman). Hamburg 2008; (Mitautor): Seufzer und Freiheit. Phil. Reflexionen. 2009; Transparenzmoral. 2012; (Mitautor): Die Liebe ist ein Kind der Freiheit – Die Freiheit ist ein Kind der Liebe. Eine Natur-Geistesgesch. unserer menschl. Sehnsüchte. Freiburg/Br. 2012; (Mitautoren G. Hüther u. A. Grün): Liebe ist die einzige Revolution. Drei Impulse für KoKreativität u. Potenzialentfaltung. Freiburg/Basel/Wien 2017 (2. A. 2020).

Huar, Ulrich
1924–2008
ML-Prof. für Wiss. Kom. 1965–1990 an HS für Ökonomie Berlin-Karlshorst; daselbst gesell.-wiss. Prom. *Zu Inhalt und Methodik der Meinungsmanipulierung im staatsmonopolist. System des Hitlerfaschismus in der Periode des grundlg. Umschwungs im zweiten Weltkrieg u. ihren Wandlungen* (1968); Prom. B (1978) z. Thema *Das Verhältnis der Werktätigen zur Politik in der antagonsitischen Klassengesell. u. in Vorbereitung, Entstehung u. Entw. der komm. Gesell.-formation* (publ. u. d. Titel: Mensch und Politik in Gesch. u. Gegenwart. Zum Verhältnis von Individium, Klasse und Politik. TB.-Reihe UWB. Bd. 23. Berlin 1978); nachwend. pol. Autor auf altstalinistischen Positionen (parteipol. bei der KPD bzw. MLPD angesiedelt), wonach der XX. KPdSU-Ptg. 1956 einen nur selbst zerstörerischen (also hinsichtlich der Abrechnung mit dem realen Stalinismus in der UdSSR) Revisionismus von Chruschtschow u. bzw. aktuell bis zu Gorbatschow einleitete; daher die anachronistische, keineswegs nur skurrile (unverbesserliche) Rückerinnerung an die rohkomm. Stalinzeit ohne jede hist.-krit. Distanz.

Publ.: (Mitautor): Marx u. Engels über Politik. Berlin 1985; Stalin als Theoretiker des M.-L. in fünf Teilheften. Zum 50. Todestag Stalins am 5. März 2003. Berl. Ernst-Thälmann-Verlag 2005; Stalins Beiträge z. Parteitheorie. In: „Offensiv" 2005; Beiträge Stalins zur sowjt. Militärwiss. und -politik. Berlin 2006.

Hubig, Christoph
15. Aprill 1952
Gründungsprofessor für Praktische Philosophie 1992 in Leipzig
Geb. in Saarbrücken; nach dem Abitur 1970–74 umfängliches Studium der Phil., Soziologie, Germ. u. Musikwiss. ebenda u. an der TU Berlin; daselbst phil. Prom. z. Thema *Dialektik und Wissenschaftslogik* (publ. Berlin 1978) sowie Habil. 1983 z. Thema *Handlung-Identität-Verstehen* (publ. Weinheim 1985); daraufhin Phil.-Prof. an der TU Berlin und 1992 Gründungsprof. für Prakt. Phil. der Univ. Leipzig (bei Ablehnung entspr. C4-Berufungen nach Jena, Rostock u. Cottbus, wohin er sich nach entsprechenden ostdt. Ausschreibungen gleichzeitig auch noch beworben hatte); 1993 Geschäftsführer der Allgm. Gesell. für Phil. in Dtl. (AGPD); zugleich Dekan der Fak. für Sozialwiss. u. Phil. der Univ. Leipzig sowie Leiter des Forschungsinstituts für Technik

u. Wirtschaftsethik in Leipzig-Stuttgart; 1996 org.-techn. Ausrichtung des XVII. Dt. Phil.-Kongresses in Leipzig (Präsident: Hans Poser, TU Berlin), erstmalig in Ostdtl. stattfindend z. Thema „Dynamik des Wissens u. der Werte" mit Teilnahme des uralten H.-G. *Gadamer (Jg. 1900); 1997 bereits Weggang aus Lpz. als Prof. für Wissenschaftstheorie u. Technikphil. an der Univ. Stuttgart; 2000 Prorektor u. Wahlsenator dieser Univ.; 2005 Direktor des Internationalen Zentrums für Kultur- und Technikforschung ebd. (eine ähnliche Ausrichtung repräsentierte auch Max *Bense aus Jena kommend schon ab 1848 in Stuttgart); 2010 Prof. f. Phil. der wiss.-techn. Kultur an der TU Darmstadt u. 2012 Festschrift z. 60. Geb. „Die Reflexion des Möglichen" (LIT-Verlag); bereits 2007 auch Mithrsg. einer Festschrift für H. Holz zum 80. Geb.

Publ.: Technik- u. Wissenschaftsethik. Ein Leitfaden. Berlin 1993 (2. überarb. A. 1995); Technolog. Kultur. Leipzig 1997; Unterwegs zur Wissensgesellschaft. Berlin 2000; Die Kunst des Möglichen. Grundlinien einer Philosophie der Technik. 3 Bde. Bielefeld 2006/09; Bildung und Kompetenz. Göttingen 2009.

Ilenkow, Ewald W.
1924–1979
Sowjetphilosoph Spezialist für Theorie und Methode der materialistischen Dialektik
Geb. in Smolenk, jedoch nach der Schulausbildung u. vor dem eigentlichen Studienbeginn bereits 1941 einer der jüngsten Kriegsteilnehmer; nachkriegszeitliches Phil.-Studium an der Staatl. Mosk. Univ.; trotz aller seit dem Kriege gegen Hitler-Dtl. parteidogm. vorherr. Stalinscher Vorbehalte gegen jede weitere (sowieso nur noch marx.-len.) Hegel-Beschäftigung in der sowjt. Philosophie (sein Ideologiechef A. *Sdhanow erklärte 1947 dazu: „Das Problem Hegel ist längst gelöst"!) eigenständige Arbeiten zur phil. Theorie der Dialektik, allerdings zunächst ganz orthodoxmarx. einzig und allein an Hand der Marxschen Kritik der Pol. Öko. (genauer gesagt der „im ,Kapital'"), folgerichtig-kategorial dann aber auch im zunehmenden Rückgriff wiederum auf Hegel (entspr. der nachgelassenen Leninschen phil.-hist. Hefte bzw. Selbststudien zu diesem); unter den eigenständig denkenden DDR-Phil.-Studenten in Moskau ein sehr anerkannter Gesprächspartner u. Betreuer (für Hm. *Seidel ebenso wie Fr. *Kumpf); 1953–79 immer nur beschäfigt als wiss. Mitarbeiter am Inst. für Phil. der AdW der UdSSR, ohne jede weitere aka.-wiss. oder univ.-phil. Beförderung.

Publ.: Die Dialektik des Abstrakten u. Konkreten im „Kapital" von Karl Marx. Berlin 1979; Dialektik des Ideellen. Ausgewählte Aufsätze (übers. von G. Richter). Münster 1994.

Iljin, Artschil J.
1927–1981
Sowjetisch-sibirischer Spezialist für phil. Probleme der Naturwiss. in Moskau
Geb. und aufgewachsen in Ost-Sibirien; sein Vater wurde als Sowjetangestellter bereits 1937 verhaftet u. verbrachte bis 1955 insgesamt 18 Jahre in Stalins Arbeitslager; derweil beendete sein Sohn 1952 schon sein Phil.-Studium an der MGU in Moskau

und wurde z. praktisch-pol. Arbeit eingesetzt; danach wiss. Ass. für Dial. Mat. an der Phil. Fak. der MGU; mehrere Auslandsstudien wurden ihm gestattet, jedoch in der DDR gelangte er 1962–64 nur an der TH in K.-M.-Stadt und erst 1970 auch nach Berlin; 1967 Dr.-Diss. *Über dial.-mat. Grundlagen der Entw. der gegenwärtigen Biologie*; Hrsg. mit H. *Hörz: „Der dial. Mat. u. seine Kritiker" (dt.-sowjt. Gem.-Arbeit). Berlin 1975; frühzeitig verst. – Mit Iljin., dem mir beim Zusatzstudium an der MGU 1970/71 in Moskau zugewiesenen Betreuer, verbinden mich unvergessliche Episoden, über die bisher nicht weiter gesprochen oder jemals „berichtet" wurde, die ich aber für mein kurzes, eigentlich ganz unphil. Dasein in Moskau niemals vergessen habe, – jedoch erst nachwendisch richtig einordnen konnte und in dieser, ansonsten ungewöhnl. Kurzbiographie nicht einfach nur hinzugesetzt werden sollten: 1. sein erster längerer Studienaufenthalt in der DDR erfolgte an gar keiner entspr. fachphil. Einrichtung, sondern man „versteckte" ihn gewissermaßen in K.-M.-Stadt (wo bekanntlich selbst Marx nie weilte) in einem dortg. Päd. Inst., also nicht einmal im dortg. gesell.-wiss. ML-Inst. der TH (wie ich es aktuell gerade erfahren habe); 2. gleich bei unser allein dt.-sprachigen 1. Begegnung in Moskau sagte er mir auf den Kopf zu, dass sein Vater insgesamt „13 Jahre" (es waren aber insgesamt weit mehr, wie es im russ.-biogr. Phil.-Lex. Moskau 1999, S. 318 dok. steht) „im KZ" zugebracht habe, was ich zunächst nicht nur „rein zeitrechnerisch" nicht verstand und einordnen konnte, denn gemeint war damit natürlich allein Stalins Arbeitslager, was er mir damit wohl, als ostdt. „antifasch. DDR-Bürger" versetzt, keineswegs vorwurfsvoll andeuten und verständlich machen wollte, was für eine furchtbare gemeinsame Diktaturgeschichte wir haben; 3. beim Nachfragen nach der nun in Moskau zu studierenden aktuellen „sowjet-phil. Fachliteratur" meinte er nur: ich sollte „allein" (das war mehrfach gemeint) in der großen Mosk. „Lenin-Bibl." doch besser die dort ausliegende dt.-sprachige, also vor allem reichlich vorh. westdt. phil. Literatur studieren, die ich in der DDR so nicht ungehindert erhalten würde (die marx. DDR-Literatur stand da nicht weiter herum); ansonsten würde die DDR wie kein anderes sozial. „Bruderland" schon genügende sowjet-phil. Lite. übersetzen (was das vorlg. Pers.-Vz. hinreichend belegt) – Und als ich ihm 4. dann schon vertrauensvoll sagte, dass ich doch auch die schon seit Jahrzehnten gerade in Moskau weggesperrte Bogdanow-Literatur zum Ideologieproblem unbedingt noch bestellen u. nachlesen wolle, da wurde das sofort durch eine bibl.-techn. Sondergenehmigung für „Dr. Gans Pay" tatsächlich ermöglicht und herbeigeführt; – mein einziges offizielles Studienresultat bestand dann in einem ND-Lite.-Bericht zur gerade neuesten „sowjetphil." ML-Literatur (nichts als eine gedankenlos-propagandistische Titelaufzählung); die weggesperten Bogdanow-Erhebungen konnte ich für meine spätere Habil.-Schrift nicht weiter verwenden, denn dazu war nur die Leninsche Kritik an diesem erlaubt. – Niemals konnte ich mich von meinem einmaligen sowjet. Betreuer verabschieden, ihm schreiben und verständnisvoll danken, was ich hiermit an dieser Stelle, auf diese ungewöhnliche Weise nachholend nun aber doch noch p.f. tun möchte; offensichtlich haben wir (ich jedenfalls zu dieser Zeit) über die tatsächliche „phil. Lage" (an der dortg. sowjet-„phil. Front") fast gar nichts Zutreffendes erfahren u. mitbekommen, denn die in der DDR anfangs eingz. und später übersetzten Sowjet-Phil. repräzentierten offenbar überhaupt nicht das tatsächl. phil. Denken in diesem Land, was sich erst mit dem Zusammenbruch der UdSSR zeigen sollte. – Aber ich hatte auch noch eine ebenso aufschlußreiche Begegnung mit dem Logiker-Phil. A. *Sinowjew vor dessen Landesausweisung, die das schon andeuten sollte. – Doch wir konnten bereits frühzeitig in hist.-krit. Lebensberichten, eine ganz andere SU-Wirkl. betreffend nachlesen, so bei Wolfg. *Leonhard: „Die Revolution entlässt ihre Kinder" (Köln 1955) oder auch bei Kl. Mehnert: „Der Sowjetmensch" (1959); ebenso wie in der sowjt. „Tauwetter"-Lite. jener Jahre (Ehrenburg, Dudinzew u. Pasternak) und aktuell-nachwendisch schließlich bei G. Arbatow über „Das System. Ein Leben im Zentrum der Sowjetpolitik", Frankf./M. 1993. – Über A. Iljin schreibt auch H. *Hörz in seinen „Lebenswenden", Abs. 5.10, Berlin 2005, – natürlich etwas ganz anderes.

Iljitschow, Leonid Fj.
1906–1990
Sowjetphilosophischer Propagandist, parteiamtlicher Multifunktionär und Akademik
Absolvierte 1937 eine marx.-len. (parteiphil.) Ausbildung als Lehrgang am „Inst. der Roten Professur"; mehrfach parteibeauftragte Politeinätze als Chefred. der Partei-Zeitschriften „Bolschewik", „Prawda" und „Iswestja", schließlich 1958–61 Leiter der Abt. Agitation und Prop. beim ZK der KPdSU und 1961–65 Ideologie-ZK-Sekretär unter Chruschtschow u. als solcher ordl. Aka.-Mitgl. der UdSSR; Mitautor der neuen (nachstalinschen) parteioffiziellen Lenin-Biographie. Mosk. 1960, Berlin 1961 sowie Mitglied der Hauptred. zur völlig überar. Gesch. der KPdSU. Moskau 1969 ff (ebenfalls in fortl. dt. Übersetzung). Sein Einfluss auf die SED, ihre gesamte parteiideolg. Arbeit in den 60er Jahren und damit auch auf die damalige marx.-len. DDR-Philosophie als deren unabdingb. Anhängsel, sollte wiederum prägend sein und erstreckte sich in engster ideologischer Zusammenarbeit mit seinem folgsamen SED-Partner Kurt *Hager über die abschließenden beiden Jahrzehnte. Denn die erneute Orientierung auf Stalins Grundkurs zum dial. und hist. Mat. (enthalten in dessen KPdSU-Gesch. von 1938) sollte nun wieder (poststalinistisch der Grundstruktur nach) die parteiphil. Ausrichtung der marx.-len. Lehrtexte von Engels (Anti-Dühring) u. Lenin (Mat. u. Em.) bestimmen; der einzige ostdt. „marx.-phil."LB-Versuch von A. *Kosing (1967) wurde daraufhin (von Hager persönlich angewiesen) ausgesetzt.
DDR-Philosophenlexikon 1982 (GSE); in der russischen Phil.-Enzykl. von 1999 wird I. nur noch mit 10 funktionsbeschreibenden Zeilen bedacht, ohne jeden phil. Bezug.

Publ.: Über das Werk Engels „AD". Moskau 1952, Berlin u. Warschau 1953 und Praha 1954; (gem. mit N. S. Chruschtschow): Die Kunst gehört dem Volke. Reden z. Kulturpol. der KPdSU. Berlin 1963; (ebenso): Der M-L, unser Banner, unsere Waffe. Berlin 1963; Methodologische Probleme der NW und der GW. SH der Einheit. Berlin 1964; (Leiter eines Autorenkollektivs): Friedrich Engels (Biographie). Moskau 1970 (dt. Übers. ebenda 1973, 1975, 1977).

Irrlitz, Gerd
3. Juni 1935
Philosophie-Historiker in Berlin, an der Akademie wie an der Universität
Geb. in Leipzig als Sohn eines Lehrers, der in der NS-Zeit 1935–39 verhaftet und verurteilt wurde, nachkriegszeitlich Bezirksschulrat war und zuletzt in der SED-BL Leipzig arbeitete; 1941–49 Besuch der GS, danach Herder-OS mit Abitur u. SED-Eintritt 1953 ebenda; anschl. bis 1958 Phil.-Studium an der KM-Uni. Leipzig (Nebenfach Psychologie); in den Wirren um die Zwangsemeritierung des Inst.-Direktors E. *Bloch zunächst keine Diplomübergabe, sondern 1958/59 zunächst als wiss. Ass. im gesell.-wiss. Grundstudium der ML-Univ. Halle eingesetzt; daselbst auf eigenen Wunsch „ausgeschieden, um für zwei Jahre als Leiter der sozial. Bildungsstätte bei der SED-KL des VEB Chemische Werke Buna zu arbeiten" (Diss.-Lebenslauf 1967); daher bereits Sept. 1961 Wechsel in die aka. Arb.-gruppe Phil. zur Edition phil.-hist. Texte an der AdW in Berlin, aus der das spätere Aka.-Inst. für Phil. (erste Direktoren: G. *Klaus u. M. *Buhr) hervorging; 1967 aka.-phil. Prom. zu *Probleme der Dialektik des Gesch.-prozesses im Denken Rosa Luxemburgs* (Gutachter weiterhin ungeklärt); 1968 gem. mit Buhr wichtige phil.-hist. Publ. zum „Anspruch der Vernunft", womit jedoch die theor. Quellen des Marxismus in der klass. bürgl. dt. Phil. gemeint waren, Teil 1 (entsch. Forts. mit Hegel nicht mehr erschienen); nach Ause. mit der selbstherrlichen Institutsleitung unter *Buhr (gem. mit H. *Pepperle) 1973 Wechsel an die Sektion marx.-len. Phil. der HU Berlin als Oberass.; sehr anerkannte Lehre zur Gesch. der Phil. (aber nur Antike u. MA), so auch an der Theolg. Fak.; obwohl bereits ausgew. Spezialist für die klass. dt. Phil. (speziell durch wichtige Hegel-Ed.) wurde ihm jedoch zu dieser/diesem keine Lehre gestattet, da angeblich bereits „lehrbesetzt" durch F. *Kumpf in Nachfolge von G. *Stiehler; tatsächlich war das aber offenbar eine nachwirkende Buhraka. Anweisung, der uniphil. u. parteipol. entsprochen wurde; 1976 Prom. B als *Studie über den Ursprung der Moral* (Gutachter: G. *Stiehler, W. *Heise u. M. *Simon); anschl. 10 Mon. Zusatzstudium in Moskau an der MGU; daraufhin 1977 Doz. u. 1983 ordl. Prof. für Gesch. der antiken u. mittelalterlichen Phil.; Mitglied der PL-APO Lehrkörper (für Agitation u. Propaganda), aber auch internes Parteiverfahren, jedoch nicht wegen bes. phil. Fragen; Herbst 89 Austritt aus der SED u. sofortige Mitwirkung (nach Rücktritt der Sektions-Direktorin H. E. *Hörz, dann gemeinsam mit dem amt. Inst.-Direktor Heinz *Kuchling) an der versuchten Selbsterneuerung des Berl. Phil.-Instituts durch Bildung einer Struktur-Personalkom. z. eigenen fachphil. Evaluierung der bishg. phil. Arbeit aller Inst.-Mitarbeiter während der abgelaufenden DDR-Zeit; teilweise „ausgesetzt" u. schließlich gegenstandslos gemacht durch eine spätere, alles dominierende (neustaatliche/gesamtberliner) PSK unter dem fest eingz. westdt. Gründungsdirektor Fr. *Gethmann (Univ. Essen); 1991 Fellow am Wiss.-kolleg in West-Berlin und 1992/93 Gastprof. an der Univ. Konstanz; 1993 (einzige) Wiederberufung als C3 Prof. für das Lehrgebiet Phil. Propädeutik u. Gesch. der Phil. am thematisch vollstg. umstrukturierten u. personell gänzlich erneuerten Inst. für Phil. der HU Berlin (zusätzliche Logik-Berufung für H. *Wessel); weiterhin erfolgreiche univ. Vorlg.-Tg. und 2000 em.

mit Abschieds-Vorlg zu „Das Bild des Weges in der Philosophie" und Festschrift „Phänomenologie u. Geschichte"; 2002 umfängl. Kant-Handbuch, das jedoch von westdt. fachphil. Seite maßlos kritisiert wurde; 2008 biogr. Arbeit zum einzigen bürgerlich-sozialist. Rechtsphil. A. *Baumgarten, der aus der Schweiz in die DDR kam u. sich zum Marxismus bekannte sowie 2013 ebenso (gem. mit E. *Müller) zu W. *Heise eine Ed. mit dessen ausgewählten Schriften; versch. Rückerinnerungsartikel zu seinem wichtigsten Leipziger Phil.-Lehrer Ernst *Bloch (S&F-1985 und DZfPh-2010) wie auch grundsätzlich zur Gesch. der DDR-Phil.
DDR-Pers.-Lexikon 2010 (Ch. *Links).

Publ.: (gem. mit M. Buhr): Der Anspruch der Vernunft (Kant, Fichte, Schelling, Lessing, Herder, Goethe und Schiller). Die klass. bürgerl. dt. Phil. als theor. Quelle des Marxismus. Teil 1. Berlin 1968 sowie Köln 1976 und Moskau 1978 (hrsg. von A. V. Gulyga); (Hrsg.): G. F. W. Hegel: Pol. Schriften. Phil. Studientexte. Berlin 1970; (Ebenso): Vorlg. über Gesch. der Phil. in 3 Bänden. Rc.-Leipzig 1971 (2. A. 1982) und West-Berlin 1984; (ebs.): Jenaer Schriften. Berlin 1982; (Mithrsg. D. Lübke): Marx/Engels Über Gesch. der Phil., ausgw. Texte. Leipzig 1983 (2. A. 1985); Kant-Handbuch. Stuttgart 2002 (2. verb. A. 2010); Rechtsordnung u. Ethik der Solidarität. Der Strafrechtler u. Phil. Arthur Baumgarten. DZfPh SB 22. Berlin 2008; (Mithrsg. E. Müller): Wolfg. Heise. Schriften in 2 Bdn. (Bd. 2 gem. biogr. Abriß). Frankf./M. 2013. – Autor der DZfPh seit 1965–1982 mit insgesamt 11 Beiträgen (Rez. u. 4 Artikel).

Jablonski, Siegfried
7. Juni 1950
Naturhilosophisch promovierter Trauerredner
Geb. in Neubrandenburg; 1957–67 POS (10. Kl.); danach prakt. Arbeit als Elektromonteur; 1968–72 Volkshochschule (Abendgymnasium) und Abitur (Hochschulreife); anschließend Grundstudium Theologie 1973/75, jedoch abgebrochen; 1975/76 Arbeit als Tonmeister; ab Dez. 1977 Gestaltung von Trauerfeiern (Grabredner); 1980–86 Phil.-Fernstudium an der HU Berlin (Dilpom-Phil.), abgeschl. mit der Belegarbeit *Die Betreuung Hinterbliebener als humanist. Auftrag in der sozialist. Gesell.*; 1990 phil. Prom. am naturphil. *Ley-*Wessel-Lehrstuhl der Sektion Phil. der HUB z. Thema: *Trauer u. Entwicklung* (Gutachter: K.-F. *Wessel, G. *Tembrock, J. *Erpenbeck); zeitweilig wiss. MA am Institut für Humanontogenetik (1992); seit 1993 freiberufl. Computer-Administrator.

Jacoby, Günther
21. April 1881–4. Jan. 1969
Mitbegründer der Neueren Ontologie u. letzter bürgl. Phil.-Prof. der DDR (Greifswald)
Geb. in Königsberg als Sohn eines Theologie-Prof.; 1899–1903 Studium der Theologie, daneben auch Germanistik in Tübingen u. Königsberg; 1903 daselbst zunächst theolg. Prom. über die *Glossen zu den neusten kritischen Aufstellungen über die Composition des Buches Jeremias* u. 1904 Staatsprüfung für höheren Schuldienst (Religion und Deutsch); 1904–1906 fortges. Studium der Phil. in Berlin u. phil. Prom. zu Herders "Kalligone" bei Fr. Paulsen; danach ungewöhnliche Studienaufenthalte als Austauschlehrer in Paris und Glasgow; 1909 einzig mögl. Habil. in Greifswald

zu *Herder und Kants Ästhetik* (bereits 1907 publ.), wobei die Probevorlesung ungemein aktuell vom amerik. Pragmatismus handelte (publ. 1909), was ihn wiederum 1910–13 (auf Einladung von William James ebenso wie im Auftrag des preuß. Kultusministe rium) zu Gastvorlesungen über deutscher Philosophie- und Literaturgeschichte nach Amerika führte; auf einer anschl. Bildungs- u. Vortragsreise gelangte J. über China, Indien, Ägypten u. Spanien wieder zurück nach Deutschland; im I. Weltkrieg bereits 1914 schwer verwundet (dadurch lebenslange Schwerhörigkeit mit einem Kuhhorn als Hörgerät, in das hineingesprochen wurde) und als dienstunfähig entlassen; daraufhin 1915–18 Dozenteneinsatz an der gerade gegründeten deutschen Universität in Konstantinopel; nachfolgend 1919/20 Freikorpseinsatz im Baltikum gegen sowjet-russ. Übergriffe sowie beim reaktionären Kapp-Putsch in Greifswald; daselbst a.o. Prof. (neben H. *Pichler) u. dort weitere 50 Jahre verbleibend; davon arbeitet er über 30 Jahre ununterbrochen in schwierigen Zeitumständen an seiner dreibändigen großen „*Allgemeinen Ontologie der Wirklichkeit*" (1925/55); erst 1928 aplm. Extraordinarius, aber bereits 1936 wegen seiner „ungeklärten nichtarischen Abstammung großväterlicherseits" trotz „Führereingabe" zwangsem. u. unaufhebbares Lehrverbot; 1945 sofort durch die sowjt. Besatzungsmacht rehabilitiert und nun als o. Prof. (Lehrstuhlinhaber) für Philosophie wieder eingesetzt (in guter Zusammenarbeit mit dem sowjet. Kulturoffizier *Jessin); daher 1946–48 auch erster Nachkriegsdekan der (noch großen) Phil.-naturwiss. Fakultät und als letzter sog. „altbürgerlicher" Univ.-Philosoph noch bis 1958 in Greifswald lehrend, dann aber im Dauerkonflikt mit dem parteiamtlich eingz. Neu-Marxisten E. *Albrecht abgesetzt; seit 1950 alleiniges ostdt. Mitglied im Vorstand der (westdt.) Allgemeinen Gesellschaft für Philosophie in Deutschland, aber zugleich auch Mitarbeit im 1953 gebildeten 1. Beirat für Philosophie beim Staatssekretariat für HS-Wesen der DDR (erster Vors. E. *Bloch); im Zusammenhang mit seiner ungemein kritischen „*Denkschrift über die gegenwärtige Universitätsphilosophie in der DDR*" (1954) zunehmende Ause. und Anfeindungen, nun auch zu seiner große „Ontologie" (1955) mit dem Staatsparteiapparat der SED-DDR u. ihren Kader-Philosophen (so auch mit W. *Harich) u. vor Ort wiederum mit E. *Albrecht, was zu seiner endgültigen Emeritierung u. Lehrunterbindung führte; selbst seine durchaus diskutable "Logik-Geschichte" konnte 1962 nur noch in der BRD erscheinen; in den nachfolg. Jahren entwickelte sich daraufhin zw. dem „alten Jacoby" und dem „jungen westdt. Assistenten", Jürgen *Mittelstraß noch ein lebhafter inhaltsreicher wiss. Briefwechsel; 1969 fast unbeachtet als letzter in der DDR verbliebener, alt-„bürgerlicher Philosoph" in Greifswald verst., wobei sein gesamter wiss. Nachlaß (zuvor in Greifswald noch „DDR-bezüglich" von einem univ. Bibliothekar, P. *Hadler, im Auftrag von Erh. *Albrecht observiert u. aussortiert!) an seinen wichtigsten früheren Schüler, Baron *Freytag Löringhoff, Tübingen vererbt u. überführt wurde, archiviert zugänglich in dortg. UB; erst mit der Wende u. dem Ende der DDR 1989/90 gründete sich in Greifswald ein sog. Jacoby-Kreis ehemaliger Schüler u. Anhänger, erfolgte die univ. Wiederbelebg. seines phil.-ontolg. Denkens u. 1993 eine Neuauflage seiner gr. „Ontologie" von 1925/55 sowie weitere

Veröffentlichungen zu seinem Leben und Werk; so auch eine späte stadtuniv. Ehrung mit einer dort üblichen Gedenktafel an seinem vormlg. Wohnhaus in Greifswald für den Mitbegründer der Neueren Ontologie; – während jedoch von den abgewickelten DDR-Phil. Jacoby wenigstens p. f. noch gedacht wurde, erfolgt das bei den neu berufenen westdt. Phil. in keiner Weise mehr; der amtlich eingesetzte Gründungsdirektor W. *Stegmaier ist ein ausgewiesener „Nietzsche-Spezialist" und versteht sich als sog. „Philosoph der Orientierung" in Greifswald, wozu die durchaus auch überregional bedeutsame Greifswalder Univ.-Phil. der letzten 150 Jahre, selbst Günther Jacoby oder gar die der DDR-Phil. vor Ort (trotz aller Um- u. Neuorientierung) einfach nicht mehr gehören.

DDR-Personen-Lexikon 2009 (H.-C. *Rauh), aber nicht erfaßt im DDR-Phil.-lexikon 1982.

Publ.: Herder und Kants Ästhetik, Leipzig 1907; Der Pragmatismus. Neue Bahnen in der Wiss.-lehre des Auslandes. Eine Würdigung. Leipzig 1909; Herder als Faust. Eine Untersuchung. Leipzig 1911; Allgemeine Ontologie der Wirklichkeit. Bd. I, Halle 1925, Bd. II/1+2, Halle 1928–1955 (Nachauflage Tübingen 1993 mit Literatur-Vz.); Der Anspruch der Logistiker auf die Logik und ihre Geschichtsschreibung, Stuttgart 1962.
Würdigungen: B. Freytag-Löringhoff: Günther Jacoby 80 Jahre alt. In: Zeitsft. für phil. Forschung, Bd. 15/H. 2 (1961); E. Albrecht: Zur Rolle der Ontologie in der spätbürgerl. Phil. DZfPh. H. 7/1981; (Hrsg. H. Frank u. C. Häntsch): Günther Jacoby (1881–1969). Zu Werk u. Wirkung. Greifswald 1993; H.-C. Rauh: Der Greifswalder Universitätsphilosoph Günther Jacoby u. die DDR-Philosophie (mit Denkschrift 1955), – DZfPh. H. 3/94; Kurt Wuchterl: Bausteine zu einer Geschichte der Philosophie des 20. Jhd., Bern-Stuttg.-Wien 1995, Abs. 15.22 G. Jacobys Transzendentalontologie; H. Scholl: Existentielle Ontologie jenseits des Existentialismus. DZfPh H. 3/1997; (Hrsg. H.-C. Rauh u. H. Frank): Günther Jacoby. Lehre-Werk u. Wirkung, Lübeck 2003 (darin eine umfangreiche Dok. zu Jacoby und die Anfänge der DDR-Phil. bis 1958/61 sowie der Briefwechsel Jacoby-Mittelstraß 1962–67). – *Anfänge*: Der Greifswalder Philosoph Günther Jacoby (1881–1969). Ein Neuanfang geistiger Freiheit in der Philosophie bei sich anbahnender neuer Ideologieherrschaft (H. Scholl).

Janka, Walter
29. April 1914–17. März 1994
Leiter des Aufbau-Verlages und dessen phil. Editionen mit Harich bis Ende 1956
Geb. in Chemnitz; Vater Werkzeugmacher; 1920–28 Besuch der Volksschule, 1928–32 Lehre als Schriftsetzer; seit 1930 pol. organisiert im komm. Jugendverband; 1933/34 verurteilt u. im Zuchthaus Bautzen u. KZ Sachsenburg; 1935 in die Tschechoslowakei abgeschoben; 1936/37 Teilnahme am span. Bürgerkrieg und schwer verwundet; 1939/41 Flucht über Frankreich und Casablanca ins Exil nach Mexiko; gemeinsam mit Paul Merker u. A. *Abusch Gründung der Bewegung „Freies Deutschland" sowie antifasch. Verlagsarbeit; nach der Rückkehr 1947 Ablehnung einer militärischen Karriere u. zunächst geschäftsf. Direktor bei der DEFA (aber bereits 1949 abgesetzt); 1950 zum Aufbau-Verlag u. 1952–56 dessen erfolgreichster Leiter; in dieser kurzen Zeit werden nicht nur Werkausgaben der Brüder Hr. und Th. Mann verlegt, sondern (in dieser Weise weder im SED-Parteiverlag noch im staatl. Akademie-Vg. möglich) vor allem die damals wichtigsten phil. Werke in den Anfangsjahren der DDR: von Georg *Lukacs und Ernst *Bloch, die als reguläre Werkausgaben veran-

schlagt waren, jedoch dann nach 1958/1961 in die BRD „vergeben" wurden; W. J. ist neben W. *Harich wichtigster verlagsred. Anreger und Begleiter für diese phil. Literatur, wozu auch eine mehrbändg. Reihe der „Philos. Bücherei" (nach Verlust der F. *Meinerschen „Phil. Bibl." in Leipzig 1951) gehörte, die der damalige „geisteswiss." Cheflektor des Aufbau-Verlages Wg. *Harich u. sein gebildeter red. Mitarbeiter Fr. *Bassenge dadurch überhaupt erst realisieren konnten; Ende 1956 jedoch gem. mit Harich u. a. verhaftet und 1957 in getrennten Prozessen als angeblich staatsparteifeindl. u. konterrevolutionäre Gruppierung zu mehrj. Zuchthausstrafen verurteilt; am 23. Dez. 1960 nach internationalen Protesten vorzeitig aus der Haft wieder entlassen u. erneute dramaturg. Arbeiten für die DEFA (u.a. „Goya"-Film mit K. Wolf: „Der arge Weg der Erkenntnis"); 1972 Wiederanerkennung als Verfolgter des Naziregimes u. erneute Parteiaufnahme in die SED, aber ohne eine wirkl. parteipol. Rehabilitierung wegen der Verurteilung von 1957 zu erreichen; trotzdem wird ihm am 1. Mai 1989 der VVO in Gold verliehen u. von ihm auch angenommen; noch im Okt. 1989 erscheinen, praktisch-politisch ins Ende der DDR entscheidend mit hinein wirkend, bei Rowohlt erste Teile seiner Memoiren *Schwierigkeiten mit der Wahrheit*, über seine Verurteilung u. DDR-Haftzeit 1957 ff.; die Ostberliner Lesung ders. mit diesem Titel im DT wirke daraufhin wie ein Fanal zur beginnenden hist.-krit. Aufarbeitung der DDR-SED-Gesch. insgesamt, und somit auch ihrer Philosophie(!), insb. deren bis dahin unaufgeklärten und verschwiegenen Anfänge wie punktuell vergessenen Personalien; sowohl das Oberste Gericht der DDR wie die SED/PdS rehabilitierte ihn juristisch wie politisch noch im Jahre 1990; jedoch mit dem „Chef-Philosophen" des Verlages, W. *Harich, seinem früher wichtigsten Mitstreiter in allen phil.-publ. Vorhaben der 50er Jahre, entbrannte daraufhin ein erbitterter publizistischer Disput u. Rechtsstreit um angeblich gegenseitig belastende Zeugenaussagen im Prozess 1957, worauf Harich mit einer Schrift: „Keine Schwierigkeiten mit der Wahrheit" (1993) antwortete; 1991 erschien Js. Autobiographie „Spuren eines Lebens" u. 1993 in „seinem" Aufbau-Verlag „Erinnerungen eines dt. Verlegers"; verst. 1994 in Berlin, ohne das es zu einer Klärung der gegenseitigen Vorwürfe oder gar Aussöhnung beider prominenter Opfer der SED-Stasi-Willkürherrschaft kommen sollte; zum 100. Geb. 2014 ganztägige Gedenkkonferenz in Berlin; bes. phil. Lite. der DDR erschien nach dem Ausscheiden von Janka und Harich nicht mehr im Aufbau-Verlag.
DDR-Personen-Lexikon 2010 (C. Wurm/B.-R. Brandt).

Lite.: B. Hoeft (Hrsg.): Der Prozeß gegen Walter Janka u. a. Eine Dok. Berlin 1990; Nach langem Schweigen endlich sprechen. Briefe an W. J. Berlin 1990; C. Wurm: Der frühe Aufbau-Verlag 1945–1961. Berlin 1995; S. Sieber: W. J. u. Wolgang Harich. Zwei DDR-Intellektuelle im Konflikt mit der Macht. Berlin 2008; Hefte zur DDR-Gesch. Nr. 131: Partisan im Kulturbetrieb. Beiträge zum 100. Geb. von W. Janka. Helle Panke. Berlin 20 14; (Hrsg. H. Schneider): Zu Kreuze kriechen kann ich nicht! Walter Janka – Erinnerungen u. Lebenszeugnisse. Berlin 2014.

Janzen, Nikolai F.

Keine Lebensdaten nachweisbar

Sowjetischer ML-Philosoph-Propagandist in der SBZ/DDR

Als Oberstleutnannt der Roten Armee 1943–49 marx.-len. Phil.-Lehrer für umschulungswillige dt. Kriegsgefangene (darunter auch spätere SED-Partei-Phil.) an versch. Antifa-Schulen in der UdSSR, daher kein bes. operativer SMAD-Einsatz in der SBZ wie bei I. M. *Jessin (Uni.) oder G. I. *Patent 1945–49 (Vortragstg.) nachweisbar; als sowjt.-russ. Phil.-Prof. dann jedoch geradewegs 1956–59 (nach Ausschaltung von Ernst *Bloch u. seines Einflusses) in Leipzig erneut z. mehrjährigen parteiphil. Propagandaeinsatz in der DDR unterwegs; doch seine „Gast"-Professur wurde nicht mehr am univ. Phil.-Institut, auch nicht am FMI in Leipzig eingerichtet, sondern am dort gerade erst gegr. Literatur-Institut „Joh. R. Becher", beim damlg. 1. Direktor A. *Kurella 1954–57 (nach dessen eigener verspäteter Rückkehr aus der UdSSR); zusätzlicher Lehreinsatz auch an der SED-PHS „Karl Marx" in Berlin u. ab 1960 wieder Phil-Prof. an der Parteihochschule beim ZK der KPdSU in Moskau; verst. daselbst im Jan. 1973; bei diesem außerordentl. sowjetphil. Einsatz wirkte auch Viktor *Stoljarow mit, der dann später als einziger sowjet. Phil. längere Zeit in der DDR verblieb und am IfG des ZK der SED auch promovierte; beide bleiben jedoch im aktuellen sowjet.-russ. Phil.-Lexikon (Moskau 1999) vollständig unerwähnt.

Publ.: Die marx.-len. Theorie der Klassen u. des Klassenkampfes. Lektion an der PHS „Karl Marx" beim ZK der SED. Berlin 1958/59; Ein Mensch, wie stolz das klingt. Vom Sinn des menschl. Lebens (in unserer Epoche). Berlin 1959/60; Kompaß fürs Leben. Urania-Verlag Leipzig-Jena-Berlin 1960/61 (insgesamt 4 Auflagen).

Jessin, Iwan M.

25. 10./8. 11. 1907–26. 11. 1979

Sowjetischer Hochschul-Offizier der SMAD für Mecklenburg-Vorpommern

Zunächst Studium an der Physikalisch-Mathe. Fak. der Univ. Kasan; nach 1930 an der Phil.-Gesell.-wiss. Fak. der Mosk. Univ.; daselbst eventuell (oder auch erst nachkriegszeitlich?) phil. Prom. zur mat. Phil. Ludwig Feuerbachs (in der DDR publ. 1956); danach marx.-len. Lehre an versch. Fachhochschulen in Kuibyschew und Astrachan; Kriegsteilnahme als Politoffizier der Roten Armee, am Ende im Rang eines Major; nach 1945 operativer Einsatz als Kultur- bzw. Bildungsoffizier (auch „Hochschuloffizier" genannt) der SMAD in der SBZ, speziell in deren Propaganda- bzw. Informations-Abteilung unter der Leitung von Generalmajor Prof. S. I. *Tjulpanow bzw. der Abt. Volksbildung unter Leitung des Generalleutnant Prof. P. W. *Solotuchin sowie speziell der Hochschulabteilung (e. Akademie) unter Leitung von Hauptmann Dr. P. I. *Nikitin; darin unabdingbar eingebunden zuständig für den nord-ostdt. Militärbezirk (Mecklenbg.-Westvorpommern) und ihre beiden Landes-Universitäten Rostock und Greifswald und speziell deren Phil. Fakultäten (Rostock auch Gewifak); beaufsichtigte besonders die wenigen noch übrig gebliebenen entzazifizierten „bürgerlich-demokratischen" Univ.-Phil.-Professoren, um deren sowjetphil. Kontrolle, Disziplinierung und Belehrung es ihm dann aber auch in Jena ging; denn ausgerechnet dort gab J. 1947 ziemlich „eigenverantwortlich" (oder gar willkürlich?) versuchsweise einen ziemlich problematischen primitiv-dogm. (Leninschen) Fragebogen (nach dessen vormlg. Parteischulungs-„Fragen an den Referenten" von 1908) heraus, der durch Hans *Leisegang gründlich beantwortet, sogar überliefert ist u. dadurch frühzeitig (allein) in Westdt. auch veröffentlicht wurde (s. entspr. Leisegang-Dok. im *Anfänge*-Bd. 2001); danach sollten die letzten „altbürgerlichen" ostdt. Univ.-Phil. in der SBZ auf genau 100 S. befohlener Ausarbeitung ein def. Bekenntnis zu ihrer, natürlich „bürgl.-idealistischen Philosophie" unter der vorgegeb. Überschrift *Meine Weltanschauung* ablegen, das dann in Moskau weitergehend überprüft werden sollte; allein von *Leisegang, der darauf ganz gezielt antworten sollte, ist nun ein solches Schriftstück (als Fragebogenbeantwortung) überliefert und nach dessen Flucht aus der SBZ u. seinem Tode 1951 in West-Berlin unter dem obigen Titel im „Monat" anonym publ. worden; aber auch G. *Jacoby aus Greifswald, der mit Major Jessin mehrfach phil.-mtl. disk. hatte, publ. später offensichtlich ebenso „auftragsgemäß" u. bereitwillig auf genau 100 Druckseiten ein abschl. zusammenfassendes „Ergebnis"-Kapitel zu seiner gr. dreibändg. Ontologie (Halle 1955, Bd. III), worauf jedoch nach dessen kritischer „Denkschrift" von 1954/55 überhaupt nicht mehr in der DDR (überlagert durch das Krisenjahr 1956), aber später auch so niemals in der BRD eingegangen wurde, weil es natürlich ein wohl zu weitgehendes, obwohl krit. Disk.-angebot des alten Jacoby an den Dial. Mat. darstellte; der dann allein vorherrsch. marx.-len. Kader-Phil. Eh. *Albrecht org. für den inzwischen schon lange wieder heimgekehrten sowjet. Polit-Offiziers u. Partei-Phil. (1949–73 Prof. für Marx.-len. Phil. an der KPdSU-PHS in Moskau) mehrfach entspr. propagand. Vortrags- u. „Freundschaftsbesuche" in Greifswald (obwohl an dessen eigentlicher endkriegsbedingten kampflosen Kapitulation u. Übergabe gar nicht unmittelbar beteiligt) u. schließlich 1958 die Verleihg. der „Ehrendoktorwürde" an den Major Prof. Jessin durch die Phil. Fak. der EMAU (zeitgleich so auch Ehren-Senator der Univ. Rostock), nachträglich zu dessen 50. Geb. wegen seiner Verdienste um die „Demokratisierung (!) des Hochschulwesens in Mecklenburg" (nachwendisch nennt das selbst A. *Nikitin schlicht eine „*Sowjetisierung*"); anlässlich des 40. Jahrestages der Oktober-Revolution wird zugleich Anfang Nov. 1977 auch noch sein 70. Geb. an der Univ. Greifswald gefeiert, wozu E. Albrecht wiederum eine univ. Gedenkrede hielt (Univ.-Reden, NF 42,1979); verst. Nov. 1979 in Moskau (univ. Todesanzeige vom 20. Dez. d. J.); an all diese unterwürfigen Peinlichkeiten gegenüber der letztlich unqualifiziert vorherr. Sowjet-Philosophie, ihren dazu parteiamtlich immer sehr genau ausgewählten und zugeschickten Repräsentanten, will sich heute natürlich gerade in Greifswald kaum noch jemand erinnern u. ihr univ.-phil. Hauptakteur ließ nachwend. alle seine diesbezügl. Reden u. Aufsätze, zuvor laufend in der UB hinterlegt, aus dieser wieder stillschweigend abholen; eine krit. Ause. um seine jahrzehntelange univ.-phil. Funktionsweise fand nie statt.

Publ.: Die materialistische Philosophie Ludwig Feuerbachs. Berlin 1956; Rede zur Ehrenpromotion vom 24. 2. 1958 (erst verspätet 1975 veröfftl. in Greifsw. Univ.-Reden, NF Nr. 31); Mithrsg. u. Red. für A. Cornu: „Marx und Engels": Teil 2, 1844–1845. Moskau 1961. Im sowjetruss. Phil-Lexikon (Moskau 1999) nicht erfasst, weil offenbar keinerlei fachphil. Ausbildung u. Wirksamkeit aus postsowjet., nun allein fachphil. Sicht erkennbar. – *Anfänge:* „Philosophische" Fragebögen in der SBZ u. ihre Beantwortung (Dok. H.-C. Rauh), ebenso Hinweise in den univ.-phil. Institutsgeschichten von Jena (Leisegang), Greifswald (Jacoby) u. Berlin (L. Richter) in Bd. IV der vorlg. Aufarbeitungs-Reihe.

Jobst, Eberhard
29. Dez. 1934
Technikwissenschaftler in Karl-Marx-Stadt
Geb. in Frohnau/Erzgeb.; Besuch der Volksschule 1941–49 und anschl. Lehre als Forstfacharbeiter u. tätig in diesem Beruf; 1952–55 ABF u. 1955–60 Phil.-Studium an der KMU Leipzig; danach 1960–90 ununterbrochene Tg. im gesell.-wiss. Grundlagenstudium an der TH Karl-Marx-Stadt/Chemnitz bis zur endgültigen Abwicklung der ML-Sek. z. 1. 10. 1991; 1960–68 als wiss. Ass. daselbst, aber phil. Diss. (Projekteersteller u. Betreuer Joh. Müller) 1967 an der Phil. Fak. in Leipzig z. Thema *Phil. Probleme des Wechselverhältnisses von techn. Wiss. u. Naturwissenschaft* (Gutachter: A. *Kosing u. H.-J. Reinbothe); 1968 Berufung zum HSD für marx.-len. Phil. (dial. u. hist. Mat.) an der ML-Sektion der gen. TH; Prom. B 1975 wiederum an der TU Dresden z. Thema *Die Einheit des ML als Grundlage einer neuen Qualität der ingenieurwiss. Tg. im Sozialismus* (Gutachter: L. *Striebing, E. *Herlitzius u. H. Weber); anschl. Berufg z. o. Prof. für dial. u. hist. Mat. an der ML-Sektion seiner HS; daselbst Leitung einer technikphil. Forschungsgruppe u. 1984 Prorektor für Gesellwiss. an der TH Karl-Marx-Stadt; nach Abwicklung u. Entlassung dreij. (technikwiss.) Forschungstg. 1992–94 am Max-Planck-Inst. für Europäische Rechtsgesch. in Frankf./M.; anschl. 1995–2005 freiberufl. Honorardoz. an Berufsschulen in Zwickau u. Beiersfeld.

Publ.: (Mitautor G. Banse): Weltanschaulich-phil. Probleme der Technik. Ministerielles Lehrmaterial zur Ausbildung von Diplomlehrern der Polytechnik. Min. für VB der DDR. Berlin 1978 (Nachdruck 1982); (Mitautor): Wiss.-techn. Fortschritt, Sozialismus, Persönlichkeit. TH Karl-Marx-Stadt 1981; (Autorenkollektiv): Mikroelektronik und künstl. Intelligenz. Berlin 1987; (Mit-Hrsg. J. *Mittelstraß): Allgemeinbildung heute (Kongreß in Italien, Juni 1988). Bad Honnef 1988; (Hrsg.): Technikentw., Technikforschung, Ingenieurausbildung (Symps. in Chemnitz, Febr. 1991). Klagenfurt 1992; Technikwiss., Wissensintegration, interdiszpl. Technikforschung. Eine Problemstudie. Frankf./M. 1995. – 6 gemeinschaftl. DZfPh-Artikel 1968–1989.

Johannsen, Hermann
17. Okt. 1889–24. Jan. 1970
Lehrtätigkeit zur logisch-philosophischen Propädeutik bis 1956 in Jena
Geb. in Northeim (Hannover); Vater Reichsbahnbeamter (Werkstättenvorsteher); Mittelschule (Progymnasium), anschl. 3 Jahre Lehrerseminar und 1910–12 tätig als Volksschullehrer; 1912 in Goslar Reifeprüfung, um studieren zu können: bis 1914 in Göttingen u. Jena; am 2. Aug. d. J. Kriegsfreiwilliger und bis Sept. 1917 „im Felde", dann als

dienstuntauglich entlassen, anschl Studienwiederaufnahme und phil. Prom. 1918 in Jena z. Thema *Die phil. Propädeutik im Lehrerseminar* (publ. 1919 mit dem Zusatztitel: Notwendigkeit und Aufgabe des phil. Unterrichts an Lehrerbildungsanstalten); 1925 Habil. zum Thema *Der Logos der Erziehung* (publ. in der Reihe Jenaer phil. Abhandlungen, Bd. 1); 1928 als PD zum nbao. Prof. ernannt und Lehraufträge für phil. Propädeutik u. phil. Pädg.; während der NS-Zeit pol. unauffällig: „Seine theor.-kontemplative Grundhaltung gestattet keine ausgeprägten Führereigenschaften" beurteilt ein „NS-Doz.-Führer am Pädg. Inst. Jena"; 1939 trotzdem außerpl. Prof. in Jena; 1945/46 regulär u. problemlos entnazifiziert, jedoch Übernahme nur an die neugegründete Sozial-Pädg. Fak. (Prof. Petersen) u. „Berufung auf den Lehrstuhl" (ordentl. Prof.) für „Geschichte u. Theorie der Pädagogik" 1947/48 („im Angestelltenverhältnis ernannt"); eine Berufung auf das Lehrgebiet „Gesch. der Pädg. und systm. Phil." wird ausdrücklich abgelehnt; eine univ. „Charakteristik" von 1950 vermerkt „Fachlich: Auf seinem Gebiet von solidem Wissen, geschickter und guter Pädagoge. Politisch: fortschrittlich bürgerlich, positive Einstellung zur DDR, von liberaler Haltung." und „weitere Verwendung unbedenklich"; mit der endlichen nachkriegszeitl. Wiedergründung eines Inst. für Phil. auch in Jena (neben Berlin und Leipzig) erfolgt rückwirkend zum 1. 9. 1951 die Ernennung zum o. Prof. mit Lehrstuhl für das etwas abgelegene Lehrgebiet „Logik u. ET" an der Phil. Fak. der FS-Uni. Jena; vertritt die formale Logik traditionell (also nicht modern-mathe.) im Anschluß an Bruno Bauch (seinem wichtigsten Lehrer in Jena) u. Hm. Lotze (s. L. *Kreiser, 2009, S. 170), daher auch nicht an der Jenaer Logik-Konferenz 1951 (Veranstalter P. F. *Linke) unmittelbar beteiligt bzw. gar nicht erst eingeladen; am 15. Dez. 1953 Ernennung zum „Fachrichtungsleiter für die Studienrichtung Phil." an der FSU Jena (Prof. *Linke ist inzw. em. und G. *Klaus nach Berlin berufen) durch den Staatssekr. G. *Harig; doch bereits z. 1. Sept. 1955 danksagende Abberufung durch das gl. Staatssekretariat für Hochschulwesen der DDR; späterhin alters- und versorgungsbedingte Übersiedlung in die BRD; verst. 1970 in Grävenbroich bei Köln. – „Auch Herm. Johannsen, Paul *Hofmann, Paul *Menzer und Liselotte *Richter lehrten bis zu ihrer Emeritierung oder bis z. Ableben an den Universitäten der DDR, ohne sich jedoch auf den Boden der marx.-len. Phil. zu stellen." (Phil. für eine neue Welt. Berlin 1988, S. 484). Und schon 1979 war dazu in der vorangehend ebenso parteiamtl. Gesch. der marx.-len. Phil. der DDR festgestellt worden, dass es zwar „einzelne bürgerliche Philosophen" in der SBZ und frühen DDR gab, „die pol. den Übergang zum sozialist. Aufbau unterstützten, jedoch keinen, der auf dem Gebiet der Philosophie und als Philosoph bis zum marx.-len. Standpunkt vorzudringen vermochte."(S. 107). Warum sich das aber so verhielt, wird natürlich nicht weitergehend erklärt, und heuer hat sich das real-historisch bereits vollständig erledigt.

Publ.: Kulturbegriff und Erziehungswiss. Ein Beitrag zur Phil. der Pädagogik. Leipzig 1925; Die Grundlagen der Denkpsychologie (eine Artikelabfolge 1926/27 u. 1931); keine weiteren nachkriegszeitlichen Publikationen oder Artikel mehr nachweisbar.

John, Ehrhardt
14. Okt 1919–29. Juli 1997
Marxistischer Ästhethiker und wichtigster DDR-Kulturwissenschaftler in Leipzig
Geb. in Gablonz a.d. Neiße; Vater Eisenbahnarbeiter; 1925–30 Volksschule u. 1930–38 Gymn. in Böhmisch-Leipa (Reifeprüfung); mit der dt. Besetzung des Sudetenlandes (Tschechien) erfolgte 1939 die sofortige Einberufung zur Nazi-Wehrmacht mit der Teilnahme am Polen- und Frankreich-Feldzug (Nachrichtenabteilung); 1941–42 zum Studienurlaub an die Karls-Univ. in Prag u. belegt an dortg Phil. Fak. dt. Literatur u. Geschichte; gelangt aber zu keinem regulären Studienabschluss mehr, da Wiedereinberufung zur Wehrmacht u. der Kriegseinsatz an der Ostfront anstehen; am 28. 4. 1945 bei Baruth in sowjet. Kriegsgefangenschaft (Arbeitslager und antifasch. Umerziehung); Rückkehr 1949 in die SBZ nach Thum/Erzgeb. (umgesiedelt) u. sofortg. Einsatz als Neulehrer für dt. Literatur u. russ. Sprache; 1950 übliche Lungenerkrankung (Tbc-Heilstätte) und ab 1951 Doz. an der Landesvolkshochschule Sachsen in Meißen-Siebeneichen und deren Leiter; 1952–54 delg. z. Fernstudium an der PHS in Kleinmachnow und von da aus 1954–56 zur wiss. Asp. ans Phil. Inst. der HU Bln. u. phil. Prom. z. Thema *Propädeutik zu einer Theorie der Kultur und Kulturrevolution* (Gutachter: G. *Klaus und H. *Scheler); ab 1. 9. 1956 als Oberass. bereits Leiter der Abt. Ästhethik am Inst. für Phil. der KMU Leipzig; Lehre zu Grundfragen der marx. Ästhetik wie zur sozial. Kultur-Revolution in der DDR; nach Habil 1961 in Leipzig zu *Untersuchungen über die Bedeutung der Widerspiegelungstheorie für die Ästhetik* 1962 Ernennung zum Dozenten für das Fachgebiet Ästhetik und Kulturpol. u. 1964–69 Prof. mit Lehrauftrag für Allgem. Kulturwiss. wie Direktor des Inst. für Ästhetik u. Kulturtheorie an der Phil. Fak. der KMU Leipzig (erstmalig in der DDR u. dann ebs. an der HU zu Berlin); nach der III. HSR wiederum 1969–76 Prof. für Ästhetik u. Kulturtheorie als Fachbereichsleiter an der neu gegr. Sektion für Kulturwiss. u. Germanistik, 1976–85 ebenso dann an der neu gebildeten Sektion Kultur- u. Kunstwiss. der KMU Leipzig; 1973 aka. Gradverleihung Dr. sc. phil. (Gradumwandlung vom Dr. habil) nun für die Lehrgebiete Marx.-len. Kulturtheorie und Ästhetik; nach einer sportlicher Unfallmeldung 1983 erfolgt zum 1. Sept. 1985 die Abberufung; verst. 1997 in Lpz. Eine ersprießliche fachl. Zusammenarbeit mit der analogen (allerdings weit mehr phil. ausgerichteten) Sektion „Ästhetik und Kulturwiss." der HU zu Berlin hat es, von beiden Seiten offenbar so nicht gewollt, nie gegeben.

Publ.: (Übers. G. Karpow): Über die Kultur-Revolution in der UdSSR. Berlin 1956; Probleme der Kultur und Kulturarbeit. Berlin 1957; Zu einigen Fragen der sozialistischen Kultur u. Moral (Vortrag). Leipzig 1959; Die sozial. Kulturrevolution in der DDR (Marx.-len. Bildungshefte) Berlin 1960; Zum Problem der Beziehungen zw. Kunst u. Wirkl. (Lpz. Uni.-Reden NF H. 22) 1961; Techn. Revolution und kulturelle Massenarbeit. Berlin 1965; Probleme der Marx.-len. Ästhetik. Halle 1967; Probleme der Kulturplanung. Berlin 1968; Einführg. in die marx.-len. Ästhetik (Lehrplanwerk). Leipzig 1971; (Übers. von T. Pawlow): Die Widerspiegelungstheorie. Berlin 1973; (Mitautor): Kunst u. sozial. Bewußtseinsbildung. Berlin 1974; (Hrsg.): Beiträge zur Entwicklung sozial. Kulturbedürfnisse. Berlin 1975; (Übers. aus d. Russ.): Marx.-len. Ästhetik. Berlin 1976; Zur Planung kultureller Prozesse. Berlin 1978; Probleme der marx.-len. Ästhetik (2. A. Halle in 2 Bdn): 1. Kunst u. Wirklichkeit (1976) u. 2. Kunst u. gesell. Leben

(1978); Einführung in die Ästhetik (5. A. seit 1963) Leipzig 1974; (Hrsg.): Kultur, Kunst, Lebensweise. Berlin 1980; Arbeiter und Kunst. Zur kulturell-ästh. Erziehung der Werktätigen im Sozial. (2. A. Berlin 1980); Soziale Funktion der Künste u. Entwicklung der sozial. Lebensweise. Inst. für Weiterbildung des Min. für Kultur. Berlin 1981; Werte des Lebens – Werte der Kultur. Berlin 1982; Ästhetik kurz gefasst. Berlin 1987; Erziehung der Jgd. zur dt.-tschechischen Freundschaft u. guten Nachbarschaft: Ein Beitrag zum tsch.-dt. Dialog in Marienbad 1996. – 1956–1976 zwanzigacher Autor der DZfPh. ganz entsprechend voranst. Publ.

Jopke, Walter
6. Juni 1938–15. Okt. 1997
Marxistisch-leninistischer Ideologie-Kritiker in Berlin und Leipzig
Geb. in Zyrus/Kr. Freystadt (Niederschlesien/Polen); Volksschule 1944/45 u. Umsiedlung 19 45 nach Zitz/Brandenburg; GS 1945/50, ZS in Zietsar 1950/52 u. 1952–56 Heim-OS in Wendgräben (Abitur); 1956–1960 Phil.-Studium in Berlin, im Nb. Germ.; 1960 wiss. Ass. der Abt. Gesch. der Phil., Spezialisierung auf Analyse u. Kritik der spätbürgl. Philosophie bei W. *Heise; Eintritt in die SED 1960/62; Thema der Diplomarbeit: „‚Ideologie' – Kritik der wissenssoziolg. Angriffe auf die marx.-len. Ideologienlehre"; phil. Prom. 1965 zum Thema *Dialektik der Anpassung. Zur Kritik der phil. Position von Theodor W. Adorno* (Gutachter: W. *Heise u. Hm. *Scheler – Prüfer in Phil. H. *Ley u. in Germ. G. Scholz); 1969–76 Instituts-Parteisekretär und Dozent für marx.-len. Philosophie, ohne sich jedoch univ.-phil. jemals zu habil.; trotzdem 1976 Berufung als ML-Philosophie-Prof. an die SED-PHS in Berlin; dort jedoch vorzeitig wegen längerer Erkrankung (Alkoholproblem) ausgeschieden, daher 1980/82 arbeitsunfähig; 1982 Berufung als Prof. für „Kritik der gegenwärtigen bürgl. Phil." im Wiss.-bereich ‚Phil.' des dial. u. his. Mat. am FMI der KMU Leipzig (ML-Lehrerausbildung); daselbst jedoch 1982–90 nur noch Chefred. der Zeitsft. Beiträge für das Marx.-Len. Grundlagenstudium (MLG); weiter jedoch stellv. Vors. des Wiss. Rates „Grundfragen des ideolg. Kampfes zw. Sozialismus und Imperialismus" an der AdW der DDR (Ideologie-Kritik-Rat, Vors. M. *Buhr); Abberufung als ML-Prof. bereits Sept. 1990 z. 1. Febr 1991 durch den letzten Ministerrat der DDR und dessen Minister für Bildung u. Wissenschaft (H.-J. Meyer); anschl. Arbeitslosigkeit u. schließlicher Vorruhestand; verst. 1997 in Leipzig.

Publ.: Ideolg. Klassenkampf und sozialist. Bewußtsein. Berlin 1970 (Buhrsche Kritik-Reihe, Nr. 3) sowie drei DZPh-Artikel 1968/70 zur gleichen Thematik.

Jowtschuk, Michael T.
1908–1990
Sowjetischer ML-Phil., Multifunktionär u. Akademik zur DDR-phil. Zusammenarbeit
Geb. im Brester Gebiet; partei-phil. Elementarausbildung an der „Akademie für Kommunist. Erziehung" 1931 in Moskau, danach 1933–36 Politarbeiter in einem Sowchos der Belaruss. SSR; 1936–39 ML-Lehrstuhlleiter für Dial. Mat. an einem Mosk. Chemie-Institut sowie an der der Landwirschaftsaka. der UdSSR; 1939–41 wieder Parteiein-

satz für Ag. u. Prop. des ZK der KP Belorusslands in Minsk; 1944–49 daselbst Ideologie-ZK-Sekretär; 1949–70 wiederum marx.-len. Lehrtg. an der MGU in Moskau, an der Uraler Universität sowie am Inst. für Phil. der Aka. der UdSSR; ohne besonders nachweisbare phil. Qualifikation korr. Aka.-Mitgl. der AdW der UdSSR; 1970–77 Rektor der Aka. für Gesell.-wiss. bei ZK der KPdSU, dadurch langj. Vors. (gem. mit E. *Hahn von der DDR-SED-Seite) der Phil.-Kommission SU-DDR, die in den 70/80er Jahren so fast jährlich in beiden Ländern an abwechlungsreichen polit-tourist. Orten tagte, aber eigentlich ohne jede wirklich fachphil. Wirkung ein merkwürdiges pol.-phil. Eigenleben im Rahmen der offiziellen ML-DDR-Phil. führte; stets empfangen vom hiesigen Ideologie-Sekretär des ZK der SED u. „DDR-Phil. Nr. 1", Kurt *Hager, wenn in Berlin oder in der DDR tagend; jahrelange parteikollektive Absprachen des ungemein folgsamen internationalen Auftretens der DDR-Phil. an der Seite der führenden, ebenso staatsparteioffiziellen SU-Phil.; ohne jede nachhaltige Auswirkung 1989/90 beiderseits schlicht ausgelaufen, nachdem die früher anleitenden SU-Phil. zum Ende ihrer jahrzehntelangen sowjet-phil. Vorherrschaft auch nicht mehr „anführend" und solidarisch agierten; sie erinnerten sich teilweise ihrer jahrzehntelang verdrängten russ. phil. Tradition und orientierten sich numehr vollständig auf die westdt. Phil.-Tradition nach 1945, in der von keiner marx.-len. DDR-Phil. mehr die Rede ist.
DDR-Philosophenlexikon 1982 (GSE).

Allein übers. **Publ.:** (dt. Hrsg. Eh. Lange u. V. Wrona): Leninismus, phil. Tradition und Gegenwart. Berlin 1973; Marx.-Len. Phil. u. ideolg. Klassenkampf in der Gegenwart. Buhrsche Kritik-Reihe, Bd. 50. Berlin 1974; Moral der entw. sozial. Gesell. Berlin 1979; (Mitautor): Georgi Plechanow. Biographie. Berlin 1983.

Judin, Pavel Fj.
5. Sept. 1899–11. April 1968
*Aka.-Philosoph u. 1953 Stellvertreter des Hohen Kommissars (*Semjonow) in der DDR*
Als Partei-Phil. u. Politkommissar des zentralen Parteiapp. zeitweilig auch im diplomatischen Dienst tätig; seit den 30er Jahren Ltr. der KPdSU-Org. am „Inst. der Roten Professur" in Moskau u. red. Mitarbeiter der „Prawda"; ab 1939 Kand. des ZK der KPdSU und Dir. des Inst. für Phil. der AdW der UdSSR sowie auch deren Mitgl. (Akademik); 1937–47 Direktor des OGIS (Vereinigung der Staatsverlage) u. 1947–50 Chefred. der Kominform-Ztschr „Für dauerhaften Frieden u. Volksdemokratie" sowie ab April 1953 kurzzeitig (mit Einleitung des „Neuen Kurses" der SED vor dem 17. Juni d. J.) Pol. Berater des Vors. des SKK (Hochkommissar der Ud SSR 1953/54 in Dtl. ist Wl. S. *Semjonow); 1953–59 wiederum Botschafter in der VR China und danach wieder ML-Phil.-Prof. und Akademik in Moskau; ihm werden versch. phil. Zuarbeiten für Stalin nachgesagt; es gibt aber keine dt. Übers. seiner sowjet.-phil. Schriften, da wohl ein ewiger Geheimnisträger der UdSSR-KPdSU.
DDR-Personenlexikon 2010 (J. Foitzik).

Jürß, Fritz
29. Jan. 1932
Historiker und Alt-Philologe an der Akademie der Wissenschaften der DDR
Geb. in Ludwigslust; Grundschule 1938–42 u. Oberschule mit Abitur 1951, danach Studium der klass. Philologie an der HU zu Berlin bis 1956 (Staatsexamen); anschl. editor. Projekte für spätantike Religionsgesch. an der AdW zu Berlin, Inst. für Altertumskunde, woraus die altphilolog. Prom.-schrift *Studien zum spätbyzantinischen Dialog Hermippus de Astrologia* (HUB, 1964) hervorging; 1970 Habil. ebenda zu dem phil.-geschichtl. Thema *Studien zum Erkenntnisproblem bei den frühgriechischen Denkern* (Gutachter: Joh. Irmscher, L. Welzkopf und M. *Simon, publ. Berlin 1976 in der Reihe Schriften zur Gesch. u. Kultur der Antike, Nr. 14); seit 1985 Aka.-Prof. am ZI-Institut für Alte Geschichte u. Archäologie, Bereich griech.-röm. Kulturgeschichte.

Publ.: (Mit-Hrsg. R. Müller u. E. G. Schmidt): Griechische Atomisten. Texte u. Kommentare z. mat. Denken der Antike. Rc. Leipzig 1973 (4. A. 1991); Von Thales bis Demokrit. Frühe griechische Denker. Urania-Verlag. Lpz., Jena, Berlin 1977 (2. A. 1982) sowie Köln 1977; (Hrsg.): Geschichte des wiss. Denkens im Altertum. Bln. 1982; (gem. mit D. Ehlers): Aristoteles. Teubners Biogr.-Reihe Nr. 60. Leipzig 1982 (3. A. 1989); Vom Mythos der alten Griechen. Deutungen u. Erzählungen. Leipzig 1988 (2. A. 1990); Die epikureische Erkenntnistheorie. Berlin 1991; (Neuübers. und Hrsg.): Diogenes Laertius. Leben und Lehre der Philosophen. Rc. Stuttg. 1998 (2. erg. A. 2010); Mythologisches aus der Antike. Mutmaßungen zum Mythos und zu Erzählungen. Berlin 2009.

Kafka, Gustav
23. Juli 1883–12. Febr. 1953
Philosophie-Historiker an der TH Dresden 1945/46
Geb. in Wien; Phil.-Studium ebd. bei Fr. Jodl, Göttingen (Ed. Husserl) u. Leipzig (W. Wundt); daselbst Prom. 1906; Habil. 1910 in München z. Thema *Versuch einer kritischen Darstellung neuerer Anschauungen zum Ichproblem*; 1923 Berufung als o. Prof. für Phil., Psychologie u. Pädg. an die TH Dresden (Lehrer-Ausbildung); mit Gründung eines Instituts für Phil., Psychologie u. Pädg. 1928 Mitdirektor dess.; Hrsg. der Reihe Gesch. der Phil. in Einzeldarstellungen, Mün. 1921–1933 in 40 Bdn; „Die Machtergreifung des NS 1933 versetzte mich, da ich die innen- und außenpol. Folgen dieses Ereignisses klar vor Augen sah, in eine schwere seelische Depression, die ich zum Anlaß nahm, um mich emeritieren zu lassen, da ich nicht gesonnen war, mein wissenschaftl. Gewissen unter das nazistische Joch zu beugen."(Lebenslauf, Dresden 6. XI. 1946); Aus Protest gegen die Judenverfolgung in Dtl. u. den Hinauswurf jüd. Kollg. aus der Deutschen Gesell. für Psychologie erwirkte er 1934 seine (vorzeitige) Em. (Wikipedia v. 13. Sept 2012); danach Privatgelehrter in Langebrück/Sa.; 1945 vorbehaltlose Wiedereinstellung an der TH Dresden (Extraordinariat für Psy. u. Phil. zu vertreten, aber gerade nicht als Phil.-Ordinarius); 1946 ist eine Lehrstuhlbesetzung für Phil. an der Pädg. Fak. zwar vorgesehen (dazu nur kurze phil.-geschichtl. Lehrtätigkeit), die aber dann wie in Rostock so nicht mit K. realisiert wird; daraufhin 1947 Berufung an die Univ. Würzburg auf den Lehrstuhl für Phil. und Psych.; 1952 daselbst em.; –

1949 nachholende Kritik der nationalsozial. Rassentheorien: Was sind Rassen? u. 1948 Wiederbegründer der Dt. Gesell. f. Psychologie in den West-Zonen, 1951/53 deren Vors. in der BRD; verst. 1953 bei Würzburg. – V. *Klemperer erwähnt ihn mehrfach in seinen Dresdner Tgb.-Aufzeichnungen, aber die marx.-len. DDR-Phil.-Gesch. kennt seinen Namen schon nicht mehr; – kurzzeitig folgt ihm in Dresden 1947 R. *Schottlaender (dazu wohnend bei Klemperer), u. ihm folgt nach dessen pol. Rauswurf (wegen Nichtteilnahme an einer 1. Mai-Demonstration!) schon 1949 Hm. *Ley als erster marx. Parteiphilosoph in Dresden für dial u. hist. Mat; die phil.-geschichtl. Tradition an der TU Dresden wird später jedoch auch von diesem sowie vor allem dann von Sg. *Wollgast und Ul. *Wöhler fortgeführt.

Lite: H.-U. Wöhler: Die Arbeiten von Gustav Kafka zur Phil.-geschichte. In: Wiss. Zft. der TU Dresden, H. 3/1956; B. Irrgang: Über den Philosophen G. Kafka. In (Hrsg. J. Rohbeck/H.-U. Wöhler): Auf dem Weg zur Univ. Kulturwissenschaften in Dresden. Dresden 2001.

Kahle, Werner
13. März 1935
Marxistischer Ästhetiker und Goetheforscher in Jena
Geb. in Dresden als Sohn eines kaufm. Angestellten; 1941–49 Besuch der VS u. GS daselbst; 1949–53 neusprachg. Heinrich-Laube-OS in Weißwasser (Abitur); 1953–58 Phil.-Studium in Jena bei P. F. *Linke u. H. *Johannsen wie E. *Albrecht, R. *Schulz u. G. *Mende sowie germanist. Lehrveranstaltungen; 1958/59 Glasschmelzer im Jenaer Glaswerk, danach kulturpol. Tg. in Jena, Gera u. Berlin; phil. Prom. 1964 in Jena z. Thema *Die Grundlinien der ideolog. Entw. Goethes im Spiegel seiner Briefe. Ein Beitrag z. marx.-len. Goethebild*; 1971 Berufg. als Doz. für Ästhetik an die (1968 neu gegr.) Sektion ML-Philosophie u. Geschichte der FSUniv. Jena; Prom. B 1975 z. Thema *Erbe im Sozialismus. Zu einigen Grundfragen der marx.-len. Aneignung des kulturellen Erbes in der entw. sozial. Gesellschaft*; 1977 wiss. Zusatzstudium an der Staatl. Univ. Leningrad bei M. S. Kagan; 1978 Berufung z. ordtl. Prof. für marx.-len. Ästhetik und zugleich 1971–91 Leiter des WB Ästhetik/Ethik an der dortg. Phil.-Sektion; 1979–82 Sektionsdirektor und danach bis 1991 Direktor für Forschg. der Sektion/Institut; kulturgeschichtl. Beiträge zur Herder-Konferenz in Weimar, Schiller-Konferenz in Jena u. Lessing-Konferenz in Halle, Th.-Mann-Konferenz in Weimar wie zu allen Jenaer Klassik-Seminaren; nach 1991 Vorruhestand und keine weitere phil.-ästh. Wirksamkeit mehr nachweisbar.

Publ.: Hauptaufgaben bei der pol.-ideolg. Leitung künstlerischer Prozesse. Berlin 1969; (Hg. u. Nachwortautor): Inge von Wangenheim: Gesammelte Werke in Einzelausgaben (insgesamt 7 Bände). Halle/Leipzig 1974–81.

Kaiser, Eckhard
28. Okt. 1950
Geb. in Dresden; Eltern Mechanikermeister und Buchhalterin; nach-POS Besuch EOS mit Berufsausbildung zum Elektromechaniker mit Abitur 1969; anschl. Phil.-

Studium in Leipzig an der Sektion Marx.-len. Phil./WK (Fachrichtung Philosophie); Forschungsstudium und phil. Prom. 1976 z. Thema *Kritik der phil. Grundpos. Wolfgang Stegmüllers, insbes. seine Haltung zum Problem der wiss. Erkennbarkeit der Welt* (Gutachter: K. *Wagner, D. *Wittich, L. *Striebing, – publ. u. d. T.: „Neopositivismus im XX. Jhd. Wolfgang *Stegmüller und der bisherige Positivismus, Bln. 1979); anschl. Berufseinsatz als wiss. Ass. an der Sektion Phil./Kulturwiss. an der TU Dresden; bereits um 1980 Ausscheiden wohl aus gesundheitl. Gründen, daher war ein weiterer Verbleib nicht mehr zu ermitteln.

Kalinnikow, Leonard A.
23. April 1936
Sowjetischer Kant-Forscher in Kaliningrad
Absolvierte bis 1959 zunächst ein Pädagogikstudium in Kaliningrad (dem ehemalig. Königsberg und Geburtsort, Lebens- u. Wirkungszentrum Kants); verteidigte 1969 am dortigen Phil. Inst. der Aka der UdSSR seine Kand.-Diss. (A) *Über das Wechselverhältnis von moralischen u. ästhetischen Idealen* u. 1981 seine Dr.-Diss. (B) *Der Platz der Philosophiegeschichte im System Kants* an der Phil. Fak. der Leningrader Staatl. Univ.; seit 1974/75 (erst möglich nach dem internatl. Kant-Jubiläum) beschäftigte er sich mit der Wiederbelebung der Königsberger Kant-Tradition; dies wurde erst möglich, nachdem Kant in der offiziellen SU-Phil. (von T. I. *Oisserman höchst staatsparteilich herbeigeführt, aber schon weit länger fachlich vorbereitet durch W. F. *Asmus u. A. *Gulyga) nicht mehr nur als (regionale) phil.-geschtl. (dialektische) Vorstufe Hegels (u. dieser wiederum nur als „theor. Quelle des Marxismus") aufgefaßt wurde; damit sollte ein Wiederanschluss der marx.-len. SU-Phil. an die internationale (vor allem aber west-dt.) Kantforschung in Vorbereitung und Durchführung des Kant-Jubiläen von 1974 (250. Geb.) erreicht werden; seit dieser Zeit ist K. verantwortl. Redakteur von entspr. Kant-Sammelbänden bzw. „Kant-Jahrbüchern"; in Kaliningrad wurde zwar – wie in Berlin u. Potsdam – das alte (preußische) Königsberger Schloß gesprengt, aber Kants Grabmahl (gestaltet erst 1924) an der Nordseite der Domruine blieb kriegsunversehrt erhalten; K. eröffnete ein kleines univ. Kant-Museum, wurde später Vors. einer sowjetruss. Kantgesell. (1991) u. veranstaltete 1974, 1977, 1981 (musste jedoch in Riga abgehalten werden, wegen fehlender Reiseverbindungen ins Sperrgebiet) und 1988 gesamtruss. Kant-Konferenzen, die sich zunehmend internationalisierten; die einst ortsansässige Gräfin Dönhoff ließ nach dem Zerfall der UdSSR 1992 eine Nachbildung des legendären Kant-Denkmals von Chr. D. Rauch (1864) wieder aufstellen u. veranstaltet wurde auch eine zweisprachige dt.-russ. Kant-Edition (mithrsg. v. Neli *Motroschilowa); einen vorläufigen Höhepunkt all dieser Aktivitäten bildeten schließlich die Kant-Feierlichkeiten zu seinem 200. Todestag 2004, womit sich die Gründung einer internationl. Immanuel-Kant-Univ. in Kaligrad verbinden sollte; trotzdem ist bis heute ungewiß, ob der nächste Intl. Kant-Kongreß zu seinem 300. Geb. wie geplant 2024 in Kaliningrad stattfindet. Allerdings hat der russ. Präsd. Wl. Putin gerade (2019) verfügt, der dortg. Airport solle doch lieber nach der großruss.

Zarin Elisabeth (1709–1762) benannt werden, als wie angedacht den Namen Kants tragen. Die (dt.) Kant-Gesell. in Mainz scheint bisher (2021) die Durchführung des XIV. Intl. Kant-Kongresses in Kalinigrad zu beabsichtigen.

Kammari, M. D.
1898–1965
Sowjetischer (stalinistischer und poststalinistischer) Partei-Philosoph
Über die Parteiarbeit delg. zum Inst. der „Roten Professur" u. deren Absolvent; propagandist. Arbeit beim staatl. Rundfunk der UdSSR; 1947–54 Redakteur bei der Partei-Zft. Kommunist u. 1954–59 Chefred. der Zft. Fragen der Philosophie; zugleich red. Arbeit am ersten nachstalininschen Lb Grundlagen der marx. Phil., das sofort 1959 in der DDR übersetzt in Massenauflagen verbreitet u. jahrelang im Phil.-Grundlagenstudium eingesetzt wurde; die DDR-Phil. prod. in dieser Zeit (1959/61) lediglich weltanschaul. Lehrhefte zum dial. und hist. Mat.; ein eigenstg. DDR-Lb „Marx. Phil." erschien erst 1967 unter der Gesamtred. von Alfred *Kosing, fand aber keine längere Duldung durch die führenden SED-Instanzen (Kurt *Hager), wonach wieder auf weiteren sowjet.-phil. Lehrbüchern zurückgegriffen wurde. Nachfolgende allein dt.-sprachige Publ.-Abfolge zeigt eine bemerkenswerte parteiphil. Entw. gänzlich um Stalin herum, an der wir unmittelbaren Anteil hatten: erst Stalin als Person, dann die Partei u. die Volksmassen, usw.

Publ.: Die Weiterentw. der marx. Theorie der Nation durch J. W. Stalin. Berlin 1951 (westdt. DKP-Nachdruck. Düsseldorf 1983); Der M.-L. über die Rolle der Persönlichkeit in der Gesch. Berlin 1955; Über die Rolle der Volksmassen im Leben der Gesell. Zu Fragen des 20. Parteitages der KPdSU. Berlin 1956; Was ist Basis und Überbau der Gesellschaft? Berlin 1959.

Kannegießer, Karlheinz
30. Okt. 1928–24. Jan. 2003
Marxistisch-leninistischer Physiker-Philosoph am gesell.-wiss. FM-Institut in Leipzig
Geb. in Leipzig in einer Arbeiterfamilie; 1935–43 Volksschule, anschl. Lehre als Zimmermann bis 1946; unterbrochen durch Reichsarbeitsdienst u. Kriegsgefangenschaft; 1947–50 Stollenzimmermann bei der SDAG Wismut; von dort delg zur ABF Leipzig u. Physik-Studium 1953–58 an der KMU Lpz.; 1959 parteidelegiert z. Asp. ans IfG beim ZK der SED mit anschl. phil. Promotion 1963 zum Thema *Einige Probleme der marx.-len. Raum-Zeit-Lehre*; damit sofortige Doz.-Berufung für Dial. Mat. am FMI der KMU und 1969 Habil. z. Thema *Erkenntnistheor.-methodolg. Probleme einer allgemeinen Meßtheorie* und 1973 Berufung z. ordtl. Prof. für Dial. u. Hist. Mat. (Begründung: G. *Handel, H. *Beyer, R. *Rochhausen) mit entspr. Lehrtg. im gesell.-wiss. Grundstudium an den Sektionen Physik u. Mathematik der KMU bis 1990; Mitbegründer der Forschungsgruppe „Phil. Probleme der Naturwiss." ebd; durch landessächsische Abwicklung der ML-Sektion sowie des FMI 1990 abberufen mit anschl. Versetzung in den Vorruhestand; verst. 2003 in Leipzig.

Publ.: Kybernetik, Technik, Kommunismus. Urania-Verlag Leipzig 1961; Raum, Zeit, Unendlichkeit. Tb-Reihe Unser WB, Bd. 39. Berlin 1964 und 1966; Albert Einsteins Verhältnis zur Phil. Festansprache der KMU Lpz. aus Anlaß des 100. Geb. des Physikers: Universitätsreden, H. 54, Leipzig 1979.

Kapferer, Norbert
15. Juni 1948–17. Jan. 2018
Politkwiss. Phil.-Historiker in W.-Berlin mit einer DDR-Philosophiegeschichte 1990
Geb. 1948 in Sinsheim; um 1968 als „glühender Marxist" nach West-Berlin gekommen, aber durch Ostberliner Besuche (Jugendfestival 1973) vom realen DDR-Sozialismus schneller als gedacht schon wieder ernüchtert; 1972–77 Studium der Sozial- u. Politkwiss. wie der Phil. u. Kritischen Psychologie an der FU Berlin, dabei zeitweilig durchaus Kl. Holzkamp u. Alfred *Sohn-Rethel nahestehend; phil. Prom. 1982 ebd. z. Thema *Denn eigentlich spricht die Sprache. Die Fährte Heidegger im Post-Strukturalismus* u. 1992 Habil. wohl zu einer ideologie-kritischen („außenansichtigen") Geschichte der DDR-Philosophie, publ. u. d. T. „Das Feindbild der marx.-len. Philosophie in der DDR 1945–1988" (Darmstadt 1990); damit wirkte der Autor unmittelbar auch auf deren „Ende" bzw. nun schon eigene (innenansichtliche) hist.-krit. Aufarbeitungen der DDR-Phil. ein, worauf diese nach entspr. gemeinschaftlicher Debatten in Gestalt von P. *Ruben, V. *Caysa, H.-M. *Gerlach und G. *Herzberg als Betroffene versuchten, mit *Innnenansichten ostdt. Philosophen* (ebd. 1994, hrsg. v. K.) zu antworten; ein nachwend. Lehreinsatz erfolgte jedoch merkwürdigerweise an keiner der dann abgewickelten bzw. runderneuerten ostdt. (nun allein universitären) Phil.-Institute, sondern in Wrocław-Polen; in den letzten Jahren beschäftigt mit Versuch, eine in jeder Hinsicht überaus schwierigen nachkriegszeitl. *Gesamtgeschichte* der Philosophie in Dt. 1945–1995. Grundzüge und Tendenzen unter den Beding. von pol. Teilung u. Wiedervereinigung", Bd. 1: Die Jahre 1945–70 zu erstellen, Hamburg 2008, wobei jedoch von einer wirklich nationalgeschichtl. Synthese dieser so unterschiedl. phil. Kulturen in Ost u. West keine Rede sein kann (ein Forts-Bd. wurde nicht mehr geliefert); – das hier vorlg. Personal-Vz. z. DDR-Phil. 1945–95 zeigt diese offenbar unlösbare Schwierigkeit einer solchen nachträglichen „Zusammenschau" allerdings ganz ebenso; leider erfolgte darüber keine weitere fachliche Verständigung mehr; verst. Jan. 2018 in Berlin.

Publ.: Der Totalitarismusbegriff auf dem Prüfstand (Vortrag). Dresden 1996; Die Nazifizierung der Phil. an der Univ. Breslau 1933–1945. Münster 2001; Die Genealogie der europäischen Moderne. Breslau 2005. – *Anfänge:* „… vom phil. Erbe abgetrieben"? Lukacs' u. Blochs Weg in der SBZ/DDR mit Blick auf den „Fall" Heidegger.

Kaschuba, Karin
17. Sept. 1948
Philosophische Promotion und PdS-Abgeordnete in Thüringen
Geb. in Hakenstedt (Sa.-Anh.); nach dem Abitur mit Berufsausbildung zur Keramikmalerin, ab 1968 Studium der Gesch. u. Germ. (Lehrerausbildung) sowie ab 1970 Phil.

an der FSUni. Jena; abgeschl. 1972 u. wiss. Ass. an der Sektion Marx.-len. Phil. bis 1991; 1974–76 Praxiseinsatz als FDJ-Sekr. für Kultur an der Univ. Jena u. phil. Prom. A 1980 z. Thema *Goethes Gesellschaftsauffassung in „Wilhelm Meisters Wanderjahre oder Die Entsagungen"* (Gutachter: W. *Kahle, K.-H. Hahn, E. *Lange); nach landesthüringischer Abwicklung der Phil.-Sek. 1991/92 Mitarbeiterin der PdS und 1993–99 deren Kreisvors. in Jena; seit 1999 Abgeordnete ihrer Partei im Thüringer Landtag und dort stellv. Fraktionsvors. sowie Fraktionssprecherin für Wiss.- und Technologiepolitik; außerdem gewählte Stadträtin in Jena als amt. Fraktionsvorsitzende; 2014 keine Kanditatur mehr für den Landtag.

Kätzel, Siegfried
7. Nov. 1940
Forschungen zu „Marxismus und Psychoanalyse" (Freud) in Leipzig und Halle
Geb. in Schipkau/NL; Vater Holzarbeiter; 1947–55 GS u. 1955–59 Rathenau-OS in Senftenberg; nach praktischem Arbeitseinsatz in einem VE-Betieb Zulassung zum Phil.-Studium in Leipzig 1961–65 mit anschl. planm. Asp. auf dem Gebiet der Gesch. der Phil., aber nicht abgeschlossen, da 1966/69 Parteiauftrag zur hauptamtl. Tg. als Sekr. für Ag. u. Prop. der FDJ-KL der KMU Leipzig; danach wiederum phil. Lehreinsatz, insb. zur Gesch. und Kritik der bürgl. Phil.; 1975 phil. Prom A z. Thema *Individium, Gesellschaft, Emanzipation. Kritische Analyse zu Siegmund Freud*; daraufhin Lehre z. Geschichte der marx.-len. Phil., Leninsche Etappe, wozu ein Zusatzstudium in Moskau erfolgte; Thema der Prom B 1983 *Marxismus u. Psychoanalyse. Eine ideologiegeschichtliche Studie zur Diskussion um die Psychoanalyse in Dtl. und der UdSSR 1919–1933* (Gutachter: W. *Hollitscher u. A. *Thom., 1987 publ. u. d. T. in der Reihe Forschungsbeiträge zu Problemen und zur Gesch. der marx.-len. ET, hrsg. von D. *Wittich); 1. 9. 1986 ao. Prof. für Gesch. der Phil. (des M-L) an der Sektion Ml-Phil. der MLU Halle u. daselbst stellv. Direktor für Forschung (Sektionsdirektor ist H.-M. *Gerlach u. Dekan der Phil. Fak. ist R. *Mocek); nach Abwicklung der Hallenser Phil.-Sektion Ende 1990 keine Weiterbeschäftigung im neu gegr. Phil. Institut (Seminar); daher ausgeschieden zum 30. 6. 1991 und danach nur noch eine Publ. nachweisbar (zus. mit Hedi K.): Sigmund Freud. Ein biographischer Essay. Einführung in sein Leben u. Denken. Mün. 1992 sowie regionalschulische Lehrmaterialien zur Ethik. Sek.-Stufe I (drei Teile) Leipzig 1994 u. „Gesellschaft verstehen und handeln" (mehrteilig). Leipzig u. Berlin 2003; Mitarbeit im Arb.-kreis Phil. der RL Stiftung Sachsen in Leipzig zur nachwend. Aufarbeitung der dortg. DDR-Univ.-geschichte.

Kaufhold, Bernhard
26. Mai 1927
Philosophie-Student des 1. Studienjahres 1951 in Berlin
Geb. als Sohn eines Lehrers in Dietersdorf b. Treuenbrietzen; 1933–37 Volksschule u. 1937–44 Oberschule; 1946–48 Lehre als Blechschlosser u. Gesellenprüfung; SED-Eintritt und delg. zur ABF in Berlin (Reifeprüfung 1950); anschl. bis Herbst 1951 daselbst

bereits Hilfs-Dozent für Gesellschaftskunde; 1951–55 Phil.-Studium an der HU Berlin (1. Studienj. nach der Institutsgründung 1951); Vorlesungen entsprechend der neuen Inst.-Struktur bei K. *Hager (Diamat.), Hm. *Scheler (Hismat.); Logik (W. *Hollitscher) u. Kritik der bürgerl. Phil. (W. *Heise); 1956–63 wiss. Ass. und Asp. am Inst. für Phil. der HUB (unterbrochen durch hauptamtl. Tg. in der Univ.-parteiltg. (UPL der HU); wiederum bereits als unprom. Ass. Vorlesung u. Seminare (in Vertretg. des erkrankten Wg. *Heise) zur Kritik der modernen bürgerl. Phil. (u. a. auch zu Fr. Nietzsche); Okt. 1962–Febr. 1963 Rundfunkbeiträge zu Schopenhauer, Nietzsche, Spengler, Heidegger u. Jaspers; seit Sept. 1963 wiss. Sekretär der Kommission zur „Gesch. der marx. Phil. in Dtl." am IfG beim ZK der SED; daselbst 1965 am Lehrstuhl M.-l. Phil. Prom. zum Thema *Verfall des bürgerl. Perspektivbewußtseins. Ein geschichtsphil. Abriß* (Gutachter: G. *Mende, W. *Heise); seit 1965 Mitarb. einer „Westabteilung" des IfG beim ZK der SED; weiteres damit u. seitdem unbekannt. 1956/59 drei DZfPh-Rezensionen zu obiger Thematik; die von Rob. *Schulz hrsg. „Beiträge zur Kritik der gegenwärtigen bürgerlichen Geschichtsphil." (Berlin 1958) enthalten einen bemerkenswerten/umfassenden Aufsatz „Zur Nietzsche-Rezeption in der westdt. Phil. der Nachkriegszeit".

Kedrow, Bozifaz M.
1903–1985
Sowjetruss. Chemiker, Philosoph, Wissenschaftshistoriker und Akademik
Sein Vater Michael S. Kedrow (1878–1941) war altbolschewist. Revolutionär, sowjet. Jurist, Politiker und Journalist – Opfer der Stalinschen Säuberungen; 1930 Abschluss eines Chemie-Studiums an der MGU Moskau; 1935–41 praktische Parteiarbeit und 1941–45 Teilnahme am Großen Vaterl. Krieg; 1947/48 kurzzeitig erster Chefred. der neu gegr. Fach-Zeitschrift „Fragen der Phil.", jedoch wegen der Rez. „bürgerlicher" Logik-Lite. sofort wieder abgesetzt; danach 1949–52 Mitarbeit an der Gr. Sowjet-Enzyklopädie; seit 1962 Direktor des Instituts für Gesch. der Naturwiss. u. Technik an der AdW der UdSSR, zeitweilig auch ebd. 1973–75 Dir. des dortg. Aka.-Phil.-Inst.; seit 1962 Akademie-Mitgl. (Akademik) und seit 1972 auch Mitgl. der Dt. Aka. der Naturforscher „Leopoldina" in Halle; wichtiger Förderer der naturphil. Lehre sowie DDR-Wiss.-Forschung seit den 60er Jahren (G. *Harig und G. *Kröber).
DDR-Philosophenlexikon 1982 (GSE).

Übers. dt.-sprachg. **Publ.:** Über Engels Werk „Dialektik der Natur". Berlin 1954; „Atomistik". Artikel aus der Gr. Sowjet-Enzykl. Berlin 1954; Über Inhalt und Umfang eines sich verändernden Begriffs (dt. Übers. S. Wollgast). Berlin 1956; Über das Verhältnis der Bewegungsformen der Materie in der Natur (übers. von M. Börner). Berlin 1959; Gibt es eine Höherentwicklung? (übers. K. Gäbler). Leipzig-Urania 1959; Die dial. Logik und die Naturwiss. Vortrag Leipzig 1960; Spektralanalyse. Zur wiss. Bedeutung einer gr. Entdeckung. Bln. 1961; Klassifizierung der Wissenschaften. 2 Bde Berlin 1975/76, ebs. Köln 1976; (zu Friedrich Engels) Über die Dialektik der Naturwiss. Berlin u. Köln 1976; Das Neutrum. Eine Artikelsammlung. Wiss. TB 214. Berlin 1979.

Keller, Peter
27. Aug. 1947
Philosophischer Logik-Spezialist in Berlin
Geb. in Auerbach/Erzgeb.; daselbst 1954– 62 Grundschule u. 1962–64 erw. OS; 1964/66 ABF II in Halle/Saale (Abitur) u. 1966–70 Phil.-Studium in Berlin mit anschl. Forschungsstudium im Bereich Logik der Sektion Ml-Phil. der HUB; 1972 Diplomprüfung u. 1974 phil. Prom. A. zum Thema *Logische Theorien der Zeit* (Gutachter: L. *Kreiser, K. *Söder, H. *Wessel); 1973 pol. Praxis-Einsatz in der univ. FDJ-Kreisleitung der HU Berlin; danach aber keine weiteren Informationen über seinen späteren Verbleib, Einsatz und Wirksamkeit mehr erhältlich.

Keller, Wilhelm bzw. **Kropp,** Willi
3. Nov. 1899–8 Aug. 1961
Erste ostdt. univ. DiaHismat-Berufung in Greifswald 1945 und kurzzeitiger komm. Leiter der SED-PHS 1946/47 in Liebenwalde (Niederbarnim/Oberhavel)
Geb. in Grünberg (Hessen) als Sohn eines Kaufmanns; Realschule und Besuch einer Landw.-Schule; noch 1918 Kriegsdienst und 1920 KPD-Beitritt; danach versch. Parteifunktionen im Ruhrgebiet; 1929 wegen Hochverrat zu 2 Jahren Festungshaft verurteilt, daraufhin 1930/31 Emgr. in die UdSSR; nach Rückkehr erneute Haftstrafe 1931/32 in Darmstadt; 1933 Mitarb. in der Abt. Agit.-Prop. des ZK der KPD u. Beginn der illegalen Arbeit u. Verfolgung; daher Dez. 1934 wiederum Emgr. über Frankreich 1935 in die UdSSR u. überlebt unbeschadet den Stalinschen Terror; mit Kriegsbeginn Einsatz in einem Kriegsgefangenenlager im Ural u. Lehrer an der Kriegsgefangenenschule (Umschulung) in Krasnogorsk; 1944 Lektor an der Parteischule der KPD Nr. 12 in Moskau unter dem Decknamen Willi Keller; frühzeitige Rückkehr Ende Mai 45 über Stettin in die SBZ, gerät aber wegen Aufbau u. Ltg. eines eigenstg. KPD-Parteibez. Nordpommern mit Sondersitz in Greifswald in Konflikt mit dem Vors. der KPD-LL von MV, Sobottka; Juli–Nov. 1945 daraufhin „eingebunden" als Ltr. der Abt. Kultur der KPD-LL in Schwerin; veranlasst in dieser Funktion wiederum vollständig eigenmächtig seine persönl. Berufung(!) „auf den neu gegründeten Lehrstuhl für dial. u. hist. Mat. z. ordtl. Prof. in der Phil. Fak." (also nicht für „marx. Philosophie", sondern entsprechend des Stalinschen Lehrtextes von 1938) durch den damlg. Rektor der Univ. Greifswald, den Theologen Prof. Dr. Lohmeyer (univ. Berufungsurkunde vom 15. Sept. 1945 befindet sich im UA Greifswald); der Präsd. des Landes M-V (Abt. Kultur und VB) G. Grünberg (1946 dann Vizepräsd. u. Volksbildungsmin. von MV) bestätigte diese Ernennung staatlicherseits; eine Befragung der Phil. Fak. (Dekan ist G. *Jacoby) erübrigte sich, u. entspr. Lehrveranstaltungen fanden vor der offiziellen Univ.-Eröffnung Mitte Febr. 1946 und danach niemals statt, denn bereits am 18. Sept. 1945 wurde W. K. der Fraktionsmacherei und separist. Bestrebungen beschuldigt und dem ZK der SED-Berlin als Nomenklatura zur Verfügung gestellt; Rektor Ernst Lohmeyer wurde kurz darauf von der militärsowjet. Besatzungsmacht verhaftet, wegen angebl. „Kriegsverbrechen" in der SU-Ukraine angeklagt und verstarb im Lager Neubrandenburg-Fünfei-

chen; nach einer Parteiaussprache („Kadergespräch") mit dem KPD-SED-Parteivors. W. Pieck erfolgte W. Ks weiterer Einsatz als „Gründungsdirektor" der zukünfigen PHS, als deren erster „professoraler Leiter" er kurzz. 1946/47 in Liebenwalde fungierte, jedoch erneut abgelöst werden mußte; anschl. bis 1951 Vizipräsd. und danach Studiendir. der DVP, um ihn endlich zu disziplinieren; am 9. 8. d. J. jedoch Parteistrafe (Rüge) durch die ZPKK u. a. wegen Unterdrückung von sog. „Kritik und Selbstkritik" sowie des illegalen Betretens des Berl. Westektors, worauf die unehrenhafte Entlassg. aus der VP erfolgte; letztlich auf einen Inf.-, Dok. und Schulungsposten beim ADN abgeschoben; 1954 nochmals Red.-arbeit in der ND-Abt. Agit. und Prop. sowie ab 1955 endlich hochschulreif für eine weitere ML-Professur z. Hist. Mat., nun an der Gewerkschafts-Hochschule Bernau/bei Berlin, unter dem Direktorat von Hm. *Duncker; gest. kurz vor dem 13. Aug. 1961 in Weimar; diese parteiamtl. wie persönliche Willkür bis in die provinziellsten parteimarx. Anfänge der DDR-Phil. hinein, kann wahrlich nicht mehr realgeschtl. überholt und noch schlimmer dok. werden.
DDR-Personen-Lexikon 2010 (P. Erler).

Kellner, Eva
9. Sept. 1929
Philosophische Spezialisierung auf Wissenschaftsethik in Halle und Berlin
Geb. in Würzburg in einer Arzt-Familie; Vater aus pol. u. rassischen Gründen während der NS-Zeit verfolgt; 1936–40 Volksschule, dann Oberschule (dabei Schuljahrausfall 1945/46) mit Abitur 1949 (u. KPD-Eintritt); FS 1950 Medizin-Studium in Würzburg/BRD begonnen, dann aber Delegierung durch die KPD zum Studium in die DDR, Nov. 1950 in Jena, mit der Maßgabe einer Rückkehr in die BRD nach dessen Beendigung; im Stdj. 1951/52 dann jedoch Wechsel in die Gesellwiss. Fak, doch nach deren (wie üblich unbegründeten) Auflösung fortgesetztes Phil-Studium an der gerade in Jena (so wie in Leipzig u. Berlin) neu eingerichteten Fachrichtung Philosophie; dortige Phil.-Lehrer: G. *Klaus bis 1953, H. *Johannsen bis 1955 und G. *Mende als erstem Phil.-Inst.-Direktor; 1956 Phil.-Diplom mit der Hausarbeit z. Überzeugungsthema „Die Legende von der Freiheit des Staatsbürgers in Westdt."; da die KPD im Sommer 1956 aber verboten wurde, entschied die zuständige ZK-Abteilung ihren weiteren staatlichen Verbleib in der DDR u. die parteimäßige Übernahme in die SED; daraufhin vier Jahre hauptamtl. Tg. als pol. Mitarbeiterin für Agit. u. Prop. in der SED-KL Jena-Stadt; danach planmäßige Asp. 1960–63 am Inst. für Phil. der HU Berlin im Lehrbereich Ethik; noch ohne Abschluß seit 1. Nov. 1963 wiss. Ass. (für dial. u. hist. Mat.) am Inst. für M-L an der MLU Halle; phil. Prom. 1967 z. Thema *Spontaneität und Bewußtheit in Herders nationaler Konzeption* in Berlin (Gutachter: G. *Stiehler, W. *Eichhorn I und der Berliner Historiker J. *Streisand); weitergehende Beschäftigung mit Fragen der Ethik in Kooperatin mit Berlin (an der MLUniv. Halle speziell z. Wissenschafts-Ethik bei R. *Mocek); Sept. 1970–Jan. 1971 Zusatzstudium (zu S. Freud) an der MGU Moskau (erforderlicher Auslandsaufenthalt zur Berufung); daraufhin 1972 ML-Doz. in Halle bis 1977; 1971 Adoption eines 10-jährigen Waisenjungen; 1972 plötzl. Tod des Vaters in

Würzburg und erster West-Besuch seit dem Bau der Mauer; 1977 Wechsel an die HUB, Sektion Phil., Bereich Ethik (Leitung H. E. *Hörz) u. 1981 Prom. B z. Thema *Zu phil. Fragen wiss. Schöpfertums unter dem Aspekt der Beziehungen von Kognitivem u. Sozialem* (teilweise publ. 1987); 1983–86 stellv. Direktorin für Erziehung und Ausbildung (Sektions-Direktorin A. *Griese), mit dem Schwerpunkt der Einführung einer obligatorischen Ausbildung aller Phil.-Studenten in Informatik, aber ohne auch ein wirkliches Computergerät; 1989 Übergang in den Vorruhestand u. 1990 endgültiges Ausscheiden aus der HUB; späterer jahrelanger Bildungseinsatz in der Altenbetreuung.

Kelm, Hans–Joachim
2. März 1913–4. Juli 1991
Einführung in die formale Logik in den 50er Jahren
Geb. in Mühlhausen/Thür.; 4 Jahre GS ab 1919 und 5 Jahre MS mit Abschluß Mittlere Reife; 1928 Lehrausbildung bei den Wasserwerken in Mühlhausen u. daselbst bis 1936 tätig; 1936–39 bei der Ersatzkrankenkasse angestellt; mit Kriegseinsatz 1944 schwer verwundet u. franz. Kriegsgefangenschaft (späterhin schwerbeschädigt); 1946 SED und 1947 Zulassungsprüfung z. Studium an der Gesell.-wiss. Fak. der FSUniv. Jena (Kulturpol.-Phil.); 1950 Staatsexamen u. Diplomlehrer für Gesell.-wiss. ebenda; 1951 außerplm. Nachwuchsasp. für die neue Fachrichtung Phil.; 1. 4.–31. 7. 1951 Sonderlehrgang für ML (Doz.-Prüfung) u. sofortg. Lehreinsatz im gesell.-wiss. Grundstudium an der TH Dresden für dial. und hist. Mat, hält 1954–58 auch eine erste Vorlg. z. „Einführung in die formale Logik" an der dortg. Mathe.-Naturwiss. Fak.; zugleich kommiss. Leiter der Abt. Grundlagen des M-L am Dresdener Inst. für Gesell.-wiss.; 1955 phil. Prom. an der HU Berlin z. Thema (zur damlg. Hegel-Disk.) *Die „Kritik des Hegelschen Staatsrechts" von Karl Marx u. ihre Bedeutung für die Entw. der Phil. des Marxismus* (Gutachter: G. *Klaus u. H. *Ley, mündl. Geschichtsprüfung bei K. Obermann); dem Hauptinhalt nach geht es jedoch um „Karl Marx (1843) über das Verhältnis von formaler Logik u. Dialektik"; nach parteipol. Ause. um die Auswertung des XX. KPdSU-Parteitages 1957/58 Versetzung als Prof. für dial. u. hist. Mat. ans neu gegründete Inst. für Phil. der MLU Halle (1. Direktor D. *Bergner); zugleich auch kommiss. Leiter der neuen Abt. Logik u. ET, wozu aber keine weiteren Lehrveranstaltungen mehr angeboten werden; stattdessen Gründg. einer bes. Abt. für Phil. Probleme der modernen Naturwiss. mit den Assistenten Wolf *Kummer (Mathematik), G. *Pawelzig (Biologie) und D. Suisky (Physik); wird ebenfalls abgebrochen, u. die drei Genannten gelangen später im Hm. *Ley-Bereich der HU Berlin zur Asp u. erfolgreichen Prom.; nach 1965 bzw. dann 1969–73 (bei vorzeitg. Berentung) wiederum Einsatz im gesell.-wiss. Grundlagenstudium an der Ing.-Schule Wismar; vermutlich daselbst 1991 verst. Ein DZfPh-Artikel: Zur Frage der Parteilichkeit in der staatsphil. Theorie Hegels (H. 2/1957).

Kirchgäßner, Werner
9. Juli 1911–verst. um 1987/88
Leiter des Philosophie-Fernstudiums in Greifswald ab 1969
Geb. in Breslau als Sohn eines Goldschmiedes (das heißt jetzt wegen der sozialen Herkunft „Goldarbeiter"); nach fünfj. Besuch der VS umgeschult in die Gerh.-Hauptmann-Oberrealschule und 1931 Reifeprüfung ebd.; Studium der Ing.-Wiss. muß wegen wirtschatl. Notlage des väterl. Geschäfts aus finanziellen Gründen abgebrochen werden; danach Verwaltungsangestellter in einem Versicherungsverein bis Kriegsausbruch; Kriegsteilnahme ab 1942 an der Ostfront u. im „Heimatkriegsgebiet"; am 16. Mai 1945 interniert u. Ende Okt. über das Lazarett Sagan aus sowjet. Kriegsgefangenschaft entlassen; danach Nov. 45 Bewerbung als Neulehrer, Einstellung als Schulamtsbewerber in Neustrelitz und 1946 Parteientritt in die spätere SED; März 1948 erste Lehrerprüfung für die Fächer Deutsch, Gesch. und Gegenwartskunde; 1949 zweite Lehrerprüfung u. kurzzeitg. Einsatz als Schulrat; Sept. 1952 – Juli 1962 Lehrdoz. für das Fach Deutsch an der ABF in Greifswald, aber auch Unterricht in Gesell.-wiss. u. Körpererziehung; zur gl. Zeit Gasthörer an der EMAU Vorlg. in Literatur, Sprachwissenschaft u. Philosophie sowie Methodik des Deutschunterrichts u. Psychologie; daraufhin 1956 als Oberstufenlehrer für Deutsch an der PH Potsdam qualifiziert; seit Frühj. 1952 univ. Prom.-Vorbereitung u. 1962 päd. Prom. z. Thema *Untersuchungen zur Syntax der Studenten an der ABF Greifswald* (Gutachter: G. Rosenow u. O. Wegner); mit Auflösung der ABF Übernahme als wiss. Ass. ans Inst. für Phil. der Univ. Greifswald (Direktor E. *Albrecht); entpr. Habil. 1969 zum Thema *Einheit von Rationalem u. Emotionalen im Erkenntnisprozeß* (Gutachter: E. *Albrecht, H. Quitzsch u. G. Rosenow, publ. 1971); seit Integration des Phil.-Inst. in die Sektion ML 1970 Hochschuldoz. für Phil. des dialhist. Mat. u. Leiter des LB Weiterbildung u. Fernstudium für Philosophie in Greifswald; mit Wiederbegründung des Greifw. Inst. nun aber für Marx.-len. Phil. 1976 noch formelle Übernahme in dieses und Ernennung zum a. o. Prof. mit anschl. Berentung; verst. in Greifswald Ende der 80er Jahre.

Kirchhöfer, Dieter
6. Sept. 1936–15. Okt. 2017
Pädagogik u. Phil. (Bildungs- u. Erziehungsphilosophie) an der Pädg. Aka. Berlin
Geb. in Leipzig als Sohn eines Lokführers; nachkriegszeitliche GS und 1950–54 Leibniz-OS (Abitur); anschl. Pädg.-Studium (Geographie/Geschichte) am Pädg. Inst. in Dresden; danach 1956–61 Landschullehrer in Rossbach, Krs. Merseburg, u. beteiligt an der Einführung des Polytechn. Unterrichts; 1960–66 Fernstudium der Phil. an der KMUniv. Leipzig, aber bereits seit 1964 phil. Lehrtätigkeit in ET, Logik u. Wiss.-methodologie an der Pädg. HS Dresden (zeitwg. Leiter einer entspr. Arbeitsgruppe); gem. mit L. *Kreiser Ausbildung von Logiklehrkräften (so nicht identisch mit Didaktik oder allgm. Methodologie der pädg. Wiss.) für die Lehrerbildung; phil. Prom. 1971 in Leipzig z. Thema *Weltanschauliche und soziale Aspekte der Funktion, Begründung u. Bewertung von Prinzipien und der Versuch einer Präzisierung des Prinzipienbegriffs*

der marx.-len. Phil.(Gutachter: D. *Wittich, L. *Kreiser, Zimmer); 1975 Wechsel in die Phil.-Abteilung Dial. u. Hist. Mat. der ML-Sektion der PH Dresden (als stellv. Direktor f. Forschung); 1979 Habil. wiederum an der KMU Leipzig z. Thema *Die Einführung der Methode. Zum Wirken widersprüchlicher Tendenzen in der Methodenentwicklg.* (Gutachter: D. *Wittich u. L. *Kreiser) u. softg. Berufung z. Prof. für die Phil. des dial.-hist. Mat. an der PH Zwickau u. zugleich deren Rektor; ab 1985 Vizepräsd. der Aka. der Pädg. Wiss. der DDR in Berlin bis zu deren Abwicklung 1990; behandelte erziehungsphil. Forschungen zu Fragen von Bildung u. Erziehung verstärkt unter dem Gesichtspunkt der subjektbezogenen Individualentw.; nachwendische univ. Lehraufträge an der HUB, der FU sowie neugegr. Univ. Potsdam, dazu auch Forschungsaufträge der DFG z. Transformation von Kindheit in Ostdtl. wie zur betriebl. Weiterbildungsforschung; Mitglied der Lz.-Sozietät 1998 u. Festschrift z. 70. Geb. „Die Zukunft der Bildung und die Bildung der Zukunft" (Hrsg. K.-F. *Wessel, Berl. Studien zur Wiss.-Phil. & Humanontogenese. Bd. 23. Bielefeld 2007, enthält umfangreiche Bibl. aller weit verstreuten Zeitschriften- u. Buchbeiträge 1959–2007); verst. Mitte Okt. 2017 in Berlin.

Publ.: Formen u. Methoden der wiss. Erkenntnis. Einführung in die Forschungsmethodologie für Doktoranden (in mehreren Teilen). Ms.-Dr. PH Dresden 1981; Fragen der Theorienentw. in der Pädg. Beiträge zur Pädg. Bd. 40. Berlin 1988; (Hrsg.): Schuljugendliche im vereinten Berlin. Inst. für Allgm. u. Vergl. Erziehungswiss./Zentrum für Europäische Bildungsforschung e.V. Arbeitsbericht Nr. 1. FU Berlin 1991; (Hrsg.): Jugend 92. Bd. 3 Die neuen Länder. Rückblick u. Perspektiven. Opladen 1992; Aufgewachsen in Ostdtl. Langzeitstudie über Tagesläufe 10–14jähriger Kinder. Weinheim-München 1998; (Hrsg.): Kindheit in der DDR. Die gegenwärtige Vergangenheit. Frankf/M: 2003; (Mithrsg. H. Merkens): Vergessene Experimente. Schulversuche in der DDR. Baltmannsweiler 2005; Grenzen der Entgrenzung. Lernkultur in der Veränderung. Frankf./M. 2005; Enttäuschte Hoffnungen. Reflektierte Selbstkommentierungen von Schülern in der Wende. Kindheiten, Bd. 28. Weinheim 2006; (Hrsg. mit Chr. Uhlig): Verordnete Einheit versus realisierte Vielfalt. Wiss. Schulenbildung in der Pädg. der DDR. Gesell. u. Erziehung, Bd. 8. Frankf./M. 2011; Entwicklung des Individuums. Gegenstand der Pädg. Ein humanontogenetischer Ansatz. Frankf./M.-Lang 2012.

Kirchhoff, Rolf
2. Okt. 1929
*Chefredakteur der DZfPh in den 60er Jahren und stellv. Institutsdirektor von M. *Buhr*
Weitere Lebensdaten und nachkriegszeitl. Ausbildungsgang unbekannt; Asp. und phil. Prom. 1961 am IfG beim ZK der SED z. Thema *Die neothomistische Seinsmetaphysik, eine reaktionäre imperialist. Philosophie, dargestellt an den Auffassungen von B. Lodz, de Vries, A. Bruner u.a. Vertretern des Pullacher Jesuitenkollegs* (Gutachter: M. *Klein u. A. *Kosing, beide gerade erst selbst prom.); ab 1964 prakt.-pol. Einsatz als 4. Chefred. der DZfPh. (in Nachfg. von W. *Eichhorn I – 1960/63 u. M. *Klein – 1957/60 u. W. *Harich 1953/56, an den sich aber zu dieser Zeit schon keiner mehr offiziell erinnerte); in diese Phase fiel 1966/67 die II., weit bedeutsamere phil.-marx. Praxisdisk. (Nr. I. erkentnistheor. von 1961/63 ausgerichtet) nach einem Grundsatzartikel zur Struktur, Wesensbestimmung u. veränderten Darstellungsweise der marx. Phil.

von Hm. *Seidel, der jedoch umgehend u. durchgehend als „praxisphil." und damit revisionistisch kritisiert wurde; 1971 Ablösung als Chefred. durch F. *Rupprecht (bis 1978, danach H.-C. *Rauh bis 1982, abgesetzt); weiterer Einsatz als ständiger stellv. innerer Verwaltungs-Direktor von M. *Buhr am ZIfPh der AdW der DDR u. allein zuständig für die fortl. staatsparteil. Plankontrolle u. Berichterstattung zu allen aka.-phil. Forschungs- u. Publ.-Projekten; schließlich entscheidend mitwirkend an der pol.-ideolg. Ausschaltung (Parteiausschluß u. staatliche Arbeitsplatzumsetzung) einer angeblich parteifeindl. u. revisionist. Phil.-Gruppe um Peter *Ruben u. Camilla *Warnke 1981: verantwortl. Leiter einer gutachtl. „Einschätzungskommission" als interner sog. „grünen Gutachter-Mappe" wie staatl. Mitgl. der Parteiverfahrenskommission u. mehrfacher „Berichterstatter im Fall Ruben"; zum 50. Geb. 1979 bekam er von seinem Dienstherrn M. *Buhr symbolträchtig einen blanken Eispickel z. Bergsteigen im sowjet. Hochgebirge des Kauasus (natürlich nicht Alpen) geschenkt; 1990 sofortige Verabschiedung in den Vorruhestand, ohne jede jemals bekannt gewordene selbstkritische Stellungnahme zu den Geschehnissen in seiner langj. aka.-phil. Amtszeit.

Publ.: Wissenschaftl. Weltanschauung und religiöser Glaube. Berlin 1959, TBR Unser WB Bd. 7 (2. A. 1960 sowie Prag 1960, Moskau 1961 u. Sofia 1963); Hrsg. folg. Artikel-Sammlungen: Die marx.-len. Phil. und die techn. Revolution. Materialien des I. Phil.-Kongresses der DDR 1965. DZfPh-SH 1965; Phil. u. Politik in unserer Epoche. Zum 50. Jh.-Tag der Gr. Soz. Okt.-Revolution. DZfPh-SH 1967; Marx.-len. Weltanschauung u. sozialistische Gesellschaft. TBR Unser WB, Bd. 57. Berlin 1970; Die Marx.-len. Phil. u. der ideolg. Klassenkampf. Ebenso Bd. 59. Berlin 1970; Berichterstatter in der DZfPh: Eine neue Etappe der Zusammenarbeit der marx. Philosophen sozial. Länder beginnt! 1. Beratung der Redaktionen phil. Zeitschriften sozial. Länder, Lpz. 12.–15. 2. 1962 (H. 5/1962); Der Marxismus-Leninismus – die Philosophie der Epoche! Z. XIV. Welt-Kongreß für Philosophie, Wien 2.–9. 9. 1968 (H. 1/1969); Hegels Werke im Klassenkampf der Gegenwart. Zum VIII. Internationalen Hegelkongreß, 1970 in Berlin (H. 3/1971); (hauseigene Rez.): Phil. Wörterbuch. Zwei Bände. Hg von M. Buhr u. G. Klaus. 6. erw. A. 1969 (DZfPh, H. 3/1970); (Hrsg. mit T. I. Oiserman): 100 Jahre Anti-D. – Marxismus, Weltanschauung, Wissenschaft. Berlin 1978 (dafür zum 30. Jahrestag der DDR 1979 den VVO in Bronze, beantragt von seinem phil. Aka.-Inst.: A. Arnold – BGL-Vors., H. Horstmann – SED-Parteisekr. u. M. Buhr – Inst.-Direktor).

Kirschke, Siegfried
24. März 1934–12. Juli 2009
Philosophische Fragen der Naturwissenschaften in Halle
Geb. in Dessau als Sohn eines Formers, daselbst kriegsübergreifend 1940–1952 GS u. OS an versch. Orten in Marienborn, Helmstedt u. am Domgymn. Magdeburg; anschl. 1952–57 Biologie-Studium an der MLU Halle und 1956 SED-Eintritt; danach 1957–64 wiss. Ass. am ML-Inst. u. Einsatz im gesell.-wiss. Grundstudium; nebenher Zusatzstudium der Phil. 1957–60 in Halle, an der MGU in Moskau und 1964 phil. Prom. z. Thema *Die Entstehung des Menschen im Spiegel der Ansichten zeitgen. kath. Theologen, Philosophen u. Naturwiss. Analyse u. Kritik* (Gutachter: D. *Bergner u. O. *Klohr); daraufhin kurzzeitig Oberass. am *Klohr-Lehrstuhl für wiss. Atheismus am Phil.-Inst.

der FSU Jena; nach dessen Auflösung umspezialisiert auf phil. Probleme der Naturwiss. im WB Dial. Mat. der Sektion Marx.-len. Phil. wieder in Halle; dafür 1969 offenbar ohne jede weitere Diss. B Dozent u. Mitglied einer Kommission zur Auswahl von Phil.-Direktstudenten in Halle sowie Phil.-Lektor der BL der SED ebd.; ab 1986 stellv. Direktor für EAW seiner Phil.-Sektion; nach deren Abwicklung keine univ. Weiterbeschäftigug mehr, da nachweisbare Stasi-Mitarbeit mit Verdienstmedallie der NVA in Silber, wofür er sich aber nachwendisch persönlich bei seinen früheren Sektionskollegen brieflich entschuldigte; bereits am 24. 3. 1991 Vorruhestand u. 1994 berenteter Ruhestand; verst. in Bergholz-Rehbrücke bei Potsdam; keine nachwend. phil. Wirksamkeit mehr nachweisbar.

Publ.: (Mithrsg. O. Klohr): Vorlg. zum wiss. Atheismus, Teil 1 (sowjet. Übersetzung). Halle 1980; (Mithrsg. W. Eisenberg): Ludwig Boltzmanns Werk in naturwiss. u. phil. Sicht. Univ. Halle Reihe Gesell.-wiss. Beiträge H. 100 (1987); (Hrsg.): Darwinismus in Vergangenheit u. Gegenwart. Ebs. H. 118 (1989); (Hrsg.): Grundlinien einer Gesch. der biolg. Anthropologie. Ebenso H. 123 (1990).

Klaus, Georg
28. Dez. 1912–29. Juli 1974
Formale Logik u. Erkenntnistheorie – Kybernetik u. Semiotik sowie Akademik
Geb. in Nürnberg als Sohn eines Eisengießers; 1919–32 VS (4) und Gymn. (9 Kl.) mit Abitur; schon als Oberschüler mit 16 Jahren Eintritt in die KPD; 1932/33 Studium der Mathe./Physik in Erlangen; jedoch schon nach 3 Sem. im Okt. 1933 Verhaftung u. Anklage wegen Vorbereitung zum Hochverrat (2 Jahre Gefängnis); anschließend für 3 weitere Jahre zur „Arbeitsumerziehung" ins KZ Dachau überführt; danach Studienverbot und 1939–42 prakt. Arbeit in einer Bleistiftfabrik; 1942 eingezogen z. Wehrmacht u. beim Kriegseinsatz an der Ostfront schwer verwundet (längere Zeit im Lazarett); 1945 kurzzeitige britische Kriegsgefangenschaft und frühzeitige Entlassung; 1945/46 Kreisvors. der KPD/SED in Sonneberg und 1947 Sekr. der SED-Landesleitung Thüringen in Weimar; 1947/48 freigestellt zur Forts. des Studiums (wiederum 3 Semester) an der neu gegr. Sozial-Pädg. Fak. der FSU Jena und bereits Mitte 1948 Abschluss mit phil. Prom. daselbst z. Thema *Die erkenntnistheoretische Isomorphierelation* (Themensteller, Betreuer u. Gutachter: Max *Bense; zusätzl. krit. Bescheid von Wa. *Wolf); angestellt am ersten univ. Inst. f. Dial. Mat. (Direktor ist der Volksschullehrer und Bildungs-Minister W. *Wolf); gleichzeitig scharfe phil.-ideolg. Ause. mit u. um Hans *Leisegang sowie Teilnehmer am 1. Phil.-Doz.-Lehrgang der PHS Kleinmachnow; anschl. sofortg. Lehreinsatz für dial. u. hist. Mm. an der neu gegr. Gewifak der Univ. Jena; 1950 phil. Habil. in Berlin an der dortg. Phil. Fak. z. Thema *Dialektik und Materialismus in Kantschen Frühschriften* (Gutachter: Lis. *Richter, A. *Baumgarten u. K. *Zweiling), womit K. rein formal schon PD an der HUB wurde, sogleich ernannt z. Prof. mit Lehrauftrag für Phil.); die Thüringer Landesreg. ernannte ihn daraufhin umgehend ebenfalls z. Prof. mit Lehrstuhl für dial. Mat.; mit Wiederbegründung dreier ostdt. Phil.-Institute (Berlin, Leipzig u. Jena) erfolgte wiederum die staatsekretariatliche Berufung (durch G. *Harig) zum Prof. für

dial. u. hist. Mm. am neuen Phil.-Institut in Jena, während die beiden a. Lehrstühle für Logik u. ET H. *Johannsen sowie für Gesch. der Phil. Paul F. *Linke (als sog. altbürgl. Phil.) innehatten, alle drei sind somit gleichgestellte Inst.-Direktoren; K. wird zusätzlich Dekan der Gesell.-wiss. Fak. bis zu deren Auflösung und gehört somit zur rektoralen Univ.-Leitung; danach Prorektor für wiss. Nachwuchs u. Aspirantur; 1951 Hauptreferent zur Jenaer Logik-Konferenz (Nov. 1951) zum Thema „Der dial. Mat. und die mathe. Logik", mit deren Protokollabdruck (Beiheft 1) 1953 die DZfPh. v. E. *Bloch und W. *Harich begründet wurde; zur ungerechtf. parteipol. Verfolgung und Abschiebung des östr. Kommunisten und Naturphil. Wa. *Hollitscher (1. univ. Phil.-Institutsdirektor in Berlin) im Frühj. 1953 erfolgte die umgehende Berufung auf dessen Lehrstuhl Logik u. ET ans Berl. Phil. Inst. (zugleich auch als Institutsdirektor bis 1958); aus der phil. Lehrtg. geht ein erstes wichtiges Logik-Lehrb. hervor und es erfolgt die gemeinschaftl. Abfassung des sog. „Anti-Wetter" (1957); es kommt aber zu keiner Vorlg. zur (marx.-len.) ET, die erst später durch seinen wichtigsten Berl. Ass. D. *Wittich erarb. wird; 1959 Leiter der Arbeitsgr. Phil. (phil.-hist. Texte) an der AdW zu Berlin, woraus später ein selbstg. Aka.-Phil.-Inst. hervorgeht (1962–74 dessen Direktor, Stellvertreter u. Nachfolger M. *Buhr); kollektiv-integratives Institutsprojekt über Jahre bildet ein 1. marx.-len. Phil. WB (1964), gem. hrsg. mit M. *Buhr (11. zweibdg. A. Lpz. 1975); zugleich folgt ein großer phil.-prop. Einsatz zur Verbreitung der Kybernetik in der DDR in den 60er Jahren, was jedoch in den 70er Jahren durch Eingriffe der SED-Parteiführung (insb. wiederum Kurt *Hager), nicht nur hinsichtlich der ML-Phil. wieder zurückgesteuert wurde; über Jahre schwer erkrankt, erscheinen seine nachfolgend wichtigsten phil.-interdizipl. Schriften, nur noch mit Hilfe von red. Mitarbeitern im Krankenhaus erstellt, verst. 1974 in Berlin. – Als einziger führender DDR-Philosoph ist Kl. zweimalig in einer Festschrift für W. *Ulbricht zu dessen 70. Geb. (1963) und 75. Geb. (1968) mit folgenden Lobesworten für diesen enthalten: „Der Erste Sekretär unserer Partei hat zwar kein in Kapitel eingeteiltes u. nach Kategorien gegliedertes Lehrbuch der marx. Dialektik verfaßt; aber seine Schriften sind, im Sinne der ‚Feuerbach-Thesen' von Marx, Lehrbücher der prakt. Handhabung des dial. Mat." (Angewandte Dialektik). Während es in den 80/90er Jahren kaum noch Bezugnahmen auf ihn gab, folgten 2004 und 2014 zwei größere Konferenzen zu seinem Gedenken und eine teilweise Aufarbeitung seines phil.-wiss. Werkes, insbes. unter kommunikationstheor. Gesichtspunkten durch M. *Eckardt (Jg. 1974). Wichtigster DDR-Philosoph der 50/60er Jahre.
DDR-Personen-Lexikon 2010 (H.-C. *Rauh) und DDR-Phil.-lexikon 1982 (H. *Korch).

Publ.: (Mitautor): Atomkraft – Atomkrieg? Berlin 1949; Jesuiten – Gott – Materie. Des Jesuitenpaters Wetter Revolte wider Vernunft und Wissenschaft. Berlin 1957; Einführung in die formale Logik. Berlin 1958 (ab 1958 u. d. T.: Moderne Logik. Abriß der formalen Logik); Phil. und Einzelwiss. Berlin 1958; (mit A. Kosing und G. Redlow): Wiss. Weltanschauung Teil I (5 Lehrhefte zum Dial. Mat.) Berlin 1959; Kybernetik in phil. Sicht. Berlin 1961; Semiotik und ET. Berlin 1963; Kybernetik und Gesellschaft. Berlin 1964; Die Macht des Wortes. Ein erkenntnistheor.-pragmat. Traktat. Berlin 1964; Spezielle ET. Prinzipien der wiss. Theorienbildung. Berlin 1965; Kybernetik u. ET. Berlin 1966; (zus. mit H.

Liebscher): Was ist, was soll Kybernetik? Urania-Verlag 19 66; Spieltheorie in phil. Sicht. Berlin 1968; Sprache der Politik. Berlin 1971; Kybernetik – eine neue Universalphil. der Gesellschaft? Berlin 1973; Rationalität – Integration – Information. Entwicklungsgesetze der Wiss. in unserer Zeit. Berlin 1974; (Hrsg. mit H. Liebscher): Wörterbuch der Kybernetik. Berlin 1976. – Hrsg. folgender Schriften, die sich im Rahmen der DDR-Phil. von bes. phil. Relevanz erwiesen: A. Schaff: Zu einigen Fragen der marx. Theorie der Wahrheit. Berlin 1954; R. Garaudy: Die materialistische ET. Berlin 1960; A. Schaff: Einführung in die Semantik. Berlin 1966. – (Hrsg. M. Buhr): Phil.-hist. Abhandlungen von G. Kl.: Kopernikus, D'Alembert, Condillac, Kant. (jedoch bearb. von W. Harich). Berlin 1977; (Hrsg. H. Liebscher): Beiträge zu phil. Problemen der Einzelwissenschaften. Berlin 1978; – 20 Jahre lang einer der wichtigsten Autoren der DZfPh. 1953–73, insbes. in deren Anfangsjahren.
Lite.: Kybernetik und Interdisziplinarität in den Wissenschaften. Georg Klaus zum 90. Geb. Abhandlungen der Leibniz-Soziatät. Bd. 11. Hrsg. von Kl. Fuchs-Kittowski u. S. Piotrowski. Berlin 2004; (Hrsg. M. Eckardt): Die Semiotik von Georg Klaus (1912–1974). Zeitschrift für Semiotik. Bd. 33 – H. 3/4, Tübingen 2011 (Georg Klaus zum 100. Geb. u. Konferenz 2012). *Anfänge*: Georg Klaus – Ein unbequemer Marxist (H. Liebscher). *Denkversuche*: Systemtheorie und Kybernetik in der phil. Sicht von Georg Klaus (H. Liebscher).

Klein, Matthäus
22. Dez. 1911–2. Febr. 1988
Vom ausgebildeten Theologen zum führenden Partei-Kaderphilosoph der DDR
Geb. in Bettingen/Baden in einer Großfamilie mit 9 Kindern, Vater Mittelbauer; 1918/31 VS u. Gymn.(Abitur); danach 1931/37 Studium der evangl. Theologie u. Phil. in Greifswald, Erlangen u. Heidelberg (theolg. Staatsexamen); Vikar auf Pfarramt in Hang/Heidelberg; jedoch sofortiger Kriegseinsatz 1939/41 (Polen, Frnkreich und UdSSR); bereits Juli 1941 als „Überläufer" in sowjet. Kriegsgefangenschaft u. dadurch frühzeitg. Mitbegründer des Nationalkom. „Freies Dtl." u. antifasch. Propagandaeinsätze an der Front; daraufhin vom NS-Reichskriegsgericht wegen Hochverrats in Abwesenheit z. Tode verurteilt; mit der Roten Armee schon im Mai 1945 Rückkehr nach Dtl.; 1945/46 KPD/SED u. 1945/47 Personalleiter beim Berl. Rundfunk; 1947/49 marx.-len. Phil.-Lehrer an der PHS „Karl Marx" u. 1950/51 ebenso Lehrbeauftragter für Gesell.-wiss. an der FSU Jena; Mai–Aug. 1951 im Auftrag des DDR-Staatssekretariats, also nicht mehr nur der SED-Parteiführung, was aber kaderphil. keinerlei Unterschied mehr machte, Leiter eines ML-Doz.-Lehrganges in Eberswalde (Teilnehmer u.a. sein späterer Schüler Götz *Redlow); danach 1951/62 wiederum stellv. Direktor sowie parteibeauftragter (unpromovierter) Lehrstuhlleiter für Philosophie am neu gegründeten Institut für GW beim ZK der SED u. Mitglied des Red.-Kollegiums der parteitheor. Zeitschrift „Einheit"; zugleich (nach jeweilg. Ausschaltung von *Harich und *Bloch) 1957/60 Chefred. der DZfPh. (Stellv. A. *Kosing, der die eigentl. red. Arbeit macht), womit die einzige DDR-Phil.-Zeitft. endgültig unter strenge zentrale Parteikontrolle geriet; offenbar dazu 1958 parteiamtl. Titelverleihung. als Prof. für Philosophie u. verspätete phil. Prom. 1961 mit einer Artikelabfolge z. Thema *Das gesell. Bewusstsein und seine Rolle in der Entw. der Gesellschaft"* (parteiamtl. Gutachter: H. *Scheler u. G. *Heyden); danach jedoch „umgesetzt/abgeschoben" ans staatl. Aka.-Phil.-Inst. (Direktor G *Klaus) u. dort 1962–73 stellv. Direktor (Nachfolger ist dann R. *Kirch-

hoff unter M. *Buhr) sowie Abt.-leiter für Gesch. der (marx.) Phil., wo er praktisch nichts mehr weiter erforscht, als die Anfänge eines „Marx-Engels-WB" parteilich zu beaufsichtigen, was dann aber eingestellt wird; dazu gleichzeitig seit 1969/70 stasi-verpflichteter IMV Werner Sommer mit Einsatz auf der Linie XX/2/1 („innere/äußere Abwehr") bis 1980 (dazu völlig erfolglos angesetzt auf den früheren „parteischulischen Renegaten" Wolfgang *Leonhard, sogar den Jesuitenpater G. A. *Wetter in Rom (nun als ehemlg. Theologe!) sowie auf die eigenen DDR-Phil.-Genossen „Dr. *Irrlitz, Prof. Dr. *Seidel" und „praxisphil." selbst auf seinen Mitarbeiter A. *Kosing; 1954–76 auch Mitbegründer der Urania einer ihrer Vizepräsidenten (dazu versch. propagandist. Manuskriptdrucke); 1973 schließlich als OdF frühberentet u. nichts mehr publ.; dafür aber den VVO in Gold (1981) u. den KMO (1986) sowie 1977 die Ehrendoktorwürde der Gesell-wiss. Fakultät der FSU Jena (Wiss. Zeitft. H. 5/1977 mit Beiträgen z. Gesch. der Phil. als univ. Festgabe zu seinem 65. Geb.) u. 1986 Ehrenkolloquium an beiden Aka.-Phil.-Institute der SED u. DDR zu seinem 75. Geb. 1986 (Inf. und Dok. Aus dem phil. Leben der DDR H. 6/1987); bereitwilliger Promotions- und Habil.-Gutachter für zahlreiche staatspartei-phil. Kader der DDR als seine bleibend anhängl. Schüler; – folgende DZfPh.-Würdigungen sind nachweisbar: z. 65. Geb. in H. 11/1976, S. 1415 wie ein Nachruf in H. 3/1988, S. 288.; M. K. ist das Musterbeispiel eines absolut getreulichen parteiamtlichen u. damit kaderphil. Multifunktionsträgers der offiziellen Marx.-len. Staatspartei-Phil. der DDR mit nachhaltiger sowjet.-phil. Vorprägung, ohne jedes eigene bes. fachphil. Profil; seine parteifolgsame Phil. ist ihm nichts als anerziehbare sozial. Weltanschauung im ideolg. Klassenkampf gegen die westdt. „Philosophie des Verbrechens"; nur ein einziges Mal sprach M. K. wahrlich symbolträchtig von „Theolg. Problemen der marx. Ethik" (JW. Berlin 1957, kurz bevor W. *Ulbricht die sog. „Zehn Gebote der sozial. Moral" parteiamtlich verkündete; – die nachfolgende Bibl. zeigt ihn lediglich als kollektiven Mitschreiber und beaufsichtigenden Herausgeber, nirgends aber als alleinigen phil. Autor; verst. 1988 in Berlin.

DDR-Personen-Lexikon 2010 (P. Erler) u. DDR-Philosophenlexikon 1982 (E. Lange).

Publ.: Mithrsg. u. Mitautor einiger wichtiger pol.-phil. Schriften der Jahre 1957/74, insb. der parteiamtlichen Gesamtdarstellung „Zur Gesch. der marx.-len. Phil. in Deutschland", Bd. I/1+2, Berlin 1969, wozu jedoch der Bd. II (1917–1945) nie erschienen ist; (ebenso mit G. Heyden u. A. Kosing): Philosophie des Verbrechens. Gegen die Ideologie des dt. Militarismus. Gemeinschaftsarbeit des Lehrstuhls Phil. des IfG beim ZK der SED. Berlin 1959; (Mithrsg. A. Kosing): Philosophie im Klassenkampf. 50 Jahre Lenins Kampfschrift „Mat. u. Em.". Berlin 1959; (Mitautor M. Buhr): Oktoberrevolution. Grundanliegen der Menschheit. Berlin 1967; (mit G. Redlow): Warum eine wiss. Weltanschauung? ABC des M-L. Berlin 1973; (Mithrsg. Fr. Richter u. V. Wrona): Marx-len. Phil. in der DDR. Resultate, Standpunkte, Ziele. Berlin 1974; (Hrsg. Aka f. GW beim ZK der SED mit Otto Reinhold u. E. Hahn): Sozialismus – Humanismus – Frieden. Eine Auswahl zum 70. Geb. mit biblgr. Anhang von Fr. Richter u. Chr. Neumann). Berlin 1981; (Ltg. e. Autorenkollektivs): Einfg. in den dial. und hist. Materialismus (massiv gerichtet gegen das erste marx. Phil.-Lb. von A. Kosing, 1967). Berlin 1971 (9. A. 1979) – darin 10fach die lehr-phil. Prom.-schrift von Hm. *Frommknecht (mit seiner red. Freigabe).

Kleine, Lothar
2. Juli 1933–10. Jan. 1986
Ausgeschalteter Bloch-Schüler in Leipzig
Geb. in Leipzig als Sohn eines Maurers; 1940–48 GS u. 1948–52 OS (Abi.); zunächst im Stdj. 1952/53 Journalistik in Leipzig, anschl. Phil.-Studium bei Ernst *Bloch; vorzeitg. Staatsexamen (nach dem 4. Stdj.) mit Auszeichnung u. Institutsanstellung ab 1. 9. 1956 als Hilfsassistent; im Zusammenhang mit der parteiorg. Absetzung des Institutsdirektors *Bloch, dessen univ. Zwangsemeritierung wie die allein parteimäßige Ause. um dessen Phil. erfolgte bereits im Frühj. 1957 die parteibefohlende Entlassung (so wie J. *Teller) aus dem Phil. Institut mit der Begründung: „Er hält nach wie vor Bloch für einen Marxisten, kann sich also nicht den Auffassungen der Partei anschließen." (Dr. *Horn, 1. Sekretär und G. Gurst, 2. Sekr.); abschl. wird festgelegt: „Gen. Kleine muß u. E. in einer starken Parteigruppe eingesetzt u. org. werden"; der strafversetzende Politeinsatz erfolgt daraufhin im ML-Bereich der Dt. HS für Körperkultur in Leipzig. Eine Rückkehr des einst philosophisch „fähigen Mitarbeiters" wird jedoch von seinen ehemalg. Mitgenossen späterhin ausgeschlossen; zugelassen wird lediglich seine Promotion 1965 z. praxisbezogenen Thema *Phil. Grundpos. der spätbürgerl. Reflexion auf Körperkultur und Sport in Westdt.*, jedoch nicht an der univ. Phil. Fak., sondern allein an der gen. DDR-Sporthochschule; Kl. scheint trotzdem phil.-geschichtlich (ganz in Blochscher Bildungstradition) weiter gearbeitet zu haben, denn 1971 kommt es doch noch zu einer einmalig bemerkenswerten gem. Herausgabe u. Einleitung mit Hm. *Seidel zu Schellings Frühschriften in einer zweibändg. Werkauswahl des Aka.-Verlages Berlin sowie sogar zur Mitbegutachtung (neben G. *Irrlitz u. H. *Seidel) der Schelling-Diss. von St. *Dietzsch 1973; doch erst nach seinem frühen Tode (Jan. 1986) wird in der 4. A. 1987 von Spinozas Ethik des Rc.-Verlages, als Anhang ein theor.-phil. ganz ungewöhnlicher (nun kann da auch Bloch wieder zitiert werden!) Essay zu „Spinoza. Substanz und System" von ihm postum mit abgedruckt; dieser stellt nun H. *Seidels einführende marx. Vorbemerkung zu Spinozas phil. Hauptwerk vollkommen in den Schatten; – eine spätere (nachwendische) Erwähnung findet Kleine bei Seidel jedoch nicht mehr. Aber noch 1986 hatte dieser geschrieben: „Kritisch-konstruktive Bewahrung spinozistischen Erbes war eine der Bestrebungen(!), die mich mit L. Kl. freundschaftlich verbanden" (Lpz., Jan. 1986, S. 360), doch dieser musste trotzdem in seinem ML-Bereich der DDR-Sport-HS weiterhin verbleiben, während Seidel (zumindest vorwendisch) mit marx.-len. Spizoza-Ehrungen hervortrat; erlebte so keine nachwend. phil-institutionelle Rückkehr mehr an die Universität wie J. *Teller, da als extensiver Raucher u. Trinker bereits am 10. Jan. 1986 in Leipzig an einem Lungenkarinom frühzeitig verst.; Hm. Seidel gab mit der Wende und dem Ende der DDR demgegenüber ohne jeden Widerstand od. Evaluierung sein phil.-hist. Lehramt einfach auf, was wiederum seine Anhänger nur noch verwunderte.

Kleineidam, Erich
3. Jan. 1905–21. April 2005
Katholischer Theologe und Philosoph in der DDR
Geb. in Bielschowitz, Krs. Hindenburg, Oberschlesien (Polen); 1915–24 humanist. Gymnasium in Brieg (Schlesien) u. Studium der Phil. und Theologie an der dt. Univ. Breslau, Freiburg/Br. u. Innsbruck; 1929 Priesterweihe in Breslau; 1930 phil. Prom. an der Phil. Fak. der Univ. Breslau z. Thema: *Das Problem der hylomorph. Zusammensetzg Geistiger Substanzen im 13. Jhd., behandelt bis Thomas von Aquin* (publ. 1931); 1930 Leiter des Schülerkonvikts der staatl. Aufbauschule in Liebenthal (Niederschlesien); 1935 stellv. Direktor des Erzbischöfl. Theologenkonvikts Breslau und 1939 Prof. für Phil. am Erzbischöfl. Priesterseminar in Weidenau (Sudetenland); am 3. Okt 1946 Ausweisung als „Reichsdeutscher" (Umsiedlung/Vertreibung); 1947 Berufung als Phil.-Prof. ans neugegr. Priesterseminar für Flüchtlingstheologen in Königstein (Taunus); 1948 zugleich 1. Rektor der daselbst neugegr. Phil.-Theolg. HS; 1952 Berufung durch die Berl. Ordinarienkonferenz als Rektor, Regens u. ordl. Prof. für Phil. an das neu zu errichtende Regionalpriesterseminar in Berlin-Biesdorf u. Erfurt (daselbst deren Gründungsdirektor u. bis 1954 Rektor); 1970 em. (sein Nachfolger ist K. *Feiereis) und bis 1972/73 weiter Mithrsg. der Erfurter Theolg. Studien/Schriften; Ehrendoktorwürden der Univ. Münster u. Mün.; fortgz. theolg.-phil. Studien zur Gesch. der Univ. Erfurt 1392–1816 (vierbändig), an deren Aktualisierung er noch bis 1992 fortgz. arbeitete; 100-jährig 2005 in Erfurt verst. – Festgabe für E. K. z. 65. Geb. Leipzig 1969.
DDR-Pers.-Lexikon 2010 (Cl. Brodkorb).

Publ.: (Hrsg. mit O. Kuss): Die Kirche in der Zeitenwende. Paderborn 1935 (2. A. zweibändig: Die Kirche in der Zeitenwende. Salzburg/Leipzig 1938; Amt u. Sendung. Beiträge zu seelsorgerischen und religiösen Fragen. Freiburg 1950; Kath.-Theolog. Fak. der Univ. Breslau 1811–1945. Köln 1962; Universitas studii Erfordenensis. Überblick über die Gesch. der Univ. Erfurt – Teil I: Spätmittelalter 1392–1460. Leipzig 1964 (2. erw. A. 1985, Nachdruck Erfurt 1997), Teil II: Spätscholastik, Humanismus und Reformation 1461–1521. Lpz. 1969 (2. erw. A. 1992), Teil III: Die Zeit der Reformation und Gegenreformation 1521–1632. Leipzig 1980 (2. erw. A. 1983, Erfurt 1997), Teil IV: Die Univ. Erfurt u. ihre Theolg. Fak. 1633 bis z. Untergang 1816. Leipzig 1981 (2. erw. A. 1988 unter dem Titel: Die Barock- u. Aufklärungszeit von 1633 bis z. Untergang 1816. Erfurt 1997); – alles zugleich in der Reihe: Erfurter theolg. Studien.-Vorgeschichte, Gründung u. Aufbau des Regionalpriesterseminars Erfurt. Eine fragmentarische Chronik. In: W. Ernst/K. Feiereis (Hrsg.): Denkender Glaube in Geschichte u. Gegenwart. Festschrift aus Anlaß der Gründung der Univ. Erfurt vor 600 Jahren und aus Anlaß des 40-jährigen Bestehens des Phil.-Theolg. Studiums Erfurt (Erf. Theolg. Studien 63). Leipzig 1992.

Kleinig, Wolfgang
21. Sept. 1933–22. Febr. 2013
Parteibeauftragter Katholizismus-Forscher in Potsdam und Berlin
Geb. in Berlin; nach Absolvierung der ABF Berlin 1954–60 Studienversuche in den Fächern Theologie/Phil. wie Psychologie u. Pädg.; 1961 wiss. Ass. am Inst. für M-L der PH Potsdam; daselbst 1966 phil. Diss. zum ungeheuren Thema: *Katholische Reaktionen auf die marx.-len. Philosophie als eine Erscheinungsform der Krise des Katholizis-*

mus. Ein Beitrag zur Untersuchung der Phil. der imperialistischen Bourgeoisie in ihrer kath. Variante; 1968 ausgeschieden weil wegen eines bes. Parteiauftrages im Auslandeinsatz (weitgehend unbekannt); daraufhin 1972–79 Mitarb. am Inst. für Interntl. Politik und Wirtschaft der DDR in der Information und Dok.; ab 1. Sept. 1979 wiss. Ass. der Sektion Marx.-len. Phil. der HU Berlin, im Lehrbereich Hist. Mat. für das neu eigerichtete Fachgebiet „Grundlagen des wiss. Atheismus"; Febr./März 1983 Indien-Reise; 1984 Lehre zum dial.-hist. Mat. im gesell.-wiss. Grundstudium an der Sektion Theologie (neben G. *Irrlitz z. Gesch. der Phil.); Mitglied des Phil.-Problemrats „Weltanschaul. Probleme der Zusammenarbeit von Kommunisten und Gläubigen" (Vors. W. *Kliem) an der AfG beim ZK der SED; zahlreiche Gutachten für das Min. der Kultur und Verlage zu kirchl.-theolg. Publ. in der DDR; Habil.-Versuch (Diss. B) 1985 z. erneut wahrlich Universal-Thema *Die pol. Funktion der kath. Kirche heute* (Gutachter: H. *Ley, M. Zöller, H. Mohr und W. *Kliem, aber keine öffentl. Verteidigung, da VD-Sache und vorangehende (ungewöhnliche „Negativgutachten"); eine vorgesehene Berufung erweist sich damit als gegenstandslos und nicht mehr vertretbar; 1990/91 nach Abwicklung der Berliner Phil.-Sektion sofortiger Vorruhestand ohne jede Evaluierung; keine eigenen DZfPh.-Beiträge; verst. 2013 in Berlin.

Kleinschmidt, Sebastian
16. Mai 1948
Chefredakteur der Zeitschrift Sinn & Form mit besonderen phil. Beiträgen
Geb. in Schwerin als Sohn des Pfarrers (Dompredigers) Karl K. (SED-Mitglied); 1954 eingeschult u. 1962/66 erw. OS (Abi. mit Facharbeiterprüfung als Elektrosignalschlosser); danach freiwillig 4 Jahre zur Volksmarine (Dienstgrad Obermaat d. R.); 1970 zum Studium „Diplom-Lehrer ML/Gesch. der Arbeiterbewe." an der KMU Leipzig (FMI); nach 2 Sem. Wechsel z. weitergehenden Phil.-Studium in Berlin; 1974 Diplom-Phil. mit anschl. Forschungsstudium im Fachgebiet marx.-len. Ästhetik bis 1977; phil. Prom. 1978 z. Thema *Zur Systematik des Zusammenhangs von Kunst, Gesellschaft u. Geschichte* (Gutachter: H. *Redeker, D. Schlennstedt, L. *Kühne); anschl. wiss. Mitarbeiter im ZI für Literaturgeschichte der AdW der DDR bis 1983; u. a. Mitarbeit am dortigen ZP-Projekt Einführung in die marx.-len. Literaturwiss. mit Teilbetrag zum Zusammenhang von Literatur, Gesell. u. Geschichte; danach red. Arbeit in der Zeitschrift „Sinn und Form", ab 1991 deren Chefredakteur und Herausgeber; in dieser wurden des öfteren phil. Beiträge (wie z. B. von G. *Irrlitz zu E. *Bloch oder von H. *Pepperle u. Wo. *Harich zur marx. Nietzsche-Rezeption) abgedruckt, die in dieser Form in der einzigen (marx.-len.) DDR-Phil-Zeitschrift (DZfPh) so niemals hätten erscheinen können. – Am 7. 7. 1988 notiert V. *Braun in seinem „Werktage"-Buch I: „in sinn und form – trude richters (Ehefrau des im großen Stalinschen Terror erschossenen Hans Günther) erinnerungen an die lagerhaft, bechers selbstzensur von 1956 (abgedruckt)...(und) hager besucht die plenartagung der akademie (der Künste), um sich über den kurs der zeitschrift zu beschweren. redakteur kleinschmidt entgegnet ihm

ruhig und bestimmt, und die hoheit muß auf der ganzen linie den rückzug antreten, damit sind in dem punkt die machtverhältnisse geklärt." (I/894).

Lite.: (Hrsg.): Allegorien kultureller Erfahrung. Ausgw. Schriften von W. Benjamin 1920–1940. Leipzig 1984; (Hrsg.): Über die Vernunft in der Kultur. Ausgew. Schriften von G. Lukasc 1909–1969. Leipzig 1985; (Hrsg.): Stimme u. Spiegel. Fünf Jahrzehnte Sinn u. Form. Eine Auswahl. Berlin 1998; Mit-Hg. der them. Brecht-Tage 2002, 2005 u. 2008; Gegenüberglück. Essays. Berlin 2008.

Klemperer, Victor
9. Okt. 1881–11. Febr. 1960
Romanist und kulturgeschichtlicher Tagebuchschreiber der frühen DDR
Geb. als Sohn eines Rabbiners in Landsberg an der Warthe; 1893–96 Besuch des Franz. Gym. in Berlin; 1997 Kaufmannslehre u. berufstätig; 1902–05 Studium der Germanistik u. Romanistik in München, Paris u. Berlin; dazwischen formaler Übertritt zur evangl. Kirche; Studienabbruch, freier Journalist u. Schriftsteller; 1912 nochmalige Taufe u. literaturwiss. Prom.; 1914 Habilitation zu *Montesquieu* (publ. in 2 Bdn, Heidelberg 1924/25); 1915 Kriegsfreiwilliger (Lazarett 1916) u. bis 1918 Zensor im Buchprüfungsamt der Presse-Abt. der Armee; danach a.o. Prof. in München u. 1920 Berufung als o. Prof. für Romanistik an die TH Dresden; 1934 Hausbesitzer daselbst, aber schon 1935 zwangsweise Versetzung in den Ruhestand; 1940 Vertreibung aus dem eigenen Haus u. Zwangseinweisung ins „Judenhaus" (da verh. mit einer dt. Frau u. früherer Kriegsteilnehmer keine Deportation); 1945 demonstr. Austritt aus der evangl. Kirche u. Eintrittt in die KPD sowie Wiedereinsetzung als o. Prof. (aber ohne Lehrgegenstand an der TH) u. daher Leiter der VHS Dresden (die daher ab 1990 seinen Namen trägt); 1947–60 Mitgl. des Präsidialrates des Kulturbundes zur demo. Erneuerung Dtl. und für diesen ab 1950 auch Abgeordneter der Volkskammer; 1947/48 kurzz. o. Prof. für Romanistik an der EMAU Greifswald (Dekanat G. *Jacoby), die er aber entgeistert-fluchtartig wieder verlässt; 1948–50 ebenso an der MLU Halle u. 1951–55 endlich an der HU Berlin; seit 1953 schließlich auch Aka.-Mitgl.; 1955 als Prof. u. Inst.-Direktor em. (Amtsnachfolgerin Rita *Schober, Zola-Hg.); verst. am 11. Febr. 1960 in Dresden. – Aus seinen postum veröffentl. umfänglichen und sehr kritischen *Tagebüchern* erfährt man exemplarisch u. unverblümt über das tatsächliche Alltagsleben im NS-Reich (2 Bände, 1995) u. ebenso über die *ostdt. Nachkriegszeit* (SBZ und frühe DDR, 2 Bde 1999) weit mehr anschaulichste u. zutreffende Sach- u. Personal-Informationen, als in jeder anderen DDR-, Partei- oder gar marx.-len. Phil.-Geschichte jener Zeit; insbs. über die für K. selbst wiederum äußerst „widersprüchliche" Kultur- u. Geistesentwicklung (e. die der ost dt. Phil.-Anfänge): *So sitze ich denn zw. allen Stühlen. Tagebücher 1945–1959*; diese erscheinen daher auch ganz zwangsläufig erst 1999, seine persönl. Erlebnisberichte 1945/59 betreffen immerhin fast alle damaligen ostdt. Universitätsstandorte in Dresden (1945/47, die dortg. Entnazifizierung), Greifswald (1947/48, insb. G. *Jacoby); Halle (1948/50, Wirksamkeit u. Vertreibung von L. *Kofler u. Anfänge von Rita *Schober), Leipzig (Gründung der Gewifak u. *Blochs Wirksamkeit) u. Berlin (1951 Einführung des gesellwiss. ML-Grundlagenstudiums und *Harich-Prozeß

1956/57); man könnte daraus 100fach ddr-phil.-historisch und besonders personenbezogen zitieren; aber es handelt sich um weit mehr als nur um zufällig-persönliche Erinnerungs-Episoden; sie erhellen das alltagsphil. Leben in der DDR.
DDR-Personen-Lexikon 2010 (A. Kölling).

Publ.: LTI (Lingua Terrtii Imperii – Sprache des Dritten Reiches). Notizbuch eines Philologen Halle 1947 (24. A. Stuttg. 2010); Gesch. der franz. Literatur im 18. Jhd. Bd. 1: Das Jhd. Voltaires. Halle 1954; Vor 33 – nach 45. Gesammelte Aufsätze. Berlin 1956; (Hrsg.): Voltaire. Sämtl. Romane und Erzählungen. 2 Bde, Leipzig 1959; Gesch. der franz. Lite. im 18. Jhd. – Bd. 2. Das Jhd. Rousseaus. Halle 1966. – P. Jacobs: V. K. – Im Kern ein dt. Gewächs. Biographie. Berlin 2000; S. E. Aschheim: „Genosse K."– Kommunismus, Liberalismus u. Judentum. In (Hrsg): M. Zuckermann: Zwischen Politik und Kultur. Göttingen 2002; P. Genzel: Ausgrenzung – Kommunikation – Identität. Gesell. und subjektive Wirkl. in den Tagebüchern V. K. Berlin 2008.

Klenner, Hermann
5. Jan. 1926
Bedeutsamer marxistisch-leninistischer Rechtsphilosoph der DDR in Berlin
Geb. in Erbach (Odenwald) in einer Angestelltenfamilie; Realgymnasium, Abitur 1944 und NSdAP-Eintritt; 1944/45 Kriegseinsatz u. verwundet; 1945/46 Bauarbeiter u. zunächst SPD-Eintritt mit SED-Übernahme; stud. daraufhin 1946–49 Rechtswiss. an der MLU Halle mit an schl. Asp. in Leipzig; bereits 1951 Wahrnehmungsdoz. für marx. Staats- u. Rechtstheorie an der Jurist. Fak. der HU Berlin; daselbst 1952 Prom. z. Thema *Formen u. Bedeutung der Gesetzlichkeit als eine Methode in der Führung des Klassenkampfes* (publ. 1953); 1953/54 Doz. u. stellv. Direktor des Inst. für Theorie des Staates und des Rechts an der HUB; 1956 bereits Prof. mit Lehrauftrag und Prodekan der Jurst. Fak. daselbst; 1957/58 parteiamtli. Revisionismusvorwürfe und Parteiverfahren (strenge Rüge) verbunden mit univ. Entlassung u. Verlust aller Funktionen; Einsatz zur „Bewährung in der Praxis" als örtl. Bürgermeister der Ortsgemeinde Letschin (Kreis Seelow) im Oderbruch; ab 1960 wiss. MA der HfÖ Berlin-Karlshorst; 1965 daselbst Habil. mit *Studien über die Grundrechte* (bereits 1964 publ.) und Direktor des dortigen Inst. für Wirschaftsrecht; danach 1967 Gründer u. Leiter der Arbeitsstelle für Staats- und Rechtstheorie an der DAW, die jedoch wegen erneuter Revisionismus-Vorwürfe 1968 bereits wieder aufgelöst wurde; daraufhin ab 1969 bis zur endgültigen Inst.-Abwicklung 1991 Mitarb. am ZI für Phil. der AdW (Buhr-Institut), zuständig für „Rechtsphilosophie"; zugleich auch 1970–89 als IMS/IMB „Klee" des MfS erfasst und umfänglicher Berichterstatter; im gl. Zeitraum 1968–87 DDR-Mitgl. der Intl. Vereinigung für Rechts- u. Sozialphil. sowie als ausgewählter DDR-Reisekader Gast-Prof. in den USA (1975), Japan (1979) u. Australien (1987); seit 1976 Mitgl. des Präsd. des DDR-Kommitees für Menschenrechte; 1984–86 Ltr. der DDR-Delegation bei der UNO-Menschenrechtskonferenz in Genf; seine angestrebte Wahl z. Vors. einer entsprechenden Kommission scheiterte jedoch 1986 wegen „antiisrael. Äußerungen" u. einstiger NSdAP-Mitgliedschaft, die daraufhin öffentlich gemacht wurde; 1978 Korr. u. 1987 Ord. Mitglied der AdW der DDR; Herbst 1989–91 Vors. des Wiss. Rates des ZIPh.

und basisdemo. Direktorenwahl von P. *Ruben, dessen Rehabilitierung er betrieb; 1990 Honorar-Prof. HUB u. 1992 Altersruhestand; Mitgl. der Lz.-Sozietät und zahlreiche rechtsphil. Editionen zu Tho. Hobbes u. John Milton (1978), John Locke (1980), Georg W. F. Hegel (1981) sowie zu Kant u. Spinoza (1988); führender Rechtsphilosoph der DDR, war aber zugleich auch honorierter „inoffizieller Rechtsgutachter" zu Rudolf *Bahro und lieferte selbst noch eine „realhumanistische" Rechtfertigung der Todesstrafe in der DDR, auf der vor allem die Staatssicherheit (Mielke) der DDR bestand; sein wiss. Nachlass liegt als Vorlass im Aka.-Archiv. DDR-Personen-Lexikon 2010 (H.-C. *Rauh).

Publ.: Der ML über das Wesen des Rechts. Berlin 1954; Die pol. Bürgerrechte in der DDR. Berlin 1967; Rechtsleere. Verurteilung der reinen Rechtslehre. Berlin u. Frankf./M. 1972 (Buhrsche Kritik-Reihe 14); Rechtsphil. in der Krise. Berlin 1976; Menschenrechte, Heuchelei u. Wahrheit. Berlin 1978; Marxismus und Menschenrechte. Studien zur Rechtsphil. Berlin 1982; Vom Recht der Natur zur Natur des Rechts. Berlin 1984; Deutsche Rechtsphil. im 19. Jhd. Essays. Berlin 1991; Die Emanzipation des Bürgers. Rechtsphil. der Aufklärung. Köln 2002; Die Geschichtl. des Rechts. Klass. Rechtsdenken in Dtl. Köln 2003; (zus. mit G. Oberkofler): Arthur Baumgarten (1984–1966). Rechtsphil. u. Kommunist. Daten u. Dok. zu seiner Entwicklung. Innsbruck 2003; Historisierende Rechtsphil. Aufsatzsammlung. Freiburg 2009; Kritik am Recht. Aktualisierende Rechtspil. Berlin 2015; Recht, Rechtsstaat und Gerchtigkeit. Köln 2016.
Lite.: K.-H. Schöneburg (Hrsg): Wahrheit und Wahrhaftigkeit in der Rechtsphil. Berlin 1987 (z. 60. Geb. von Hm. K.); ders. (Hrsg): Phil. des Rechts u. Recht der Phil. (Festschrift für H. K. zum 65. Geb.) Frankf./M. 1992; G. Haney (Hrsg.): Recht u. Ideologie (in hist. Perspektive). Festschrift z. 70. Geb. 2 Bde. Freiburg 1996/98 (mit Bibl.); Zum 80. Geb. von H. Klenner. Sitzungsberichte der Leibniz-Soz. Bd. 85. Berlin 2006.

Kliem, Manfred
31. Mai 1934–2013
Marx-Engels-Forscher und nachwendischer Heimatkundler
Geb. in Grünberg/Schlesien als jüngerer Bruder des DDR-Atheismusforschers Wolfgang Kl. u. Sohn eines Ingeniers; univ. Geschichtsstudium an der HU Berlin und 1966 prom. (Diss. A) sowie 1988 Prom. B (Habil.) ebenda; – alle weiteren Arbeiten betreffen umfänglich hist.-emp. dok. Marx-Engels-Forschungen bis 1990; danach heimatkundl. bzw. regionalgeschichtl. tätig.

Publ.: Marx-Engels-Verzeichnis. Bd. 1: Werke – Schriften – Artikel. Berlin 1966 (3. A. 1979) u. Bd. 2: Briefe – Postkarten – Telegramme. Berlin 1971 (2. A. 1979); Karl Marx (Auswahl): Über Kunst und Literatur, in 2 Bdn. Berlin 1967/68 (ebenso Europa-Verlag 1968); Karl Marx. Dokumente seines Lebens. Leipzig Rc. 1970; Friedr. Engels. Dokumente seines Lebens. Leipzig Rc. 1977; Karl Marx und die Berl. Univ. 1836–1941 (Zur Gesch. der HUB Nr. 21-1988 u.: Der junge Engels und die Berliner Universität (ebenso Nr. 26-1990). – (Hrsg. für seinen Bruder: Glauben ist Ermutigung z. Handeln. Altbischof Gottfried Forck im Gespräch. Rothenburg 1996), Ortsgesch. zu Berlin-Friedrichshain (1997) und Berlin-Lichtenberg (1997) sowie zu Fredersdorf-Vogelsdorf 1200–1376–1840–2000. Berlin 2001.

Kliem, Wolfgang
11. Juli 1930–verst.
Parteiamtlich Beauftragter für den Wisssenschaftlichen Atheismus in Berlin
Geb. in Leipzig als Sohn eines Ingenieurs; Besuch der OS 1941–49 (Reifeprüfung) mit kriegsbedingter Unterbrechung; anschl. Jura-Studium 1949–53 (Staatsexamen) an der HU zu Berlin u. sofortg. gesell.-wiss. Lehreinsatz am dortg. ML-Inst. für dial.-hist. Mat., was er aber so gar nicht studiert hatte; bis 1956 als wiss. Ass. u. dann 1959 Oberass. bzw. Wahrnehmungs-Doz. für dieses Fachgebiet; seit 1961 (wahrscheinlich dahin delegiert) am Inst für M.-L. der KMU Leipzig u. wiederum Fachvertreter für dial. u. hist. Mat. an dortg. Fak. für Journalistik; 1965 phil.-soziolg. Prom. z. Thema *Theor. System u. ideolg. Gehalt der ländl. Soziologie in West-Dtl. unter bes. Berückstg. des Stadt-Land-Gegensatzes* (Gutachter: G. Müller u. J. Nuss); in den 70er Jahren dann unvermittelt zuständig für den erneut zentralparteilich zu verstärkende atheistische Propaganda in der DDR und für den phil.-mat. Lehrbereich des Wiss. Atheismus, nun am Institut für Marx.-Len. Phil des IfG beim ZK der SED (Direktor E. *Hahn), wozu aber keine entspr. Prom. B. oder sonstige Qualifizierng nachweisbar ist; am 13. Febr. 1981 wird er durch den Vors. des Wiss. Rates für Marx.-Len. Phil. der DDR an der AfG beim ZK der SED, Erich *Hahn, z. Leiter eines neu gegr. speziellen Problemrates zu „Weltanschauli. Problemen der Zusammenarbeit von Kommunisten u. Gläubigen" berufen. Dazu heißt es in einer entspr. Selbstmitteilung in der DZfPh (H. 1/1981, S. 866) in einem nichtssagenden Satz zur näheren Begründung u. Arbeitsweise dess.: „Der Problemrat vereinigt Wissenschaftler versch. gesell.-wiss. Disziplinen u. Vertreter der Praxis."; soweit ich mich als damlg. Chefred. der DZfPh erinnern kann, nahmen an der Konstituierung allein die nun wiederum ideologisch umorientierten ML-Vertreter des Wiss. Atheismus teil, aber keinerlei Naturwissenschaftler, Historiker od. gar religiöse bzw. kirchl. Vertreter zum Zwecke einer solchen neuartigen Zusammenarbeit mit Gläubigen (und deren immer selbstg. und pol. wirksamer werdenden Aktivitäten); erst im übl. Jubl.-Dp.-Heft 8/9-1984 der DZfPh zum 35. Jahrestag der DDR erschien der erste u. einzige Grundsatzartikel des Probl.-Vors. „Kommunisten u. Christen gemeinsam im Kampf um den Frieden"; die ansteigende unabhängige kirchl. Friedensbewe. in der DDR machte diesen von Anbegin merkwürdigen parteiamtl. „Problemrat", der ja weiterhin seinen erklärten „wiss.-atheistischen" wie marx.-religionskrit. Hintergrund nie verleugnen und aufgeben konnte, von vorn herein gegenstandslos und eigendlich ideologisch widersinnig und direkt verlogen. Das Hauptforschungszentrum des Wiss. Atheismus u. der marx-len. Religionskritik (frühere Versuche zu einer Religionssoziologie in Jena waren schon in den 60er Jahren nach innerkirchl. Protesten wieder abgebrochen worden) befand sich seit Jahren weit abgelegen am Inst. für ML der IH für Seefahrt Warnemünde/Wustrow (Leiter O. *Klohr) wie an der Sektion ML/ Staatsbürgerkunde der PHS Güstrow (Leiter H. *Lutter); alle drei gen. Hauptvertreter dieser bes. Ausrichtung der marx.-len. Phil. bzw. des gesellwiss. Grundlagenstudiums veröffentl. ihren letzten gem. „Forschungsbericht" (31 S.) unter der weitsichtigen Überschrift „Religion heute", erschienen in der Reihe „Wiss. Atheismus" H. 48-1989. –

Im postsowjet. Russland blieben alle diese früheren Atheismus-Lehrstühle/Bereiche erhalten, indem sie in alter russ.-religionsphil. Tradition einfach in solche für „Religionserforschung" umbenannt wurden; was das Berl. Phil.-Inst. betrifft, s. das voranst. Pers.-Stichwort zu W. *Kleinig; dortige anstehende Prom.-Schriften (Fam. *Decker) nahmen nunmehr schlicht einen „religionsphil." Charakter an.

Publ.: (Hrsg.): Aktuelle Entwicklungen im Engagement christl. Kirchen u. a. christl. Kräfte für Frieden, Abrüstung u. Entspannung. Materialien eines wiss. Symposiums des Problemrats Weltanschaui. Probleme der Zusammenarbeit von Kommunisten u. Gläubigen beim Wiss. Rat für Marx.-Len. Phil. u. des Forschungsbereichs Wiss. Atheismus des Inst. für Marx.-Len. Phil. der AfG beim ZK der SED am 21./22. Nov. 1985 in Berlin. Aka.-Inf. Nr. 59/1986; Es geht ums Leben. Gedanken zum sozialist. Humanismus. ABC des M.-L. Berlin 1987; (Mitverf.): Kirchlich-theolg. Epoche- und Fortschrittsdeutungen im Blick auf die Jahrtausendwende (!). AfG beim ZK der SED. Bereich Forschung. Them. Inf. u. Dok. H. 74. Berlin 1989.

Klimaszewsky, Günter
28. Sept. 1933–23 Dez. 1994
Herausgeber sowjetphil. Lehrbücher und Chefredakteur der DZfPh. 1982–86
Geb. in Beuthen; vor- u. nachkriegszeitl. Schulausbildg; 1952–55 naturwiss. Lehrer-Studium an der Pädg. Fak. der MLU Halle; daselbst 1955–58 an der ABF „Walter Ulbricht" Doz. für die Schullehrfächer Physik und Mathe. sowie 1958–63 Sekretär der univ. FDJ-KL; danach delg. zum Prom.-Studium an die Aka. für Gesellwiss. beim ZK der KPdSU in Moskau; Thema der dortg. Dr.-Kand.-Prom.-arbeit in russ. Sprache: *Die erkenntnistheor. Rolle des Gedankenexperiments in der Physik* (1968); zurückgekehrt, sofortg. Einstellung am Phil.-Inst. der AdW zu Berlin (Bereich Dial. Mat.) und sehr bald eingesetzt als deren letztlich „unvermögender" Bereichsleiter; daher bereits 1976 abgelöst durch C. *Warnke, die diesen Bereich dann bis 1980/81 gem. mit Peter *Ruben fachphil.-dialektisch völlig neu ausrichtet; danach naturphil. Umsetzung in den entpr. Hörz-Bereich und bereits seit 1973 von der HVA des MfS erfasst, und 1981 an die HA XVIII weiter gereicht (Auslandseinsatzreisekader); aber keine aka.-phil. Prom. B mehr nachweisbar, dafür aber Bearbeiter zahlreicher übers. sowjet.-phil. Lehrbücher und ab 1982 unvermittelt parteieingz. Chefred. der DZfPh. in unmittelbarer Nachfolge des im Zusammenhang mit der „Ruben-Affäre" abgesetzten univ. Chefred. H.-C. *Rauh (ein Sofort-Einsatz ohne jede Einarbeitungszeit!), nun wiederum vor allem bemüht um die systematisch erweiterte sowjetphil. Zusammenarbeit; 1986 krankheitsbedingte Ablösung durch den Buhr-Mitarbeiter Jörg *Schreiter, der Anfang 1990 das inzw. aufgeblähte u. dadurch arbeitsunfähige DDR-phil. Redaktionskollegium per Verlagsbeschluß schließlich vollständig auflösen sollte; nach früher Rückkehr zum ZIfPh bereits vorzeitg. Invalidisierung u. verst. 1994 in Blankenburg/Harz; lediglich zahlreiche Berichterstattungen in DZfPh. 1971–86.

Publ.: Weltanschauliche und methodol. Probleme der mat. Dialektik. Berlin und Frankf./M. 1976; (zus. mit G. Bartsch): Mat. Dialektik, ihre Grundgesetze u. Kategorien. Berlin 1973 (2. überarb. A.

1975); (Hrsg. zus. mit P. Gindev): Wissenschaft, Philosophie, Ideologie. Beiträge bulg. Philosophen. Berlin 1973; Übers. u. wiss. Betreuer der umfassenden SU-Publ. zur Gesch. der marx. Dialektik. Berlin 1973/75.

Klix, Friedhart
13. Okt. 1927–22. Sept. 2004
Führender marxistischer DDR-Psychologe und Kognitionstheoretiker
Geb. in Oberfriedersdorf/Löbau, Vater Landwirt; 1946 nachkriegszeitl. Abitur u. kurzz. Einsatz als Hilfslehrer; 1948–53 Psychologie-Studium an der HU Berlin; wiss. Ass. am Institut für Psychologie (Direktor K. Gottschaldt bis 1961) und 1957 naturwiss. Prom. z. Thema *Die relative Sehgröße der Gegenstände bei Eigenbewegung des Wahrnehmenden*; spätere experimentelle Habil. 1961 an der TU Dresden z. Thema *Elementaranalysen zur Psychophysik der Raumwahrnehmung* (bei W. Straub); gleichzeitig 1960 bereits Prof. für Psych. an der FSUniv. Jena und mit anderen sog. „Berlinflüchtlingen" Aufbau eines Studieng. Psych. u. koms. Inst.-Direktor; 1962 Rückkehr nach Berlin, nachdem K. Gottschaldt sich nach Göttingen abgesetzt hatte; zus. mit G. Rosenfeld und H. Hiebsch zunächst Bildung einer Interimsleitung des Berl. Psychologie-Inst. u. deren Direktor bis 1968; bereits 1965 Ordtl. Mitglied der DAW u. 1970 Mitglied der Leopoldina in Halle; zugleich 1968–75 Vors. der ostdt. Gesell. für Psych. u. 1980–84 Präsd. der Intl. Union der psycholg. Wiss., deren XXII. Weltkongreß für Psych. im Juli 1980 in Leipzig (zur Erinnerung u. z. Gedenken an W. Wundt) stattfand, wozu die DZfPh. ein them. H. 4/1980 veranstaltete; 1974–84 erneut Direktor der Sektion Psy. der HUB u. zu deren fachlich-thematischer „Absicherung" auch Mitglied der SED-KL der HUB; die kybernetisch-informationstheor. Erklärungen kognitiver Leistungen (1971) fanden in evolutionspsycholg. Deutungen des Denkens ihre Ergänzung (1980); „ideologienähere" Gebiete der (marx. DDR-)Psychologie, wie die „Sozialpsychologie" (H. Hiebsch/M. Vorwerg) wurden in Jena u. Lpz. betrieben u. die Pädg. Psychologie an der Aka. der Pädg. Wiss. (zum Berl. Psychologie-Inst. gehörte auch die Entw.-psychologie von H.-D. *Schmidt); 1990 Abschluss der Sektions-Reihe „Internationaler Symposien" mit „100 Jahre Zeitft. für Psychologie"; danach evaluierende Restrukturierung des Fachbereichs Psychologie unter Leitung von H.-D. *Schmidt sowie völlige univ. Neugründung dess. als Psycholg. Inst. der HUB; 1992 regulär an der HUB berentet und Mitglied der Leibniz-Soz., in deren Abhandlg. (Bd. 12) eine Festschrift z. 75. Geb.: Psychologie im Kontext der Naturwiss. Beiträge zur menschl. Informationsverarbeitung (Bln. 2004) erschien; verst. 2004 in Berlin; Gedächnisrede zum 80. Geb. auf dem Leibniz-Tag 2008 und Gedenkveranstaltung zu seinem 90. Geb. (2017) wiederum in der Leibniz-Sozietät. – Die Psy. erwies sich als grundlegend für die dial.-mat. ET. DDR-Personen-Lexikon 2010 (J. Richter).

Publ. (Auswahl): (Hrsg.): Ingenieurpsy. u. Volkswirtschaft (Bericht einer Konferenz 1965 an der HUB). Bln. 1966; Information u. Verhalten. Kybernet. Aspekte der organismischen Informationsverarbeitung. Berlin 1971 (5. A. 1980), zugleich Bern, Stuttg u. Wien 1973, unter dem Zusatztitel: Eine Einführung in die naturwiss. Grundlagen der allgm. Psychologie; (Hrsg.): Lernende Systeme. Berlin 1973; (Hrsg.):

Psycholg. Beiträge zur Analyse kognitiver Prozesse. Berlin 1976, ebenso Mün. 1976; (Mithrsg.): Zur Psychologie des Gedächtnisses. Berlin 1976, zugleich Bern, Stuttg u. Wien 1977; (Hrsg.): Psychologie in der DDR. Entwicklung, Aufgaben, Perspektiven. Berlin 1980 (z. XXII. Psychologie-Weltkongreß in Leipzig); Erwachendes Denken. Eine Entwicklungsgesch. der menschl. Intelligenz. Berlin 1980 (3. A. 1985) u. Heidelberg 1993 mit dem Zusatztitel: Geistige Leistungen aus evolutionsbiolg. Sicht; (Hrsg.): Proceedings. XXII. International Congress of Psychology. Leipzig-GDR. Bln. 1980; (Hrsg.): Gedächtnis, Wissen, Wissensnutzung. Berlin 1984; Die Natur des Verstandes. Göttingen 1992; (Mithrsg.): Experimentalpsychologie heute. 100 Jahre Zft. für Psychologie. Heidelbg-Leipzig 1994; (Mithrsg.): Wissen. Enzykl. der Psy., Themenbereich C, Ser. 2: Kognition, Bd. 6. Göttingen u.a. 1998; (zus. mit K. Lanius): Wege u. Irrwege der Menschenartigen. Wie wir wurden, wer wir sind. Stuttg. 1999 (red. A. Berlin 2000 unter der Zweitüberschrift: Kosmologie heute – ein Beitrag zum Weltbild).– (Red. Klix/H.-C. Rauh): themat. Heft 4/1980 der DZfPh. zum XXII. Psychologie-Weltkongreß in Leipzig

Klohr, Olof
4. Juni 1927–28. Sept. 1994
Hauptvertreter des Wissenschaftlichen Atheismus in der DDR (Jena und Warnemünde)
Geb. in Hamburg; entstammt einer dortg. Arbeiterfamilie; Volks- und Mittelschule bis 1943; anschl. bis 1946 kaufmännische Lehre, unterbrochen durch Kriegsumstände; 1946/47 Besuch einer Dolmetscherschule in Hamburg und Dolmetscherprüfung in Englisch (Einsatz bei dortg. Britischer Militärreg.); 1947–49 Vorstudienanstalt an der Univ. Halle (Abitur); Studienzulassung für Gesellschaftswissenschaften (Gewifak) an der Univ. Leipzig 1949/51 mit Abschluss als gesell.-wiss. Diplom-Lehrer; anschl. ML-Dozent am neugegr. Inst. für GW an der MLU Halle 1951–57 (1953–55 dessen Direktor); 1956 phil. Prom. zum Thema *Das biogenetische Gesetz und seine phil. Interpretation* ebd.; 1957–62 Doz. für dial.-hist. Mat. im gesell.-wiss. Grundstudium der Univ. Rostock; 1962 Habil. z. Thema *Kath. Phil. u. Theologie über einige Grundfragen des Lebens. Eine Ause. mit idealistischen Irrtümern und Fehldeutungen in der westdt. kath. Literatur* an der FSU Jena; daraufhin 1963–69 Berufung zum o. Prof. für Wiss. Atheismus nach sowjet. Vorbild daselbst und Gründung eines entspr. univ. Instituts (in Ernst Haeckel-Tradition) zur Durchführung gezielter religionssoziolg. Befragungen im Ostseeraum sowie im Erzgebirge, u. entspr. Konferenzen; 1965/67 europäische Dialog-Versuche mit der westdt. „Paulus-Gesell." zur Verständigung von Marxistischem Atheismus und Christentum; jedoch bereits 1966 erfolgt überraschend ohne jede Erklärung die Auflösung dieses Jenenser Lehrstuhls und Instituts für Atheismusforschung bzw. sogar „Religionssoziologie", vermutlich nach entschiedenen kirchl. Protesten bei der Partei- und Staatsführung der SED-DDR; nach der CSSR-Krise 1968 Ablehnung einer jeden ideolog.-weltanschauli. Koexistenz wie aber auch „atheist. Propaganda"; daraufhin Abschiebung aus Jena und 1969–90 wieder professoraler ML-Einsatz für dial.-hist. Mat., nun an der Ing.-HS für Seefahrt in Rostock-Warnemünde/Wustrow (Prorektor für Gesell.-wiss. u. Direktor der dortg. ML-Sektion); daselbst Entwicklung eines eigenständigen/regionalen Zentrums „Wiss. Atheismus" zu religionswiss. Forschungen in den 70/80er Jahren; es erschienen zahlreiche Manuskriptdrucke gem. mit G. *Winter (Greifswald) und Hans *Lutter (Güstrow); Ende 1989 endlich ungehin-

derte Umbenennung dieser ML-Forschungsgruppe Wiss. Atheismus in „Religionswiss."; 1990 erfolgte trotzdem die landesrechtl. Abwicklung durch die Schweriner Landesreg. u. die Versetzung in den vorzeitigen Ruhestand; zeitweilige Mitarbeit im neu gegr. „Freidenkerverband der DDR"; verst. 1994 in Rostock-Warnemünde.

Publ.: Vorlesungen zum wiss. Atheismus (sowjet. Übersetzg. zus. hrsg. mit S. Kirschke). Univ. Halle o. J.; Naturwissenschaft, Religion u. Kirche. Berlin 1958; Textauswahl zu Ernst Haeckel: Wunderglaube, Gott, Unsterblichkeit. Urania-Verlag Leipzig 1959; (Hrsg.): Ernst Haeckel: Die Welträtsel. Phil. Studientexte. Berlin 1960; Moderne Naturwissenschaft u. Atheismus. Referate. Materialien einer Internatl. wiss. Konferenz, Dez. 1963 in Jena (Mithrsg. D. Alexander). Berlin 1964; (Hrsg.): Religion u. Atheismus heute. Ergebnisse u. Aufgaben marx. Religionssoziologie. Berlin 1966; M-L, Atheismus, Religion. Ms.-druck der Ingenieurhochschule für Seefahrt Rostock-Warnemünde 1978; Wiss. Komm., Atheismus u. Religion. Materialien für Lehrveranstaltungen zum wiss. Atheismus im marx.-len. Grundlagenstudium. Ebenda 1980; Religion und Kirche in den sozial. Ländern. Ebenda 1983; Pol. Ökonomie, Atheismus u. Religion. Ebenda 1984; Zu pol. u. weltanschaul. Problemen der Zusammenarbeit von Marxisten u. Christen. Ebd. 1984; Wiss. Atheismus in den Kämpfen unserer Zeit. Ehrenkolloquium z. 60. Geb. v. O. K. in 2 Teilen. Ebd. 1987; (Autorenkollektiv-Ltg.): Die kath. Kirche auf dem Eichsfeld. Forschungsgruppe „Wisss. Atheismus", H. 43. Ebd. 1978; (zus. mit W. Kliem u. H. Lutter): Religion heute. Ebd. 1989; Prognose 2000. Kirchenstudie der Forschungsgruppe „Religionswiss.". Ebenda 1989; (Hrsg. Autorenkollektiv): Argumente, Aufgaben, Informationen. Verband der Freidenker der DDR. Bezirksvorstand Rostock 1989. Zahlreiche Beiträge (Artikel, Berichte u. Rez.) 1957–1976 in der DZfPh zur voran stehenden Problematik. – Die Forschungsberichte-Reihe „Wiss. Atheismus" der IH für Seefahrt in Rostock-Warnemünde-Wustrow umfassen in den 70/80er Jahre rund 50 Hefte und enden 1989 mit dem H. 49 zum Thema „Judentum"; die in Jena voran gegangenen „Atheistischen Forschungen", Mitteilungsblatt des Zentralen Arbeitskreises der DDR „Wiss. Atheismus" am Inst. für Phil. der FSUniv Jena 1963–65, sind bis Nr. 8 nachweisbar; der dann 1981 gegr. Problemrat „Weltanschaul. Probleme der Zusammenarbeit von Kommunisten und Gläubigen" (Vors. W. Kliem) beim Wiss. Rat für Marx. Len. Phil. der DDR tagte nachweislich in den Jahren 1984–1987, so auch in den DDR-Atheismus-Zentren Warnemünde-Wustrow (O. Klohr) sowie Güstrow (H. Lutter).

Klotsch, Helmut
20. März 1930–24. Aug. 2012
ML-Philosophie-Lehrer der PHS „Karl Marx" in Berlin
1936–44 Volks- und Mittelschule mit anschl. Berufsausbildung 1945–48 als Maurer (Facharbeiter); 1948–50 hauptamtl. FDJ-Funktionär in einer KL; 1950–52 Lehrer an Landesschulen der FDJ; ab 1952 Studium an der PHS „Karl Marx": Diplom-Gesellschaftswissenschaftler, Aspirant, Assistent u. phil. Prom. 1966 z. Thema *Die qualitativ neuen Subjekt-Objekt-Beziehungen im gesellschaftl. Entwicklungsprozeß beim umfassenden Aufbau des Sozialismus in der DDR*; 1968 Hochschuldozent und 1974 ordl. Prof. für dial. u. hist. Mat.; 1984–90 stellv. Direktor des WB Philosophie (Lehrstuhlleiter u. Direktor Hr. *Opitz, Rektorin Hanna *Wolf) an der PHS; mit deren SED-Ende 1990 Vorruhestand u. 1995 Altersrentner; verst. in Berlin.

Publ.: Gesetze und Kategorien der materialistischen Dialektik, dargestellt an den Entwicklungsproblemen in der DDR (Lektion der PHS). Berlin 1966; (Mitautor): Arbeiterklasse und bewusst gestaltete gesell. Praxis. Zur Dialektik der Gestaltung des sozial. Gesellschaftssystems. Berlin 1969; Die Begründung der hist. Rolle der Arbeiterklasse durch Karl Marx u. Friedrich Engels (Lektion der

PHS). Berlin 1970/71; Entwicklungstendenzen des sozial. Bewusstseins (Vorlesung der PHS). Berlin 1975; (gem. mit F. Kohlsdorf u. H. Steußloff): Phil. der Arbeiterklasse. Vorlg. zum dial. u. hist. Mat. Berlin 1975/1977; (gem. mit H. Opitz u. F. Kohlsdorf): Freiheit, ein Vorzug des Sozialismus. Berlin 1978 (russ. Übers. Moskva 1981); (gem. mit H. Opitz u. H. Steußloff): Der M.-L., unsere wiss. Weltanschauung (Lektion der PHS). Berlin 1978; (gem. mit H. Opitz u. H. Steußloff): Die wiss. Weltanschauung, Grundlage unseres Handelns. Berlin 1979. – 1976–87 zehn ganz ähnliche phil.-pol. Kollektivartikel sowie fünf Einzelbeiträge in der DZfPh.

Klotz, Hans
12. Sept. 1931
Marx.-leninistischer Philosophie-Offizier des MfS der DDR in Potsdam und Berlin
Geb. in Gera-Falkenthal; Besuch der Grund- u. Oberschule; 1950/51 (da Phil. noch kein Studienfach ist) zunächst Studium der Germanistik u. Geschichte an der FSU Jena, danach 1951/52 Phil.-Studium in Jena u. ab 1953 (mit Berufung von Georg *Klaus nach Berlin) drei weitere Jahre an der HU Berlin; Diplom-Phil. 1956 u. Fachrichtungs-Ass. am Inst. für Phil.; 1957–60 planmäßiger Asp. u. Lehre im Bereich Dial. Mat.; 1961/62 erneut geschäftsf. Fachrichtungsleiter für Phil. am Institut; verlängerte Fertigstellung sowie verzögerte Begutachtung der Diss. 1963/64; 1965 phil. Prom z. Thema *Über die Kategorie „Beweis" als phil. Kategorie u. über die Bedeutung u. Spezifik des Beweises in der Philosophie* (Gutachter: A. *Kosing u. A. *Polikarow); mündl. Prüfung in Phil. u. Gesch. der Naturwiss. bei G. *Harig in Leipzig; Diss.-Umfang 454 S. und publ. als „Der phil. Beweis". Berlin 1967 (2. überarb. A. 1969); danach Übernahme als hauptamtl. Mitarbeiter des MfS im Rang eines Oberst und Lehrstuhlleiter für dial. u. hist. Mat. im gesell.-wiss. Grundstudium an der Juristischen HS des MfS bei Potsdam; daselbst auch jurist.-phil. Habil (Diss. B) 1974 (Thema offiziell nicht bekannt); 1984 aus gesundheitl. Gründen versetzt ans ZIPh. der AdW als wiss. Mitarb. ohne jede weitere nachweisbare Wirksamkeit und zum Ende der DDR bzw. bei Abwicklung aller gesell.-wiss. Aka.-Inst. schon Invaliden-Rentner. – nachweisbar sind 5 phil. Disk.-Artikel in der DZfPh. 1959–1968 und eine erste univ.-phil. Fernstudienanleitung zum Dial. Mat. der HU, Berlin 1964.

Klügl, Johann
23. April 1929
Religionssoziologe in Jena
Geb. in Bottrop (Ruhrgebiet) als Sohn eines Hauers im Steinkohlenbergbau; 1935–43 Besuch der Volksschule u. danach beg. Tischlerlehre, kriegsbedingt nicht bendet; 1945–48 Bauarbeiter in Bottrop und 1948 Vorstudienanstalt (ABF) der FSU Jena; Hochschulreife 1950 und Studium der Geschichte; 1951 fortgz. als Phil.-Studium bei den Professoren: G. *Klaus, P. *Linke, G. *Mende, Griewank u. *Johannsen; 1956 Phil.-Diplom u. Ass. bei G. Mende: Themensteller u. Hauptbetreuer seiner Prom.-Schrift 1963 z. Thema *Die neothomistische Elitetheorie u. ihre antihumanistischen Konsequenzen* (Gutachter: G. *Mende und H. *Korch); Prom. B 1969 zum Thema *Säkularisierungsprozesse im Kaplm. und die ideolg. Funktion der bürgerl. Religionssoziologie* (Gutach-

ter: O. *Klohr, G. *Mende sowie der Sozialpsychologe H. Hiebsch); keine weiteren Angaben erhältlich.

Kneist, Klaus
16. März 1931–verst.
Gesellschaftswissenschaftlicher Logik-Spezialist am IfG beim ZK der SED in Berlin
Geb. in Jena in einer Arbeiterfamilie; 1937–43 Grundschule u. Aufbauschule, 1949 Reifeprüfung; 1949–52 Studium an der Gesell.-wiss. Fak. u. am Phil. Inst. der FSU Jena; anschl. Einsatz als Hilfsass. im gesell.-wiss. Grundlagenstudium; von da aus parteidelg. z. Asp. ans Inst. für Gesell.-wiss. beim ZK der SED in Berlin, Lehrstuhl Philosophie; Diplom-Gesell.-wiss. u. zeitweilg. phil. Spezialisierung auf „Logik u. ET." (nach der univ.-phil. Strukturvorgabe), gemeinsam mit A. *Händel, was jedoch fachlich keinen Bestand haben sollte – ebenso wie sich A. *Kosing ebenda anfangs auf ET spezialisierte); 1962 daher phil. Prom. z. Thema *Über den dial. u. den logischen Widerspruch. Ein Beitrag zur Logikdiskussion* (Gutachter G. *Klaus u. A. *Kosing); ab Mitte der 60er Jahren dann bereits eingesetzt zu den weltanschau. Fragen der wiss.-techn. Revolution; seit Mitte der 70er Jahre weiter beschäftigt mit Fragen der mat. Dial. als Theorie u. Methode der Gesellwiss.; dazu 1981 phil. Diss. B zum Thema *Dial.–mat. oder kritisch-rationalist. Methode der Gesellschaftserkenntnis? Eine Ause. mit dem krit. Rationalismus* (Gutachter: Eb. *Fromm, A. *Kosing u. F. *Fiedler – Prom.-Urkunde ist unterschrieben vom Aka.-Rektor Otto Reinhold u. Inst.-Direktor E. *Hahn); gleichszeitig mehrj. Tg. als AGL-Vors. der AfG, als einer doch vollstg. Parteiinstitution b. ZK der SED schon etwas sonderbar; weiterer Verbleib oder andere Wirksamkeiten unbekannt; wahrschl. schwer erkrankt u. schon verst.
Publ.: (gem. mit A. Händel): Kurzer Abriß der Logik. TB-Reihe Unser Weltbild. Bd. 14. Berlin 1960 (2. A. 1962 u. ung. Übers. Budapest 1964); (wiss. Red.): Sozialismus u. Frieden, –Humanismus in den Kämpfen unserer Zeit. VI. Phil.–Kongreß der DDR 1984. Berlin 1985.

Koch, Gerhard
Doz. oder ML-Prof. an der SED-Parteihochschule „Karl Marx"
Keine Lebensdaten erfahrbar; parteiphil. Prom. ebd. 1966 unter dem epochalen Thema *Zur D. von objektiver gesell. Gesetzmäßigkeit und subjektiver prakt. Tg. unter dem Gesichtspunkt der Herausbildung einer neuen Qualität der gesell. Praxis beim Übergang vom Kapitalismus zum Sozialismus* (publ. unter d. sinnigen Kurztitel „Gesetzmäßigkeit u. Praxis", Bln. 1968, der das eigentl. Marxsche „praxisphil." Anliegen total ideologisch-verkehrt, also wiederum naturwiss-deterministisch verfasst); nachweisbar sind folgende Lektionen an der PHS: Die Parteilichkeit der marx.-len. Phil., Berlin 1970 sowie Die Grundfrage der Phil. und ihre Beantwortung durch den dial. Mm., Berlin 1973; 1964–75 fünf Artikel z. Thema der angezeigten Prom.-schrift.

Koch, Hans
17. Mai 1927–18. Nov. 1986
Marxistisch-leninistischer Kulturwissenschaftler und kulturpolitischer Multifunktionär
Geb. in Liebschwitz (Kr. Gera); Vater Schlosser u. Polizeioberwachmeister; Volks- und Aufbauschule mit kriegsbedingtem Notabitur 1944; 1945 RAD u. 1945/46 KPD/SED (Delegierter des Vereinigungsparteitages 1946 in Berlin); Sekr. des Antifa-Jgd. in Gera und Sommer 1946 LPS in Bad Berka; 1946–50 Sekr. der FDJ-KL Gera sowie Sekr. für Kultur und Erziehung der FDJ-LL Thür.; 1950 Teilnahme am ersten Einjahreslehrgang der SED-PHS in Berlin u. 1951 Instrukteur für kulturelle Massenarbeit der ZK-Abt. Kultur; 1951–56 delg. zur Asp. (1. Lehrg.) am neu gegr. IfG beim ZK der SED; phil. Prom. 1956 zum Thema *Der theor. Beitrag Franz Mehrings zur Entwicklung der marx. Literaturwiss. (1891–1914)*, umfasst 560 S., publ. 1959); daraufhin 1956–63 stellv., dann Lehrstuhlleiter für Theorie u. Gesch. der Lite. u. Kunst ebd. (Bezeichg. später mehrfach geändert, ebenso wie bei Eh. *John in Leipzig); 1960 Hauptautor (eigentlich Hrsg.) von „Georg Lukacs u. der Revisionismus". Berlin 1960 u. Verfechter eines orthodoxen sozial. Realismus in der Nachfolge von A. *Kurella; 1961 Habil. z. Thema *Marxismus und Ästhetik. Zur ästh. Theorie von Marx, Engels u. Lenin* (Gutachter: W. *Girnus u. A. *Kurella, publ. Berlin 1961, 627 S., 3. A. 1962, ung. A., Budapest 1964) sowie ordtl. Prof. für marx.-len. Kultur- u. Kunstwiss.; danach bis 1966 kulturpol. Leitungsarbeit im DSV u. ab 1963 Abgeordneter der Volkskammer (KB-Fraktion); 1966–69 zugleich auch wiss. Mitarb. im DDR-Min. für Kultur und 1969–73 wiederum im DSV-Präsidium (Vorstand); danach erneut Lehrstuhlleiter u. Direktor des Inst. für Kultur- u. Kunstwiss. an der AfG beim ZK der SED und Vors. eines entspr. Wiss. Rates für die gesamte kultur- und kunstwiss. Forschung in der DDR an dieser Partei-Aka.; in dieser Funktion wiederum 1976 Kand. u. ab 1981 (so wie E. *Hahn für die DDR-Phil.) Vollmitgl. des ZK der SED; 1982 Mitgl. des Präsidiums des KB der DDR und ab Mai 1986 Mitgl. der Kulturkom. beim PB des ZK der SED; jedoch „Am 17. Juni 1986 verließ Koch eine Leitungssitzung seines Instituts u. beging im Berliner Stadtwald Suizid." Nach (verspäteter) Auffindung seiner Leiche erst am 10. Nov. 1986 meldete das ND acht Tage später (erstmalig in der DDR-Gesch. bei einem derartigen Vorfall) sein Ableben, aber selbstverständlich ohne jede nähere Erklärung. Doch inzw. war 100-jährig 1985 geehrt: G. *Lukacs, der wichtigste marx. Denker des Jhd., partei- und staatsakademisch weitgehend rehabilitiert worden und das marx.-ästh. Denken reduzierte sich damit nicht mehr nur allein auf Marx, Engels, Lenin und Franz Mehring oder die allmächtige ZK-Abteilung Wiss. und Kultur von Kurt *Hager u. Ursula Rackwitz.
DDR-Personen-Lexikon 2010 (B.-R. Barth) u. DDR-Phil.-lexikon 1982 (H. Haase).

Publ.: (Mit-Hrsg.): Über Kunst u. Literatur. Ausgw. Schriften von Marx, Engels u. Lenin. Leipzig 1958; Kultur in den Kämpfen unserer Tage. Theor. Probleme der sozial. Kulturrevolution in der DDR. Bln. 1959; Unsere Kulturgesell. Kritik und Polemik. Berlin 1965; (Hrsg.-Autorenkollektiv): Zur Theorie des sozialistischen Realismus. Berlin 1974; (Hrsg.): A. Kurella: Das Eigene u. das Fremde. Beiträge zum sozial. Humanismus. Bln. 1981; (Mitautor): Zur Theorie der sozial. Kultur. Berlin 1982; Grundlagen sozial. Kulturpol. in der DDR. Bln. 1983; (Hrsg.-Autorenkollektiv): Literatur u. Persönl. Berlin 1986; Kulturfortschritt im Sozialismus. (Aufsatzsammlung – Gedenkband). Berlin 1988; – Mithrsg. der Schriften von Franz Mehring in 15 Bänden. Berlin 1960–67 (Bd. 13: Phil. Schriften, hrsg. von Josef Schleifstein. Berlin 1961).

Koch, Martin
15. April 1954
Naturphilosophischer Wissenschaftsjournalist
Geb. in Steinach/Thüringen; zehnkl. polytechn. OS 1970 beendet; anschl. Facharbeiterausbildung mit Abitur; während des NVA-Dienstes SED-Beitritt 1972/73; Physik-Studium 1973/78; anschl. Forschungsstudium 1978/79 an der Berl. Sektion Marx.-len. Phil., Bereich Phil.-Wiss. (Ley-Lehrstuhl) und 1979–1994 wiss. Ass. u. Mitarbeiter daselbst; 1985 phil. Prom. z. Thema *Naturdialektik u. Atomistik. Ludwig Boltzmanns Stellung in der naturwiss. u. phil. Ause. während der 2. H. des 19. Jhd.* (Gutachter: H. *Ley, A. *Griese und R. Enderlein, Sektion Physik); zur gl. Zeit Ed. von Bd. I/26 der MEGA im Rahmen einer entspr. Forschungsgr. unter der Leitung von A. *Griese der Sektion/Institut für Phil. der HU Berlin; danach freiberuflicher Autor u. bekannt durch seine zahlreichen (wöchentlichen) wissenschaftsjournalist. Beiträge im ND der letzten 2 Jahrzehnte.

Kodalle, Klaus-Michael
18. Okt 1943
Nachwendischer Sozial- und Religionsphilosoph in Jena aus Hamburg kommend
Geb. in Gleiwitz (Oberschlesien); stud. 1964–69 Phil., Päd. u. Germ. in Köln; daselbst phil. Prom. z. *Verhältnis von Theologie und Staatsphil. bei Thomas Hobbes* (publ. 1972 u. d. Titel: Logik der Herrschaft u. Vernunft des Friedens); wiss. Ass. an der Univ. Regensburg u. 1975 ebs. an der Univ. Hamburg, wo er sich 1981 „im Anschluß an Kierkegaard" habil. (teilweise publ. u. d. T.: „Die Eroberung des Nutzlosen". Paderborn 1988); ebenda 1983 Prof. für Religionsphil. und Sozialethik im Fachbereich Evangl. Theologie; mit der dt. Wiedervereinigung ergab sich die reale Mögl. zur Berufung als o. Prof. für Prakt. Phil./Ethik an die FSU Jena in einem personell vollständig erneuertes u. thematisch umstrukturiertes Phil.-Inst. (Gründungsdirektor W. *Becker aus Gießen); Antritts-Vorlg. in Jena vom 2. Juni 1994 lautete dann auch recht theolg.-moralisch folgerichtig ostwärts bezogen: „Verzeihung nach Wendezeiten? Über Unnachsichtigkeit u. misslungene Selbstentschuldigung" (Jenaer Phil. Vorträge u. Studien H. 12); in der verspäteten Ause. um die Art u. Weise der Abwicklung der DDR-Phil. u. die Übernahme aller verbeamteten univ. Prof.-Stellen allein durch westdt. Phil. fielen dazu noch ganz ähnlich ideologisch-nachtretend die ungemein aufgeregten Worte vom zwangsweisen (westdt.) „Ausmistens" eines universitär-unphil. „Augias-Stalles" (DZfPh 3/1996, S. 503); 1995 Vors. einer „Thüringischen Gesell. für Phil." (vorab aber schon 1990 gegründet von K. *Vieweg u. anderen Jenenser Nachwuchsphil. der Wendezeit) u. seit 1997 Org. u. Leitg. von regionalen Thüringentage für Philosophie (1.

Veranstaltungsthema wiederum entspr. pol.-ideolog. aufgeladen-zulangend: „Strafe muß sein! Muss Strafe sein? Phil.-Juristen – Pädag. im Gespräch"); zu dieser Zeit ist die entspr. o. Prof. für Theor. Phil. von W. *Hogrebe 1992–96 in Jena schon wieder aufgegeben; 1998 Mitgl. der Aka. f. Wiss. u. Künste in Mainz (2006 Vortrag über die „Annäherung an eine Theorie des Verzeihens") und seit 2006 Präsd. der Dt.-Ung. Gesell. für Phil, in der es aber gar nicht mehr um das marx.-phil. Erbe von G. *Lukacs gehen sollte; inzw. dauerhaft in Jena wohnhaft (was er stets bes. betonte) und so auch schon inzwischen daselbst emeritiert.

Publ.: Politik als Macht und Mythos. Carl Schmitts ‚Pol. Theologie'. Stuttg. 1973; Unbehagen mit Jesus. Eine Herausforderung der Psychoanalyse an die Theologie. Freiburg im Brg. 1978; (Hrsg.): Tradition als Last? Legitimation der Bundeswehr. Köln 1981; (Hrsg.): Gegenwart des Absoluten – phil.-theolg. Diskurse zur Christologie. Gütersloh 1984; Karl Christian Friedrich Krause. Studien zu seiner Phil. u. z. Krausismus. Hamburg 1985; Gott u. die Politik in USA. Über den Einfluß des Religiösen. Frankf./M. 1988; Dietrich Bonhoeffer. Zur Kritik seiner Theologie. Gütersloh 1991. (Hrsg.): Fichtes Entlassung. Der Atheismusstreit vor 200 Jahren. Kritisches Jb. der Phil. Bd. 4. Würzburg 1999; (Hrsg.): Phil. eines Unangepaßten: Zu Hans Leisegang. (Aufsatzsammlung einer Erinnerungsveranstaltung). Würzburg 2003; (Hrsg.): Das Recht auf ein Sterben in Würde. Würzburg 2003; Im Rückblick auf die Wende: wie mit Schuld umgehen? Beobachtungen u. Reflexionen. Würzburg 2009. Verzeihung denken. Paderborn 2013.

Kofler, Leo
26. April 1907–29. Juli 1995
Antistalinistischer marxistischer Sozialphilosoph in Halle 1947–50 und danach Köln
Geb. in Chocimierz (bei Stanislaw, Ostgalizien, einst Österreich-Ungarn, heute Ukraine), in einer ostjüd. Gutsbesitzerfamilie (später heißt es „Landwirt", Großbauer oder „Kulak"), die jedoch mit Einmarsch der russ. Truppen im I. Weltkrieg (also noch vor der Okt.-Rev.) nach Wien flüchtet; erlebt dort den Zusammenbruch der österr.-ung. Monarchie und die zeitwlg. Herrschaft eines „sozialdemo. Stadt-Sozialismus"; Besuch der Volks- u. Handelsschule und frühzeitig tätig in der sozial. Bildungsarbeit; betreibt gleichzeitig ein autodidaktisches Selbststudium, hört prägend vor allem Max Adler (verst. 1937), den Hauptvertreter des linkssozial., aber antikomm. Austro-Marxismus; mit dem Einmarsch der großdt. Nationalsozialisten in Österreich 1938 flieht er völlig mittellos in die neutrale Schweiz u. gerät in ein Arbeitslager für jüd. Emigranten (kriegsbedingter Straßenbau); es folgen intensive G. *Lukacs- u. Marxismus-Studien; 1944 erscheint in Bern, imigrationsbedingt unter dem Pseudonym Stanislaw Warynski sein Hauptwerk: *Die Wissenschaft von der Gesell. Umriß einer Methodenlehre der dial. Soziologie* (nachkriegszeitlich 1947 an der Univ. Halle als Promotionsschrift anerkannt); exemplarische Ausführung seiner marx. Gesellslehre bildet die unmittelbar anschl. Arbeit *Zur Gesch. der bürgerl. Gesell. Versuch einer ‚verstehenden' Deutung der Neuzeit nach dem hist. Mat.* (Halle 1948), wiederum anerkannt als Habilitationsschrift von den neumarx. Historikern u. Gutachtern: W. Markow u. E. *Winter, aber abgelehnt vom altbürgerl. Uni.-Phil. P. *Menzer wie der Phil. Fak. der Univ. Halle; trotzdem erfolgte parteibefördert die sofortige ministerielle Ernennung (noch vor

Beendigung des Verfahrens) durch die Sächs. komm. Landesreg., an der Phil. Fak. vorbei, die ihrerseits hist.-wiss. Grundregeln (z. B. primäres Quellenstudium) in der Habil.-Schrift verletzt sieht u. stattdessen eine fortgz. Habil. für das neue parteimarx. Fachgebiet des dial. und hist. Mat. anstrebt und empfiehlt; das neue Berufungsgebiet heißt dann aber doch „Geschichtsphil.", worauf die SED-Landeszeitung „Freiheit" über diese bildungsgesch. wahrlich ungewöhnliche Erfolgsgesch. titelt: "Vom Autodidakten z. Prof. – Neuer Lehrstuhl an der Univ. Halle"; – seine kritisch-marx., dialektisch-ganzheitlich auf Hegel-Marx zurückgehende) gesell. Gesch.-theorie (Gesichtspunkt der „Totalität"), die aber mit der zunehmend parteiamtlich vorherr. staln. (undial.-schematischen) Dogmatik von Basis u. Überbau („mat. u. ideolog. gesell. Verhältnisse") nichts gemein hatte, erzeugte jedoch bald eine zunehmend immer doktrinär-intollerant werdende parteistalinistische Kritik, die schließlich auf dem phil. SED-Doz.-Lehrgang der PHS in Kleinmachnow in der 2. Jahreshälfte 1948 in üblicher parteikollektiver Art u. Weise erstmalig offen ausbrach, forciert durch den neuen parteiamtl. Chef-Ideologen Kurt *Hager u. seinen hochstaln. Gehilfen E. *Hoffmann (beide ganz unausgebildete Historiker); auf einer einwöchigen Lenin-Konferenz im Mai 1949 (noch ganz unter Kontrolle sowjet. Kulturoffiziere der SMAD) begann dann die „ideolog. Offensive", die auf eine zunehmende parteidogm. Stalinisierung (z. 70. Geb. *Stalins am 21. Dez. 1949) der marx. Gesell.-wiss. (Einführung des ML-Grundlagenstudium) hinauslief, in deren Folge hinsichtlich K. u. seiner „Gesch. der bürgerl. Gesell." fast 100 Diskutanten (z. T. vermittels schriftl. Parteigutachten zur „Reinhaltung u. Entw. des ML.") angeschrieben wurden; O.-G. *Gropp rezensiert sofort eine „unmarx. Geschichtsdeutung" (Einheit 6/1949) und der aktuelle Chefideologe der SED Fred *Oelssner spricht im Jan. 1950 in Berlin bereits von „partei- und sowjetfeindlichen (trotzkistischen) Auffassungen"; vor Ort in Halle forcieren derweil G. *Mende und der junge Phil.-Student A. *Kosing die weitergehende parteiorg. Ause., worauf K. demonstrativ (u. unerhörterweise) seinen SED-Parteiaustritt erklärte, was wiederum die sofortige Beurlaubung und nachfolgende Freisetzung von jeder univ. Lehrtg. herbeiführte; diese parteiamtl. „Anti-Kofler-Kampanie" erreicht schließlich ihren Höhepunkt mit einem 2. Artikel v. *Gropp, in dem L. K. als *„Ein ideologischer Schädling"* (Einheit 5/1950) denunziert wird; gleichzeitig wurde auch Kl. *Zweiling als Chefred. der „Einheit" abgelöst u. Hager wie Oelssner übernahmen deren damit zentralparteiliche Kontrolle und Leitung; der ZK-Sektorenleiter für „Hochschule und Wiss." Ernst *Hoffmann erklärte abschl. dazu in der Einheit: „An der Univ. Halle konnte bis vor kurzem der Agent der reakt. bürgerl. Ideologie u. Feind der Sowjetuinion Prof. Kofler als Mitgl. unserer Partei unbehelligt seine reaktionären Anschauungen mit dem Decknamen des ‚Marxismus' vom Katheder verbreiten." (Nr. 9/1950); diese Stalinisierung begann 1948/49 u. L. K. in Halle war ihr erstes prominentes univ. Opfer; um letztlich nicht noch verhaftet zu werden, erfolgt zum Jahresende 1950 seine erneute, nun 4. überstürzte Flucht über West-Berlin in die BRD, um sofort, womit er schon in Halle freigesetzt begonnen hatte und ohne sich nun in Köln antikomm. vereinnahmen zu lassen, mit seiner, nicht nur „ideologie-kritischen", sondern nun grundsätzl.

marx.-soziolg. Analye der stalinistisch-bürokratischen Entartung des Marxismus sowie entfremdet-terroristischen u. freiheitslosen Fehlentwicklg. des realen Sozialismus zu beginnen; u. das alles noch vor dem XX. KPdSU-Ptg. 1956, der dann lediglich überbaulich-moralisierend den Personenkult um Stalin, nicht aber das gesell.-pol. System des Stalinismus erstmalig kritisierte; trotzdem jahrelang keine univ. Anstellung, sondern prakt. Bildungsarbeit in der VHS u. Gewerkschaft; es erfolgte auch keine fachwiss. Anerkennung durch die neomarx. Kritische Theorie der Frankf. Schule; Ende 1966 gemeinsam aufgezeichnete u. publ. Gespräche (auch dabei H. H. *Holz) mit G. *Lukacs in Budapest; sozialkritischer „Wanderprediger" über Jahre; 1975 Honorarprof. an der Ruhruniv. Bochum u. verspätete Festschrift 1980, hrsg. von E. *Bloch; begrüßt u. analysiert noch die Reformbestrebungen von Gorbatschow, nach 1989 ebenso auch die staatssozial. Entwicklung in China; 1990 nachholende Phil.-Vorträge an den Univ. Halle u. Leipzig sowie an der Aka. der Wiss. Berlin (ZIfPh, Einladung durch P. *Ruben); Bemühungen (v. H.-M. *Gerlach) um eine Ehrendoktorwürde in Halle scheitertern mit der beginenden Abwicklung des dortg. marx.-len. Phil-Inst.; 1991 Schlaganfall u. lange arbeitsunfähige Erkrankung, verst. 1995 in Köln; 1996 daselbst Gründung einer „Leo-Kofler-Gesellschaft" u. 2007 umfangreiche Biogr. zu Leben u. Werk von Chr. Jühnke: Sozialistisches Strandgut; weitere nachwend. Aufarbeitungs-Lite. betreffen folgende Publ.: Hm. Steiner: Leo Koflers erzwungene Flucht aus Halle/S. 1950. In: Utopie kreativ H. 4/1990; R. Sauerzapf (Studium bei L. K. 1948–52 in Halle u. kurzz. sein Hilfsass., dann bei Leo Stern): Die Vertreibung des Leo Kofler. In: UTOPIE kreativ H. 168 (Okt. 2004); H. Graf (damaliger Mitstudent): „Jahre in Halle". In: A. Kosing. Texte 1964–2018 (Aufsatzsammlung). Berlin 2018. DDR-Personen-Lexikon 2010 (H.-C. *Rauh/J. Wielgohs).

Publ.: (St. Warynski): Die Wissenschaft von der Gesellschaft. Bern 1944 (2. A. 1971); Zur Gesch. der bürgerl. Gesell. Halle 1949 (3. A. Neuwied 1966 u. in 2 Bden, Berlin-Ost 1992); (J. Deverite): Marxistischer oder staln. Marxismus. Köln 1951; Wesen u. Rolle der staln. Bürokratie. Köln 1952; Geschichte und Dialektik. Zur Methodenlehre der dial. Geschichtsbetrachtung. Köln 1955; Marxistischer oder ethischer Sozialismus. 1955 (1964 als Der proletarische Bürger); Perspektiven des revolutionären Humanismus. Hamburg 1968; Stalinismus u. Bürokratie. 2 frühere Aufsätze. Neuwied 1970; Aggression u. Gewissen. Grundlg. einer anthropolg. ET. Mün. 1973; Soziologie des Ideologischen. Stuttgart 1975; Aufbruch in der Sowjetunion? Von Stalin bis Gorbatschow. Hamburg 1986; „Kritik ist der Kopf der Leidenschaft". Aus dem Leben eines marx. Grenzgängers. Ein Gespräch anlässlich s. 80. Geb. Hamburg 1987; Zur Kritik der bürgerl. Freiheit. Ausgewählte pol.-phil. Texte eines marx. Einzelgängers. Hamburg 2000; Begegnungen mit Leo Kofler. Ein Lesebuch. Köln 2011. – *Anfänge*: Ein „ideologischer Schädling"? Leo Kofler in Halle (H.-M. Gerlach).

Kohlsdorf, Fred
8. Mai 1928–Mai 2010
Marxistisch-leninistischer Philosophie-Lehrer an der SED-Parteihochschule in Berlin
Geb. in Lübeck, Vater Schiffs- und Kesselheizer, seit 1928 in der KPD u. anerkannter Widerstandskämpfer; 1934/42 achtkl. Volksschule und anschl. Berufsausbildung als Schlosser; Jan. 1945 Facharbeiterprüfung und Einberufung zur fasch. Wehr-

macht; Mai 1945–Jan. 1946 engl. Kriegsgefangenschaft; antifasch.-demo. Lehrgänge als Neulehrer 1946 (1. Lehrerprüfung) in einer 4-stufg. Landesschule; 1947 SED u. 1950/52 Direktor dieser Schule; 1951 Kreisparteischule (6 Wochenlehrgang) u. 1952 FDJ-Jgd.-Hochschule „Wilhelm Pieck" (5 Wochen); daraufhin parteipol. Schulinspektor im Kreis Riesa; 1953 stellv. Kreisschulrat und koms. Leiter der Abt. Volksbildung daselbst; 1953/54 einj. Studium an der Dt. Aka. für Staat u. Recht Walter Ulbricht; das Min. für VB erklärt das z. Qualifikation als Lehrer der Mittelstufe (für Staatsbürgerkunde); 1955 delg. zum Studium und Aspirantur am IfG beim ZK der SED, Lehrstuhl Philosophie u. daselbst 1961 phil. Prom. zum Thema *Der hum. Charakter der Lehre von Karl Marx u. der Humanismus Ludwig Feuerbachs. Ein Beitrag zur Kritik rechtssozialdemo. Verfälschung des sozialistischen Humanismus* (Gutachter: W. *Schuffenhauer u. Wo. *Schubart – selbst erst gerade prom. Doktoranten); seit Ende 1961 am Phil.-Lehrstuhl für dial. u. hist. Mat. der PHS „Karl Marx", weitergehend Dozent u. parteiphil. Professor bis zur ersatzl. Auflösung dieser parteizentralen Hochschul-Einrichtung 1989/90; 2010 verst. in Berlin.

Publ.: (Mitautor): Politisch-ideolg. Weiterbildung der Lehrer (2 Lehrmaterialien, Berlin 1955); Drei Quellen und drei Bestandteile des Marxismus (Vorlg. der PHS 1970); (mit H. Klotsch u. H. Stueßloff): Phil. d. Arbeiterklasse Hist. Mat. Berlin 1977; (gem. mit Hs. Klotsch und Hr. Opitz): Freiheit, ein Vorzug des Sozialismus. Berlin 1978; (Leiter e. Autorenkollektivs): Fragen und Antworten z. Programm der SED. Berlin 1981.– In der DZfPh 1965–77 acht thematisch entspr. parteikollektive Gemeinschaftsartikel.

Kolakowski, Leszek
23. Okt. 1927–17. Juli 2009
Polnischer Philosophiehistoriker und entschiedener systematischer Marxismuskritiker im englischen Exil
Geb. in Radom (Ost-Polen), entstammt einer „linksintellektuellen Freidenkerfamilie" (Wikipedia) u. erlebte nicht nur die dt. Besatzung Polens (Ermordung seines Vaters durch die Gestapo), sondern ebenso anschl. die russ.-sowjet. (hochstalinistische) Einflussnahme auf die nachkriegszeitl. Entw. seines Landes; trotzdem verbindet sich sein Phil.-Studium an der neu gegr. Univ. Lodz unmittelbar mit dem Eintritt in die poln. KP der Arbeit u. eine frühzeitige Assistentenschaft beim orthodox-marx. Adam *Schaff, bei dem er 1953 mit der bemerkenswerten Schrift *Die Lehre Spinozas von der Befreiung des Menschen* in Warschau prom.; Anfang März 1956 gemeinsam mit R. *Garaudy und H. Lefebvre (Paris) aktiver Teilnehmer an der von Ernst *Bloch in Berlin veranstalteten „Freiheitskonferenz" (z. Thema „Marxismus u. personalistischer Freiheitsbegriff", nachgedruck sogar in der FDJ-Zeitung JW als wiss. Beilage Nr. 5/1956), deren ausgedruckter Protokoll-Bd. jedoch schon Ende 1956 wegen der Verhaftung Harichs und der Zwangsem. Blochs nicht mehr ausgeliefert werden durfte; nach der Stalinkritik auf dem XX. KPdSU-Ptg. u. den poln. Okt.-Unruhen 1956 wird der „ursprünglich linientreue Marxist" zu einem der systemkritischen Wortführer der stud. Opposition gegen den bürokratisch entarteten realen Sozialismus sowjetkomm.

Prägung; ausgehend von den Marxschen Frühschriften um 1844 kritisiert er vor allem den (freiheitslosen) „Geschichtsdetermismus" des parteiamtl. Lb-Marxismus; 1957/58 westeuropäische Auslandsreisen nach Holland u. Paris, aber trotzdem Rückkehr nach Polen-Warschau, wo er ab 1958/59 eine Prof. für Philosophiegeschichte erhält, die er bis 1968 innehatte; doch bereits 1966 Ausschluß aus der Komm. Partei Polens u. nach seinem erneuten Eintreten für die opp. Stud. während der poln. Märzunruhen 1968 Lehrverbot, worauf er Lehrangebote in Montreal und Kalifornien annimmt, bevor er durch Vermittlung von Jürgen *Habermas eine Berufung auf den Adorno-Lehrstuhl in Frankfurt a. M. erhielt; jedoch die inzw. linksradikalisierte stud. Fachschaft des Phil. Seminars, die ihm ernsthaft „mangelnde marx. Linientreue" vorwarf, verhinderte einen univ. Lehrantritt, weshalb K. einen Ruf als Forschungsprof. in Oxford realisiert, wohin er endgültig bleibend emigriert, da er auch in Polen bis 1989 keine Einreise mehr erhält; daraufhin in den 70er Jahren Arbeit an seiner umfassenden dreibändigen hist.-krit. Analyse der *Hauptströmungen des Marxismus*: 1. *Entstehung* (1977) – 2. *Entwicklung* (1978) – 3. *Zerfall* (1979), die bis dahin umfassendste und gründlichste Gesamtdarstellung dieser Lehre (3. Neuausgabe 1988/89), die jedoch von der parteioffiziellen marx.-len. DDR-Phil. vollständig ignoriert und intern nur ideologisch verteufelt wurde; es ist für eine jede selbstkritische Emanzipation vom parteidogmatischen Lb-Marxismus – als „die größte Phantasie unseres Jhd." – die wichtigste „Aufklärungsschrift" jener Endjahre des realen Sozialismus nicht nur in Polen; – die spätere religionsphil. Wendung dieses poln. Jhd.-Phil. sollte nicht weiter verwundern; verst. 2009 in Oxford, aber mit einem Staatsbegräbnis in Polen beigesetzt. – Gesine Schwan verfaßte bereits 1970 eine phil. Prom.-schrift (Univ. Freiburg i. Br.) zu L. K., die sie überschrieb: „Eine pol. Phil. der Freiheit nach Marx." (Stuttg. 1971); in der DDR befanden sich seine diesbezüglichen Marxismus-kritischen Schriften weggeschlossen in gesell.-wiss. Sperrbibliotheksbereich der Staatsbibl. sowie zur „ideolg. Feindberührung" und einzuübenden Ause. im IML beim ZK der SED aufbewahrt; ihre private Einfuhr in die DDR oder Besitz waren strengstens verboten.

Publ. (westdt. Auswahl): Der Mensch ohne Alternative. Von der Mögl. u. Unmögl., Marxist zu sein (poln. 1959/1960). Mün. 1964, Neuausgabe 1984; Traktat über die Sterblichkeit der Vernunft. Phil. Essays. Mün. 1967; Die Philosophie des Positivismus (1966). Mün. 1971; Die Gegenwärtigkeit des Mythos. Mün. 1973; Marxismus, Utopie u. Antiutopie. Stuttg. 1974; Zweifel an der Methode. Stuttg. 1977; Falls es keinen Gott gibt: Die Gottesfrage zw. Skepsis u. Glaube (Erstauflage 1982). Frankf./M. 2008; Narr u. Prister. Ein phil. Lesebuch. Hrsg. von G. Schwan (Nachwort). Frankf/M. 1984; Was fragen uns die großen Philosophen? Rc.-Leipzig 2006. Les. Kolakowski in Memoriam (engl.-sprachg. Artikelsammlung poln. Autoren). Frankf./M. 2012.

Kolesnyk, Alexander
12. Okt. 1933
Philosophie-Historiker am staatsakademischen ZI für Philosophie der DDR in Berlin
Geb. in Wien; 1939–45 Besuch der dt. Volksschule in Prag; nach Umsiedlung in die SBZ 1946/47 GS in Langensalza; 1947/52 daselbst OS (Abitur) u. anschl. 1952–57 Phil.-

Studium in Leipzig; Diplomarbeit „Über den Freiheitsbegriff im Neothomismus"; seit 1. Sept. 1957 wiss. Ass. an der AdW – Arbeitsgruppe Edition Phil.-hist. Texte (Orient, Antike, Mittelalter); mit Gründung der Arbeitsgruppe Philosophie (Vorstufe des Phil.-Institut) 1959 Mitarbeit am Phil. Wörterbuch (spätere Hrsg. G. *Klaus und M. *Buhr); ursprüngl. Arbeitsgebiet: Marx.-len. ET. (Wahrheit und Widerspiegelung), aktualisiert durch d. Einführung des Polytechn. Unterrichts u. eine erste phil.-erkenntnistheor. Praxisdisk. 1961/63 in der DZfPh (Klaus/D. *Wittich); phil. Diss. 1965 (HUB) daher *Zu erkenntnistheor. Problemen der marx. Unterrichtstheorie* (Gutachter: G *Klaus und Ed. *Winter); nachfolgendes Arbeitsgebiet (auf Grund entspr. Sprachkenntnisse, aber im Bereich Gesch. u. Kritik der bürgl. Ideologie) zur mittelalterlich-arabische Phil.; durch Kenntnis der tsch. Sprache auch Übers. u. Hgb. von Jiri Cvelk: „Über materialist. Dial". Berlin 1959; 2 DZPh-Artikel „Zu phil. Problemen bei Martin Luther" (H. 12/1983) u. „Zu Problemen der revolutionären Theologie Thomas Müntzers" (H. 12/1989); erste nachwendische (wohl nachholende) phil. Aka.-Habil. 1990 *Zur „anthropolog. Wende" in der kath. Phil.* (Gutachter: H. *Klenner, Mohr sowie H. *Schulze); danach mit herbeigeführter Abwicklung des Aka.-Inst. doch noch Prof. für Kirchengesch. an der Evang.-theolg. Fak. der Karls-Univ. Prag.

Kölsch, Hans
25. Nov. 1920–verst. vor 2000
Wissenschaftlicher Kommunismus im Rahmen der univ. ML-Philosophie in Berlin
Geb. in Dresden in einer Arbeiterfamilie; Volksschule 1928–35 mit anschl. Berufsausbildung als Elektro-Mechaniker; Kriegsteilnahme u. aus der sowjt. Kriegsgefangenschaft entlassen z. ostdt. komm. Parteiarbeit; 1951 delg. zur Asp. (1. Lehrgang) ans IfG beim ZK der SED (Lehrer: K. *Hager, H. Matern, H. *Berg, P. *Wandel u. F. *Oelßner); eigenes Lehrgebiet ab 1954 Gesch der KPdSU, wohl nur bis 1956/58; phil. Prom. daher 1958 bereits z. Thema *Fragen des Klassenkampfes in der DDR* (publ. 1961); daraufhin Berufung z. Dozenten für Wiss. Sozialismus ans Inst. für Gesell.-wiss. (spätere ML-Sektion) der HU Berlin; Habilschrift 1965: *Theor. u. päd. Probleme des marx.-len. Grundstudiums an den Hochschulen und Universitäten in der DDR* (Gutachter: Rob. Naumann, H. *Ley, H. *Steininger); daraufhin Professor u. Bereichsleiter für Wiss. Komm. an der Sektion Marx.-len. Phil. der HUB; 1985 berentet und Nachfolger in diesem ML-Phil. Lehrbereich bis 1989 ist Dieter *Segert; 5 klassenkämpferische DZPh-Artikel 1957–1976 sind nachweisbar. Es ist der einzige ML-Bestandteil (so vorgegeben durch Lenin), der mit ständig parteipol. wechselnder Bezeichnung fast allen ostdt. univ. Phil.-Sektionen seit 1968 zusätzlich als außerphil. Lehrbereich aufgedrückt wurde. Leiter des übergeordneten Rates für „Wiss. Komm." an der AfG beim ZK der SED war schließlich noch Rolf *Reißig.

Publ.: Theorie und Taktik im Kampf der Arbeiterklasse. Weltanschauung Heute. Bd. 7. Berlin 1975; Lehrbrief „Einführung in den Wiss. Kom." (Fernst. Phil.) Dresden 1982; Gesetzmäßigkeiten im Wiss. Sozialismus. Wiss. Beiträge 6. HU Berlin 1986.

Kon, Igor S.
1928–2011
Sowjet-russischer Soziologe und Sozialpsychologe
Geb. in Leningrad; vielfältige einzelwiss. Ausbildung und in ständig wechselnden Instituten tätig; Dr.-Diss. 1959 z. Thema *Phil. Idealismus u. Kritik des bürgl. hist. Denkens*; postsowjt. Forschungen auf ethnolg. u. anthropolg. Gebiet, die vorher so nicht in dieser Weise möglich gewesen wären.

Dt.-sprachg. **Publ.:** Die Geschichtsphil. des 20. Jhd. 2 Bde. Berlin 1964; Der Positivismus in der Soziologie. Berlin 1968; Soziologie der Persönlichkeit. Berlin u. Köln 1971; Freundschaft. Gesch. und Sozialpsy. ders. als soziale Institution u. soziale Beziehung. Hamburg 1979 (3. A. Moskau 1989, in der DDR so nicht erschienen); Die Entdeckung des Ichs. Moskau 1983 u. Köln 1984 (wiederum nicht als Publ. in der DDR vertrieben); Einführung in die Sexologie. Berlin u. Köln 1985.

Konstantinow, Fedor W.
1901–1991
Multifunktionär der Sowjet-Philosophie über Jahrzehnte
Keinerlei Angaben über russ. Herkunft, Schulbildung oder Revolutionsverhalten; absolvierte 1932 das Inst. der Roten Professur; danach propagandist. Lehre und Parteifunktionen am Inst. für ML beim ZK der KPdSU; 1936–41 Parteiarbeit bei der „Prawda" und 1941–45 Kriegsteilnahme; 1945–51 Inst. für Phil. der AdW der UdSSR und 1952–54 kurzzeitig Chefred. der Zft „Fragen der Phil." u. 1954/56 ebenso Rektor der Aka. für Gesell.-wiss. beim ZK der KPdSU; 1951–1961 ZK-Mitglied und Leiter der Abt. Ag. u. Prop. der sowjet. Unionsrep. des ZK der KPdSU; 1958–62 Chefred. des Theor. Parteiorgans „Kommunist" u. 1962–67 auch Direktor des Inst. für Phil. der AdW der UdSSR; seit 1964 daher Akademik u. 1960–70 Chefred. der sowjet. „Philosophie-Enzyklopädie" in 5 Bdn und gleichzeitig seit 1971 als Präsd. der Phil. Gesell. der UdSSR auch international eingebunden u. damit wiederum für die DDR-Phil. in ihrem entspr. Auftreten „abgesprochen-verbindlich"; beteiligt an allen parteiamtl. ML-phil. Lehrbüchern, die in der DDR laufend übersetzt und massenhaft wirksam wurden; ohne jede eigenen fachphil. Forschungen verzeichnet ein postsowjet. Phil.-Lexikon von 1999 nur noch 12 Zeilen Funktionsangabe über ihn. K. ist (ebenso wie *Fedossejew) das bedrückende und erschreckende Grundmodell dieser „unzerbrüchlich-brüderlichen Freundschaft" u. parteiphil. Zusammenarbeit mit der offiziellen DDR-Philosophie über Jahrzehnte; – als unabwendbare Folge der dt.-fasch. Überfalls auf die UdSSR u. Kriegsniederlage 1945, dem nachkriegszeitlich eine 45-jährg. russ.-sowjt. Besetzung Ost-Dtl. wie sowjet-komm. Vorherrschaft folgte, die eine derartige Philosophie erzeugte.
DDR-Philosophenlexikon 1982 (GSE).

Publ.: Die Entwicklung der marx.-len. Theorie von Basis und Überbau durch den Gen. J. W. Stalin. Forum-Beilage 1951; Die Rolle der fortschrittl. Ideen in der Entw. der Gesell. Berlin 1954; Basis und Überbau. (ABC des ML) Berlin 1955; Über das Gesetz der unbedingten Übereinstimmung der Prod.-Verhältnisse mit dem Charakter der Produktivkräfte. Berlin 1955; Die Rolle der Volksmassen in der Geschichte. Berlin 1955; (Mitautor): W. I. Lenin. Biographie. Moskau 1960 ff. Berlin 1961 ff.; (Leiter des

Autorenkollektiv): Grundlagen der marx. Philosophie. Moskau 1962. Berlin 1964; (Ebs.): Grundlagen der marx.-len. Philosophie. Moskau 1971ff. Berlin 1971 ff.; (Leiter der Redaktion): Ideenkämpfe in der gegenwärtigen Welt. 3 Bde – Bd. 3: Ideenkämpfe in Asien, Afrika, Lateinamerika. Berlin 1980; Mitglied der Hauptred. der 3. Ausgabe der Großen Sowjetenzyklopädie. Moskau 1970 ff., zu deren erneuten DDR-Übersetzung es jedoch nicht mehr kommen sollte.

Kopnin, Pavel V.
27. Jan. 1922–27. Juni 1971
Sowjetphilosophischer Spezialist für erkenntnistheor. und methodolog. Probleme
Geb. in einer verarmten ukrainischen Bauernfamilie (also nicht im Mosk. Gebiet), seit 1943 KPdSU-Mitglied; war schon kein aktiver Kriegsteilnehmer mehr, sondern absolvierte noch während des Krieges gegen Nazi-Dtl. 1944 ein Phil.-Studium an der Phil. Fak. der Moskauer Univ.; bereits 1947 verteidigt er am Mosk. Staatl. Pädg. Inst. seine Kandidatenarbeit z. Thema *Der Kampf zw. Materialismus und Idealismus in der Entw. der Lehre vom Wesen des Urteils* u. wurde damit schon 1947/54 Lehrstuhlleiter für Marx.-len. Phil. an der Univ. Tomsk, wo er 1955 mit einer Dr.-Diss. z. Thema *Die Denkformen u. ihre Rolle in der Erkenntnis* prom. bzw. habil. wurde; danach 1955–58 Leiter des Bereichs Dial. Mat. am Inst. für Phil. der AdW der UdSSR; anschl. versetzt ans Phil.-Inst. der Univ. Kiew u. seit 1962 auch Direktor des dortg. Inst. für Phil. an der AdW der Ukrainischen SSR; seit 1968 bis zu seinem plötzl. Tod Direktor des Aka-Phil.-Inst. der UdSSR in Moskau; war auch in der Intl. Phil. Förderation eingebunden u. in der DDR-Phil. gerade als angenehmer, völlig unorthodoxer wiss.-phil. Gesprächspartner sehr anerkannt; seine „Logik der Forschung" war für Jahre ein phil. Standartwerk. DDR-Philosopenlexikon 1982 (Autorenkollektiv).

Publ.: (Mithrsg.): Logik der wiss. Forschung. Berlin 1969; Dialektik, Logik, Erkenntnistheorie. Lenins phil. Erbe u. Aktualität (übers. u. hrsg. vom ZIfPh. der AdW der DDR). Berlin 1970.

Korch, Helmut
20. Dez. 1926–7. Nov. 1998
Marxistisch-leninistischer Naturphilosoph in Jena
Geb. in Schönbrunn/Kr. Hildburghausen als Sohn eines Glasschleifers; 1933–39 Volksschule mit Aufbauschule; 1943 Luftwaffenhelfer u. 1944 RAD sowie ab Juli 1944 Kriegseinsatz in Italien u. Kriegsgefangenschaft bis Juli 1946; zurückgekehrt, sofortiger SED-Eintritt u. Okt.–Dez. 1946 Landesparteischule in Bad Berka; Febr. 1947 Aufnahme in die Vorstudienanstalt Erfurt u. Abitur im gl. Jahr; anschl. Studium (6 Sem.) an der neu gegr. Gesell.-wiss. Fak. der Univ. Jena bis 1950 (Diplom-Gesell.-wiss.); SED-Dozentenlehrgang für ML in Eberswalde u. sofortg. Lehreinsatz im gesell.-wiss. Grundstudium am Theaterwiss. Institut in Weimar; seit 1952 entspr. Lehrtg. an der FSU Jena u. außerpl. Asp.; daher phil. Prom. 1958 am Inst. f. Phil. der HU Berlin *Zur Kritik des physikalischen Idealismus C. F. von Weizsäckers* (Gutachter: G. *Klaus u. K. *Zweiling, publ. Berlin 1959), den zuvor schon V. *Stern und B. *Fogarasi dogm. ganz ähnlich kritisiert hatten; 1959 Prof. mit Lehrauftrag für dial. u. hist. Mat. (1966

Lehrst.) am Inst. bzw. Sektion für M.-L. u. deren langj. Direktor an der Univ. Jena; 1963 übliche Lehrstuhlgründung Phil. Probleme der Naturwissenschaften auch in Jena und 1965 dortige Habil. z. Thema *Das Problem der Kausalität* (Gutachter: G. *Mende u. O. *Klohr, publ. 1965); in der 1. H. der 80er Jahre aus persönl. Gründen versetzt als Leiter des WB Dial. Mat. der Sektion Marx.-len. Phil. in die ML-Sektion der FSU Jena; Mitgl. des Red.-Kolleg. der DZfPh. und in dieser Autor von 3 Artikel u. 4 Rez. 1961–75; mit Schließung der ML-Sektion 1990 Vorruhestand u. keine univ.-phil. Wirksamkeit mehr nachweisbar; verst. 1998 in Jena.

Publ.: Über die Beziehungen zw. Phil. u. Naturwiss. (Vortrag). Leipz. Univ.-Reden NF, H. 28/1965; (Hrsg.): Die wiss. Hypothese. Berlin 1972; Die Materieauffassung der marx.-len. Philosophie (Rat für Marx.-len. Phil.). Bln. 1980; Der wiss. Zweifel. Über einen Aspekt der Erkenntnissituation in den Gesell.-wiss. der DDR. Jenaer Forum für Bildung u. Wiss. e.V. 1994.

Korf, Gertraud

Es waren keine weiteren Lebensdaten beschaffbar: 1953 Abitur in Berlin u. anschl. Phil.-Studium 1953–58 an der HU zu Berlin; nachfolgender Berufseinsatz als wiss. MA am Aka.-Inst. für Philosophie (Direktoren G. *Klaus u. M. *Buhr) in der Editionsabteilung; u. a. Bearbeiterin von F. Bacon: Das neue Organon. Phil. Studientexte, Berlin 1962 (2. A. 1982) u. gem. Übers. (mit I. *Bauer) von A. *Gulyga: Der dt. Materialismus am Ausgang des 18. Jhd. Berlin 1966; bemerkenswerte aka.-phil. Prom. 1968 z. Thema *Die Kategorien ‚kausale Zurechnung' und ‚Idealtypus' in der Methodologie Max Webers* (Gutachter: M. *Buhr u. J. *Streisand, – dazu bereits 1964 einziger DZfPh.-Artikel: Der Idealtypus Max Webers u. die hist.-gesell. Gesetzmäßigkeiten); einige Publ. in der Buhrschen Kritik-Reihe H. 5: Ausbruch aus dem Gehäuse der Hörigkeit? Kritik der Kulturtheorie Max Webers u. Herb. *Marcuses". Berlin u. Frankf./M. 1971 (russ. Übers. 1975); Mai 1971 aus dem wiss. Leben ausgeschieden, da mit Eheman, der im dipl. Dienst der DDR tätig war, verzogen nach Norwegen; danach keine Rückkehr mehr in den aka.-phil. Wissenschaftsbetrieb (persönl. briefl. Mitteilung).

Körner, Uwe
21. Mai 1939
Diplom-Biologe, Weiterbildungs-Philosoph, biophil. Forschungen und Medizin-Ethik
Geb. in Beetzendorf; Vater Schuhmacher, später Direktor einer Betriebsberufsschule; 1945–57 Schulausbildung (Abitur); SED-Eintrit, 1957–59 NVA-Dienst u. anschl. Biologie-Studium in Jena (1964 Diplom); 1964–67 Asp. am Ley-Lehrstuhl Berlin u. phil. Prom. 1968 z. Thema *Die Stufung der Natur u. das Begreifen dieser Stufung* (Gutachter: H. *Ley/W. Rüdiger); 1970–90 wiss. MA der Aka. für Ärztliche Fortbildung (Sektion Phil. u. Wiss.-Theorie-Mdz.); Prom. B 1975 an der Sektion ML-Philosophie der HUB z. Thema *Phil. Probleme der Entstehung des Lebens. Ein Beitrag zur dial. Theorie der präbiolg. Evolution* (in Form von 6 vorgelegten Arbeiten aus den Jahren bis 1974 – Gutachter: H. *Ley, R. *Löther u. H. Frunder, Jena); 1984 Berufung z. Hochschuldozenten für Ethik u. Leiter der Abteilung Medizinethik; 1989 Berufung zum Prof. an der Aka. für

Ärztliche Fortbildung Berlin, die jedoch mit dem Ende der DDR z. 31. 12. 1990 bereits abgewickelt wurde; altersbedingte Warteschleife bis 3. Okt. 1991, anschl. Arbeitslosigkeit u. kurzzeitige ABM-Anstellung f. Medizinethik an der Charite; seit 1991 dazu wieder Lehrtätigkeit am Univ.-Klinikum ebd. (zugleich nun Mdz. Fak. der HUB) u. Hrsg. der Berl. Medizinethischen Schriften; 1996–98 Mitarbeit im Humanistischen Verband Dtl.; 2008 Mitglied der Dt. Gesell. für Ernährungsmedizin.

Publ.: Wie das Leben auf der Erde entstand. Urania-Verlag 1977; Probleme der Biogene. Theorie u. Forschungen zur Entstehung des Lebens. Jena 1974 (2. üb. A. 1978); (Autorenkollektiv-Ltg u. Hrsg.): Grenzsituationen ärztl. Handelns. Jena 1981 (3. A. 1984); (gem. mit J. Segal): Die Entstehung des Lebens aus biophysikalischer Sicht. Jena 1983; (Mithrsg. E. Luther): Ethik in der Medizin. Halle 1986; Vom Sinn u. Wert des Lebens. Überlegungen e. Medizin-Ethikers. (im Auftrag der Rates für marx.-len. Phil. der DDR). Berlin 1986; (Hrsg.): Ethik der menschl. Fortpflanzung. Stuttg. 1992; Hirntod u. Organtransplantation. Fragen zum menschl. Leben & Tod. (Hum. Verband Dtl.). Dortmund 1995; (Mithrsg.): Patientenautonomie und humanes Sterben (Kongressbericht). Dortmund 1997; Wird Gesundheit zur Luxusware? (Kongressdok.). Dortmund 1998; Die Menschenwürde des Embryo. Fortpflanzungsmedizin u. menschl. Lebensbeginn. Dortmund 1999.

Kosing, Alfred
15. Dez. 1928–21. Okt. 2020
Marx. Lehrbuch-Schreiber u. Alterswerke zur Gesch. des gescheiterten Sozialismus
Geb. in Wolfsdorf (Ostpreußen); 1935–39 GS u. bis 1944 MS; noch 1944/45 Marienehelfer in der Wehrmacht; 1945–47 Maurerlehre und SED-Eintrit 1946; delg. zur ABF nach Halle (Vorstudienanstalt) u. nach 3 Sem. vorzeitg. Reifeprüfung (Abitur) u. Zulassung zum Studium der Gesch. u. Phil. (als Studienfach noch nicht zugelassen); aber schon 1950 als Hilfs-Ass. eingestellt u. bereits 1951 Lehrauftrag für Grundlagen des ML an der Phil. Fak. der HU zu Berlin; nach Staatsexamesabschluss am neugegr. Berl. Phil.-Inst. 1952 Ernennung zum Doz. für dial.-u. hist. Mat. mit der Leitung des neu gegr. univ. Inst. für Gesell.-wiss. an der HUB beauftragt; 1953 Dozent am Lehrstuhl Phil.(Leiter Kurt *Hager) des Inst. für GW beim ZK der SED und bereits stellv. Lehrstuhlleiter daselbst (alles ohne phil. Prom.); 1956 mit der Wahrnehmung einer Professur beauftragt und zugleich 1951–56 Mitgl. des Red.-kollg. der Zft. Sowjetwiss. (daher auch phil. Übersetzungen); 1955 Mitglied der Red. der DZfPh u. nach der Ausschaltung von W. *Harich (Ende 1956 verhaftet) stellv. Chefred. (Chefred. wird M. *Klein, ebenfalls v. Partei-Inst. für GW beim ZK der SED) dieser einzigen Phil.-Zft. der DDR (Mitgl. des Red.-Kollg. bis Ende 1989); 1960 phil. Prom. *Über das Wesen der marx.-len. ET. Eine hist.-systm. Studie* (Gutachter: G. *Klaus und M. *Klein, wurde jedoch nicht publ., da die ET als Schwerpunkt nach Leipzig, D. *Wittich-Lehrstuhl, vergeben wurde); 1964 zum marx.-phil. Lehreinsatz nach Leipzig u. Habil. daselbst mit einer Arbeit zur *Theorie der Nation u. der nationalen Frage in Dtl.* (versch. Teilpubl. 1962 u. 1976 dazu) mit anschl. Ernennung zum Univ.-Prof. für dial.-hist. Mat. daselbst; 1965–69 zugleich Direktor des Inst. für Phil. (in Nachfolge des erkranktverst. Kl. *Zweiling), mit der III. HSR umbenannt in Sektion Marx.-len. Phil./WK und zeitweilig auch Dekan der dortg. Phil. Fak. der KMU Leipzig (ermögl. 1969

nachholend-verspätete Prom. von H. H. *Holz); 1969 Rückkehr ans IfG. beim ZK der SED und bis 1971 Ltr. des Lehrstuhls Marx.-len. Phil. daselbst; damit zugleich Vors. des damalg. Rates für phil. Forschg. der DDR, jedoch nach parteiinternen Streitigkeiten (insbes. mit K. *Hager) um sein praxisphil. Lehrbuch „Marx. Phil." (1967/69) erfolgte die parteiamtliche Entbindung von all diesen Funktionen (Nachfolger als Inst.-Direktor u. Rats-Vors. wird dann für fast 20 Jahre Erich *Hahn); danach bis 1990 nur noch Bereichsleiter für Dial. Mat. am Inst. für Marx.-len. Phil. des IfG, ab 1976 der AfG (zentr. Forschungsthema: Dialektik des Sozialismus); 1969 Korr. und seit 1971 doch noch Ord. Mitgl. der AdW (was er so gar nicht mehr funktionslos werden sollte); seit 1973 in der Internatl. Phil.-Vereinigung für die offizielle Staats-Partei-Phil. der DDR eingesetzt u. wirksam (Weltkongreßteilnahme); symbol. Präsd. der Vereinigung der Phil. Institutionen der DDR 1969–90, wobei die DDR-Phil. (ganz im Unterschied zu den Historikern der DDR) nach einer aufgefundenen handschriftl. Notiz des damalg. ZK-Mitarbeiters für den „Sektor Phil." W. *Möhwald überhaupt keine Phil.-Gesell. gründen, aber natürlich auch nicht der westdt. Phil.-Gesell. beitreten sollten; nach parteiverlustiger Selbstauflösung der „Gewi-Aka" 1990 Vorruhestand und privatisierter Geschäftsführer eines Kosmetiksalons seiner Frau; lebte seit dem Jahre 2000 berentet in der Türkei u. somit leider nicht mehr an weiteren ostdt. Phil.-Debatten unmittelbar eingreifend mitwirkend; – seine lesbaren Lehrbuch- u. Wb.-Texte erzielten die höchsten Auflagen in der DDR u. seine leider zumeist in abgeschirmten Ltg.-gremien vorgetragenen, also nur internen Diskussionsbeiträge zu phil. Grundfragen waren zu jeder Zeit ungemein eigenständig, selbstbewusst und überaus kritisch; sie wirkten jedoch weit weniger direkt an der parteiorg. „phil. Front". 1953–90 einer der erfolgreichsten Autoren der DZfPh; außerdem bis heute einer der besten Kenner der (oftmals gar nicht öffentlichen, parteiinternen) Gesamtgesch. der marx.-len. DDR-Phil. seit ihren Anfängen, den der Autor dieses Pers.-Vz. zur DDR-Phil. diesbezüglich mehrhundertfach unvoreingenommen befragen konnte; davon zeugt auch seine informative Autobiographie „Innenansichten als Zeitzeugnisse" (2008); in seinen „Altersjahren" legte er seit 2015 jährlich noch umfangreiche Publ. zur Marx. Philosophie (Wörterbuch) sowie zur hist.-krit. Analyse des Stalinismus wie widersprüchl. Gesch. des Sozialismus vor, wozu zu seinem 90. Geb. auch eine aufschlussreiche „Texte"-Sammlung seiner wichtigsten Artikel 1964–2018 gehört. Im Okt. 2020 in Alanya/Türkei verst. u. auch dort beigesetzt; lediglich die J. W. würdigt A. K. noch als „produktivsten dt.-sprachigen marx. Phil. des verg. Jahrz."; – jedoch einige seiner postwendisch-selbstkrit. Alterswerke, wie das zum „Stalinismus" hätten eben weit früher u. damit zeitgemäßer eingreifend erscheinen müssen, was aber seine unerschütterlichen Partei- und Sozialismusanhänglichkeit offenbar einfach nicht zuließ; trotzdem 70 Jahre ostdt. phil.-marx. Arbeit und Wirksamkeit.

DDR-Philosophenlexikon 1982 (Frank *Rupprecht). DDR-Pers.-Lexikon 2010 (HCR).

Publ.: Über formale Logik u. Dialektik. Diskussionsbeiträge (sowjet.-phil. Übersetzungen). Berlin 1952; Leitartikel der Redaktion (gem. mit W. Harich u. M. Klein): Über die Lage u. die Aufgaben der Philosophie in der DDR (DZfPh-H. 1/1956); (mit G. Heyden u. M. Klein): Phil. des Verbrechen. Gegen die Ideologie des dt. Militarismus (Gemeinschaftsarbeit des Lehrstuhl Phil. am IfG beim ZK der SED). Bln. 1959; (Hrsg. mit M. Klein): Phil. im Klassenkampf. 50 Jahre Lenins „Materialismus u. Empiriokritizismus". Berlin 1959; (Mitautor): Weltall – Erde – Mensch. Ein Sammelwerk z. Entwicklungsgesch. von Natur u. Gesell. (Jugendweihebuch). Berlin 1962 (abschl. 22. A. 1974); (gem. mit M. Buhr): Kleines Wb der marx.-len. Phil. Berlin 1966 (7. A. 1984); (Leiter e. Autorenkollektiv): Marxistische Phil. Lehrbuch. Berlin 1967/69 (parteiamtlich zurückgezogen); Ernst Fischer, ein moderner Marxist? Bln. 1969; (Hrsg. mit Fr. Richter): Philosoph der Arbeiterklasse. Friedrich Engels 1820–1970. Berlin 1971; Die Grundfrage der Philosophie (ABC des M-L). Bln. 1974; (mit E. Hahn): Marx.-len. Phil., geschrieben für die Jugend. Berlin 1978 (16. A. 1989); (Leiter eines Autorenkollektivs): Dialektik des Sozialismus. Bln. 1981 (6. A. 1988); (gem. mit E. Hahn u. F. Rupprecht): Einführung in die marx.-len. Phil. (Staatsbürgerkundelehrbuch). Berlin 1983 (11. A. 1989); Wozu lebe ich? Vom Sinn des Lebens im Sozialismus (ABC des M-L). Berlin 1983; Wörterb. der marx.-len. Phil. Berlin 1985 (4. A. 1989); Sozialismus und Umwelt (ABC des M-L). Berlin 1988; (Leiter e. Autorenkollektivs): Sozialistische Gesellschaft und Natur (im Auftrag des Wiss. Rates für die Marx.-Len. Phil. der DDR). Berlin 1989; – Innenansichten als Zeitzeugnisse (Autobiograph.). Phil. u. Politik in der DDR. Erinnerungen. Berlin 2008; Im Schatten des Kreuses. Der Einfluss der Kirche auf Staat und Gesell. Berlin 2010; Marxistisches Wb der Philosophie. Berlin 2015; „Stalinismus". Untersuchungen von Ursprung, Wesen und Wirkungen. Berlin 2016; Aufstieg u. Untergang des realen Sozialismus. Zum 100. Jahrestag der Oktoberrevolution. Berlin 2017; Epochen u. Epochenwechsel in der neueren Geschichte. Berlin 2018; Haben Nation u. Nationalstaat eine Zukunft. Ein Beitrag zur Erneuerung der marx. Nationentheorie. Bln. 2019. *Denkversuche*: Habent sua fata libelli. Über das merkwürdige Schicksal des Buches *Marxistische Philosophie*.

Kracht, Günter
9. März 1948

Geb. in Magdeburg; 1962–66 Schulausbildung (Abitur) mit Berufsausbildung als Schiffselektriker (Reifeprüfung u. Facharbeiterprüfung); prakt. Jahr als Beleuchter; 1968 Phil.-Studium (Nf. Geschichte) in Jena begonnen u. 1969 in Berlin fortgz. (1972 Diplom); seit Sept. 1972 Bereich Kulturtheorie/Ästhetik an der Sektion Kulturwiss. der HUB; zuerst Forschungsstudium, dann wiss. Ass. daselbst; 1975 phil.-kulturgeschichtl. Prom. z. Thema *Kulturtheor. Aspekte des Verhältnisses von Individuum u. Gesell. in der Phil. Hegels. Die Hegelsche Phil. als eine Quelle der marx.-len. Kulturtheorie* (Gutachter: D. *Mühlberg, W. *Heise u. G. *Redlow); keine weiteren Publ. nachweisbar; nachwend. noch bis 2013 als wiss. MA in der univ. kulturphil. Lehre tätig.

Krah, Wolfgang
7. Febr. 1923–verst.
Diplom-Chemiker und Naturphilosoph in Dresden

Geb. in Radzionkan/Polen; Vater Arzt; Schulausbildung – Abitur; 1940 Chemie-Studium in Breslau begonnen und 1941 in Freiburg fortgz, wo er auch Heidegger hörte; anschl. Soldat: 1942/44 Kriegseinsatz u. 1944/46 sowjt. Kriegsgefangenschaft; 1947/48 Dolmetschertätigkeit (Englisch/Russisch); 1948 SED-Eintritt und Wiederaufnahme des Chemie-Studiums in der frühen DDR (Diplom 1954); 1954/56 Inst. für Gesell.-wiss.

der TH Dresden (seit 1951 daselbst schon Hilfsass. und Übers. sowjet-phil. Artikel); ab 1956 Phil.-Arbeitsgruppe Hm. *Ley in Dresden; Lehrtg. zu geschichtl. u. phil. Problemen der Naturwiss. (vertritt auch G. *Harig 1955 in Leipzig); phil. Prom. 1958 in Berlin *Über den Einfluß der Phil. auf naturwiss. Erkenntnisse, dargestellt an Problemen der neueren Entw. der Forschung* (Gutachter: Kl. *Zweiling als Inst.-Vors. u. A. *Polikarow als Opponent, G. *Klaus prüfte Logik, Wiss.-lehre u. Gesch. d. Phil. u. H. *Ley im Fach Dial. Mat., Nebenfachprüfung Gesch. der Naturwiss. bei G. Harig); nachweisbar sind 4 Artikel u. 4 Berichte in der DZfPh 1964–69; weitere Entw. leider nicht mehr erfahrbar.

Krahl, Hans-Jürgen
17. Jan. 1943–13. Febr. 1970
Frankfurter Studentenführer der 68er Jahre in der Bundesrepublik
Geb. in Sarstedt in „kleinbürgerlichen" Verhältnissen, in „finsteren Teilen Niedersachsens", sind seine Eltern einfache kaufmännische Angestellte; verlor als kleines Kind im Weltkrieg bei einem Bombenangriff ein Auge; „reaktionär erzogen" ging er frühzeitig zur CDU-nahen Jungen Union sowie nach dem Schulabschluss in eine Burschenschaft; Beginn seines Studiums der Philosophie, Germanistik und Geschichte zunächst in Heidelberg; doch schon 1964 betätigt er sich anführend in Frankfuhrt/M. beim SDS, radikalisierte sich mit diesem zunehmend „klassenkämpferisch" sowie „marxistisch-kritisch" (mit Hegel-Marx, G. *Lukacs u. E. *Bloch, H. *Marcuse u. M. Horkheimer); wegen seiner bes. phil.-argumentativen Begabung seit 1965 geförderter Ass. bei Th. W. Adorno, als sein „bewunderter Dr.-Vater" am Inst. für Sozialforschung, mit dem gepl. Diss.-Thema *Naturgesetz der kapitalistischen Bewegung bei Marx*; doch in studentenrevolutionär so bewegten Zeiten um 1968, als Chefideologe des SDS, neben Rudi *Dutschke in West-Berlin agierend, kommt es zu univ.-aktiven Streikaktionen, die praktisch den gesamten (bes. sozialwiss. und pädg.) Lehrbetrieb zum Erliegen bringen; in die sich zuspitzenden pol. Disk. mit den protestierenden Studenten und ihren „revolutionären Anführern" wird vor allem J. *Habermas als Inst.-Ass. geschickt u. wirksam; es kommt schließl. zur demonstrativen Inst.-Besetzung, in deren Verlauf Adorno „gutbürgerlich" die Polizei wegen Hausfriedensbruchs ruft; vor Gericht erbringt die „peinl. Vernehmung des Inst.-Leiters" nicht die beabsichtigten Grundsatzdisk. mit dem angeklagten Studentenführer, sondern vielmehr eine dreimonatige Verurteilung zum „Freiheitsentzug auf Bewährung" durch die „herrschende Klassenjustiz"; Adorno erklärt verharmlosend lediglich, dass aus seinen Denkansätzen (also der „krit. Gesellschaftstheorie" der Frankf. Schule) einfach nur die falschen (praktischen), allein „aktionistischen Schlüsse" gezogen wurden; und der auf solche Weise aktuell gesellschaftspol. „verloren" gegangene aka. Schüler und hoffnungsvolle Doktorand beurteilt seien Lehrer u. Dr.-Vater nun als ein „ruinenhaftes bürgerl. Individuum"; wenige Tage später starb Adorno bei einer urlaubsmäßigen Bergwanderung an Herzversagen (Anfang Aug. 1969); auf HJK warten derweil noch weitere, bereits angesetzte Prozesse und Verurteilungen wegen „Störung der öffentl. Ordnung", nach bürgerl. Gesetzbuch wegen „Aufruhr u. Landfriedensbruchs als

Rädelsführer" (Demonstrationen auf der Frankf. Buchmesse); – doch am 14. Febr. 1970 kam es auf der schneeeisglatten Bundesstr. 252 bei Wrexen (Kr. Waldeck) zu einem folgenschweren Verkehrsunfall, bei dem der Frankf. Studentenführer u. der Fahrer seines Autos tödlich verunglückten; bereits beim Begräbnis wurde daraufhin in Hannover die sofortg. Auflösung des lange schon zerstrittenen SDS beschlossen; alle nachfolgend angezeigten Schriften erschienen posthum, zeigten aber kaum noch eine nachhaltige Wirkung; erst 2007 wurde im Gedenken an seinen bevorst. 65. Geb. mit der Einrichtung eines H.-J-Krahl-Archiv in Frankf./M. u. mit dem nachholenden Erhalt seiner Grabstelle begonnen. – Übermittelt ist der Ausspruch von Rudi *Dutschke: „Er war der Klügste von uns allen". Eigenartigerweise wird auf beginnende Zusammenhänge zu Alfred *Sohn-Rethel kaum verwiesen, womit die univ.-aka., „kapitalslogische" Rezeption des Marxschen ‚Kapital' einsetzte, so wie sich das dann besondern bei W. Fr. *Haug an der FU West-Berlin zeigen sollte. Die offizielle bundesdt. Phil.-Geschichtsschreibung steht dem Phänomen „Krahl" eher hilflos gegenüber, während die offizielle marx.-len. DDR-Phil. wiederum eine solche, höchst individuell bestimmte „geniale phil. Praxis" nur kollektivistisch missverstehen u. parteiamtlich verurteilen konnte; aber man hatte ja die dazu eingesammelten internen „Berichte" über die ganze linke SDS-Beweg. vor Ort in Berlin gespeichert.

Publ.: Ausgewählte Werke. Aufsätze, Fragmente, Exzerpte, Notizen. Helsinki 1970; (Mithrsg. O. Negt): Konstitution und Klassenkampf. Zur hist. Dialektik von bürgerl. u. prol. Revolution. Schriften, Reden und Entwürfe aus den Jahren 1966–70. Frankfurt/M. 1971 (5. A. 2008); (Bearbeiter G. Hegemann nach Bandaufzeichnungen): Erfahrung des Bewußtseins. Kommentare zu Hegels Einleitung der Phänomenologie des Geistes u. Exkurse zur mat. ET. Frankf./M. 1979; (Hrsg. W. G. Neumann): Vom Ende der abstrakten Arbeit. Die Aufhebung der sinnlosen Arbeit in der Transzendentalität des Kapitals u. der Verweltlichung der Phil. begründet. Frankf./M. 1984.

Kramer, Renate und Horst
Marxistisch-leninistisches DDR-Philosophen-Ehepaar an der KMU Leipzig
Renate, geb. 25. Febr. 1937 in Bautzen; 1943–51 Lutherschule und 1951–54 Fr.-Schiller-OS daselbst; anschl. Phil.-Studium an der SLU Moskau 1955–60 (Staatsexamen); 1960/61 Prod.-praktikum als Kranfahrerin im VEB Schwermaschinenbau Kirow in Leipzig; 1961–66 wiss. Ass. am Inst. für Phil. (Abt. Hist. Mat.-Bereichsl. W. *Müller) an der KMU Lpz.; phil. Prom. 1966 *Zur Entwicklung u. Rolle des sozial. Perspektivbewußtseins*; 1962–69 Leiterin des dortg. Fernstudiums für Phil; danach 1970–86 Doz. für Hist. Mat. an der Sektion Marx.-len. Phil. u. 1979 Habil. (Prom. B) zu *Phil. Probleme der Zielsetzung*; 1981–83 stellv. Sektionsdirektorin für EAW, 1986–90 o. Prof. für Hist. Mat. u. kurzz. noch Leiterin dieses Lehrstuhlbereichs an der abgewickelten Phil.-Sektion, 1991 noch befr. Arbeitsverträge am erneuerten Phil.-Inst.; danach ruhendes Arbeitsverhältnis an der Univ. Lpz. u. 1993–97 Altersübergangsregelung; seit März 1997 Altersrentnerin. – zwei DZfPh-Artikel 1965 u. 1977.
Horst, geb. 3. März 1938 in Görlitz; 1944–52 Grundschule daselbst; 1956–59 Fernstudium am Lehrerbildungsinst. Potsdam u. 1959–64 Phil.-Studium an der KMU Lpz.;

1964–67 wiss. Asp. am dortg. Inst. f. Phil. u. 1968 phil. Prom. z. Thema *Phil. Aspekte der Soziologie Max Webers*; 1968–70 wiss. Oberass. im Bereich Hist. Mat. der Sektion Marx.-len. Phil. u. 1971/72 Studienaufenthalt (Zusatzst.) in Leningrad; 1980 Prom. B zum Thema *Der Weg einer Wiss. Zur Institutionalisierung der bürgl. Soziologie in Dtl. bis 1933*; 1980–88 Doz. u. 1988/90 ao. Prof. für Gesch. u. Kritik der neuesten bürgl. Phil. an der Sektion Marx.-len. Phil. der KMU Lpz.; mit Abwicklung ders. bzw. Neugründung des Lpz. Phil.-Instituts keine univ.-phil. Übernahme u. Weiterbeschäftigung; ab 1993 daher Zeitarbeitsverträge in versch. nachwend. Bildungseinrichtungen; seit Febr. 2001 Altersrentner. – Ein DZfPh-Artikel zu „Wissenschaft und Partei" (H. 4/66) u. ein Bericht (H. 7/1977).

Krampitz, Karl-Heinz
20. Sept. 1951
Philosophische Logik am Horst-Wessel-Lehrstuhl der HU zu Berlin
Geb. in Radepohl/Kr. Schwerin; polytechn. OS u. 1968 ABF Halle zum erw. Russisch-Unterricht delg. (1970 Abi.); 1970–75 Studium an der Staatl. Lomonossow-Univ. Moskau; zurückgekehrt wiss. Ass. im Logik-Bereich (H. *Wessel) der Sektion Marx.-len. Phil. der HU Berlin; langj. DSF-Vors. der Sektion; Vorträge zum 2300. Aristoteles-Jubl. in Halle 1978 u. z. Frege-Konferenz 1979 in Jena; phil. Prom. 1980 *Zum Begründungsproblem in der Logik* (Gutachter: H. *Wessel, G. *Söder u. G. *Schenk); log.-phil. Prom. B 1990 z. Thema *Prädikatoren, Quantoren, Existenz. Ein Beitrag zur phil. Logik* am Inst. für Phil. der HU zu Berlin; mit der nachfolg. Abwicklung und Evaluierung jedoch letztlich keine univ. Weiterbeschäftigung mehr.

Krause, Heinz
15. Jan. 1936
Philosophie-Historiker in der philosophischen Lehre an der HU zu Berlin
Geb. in Berlin; elternlos aufgewachsen infolge des Krieges; 1942–50 Volksschule bzw. GS, anschl. bis 1954 OS u. Abitur; 1954–57 FS für Bibliothekare in Berlin u. Einsatz in der Kreisbibl. Neuruppin; 1959–61 NVA-Dienst und 1960/62 Aufnahme in die SED; 1961–65 Phil.-Studium an der HU Berlin u. anschl. wiss. Ass. im Bereich Gesch. der Phil. (bei G. *Stiehler); Seminarbetreuer, Studienjahresleiter, Parteiorganisator; verspätete phil. Prom. 1976 z. wahrlich wichtigen Thema *Natur und Vernunft. Das Verhältnis von Natur u. Gesell. in der Hegelschen Phil.* (Gutachter: G. *Stiehler, F. *Kumpf, M. *Thom); 25 Jahre lang am Institut/der Sektion verantwortlich für das bildungsgeschichtlich so entscheidende Lehrgebiet der sog. unmittelbar „vormarx. Phil.", also der klass. dt. Phil. von Kant und Hegel bis zu Feuerbach und Marx. – Diese erweiterte Fassung der „klass. dt. Phil. von Leibniz bis zu Feuerbach" geht auf Wg. *Harich in den 50er Jahren am Inst. für Phil. der HUB zurück.

Krauss, Werner
7. Juni 1900–28. Aug. 1976
Führender Romanist der DDR mit philosophischer Ausrichtung und Wirkung
Geb. in Stuttgart als Sohn eines Archivars, Juni 1918 Gymn. beendet mit Abitur u. kurzem Militärdienst; 1919–22 anschl. Studium der Germ. u. Romanistik in Mün. und Berlin sowie 1922–26 ein Zusatzstudium der Hispanistik in Madrid; 1929 phil. Prom bei Karl Vossler an der Univ. Mün. u. 1931–40 Ass. u. Doz. am Roman. Sem. der Univ. Marburg; bereits 1932 Habil. zur span. Lite.-gesch. u. 1941 ao. Prof.; Kontakte zur antifasch. Widerstandsbewe. u. militärischer Dolmetschereinsatz in Berlin; 1942 verhaftet als Mitgl. der Widerstandsgr. um Schulze-Boysen („Rote Kapelle") u. 1943 wegen Hochverrats zum Tode verurteilt; nach Fürsprache seiner univ. Lehrer u. auch von H.-G. *Gadamer 1944 Umwandlung des Urteils in 5 Jahre Zuchthaus (Gefängnis Torgau); nach der alliierten Befreiung zunächst wieder, nun o. Prof. 1946/47 für roman. Sprachen u. Lite. in Marburg, sofortg. KPD-Mitgl. u. Beauftragter für die univ. Entnazifizierung ebd.; 1947 jedoch aus pol. Gründen Übersiedlung in die SBZ, Prof. mit Lehrstuhl für roman. Philol. wie Dir. des Romanist. Inst. der Univ. Leipzig; sofortg. SED-Beitritt u. bis 1951 sogar Mitgl. des PV bzw. ZK der SED; gem. mit G. *Harig und W. Markow Begr. der parteiorg. „Arb.-gem. Marxistischer Wissenschaftler" der Lpz. Univ. und entspr. Vortag zu Lenins Kampfschrift „Mat. u. Em."; zugleich 1949 Aka.-Mitgl. in Lpz. u. Berlin; 1951 Wechsel nach Berlin: univ. Romanistik-Lehrstuhl u. 1955 Ltr. einer übergreifenden aka. Arbeitsgr. zur Gesch. der dt. und franz. Aufklärung; gem. mit H. *Mayer Gründung u. Hrsg. der Reihe „Neue Beiträge zur Literaturwiss." (1955 ff.), eröffnet von K. durch Bd. 1: „Grundpositionen der franz. Aufklärung", mit interdiszpl. Beiträgen zu deren sie wesentlich tragenden Phil.: Helvetius (A. *Baumgarten), Diderot (H. Mayer) u. Holbach (M. *Naumann); in dem von letzteren hrsg. Band zum wiss. Gesamtwerk von W. K. zur „Literaturtheorie, Philosophie u. Politik" (Berlin 1984, 2. A. 1987) sind weitere phil. relevante Beiträge, zu „Karl Marx im Vormärz" (DZfPh. H. 3-4/1953) wie z. „nationalen Frage" (ebd. H. 3/1954), zur für ihn unabdingbar „parteilichen Wissenschaft" des M-L, auch zu Stalins „Kurzer Lehrgang der Gesch. der KPdSU(B)" (Vortrag 1949 vor westdt. Messebesuchern in Lpz.!) sowie z. angebl. „Ende der bürgerlichen Philosophie" (S. 499 ff.) enthalten, auch ein sehr ideologiekrit. Lenin-Beitrag von 1948, der erstmalig 1975 in West-Berlin publ. wurde. – Nicht zuletzt wegen mangelnder franz. Sprachkenntnisse der marx.-len. DDR-Phil. erwiesen sich diese wiss. Beiträge (Editionen) wie univ. Lehrveranstaltungen von W. K. u. seiner Schüler (insb. M. *Naumann u. später auch von Rita *Schober) zur „Philosophie der franz. Aufklärung" (und nicht allein zum „franz. Mat. des 18. Jhd.") als unveräußerliches phil.-hist. Bildungsgut der DDR-Phil.; – W. K. – Das wiss. Werk in 8 Bdn. Berlin-Weimar 1984–1997, hrsg. von W. Bahner, M. *Naumann u. Hr. Scheel.
DDR-Personen-Lexikon 2010 (B.-R. Barth).

Kreiser, Lothar
19. Juni 1934
Philosophisch-mathematischer Fach-Logiker in Leipzig
Geb. in Arnsdorf; daselbst Grundschule 1940–45 und 1945–48 dortige Volksschule; 1949–52 Werkzeugmacher-Lehrling im VEB Leuchtenbau Arnsdorf mit Facharbeiterabschluß; 1952–54 ABF in Leipzig (Hochschulreife) und anschl. Phil.-Studium 1954–59 an der KMU Leipzig; zeitbedg. schriftl. Hausarbeit: „‚Der log. Aufbau der Welt'(von R. Carnap) – ein idealist. Feldzug gegen die Naturwissenschaften"; 1959–62 Asp.(1. Lehrg.) im Ley-Lehrstuhl für phil. Fragen der Naturwiss. am Phil.-Inst. der HUB u. phil. Prom. 1962 z. Thema *Phil. Probleme des Erkenntnisprozesses in der Mathematik* (Gutachter: H. *Ley u. A. *Polikarow – Nf-Ausbildg in der math. Logik bei Karl *Schröter); 1962–68 wiss. Ass. u. Oberass. in der AG Logik(Bereich) am Inst. für Phil. der KMU Leipzig; 1967 Habil. für Phil. z. Thema *Untersuchungen z. Mögl. eines deduktiven Aufbaus phil. Tendenzen. Ein Beitrag z. phil. Grundlagenforschung* (Gutachter: K. *Berka, L. Pickenhain, A. *Kosing, W. Beier); 1978–72 Hochschuldozent für Logik an der Sektion Marx.-len. Phil./WS bzw. WK der KMU sowie 1972–90 o. Prof. für Logik an der Sektion Marx.-len. Phil. der KMU Leipzig; 1980/81 Inhaber des neuen Frege-Lehrstuhls der FSU Jena; 1988/89 Prodekan der Fak. für Phil. und Geschichtswiss. der KMU, und 1990–93 Dekan (in Nachfolge v. D. *Wittich) und Mitglied des Senats der Univ. Leipzig; 1992–99 neu berufener o. Prof. für Klass. Logik u. Log. Semantik an der Fak. für Sozialwiss. und Phil. der wieder namenlosen Univ. Lpz.; 1992–98 Mitgl. des Wissenschaftsrates der BRD u. seit 1995 Mitgl. der Sächsischen Aka. der Wiss. zu Lpz.; 1999 reguläre Emeritierung, jedoch daraufhin spätere (nachholende) Abwicklung des von ihm nachwend. gegründeten außerphil./zentraluni. Instituts für Logik u. Wiss.-theorie (einziger Inst.-Direktor S. *Gottwald), das keinen Bestand haben sollte. – Max, Ingolf (Hrsg.): Traditionelle Logik u. moderne Logik. L. K. gewidmet. Lpz. Schriften zur Phil., Bd. 5. Leipzig 2003, mit Bibl; 2009 umfassende Logik-Gesch. der DDR, auf deren behandelten Personalbestand auch das vorlg. Pers.-Verz. zur DDR-Phil. 19 45–95 entscheidend mit beruht.
DDR-Personen-Lexikon 2010 (H.-C. *Rauh).

Publ.: Kybernetik, Information und Dokumentation. Teil 1 Einführung in die Logik. Leipzig 1969/71; (gem. mit K. Berka): Logik-Texte. Berlin 1971 (3. A. Darmstadt 1983/4. A. 1986); (Hrsg.): Frege. Schriften zur Logik. Phil. Studientexte. Berlin 1973; Deutung und Bedeutung. Zur log. Semantik phil. Terminologie. Berlin 1986; (zus. mit S. Gottwald und W. Stelzner): Nichtklass. Logik. Berlin 1988 (2. A. 1990); Gottlob Frege. Leben – Werk – Zeit (Biographie). Berlin 2001; (gem. mit W. Stelzner): Traditionale u. nichtklass. Logik. Paderborn 2004; Die Vielfalt des Logischen. Hildesheim 2008; Logik u. Logiker in der DDR. Eine Wissenschaft im Aufbruch. Leipzig 2009. – Alle log.-phil. DDR-Biographien dieses Pers.-Verzeichnisses zur DDR Phil. 1945–95 wurden mit diesem Werk verglichen bzw. in Absprache mit dem Autor weitgehend übernommen. – *Anfänge*: Logik-Lehre u. Lehrinhalte an den phil. Fakultäten (Instituten) der Universitäten in der SBZ/DDR (1945–54).

Krenzlin, Norbert
7. April 1934
Marxistische Philosophie-Ästhetik und Massenkulturerforschung
Geb. in Berlin; Abitur 1953 an der OS Weißensee; anschl. Phil.-Studium an der HU Berlin bis 1958 (Phil.-Diplom) mit Spezialisierung auf Ästhetik (Nf: Germanistik/Literaturwiss.); 1958–60 Praxiseinsatz als hauptamtl. FDJ-Sekr. an der HS für bildene u. angewandte Kunst in Berlin-Weißensee; danach zurück ans Phil.-Institut als wiss. Ass. und 1965 ins neu gegr. Inst. für Ästhetik der HUB übernommen u. deren geschäftsf. Oberass.; phil. Prom. 1968 *Zur Kritik der phänomenolg. Methode in der Ästhetik. Eine Ause. mit den literarisch-ästhetischen Anschauungen Waldemar Conrads, des Begründers der phänomenolg. Ästhetik* (Gutachter: E. *Pracht, M. *Naumann, W. *Heise); mit Gründung der Sektion Ästhetik-Kulturwiss. 1968 Leiter der AG Ästhetik u. 1970 Hochschuldozent für marx.-len. Ästhetik; phil.-ästh. Mitwirkung an der Studienplanvorbereitung für Kulturwiss. an der entspr. Sektion der HUB; Prom. B (Habil.) 1980 z. Thema *Über den Gegenstand der Kunst. Zu einigen phil.-erkenntnistheor. Fragen der marx.-len. Ästhetik* (Gutachter: E. *Pracht u.a.); 1983 für dieses Lehrgebiet Berufung zum o. Prof.; Ende der 80er Jahre Kooperation mit USA-Wissenschaftlern zum Thema „Massenkulturforschung" (Ithaca/USA,1988) bzw. „Massenkultur – Klassenkultur in der Zwischenkriegszeit" (Berlin/DDR,1990); nach der Evaluierung des „Instituts für Ästhetik" an der HUB noch bis 1999 „im alten Arbeitsverhältnis" weiterhin lehrend tätig.

Publ.: Das Werk „rein für sich". Zur Gesch. des Verhältnisses von Phänomenologie, Ästhetik u. Literaturwiss. Berlin 1979; (Hrsg.): „Ästhetik des Widerstands". Erfahrungen mit dem Roman von Peter Weiss. Berlin 1987; (Hrsg.): Zwischen Angstmetapher und Terminus: Theorien der Massenkultur seit Nietzsche. Berlin 1992.

Kreschnak, Horst
5. Febr. 1930
Logik-Unterricht in der pädagogischen Lehr-Praxis
Geb. in Hohenstein-Ernstthal; 1936–44 Volksschule, anschl. Lehre als Maschinenschlosser u. fortgz. als Werkzeugmacher, da sein Lehrbetrieb von sowjet.-militär. Seite demontiert wurde; 1949 Wechsel in den Lehrerberuf u. bis 1952 Lehramtsanwärter (1. Lehrerprüfung); 1952–54 Lehrer am Lehrerbildungsinstitut in Radebeul u. später Dozent an der Päd. HS Dresden; daselbst im Stdjh. 1964/65 erstmlg. Durchführung einer eigenständg. Logiklehrveranstaltung an einer ostdt. pädg. Einrichtung (ursprünglich noch inhaltlich-erkenntnistheor. gebunden an die sog. „dial. Logik"); später als wirklich „formalisierte" (also formale) Logik, was vor der politpädg. Ministeriumsbürokratie zumeist immer noch als „formalistisch" ideologisch fehlgedeutet u. missverstanden wurde; 1967 phil.-erkenntnistheor. Prom. in Leipzig z. Thema *Der Übergang von der sinnl. Wisp. zum kausalen Denken auf der Grundlage der prakt. Tätigkeit* (Gutachter: D. *Wittich u. L. *Kreiser); 1969 Berufung z. Prof. für dial. u. hist.

Mat. an der ML-Sektion der PH Dresden u. in diesem offiziellen „phil.-marx. Rahmen" zuständig für die nun wiederum neuartigen Lehrgebiete „ Kybernetik, Logik u. Methodologie", für die es aber an einer ML-Sektion keine pädg. Berufung geben konnte; daraus entsteht der neue pädg.-ministerielle Forschungsschwerpunkt „ EDV u. Unterricht"; doch Leiter der Arbeitsgruppe „Wiss.-theorie u. Logik", später Abt. „Logik u. Wiss.-methodologie" (also nicht Didaktik!), wird bis 1975 D. *Kirchhöfer; schon 1981 kommt es wieder zur Auflösung dieser Struktureinheit an der PH in Dresden; den bestimmenden ML-Kadern erschien das „Mathematisch-Formale" als angebl. Gegensatz zum „Ideologisch-Dialektischen" wiederum als zu verdächtig, und so dominierten nach dem Willen der dafür bekannten Ministerin(!) wieder die„Pädg. Psychologie", vor allem aber ihre kommunistische Erziehung und die Ausbildung von „Freundschaftspionierleitern" in der außeruniv. Pädg.; in der parteiorg. DDR-Phil. bedeutete das ganz ebenso die endgültige Wiederkehr des poststaln. Lehrbuch-Marxismus; der „pädg. Logiker" H. K. ist aber zu dieser Zeit bis 1990 bereits Direktor des Forschungs- und Rechenzentrums der Aka. der Pädg. Wiss. in Berlin, die dann jedoch ebenfalls der allgm. Abwicklung unterliegt; sein spezielles Arbeitsgebiet war seit Beginn der 70er Jahre bereits die comp.-gestützte Modellierung von Entscheidungsprozessen, deren urspünglich scheinbar allein „pädagogisch" angesetzten Ausarbeitungen nachwendisch nun erstmalig umfassender, regelrecht geschichtsphil. u. gesell.-systematisch umgearbeitet u. ausgerichtet werden konnten (alle logikgeschichtl. Erhebungen sind entnommen der DDR-Logik-Gesch. von L. *Kreiser).

Publ.: Computergestützte diagnostisch orientierte Leistungsanalysen in 2 Teilen. Berlin 1983; Computergestützte Analysen von Schülerleistungen. Ein Beitrag zur Logik und Methodologie der Diagnostik. Beiträge z. Pädg. Bd. 34. Berlin 1985; (Hrsg.): Computergestütztes Forschen und Entwickeln auf dem Gebiet der Gesell.-wiss. 2 Teile. Berlin 1986; (Hrsg.): Computergestütztes Modellieren von Entscheidungsprozessen in Leitung, Planung und Verwaltung der VB sowie der pädg. Wiss. Ms.-Dr. in 3 T. Bln. 1989/90; (daraus wird nachwend. umgearbeitet): Rationales Entscheiden in Geschichte u. Gegenwart, in 2 Teilen mit dazu gehörigen Computerprogrammen, Methoden und Grundlagen ihrer Nutzung (2006/07); Karl Marx u. der Weg in die Zukunft. Zwischen sowjetischen Sozialismusmodell und Marktfundamentalismus. Köln 2011.

Kröber, Günter
12. Febr. 1933–16. Nov. 2012
Begründer der Wissenschaftsforschung an der AdW der DDR in Berlin
Geb. in Meuselwitz/Krs. Altenburg; Vater Bergarbeiter; OS u. Abitur an der Fr.-Schiller-OS in Weimar; 1951–57 Studium der Mathe., Physik u. Phil., zunächst an der FSU Jena, fortgesezt an der Staatl. Univ. Leningrad; 1958–61 anschl. Asp. daselbst u. Prom. z. Thema *Das Verhältnis der Kategorien „Bedingung" und „Ursache" und die Rolle der Bedingungen für das Wirken objektiver Gesetze*; 1962–69 zunächst Leiter der Abt. Dial. Mat. am Aka.-Inst. für Philosophie (Direktor G. *Klaus) u. Ernennung zum Aka.-Prof. ebenda; zahlreiche sowjetphil. Übersetzungen sowie Artikel für das Phil. Wörterbuch in den 60er Jahren; 1976 Prom. B (Habil.) an der EMAU Greifswald (E. *Albrecht) z. Thema *Grundprobleme der marx. -len. Wiss.-theorie*; 1970–90 Direktor des neu gegr.

Inst. für Theorie, Gesch. u. Org. der Wissenschaften an der AdW der DDR; seit 1977 Korr. u. seit 1988 deren Ord. Mitgl. sowie 1980–90 Vors. des Nationalkommitees für Gesch. u. Phil. der Wiss. der DDR u. Mitgl. entspr. internationaler Gremien; 1990/91 wiss. Mitarbeiter am eigenen Aka.-Institut und nach dessen Abwicklung 1992 arbeitslos mit anschl. Vorruhestand; danach keine wiss.-theor. Forschungen mehr, sondern palindromische Überlegungen u. Publ.; schließlich krankheitsbedingt zurückgezogen verst. Nov. 2012 in Berlin; späteres Gedenken seiner früheren Mitarbeiter für ihn in zahlr. Vorträgen und Veranstaltungen.

DDR-Personen-Lexikon 2010 (H.-C. *Rauh) und Philosophenlexikon 1982 (P. Altner).

Publ.: (Hrsg.): Wissenschaft u. Weltanschauung in der Antike. Berlin 1966; (Hrsg.): Der Gesetzesbegriff in Phil. und Einzelwiss. Berlin 1968; (hrsg. zus. mit H. Steiner – russ. Übers.): Wissenschaft. Studien zu ihrer Gesch., Theorie und Org. Berlin 1972; (gem. mit H. Laitko): Sozialismus und Wissenschaft. Gedanken zu ihrer Einheit. Berlin 1972; Wissenschaft. Stellung, Funktion u. Org. in der entw. sozial. Gesell. Berlin 1875; (hrsg. zus. mit B. Lange): Sowjetmacht und Wissenschaft. Dok. zur Rolle Lenins bei der Entw. der Aka. der Wiss. Berlin 1975; Sozl. Wissenschaftspol. u. marx.-len. Wissenschaftstheorie. AdW. Berlin 1975; (zus. mit H. Laitko): Wiss. als soziale Kraft. Berlin 1976; W. I. Lenin als Begründer sozial. Wiss.-Politik u. ihre schöpferische Anwendung in der DDR. Urania-Vortrag 1980; (hrsg. zus. mit P. Altner): KPD u. Wissenschaftsentwicklung 1919–1945. Bln. 1985; Zur gegenwärtigen Situation der bürgl. Wissenschaftsforschung (Aka.-Vortrag). Berlin 1986; (hrsg. zus. mit H.-P. Krüger): Wissenschaft, das Problem ihrer Entwicklung. Bd. 1. Kritische Studien zu bürgerl. Wiss.-konzepten. Berlin 1987. Bd. 2. Komplementäre Studien zur marx.-len. Wissenschaftstheorie. Berlin 1988; Wiss.-forschung in der DDR (Rechenschaftsbericht) Rat für Marx.-len. Wissenschaftsforschung (Tg. am 19. 3. 1988). Berlin 1989; 50 Jahre Bernals „Die soziale Funktion der Wiss." (Aka.-Vortrag am 21. Sept. 1989). Berlin 1990. Palindrome, Perioden u. Chaoten. Frankf/M. 1997; Das Märchen vom Apfelmännchen. Bd. 1. Wege in die Unendlichkeit. Bd. 2. Die Reise durch das malumitische Universum. Hamburg 2000; Ein Esel lese nie. Mathe. der Palindrome. Berlin 2003; Bitte Zahlen! Unterhaltsame Mathematik. Berlin 2005. – Wissenschaftsforschung. Einblicke in ein Vierteljahrhundert 1967 bis 1992 (mit autobiograph. Bezügen). Scheuditz 2008; (Hrsg.): Anekdoten aus dem Leben einer Akademie. Berlin 2008; Einführung in die Palindromik. Abhdlg. der Leibniz-Soz. Bd. 30. Berlin 2012.

Krüger, Egon
8. Aug. 1924–18. März 2014
DDR-Logiker in den 50er Jahren und anschließend Gymnasiallehrer in der BRD
Geb. in Jastrow (Westpreußen) in einer Landarbeiterfamilie; 1931–37 Volksschule u. 1937–42 Aufbauschule daselbst; 1942–44 Arbeitsdienst, Wehrmacht u. Kriegsteilnahme; Jan. 1944 bei Newel in sowjt. Kriegsgefangenschaft (Uralgebiet), aber bereits Sept. 1945 in die SBZ entlassen; März–Juli 1946 Schulhelfer-Lehrgang in Stralsund (Zulassung als Neulehrer); SED-Eintritt und Studien-Beginn in Greifswald an der Phil. Fak. (Philosophie – bei H. *Pichler und G. *Jacoby, Germanistik u. Kunstgeschichte) u. Fak.-Examen 1951; Okt. 1951–Sept. 1952 einj. „Praxiseinsatz" im neugegr. DDR-Staatssekr. für Hochschulwesen (1. Staatssekr. G. *Harig) als Referent für Phil. u. Theologie; Sept. 1952–Okt. 1955 univ. Asp. zuerst in Jena, dann am Inst. für Phil. der HU Berlin (Themensteller und Hauptbetreuer G. *Klaus); danach Juli 1955 eigenständiger SED-Parteiaustritt „aus persönlichen Gründen", dem dann der kollektive Aus-

schluß als „parteifremdes Element" nachfolgte; spätere wirkl. Begründung „Erkennen, dass in der DDR kein (wahrer) Sozialismus, sondern nur ein neuer Zwangsstaat" existiert, was durch den XX. KPdSU-Parteitag im Febr. 1956, den ung. Volksaufstand sowie *Harichs Verhaftung Ende 1956 bestätigt wurde; dadurch keine Publ.-Mögl. wie auch keine weitere univ. Inst.-Anstellung mehr; nur noch kleinere Werkverträge mit der AdW (Mitarbeit an der Aka.-Kant-Ausgabe bei G. *Lehmann); 1957 dennoch (verzögerte) Prom. z. Thema *Probleme der modernen Logik u. ihre hist. Wurzeln* (Gutachter: G. *Klaus u. Frau Dr. Marie *Simon – mündl. Prüfung in Germanistik bei Magon); danach lange vorbereitete (tägl. „Büchertransporte" per Aktentasche und S-Bahn noch West-Berlin, auf dem Arbeitsweg nach Berlin-Mitte) „Republikflucht" über West-Berlin (ausgeflogen) in die BRD nach Mönchengladbach; da 1960–62 nachgeholte Referendarausbildung z. Gymnasiallehrer für die Unterrichtsfächer Deutsch u. Phil. (Nachprüfungen an der Univ. Köln); daraufhin Gymnasiallehrer bis 1982 in Gummersbach; nachwend. Teilnahme an Ostberl. Phil.-Zusammentreffen (org. von Toni *Hahn) und wichtige Zeitzeugenbefragung durch L. *Kreiser (Anfänge der Logik-Entwicklung in der frühen DDR) wie H.-C. *Rauh (zur *Jacoby-Forschung in Greifswald). – insgesamt 5 gründl. Rez. zu Logik-Büchern in der DZfPh 1954/56 (u. a. unter dem Pseudonym Heinz Baumann); verst. fast 90-zigjährig am 18. März 2014 in Unkel.

Krüger, Hans-Peter
18. März 1954
Wissenschaftsphilosoph und nachwendisch philosophische Anthropologie in Potsdam
Geb. in Potsdam in einer „kleinbürgerlich"-kirchl. Familie (Vater Drogist); Abschluss der erw. OS mit Auszeichnung; gesell-pol. interessiert seit dem VIII. SED-Ptg., daher 1972–76 Phil.-Studium an der HU Berlin verbunden mit SED-Eintritt (1975 Karl-Marx-Stipendium); anschl. Forschungsstudium im Bereich Gesch. der Phil. (Bereisleiter F. *Kumpf), wichtigste Beeinflussung jedoch durch W. *Heise u. G. *Irrlitz; Herbst 1976 Stasi-Verhöre wegen illegaler Gruppenbildung u. Beschaffung von unerlaubter „West-Literatur"; dafür Parteistrafe sowie Disziplinarverfahren; nach Abschluss der Prom.-Schrift A 1978 Zwangsversetzung ins MLG der HfÖ (zusätzl. Grundausbildung in Pol. Ökonomie); 1980 verzögert-verspätete phil.-geschichtl. Prom. z. Thema *Heroismus und Arbeit in der Entstehungsgesch. der Hegelschen Phil. zw. 1793–1803* (Gutachter: F. *Kumpf, M. *Thom u. W. *Schuffenhauer); seit 1981 wiss. Mitarbeiter am Inst. für Theorie, Gesch. u. Org. der Wiss. an der AdW der DDR (Direktor G. *Kröber); 1983 erneute „massive" Stasi-Anwerbungsversuche, um die sich formierende DDR-„Kirchenop. auszuforschen"; seit Ende 1986 West-Reisekader in Kröbers Begleitung; 1987 Diss. B am ITW der AdW z. Thema *Kritik der kommunikativen Vernunft. Eine marx. Ause. mit Toulmin und Habermas zur kommunikationsorientierten Wissenschaftsforschung* (Gutachter: G. *Gröber u. W. Hartung – ein sog. Vorgutachten von J. *Schreiter im Buhrauftrag kam noch zum Ergebnis: „Revisionismus" und „bürgerl. Anthropologie", – publ. 1990 mit etwas veränd. Titel); Sept. 1989 Ernennung zum Aka.-Prof. für Wissenschaftstheorie und daraufhin bis 30. Nov. d. J. Gastprof. in den USA (Berkeley/

California); nach Rückkehr zeitweilig im reformsozialistisch-basisdemokratischen Erneuerungsprozesss der untergehenden DDR einbezogen, aber auch der allgemeinen univ.-westdt. Evaluierung u. schließl. Aka.-Inst.-abwicklung unterliegend; im Studienjahr 1990/91 Fellow am Wissenschaftskolleg Berlin u. 1992/93 ebenso an der Univ. of Pittsburgh/USA; 1994/95 stellv. Leiter des Forschungsschwerpunktes Wiss.-Gesch. u. Wiss.-Theorie im Rahmen der Max-Planck-Gesell. (Leiter L. Krüger); 2. Nov. 1994 Verleihung der Venia legendi für Phil. durch die neu gegr. Phil. Fak I der HU zu Berlin (zugleich Anerkennung der DDR-Prom. B als Habilitation); 1994–96 Vertretung und 1996 Prof. für Prakt. Phil. (Pol. Phil. u. Anthropologie) an der neugegr. Univ. Potsdam (Vors. der Berufungskom. ist L. Krüger, Göttingen) u. ab Okt. 1994–Sept. 1997 koms. Geschäftsführung des im Aufbau befindlichen Inst. für Phil. daselbst; späterhin weitere ausländische Gast-Professuren; seit 1993 Mit-Hrsg. der zuvor neu gegr. und damit fach- phil. internationalisiert fortgeführten DZfPh (Aka.-Verlag); 2005–Juli 2011 Präsd. der Helmut-Plessner-Gesell. für Phil. Anthropologie e.V. u. a. wiss.-phil. Funktionen.

DDR-Personen-Lexikon 2010 (J. Wielgohs).

Publ.: (Hrsg. mit G. Kröber): Wissenschaft – Das Problem ihrer Entwicklung. Bd. 1: Kritische Studien zu bürgl. Wissenschaftskonzeptionen (1987) u. Bd. 2: Komplementäre Studien zur marx.-len. Wissenschaftstheorie (1988); Kritik der kommunikativen Vernunft. Kommunikationsorientierte Wissenschaftsforschung im Streit mit A. Sohn-Rethel, Toulmin u. Habermas. Berlin 1990; Demission der Helden. Kritiken von innen 1983–1992. Berlin 1992; (Hrsg.): Objekt- u. Selbsterkenntnis. Zum Wandel im Verständnis moderner Wiss. Berlin 1992; Perspektivenwechsel. Autopoiesie, Moderne und Postmoderne im kommunikationsorientierten Vergleich. Berlin 1993; Zwischen Lachen u. Weinen. Bd. I. Das Spektrum menschl. Phänomene (1999) und Bd. II: Der dritte Weg. Phil. Anthropologie u. die Geschlechterfrage (2001); (hrsg. mit G. Lindemann): Phil. Anthropologie im 21. Jhd., Bd. 1. Berlin 2006; (Hrsg.): Hirn ohne Subjekt? Phil. Grenzfragen der Neurobiologie (Sb. DZfPh. 15). Bln. 2007; Phil. Anthropologie als Lebenspolitik. Dt.-jüd. u. pragmatische Moderne-Kritik (Sb. DZfPh. 23). Berlin 2009; Gehirn, Verhalten u. Zeit. Phil. Anthropologie als Forschungsrahmen (Phil. Anthrop. Bd. 7) Berlin 2010. (Hrsg.): G. Herzberg/K. Meier: Karrieremuster. Wissenschaftlerporträts; Texte zur Zeit im Aufbau-Verlag. Berlin 1992 (u. a. H.-P. Krüger, Philosoph). – *Ausgänge:* Rückblick auf die DDR-Philosophie der 70er und 80er Jahre.

Krüger, Uwe
20. Mai 1952
Ideologiekritik und DDR-Fußball
Geb. in Markersdorf, Kr. Görlitz als Sohn eines Diplom-Wirtschaftlers; 1958–66 Besuch der Grundschule u. Berufsschule 1966–69 (Abschluß 10. Kl. u. Agrotechniker in Bln.-Weißensee u. Wartenberg); 1970–73 Wehrdienst bei DDR-Marine; Freiberg ABF 1973–75 (12. Kl.-Abi. mit Hochschulreife nachgeholt); anschl. 1975–80 Phil.-Studium an der KMU Leipzig mit Abschluss als Diplom-Lehrer M-L/Phil. u. Forschungsstudium mit phil. Prom z. Thema *Die phil.-weltanschau. Grundlagen des Bernsteinschen Revisionismus u. ihrer Kritik in den Bernsteindebatten, Beitrag zur marx.-len. Ideologiekritik* (Gutachter: M.*Schumann, F. Schneider u. D.*Uhlig); Lehrtg. im Bereich

Hist. Mat. (Leiter: W. *Müller u. D. *Uhlig) u. 1988 Prom. B als *Studie zum Wesen, zu der Funktion und den Prinzipien der ideolg. Selbstkritik der marx.-len. Partei (unter bes. Berücktg. ihrer Anwendung in der sozialist. Theorie und Praxis bei W. I. Lenin)* (Gutachter: D. *Uhlig, Fr. *Richter, A. Koth); mit diesen selbstherrlich-innermarxist. (ideologiekritischen) Themen war sicher keine univ.-phil. Weiterbeschäftigung mehr möglich; daher nachwend. bemerkenswert andersartige sportgeschichtl. Aufarbeitungen in Publ. zum: Fußball in der DDR. Teil 1. Die Liga. Kassel 1994 (2. A. 2000); Hansa Rostock. Daten-Tabellen-Bilder. Ostdt. Traditionsvereine. Teil 2. Kassel 1998; FC Energie Cottbus. Ebenso. Teil 3. Kassel 1998.

Krumpel, Heinz
5. Juli 1940
Philosophischer (stasigestützter) DDR-Spezialist für Lateinamerika
Geb. in Riesa; Grundschule 1946–55 u. anschl. Betiebsschlosserlehre 1955–58; Bereitschaftspolizei 1958/59 in Dresden u. versetzt nach Berlin bis 1960; durch Sonderreifeprüfung zum Phil.-Studium an der HU Berlin; seit dieser Zeit bereits intensive Zusammenarbeit mit MfS als IM „Tiger" (bekannt als „operativer Fliegenfänger") u. zahlreiche entspr. Einsätze gegen „negative studentische Kräfte...um Wolf *Biermann, Volker *Braun, Fam. *Wroblewski" u. weiterführende „Auslandseinsätze im gesamten real-sozialist. Ausland"; dazu 1964 vorzeitig abgeschlossenes Phil.-Studium (Diplom-Arbeit: „Beiträge zur kritischen Position Hegels gegenüber dem kategorischen Imperativ Kant" bei G. *Stiehler) und „parteiloser" wiss. Ass. einer Ethik-Gruppe von F. *Loeser in der Abt. Hist. Mat. am Phil.-Inst.; phil. Prom. 1968 z. Thema *Weltanschauliche Grundsatzfragen des gesell. Kampfes um Mitbestimmung in Westdt.* (Gutachter: W. *Eichhorn I); seit 1968 ist „der IME bestätigter Reisekader für kurz- bzw. längerfristige Einsätze ins NSW" (CSSR und Wien/Österreich mit der Legende zur dortg. „Hegelforschung" – Prof. Heintel); dazu beschleunigte Habil. 1970 z. Thema *Ethische Aspekte der Hegelschen Philosophie unter Berücksichtigung seiner Kritik am kategorischen Imperativ* (Gutachter: H. *Ley/G. *Stiehler); – „Im Ergebnis seiner guten op. Arbeit wurde er zum 20. Jahrestag der Gründung der SED als Mitglied in die Partei aufgenommen und im Organ als Mitglied geführt"; nach 1968 „wiss. Ass. u. persönl. Sekr. von Prof. Ley" und um 1970 weitere op. Einsätze zur „Vorbereitung auf den 200. Geb. von Hegel" (Intl. XIII. Hegel-Kongreß 1970 in Ost-Berlin); ab 1972 Dozent für „Grundlagenausbildung ML" an der HfÖ zu Berlin (ML-Sektions-Direktor G. *Söder) sowie als „Prof. mit Lehrstuhl" zum Zwecke weiterer „gesteuerter operativer Einsätze" im westl. Ausland; 1979–88 fortl. Einsätze als sog. „Gastprofessor" in fast allen Staaten Südamerikas „im Rahmen von MHF-Verträgen in Lehre u. Forschung an Uni. in Bogota (Kolumbien), Lima (Peru), Quito (Ekuador), Buenos Aires (Argentinien), Santiago de Chile, Caracas (Venezuela), Santa-Clara (Kuba) tätig" bzw. im „operativen Einsatz"; es bleibt völlig unklar, wozu das MfS eine solche mehrbändige, teilweise unphil. Materialfülle überhaupt anlegte und benötigte; um 1988 keine (also persönlich verweigerte!) Rückkehr mit der Familie (zur üblichen jährl. Bericht-

erstattung u. Überprüfung) mehr in die DDR (interne Mitteilung von D. *Wittich in einer Schnell-Information zum XVIII. Weltkongreß für Phil. in Brighton, Aug. d. J.), was sich sicher nicht ohne entspr. „westliche Amtshilfe" vollzogen haben kann; denn nach späteren Berichten soll es zu einer „persönl. Offenbarung" dem BND gegenüber gekommen sein, nach dem dieser ihn mit seinen früheren geheimdienstl. Stasiaktivitäten in der DDR und deren strafrechtlichen Folgen konfrontiert hatte; seitdem „in der Forschung (weiterhin) mit Universitäten in Österreich, Mexiko und Argentinien verbunden"; Teilnahme am XV. (erstmalig wieder gesamt-)Dt. Phil.-Kongreß Sept. 1990 in Hamburg, wo es allerdings zu unliebsamen Ause. mit seinen früheren ostdt. Kollegen kam, was sich dann natürlich so fortsetzte, als seine früheren Stasi- „Berichterstattungen" allgemein bekannt und einsehbar wurden; dennoch weitere Lehrtätigkeit an der Univ. Wien sowie Forschungs- und Publ.-Projekte zu „Identität, Vergleich u. Wechselwirkung zw. lateinamerikanischem und europäischem Denken im 20. Jhd." in Südamerika; allerdings immer wieder „aufgescheucht" durch entspr. Presseberichte über den stasipol. Hintergrund seiner früheren jahrelangen (unphil. getarnten) DDR-Auslandseinsätze; nachwendisch (auch geschützt durch nachvollziehbare westdt. Phil.-Mithilfe) regionalphil. Weiterarbeit zur Kulturgeschichte der südamerikanischen Region.

Publ.: (gem. mit F. Löser/T. Hahn): Studienanleitung Ethik für das Fernstudium Philosophie. Berlin 1966; Zur Moralphilosophie Hegels. Berlin 1972; Lebensprozeß und Moral. Theoriegeschichtl. Aspekte der Dialektik von moralischem Bewusstsein u. materiellem Lebensprozeß. Weltanschauung heute. Bd. 18. Berlin 1977 (übers. A. Praha 1980); Philosophie in Lateinamerika. Grundzüge ihrer Entwicklung. Berlin 1992 (2. A. Frankf./M.-Lang 2011). Philosophie im Prozeß von Perestroika u. Glasnost. Kurseinheit 1 Fern-Univ. Hagen 1992; Deutsche Philosophie in Mexiko. Ein Beitrag zur interkulturellen Verständigung seit Alexander von Humboldt. Frankf./M. 1999; Aufklärung und Romantik in Lateinamerika. Frankf./M. 2004; Philosophie u. Literatur in Lateinamerika. Frankf./M. 2005; Barock und Moderne in Lateinamerika. Frankf./M. 2008; Mythos und Philosophie im alten Amerika. Frankf./M. 2010. – *Sek.-Lite.*: G. Herzberg: Abhängigkeit und Verstrickung. Studien zur DDR-Philosophie. Berlin 1996.

Kuchling, Heinz
25. Juli 1932
Philosophischer Sprach-Logiker in Berlin
Geb. in Guben; Vater Maurer; 1939–47 Grundschule; anschl. Berufsausbildung als Maschinenschlosser; 1950–52 ABF Berlin u. anschl. Phil.-Studium bis 1958 an der HUB, im Nf. mathe. Logik; anschl. pol. „Praxiseinsatz" für 3 Jahre als hauptamtl. FDJ-Sekretär im VEB Elektroapparatewerk Berlin-Treptow; ab Sept 1960 Rückkehr ans Berliner Phil.-Institut als Aspirant bzw. Assistent bei Prof. G. *Klaus (zu dieser Zeit gerade im Wechsel zur Aka. der Wiss.); Vertretung der Vorlg. Einführung in die formale Logik u. red. Mitarb. an Büchern von G. Klaus; 1964/68 SED-Parteigruppenorg. des Lehrbereichs „Dial. Mat. u. Logik" (nach dem Weggang von D. Wittich nach Leipzig nunmehr ohne ET); 1. 9. 68–25. 2. 69 Zusatzstudium in Moskau beim univ.-phil. Logiker A. *Sinowjew (nichtklass., speziell pragmatische Logik, der später aus

der SU ausgebürgert wurde) z. Forschungsthema: Verhältnis von natürlicher Sprache u. Sprache der Logik; entspr. Prom. 1969 *Zu einigen soziolg. u. phil.-log. Aspekten des gesell. Zeichengebrauchs* (Gutachter: A. *Griese u. H. *Hörz); 1969/70 stellv. Bereichsl. Dial. Mat./Logik u. 1970/76 stellv. Direktor für Forschung der neugegr. Sektion Marx.-len. Phil. der HUB; danach SGL-Vors. der Sektion u. wiederum stellv. Sektionsdirektor; 1981 phil. Prom. B zu *Ludwig Wittgenstein – Philosophie als Sprachkritik. Ein Beitrag zur Ause. mit der spätbürgl. Phil.* (Gutachter: G. *Redlow, H. *Hörz u. K. *Söder); spätere Ernennung zum ao. Prof. für Phil. (Logik); zur Wendezeit, nach demonstrativem Rücktritt (damit einer Abwahl zuvorkommend) der parteieingz. Inst.-Direktorin H. E. *Hörz, 1990/91 basisdemokr. gewählter Institutsdirektor, aber 1992 freiwilliger Rücktritt vom Amt angesichts der Folgen der rigorosen peronellen Inst.-Abwicklung (Gründungsdirektor C. F. *Gethmann aus Essen u. Inst.-Nachfolger V. *Gerhardt) u. auch Verzicht auf jede bereits zugesicherte Weiterbeschäftigung u. Übergang in den Vorruhestand; K. erklärte die Erneuerung des Berl. Phil.-Instituts der HUBerlin aber ausdrücklich als eine *Rückkehr zur Freiheit des Denkens*, jedoch die fortl. „Personalreduzierungen" durch die westdt. „Strukturkommission" seiner früheren Kolleginnen waren für ihn unerträglich; lediglich ein Logiker (H. *Wessel) wie ein Phil.-Historiker (G. *Irrlitz) konnten formal „wiederberufen", auf ansonsten auslaufenden (k.w.), angestellten (unverbeamteten) C3-Stellen verbleiben.

Kuczera, Josef (Sepp)
29. Sept. 1926–2. Sept. 1986
Fachphilosophischer Lektor und Verleger im DVW Berlin
Geb. in Poppelau/Kr. Oppeln (Polen); 1933–41 dortg. Volksschule; 1941–43 Maschinenschlosserlehre bei IG-Farben Ludwigshafen; 1943/44 Arbeitsdienst und Okt. 1944 (mit gerade 18 Jahren) Einberufung zur Wehrmacht und allerletzter Fronteinsatz im Osten; bereits Jan. 1945 in sowjet. Kriegsgefangenschaft, trotzdem erst am 5. Dez. 1949 (denn er war für die Russen namentlich ein sog. „Deutsch-Pole") Entlassung in die gerade gegr. DDR; anschl. Werkzeugmacher im VEB Bln. Glühlampenwerk; 1953 vom Betrieb zur ABF gelegiert, um die Hochschulreife zu erlangen; wegen eines mitgebrachten Kriegsleidens (Tbc-Erkrankung) mehrfach Unterbrechung des Phil.-Studiums an der HU Berlin (Diplom 1964); anschl. bis 1968 Arbeit als Lektor im Wiss.-Verlag (DVW), verantwortlich für fachphil. Literatur (so auch für poln. Übersetzg.); 1968/69 delg. zur wiss. Teilaspirantur an den H. *Ley-Lehrstuhl des Berl. Phil.-Inst.; jedoch erneute Erkrankung, aber 1971 naturwiss.-phil. Prom. zum Thema *Leben, wiss. Leistungen und phil. Auffassungen von Heinrich Hertz* (Gutachter: H. *Hörz, A. *Griese u. H. *Laitko); seit 1. 9. 1970 wiss. Mitarbeiter im Min. für Kultur, HV Verlage und Buchhandel; während einer dreij. außerpl. Teilasp. am H. *Ley-Lehrstuhl 1984 naturphil. Prom. B *Zur phil. Einschätzung bedeutender Physiker des 19. u. 20. Jhd. anhand von Beispielen. Ein Beitrag z. Gesch. des Verhältnisses von Naturwiss., Mathematik und Philosophie* (Gutachter: H. *Ley, H. *Hörz, K.-F. *Wessel); nach erneuter längerer Erkrankung verst. am 2. Sept. 1986 in Berlin-Pankow, noch nicht einmal 60jährig, an den

unübersehbaren Spätfolgen einer unverhältnismäßig langen (5 Jahre für 4 Wochen Fronteinsatz) sowjet. Kriegsgefangenschaft in jungen Jahren.

Publ.: Heinrich Hertz. Der Entdecker der Radiowellen (Biogr.). Leipzig. 1977 (3. A. 1987); (Hrsg.): Heinrich Hertz: Die Prinzipien der Mechanik. Leipzig 1984; Gustav Hertz (Biogr.). Lpz. 1985 in der „Teubner"-Reihe.

Kuczynski, Jürgen
17. Sept 1904–6. Aug. 1997
Wirtschaftshistoriker und Nestor der DDR-Gesellschaftswiss. mit phil. Bezügen
Geb. in Elberfeld als Sohn eines Bankiers und Statistikers; 1910–16 Privatschule in Berlin-Zehlendorf und 1916–22 Gymn. in Berlin; anschl. Studium der Finanzwirtschaft u. Statistik, wohl auch der Phil. in Erlangen, Berlin u. Heidelberg; zum Abschluss dess. 1925 politöko. Prom. z. Thema *Der ökonomische Wert* in Erlangen; anschl. 1926–29 Forschungsstudium in den USA; 1930 KPD-Beitritt u. bis 1933 Wirtschaftsred. der „Roten Fahne"; 1933–36 illegale Arbeit in der Reichsltg. der KPD; 1936 Emgr. nach England und weitere antifasch. Wirksamkeit; zum Kriegsende Offizier in der US-Army (während seine Schwester „Sonja" als sowjet. Spionin agiert); frühzeitge Rückkehr in die SBZ u. Ende 1945 bereits tätig in der ostdt. ZV für Finanzen; zugleich 1946–56 Prof. für Wirtschaftswiss. an der Berliner Univ. und Gründer eines bes. Inst. für Wirtschaftsgeschichte daselbst; 1947–50 Präsd. der Gesell. zum Studium der Kultur der Sowjetuniun (spätere DSF), die eine systm. Russifizierung u. Stalinisierung der SBZ mit einleitete; 1949–58 auch Abg. der ersten DDR-Volkskammer; 1955 ordtl. Mitgl. der AdW u. ebenda 1956–68 Ltg. der Abt. Wirtschaftsgesch. am dortg. Inst. für Allgm. Geschichte (später selbstdg. Aka.-Institut); 1957–59 als Historiker mit anderen marx.-len. Gesellwiss. der DDR (F. *Behrens, H. *Klenner) u. Philosophen (E. *Bloch u. W. *Harich) sowie Rob. *Havemann als Naturwissenschaftler die üblichen Revisionismus-Vorwürfe der SED-Führg. unter Walter *Ulbricht u. seines Chef-Ideologen Kurt *Hager (trotz gem. Emigrationsarbeit in England) u. des allzeit gefürchteten wie unqualifizierten ZK-Verwaltungsideologen Ernst *Hoffmann, der sich hier nun als „Historiker" (so wie 1951 noch als „Logiker") aufführte; trotzdem in allen „Krisen- und Konjunkturfragen des Kaplm." informeller persönlicher Berater von Ulbricht wie später auch von E. Honecker; vom Stalinschen Terror 1936–1938 habe er praktisch (derartig weltliteraturbelesen wie kein anderer) jedoch niemals etwas erfahren u. gewusst, doch dem vertriebenen „Republikflüchtling" *Bloch schickte er ungerührt u. überzeugt den Vorwurf des Verrats hinterher; in den 60er Jahren umfangreiche Dok. (rund 40 Bde) z. „Gesch. der Lage der Arbeiter unter dem Kapitalismus" (Vorarbeiten bereits 1952–56) u. 1973 erste „Memoiren: die Erziehung des J. K. zum Kommunisten und Wissenschaftler" betreffend (4. A. 1983); 1975/78 erschienen wiederum in 10 merkwürdig zusammen gestellten Aka.-Bden „Studien zu einer Gesch. der Gesell.-wiss.", wozu die gesamte bürgl. Ökonomie-Literatur, wiss. Institutionen u. Briefwechsel, Gelehrtenbiographien und gesell.-wiss. Schulen weitgehend nur dok. u. umfänglich zitiert werden; dem folgt 1980–85 noch eine „Gesch. des Alltags des dt. Volkes"

(1600–1945); in dieser Zeit erschien die erste (so keineswegs nur persönlich-familiäre) Rechenschaftslegung als „Dialog mit meinem Urenkel", deren Druckfahnen 6 Jahre im ZK-„Büro Hager" zu dessen parteiamtl. „Lesung und Freigabe" lagen, ehe diese 1983 erstmalig mit dessen Kürzungen und Abänderungen(!) erscheinen durfte (bis 1989 in 9 Auflagen, nachwendisch dann unveränderte Ausgabe mit den gekennzeichneten Hager-Anstreichungen); danach erscheinen ungebremst weitere, sich jedoch immer nur weiter rechtfertigende Memoirenbände wie: „Ein linientreuer Dissident" (1945–1989), „Ein hoffnungsvoller Fall von Optimismus" (1989–94) oder „Ein getreuer Rebell" (1994–1997); forderte JK 1926 noch die phil. „Rückkehr zu Marx", so fordert er im Okt. 1989, da keine erneute unabänderlich „Krise" des Welt-Imperialismus mehr voraussagend, nur noch eine solche zu Lenin, um den Sozialismus zu erneuern u. zu retten; verst. 1997 in Berlin u. zu seinem 100. Geb. 2004 in Berlin Gedenkkolloquium der RLS „Sozialistischer Weltbürger und Enzyklopädist". Mosaiksteine zu J. K. Lpz. 2007. Gelegentliche Eingriffe auch in die fachphil. Diskussionen (diese „Narrenfreiheit" hatte er in mehrfacher Hinsicht) ähnelten sehr denen von Rob. *Havemann auf physikalisch-naturwiss. Seite und bewirkten thematisch-fachphil. recht wenig und man konnte sich darauf auch kaum sachgerecht und folgenlos berufen.
DDR-Personen-Lexikon 2010 (I.-S. Kowalczuk).

Publ.: Zurück zu Marx! Antikritische Studien z. Theorie des Marxismus. Leipzig 1926; Das Land der frohen Zukunft. Eine Gesch. der Sowjetunion für Jugendliche. Berlin 1949; (Hrsg. mit W. Steinitz): Die Große Sowjet-Enzyklopädie. UdSSR 3 Bde. Berlin 1950 und Deutschland. Berlin 1953; Allgm. Wirtschaftsgesch. Von der Urzeit bis zur sozial. Gesell. (Vorlesungen 1951). Nachdruck 1973; Vom Knüppel zur automatischen Fabrik. Eine Gesch. der menschl. Gesell. Kinderbuchverlag Berlin 1960; Gestalten u. Werke. Bd. 1. Soziolg. Studien zur dt. Literatur. Berlin 1965, Bd. 2. – zur englischsprachg. und franz. Literatur. Berlin 1971; So war es wirklich. Ein Rückblick auf 20 Jahre Bundesrepublik. Berlin 1969; Ökonomische Probleme des Sozialismus (J. Stalin, Fr. Behrens, J. Kuczynski). Roter Druckstock. Frankf./M. 1972; Der Wissenschaftler in der kapitalist. Gesell. Die vertauschte Eule der Minerva. Buhrsche Kritik-Reihe, Bd. 48. Berlin 1974; Zur Gesch. der bürgerl. pol. Ökonomie. W.-Berlin 1975; (gem. mit W. Heise): Bild und Begriff. Studien über die Beziehungen zw. Kunst und Wissenschaft. Berlin 1975; Gesammelte Studien zur Gesch. u. Theorie des Kapitalismus. Berlin 1979; Ich bin der Meinung. Bemerkungen zur Kritik. Halle 1982 (2. A. 1985); Probleme der Autobiographie. Berlin 1983; 60 Jahre Konjunkturforschung. Erinnerungen u. Erfahrungen. Berlin 1984; Bemühungen um die Soziologie. Berlin 1986; Jahre mit Büchern. Berlin 1986 (2. A. 1987); Die Intelligenz. Studien zur Soziologie u. Gesch. ihrer Großen. Berlin u. Köln 1987; Alte Gelehrte. Berlin 1989; (Hrsg.): Zur Phil. des Huhnes. Statistische u. a. Merkwürdigkeiten. Berlin 1989 (2. veränd. A. 1990); Dialog mit meinem Urenkel (1. ungekürte Ausgabe). Berlin 1989; Schwierige Jahre – mit einem besseren Ende? Tagebuchblätter 1987–1989. Berlin 1990; Kurze Bilanz eines langen Lebens. Große Fehler und kleine Nützlichkeiten (Autobiographie). Berlin 1991; Probleme der Selbstkritik sowie von flacher Landschaft u. vom Zickzack der Gesch. (Aufsatzsammlung) Köln 1991; „Nicht ohne Einfluß". Macht und Ohnmacht der Intellektuellen. Aufsatzsammlung. Köln 1993; Frost nach dem „Tauwetter". Mein Historikerstreit. Berlin 1993; Ein Leben in der Wissenschaft der DDR. Münster 1994; (Hrsg.): Zeit-Genosse Jürgen K. (Aufsatzsammlung). Berlin 1994; Letzte Gedanken? Zu Philosophie und Soziologie, Geschichtswiss. u. Wirtschaftswiss., schöner Literatur u. zum Problem der dt. Intelligenz. Köln 1995; Fortgz. Dialog mit meinem Urenkel. 50 Fragen an einen unverbesserlichen Urgroßvater. Berlin 1996 (4. A. 2000);

Freunde u. Bekannte. Gespräche mit T. Grimm. Berlin 1997. – H. Haun: Kommunist und „Revisionist". Die SED-Kampange gegen J. K. (1956–1959). Dresden 1999.

Kuczynski, Rita
25. Febr. 1944
Promovierte Diplom-Philosophin und Schriftstellerin in Berlin
Geb. in Neidenburg/Ostpreußen u. aufgewachsen im nachkriegszeitlich gespaltenen Berlin: "Zwischen Pankow und Zehlendorf"; 1950–63 Besuch der Grund- und Oberschule (Abitur); abgebrochen-gescheiterte Musik-Ausbildung wegen Erkrankung; danach zahlreiche Gelegenheitsjobs; 1965–70 aber ein abgeschl. Phil.-Studium in Berlin („Lieblingsprof." W. *Heise); anschl. wiss. Ass. am ZIPhil. der AdW der DDR u. im laufenden Hegel-Jahr 1970 Arbeit an einem Lenin-Register für M. *Klein; 1972 Eheschließung mit Tho. Kuczynski (Sohn von JK) sowie danach 1976 phil. Prom. A z. Thema *Die Bewegung der Hegelschen Kategorien als Widerspiegelung gesell.-hist. Prozesse* („väterlicher Betreuer" M. *Buhr); danach sofort den „ehrenvollen Auftrag, eine Hegel-Biographie zu schreiben" (als parteizentrales Institutsplanvorhaben), woraus dann jedoch später lediglich „Eine poetische Vergegenwärtigung des Abstrakten", betitelt meine „Nächte mit Hegel", Berlin 1984 wurde; dazu nur bis 1981 wiss. MA (mit einsetzender „Ruben-Affäre", wozu sie keine Position bezog), danach „privatisiert" als „Hausfrau" u. „freiberufliche Autorin"; ab 1985 offizielles „Privatvisum für West-Berlin" u. schließlich 1987 ebenso private Studien- u. Vortragsreise in die USA; 1988 schließlich DDR-„Visum zur ständg. Aus- u. Einreise", deshalb über die Maueröffnung – so privilegiert „überhaupt nicht erfreut"; als „Mauerblümchen" (Ein Leben auf der Grenze, Autobiographie, Mün. 1999) erfolgt dann die bitterböse Abrechnung mit dem „rotaristrokatischen" Kuczynski-clan, den „Antifakindern" und all ihren unsäglichen „Privilegien" sowie mit der parteibeauftragten (als solche nun aber schon lange abgewickelten) „Akademiephilosophie", deren verschiedene phil. Veränderungsversuche (z. B. der Rubengruppe 1981 u. dessen Hegel-Rezeption) sie nie fachlich verstanden hatte; daher: „Mit dem Untergang der DDR verlor diese Phil. dann ihre ideolg. Funktion. Einen eigenen phil. Gegenstand hatte sie nie"; in den 90er Jahren versch. Stipendien für schriftstellerische (Romane) u. andere publizistische Arbeiten, wie „Die Rache der Ostdeutschen" (2002), eine personenbezogene Befragung von PdS-Wählern in Berlin; „Im Westen was Neues?" (2003), „Ostdeutsche auf dem Weg in die Normalität" und „Ostdeutschland war nie etwas Natürliches" (2005), eine europ. Journalistenbefragung zur dt. Einheit. (s. Interview „Freitag" vom 15. März 1991, Nr. 12. S. 21).

Kühne, Lothar
10. Sept. 1931–7. Nov. 1985
Marxistisch-kommunistischer Architektur-Ästhetiker in Berlin
Geb. in Bockwitz/Kr. Liebenwerda; Besuch der Volksschule u. bis 1945 red. OS (Notabitur); nach 1946/48 FDJ-Arbeit; 1949/52 ABF-Halle u. anschl. Phil.-Studium 1952–57 an der HUB (Nf – Kunstgeschichte bei R. Hamann) u. phil. Spezialisierung Ästhetik (Archi-

tekturtheorie); 1953 wegen Kritik an der SED Parteiausschluss; Wiederaufnahme 1958; anschl. 1957–60 Einsatz im gesell.-wiss. Grundtudium, IfG an der TH Dresden (Fak. Vorlg. zu Architektur und Bauwesen); ab 1960 Oberass. u. Dozent an der Sektion ML der HUB u. 1965 phil. Prom. *Zu erkenntnistheor. u. ästh. Problemen der Architekturtheorie* an deren Phil. Fak. (Gutachter: H. *Ley, Prof. em. Tschierschky, Weimar u. E. *Pracht); daraufhin sofortige Ernennung z. Doz. für dial. u. hist. Mm. an der ML-Sektion der HUB u. 1971 ebenso Berufung zum o. Prof. für dass. ML-Lehrgebiet (so aber gar nicht sein eigentl. Forschungsthema); nachholende Prom. B 1975 zum Thema *Das Ästhetische als Faktor der Aneignung und des Eigentums. Zur Bestimmung des gegenständl. Verhaltens* (Gutachter: H. *Steininger, E. *Pracht, Bruno Flier); danach ab 1976 erneute pol. Maßregelungen u. wiss. Diskriminierung seiner phil. Arbeiten; seit April 1980, nun auch schon krankheitsbedingt, versetzt an die Sektion Marx.-len. Phil. der HUB als wiss. MA im Bereich Hist. Mat. (Leiter G. *Stiehler), aber praktisch da keinerlei Lehrtätigkeit mehr; bis dahin jedoch zahlreiche Spezial-Publ. in der Fachzeitschrift „Dt. Architektur" 1958–1970, daher nur ein überaus wichtiger phil. Grundsatzartikel(!) in der DZfPh „Zur Marxschen Bestimmung des ‚menschlichen Wesens' in der 6. Feub.-These" (H. 7/1979); 1982 erfolgt die ministerrielle Abberufung als Prof. u. schließlich die Invalidisierung; am 8. Nov. 1985 wird L. K. von den „bewaffneten Organen" im grenznahen Ostsee-Bereich am Strand von Rostock tot aufgefunden, worüber nicht berichtet wird; zahlreiche nachwend. Ehrungen.
DDR-Personen-Lexikon 2010 (H. Hirdina).

Publ.: Gegenstand und Raum. Über die Historizität des Ästhetischen. Dresden 1981; Haus u. Landschaft. Aufsätze. Dresden 1985. (Hrsg. B. Flier): In Memoriam L. K. – Von der Qual, die staatssozialistische Moderne zu leben (Texte). Berlin 1993.

Kummer, Wolf
26. April 1939
Philosophischer Logiker in Halle
Geb. in Breitenbach/Suhl in einer Kleinbauernfamilie; Vater Kulturbautechniker, noch im März 1945 gefallen; 1945–53 Grundschule u. 1953–57 OS in Schleusingen (Abitur); anschl. 1957–62 Studium der Mathematik an der MLU Halle-Wittenberg (Diplom); 1957/59 SED-Eintritt u. wiss. Ass. am Inst. für Gesell.-wiss. daselbst in der Abt. Phil. der Naturwiss. (Leiter H. *Kelm); 1966–69 delegiert zur Aspiratur an den H. *Ley-Lehrstuhl Phil.-Naturwiss. am Inst. für Phil. der HUBerlin u. zusätzliche Logik-Spezialisierung; seit Sept. 1969 wiss. Oberass. der neu gegr. Arbeitsgruppe Logik (Leiter H. *Wessel) an der Sektion Marx.-len. Phil. ebenda; phil. Prom 1970 z. Thema *Das Verhältnis der Kategorien Notwendigkeit und Zufall zu den Kategorien Abhängigkeit und Unabhängigkeit. Ein Beitrag zum dial. Determinismus* (Gutachter: H. *Ley u. H. *Hörz); anschl. 1971/72 Zusatzstudium in Moskau; 1977–84 Oberass. im Bereich Dial. Mat. der Sektion Phil. der MLU Halle u. daselbst 1983 Prom. B. z. Thema *Wahrscheinlichkeit u. Determination* (Gutachter: H. *Ley, H. *Wessel, G. *Schenk); 1984 HS-Dozent u. bis 1991 koms. Leiter des dortg. WB Diamat; 1991 landesrechtl. Abwicklung der Sektion Marx.-len. Phil., Warte-

schleife bis 1. Sept. d. J., dann fristlose univ. Entlassung und anschl. Arbeitslosigkeit; 1991–94 Weiterbildung zum Anwendungsinformatiker u. 1996–98 ABM-Kraft am Landesamt für Umweltschutz Sachsen-Anhalt in Halle; 2000–10 Mentor für Mathematik im Auftrag der Fernuni. Hagen; seit 2001 im vorgezogenen Ruhestand.

Publ.: (Übers./Hrsg. H. Wessel): Logik und emp. Forschung. Beiträge dt. und sowjet. Phil. u. Logiker. Berlin 1977; drei Disk.-Beiträge in der DZfPh. 1974/84; sein phil. Logikkonzept wird erläutert in L. Kreisers Logik-Gesch. der DDR (2009).

Kumpf, Friedrich (Fritz)
5. Mai 1931–20. Juni 2011
Marxistischer Philosophiehistoriker spezialisiert auf die „Leninsche Etappe" in Berlin
Geb. in Altehrenberg/Kr. Rumburg (CSSR); Vater Lehrer; 1937–41 Volksschule u. 1941–45 Mittelschule daselbst; 1945/46 prakt. Arbeit als Strumpfwirker; 1946 Antifa-Umsiedlungstransport aus der CSR in die SBZ, nach Blankenburg/Harz; 1946 FDJ u. 1948 SED; 1947–51 OS mit Abitur nachgeholt; anschl. Germanistik-Studium begonnen, aber Wechsel zur Philosophie, schon 1952 fortg. an der Lomonossow-Univ. Moskau bis 1957; anschl. kurzer Lehr-Einsatz 1957/58 an der PHS „Karl Marx" in Kleinmachnow; danach wiss. Ass. am Phil.-Inst. der HU Berlin (Abt. Gesch. der Phil. – neben W. *Heise u. G. *Stiehler); 1960–62 hauptamtl. FDJ-Sekr. der KL-HUB (1. Kreissek.) u. als solcher Mitglied der UPL-KL der SED der HU; phil. Prom. 1965 z. Thema *Methodologische Aspekte der materialistischen Dialektik. Eine Untersuchung der dial. Methode der Imperialismusanlyse Lenins* (Gutachter: W. *Heise u. H. *Scheler, publ. Berlin 1968); danach erneutes Zusatzstudium in Moskau; 1967–69 wieder Oberass. im Bereich Gesch. der Phil. der Sektion Marx.-len. Phil. der HUB; zugleich 1967–69 deren GO-Sekr. u. seit 1971 wieder Mitglied der KL der SED-HU; Übernahme der Bereichsleitung Gesch. der Phil. von G. *Stiehler, der in den LB Hist. Mat. wechselte; 1975 Prom. B zum Thema *Handeln und Erkennen. Eine phil.-geschtl. Studie zur Subjekt-Objekt-Dialektik* (Gutachter: G. *Stiehler, H. *Steininger und E. *Lange); Berufung zum o. Prof. für Gesch. der marx.-len. Phil. 1976; jahrelange Vorlg. zur vormarx. klass. dt. Phil. (G. *Irrlitz war dafür so parteiamtlich festgelegt nicht vorgesehen!) sowie zur Gesch. der marx.-len. Phil. (Leninsche Etappe); nach 1990 sofortiger Vorruhestand ohne jede Evaluierung u. festgelegte Aussetzung (wegen univ. Funktionsabfolge) jeder weiteren Lehre am Phil.-Institut; verst. 2011 in Berlin. Eine zwar oftmals phil. angestrebt-versuchte wie parteimarx. stets eingeforderte, da von Marx, Engels und Lenin so verkündete real-materialistische Lesart der (spekl.-idealististischen) Hegelschen Dialektik kam jedoch weder in Leipzig (s. S.*Bönisch) noch in Berlin bei Peter *Ruben/C. *Warnke (Akademie) oder bei Götz *Redlow/M.*Leske (Universität) jemals ausgearbeitet und publ. zu Stande. Dass dies möglichweise ein phil. Unding sein könnte, durfte so natürlich niemals ausgesprochen werden; es gab einfach kein Loskommen von Hegel wie unser abschl. Namensreg. es zeigt.

Publ.: Probleme der Dialektik in Lenins Imperialismusanalyse. Eine Studie zur dialektischen Logik. West-Berlin 1975 (Prom.-schrift, 1. A. Berlin 1968); – ein einziger DZfPh.-Artikel zu „Lenin und Hegel" (H. 10/1981).

Kurella, Alfred
2. Mai 1895–12. Juni 1975
Schriftsteller und SU-Emigrant, phil. Alters-Promotion zu Marx und doktrinärer SED-Kulturfunktionär
Geb. in Brieg/Oberschlesien, Vater Arzt u. Psychiater; Gymn. in Breslau, Ahrweiler u. Bonn, Kunstgewerbeschule in Mün.; Aug. 1914 Kriegsfreiwilliger; – jedoch vom linksbürgerlichen Kriegsgegner 1918 zur KPD; als deren Kurier 1919 schicksalshafte Begegnung mit W. I. Lenin; Mitbegründer der Komm. Jugend-Internationale und ab 1924 Mitglied der KPdSU; 1931–34 Poltiteinsätze in Deutschland und Frankreich; 1935 persönl. Sekretär von Georgi Dimitroff in Moskau; 1937 sowjet. Staatsbürger, während sein jüngerer Bruder Heinrich verhaftet und erschossen wird, was aber nichts an seiner parteidogmatischen Stalin-Treue änderte; 1941–45 in der Pol. Hauptverwaltung der Roten Armee tätig, als Schriftführer u. Propagandist; keine nachkriegszeitl. Rückreise nach Dtl. (da sowjet. Geheimnisträger), sondern „Übersiedlung" in den Kaukasus; daselbst Übers. u. Hrsg. phil. Schriften von Tschernyschewski, N. Dobroljubow u. A. Herzen, die dann in der DDR erschienen; erst 1954 erlaubte Übersiedlung in die DDR und sofortige Übernahme versch. kulturpol. Funktionen (Kulturbund, Schriftstellerverband, Aka. der Künste); 1955–57 Direktor des Inst. für Literatur in Leipzig (dazu Prof.-Titel) und 1957–63 Leiter der Kulturkom. des PB beim ZK der SED, danach auch Mitgl. der Ideolg. Kom. ebs.; 1968 ungemein späte wie erstaunl. phil. Alters-Prom (mit 73 Jahren) an der FSU Jena mit der marx.-phil. Arbeit *Das Eigene und das Fremde. Neue Beiträge zur Theorie des sozial. Humanismus* (formelle Befürwortung von Georg *Mende u. publ. Berlin 1968, 2. erw. A. 19 70); ansonsten aber keine weiteren phil. Aktivitäten oder „Einmischungen" als kultur-pol. SED-Funkstionsträger. DDR-Personen-Lexikon 2010 (P. Erler) und DDR-Philosophenlexikon 1982 (H. *Koch).

Publ.: Gründung u. Aufbau der Kom. Jugendinternationale. Berlin 1929/30; Aufbau in der Sowjetunion. Berlin 1930; Sozial. Kulturrevolution im Fünfjahrplan. Bln. 1930; Mussolini ohne Maske, Reportagen. Bln. 1931; Wo liegt Madrid? Kiew 1939; Ich lebe in Moskau. Berlin 1947 (Mosk. Erinnerungen. Wien 1947); (Übers. u. Hrsg.): Ausgewählte phil. Schriften von A. Herzen (Moskau 1949), W. Belinski (1950); N. Dobroljubow (1953) und N. Tschernyschewski (1953) u. ders. Das antropolg. Prinzip: Phil. Bücherei. Bd. 8. Berlin 1956; Der Mensch als Schöpfer seiner selbst. Aufsätze. Berlin 1958 (2. A. 1961); Dimitroff kontra Göring. Berlin 1967; Der ganze Mensch. Berlin 1969; (Hrsg. H. Koch): Das Eigene u. das Fremde. Neue Beiträge zum sozial. Humanismus (Prom.-Schrift von 1968) Berlin 1981.

Küttler, Wolfgang
8. April 1936
Historiker mit geschichtsmethodologischem und philosophischem Anspruch
Geb. in Altenburg/Thüringen; Eltern beide Lehrer; nach dem Abitur 1954–58 Studium der Gesch. (auch Latein u. Phil.) an der FSU Jena; anschl. bis 1964 wiss. Ass. ebd. und 1964–67 Oberass. an der KMU Leipzig; daselbst 1966 hist. Diss. zur *Bürgeropposition in Riga der 2. H. des 16. Jhd.*; bereits ab 1967 Mitarbeiter am Hist. Inst. der AdW und 1974–91 Leiter der Forschungsstelle Methodologie und Gesch. der Geschichtswiss.

dann am ZI für Geschichte ebd.; 1976 Prom. B. über *Lenins Formationsanalyse für Russlands (1899–1904). Ein Beitrag zur Theorie u. Methode hist. Untersuchung öko. Gesellschaftsformationen* (publ. 1978); Ernennung zum Aka.-Prof. u. Mitglied sowohl des Wiss. Rates für Gesch.- wiss. am IML wie des Wiss. Rates für Marx.-len. Phil. an der AfG beim ZK der SED; vielfältige geschichtsphil. (hist.-marx.) Zusammenarbeit mit W. *Eichhorn vom ZIPhil. der AdW der DDR; nachwend. 1990 Korr. Mitgl. der AdW und 1990/91 kurzz. Direktor des Inst. für Dt. Gesch. der AdW bis zu deren Abwicklung wie vollständigen Schließung aller früheren gesell.-wiss. Inst.-Bereiche der Aka; ab 1992 zeitweilig wiss. MA am Max-Planck-Inst. für Wiss.-Gesch. in Berlin; 2001 Ruhestand u. Mitgl. der Leibniz-Sozietät; seit 1994 Mitarbeiter u. seit 2011 Mithg. des Hist.-Krit. Wb. des Marxismus (Haupt-Hrsg. W. F. *Haug); z. 65. Geb. Festschrift „Wiss.-gesch. u. Geschichtswiss." München 2002 (mit Bibl.); Hrsg. eines Geschichtskurses in 5 Bdn. Berlin 1993–99; geschichtsphil. Weiterarbeit zur Transformationstheorie. DDR-Personen-Lexikon 2010 (I.-S. Kowalczuk).

Publ.: (Mithrsg. E. Engelberg): Probleme der geschichtswiss. Erkenntnis: Berlin u. Köln 1977; (Mithrsg. E. Engelberg): Formationstheorie u. Gesch. Bln. u. Vaduz 1978; (Hrsg.) Ernst Engelberg: Theorie, Empirie und Meth. in der Geschichtswiss. (gesam. Aufsätze). Berlin u. Vaduz 1980; (Mitautor): Eine Revolution im Gesch.-denken. Marx, Engels, Lenin u. die Geschichtswiss. Berlin 1983; (Hrsg.): Das geschichtswiss. Erbe von Karl Marx. Bln. u. Vaduz 1983; (Hrsg.): Gesell.-theorie und geschichtswiss. Erklärung. Berlin u. Vaduz 1985; (Hrsg.): Marxist. Typisierung u. idealtyp. Methode in der Gesch.-wiss. Berlin 1986; (Mithrsg.): Rationalisierung und entzauberte Welt. Max Weber: Schriften zur Gesch. u. Soziologie. Leipzig 1989; (gem. mit W. Eichhorn I): „dass Vernunft in der Geschichte sei". Formationsgesch. u. revolutionärer Aufbruch der Menschheit (Reihe: „Phil. Positionen"). Berlin 1989; (Mithrsg.): Historiographiegesch. als Methodologiegesch. Aka.-Mitglied Ernst Engelberg zum 80. Geb. (Ehrenkolloquium April 1989). Sitzungsberichte der AdW. Berlin Jg. 1991/Nr. 1; (Hrsg.): Das lange 19. Jhd. Personen – Ideen – Umwälzungen. Ernst Engelberg z. 90. Geb. Abhg. der Leibniz-Soz. Bd. 1. Berlin 1999; (Hrsg.): 300 Jahre Akademie. Sitzungsberichte der Leibniz-Soz. Berlin 2000; (Hrsg. mit W. Eichhorn): Was ist Geschichte? Aktuelle Entwicklungsdendenzen von Geschichtsphil. Abhandlg der Lz.-Soz. Bd. 19. Berlin 2008; (Mithrsg.): Nation u. Rev.. Beiträge der Lz.-Soz. z. 100. Geb. von E. Engelberg u. W. Markow. Lpz. 2011; Formation, Revolution u. Transformation. W. Eichhorn z. 85. Geb. (Sitzungsberichte der Lz.-Soz. Bd, 128, Berlin 2016).

Laitko, Hubert
3. April 1935
Diplom-Philosoph und universeller Wissenschaftshistoriker in Berlin
Geb. in Spremberg/Nl; 1941–1953 GS u. OS (Abitur) daselbst; anschl. drei Jahre Journalistik-Studium an der KMU Leipzig, 1956 Fachrichtungswechsel zur Phil. bis 1959 ebd. u. während der Ernst *Bloch-Absetzung 1956/58 SED-Eintritt; Phil.-Diplom mit der schriftl. Hausarbeit z. Thema: „Der Angriff des Jesuitenpaters Josef de Vries auf die marx. ET"; anschl. 1959/60 als wiss. Ass. am Inst. für M-L der übl. Einsatz im gesell.-wiss. Grundstudium der MLU Halle; ab Herbst 1960 zur Asp. an den H. *Ley -Lehrstuhl für phil. Fragen der NW am Inst. für Phil. der HU Berlin u. zusätzliche naturwiss. Ausbildung in Mikrophysik und Chemie; naturphil. Prom. 1964 *Zur phil. Konzeption des Physikers Pasqual Jordans. Versuch einer krit. Analyse* (Gutachter: H. *Ley, A. *Polikarow,

Täubert); anschl. Oberass. im Inst.-Lehrbereich Diamat (Bereichsleiterin A. *Griese) ebd. u. Lehre zur ET (in Nachfolge D. *Wittich, der 1966 nach Leipzig gehen mußte); die Einrichtung einer richtungsweisenden Inst.-Doz. für ET (unter bes. Berücksichtig. phil. Probleme einer marx.-len. Wiss.-Theorie) scheitert fortl. (keineswegs nur) am ministeriellen Einspruch (MHF-W. *Pfoh, Inst.-Direktor Herb. *Hörz); daher 1969 Abgang z. AdW, wo er ab 1970 (mit G. *Kröber als Direktor) am Aufbau des späteren Inst. für Theorie, Org. u. Gesch. der Wiss. entscheidend beteiligt ist; 1978 Prom. B z. marxistisch-konzeptionell wichtigem Thema *Wissenschaft als allgemeine Arbeit. Zur begriffl. Grundlegung der Wissenschaftswissenschaft* (Gutachter: G. *Kröber, H. *Hörz u. J. *Zeleny – publ. 1979); in einer späteren Stellungnahme vom 12. März 1981 jedoch parteil. Distanzierung vom bei Peter *Ruben gleichlautend vorlg. Marxschen Wiss.-konzept; bereits 1980 Ernennung z. dortg. Aka.-Prof. u. Mithrsg. wichtiger wiss.-hist. Sammelwerke (u. a. z. Wiss.-Entw. in Berlin,1987); jahrelange Teilnahme (zumeist mit G. *Kröber) an den sog. „Werkstattgesprächen" des Inst. für Gesell. und Wiss. (IGW) in Erlangen, das von Cl. *Burrichter geleitet wurde. Nach Abwicklung der DDR-Wiss.-Aka. und vieler ihrer (gesellwiss.) Teil-Institute, trotz pos. (westl.) Evaluation freiwillig ins „Altersübergangsgeld" wie den Vorruhestand, aber weiterhin mehrfacher Mit.-Hrsg. u. Koordinator verschiedener wiss.-hist. Forschungsprojekte zur Gesch. der KWG, der MPG und Berlin-Preuß. Aka.-Gesch. sowie Mitbegründer der Gesell. für Wiss.-forschung (Berlin); neben ungemein gefragter u. erfolgreicher Vortragstg. seit 1994 bereits Mitgl. der Leibniz-Soz. und seit 2008–14 auch wieder erfolgreiche wiss.-phil. Lehrtätigkeit an der TU Cottbus. – Erst kürzlich wurde seine über zehnjh. (1978–Aug. 89) Berichts-Tg. für das MfS (als IM „Marquardt") in Richtung des IGW in einer umfg. Publ. von R. Buthmann (Mitarb. der Stasi-Aufarbeitungsbehörde): „Versagtes Vertrauen". Göttingen 2020 (S. 1123/25) offengelegt und erstmalig dok. DDR-Personen-Lexikon 2010 (D. Hoffmann).

Publ.: (Hrsg. mit A. Griese): Weltanschauung u. Methode. Versuch einer krit. Analyse (Festschrift z. 10. Gründungstag des Lehrstuhls für phil. Probl. der Naturwiss. der Sektion Marx.-len. Phil. der HUB). Berlin 1969; (Hg. mit R. Bellmann): Wege des Erkennens. Phil. Beiträge zur Methodologie des naturwiss. Erkennens. Berlin 1969; (Hrsg. mit G. Kröber): Sozialism. u. Wissenschaft. Gedanken zu ihrer Einheit. Berlin 1972; (Hg. mit A. Griese): Gesetz – Erkenntnis – Handeln. Beiträge z. marx.-len. Gesetzesbegriff. Berlin 1972; (Hrsg. mit G. Kröber u. H. Steiner): Wiss. u. Forschung im Sozialismus. Berlin 1974; (Hrsg. mit G. Kröber): Wissenschaft. Stellung, Funktion u. Org. in der entw. sozial. Gesell. Berlin 1975; (zus. mit G. Kröber): Wissenschaft als soziale Kraft. Berlin 1976; fortl. Mithrsg. der Berl. Wiss.-hist. Kolloquien 1979 ff.; (Leiter eines Autorenkollektiv): 300 Jahre Wiss. in Berlin – Berlingeschichte im Spiegel wiss.-hist. Forschung. Bln. 1986; (Hrsg. mit M. Guntau): Der Ursprung der modernen Wissenschaften. Studien zur Entstehung wiss. Disziplinen. Berlin 1987; (Hrsg. mit D. Hoffmann): Robert Haveman: Warum ich Stalinist war u. Antistalinist wurde. Texte eines Unbequemen. Berlin 1990; (Hrsg. mit D. Hoffmann): Ernst Mach. Studien und Dokumente zu Leben und Werk. Berlin 1991; (Mithrsg.): Lexikon der bedeutenden Naturwissenschaftler in drei Bänden. Berlin 2003; (Mithrsg. H. Hörz): Aka. u. Univ. in hist. u. aktueller Sicht. Abhdlg. der Lz.-Soz. Bd. 29. Berlin 2010. **Lite.:** Fixpunkte. Wissenschaft in der Stadt u. der Region. Festschrift für H. L. anlässlich seines 60. Geb. Berlin 1996; Aus Wissenschaftsgeschichte u. –theorie. H. L. zum 70. Geb. überreicht von Freunden,

Kollegen u. Schülern. Berlin 2005 (jeweils mit ausführl. Bibliographie). *Anfänge*: Walter Hollitscher u. seine Naturdialektik-Vorlesung in Berlin 1949/50. *Denkversuche*: In memoriam Hermann Ley sowie: Produktivkraft Wissenschaft, wiss.-techn. Revolution u. wiss. Erkennen. Diskurse im Vorfeld der Wissenschaftswissenschaft.

Land, Rainer
15. Febr. 1952
Sozialwissenschaftler und Publizist
Geb. in Caputh (bei Potsdam); OS-Abitur mit Berufsausbildung (Rinderzüchter) in Jüterbog, daselbst 1971 SED; anschl. 1972-75 NVA sowie 1975-81 Phil.-Studium mit Forschungsstudium an der Sektion Marx.-len. Phil. der HUB; im Zusammenhang mit der Peter *Ruben-Affäre 1980/81 Ablehnung u. Zurückstellung eines 1. Diss.-Entwurfs; daher Sektionswechsel zu den Wirtschaftswiss. (Kaplm.-Lehrstuhl Hans Wagner); 1985 einmalig zusammengezogene Prom. A u. Habil. (Diss. B) *Zum Zusammenhang von innerer Logik und sozialöko. Determiniertheit der Produktivkraftentw. in der monopolistischen Bewegungsform des Kapitals*; 1981-91 erneut Ass. an der Sektion Phil.; dazw. Jan.-März 1988 Gastdozent an der Univ. Kabul im Auslandseinsatz); danach mit M. *Brie u. D. *Segergt (inhaltl.-konzeptl. Beratung D. Klein) Mitinitiator des reformtheor. Forschungsprojekts „Konzeption eines modernen Sozialismus" für eine umzugestaltende DDR; Nov. 1989 Mitautor des Programmentwurfs für die SED-PdS; zeitweilig Mitglied einer Plattform „Dritter Weg"; aber bereits Jan. 1990 Austritt aus der PdS u. gescheiterter Versuch zur Gründung einer unabhg. Sozl. Partei; nach Sektions-Abwicklung u. Entlassung 1992-2009 Geschäftsführer der Gesell. für sozialwiss. Forschung und Publz. in Berlin u. Red. der Zft. Berliner Debatte INITIAL wie weitere sozialökolg. Projekte; lebt als freiberuflich praktizierender Sozialforscher in der Prignitz (Brandenburg).
DDR-Personen-Lexikon 2010 (J. Wielgohs).

Lange, Erhard
30. Sept. 1929–22. Aug. 2017
Marxistischer Philosophie-Historiker der deutschen (phil.) Klassik-Seminare in Jena
Geb. in Altharzkopf/Kr. Reichenberg (Liberec/Nordböhmen); dt. Volks- u. MS 1937–35; nach Kriegsende umgesiedelt, schließlich gelandet in Jena; 1946–48 Elektrolehrling und 1949 ABF Jena mit Hochschulreife 1951; als einer der ersten DDR-Studenten delg. zum Phil.-Studium in die UdSSR (Leningrad) mit der Spezialisierung auf Gesch. der Phil; 1957 SU-Diplom und seit Sept. 1958 wiss. Ass. am Inst. für Phil. der FSU Jena (G. *Mende, Inst.-Direktor); phil. Prom. 1961 z. Thema *Grundzüge der phil. Entw. Georg Forsters*. Gutachter: G. *Mende, Joh. Müller; 1967 Berufung zum Doz. für Gesch. der Phil. u. Habil. 1968 mit der Arbeit *Über die Dialektik von Phil. u. Ökonomie bei Karl Marx unter bes. Berücksg. seines öko. Hauptwerks*. Gutachter: wiederum u. a. G. *Mende); 1969 ordl. Prof. für Gesch. der Phil. u. mit der III. HSR (Sektionsbildung mit Gesch.) 1967–79 durchgehend Direktor dieser Doppel-Sektion (in Nachfolge

zu G. *Mende) Marx.-len. Phil. u. Gesch. (späterhin wieder fachl. Trennung) an der FSU Jena; in den 60er Jahren Mitarbeit (M. *Klein und F. *Richter) am parteioffiziellen Doppelband (I/1+2, Anfänge bis 1917) Zur Gesch. der marx.-len. Phil. in Dtl. (Berlin 1969, aber kein Forts.-Bd. II 1917–45 mehr); ab 1975 Gründung des „Jenaer Klassik-Seminars" und Durchführung entspr. interdizpl. Arbeitstagungen zur klass. dt. Phil. (Hegel, Kant u. Schelling – s. laufende Berichte in der DZfPh sowie im Bd. III *Ausgänge*); 1986 Umbenennung dess. in „Interdiszipl. Zentrum z. Erforschung der phil. u. lite. Klassik" (bzw. auch kurz Kultur der dt. Klassik) an der Univ. Jena; Mit-Hrsg. des. „Collegium Philosophicum Jenense" (Weimar) und eines DDR-eigenen marx.-len. *Philosophenlexikons* (Berlin 1982, 4. unv. A. 1987); im Rahmen des ministeriellen Wiss. Beirates für Philosophie (langj. Vors. ist G. *Stiehler) beim MHF der DDR verantwortl. für die univ.-phil. Forschung (u. Hm. *Seidel für die Lehre); 1990/91 trotz Sektionsabwicklg weiterhin Dekan der wieder begr. Phil. Fak. der FSU Jena; Ende 1991 nach wiss. Evaluierung wie pol. Überprüfung trotzdem vorztg. aus dem Hochschuldienst ausgeschieden und seit 1994 regulär Rentner, jedoch keine phil. Wirksamkeit u. Publ. mehr nachweisbar; bez. mir und H.-M. *Gerlach gegenüber den „Zusammenbruch 1989/90" als für ihn persönlich weit schlimmer, bedrückender u. folgenschwerer, als den jugendlich noch miterlebten von 1945.

Publ.: (Hrsg. mit G. Mende): Die aktuelle phil. Bedeutung des „Kapital" von Karl Marx. Berlin 1968; (Hrsg.-Autorenkollektiv): Hegel und wir. Berlin 1970; Hegels „Phänomenologie des Geistes" (Nachdruck der Vorrede und Einleitung). Jena 1971; Die Promotion von Karl Marx. Jena 1841. Eine Quellenedition. Berlin 1983 (univ. Vorausgabe Jena 1976); (zus. Hrsg. mit D. Alexander): Philosophenlexikon. Berlin 1982 (4. A. 1987, zugleich auch in West-Berlin im getarnten DDR-Verlag „Das Europäische Buch"); – DZfPh. 1959–77 zumeist nur Rez.

Lange, Max Gustav
10. Sept. 1899–1963
Soziologie-Pädagoge in der SBZ und frühe antikommunistische Stalinismuskritik
Geb. in Gutenhagen/Oder; Wehr- u. Kriegsdienst 1917/18 wie 1940–43; univ. Studien in den 20er Jahren der Phil., Gesch., Soziologie u. Nationalökonomie in Berlin; nach eigenen Lebenslaufangaben pol. org. seit 1921, zuerst bei der USPD, dann SPD und 1945/46 sofort zur KPD/SED; machte nach 1945–1950 als „antifaschistisch-demokratischer" Lehrer (Oberschulrat) in der SBZ schnell eine soziolg.-päd. Blitz-Kariere in Jena, Halle u. Potsdam, wobei er jedoch stets seine frühere NSdAP-Mitgliedschaft verschwieg (Familie wohnte weiterhin in West-Berlin); bereits 1946 phil.-päd. Prom. an der neugegr. Sozial-Päd. Fak. der FSU Jena z. Thema *Der Junghegelianismus und die Anfänge des Marxismus* (Gutachter: P. Petersen); Mitbegründer u. erster Chefred. der Zeitschrift „pädagogik" 1945–50; gleichzeitig erstaunliche Ernenng. z. Prof. für Soziologie an der Päd. Fak. der MLU Halle; als diese (mit Leo *Kofler) pol.-„verboten" wurde, ersatzweise Prof. für Pädg. in Potsdam (Lehrerbildungsinstitut); zahlreiche richtungsweisende marx.-kom. Grundsatzertikel zum sich entwickelnden ostdt. Erziehungswesen; 1950 Hrsg. einer ersten marx. Feuerbach-Ausgabe (Kleine

phil. Schriften) noch im Leipziger Meiner Verlag; mit zunehmender Stalinisierg. der SED (Parteiüberprüfungen u. Säuberungen) unvermittelter Abgang nach West-Berlin (nun schon gewertet als „Republikflucht"); versuchte, sich danach mit zahlreichen antikomm. Schriften (erstmalig zum „Stalinismus" und zur „totalitären Erziehung" in der SBZ) am Politikwiss. Inst. Otto Suhr der FU zu etablieren; die DDR verschweigt ihn jahrzehntelang; verst. 1963 in West-Berlin; 2007 erinnerte man sich wieder seiner nachkriegszeitlich versuchten „soziolg. Begründung der Pädg."

Publ.: Der Frühkapitalismus. Lehrhefte für den Geschichtsunterricht in der Oberschule. Berlin 1947; – Totalitäre Erziehung. Das Erziehungssystem der Sowjetzone Dtl. Frankf./M. 1954; Wiss. im totalitären Staat. Die Wiss. der SBZ auf dem Wege zum „Stalinismus". Düsseldorf. 1955; Marxismus, Leninismus, Stalinismus. Zur Kritik des dial. Mat. Stuttgart 1955; Politische Soziologie. Eine Einführung. Mün. 1961 (4. A. 1970). – Zur Grundlegung der Erziehungswissenschaft. Texte zur soziolg. Begründung der Pädagogik 1946–1950. Hrsg. von W. Eichler u. H. Sladek. Gesellschaft u. Erziehung. Bd. 3, Frankf./M. 2007.

Langer, Peter
27. Febr. 1936
1958 verurteilter Berliner Philosophie-Student
Geb. in Berlin, entstammt einer Arbeiterfamilie; besuchte 1942–50 die GS, anschl. bis 1952 die Aufbauschule in Berlin-Tempelhof; wegen wirschaftl. Schwierigkeiten übersiedelten die Eltern nach Ost-Berlin; weitergehender Besuch der Gerh.-Hauptmann-OS in Berlin-Köpenick bis 1954 (Abitur); danach noch ein Jahr hauptamtl. FDJ-Sekr. an dieser Schule; 1955 Beginn des Phil.-Studium an der HU Berlin; zur erklärten Ablehnung nun jeder weiteren/zusätzlichen außeruni. „gesell. Arbeit" (einschl. des Armeedienstes) gab er eine umfassende pol. Erklärung zusätzlich zu den undemokratisch vorherr. Verhältnissen in der DDR ab (fehl. Pressefreiheit und Partei-Diktatur), die später als Sozialismusfeindl. Konzeption ideologisch-politisch und schließlich strafrechtlich gegen ihn verwendet wurde; eine mehrfach ihm gegenüber, allein pol. eingeforderte prakt. „Unterbrechung" seines Studiums lehnte er 1956/57 jedoch ab; aus West-Berlin (RIAS) beschaffte er sich selbst die nicht einmal in der DDR parteiveröfftl. sog. „Geheimrede" von N. Chruschtschow auf dem XX. KPdSU-Parteitag von 1956 zu Stalins Verbrechen u. Personenkult, um darüber mit Kommilitonen zu debattieren; nachdem bereits am 4. März 1958 der Phil.-Student H.-D. *Schweikert wegen ähnlicher Aktivitäten verhaftet worden war, wurde auch L. auf einer entspre. org. Inst.-Vollversammlung am 7. März d. J. von seinen eigenen Mitstudenten (u. a. L. *Läsker) handgreiflich den schon im Institutsgebäude (Univ.-str. 3b) einbestellten u. wartenden Sicherheitsorganen der DDR übergeben u. verhaftet; damlg. SED-Parteisekr. am Phil.-Inst. war der Jung-Ass. E. *Hahn und Versammlungsleiter Dr. W. *Eichorn I; die eigentliche Inst.-Leitung der Prof. G. *Klaus u. H. *Scheler (sehr wohl aber Vertreter der Politorgane der Univ.-Leitung) nahmen an diesem ideolg.-pol. Scherbengericht jedoch nicht teil; ein Tag später wurde als 3. Berl. Phil.-Student auch Kh. *Messelken verhaftet; – alle drei wurden am 4. Sept. 1958 vom Bezirksgericht Cottbus gemeinsam zu hohen Gefängnisstrafen verurteilt; so Peter L. wegen angebl. „staatsgefähr-

dender Propaganda und Hetze sowie Kontakten zu verbrecherischen Organisationen und Dienststellen" zu 6 Jahren Zuchthaus, er kam erst am 1. Sept. 1963 aus der StVA Brandenburg auf weitere Bewährung wieder frei; danach prakt. Arbeit im Funkwerk Köpenick; da jedoch eine Wiederaufnahme des Phil.-Studiums für ihn wie auch behördlich nicht mehr infrage kam, nach „Streichung aus dem Strafregister der DDR" 1973 Aufnahme eines erlaubten Ökonomie-Fernstudium in Lpz., das schließlich 1986 daselbst noch mit einer ökonomietheor. Prom. beendet werden konnte; doch erst mit dem Untergang der DDR erfolgte 1990 die beantragte Rehabilitierung bzw. Kassation des Unrechtsurteils von 1958; eine „erneute" nachwend. Inst.-Versammlg unter der Ltg. der beiden Phil.-Institutsdirektoren P. *Ruben (ZIfPh der A dW) u. H. *Kuchling (Phil.-Inst. der HUB) zu den damalg. Ereignissen von 1958 am 17. Okt. d. J. z. Thema: *Akten zeichen I/176/58: Strafsache gegen Langer u. a. – Zu einem Kapitel der Gesch. der DDR-Phil.* erbrachte keinerlei wirkliche Aufklärung, da sich fast alle damalg. Akteure (soweit überhaupt anwesend) letztlich kaum noch „erinnern" konnten oder wollten, sich für eigentlich „nicht zuständig", ja sogar für „ganz unschuldig" erklärten bzw. gar nicht erst zu dieser nachwendischen Aussprache erschienen waren (wie D. Dohnke, W. *Rosade u. W. *Maltusch, aber auch R. *Bahro und Horst Spaar).

Läsker, Lothar
26. Okt. 1935–25. Febr. 2017
Akademiephilosophischer Wissenschaftsforscher
Geb. in Bucha, Kr. Pößneck in einer landwirtschaftl. Familie; 1942–50 einklassige GS vor Ort u. anschl. OS Scheiz u. 1954 Abitur; anschl. 1954–59 Phil.-Studium an der HU Berlin (Neben fach Physik); bis 1961 hauptamtl. FDJ-Sekr. an der Mdz. Fak. ebenda; anschl. Spezialisierung auf die phil. Probleme der Naturwiss. im H. *Ley-Lehrstuhl des Phil.-Institut, planm. Asp. mit naturphil. Prom. daselbst 1964 *Zur Entwicklung der Begriffe Zelle u. lebende Materie, erkenntnistheor.-methodolg. Probleme der Begriffsbildung in der modernen Biologie* (Gutachter: H. *Ley u. Rapoport); seit 1964 am Inst. f. ML der HUB als wiss. Ass. eingesetzt im gesell.-wiss. Grundstudium der Fachrichtung Chemie; späterer Wechsel zum neu gegr. Inst. für Wiss.-theorie, Geschichte u. Organisation der Wiss. an der AdW (Direktor G. *Kröber, in der AG Wiss.-geschichte von H. *Laitko); geplante Prom. B (Habil.) war 1981 im Zusammenhang mit der P. „Ruben-Affäre" nicht mehr realisierbar; Teilpubl. als internes Inst.-Ms. gedruckt: *Reproduktion u. Wissenschaft. Theor. Probleme der Anwendung u. Entw. der Wiss. in der intensiv erw. sozial. Reproduktion.* (Studien u. Forschungsberichte des gen. Aka.-Inst., H. 17. Berlin 1984).

Lassow, Ekkehard
7. Juli 1936
Spezialist für Historischen Materialismus an der Humboldt-Universität zu Berlin
Geb. auf der Insel Rügen, Vater Dorfschullehrer; bis 1951 Grundschule, dann bis 1955 OS; anschl. Phil.-Studium bis 1960 an der HU Berlin; 1957/59 SED-Beitritt u. FDJ-Sekre-

tär am Phil.-Institut; 1960 in die SU delg. zur phil. Asp. u. prom. 1966 in Leningrad z. Thema *Über die Kategorien der gesell. Produktivkräfte u. der materielltechn. Basis der Gesellschaft* (in russ. Sprache vorlg., Kand. der phil. Wiss.); Rückkehr ans Phil. Inst. der HUB u. mit der III. HSR 1969 Bereichsleiter (Nachfolge H. *Scheler/E. *Hahn) bis 1981 und Dozent (1971) für Hist. Mat. ebenda; 1974–81 zugleich langj. GO-Sekr. der Sektion Marx.-len. Phil.; Bereichsleiter Hist. Mat. (durch Übergang von der Gesch. der Phil.) wird danach G. *Stiehler; daher 1982 Versetzung an die ML-Sektion der HUB als Bereichsleiter u. Prom. B *Zum Theorienaufbau des hist. Mat.*; daraufhin Ernennung z. dortg. ordtl. ML-Prof. für dial. u. hist. Mat.; 1983 und 1988 Auslandseinsatz mit marx.-len. Vorlesungsreihe in Hanoi/SR Vietnam; vor Auflösung der ML-Sektion 1990 erfolgt noch deren Umbenennung in Inst. für Politikwiss.; bereits 1993 Altersübergangregelung u. vorzeitige Berentung; danach keine weiteren phil. Aktivitäten mehr nachweisbar.

Publ.: Drei Studienanleitungen für das Fernstudium Phil. Berlin 1968; (Mithrsg/Autor): Kategorien des hist. Mat. Studien zur Widerspiegelung gesell. Entwicklungsprozesse in phil. Begriffen. Berlin 1978 (Moskau 1980, Brateslava 1982, Peking 1984, Hanoi 1988); 15 Beiträge (Artikel, Berichte, Rez.) in der DZfPh 1967–82.

Lauermann, Manfred
22. April 1947

Privatgelehrter Links-Alt-68ziger in der Bundesrepublik mit unkritischem DDR-Ausblick

Geb. im vermögenden gutbürgerlichen Hause in Hannover, was ihm vielfältige sozialwiss. Studien ermöglichte; Mitglied des SDS wie zeitweilig auch in der DKP u. persönl. Bekanntschaft mit deren Chef-Ideologen Robert *Steigerwald (alle aka. Abschlüsse als Bundesbürger in der DDR!); 1978 phil. Prom. an der TU Hannover zu *Begriff und Erfahrung. Studien zur ‚diskursiven Konfiguration' der ersten Hälfte des 19. Jhd.* (bei O. *Negth, und „da schon 8 Ruben u. 3 Warnke-Bezüge"); frühzeitiges unkritisch-anhängliches Interesse für die ostdt. „sozialwiss." (also allein marx.-len.) DDR-Literatur (2005 in der „Hellen Panke" der RLS-Berlin publ. kundgetan); dadurch auch Bekanntschaft mit dem dauerhaften „Westreisekader" M. *Buhr in Bremen bei H.-J. *Sandkühler, den er dann nachwendisch mehrfach ideologisch denunziert, „wie er seinen M.-L. bewundernswert vergessen würde"; um 1981 persönlicher Einsatz (über den DKP-Vorstand u. westdt. BdWI) für die gerade am ZfPh. der AdW der DDR parteiausgeschlossenen Mitarbeiter Peter *Ruben u. Camilla *Warnke; so auch durch einen gewagten Raubdruck „Philosophische Schriften I" mit deren nachgedruckten Artikel sowie biogr.-bibl. Angaben u. den phantasievollen Erscheinungsorten: Aarhus-Paris-Florenz 1981, hrsg. und eingeleitet von R. Sinz (M. L.); zugleich ist er nach eigenen Angaben „gewissermaßen Privatassistent bei A. *Sohn-Rethel in der eben neugegründeten Univ. Bremen" (eine handschriftl. Stasi-Notiz führt u. benennt ihn vielmehr mehr als dessen „pol. Betreuer"); ein „Berufsverbot" drohte in der BRD aber nicht, da es ihm stets ermöglicht wurde, „ein Jahrzehnt(!) lang Spinoza zu studieren – von der DFG vorzüglich bezahlt", was jedoch wiederum zu keiner angesagten Habilitation führen sollte; daher weiterhin freiberufl. Lehrtg. an den Univ. Bochum, Dresden (nachwendisch versuchsweise) u. Bielefeld, ohne jede univ. Festanstellung, die er mit Bourdieu zutiefst „verachtet"; ansonsten Mitgl. der Ferd.-Tönnies- u. Spinoza-Gesell. sowie der Hist. Kommission der Partei Die Linke (zuständig für linke 68-Bewegung; 2017 nicht mehr berücksichtigt). Es gibt inzw. kein(e) Thema/Person der vergangenen DDR-Phil., zu der M. L. nicht polemisch-fehleinschätzend bzw. nur besserwisserisch-belehrend etwas in ostdt. Broschüren „anzumerken" hätte; besonders geht es ihm dabei um die „hist.-krit. Aufarbeitung der DDR-Phil." durch G. *Herzberg, „ganz zu schweigen: V. *Gerhardt", vor allem aber durch den schon früher „entlassenen ‚kaderphil.' Chefredakteur der DZfPh" und nachwend. „Dauerherausgeber" H.-C. *Rauh, den er fortlaufend in linkssektiererischer Manier durch angriffslustige „Anmerkungen" vereinseitigt zitierend: als gänzl. unwissend „(kennt Rauh nicht, ist halt auch Philosoph)", regelrecht berufsschädigend infrage zu stellen meint. Überhaupt ist ihm die „friedliche Revolution" von 1989, die zum Niedergang des so nicht mehr reformfähigen und dadurch gänzlich gescheiterten DDR-Sozialismus führte, nichts als eine nunmehr wirklich vollendete „Konterrevolution". Zu einer von der SED-PHS 1991 antiquarisch aufgekauften Gesamtausgabe von Franz Mehring, die da keinerlei Spuren einer Benutzung zeigt, erstellt er sein bildungsbürgerl.„Resümee: Die Emporkömmlinge aus der Arbeiterklasse, die als SED herrschten, waren Lumpenproletarier im Un-Geiste." (Berl. Debatte. INITIAL 3/1993, S. 69) und zu den neureligiösen russ. SU-Phil. heißt es wiederum anmerkend: „Was früher als Marxist-Leninist herumstolzierte, taktlos den Marxismus befingerte (Philosophen wie ein Herr *Gylyga in Besonderheit), hat jetzt ein Kreuz um den Hals und schmettert, wie früher, Lieder der gammligen Arbeiterbewegung: Marx ist tot, es lebe Jesus." (ebd. S. 68). Bereits 1991 publizierte er (nochmals aktualisiert 2015 für die „Helle Panke") eine Art theatralische Textmontage „Viel Lärm um Peter *Ruben", in der die mit dessen „Affäre" 1981 befaßten DDR-Phil. indianergeschichtlich als „Bereichshäuptlinge" (*Eichhon/H. *Hörz), „Unterhäuptlinge" (R. *Kirchhoff/G. *Redlow) u. „Oberhäuptlinge" (Manfred *Buhr/Erich *Hahn)" wie die „Chefs der vereinigten Stämme (*Hager/ *Schirmer, Abt. Wissenschaft beim ZK der SED)" auftreten und deren „Philosophie (Diamat&Histomat als erste Metaphysik) ist die Magd der Partei". Der gesamte, so niemals wirklich miterlebte, geschweige denn sachgerecht verstandene, also letztlich unbegriffene, durchaus auch recht tragische Niedergang der offiziellen marx.-len. Staatspartei-Phil. der DDR (von der er aber gut-„spätbürgerlich" und utopisch-beschaulich antizipierte) scheint sich somit bei ML also nochmals derartig urkomisch u. ideologisch-sektiererisch verpakt, in jeden Text vermittels überflutender skurriler Anmerkungen unbeschadet zu wiederholen u. kritiklos fortzusetzen; doch zu deren unbedingt erforderlichen u. sachgerechten (persönlichen wie gemeinschaftl.) hist.-krit. Aufarbeitung trägt das letztlich kurz gesagt „wenig bis nichts" bei (alle Zitate bei ML so vorkommend).

Lehmann, Gerhard
10. Juli 1900–18. April 1987
Akademiephilosophischer Kant-Forscher (Edition) aus West-Berlin
Geb. in Berlin in einer Handwerkerfamilie; nach dem Abitur zunächst Chemie-Studium an der Bln. Univ. und Ausbildung z. Nahrungsmitteltechniker; Mitglied der Gesell. für individualist. Kultur (Stirnerbund); phil. Prom. 1921 zum Thema *Die Setzung der Individualitätskonstante u. ihre erkenntnistheor.-metaphys. Verwertung* (Gutachter: E. Troeltsch und Ed. *Spranger) ab 1930 an der Preuß. Aka. der Wiss. beschäftigt mit der daselbst abschl. hrsg. gr. Kant-Ed.: Bd. XXII (1938) u. XX (1941) sowie 2 Bde Nachlaßwerk „Opus postumum" (1937) im Auftrage der Kant-Kom. der Akademie unter Ltg. von Nic. *Hartmann; der erster Habil.-Versuch zu bereits eindeutig NS-"Prinzipien der Massensoziologie" 1934/35 in Greifswald scheitert an pol.-phil. Vorbehalten von G. *Jacoby; daher 1938 erneuter Habil.-Versuch z. Thema *Kants Nachlaßwerk und die Kritik der Urteilskraft* (Gutachter: H. *Pichler, Schulze-Soelde); 1940 univ. Doz.-Stelle als „Schleppenträger Baeumlers", dessen „Pol. Päd." er gegen die „geistesphil." Grundlg. ders. durch E. *Spranger (seinem univ. Lehrer u. aka. Arbeitsgeber) bekämpft, ohne jedoch NSdAP-Mitglied zu werden; dafür aber antisemitische Schrift zum „Einfluß des Judentums auf das franz. Denken der Gegenwart"(1940); in seiner nachfolgend wiederum NS-hörigen Gesamtdarstellung „Die dt. Phil. der Gegenwart" (1943) gibt es daher keinen „jüd. Neukantianismus" mehr zu besprechen, sondern vielmehr die neuste „Pol. Phil." des Dritten Reiches, gipfelnd in Rosenbergs „Mythos des XX. Jhd."; die nachkriegszeitlich unausweichl. Entnazifizierung führte zwangsläufig zum Ausschluß von jeder weiteren univ.-phil. Lehrtg., übrigens an beiden Berliner Univ. nach 45, also an der HU wie auch an der FU 1948 u. die beiden gen. nationalsoz. ausgerichteten Schriften gelangten folgerichtig auf die sog. „Leipz. Liste" der auszusondernden (anitsemitisch-nationalsozialistischen) Literatur; jedoch mit sowjetamtl. Erlaubnis erfolgt eine aka. Weiterarbeit (weiter wohnend in West-Berlin) an der endlich abzuschl. Kantausgabe der nun DAW zu Berlin (Bd. XXIII, 1950); die bereits eingeleitete Forts. ders. mit Kants Vorlesungen kam aber bis 1961 u. danach nicht mehr zustande, wozu 1955/56 im Aka.-Verlag zwei kleinere Sitzungsberichte erschienen; dazu gravierende Ause. mit seinem ostdt. red. Mitarb. Egon *Krüger (Reg.-Band), die mit dessen Rep.-Flucht endeten; – zu Kants „Frühschriften" habil. sich G. *Klaus bereits 1950 an der HU u. deren Ed. erfolgte 1961 zweibändig unter Mitarbeit von M. *Buhr, womit sich jede weitere Kant-Ed. in der DDR auch schon erledigt hatte; daraufhin grundstzl. red. Umarbeit seiner dt. Phil.-Gesch. von 1943, verpackt in kl. „Göschen"-Bändchen: Die Phil. des 19. Jhd., T. 1+2 (Berlin 1953), Die Phil. in der 1. H. des 20. Jhd., T. 1 (1957), T. 2 (1960) sowie Forts. seiner Kant-Arbeiten dann in Westdt.; z. 80. Geb. Festschrift "Beiträge zur Kritik der reinen Vernunft 1781–1981". Berlin-W. 1981; verst. 1987 ebd.; Würdigung „G. L. zum 100. Geb." durch das Max-Stirner-Archiv Leipzig. „Der Einzige" H. 12/2000.

Publ. (Auswahl): Die Grundprobleme der Naturphil. Stuttg. 1923; Das Kollektivbewußtsein. Systm. u. hist.-krit. Vorstudien zur Soziologie. Berlin 1928; Mitautor an einem Lehrbuch zur Soziologie u. Sozialphil. Berlin 1931; Gesch. der nachkant. Phil. Kritizismus u. kritisches Motiv in den phil. Systemen des 19. und 20. Jhd. Bln. 1931; Die Ontologie der Gegenwart in ihren Grundgestalten (1. Jacoby-Würdigung). Berlin 1933; Beiträge zur Gesch. u. Interpretation der Phil. Kants. Berlin 1969; Kants Tugenden. Neue Beiträge zur Gesch. und Interpretation der Phil. Kants. Berlin 1980. – fast alle seine erarb. Editionen des handschriftl. Nachlaß bzw. des Alterswerk Kants haben sich als ungemein fragwürdig herausgestellt und werden daher aktuell an der BBAW völlig neu erstellt.

Lehrke, Wilfried
12. Nov. 1942
Praktizierender ostdeutscher Philosophiehistoriker in Weimar
Geb. in Erfurt; 10-klassg. Polytechn. OS u. 1959–61 Chemiefacharbeiterlehre in den Leuna-Werken; 1963 Abitur in Halle u. Hochschulreife; 1964/65 Geschichtsstudium an der KMU Leipzig u. 1965–69 Studium der Philosophie (Diplom) daselbst; 1970–75 wiss. Ass. an der Sektion Marx.-len. Phil./WK (Abt. Gesch. der Phil.-Leiter Hm. *Seidel); 1975-91 wiss. MA am ZIfPh der AdW (Forschungsbereich „Kritik"); phil. Prom. A 1987 z. Thema *Studien zur Kritik des Neukantianismus und der Lebensphilosophie* (Gutachter: H. *Schulze, G. *Bartsch); nach Abwicklung u. Ausscheiden als Aka.-Mitarbeiter 1991–93 phil. Lehrtg. an der HS für Architektur und Bauwesen Weimar; 1994–96 museumspädg. Mitarb. im Kulturamt Erfurt (ABM) und 1996–98 Lehraufträge an der Univ. Lpz. (Inst. für Kulturwiss.); 1998–2000 MA des Stadtmuseums Weimar (ABM); 2001–04 wiss. Mitarb. der National-Stiftung Weimarer Klassik (Forschung u. Edition).

Publ.: Sozial-Apriorismus. Kritik der neukantianischen Marx-Revision Max Adlers. In: Marxismus u. Apriorismus (Mitautoren G. Handel u. G. I. Patent). Studien zur ET (hrsg. von K. Gößler, A. Kosing, H. Seidel). Berlin 1977; drei DZfPh-Berichte 1981–87 und weitere Beiträge in nachwendisch publ. Sammelbänden; (gem. mit St. Dietzsch): Geheimes Deutschlan. Von Dtl. europ. Gründen. Mollenberg 2013; Die Weimarer Klassikerstätten. Ereignisse u. Gestalten. Eine Chronik 1945–1961 in 4 Bdn. Bucha b. Jena 2014–19. – Transzendentalphil. u. die Kultur der Gegenwart. Festschrift für W. L. zum 70. Geb. Hrsg. von S. Dietzsch u. U. Tietz (Mitautoren sind u.a. H. Hecht, N. Hinske, W. Stelzner, Fr. Tomberg, L. Kreiser, E. W. Orth, K.-D. Eichler, H.-J. Sandkühler). Leipz. Univ.-Verlag 2012.

Leisegang, Hans (Johannes)
13. Marz 1890–5. April 1951
Als Philosoph universitäre Vertreibung aus Jena 1934 und 1948
Geb. in Blankenburg (Thüringen) als Sohn eines Militärpfarrers; stud. klass. Philologie, Theologie, Romanistik u. Phil. in Straßburg, Paris u. Leipzig; phil. Prom 1911 in Straßburg (neben Lehramtexamen) z. Thema *Die Raumtheorie im späteren Platonismus, insb. bei Philon u. den Neuplatonikern* (publ. 1912); 1914 gescheiterter Habil.-Versuch bei W. Wundt in Leipzig; danach 1917/18 aktiver Kriegseinsatz; ab 1919 als Gymnasial- und Volksschullehrer tätig, 1920 erfolgreiche Habil. in Leipzig z. Thema *Der Geistbegriff in den synoptischen Evangelien*; neben seinem Schuldienst univ. Lehrtg. als PD; 1925 zum nb. ao. Prof. ernannt, übernahm er unter Th. *Litt die Leitung des

Pädg.-prakt. Seminars an der Univ. Leipzig; 1929–34 Mithrsg. der Zft. "Phil. u. Schule" u. 1930 Berufung als Prof. (in Nachfolge M. Wundt) an die Univ. Jena; 1934 aus pol. Gründen (Denunziation) zu 6 Mon. Gefängnis verurteilt (abgesessen) u. Verlust seiner univ. Anstellung; studierte daraufhin nochmals ab 1937 (gem. mit seinem Sohn) Mathe., Physik und Chemie in Jena, wozu er 1942 z. Dr. rer. nat. prom. wurde; danach physik-techn. Arbeiten bis Kriegsende; 1945/46 Wiederbeginn seiner phil. Lehrtg. u. auf sowjet. Befehl (bei Nichtbefürwortung durch den komm. Volksbildungs-Min. Dr. h.c. Wa. *Wolf) Wiederzulassung als Univ.-Phil.-Prof. in Jena; Vorlg. zur „Gesch. der dt. Phil. von Kant bis Karl Marx"(!) angeboten; Febr. 1947 Protest gegen den von Major *Jessin (sowjt. Bildungs- bzw. Hochschuloffizier) eingeforderten „phil. Fragebogen" zur „Weltanschauung eines Philosophen", den er aber umfänglich-kritisch beantwortet; 1948 weitergehende Konflikte nun mit der neuen ostdt. komm. Obrigkeit in Thüringen (wiederum VB-Minister W. Wolf u.a.), begleitet von einer damals üblichen ideologisch-wütenden Pressekampagne, die schließl. Ende Okt. 1948 zur fristl. Kündigung u. erneuten Entlassung wegen „undemokr. Verhaltens" führen sollte; erst daraufhin erfolgte die Flucht nach West-Berlin u. sofortige univ. Anstellung an der gerade neu gegr. FU (Gründungsprofessur für Phil.); sofortige Veröfflg. seiner beiden Streitsschriften „Hegel, Marx, Kiergegaard. Zum dial. Mat. u. zur dialek. Theologie" (1948) sowie später aus seinem Nachlaß "Meine Weltanschauung" (1951); starb am 5. April 1951 nach Herzinfarkt mit erst 61 Jahren (Ehrengrab des Landes Berlin); anlässlich seines 50. Todestages veranstaltete das neu gegr. Inst. für Phil. der FSU Jena am 4. April 2001 ein Gedenk-Kolloquium.

Publ. (Auswahl): Griech. Phil. von Thales bis Platon. Breslau 1922; Die Gnosis. Leipzig 1924 (5. A. Stuttgart 1985); (zus. mit E. Bergmann): Weltanschauung. Phil. Lesebuch, 2 Bde. Breslau 1926/27; Denkformen. Berlin 1928 (2. A. 1950); Die Phil. im 20. Jhd. Breslau 1928; Platondeutung der Gegenwart. Karlsruhe 1929; Lessings Weltanschauung. Leipzig 1931; Goethes Denken. Leipzig 1932; Luther als dt. Christ. Berlin 1934; Zur Ethik des Abendlandes. Berlin 1949; Das Weltbild der heutigen Wiss. u. Phil. Berlin-Spandau 1950; Gedenkfeier anläßlich des 300. Todestages des Philosophen Rene Descartes. Festrede am 11. Febr 1950 an der FU West-Berlin 1951; Einführung in die Phil. Berlin 1951 (8. A. 1973); Meine Weltanschauung. Aus dem Nachlaß als Abschiedsgruß, hrsg. von der FU Berlin 1951. **Lite.:** H.-J. Lieber: Hans Leisegang zum 60. Geb. (Bibliographie). Berlin 1950; E. Mesch: H. L. Leben u. Werk. Erlangen-Jena. 1999; K.-M. Kodalle (Hrsg.) Philosophie eines Unangepaßten. H. Leisgang (Aufsatzsammlung z. 50. Todestag, mit Werkverzeichnis). Würzburg 2003. – *Anfänge*: Hans Leisegangs Vertreibung aus Jena 1945–1948. Eine Dok. (H.-C. Rauh).

Lektorski, Wladislaw A.

geb. 1932 – sowjt. Philosoph und Spezialist für ET, dem es gesamtphil. insb. um die übergreifende Subjekt-Objekt-Dialektik in der klass. dt. Phil. wie im Marxismus ging; 1992 fortgz. in einem phil. Zentrum für Epistmologie (Wissenslehre).

Publ. (dt.-sprachig): Das Subjekt-Objekt-Problem in der klass. u. modernen bürgerl. Phil. (übers. v. W Rossade u. hrsg. von D. Wittich). Tb-Reihe UW Bd. 56. Berlin 1968; Subjekt-Objekt-Erkenntnis. Grundlegung einer Theorie des Wissens. Frankf./M. 1985.

Lengsfeld, Vera (Wollenberger)
4. Mai 1952
Diplom-Philosophin und Bürgerrechtlerin in Berlin
Geb. in Sondershausen; aufgew. in Berlin; Vater Stasi-Offizier u. Mutter Lehrerin; bis 1970 EOS u. Abitur; anschl. 1970/71 ML-Lehrer-Studium am FMI der KMUniv. Leipzig (Gesch. der Arbeiterbewe.); 1972–75 fortgz. Phil.-Studium an der HU Berlin (Diplom) u. univ. SED-Eintritt 1974/75; anschl. wiss. Mitarbeiterin am ZIfPh der AdW der DDR im Bereich Hismat (Leiter W. *Eichhorn I); später versetzt zur wiss. Inf. u. Dok. daselbst abgeschoben; in 1. Ehe verh. mit S. *Kleinschmidt bis 1980; mit Beginn ihrer oppositionellen Arbeit in versch. Gruppierungen (insb. Friedenskreis Pankow) 1983 Parteiausschluss und damit verbunderer aka.-phil. Arbeitsplatzverlust; daraufhin Lektoratsarbeit und Übersetzungen für Verlage sowie familiäre Bienenzucht in Berlin-Buch; jahrelange Stasi-Observierungen, selbst durch ihren eigenen 2. Ehemann Knut Wollenberger (1991 nach Aktenöffnung offenbar); 1985–88 Ausbildung am kirchlich-theol. Sprachenkonvikt in Berlin und weitere friedenskirchliche Aktivitäten, die schließlich im Jan. 1988 (Liebknecht-Luxemburg-Demo.) zu Verhaftung, Verurteilung u. so nicht gewollten Abschiebung aus der DDR nach England führten; daselbst 1988/89 Zusatzstudium an der Univ. Cambridge; Nov. 1989 sofortige Rückkehr in die DDR u. Eintritt in die ostdt. „Grüne Partei" (später Bündnis 90/Die Grünen); als Bürgerrechtlerin in die letzte DDR-Volkskammer gewählt u. zum 3. Okt. 1990 Übernahme in den 1. gesamtdt. Bundestag, mehrfach in diesen bis 2005 wiedergewählt, 1996 jedoch Übertritt in die CDU, Wahlkreis Thür; später in Berlin 2009 nicht wiedergewählt; seitdem publ. Tg. als freischaffende Autorin; seit Juli 2012 Landesvors. der Vereinigung der Opfer des Stalinismus Berlin-Brandenburg. 1992, 2002 u. 2012 jeweils zu ihren runden Geburtsjahren Autobiographien. – Sohn Philipp aus 1. Ehe mit S. *Kleinschmidt gehörte im Okt. 1988 zu den an der Carl-von-Ossietzky-OS in Berlin-Pankow gemaßregelten Schülern, die wegen ihres Protestes gegen eine bevorst. DDR-Militärparade kurz vor ihrem Abitur von der Schule verwiesen u. aus der FDJ ausgeschlossen wurden; heute ein erfolgreicher Berl. CDU-Politiker (MdB). – Aktuell merkwürdig zunehmende Annäherung an rechtskonservative Medien und Gremien.
DDR-Personen-Lexikon 2010 (H. Müller-Enbergs/J. Wielgohs).

Publ.: Virus der Heuchler. Innenansicht aus Stasi-Akten. Berlin 1992; Der Stalinismus ist eine Entzerrung des Kommunismus zur Kenntlichkeit. In: E. Jesse (Hrsg): Eine Revolution und ihre Folgen. Berlin 2000; Von nun an geht's bergauf. Mein Weg zur Freiheit. München 2002 (2. A. 2007); Neustart. Was sich in Politik u. Gesellschaft ändern muß: Freiheit und Fairness statt Gleichheit u. Gerechtigkeit. Berlin 2006; Ich wollte frei sein. Die Mauer, die Stasi, die Revolution (2. überarb. u. ergänzte Autobiographie). Mün. 2012; 1989. Tagebuch der Friedlichen Revolution. Jena 2014; „Was noch gesagt werden muß..." Meine Kommentare 2019.

Lenk, Kurt

Westdeutscher Politologe zur marx. Revolutionstheorie u. Marxschen Ideologiekritik

Geb. 1929 in Kaaden, nachfolgend CSSR u. spätere Aussiedlung nach Westdtl. (Westzone); stud. in Frankf./M. bei Adorno, Horkheimer und Carlo Schmid; 1956 phil. Prom zum Thema *Die These von der Ohnmacht des Geistes. Versuch einer krit. Darstellung der Spätphil. Max Schelers.* (publ. Tübg. 1959); 1964 Habil. an der Univ. Marburg zum Thema *Ideologiebegriff u. Marxrezeption in der dt. Soziologie* (spätere Publ. u. d. T. ‚Marx in der Wissenssoziologie'. Studien zur Rezeption der Marxschen Ideologiekritik, Lüneburg 1972 – 2. A. 1986); 1966–72 Lehrtg. an der Univ. Erlangen-Nürnberg; danach Prof. u. Direktor des Inst. für Pol. Wiss. an der TH Aachen (in Nachfolge des Rußl.-Experten Klaus Mehnert) bis zu seiner Em. 1994. – Durch die DDR-Phil. wurden seit den 60er Jahren vor allem seine stets so umfassender dok. Forschungen zum (marx.) General-Thema *Ideologie: Ideologiekritik u. Wissenssoziologie* (Soziolg. Texte Bd. 4, Neuwied 1961, ständig erw. 9. A. 1984), für die „eigene marx.-len." DDR-Beschäftigung mit dem Ideologieproblem weitgehend rezipiert (E. *Hahn/H.-C. *Rauh) und das gilt ebenso für seine (sozialistischen) „Theorien der Revolution" (1973, 2. A. 1981); das selbst höchst ideolg. Dilemma dieser ostdt. DDR-marx.-len. Ideologiebeschäftigung war allerdings die parteiamtl. Unterstellung einer stets „positiv-progressiven" (wiss. begründeten) Ideologie-Wirkl. des ML im realen Sozialismus bzw. der allein herr. Einheitspartei; was eine ungehinderte (marx.) Ideologiekritik ders. einfach nicht erlaubte bzw. klassenkämpferisch eingeschränkt nur hinsichtlich einer zunehmenden, sich ständig verschärfenden, parteilichen Ause. mit der bürgerlichen Ideologie (E. *Hahn und übereinhundertfache *Buhrsche Kritik-Reihe) zulassen wollte u. konnte; seine ebenso bedeutsamen nachwendischen (westdt.) Konservatismus-Forschungen stellen die gleichzeitigen (ostdt.) von L. *Elm ideengeschichtlich vollkommen in den Schatten, denn eine derartig (durchaus marx. gespeiste) „Politik-Wiss." war in der DDR einfach unvorstellbar und nachwendisch aus den abgewickelten ostdt. ML-Inst. durch bloße Umbenennung nicht mehr nachholend herstellbar; für K. L. bezeichnend sind folgende beiden Titel: „Politikwiss. als kritische Theorie". Festschrift für K. L. z. 65. Geb. (mit Bibl.). Baden-Baden 1994 sowie „Von Marx zur kritischen Theorie" (Aufsatzsammlung zum 80. Geb.). Münster 2009. – Eine persönliche Begegnung mit ihm war erst nachwendisch möglich, ebenso vereinzelte pos. Begutachtungen („Westevaluierung") für abgewickelte ostdt. Kollegen in Greifswald.

Publ.: (Mithrsg.): Theorie und Soziologie pol. Parteien. In 2 Bdn. Neuwied/Berlin 1968 (2. A. 1974); (Mithrsg.): W. Abendroth): Einführung in die pol. Wiss. Bern/Mün. 1968 (8. A. 1982); Volk und Staat. Strukturwandel der Pol. Theorien im 19. und 20. Jhd. Stuttgart 1971; Politische Wissenschaft. Ein Grundriß. Stuttg. 1975; Staatsgewalt und Gesellschaftstheorie. Mün. 1980; Pol. Soziologie. Strukturen und Integrationsformen der Gesell. (mit Bibl.) Stuttg. 1982; (Mitautor B. Franke): Theorie der Politik. Eine Einführung. Frankf./M. 1987 (2. A. 1991); Deutscher Konservatismus. Frankf./M. 1989; Rechts, wo die Mitte ist. Studien zur Ideologie (des) Rechtsextremismus, Nationalismus u. Konservatismus. Baden-Baden 1994; (Mitautor) Vordenker der neuen Rechten. Frankf./M. 1997.

Lennig, Wolfgang
6. Dez. 1950
Naturphilosophische Promotionen A und B in Halle und Berlin
Geb. in Zeitz; Eltern verzogen 1954 „illegal in die BRD"; 1960 kehrt die Mutter aber mit dem Sohn wieder in die DDR zurück; 1966–70 EOS u. Abitur; anschl. Studium an der PH Halle in den Fächern Mathe/Physik; jedoch Diplom-Arbeit offenbar schon an dortg. ML-Sektion und naturphil. Prom A 1980 an der Phil.-Sektion der MLU Halle zum Thema *Grundlegung der Mathe. u. Konzeptionen der Integration mathe. Wissens. Eine phil. Studie* (univ. Gutachter: P. *Ruben, G. *Schenk u. K. *Zänker); danach Mitarbeiter im Marx.-len. Grundlagenstudium der HS für Musik „Hans Eisler" in Berlin; 1982–85 B-Asp. am H. *Ley-Lehrstuhl der Sektion Marx.-len. Phil. der HU Berlin u. daselbst phil. Prom. B. z. Thema *Kognitive Dezentrierung und Erkenntnis-Entwicklung. Eine phil. Studie zum Konzept der kognitiven Entwicklung in der genetischen Epistemologie Piagets* (Gutachter: H. *Ley, K.-F. *Wessel und H.-D. *Schmidt); anschl. ML-Doz-Einsatz, nachwendisch abgebrochen und danach tätig als „Fachtrainer" in der berufl. Aus- und Weiterbildung.

Leonhard, Wolfgang
16. April 1921–17. Aug. 2014
Historisch-politischer Sowjet-Stalinismus-Experte
Geb. in Wien; 1931/32 Karl-Marx-Gym. in Berlin u. schon vor 1933 mit der Mutter aus Berlin heraus, untergebracht in einem Internat bei Stockholm; ein Asyl in Schweden scheitert jedoch 1935, da bereits eine sowjet. Staatsbürgerschaft vorlag; die Mutter wurde 1936 verhaftet u. bis 1948 im Lager Workuta interniert, sein leibl. Vater 1938 von Stalin ermordet; L. lebte daraufhin im „Kinderheim Nr. 6" und Besuch der dt.-sprachig. „Karl-Liebknecht-Schule" in Moskau, wegen Verhaftung bzw. Ausweisung aller antifaschistischen dt. Lehrer(!) nach dem „Hitler-Stalin-Pakt" schließlich 1939 geschlossen; 1940/41 Besuch einer PH für Fremdsprachen in Moskau u. 1941/42 ein Lehrerinstitut in Karaganda; ab 1943 Ausbildung u. Arbeit als Polit-Mitarbeiter in Vorbereitung auf einen nachkriegszeitl. Besatzungs-Einsatz in Dtl.; mit Kriegsende bereits in der 1. Einsatz-„Gruppe Ulbricht" bei Berlin gelandet (vom 30. April z. 2. Mai 1945); sofortiger Aufbau neuer Verwaltungsorgane, vor allem in den späteren westalliierten Sektoren von Groß-B.; danach von Juli 1945–Sept. 1946 im ZK-Prop.-App. der KPD/SED (verantw. für marx. Lehrhefte der Parteischulung); 1947–49 selbst Lehrer an der PHS „Karl Marx" (Hist. Fak., insb. Gesch. der KPdSU); angesichts der zunehmenden Sowjetisierung u. Stalinisierung der SBZ bereits im März 1949 abenteuerliche Flucht nach Jugoslawien (Belgrad Rundfukjournalist); daraufhin öffentl. Ausschluss aus der SED wegen „trotzkist. Umtriebe" u. schon 1950 endgültige Übersiedlung in die BRD (tätig als Publizist); 1956–64 „nachholende" Geschichts-Studien sowie sowjethist. Forschungsprojekte in Oxfort und New York; ab 1972 Prof. an der Hist. Fak. der Yale Univ. New Haven für Gesch. der UdSSR und die komm. Weltbewegung; seit 1978 wieder wohnhaft in der BRD u. 1987 erster Wiederbesuch der SU als offizi-

elles Mitglied einer Staatsbesuchsdelegation (als Pressevertreter) von Bundespräsd. Weizsäcker; 1990 erstmaliger DDR-Besuch auf „Spurensuche" nach 40 Jahren: Wiederbegegnung mit P. *Wandel (ehemlg. Lehrer in der UdSSR) und M. Wolf (Mitschüler) sowie Zusammentreffen mit den Bürgerrechtlern W. *Templin u. V. *Wollenberger (gefeiert als „erster Dissident der DDR"); – jahrzehntelanges Wirken als best informierter Experte für den Stalinschen u. poststalinistischen Sowjet-Kommunismus, aber auch für die SBZ u. die Anfangsjahre der frühen SED-DDR-Gesch.; eine diesbezüglich ungeheuer desillusionierend wie ungemein aufklärend wirksam gewordene biographisch-historische Abrechnung mit dem Stalinismus stellt sein bereits 1955 (also noch vor den Stalin-Enthüllungen des XX. Ptg. der KPdSU 1956) veröffentl. „Enthüllungsklassiker" *Die Revolution entlässt ihre Kinder* (22. A. 2005) dar, der für eine hist.-krit. Aufarbeitung der von Anbeginn sowjetisierten DDR-Phil.-Geschichte, als einer wesentlich parteiorg. ideol.-pol. Lehrinstitution realkomm. Herrschaft von unschätzbarer Bedeutung bleibt, da auch schon zu DDR-Zeiten, obwohl streng verboten und verfolgt, entsprechend „ideologiekritisch" wirksam; das gilt ebenso für die etwas spätere Abrechnungsschrift: „Die Partei hat immer recht" (1961) von Ralf Giordano so wie für Herm. *Webers Erinnerungsbuch: „Damals als ich Wunderlich hieß" (2002), beide selbst (westdt.) Absolventen der SED-Parteihochschule erst in Liebenberg bzw. dann Kleinmachnow, an der W. L. – neben E. Paterna (Lehrstuhl Gesch.), V. *Stern (marx.-len. Phil.), F. Rubiner (Grundfragen des ML) sowie A. Lemnitz (Pol. Ökonomie) – bis zu seiner Flucht aus der SBZ 1949 lehrte; ohne diese bes. Parteiumstände, in die auch die Anfänge der DDR-Phil., nicht nur an der PHS eingebunden waren (Phil.-Lehrgänge 1948) sind deren sowjet-komm. Ursprünge u. stalinistisch nachhaltig wirksame Prägung nicht verständlich; verst. über 90jährig in der Eifel und nachholend selbst durch das nd anrührend gewürdigt.
DDR-Personen-Lexikon 2010 (H. Müller-Enbergs).

Publ.: Die Revolution entläßt ihre Kinder. Autobiographie 1935–1949. Köln 1955 (später DDR-Ausgabe, 1990 Rc.-Leipzig); Sowjetideologie heute (Teil 2. Die pol. Lehren). Frankf/M. 1962; Die Dreispaltung des Marxismus. Ursprung u. Entw. des Sowjetmarxismus, Maoismus u. Reformkommunismus. Düsseldorf 1970; Eurokommunismus. Herausforderung in Ost u. West. München 1978; Das kurze Leben der DDR. Berichte u. Kommentare aus 40 Jahren. Stuttg. 1990; Spurensuche. 40 Jahre nach „Die Revolution entlässt ihre Kinder". Köln 1992; Meine Geschichte der DDR. Hamburg 2007; Anmerkungen zu Stalin (Biographie). Hamburg 2009. – S. Leonhard (Mutter): Gestohlenes Leben. Schicksal einer politischen Emigrantin in der Sowjetunion. Stuttgart 1959.

Leontjew, Alexei N.
1903–1979
Sowjetischer Sozial-Psychologe der Kulturhistorischen Schule
Entschiedener Vertreter des marx. Tätigkeitsprinzips in der Psychologie wie Sprachwiss. und als solcher durchgehend gesamtdt. wirksam, also auch in der westdt. Kritischen Psychologie (Kl. Holzkamp); damit wurde fachwiss. wie phil. der entsch. anthrop. Denkansatz des jungen Marx von 1844/45 hochgehalten, der zugleich im

offiziellen LB-Marxismus als „praxisphil." und revisionistisch denunziert wurde, um dafür das elementarmat. wie naturdeterministische Widerspiegelungsprinzip in Leninistischer Tradition hervorzuheben (wahrlich ein phil.-marx. „Grundlagenstreit" nicht nur in der marx.-len. ET).

Publ.: Probleme der Entwicklung des Psychischen. Berlin 1964 (6. A. 1985) u. Frankf./M. 1973; Tätigkeit, Bewußtsein, Persönlichkeit. Berlin 1979 (3. A. 1987) u. Köln 1982; (mit seinem Sohn A. A. L.): Grundfragen einer Theorie der sprachl. Tätigkeit. Stuttg. u. Berlin 1984; (Hrsg. P. Keiler): Frühschriften. Hist.-methodolg. Studien zur Herausbildung der Tätigkeitstheorie in den 30er Jahren des 20. Jhd. Berlin 2000.

Leps, Günther
28. Juli 1934–15. Dez. 2000
Gärtner und philosophisch-ökologischer Biologe
Geb. in Potsdam, 1941–49 Grundschulbesuch und anschl. Gärtnerlehre 1949–51; hauptamtl. FDJ-Sekretär und Pionierleiterschule; 1955–57 KVP/NVA; anschl. Ausbildung am FM-Inst. Leipzig zum Diplom-Lehrer ML u. entspr. Einsatz 1964–69 als wiss. Oberass. in der ML-Abteilung der PH Potsdam; 1969 planm. Asp. am H. *Ley-Lehrstuhl des Phil. Inst. der HUBerlin u. daselbst 1973 phil. Prom A z. Thema *Phil. Aspekte bei der Herausbildung u. Entwicklung des bioökolog. Denkens* (Gutachter: H. *Ley, G. *Redlow u. 3 weitere Fachgutacher); 1971–82 wiss. Mitarb. am naturphil. Ley-Wessel-Lehrstuhl; dazw. 1975 längere Erkrankung, daher erst 1980 Prom. B z. Thema *Problemgeschichtl.-phil. Analyse der aquatisch-ökolg. Wiss.-zweige unter bes. Berücksg. des Lebenswerkes von Karl A. Möbius (1825–1908) u. Aug. Thienemann (1882–1960)* (Gutachter: H. *Ley, J. Nitschmann, H. *Steininger); ab 1982 Hochschuldozent an der Aka. für ärztl. Fortbildung u. später Prof. für dial. u. hist. Mat. (Bereich Medizin) der ML-Sektion der HUB; nach deren Auflösung zeitwlg. weiter beschäftigt am Inst. für Anthropologie der Charite; verst. im Jahr 2000.

Publ.: Zum Biozönose-Begriff bei Karl A. Möbius (ein Kap. aus seiner „Austernwirtschaft", 1877). Lpz. 1986 (aktual. A. 2006); G. und Rose Leps: Der Gärtner zw. Schönheit und Nutzen. Hist. Berufsbilder. Leipzig 1994.

Leske, Monika
11. Aug. 1945–14. Jan. 1996
Philosophisch-dialektisches Totalitätsdenken und erste ostdt. NS-Philosophieanalyse
Geb. in Priestewitz, Kr. Großenhain in einer nachkriegszeitlichen Arbeiterfamilie (Großvater 1944 im KZ Buchenwald umgekommen); 1952–60 GS u. 1960–64 EOS (Abitur); begon. Lehrer-Studium für Germ. und Staatsbürgerkunde an der KMU Leipzig abgebrochen (aus persl. Gründen); folgende Jahre freiberuflich als „Mannequin und Fotomodell" für die führende Modekulturzft. der DDR „Sybille" tätig; 1968 verh. mit dem Bildreporter Peter Leske; 1970/71 Delegierung durch die ADN-Nachrichtenredaktion z. Phil.-Studium an die HU Bln.; 1975/76 ganz „folgerichtig" in die SED aus einem „theor. Verständnis der Parteipolitik"; Diplomarbeitsthema: Der

Totalitätsbegriff in der Hegelschen Dialektik; anschl. Forschungsstudium 1975–77 am Inst. für Marx.-len. Phil. und daselbst wiss. Ass. im Lehrbereich Dial. Mat. (Leiter G. *Redlow); 1978 phil. Prom A *Zum phil. Begriff der Totalität. Ein Beitrag z. Ausarbeitung der mat. Dialektik* (Gutachter: G. *Redlow, G. *Stiehler u. V. *Wrona); 1979 wiss. Oberass. u. zeitweilige Übernahme der Grundlg.-Vorlg. Diamat im 1. Stdjh. und phil. Prom B 1983 (nochmals) z. Thema *Der Totalitätsgedanke – theor. Potential und demagogischer Mißbrauch* (Gutachter wiederum: G. *Redlow, G. *Stiehler, E. *Fromm); daraufhin z. 1. 2. 1984 hochschulministerielle Berufung zur Hochschuldozentin für Dial. Mat.; jedoch nach parteiinternen Ause. um das dial.-mat. („hegelianisierte") Lehr- und Forschungskonzept des Bereichs Dial. Mat. an der Phil.-Sektion (plötzl. Erkrankung u. angeordneter „Wechsel" des Bereichsleiters G. *Redlow ans ZIfPh. der AdW, zur dortigen mat. Feuerbach-Forschung!) sofortige weitere Publ.-Unterbindung dieser ausgespr. univ.-phil. Dialektik-Forschung in der DZfPh (1978–82 durch den damalg. Chefred. H.-C. *Rauh aber gerade erst ermöglicht) sowie Okt. 1987 bis Dez. 1989 selbst so gewollte „Versetzung" in die SED-KL Berlin-Mitte (als nachholender „Praxiseinsatz", um nicht ins ungeliebte Grundlagenstudium der ML-Sektion „professoral befördert" zu werden) als einfache parteipol. Mitarbeiterin für Kultur; ein bereits weitgehend lektoriertes gem. Buchmanuskript mit G. *Redlow zu *Dialektik u. Vernunft* (zum phil.-dial. Ganzheitsdenken) konnte daraufhin nicht mehr erscheinen, weil plangerecht u. vertraglich nicht das parteiphil. eingeforderte Lb. zur mat. Dialektik realisierend; ab 1990 wieder univ.-phil. Lehrtg. als PD am sich erneuernden Berliner Phil. Inst., aber es ist keine dauerhafte Weiterbeschäftigung mehr durchsetzbar (rückerinnerlich wirken dabei ihre früher übereifrigen pol.-ideolg. Attacken gegen R. *Land u.a. nach); bereits die eigene institutsinterne PSK (Vors. G. *Irrlitz) erklärt daher schon frühzeitig im Febr. 1991 „das Arbeitsverhältnis auf Grund relativ schmaler theor. Basis (drei geförderte Graduierungen zur gleichen, also jeweils immer nur erweiterten Thema „Totalität") sowie auf Grund vorlg. Publ. zu beenden" und auch die institutsexterne SPK (Vors. C.-Fr. *Gethmann) empfiehlt nach nochmaliger Anhörung (4. 6. 1993) ebenfalls keine Weiterbeschäftigung, da nun „das von ihr vertretene Lehrgebiet ‚Dial. Mm.' (nach Dozenturbezeichnung) in der neuen Institutsstruktur nicht mehr vertreten ist" u. „tatsächlich gehören Überlegungen z. Begriff der Totalität zum Themenspektrum des Dial. Mat."; – nach jahrelanger schwerer Krebserkankung am 14. Jan. 1996 in Berlin verst.

Publ.: (Mitautoren G. Redlow u. G. Stiehler): "Warum es sich lohnt, um Begriffe zu streiten". In der Reihe Grundfragen der marx.-len. Philosophie. Berlin 1982; Fernstudium Marx.-len. Phil. Lehrgebiet Dial. Mat. zum Phil. Totalitätsdenken. Bln. 1982 (als Studienanleitung, 1986 eingezogen); Philosophen im „Dritten Reich". Studie zum Hochschul- und Wissenschaftsbetrieb im faschist. Dtl. Berlin 1990. 1978–83 vier DZfPh.-Artikel (wie in anderen Hochschulzeitschriften) zur voranstehend schon mehrfach gen. phil.-dial. Totalitätsthematik; danach eingreichte weitere Artikel zur „Dialektik von Verstand und Vernunft" wurden vom späteren Chefred. der DZfPh *Klimaszewsky als nicht dial.-mat. abgelehnt. Diese Artikel gehörten zu einem gepl. Dialektikprojekt „Dialektik und Vernunft" (gemeinsam mit G. Redlow), das daraufhin ebenfalls vom DVW abgelehnt wurde.

Ley, Hermann
30. Nov. 1911–24. Nov. 1990
Zahnmediziner in Leipzig und phil. Probleme der Naturwissenschaften in Berlin
Geb. in Leipzig als Sohn eines Zahnarztes; als Jungsozialist in die KPD; ab 1930 Studium der Zahnmdz. an der Univ. Leipzig; wegen illegaler antifasch. Tg. nach 1933 inhaftiert; 1936–41 väterl. Zahnarztpraxis; Ende 1943 zahnmdz. Prom. z. Thema *Die Erkrankung der Zähne und ihre Beziehung zur Rasse. Eine statist. Untersg. an 1955 Soldaten der Luftwaffe* (1946 wird diese zahnmdz. Diss. dann verkürzt überschrieben: „Karies, statistische Untersuchungen an 2000 Soldaten der Luftwaffe"); während des II. Weltkrieges Sanitätsoffz., aber wiederum inhaftiert u. degradiert; nach 1945 zunächst Kulturfunktionär der KPD, Zeitungsredakteur und Rundfunkkommentator in Leipzig; 1948 übereilte „gesell.-wiss." Habil. z. Thema *Erkenntnistheor. Probleme des Marxismus* (Gutachter: Fr. *Behrens, W. *Kraus, G. *Harig); Teilnehmer am Phil.-Doz.-Lehrgang des Inst. für wiss. Sozm. (der PHS) 1948; nach Weggang des Päd.-Phil. Th. *Litt kurztg. Einsatz als Prof. mit Lehrauftrag für Theor. Päd. 1948/49 u. zugleich polit-kom. Direktor dieses Instituts in Leipzig; schon 1949 „gesell.-wiss." Lehreinsatz und 1950 Prof. mit Lehrstuhl für dial.-hist. Mm. an der TH Dresden (in Nachfolge von Rudolf *Schottländer); gleichz. Prorektor für das gesell.-wiss. Grundstudium ebenda; 1951 Direktor des neu gegr. Inst. für Gesell.-wiss. (als ML-Ersatz für das damit abgeschafte dortg. Phil.-Institut), das damit aber auch nicht zur traditionsreichen Päd.-kulturwiss. Fak. gehört, sondern dem Rektorat staatsparteilich direkt untersteht u. sein Leiter (wie Dekane) daher als „Prorektor" auch gesetzles Mitgl. des Senat ist; nach Etablierung des M-L-Inst. in Dresden 1956 Ernennung zum Vors. des Staatl. Rundfunkkomitee der DDR (bis 1962) und schon ab 1959 „nebenamtlich" eingz. Lehrstuhlleiter für phil. Probleme der mo. Naturwiss. am Phil.-Inst. der HU Berlin, wobei es wesentlich um die „naturwiss."-marx.-len. Aspirantenausbildung für das gesell.-wiss. Grundlagenstudium gehen sollte; daran wahrscheinl. mit über 300 (!) „naturphil." Gutachten republikweit über drei Jahrzehnte beteiligt; 1962–68 zugleich auch Phil.-Instituts-Direktor (Nachfolger ist dann Herb. *Hörz während der III. HSR) sowie langj. Mitglied des Redaktionskollegiums der DZfPh (einer der meist publ. Autoren 1954–83); 1976 Ehren-Dr.-würde der TU Dresden, wo auch sein phil.-hist. Lebenswerk, eine 5-bändige „Gesch. der Aufklärung und des Atheismus" (1966–1980) erarbeitet wurde; 1977 em. (Nachfolge K.-F. *Wessel), aber bis 1989 noch vortragend wie gutachterlich für seinen einmaligen DDR-phil. Lehrstuhl u. Ausbildungsbereich in Berlin tätig; ähnliche Nachfolgegründungen erfolgen an fast allen früheren DDR-Phil.- und zahlreichen ML-Einrichtungen wie auch am ZIPhil. der AdW der DDR (Herb. *Hörz-Bereich 1972); verst. 1990 in Dresden; spätere Gedenkfeiern seiner Aspiranten 2001 und 2011 in Berlin mit entspr. Publikationen.
DDR-Personen-Lexikon 2010 (J. Wielgohs) und Phil.-lexikon 1982 (A. Steinicke).

Publ.: Avicenna. Berlin 1953; 125 Jahre TH Dresden 1828–1953. Festschrift 1953; Friedrich Engels' phil. Leistung u. ihre Bedeutung für die Ause. mit der bürgerlichen Naturphil. (Engels-Konferenz 1955 in Leipzig). Berlin 1957; Studien zur Gesch. des Mat. im Mittelalter. Bln. 1957; Dämon Technik? Bln. 1961; Operationsforschung (Tagungsmaterialien 1967). HU Berlin 1968; Technik u. Weltanschauung. Einige phil. Konsequenzen der wiss.-techn. Revolution. Urania-Verlag 1969; (Hrsg.): Zum Hegelverständnis unserer Zeit. Beiträge marx.-len. Hegelforschung in der DDR. Berlin 1972; (Mit-Hrsg.): Zum Kantverständnis unserer Zeit. Beiträge z. marx.-len. Kantforschung. Berlin 1975; Atheismus, Materialismus, Politik. Weltanschauung heute. Bd. 24. Berlin 1978; Vom Bewußtsein zum Sein. Vergleich der Geschichtsphilosophien von Hegel und Marx. Berlin 1982.

Lite.: Gedenk-Kolloquium zum 90. Geb. von Hm. Ley am 1. Dez. 2001 an der HUB; ebenso Kolloquium 2011 u. Gedenkband zum 100. Geb. „Hermann Ley. Denker einer offenen Welt". Bln. Studien zur Wiss.-phil. u. Humanontogenetik. Bd. 29. Grünwald 2012 (enthält eine Gesamtaufstellung aller naturphil. Prom. A u. B am Hm. Ley-Wessel-Lehrstuhl der HUB 1956–2000: ausgezählt 325). – *Denkversuche*: In memoriam Herman Ley (H. Laitko).

Lichtblau, Manfred

3. Juni 1951
Aristoteles-Forscher und Diplom-Psychologe

Geb. 1951 in Oberschönau/Thüringen; 1958–66 allgemeinbildende OS 1966–70 u. Berufsausbildung (Agrotechniker) mit Abitur in Königs-Wusterhausen bei Berlin; 1970–72 Wehrersatzdienst; 1972–74 Mitarbeiter im Berliner Verlag, Qualifizierung zum Datentypisten u. anschl. 1974–76 Phil.-Studium an der HU Berlin (Grundstudienphase); fortgz. in Jena mit Abschluss als Diplom-Phil; anschl. 1979–83 Forschungsstudent (Doktorand) im Bereich Gesch. für Phil. (Leiter H.-M. *Gerlach) der Sektion Marx.-len. Phil. der MLU Halle und daselbst 1983 phil. Prom. z. Thema *Untersuchungen zur Gesellschaftstheorie des Aristoteles* (Gutachter: H.-M. *Gerlach, R. *Müller, G. *Schenk); neben umfangreicher phil.-hist. Lehrtg. bis 1987 Fertigstellung u. Einreichung der Diss. B, deren Annahme jedoch durch Phil.-Fak.-Beschluss v. 21. 3. 1988 (Dekan R. *Mocek) wieder aufgehoben wurde; wegen angeblicher „staatsfeindl. Tg." (kirchl. Friedensbewe.) von Ende 1987 bis Anfang 1990 univ.-phil. Lehr- u. Publ.-Verbot; schließlich Entlassung aus dem Hochschuldienst und Hilfstg. als Pförtner, Lektor und Publizist; nachwendisch 1990/91 Stipendiat der Aristoteles-Univ. Thessaloniki/Griechenland; 1991 ungehindert-erfolgreich nachholende Prom. B (Habil.) mit der 1988 aus pol. Gründen (bei vorlg. Rehabilitierungsbescheinigung) abgelehnten Habil.-Schrift *Aristoteles „Politika", Buch A (I). Interpretation und Übersetzungs-Versuch* (Gutachter: G. Bien, Stuttgart, R. *Müller, H.-M. *Gerlach), aber trotzdem keine Weiterbeschäftigung am sich neu gründenden Phil. Institut der MLU Halle; stattdessen 1991–97 berufsbegleitendes Psychologie-Studium an der Ruhr-Univ. Bochum mit Abschluß als Diplom-Psycholog; 1992–94 MA einer interntl. Hilfsorg. zur therapeutischen Betreuung von Kriegsopfern in Bosnien; 2004 Fachausbildung zur tiefenpsychologisch fundierten Psychotherapie in Luxemburg; danach Tätigkeiten in versch. psychiatrischen und psychotherapeutischen Einrichtungen; seit 2006 Bezugstherapeut in einer Fachklinik für Suchtkrankheiten in der Feldberger Seenlandschaft wie in der Evangl. Suchtkrankenhilfe (Diakonie) M-V in Schwerin. (Hrsg.): „Es war einmal ein Trinker". Trockene Alkoholiker erzählen (Erlebnisberichte). Halle 2011; DZfPh.-Bericht (H. 7/1987): Die Aneignung des phil. Erbes der griech. Antike in der DDR.

Lieber, Hans-Joachim
27. März 1923–1. Mai 2012
Promovierter Berlin-Philosoph 1945 u. FU-Mitbegründer 1948 u. ihr späterer Rektor
Geb. in Trachenberg, Schlesien; 1933–41 HJ-Mitgliedschaft und danach: „Ich wurde in die NSdAP überwiesen u. gehöre ihr seit Sept. 1941 an" (Prom.-Antrag Dez. 1944); 1942 Reifeprüfung u. Militärausbildung als Gebirgsjäger in Innsbruck; verkürztes Soziologie-(A. *Vierkandt) u. Phil.-Studium mit pädg. Ausrichtung an der Berliner Fr. Wilhelms-Univ., insbes. bei Nic. *Hartmann u. Ed. *Spranger; noch Anfang 1945 vorzeitg. phil. Prom. bei diesen z. Thema *Die psychische Struktur. Untersuchungen z. Begriff einer Strktur des Seelenlebens bei Dilthey* (mündl. Prüfung in Soziologie am 5. 1. 1945 u. Phil. am 10. 1. 1945 – Prom.-Urkunde vom 2. März 1945 – letzte univ. Fak.-Mappe im Archiv); durchaus entnazifiziert (durch den Stadtrat für Volksbildung in Steglitz Wi. Heise, Vater des späteren DDR-Phil. Wo. *Heise) u. 1945–47 weiterhin einziger übrig gebliebener wiss. Ass. am Phil. Seminar der HU, zuletzt bei Spranger (kurzz. komm. Rektor 1945, 1946 nach Tübingen), sodann bei Lis. *Richter, erste koms. Phil.-Institutsdirektorin an der sog. „Linden-Uni."; 1948 jedoch FU-Mitbegründer und bemüht um die Übersiedlung des in Jena pol. bedrängten Hans *Leisegang als Gründungsdirektor für Phil. an die FU West-Berlin (Herbst 1949); 1951 Habil. zu *Probleme der Wissenssoziologie* und 1955 Prof. für die Lehrgebiete Phil. u. Soziologie an der FU (Ost-Europa-Inst.); mit zunehmender sowjet-dogm. Formierung eines Partei-Marxismus in der DDR verstärkte ideologie-krit. Ause. mit diesen (dazu textkritische Werkausgabe zu Marx in 6 Bänden ab 1959, insb. umfassend: phil. Frühschriften, pol. und öko. Schriften); veranstaltet 1961 „Marxismus-Tage" an der FU, letztmalig mit „inoffiziellen" ostdt. Teilnehmern (Haupreferent Gustav A. *Wetter zum „Humanismus bei Marx"); L.-Festvortrag: „Aufgaben u. Wege zur Ause. mit der Sowjet-Ideologie"; 1965 Rektor der FU, aber gravierende pol.-biogr. Ause. mit radikalisierten links-marxistischen FU-Studenten um seine Person; daher 1972 Phil.-Ordinarius an der Dt. Sporthochschule Köln, deren Rektor 1974–82 und Ehrendoktor 1993; 1998 Mitwirkung an den FU-Feierlichkeiten in Berlin-West (50. Jahrestag) sowie 1999 an einer Tagung zur hist.-kritischen Aufarbeitung der DDR-Phil. an der HU zu Berlin (Veranstalter V. *Gerhardt u. H.-C. *Rauh) mit gl. Disk.-Beitrag: „Wie alles begann. Rückblick auf die Philosophie an der Berliner Univ. 1945–1948" (*Anfänge*-Bd. 2001); verst. 2012 in Köln. – Wichtiger pol.-wiss. u. ideologiekrit. Schüler ist Peter Christian *Ludz, FU-Prom. 1956.

Publ.: Hans Leisegang zum 60. Geb. (Bibliographie). Berlin-Zehlendorf 1950; Wissen und Gesellschaft. Die Probleme der Wissenssoziologie. Tübingen 1952; Die Phil. des Bolschewismus in den Grundzügen ihrer Entw. Frankf/M. 1957 (3. A. 1961); (Mithrsg.): Der Sowjetkommunismus. Bd. 1: Die pol.-ideolg. Konzeption. Köln 1963 und Bd. 2: Die Ideologie in Aktion. Köln 1964; Rektoratsrede vom 27. Nov. 1965: Ideologie u. Aufklärung. FU Berlin 1965; Philosophie, Soziologie, Gesellschaft. Gesammelte Studien zum Ideologieproblem. Berlin 1965; Kulturkritik und Lebensphil. Studien zur dt. Phil. der Jhd.-wende.

Darmstadt. 1974; Ideologie. Eine hist.-systm. Einführung. Paderborn 1985; (Mithrsg.): Marx-Lexikon. Zentrale Begriffe der pol. Phil. von Karl Marx. Darmstadt 1988; (Hrsg.): Politische Theorien von der Antike bis zur Gegenwart. München 1991; Autobiogr. Bemerkungen zur Entw. der Soziologie in der Nachkriegszeit 1945–1965. Opladen 1996.

Liebert, Arthur (Levy)
10. Nov. 1878–5. Nov. 1946
Jüdisch-antifaschistischer Neukantianer, vertrieben von den Nazis
Geb. in Berlin, nach der Schulzeit zunächst sechs Jahre als Kaufmann tätig; 1901–06 Phil.-Studium (u. ältere Sprachen im Hinblick auf eine Lehrerausbildung) in Berlin bei W. Dilthey, P. *Menzer, Fr. Paulsen, A. Riehl, G. Simmel u. C. Stumpf; 1905 üblicher aka. Übertritt zum protest. Christentum mit entsprechender Namensänderung zwecks späterer Anstellung; prom. 1907 bei Paulsen u. Riehl in Berlin mit einer phil.-gesch. Arbeit; ab 1910 Geschäftsführer der von Hans Vaihinger 1904 gegr. Kant-Gesell.; 1925 kulturphil. Habil. in Berlin, Privatdozent u. 1925–33 a.o. Prof. an der Fr. Wilhelms Univ. Berlin, erfolgreiche phil. Vorlg.-Tg. vor allem an der Handelshochschule Berlin, fast jährl. Buch-Publikationen u. Hrsg. der „Kant-Studien"; wichtige methodlg.-erkenntnistheor. Arbeiten zum schul. „Phil.-Unterricht"; 1933 sofortige nationalsozl. Entlassung und über Belgrad (Gründungsversuch der Zeitschrift „Philosophia" 1936) ins englische Exil, daselbst Mitorg. des „Freien Dt. Kulturbundes"; 1946 hoffnungsvolle Rückkehr nach Berlin u. sofortg. Ernennung zum o. Phil.-Prof. u. Dekan der Pädg. Fak. (aber nicht am red. Phil.-Inst.) durch Alfred *Meusel, Dekan der Phil. Fak. der Linden-Univ.; durch plötzl. Tod am 5. Nov. 1946 Abbruch aller phil.-päg. Erneuerungsvorhaben in Berlin (noch versuchsweise fortg. durch Hr. *Deiters), wozu auch die mit P. *Menzer (Univ. Halle) geplante Wiederhrsg. der „Kant-Studien" gehörte; trotz aktuellster phil. Themen (s. Auswahl-Bibl.) keinerlei Nachwirkung in der offiziellen DDR-Phil.; Lieberts eingeleitete Bemühungen zur Fortfg. der Kant-Gesell. waren zugleich gedacht als Wiederaufbau einer neuen umfassenden „Phil. Gesell." (nicht nur der SBZ), die dann aber nur in Westzonen entstehen konnte; – nach einer späteren (parteioffiziellen) Aktennotiz vom 19. 2. 1948 sollte diese in der SBZ "nur im Rahmen des Kulturbundes und nicht als selbstg. Org." existieren, denn das blieb den zentralen Parteieinrichtungen (IfG-AfG, IML u. PHS) u. ihrer zukünftig allein vorherr. ML-Partei-Phil. vorbehalten, die eine eigenständige gesell. Vereinigung der ostdt. Phil. gar nicht haben wollten, sondern nur deren parteiorganisatorische Formierung und Ausrichtung.

Publ. (Auswahl): Spinoza-Brevier. Leipzig 1912 (2. A. 1918); Vom Geist der Revolution. Berlin 1919; Wie ist kritische Phil. überhaupt möglich? Berlin 1919 (2. A. 1923); Die geistige Krisis der Gegenwart. Berlin 1923; Die Phil. in der Schule. Charlottenburg 1927 (Pan-Bücherei, Nr. 1); Geist und Welt der Dialektik. Bd. 1: Gundlg. ders. Berlin 1929; Erkenntnistheorie. 2 Bde. Berlin 1932; Phil. des Unterrichts. Berlin, Zürich, Leipzig 1935; Die Krisis des Idealismus. Zürich 1936; Der Liberalismus als Forderung, Gesinnung u. Weltanschauung. Zürich 1938; Von der Pflicht der Phil. in unserer Zeit. Zürich 1938; Der universelle Humanismus. Eine Phil. über das Wesen und den Wert des Lebens und der menschlich-geschichtl. Kultur als Phil. der schöpferischen Entw., Bd. 1: Grundlg, Prinzipien u. Hauptgebiete dess.

1946. – Gedenkartikel Hr. *Deiters für A. L. in der Zft. „pädagogik"; G. Wirth: Auf dem „Turnierplatz" der geistigen Auseinandersetzungen. Arthur Liebert und die Kantgesellschaft 1918–1948/49. Ludwigsfelde. 2004.

Liebscher, Heinz
12. April 1931
Kybernetik im Rahmen der marxistischen Philosophie der DDR
Geb. in Dresden; nach unterbrochener Kriegsschulzeit ab 1951 zunächst Stud. an der Univ. Rostock (Techn. Fak. für Luftfahrtwesen), dann an der TH Dresden (Fak. für Maschinenwesen), schließlich Phil. u. Theor. Physik an der HU Berlin bis 1958, anschl. 2 Jahre im marx.-len. Grundlagenstudium in Dresden u. Berlin eingesetzt; 1962–87 wiss. Mitarb. am Inst. für Phil. der AdW zu Berlin (Direktor Aka.-Mitgl. G. *Klaus); daselbst wiss.-org. Sekr. der Kybernetik-Kommission, anschl. wiss. Referent der Sektion Kyb. bis zu deren parteiamtl. Auflösung in den 70er Jahren; aka.-phil. Prom. 1969 z Thema *Erkenntnis- u. wiss.-theor. Probleme der Bildung wiss. Systembegriffe* (Betreuer u. Gutachter: G. *Klaus) sowie spätere phil. Prom. B 1981 z. Thema *Dialektik und Kybernetik. Studien zur kybernetischen Begriff- u. Theorienbildung* (Gutachter: H. *Hörz u. M. Peschel); danach Leiter der Arbeitsgruppe Phil. Probleme der Mathe. und Kyb. im Aka.-Bereich phil. Fragen der Wiss.-entw. (Leiter Hb. *Hörz); nach fachpersoneller Umbildung des univ.-phil. Lehrbereichs Dial. Mat. der Sektion Marx.-len. Phil. der HUB (Direktorin Hg. *Hörz) 1986/87 (nach Ausscheiden von H.-C. *Rauh durch Berufung nach Greifswald, G. *Redlow durch Akademie-Versetzung u. M. *Leske-Einsatz in die SED-KL Mitte) 1987 Berufung z. dortigen Univ.-Prof. für Dial. Mat. (es war dies immer noch der sog. "Hager-Lehrstuhl", vermittelt durch Fam. Hörz); erst 1990/91 Vorlg. zur ET., Wissenschaftstheorie u. Methodologie; mit Abwicklung der Phil.-Sektion jedoch keinerlei phil. Weiterbeschäftigung oder Übernahme, daher ab 1992 Vorruhestand; seit 1975 bemüht um das phil.-kyb. Erbe von Georg *Klaus.

Publ.: (zus. mit G. Klaus) Was ist, was kann Kybernetik? Urania-Verlag 1966 (9. überarb. A. 1974, auch west-dt. Lizenzausgabe 1970); (Hrsg. zus. mit G. Klaus): Wörterbuch der Kybernetik. Berlin 1966 (4. A. 1976 und zweibändig Frankf/M. 1979); Einführung in die Kybernetik. Studienanltg. fürs Fernstudium Phil. Berlin 1968; (zus. mit G. Klaus): Systeme, Information, Strategien. Eine Einführung in die kyb. Grundgedanken der System- u. Regelungstheorie, Informations- u. Spieltheorie. Berlin 1974; Geist aus der Maschine? Phil. Überlg. z. künstl. Intelligenz. Berlin 1989; Fremd- oder Selbstregulation? Systemisches Denken in der DDR zw. Wiss. u. Ideologie. München 1995; Was ist Leben? Frankf./M. 1998; Soziale Visionen. Ideen von gestern für heute u. morgen?. Berlin 2012. Autor der DZfPh 1961–87. – *Anfänge:* Georg Klaus – Ein unbequemer Marxist. *Denkversuche:* Systemtheorie und Kybernetik in der phil. Sicht von Georg Klaus.

Lifschitz, Michaeíl A.
1905–1983
Sowjetphilosophischer Ästhetiker und Kunstwissenschaftler
Genaue Herkunft unbekannt; 1923 Studium an einer künstl.-techn. Hochschule; seit 1925 bereits Hochschullehrer im Fach Phil.; spätere Kriegsteilnahme und seit 1963

Lehrtg. an einem Inst. für Kunstgeschichte; spezielle Forschungen zu den ästhetischen Ansichten von K. Marx.

Publ. Übers. in der DDR: Karl Marx u. Friedr. Engels Über Kunst und Literatur, mit e. Vw. von Fritz Erpenbeck. Berlin 1948 (1951 u. 6. A. 1953); Karl Marx und die Ästhetik. Fundus-Reihe, Bd. 3. Dresden 1960 (2. A. 1967); Krise des Hässlichen. Vom Kubismus zur Pop-Art. Fundus 26. Dresden 1971; Die dreisiger Jahre. Ausgewählte Schriften. Fundus 113/15. Dresden 1988.

Lindner, Frank
27. Dez. 1937
Philosophie- und Kultur-Historiker in Jena
Geb. in Erfurt u. in den Ende 50er Jahren Phil.-Studium in Jena; spezialisiert auf Gesch. der Phil. im Lehr- und Forschungsbereich von G. *Mende u. E. *Lange an der Sektion Marx.-len. Phil. der FSU Jena; ziemlich „verspätete" phil. Prom. A 1982 in Jena z. Thema *Studien zur marx.-len. Auffassung von Philosophiegeschichtsschreibung* (Gutachter: G. *Mende, E. *Lange, V. *Wrona); 6 entsprechende DZfPh.-Rez. immer mit anderen Autoren; nach Abwicklung der Sektion keine univ. Weiterbeschäftigung mehr nachweisbar, aber stattdessen interessante nachwendische regional-kulturgeschichtl. Forschungen u. Publikationen:

(jeweils Mitautor): Das phil. Thüringen. Persönlichkeiten, Wirkungsstätten, Traditionen. Bucha bei Jena 1998 (Palmbaum-Texte, Bd. 4); Schülerwege in Schnepfenthal. Ebs. 2006 – Bd. 22; (Hrsg.): Goethe-Spuren in Literatur, Kunst, Phil, Pädagogik u. Übersetzung. Ebs. 2008–Bd. 25; Salzmanns Schnepfenthal. Kulturgeschichte einer klass. Schülerlandschaft. Mitteldt. Miniaturen, Bd. 9. Bucha bei Jena 2004.

Lindner, Hans-Rainer
14. April 1947
Logiker-Philosoph in Jena
Geb. in Kirschau; Philosophie-Studium an einer ostdt. univ. Phil.-Einrichtung; phil. Prom. A 1981 in Halle zum Thema *Ch. S. Peirces Auffassung der Logik – Versuch einer systm. Darstellung unter bes. Berücksichtg. seiner Relationslogik* (Gutachter: G. *Schenk u. L. *Kreiser); eine frühzeitige Berufung als Logik-Dozent 1983 an die Sektion Marx.-len. Phil. d. FSU Jena scheitert zunächst am Einspruch der dortg. Gesellwiss. Fak.; später erfolgte Ausschreibung eines traditionellen Logik-Lehrstuhls (in Nachfolge von Frege), der jedoch 1987 dann durch W. *Stelzner (Mitbewerber H. *Metzler und W. *Heitsch) besetzt wird; daraufhin phil. Prom. B 1988 in Jena z. Thema *Von E. Weigels „Idea matheseos universae" über Leibnizes "Lingua universalis" bis zu Freges „Lingua characterica (characteristica)". Untersuchungen zur Entwicklung der Logik an der Univ. Jena* (Gutachter: D. *Alexander/E. *Lange, L. *Kreiser u. G. *Schenk); eine weitere nachwendische log.-phil. Wirksamkeit war nicht zu ermitteln.

Lindner, Herbert
20. Mai 1928
Philosophie-Historiker und ML-Professor in Dresden
Geb. in Orlowen/Ostpr. als Sohn eines Schmieds; vollstg. Volksschulbesuch während der NS-Zeit; in den letzten Kriegsjahren 1942–45 Lehrling für Flugzeugbau (Fliegerhorst Neuhausen) u. abschl. im Frühjahr 1945 (1. 4.–29. 6.) noch Soldat und 2 Mon. engl. Kriegsgefangenschaft; 1939–45 noch in der HJ u. 1946–56 in der antifasch. FDJ; nachkriegszeitlich 1946–48 Hilfsarbeiter bei der Deutschen Reichsbahn; 1948–50 deleg. zur ABF Halle (SED-Eintritt) und päd. Germanistik-Studium 1950–54 an der MLU Halle; anschl. Instrukteur der BL der SED Halle und 1956–59 wiederum deleg. zur Phil.-Aspirantur an die FSU Jena u. 1959 phil. Prom. ebd. z. Thema *Das Problem des Spinozismus im Schaffen Goethes u. Herders* (Gutachter: G. *Mende, – publ. Weimar 1960 in der Reihe Beiträge zur dt. Klassik, Bd. 11); 1961 Wechsel z. Phil.-Inst. der KMU Leipzig u. Lehre zur Gesch. der vormarx. Phil. bis 1970; Habil. 1965 *Zur pol. Funktion der Philosophie* (Gutachter: A. *Kosing u. D. *Bergner – überarb. publ. u. d. T. „Der Entwicklungsgang des phil. Denkens", Berlin 1966); daraufhin 1966 HSD für Gesch. der vormarx. Phil. und 1970 einbezogen in das überregionale Lb-Projekt (gerichtet gegen das von K. *Hager abgelehnte *Kosing-LB „Marx. Phil." von 1967) in der zu Ende gehenden *Ulbricht-Ära: 100 DDR-Philosophen wurden dazu freigestellt, um ein Buch „Die marx.-len. Phil. und ihre Anwendung in der DDR" (anlog zur „Pol. Ökonomie u...") parteibeauftragt zu schreiben, wozu es aber nicht mehr nach dem Parteiführungswechsel zu Erich Honecker kommen sollte; daraufhin Berufung als ML-Prof. für dial. und hist. Mat. ins gesell.-wiss. Grundstudium an die Medz. Weiterbildungs-Aka. „Carl Gustav Carus" in Dresden; 1972 auch amt. Prorektor und Inst.-Direktor für M.-L. ebd.; mit deren nachwend. Abwicklung bzw. allein fachbezogenen Überführung als Mdz. Fak. in die TU Dresden, keine phil. Weiterbeschäftigung oder andere Wirksamkeit mehr nachweisbar.

Publ.: Der Zweifel und seine Grenzen. Tb-Reihe Unser Weltbild. Bd. 51. Berlin 1966 u. 3 phil.-hist. DZfPh.-Artikel 1960/65; (Hrsg.): Arbeiterklasse – Ärzte – Sozialismus. Konferenzprotokoll. Dresden 1974.

Linke, Paul Ferdinand
15. März 1876–19. Juni 1955
Altbürgerlicher nachkriegszeitlicher Universitäts-Philosoph-Prof. in Jena noch bis 1955
Geb. in Staßfurt als Sohn eines Geometers; studierte Naturwiss., Phil. u. Psych. in München u. Jena bei W. Wundt, bei dem er 1901 mit einer Arbeit zu *David Humes Lehre vom Wissen* prom. wurde; 1904–07 in Bremerhaven u. Leipzig Oberlehrer im höheren Schuldienst; 1907 habil. er sich in Jena bei Otto Liebmann mit einer *sinnesphysiolg. Arbeit über das Sehen* für Philosophie u. Psychologie; PD bis 1918, dann apl. ao. Prof. in Jena; wiss. bemüht um d. phil. Grundlg. der Psychologie (Wahrnehmungslehre, 1918); zeitweilige Mitgliedschaft in der SPD (bis 1930); 1925 plm. phil. Extraordinariat in Jena; nach früherer Beeinflussung durch Wundt u. Husserl nunmehr stärkere

Bezugnahme auf Brentano, Frege und Bolzano, womit sich eine verstärkte Kritik am Irrationalismus in der zeitgen. Phil. verbindet; seit 1937 NSdAP-Anwärter („Opferring"), denn er verstand sich zeitnah als durchaus „national und sozial" gesinnt u. eingestellt; trotzdem erfolgt kein Nachrücken auf den durch die NS-Verurteilung von H. *Leisegang 1936 frei gewordenen Lehrstuhl, auch nicht nach dem Tod von B. Bauch 1942, wegen „Kriegsumstände"; betont nach 1945 sofort seine grundsätzl. pol. Ablehnung von Nationalismus wie Militarismus und tritt wiederum spontan der SPD bei, wodurch er 1946 auch automatisch in die SED übernommen wird (um 1950 allerdings dann wieder aus dieser nach üblicher „pol. Überprüfung gestrichen" zu werden); zum 70. Geb. 1946 erfolgt dennoch die nachträgl. Ernennung z. „pers. Ordinarius" u. um 1949 wird nochmals eine symbolische Ernennung z. Prof. mit Lehrstuhl für Phil. an der Phil. Fak. der FSU Jena ausgesprochen; dadurch auch Mit-Direktor des Phil. Seminars, aber ohne wirkl. Phil.-Studentenschaft (nach pol. Absetzung u. West-Flucht von Hans *Leisegang 1948); gesamtdt. Mitbegründer der westdt. „Zeitschrift für phil. Forschung" u. daselbst Logik-Artikel veröfftl; wie G. *Jacoby in Greifswald Betonung einer phil.-realistisch-ontolog. Einstellung gegen jeden phil. Irrationalismus u. Idealismus; Ende Sept. 1950 erfolgt die formelle Emeritierung, doch mit der überraschenden staatssekretarischen Phil.-Institutsneugründung auch in Jena (wie in Leipzig und Berlin) im Sept. 1951 erneut beauftragt mit der koms. Leitung nun der Abt. Gesch. der Phil. (entspr. Lehrstuhlleiter für Logik-ET ist H. *Johannsen u. für dial. u. hist. Mat. G. *Klaus, geht 1953 nach Berlin als Lehrstuhlleiter für Logik-ET am Phil.-Inst. der HU Berlin in Nachfolge des nach Wien abgeschobenen Walter *Hollitscher); Ende Nov. 1951 Eröffnung der bedeutsamen Jenenser phil. Logik-Konferenz durch Linke, mit fast allen noch bzw. schon wieder vorh. ostdt. Phil.: erstes DDR-Phil.-Treffen überhaupt und ohne sowjet.-phil., aber dafür schon beginnende SED-ZK-Anleitung durch E. *Hoffmann (parteiamtl. Hauptreferat zur „formalen Logik" nach Stalins Hinweisen zur Sprachwiss.) und Kurt *Hager (richtungsweisendes Schlusswort) und einfach keine westdt. Phil.-Teilnahme mehr; 1954 endgültige Entbindung von allen univ.-phil. Inst.-verpflichtungen als koms. Institutsdirektor in Jena, verb. mit folgenschwerer nunmehr einzig und allein parteimarx. Nachfolge von Georg *Mende); der letzte, von Linke prom. wiss. Ass. Ek. *Mesch (ein Leisegang-Schüler), flieht 1956, weil keine Weiterbeschäftigung möglich, in den Westen, während sein letzter persönl. Schüler L. *Hartmann durch die neue parteimarx. Inst.-Leitung an seiner Habil. gehindert wird (1990 demonstrativ in Jena nachgeholt); verst. am 19. Juni 1955 auf einer letzten (westdt.) Urbaubsreise in Brannenburg (Bayern); erfährt nachwendisch keine solche anerkennende Rückerinnerung u. Würdigung wie H. *Leisegang; damit lehrt nur noch G. *Jacoby als letzter in der DDR verbliebener altbürgerl. Univ.-Phil.-Prof. in Greifswald bis 1958 traditionelle Fach-Phil. an einer ostdt. Universität (verst. 1969).

Publ.: Grundfragen der Wahrnehmungslehre. Untersuchungen über die Bedeutung der Gegenstandstheorie u. Phänomenologie für die experimentelle Psychologie. Mün. 1918 (2. A. 1929); Die Überwindung des Subjektivismus. 1928, in: Zeitschrift der Rehmke-Gesell.„Grundwissenschaft"; Verstehen, Erkennen, Geist. Zur Philosophie der psycholog. geisteswiss. Betrachtungsweise. Leipzig

1936; (gem. hrsg. mit Joh. E. Heyde): Abhandlungen zur begründenden Philosophie. Würzburg 1939; Niedergangserscheinungen in der Philosophie der Gegenwart. Wege zu ihrer Überwindung. München 1961 (konnte nicht mehr in der DDR erscheinen); anfänglich 1953/55 noch 7-facher Autor der DZfPh zur Logik-Disk. (Chefred. W. Harich bis Ende 1956).

Links, Christoph
15. Sept. 1954
Diplom-Philosoph und erfolgreicher nachwendischer Verlagsgründer
Geb. in Caputh als Sohn eines Verlegers; studierte von 1975–80 Phil. u. Lateinamerikanistik in Berlin und Leipzig; von 1980–86 Lateinamerika-Redak. bei der Berl. Zeitung (Nicaragua-Spezialist), „revisionistische" Schwierigkeiten mit der Redaktion; daher ab 1986 Ass. der Geschäftsleitung im Aufbau-Verlag u. Hrsg. mehrerer Bücher zu lateinamerikanischen Themen; Anfang 1989 Versuche zur beantragten privaten Verlagsgründung, die aber erst am 1. Dez. d. J. zum Erfolg führten; als „Ch. Links Verlag" spezialisiert auf die politisch-zeitgeschichtliche Aufarbeitung der DDR-Geschichte, die DDR-Phil. mit eingeschlossen; 2008 bibliothekswiss. Promotion mit einer umfassenden Studie und Dok. zur *Umgestaltung der ostdt. Verlagslandschaft im Prozeß der dt. Einheit* (publ. Berlin 2009); im Links-Verlag erschienen bisher auch alle vier Bände (2001, 2005, 2009 u. 2017) zur hist.-krit. Aufarbeitung der DDR-Phil. sowie aktuell angekündigt der vorlg. personalgeschichtl. Abschlussband zur DDR-Phil. 1945–95.

Publ. (Mitautor): Sechsmal Mittelamerika. Konflikte einer Region. Berlin 1985; (Mithrsg.) Wir sind das Volk. Die DDR zw. 7. Okt. u. 17. Dez. 1989. Eine Chronik. Aufbau-Verlag Berlin 1990; (Mithrsg.): Chronik der Wende. Die Ereignisse in der DDR zw. 7. Okt. 1989 u. 18. März 1990. Berlin 1990 (12. A. 2009); (Mithrsg.): Bilderchronik der Wende. Erlebnisse aus der Zeit der Umbruchs 1989/90. Berlin 1999; Das Schicksal der DDR-Verlage. Die Privatisierung und ihre Konsequenzen. Berlin 2009 (2. aktl. A. 2010).

Litt, Theodor
27. Dez. 1880–16. Juli 1962
Strietbarer Pädagogik-Philosoph-Professor in Leipzig noch bis 1947
Geb. in Düsseldorf; Gymn. 1890–99; danach bis 1903 Studium der Klass. Philologie, Phil. u. Gesch. in Berlin u. Bonn; phil. Prom. 1904, danach bis 1918 Oberlehrer in Köln für alte Sprachen u. Geschichte; 1918–20 a.o. Prof. für Pädg. an der Univ. Bonn u. zugleich Mitarbeiter im Preuß. Kultusministerium; daraufhin 1920 (ohne jede formelle Habil. – in Nachfolge von Ed. *Spranger) Berufung zum o. Prof. für Phil. u. Pädg. an die Philolog.-Hist. Abt. der Phil. Fak. der Univ. Lpz.; 1926/27 Dekan der Gesamt-Fak. u. 1931/32 Rektor dieser Univ.; mit Machtantritt der Nationalsozialisten zunehmende pol. Anfeindungen durch rechtsradikale national. Studenten, die statt einer liberalgeisteswiss., eine („artgerecht-deutsche") „Pol. Pädg." (wie in Berlin mit A. Baeumler gegen E. *Spranger) etablieren wollen; daher schließlich 1937 vorzeitg. Emeritierung auf eigenen Antrag mit weiteren Behinderungen in seiner wiss. Arbeit (Vortragsverbot); 1942 deswegen auch Austritt aus der Sächs. Aka. der Wiss. und nur noch „Privatgelehrter"; 1945 sofortige univ. Reaktivierung und Wiedereinsetzung (bereits

durch die anfängl. amerik. Besatzungsmacht) als Prof. für Phil. sowie Direktor des Pädg.-Inst. der Univ. Leipzig; mit der erneuten parteiorg./sowjet-komm. Machterweiterung im univ. Bereich wiederum ähnliche Konflikte, nun mit neumarx. SED-Lehrer-Studenten, die sich über eine, dazu extra auf sowjet. Militärbefehl gegr. „Gewifak." für eine nicht aka., sondern parteipol. Durchsetzung des stalinist. Sowjet-Marxismus als allein vorherrschende „Universitätsphil." (Ideologie) allgemein verbindl. „wiss. Weltanschauung" auf zunehmend undemokratische u. totalitäre Weise einsetzten; vehement (wie H. *Leisegang in Jena) spricht sich Litt unter dem Rektorat seines Phil.-Kollegen H.-G. *Gadamer 1946/47 für die strikte Unterscheidung des Marxismus als sozialphil. Lehre, die ordnungsgemäß von dazu qualifizierten Doz. univ.-aka. zu vertreten wäre, *und/oder* des Marxismus als Partei-Doktrin aus, die als solche an der Univ. nichts zu suchen habe (s. Rektoratsprotokolle im Lpz. UA); wiederum blieben erneute, nun linkskomm. Presseangriffe nicht aus und führten schließlich zum endgültigen Weggang aus Leipzig u. Annahme eines Rufes 1947–52 als ordtl. Prof. für Phil. u. Pädg. an die Univ. Bonn, daselbst Gründung eines Inst. für Erziehungswiss.; wie nicht anders zu erwarten, agierte Litt daraufhin später auch bildungspol. unerbittlich weiter gegen die undemo. komm. Machtausübung in der DDR u. ihre entspr. unfreiheitliche ideolog. Ausgestaltung des ostdt. Univ.- u. Bildungswesens; auch in Lpz. endete damit 1948 die traditionsreiche einhundertjährige organische Einheit von Phil. und Pädg; als dazu vollständig unqualifizierter Nachfolger für Theor. Pädg. u. Direktor wurde der gerade erst gesell.-wiss. habil. frühere komm. Zahnarzt H. *Ley eingesetzt; später folgte noch der in Jena mit einer „phil. Habil." gescheiterte Volksschulpädagoge Dr. h.c. W. *Wolf mit seinem politpädg. Einsatz an die Univ. Leipzig; der marx.-len. DDR-Nachwuchs-Phil. W. *Müller bekämpfte dann in einem ML-Vortrag Litt weiterhin als „Apologet der Freiheit im Bonner Staat"(1959) u. prom. zu dessen geschichtsphil. Wegen u. Irrwegen (Buchtitelanleihe, 1958); mit dem Ende der DDR erfolgten nach 1990 zahlreiche Würdigungen des pädg.-phil. Wirkens von L. in Leipzig; 1997/98 kam es im Zusammenhang mit der Überführung des wiss. Nachlasses ins Univ.-Archiv Leipzig zur Errichtung einer bes. „Theodor-Litt-Forschungsstelle" an der Erziehungswiss. Fak. der Univ. Leipzig u. am 28. Jan. 1998 konst. sich in Leipzig eine „Theodor-Litt-Gesellschaft", durch die seit 1/1999 die zweij. Herausgabe eines „Theodor-Litt-Jahrbuches" erfolgt und ebenfalls zweijährig finden themati. „Theodor-Litt-Symposien" statt; folgerichtig hatte das 1999 zum Thema: „Th. Litts Wirken in der SBZ u. seine Ause. mit der DDR".

Publ. (them. Auswahl): Geschichte u. Leben. Von den Bildungsaufgaben geschichtl. und sprachl. Unterrichts. Berlin 1918 (2. verb. A. unter dem Titel: Probleme und Ziele kulturwiss. Bildung. Leipzig 1925); Individuum u. Gemeinschaft. Grundfragen der sozialen Theorie u. Ethik. Leipzig/Berlin 1919 (2. neu bearb. A. unter dem Titel: Grundlg. der Kulturphil. 1924, 3. A. 1926); Erkenntnis und Leben. Untersg. über Gliederung, Methoden u. Beruf der Wiss. Lpz/Bln. 1923; Die Phil. der Ggegenwart u. ihr Einfluß auf das Bildungsideal. Lpz./B 1925; Mögl. und Grenzen der Pädg. Abhdlg. zur gegenwärtg. Lage von Erziehung u. Erziehungstheorie. L/B 1926; „Führen" wie „Wachsenlassen". Eine Erörterung des pädg. Grundproblems. L/B 1927; Wiss., Bildung, Weltanschauung. L/B 1928; Kant und Herder

als Deuter der geistigen Welt. Leipzig 1930 (2. verb. A. Heidelberg 1949); Einleitung in die Phil. L/B 1933 (2. verb. A. Stuttg. 1949); Die Selbsterkenntnis des Menschen. Leipzig 1938; Der dt. Geist u. das Christentum. Leipzig 1938 (eine subtile fachwiss. Ause. mit dem NS-Chef-Ideologen Alfred Rosenberg. – Nachdruck Leipzig 1997); Das Allgemeine im Aufbau der geisteswiss. Erkenntnis. Leipzig 1941; Leibniz u. die dt. Gegenwart. Wiesbaden 1947; Geschichte u. Verantwortung. Wiesbaden 1947; Denken u. Sein. Stuttg. 1948; Mensch und Welt. Grundlinien einer Phil. des Geistes. München 1948; Staatsgewalt und Sittlichkeit. München 1948; Wege u. Irrwege geschichtl. Denkens. Mün. 1948; Die Geschichte und das Übergeschichtliche. Hamburg 1949; Geschichtswiss. u. Geschichtsphil. Mün. 1950; Der Mensch vor der Gesch. Bremen 1950; Naturwiss. und Menschenbildung. Heidelberg 1952; Hegel. Versuch einer kritischen Würdigung. Heidelbg 1953; Das Bildungsideal der dt. Klassik und die moderne Arbeitswelt. Bonn 1955. Die Wiedererweckung des geschichtl. Bewußtseins. Heidelbg. 1956; Techn. Denken u. menschl. Bildung. Heidelbg. 1957; Wiss. u. Menschenbildung im Lichte des Ost-West-Gegensatzes. Heidelbg. 1958; Freiheit u. Lebensordnung. Zur Phil. u. Pädg. der Demokratie. Heidelberg 1962; Pädagogik und Kultur. Kl. pädg. Schriften 1918–26. Bad Heilbrunn 1965.
Lite.: Geist und Erziehung. Aus dem Gespräch zw. Phil. und Pädg. Kleine Bonner Festgabe für Th. Litt (mit Bibl.). Bonn 1955; Erkenntnis und Verantwortung. Festschrift für Th. Litt. Düssledorf 1960; Geistesphil. und Gymnasialbildung. Th. Litt zum 80. Geb. Kassel 1961; – Der Philosoph u. Pädagoge. Th. Litt in Leipzig 1920–48 (Gedenkbeiträge 1994). Leipzig 1995; Lieber will ich Steine klopfen, der Philosoph u. Pädagoge Th. Litt in Leipzig 1933–1947. Univ.-Vg. 1997; H. Bremer: Th. Litts Haltung zum NS unter bes. Berückstg. seiner Vorlg. von 1933 bis 1937. Bad Heilbrunn 2005; Theodor Litt – Pädagoge u. Philosoph. Sein Ringen um die Freiheit in Forschung und Lehre (Aufsatzsammlung). Leipzig 2011.

Loboda, Wolfgang
18. Jan. 1930
ML-Philosophie-Lehrer in Berlin
Geb. in Güstrow, Vater Tischler; 1936–44 Volksschule u. bis Febr. 1945 Lehrerbildungsanstalt in Güstrow; 1946 SED u. bis 1949 Besuch der OS daselbst mit Abitur; anschl. 1949–52 Studium der Gesell.-wiss. am FM-Inst. in Leipzig; Hilfsass. für dial. u. hist. Mat. an der Mdz. Fak. der Univ. Leipzig im gesell.-wiss. Grundstudium eingesetzt; 1954/55 Aspirantur am Phil. Inst. der HUB (dazu Nachholung einer Ausbildung in Gesch.-Phil. u. Logik); da kein termingerechter Abschluss der phil. Diss. z. „marx.-len. Auffassung der Erfahrung" (Betreuung im Lb Logik u. ET, G. *Klaus u. D. *Wittich) Weiterarbeit im gesell.-wiss. ML-Grundstudium an der Pädg. Fak. der HUB; phil. Prom. 1963 zur *Dialektik von Erfahrung und Erkenntnis, unter bes. Berückstg. des qual. Unterschiedes zw. spätbürgl., vormarx. u. marx. ET* (Gutachter: nunmehr Hm. *Ley u. ein ML-Prof.); ein DZfPh-Artikel u. eine Rez. H. 10/1962 u. H. 9/1966; es waren keine weiteren Personendaten erhältlich.

Loeser, Franz
20. Dez. 1924–21. Jan. 1990
Englische Emigration, marxistischer Ethik-Professor und 1983 Übersiedlung in die BRD
Geb. in Breslau in einer dt.-jüd. Fam.; Vater Rechtsanwalt, beide Eltern wurden im KZ umgebracht; Volksschule u. Zwingergymn. in Breslau, 1938 mit einem Kindertransport in die engl. Emigration; Schulabschluss in London 1940; anschl. Optiker-Ausbildung; 1943–47 als engl. Soldat Teilnahme am Weltkrieg und 1945–47 Stationierung

in atombombenzerstörten Japan; 1947–51 Studium der pol. Wiss. u. Phil. an der Univ. von Minnesota (USA) mit einem entspr. Bachelor-Abschluß; daselbst Mitglied der KP der USA, daher 1951 schließliche Ausweisung u. Rückkehr nach England; aber auch dort Verweigerung der brit. Staatsbürgerschaft wegen „komm. Gesinnung"; trotzdem erlaubte Forts. des pädg. Studiums in Manchester 1951–56 (Lehrerdiplom); 1956 Übersiedlung in die DDR, SED-Eintritt und 1957 wiss. Ass. am Berl. Phil.–Institut für Ethik; 1962 phil. Prom. z. Thema *Kritik des Subjektivismus in den ethischen Auffassungen Bertrand Russells* (Gutachter: Fred *Müller u. Hm. *Scheler, die dazu überhaupt nicht fachphil. qualifiziert waren) u. 1967 Habil. *Zur Entwicklung einer marx. Interpretation der Deontik* (Gutachter: H. *Ley, H. *Hörz, Fred Müller – publ. Berlin 1966); 1968 koms. Ltg. der AG Ethik u. Prof. mit Lehrauftrag für marx.-len. Ethik, aber bereits 1969 mit III. HSR ordl. Prof. für marx.-len. Org.-Wiss. und ab 1978 wiederum für „Heuristik" sowie Leiter des Lehrbereichs Logik, Methodologie u. Heuristik an der Sektion WTO der HUB; seit 1979 Bemühung um vorzeitg. Univ.-Ausstieg (bei anerk. Antifa-Kämpfern allerdings erst mit 60 Jahren möglich); daraufhin manatl. Ehrenpension zugebilligt u. 1980 vorzeitige univ. Em. nach krankheitsbedingter Invalidisierung, jedoch zugleich verb. mit ministerieller Abberufung; der 1. Kreissekr. der SED der HU Berlin schreibt daraufhin „beschwerdeführend" an den Leiter der ZK-Abt. Wiss. H. *Hörnig, um das univ. anders eingreifend zu regulieren; 1974 u. 1980 VVO; weiterhin Mitglied des Präsd. des DDR-Friedensrates (u. nun auch mögliche Auslandsreisen); 1983 nach einer USA-Reise keine Rückkehr mehr in die DDR u. pol. Übersiedlung in die BRD; zeitwlg. Lehrtg. an der Univ. Köln u. persönlich verbittert-enttäuschte Abrechnung mit der realsozial. DDR-Wirklichkeit, der SED und ihrer undemo. pol. Vorherrschaft vor allem auf dem Gebiet von Wissenschaft u. Kultur durch die allmächtige ZK-Abt. Wiss. unter der jahrzehntelangen Dauer-Ltg. von *Hager/ *Hörnig (dazu mehrtlg. Artikelserie im Spiegel 1984); erlebte noch den beginnenden Untergang der DDR; verst. 21. Jan. 1990 in Bergheim-Kenten, aber begraben auf dem Jüd. Friedhof in Berlin-Weisensee. – Zahlreiche Artikel, Disk.-Beiträge u. Rez. in DZfPh. 1962–82. – Sein letzter Disk.-beitrag „Zu erkenntnistheor. Problemen des Glaubens" (H. 1/1982), lange vom Red.-Kollegium mehrheitlich u. grundsätzlich abgelehnt, aber durch seine für ihn völlig selbstverständliche Partei-Beschwerde bei Hager dann doch „genehmigt u. durchgesetzt", enthielt als erst-einmalige Bibel-Zitierung (S. 117) das alttestamentarischen Bibelwort *Schwerter zu Pflugscharen* (Micha 3), was wiederum am 12. 3. d. J. im Westb. „Tagesspiegel" lobend nachzitiert wurde (vorher aber von keinem Gutachter bemängelt worden war, inzw. aber eine verbreitete antimilitärische Losung in der DDR) und unmittelbar zur sofortigen Absetzung des damlg. Chefred. der DZfPh H.-C. *Rauh durch die ZK-Abt. Wiss. (G. *Schirmer-Rede dazu im Senatssaal der HUB vor der Parteiorg. der Sektion Marx.-len. Phil.) führte; – eigentliche Ursache für diesen Vorgang war allerdings die unmittelbar voran gegangene „Ruben-Affäre" am ZIPh der AdW u. L. hatte auch darüber dem „Spiegel" berichtet (Nr. 35/1982 v. 30. 8.), was aber in der DDR alles völlig unbekannt blieb bzw. sich so überhaupt nur „west-dok." verbreiten konnte und dadurch erst nachwend. auch „ost-belegbar" wurde; – die Republikflucht von F. L. war nach Bloch 1961 die einzige eines führenden DDR-Phil. bis zum Ende der DDR und wurde überhaupt nicht weiter vermeldet u. nirgends kommentiert. DDR-Personen-Lexikon 2010 (D. Hoffmann/B.-R. Barth).

Publ.: Deontik. Planung u. Leitung der moralischen Entwicklung. Bln. 1966; Rationales Lesen. Eine Anleitung zum schnelleren u. gründlicheren Lesen. Lpz. 1971; Wie groß ist der Mensch? Bln. 1976; (zus. mit D. Schulze): Erkenntnistheor. Fragen einer Kreativitätslogik. Berlin 1976; Mord auf Befehl. Warum mussten die Rosenbergs sterben? Berlin 1976; Durchbruch des neuen Geschlechts. Schöpfertum u. Moral der Zukunft. Berlin 1976; Gedächtnistraining. Leipzig 1976; Die Abenteuer eines Emigranten. Erinnerungen. Berlin 1980; – Die unglaubwürdige Gesell. Quo Vadis DDR? Köln 1984; Sag nie, Du gehst den letzten Weg. Ein dt. Leben. Köln 1986; (mit H. v. Berg u. W. Seifert): Die DDR auf dem Weg in das Jahr 2000. Politik, Ökonomie, Ideologie. Plädoyer für eine demokratische Erneuerung. Köln 1987. – R. Kirsch: Kopien nach Originalen. Leipzig 1974 (enthält Lebensgesch. zu F. L., die allerdings in der 2. A. 1978 nach Einwänden des Porträtierten bereits wieder ersetzt wurde durch ein solches über Günter Tembrock).

Lorenz, Konrad
7. Nov. 1903–27. Febr. 1989
Verhaltensforscher, Anthropologe und Kulturphilosoph sowie Begründer der Evolutionären Erkenntnistheorie

Geb. in Wien als Sohn eines angesehenen Orthopäden; zu seinen Spielkameraden zählte auch Karl *Popper, mit dem ihn allerdings nichts politisch, aber doch phil. etwas verband; nach VS u. Gymn. bis 1928 abgeschl. Medizinstudium in Wien mit mdz. Prom., ohne jemals wirklich als Arzt tätig zu sein, um allein seinen (zeitlich überhaupt nicht anerkannten) ethnologischen („tierseelischen" bzw. „tierpsychologischen") Forschungen nachzugehen; daher 1933 zweite phil. (biowiss.) Prom. im Fach Zoologie an der Univ. Wien und Arbeit als Privatgelehrter in der väterlichen Villa in Altenberg bei Wien (seine Frau ist Ärztin); 1936 Habil. und ab 1937 Lehrbefugnis für „Zoologie mit bes. Berücksichtg. der vergleichenden Anatomie u. Tierpsychologie" an der Univ. Wien (die Bezeichnung Verhaltensforschung hatte sich noch nicht durchgesetzt); 1937 Beantragung eines Forschungsauftrages in Dtl. z. „Studium angeborener Bewegungen bei Entenvögel", dem zugestimmt wird, nachdem der thematische Bezug zur NS-„Weltauffassung" gutachterlich (erbbiologisch!) festgestellt worden war, und L. schließlich nach dem „österreichischen Anschluß" Mitte 1938 mit folgender handschriftlichen Erklärung auch noch demonstrativ der NSdAP beitrat:„Ich war als Deutschdenkender und Naturwissenschaftler immer Nationalsozialist (und) schon lange vor dem Umbruch war es mir gelungen, sozialistischen Studenten die biologische Unmöglichkeit des Marxismus zu beweisen u. sie zum NS zu bekehren. Schließlich darf ich wohl sagen, daß meine ganze wiss. Lebensarbeit, in der stammesgeschichtliche, rassenkundliche und sozialpsycholg. Fragen im Vordergrund stehen, im Dienste des nationalsozialist. Denkens steht."; daraufhin sogar Übernahme des traditionsreichen Kant-Lehrstuhls in Königsberg vom Soziologen Arnold Gehlen (kam aus Leipzig u. ging nach Wien) mit der ministeriellen Begründung, dass mit Forschungen zu „angeborenen Formen der Erfahrung" in bester Weise an die („apriorische") ET des dt. Idealismus angeknüpft werde; 1941 erscheint dazu der entspr. Grundsatzbeitrag *Kants Lehre vom Apriorischem im Lichte gegenwärtiger Biologie*, der heute als die Geburtsurkunde der späteren „Evolutionären ET" angesehen wird; bereits nach einem Jahr militärmdz. Kriegseinsatz als „Heerespsychologe" im besetzten Polen u. April 44 bei Kampfhandlungen der heranrückenden Ost-Front in sowjet. Kriegsgefangenschaft geraten, jedoch bereits 1948 wieder Heimkehr nach Österreich, ausgestattet mit einem Sack voll beschriebener Zementpapiere (freigegeben von der sowjet. Militärverwaltung bei der Entlassung, da sich deren Inhalte nach ausdrückl. Versicherung nicht gegen die SU richten würden) z. späteren erkenntnistheor. Hauptschrift, der „*Rückseite des Spiegels*" (1973); 1949 Gründg. eines österr. Aka.-„Inst. für vergl. Verhaltensforschung", aber keine Prof. wegen seiner „großdt." NS-Vergangenheit; dafür spätere Ernennungen zum Honorarprof. in Münster (1953) und München (1957) sowie 1961–73 Direktor eines Max-Planck-Inst. für Verhaltensphysiologie in Oberbayern (Seewiesen); mit 70 Jahren erhielt er 1973 zus. mit K. von Frisch u. Nic. Tinbergen den Nobelpreis für Medizin/Physiologie; neben u. teilweise „resultierend" aus seinen verhaltensbiolg. Forschungen verfasste er auch noch eine sozialbezügliche, kulturhist. „Naturgeschichte der Aggression" (erfolgsbetitelt „Das sog. Böse", 1963) sowie eine kultur-krit. Gesellschaftsdiagnose über „Die acht Todsünden der zivilisierten Menschheit" (1973); – „*Die Rückseite des Spiegels*" verstand er als „Versuch einer Naturgeschichte des menschl. Erkennens", womit die Evolutionäre Erkenntnistheorie in den 70/80er Jahren (weiter biolog. fundiert durch R. Riedl und physikalisch interpretiert durch G. Vollmer) verbreitet wurde, die als solche auch verspäteten Einfluss auf die letztlich wesentlich „gesellschaftstheor.", also damit weniger „naturgeschtl." ausgerichtete marx.-len. ET in der DDR haben sollte (J. *Erpenbeck, *Rauh, F. *Naumann); vorangegangen waren jedoch davor jahrelange rein ideologiekritische Verurteilungen der Verhaltensforschung (insb. sofern sie sozialwiss., revisionistisch oder gar antisozialistisch agierte) als bürgerlich-realtionärer Biologismus (A. *Wernecke u. B. *Eichler; ganz analog z. „physikal. Idealismus" von B. *Fogarasi und H. *Korch); der wichtigste u. ebenso bekannte Verhaltensforscher der DDR, Günter *Tembrock (1918–2011), wurde nicht ohne Grund oft als der ostdt. Konrad Lorenz (wie H.-J. *Treder der „Einstein der DDR") bezeichnet u. angesehen, ohne dass er allerdings (als „parteiloser" univ. Biologe, „eingesperrt" in der DDR) jemals dessen internationale Anerkennung erreichen konnte; erst im em. Rentenalter lernte er Lorenz bei einer erlaubten „Besuchsreise" im österr. Altenberg doch noch persönlich kennen, um aus lauter Verehrung zu seinen Füßen Platz zu nehmen; die naturweltbildliche Wirkung der gen. Schriften von K. L. in der DDR war ähnlich ausgeprägt wie die von Albert *Einstein, wobei es hierbei wegen des biowiss. Hintergrundes auch noch um kulturkritische Bezüge u. allgemeiner um den „Umweltschutz" gehen sollte; doch nicht eine einzige Schrift von ihm (ja von beiden dt.-sprachigen Naturforschern des 20. Jhd.) wurde allein schon deshalb jemals in der DDR publiziert; ihre zumeist ideologiekritischen Besprechungen hier nochmals aufzuführen, erübrigt sich aber, u. das gilt dann auch für erst nachwendisch aufgearbeitete, sehr wohl z. K. zu nehmende Erhebungen zu seiner zeitweiligen (nunmehr dokumentierbaren) nationalsozialistischen Einstellung und Wirksamkeit; aus dem Nachlass hrsg. wurde 1992 „Das russ. Manuskript 1944–1948", nunmehr betitelt mit „Die Naturgesch. des Menschen". Eine Einführung in die vergl. Verhaltensforschung; sein umfangreiches Publ.- u. Literatur-Verzeichnis ist im Internet, vor allem aber im Katalog der Nationalbibl. Leipzig vollständig dok. abrufbar. – Vgl. hierzu die Personenstichworte G. *Tembrock u. G. *Vollmer

Lorenz, Richard
4. Febr. 1934
Leipziger Phil.-Student 1952–1957 und westdt. Historiker zur SU-Entwicklung danach
Geb. in Ernstthal; kriegsbedingte u. nachkriegszeitliche Schulausbildung; stud. nach dem Abitur ab 1952 in Leipzig Phil. u. Geschichte; nach der Zwangsem. von E. *Bloch ab 1957 Weiterstudium an der FU in West-Berlin, Frankf./M. und Marburg, wo 1964 z. Thema *Anfänge der bolschewist. Industriepolitik* (publ. Köln 1965) die Prom. erfolgte (Betreuer: W. *Abendroth); danach Assistent u. Lehrtg. am dortg. Seminar für Osteuropäische Gesch., wo er sich zum Thema *Das Ende der Neuen Ökonomischen Politik. Zur Vorgesch. des Stalinismus (1927–1929)* habil.; bis 2001 Prof. für Osteurop. Gesch. an der Univ. bzw. früheren Gesamthochschule Kassel; heute lebend in Potsdam, jedoch leider vergeblich ansprechbar u. nicht persönlich befragbar.

Publ.: (Hrsg.): Proletarische Kulturrevolution in Sowjetrussland. Dokumente des Proletkult (1917–1921). Mün. 1969; Sozialgeschichte der Sowjetunion I: 1917–1945. Frankf./M. 1976; (Hrsg.):Umwälzung einer Gesellschaft. Zur Sozialgesch. der chinesischen Revolution (1911–1949). Frankf./M. 1977; (Hrsg.): Die russische Revolution 1917. Der Aufstand der Arbeiter, Bauern und Soldaten. Eine Dokumentation. Mün. 1981; (Mitautor): Russische Revolution u. Stalinismus (schulisches Bildungsheft). Stuttgart 1987. (Mithrsg. H. Weber u. a.): Kommunisten verfolgen Kommunisten. Stalinscher Terror und „Säuberungen" in den komm. Parteien Europas seit den 30er Jahren. Berlin 1993; (Mitautor): Das Verdämmern der Macht. Vom Untergang großer Reiche. Frankf./M. 2000.

Lorenz, Wilfried
3. Aug. 1954
Vormarxistischer Philosophie-Historiker in Leipzig
Geb. Wriezen, Kreis Freienwalde; 1961–69 POS Bernau u. 1969–72 EOS Straußberg; 1972 Russisch-Studium an der ABF Halle und daselbst Abitur 1973; anschl. SU-Phil.-Studium in Leningrad 1973–78; seit 1978 in der Sektion Marx.-len. Phil. der KMU Leipzig wiss. Ass. im Lehrbereich Gesch. der Phil. (Leiter Hm. *Seidel); 1981/82 daselbst wiss. Aspirant (wie nochmalg. SU-Studienauffenthalt) und phil. Prom 1983 *Zum Verhältnis von Neuplatonismus und Christentum, eine Studie zu Augustins Schrift „de vera religione" und seien „confessiones"* (Gutachter: H*Seidel, R. Günther, S. *Wollgast); 1984–87 wiederum planm. Asp. in Leipzig u. Habil. 1987 z. Thema *Virtus und Res publica, Untersuchungen zum Verhältnis von Moralität u. Gesell. im phil. Werk Ciceros* (Betreuer u. Gutachter erneut H. *Seidel u. H.-M. *Gerlach); daraufhin 1988 Dozentur für marx-len. Ethik an der Sektion Marx.-len. Phil. der KMU Leipzig; mit deren landes-

ministeriellen Abwicklung z. 19. Dez. 1990 zweimalig befr. Arbeitsvertrag bis 30. Sept. 1991; verzogen nach Regensburg und Weiteres nicht mehr erfahrbar.

Publ.: Studienanleitung der KMU Leipzig fürs Fernstudium Phil.-Gesch. zur vormarx. Phil. H. 5: Die Soziallehren Augustinus, Thomas von Aquins und Martin Luthers. 1980.

Lorenz, Wolfgang
16. Aug. 1931
Marx. Sprach-Philosoph in Leipzig u. nachwendisch erzgebirgischer Heimatforscher
Geb. in Annaberg; 1938–1946 Volksschule und 1946–49 Lehre als Maschinenschlosser ebd.; 1950/51 Schulaktivleiter und 1951–53 Hilfsredakteur der „Volksstimme"; von da aus 1956–60 delg. zum Phil.-Studium nach Leipzig; 1958–61 Leiter der Studentenbühne der KMU Leipzig; ab 1960 wiss. Ass. in der ML-Abt. der Wirtschaftswiss. Fak. ders. u. phil. Prom. 1966 *Zu einigen Fragen des Zusammenhangs von Sprache u. Gesell. Eine krit. Ause. mit Leo Weißgerber*; 1969–77 Dozent für dial. u. hist. Mm. an der ML-Sektion der KMU (1972–75 ebenso an der Bergaka. Freiberg); 1975 Prom. B wiederum in Leipzig *Zum Verhältnis von Abbild und Bedeutung. Überlg. im Grenzfeld zw. ET u. Semantik* (Gem.-Prom. mit G. Wotjak); 1977 Prof. für dial. u. hist. Mat. an der ML-Sektion der KMU Leipzig u. an dieser 1977–79 deren stellv. Direktor für E und A; 1979/80 ML-Gast-Prof. in der Sozial. Rep. Kongo und 1988 ebenso an der Volksuniv. Peking; 1990 mit Auflösung der ML-Sektion landesrechtl. Abberufung sowie Vorruhestand; danach Familien- u. Heimatforscher in Annaberg-Buchholz, so Vors. einer AG Genealogie in Leipzig u. Mitbegründer des Adam-Riese-Bundes in Annaberg-B.; zahlr. diesbezügliche (nachwendische) erzgebirgl. Veröffentlichungen; 1990–94 Präsidialmitglied der Aka. für Genealogie, Heraldik u. verwandte Wissenschaften; Schriftleiter der genealg. Zft. Familie u. Gesellschaft; seit 1995 Altersrentner in Annaberg-Buchholz.

Lorf, Dieter
11. April 1927–1. Jan. 1979
Nachkriegszeitliche Hochschulreife und Phil.-Studium in den 50er Jahren an der HU Berlin; anschl. marx.-len. Lehreinsatz in den 60/70er Jahren an der Filmhochschule Babelsberg, aber keine phil. Prom. mehr realisiert; befreundet mit R. *Bahro und persönl. Kenntnis von dessen „Alternative", erlebt noch dessen „begnadigte" Abschiebung zum 30. Jahrestag der DDR in die Bundesrep. Dtl.; insgesamt 6 DZfPh.-Rez. 1956/60 u. H. 2/1964 erster Zwischenbericht z. Arbeit des Hm. *Ley-Lehrstuls über phil. Fragen der Naturwiss. am Inst. für Phil. der HUB.

Löser, Christian
27. Sept. 1953–7. April 2020
Forschungen zur Dialektik des Erkennens in Leipzig
Geb. in Berlin; bis 1972 EOS u. Abitur; 1972–75 NVA-Grenztruppen; anschl. Phil.-Studium in Leipzig 1974–79 (Diplom-Phil.); befr. wiss. Ass. im Bereich Dial. Mat.; FDJ-GO-

Sekretär 1982–84 an der Philosophie-Sektion; Promotion A 1983 *Zum Verhältnis von Objektivem und Subjektivem im geschichtswiss. Erkenntnisprozeß, dargestellt am Tatsachenproblem*; im Studienjahr 1985/86 Austauschkader im MLG (Praxislehreinsatz); danach Forschungsgruppe zur Mat. Dialektik (Leiter S.*Bönisch) und weitere Vorstudien zur Diss. B zum Verhältnis von Empirischem und Theoretischem sowie Logischem und Historischem in der Geschichtswiss.; Nachwuchwissenschaftlerkonferenz des Wissenschaftsbereichs Dial. Mat. am 13. Nov. 1987 in Lpz. z. Thema: *Logisches und Historisches als Kategorien der materialistischen Dialektik*, mit Berichterstattung in der Reihe Phil. Inf. und Dok. Aus dem phil. Leben der DDR. Jg. 1989, H. 17; 1987/90 vier kleinere Beiträge in der DZfPh, u.a. auch „Zum Problem der sozial-hist. Zeit" (Literaturbericht); der Abwicklungsbeschluß der Landesregierung vom 19. Dez. 1990 betrifft die „Teileinrichtung" Sektion Marx.-Len. Phil. der KMU Leizig; am 19. Dez. d. J. Mitteilg. des Rektors an die Mitarbeiter über das zu beendende Arbeits-V. zum 1. 1. 1991; als Mitglied (Mittelbau) der Gründungskom. „Phil.-Institut" (FB Philosophie i. G.) befristeter Arbeitsvertrag bis 30. 9. 1991; weil kein weiterer Arb.-Vertrag „angeboten" wird, erfolgt die „Freisetzung", also Entlassung in die Arbeitslosigkeit; dagegen „Rechtsstreitverfahren" 1992, das 1993 in einem Vergleich endet, wonach das Arbeits-V. zm 30. 11. 1992 „endgültig endet" (aufgelöst ist); ebenso erfolgt nachträglich auch keine Anerkennung der bis dahin geleisteten Arbeitszeit an der nicht überführten, da abgewickelten Sektion Marx.-Len. Philosophie als sog. „Beschäftigungszeit im öffentl. Dienst des Freistaates Sachsen" mit der Begründung: „Die Aufgaben, die die Sektion Phil. in der DDR innehatte, entsprechen nicht denen der neu gegründeten Phil.-Hist. Fak. an der Univ. Leipzig" (endgültiger Bescheid); – diese amtliche Vorgehensweise findet sich so wörtlich in allen anderen Entlassungsbescheiden in Leipzig, wird hier also nur modellhaft mit aufgeführt. – Nachwendische red. Mitarbeit an der Edition der Tagebücher von V. *Klemperer 1919–59 u. Erarbeitung des gr. Stichwortes „Dial. Mat." im HKWM (Haupthrsg. W. F. *Haug), Bd. 2 (1995) Sp. 693–704; aber leider keine persönl. Kontaktaufnahme herbeiführbar; nach öffentl. Bekanntgabe in der Lpz. VZ im April 2020 (als starker Raucher am Lungenkrebs) verst. in Leipzig.

Löther, Rolf
14. Febr. 1933–8. Dez. 2020
Wissenschaftsphil. der Biologie im univ.-phil. Ley-Bereich wie aka.-phil. Hörz-Breich
Geb. in Obergreißlau, Kr. Weißenfels/Saale (aufgewachsen bei d. Großeltern); 1939–43 Volksschule u. nachkriegsbedingt etwas OS in Lahn am Main (bei den Eltern); 1950 Übersiedlung in die DDR u. fortgz. OS bis 1953; anschl. Phil.-Studium in Leipzig, im Nf. Biologie; schriftl. Hausarbeit (Staatsexamen u. Phil.-Diplom) zu „Die marx. Auffassung vom Menschen und die Unwissenschaftlichkeit sowie der Klassencha. der phil. Anthropologie, dargestellt an Beispiel der Auffassungen Arnold Gehlens, H.-E. Hengstenberg u. Ernst Blochs"; 1958/59 wiss. Ass. am Inst. für Gesell.-wiss in Halle im marx.-len. Grundstudium; 1959 wiss. Asp. im Hm.*Ley-Lehrstuhl für die phil. Probl. der Naturwiss.(1. Lehrgang) am Inst. für Phil. der HU Berlin mit der Spezialisierung

„Phil. Anthropologie"; phil. Prom. 1962 z. Thema *Gesundheit, Krankheit und Philosophie. Ein phil. Beitrag zur Bestimmung der Begriffe „Gesundheit und Krankheit" u. zur Kritik der spätbürgerlichen Ideologie in der Medizin* (Gutachter: H. *Ley u. Rapoport); danach Abteilungsleiter an der Aka. für ärztl. Fortbildung (ML-Weiterbildg.); 1971 Prom. B wiederum am Ley-Lehrstuhl der HUB z. Thema *Phil. Probleme der Taxonomie* (Gutachter: H. *Ley, K. Senglaub, W. Vent – publ. unter dem Titel: „Die Bedeutung der Manigfaltigkeit". Jena 1972); spätere Beschäftigung im Forschungsbereich „Phil. und Wissenschaftsentwick." (Bereichsleiter H. *Hörz) des ZIfPh. der AdW der DDR bis zu deren Abwicklung 1991; danach Vorruhestand und weiter erfolgreich forschender und publizierender Privatgelehrter; verst. Dez. 2020 in Berlin u. Nachruf der Lz.-Soz. (H. *Hörz).

Publ.: Abstammungslehre. Lb. für die Berufsausbildung mit Abitur. Berlin 1963 (4. A. 1968); (Hrsg. mit H. Ley): Mikrokosmos – Makrokosmos. Phil.-theor. Probleme der Naturwiss., Technik und Medizin. 2 Bde Bln. 1966/67; Medizin in der Entscheidung. Eine Einführung in die phil. Probl. der mdz. Wiss.. Tb. UW. Bd. 46. Berlin 1967; (Hrsg. mit H. Hörz): Natur und Erkenntnis. Phil.-methodolg. Fragen der mo. Naturwiss. Berlin 1964; (Hrsg. mit H. Ley u. H. Hörz): Quo vadis Universum? Zum Problem der Entwicklung in Naturwiss. u. Phil. Berlin 1965; Biologie u. Weltanschauung. Eine Einführung in phil. Probleme der Biologie vom Standp. des dial. u. hist. Mat. Urania-Verlag 1972 (2. A. 1974); (Hrsg.-Autorenkollektiv): Beiträge zur Methodologie der mdz. Erkenntnis und Praxis. (Mdz. u. Gesell. Bd. 2) Jena 1977; (Hrsg.): Phil. Schriften von Marx, Engels und Lenin in ihrer Bedeutung für die Medizin heute (Bd. 5). Jena 1979; (Hrsg.-Autorenkollektiv): Biolg. Evolutionstheorie u. Medizin (Bd. 17) Jena 1982; Das Werden des Lebendigen. Wie die Evolution erkannt wird. Urania-Verlag 1983; (Hrsg.): Tiersozietäten u. Menschengesell., phil. u. evolutionsbiolg. Aspekte der Soziogenese. Jena 1988; Wegbereiter der Genetik. Gregor Johann Mendel u. Aug. Weismann. Urania-Verlag 1989, Frankf/M. 1990; Der unvollkommene Mensch. Phil. Anthropologie und biolg. Evolutionstheorie. Berlin 1992. Für eine Phil. der Biologie. Festschrift für R. L. z. 75. Geb. (mit Bibl) hrsg. von Ilse Jahn u. A. Wessel. Berl. Studien zur Wiss.-Phil. u. Humanontogenetik. Bd. 26. München 2010.

Lötsch, Manfred
9. Okt. 1936–7. Jan. 1993
Theoretischer DDR-Soziologe in Berlin
Geb. in Buchholz (Erzgeb.) in einer Arbeiterfamilie; nach Abschluß der GS 1950–53 Schlosserlehre u. bis 1956 Besuch der ABF zunächst in Karl-Marx-Stadt, dann in Leipzig; anschl. bis 1960 Studium der Volkswirtschaftslehre an der HU Berlin u. danach Ass. an der Bergaka. Freiberg; ebd. Prom. z. Thema *Die methodolg. u. politöko. Ansichten Carl Mengers. Ein Beitrag zur Kritik der österr. Schule der Grenznutzungstheorie*; 1966 pol. Konflikte mit dortg. SED-Parteilg. u. daraufhin die übl. Bewährung als Betriebssoziologe im Braunkohlenwerk Großräschen; danach wiss. Mitarb. in der soziolg. Abt. am Inst. f. Wirtschaftswiss. der AdW; 1969 gem. Habil. mit Hg. *Meyer z. Thema *Struktur, Information u. Verhalten als soziolog. Probleme der Organisationsanalyse. Soziolg. Studien z. marx.-len. Org.-theorie* (in 2 Teilen) an der Wirtschaftswiss. Fak. der HU Berlin (1971 nach dem SED-Führungswechsel jedoch Verbot dieser Publ.); 1969 Versetzung an das Partei-Institut für Gesell.-Wiss. beim ZK der SED und daselbst Berufung zum Prof. für marx.-len. Soziologie an dortg. AfG sowie Mitgl. des dortg.

Rates für Soziologie der DDR (Vors. Rudi Weidig) und Vors. des Problemrates Sozialstruktur der DDR, wozu 1976 eine gem. Publ. der Mitautoren S. *Grundmann und R. Weidig u. d. T. „Zur Entw. der Arbeiterklasse und ihrer Struktur in der DDR" erschien; invalidisiert nach einem schweren Herzinfarkt im März 1989; trotzdem Teilnahme am Umgestaltungsprozess der DDR-Soziologie u. 1991 noch Gastprof. am Wiss.-zentrum Berlin für Sozialforschung; verst. 1993 in Berlin; im gl. Jahr Gedenk-Kolloquium in Memoriam M. L. Beiträge publ. hrsg. von Ingried L. u. Hg. *Meyer, Berlin 1998, darin enth. 3 postume Texte von M. L. zum Problemkreis der Intelligenz in der sozial. Gesell. als bes. sozialer Schicht.
DDR-Personen-Lexikon 2010 (J. Wielgohs).

Löwe, Bernd Peter
31. März 1943
Spätbürgerliche Ideologiekritik und realsozialistische Friedensforschung
(trotz mündlicher und schriftlicher Anfragen leider keinerlei Angaben zur Person erhalten). In der Hallenser, öffentlich zugängl. phil. Prom.-Schrift von 1971 befinden sich jedoch folg. biogr. Entwicklungsdaten: Geb. in Gleiwitz (Polen) als Sohn eines Elektromeisters; z. Kriegsende Übersiedlung nach Halle, 1949–57 Besuch der GS u. bis 1959 MS; danach Lehrausbildg. an der BBS der VEB-Leuna-Werke „Walter Ulbricht" zum Elektromonteur; 1962 Facharbeiterprüfung als Elektromotorenwickler; anschl. 1962–66 Lehrer-Studium für Gesch. u. Deutsch am Päd. Inst. Leipzig; gleichzeitig bereits Ass. im ML-Grundlagenstudium ebd. sowie 1968 Abschluss eines Phil.-Zusatzstudiums in Halle (Diplom); danach planm. Asp. bei D. *Bergner am Inst. für Phil. der MLU Halle; 1970 mit Gründung der Sektion Max.-len. Phil./Gesch. u. Staatsbürgerkunde wiss. Ass. u. Einsatz in der Lehre im Direkt- und Fernstudium der marx.-len. Grundausbildung und Gesch. der Phil.; 1971 phil. Diss. *Zum Verhältnis spätbürgl. Soziologie u. pol. Ideologie des Imperialismus, dargestellt an den konflikt- u. gleichgewichtstheor. Vorstellungen von A. F. Benthry, T. Parsons u. R. Darendorf* (Gutachter: D. *Bergner, R. *Mocek und G. *Domin); späterer Wechsel zum ZIfPh. der AdW nach Berlin (Direktor M. *Buhr) und bei diesem 1983 aka.-phil. Prom. B z. Thema *Politologie u. pol. Ideologie im Imperialismus der Gegenwart. Studien zur Theorie u. Methodologie bürgerl. Politikwiss.* (Gutachter: H. Meißner, K.-H. Röder, G. *Bartsch); Mitautor und Bearbeiter mehrerer Hefte der Buhrschen „Kritik-Reihe" (Eigenpubl. Nr. 23, 1973: „Klassenkampf oder sozialer Konflikt"); Mitte der 80er Jahre Wechsel an die ML-Sektion der HU zu Berlin zur dortg. professoralen „Friedensforschung"; nachwendisch jedoch keinerlei weitergehende univ.-phil. oder auch politikwiss. Betätigung mehr nachweisbar bzw. erfahrbar.

Publ.: (Mitautor): Angst vor der Zukuft (Aka.-Kritik-Reihe, Bd. 12). Berlin 1978; (Mitautor): K. Marx u. der ideolg. Klassenkampf (Aka.-Information 1983); (Mitautor): Friedensforschung und Friedensbewegung. AdW-Berlin 1985; Sicherheitstheorien u. gemeinsame Sicherheit. HU-Berlin 1990.

Lübke, (Heinz-)Dieter
12. Jan. 1948
Philosophischer Antike-Spezialist an der Humboldt-Universität zu Berlin
Geb. in Berlin in einer Arbeiterfamilie; bis 1964 Kinder- u. Jugendsportschule: 10-Kl.-Abschluss u. Berufsausbildung zum Werkzeugmacher; 1968/69 Grundwehrdienst bei der NVA und 1969/71 Red.-Assistent im Verlag Volk u. Wissen; Hochschulreife nachgeholt auf der Volkshochschule 1971; daraufhin Phil.-Studium an der HU Berlin 1971–75; spezialisiert für Gesch. der antiken Phil. mit altgriech. Sprachausbildung; phil. Prom. 1978 z. Thema *Arbeitsteilung und phil. Techne bei Platon. Studien zu weltanschaul. u. erkenntnistheor. Problemen in den Dialogen* ... (Gutachter: M. *Simon, R. *Müller, G. *Irrlitz – Vors. G. *Redlow); 1978/82 wiss. Sekr. des MHF-Beirats für Phil. (Vors. G. *Stiehler); Prom B 1984 z. Gesamtthema *Platon. Philosophie: Ideen, Erkenntnis, Gesellschaft, Natur* (Gutachter: G. *Irrlitz, H. *Seidel, R. *Müller – Vors. F. *Kumpf u. Beisitzer M. *Simon – publ. im Urania-Verlag 1984 u. Köln); (Hrsg. mit G. *Irrlitz): Über Gesch. der Philosophie (ausgw. Texte von Marx u. Engels). Rec.-Leipzig 1983 (2. A. 1985); Hrsg. der Platon-Dialoge Menon/Phaidron u.a. Rec.-Leipzig 1985. Über seinen weiteren philosophischen Verbleib war leider nichts mehr auszumachen.

Ludwig, Gerd
3. Mai 1932–14. März 2006
SU-Philosophie-Absolvent und univ.-phil. Lehre in Greifswald
Geb. in Stettin in einer altkommunistischen Schiffsbau-Arbeiterfamilie; 1938–42 Gemeindeschule mit Abgangszeugnis der Volksschule Löcknitz; noch bis April 1945 Barnim-Mittelschule in Stettin; anschl. Berufsausbildung z. Zimmermann beim VEB Holzwerk Löcknitz; 1948 SED-Beitritt u. 1949–52 Besuch der ABF der Univ. Greifswald (lite. Figur ‚Trullesand' in H. Kants ABF-Roman „Die Aula", 1965); gehörte ab 1951/52 zu den ersten DDR-Phil.-Studenten in Moskau (u.a. mit H. *Seidel, mit dem er als späterer SED-Parteisekr. am Leipz. Phil.-Inst. am 18. 10. 1961 eine „Parteiaussprache" mit J. *Teller durchführte); 1957/58 gesell.-wiss. Lehrer an der Kreisparteischule der SED in Leipzig und ab 1958 (nach Blochs Zwangsemeritierung) wiss. Ass. am Inst. für Phil. (Abt. Dial. Mat.) der KMU Leipzig; Lehreinsatz zur „Gesch. und Theorie des Atheismus"; 1964 aus fam. Gründen Versetzung nach Greifswald ans dortg. Inst. für ML der EMAUniv. (Fachrichtung Phil. des dial. und hist. Mat.) und entsprechende Lehrtg. an der math.-naturwiss. Fak. im gesell.-wiss. Grundstudium; 1967 nachholende phil. Prom. in Leipzig z. Thema *Die moderne Mutationstheorie und die marx. Zufallskonzeption* (Gutachter: K. *Zweiling u. R. *Rochhausen); später ML-Dozent in Greifswald u. zeitweilg. auch amt. Direktor des dortg. kleinsten univ. DDR-Inst. für (Marx.-len.) Phil. nach 1980, unter sonstiger Vorherrschaft des Prorektors für Gesell.-wiss. R. *Bräu bis 1987 (Nachfolge H.-C. *Rauh, um das zu ändern bis 1990); mit nachwend. Inst.-abwicklung sofortiger Vorruhestand und Altersumzug auf die Insel Usedom. – Übersetzer von G. N. Volkov: „Soziologie der Wissenschaft". Bln. 1970; schwer krebserkrankt verst. 2006 in Greifswald; später erklärte Hm. Kant (er hielt auch die

Beerdigungsrede) über seinen Romanhelden: „Was im Roman nicht geschildert ist: Gerd L. hat in Moskau Philosophie studiert und kam 1953 zum ersten Mal auf Urlaub. Er hat mich am Germ. Inst. (der EMAU Greifswald) besucht. Als Antwort auf meine Frage, wie es denn so sei in Moskau, sagte er: Für mich ist alles erledigt und vorbei. Er hat mir geschildert, wie das zuging an der Lomonossow-Univ. Er war total bedient vom sowjet.-stalinist. Sozialismus, doch es blieb für ihn ohne Konsequenzen. Sein Onkel, bei dem er aufgewachsen ist, hatte im KZ gesessen, war Kommunist. Damit hat er nicht brechen wollen, aber er war ohne alle Illusionen." (Die Sache und die Sachen. Berlin 2007, S. 66); die phil. parteimarx. Vorherr. von E. *Albrecht in Greifswald hat er immer nur belächelt und nicht Ernst genommen.

Ludz, Peter Christian
22. Mai 1931–1. Sept. 1979
Erster DDR-Ideologie-Erforscher in West-Berlin u. wichtigster Assistent von H.-J. Lieber
Geb. in Stettin als Sohn eines evangl. Pastors; Volksschulzeit in Berlin 1937–41 u. mit kriegsbedingter Unterbrechung Gymn. in Ingolstadt u. Berlin-Zehlendorf (1949 Abtur.); anschl. Studium der Volkswirtschaftslehre, Soziologie, Phil., Pol.-wiss. und Gesch. in Mainz, München (Abschluss als Diplom-Volkswirt), an der Sorbonne in Paris u. FU Berlin; daselbst phil. Prom 1956 bei H.-J. *Lieber z. Thema *Der Ideologiebegriff des jungen Marx und seine Fortentw. im Denken von Georg *Lukacs und Karl Mannheim* (spätere Publ. u. d. T. „Ideologiebegriff und marx. Theorie". Köln 1976, 2. A. 1977); seit 1957 wiss. Ass. am Inst. für pol. Wiss. der FUB u. erstmalg. Studien zur DDR (dadurch Mitbegründer der westdt. DDR-Forschung) u. bereits 1958 Leiter der Institutsabteilung SBZ; 1967 Habil. mit einer umfassenden DDR-SED-Studie zu *Parteielite im Wandel. Funktionsaufbau, Sozialstruktur u. Ideologie der SED-Führung. Eine empirisch-systm. Untersg.* (1. Habil-Verfahren zu einem DDR-Thema in der BRD/Berlin); daraufhin o. Prof. für Wiss. der Politik an der FU Berlin, aber bereits 1970 in Bielefeld Prof. für Pol.-Wiss. u. Soziologie u. ab 1973 Univ. Mün. am Geschwister-Scholl-Institut, Lehrstuhl für Pol.-Wiss. I; zahlreiche regierungsamtl. Gutachten für den Senat von West-Berlin u. später auch für die SPD-Reg. der Bundesrepublik Dtl. „Zur Lage der Nation" (1972/74); ab 1975 Leitung des AK für vergl. Deutschlandforschung, wozu ein vierbdg. Gutachten zum Stand der DDR- u. vergl. Dtl.-Forschung angefertigt wurde, woraus ein „DDR-Handbuch" (Köln 1975, 2. A. 1979) hervorging; zahlreiche Gastprofessuren in den USA zur Verbreitung seiner DDR-Forschungen; völlig überarbeitet infolge eines schweren Erschöpfungszustandes Selbstmord am 1. Sept. 1979. – PCL. lieferte die ohne Frage wichtigste SED- u. Gesell.-analyse zur DDR während der Ulbrichtschen Reformperiode in den 60er Jahren unter dem Titel "Parteielite im Wandel" (1968), wobei sich seine damlg. analytische Voraussage einer zunehmend verwiss.-technokratischen Herrschaftsweise der SED bereits 1968 (mit der CSSR-Krise) wie nach Ulbrichts Sturz unter E. Honecker (Absage an das NÖS und die Kybernetik) allerdings so nicht vollständig bewahrheiten sollte; doch seine frühzeitg. Nachforschungen z. Marxschen Ideologiebegriff (angeregt durch H.-J. *Lieber)

haben entspr. DDR-marx. (auch meine eigenen) Ideologienachforschungen (ebenso wie die von K. *Lenk) entscheidend befördert, ohne dass das jemals zugestanden wurde, außer selbst wiederum nur „ideologiekritisch"-abwehrend; in den 60er Jahren erste westdt. Werkauswahl für G. *Lukacs nach dessen realkomm. Ausschaltung in der DDR: Bd. 1 Schriften zur Literatursoziologie (Luchterhand 1961, 3. A. 1968) u. Bd. 2 Schriften z. Ideologie und Politik (1967); desw. erste Erhebungen zur sich gerade erst entw. Soziologie in der DDR (Köln 1964) sowie „Soziologie und Marxismus in der DDR", 2 Bde (Neuwied/Berlin-West 1972), aus denen man stets mehr erfuhr als aus den allen parteiamtl. soziolg. DDR-Veröffentlichungen zusammen genommen.

Publ.: Soziologie u. Sozialgeschichte. Köln 1972; Deutschlands doppelte Zukunft. Bundesrep. u. DDR in der Welt von morgen. Ein pol. Essay. Mün. 1974; Die DDR zw. Ost und West. Pol. Analysen 1961–76. Mün. 1977; Geheime Gesellschaften. Bd. 1, Heidelberg 1979; (wiss. Leitg): DDR-Handbuch (Hrsg. Min. für gesamtdt. Beziehungen). Köln 1975 (2. völlig überar. A. 1979); Mechanismen der Herrschaftssicherung. Eine sprachpol. Analyse gesell. Wandels in der DDR. Mün./Wien 1980.

Lukacs, Georg
13. April 1885–4. Juni 1971
Geistiger Stammvater der marxistischen DDR-Philosophie und Literaturwissenschaft
Geb. in Budapest als Sohn eines Bankdirektors; studierte nach dem Abitur an der Rechtswiss. Fak. der Univ. Budapest, daselbst 1906 staatswiss. Prom., ebenso wie 1909 an der Phil. Fak. zu einer *Entwicklungsgesch. des modernen Dramas*; 1909–11 in Berlin, danach 1912/13 in Heidelberg Mitglied des „Max-Weber-Kreises"; dennoch 1918 staatspol. Ablehnung der Habil., da Ausländer (ung. Staatsbürger); Ende 1918 Mitglied der KPU u. von März bis Juni 1919 Volkskommissar für Unterrichtswesen während der Ung. Räterep.; nach deren Scheitern sofortige Flucht, Emigration u. Asyl in Wien; 1921 Delegierter der KPU auf dem II. u. III. KI–Weltkongreß u. Begegnung mit Lenin; 1923 „Gesch. und Klassenbewusstsein (Studien über marx. Dialektik)" u. sofortige Mosk. Kritik von Bucharin und Sinowjew auf dem V. KI-Kongreß 1924, die sich bis 1928 in der KPU fortsetzte, daher 1929 erste parteiliche Selbstkritik; 1930 Ausweisung aus Wien und erste Mosk. Emigration 1930/31; 1931–33 wiederum in Berlin; mit Machtantritt der dt. Faschisten sofortige Ausweisung, damit 2. Emigration sowie erneute Übersiedlung nach Moskau; Mitarbeiter der Marx-Ed. (MEGA) und am Phil.-Institut der AdW beschäftigt mit seiner Habil. zum *jungen Hegel* (erscheint 1948 in Zürich); 1934 erneute Selbstkritik u. Redaktionsmitglied der Zeitschrift Internationale Literatur; 1941 (wie fast alle dt.-österr. Staatsbürger) ebenfalls Evakuierung nach Taschkent; 1944 sofortige Rückkehr nach Budapest u. 1945 univ. Berufung z. Ordinarius für Kulturphil. und Ästhetik; 1949 erneute landesungarische (Parteihochschule und Politbüro) „Kritik und Selbstkritik"; zahlreiche literaturwiss. Arbeiten beginnen in der SBZ/DDR zu erscheinen; durch W. *Harich vermittelte intensive Mitarbeit an der DZfPh. 1953/56 (ebenso wie auch E. *Bloch); im Aufbau-Verlag erscheinen nach Stalins Tod die wichtigsten phil. Werke: „Der junge Hegel" u. „Die Zerstörung der Vernunft" (1954); 1955 DDR-Festschrift (wie für Ernst *Bloch) z. 70. Geb.; während des ung. Volksaufstandes Okt./Nov. 1956 (parteioffizi-

ell als Konterrevolution bez.) Minister f. Volksbildung in der Regierung Imre Nagy; nach blutiger Niederschlagung dieses gescheiterten Reformversuches sowjet. Verhaftung u. Deportation nach Rumänien bis April 1957; erneut schärfste polit-„revisionistische" Kritik und „konterrev." Vorwürfe 1957/59, die in der DDR mit zur Verhaftung u. späteren Verurteilung W. *Harichs sowie zur Zwangsemeritierung E. *Blochs in Leipzig führten; nun erscheint „Georg Lukacs und der Revisionismus" (hrsg. von H. *Koch, Berlin 1960, darunter aber auch 5 ung. Mitautoren); bis auf seine große „Ästhetik" („Die Eigenart des Ästhetischen", 2 Bde. Berlin/Weimar 1981) u. 2 nachgedruckte literaturwiss. Reclam-Bändchen (Leipzig, 1975/77, hrsg. von W. Mittenzwei) erscheint dann für 3 Jahrzehnte nichts mehr in der DDR von bzw. zu G. L.; dafür aber eine Gesamtausgabe seiner Werke in 15 Bden seit 1964 ff. in der klassenfeindl. BRD; das gilt dann auch für sein wichtigstes phil.-marx. Spätwerk (3 Einzelkp. bereits 1971/72/73) – die zweibdg. *Ontologie des gesell. Seins"*, die 1984/86 bei Luchterhand (Bd. 13/14 der GA) publ. wird; von der offiziellen marx.-len. DDR-Partei-Phil. daraufhin nur ideologisch kritisiert u. als unmarx. abgelehnt; 1967 erhält GL von der ung. Parteiführung der USAP sein Parteibuch zurück u. 1970 wird ihm von der Stadt Frankf/M. der Goethepreis zugesprochen; verst. am 4. Juni 1971 in Budapest; – erst 1985 zum 100. Geb. veranstaltet das ZIfPh. der AdW der DDR gem. mit der Ung. Aka. der Wiss. ein halbherziges (geschlossenes) Rehabilitierungs-Symposium, wodurch G. L. wiederum nur als „antifasch. Kritiker" spätbürgl. Ideologie (nach der Maßgabe von M. *Buhr) abgestellt wurde, aber gerade nicht als der international bedeutendster marx. Denker des 20. Jhd., ohne dessen grundl. Denkeinsätze – bei der Herausbildung („Anfänge") ebenso wie beim schleichenden „Ausgang" – die marx. DDR-Phil. gar nicht vollständig hist.-kritisch erklärbar ist; seit 1997 erscheint ein Jahrb. der „Internationalen G.-L-Gesell.", worin versch. literaturwiss. Ansätze oder auch seine frühere massive Ideologie-Kritik des spätbürgerlichen Denkens relativiert werden; damit hatte er „ontologisch" hinsichtlich Nic. *Hartmann schon frühzeitig selbst begonnen, was jedoch in der offiziellen DDR-Phil. niemals zuerkannt wurde; lediglich Wo. *Harich bestand fortlaufend auf weitere repektvolle Anerkennung seines phil. Lehrers.; kurios ist demgegenüber die nachwend. nachholende Beschäftigung von E. *Hahn mit G. L., ohne jedoch dessen 30jährige Ignoranz im Rahmen der offiziellen Marx.-len. DDR-Phil. überhaupt selbstkritisch oder hist.-krit. zu thematisieren; Hahn deklariert L. wiederum als „orthoxen Marxismus", ohne zu sagen, was das noch sei. DDR-Philosophenlexikon 1982 (Istvan Hermann).

Publ. (lediglich bezogen auf die SBZ/DDR): Dt. Lite. im Zeitalter des Imperialismus. Bln. 1945; Marx u. Engels als Literaturhistoriker. Berlin 1948; Schicksalswende. Beiträge zu einer neuen dt. Ideologie. (enthält u. a.: Der dt. Fasch. u. Nietzsche; ... und Hegel) Berlin 1948; Thomas Mann. Berlin 1949 (2. A. 1953); Goethe und seine Zeit. Berlin 1950 (2. A. 1953); Existentialismus oder Marxismus? Berlin 1951; Skizze einer Gesch. der neueren dt. Literatur. Berlin 1953; Die Zerstörung der Vernunft. (2. A. 1955 mit zusätzlich verschärften Untertitel: Der Weg des Irrationalismus von Schelling bis Hitler). Berlin 1954 (3. A. 1985); Beiträge zur Gesch. der Ästhetik. Berlin 1954; Der junge Hegel und die Probleme der kpl. Gesell. Berlin 1954 (Zürich 1948, Lizenzausgabe des Europa-Verlages für die DDR; 2. A. 1986); Probleme des Realismus. Bln. 1955; – 10 DZfPh.-Grundsatzartikel von H. 1/1953 – H. 4/1956; Hegels „Ästhetik" (1955 hrsg. v. Fr. *Bassenge) mit einer grundlg. Einführung von G. L., die

in späteren DDR-Auflagen weggelassen, aber in den west-dt. Lizenzausgeben weiter mitabgedruckt wurde); Kunst u. obj. Wahrheit. Reclam-Nachdruck, Leipzig 1975; Dialog u. Kontroverse (ebs. Leipzig 1977; jeweils hrsg. von W. Mittenzwei); Die Eigenart des Ästhetischen. 2 Bde. Berlin/Weimar 1981 (einzige Originalausgabe jener Jahre); Über die Besonderheit als Kategorie des Ästhetischen. (mit e. Essay von M. Franz). Bln./Weimar 1985; (Hrsg. Seb. Kleinschmidt): Über die Vernunft in der Kultur, ausgw. Schriften 1909–69 (enthält erstmalig für die DDR den berühmten „Verdinglichungs"-Aufsatz von 1923) Lpz. 1985; (hrsg. von J. Schreiter u. L. Sziklai): Beiträge zur Kritik der bürgerl. Ideologie. (nachgedr. Aufsatzsamml). Berlin 1986; Zur Kritik der fasch. Ideologie. (dies also zum Abschluss, so wie alles 1945 begann u. nun zu Ende geht). Bln. 1989; – aktuell erscheinen noch versch. Schriften von G. Harich zu seinem Lehrer G. L., hrsg. von A. Heyer.
Lite.: G. L. zum 70. Geb. (Festschrift). Berlin 1955 (mit Bibl. u. „Mein Weg zu Marx",1933). Berlin 1955; G. Lukacs u. der Revisionismus (Aufsatzsammlung, hrsg. von H. Koch). Berlin 1960; Georg Lukacs. Tagung in Halle z. 100. Geb. Hrsg. von H.-M. Gerlach. Univ. Halle 1986; (Hrsg. M. Buhr/J. Lukacs): Geschichtlichkeit u. Aktualität. Beiträge zum Werk u. Wirken von G. L. (Aka.-Konferenz 1985 zum 100. Geb.). Berlin 1986. (Die 100fache westdt. und internationale Literatur zu GL kann man der Dt. Nationalbibl. entnehmen, woran die offizielle DDR-Phil. 30 Jahre keinen Anteil hatte).

Luther, Ernst
3. März 1932
Philosophischer Medizin-Ethiker in Halle
Geb. in Leoben (Österreich) und Abitur 1950 in Bernburg; gelangte über die Antifa-Jugend (FDJ) zum Marxismus; Pädg.-Studium (Gesch. und Germ.) u. Gasthörer der Medizin an der Univ. Halle; phil. Prom. 1961 (wegen pol.-phil. Schwierigkeiten in Halle) in Greifswald zur *Kritik der phil. Grundlagen der mdz. Anthropologie des Freiherrn Victor v. Weizsäcker(1886 –1957)* (Gutachter: E. *Albrecht u. Doz. Dr. med. habil. Knabe); Prom. B (Habil.) dann 1970 in Halle z. Thema *Ärztl. Ethos und ärztl. Ethik im Lichte der marx-len. Philosophie* (Gutachter: H. *Boeck, Prof. Dr. med. habil. Kh. Renker u. Gesundheits-Min. Prof. Dr. Mecklinger); sollte u. wollte daher an die gerade gegr. Aka. für Ärztl. Fortbildung in Berlin wechseln, was aber die SED-BL Halle verhinderte, da die Übernahme des Direktoramtes der dortg. univ. ML-Sektion (mit entspr. Berufung) verlangt u. durchgesetzt wurde; 1986 selbstbest. Ausscheiden aus dem ML-Grundlagenstudium, weil es keine Mögl. mehr gab, die Arbeit auf dem Gebiete der Ethik in der Medizin sachgerecht und ungehindert fortzusetzen; 1987 schließl. doch noch die Umberufung für Marx.-len. Ethik (u. Gesch. der Medz. als Abteilungsleiter) an die Medz. Fak. der MLU Halle durchgesetzt (Nachfolger als ML-Direktor an MLU Halle wurde 1986 D. *Noske); trotzdem erfolgte 1991 die Entlassung in die Arbeitslosigkeit mit der generellen Abwicklung aller früheren ML-Mitarb., vor allem wegen ihrer zumeist parteipol. fixierten u. ideologisierten Berufungsgebiete; schon sehr früh Gründungsmitgl. des Albert- *Schweitzer-Komitees der DDR 1963 in Weimar; mit diesem hum. Hintergrund lehrte L. jahrelang an der Univ. Halle-Wittenberg marx. Medizinethik, bezogen auf die realsozialist. Gesell. der DDR; dazu Durchführung (Mitautor, Berichterstatter u. Hrsg.) versch. Ethik-Kolloquien seiner univ. Forschungsgruppe Ethik (nicht nur im Bereich Medizin) in den 70/80er Jahren zu folgenden Themen: Das sozialist. Menschenbild und die Herausbildung sozialist. Fachleute

an unseren Uni. (Halle 1964); Der Arzt in der pol. Entscheidung (Halle 1967); Moralische Werte in der Klassenauseinandersetzung zw. Sozialismus u. Imperialismus (III. Ethik-Kolloquium, Halle 1975); Die marx.-len. Ethik u. die Werte des Sozialismus (ebenso Nr. IV.-1978); Ethische Werte in der Wissenschaft (Ethische Wertorientierung in der Medizin u. Humangenetik" (Nr. V.-1980); Lebensweise, ethische Werte, mdz. Fortschritt (VII.-1984); Aktuelle Probleme des Berufs- u. Wissenschaftsethos bei der Gestaltung der entw. sozialist. Gesell. (IX.-1988); um 1984 noch Beirats-Vors. für das marx.-len. Grundlagenstudium beim MHF Berlin; mit dessen Schließung u. Abwicklung d. ML-Sektion wie alle ihrer irrealen Nachfolgegründungen keine univ. Weiterbeschäftigung mehr; nachwendisch daher Mitgl. versch. internationaler Albert-Schweitzer-Vereinigungen u. Gründung eines regionalen Albert-Schweitzer-Freundeskreises im Bürgerzentrum von Halle-Neustadt; 2000–02 Mitgl. der 2. Enquete-Kommission des Dt. Bundestages zu „Recht u. Ethik in der Medizin". – 2002 Ehrenkolloquium z. 70. Geb. von E. L. in Magdeburg z. Thema: „Medizin-Ethik – quo vadis? Versuch einer Antwort". Hrsg. Kultur- u. Bildungsverein Elbe-Saale e.V. in Sachsen-Anhalt, Gerbstedt 2002; zu seinem 80. Geb. 2012 im Juli d. J. große Lambarene-Reise (Bericht) als Höhepunkt seiner jahrzehntelanger Bemühungen um das Erbe von A. Schweitzer im Rahmen der marx.-len. DDR-Phil.; s. dazu das entspr. A. *Schweitzer-Personen-Stichwort im vorlg. Band, das sich daraus letztlich herleitet.

Publ.: (Mithrsg.): Das hippokratische Ethos. Untersuchungen zu Ethos und Praxis in der dt. Ärzteschaft. Halle 1967; (Hrsg. mit D. Noske): Kommunistische Erziehung der Schüler und Studenten (Konferenz-Materialien z. IX. SED-Ptg. sowie z. 25. Jh.-Tag der Einführung d. marx.-len. Grundlagenstudiums an den Uni. der DDR) Halle 1977; (Leiter-Autorenkollektiv): Beiträge zur Ethik in der Medizin. 2500 Jahre ärztl. Eid. Medizin u. Gesell. Bd. 19. Jena 1983; (Hrsg. zus. mit U. Körner als Autorenkollektiv): Ethik in der Medizin (Kongreß, Halle 1986) Berlin 1986; Albert Schweitzer. Ethik und Politik (angekündigt als „Medizin und Ethik"). Berlin 2010.

Lutter, Hans
29. April 1928–1. März 2009
Marxistisch-leninistischer Atheismus-Forscher und nachwendischer Freidenker
Geb. in Magdeburg als Arbeiterkind und nach 1945 zunächst Maurerlehrling; dann Neulehrer – Schuldirektor – Schulrat – Lehrerausbilder und schließlich Päd.-Diplom (Berlin 1960), was alles nicht weiter zu verifizieren ist; phil. Prom. 1966 im damalg. atheist. Forschungszentrum der Univ. Jena (Inst. für Phil.) z. Thema *Die Säkularisation in der sozial. Großstadt, demonstriert am Beispiel der Stadt Magdeburg* (Hauptgutachter: O. *Klohr) und Diss. B 1971 an der Päd. HS Potsdam (Hist.-Philolog. Fak.) *Zur Kritik der religiösen Anpassung im Protestantismus*; daraufhin als sofortiger ML-Prof. volksbildungsministeriell bestellter Gründungsrektor der Päd. HS Güstrow (1972) wie später Leiter der dortg. Sektion M.-L./Staatsbürgerkunde; zugleich 1971–90 Abg. des Bezirkstages Schwerin u. davon 10 Jahre Vors. der ständg. Koms. Bildungswesen (speziell verantw. für die von M. Honecker angewiesene komm. Erziehung); dafür 1974 Verdienstmedaille des MDI in Gold u. 1984 sogar den Karl-Marx-Orden;

irgendwelche bes. „pädg.-phil." Publ. sind jedoch nicht nachweisbar; dafür aber seit den 60er Jahren „forschend und lehrend" auf dem bes. ML-Gebiet des Wiss. Atheismus tätig, insb. in engster Zusammenarbeit mit dem entspr., von Jena dorthin an die Ostsseküste „ausgelagerten" Forschungszentrum „Wiss. Atheismus" der ML-Sektion (langj. Leiter Olof *Klohr) an der IH für Seefahrt Rostock-Warnemünde/Wustrow; dazu integriert in den von Wolfg. *Kliem seit 1981 geleiteten Phil.-Problemrat Weltanschaul. Probleme der Zusammenarbeit von Kommunisten und Gläubigen, kürzer genannt auch von „Marxisten u. Christen", beim Wiss. Rat für Marx.-Len. Phil. der DDR an der AfG beim ZK der SED, wozu Ende 1984 ein III. Internationales Güstrower Symposium stattfand (Hauptreferat, Bericht u. Artikel in DZfPh H. 6 u. 10/1985); jedoch schon 1988(!) „verwarf H. L. mit seinem Forschungskollektiv diesen Begriff (,Wiss. Atheismus') als unwiss., ohne deswegen jedoch seine Arbeit auf dem Gebiet des Atheismus aufzugeben", denn bereits seit 1984 widmete er sich (dazu aber wiederum zentraparteiamtlich beauftragt) durch den längst gebildeten entspr. ML-Problemrat (W. *Kliem), nunmehr intensiv dem „christlich-marxistischen Dialog"; doch im Verlauf der „Wende" wurde er im Mai 1990 durch die neue DDR-Regierung abgewickelt, in den „Vorruhestand" entlassen u. sein atheist. ML-„Lehrstuhl liquidiert"; gründete daher bereits im Dez. 1990 eine „Gesell. zur Förderung des Christlich-Marx. Dialogs" („Berl. Dialog-Hefte" 1993–98, bis 2004 „Neue Dialog-Hefte" als red. Hrsg.); zugleich Gründungsmitglied des „Freidenker-Verbandes der DDR"; später aktiv im nun gesamt-„Dt. Freidenker-Verband" (verantwortl. „Referent für Weltanschauungsfragen" und weiterhin „Verfechter einer eindeutig marx. ausgerichteten Religionskritik", aber nun ohne die frühere ideolog.-sekt./militant-atheist. „Religionsbeschimpfung"; Ehrenkolloquium zum 70. Geb. 1998 in seinem „Dialog"-Verein mit entspr. SH 1998 (noch bis H. 60-2004 tätig); verst. 2009 in Güstrow.

Lutz, Günther
5. Aug. 1910–verst. 1948
Ein SS-Philosoph aus Greifswald im Nietzsche-Archiv in Weimar
Geb. in Kiel als Sohn eines Bauingenieurs, der am I. Weltkrieg teilnahm u. in sibirischer Gefangenschaft war; dieses „Fronterlebnis des Vaters u. dessen frühe Mitgliedschaft in der NSDAP beeinflussten die pol. u. wiss. Orientierung des Sohnes entscheidend. Schon als Gymnasiast in Stettin war er zw. 1927 u. 1929 HJ-Gebietsführer für Pommern und Gauführer des Jungvolks. In der Reichjugendführung wirkte er seit 1929 als Kulturreferent," (Ch. Tilitzki, S. 895); dadurch verpätetes Abitur (1931), verbunden mit Eintritt in die SA, seit März 1933 bereits Angehöriger der SS; studierte in Berlin, Rostock u. Greifswald vorwiegd Germ., Phil. u. auch etwas Theologie; schon 1936 prom. er mit einer Reinh. Heydrich gewidmeten Diss. z. Thema *Das Gemeinschaftserlebnis in der Kriegsliteratur* in Greifswald (Gutachter: W. Stammler u. Schulze-Soelde); dazu plante L. als Beitrag zur „Pol. Phil. des 3. Reichs" die „Grundlegung einer nationalsoz. Gemeinschaftswiss."; ein sofortg. Habil.-Verfahren scheitert jedoch, da ein Aufstieg in den Stab des SS-Reichsfürers Himmler in Berlin erfolgt, später erfolgt eine Weiterverwendung im

Reichspropaganda-Minst. sowie vor allem im NS-„Amt Rosenberg"; 1942/43 Mithrsg. der „Kant-Studien" u. nunmehr verstärktes End-Interesse für Fr. Nietzsche (Jubiläum zum 100. Geb. 1944 mit der Festrede von A. Rosenberg in Weimar); dazu Eintritt in den Vorstand der Nietzsche-Gesell. wie zeitweilig Mitarbeiter im dortg. Nietzsche-Archiv in Weimar, wo er aber von der, den Amerikanern nachrückenden Roten Armee mit dessen Leiter verhaftet wurde (verstarb 1946/48 in sowj. Kriegsgefangenschaft); auch dieses Archiv wurde daraufhin geschlossen und später in das nationale Goethe-Schiller-Archiv überführt u. eingegliedert; erst in den 60er Jahren wird es dem itl. Kommunisten und Antifaschisten M. *Montinari erlaubt, daselbst an einer neuen hist.-krit. GA der Werke, Briefe u. des Nachlasses von Fr. Nietzsche zu arbeiten, die aber in der DDR nie erscheinen oder vertrieben werden konnte, sondern bei de Gruyter in West-Berlin aufwendig international verlegt wurde, woran auch die fortl. aufgeregt-wütenden Angriffe von W. *Harich gegen eine angeblich drohende reaktionäre Nietzsche-Renaissance in der DDR nichts zu ändern vermochte; dessen nationalsozialistische (fasch.) Vereinnahmung belegt allerdings Ludz ungemein exemplarisch.

Luutz, Wolfgang
12. Sept. 1953
ML-Dozent an der KMU Leipzig
Geb. in Bussin, Kr. Stralsund; 1960–70 polytechn. OS und 1972–74 OS mit Abitur; anschl. Grundwehrdienst bei der NVA; 1974–79 Philosophie-Studium in Leipzig u. Abschluss als Diplom-Phil.; Lehreinsatz als befr. wiss. Ass. an dortg. ML-Sektion u. phil. Prom. *Zum Zusammenhang von Alltagsbewußtsein u. Gesellschaftlichkeit des Individuum im Sozialismus* (Gutachter: *Eschke, *Kramer, Frost); ab 1. 9. 1985 unbefr. Ass. in der Forschungsgr. W. *Lorenz zur Soziolinguistik bzw. Kommunikationsphil.; Prom. B *Zur Untersuch. des Prozesses der Vermittlung von individuellen u. gesell. Interessen im Sozialismus unter bes. Berücksichtg. kommunikativer Dimensionen. Überlegungen aus philosoph. Sicht.* (Gutachter: A. Poeschke, *Weißflug, W. *Lorenz); mit Auflösung der ML-Sektion 1989/90 Vorlg. z. Fachausbildung der Journalistik u. Politikwiss. sowie 1991 Anerkennung der B-Prom. als Habil.-schrift durch den Senat der Univ. Lpz.; Jahresarbeitsvertrag 1991/92 als wiss. Mitarb. beim Neuaufbau des dortg. Phil.-Inst.; 1993–96 daselbst wiss. Oberass. u. Juli 1995 Erteilung der Lehrbefugnis für Sozialphil. sowie seit 1997 PD und fachwiss. Autor.

Publ.: (Mithrsg.): Krise der Ideologisierung. Zur diskurstheor. Untersg. pol. Texte der SED in der Vorwendezeit (Lpz. Gesell. für Pol. u. Zeitgsch. e.V.) Leipzig 1992; (Hrsg.): Gesell. Reproduktion u. soziale Kommunikation. Studientexte zu einer phil. Theorie sozialer Kommunikation. Hamburg 1992; (Mit-Hrsg.): „Das soziale Band ist zerrissen". Sprachpraktiken sozialer Desinterpretation. Leipzig 1994; (Hrsg.-Aufsatzsammlg.): Transformation und Regionalisierung. Jb. für systm. Phil. Münster 1996; (Hrsg.): Das „Andere" der Kommunikation. Leipziger Schriften zur Phil. Bd. 8. Leipzig 1997; Region als Programm. Zur Rekonstruktion „sächsischer Identität" im pol. Diskurs. Leipziger Schriften z. Gesellwiss. Bd. 8. Baden-Baden 2002; Staat und Recht im Fokus der Phil. – Lektüreheft für die gymnasiale Oberstufe. Leipzig 2012.

Lyssenko, Trofim D.
1898–1976
Stalinistischer "Diktator der sowj. Biologie" u. deren folgenschwerer Ideologisierung
Entstammt einer bäuerl. Familie in der Ukraine, z. russ.-kaiserl. Zarenreich gehörig; studierte nach der Okt.-Rev. 1917 u. während des Bürgerkrieges am Landwirtschaftl. Institut der Univ. Kiew u. wurde 1925 daselbst als Agronom graduiert; ab 1929 am Allunions-Inst. für Genetik u. Saatzucht in Odessa tätig, das er von 1934–39 leitete; wirksamster Schüler und Mitarbeiter des Pflanzenzüchters I. W. Mitschurin (1855–1935), der jedoch dabei vor allem Schulgärten u. Gartenarbeit vor Augen hatte und nicht riesige (unbeaufsichtigte) sowjet-kollektivierte Großackerflächen für (unkontrollierbare/praktizistische) „Getreideanpflanzungsexperimente", wodurch es nach der zwangsweisen Stalinschen Kollektivierung (Liquidierung der Kulaken) zu folgen schweren Produktionseinbrüchen, Missernten u. Hungersnöten in Sowjet-Rußland kam, wofür jedoch stets „Saboteure und Volksfeinde" verantwortlich gemacht und erbarmungslos verfolgt wurden; die KPdSU-Führung beschloss daher die beschleunigte Züchtung und den sofortigen Anbau vermeintlich ertragreicherer Getreidearten, was der übereifrige „Akademik" Lys. der Parteiführung u. Stalin persönlich fortlaufend versprach, ohne das es jemals zu der stets nur großpropagandistisch verkündeten sog. "Landwirtschaftsrevolution" wirklich kam (trotzdem mehrfach ausgezeichnet mit den Lenin-Orden); seit 1940 schließl. alleiniger herrschsüchtiger Leiter des Instituts für Genetik an der Aka. der Wiss. der UdSSR in Moskau, wodurch es bei gewaltsamer Verdrängung der daraufhin nur noch parteipol.-ideolog. verfolgten (reaktionären, ja „bürgerlich-fasch.") Genetik kam, deren russ.-sowjet. Hauptvertreter N. Wawilow 1943 im Straflager ums Leben kam; als nun allein bestimmende (also „nichtgenetische"!) Vererbungsgrundlage für die von der Parteiführung gesellschaftspol. eingeforderten, dauerhaft vererbaren „Eigenschaften" (also Ertragserhöhung durch „Arten-Umwandlung") von Kulturpflanzen und anderer Organismen (letztlich auch des neuen sowjet-komm. Menschen) wurden ungeprüft u. eindimensional, wesentlich allein veränderbare Umweltbedingungen, also „Erziehung" im allumfassensten (pol.-ideolg.) Sinne angenommen; der entscheidende Unterschied zw. theor. Grundlagenforschung und praktisch-angewandter (experimenteller) Biologie wurde bestritten und (wegen der marx.-len. verkündeten unabdingbaren „Einheit von Theorie und Praxis") als wiss. rückschrittlich erklärt u. ungemein folgenschwer („dial. negiert") ignoriert; 1948 kam es (unmittelbar nach der Stalinschen Kritik der verwestlichten Sowjet-Phil. durch A. *Sdhanow) ebenso auf einer unionsweiten Tagung der Sowjet-Aka. für Landwirtschaftswiss. zur berüchtigten parteiamtlichen Verurteilung (Lys.-Rede: „Über die Situation der Biologie") der bürgl.-reaktionären Mendel-Weismannschen Genetik, die daraufhin so auch in der DDR von einigen neolamarckistisch (also antidarwinistisch/nichtgenetisch) denkenden („dial.-mat.") Biologen sowie der marx.-len. Partei-Phil. zeitweilig kolportiert wurde (aber nicht durch den Präsd. der DDR-Aka. für Landwirtschaftswiss. H. Stubbe); doch die wesentlich pol.-ideolg. propagierte (wozu selbst die marx.-Gesellschaftslehre u. Phil. missbraucht und vulgär-

materialisiert wurde) Annahme einer angeblich unvermittelt möglichen „Vererbung erworbener Eigenschaften" war vor allem praktisch nicht verifizierbar und führte so zu weiteren katastrophalen Einbrüchen in der sowjet. Landwirtschaft und nachhaltigen Schädigung der biolg. Wiss. in der UdSSR; erst 1956 kam es zur Absetzung dieses dogm. Präsd. der „Lenin-Akademie für Landwirtschaft" u. zur öffentl. Kritik der wiss. unhaltbaren Fehlinterpretationen und sogar direkten Fälschungen der jahrelang derartig parteigesteuerten „Sowjetbiologie"; dabei steht dieser „Lyssenkoismus" nunmehr wiss.-geschichtlich. für ganz ähnliche/analoge ideolg.-parteipol. Eingriffe z.B. in die Sprachwiss. (N. J. Marr), die Mathematische Logik (undial., formal u. nichtmarx.) oder auch Theor. Physik („physikalischer Idealismus"), von der „imperialistisch-reakt. Kybernetik, Soziologie oder Psychoanalyse" ganz zu schweigen, – und von den sowieso total parteiideolog. gesteuerten, überhaupt nur noch „marx.-len. Gesellwiss." hier einmal abgesehen; – alles das steht für eine erschreckende u. folgenschwere dogm.-sektiererische (*falsche*) *Ideologisierung der Wissenschaften*, deren geistige Freiheit u. fachliche Eigenständigkeit parteiamtlich und klassenkämpferisch nachhaltig beschädigt wurde, u. a. auch immer wieder im Namen der welthist. siegreichen Sowjet-Phil. und der ihr darin weitgehend nachfolgenden marx.-len. Staatspartei-Phil. der DDR; diese offensichtlich falsche Ideologisierung der Fach-Wiss. ist grundsätzlich zu unterscheiden von deren durchaus weltbildl. Wirkung wie philosophische Interpretation gerade der führenden Naturwiss. wie das z. B. bei A. *Einstein u. K. *Lorenz der Fall ist; im Rahmen der marx.-len. DDR-Phil. hat sich daher seit 1959/60 besonders der Berliner Hm. *Ley-Lehrstuhl Phil.-Naturwiss. darum bemüht, derartige „lyssenkische" Auswüchse in der naturphil. Arbeit nicht mehr zuzulassen und sogar teilweise aufzuklären.

Lite.: Sh. A. Medwedjew: Der Fall Lyssenko. Eine Wissenschaft kapituliert. Hamburg 1971; D. Lecourt: Proletarische Wissenschaft? Der Fall Lyssenko u. der Lyssenkismus. West-Berlin 1976; J.-P. Regelmann: Gesch. des Lyssenkoismus. Frankf./M. 1980; Ekkh. Höxtermann: „Klassenbiologen" u. „Formalgenetiker". Zur Rezeption Lyssenkos unter den Biologen der DDR. In: Acta Historica Leopoldina. Bd. 36. 2000, S. 273 ff.; Literarische Reflexion dieses Phänomens Lyssenko in: Wl. Dudinzew: Weiße Gewänder. Roman. Berlin 1990.

Maaß, Ekkehard
25. Juni 1951
Philosophie-Student – Liedersänger – Übersetzer und sein literarischer Salon
Geb. in Naumburg (Saale) als Sohn eines aus dem Baltikum stammenden Pfarrers, der wegen seiner Ablehnung der SED-Diktatur inhaftiert war; also studierte der Sohn zunächst Theologie u. Phil. 1970–73 an einer kirchl. Einrichtung, dann aber ab 1976 marx. Phil. an der HU Berlin; doch wegen seiner Solidarisierung mit Wolf *Biermann sowie intensiven Kontakten zu sowjet. Dissidenten 1979 Ausschluss vom weiteren Phil.-Studium u. freiberufl. Übersetzer von krit.-oppositionellen lite. Texten; seine Wohnung im Prenzl. Berg wird zu einem regelrechten lite.-künstl. Salon, in dem (durchgehend observiert durch die Stasi und ihre willigen Helfer) zahlreiche bekannte

DDR-Schriftsteller u. Künstler Lesungen u. Ausstellungen veranstalten, dok. (hrsg. von Peter Böthig) in: *Sprachzeiten. Der literarische Salon von Ekke Maaß von 1978–2016* (Berlin 2017, bevorw. von Wolf *Biermann); bes. Einsatz für die national-kulturellen Unabhängigkeitsbetrebungen Georgiens u. Tschetscheniens; 1991 feierliche Rehabilitierung und nochmals versuchte Aufnahme des Phil.-Studiums, aber wegen erneuter internationaler Erkundungsreisen in den Kaukasus (Gründg. einer entspr. Gesell.), nicht mehr abgeschlossen; das gilt auch für nacholende umfängliche theolg. Studien 1992–97 mit univ. Teilabschlüssen.
DDR-Personen-Lexikon 2010 (BeF).

Publ.: Die Schnupftabaksdose. Berlin 1987; Lang mögest Du leben, Giwi! Zum 75. Geb. des Chefs der Buch– u. Versweltverwaltung. Bln. 2002; Tschetschenien – Krieg u. Gesch., 400 Jahre koloniale Eroberung-400 Jahre Widerstand. Berlin 2003.

Madejski, Hanno
26. Dez. 1944
Als Philosophiehistoriker in der Urania, Volkshochschule und Sachbuchautor
Geb. in Rathenau, Vater Ingenieur; 1951–60 Polytechn. OS u. Flugzeugmechaniker; 1964–67 Offiziersschule der Luftstreitkräfte Kamenz, danach NVA-Offizier (Hauptmann, Funkoffz.); 1979–83 Phil.-Studium in Bln. u. antike Sprachen; anschl. Forschungsstud. mit phil. Prom. A 1986 z. Thema *Grundprobleme der Demokritrezeption des Aristoteles* (Gutachter: G. *Irrlitz als Themensteller u. Betreuer, H.-D. *Lübke, F. *Jürß sowie als Vors. G. *Stiehler u. Beisitzer H. *Pepperle); beruflicher Einsatz im Präsidium der Urania (Ost); danach jahrlange Arbeit an Berl. Volkshochschulen im Bereich Phil. u. Kulturgesch. sowie Mitarbeit im Humanistischen Regionalverband Ostbrandenbg e.V.; späterhin erfolgreicher, geistreich-heiterer wie ironisch-unterhaltsamer Sachbuchautor mit folgenden Buchtiteln:

Rührt Euch, Genossen: Heiteres im Leben eines NVA-Offiziers. Berlin 2017; Marie u. der Urknall: Familien-Bekenntnisse eines Ostdeutschen. Bln. 2017; Meine Schwierigkeiten mit Karl Marx: Erkenntnisse eines Marxianers in Distanz und Achtung. Berlin 2018.

Maffeis, Stefania
Italienische Nachforscherin zur Gesch. der DDR-Phil. u. Fr. Nietzsches in dieser
Geb. 1975 in Brescia, Italien; Okt. 1994–März 2000 Studium der Phil. und Geisteswiss. an der Uni. degli Studi in Parma; Magisterarbeit zu „Hans-Georg Gadamer u. Pierre Bourdieu"; danach weitere Studien in Dtl., insb. zur ostdt. Phil-Geschichte und 2005 phil. Prom. an der FU Berlin zum Thema *Zwischen Phil. u. Politik. Die sozialen Beding. (Transformation) der Phil. in der DDR und im vereinigten Dtl. 1945–1993* (Gutachter: G. Gebauer und Fr. Otto Wolf, – publ. Frankf/M. 2007); enthält neben einer periodisierten Analyse der DDR-Phil. bis 1990 (teilweise biogr. belegt durch zahlreiche persönl. Befragungen von aktuell noch lebenden DDR-Phil.) auch eine kurze Erfassung der „Nietzsche-Rezeption in der DDR-Phil."; anschl. 2006–09 Lehrbeauftragte am Inst. für Phil. der FU Berlin u. nach einer doppelten Elternzeit seit März 2010 wiss. Mitarb.

ebd. auf einer DFG-eigenen Stelle zum Forschungsthema: Aspekte der transnationalen Wissenszirk. im Werke u. in der Rezeption von Hannah Arendt.

Mahr, Herbert
10. Okt. 1925
Philosophisch-marxistischer Kritiker der westdeutschen Pädagogik
Geb. in Waltershausen/Thür. als Sohn eines Drehers u. einer Kontoristin; 1932–40 Besuch der VS ebd. u. in Ruhla; 1940–43 Besuch eines Lehrerbildungsinst. in Schwarzburg, danach Einberufung z. RAD sowie zur Wehrmacht in die Kriegsmarine; mit Kriegsende 1945 Landarbeiter und bereits Okt. 1945–Juni 1950 Neu-Lehrer, legt während dieser Zeit seine 1. u. 2. Lehrerprüfung ab u. beginnt zugleich ein Zusatzstudium an der Landesparteischule Thür.; danach 1953–57 Phil.-Studium (Staatsexamen) in Berlin als Externer (späteres Fern-Studium Phil.), betreut durch die Inst.-Phil. G. *Klaus, Hm. *Scheler, Kl. *Zweiling u. Marie *Simon; seit 1960 Arbeit an einer phil.-päd. Diss. z. Thema *Die phil. Grundlagen des Menschenbildes der neothom.-personalen Päd. Ein Beitrag zur Analyse u. Kritik des Klerikalismus im westdt. Schulwesen* (real. 1965 in Halle, Themensteller, Betreuer u. Gutachter: D. *Bergner); in dieser Zeit wiederum zugleich Fachlehrer für Gesch. und Staatsbürgerkunde; seit Sept. 1964 wiss. Mitarb. für marx. Phil. am Lehrstuhl Staatsbürgerkunde im Pädg. Inst. Leipzig; Nicht viel anders lautet nachfolgend das politphil. Thema dieser Kritik und Ause. (allein mit der westdt. Nachkriegspäd., ohne deren wirklich prakt. Kenntnis) als Prom. B in Halle zu den *phil. Grundlagen der spätbürgl. Erziehungstheorie in Westdtl. Ein Beitrag zur Analyse u. Kritik der Integration der imperialist. Päd. Westdtl. in das staatsmonopolist. Herrschaftssystem*; auch die daraus noch in den 80er Jahren entstandenen gemeinschaftl. Studien mit a. Autoren zu ideengeschichtl. Voraussetzungen bürgerl. Päd. (Beiträge zur Päd. Bd. 18. Berlin 1980) sowie zu Werte u. bürgerl. Päd. der Gegenwart. Studien zu phil. Grundlagen von Bildungskonzeptionen der BRD (ebs. Bd. 36. Berlin 1986) haben keine andere ideologiekrit. Tendenz und Ausrichtung; ein nationalgeschichtl. bzw. gar gesamtdt. Vergleich mit der eigenen ostdt./realsozial. Pädg.-Entw. in der DDR, in ebenso hist.-krit., phil.-marx. Hinsicht erfolgt dagegen überhaupt nicht.

Maleck, Bernhard
11. Okt. 1955
Parteiphilosophischer Ideologiekritiker in Berlin
Geb. in Mibro; 1962 POS u. 1970/74 EOS wie 1974/76 NVA, anschl. Phil.-Studium 1976–80 in Berlin u. delg. zum Forschungsstudium nach Halle (Sektion Phil.) zur „Kritik-Gruppe" (H.-M. *Gerlach); daselbst 1983 phil. Prom. z. Thema *Herbert Marcuse – Leben und Werk. Eine biogr.-hist. Untersg. sowie Ause. mit spätbürgerl. Kulturkritik*; 1984/85 kurzz. wiss. Ass. an der HUB im ML-Grundstudium; ab 1. Dez. 1985 pol. Mitarbeiter im ZK-Ap. der SED, Abt. Prop. (Leiter Kl. *Gäbler); 1986 gem. Prom. B mit St. *Bollinger an der AfG z. Thema *Weltanschaulich-ideolg. Positionen in*

den ökolog.-alternativen Bewegungen der BRD (Gutachter: Eb. *Fromm, publ. 1987 u. d. gem. Autoren-Titel: „Denken zw. Utopie und Realität"); mit der Selbstauflösung des zentralen ZK-SED-Parteiap. wie der ihm direkt angeschl. Aka. für GW zeitwelg. univ. Übernahme in die umgebildete ML-Sektion der HUB als ein Inst. für Politik-Wiss.; dort wiederum gem. Publ. (hrsg. von E. Maleck-Lewy) Über Macht u. Ohnmacht des Utopischen. Auf der Suche nach der Zukunft, 2 Teile; später tätig beim „Interntl. Hochschulsprachkurs – Landeskunde Berlin" sowie bei den „Paul Sobeg Medien".

Publ.: W. Ullmann: „Ich werde nicht schweigen" (Gespräche). Berlin 1991; Hr. Fink: „Sich der Verantwortung stellen" (Gespräch). Berlin 1992; Zementwerk Karsdorf (Betriebsgeschichte seit 1927). Berlin 2007.

Malorny, Heinz
26. März 1932–Febr. 2012
Als marx. Philosophiehistoriker ideologiekritischer „Nietzsche-Töter" über Jahre
Geb. als Sohn eines Arbeiters in Steinau/Oder und 1938–44 Volksschule; doch wegen Kriegsumstände umgezogen nach Bad Kösen und mit Schulabschluß das Erlernen des Tischlerhandwerkerberufs; 1950–52 zur ABF-Halle und noch ohne Abitur zum Phil-Studium nach Berlin delegiert (da unzureichende Studentenzahl am gerade erst neu gegr. Phil. Inst.); abgeschl. mit einer Diplomarbeit zum „Lebensbegriff Wilhelm Diltheys" (bei W. *Heise); danach längerer Lehreinsatz im gesell.-wiss. Grundlagenstudium an der FSUni. Jena; daselbst 1967 phil. Diss. *Über die phil. Auffassungen Wilhelm Diltheys* (Gutachter: G. *Mende, O. *Klohr) sowie phil. Prom. B 1979 ebenso in Jena (projektbezogen) *Zu einigen Problemen der Gesch. der marx.-len. Phil. in den Jahren des Kampfes gegen die fasch. Diktatur in Dtl. – Fragen der Humanismusauffassung, des Menschenbildes, der Erbeauffassung u. der Ästhetik des M-L* (Gutachter: Weißbecker, E. *Lange, H. *Ulrich); später wiss. Mitarbeiter am ZfPh der AdW der DDR in der Buhrschen „Kritikgruppe", unter dessen staatsparteilichen Aufsicht zuständig und freigestellt für die unerlässliche und qualvolle marx.-len., allein ideologisch-politische Nietzsche-Kritik (Phil.-stud. Ehrbezeichnung: „Nietzsche-Töter"!), worin er nur noch von seinem antifaschist. Überkritiker Wolfg. *Harich" und seinem unmittelbaren Befehlsgeber M. *Buhr übertroffen werden konnte; in der „Ruben-Affäre" 1981 Mitgl. einer Parteiverfahrenskommission sowie Mitautor eines entspr. Berichtes; nachwendisch keinerlei weitere fachphil. Anstellung, arbeitslos u. im Vorruhestand; zeitweilg. Wirksamkeit im Berliner Bildungsverein der „Hellen Panke" der RLS, zuständig für nachholende ostdt. „Phil. Gespräche", die F. *Rupprecht zuvor bereits eingerichtet hatte (versuchte ausgerechnet Kl. *Schrickel phil.-geschichtl. gegen Harich zu rehabilitieren). Erst durch eine persönliche (*Harich denuzierende Parteieingabe / war abgesprochen mit *Buhr) an Kurt *Hager konnte seine eigene Nietzsche-Kritik, jahrelang von *Harich gutachterlich verhindert, gerade noch 1989 wirkungslos erscheinen. Mit der nach-

holenden ostdt. Nietzsche-Beschäftigung hatte er nichts mehr zu tun, nachdem sich die orthodox-marx. Nietzsche-Verdammung in der DDR vollständig erledigt hatte.

Publ.: (mit L. Elm u. G. Rudolf): Traditionen des Konservatismus. Zur Kritik der bürgerlichen Ideologie u. des Revisionismus. Berlin 1982; Zur Philosophie Friedrich Nietzsches. Berlin 1989 (jahrelang „gutachterlich" von W. Harich verhindert); Friedrich Nietzsche, ein Jhd. nach seinem Tode ein Klassiker der Philosophie? Zu den phil.-hist. Lehrveranstaltungen 1952–57 am Phil. Inst der HU zu Berlin (insb. zu K. Schrickel, weniger zu W. Harich). Berlin 2001. Helle Panke – Phil. Gespräche Nr. 4.

Maltusch, Wernfried
15. Nov. 1926–16. Nov. 2014
Promvovierter Diplom-Philosoph und staatlicher Rundfunkfunktionär
Geb. in Sauo (Niederlausitz) in einer Arbeiterfamilie; Vater 1943 in der Panzerschlacht im Kursker Bogen gefallen; nach eigener kurzer Kriegsteilnahme, 1946–50 schneller pol. Kaderaufstieg über die FDJ in der SED-KL Brandenburg; 1954 delg. z. Phil.-Studium nach Berlin und verwickelt in den pol. Philosophie-Stud.-Prozess von 1958 gegen P. *Langer und Karlh. *Messelken, wozu er verhört wurde, aber keine Studienunterbrechung wie andere (P. *Ruben) erfährt; spätere phil. Prom. 1966 an der AdW (Inst. für Phil. bei G. *Klaus) zum Thema *Die materielle Interessiertheit als Vermittlung von Individum und gesell. Interessen im Sozialismus* (publ. 1966 u. dem zeitnahen Titel: „Materielles Interesse als Motiv. Triebkräfte sozial. Prod., phil. wie kybernetisch untersucht"); anschl. pol. Einsatz im Rundfunk der DDR und dort Gründung eines „Soziolg. Forschungsbereich"; zugleich im MfS-Auftrag (Deckname „Maser") Reisen ins westl. Ausland, dabei jedoch selbst observiert u. 1972 mit Vorwurf der „ideolg. Diversion" seines Amtes enthoben; daraufhin Einsatz im gesell.-wiss. Grundstudium, aber auch Verlags- wie Rundfunkwesen; mit der Wende bereits am 28. Nov. 1989 rehabl. u. 1989/90 als stellv. Generalindendant jedoch nur noch Mitwirkung an der Abwicklg. des DDR-Rundfunks; danach Altersrentner u. Autobiographie: Etikettenschwindel. Macht-Macher-Medien. Berlin 2000.

Mao Tse-tung
26. Dez. 1893–9. Sept 1976
Chinesisch-stalinistischer Revolutionsführer und (fünfter) ML-Klassiker
Geb. in einer traditionellen Bauernfamilie in Shaoshan, der zentralch. Provinz Huan; verkürzte Schulausbildung seit 1910 u. 1913 Besuch einer Lehrerbildungsanstalt (u. a. auch Studium von Fr. Paulsens „System der Ethik"); 1918 Hilfsbibliothekar der Peking-Univ. u. erste marx. Studien u. Artikel; pädg.-pol. Tg. im Volksschulwesen, aber keine direkte Teilnahme am entscheidenden Gründungskongreß der KPCh; organisiert Bauernaufstände wie die Bildung befreiter Sowjetgebiete in China; gemein. (nationale) Einheitsfront von KPCh u. Kuomintang im Anti-Japan-Krieg 1937–45; danach erneuter Ausbruch des innerch. Bürgerkrieges mit Sieg der Volksbefreiungsarmee auf dem ch. Festland u. am 1. Okt. 1949 Ausrufung der VR China als „demokratische Diktatur des Volkes" durch Mao; z. Jahresende Moskau-Reise zu *Stalins 70. Geb. Dez. 1949;

1951–53 Eingreifen in den Korea-Krieg und 1955 blockfreie Bandung-Konferenz; 1957 Rede Über die richtige Behandlung von Widersprüchen im Volke sowie Entfaltung der „Lasst hundert-Blumen"-blühenden Kritikperiode, die jedoch im verschärften Klassenkampf gegen „Rechtsopportunismus" wie nachstalinschem (sowjet-russ.) Revisionismus einmündet und umgelenkt wurde; Nov. 1957 Teilnahme an den 40. Revolutionsfeierlichkeiten in Moskau u. letztmalige Beschwörung der gem. komm. Welt-Revolution: „Der Ostwind siegt über den Westwind"; 1958 Gründung von Volkskommunen und terrorartige Propagierung der Kampagne „Großer Sprung nach vorn", der in einer Wirtschaftskrise u. Hungersnot (1959/61) verendet; daraufhin Wiederbetonung der sozialist. Umerziehung und 1965/66 Einleitung der „Chinesischen Kulturrevolution" (in Westeuropa linksromantisch verklärt u. glorifiziert) mit unvorstellbarer Steigerung des Mao-Personenkults u. massenhafter Verbreitung seiner Lehr-Worte als „Rotes Buch" bzw. „Mao-Bibel"; zeigte auch Auswirkung in West-Berlin und der BRD 1967f. unter linken Studenten, jedoch nicht in der DDR, da die SED, darin der UdSSR kritiklos folgend, zunehmend eine pol.-ideolg. Kampagne gegen die verbrecherische „maoistische Führung" der KPCh u. den sie beherrschenden Maoismus beginnt (schon ab der 60er Jahre werden keine Mao-Texte mehr in der DDR publ., dt.-sprachig erscheinen seine Texte nur noch im „Verlag für fremdsprachige Literatur" (Peking) und wurden allein über die chin. Botschaft in Berlin-Pankow inoffiziell, aber wirkungslos vertrieben; mit dem Tod Maos im Sept. 1976 u. der Ausschaltung der sog., nun selbst als konterrev. erklärten ‚Viererbande' um die Mao-Witwe wird diese ereignisreiche wie folgenschwere erste Phase der Revolution in Chinas beendet. – Die kurzzeitige, aber massenhafte Verbreitung der zumeist kleinen phil.-pol. Mao-Schriften (*Über die Praxis*, Berlin 1950, 7. A. 1958 wie *Über den Widerspruch*, 1954, 9. A. 1960) fiel in den Anfangsjahre der DDR mehr oder weniger zusammen mit der ebenso massenhaften Propagierung der letzten Lehr-Texte J. W. *Stalins u. endete bereits in den 60er Jahren mit der nachstalinschen (chinesischen) Erhebung u. Glorifizierung des Vorsitzenden Mao Tse-tung zum „größten (lebenden) Marxisten-Leninisten unserer Zeit" (Liu Biao-Vorwort zu dessen „Worte"), was in der DDR massiv ideolg.-parteipol. kritisiert wurde, insb. der sich damit verbindende großch. Anti-Sowjetismus; seine revolutionsromantische Weiterwirkung in westl.-linkskomm. sektierrischen „Mao-Gruppen" (noch bis heute) wie die zahlreichen bürgerlich-kritischen Publ. zu ihm blieben jedoch in der DDR weitgehend unbekannt; man beteiligte sich lediglich (auch polärphil.-agitatorisch) nur an einer oberflächlichen sowjet. Kritik und propagandist. Dauerpolemik gegen den „Maoismus" als einer ideolg.-pol. Abirrung vom parteiamtlichen ML sowjet. Prägung; damit erledigte sich Mao phil.-pol. ganz ebenso wie vorangehend bereits Stalin im Rahmen der offiziellen marx.-len. DDR-Phil.; – erst zum kürzlichen Karl-Marx-Jubiläum (200. Geb.) 2018 bekam dessen Geburtsstadt Trier eine übergroße Marx-Statue aus der VR China (von einem ch. Künstler) als ganz unverbindliche Touristenattraktion überreicht, womit sich aber keinerlei klass. Maoismus mehr verbindet.

Publ.: Über die Diktatur der Volksdemokratie (Verlag für fremdsprachige Literatur) Peking 1950 und Berlin 1951 (Kl. Bücherei des M.-L.); Rede an die Künstler u. Schriftsteller (aus dem Franz. übers. von Eva Klemperer). Berlin 1950; Über die Praxis. Über die Verbindung der Erkenntnis mit der Praxis, des Wissens mit dem Handeln (Juli 1937). Berlin 1951 (7. A. 1958 und Peking 1964); Reden an die Schriftsteller u. Künstler im Neuen China auf der Beratung in Yean (mit einem Nachw. von Anna Seghers). Berlin 1952; Über den Widerspruch. Berlin 1954 (9. A. 1960, dann Peking 1964); Gegen den Liberalismus (dt.-sprachig). Peking 1954 (5. A. 1961, dann Peking 1966); Mao Tse-Tung. Kurzbiographie. Berlin 1954; Ausgewählte Schriften in 4 Bänden (Übers. aus dem Russischen). Berlin 1956 (bis 1960 in weiteren Auflagen); Fragen des genossenschaftl. Zusammenschlusses in der Landwirtschaft. Berlin 1956; Über die richtige Lösung von Widersprüchen im Volke. Peking wie Berlin 1957 (3. A. 1960 bzw. 1959); „Laßt viele Blumen blühen" u. „lasst viele Gedankenschulen miteinander wetteifern" und „Koexistenz auf lange Sicht und gegenseitige Überwachung". J W - Verlag 1957; Der Imperialismus und alle Reaktionäre sind Papiertiger. Peking 1958; Gedichte. Berlin 1958; Über Literatur und Kunst. Peking 1961; Über die Berichtigung falscher Anschauungen in der Partei. Peking 1962; Ausgewählte Schriften. Frankf./M. 1963; Vier phil. Monographien. Peking 1965; Worte des Vorsitzenden Mao Tse-tung. Peking 1967 (ebs. Hambg. 1967 u. bis 1977 jährl. Neuauflagen u. Miniatur-Ausgabe, Peking 1968); Das Mao Tse-Tung Brevier. Der Katechismus der 700 Mill. (Übers. aus dem Englischen). Würzburg 1967; Das ganze Land muß eine große Schule der Ideen Mao Tse-Tungs werden! Peking 1967; Über Praxis und Widerspruch. Rotbuch Nr. 5 (Wagenbach-Verlag). West-Berlin 1968; Mao und die Rote Garde. Eine Dok. über Chinas Kulturevolution. Mün. 1968; Den sozialist. oder den kapitalist. Weg gehen? Peking 1968; (Rowohlts Monograph. 141 – T. Grimm): Mao Tse-tung in Selbstzeugnissen u. Bilddok. Hamburg 1968 (15. A. 1998); Mao Tse-tung, der große strategische Plan. Dok. zur ch. Kulturev. Berlin 1969; Ausgew. militärische Schriften. Peking 1969; (Hrsg. I. Fetscher): Der Kommunismus. Von Marx bis Mao. Berlin-West 1969; Von Marx zu Mao Tsetung. Einführung in die Ideologie des Komm. Trier 1970; (Leitartikel der ch. KP-Parteipresse): Der revolutionären Linie des Vors. Mao gemäß siegreich vorwärts! (Neujahr 1971); Über die Weiterführung der Revolution unter der Diktatur des Prolt. (Zentraler Arbeiterverlag) West-Berlin 1971; St. R. Schram: Das pol. Denken Mao Tse-tungs. Das Mao-System. Mün. 1972 (engl. Übers. 1963/69); Boris Leibson: Anarchismus – Trotzkismus – Maoismus. Moskau 1979; AfG beim ZK der SED: Aktuelle China-Information (z. 60. Gründungstag der KPCh.) Bln. 1981; Wang Ming: 50 Jahre KP Chinas und der Verrat Mao Zedongs. Berlin 1981 (russ. Übers. Moskau 1979); Jung Chang/Jon Haliday: MAO. Das Leben eines Mannes. Das Schicksal eines Volkes. München 2005.

Marcuse, Herbert
19. Juli 1898–29. Juli 1979
Als „linksrevol." Marxist zurück an die FU-West-Berlin und beigesetzt in Ost-Berlin
Geb. als Sohn eines jüd. Textilfabrikanten aus Pommern in Berlin; nach einem kriegsbedingten Not-Abitur 1916 sofort zum kaiserlichen Heeresdienst einberufen, aber offenbar kein direkter Kriegseinsatz mehr; 1917/18 SPD-Beitritt u. kurzzeitig in einen revolutionären Soldatenbeirat in Berlin-Reinickendorf gewählt; danach Studium der Germ. im Hauptfach sowie Phil. u. Nationalökonomie im Nf in Berlin und Freiburg; Anfang 1919 Wiederverlassen der SPD, aber wohl keine komm. Parteiarbeit; 1922 literaturwiss. Prom. über den dt. Künstlerroman u. anschl. Arbeit im Buchhandel u. Verlagswesen; 1928 Wiederaufnahme des Phil.-Studiums bei Ed. Husserl u. M. Heidegger in Freiburg, wobei eine phil. Habil. über *Hegels Ontologie und Theorie der Geschichtl.* (publ. 1932) bei letzteren scheitert; mit der ersten

(sehr verspäteten) Publ. der „Öko.-phil. Manuskripte" von 1844 des jungen Marx im Rahmen der (1.) MEGA 1932 sogleich Autor einer umfänglichen (unorthodoxen) Interpretation ders. in der Zft.„Die Gesellschaft", was auf eine existential-anthropolog. Neubewertung des ursprüngl. Marxschen Denkens hinauslief, der von parteimarx. Seite sofort u. anhaltend widersprochen wurde; 1933/34 Emigration über die Schweiz in die USA; in der Zft. des (Frankf.)„Inst. für Sozialforschung"(1934) erste Ause. mit Heideggers Einstellung zum NS anhand von dessen folgenschwerer Freiburger NS-Rektoratsrede 1933, worauf dieser aber selbst nachkriegszeitlich niemals selbstkritisch reagieren sollte; in den 50er Jahren an der New Yorker Columbia-Univ. und in Harvard „Studien über den Sowjet-Marxismus" (engl. publ. 1957, dt. Übers. 1964 von A. *Schmidt); diese gipfelten in dem Satz: „Zu einem ritualen Muster hypostasiert, wird die Marxsche Theorie zur Ideologie" u. als solche hört sie auf, kritisch-revolutionäre Theorie der Emanzipation zu sein und wird zur parteiamtlichen Rechtfertigung von neuer staatspartei-bürokratischer Unterdrückung; in den 60er Jahren politikwiss. Professuren in den USA u. 1965 auch an der FU in West-Berlin; dadurch unmittelbare ideolg. Einflussnahme auf die sich entwickelnde (protestierende linksradikale) westliche Studentenbewegung, die dabei jedoch vielfältig von ostdt. Seite inoffiziell observiert und auch gesteuert, aber nur intern analysiert wurde; außerdem kam dazu noch Rudi *Dutschke als „Zonenflüchtling" aus SBZ/DDR, was aber alles ohne jede belebende Auswirkung auf diese blieb; das univ. Bildungswesen der DDR war derweil um 1968 vielmehr mit einer weitgehend von oben angeordneten u. diktierten III. systemsozial. HS-Reform beschäftigt, worauf insbes. alle univ. Phil.-Institute und die gesamte phil. Arbeit (Lehre u. Forschung) endgültig parteisektiererisch zu einer allein „marx.-len." bestimmten Sektionsbildung erklärt u. umbenannt wurden, wogegen es jedoch keinerlei Proteste mehr geben sollte; – Marcuses kritische Gesellschaftsanalysen sowohl des totalitären Sowjetsystems wie auch des spätbürgerlichen Kapitalismus mit Hilfe der Marxschen kritisch-emanzipatorischen Revolutions- u. Entfremdungstheorie wiesen einen letztlich aktuell-realpol. gar nicht gangbaren „3. Weg" in der allein vorherr. ost-westlichen "Systemauseinandersetzung"; kurz vor seinem Tode referierte er noch R. *Bahros Alternative. Zur Kritik des real existierenden Sozialismus" u. der bezeichnenden Überschrift: „Protosozialismus u. Spätkapitalismus" (1978); verst. während eines Deutschlandbesuches bei J. *Habermas in Starnberg Juli 1979; erst 2003 erfolgte seine Urnenbeisetzung auf dem (Ostberliner) Dorotheenstädt. Friedhof vb. mit einem (Westberliner) FU-Kolloquium z. „Aktualität der Philosophie Herb. Marcuses"; in der DDR kannte man nur die parteioffizielle (westkomm.) Rob. *Steigerwald-Marcuse-Kritik, mit der er „fernphil." 1968 ohne jede ddr-phil. Öffentlichkeit an der AdW der Wiss. (in) der DDR prom. wurde, wodurch es zu Marcuse nur diese sog. „Ause.-Lite." gab; – die Spaltung der west-ostdt. Phil.-Entw. zeigt sich besonders an seinem publ. u. rezipierten Werk.

Publ. (nur übersetzte, dt.-sprachige Titel): Vernunft und Revolution. Hegel und die Entstehung der Gesellschaftstheorie. Neuwied 1962 (übers. v. A.*Schmidt, 8. A. Frankf./M. 1990); Die Gesellschaftslehre des sowjet. Marxismus. Darmstadt 1964 (Neuwied, 3. A. 1974); Kultur und Gesellschaft 1–2. Frankf./M. 1965, 1.–17. A. 1994 u. 2.–13. A. 1990); Triebstruktur und Gesellschaft. (Stuttgart 1957: Eros u. Kultur). Ein phil. Beitrag zu Sigmund Freud. Frankf./M. 1965 (17. A. 1995); Der eindimensionale Mensch. Studien zur Ideologie der fortgeschrittenen Industriegesell. Ebd. 1967 (jüngste A. 2014); Philosophie und Revolution. Aufsätze. West-Berlin 1967; Psychoanalyse u. Politik. Frankf./M. 1968; Ideen zu einer kritischen Theorie der Gesell. Ebd. 1969 (9. A. 1991); (zus. mit A. Schmidt): Existentialistische Marx-Interpretation. Ebd. 1973. – Rob. Steigerwald: Herbert Marcuses dritter Weg (eine parteiamtliche ideologiekritische Analyse, die zugleich als interne ostdt. Prom.-schrift an der AdW d. DDR gewertet wurde). Berlin u. Köln 1969. HM-Schriften. Frankf./M. 1978–89 (Nachauflage 2004); Nachgel. Schriften. Ebd. 1999–2009.

Marnitz, Peter
24. Mai 1938
Spezialist für die philosophischen Probleme der Naturwissenschaften in Berlin
Geb. in Zeitz; Vater Schlosser und Mutter Verkäuferin; 1946–52 Grundschule u. 1952–56 OS-Abitur; 1956–62 Phil.-Studium an HU Berlin u. univ. SED-Eintritt 1960/62; anschl. 1962–64 üblicher erster „außerphil." Berufseinsatz im marx.-len. Grundlagenstudium an der Bergaka. Freiberg; 1965–69 wiss. Ass. im H.*Ley-Bereich Phil. Probleme der Naturwiss. und 1969/71 Teilasp. ebd. mit naturphil. Prom. 1975 zum Thema *Nikolaus von Kues. Zum Verhältnis von Phil., Physik und Mathematik* (Gutachter: H.*Hörz, H.*Ley u. K.-F.*Wessel); 1971–76 wiss. Ass. im Diamat-Bereich (Leiter G.*Redlow); 1976/81 Leiter des Fernstud. Phil. an der Sekt. Phil. der HU; 1975/85 Kämpfer der 106. KGH der HUB; 1981/82 SU-Zusatzstudium sowie 1982/83 Teil-Habil.-Asp. im Ley-Wessel-Bereich Phil.-Naturwiss. u. 1986 phil. Prom. B zum Thema *Evolutionstheor. u. globalistische Auffassungen W. I. Wernadskijs. Eine phil. Analyse* (Gutachter: K-F *Wessel, H.*Ley, R.*Löther); seit 1983 wiederum eingesetzt im gesel.-wiss. Grundlagenstudium der ML-Sektion der HUB; nach deren Abwicklung ABM-Anstellungen und Vorruhestand.

Martin, Gottfried
19. Juni 1901–20. Okt. 1972
1943–46 Philosophie-Dozent in Jena und später politisch-militanter H. H. Holz-Gegner
Geb. in Gera als Sohn eines evangl. Pfarrers, wuchs in Heringen an der Werra auf; Mai 1919 Abitur am Friedrichsgymn. in Kassel; anschl. nachkriegszeitlich bis Frühjahr 1920 freiwillige Kampfeinsätze in versch. „Selbstschutzverbänden" (also Freikorps) in Schlesien gegen poln. Insurgenten; 1920/21 prakt. Fabrikarbeit in Kassel u. danach naturwiss. Studium der Chemie, Physik u. Mathematik in Marburg begonnen und als Philosophie-Studium bei P. Natorp und N.*Hartmann fortgesetzt; Studienabschluss 1934 mit phil. Prom. bei Heidegger in Freiburg z. Thema *Arithmetik und Kombinatorik bei Kant*; bis 1938 „privatisierte" er sich im Pfarrh. seines Vaters zu intensiven Mittelalter-Studien mit dem Resultat einer Habil-Arbeit zu *W. von Ockham – Unter-*

suchungen zur Ontologie der Ordnungen; mittendrin zum 1. Mai 1937 überzeugter NSdAP-Eintritt mit einem „Tatsachenbericht über die Notlage der evangl. Deutschen in Polen (Brennende Wunden)"; 1939 Teilhaber u. Betriebsleiter einer chem. Fabrik in Eisenach; zum Polenfeldzug eingezogen, aber 1940 bereits als unabkömmlich (uk) gestellt, um in Köln bei H. Heimsoeth (bereits 1933 NSdAP u. 1942 für „Kriegseinsatz der Geisteswiss.") zu habil. (Berlin 1949 publ. mit unverändertem Vorwort von 1938, wie ausdrücklich versichert wird); das NS-Reichswiss.-Ministerium (REM) ernennt ihn 1941 z. Hochschul-Doz. u. weist ihm 1943 eine entspr. Doz.-Stelle für Phil. an der FSU Jena zu, wo er nachkriegszeitlich bis 1946 verbleibt, aber wegen seiner NS-Mitgliedschaft zwangsläufig „entzazifiziert", also nicht weiter beschäftigt wird, worauf er sich in den Westen absetzt; daraufhin 1948–52 apl. Prof. an der Univ. Köln (durch erneute Fürsprache von Heimsoeth) und schließlich 1954–58 o. Prof. an der Univ. Mainz und späterhin Bonn; – als der jüngere (antifaschistisch-kommunistische) Phil. H. H. *Holz 1954 in Mainz (ursprünglich bei Fr. Bollnow) mit einer Arbeit zur „Selbstinterpretation des Seins" prom. wollte, wurde das von G. M. mit allen Mitteln (Prüfungsdurchfall) verhindert, der Holz zeitlebens als „pol. (marx.) Gegner" betrachtete u. auch noch seine spätere Habil. in Bern (1970) durch briefl. Einspruch zu verhindern suchte; eine berufl. Konkurrenz bestand sicher auch hinsichtlich des, sich aus der gleichartigen Leibniz-Forschung abgeleiteten gem. ontolog. Ansatzes; daraufhin bot 1956 (in antifaschistischer Solidarität) Ernst *Bloch eine nachholende Prom. der KMU Leipzig an, die aber wiederum an dessen vorzeitg. parteiamtl. Zwangsemeritierung scheiterte. – 1958 Nachfolger des NS-Philosophen E. Rothacker (seit 1933 NSdAP u. 1944 „Der Kriegseinsatz der Philosophie") in Bonn; 1953–65 Hrsg. der Kantstudien, die er mit Paul *Menzer (Halle) wieder begründete; 1969–72 Erster Vors. der ebenfalls wieder gegr. (Interntl.) „Kant-Gesell."in Mainz, in die aber niemals ein DDR-Phil. bis 1990 Mitgl. werden konnte bzw. durfte; außerdem Gründungsmitgl. der „Leibniz-Gesell." (1966–72 deren Vizepräsd.), wobei sich eine Editionsstelle seiner Werke an der AdW in Ost-Berlin-DDR befand; verstarb 1972 auf dem Nachhauseweg von einer Besprechung bei der Dt. Forschungsgem. – Festschrift zum 65. Geb. 1966 „Einheit und Sein" (mit Schriften-Vz.).

Publ.: Immanuel Kant. Ontologie und Wissenschaftstheorie. Köln 1951 (4. A. 1969); Einleitung in die allgm. Ontologie. Köln 1957 (Nachdruck Stuttgart 1984); Leibniz: Logik und Metaphysik. Köln 1960; Idee und Wirkl. der dt. Universität. Bonn 1967; Sokrates in Selbstzeugnissen u. Bilddok. Reinbeck 1967 (18. A. 1994); ebenso Platon 1969 (19. A. 1995); Platons Ideenlehre. Berlin 1973

Marxhausen, Thomas
13. Jan. 1947–6. Sept. 2010
Marxistischer „Kapital"-Spezialist der MEGA
Geb. in ärmlichen Verhältnissen in der mitteldt. Industiestadt Zeitz, aber frühzeitig schulisch in der DDR gefördert; lebenslange lite. Interesse für Bertolt Brecht; nach dem Abi. 1966 Lehrer-Studium für Staatsbürgerkunde und Geschichte; übernommen ins Forschungsstudium der ML-Sektion der MLU Halle und phil. Prom. 1974 zum bedeut-

samen Thema *Die Entwicklung der Theorie von der Versachlichung gesell. Verhältnisse u. der Personifizierung von Sachen bei Karl Marx 1843 bis 1863*; neben der ML-Lehre zur pol. Ökonomie im gesell.-wiss. Grundstudium an der Univ. Halle wichtige Editionsarbeiten z. MEGA (ökonomische Manuskripte von Marx), woraus 1982 die Prom. B z. Thema *Marx' Untersuchung der ‚Auflösung der Ricardoschen Schule'* resultierte; weitere red. Bearbeitung der Marxschen „Theorien über den Mehrwert" (sog. Bd. IV des Kapitals); als ML-Dozent Vorlg. vor Medizinern und Germanisten an der MLU Halle; 1988/89 Auslandseinsatz in der VR Jemen zum Aufbau der marx.-len. Lehre und Forschung an der Univ. Eden; seine Berufung zum o. Prof. für pol. Ökonomie fiel zusammen mit dem Ende der DDR u. Abwicklung (bzw. unabwendbaren Selbstauflösung) der ML-Sektion auch in Halle; daraufhin kurzz. Arbeitseinsatz in der neuostdt. Vermögensberatung; dann Weiterbildungsseminare in privaten Halleschen Lehreinrichtungen der Erwachsenbildg. zur Umschulung und Qualifizierung von Arbeitslosen: „Hier erlebte er die zunehmende Aussichtslosigkeit seiner Aufgabe, (Menschen) auf Arbeitsplätze vorzubereiten, die nie entstehen würden"; 1996–2008 ehrenamtl. Redakteur und Mitautor des „Hist.-Krit. Wörterbuchs des Marxismus", hrsg. von W. F. *Haug (zahlreiche ökonomietheor. Stichworte); in der Reihe Phil. Gespräche des Berl. Vereins für Pol. Bildung „Helle Panke" der RLS erschienen nach entspr. Vorträgen folgende Hefte: „Er hat Vorschläge gemacht, was ist daraus geworden?" (zum 110. Geb. von Brecht – 2008, H. 11); „Stalin, Stalinismus, Stalinismen. Ein Beitrag z. Sozialismusdebatte" (H. 13, 2009) und „DDR 1989/90 – Revolution od. Konterrevolution?" (2009, H. 16); am 6. Sept. 2010 verst. durch Freitod.

Max, Ingolf
20. März 1957
Logiker in Halle und Leipzig
Geb. in einer Leipziger Musikerfamilie; 1963–71 POS und 1971–75 EOS (Abitur); danach 1975–78 Wehrdienst bei der NVA, mit anschl. Phil.-Studium 1978–82 in Halle; frühzeitige Spezialisierung auf das Fachgebiet Logik u. Teilnahme an entspr. Forschungssem. in Leipzig (L. *Kreiser) und Berlin (H. *Wessel); Mitglied der Forschungsgruppe „Theorie und Gesch. der Logik" (Ltg. G. *Schenk); 1981 Karl-Marx-Stipendium u. Sonderstudienplan (ohne phil. Ästhetik und Ethik, dafür Mengenlehre an der Sektion Mathematik); damit vorzeitg. Studienabschluss 1982 durch externe Betreuung seiner Diplomarbeit (W. *Stelzner aus Jena); danach Forschungskontakte zum Bereich Theor. Linguistik (M. *Bierwisch) an der AdW der DDR in Berlin; 1983 befr. wiss. Ass. an der Sektion Marx.-len. Phil. der Univ. Halle u. daselbst 1986 phil.-log. Prom. A. zum Thema *Präsuppositionen – ein Überblick über die log. Darstellungsweisen und Vorschläge zu ihrer log. Explikation mittels Funktorenvariablen* (Gutachter: L. *Kreiser/G. *Schenk); vielfältige (interdiszipl.) logischtheor. Lehrtg.; 1989 zus. mit Schenk Durchführung einer Ludwig-Wittengenstein-Tg. (100. Geb.) in Halle mit univ.-phil. Publ; nach 1990 völlig freigesetzte internationale Lehre und Forschung an den Univ. Prag, Wuppertal, in den USA sowie in Jena, Berlin u. Leipzig; 1999 daselbst Habil. zum Thema *Mehrdimensionalität und Widerspruch. Log. Untersg. zur Phil., Wiss.-theorie u. Linguistik* (Gut-

achter: L. *Kreiser, Meggle, J. *Mittelstraß); seit 2003 apl. Prof. für Logik und Analyt. Phil. am Phil.-Inst. der Univ. Leipzig.

Publ.: (Mithrsg. G. Schenk): Logik – Sprache – Philosophie. Ludwig Wittgenstein (1889–1951). Studien z. Phil. u. Gesell.-theorie des 19. u. 20. Jhd. Bd. 12. Univ. Halle 1990; (Mithrsg. W. Stelzner): Logik u. Mathe. Frege-Kolloquium Jena 1993. Perspektiven der analyt. Phil. Bd. 5. Berlin 1995; (Hrsg.): Peter Philipp. Log.-phil. Untersuchungen. Perspektiven der analyt. Phil. Bd. 20. Berlin 1998; (gem. mit L. Kreiser): Freges Phil. der Mathematik (2. A.– Fernuniv. Hagen 1999); (Hrsg.): Traditionelle u. moderne Logik (Logik-Konferenz 1999). Lpz. Schriften zur Phil. Bd. 15, Leipzig 2003.

Mayer, Günter
6. Nov. 1930–2. Sept. 2010
Marxistischer Musikästhetik-Philosoph in Berlin
Geb. 1930 in Berlin in einer Arbeiterfamilie; 1937–41 Volksschule, danach OS kriegsbedingt bis 1945: 1941/43 Schinkel-OS im Prenzl. Berg-Berlin, 1943/45 Blücher-OS in Hoynau (evakuiert in Schlesien); 1945/48 Ausbildung z. bautechn. Junghelfer bei der RB, daselbst 1948 SED-Beitritt u. Nachholen des Abiturs auf der Abendschule; 1949/52 Tbc-Erkrankung; aber 1953–59 Phil.-Studium an der HU Berlin, im Nf Ästhetik u. Musikwiss.; Abschluss mit dem Dipl.-arbeitsthema: Die Spezifik der Widerspiegelung der Wirkl. in der Musik (mit Auszeichnung); 1959/63 Aspirant am Phil.-Institut der HUB vb. mit sowjet. Studienaufenthalt in Leningrad 1961/62 bei Prof. Kagan; 1963–69 wiss. Mitarbeiter im Fernstudium Kulturwiss. am neu gegr. Inst. für Ästhetik der HU Berlin; 1965/68 zugleich phil. Lehre im Fach „Musikästhetik" am Inst. für Musikwiss. der HUB; 1970 phil. Prom. z. Thema *Die Kategorie des musikal. Materials in den ästh. Anschauungen Hanns Eislers. Zur Entw. der Theorie u. Gesch. des sozial. Realismus im Bereich der marx. Musikästhetik* (Gutachter: E. *Pracht u. G. Knepler); 1969/72 wiss. Oberass. im Bereich Kulturtheorie u. seit 1972 in 2. Ehe verh. mit der Frauenrechtlerin Irene *Dölling; Mitgl. des Verbandes der Komponisten u. Musikwiss. der DDR; 1972 Doz. für marx.-len. Ästhetik und 1977 entspr. phil. Prom B *Über die Spezifik des ästh. Verhältnisses. Ein Beitrag zu weltl.-methodlg. Grundlagen der marx.-len. Ästhetik* (Gutachter: E. *Pracht, A. Hochmuth, G. Knepler); 1980 Berufung z. Prof. für dieses Lehrgebiet u. weiter in der musikästh. Lehre bis 1994 wirksam; seit 1973 Hrsg. der Gesammelten Werke von Hans Eisler in 3 Bdn (und einer gepl. hist.-krit. Gesamtausgabe); seit 2007 Mitwirkung am Hist.-krit. Wb. des Marxismus (hrsg. von W. F. *Haug u.a.) u. stellv. Vors. des Berl. Inst. für Kritische Theorie; verst. kurz vor seinem 80. Geb. Sept. 2010 in Berlin; am 6. Nov. d. J. daher Gedenkveranstaltung z. 80. Geb. des „Musik-Philosophen" G. M. durch das Musik-Archiv in der AdK Berlin.

Publ.: Weltbild, Notenbild. Zur Dialektik des musikalischen Materials. Leipzig und Frankf./M. 1978; (Hrsg. im Auftrag der Internationalen Hanns-Eisler-Gesell. e.V.): Hanns Eisler, der Zeitgenosse. Positionen – Perspektiven. Materialien zu den Eisler-Festen 1994/95. Leipzig 1997; (Mithrsg.): Musikwiss. Paradigmenwechsel? Zum Stellenwert marx. Ansätze in der Musikforschung. Oldenburg 2000; (Hrsg. von H.-W. Heister): Zur Theorie des Ästhetischen. Musik – Medien – Kultur – Politik. Ausgw. Schriften. Berlin 2006; (Mit-Hrsg.): Musik-Avantgarde. Zur Dialektik von Vorhut und Nachhut. Eine Gedankensammlung für G. M. zum 75. Geb. Oldenburg 2006.

Mehlhorn, Gerlinde und Hans-Georg
Pädgogisch-psychologisch-soziologische Kreativitäts-Forscher in Leipzig
Gerlinde M.: geb. 1942 in Gera; 1961 Abitur u. anschl. Pädg.-Studium (Gesch. u. Germ.) an der KMU Leipzig bis 1965; nach zweij. Berufspraxis als Lehrerin, ab 1967 fortgz. Forschungsstudium mit pädg.-didakt. Prom. 1971, danach tätig in der univ. Hochschulpädg.; nach gem. Prom. B 1975 (s. u.) 1984 Berufung zur o. Prof. für Bildungssoziologie (als neuer Lehrstuhl) an der KMU Leipzig; fortl. gem. Forschungen zum Schöpfertum sowie zur schul. wie univ. Begabtenförderung bis 1990; nach landesrechtl. Abwicklung und Abberufung gem. Aufbau eines Kreativitätszentrums in Lpz., verb. mit der Gründung entspr. theor.-prakt. Schulen.
Hans-Georg M.: geb. 1940 in Gera, 1959 Abitur u. anschl. Pädg.-Studium (ebenso Gesch. u. Germ.) an der KMU Leipzig; danach wiss. Ass. in der lehrerausbildenden Geschichtsmethodik und pädg. Prom. z. Thema *Die Befähigung der Schüler, revolutionäre Situationen in der Geschichte tiefer zu erfassen. Ein Beitrag z. Entwicklg. des sozialist. Geschichtsbewusstseins;* 1975 Gemeinschaftsprom. B. zum Thema *Beiträge zur Entwicklung des schöpferischen Denkens sozialist. Persönlichkeiten im Jugendalter* an der Pägd. Fak. der HU zu Berlin; anschl. gem. Forschungen zu Schöpfertum u. Hochbegabtenförderung; zwar keine univ. Berufung, aber 1970–85 wiss. Mitarbeiter am ZI für Jugendforschung, Aufbau u. Leitung der Abt. Jugend u. Bildung; 1985 Prof. für Pädg. Psy. an der HS für Musik in Leipzig; 1993 selbstbestimmt ausgeschieden und gem. Gründung versch. kreativpädg. Projekte u. Institutionen in Leipzig und darüber hinaus; die Kreativitätsforschung BIP (Mehlhornschulen) steht für Begabung – Intelligenz – Persönlichkeit; 2008 Gründung einer außeruniv. „Akademie für Kreativitätspädagogik" z. Ausbildung von entspr. „Sozialassistenten" im allgm. Bildungswesen; verst. 2011 in St. Gallen; Weiterführung der Mehrlhorn-Stiftung (seit 2002) durch seine Frau.

Gem. Publ.: (H.-G. M. gem. mit W. Friedrich): Kleine Methodik für Zirkelleiter (einl. Beitrag H. Schliwa). Bln. 1975 (4. A. 1985); Ideenschule. Übungen z. schöpferischen Denken. Leipzig. Urania-Verlag 1975 (2. A. 1976); Zur Kritik der bürgerl. Kreativitätsforschung. Berlin 1977; Untersuchungen zum schöpferischen Denken bei Schülern, Lehrlingen u. Studenten. Berlin 1978 (2. A. 1979); Heureka. Methoden des Erfindens. Berlin 1979 u. 1981; Intelligenz. Zur Erforschung und Entwicklung geistiger Fähigkeiten. Berlin 1981; Spitzenleistungen im Studium. Psycholg. u. pädg. Untersg. zur Entw. schöpferisch begabter Persönlichkeiten. Berlin 1982; Junge Neuerer im Prisma der Forschung (Hrsg. Rat f. Soziog. Foschung). Bln. 1982; Geheimnis Erfolg. Berlin 1982 (2. A. 1983); Begabtenentwicklung im Unterricht. (Pädg. Aka. der Wiss.). Bln. 1985 (2. A. 1987); Begabung, Schöpfertum, Persönlichkeit. Zur Psychologie u. Soziologie des Schöpfertums. Berlin 1985; Man wird nicht als Genie geboren. Ein Plädoyer für die Begabtenentwicklung. Berlin 1987 (2. A. 1989); (Autorenkollektiv): Persönlichkeitsentwicklung Hochbegabter. Aspekte, Forschungsergebnisse, Probleme. Berlin 1978; (Mithrsg.): Hochbegabtenforschung international. Köln, Wien, Berlin 1989.

Meiner, Felix

25. März 1883–26. Juli 1965

Verleger der „Philosophischen Bibliothek" 1911–51 in Leipzig

Geb. in Leipzig; Abitur am dortg. Nicolai-Gymn. u. 1902 einjh. Militärzeit; anschl. Studium der Volkswirtschaftslehre und entsprechende öko. Prom. 1907 bei L. Brentano; danach prakt. Buchhändlerausbildung 1907/8 in Leipzig, 1908/9 in London u. 1909/10 in New York; 1911 Gründung des „Felix-Meiner-Verlag" in Leipzig (als privates Familienunternehmen über inzwischen vier Generationen bis heute bestehend), zu dessen Grundstock die Übernahme der seit 1868 bestehenden Phil. Bibl. (Sammlung der Hauptwerke der Phil. alter u. neuerer Zeit) gehörte, 1914 auch diesbezügl. „Feldausgaben"; besondere Bedeutung erlangten (bis weit in die DDR-Zeit hinein!) fortl. erneuerte *Hegel-Ausgaben*; 1933 erste pol. bedingte Einschnitte und Reduzierungen der phil. Literatur (es erscheinen neu nur noch Cusanus sowie weiterhin phil.-nationalbestimmt Hegel u. Fichte); eine von Joh. Hofmeister (Hegel-Hrsg.) noch 1944 erstellte „Neubearbeitung" des „Wörterbuch der phil. Begriffe" enthält daher zahlreiche nationalsozialistische Aktualisierungen, die dann in der überarb. 2. A. (Hamburg 1955) wiederum kommentarlos ausgemerzt wurden; Anfang Dez. 1943 fast vollstg. Zerstörung des Verlages durch angloamerik. Luftangriffe auf Leipzig; mit Kriegsende in der SBZ/DDR weitere, nicht nur nachkriegsbedingte Reduzierungen des phil. Verlagsprogramms in Leipzig durch übergeordnete sowjet.-dt.-komm. Behörden; am 8. Febr. 1948 erhält der Verlag eine sowjet. Lizenz, die aber (abgesehen von den „fernliegenden" Cusanus-Schriften) nur noch folgende, jetzt allein marx. relevante Neuausgaben erlaubt: (1948) – Fr. Engels: Ludwig Feuerbach u. der Ausgang der klass. dt. Phil. (hrsg. von H. Hajek. PhB 230, umfänglich dok.); (1949) – die beiden schon vorh. Hegel-Ausgaben der „Enzyklopädie" (5. A.– PhB 33) und „Phänomenologie" (5. A. – PhB 114), jedoch beide ohne die Einleitung von J. Hofmeister u. daraus separat die Vorrede „Vom wiss. Erkennen" (Taschenausgabe der Ph. Bibl. – H. 36); desw. Spinozas „Ethik" (PhB 92), auch ohne jede Einleitung; (1950) schließlich L. Feuerbachs „Kleine phil. Schriften" (hrsg. u. eingl. von M. G. *Lange – PhB 227); und (1951) noch Hegels „Wiss. der Logik" (PhB 56/57), wahrscheinlich nur noch ein Nachdruck der Hambg. Ausgabe v. 1948); damit waren die drei für Marx, Engels u. Lenin wichtigsten (nicht so für Stalins Chef-Ideologen A. *Shdanow!) Hegelschen Werke zur Entstehungsgesch. des marx.-len. „Diamat" bei Felix M. in Leipzig nochmals erschienen, womit dann aber auch schon das sowjetphil. wie ortskomm. denkbar-erlaubte verlegerische Programm dieses bedeutsamsten Privatverlages für phil. Studienliteratur in der SBZ/frühen DDR 1945–1951 erschöpft war u. zwangsläufig sein unerhörtes ostdt. Ende fand; die mit diesem Phil.-Verlag verbundenen Leipziger Univ.-Phil. Th. *Litt u. H.-G. *Gadamer waren zu dieser Zeit bereits ebenfalls schon nach Westdtl. abgegangen; der Sohn Richard Meiner (geb. 1918) begründet daher bereits 1948 in Hamburg einen Nachfolge-Verlag „Meiner", während F. Meiner 1951 Leipzig endgültig verlies, denn es gab keine vermögensrechtliche Anerkennung der Kriegsschäden und weitere Druckgenehmigungen für andersartige, also traditionsreiche phil.-hist. Fachliteratur, wurden verweigert; daraufhin erfolgte schließlich die (fachphil. ungemein folgenschwer) vollstg. Liquidierung des Leipz. Phil.-Verlages; insgesamt noch 18 lieferbare Bände/Titel der „Phil. Bibl." werden in den nächsten Jahren für univ. Studienzwecke (Beginn des offiziellen DDR-Phil.-Studiums ist 1951) teilweise noch antiquarisch in den Anfangsjahren der DDR vertrieben; ansonsten sind wir damit, weil sich z. B. keine eigene hist.-krit. fundierte Hegel-Forschung u. -Edition mehr entwicklen konnte (eine Gesamtausgabe gibt es allein zu L. Feuerbach u. die spätere MEGA), zukünftig vollständig auf entspr. Lizenzausgaben (versehen mit dem verlagstechn. Vermerk: „Vertrieb nur in der DDR", teilweise mit „eigenmarx." Vorworten) aus dem alten/neuen Felix Meiner Verlages, nun vollständig in Hamburg ansässig, angewiesen; F. M. hoch geehrt z. 70. Geb. 1953 mit phil. Ehrendoktorwürde der Univ. Hamburg, verst. 1965. Die stets schwierigen Verhandlungen mit der DDR wegen der verlagsrechtl. Bedingungen u. fachphil. Mitprod. wie des Vertiebes ders. in der DDR sind ein bes. Kapitel dt.-dt. Kulturbeziehungen, über die aber in keinem ddr-phil. Leitungsgremium jemals offiziell gesprochen wurde; aktuell befindet sich dieser bedeutsame, nun wieder „gesamtdt. Phil.-Verlag", bereits in den Händen einer dritten Generation (Manfred Meiner, geb. 1952); zur zeimlich gut überschaubaren Verlagsgeschichte der DDR vergl. entspr. Nachforschungen von Chr. *Links. – Als Reaktion auf den Verlust des damals bedeutsamsten und einzigen ostdt. Phil.-Verlages u. seiner Lehrtext-Reihe der „Phil.-Bibl.", geradewegs z. Wiedereinführung eines regulären (marx.) Phil.-Studiums in der frühen DDR 1951, versuchte W. *Harich im Aufbau-Verlag in aller Eile eine eigene Reihe der „Phil. Bücherei" als zeitweilg. Ersatz einzurichten, die 1955–57 immerhin in 15 Bändchen erschien; zugleich begannen auch 1955 die Reihe der „Phil. Studientexte" im Aka.-Vg. zu er scheinen, ebenso wie einzelne phil. Texte auch im Reclam-Verlag Lpz. weiter verlegt wurden (vgl. ein entspr. verlagsgeschtl. Dok in *Ausgänge*, 2009, S. 260 ff.)

Lite.: F. M. zum 70. Geb. am 25. März 1953 mit Grußbotschaften von H.-G. Gadamer, Karl Jaspers, Th. Litt, A. Schweitzer u. Ed. Spranger; 100 Jahre Phil. Bibl. Zeittafel u. Gesamt-Vz. 1968 (mit Festvortrag von C. Fr. von Weizsäcker über „Die Rolle der Tradition in der Phil."); Ceterum censeo...Bemerkungen zu Aufgabe u. Tg. eines phil. Verlegers. Richard Meiner zum 65. Geb. am 8. April 1983, mit Beiträgen u.a. G. Patzig, R. Specht, M. Teunissen, K. Flasch, G. Funke, H.-G. Gadamer, R. Laut, R. Malter, F. Nicolin, O. Pöggeler u. H. Stachhowiak; R. A. Bast: Die Phil. Bibliothek. Gesch. u. Bibliographie einer phil. Textreihe seit 1868. Hamburg 1991 (Sonderausgabe zum 125. Jubl. d. PhB 1993); ders. Die Buchhändler-Familie Meiner. Ein Beitrag z. Buchhandelsgesch. des 20. Jhd. Köln 1997.

Mende, Georg
6. Sept. 1910–2. Mai 1983
Parteimarxistischer Gründungs-Philosoph in Jena
Geb. in Breslau in einer Lehrerfamilie u. Reform-Realgymn. mit Abi. 1929; anschl. an der Univ. Breslau Studium der Phil., Germanistik, Anglistik, Psychologie u. Volkskunde sowie 1. Vorarbeiten zur Dr.-Diss. bei Prof. S. Marek, der jedoch 1933 seinen Lehrstuhl verlor; daher Forts. des Studiums an der dt. Univ. in Prag u. bei Prof. O.

Kraus 1935 phil. Prom. mit einer richtungsweisenden Arbeit zur *Kritik des dial. Materialismus an der Lehre Ernst Machs*, die lange als verschollen galt (Gutachter; Oskar Kraus u. Emil *Utitz, beide danach jüd. verfolgt); danach in Dtl. inhaftiert und angeklagt wegen angebl. Vorbereitung zum Hochverrat; anschl. „gemeinnützige" (kaufm.) schreibtechn. Tg. in einem Bresl. Anwaltsbüro bis Kriegsbeginn; 1939–45 eingezogen zur dt. Wehrmachte und unaufgeklärte Kriegseinsätze; während eines Lazarettaufenthalts im WS 1942/43 Vorprüfung für Psychologie an der Univ. Breslau; nach kurzer engl. Kriegsgefangenschaft (Übersetzertg.) von Okt. 1945 bis Sept. 1946 als Referent bei der Kulturverwaltung der Stadt Hamburg; Ende 46 Übersiedlung (mit seiner Frau u. drei Kindern) in die SBZ nach Halle und Referent bei der Abt. VB der Provinzialverwaltung S-A sowie als Neulehrer angestellt; ab Febr. 1947 Lehrdoz. im Vorsemester (Vorstudienanstalt) der Univ. Halle sowie „Lehrbeauftragter für soziale und pol. Probleme der Gegenwart" ebd.; nach Teilnahme am Doz.-Lehrgang der SED-PHS 1948 sofort als ML-Dozent für dial.- hist. Mat. an der Pädg. Fak. der Univ. Halle eingesetzt u. dazu (ohne Habil.) 1949 formell berufen; desw. Mitbegründer u. 1. Landesvors. der DSF in S.-A.; damaliger Habilitationsversuch zum Thema „Einbruch des Existentialismus in die Philosophie" Febr. 1949 scheitert in der dortg. Phil. Fak. am angebl. Fehlen von wirklich phil. Fachgutachten; daraufhin erneute Antragstellung bei der Gesellwiss. Fak. bzw. FMI an der Univ. Leipzig und 1950 erfolgreiche phil. Habil., nun z. Thema *Das Weltbild Martin Heideggers. Seine Wurzeln u. seine Auswirkungen* (Gutachter: G. *Harig und E. *Bloch); danach sofortige Berufung z. Prof. mit vollem Lehrauftrag (für dial. u. hist. Mat.) an die Phil. Fak. der MLU Halle, sowie zugleich „beauftragt mit der Wahrnehmung des Lehrstuhls für Philosophie" (formell damit auch Sem.-Direktor und Fak.-Mitglied) ebenda; das erfolgt alles erst nach der pol. Zwangsemeritierung von P. *Menzer 1948 u. eines SED-Vorlesungsverbotes für Leo *Kofler 1950, um erklärterweise nunmehr selbst das bisherige „Phil. Seminar zu einem marxistischen Inst. umzugestalten" (persönl. Schreiben vom 27. Juni 1950 an den neuen VB-Min. P. *Wandel); doch erst Ende 1951 erfolgte die durch das neue Staatssekr. für HW der DDR (G. *Harig) bestätigte phil. Berufung, aber es vollzieht sich trotzdem keine ausdrückliche Phil.-Institutsneugründung in Halle (so wie schon angewiesen in Berlin, Leipzig und Jena); trotzdem am 30. 1. 1953 Aufnahme in den neu gegründeten Wiss. Beirat für die Fachrichtung Phil. (1. Vors. Ernst *Bloch, stellv. Vors. E. *Hoffmann vom ZK-App. der SED); gleichzeitig in Halle Mitgl. der BL der SED wie des dortg. Bezirkstages; mit dem Weggang von G. *Klaus aus Jena 1953 nach Berlin parteibeauftragte Übernahme der dortigen Instituts-Leitung für Philosophie als Direktor sowie (nach Em. u. Tod von F. *Linke) 1956 nachfolgende Ernennung zum o. Prof. mit Lehrstuhl für Phil. an der FSU Jena; späterhin auch Prorktor für das gesell.-wiss. Grundlagenstudium ebd. sowie Mitgl. des Red.-kollegiums der DZfPh. (erfolgreicher Autor von H. 1/1953 bis 1971); ab 1967 wiss. Arbeitsurlaub (Institutsnachfolge E. *Lange) und 1970 schließlich arbeitsunfähig nach einem schweren Verkehrsunfall, 1972 deswegen vorzeitig em.; Sept. 1980 Ehren-Dr.-würde in Halle (Laudatio D. *Bergner als Rektor), wobei M. nochmals die inzw. doch lange zurückliegende stalinist. Vertreibung P. *Menzers aus seiner „Kants Ethik"-Vorlesung 1949 euphorisch rechtfertigte (der Schriftsteller W. Heiduczek berichtete 1977 von einer dazu angeordneten SED-Devise: „Stalin oder Kant"!) u. dann noch dazu erklärte: „Übrigens muß ergänzt werden, dass Menzer am 17. Juni 1953 (tatsächlich wurde er am 3. März d. J. 80 Jahre alt) in seinem Haus mit Frak u. weißen Handschuhen angetan darauf wartete, abgeholt und z. Rektor der Univ. gekürt zu werden. Es ging bei dieser Angelegenheit also nicht um Kant."; auch dafür dann den KMO und die „Lenin-Medaille" des Obersten Sowjets der UdSSR; verst. 2. Mai 1983 in Jena; Todesanzeige u. kurze Würdigung in der DZfPh. H. 6/1983; doch eine nach ihm benannte Straße (im Jenaer Neubaugebiet) wurde nachwendisch stillschweigend namentlich wieder gelöscht und umbenannt.

DDR-Phil.-lexikon 1982 (Alexander/Lindner) u. DDR-Pers.-lexikon 2010 (HCR).

Publ.: Karl Marx' Entwicklung vom revolutionären Demokraten z. Kommunisten. Berlin 1954 (3. erw. A. 1960, Moskau u. Peking 1957); Studien über die Existenzphilosophie. Bln. 1956 (Moskau 1958 u. Tokio 1960);(Hrsg.) Über die Entw. sozial. Persönlichkeiten (Ethik-Konferenz des Phil.-Inst. Jena 1958). Bln. 1960 (Tb-Reihe UW-13); Das Atom u. die Philosophie. Berlin 1960 (UW-15); (mit D. Bergner): Zwei Festvorlg. zur Gedenkveranstaltung anlässlich der 200. Wiederkehr des Geb. von Joh. Gottlieb Fichte in der Aula der FSU Jena im Mai 1962; Geistige Wiederaufrüstung in Westdeutschland. Vom Hitlerfaschismus zum Klerikal-Militarismus. Berlin 1962 (UW-21); Doktordissertation von Karl Marx (1841). Jena 1964 (2. A. 1970); Weltliteratur und Phil. Berlin 1965 (UW-42, Moskau 1969); (Hrsg. mit E. Lange): Die aktuelle phil. Bedeutung des „Kapital" von Karl Marx. Bln. 1968; Phil. und Ideologie. Marx.-len. Polemik in phil.-hist. Bewährungsprobe. Berlin u. Frankf./M. 1971 sowie Athen 1980 (Buhr-Reihe: Zur Kritik der bürgerl. Ideologie, H. 9); Ehrenprom. am 12. Sept. 1980 in Halle 1981. Phil. Beiträge. Festschrift für G. M. z. 60. Geb. Wiss. Zft. der FSU Jena, H. 4/1970 mit Bibliogr.

Mende, Hans-Jürgen
19. Mai 1945–21. Sept. 2018
Vom promovierten Diplom-Philosophen zum nachwendischen Berlin-Historiker
Geb. in Berlin-Kreuzberg; 10-klass. polytechn. OS und anschl. Lehre als Industriekaufmann; Fachschulfernstudium (Ingenieurökonom) in Leipzig; 1974/77 Fernstudium Phil. an der HUB (Diplom-Phil.); anschl. ab 1978 wiss. Asp. an der AfG beim ZK der SED (Forschungsbereich Gesch. der marx.-len. Phil. – Leiter: Fr.*Richter u. V.*Wrona) und 1982 phil. Prom. z. Thema *Karl Kautskys Auffassung vom gesetzmäßigen Verlauf der Geschichte und ihren Triebkräften. Beitrag zu e. krit. Analyse der Gesch.- und Gesell.-auffassung Karl Kautskys unter Berücksg. des Wechselverhältnisses seiner ökonom. und phil. Auffassungen.* (Betreuer u. Gutachter: V.*Wrona u. S.*Heppener, publ. Berlin 1985); mit der „Selbstauflösung" der AfG beim ZK der SED, ab 1990/91 nachholende Eitionen jahrzehntelang parteigeschichtlich ignorierter wie regelrecht verbotener Schriften von K. Kautsky („Die Diktatur des Proletariat") sowie von Leo Trotzki („Von der Demokratie zur Staatssklaverei") mit einem hist.-krit. Nachwort versehen; danach Gründer u. erster Geschäftsführer des sozial- u. kulturgeschichtl. „Luisenstädtischen Bildungsvereins" zur empirisch-hist. Erforschung und öffentlichkeitswirksamen Verbreitung der Geschichte Berlins (dabei insb. Friedhöfe u. Straßennamen-Verzeichnisse), wodurch sehr viele frühere (parteiamtliche, marx.-len.)

Gesellschaftswissenschaftler (darunter auch Philosophen) zeitweilig bis Ende 2014 in bezahlte sog. ABM-Stellen gelangten; verst. 2018 in Rostock.

Publ.(Auswahl): (Mit-Hrsg. E. Fromm): Vom Beitritt zur Vereinigung. Schwierigkeiten beim Umgang mit dt.-dt. Geschichte. Berlin 1993; (Mithrsg.): Umbenennungen. Die neuen Straßennamen seit dem Fall der Mauer. Berlin 1993; (Hrsg.): „…undemokratisch wird sich rächen!" – Hist.-phil. Grundlagen der realsozial. Demokratie in der DDR (mit e. Einführung von R. Mocek). Berlin 1995; (Hrsg. gem. mit R. Mocek): „Gestörte Vernunft". Gedanken zu einer Standortbestimmung der DDR-Phil. Berlin 1996; (Mit-Hrsg.): Berliner jüdische Ärzte in der Weim. Rep. Berlin 1996; (Hrsg.): Lexikon „Alle Berliner Straßen u. Plätze"- Von der Gründung bis zur Gegenwart. 4 Bde. Berlin 1998; (Mit-Hrsg.): Berl. Bezirkslexikon (mehrbändig). Berlin 2001–09; (Mit-Hrsg.): Lexikon Berl. Straßennamen. Bln. 2003; danach Autor bzw. Mitautor von ca. 23 Berl. Friedhofs-Führern (2002–15); Der Jüd. Friedhof in Bln.-Weisensee. Berlin 2016.

Menzer, Paul
3. März 1873–21. Mai 1960
Letzter „altbürgerlicher" Universitätsphilosoph in Halle nach 1945 bis 1950
Geb. in Berlin und Studium der Germ. u. Phil. ebd. u. Straßburg; phil. Prom. 1897 und Habil. 1900 in Berlin jeweils zu Kant bezüglichen Themen; 25 Jahre lang Mitarbeiter u. wiss. Sekr. der von W. Dilthey seit 1894 an der Preuß. Aka. der Wiss. hrsg. Kant-Ausgabe (dadurch anerkannter *Kant-Philologe*); seit 1908 Prof. für Phil. in Halle sowie ab 1910 mit dem Psycholog. F. Krueger Direktor des neugegr. Phil. Seminars (so auch Päd. Seminar) an der Univ. Halle-Wittenberg (bis zu seiner Zwangsemeritierung durch die Nazis 1938); seit 1910 bereits Mitgl. des vor allem neuhumanistisch u. geisteswiss. orientierten Hallenser „Spirituskreises" (1958 von der SED verboten und aufgelöst); mit der nach der damaligen Jhd.-wende einsetzenden reformpäd. Schulbewegung in Halle engstens verbunden; so gründete er als Rektor 1921 die Hallische Studentenhilfe u. 1925 auch Übernahme von Lehraufträgen für Pädagogik (Lehrerausbildung für höhere Schulen); setzte sich für die Mögl. der phil. Prom. von Lehrern sowie für die generelle Verbesserung der univ. Arbeiterbildung ein; dabei verwahrte er sich gegen jede parteiliche Politisierung dieser Bestrebungen, was ihm sowohl von den Nazis wie später von den ostdt. SED-Funktionären stets gleichermaßen verübelt wurde; während der NS-Zeit „innere Emigration" und Verzicht auf jede Publikation u. Öffentl.; erst die SMAD holte ihn als pol. vollständig unbelasteten Hochschullehrer an die Univ. zurück und ermöglichte einen zunächst hoffnungsvollen Wiederbeginn seiner phil. Lehrtg. bis ins Studienjahr 1948/49, als wiederum SED-politisierte ABF-Studenten (G. *Mende wollte aus dem „bürgerlichen" Phil.-Sem. sofort ein „marx. Lehr-Institut" machen) mit pol. Störaktionen („Stalin oder Kant" und gegen jede „ideal. MP", die durch „mat. Dialektik" ersetzt werden sollte) den Abbruch einer diesbezüglichen Kant-Vorlg herbeiführten, worauf M. wiederum selbst seine 2. Emeritierung einreichte; auch kulturpolitisch war M. nach 1945 wieder wirksam, als Mitbegründer des KB in Halle sowie erneute Leitung des univ. Studentenwerkes; publizierte aber nur in neuwestdt. Phil.-Zeitschriften; die Versuche einer Wiederbelebung der „Kant-Studien" in Halle konnten nur scheitern, da die zunehmend allein par-

teiamtlich vorherr. ML-Phil. jeden „Neu-Kantianismus" wie auch „Hegelianismus" oder Neo-Positivismus, Neu-Thomismus u. Existentialismus (G. Mende habil. dazu) usw. den Kampf ansagte u. massiv ideologisch bekämpfte, – es betraf schließlich das Gesamtgebiet bisheriger dt. Phil.-Tradition; von der offiziellen DDR-Phil. vollständig unbeachtet in Halle 1960 verstorben und erst nach dem Ende der DDR wieder univ.-phil. sachgerecht gewürdigt in der Reihe Phil. Denken in Halle (III/1–2001), hrsg. von G. *Schenk u. R. *Meyer; – der alphabetische Zufall will es so –, daß Menzer unmittelbar nach Mende pers.-geschichtlich erfaßt wird, deren univ.-pol. Zusammentreffen nach 1945 ff. z. Abruch der phil. Tradition in Halle für Jahrzehnte, nicht nur hinsichtlich seiner Person, führen sollte.

Publ.: Einleitung in die Philosophie. Leipzig 1913 (3. A. 1922 – 4. u. 5. erw. A. Halle 1948 wie Tübingen 1949); Weltanschauungsfragen. Stuttgart 1918; Deutsche Metaphysik der Gegenwart. Berlin 1931; Metaphysik. Berlin 1932; Kants Ästhetik in ihrer Entwicklung. Berlin 1952 (Akademie-Veröffentlg.). **Herausgebertätigkeit:** Kants gesammelte Schriften. Bd. 1–23. Berlin 1900–1955; Mithrsg. Phil. Lesebuch. Stuttg. 1903 (5. u. 6. A. 1920); Mithrsg. der Kant-Studien ab Bd. 29–39 (1934) sowie Bd. 45–52 (1953/54–1960/61) und deren Ergänzungshefte 1925–1930 (gem. mit A. Liebert); Hallische Pädg. Studien 1927–1933.

Mertsching, Günter
7. Juni 1924
Parteipolitischer Mitarbeiter für Philosophie in der SED-ZK-Abteilung „Wissenschaft"
Geb. in Cottbus-Strölitz in einer Arbeiterfamilie; 1930–38 Volksschule (8 Kl.); anschl. bis 1941 in einem Reichsbahnwerk Maschinenschlosser-Ausbildung; ab Aug. 1941 Kriegsmarine u. U-Boot-Kampfeinsätze; Nov. 1945 Werkzeugmacher in den Wolfsbg. Motorenwerken; Jan. 1946 Rückkehr zu den Eltern in die SBZ u SED-Beitritt; 1946 Lehrerbildungsanstalt in Cottbus, 1948/49 1. und 2. Lehrerprüfung sowie sofortg. Schuleinsatz als allgemeinbildender Neulehrer; 1952–66 Direktor einer OS in Vetschau (1954 Lehrerprüfung für Gesch. Kl. 5–10 und 1965/66 Pädg. Inst. Lpz. Lehrerbefähigung für Staatsbürgerkunde; 1961 Oberlehrer u. 1964 Studienrat; ab 1. 10. 1966 Asp. am Hm. *Ley-Lehrstuhl der HUB für phil. Probleme der Naturwiss. (zunehmend auch für Pädg. und naturwiss. Unterricht); 1969 phil. Prom. daselbst z. Thema *Stellung, Bedeutung u. Tendenzen der Phil. im Unterricht der höheren Schulen innerhalb bildungspol. Konzeptionen bei der staatsmonopolist. Formierung des westdt. Bildungswesens* (niemals gab es solche Unters. z. Phil.-Unterricht in der DDR, – Gutachter: H. *Ley, H. *Hörz u. W. Plesse); unmittelbar danach parteiamtl. Einsatz als pol. Mitarbeiter u. Referatsleiter für Phil. (dazu überhaupt keine fachphil. Vors.) und das MLG in der „Abteilung Wiss." beim ZK der SED (Nachfolge von W. *Möhwald); – Oberleiter sind der ZK-Sekretär K. *Hager über fast 4 Jahrzehnte u. der ZK-Abteilungsleiter H. *Hörnig; 1978 SED-Parteiorganisator des ZK(!) bei der DDR-Phil.-Delegation zum XVI. Phil.-Weltkongreß 1978 in Düsseldorf/BRD; parteiadministrativ regulierend eingreifend bei fast allen sog. pol.-ideolg. Vorkommnissen der offiziellen DDR-Phil. in den 70/80er Jahren, so auch bei der „Ruben-Affäre" am aka. ZIfPhil. 1980/81 sowie persönlich

beteiligt bei der anschl. Absetzung des damalg. Chefred. der DZfPh. H.-C. *Rauh 1982, ganz sicher stets von den übergeordneten Leitern seiner Abt. dazu beauftragt (insb. von G. *Schirmer als stellv. Abt.-leiter „Wiss."); noch vorwendisch altersbedingt abgelöst u. berentet; nachwendisch zu keinerlei Auskunft mehr bereit bzw. in der Lage („das war aber auch ein Hauen und Stechen", war der einzige Ausspruch bei einer versuchten Befragung); trotz alledem einer der wichtigsten (wenn auch nicht sehr einflussreichsten), dennoch best informiertesten Anlaufstellen für alle Leitungsfiguren, Bittsteller und Beschwerdeführer, regionale Zuträger u. beauftragte Berichterstatter; daher wichtiger parteiamtl. Funktionsträger der offiziellen DDR-Phil. in ihren beiden letzten ausgehenden Jahrzehnten; sein Einfluß (parteikontrollierende Teilnahme an allen nur erdenkl. Leitungssitzungen der DDR-Phil.), um allseitig informiert zu sein u. berichten zu können; so auch an den vierteljährlichen Kollegiumssitzungen ihrer einzigen Fachzeitschrift (sowie monatl. Zuschickung des Umbruchs), Absprache und Kontrolle aller fachphil. „Kaderentwicklungspläne" wie univ.-phil. Berufungen, Zustimmung bei allen westlichen Auslandsreisen, dortige Publikationsvorhaben und Kongreßteilnahmen von einzelnen, dazu privilegierten DDR-Phil. usw. standen natürlich in keinem Verhältnis zur eigenen fachphil. Qualifikation für diese einmalige Funktion, die einzig u. allein auf die Beaufsichtigung u. Parteikontrolle, Belehrung, Zurechtweisung bis Abstrafung von betroffenen DDR-Phil. ausgerichtet war u. eine jede Eigenverantwortung und Selbstverwaltung unseres phil. Tuns von vornherein unmöglich machte und ausschloß; insgesamt gesehen eine mehr als tragisch-komische, ganz u. gar unphil. Funktionsanlage, die nur hinderte und letztlich nichts bewirkte oder hinterließ. – Eine derartige zentralparteiamtl. Reglementierung durch das SED-ZK-Ap. neben der staatsministeriellen Beaufsichtigung durch das MHF der offiziellen (marx.-len.) DDR-Phil. raubte dieser jede denkfreie, geistig-kritische Eigenständigkeit, ließ sie letztlich zur pol.-ideolg. dienstbaren Staats- und Parteiphil. funktionierend herabsinken.

Mesch, Eckardt
*Letzter Philosophie-Promovend in Jena und späterer Hans *Leisegang-Biograph*
Geb. 1927 in Weimar; Vater Lehrer-NSdAP, 1943 Schulabbruch u. Luftwaffenhelfer, 1945 Soldat u. amerk. Kriegsgefangenschaft; 1946 nachgeholtes Abitur auf der Vorstudienanstalt der Uni Jena; anschl. daselbst Lehrer-Studium für Germanistik/Anglistik; letzte Phil.-Vorlg bei Hans *Leisegang 1948 u. 1955 letzter wiss. Ass. bei Ferd. *Linke am dortg. Phil.-Institut sowie phil. Prom. z. Thema *Fragen zur wiss. Fundierung der Ethik* (Gutachter: P. F. *Linke); nach „Aussprache" mit G. *Mende (Inst.-Direktor) ab 1956 keine univ. Weiterbeschäftigung; kurzzeitg. Beschäftigung als Fach-Lehrer in Stendal; nach Familienbesuch in der BRD keine Rückkehr mehr in die DDR; Hilfslehrer in Stuttgart und pädg. Zusatzstudium (Geographie); 1958 Gymnasial-Lehrer und 1987 pensioniert als Studiendirektor in Oldenburg (Autobiographie 1990); nach 1991/92 Teilnahme an der Aufarbeitung der Phil.-Institutsgeschichte an der FSU in Jena, insb. zu „Leben und Werk" von Hans Leisegang (publ. Erlangen 1999).

Messelken, Karlheinz
4. Sept. 1933
Verurteilter Berliner Philosophie-Student 1958
Geb. in Witzhelden bei Solingen; Vater selbstg. Kaufmann; besuchte bis 1944 die VS u. anschl. bis 1954 das Gymn. in Krefeld (Abitur); danach Studium an der Joh.-Wolfgang-Goethe-Univ. Frankfurt/M.: Rechtswiss. (2 Sem.) u. Soziologie (1 Sem.), bis 1956 fortgz. in Paris an der Sorbonne (2 Sem.); Herbst 1956 Übersiedlung in die DDR z. Phil.-Studium an der HU in Ost-Berlin, dabei stud. Bekanntschaft mit (seinen späteren Mitangeklagten) P. *Langer u. H.-D. *Schweikert sowie Kontakte zu „der feindl. Studentengruppe" des Berl. Phil.-Inst. um M. *Franz, K. *Sauerland u. P. *Ruben (Parteiausschluss sowie dreij. Bewährung in der Produktion); forderte 1956/57 von der SED-Führung Presse-, Rede- u. Meinungsfreiheit sowie die Zulassung anders denkender „bürgl. Philosophen" an der HUB; am 8. März 1958 (wie zuvor schon Schweikert u. Langer als Phil.-Student im 3. Stdj.) verhaftet u. mit diesen gemeinsam angeklagt; selbst am 4. Sept d. J. (seinem 25. Geb.) wegen angebl. „staatsgefährdender Propaganda u. Hetze zu einer Zuchthausstrafe von drei Jahren" verurteilt; am 4. Nov. 1960 auf Grund eines Gnadenerlasses des Staatsrates der DDR aus dem Haft-Arbeits-Lager (HAL) in der Schwarzen Pumpe vorfristig auf Bewährung entlassen; noch vor 1961 die DDR wieder verlassen, um in Frankf./M. bzw. Köln (bei Adorno u. R. König) ungehindert Soziologie zu Ende zu studieren; phil. Diss. Münster 1967 z. Thema: *Implikationen von Systemtheorie und Konflikttheorie für den Politikbegriff. Zum Verhältnis von soziolg. Theorie u. gesell. Praxis* (publ. 1968 u. d. Titel: Politikbegriffe der modernen Soziologie, 2. A. Köln 1970); später Prof. für Soziologie 1974–98 an der Bundeswehrhochschule Hamburg. – Zeitgeist u. Widerspruch. Soziolg. Reflexionen über Gesinnung u. Verantwortung. Festschrift z. 60. Geb.(1993).

Metzler, Helmut
25. Okt. 1930–30. Okt. 2020
Philosophische Arbeiten zur Logik und Methodologie in Jena
Geb. in Essen in einer Arbeiterfamilie; Volksschule und 1944 ausgebombt; umgesiedelt nach Quedlinburg u. fortgz. Schulbesuch mit Abitur; 1949/50 Studienbeginn in Halle an der Phil. Fak. (Germanistik, Romanistik, Pädagogik und Philosophie); 1950/51 eingeschrieben an der Jurist. Fak. (Jura, Romanistik u. Phil.); danach 1951–55 Phil.-Studium in Jena bei G. *Klaus ebenso wie P. F. *Linke; im Nebenfach Mathe.-Physik; späteres Phil.-Examen bei H. *Johannsen (Logik) u. G. *Mende (marx. Phil.); 1955/56 gesell.-wiss. Lehrer an einer Gewerkschaftsschule in Lobeda; 1956/58 Studienforts. als wiss. Ass. am Phil. Inst. der FSU Jena; 1959/60 wiederum parteipolitisch unterbrochen u. ausgesetzt zur damals üblichen „Bewährung in der Produktion"; qualifiziert zum Werkzeugmacher im VEB Carl Zeiss Jena u. Aufnahme eines Fernstudiums der Elektrotechnik an der TU Dresden; ab 1960 delegiert zur planm. Asp. ans Berliner Phil.-Inst. (log.-phil. Themensteller/Betreuer G. *Klaus); phil. Prom.-Versuch zum Thema *Die Stellung der Definition in der Logik. Eine phil.-log. Untersuchung* (Gutachter: G. *Klaus, A. *Kosing,

hinzugezogen: H. *Ley, K. *Schröter, H. *Hörz, D. *Wittich u. R. *Thiele) „misslingt und scheitert" am 28. 2. 1963 und wird schließlich „abgebrochen und ausgesetzt"; Wiederaufnahme des unterbrochenen Verfahrens, nach teilweiser „modern-log. Überarbeitg." (K. *Schröter-Kritik wegen „dial.-log." Anlehnung an B. *Fogarassi) in einem Jahr; spätere HUB-Verteidg. (Prüfer in Phil. u. Kybernetik sind nun: G. *Klaus, G. *Stiehler, H. *Ley u. R. *Thiele) findet auf Vorschlag von Klaus am 19. 6. 1966 „praxisbezogen" im VEB Carl Zeiss Jena statt; daselbst 1963–77 wiss. MA in der Planungshauptabt. (Prognosearbeit u. EDV-Einsatz, Operationsforschung und Kybernetik); 1977–81 Dozent (Fregeforschung) u. danach bis 30. 6. 1992 ao. Prof. (phil. Methodologie) an der Sektion Psychologie der FSU Jena; daselbst phil. Prom. B. 1979 zum Thema *Beiträge zu einer dial.-mat. Grundlegung einer Theorie des Messens* (Gutachter: D. *Wittich, KMU und H. Timmer, TUD); 1992 erzwungene Altersübergangsregelung u. freiberuflich in der Weiterbildung sowie als Zeitzeuge in Jena weiter tätig; jährl. Autor der DZfPh 1961–1984 (vor allem Rezensionen, wohl zur Literaturbeschaffung); ganz kurz nach seinem 90. Geb. in Jena verst. (es ist der letzte Eintrag in diesem Pers.-Vz.). *Anfänge*: Spagat zw. marx. Phil. und prakt. Umsetzung im Alltag. Ein Rückblick.

Meusel, Alfred
19. Mai 1896–10. Sept. 1960
Marxistischer Historiker und Soziologe, Dekan der Philosophischen Fakultät in Berlin
Geb. in Kiel als Sohn eines Studienrates u. Prof.; nach dem Abitur als Freiwilliger im Kriegseinsatz u. schwer verwundet (verschüttet); 1918–22 Studium der Nationalökonomie, Rechtswiss., Gesch. u. Phil. in Kiel; dort auch Bekanntschaft mit mit dem Soziologen Ferd. Tönnies; 1922 phil. Prom. zu *Untersuchungen über das Erkenntnisobjekt bei Marx*; ab 1925/30 Prof. für Volkswirtschaftlehre u. Soziologie an der TH Aachen; 1933 kurzzeitig inhaftiert und aus dem Staatsdienst entlassen; nachfolgend Emigration nach England und Bekanntschaft mit J. *Kuczynski 1937 (Exilorg. der KPD) sowie mit A. *Liebert 1942 (Freier dt. KB); bei Rückkehr nach Dtl., über W-Berlin in die SBZ, 1946 Prof. für pol. u. soziale Probleme der Gegenwart (als Pflichtvorlg. eine Vorform des späteren ML-Unterrichts) an der Berl. Univ; späterer Wechsel als Ordinarius für Neuere Geschichte; 1946–50 entsch. antifasch.-demokrat. Rekonstruktion der Phil. Fak., bemüht um die Berufung für A. *Liebert (Pädg. Fak.) u. Lis. *Richter (Phil.-Gesch.), lässt aber auch die allein parteipol. (phil.) Berufung von K. *Hager geschehen; Artikel-Abfolge in der „Tägl. Rundschau" 1947 u.a. zu Hegels 175. Geb., zu Feuerbach, aber auch zu „Nietzsche als Vorläufer des Faschismus"; 1951 Gründungsdirektor des Inst. für dt. Gesch. an der HUB und 1953 ebs. (wie die DZfPh. zur gl. Zeit) Mitbegründer der ZfG; 1953 Aka.-Mitgl. u. ab 1958 Sekr. der Kl. Phil., Gesch. u. Rechtswiss. der AdW; A. M. ist entsch. Wegbereiter der marx. Geschichtswiss. in der DDR, mit seinen Schülern Fritz Klein und Joachim *Streisand; stirbt 1960 an einem Herzinfarkt in Berlin. – Aktuelle Würdigung durch M. Kessler: A. M. – Soziologe und Historiker zw. Bürgertum u. Marxismus. Berlin 2016.
DDR-Personen-Lexikon 2010 (I.-S. Kowalczuk).

Publ.: List und Marx. Eine vergl. Betrachtung. Jena 1928; Intelligenz und Volk (Artikelabfolge). Berlin 1947; Thomas Müntzer und seine Zeit. Berlin 1952.

Meyer, Hansgünter
13. Okt 1929–26. April 2015
Wissenschafts-Soziologe in Berlin
Geb. in Tangermünde u. aufgewachsen u. a. in Hamburg und Neukirch/b. Bautzen; Vater Polizeiwachtmeister; nach Besuch der OS ab 1944 Landw.-Lehre u. nach 1945 Ausbildung zum landw. Berufsschullehrer; anschl. gesellwiss. FS an der KMU Leipzig (FMI) und seit 1960 Ass. am Phil. Inst. der EMA Greifswald, befasst mit ersten empirisch-soziol. Unters. am Ort; 1964 phil. Prom. zum Thema *Erkenntnistheor. und methodolg. Probleme der marx. Sozialforschung* (Gutachter: E. *Albrecht, H. Quitzsch); daraufhin Wechsel z. Inst. für Wirtschaftswiss. der ADW in Berlin; Zusammenarbeit mit M. *Lötsch u. mit diesem 1969 gem. Habil. zu *Struktur, Information u. Verhalten als soziolg. Probleme der Organisationsanalyse* (1971 als Publ. untersagt); 1973 Ernennung z. Aka.-Prof. für Soziologie sowie Aufbau einer eigenstdg. Abt. für Soziologie am Inst. für Phil. (Direktor M. *Buhr) der ADW (erneut mit M. *Lötsch), die jedoch kurz darauf wegen „unzureichenden marx.-len. Nivaus" wieder aufgelöst wird; daher Versetzung an das Aka.-Inst. für Theorie, Org. und Gesch. der Wiss. (Direktor G. *Kröber) und mit vergl. wiss.-soziolg. Untersuchungen bis 1990 beschäftigt; 1990 Vors. der Gesell. für Soziologie der DDR bzw. Ostdtl. bis zu deren Selbstauflösung 1992; danach bes. Unters. zur Neuordnung des ostdt. HS-Wesens u. Entw. einer gesamtstaatl. Wiss.-landschaft in Dtl.; – verst. 2015 in Berlin. – *Denkversuche*: Geschichte der DDR-Soziologie bis 1971.
DDR-Pers.-Lexikon 2010 (J. Wielgohs).

Publ.: (Hrsg.): Intelligenz, Wiss. u. Forschung in der DDR (Aufsatzsammlung). Berlin 1990; Soziologie in Dtl. u. die Transformation gr. gesell. Systeme. Berlin 1992; (Hrsg.): 25 Jahre Wissenschaftsforschung in Ostberlin. Berlin 1997; Hochschulen in Dtl. Wiss. in Einsamkeit und Freiheit? (Arbeitsbericht), Wittenberg 2003

Meyer, Regina
5. Jan. 1956
Universitätsphilosophiegeschichte in Halle
Geb. in Weimar; nach üblichen DDR-Schulausbildung (Abitur) 1974–78 Studium der Phil. an der Sektion Marx.-len. Phil. der ML Univ. Halle; nach befr. Ass.-Zeit bis 1984 planm. Asp. u. phil. Prom. zum Thema *Der Substanzbegriff in den phil. Systemen von Descartes u. Spinoza. Eine phil.-hist.-vergleichende Analyse* (Gutachter: H.-M. *Gerlach, G. *Schenk), anschließend unbefr. Ass. im WB Gesch. der Phil. ebd.; nach Abwicklung des umbenannten Phil.-Instituts 1990 Umsetzung an das spätere Inst. für Europ. Aufklärung zur Mitwirkung am Aufbau einer wiss. Forschungsbibl.; 1997 Zurückversetzung ans neu gegr. Phil.-Sem. in Halle u. Mitarbeit an der von *Schenk 2001 ein-

gerichteten „Hallischen Phil. Bibl. e.V." – Edition versch. univ.-phil.-geschichtl. Text-Bde in drei phil.-hist. Abt. (geplant sind insgesamt 30 Einzelbändchen.

Publ.: (hrsg. zus. mit H.-M. Gerlach): Descartes u. das Problem der wiss. Methode (350. Jahrestag der Methodenschrift). Konferenzmaterialien. Halle 1989; (gem. mit G. Schenk): Biographische Studien über die Mitglieder des Professorenzirkels „Spirituskreis". Halle/S. 2007; dazu vielfältige univ.-phil.-hist. Gedenkbeiträge, insb. zu P. *Menzer (2010) und Emil *Utitz (2006) sowie zu 100 Jahre Phil. Seminar Halle (1910–2010) in den nachwend. „Mitteldt. Jahrbüchern für Kultur u. Geschichte".

Miehlke, Günter
15. Sept. 1935–5. Juli 2014
Philosophie und Sozial-Medizin an der Humboldt-Universität zu Berlin
Geb. in Friedrichroda (Thür.); 1953 Umzug der Eltern nach Berlin u. 1955 Abitur; anschl. ein Jahr Besuch einer Fachschule der Volkspolizei, dann wiss.-techn. Hilfskraft in der Gesch-Abt. des IML beim ZK der SED; 1957–62 Philosophie-Studium (Nf: Pädg. und Psy.) an der HU zu Berlin (im damalg. Phil.-Studienjahr auch mit R *Bahro, mit diesem zeitweilig befreundet und spätere Kenntnis von dessen sozialismuskrit. Dissertation zur „Alternative"); danach 1962/65 pol. Mitarb. im Zentralvorstand der Gewerkschaft Wiss. (für den Bereich Medizin); seit 1965 wiss. MA am Hygiene-Inst. der HUB, Lehrstuhl Sozialhygiene und phil. Spezialisierung auf Medizin-Soziologie in der Lehre u. Forschung an der Charite; daselbst 1966–71 Parteisekretär am Hygiene-Institut der Mdz. Fak. der HUB; 1968 phil. Prom. am H. *Ley-Lehrstuhl für phil. Probl. der Naturwiss. zum Thema *Die soziale Problematik von Gesundheitsverhaltensweisen* (Gutachter: H. *Ley u. K. Winter); 1971 Dozent für Soziologie am univ. Hygiene-Institut und 1971/3 AGL-Vors. daselbst; nach postgrad. Studium der mdz. Soziologie 1982 Abschluss als „Fachsoziologe der Mdz."; 1985 naturphil. Prom. B wiederum am Ley-Lehrstuhl zu *Soziale, erkenntnistheor. u. methodolg. Probleme der inneren Medizin* (Umfang 604 S., Gutachter: K.-F. *Wessel, R. *Löther, U. J. Schmidt), bis 1990/91 beschäftigt am Institut für Sozialmedizin der Charite der HU zu Berlin; weitere Beschäftigung unbekannt (Stasivorwürfe); verst. 2014 in Berlin.

Mielke, Dietmar
27. Sept. 1959
Antike-Philosophie-Historiker in Jena
Geb. in Stralsund als Sohn eines Elektromeisters; 1966–94 allgm.-bildende polytechn. OS in Richtenberg (M-V); 1974–78 EOS in Franzburg (Abitur); vor Studienbeginn 1978–81 üblicher Ehrendienst bei der NVA u. anschl. Phil.-Studium 1981–84 in Lpz. mit fortgz. phil.-hist. Forschungsstudium in Jena; phil. Prom. A. 1988 wiederum in Leipzig z. Thema *Aristoteles – eine Ars inveniendi im Marxismus? Studie zur Herausbildungsphase des Marxismus unter bes. Berückstg. des Verhältnisses von Marx zu Aristoteles* (Gutachter: H. *Seidel, M. *Thom, D. *Pasemann, E.-G. *Schmidt, Jena); nachwend. Publ. dann u. d. Titel „Die Heilkunst als Vorbild in Platons Staatslehre und Ethik. Zur aktuellen Bedeutung der Heilkunst in Platons Schriften". Hildesheim 2005;

späterer Einstieg in das Berufsbildungswerk der Versicherungswirtschaft (BWV) Mitteldtl. u. entspr. gemeinschaftl. Fallstudien für das Versicherungsfachwirtschaftsstudium". Karlsruhe 1998 u. 2005.

Mielke, Helmut
14. Nov. 1922–1. Mai 1983
Philosophie und Geschichte Naturwiss. an der Dt. Akademie der Wiss. zu Berlin
Geb. in Langbrück/Kr. Angerburg in einer Kleinbauernfamilie; 1929–37 Volksschule; danach 1937/38 Posthelfer u. bis 1940 rundfunktechn. Praktikant; 1940/41 RAD, dann eingezogen als Funker bei der Wehrmacht; frühzeitig in sowjet. Kriegsgefangenschaft, daher bereits Aug. 45 in die SBZ entlassen; 1945–49 Überlebensarbeit in der Landwirtschaft; bis 1951 ABF Berlin (Abitur u. Hochschulreife); anschl. mit offizieller Instituts-Eröffnung 1951–56 Phil.-Studium an der HU Berlin (erstes DDR-Studienjahr wie in Leipzig u. Jena); danach wiss. Ass. am späteren Aka.-Inst. für Phil. (Direktor G. *Klaus) in der schon best. Arbeitsgruppe phil. Edition; daselbst wiss. Bearbeitung ausgw. (phil.) Schriften von M. L. Lomonossow in 2 Bänden: 1. Naturwiss. – 2. Gesch., Sprachwiss., Briefe. Berlin 1961; phil. Prom. am Phil. Inst. der HUB 1965 zum Thema *Das Verhältnis von Wissenschaft u. Weltanschauung bei Max Planck* (Gutachter: G. *Klaus, 8 S. und H. *Hörz, 1,5 S., Mitprüfer M. *Buhr und A. Kauffeldt); – Freitod wegen unheilbarer Erkrankung Anfang der 80er Jahre. – nachweisbar sind 6 naturphil. DZfPh.-Rez. sowie eine Übers. von P. N. *Fedossejew: Sozlm. u. Wiss. (Tb UW Bd. 8), Berlin 1960.

Mieth, Erika
29. Juli 1930
Marxistische Philosophie-Historikerin am ZIfPh der AdW der DDR
Geb. in Piesteritz, Ortsteil der Lutherstadt Wittenberg u. Abitur 1949 in Halle; ebd. Studium an der Phil. Fak. der MLU Halle, Fachrichtg. Gesch. (Hauptfach), Literatur u. Phil. (Nebenfächer), da es in Halle noch kein Phil.-Inst. gibt; daher 1953 Abschluß als Diplom-Historiker u. wiss. Hilfs-Ass. am dortigen Phil. Seminar; 1955 delg. zur wiss. Asp. an die sowjt. Lomonossow-Univ. Moskau u. daselbst 1959 sowjet-phil. Prom. zum Thema *Der wahre Sozialismus, eine bes. Form kleinbürgerl. dt. Ideologie* (Gutachter: T. *Oiserman u. W. *Asmus); nach der Rückkehr ab Mai dieses J. Lektoratsleiterin und Übersetzerin im Dietz-Verlag; ab 1967 wiss. Mitarbeiterin am Phil. Inst. der AdW, Bereich Gesch. der Phil.; jahrelange Mitarbeit am übergreifenden (parteiamtlichen) Projekt einer bes. Gesch. der marx.-len. Phil. in Dtl., betreffend deren mittlere problemreiche Perode, Bd. II (1917–1945), der trotz vielfältiger Vorarbeiten (versch. Diss.-Schriften) u. jahrelanger interner Debatten (insb. hinsichtlich der KPD-Rolle während der NS- wie Stalin-Zeit, zur widersprüchlichen parteiphil. Entw. natürlich ebenso wie zu den vielen „Renegaten" und staln. Opfern) aus rein parteigeschichtspol. Gründen im Dietz-Verlag in über 2 Jahrzehnten nicht erscheinen konnte, – nachwendisch nur noch so beklagt und wiederum nicht zu Ende geführt; auch geplante Habil. zu Ple-

chanow wurde wohl dadurch nicht realisiert, allein die Hrsgb seiner früheren „Kritischen Schriften" Berlin 1982 kam zustande; daher wohl ersatzweise zahlreiche Übersetzungen sowjetphil. Literatur (insb. zu T. *Oiserman, natürlich stets so angewiesen durch M. *Buhr als Inst.-Direktor wie dessen wichtigster ostdt. Kooperationspartner); mit der Inst.-Abwicklung ab 1990 Rentnerin; doch leider keine eigenstg. Fortführung des zuvor gescheiterten/unvollendeten Phil.-Projekts der Stalin- und NS-Zeit, als der wichtigsten unmittelbaren Vorgeschichte (!) der nachkriegszeitl. ostdt. Phil.-Entw. und damit des vorlg. DDR-Phil.-Projekts 1945–95, worauf daher niemals zurückgegriffen werden konnte; die offizielle DDR-Phil. verleugnete damit fortl. ihre eigene widersprüchliche (parteibestimmte) Geschichte.

Miller, Reinhold
10. Nov. 1926–27. Febr. 2012
Nestor der (parteiamtlichen) marx.-len. DDR-Ethik an der Gewi-Akademie
Geb. in Alt-Prilipp, Ks. Pyritz (vormalig Pommern); Eltern waren Bauern, 1933–37 Volksschule im Heimatdorf; 1937–44 OS in Stargard, aber kein reguläres Abitur mehr, da RAD u. Luftwaffenhelfer; Mai 1945 noch Kriegsgefangenschaft u. Mai–Dez. 1949 sowjet. Anifa-ZS; nach Entlassung Ende 1949 in die DDR sofortiger Einsatz als Parteilehrer u. Leiter der SED-Landessonderschule in Schwerin; Sept. 1953 Assistent im gesellwiss. Grundstudium der Univ. Rostock (Lehrauftrag für dial. u. hist. Mat.) am dortigen Inst. für Gesellwiss.; Juli 1955 extern Diplomprüfung als Lehrer für GW (Grundlagen des ML) an der KMU Leipzig (FMI) u. 1957 Aufnahme einer Aspirantur (dazu delegiert) am IfG beim ZK der SED; Dez. 1960 phil. Prom. z. Thema *Der Personalismus der neothomistischen Ethik u. seine Rolle im System der heutg. bürgerlich-klerikalen Ideologie* (Gutachter: G. *Heyden als Lehrstuhlleiter, E. *Hoffmann als amt. Direktor u. A. *Kosing, gerade selbst erst prom. – publ. 1961) mit einem Thesen-Papier: „Vom Werden des sozialistischen Menschen"; 1962 Dozent u. Übertragung der Leitung der neu gegr. Fachrichtung Ethik; 1969 Prof. für marx.-len. Ethik am IfG; langj. Vors. e. entspr. Problemrates daselbst; 25. Jan. 1974 Verleihung der Prom.-Urkunde B z. Thema *Marx.-len. Ethik u. sozialistische Persönlichkeit"* (Gutachter: E. *Hahn, W. *Eichhorn I, M. *Klein); mit Ende der DDR regulärer Rentner und verst. 2012 in Berlin.

Publ.: Vom Werden des sozial. Menschen. Der Kampf des Neuen gegen das Alte auf dem Gebiet der Moral. Berlin 1960; (Mithrsg. G. Hoppe): Arbeit, Gemeinschaft, Persönlichkeit. Berlin 1964; (zus. mit D. Wittich): Staatsbürgerkunde. Bd. 3: Die sozialistische Weltanschauung; (Mitautor): Moralische Triebkräfte bei der Entw. der sozialist. Arbeitskollektive. Berlin 1970; (Mithrsg.): Ethik u. Persönlichkeit. Berlin 1975; (Redaktion): Sozialismus und Ethik. Einführung. Berlin 1984. – 10 DZfPh-Artikel 1959–1977, u. a. eine sehr polemische Ause. mit F. Löser um die Bestimmung des Wesens der „marx. Ethik" (H. 1+3/1959); – in einer nachwend. ND-Todesanzeige seiner Aspiranten wird aufzählend ausdrücklich und aufzählend dem „Antifa-Schüler, Phil., Nestor der DDR-Ethik, Mentor, Freund, Lehrer, Genossen, Sozialisten" gedacht u. gedankt; eigenartigerweise jedoch keine frühere Aufnahme ins DDR-Philosophenlexikon von 1982.

Mitin, Mark B.
1901–1987
Stalins Chef-Philosoph in den 30/40 Jahren, ohne jede nachweisbare fachphil. Ausbildung u. Qualifikation; wahrscheinlich auch Autor von dessen parteigeschichtl. Grundkurs z. dial.- u. hist. Mat. im Gesamttext der KPdSU-Geschichte von 1938; parteiphil. Grundausbildg. 1929 (Lehrgangsteilnehmer) am Inst. der Roten Professur u. in Nachfolge des schließlich polit-stalinistisch ausgeschalteten Dialektik-Phil. A. M. Deborin 1930–44 Cefred. der Zft. (theor. Parteiorgan) „Unter dem Banner des Marxismus"; seit 1939–44 zugleich auch Direktor des Inst. für ML beim ZK der KPdSU und als solcher damit bereits 1939 Akademik; als Stalin jedoch wieder selbst, seit 1948 vermittels seines damlg. Chef-Ideologen A.*Shdanow direkt in die parteiphil. Debatten eingreift (sog. „Linguistik-Briefe"), 1950–56 abgeschoben als Chefred. der osteurop. Zeitung „Für dauerhaften Frieden, Volksdemokratie u. Sozialismus" sowie bis 1961 Vors. der Unionsgesell. zur Verbreitung wiss. Kenntnisse (die sowjt. Urania); 1960–68 jedoch wiederum Chefred. der Zeitschrift „Fragen der Phil." und seit 1967 (mit CSSR-Krise, u. wie M.*Buhr im Rahmen der DDR-Phil.) Vors. eines bes. Wiss. Rates für Probleme der Ause. mit ideolg. Strömungen des Auslands, innerhalb der Sektion Gesellwiss. beim Präsidium der AdW der UdSSR; langj. ZK-Mitglied bis 1961 u. Deputierter des Obersten Sowjet; zweifacher Lenin-Orden; verantw. für die staln. Durchsetzung der sog. Leninschen Etappe in der Entw. der marx. Phil., des Leninschen Prinzips der Parteilichkeit in der Philosophie sowie der Stalinschen These einer zunehmenden Verschärfung des ideolg. Klassenkampfes auch in der Philosophie bzw. an der „phil. Front"(!); diese seine staln. Einflussnahme auch auf die offizielle DDR-Phil. erstreckt sich über Jahrzehnte; M. war Mitgl. der Red.-kommision der 6-bdg. sowjet. Welt-„Gesch. der Phil." (Moskau 1957–65), die von zahlr. DDR-Phil. auftragsgemäß sofort übers. 1959–67 in Ost-Berlin erschien u. niemals wegen ihrer gröbster ideolg.-klassenkämpferischen Vulgarisierungen u. Trivialisierungen zu einer wirkl. fachphil. Studiengrundlage werden konnte, geschweige denn ersthaft disk. wurde.
DDR-Philosophenlexikon 1982 (GSE).

Publ. *(dt.-sprachig)*: Sowjetdemokratie und bürgerliche Demokratie. Berlin 1947; Ein neuer hervorragender Beitrag J. W. Stalins zur Entwicklung der marx.-len. Theorie. Stalins Arbeiten zu Fragen der Sprachwiss. Bln. 1951; (Red.): Gegen den reaktionären Mendelismus-Morganismus. Ein Sammelband (dt. Übers. durch ein Asp.-Kollektiv). Berlin 1953; (Hrsg.): Plechanow-Lenin, über einige Angriffe auf den Leninismus. Frankf./M. 1978; (Hrsg. H. Schulze im Auftrage v. M. Buhr): Probleme des gegenwärtigen ideolg. Kampfes. Eine Kritik soziolg. u. sozialpol. Konzeptionen. Berlin 1979; (Hrsg. B. P. Löwe, ebenso): Philosophie und sozialer Fortschritt. Beiträge zur Kritik der bürgl. Ideologie u. des Revisionismus. Berlin 1983.

Mittelstraß, Jürgen
11. Okt. 1936
Bundesdeutscher Wissenschaftsphilosoph mit zahlreichen früheren DDR-Kontakten
Geb. in Düsseldorf; 1956–61 Studium der Phil., Germanistik u. evangl. Theologie in Bonn, Erlangen, Hamburg u. Oxford; 1963 Prom. an der Univ. Erlangen-Nürnberg

(bei W. Kamlah u. P. Lorenzen) z. Thema *Die Rettung der Phänomene. Ursprung u. Geschichte eines antiken Forschungsprinzips* (publ. Berlin 1962); Habil. 1968 ebenda zum Thema *Neuzeit und Aufklärung. Studien zur Entstehung der neuzeitl. Wissenschaft u. Philosophie* (publ. Bln. 1970); in diesen Jahren intensiver wiss.-phil. Briefwechsel mit dem letzten „altbürgerlichen Univ-Phil." in der DDR (Greifswald) Günther *Jacoby (1881–1969), publ. in Jacoby II (2003); seit 1970 Ordinarius für Phil. u. Wiss.-theorie an der Univ. Konstanz u. Hrsg. einer vierbändg. Enzyklopädie Philosophie u. Wissenschaftstheorie (1980–96); 1985–90 Mitgl. des Wissenschaftsrates (der BRD), 1985–99 des Auswahlausschusses der Alex.-von-Humboldt-Stiftung u. des Senats der Dt. Forschungsgem. (DFG); 1987–90 auch noch kurztg. Mitgl. der Aka. des Wiss. zu Berlin (West); 1991–93 Vors. der Landeshochschul-Strukturkommission (LHSK) von Gesamt-Berlin und damit zuständig für die Umstrukturierung, Evaluierung wie Abwicklung aller gesellwiss. (phil.) Fächer der HU Berlin wie DDR-Akademie: Wirtschaftswiss., Geschichte, Sozialwiss., Rechtswiss., Erziehungswiss. (Päd.) und Philosophie (Planungsbeauftragter: Fr. *Gethmann, Vors. der Strukturberufungskom. Philosophie u. deren Gründungsdirektor an der HUB) sowie damit auch für die Gesamtauflösung der DDR-AdW 1991 zuständig; dadurch 1992/93 auch Gründungsmitglied der Berlin-Brandenbg. Aka. des Wiss. zu Berlin und deren gesetztes Erst-Mitgl.; 1993 dafür Verdienstorden des Landes Berlin u. 2000 auch Ehrendoktorwürde der HU Berlin wie der TU Berlin (2004); 1997 Präsd. der Allgm. Gesell. für Phil. in Dtl. (XVIII. Phil.-Kongress 1999 in Konstanz zum Thema: Die Zukunft des Wissens); Festvortrag zum Leibniztag 2001 der Leibniz-Sozietät (Präsd. Herb. *Hörz) zum Thema „Krise des Wissens"; desw. Mitgl. der Dt. Aka. der Naturforscher Leopoldina (Halle/Saale), der Päpstl. Aka. der Wissenschaften (Rom) wie der Österr. Aka. der Wiss. (Wien); seit 2005 emeritiert, aber mitwirkend an der Aufarbeitung der dt.-dt. Wissenschaftsforschung u. diesbezügl. Gedenkveranstaltung für G. *Kröber (Ost) u. Cl. *Burrichter (West) im Frühj. 2015 in Potsdam. – Umfangr. Publikationsliste ist im Internet abrufbar.

Mocek, Reinhard
12. Nov. 1936
Marxistischer Wissenschaftsphilosoph in Halle
Geb. in Chemnitz, Vater Hufschmied u. Verwaltungsangestellter, Mutter Weißnäherin; OS u. Abi. in Borna (b. Leipzig); 1954–59 Phil.-Studium in Leipzig, u.a. bei E. *Bloch, R. O. *Gropp und Hm. *Seidel; 1956 SED-Eintritt; 1959/61 Lehrtätigkeit im gesellwiss. ML-Grundstudium an der TH für Chemie Leuna-Merseburg (Direktor G. *Bohring); danach Asp. am Phil. Inst. der KMU Leipzig (Konsultanten: G. *Harig u. K. *Zweiling) und daselbst 1965 phil. Prom. z. Thema *Phil. u. wiss.-hist. Aspekte der Entwicklungsmechanik: Wilhelm Roux, Hans Driesch, Hans Spemann, Julius Schaxel* (Gutachter: G. *Harig u. R. *Rochhausen) daraufhin Ernennung z. Phil.-Doz. für dial. Mat. am Inst. für Phil. der MLU Halle (Direktor D. *Bergner) u. entspr. Lehrtätigkeit; daselbst auch Habil. (Prom. B) 1969 z. Thema *Die Ideologiefunktion der Phil. gegenüber der modernen Naturwissenschaft. Ein Beitrag zur marx.-len. Wissenschaftstheorie*

(Gutachter: H. *Ley, D. *Bergner, F. *Fiedler) daraufhin 1970–91 o. Prof. für dial. Mat., aber zugleich 1970–80 amt. Wissenschaftsbereichsleiter für hist. Mat.; 1976 Gründung eines interdizipl. AK für Wiss.-theorie u. -geschichte auch in Halle sowie Hrsg. entspr. Arbeitsblätter f. Wissenschaftsgesch.; 1978–81 Dir. der Sektion Marx-len. Phil. und 1985–88 Dekan der Phil. Fak. der MLU; dazw. 1984 Forschungssemester in den USA u. damit Westreisekader sowie Mitgl. des Wiss. Beirates für Phil. beim MHF (Vors. G. *Stiehler) sowie des Wiss. Rates für Marx.-Len. Phil. der DDR an der AfG beim ZK der SED (Leiter E. *Hahn); Dez. 1989 Wahl in den PV der SED/PdS u. März 1990 auch Mitglied der VK der DDR für diese Partei; mit landesbehördl. Abwicklung des Phil.-Inst. an der MLU Halle Entlassung aus dem univ. Hochschuldienst u. 1991/93 Einnahme einer ABM-Stelle im Luisenstädt. Bildungsverein in Berlin (Ltg. H.-J. *Mende); 1993/94 Gastdoz. im Wiss.-kolleg Berlin, dann wiss. MA am Inst. für Soziologie der Univ. Bielefeld und 1998 wiss. MA am Max-Planck-Inst. für Wiss.-gesch. in Berlin; 2000 vorzeitiger Ruhestand, danach mehrfach Gastprof. (verm. durch J. *Mittelstrass) an der Univ. Konstanz und Bremen (verm. durch H. J. *Sandkühler); seit 1994 Mitglied der Leibniz-Soz. und 2004 zeitweilig auch Vors. der RL-Stiftung wiederum in Berlin; 2011 wurde er zum ordtl. Mitgl. der Academie Europaea gewählt.
DDR-Pers.-Lexikon 2010 (H.-C. *Rauh).

Publ.: (Mithrsg. G. Domin): Ideologie und Naturwiss. Politik und Vernunft im Zeitalter des Sozialismus u. der wiss.-techn. Rev. Berlin 1969; (Red.): Die Bedeutung des ML für die Durchsetzung des Prinzips der Einheit der Wiss. (Materialien eines Symposiums der ML Univ. 1971). Halle 1972; Wilhelm Roux und Hans Driesch. Zur Gesch. der Entwicklungsphysiologie der Tiere (Entwicklungsmechanik). Jena 1974; (Mit-Hrsg. D. Bergner): Existenzphil. und Politik. Kritische Ause. mit Karl Jaspers (Autor H.-M. Gerlach). Berlin 1974; (Mithrsg. D. Bergner): Bürgerliche Gesellschaftstheorien. Studien zu den weltanschaul. Grundlagen u. ideolg. Funktionen bürgl. Gesellschaftsauffassungen. Berlin 1976; (Red.): Wissenschaftliche Revolutionen. Zur Theorie der Wiss.-Gesch. Th. S. Kuhns (Kolloquium des AK Wiss.-Gesch. 1978). Halle 1979; (Mitautor W. Kaiser): Joh. Christian Reil (naturwiss. Biogr.-Reihe, Bd. 41). Leipzig 1979; Gedanken über die Wissenschaft. Die Wissenschaft als Gegenstand der Phil. Berlin 1980; (Mitautor H.-M. Gerlach): Bürgerliches Philosophieren in unserer Zeit. Bln. 1982; (Mitautor D. Bergner): Gesellschaftstheorien. Phil. u. Lebensanspruch im Weltbild gesell.-theor. Denkens der Neuzeit. Berlin 1986; Neugier und Nutzen. Blicke in die Wiss.-gesch. Bln. u. Köln 1988; (Hrsg.): Evolution und Revolution im wiss.-theor., natur- u. gesell.-wiss. Denken. Studien aus dem Interdiszipl. Zentrum für Wiss.-Theorie u. Wiss.-Gesch.(IZW) der MLU an der Sektion Marx.-len. Phil. Halle 1988; (Hrsg.): Die Wiss.-kultur der Aufklärung. Halle 1990; Johann Christian Reil. Das Problem des Übergangs von der Spätaufklärung zur Romantik in Biologie u. Medizin in Dt. Frankf./M. 1995; Die Postmoderne, intellektuelle Mode oder Kulturzeichen der Gegenwart? (Leibniz-Sozietät). Velten 1995; Die werdende Form. Eine Gesch. der kausalen Morphologie. Marburg 1998; Biologie u. soziale Befreiung. Zur Gesch. des Biologismus u. der Rassenhygiene in der Arbeiterbewegung. Frankf./M. 2002; (Hrsg.): Technologiepolitik und krit. Vernunft. Wie geht die Linke mit den neuen Technologien um? RS-Stiftg Berlin 2008; Alfred Kühn (1885–1968). Ein Forscherleben (Biographie). Rangsdorf 2012; Formendes Leben, Formen des Lebens: Phil.-Wiss.-Gesell. Festschrift zum 80. Geb. Halle 2016; – jährl. DZfPh.-Autor 1960–90. – *Denkversuche*: Zum marx. Naturverständnis in den 60er Jahren. *Ausgänge*: Wissenschaftsforschung – das Zauberwort einer phil. Neubesinnung?

Möckel, Christian
15. Sept. 1952
Philosophie-Studium in Leningrad und bleibender Philosophie-Historiker in Berlin
Geb. in Leutenberg (Thür.); 1971 Sonder-Abitur (mit erw. russ. Sprachausbildung) an der ABF Halle; anschl. 1971–76 sowjet. Phil.-Studium an der Leningrader Univ. (Dipl.-Arbeitsthema z. phil. Denken im Trop. Afrika); danach wiss. Ass. im Bereich Gesch. der Phil. der Sektion marx.-len. Phil. der HU Berlin; seit 1980 unbefr. Assistentenstelle mit dem phil.-gesch. Forschungs- u. Lehrgegestand „Leninsche Etappe" der marx.-len. Phil.; daher Ause. mit dem phil. Revisionismus, speziell mit Max Adler u. dem Austromarxismus in der Arbeitsbewe. wie Parteigesch.; 1981 phil. Prom. z. Thema *Max Adlers neukantianische Revision der phil. Grundlagen des Marxismus* (Gutachter: H. *Süßenbach, H. *Pepperle, H. *Seidel – nachwendisch thematisch umformuliert in: Max Adlers Synthese von Kant – Erkenntniskritik und Marx – Geschichtsphil.); dazu im WS 1981/82 Forschungsaufenthalt an der Univ. Wien (Max-Adler-Archiv); 1982–85 gesell.-wiss. ML-Einsatz in der VR Mocambique; danach 1985–89 wieder wiss. Oberass. an der Sektion Phil. der HUB und 1990 Prom. B z. Thema *Max Adler. Engagiertes Leben, theor. Werk u. geistige Wirkung eines österr. Sozialisten. Neukantianismus, Marxismus u. Sozialismus* (Gutachter: H. *Pepperle, M. *Thom, H. Niemann – nachwendisch als Habil. wiederum umformuliert in: Leben, Werk u. Wirkung Max Adlers. Transzendentale Grundlg. der Sozialwiss.); seit 1994 univ. PD für Phil. (Prakt. Phil., Rechts- u. Sozialphil.) u. seit 2000 als wiss. MA (Drittmittelfinanzierung) bisher insgesamt vier DFD-Projekte zur Ernst-Cassirer-Edition (Nachgelassene Manuskripte u. Texte, Bd. 9, 4 u. 16, seit 2012 begonnen Bd. 15); SS 2008 Ernst-Cassirer-Gastprof., Department Philos. der Univ. Hamburg; 2008 Ernennung zum außerpl. Prof. am Inst für Phil. der HU Berlin; dadurch inzw. der letzte wiss. Mitarb. aus dem früheren marx.-len. DDR-Phil.-Inst. der HU zu Berlin.

Publ.: Sozial-Apriori, der Schlüssel zum Rätsel der Gesell. – Leben, Werk und Wirkung Max Adlers. Frankf./M. 1994; Einführung in die transzendentale Phänomenologie. Mün. 1998; Phänomenologie. Probleme, Bezugnahmen u. Interpretationen. Berlin 2003; Anschaulichkeit des Wissens und kulturelle Sinnstiftung. Berlin 2003; Das Urphänomen des Lebens. Ernst Cassirers Lebensbegriff. Cassirer-Forschungen, Bd. 12. Hambg 2005; (Hrsg.) Ernst Cassirer. Nachgelassene Texte u. Manuskripte. Bd. 9 (2008), Bd. 4 (2011) u. Bd. 16 (2013).

Möhwald, Werner
23. März 1927
Referatsleiter für DDR-Philosophie im ZK-Apparat der SED in den 50/60er Jahren
Vorangegangener Bildungsweg in der NS-Zeit unbekannt; komm. Parteibeitritt bereits 1945 und seit 1951 pol. Funktionskader im zentr. SED-Parteiap. als pol. Mitarbeiter der ZK-Abt. Wiss. des ZK der SED; von Anbeginn parteiamtlich zuständig für die sich erst entwickelnde (marx.-len.) DDR-Phil. in den 50/60er Jahren (zuvor waren das G *Harig und E. *Hoffmann), worüber es aber kaum verwertbare Aktenbestände u. genaue Berichte gibt; in diese Zeit fallen 1951 divers. Stalin-Konferenzen sowie die

Jenenser Logik-Tg. vom Nov. d. J. (orientirendes Schlusswort K. *Hager) sowie 1954 die einmalige offizielle Teilnahme einer geschlossenen (parteiorg.) Delegation von DDR-Kader-Philosophen am IV. westdt. Phil.-Kongress in Stuttg, die wesentlich durch Günther *Jacoby aus Greifswald herbeigeführt u. vermittelt wurde; dem folgte jedoch umgehend die parteikoordinierte Zurückweisung der Denkschrift Jacobys zur „Lage der Univ.-Phil. in der DDR" (1955) durch den ministeriellen „Beirat für Philosophie" (gegr. 1953), die Durchführung der „Freiheitskonferenz" durch die Aka.-Sektion für Phil. im Frühjahr 1956 sowie die Verhaftung W. *Harichs als dem ersten Chefred. der DZfPh (Ende 1956), was z. parteimäßigen Einsatz einer neuen Phil.-Redaktion des SED-ZK-Inst. für GW führte sowie zur Zwangsemeritierung von Ernst *Bloch in Leipzig (1957); der I. DDR-Phil.-Kongress findet daraufhin erst 1965 zum Thema der „Techn. Revolution" statt („wiss.-techn. Rev." durfte er auf dümlicher ZK-Anweisung nicht benannt werden, weil die einzig „wiss. Rev." allein den Marxismus zu betreffen habe); um das alles parteikontroliert koordinieen u. beaufsichtigen zu können, kam es schließlich zur zeitweiligen übergeordneten Bildung einer Fachkommission Philosophie bei der oben gen. ZK-Abt. Wissenschaften, in der W. M. als parteianleitende Anlaufstelle fungierte, entspr. Anweisungen für alle phil. Einrichtungen der DDR festgelegte bzw. durchgestellte; so vermerkt dieser allmächtige ZK-Sektorenleiter für Phil. (der dazu ungewählt in allen phil. Gremien sitzt) am 2. 3. 1955 in einer verbindlich anweisenden, aber lediglich handschriftl. Notiz: „1. eine Philos. Gesell. wird bei uns noch nicht gegründet; 2. Wir gehen auch nicht in die westdt. Gesell. rein"; – und genauso wurde auch verfahren, denn es kam in der DDR (im Unterschied zu den Historikern) tatsächlich nie zur Bildung einer eigenständigen DDR-Phil.-Gesell., sondern nur später zu einem parteikontrollierenden „Wiss. Rat für Marx.-Len-Phil. der DDR" am IfG, später der AfG beim ZK der SED (parteieingz. Dauervors. 1971–1989 E. *Hahn, selbst dadurch ZK-Mitglied); am 26. 6. 1954 legte die gen. parteiamtliche Fach-Kommission Philosophie der ZK-Abt. Wiss. in fünf strategischen Punkten folgendes fest: 1. Erarbeitung einer „Einschätzung z. Lage der Phil. in der DDR" (als Antwort auf die kurz darauf verschickte Jacoby-„Denkschrift"), 2. Erarbeitung einer Einschätzung der Hauptströmungen der Phil. in Westdtl. (im Zusammenhang mit der Teilnahme am dortg. IV. Phil -Kongreß in Stuttgart), Formulierung eines „Kampfprogramms der Philosophie in der DDR auf der Grundlage der Parteibeschlüsse" (eine Eigenständigkeit der Philosophie an der „ideolog. Front" gab es dadurch nicht mehr, sie wurde damit zu einer wesentlichen, ja alleinigen Parteiangelegenheit u. ideolg.-pol. Dienstmagd), 4. Analyse und Vorschläge zur grundlg. Verbesserung der Studentenausbildung (s. entspr. Phil.-Studienpläne im *Anfänge*-Band), 5. Vorschläge zur Änderung des Inhalts u. der Arbeitsweise der DZfPh. (s. entspr. Einheit-Artkel von A. Kosing 1955), 6. Vorschläge z. Verbesserung der Tg. der Parteiorganisationen an den Phil. Instituten (die durchgehende und alles bestimmende Parteiorganisiertheit der DDR-Phil. war bis 1989 fast hundertprozentig gewährleistet und für diese institutionell und ideologisch-politisch wesensbestimmend!); sodann folgen noch die Beauftragung zur „öffentl. Disk. von Artikeln" in allen „Fachgebieten der Philosophie" mit schon vorab benannten verantwortl. Autoren; um das alles parteibestimmt durchsetzen zu können erfolgte die ständige Teilnahme des betreffenden ZK-Sektorenleiters an allen wichtigen Phil.-Veranstaltungen in der DDR, insb. wenn es zu bes. Vorkommnissen und parteilich nicht gewollten phil. Debatten kommen sollte; letzte größere Amtshandlung dieses langj. phil. ZK-Wächters in *Hagers u. *Hörnigs Auftrag war die Bildung eines „Wiss. Rates für phil. Forschung" in der DDR (abgehoben von der dazu früher zuständigen Sektion Phil. an der AdW) nunmehr unabdingbar installiert am „Lehrstuhl Philosophie" (damlg. Leiter G. *Heyden) des IfG beim ZK der SED im Jahre 1968 (1. Vors. A. *Kosing, dazu zurückgekehrt aus Leipzig bis zu seiner Ablösung Ende 1971 durch Erich *Hahn, der dann bis Dez. 1989 agierte); – Nachfolger auf diesem bes. Leitungsposten der ZK-Abt. Wiss. – funktionszuständig für die gesamte DDR-Phil – wurde nach der III. HSR 1969–87 G. *Mertsching (voranstehend); W. M. wurde hoch dekoriert mit VVO in Bronze verabschiedet u. z. 50. Geb. 1977 damit noch in Silber geehrt; als sein späterer ZK-Einsatz kam dann allerdings nur noch in der sog. „massenpol. Arbeit im Rahmen der Nationalen Front" in Frage; ganz anders verlief dagegen die parteiaka. Karriere des persönl. Hager-Mitarb. Hm. *Frommknecht.

Möller, Heidemarie
2. Jan. 1947–17. Juni 1988
Pädagogik und Philosophie
Geb. in Misdrag/Usedom u. nach der Schulausbildung (Abi.) 1966–75 päd.-pol. Ausbildung zur Pionierleiterin im Kreis Wismar u. 1968–73 Diplom-Lehrer für Deutsch (Literatur) im FS in Schwerin (Sektion Päd./Psy. in Güstrow); 1975 als wiss. Ass. delg. an die Pädg. Aka. der DDR in Berlin zur Aspirantur; daselbst 1980 pädg. Prom. A. *Zum Verhältnis von Erziehung u. sprachl. Kommunikation*; Mitarbeiterin am dortg. Inst. für Theorie und Gesch. der Pädagogik; danach phil. Prom. B am Inst. für marx.-len. Phil. der HUB 1985 *Zum pädg. Ganzheitsdenken aus phil. Sicht* (betreut von M. *Leske zum phil. Totalitätsdenken, Gutachter: G. *Redlow, W. *Eichhorn II, Drefenstedt); schwer krebserkrankt verst. am 17. Juni 1988 in Berlin.

Momdshian, Chacik N.
1909–1996
Armenisch-sowjetischer Philosophie-Historiker und Soziologe
Geb. in der Türkei in einer Handwerkerfamilie u. wegen der dortg. türk. Verfolgungen der Armenier 1914 Übersiedlung nach Russland; absolvierte die Phil. Fak. des Mosk. Inst. für Phil., Lite. u. Gesch. 1934 mit anschl. Asp. zur westeuropäischen/franz. – materialistischen Aufklärungs-Philosophie; daraufhin 1934–41 wiss. MA am ZI für Atheismus der UdSSR; mit Kriegsbeginn ab 1941 tätig in der Armenischen Filiale der AdW der UdSSR in Jerewan; 1951 Verteidigung der Dr.-Diss. z. Thema *Die Philosophie des Helvetius* (publ. in der DDR u. d. T. „Ein streitbarer Atheist des 19. Jhd.", übers. von O. *Finger u. H. *Schulze) Berlin 1959; 1954–58 Lehrstuhlleiter für dial. u. hist. Mat. an der Phil. Fak. der MGU in Moskau; 1962–67 Phil.-Red. der Zeitschrift Kommunist;

seit 1967 Leiter des Phil.-Lehrstuhls an der Aka. für Gesell.-wiss. beim ZK der KPdSU; Präsident der Sowjetischen Soziologen-Assoziation u. als solcher Hrsg. u. Mitautor der dt.-sowjt. Gem.-prod.: „Die entwickelte sozial. Gesell. Wesen u. Kriterien. Kritik revisionist. Konzeptionen". Moskau/Berlin 1973 (2. A. 1978) -
DDR-Philosophenlexikon 1982 (Autorenkollektiv).

Mönke, Wolfgang
15. März 1927–24. Febr. 1986
Akademiephilosophischer Moses-Hess-Forscher
Keine weiteren Lebensdaten z. Z. erhältlich (aka-wiss. Akteneinsicht 2016); Phil.-Studium in den 50er Jahren an der HU Berlin u. anschl. Dauerbeschäftigung an der AdW als persönl. MA von A. *Cornu, in der frühen aka.-phil. Marx-Engels-Forschung; phil. Prom. ebd. 1971 z. Thema *Der ‚wahre' Sozialismus: Moses Hess, 1812–1844*; alkeholkrank und daher frühzeitig verstorben in Berlin; als DZfPh-Autor ein Disk.-beitrag und eine Rez. 1955/56.

Publ.: (Hrsg. zus. mit A. Cornu): Moses Heß. Phil. u. sozialistische Schriften. Eine Auswahl 1837–1850. Berlin 1961 (2. A. ohne A. Cornu. Berlin 1980, ebs. Vadus 1980); (Hrsg.): Paine, Thomas: Die Rechte des Menschen. Phil. Studientexte. Berlin 1961 (2. A. 1983); Neue Quellen zur Hess-Forschung. Mit Auszügen aus einem Tagebuch, aus Manuskripten u. Briefen aus der Korrespondenz mit Marx, Engels, Weitling, Ewerbeck u.a. Bln. 1964; (Mitautor): Neue Daten zur „Deutschen Ideologie". Hannover 1968; (Hrsg.): Die heilige Familie. Zur ersten Gemeinschaftsarbeit von Karl Marx und Friedrich Engels. Berlin 1972.

Montinari, Mazzino
4. April 1928–24. Nov. 1986
Italienischer Germanist, Philosophie-Historiker und Nietzsche-Forscher in der DDR
Geb. in Lucca u. mit Ende des Musolini- und Hitler-Faschismus in Italien, 1945–49 umfassende Studien an der Phil. Fak. der Univ. in Pisa, wo er bereits 1949 regionalgeschichtlich über protest. Reformation in Lucca prom.; in der ersten Hälfte der 50er Jahre Kulturfunktionär der KPI, insb. als Übers. von einzelnen Marx-Engels-Werken sowie von Franz Mehrings „Gesch. der SD"; bei einem diesbezügl. parteiamtl. Arbeitsbesuch im späteren IML in Ost-Berlin erlebte er den 17. Juni 1953; und nach den Stalin-Enthüllungen auf dem XX. KPdSU-Ptg. 1956 wie der sowjt. Niederschlagung des Ung. Volksaufstands wandte er sich endgültig vom partei -dogm. Marxismus ab und beendete folgerichtig auch seine Anstellung im Parteiverlag (aber ohne Parteiaustritt); zugleich begann er um 1957 eine intensive Zusammenarbeit mit seinem früheren aka.-antifasch. Lehrer Giorgio Colli, der ebenfalls mit der Übers. u. Ed. von Texten, allerdings der dt. Klassik (Goethe), aber auch von Schopenhauer u. Nietzsche beschäftigt war; zum fasch. Missbrauch der Schriften des letzteren in Dtl. wie in Italien entbrannte eine internationale pol.-ideolg. wie phil.-philolog. Debatte (nach Karl Schlechta-Ed.) um die früheren Nietzschetext-Verfälschungen seiner Schwester; dieser führte Colli u. M. zu eigenständigen Überlegungen, sich den gesamten handschriftl. Nietzsche-

Nachlaß selbst (nochmals) im Original in Weimar (DDR) anzusehen und sachbezogener zu rekonstruieren; dieser befand sich seit der nachkriegszeitl. Schließung des dortg. Nietzsche-Archivs (durch sowjet. Verhaftung seiner letzten beiden Leiter R. Oehler u. G. *Lutz 1945) nunmehr im Goethe-Schiller-Archiv der dt. Klassik, gewissermaßen ausgelagert und weitgehend nicht mehr öffentlich zugänglich (d. h. nur noch mit Sondergenehmigung für einige ausgewählte „Westbesucher", denn die offizielle DDR-Phil. betrieb pol. bewußt u. entschieden keine eigene phil. Nietzscheforschung, weil nicht zum „progressiven phil. Erbe" gehörig!); auf Grund seiner früheren internationalen (kulturpol.) Parteiverbindungen z. SED-DDR, also nicht nur zu deren Kultur- und Wiss.-Abt. des ZK der SED (Kurt *Hager), sondern wohl auch zu dem für Internationale Beziehungen zuständigen Sekretär des PB der SED (Hm. Axen) wie z. damalg. Kultur-Verantwortlicher der DDR-Reg. (A. *Abusch), absolvierte M. schließlich seit Frühjahr 1961 (also schon vor dem „Mauerbau" im Aug. 61, der ihn überhaupt nicht berührte und hinderte) einen fast 10-jährg. Arbeitsauffenthalt in Weimar u. der DDR; in dieser Zeit wurde schließlich eine vollständig neue, hist.-krit. (zugleich auch dt.-sprachige!) Nietzsche-Gesamtausgabe in meheren Abteilungen (ähnlich wie die Kant-Edition oder MEGA) konzipiert, die allein hrsg. von Colli und M. ab 1967 ff. allerdings nur im De Gruyter Verlag in West-Berlin erscheinen konnte, wohin daher über Jahre die laufend fertig gestellten Manuskripte, nur mit einer ‚grenzdurchlässigen' DDR-Sondergenehmigung, zum Druck gelangten und überführt werden konnten; im Rahmen der offiziellen marx.-len. DDR-Phil. wurde m. W. jedenfalls öffentlich, aber auch nicht in deren Leitungsgremien, niemals über dieses ungewöhnliche und umfassende Nietzsche-Aufarbeitungsgeschehen vor Ort in Weimar gesprochen, ebenso wenig wie diese unübersehbare Nietzsche-Edition in ihrem parteiphil. „Zentralorgan", der DZfPh jemals erwähnt-zitiert od. besprochen wurde; M. gründete in Weimar sogar eine Familie und bekam mit einer DDR-Bürgerin insgesamt vier Kinder (für deren eines Zwillingpaar der Staatsratsvors. der DDR, W. *Ulbricht sogar eine staatsamtl. Patenschaft übernahm), und die später alle mit M. in den 70er Jahren ungehindert nach Italien (Florenz) ausreisen durften; diese offensichtlich interl. Nietzsche-Rezeption und Edition in dt., franz., engl. und vor allem aber itl. Übersetzung) führte in der DDR lediglich beim einst unter Ulbricht 1956 ff. verfolgten und abgestraften (phil.-red. nur noch privatisierten) W. *Harich in den 80er Jahren jedoch zu erbittertwütenden (inzw. aber völlig anachronistisch gewordenen antifasch.) Aktionen u. Protesten (fortl. Briefe an die Staats- u. Parteiführung) gegen eine jede nur erdenkl. Nietzsche-Beschäftg. in der DDR, wobei jedoch diese (Weimarer) Nietzsche-Bearbeitung von M. weiterhin mit keinem Wort von ihm oder anderen erwähnt oder irgendwie thematisiert wurde; ab 1969 ist M. als univ. Germanistik-Prof. wieder in Italien (Florenz u. Pisa) lehrend angestellt und andere Mitarbeiter vollenden die Nietzsche-Ed. bis heute; 1980/81 weilte er nochmals als Gast-Prof. an der FU in West-Berlin, aber an einer dortg. Nietzsche-Tg. konnte lediglich die Nachwuchs-Philosophin (W. *Heise-Schülerin) Re. *Reschke aus der DDR teilnehmen; in Weimar gehört M nunmehr auch dem Vorstand der Goethe-Gesell. an u. arb. zugleich an der Weim. Heine-Säkularausgabe mit, wie auch wieder an einer fortgz. itl. Marx-Engels-Ausgabe; inmitten all dieser laufenden Forschungsvorhaben stirbt er am 24. Nov. 1986 in Florenz an einem Herzinfarkt; die von ihm mitbegr. jährlichen „Nietzsche-Studien" gedenken seiner in den Bdn 17 u. 18 (1988/89); eine Meldung oder gar Würdigung findet in der DDR oder in Weimar dazu jedoch nicht statt, obwohl man sich intern, verbunden mit entspr. ideolg. Abwehrkämpfen (Jan. 1988 erklärt sich M. *Buhr nochmals zum weiterhin undiskutierbaren „Phänomen Nietzsche") durchaus auf ein denkbar-unabwendbares Nietzsche-Jubl. 1994 (150. Geb.) u. 2000 (100. Todestag) beginnt intern einzustellen, begleitet von weiterem gesamtdt. parteipol. Gezänk um „Nietzsche und seine Brüder" (so R. *Steigerwald wie *Harich); in West-Berlin und dann im wiedervereinigten Dtl. wurden die von Colli/M. eingeleiteten sachgerechten Nietzscheforschungen ungebrochen in derem Geiste vor allem von W. *Müller-Lauter u. V. *Gerhardt fortgz.; sie unterliegen heute zunehmend einer, kaum noch überschauenden Internationalität, mit getragen durch ein in Naumburg gegr. Nietzsche-Dok.-Zentrum. – Was kaum anders zu erwarten war, das sind erst seit 2017 bekannt gewordene „geheimdienstliche" MfS-Berichte eines vor Ort in Weimar ansässigen Stasi-Informanten (erfaßt durch die Bezirkdienststelle Erfurt), betitelt: „Einschätzung über die Person des Professor M o n t i n n r i"(!), eines durchaus mit diesem bekannt-befreundeten Goethe- und Fontaneforschers aus der „Nat. Forschungs- und Gedenkstätten der klass. dt. Lite. in Weimar", wozu auch die Nietzschearbeitsstelle von M. institutionell gehörte; wie der IMS „Gieshübler" mündlich vor M. Abschiedsbesuch im Nov. 1970 berichtet, sei "Prof. M. grundlegend gegen alles dem Sozialismus dienende eingestellt" u. „lehne die gesamte sozial. Staatsform (in der DDR) ab."; und in einem Gesamtbericht zu M. für die Stasi-Abt. XX/1 (abgeschr. Tonbandaufzeichnung vom 19. 1. 1966) heißt es hinsichtlich seiner „Nitzsche"(!)-Forschungen, dass diese „rein philologisch" ablaufen würden, „frei von Einstellungen"; daher sei er „ideologisch gesehen kein Marxist, bekennt sich nicht zum hist. und dial. Materialismus."; und dann folgt die gesamte aktuelle Familiengeschichte M. in den 60er Jahren in Weimar; aber so heißt es dann noch, M. nehme aber an jeder 1. Mai-Demo. teil u. sei ansonsten der sozialistischen Kulturpol. der DDR dankbar dafür, dass er in Weimar die besten Arbeitsmöglichkeiten vorgefunden habe.

Publ.: Nietzsche lesen (ges. Aufsätze zur Nietzsche-Forschung). Berlin 1982; (Hrsg.): Grundfragen der Nietzsche-Forschung. Nietzsche-Studien Bd. 13. Berlin 1984; Friedr. Nietzsche, eine Einführung. Berlin 1991. G. Colli: Distanz u. Pathos. Einleitungen zu Nietzsches Werken. Mit einem Nachw. von M. M. Hamburg 1993.

Moritz, Ralf
2. Mai 1941
Diplom-Philosoph und Sinologe
Geb. in Leipzig als Sohn eines Schriftsetzers; 1947–55 GS u. 1955–59 EOS in Lpz.; 1959–63 Studium der Philosophie ebd. u. anschl. 1963–66 Spezial-Studium der chinesischen Sprache u. Philosophie in Peking; nach Rückkehr wiss. Ass. am Ostasia-

tischen Institut der KMU Leipzig und phil. Prom. 1969 z. Thema *Hui Shi und die Entwicklung des phil. Denkens im alten China* (Gutachter: H. *Seidel, Schubert, Gruner, publ. Berlin 1973); danach 1969–80 wiss. MA in der Forschungsgruppe „China" an der Partei-AfG in Berlin beim ZK der SED; phil. Prom. B 1980 jedoch wiederum an der KMU z. Thema *Gedanken und Gespräche des Konfuzius. Das „Lun-yu" aus dem chinesischen Originaltext neu übertragen u. erläutert* (Gutachter: H. *Seidel, Gruner, Felber, publ. als „Gespräche des Konfuzius", seit 1981 in mehreren Rc.-Auflagen); 1970–90 Mitglied des Problemrates für Aktuelle China-Forschung an der AfG beim ZK der SED u. 1981–84 Doz. für Gesch. der chin. Phil. an der Sektion Afrika- u. Nahostwiss. der KMU Lpz., u. 1984–90 ordtl. Prof. für Sinologie ebenda; 1987 erneuter Forschungsaufenthalt an der Univ. Peking, 1988 ebenso in Californien, der UdSSR sowie auch auf der chin. Inselrep. Taiwan; 1985–90 bzw. 1987–90 Mitgl. der Wiss. Beiräte für Asien-, Afrika- u. Lateinamerikawiss. sowie auch f. Marx.-len. Phil. beim MHF der DDR; 1988–93 Leiter des LFB Süd-Ostasienwiss. der KMU Leipzig u. 1991–93 Prof. an deren nachwendisch umstrukt. Fak. für Kultur-, Sprach- und Erziehungswiss.; 1994–2006 schließlich Prof. für Klass. Sinologie an der neuen Fak. für Gesch.-, Kunst- u. Orientwiss. an der Univ. Leipzig u. 1993–2006 zugleich Direktor des neuen Ostasiat. Inst. der Univ. Leipzig; 2007/8 schließlich Gründungsdirektor eines Konfuzius-Inst. an der Univ. Leipzig u. 2009/10 Gastprof. für Sinologie an der FU Berlin.

Publ.: (Mithrsg. u. Mitautor): Klassen u. Klassenstruktur in der VR China. Moskau 1982; (Mithrsg. K.-D. Eichler u. Mitautor): Wie und warum entstand Philosophie in versch. Regionen der Erde? Berlin 1988; Die Phil. im alten China. Berlin 1990; (Mithrsg. u. Mitautor): Sinolg. Traditionen im Spiegel neuer Forschungen. Leipzig 1993; (Mithrsg.): Der Konfuzianismus. Ursprünge, Entwicklungen, Perspektiven. Mitteldt. Studien zu Ostasien. Bd. 1. Leipzig 1998; (Übers. u. Hrsg.): Das große Lernen (= Daxue). Stuttg. 2003; Konfuzius – Vision u. Gesch. Berlin 2006.

Mortag, Michael
24. Jan. 1946–2002
Naturwissenschaftlich prom. Fachlehrer und naturphilosophische Prom. B
Geb. in Leipzig; 1964 Abi. u. anschl. Lehrer-Studium für die schulischen Unterrichtsfächer Biologie/Chemie bis 1968 an der PHS Mühlhausen; 1971/73 NVA, weiterer Lehrereinsatz u. 1979 päd.-naturwiss. Prom. zur *Synthesechemie* in Mühlhausen; 1981–84 wiss. Aspirantur am *Ley- *Wessel-Lehrstuhl für phil. Probleme der Naturwiss. der Sektion Marx-len. Phil. der HU Berlin u. Abschluss mit phil. Prom. B. 1984 z. Thema *Substanz – Struktur – Prozeß. Eine phil. Untersuchung zur Theorienbildung in der Chemie* (Gutachter: Hm. *Ley, Eb. Leibnitz, K.-F. *Wessel); anschl. wiss. Oberass. (Lehrbrief zu den „phil. Problemen der Chemie", 1986) sowie nachwendisch Dozent bis 1998 am außerphil. *Wessel-Institut für Humanontogenese; schrieb jedoch schließlich nur noch hist.-mittelalterl. Romane, wie „Der Abtrünnige", „Die Hexe" (2001) und „Abt Satanas" (2003); krankheitsbedingt verst. 2002 in Berlin.

Mortau, Günter
23. Nov. 1927–10. Mai 1960
Nachkriegszeitlicher Philosophie-Assistent 1952/54 in Jena
Geb. in Liegnitz (Schlesien) als Sohn eines Maschinemeisters; 1934–38 GS u. bis 1944 Besuch der OS (Johanneum) ebenda; Sept. 1944 eingezogen z. RAD u. Militär sowie bis Nov. 1945 Kriegsgefangenschaft; nachkriegszeitlich dann 1946–50 SED-Mitglied u. 1947 Vorstudienanstalt in Jena (nachgeholte Reifeprüfung) u. anschl. bis 1952 verkürztes Pädg.-Studium der Germanistik/Anglistik (u. Philosophie bei F. *Linke); 1952 wiss. Ass. bei diesem am neu gegr. Phil.-Institut u. 1954 phil. Prom. zu *Gottlob Freges phil. Bedeutung* (Gutachter *Linke u. *Johannsen), aber keine weitere Anstellung nach der Emeritierung von Linke, seiner Partei-Streichung, dem Weggang von G. *Klaus nach Berlin u. der nachfolgenden Inst.-Übernahme durch G. *Mende; mit dem Verlassen der DDR nach West-Berlin, aber (nach Auskunft von E. *Mesch) kein weiteres Zurechtkommen mit der verlangten westpädg. Nachschulung (was zur gl. Zeit so auch Eg. *Krüger zu realisieren hatte) und daher am 10. Mai 1960 Freitod.

Motroschilowa, Nelly V.
21. Febr. 1934
Moskauer Philosophie-Historikerin als „Postbotin westlicher Denker"
Geb. in einem ukrain. Dorf, Starowerow im Gebiete Charkow und 1936 Übersiedlung nach Moskau; 1956 Absolventin der Phil. Fak. der Mosk. Univ. (MGU) u. 1963 russ.-sprachl. K.-Diss. *Zur Kritik idealist. Theorien der Aktivität des Subjekts am Beispiel von Ed. Husserl u. der Wissensoziologie* und 1970 die Habil-(Diss. der Wiss.) z. Thema *Erkenntnis und Gesell. aus der Sicht der Gesch. der Philosophie des 17–18. Jhd.*; 1975 Phil.-Professorin; sie stand lange unter parteipol. Vorherrschaft u. persönl. Gängelung durch T. *Oiserman, denn schon 1986 leitet sie den Bereich westeuropäische Philosophie (perfekte Kenntnis der dt., engl. u. franz. Sprache); mit Ende der parteikommunistisch org. Aka.-Phil. in Russland Leiterin der Gesamtabt. für Gesch. der Phil. am Inst. für Phil. der Russ. Aka. der Wiss. in Moskau; besonders in der Kantforschung Zusammenarbeit mit Marburg z. Ed. einer gem. dt.-russ. Im. Kant-Ausgabe; (s. hierzu auch *Kalinnikow); sie wird als die „große Dame der dt. Philosophie" bezeichnet: Kant u. Hegel ebenso wie Husserl u. Heidegger betreffend, u. „empfindet diese dt. Denktradition als Teil ihres Selbst"; 2004 Org. eines Internationalen Kant-Kongreses in Moskau; langj. persönl. Bekanntschaft mit Jürgen *Habermas und 2005 Bundesverdienstkreuz.

Publ.: Marcuses Utopie der Antigesellschaft. Zur Kritik der bürgl. Ideologie. H. 4. Berlin 1971 u. Frankf./M. (2. A. 1972); (Hrsg.): Studien zur Gesch. der westeuropäischen Phil. – 11 phil.-hist. Arbeiten jüngerer sowjetischer Autoren. Mit e. Vorwort von D. Henrich. Frankf./M. 1986; Sozialhist. Anfänge der klass. dt. Phil. (Autorin N. M. u. der Red. v. T. Oiserman). Mosk. 1990; (Hrsg.): Die Philosophie Heideggers in der Gegenwart. Moskau 1991; (Hrsg.): Zum Freiheitsverständnis des Kantischen u. nachkant. Idealismus. Neue Arbeiten russ. Autoren. Frankf./M. 1998; Friedr. Nietzsche und die Philosophie in Russland. Sankt Petersburg 1999; Kant in Russland. Bemerkungen z. Kant-Rezeption

u. -Edition in Russland, anlässlich des Projekts einer dt.-russ. Ed. ausgewählter Werke Im. Kants. In: Kant-Studien Bd. 91/2000; (Hrsg. gem. mit Norb. Hinske): Kant im Spiegel der russ. Kantforschung heute. Stuttgart 2008 (worin die vorangegangene ideologisch-präparierte und allein vorherr. sowjetphil. Kantbeschäftigung – ebenso wie die der untergegangenen DDR – aber schon überhaupt keine Rolle mehr spielt).

Mueller, Volker
Promovierter Dipl.-Philosoph und nachwendische Freidenkerbewegung
Geb. 1957 in Falkensee/bei Berlin; nach dem Abitur Phil.-Studium in Berlin und red. MEGA-Mitarbeit (A. *Griese, naturwiss. Manuskripte) an der Sektion Marx.-len. Phil. der HU Berlin; ebenda 1990 phil. Prom. z. Thema *Denis Diderots ‚Encyclopedie' (1751–1772) – phil. Vors. u. Wirkungen* (Gutachter: K.-F. *Wessel, A. *Griese, M. *Guntau); nachwendische Wirksamkeit in der sich ungehindert formierenden ostdt. Freidenkerbewegung; seit 1999 Präsd. des Humanist. Freidenkerbundes Brandenburg; Schriftenreihe „Freie Akademie": zahlreiche Konferenzen u. publ. Projekte zu Wilh. Ostwald, Ernst Haeckel, Robert Blum und Ludwig Feuerbach.

Mühlberg, Dietrich
29. Febr. 1936
Philosophie und Kulturgeschichte an der Humboldt-Universität zu Berlin
Geb. in Berlin, Vater Ingenieur, Volksschule bis 1949 u. OS mit Abitur 1954; 1954–59 Phil-Studium an der HU Berlin mit der Spezialisierung Ästhetik; dazu im Nebenfach Germanistik u. Kunstgeschichte; 1959/61 wiss. Ass. u. Lehreinsatz am Inst. für M-L der Univ. Greifswald; danach 1961/63 als pol. MA des MfAA in der VR Bulgarien eingesetzt; anschl. wiss. Asp. am Inst. für Phil. der HUB im Bereich Ästhetik u. seit 1965 wiss. MA. am neu gegr. (selbständg.) Inst. für Ästhetik u. Kulturwiss. der HUB (ausgegl. aus dem Phil.-Inst.); eigenstg. Lehrfach: „Theorie und Gesch. der sozialist. Kulturrevolution" sowie Leiter der AG (L.- u. F.-Bereich) Kulturtheorie (später Kulturwiss.); 1968 phil. Prom. zum Thema *Der dial. Determinismus im hist. Kulturprozeß. Versuch zu den phil. Grundlagen der Kulturauffassung der sozial. Gesell.* (Gutachter: E. *Pracht, W. *Eichhorn I, M. *Naumann); später Dozent für Marx.-len. Kulturtheorie und 1972–77 Direktor der neu gegr. Sektion Ästhetik und Kulturwiss.; phil. Prom. B 1975 zum Thema *Die Herausbildung der wiss. Kulturauffassung der Arbeiterklasse, die phil. Grundlegung durch Karl Marx und die aktuelle Situation*; davor schon Prof. für Kulturgesch. u. entspr. Projekte zur „Gesch. der Arbeiterkultur" (z. B. Museumsprojekt „Berliner Arbeiterleben" 1987); Reformversuche der kulturwiss. Lehre u. Forschung führten schließlich zur sog. „Kuluriniative 89 – Gesell. für demo. Kultur" e.V., seither dessen Vors. mit jahrelanger Veranstaltungsreihe); bis 1996 fortgz. univ. Lehrtätigkeit, danach Mitarbeit am Zentrum für zeithist. Forschung in Potsdam; seit 2001 im Ruhestand, aber weiter kulturwiss. arbeitend.
DDR-Personen-Lexikon 2010 (A. Scharnhorst).

Publ.: Woher wir wissen, was Kultur ist. Gedanken zur geschichtl. Herausbildung der aktuellen Kulturauffassung. Berlin 1983; (Mithrsg.): Literatur u. prolet. Kultur. Berlin 1983; (Leiter e. Autorenkollektivs): Arbeiterleben um 1900. Berlin 1983 (2. A. 1985); (Hrsg.): Proletariat, Kultur u. Lebensweise im 19. Jhd. Leipzig 1986 (engl.-sprachige A. Leipzig u. Wien 1988). – (Hrsg. Kulturintiative 89): Vorwärts u. nicht vergessen nach dem Ende der Gewissheit. 56 Texte für D. M. zum Sechzigsten. Mitteilungen aus der kulturwiss. Forschung, H. 37 (mit Bibl.) Berlin 1996.

Mühlpfordt, Günter
28. Juli 1921–4. April 2017
Einziger Universalhistoriker und in Halle universitär freigesetzter Privatgelehreter
Geb. in Halle als Sohn eines Kaufmanns; Besuch einer GS und Absolvent der Franckeschen Stiftung ebd.; 1939 RAD u. verkürztes Studium der Gesch. u. Phil., Germanistik u. Slawistik mit dem frühzeitg. Abschluss einer Prom. z. *habsburgischen Böhmen und Mähren im 18. Jhd.* anschl. 1941–45 bei der fasch. Kriegsmarine u. kurzzeitig kanad. Internierung; über den SPD-Eintritt 1946 in die SED überführt u. 1947 Doz. der VHS Halle; 1947–52 wiss. Ass. u. Lehrbeauftragter an der Univ. Halle; 1952 Habil. mit einer Studie z. *poln. Krise von 1863* u. sofortiger Einsetzung als kommissar. Dir. des Inst. für Osteurop. Gesch. der MLU Halle; 1953/54 Doz. u. 1954–58 Prof. mit Lehrauftrag u. Dir. für dieses univ. L.- u. F.-Gebiet in Halle; begr. 1956 das „Jb. für Gesch. Ost- u. Mitteleuropa"; jedoch ab 1957 (wie auch in anderen gesell-wiss. Bereichen und der Phil.) massive Vorwürfe u. Kampagnen wegen „Objektivismus und Revisionismus", die im April 1958 auf persönl. Anweisung W. *Ulbrichts (ebenso wie bei E. *Bloch) z. Abberufung aus allen univ. Ämtern, verb. mit SED-Parteiausschluß u. Lehrverbot führte, dem (da keine übl. „Selbstkritik") 1962 die fristlose Entlassung u. eine ungewöhnlich Langzeitarbeitslosigkeit nachfolgte, – also bis 1983 def. Berufsverbot und keine Publ.-mögl.; dadurch einer der wenigen außeruniv. „Privatgelehreten" der DDR mit großer internatl. Anerkennung seiner Spezialforschungen zur dt. Frühaufklärung u. Reformationsgesch. sowie z. Univ.-, Aka- u. Sozietätsgesch. (z. B. zum „Spiritus-Kreis" in Halle); weitere vielfältige Spezialunersuchungen, insb. auch zur Phil. (u.a. zu den „Jungwolffianern" in DZfPh. H. 1/1982) sind hier nicht aufzählbar; 1983–90 Forschungsauftrag zur Berliner Aka.-Gesch., aber erst 1990 wird G. M. endlich von seiner Univ. in Halle vollständig rehabil. u. als ordl. Prof. em.; zu seinem 90. Geb. fand am 19. Sept 2011 ein Ehrencolloquium im „Interdisziplinären Zentrum für die Erforschung der Europäischen Aufklärung" in Halle statt u. am 4. April 2017 ist G. M. hochbetagt in Halle verst. – Eine nachholende internationale Festft. für ihn (Köln 1997–2000) u. d. T. „Europa in der Frühen Neuzeit" umfasst allein 6 Bände (darin mehrfach zu seinem bes. „Historikerschicksal in der DDR").
DDR-Personen-Lexikon 2010 (I.-S. Kowalczuk).

Müller, Dieter
11. Juni 1931–2011
Fachphysiker und ML-Philosoph-Dozent in Dresden
Geb. in Dresden; GS bis 1944 u. Abi. an einer OS in Dresden 1949; anschl. bis 1953 Physik-Studium (Diplom) an der Univ. Lpz. u. sofortiger Lehreinsatz im gesell.-wiss. Grundstudium an der Bergaka. Freiberg; 1957–62 Wiss. Ass. am Inst. für Phil. der HU Berlin und naturphil. Prom. am neu gegründeten Hm. *Ley-Lehrstuhl für phil. Probleme der Naturwiss. (wichtiger Bericht zu dessen Gründung Sept. 1959 in DZfPh H. 9/1960) 1962 z. Thema *Die phil. Problematik des Raum- u. Zeitbegriffs in der speziellen Relativitätstheorie* (Gutachter: K. *Zweiling, H. *Ley u. ein Fach-Physiker); ab 1962 Oberass. am ML-Lehrstuhl (Phil.) der TU Dresden u. 1969–80 HS-Doz. für dial.-hist. Mat. ebd.; 1978 Prom. B am dortg. Inst. für Phil. z. unglaubl. Generalhema *Die Herausbildung des dial.-mat. Denkens in der Naturwissenschaft. Eine Untersuchg. über die pol. u. sozialöko. Determiniertheit der Revolution in den phil. Grundlagen der Naturwiss. u. ihre bewußte Weiterführung bei der Gestaltung der sich entw. sozial. Gesell.* (Gutachter: H. *Ley, L. *Striebing, Fr. *Richter); 1980–90 ord. Prof. für dial.-hist. Mat. an der ML-Sektion der TU Dresden; mit deren landesuniv. Abwicklung erfolgen die Abberufung und der Vorruhestand; verst. 2011 in Dresden.

Müller, Enrico
13. März 1973
Nachwuchs-Philosophie-Historiker und Nietzsche-Forscher aus Greifswald
Geb. in Annahütte im Land Brandenburg; Studienbeginn 1993/94 im Fach Phil. u. Gesch. (Alte Geschichte) als einer der ersten (ostdt.) Phil.-Direkt-Studenten (das jahrzehntelange Fernstudium Phil. war ausgelaufen) am wiedergegr. u. erneuerten Phil. Inst. der EMAUniv. Greifswald (Gründungsdirektor W. *Stegmaier); 1994 Aufnahme eines Zweitstudiums der Klass. Philologie/Gräzistik am ebenfalls gerade wiedereröffneten Inst. für Altertumswiss. ebd.; 2000–04 erfolgte die Arbeit an der fachphil. Prom. z. Thema *Die Griechen im Denken Nietzsches* (Gutachter: W. *Stegmaier und M. Hose, Mün. – publ. Berlin 2005); – daraufhin Org. u. wiss. Leitung der 12. Interntl. Nietzsche-Werkstatt in Naumburg und Schulpforta v. 15.–18. Sept. 2004 zum Thema „Ecce Homo" (zus. mit A. Urs Sommer); 2003–07 auf einer „Eigenen Stelle" der DFG Arbeit an einem Habil.-Thema z. *Platons Phaidros und die phil. Kunst des Dialogs*; Jan.–Juni 2007 Forschungsaufenthalt in Athen u. v. 26.–28. Sept. 2008 Org. u. wiss. Leitung einer weiteren interntl. wie interdispl. Tg. „Zur Genealogie des Zivilisationsprozesses" an der HU Berlin (zus. mit Fr. Günther u. A. Holzer, Protokollausgabe Berlin/Boston 2010); Mithrsg. einer Konferenzschrift (Naumburg 2012 – im Auftrag der Nietzsche-Gesell.) zu „Ohnmacht des Subjekts – Macht der Persönlichkeit" (Basel 2014); wiss. MA an der Univ. Bonn; aktuelle Arbeit auch an einem Nietzsche-Lexikon, UTB (Paderborn 2020); 2021/22 Gastprof. in Venedig.

Müller, Ernst
20. Nov. 1957
Philosophie-Historiker und Ästhetiker in Berlin
Geb. in Berlin als Sohn eines Theologen-Ehepaars; POS bis 1974 u. Abi. 1976; anschl. drei Jahre Militärdienst in NVA, um danach Phil. an Sektion Marx.-len. Phil. der HU Berlin stud. zu können (1979–83, mit Staatsexamen); fortgz. Forschungsstudium 1983–86 im Lehrbereich Gesch. der Phil. u. phil. A-Prom. 1987 z. Thema *Friedrich Schleiermachers Phil., Religion und Politik im Frühliberalismus* (Gutachter: G. *Irrlitz, H. *Pepperle und W. *Schuffenhauer); Febr. 1987–Dez. 1991 wiss. Mitarbeiter am ZI für Literaturgesch. der AdW der DDR bis zu dessen Schließung; 1992/93 Postdoktorand der univ. Gesamthochschule Siegen; Okt. 1993–März 1995 Mitarbeit am Projekt „Ästhet. Grundbegriffe" am Zentrum für Literaturwiss. Bln; 1995–2001 wiss. Ass. am erneuerten Inst. für Phil. der HU Berlin (Lehrstuhl Propädeutik und Gesch. der Phil. – G. *Irrlitz); daselbst 2002 Habil. z. Thema *Ästhetische Religiösität u. Kunstreligion. Zur Doppeldeutigkeit des Ästhetischen und Religiösen in den Philosophien von der Aufklärung bis zum Ausgang des dt. Idealismus* (Gutachter: H. *Schnädelbach, G. *Irrlitz, M. Fontius – publ. Berlin 2004); 2005–07 DFG-Projekt zu „Figuren des Wissens" und seit 2008 Leiter eines Forschungsprojekts zu „Interdiziplinäre Begriffsgeschichte" am Zentrum für Literaturforschung (Berlin). – Mithrsg. einer Textauswahl für Wo. *Heise 1975–87 (2013).

Publ.: (Hrsg.): Gelegentl. Gedanken über Universitäten (geschtl. Erhebung). Leipzig 1990; (Mithrsg.): „Geisteswissen". Vom wiss.-pol. Problem zur problemorientierten Wissenschaft. Frankf./M. 1991; (Mithrsg.): Wahrnehmung und Geschichte. Berlin 1995; (Mithrsg.): Genuß und Egoismus. Zur Kritik ihrer geschichtl. Verknüpfung. Berlin 2002; (Hrsg. mit A. Arndt): Hegels Phänomenologie heute. DZfPh-SB 8, Berlin 2004; (Hrsg.): Begriffsgeschichte im Umbruch? Archiv für Begriffsgeschichte. SH Hamburg 2005; (Hrsg. mit F. Schmieder): Begriffsgeschichte der Naturwiss. Zur hist. u. kulturellen Dimension naturwiss. Konzepte. Berlin 2008; (Hrsg. zus. mit G. Irrlitz): Wolfgang Heise. Schriften, Bd. I. Textauswahl 1975–1987, Bd. II. Aus seinem Leben u. Denken. Frankfurt/M. u. Basel 2013; Begriffsgesch. u. hist. Semantik. Zur Gesch. u. Theorie. Frankf./M. 2014.

Müller, Fred
8. Juli 1913–11. Okt. 2001
Als Spanienkämpfer, Militär und Sportfunktionär hinein in die DDR-Phil. zu Berlin
Geb. in Pawlowsk/Russland; Vater Inhaber eines orthopäd. Schuhgeschäfts in St. Petersburg, Mutter Russin; 1920 nachrevolt. Übersiedlung nach Dtl.; Volksschule, Orthopädiemechanikerlehre und 1932 KPD-Mitgl.; 1935 1. NS-Verhaftung u. Verurteilung; 1937/38 Teilnahme am span. Bürgerkrieg; 1939/40 Frankreich u. 1941 Auslieferung nach Dtl.; erneute Verurteilung zu 5 Jahren Zuchthaus; nach 1945 Teilnahme an der westdt. Entnazifizierung u. 1946 Übertritt in die SBZ; danach FDJ-Arbeit auf Rügen u. in MV; 1949/50 Lehrgang der SED-PHS Kleinmachnow u. 1950/53 Sportfunktionär im Parteiauftrag; 1953–57 Einsatz als Parteiorg. des ZK der SED in den Sachsenring-Werken Zwickau; 1957–60 stellv Leiter der pol. HV (Politchef) der DDR-Grenzpolizei (Oberstleutnant); gleichz. extern. Studium u. Aspirantur am IfG beim ZK der SED,

abgeschl. 1960 mit einer parteiphil. Prom. z. Thema *Materielle Interessiertheit u. sozialistische Arbeitsmoral* (Gutachter: G. *Heyden u. E. *Hoffmann); danach univ. Einsatz u. Wechsel z. Inst. für Phil. der HUB Berlin u. daselbst 1963 Habil. mit fortgesetztanaloger Thematik *Zu einigen Problemen der Herausbildung der sozial. Arbeitsmoral in der DDR* (Gutachter: H. *Ley u. W. *Besenbruch) u. umgehende Berufung als Prof. mit Lehrauftrag für marx.-len. Ethik ebenda; 1965–67 pol. Berater des kuban. Erziehungsmin. bei der Einführung des gesell.-wiss. ML-Grundlagenstudiums; nach seiner Rückkehr professorale Umsetzung an die ML-Sektion; zugleich 1965/67 Vors. der Kommission für sozial. Wehrerziehung an der HUB; 1967/68 kurztg. Prorektor während der III. Hochschulreform (entpflichtet); gleichztg. 1959–67 führender Sportfunktionär des DTSB (Präsd. für den Mod. Fünfkampf); 1967 nochmalig eine wirtschaftswiss.-soziolg. Prom. zur *Aufhebung der Monotonieerscheinungen bei der Fließbandarbeit"* (publ. 1969); daraufhin 1969–76 Prof. für dial. u. hist. Mat. an der ML-Sektion der HUB; 1976 em. u. verst. 2001 in Berlin; seine außerphil. Publ.-Liste umfasst vor allem parteipol. Reden, ND-Zuschriften u. Einheits-Artikel.
DDR-Personen-Lexikon 2010 (V. Kluge).

Müller, Klaus
30. Juli 1928–verst.
Ministerieller Funktionsträger (MHF) für die universitäre DDR-Philosophie
Geb. in Berlin, Vater kaufmännischer Angestellter; 1935–44 Grund- und Mittelschule; 1944 Luftwaffenhelfer, 1945 Soldat: vier Monate Kriegseinsatz an der Oderfront u. dafür vier Jahre in sowjet. Kriegsgefangenschaft; daselbst Antifa-Schule u. nach Entlassung in die SBZ-DDR 1949 sofortg. SED-Beitritt, 3 Jahre ABF u. anschl. Phil.-Studium 1952–56 an der HU Berlin; erster beruflicher Einsatz als Fachreferent für Phil. im damlg. Staatssekretariat für das Hoch- u. Fachschulwesen der DDR; daselbst auch Parteisekretär u 1957–65 Angehöriger der Kampfgruppe der MHF (Einsatz im Aug. 1961 im Grenzgebiet zu West-Bln.); 1960 Sektorenleiter u. 1965 Abteilungsleiter im Staatssekretariat, zuständig für Phil., Theologie u. univ. ML-Lehre; Freistellung für eine plm. wiss. Aspirantur am gepl. Lehrstuhl für phil. u. methodlg. Probleme der Gesellwiss. am Inst. für Phil. der HU Berlin (erste Leitung H. *Scheler) u. 1969 phil. Prom z. Thema *Ideologie contra Wissenschaft? Zur Kritik der bürgerl. Auffassungen des Verhältnis von Ideologie u. Wissenschaft unter bes. Berückstg. der Gesell.-wiss.* (Gutachter: H. *Scheler u. H. *Ley); späterer Instituts-Einsatz als Leiter des Berliner Fernstudiums für Phil- (in Nachfolge von O. *Finger); andere staatsministerielle „Funktionsträger" der offiziellen DDR-Univ.-Philosophie (zu unterscheiden von denen im zentralen Parteiap. des ZK der SED wie z. B W. *Möhwald u. G. *Mertsching) waren ebenfalls über Jahre im MHF wirksam, wie H. *Engelstätter (ebenfalls am Phil.-Institut dafür berufen als Ethik-Prof.) und W. *Pfoh (nach 25 Jahren ebenfalls univ. Prof.-Titel verliehen). 1989 sofortg. Vorruhestand ohne jede Evaluierung. – 1966/74 drei DZfPh.-Beiträge z. Prom.-Thematik sind nachweisbar.

Müller, Reimar
30. Aug. 1932–9. April 2020
Philosophischer Alt-Historiker
Geb. in Jena; nachkriegszeitl. Abitur 1951 u. anschl. Studium der Geschichte, 1952–57 dann der Klass. Philologie an der FSU Jena (Staatsexamen und bis 1959 Oberschullehrer für alte Sprachen, die dann jedoch zunehmend abgeschafft wurden); daher anschl. wiss. Ass. am Inst. für griech.-röm. Altertumskunde an der AdW zu Berlin u. 1963 univ. Prom. zum Thema *Die Wertung der Bildungsdisziplinen bei Cicero* in Jena (Gutachter: F. Kühnert u. Joh. Irmscher); ebenso Habil. 1970 an der HU Berlin z. Thema *Die epikureische Gesellschaftstheorie (Sozial- und Rechtsphil.)* bei Joh. Irmscher, R. *Schottländer u. M. *Simon (publ. Berlin 1972 – Schriften zur Gesch. u. Kultur der Antike, Bd. 5); 1977 Aka.-Prof. am ZI für Alte Geschichte u. Archäologie der AdW der DDR u. daselbst 1980–90 stellv. Direktor u. Leiter des Wiss.-bereichs griech.-röm. Kulturgeschichte; auch Mitglied des Präsidiums der Hist.-Gesell. der DDR, was zeigt, wie die antike Phil. sich bereits phil.-hist. bzw. kulturhist., aus der offiziellen DDR-Phil. (ähnlich wie bei der Romanistik), so wohl auch aus „fachsprachlichen" Gründen ausgegliedert hatte; 1981 Korrs. Mitgl. der AdW u. 1989 noch Ordentl. Mitgl. ders., kurz vor deren anschl. (nachwendischer) Abwicklung u. Auflösung; daher seit 1993 Mitgl. der Leibniz-Soz. u. verst. 2020 in Berlin.

Publ.: (zus. mit Fr. Jürss u. E. G. Schmidt): Griechische Atomisten. Texte u. Kommentare zum mat. Denken der Antike. Leipzig-Rc. 1973 (4. A. 1991); (Hrsg.): Der Mensch als Maß aller Dinge. Studien zum griech. Menschenbild. Berlin 1976; (Autorenkollektiv-Ltg.): Kulturgeschichte der Antike. 2 Teile: 1. Griechenland. Berlin 1976 (3. A. 1980) u. 2. Rom. Berlin 1978 (2. A. 1982); Menschenbild u. Humanismus der Antike. Studien zur Gesch. der Literatur und Phil. Leipzig 1980; Sozialutop. Denken in der griech. Antike. Aka.-Vortrag 1981. Berlin 1983; Die Konzeption des Fortschritts im antiken Geschichtsdenken. Berlin 1983; (Mitautoren Joh. Irmscher und Ek. Schwarzkopf): Aristoteles als Wissenschaftstheoretiker. Aufsatzsammlung. Schriften zur Gesch. u. Kultur der Antike, Bd. 22. Berlin 1983; (mit R. Günther): Sozialutopien der Antike. Leipzig 1987; Polis und Res publica. Studien z. antiken Gesell.- und Geschichtsdenken. Weimar 1987; Anthropologie u. Ethik in der epikureischen Phil. Aka.-Vortrag 1986. Berlin 1987; (zus. mit G. Rigobert): Das goldene Zeitalter. Utopien der hellenist.-röm. Antike. Stuttg. u. Bln. 1987; Poiesis, Praxis, Theoria. Berlin 1989; Die epikureische Ethik. Schriften zur Gesch. u. Kultur der Antike, Bd. 32. Berlin 1991; (gem. mit Joh. Irmscher): Der Begriff der Kultur, Ursprünge u. Entw. Leibniz-Soz. Velten 1996; Anthropologie u. Gesch. Rousseaus frühe Schriften und die antike Tradition. Peron 1997; Die Entdeckung der Kultur. Antike Theorien über Ursprung und Entw. der Kultur von Homer bis Seneca. Düsseldorf-Zürich 2002; Aufklärung in Antike und Neuzeit. Studien zur Kulturtheorie u. Geschichtsphil. Aufklärung und Europa, Bd. 16. Berlin 2008.

Müller, Werner
15. Juni 1922–4. Nov. 2006
Marxistischer Bewußtsein-Philosoph in Leipzig
Geb. in Leipzig als Sohn eines Drogisten; Schulbesuch der dortg. Nicolaischule 1932–1940 (Abitur); anschl. RAD u. Kriegseinsatz an der Ostfront; daher 1944–49 sowjet. Kriegsgefangenschaft im Ural (Waldarbeiter, Lager Nr. 7504) und Besuch der Antifa–ZS Nr. 9999 bei Moskau; nach fast 10jährg. (kriegsbedingter) Unterbrechung 1949–52

Studium der Gesch. u. Germ. an der Pädg. Fak. der Univ. Leipzig (6 Sem.); anschl. bis 1953 wiss. Ass. mit Lehrauftrag für dial. u. hist. Mat. u. aplm. Asp. an der Pädg. Fak. ebd; 1953–58 wiss. Oberass. für die Grundlagen des ML u. Abt.-Leiter für das gesell.-wiss. Grundstudium ebd.; 1958 phil. Prom. z. Thema *Über ‚Wege u. Irrwege' geschichtl. Denkens. Ein Beitrag zur Kritik geschichtsphil. Anschauungen Theodor *Litts* (Gutachter: R. *Schulz u. G *Mende); darauf hin 1958–66 Doz. für dial. u. hist. Mat. an der Phil. Fak. u. ebd. 1965 Habil. im Fach Phil. z. Thema *Der gesell. Fortschritt. Ein Beitrag z. systm. Darstellung seiner materiellen Grundlagen, Kriterien, Merkmale und Triebkräfte* (Gutachter: K. *Zweiling, R. *Schulz und H. *Beyer); mit der III. HSR 1969–87 o. Prof. für Hist. Mat. (u. dessen Bereichsleiter) an der Sektion Marx.-len. Phil./W. S. der KMU Leipzig; seit 1967 Abgeordneter des Bezirkstages Lpz. u. Vors. der Ständg. Kom. Bildungswesen; 1971–75 stellv. Direktor für EAW der Sektion Phil./W.K.; 1976–87 Mitglied des Wiss. Beirats für Phil. beim MHF sowie 1977–89 Mitglied des Wiss. Rates für M.-L.-Phil. der DDR an der AfG beim ZK der SED; 1987 em. u. 1988 Ehrenprom. der PH Leipzig. verst. 2006 in Leipzig.

Publ.: Theodor Litt – Apologet der „Freiheit" im Bonner Staat. Lpz. Univ.-Reden N. F. 9. 1959; (Hrsg. u. Mitautor): Sozialismus und Ideologie. Berlin 1969; (Hrsg.): A. Uledow: Die Struktur des Bewußtseins. Berlin 1972; (Hrsg.): W. P. Tugarinow: Phil. des Bewußtseins. Berlin 1974; (Mit-Hrsg. D. Uhlig): Gesellschaft u. Bewußtsein. Berlin 1980; Phil. Probleme der Bewußtseinsentw. im Sozialismus. Phil. Inf. u. Dok. Berlin 1983 (in 3 Teilen); Gesell. u. individuelles Bewußtsein in der phil. Disk. in der DDR u. UdSSR. Phil. Inf. und Dok. Berlin 1985 (2 Teile); Phil. Fragen des geistigen Lebens. Wiss. Zft. der KMU Lpz. H. 1/1985; zahlreiche DZfPh-Rez. 1961–77. *Lite.:* J. Hirschmann (Red.): Gesell. Bewu. im Sozialismus. Kolloquium z. 60. Geb. von W. M. am 18. 6. 1982. (mit Beiträgen v. F. Fiedler, H. Schliwa, H.-G. Eschke, K. Gößler, R. Kramer, F. Rupprecht, H. Seidel, G. *Stiehler u. von ihm selbst). Aus dem phil. Leben der DDR, H. 1/1984; H. *Seidel: W. M. z. 65. Geb. In: DZfPh H. 6-1987, S. 576.

Müller-Lauter, Wolfgang
31. Aug. 1924–9. Aug. 2001
West-Berliner Nietzscheforscher mit nachfolgender ostdeutscher Wirksamkeit
Geb. in Weimar als Sohn eines Klavierbauers; Besuch des Realgymn. mit Abitur-Abschluss 1942; anschl. Arbeitsdienst und zur Wehrmacht eingezogen; nach Entlassung aus der amerik. Gefangenschaft 1945/46 angestellt als Dramaturg und Werbeleiter am Thüringischen Landestheater Rudolstadt; ab 1. Aug. 1946 Kulturredakteur am Landessender Weimar, aber wegen pol. Schwierigkeiten mit der örtl. SED-Führung schon am 1. Okt. d. J. wieder ausgeschieden; seit 1. Febr. Anstellung wiederum als Dramaturg an der dortg. Volksb. Thüringen mit Sitz in Erfurt; am 15. Dez. d. J. Wechsel ins Min. für VB des Landes Thüringen in Weimar u. als Referent zuständig für Theater- u. Musikfragen; erneut zunehmender pol. Druck führten schließlich am 28. Dez. 1950 zum Verlassen der DDR und am 6. Jan. 1951 zur Anerkennung als pol. Flüchtling in West-Berlin; sofortiger Studienbeginn der Germ. u. Theaterwiss. an der FU, um später zur Philosophie im Hf. zu wechseln; 1955–57 stud. Hilfskraft am Phil. Seminar u. 1959 phil. Prom.-arbeit bei W. Weischedel zum Thema *Mögl. u. Wirkl. bei Heidegger* (publ. 1960); 1960 zus. mit M. Theunissen Hrsg. einer „Gedenkschrift der FU" z. 150. Jubl.

der Berl. Univ. im Ost-Sektor (HUB) sowie Mitarbeit an einer entspr. Dok. zu „Idee und Wirkl. einer Univ."; seit 1961/62 verbeamteter Prof. für Phil. an der Kirchlichen HS Berlin und gelangte über die Erforschung des Nihilismusbegriffs (1962) schließlich zu Friedr. „Nietzsche. Seine Phil. der Gegensätze u. die Gegensätze seiner Phil." (Berlin 1971); zus. mit M. *Montinari u. Wenzel gründet er 1972 die Zft. *Nietzsche-Studien* als „Internatl. Jb. der Nietzsche-Forschung" wie die Reihe Monographien und Texte der Nietzsche-Forschung; nach dem Tod von Colli und *Montinari übernahm er im Herbst 1986 auch die Mithrsg.-schaft der Krit. GA der Werke Nietzsches (KGW); 1991 planmäßig em., jedoch seit 1993 durch Überführung der (Westberliner) Kirchl. HS in die Theolg. Fak. der HUB nunmehr auch deren Prof. Emeritus; 1990/91 Gründungsmitgl. der Nietzsche-Gesell. in Naumburg u. 1996 deren 1. Preisträger; 1999/2000 erschienen drei umfassende Bände seiner Nietzsche-Interpretationen: I. Über Werden u. Wille zur Macht (1999), Über Freiheit u. Chaos (1999) sowie Heidegger u. Nietzsche (2000); nach langer Krankheit 2001 in Berlin verst; sein wiss. Nachlass befindet sich seit 2012 im Nietzsche-Dok.-Zentrum Naumburg. – Von Anbeginn hatte M.-L. die sich in der „ausgehenden" DDR entw. Nietzsche-Disk. (H. *Pepperle/W. *Harich) verfolgt u. krit. analysiert (Nietzsche-Studien 1988); seiner gedachten in den Nietzsche-Studien Bd. 30. 2001: G. Abel, J. Simon und W. *Stegmaier sowie in der (ostdt.) Jahrbuchreihe „Nietzscheforschung" Bd. 9. 2002: V. *Gerhardt u. R. *Reschke.

Naake, Erhard
23. Nov. 1929
Geb. in Deutzen (keine weiteren Lebens- u. Arbeitsdaten aus dem UA Jena erhältlich) – zu DDR-Zeiten offenbar Oberschul-Lehrer (und danach?) im Friedr. Schiller–Gymn. Weimar (als Staatbürgerkundelehrer entspr. Publ. über Behandlg. moral. Probleme in der 12. Klasse). Päd.-phil. Prom. A 1970 in Jena *Zur Theorie und Praxis der Erziehung in den Nationalpol. Erziehungsanstalten u. ähnlichen faschistischen „Eliteschulen"* (Gutachter: Doz. P. Mitzenhei sowie die Pägd.-Professoren: M. Weißbecker u. H. König) u. phil. Prom. B 1986 ebd. zu *Friedr. Nietzsches Verhältnis zu wichtigen sozialen u. pol. Bewegungen seiner Zeit.* (Gutachter: Fr. *Tomberg, Lu. *Elm u. H. Hartwig-Weimar).

Publ.: Nietzsche und Weimar. Werk u. Wirkung im 20. Jhd. Köln, Weimar, Wien 2000; (Mitwirkender): Von der Realschule zum Friedr.-Schiller-Gymnasium. Eine Weimarer Schulgesch. 2005.

Narski, Igor S.
1920–1993
Sowjetischer Philosophie-Historiker und Spezialist für Erkenntnistheorie
Geb. in der Familie eines Kommandeurs der Roten Armee; sein Studium an der Phil. Fak. der Mosk. Univ. wurde unterbrochen durch die Kriegsteilnahme von Nov. 1941– Mai 1945; Dr.-Diss. z. Thema einer Kritik der ET des Neopositivismus 1961; 1968 Berufung zum Aka.-Prof. für Phil. u. zugleich Lehrstuhl für Logik an der MGU; seit 1971 Lehrstuhl-Leiter für ML-Phil. an der Aka. für Gesell.-wiss. beim ZK der KPdSU; ver-

öfftl. bes. Quellenstudien z. Gesch. der Philosophie Polens sowie z. engl. Ästhetik des 18. Jhd. in russ. Sprache; betreute u. begutachtete zahlreiche phil. Arbeiten von Studenten u. Aspiranten der Phil. aus der DDR (u.a. auch P. *Ruben); international sehr anerkannter SU-Philosoph, aber wichtige Bücher zu Kant (Mosk. 1976) und zur Gesch. der antiken Dialektik wurden in der DDR nicht übersetzt.

Publ. (dt.-sprachig): Positivismus in Vergangenheit u. Gegenwart (wiss. bearb. G. Kröber). Berlin 1967; Die Aktualität von Lenins Werk „Mat. u. Emp.". Lektion der PHS am 31. Mai 1973; Dial. Widerspruch u. Erkenntnislogik (übers. von P. Bollhagen/wiss. Bearbeitg. E. Abrecht). Berlin 1973; Die Anmasung der neg. Phil. Th. W. Adornos. Buhrsche Kritik-Reihe Bd. 65. Berlin u. Frankf./M. 1975; Gottfried Wilhelm Leibniz. Grundzüge seiner Phil. (übers. Kl. Krüger/wiss. bearb. G. Herzberg). Berlin 1977; Mitarbeit an einem Mosk. Gedenkband für Georg Lukacs. Moskau 1989; Hrsg. einer dreibdg. Werkausgabe zu A. Schopenhauer. Moskau 1992/93.

Naumann, Frank
29. Mai 1956
Habilitierter Diplom-Philosoph und nachwendisch erfolgreicher Sachbuchautor
Geb. in Leipzig; Vater Geschichtslehrer; 1971-75 erw. OS (Abi.); anschl. Grundwehrdienst NVA 1975-77 (Grenztruppen); ab 1977 Phil.-Studium in Berlin u. 1982 Diplom mit Auszg. sowie Sektionspreis für Diplomarbeit z. Verhältnis von „Biologischem u. Sozialem"; anschl. Forschungsstudium im *Ley- *Wessel-Bereich für die Phil. Probl. der Naturwiss. an der Sek. Marx.-len. Phil. der HUB, abgeschl. mit phil. Prom A 1984 zum Thema *Der Mensch als Einheit von Natürlichem und Gesellschaftlichem. Phil. Untersg. eines interdiszipl. Forschungsgegenstandes* (Gutachter: H. *Ley, K.-F. *Wessel, G. *Tembrock, R. *Löther) sowie Prom. B Okt. 1989 zum Thema *Der Beitrag von Biologie und Psychologie zur marx-len. ET – Evolutionäre u. genet. Epistemologie im Vergleich* (Gutachter: K.-F. *Wessel, G. *Tembrock, R. *Löther, 1993 in Hamburg publ. u. d. T.: „Erkenntnis zw. Abbild u. Konstruktion"); anschl. univ. Weiterbeschäftigung bis 1998 als wiss. Mitarbeiter (Kommunikationspsychologe) am neu gegr. univ. Inst. für Humanontogenetik (Direktor K.-F. *Wessel); danach u. aktuell erfolgreicher „freier Autor" zahlreicher populärwiss. (alltagspsycholg.) Sachbücher (Schwerpunkte Gesundheit u. Lebenshilfe).

Naumann, Manfred
4. Okt. 1925–21. Aug. 2014
Romanist und Philosophie des französischen Materialismus
Geb. in Chemnitz-Altendorf in einer mütterlicherseits bäuerlichen Arbeiterfamilie (Vater ihm unbekannt gebliebener, in Dtl. ausgebildeter Technicker aus Italien); ab 1936 Oberrealschule in Mittweida u. kriegsbedingt 1943 Notabitur; Ende 1944 Kriegseinsatz an der Westfront und verwundet heimgekehrt; 1945 nach Vierwochenlehrgang Neulehrereinsatz an seiner VS in Altmittweida u. Vorsteher der Schulbibl. (antifasch. Literaturaussonderung); Jan. 1946 SPD-Beitritt, danach SED; ab 1946 an der neugegr. Pädg. Fak. der Univ. Leipzig dreij. Lehrstudium (pädg. Staatsexamen); Rektor ist der

Philosoph H.-G. *Gadamer, u. kulturkritische Vorlg. bei Th. *Litt; 1949 Wechsel zur Phil. Fak. (Philologien) u. Weiterstudium bei H. Mayer (Germ.), E. *Bloch (Phil.), W. Markow (Gesch.) u. schließl. Romanistik bei W. *Krauss; bei letzterem zugleich wiss. Hilfsass. am Romanist. Inst. und spezielle Studien zur franz.-materialistischen Aufklärungsphil. des 18. Jhd.; 1952 phil. Diss. *Die Idee der Nationalerziehung in der franz. Aufklärung* (Gutachter: W. *Krauss und W. Martin); 1952 kurzzeitige Zusammenlegung mit der Romanistik an der HU Berlin (V. *Klemperer u. s. Ass. R. *Schober), was aber kontrovers scheiterte; 1954 Habil. für das Fach Romanist. Philologie wieder in Leipzig (nun KMU) z. Thema *D'Holbach und das Materialismusproblem in der franz. Aufklärung* (Gutachter: W. *Kraus u. E. *Bloch); 1953/54 einjährig SED-Parteiorganisator an der AdW in Berlin; 1955/56 wiss. Sekr. der aka. AG zur Erforschung der franz. und dt. Aufklärung, noch in Leipzig (1962 Aka.-Institut für romanische Sprachen u. Kultur); 1957 erste Berufung (Prof. mit Lehrauftrag) nach Jena (Direktor des Romanischen Seminars); März 1959 wegen „partei- u. staatsfeindl. Tg. in einer Agentengruppe" SED-Ausschluss und als Hochschullehrer entlassen; daraufhin zur üblichen „Bewährung" ins Pädg. Bezirkskabinett Leipzig, aber kein Unterricht; Mitte 1961 Wiederberufung an die Univ. Rostock für das Fach Französisch (Lehrerausbildg.); vermittelt durch W. *Heise (zeitweilig Dekan der Phil. Fak. der HUB) zugleich Vorlesung z. Gesch. des franz. Mat. des 18. Jhd. am Phil. Institut; Okt. 1966 Wiederaufnahme in die SED und Anstellung in der HUB am neugegr. Inst. für Ästhetik u. Kulturtheorie; ab 1966 Mitarb. an der Aka.-Arbeitsstelle für Literaturtheorie (Leiter W. Mittenzwei vom IfG – bereits 1963 hatte H. Mayer die DDR verlassen), mit der Aka.-Reform 1969 umgebildet zu einem ZI für Literaturgeschichte; ab 1970 wieder West-Reisekader und prod. Zusammenarbeit mit H. R. Jauß (Konstanz); 1977–89 zweijh. internationale Krauss-Kolloquien der AdW und ab 1984 Mithrsg. von dessen Werken; jahrelange Stendhal-Studien u. 12 bändg. Werkausgabe; 1978 Aka.-Mitgl. (in romanistischer Nachfolge W. Krauss) und 1981 Institutsdirektor ZlLG; Juni 1989 mit dem ZI für Wissenschaftstheorie der AdW dt.-dt. Zusammenkunft zu den „Geisteswissenschaften" unter Teilnahme von J. *Habermas u. J. *Mittelstraß sowie H.-P. *Krüger u. H. *Laitko; mit der westdt. Evaluierung (Wiss.-rat) des eigenen Aka.-Inst. Okt. 1990 durch Ehrenkolloquium berentet; Juli 1991 Berufung durch die Berl. Senatsverwaltung für Wiss. und Forschung zum Mitglied der Struktur- und Berufungskom. für Phil. an der HU Berlin (Vors. C. Fr. *Gethmann, Essen); an das erneuerte Ost-Berl. Phil.- Inst. wurden schließlich berufen: V. *Gerhardt für Prakt. Phil. (Sporthochschule Köln), H. *Schnädelbach für Theor. Phil. (Univ. Hamburg) sowie (somit übernommen) G. *Irrlitz (Phil. Propädeutik) und später noch H. *Wessel (Logik) aus dem vormlg. Ost-Berl. Phil.-Inst. der HU; 1993 kein Eintritt in die ostdt. „Leibniz-Sozietät", sondern 1994 als Rentner aordtl. Mitgl. der Berlin-Brandenbg. AdW.; 1997 Abschluss der Krauss-Werke-Ed. und akademiegeschichtl. Aufarbeitungen zur Gesch. der Romanistik wie Literaturwiss. in der DDR; 2010 zum 85. Geb. Ehren-Dr.-Würde der Univ. Osnabrück u. 2012 Autobiographie „Zwischenräume" als ungemein ereignisreiche Erinnerungen eines Romanisten; verst. 2014 in Wandlitz bei Berlin.

Publ.: (Hrsg.): Stendhals Werke in Einzelausgaben (12 Bde). Bln. 1959–65/1983; (Hrsg.): D'Holbach: System der Natur (Einleitung). Berlin 1960; (Hrsg.): Paul Thiry d'Holbach: Religionskritische Schriften (Einführung). Berlin 1970 (in der gl. Reihe des Aufbau-Verlages erschienen auch Helvetius: Phil. Schriften I.„Vom Geist", 1973 u. II.„Vom Menschen", 1976 – hrsg. v. W. Krauss); (Hrsg.): Artikel aus Diderots Enzyklopädie (Einführung 1967). Leipzig 1972 (2. A. 1984 u. 2001, zugleich Frankf./M. 1972 u. 1985); (Gesamtred.): Gesell. – Lite. – Lesen. Literaturrezeption in theor. Hinsicht. Berlin u. Weimar 1973 (3. A. 1976); Blickpunkt Leser. Lite.-theor. Aufsätze. Leipzig 1984; (Mithrsg.): Karl-Marx-Vorlg. der AdW der DDR am 4. Mai 1978 zu „Literatur im ‚Kapital'" (34 S.). Berlin 1979; W. Krauss: Das wiss. Werk. Bd. 1 (Literaturtheorie, Philosophie und Politik). Berlin 1984 (2. A. 1987, darin erstmalig enthalten Vortrag von 1948 „Lenins ‚Mm. u. Em.' und das Ende der bürgl. Phil."); (Hrsg.): Lexikon der franz. Literatur. Leipzig 1987; (Hrsg): Vor gefallenem Vorhang. Aufzeichnungen eines Kronzeugen des Jhd. W. Krauss. 1995.

Negt, Oskar
1. Aug. 1934
Adorno-Schüler und gewerkschaftlicher Sozialphilosoph in der Bundesrepublik
Geb. auf einem ostpreuß. Gutshof in Kapkeim bei Königsberg als Sohn einer kinderreichen Kleinbauernfamilie; nach kriegsbedingter Flucht mit zwei seiner Schwestern 1945/46 erst in einem Flüchtlingslager in Dänemark, von da Übersiedlung nach Niedersachsen; nach Besuch der OS (Abitur) in Oldenburg Studiumanfang der Rechtswiss. in Göttingen, aber durch Fak.-wechsel nach Frankfurt/Main z. Studium der Phil. u. Soziologie bei Max Horkheimer u. Th. W. Adorno, bei dem er 1962 (ausgehend vom zeitgl. „Positivismusstreit" zw. Adorno u. Karl *Popper bzw. H. Albert u. J. *Habermas) z. Thema *Gegensatz von Positivismus u. Dialektik bei Hegel u. Auguste Comte* prom. (publ. u. d. T. „Strukturbeziehungen zw. den Gesell.-lehren Comtes u. Hegels". Frankf./M. 1964 u. 2. A. u. d. T. „Konstituierug der Soziologie als Ordnungswiss." Ebd. 1974); anschl. 1962–1970 wiss. Assistent bei J. *Habermas in Heidelberg (Wirkungsstätte von H.-G. *Gadamer), danach wiederum gemeinsam in Frankfurt/M. (durch Horkheimer-Nachfolge von Habermas daselbst); nach den SDS-Studentenunruhen 1967/68 Wegberufung (1970) auf den Soziologie-Lehrstuhl der Leibniz-Univ. Hannover, bis zu seiner Em. 2003 ebd. lehrend; Festschrift z. 65. Geb. (Hrsg. W. Lenk): Kritische Theorie und pol. Eingriff". Hannover 1999 (mit Bibl.); nachf. „Arbeit u. Utopie". O. N. z. 70. Geb. Frankf./M. 2004 u. zum 80. Geb. 2014 schließlich eine Werkausgabe in 19 Bänden (in einer Schmuckkassette); bemerkenswert ist die wiss.-publ. Zusammenearbeit mit dem Filmemacher Alex. Kluge u. deren drei gem. Bücher, zusammengefasst u.d.T. „Der unterschätzte Mensch" in 2 Bdn. (2001). – Für das hist.-krit. Verständnis der frühen parteikomm. Sowjet-Phil. (auch als prägende Vorgesch. der späteren marx.-len. DDR-Phil.) sollten sich seine erstmalig 1974 dok. „Kontroversen" zum dial. u. hist. Mat. zw. Bucharin u. Deborin erweisen.

Publ.: Soziologische Phantasie u. exemplarisches Lernen. Zur Theorie der Arbeiterbildung. Frankf./M. 1968 (7. A. 1981); (Hrsg.): Aktualität u. Folgen der Philosophie Hegels. Frankf./M. 1970; (Mitautoren J. Schleifstein u. A. Schmidt): Zur stalinistischen Philosophie. Hamburg 1970 (ebenso als linksmarx. Raubdruck); Politik als Protest. Reden u. Aufsätze zur antiautoritären Bewegung. Frankf./M. 1971;

(mit A. Kluge): Öffentlichkeit u. Erfahrung. Organisationsanalyse von bürgerl. u. prolet. Öffentl. Frankf./M. 1972 (8. A. 1986); (Hrsg.): Kontroversen über dial. u. hist. Mat. (N. Bucharin/A. Deborin) Frankf./M. 1974 (mit ungemein „spätaufklärischer" wie ideologiekritischer Auswirkung hinsichtlich der weitgehend unbekannten, verschwiegenen bzw. verfälschten sowjet-staln. Vorgesch. auch der DDR-Philosophie); (Mitautor): Überlegungen zu einer kritischen Lektüre der Schriften von Marx u. Engels. (darin D. Wetzel: Marxismus an der Universität). Offenbach 1976; Keine Demokratie ohne Sozialismus. Über den Zusammenhang von Politik, Gesch. u. Moral. Frankf./M. 1976; (mit A. Kluge): Gesch. u. Eigensinn. Frankf./M. 1981; Lebendige Arbeit, enteignete Zeit. Frankf./M. 1984 (3. A. 1987); Alfred Sohn-Rethel. Bremen 1988; (Hrsg.): Theorie u. Praxis heute. Ein Kolloquium zur Theorie u. pol. Wirksamkeit von J. Habermas. Frankf./M. 1990; Achtundsechzig. Politik, Intellektuelle und die Macht. Göttingen 1995 (4. A. 2008 sowie Werkausgabe Bd. 10-2014); Kindheit u. Schule in einer Welt der Umbrüche. Göttingen 1997 (2. A. 2002); (Mitautor): Königsberg – Kaliningrad. Reise in die Stadt Kants u. Hamanns (Reisebericht). Göttingen 1998; Philosophie im Umbruch. Die Phil. der Frankf. Schule. (19 Vorlg. als Tonträger im SS 1988 an der Univ. Frankf./M.); Arbeit u. menschl. Würde. Göttingen 2001 (2. A. 2008); Wozu noch Gewerkschaften. Ein Streitgespräch. Göttingen 2005; Kant u. Marx. Ein Epochengespräch. Göttingen 2005; Der pol. Mensch. Demokratie als Lebensform. Göttingen 2010; Gesellschaftsreform Europa. Plädoyer für ein gerechtes Gemeinwesen. Göttingen 2012; Nur noch Utopien sind realistisch. Politische Interventionen. Göttingen 2012; Phil. des aufrechten Ganges. Streitschrift für eine neue Schule. Göttingen 2014; Überlebensglück. Göttingen 2016; Erfahrungsspuren. Eine autobiographische Denkreise. Göttingen 2019.

Nelken, Michail
29. Febr. 1952
Promovierter Diplom-Philosoph und linker Kommunalpolitiker in Berlin-Pankow
Geb. in Berlin; 1970 EOS-Abitur u. anschl. Phil.-Studium an der HU Berlin, als nach der III. HS-Reform 1968/69 ganz sinnlos verkürzte vierjährige Variante bis 1974; danach parteiprakt. Berufseinsatz als FDJ-GO-Sekr. des VEB Maschinelles Rechnen Berlin bis Juli 1979; 1980–91 weiter beschäftigt als wiss. MA am ZIfPh. der AdW der DDR im Bereich Gesch. der Phil.; daselbst 1988 phil. Prom. *Zum Beitrag Aug. Bebels im Ringen um die Durchsetzung u. Verteidigung weltanschaulich-theor. Grundanschauungen des Marxismus in der dt. SD im Verlauf von Programmdebatte u. Revisionismusstreit (1891–1903/04)* – (Gutachter: Hermann, IML, *Schulze, ZIPh. u. V. *Wrona, AfG); letzter SED-GO-Sek. des Instituts bis z. Selbstauflösung der Partei am ZIfPhil. der AdW der DDR; mitwirkend an der nachwendischen hist. Aufarbeitung des parteiamtl. Ausschlussverfahrens der aka. Phil.-gruppe um Peter *Ruben u. Camilla *Warnke u.a. hinsichtlich der beruflichen Folgen für diese in den 80ér Jahren; daher Bereitstellung u. Übergabe von entspr. Belegen zur Edition einer Dok. der „Ruben-Affäre": *Gefesselter Widerspruch.* Berlin 1991 an den Hrsg. H.-C. *Rauh; 1992/94 versch. ABM-Stellen u. 1995–2006 Mitglied des Abgeordnetenhauses von Berlin für die PdS; danach 2006–2011 Bezirksrat für Kultur, Wirtschaft u. Stadtentwicklung im neuen Großstadtbezirk Bln.-Pankow; nach Abwahl u. Mandatsverlust seit Nov. 2012 Mitarbeiter der Fraktion Die Linke im Berl. Abgeordnetenhaus.

Neumann, Christian

13. Juni 1937

Zentralstelle für Phil.-Information u. -Dokumentation an der AfG des ZK der SED

Geb. in Zittau; 1943/51 GS u. danach bis 1954 Berufsausbildung z. Elektromonteur; 1955/58 Ing.-Schule für Elektroenergie in Zittau; Arbeit als Ing.-Ökonom in der Energiewirtschaft; ab 1962 parteiorg. Arbeit in der SED u. 1967 delg. z. wiss. Asp. ans IfG beim ZK der SED (Lehrstuhl Philosophie); daselbst Ausbildungsabschluss als Dipl.-Gesell.-wiss. u. 1971 als „Vierer-Kollektiv-Diss." (also gem. mit 3 anderen Kand.) *Zur Herausbildung u. Festigung der sozial. Grundüberzeugungen als Problem der langfristigen Planung u. Leitung von Bewußtseinsprozessen* (16. Asp.-Lg.); danach Einsatz in der Zentralstelle für phil. Inf. und Dok. an der AfG beim ZK der SED: parteikontrollierte „Leitstelle" wie der Wiss. Rat für die gesamte Marx.-len. DDR-Phil. u. zentrale Anleitung entspr. thematischer Inf.-Dok.-Zentren an anderen univ.-phil. Einrichtungen, Leiter seit 1964 Rolf Steiger, ab 1976 C. N.; dazu 1981 Gründung eines bes. Problemrates „Phil. Inf. u. Dok." beim Wiss. Rat für Marx.-Len- Phil. der DDR ebd. (s. DZfPh-Mitteilung H. 7/1981, S. 866); Herausgabe der Schriftenreihen „Aus dem phil. Leben der DDR" (insbes. regionale Konferenzberichte der Univ.-Phil. enthaltend) wie des Referatenblattes Philosophie (darin laufende Informationen, auch über westl. phil. Lite. kurzreferiert); ebenso Herausgabe eines them. und *Autoren-Registerbandes der DZfPh* 1953–78, auf dessen empirischer Basis vorlg. DDR-Phil.-Verzeichnis anfänglich erarbeitet werden konnte; mit der nachwend. Selbstauslösung der SED-AfG wurde (auf Eigeninitiative des Leiters) das gesamte Schriftgut dieser DDR-phil. „Zentralstelle" der UB Erlangen-Nürnberg übergeben u. dadurch vor der drohenden Vernichtung bewahrt; nachwend. Weiterbildung in comp.-techn. Hinsicht u. diesbezüglich „freier Bildungsträger" sowie auch ehrenamtl. Vors. eines Wandersportvereins. Vgl. R. Steiger: Zur phil. Inf. und Dok. (in ihren Anfängen) – DZfPh. H. 6/1965. Während das univ.-phil. Konferenz- u. Tagungsgeschehen fast vollständig durch inhaltsreiche Eigenberichte erfasst wurde (weit weniger das der *beiden* kaum öffentlich agierenden außeruniv. parteistaatl. Aka.-Phil.-Institute), verschwanden die Personal-Nachrichten (Prom.-geschehen A und B wie Berufungen u. Ehrungen) – ebenso wie die univ. Personal- u. Vorlesungs-Vz. des HSW – nach 1968 vollständig aus der phil. Inf.- und Dok. der offiziellen DDR-Phil. an der AfG beim ZK der SED, denn eine andere zentrale gesell.-wiss. (und phil.) Inf.- u. Dok.-Stelle als diese der SED-Partei-Aka für Gesell.-wiss. gab es in der DDR nicht und ihr zentralparteibeauftragter ‚Leiter' ist in den 70er Jahren nicht ohne Grund der frühere Hager-Mitarb. *Frommknecht als zusätzl. Aka.-Prorektor geworden. Und da oftmals gerade die aktuellen Aktenbestände der DDR-Phil.-Institute, sofern sie noch nicht archiviert waren, entweder wahllos vernichtet bzw. unkontrolliert „privatisiert" wurden, erkärt sich teilweise die stellenweise größere Unvollständigkeit auch des vorlg. Pers.-Vz. zur DDR-Phil., insbes. der jüngeren Absolventen (3. Nachwuchs-Generation) in den 70/80er Jahren; und zum anderen sind deren Prom.-Personalakten in der Regel auch gesetzlich noch nicht zugänglich.

Niedersen, Uwe
16. Aug. 1944
Chemie-Lehrer und Arbeiten zur Selbstorganisation
Geb. in Torgau; Vater Schmied u. Kreisvors. der VdgB; 1950–58 Zentralschule und anschl. Lehrausbildung als Chemielaborant in den Chem. Werken Bitterfeld; mit nachgeholter Hochschulreife (Abitur) auf der Abendschule 1964 Betriebsdelegierung zum fünfj. „Werktätigenstudium" an die PH Köthen; 1969 Fachlehrer für Chemie/Biologie in Torgau; 1975 über die phil.-weltanschaul. Fragen im naturwiss. Unterricht zur plm. Asp. am H. *Ley-Lehrstuhl für phil. Probleme der Naturwiss. an der HU Berlin (Sektion Marx.-len. Phil) u. 1978 phil. Prom. A *Zur Bereicherung der Kategorien Kausalität, Bedingung und Wechselwirkung durch ein Spezialgebiet der Chemie – KATALYSE. Eine phil.-hist. Abhandlung über die Katalyse-Auffassungen einiger bedeutsamer Chemiker* (Gutachter: H. *Ley, E.-M. Kirmse, K.-F. *Wessel); wiss. Oberass. im Ley-Wessel-Bereich Phil.-Wiss. u. 1983 phil. Prom. B *Zur phil.-naturwiss. Wertung der Energetik-Auffassung Wilhelm Ostwalds, unter Beachtung einiger Aspekte des Verhältnisses von Phil. u. Naturwiss. (Chemie) im 19. Jhd.* (Gutachter: H. *Ley, H. Berg, K.-F. *Wessel); ab 1986 bis zu deren Abwicklung 1990 an der Sektion Marx.-len. Phil. der MLU Halle in der naturphil. Lehre wirksam; danach in der freien Wirtschaft als Wirtschaftsorganisator und auch Unternehmer tätig; vorangehend u. zuleich weiterführend erfolgreicher Hrsg. von mehrbänd. Buch-Reihen zur „Selbstorganisation"; schließlich auch heimatgeschtlich in Torgau (Elbe-Brücke 1945) aktiv und wirksam.

Publ.: (Mitautor): Phil. Probleme der Chemie. Berlin 1982; (Mitautor): Selbstorg. chem. Strukturen. Ostwalds Klassiker der exakten Wiss. Bd. 272. Leipzig 1987 (2. A. 1998); (Hrsg.): Komplexität, Zeit, Methode. Eigen-Vg. der MLU Halle-Wittenberg 1986/90 – 4 Bände; (verantw. Hrsg.): Selbstorganisation. Jb. für Komplexität in den Natur-, Sozial- und Geisteswiss. Berlin 1990–2000, insgesamt 11 Bände; (Hrsg. u. Mitautor): Soldaten an der Elbe: US-Armee, Wehrmacht, Rote Armee u. Zivilisten am Ende des zweiten Weltkrieges (2008).

Nier, Michael
Vom ML-Professor in Dresden zum aktiven NPD-Mitglied
Geb. 1943 in Dresden und nach der schon vollständig antifa.-sozial. Schulausbildung in den 50/60er Jahren ein marx.-len. Phil.-Studium in Berlin absolviert; anschl. Vermittlung direkt ins gesell.-wiss. ML-Grundlagenstudium an die TU Dresden; daselbst phil. Prom. A 1972 z. dahin passenden Thema *Die Aneignung der marx.-len. Ideologie im Verhältnis von Arbeit u. Kommunikation* und 1981 noch die Prom. B *Zur Rolle der subjektiven Seite im technikwiss. Arbeitsprozeß (bei der Verwirklichung gesell. Forderungen)*; 1986 ML-Dozenzt und später als ML-Prof. sogar Direktor des IfG an der Ing.-HS Mittweida; in Sachsen 1990 vollständig abgewickelt u. als HSL fristlos entlassen; anschl. tätig als freier Publizist zunehmend rechts-pol. Redner; dazu zeitweilig im Vorstand der Freiheitl. Partei Dtl.; 1996/97 Gründungsmitgl. der Johann-Gottlieb-Fichte Stiftung der Partei Die Republikaner, jedoch 1999 stand er bereits auf einer NPD-Liste für den Sächs. Landtag u. kand. erfolglos für das Europaparlament, sich

dazu selbst erklärend als „bekennender Sozialist" u. für eine „nationale Wende" in Dtl. bzw. einen „dt. Sozialismus" (angeblich durchaus „ähnlich" wie in der PdS); gewissermaßen einen „Antikapitalismus von rechts". Eine solche nachwend. Rechtsentw. läßt sich bekanntlich auch bei einigen früheren (westdt.) SDS-Aktivisten der 68er Jahre (vom Links-Terroristen z. Neo-Nazismus) nachweisen. – "Nach zweieinhalb Jahren Mitgliedschaft trat Nier allerdings 2000 frustriert aus der NPD aus, weil er zu wenig Rückendeckung für seine sozial. Positionen sah. Viele Parteimitglieder u. der Vorstand warfen ihm vor, die NPD zum ‚linken Flügel des Neonazismus' machen zu wollen. In der Linken wurde seine Strategie (Marx-Rezeption und pos. Bezug auf Teile linker Politik) als Mittel analysiert, die „Linke in Dtl." durch eine Art umgekehrte (pos. ausgelegte) Totalitarismusdoktrin zu spalten und zu schwächen. – Nach wie vor macht sich Nier für eine Marx-Beschäftigung stark und vertritt antiamerik. Positionen. – Im Mai 2008 war Nier Referent bei der Deutschen Akademie." (aktueller Wikipedia-Eintrag).

Nikitin, Pjotr I.
1912–2000
Sowjetischer Physiker und SMAD-Kontrolloffizier für das Hochschulwesen in der SBZ
Geb. im zarist. Rußl.; nach umfassender Schulausbildung in der Nach-Revolutionszeit 1932–37 Studium an der Mathe.-Physikal. Fak. der Univ. Leningrad; daraufhin 1940/41 Dozent am Inst. für Militärische Mechanik ebd.; ab Dez. 1941–45 durchgehende antifasch. Kriegsteilnahme als techn. Offizier der Roten Armee; nachkriegszeitlich 1945–49 Leiter der Abt. für ostdt. Hochschulen/Universitäten u. Wiss. Anstalten/Akademien innerhalb der von S. I.*Tjulpanow geleiteten „Propaganda- bzw. Informationsabteilung" (zuständig für den gesamten Kultur- u. Bildungsbereich in der SBZ) im Rahmen der Sowjt. Militäradministration in Dtl. (SMAD); Vorgz. Leiter der Abt. VB war P.*Solotuchin u. unterstellt waren ihm wiederum als Kultur- bzw. Hochschuloffizier Major I. M.*Jessin (zuständig für Mecklenburg-Westvorpommern u. deren beide Landes-Univ. Rostock u. Greifswald); 1949–52 Mitarb. der Beratenden Politabt. der Sowjet. Kontrollkommission in Dtl; danach endgültige Rückkehr in die Sowjetunion und 1953–57 Stellv. Direktor des Inst. für wiss. Information der Aka. der Wiss. der UdSSR; 1958–62 Leiter einer Abteilung für „wiss. Information"(?) in Wien; 1963–1987 Prof. und Leiter des Lehrstuhls für wiss. Information; verst. Febr. 2000 in Moskau, nach seinem Sohn u. Mitarb. Andrej P. Nikitin (1996); erst mit Untergang der DDR und UdSSR (u. der zeitwlg. Öffnung entspr. SU-Archive) konnte über dieses sowjet.-ostdt. Nachkriegskp., damit auch teitwise die Anfänge der DDR-Phil. betreffend, ungehindert (u. ohne Pathos) dokumentiert berichtet werden.

Publ. u. Lite.: Zwischen Dogma u. gesundem Menschenverstand. Wie ich die Universitäten der SBZ „sowjetisierte". Erinnerungen des Sektorenleiters HS u. Wiss. der SMAD. Berlin 1997; Hochschuloffiziere u. Wiederaufbau des Hochschulwesens in Dtl. 1945–1949. Hrsg. v. M. Heinemann. Berlin 2000 (darin ausführliche nachwend. Befragungen der Fam. Nikitin, denn sein Sohn Andrej P., Jg. 1952, prom. Anfang der 90er Jahre nach der zeitwlg. Öffnung der russ. Archive über die nachkriegszeitl.

Tg. seines Vaters u. der SMAD an den ostdt. HS in der SBZ (verstarb jedoch schon 1996 vor seinem Vater); pathetische DDR-Darstellungen dieser immer nur unverbrüchlich-unvergessl. sowjet-komm. „Bruderhilfe" nach 1945 in der SBZ gab es zuvor schon bei G. Handel: „Die sowjt. Hilfe für die Entw. der marx.-len. Phil. an den Universitäten (1945–1949)", DZfPh. H. 5/1975.

Noack, Klaus-Peter
11. Juli 1942–7. Febr. 2006
Analytische Ethik bzw. „Metaethik"
Geb. in Erfurt als Sohn eines Metalldruckers; 1949–57 GS u. OS bis 1961 Reifeprüfung u. anschl. Phil.-Studium 1961–65 an der KMU Leipzig (zeitbedingt spezialisiert auf phil. Probleme der Kybernetik); dann jedoch Einstieg in die Logik und 1965 wiss. Asp. mit der Spezialisierung auf Ethik in semiotisch-analytischer Hinsicht, woraus 1971 die phil. Prom. A z. Thema *Der semantische Status moralischer Sätze und die Moralbegründung* (Gutachter: S. *Bönisch, L. *Kreiser u. R. *Mocek) entstand; aber die Sektionsleitung M.-l. Philosophie beschloss 1971 seine, so nicht gewollte Versetzung aus dem Logik- in den phil.-pol. Ethik-Bereich, worauf es zum Verlassen der Sektion Marx.-Len. Phil./WK kam; daraufhin 1971–77 am ZI für Jugendforschung in Leipzig (methodologische u. wissenschaftstheor. Fragen der Psy.); anschl. 1977–81 leitender Lektor des Bereichs Kulturgesch. in der Lpz. Verlagsgruppe Kiepenheuer; 1981–84 erneut Arbeit am ZIJF u. 1983 phil. Prom. B *Zur Kritik der behavioristischen Methodologie* (Gutachter: S. *Bönisch, G. *Terton, W. Friedrich, R. *Mocek); 1985–89 Forschungstätigkeit im Bereich Designwiss. d. HS für Industrielle Formgestaltung Halle-Burg Giebichstein; ab 1990 system. designtheor. Lehrtg. daselbst, aktuell „HS für Kunst u. Design" u. dazu Dozent für Theorie u. Gesch. des Designs; früh verst. 2006 in Lpz.; geplant ist ein Auswahlband seiner Phil. Schriften, hrsg. von G. *Terton; kleinere ungewöhnliche Gedenkartikel wurden auch noch von St. *Dietzsch u. W. *Lehrke verfaßt.

Nolte, Peter
26. Juni 1942
Fachlehrer für Chemie und naturphilosophische Promotion
Geb. in Nordhausen; nachkriegszeitl. Besuch der GS u. erw. OS; ab 1961 Pädg.-Studium an der MLU Halle u. Fachlehrer für Biologie und Chemie; 1966–1977 prakt. Schulunterricht u. daran anschl. Asp. am H. *Ley-Lehrstuhl für phil. Probl. der Naturwiss. der Sek. Marx.-len. Phil. der HU Bln. u. phil. Prom. A. 1980 z. Thema *Christian Friedr. Schönbein u. Fr. Wi. Jo. Schelling. Ein Beispiel für das Verhältnis von Naturwiss. und Naturphil. in der 1. H. des 19. Jhd.* (Gutachter: H. *Ley, K-F. *Wessel, G. Kretscher – alle keine bes. Schelling-Spezialisten); späterer Einsatz nicht bekannt. – Regionalgeschichtl. Publ. u.d.T. Ein Leben für die Chemie. 200 Jahre Christian Friedr. Schönbein 1799–1999. Stadt Metzingen u. VHS-AK Stadtgesch. Metzinger Heimatblätter Bd. 5. Metzingen-Ermstal 1999.

Noske, Dietrich
16. Juli 1933
ML-Sektionsdirektor in Halle
Geb. in Berlin als Arbeitersohn; Besuch der GS während des Krieges, 1948–51 nachkriegszeitl. Lehre als Maschinenschlosser u. anschl. von seinem Betrieb auf die ABF der HU Berlin deleg.; nach der Erlangung der Hochschulreife (Abitur) 1954–59 Phil.-Studium ebd. (Staatsexamen); es folgte der gesellschaftswiss. Lehreinsatz am ML-Inst. der MLU Halle u. 1964 ebenda die phil. Prom. *Zum Problem der Einheit von persönl. und gesell. Interessen in der sozial. Gesell.* (Gutachter: D. *Bergner, L. Hensel) sowie bereits 1967 die Habil. *Zur bürgerl. Ideologie der ‚Industriegesell.'. Objektive Grundlagen, Inhalte u. Funktionen innerhalb des Systems der imperial. Gesellschaftstheorien* (Gutachter: D. *Bergner, Urbanski u. W. Jahn); frühzeitig ML-Dozent u. Prof. für Grundlagen des dial.- u. hist. Mat. sowie Leiter der Fakultätsabteilung für M-L an der Jurist. Fakultät und 1986 Direktor der ML-Sektion an der ML-Univ. Halle in Nachfolge des zurückgetretenen E. *Luther; nachwendisch keinerlei univ. Weiterbeschäftigung mehr nachweisbar.

Publ.: (Mitautoren: D. Bergner, W. Eichhorn I und W. Jopke): Imperialismus und Weltanschauung. Zu neuen Tendenzen der bürgl. Philosophie und Ideologie in Westdtl. Berlin 1966; 1965–1972 siebenfacher Autor der DZfPh unter dem Namen Dieter N.

Odujew, Stepan Fj.
1918–2004
Sowjetischer Philosophiehistoriker und Kritik der spätbürgerlicher (deutschen) Phil.
Geb. im Gebiet Gorki u. aufgewachsen in einer Bauernfam.; absolvierte die Hist.-Phil. Fak. der MGU Moskau, bei nachfolgender Kriegsteilnahme 1941–45; nachkriegszeitl. Asp. u. phil. Dr.-Diss. in der Fachrichtung Gesch. der westeuropäischen (speziell dt. nachklass.) Phil. von Schopenhauer u. Nietzsche bis z. Existentialismus u. Neothomismus, zusammengefasst publ. im Bd. III der SU-Phil.-Weltgesch. Moskau u. Berlin 1961); 1964–74 angestellt am Aka.-Inst. für Phil. der UdSSR; seit 1974 Phil.-Prof. an der AfG beim ZK der KPdSU; phil.-hist. Arbeiten auch zur dt. sozialdemo. Partei-Phil. (Dietzgen, Liebknecht, Bebel u. Mehring); einzige dt. Übersetzung betraf „ersatzweise" in der DDR (nach der schon länger zurückliegenden Kritik von G. *Lukacs, 1954) Friedr. Nietzsche: „Auf den Spuren Zarathustras." – Der Einfluß Nietzsches auf die bürgerl. dt. Phil., Berlin und Köln 1977 (übers. von G. Rieske und dt. Überarb. hrsg. von H.-M. *Gerlach), das jedoch in der späteren Nietzsche-Debatten keine Rolle spielte. Eine andere hist.-krit. Nietzschebeschäftigung, auch nicht aus weitergehender orth.-marx. Sicht, war bis 1986/87 (*Pepperle u. *Harich S & F) sowie abschließend noch *Maeorny (1989) nicht denkbar bzw. öffentlich zugelassen. Lediglich Re. *Reschke konnte sich 1983 als Kulturwiss. an der HUB bei Wg. *Heise zu Nietzsche habil. und danach relativ eigenständige Nietzsche-Studien betreiben.
DDR-Philosophenlexikon 1982 (Autorenkollektiv).

Oelßner, Fred
27. Febr. 1903–7. Nov. 1977
Erster Chef-Ideologe der SED 1951–1957 und einer ihrer frühen DDR-Multifunktionäre
Geb. in Berlin als Sohn eines Gewerkschafts- u. späteren KPD-Funktionärs; Besuch einer MS in Weißenfels 1917–19, Lehre als Kaufmann u. Müller im Mühlenwerk Beuditz; abgebrochen wegen sozialistischer Jugendarbeit; 1919 USPD u. bereits 1920 KPD-Beitritt; redak. Zeitungsarbeit in versch. Städten; bereits 1924 Verurteilung durch das Reichsgericht Leipzig wegen Vorbereitung z. Hochverrat (also komm. Umsturzversuch); daraufhin 1926 delg. zur weiteren pol. Parteischulg nach Moskau u. daselbst 1928/29 Asp. der Internatl. Lenin-Schule (Vorläufer der KPdSU-PHS); danach wiss. MA der öko. Fak. der „Roten Professur" (Vorläufer der späteren Aka. für Gesellwiss. der KPdSU); daselbst bereits Mitgl. der PKP(B) 1926–32; nach seiner Rückkehr nach Dtl. pol. MA der Agitprop.-Abt. beim ZK der KPD und Lektor an der Reichsparteischule der KPD in Schöneiche-Fichtenau b. Berlin; 1933 Emigration nach Frankreich u. Sekr. der dortigen KP-Parteiführung Pieck-Ulbricht; 1934 Leitung von KPD-Parteischulungskursen in Amsterdam, Zürich u. Prag; schließlich 1935 erneut in die UdSSR und in Moskau gesell.-wiss. Dozent an der schon gen. Lenin-Schule ebenso wie an der sog. „Komm. Aka. des Westens"; aber bereits 1936 wegen angebl. ideolg.-pol. Abweichungen verdächtigt entlassen u. lebte daraufhin von Übersetzungen und schriftstellerischer Tg.; Sept. 1938–Juni 1941 Leiter der Planungsabt. einer Mosk. Papierfabrik, dazu 1940 schließlich sowjet. Staatsbürger (dt. Nationalität); 1941–44 reaktivierter Redakteur und Chefred. der dt. Redaktion des Mosk. Rundfunk; bei nahenden dt. Truppen vor Moskau Okt. 1941 Evakuierung nach Kuibyschew; danach wieder Lehrer an der Parteischule der KPD Nr. 12 bei Moskau u. Mitarbeit bei der Ausarbeitung der Nachkriegsprogramme der KPD für Dtl., dabei speziell zuständig für Gewerkschafts- u. Wirtschaftsfragen; ab 1. Mai 1945 Einsatz unter Ltg. von A. *Ackermann im Bereich der 1. Ukrainischen Front in Sachsen (Dresden); Sehr bald Leiter der Abt. Agit. und Prop. des ZK der KPD u. 1946 wiederum der Abt. Parteischulung der SED; Okt. 1947–Febr. 1949 (mit einsetzenden Sowjetisierung u. Stalinisierung der SED) schließlich Leiter der zusammengelegten Abt. Parteischulung, Kultur u. Erziehung im PV der SED, u. damit deren erster Chef-Ideologe und parteiamtlich auch zuständig für die gesamte gesell.-wiss. Arbeit, (e. der marx. Philosophie), Kultur und das Bildungswesen (spätere ZK-Abt. „Wissenschaft" – K. *Hager); als solcher seit 1949 Mitgl. des PV bzw. ZK der SED, 1950–58 entspr. Sekr. des PB der SED u. 1950–56 zugleich Chefred. des theor. Parteiorgans „Einheit" (nach entspr. Absetzung von Kl. *Zweiling); Dez. 1951 symbol. Lehrstuhlleiter „Pol. Ökonomie" am neu gegr. IfG beim ZK der SED u. 1953 wohl deswegen auch noch parteimäßig hinzu gewähltes Aka.-Mitgl.; 1955–58 schließlich stellv. Vors. des Ministerrates u. Vors. der Kommission Konsumgüterprod. u. Versorgung d. Bevölkerung; dazu 1949–58 Mitgl. der DDR-Volkskammer (also der Multifunktionär jener Jahre überhaupt); wegen seiner hervorragenden Russischkenntnisse in der 1. Hälfte der 50er Jahre bei allen wichtigen Gesprächen der SED-Parteiführung (Pieck-Ulbricht-Grotewohl) mit Stalin in Moskau sowie der SMAD (W. *Semjonow), wohl nicht nur als Dolmetscher dabei;

1951/52 hält er beide parteiamtl. Haupt-Referate auf entspr. ZK-Konferenzen zu Stalins letzten beiden Lehrtexten (Marxismus u. Fragen der Sprachwiss. sowie zu den öko. Gesetzen im Sozialismus); im Krisenjahr 1956 Prof. für pol. Ökonomie am IfG; doch bereits Febr. 1958 massive Kritik wegen „wiederholter Verletzung der Parteidiziplin im PB" (einziger wirklich gefährlicher Gegner Ulbrichts) und März 1958 schließlich Enthebung aller Funktionen im Partei- u. Staatsap. der SED-DDR, da keine zureichend übliche „Selbstkritik" erfolgte; daraufhin abgeschoben u. parteieingesetzt als Dir. des Inst. für Wirtschaftswiss. der AdW Berlin; Sept. 1959 doch noch nachholende öffentl. Selbstkritik wegen „Opportunismus u. pol. Blindheit" in den Jahren 1956/57; 1961–68 Mitgl. des Präsd. der AdW u. allmächtiger Sekr. der Kl. für Gesellwiss. (Phil., Gesch., Staats-, Rechts- und Wirtschaftswiss.) der Akademie; 1968 Dr. h.c. der HU Berlin u. 1973 (z. 70. Geb.) KMO; ebs. wurde die ABF der Univ. Jena nach ihm benannt; gehörte nachkriegszeitlich in der SBZ und frühern DDR (wie *Hager ohne jede univ.-aka. Ausbildung) zu den ersten Partei-Doz. für "Wiss. Sozialismus" u. „Pol. Ökonomie" an der SED-PHS, des IfG beim ZK der SED, der HU Berlin sowie der AdW der DDR; dadurch Mitbegründer der Pol. Ökonomie des ML in Lehre u. Forschung in der DDR, aber ohne jemals eine wirkl. theor.-krit. Debatte auf diesem Gebiet mit ausgelöst u. getragen zu haben; verst. 1977 in Berlin und beigesetzt auf dem ZF Friedrichsfelde, der Gedenkstätte der Sozialisten, postum geehrt mit einer DDR-Briefmarke. Seine gelegentlich, jedoch stets nur polternden ideolg.-polemischen (stalindogm.) Vorbehalte u. Einflußnahmen auf die sich gerade erst entwickelnde DDR-Phil. ähnelten der anderer russ.-sowjetisierten SED-Funktionsträgern jener Jahre wie H. *Berg u. P. *Wandel, H. *Wolf u. W. *Ulbricht. Keiner war zu einem sachlich-argumentativen (herrschaftsfreien) Diskurs fähig, weil letztlich unausgebildet u. intelligenzfeindlich.
DDR-Personen-Lexikon 2010 (H.*Schwärzel/P. Erler).

Publ.: Der Marxismus der Gegenwart und seine Kritiker. Berlin 1948; Die Wirtschaftskrisen. Band 1. Berlin 1949; Rosa Luxemburg: Berlin 1952; Eine neue Etappe der marx. pol. Ökonomie (2. Stalin-Konferenz des ZK der SED). Berlin 1953; Probleme der Krisenforschung. Berlin 1959; Ein Beitrag zur Monopoltheorie. Berlin 1960; Die Arbeitswerttheorie als wiss. Grundlage der Marxschen pol. Ökonomie. Berlin 1967.

Oertel, Horst
6. Nov. 1940
ML-Philosophie-Lehrer in Dresden
Phil.-Studium in den 60er Jahren in Berlin u. anschl. ML-Lehre in Dresden; phil. Prom. 1970 an der TU Dresden (Sektion Phil. u. Kulturwiss.) *Zum Verhältnis von Dialektik und Ideologie im Marxismus u. in der bürgerlichen Philosophie* (Gutachter: H. *Ley, E. *Herlitzius, R. Sonnemann) sowie 1983 Prom. B an der AfG beim ZK der SED z. Thema *Position und Funktion der Hermeneutik im System der spätbürgl. Phil.* (Gutachter: H. *Ley, E. *Fromm, E. *Herlitzius), danach gesellwiss. Lehreinsatz an der HS für Bildende Künste Dresden in deren ML-Bereich; 1987 Kolloquium-Reihe „Bild. Kunst und marxlen. GW." – genauso nach dem vorgeb. Muster der ihn zuvor ausbildenden Partei-AfG;

nach „Abwicklung" aller ML-Einrichtungen auch im Fachschulwesen der DDR seit 1990 arbeitslos und keine phil. Weiterbeschäftigung mehr nachweisbar.

Oetzel, Egon
11. März 1931
Ideologiekritischer Akademie-Mitarbeiter
Geb. in Bad Salzungen; ansonsten keine weiteren Lebens- u. Arbeitsdaten; Phil.-Studium in Jena bei G. *Mende schon in den 50er Jahren, daher 1962/63 zwei gem. DZfPh-Artikel nachweisbar; spätere aka.-phil. Prom. 1974 z. Thema *Anfänge und Tendenzen der kath. Marxkritik in Deutschland* (Gutachter nicht feststellbar); Hrsg.-Autorenkollektiv mit dem unfassbaren T., der so sehr an die frühere stalinistische KPD-Beschimpfung der SD als „Sozial-Faschismus"erinnert: „Geistige Wiederaufrüstung in Westdtl. Vom Hitlerfaschismus z. Klerikal-Faschismus. Berlin 1962.

Oiserman, Teodor I.
14. Mai 1914–25. März 2017
Sowjetischer Philosophie-Historiker und Akademik, einhundertjärig in Moskau verst.
Geb. im südukrainischen Gebiet von Odessa in einer jüd. Dorflehrerfamilie; 1933–38 Studium am Mosk. Inst. für Gesch., Phil. u. Literatur; anschl. Asp. und phil. Prom. noch im Mai 1941, danach Kriegsteilnahme; 1948 phil. Lehrtg. an der MGU in Moskau u. Dr.-Diss. 1951; 1968 univ. Lehrstuhlleiter für Gesch. der modernen bürgerl. Phil. in Westeuropa (thematisch also in Nachfolge von A *Alexandrow u. dadurch der entsch. aka.-phil. Koop.-partner von M. *Buhr über zwei Jahrzehnte); seit 1971 Bereichsleiter für Gesch. der „weltbürgerlichen" (also westeuropäischen u. nordamerk.) Phil. am Inst für Phil. der AdW der UdSSR; damit zugleich auch vorherr. „Spezialist" für die vormarx., klass. dt. u. spätbürgerl. Phil. (Buhr ist somit sein vollkommenes ostdt. Abbild auf diesem Gebiet); 1981 nicht nur Mitgl. der Akademie der Wiss. der UdSSR (Akademik), sondern ebenso zugleich auch „Auswärtiges Mitglied" der DDR-Wiss.-Aka. (1992 erloschen); Mitautor an der sechsbdg. sowjet. Weltgesch. der Phil. in den 60er Jahren sowie der späteren Serie zur Gesch. der „Dialekti" (nun nicht mehr nur des phil. Mat., wozu noch A. *Gulyga anfangs gezwungen war); danach jahrelanges einflußreiches Red.-Mitgl. der Zft. Fragen der Phil. sowie stellv. Vors. der ständigen Phil.-Kom. UdSSR-DDR (ebenso *Hahn u. *Buhr) u. Teilnehmer an allen westl. Phil.-Weltkongreße seit 1958 (in deren ideolog.-pol. Schatten u. williger Schleppleine, stets in parteiorg. Absprache, die offizielle DDR-Phil.-Delegation ohne jede ostdt.-phil. Eigenständigkeit); ein „Weltphil."-Herumreisender, der wie kein anderer in der DDR übersetzt und sowjetphil. orientierend propagiert wurde, und daher deren parteiamtl. Phil. nicht nur phil.-hist. entscheidend marx.-len. vereinseitigt bestimmte und prägte, vor allem aber ideologisch-klassenkämpferisch u. antibürgerlich wie antiwestlich mit ausrichtete (später nur noch ganz lächerlich-persönliche Entschuldigung dafür bei J. *Habermas); somit letztlich heute ohne jeden bleibend fachphil. Wert u. Einfluss; s. N. *Motroschilowa als seine postsowjet. Nachfolgerin u. vor allem

aber seinen „ewigen" aka.-phil. Konkurrenten sowie jüdisch-ukrainisch-sowjetruss. Landsmann A. *Gulyga, denen das gerade nicht nachgesagt werden kann; über einhundertj. in Moskau verst., wozu es keinerlei Würdigungen mehr gab.
DDR-Philosophenlexikon 1982 (Autorenkollektiv).

Publ.: Die Hauptströmungen der gegenwärtigen bürgerlichen Philosophie. Lektion an der PHS der SED v. 11. Okt. 1957. Berlin 1958; Die Philosophie Hegels. Berlin 1959; Zur Gesch. der vormarx. Philosophie. TB-Reihe UWB Bd. 6. Berlin 1960; Der Antikommunismus, Ausdruck der Krise der bürgerlichen Ideologie. Berlin 1963; Die Entstehung der marx. Philosophie. Berlin 1965; Die Entfremdung als hist. Kategorie (übers. S. Wollgast). Berlin 1965; Karl Marx und die moderne bürgerliche Philosophie. Gesammelte Aufsätze. Moskau 1968 (dt.); Wann u. weshalb ist der Marxismus entstanden? Moskau 1970 (dt.); Probleme der Phil. und Phil.-Geschichte. Berlin und Frankf./M. 1972; Die phil. Grundrichtungen (wiss. bearb. von M. Buhr). Berlin 1976; Der „junge Marx" im ideolg. Klassenkampf. Buhrsche Kritik-Reihe, Bd. 70. Berlin u. Frankf./M. 1976; Gesch. der Dialektik. Die klass. dt. Phil. (Hauptred. der dt. Übers. ist ein Phil. Kollektiv des ZIfPh an der AdW der DDR). Berlin 1979/80; Dial. Mat. u. Gesch. der Phil. (übers. E. Mieth). Berlin 1982; (Hrsg. M. Buhr): Phil. auf dem Wege z. Wiss. Beiträge z. Gesch. der Phil. (I) z. 75. Geb. Berlin 1989, womit diese uneinholbare, über 30jährige ostdt.-sprachige sowjetphil. Publ.-Serie in der DDR dann aber endgültig endet.

Okun, Bernd
20. April 1944
Überzeugungen als phil.-weltanschauliches Problem
Geb. in Leipzig als jüngstes Kind von 6 Geschwistern; beide Eltern kaufm. Angestellte; 1951 Einschulung u. 1961 Mittlere Reife; anschl. 1961–63 Lehre als Lokomotivschlosser im RAW Engersdorf bei Lpz. und prakt. Arbeit im erlernten Beruf bis 1969; gleichzeitig nachgeholtes Abitur im 2. Bildungsweg an der VHS in Leipzig; mit der III. HSR 1968/69 verkürztes (vierj.) Phil.-Studium an der neugegr. Sektion Marx.-len. Phil./Wiss. Sozialismus; anschl. Forschungsstudium bis 1973 u. phil. Prom. A 1975 am Lehrstuhl Erkenntnistheorie bei D. *Wittich *Zum Begriff „Überzeugung" u. zur Herausbildung von Überzeugungen* (Gutachter: D. *Wittich, W. Plesse, K. *Gößler, publ. unter dem Titel: „Überzeugung" Berlin 1978 in den Studien zur ET); phil. Prom. B. 1984 z. Thema *Allgemeine Merkmale weltanschaulicher Propaganda in ihrer Bedeutung für die Vermittlung des M.-L. – Eine erkenntnistheor. Untersuchung* (Hauptgutachter: D. *Wittich u. einem merkwürdig parteidiktierten Negativ-Gutachten des „Ideologie"-Forschers H. *Schliwa; später neutralisiert durch einen Gutachter der PHS aus dem dortigen Phil.-Institut von H. *Opitz); 1986 Dozent, 1988 Prof. für Marx.-len. Phil.; nachwend. umbenannte Lehre z. Themenkreis „Soziale Kommunikation u. Medientechnik"; jedoch mit Sektions-Abwicklung als ML-Phil.-Prof. durch die Sächs. Landesreg. 1992 auf eigenen Wunsch gegangen u. Einstieg in die berufl. Selbständigkeit als „freier Trainer"; 1993 Gründung einer Trainings- u. Beratungsfirma in der „Wirtschafts- u. Personalberatung Inostment" (anfangs noch gemeinsam mit H. *Poldrack) u. aktuell erfolgreicher Geschäftsleiter der Führungs- u. Veränderungsakademie DE VACTO" in Lpz., wobei ihm frühere „sozialphil." Forschungs- und Lehrgegenstände sehr hilfreich waren (persönl. Mitteilung).

Publ.: (Bearb.): Marx.-len. Theorie u. weltanschaul. Bewusstsein (10. Arbeitstag. ET Leipzig). Zentralstelle für phil. Inf. u. Dok. der AfG, Berlin 1982 (in 2 Teilen); (Hrsg. mit H. Poldrack): Systemtransformation als Systemübertragung? Umbrüche in Mittel- u. Osteuropa. Univ.-Lpz. 1992.

Omeljanowski, Michael E.
1904–1979
Sowjetischer Philosoph und Spezialist für die phil. Fragen der Naturwissenschaften
Geb. in Kiew in der Fam. eines Volksschullehrers; absolvierte das Inst. der Roten Professsur und fakultativ ein Physik-Studium an der MGU; 1944 Dr.-Diss. z. Thema *Phil. Grundlagen der Meßtheorie*; 1946 delegiert an die AdW der Ukrainischen SSR z. Aufbau eines dortigen Phil.-Institut; 1955 Rückkehr an die AdW der UdSSR nach Moskau und ab 1964 Leiter der Abt. Phil. Fragen der Naturwiss.; Akademik in Kiew u. korresp. Aka.-Mitglied in Moskau.
DDR-Philosophenlexikon 1982 (Autorenkollektiv).

Publ.: W. I. Lenin u. die phil. Fragen der modernen Physik. Berlin 1959; Phil. Probleme der Quantenmechanik. (wiss. Bearbtg. H. Laitko). Berlin 1962; (Red.): Der phil. Ideenkampf in der modernen Naturwiss. Frankfurt/M. 1979; (Mit-Hrsg. H. Hörz): Modell – Experiment – Theorie. Berlin 1981/ Moskau 1982.

Opitz, Heinrich
26. Juni 1929–15. Juli 2018
Führender marx. Partei-Philosoph und Instituts-Direktor an der PHS „Karl Marx"
Geb. in Hindenburg (Oberschl./Zabrze, heute Polen) als Sohn eines Formers; Schulbesuch in der NS-Zeit 1945 kriegsbedingt unterbrochen, da RAD u. amerik. Kriegsgefangenschaft; Umsiedlung und 1946/47 landwirtschaftl. Gehilfe; 1948–52 hauptamtl. FDJ-Funktionär u. Lehrer bzw. Leiter der Landesjugendschule der FDJ in Sachsen; 1952–60 Studium der Gesell.-wiss. (Phil.) an der PHS der SED und Lehrtg. auf dem Gebiet des dial. u. hist. Mat.; daselbst 1965 phil. Prom. z. Thema *Die Genesis des Marxschen Praxisbegriffs u. seine Bedeutung für die Begründung der ET des dial. Mat.* (veröffl. 1967 u. d. T. Philosophie und Praxis); daraufhin Doz. für marx.-len. Phil. u. 1970 Berufung z. Prof. für Dial. Mat. (ET); 1974–90 Direktor des Lehr- und Wiss.-bereichs (Institut) für Phil. an der PHS „Karl Marx" (langj. Direktorin der PHS ist Hanna *Wolf); 1970–89 Mitglied des wiss. Rates für Marx–Engels-Forschung am IML beim ZK der SED (Direktor G. *Heyden) wie des Rates für Marx.-Len. Phil. der DDR an der AfG beim ZK der SED (Vors. E. *Hahn); 1978–89 Mitglied des Redaktionskollegiums der DZfPh (hineingebracht durch den damlg. Chefred. H.-C. *Rauh) und 1982–89 auch noch parteiamtl. Mitglied des Präsidiums der Urania; nach Selbstauflösund der SED-PHS Rentner durch ärztl. Invalidisierung; danach in den 90er Jahren Vorst.-Mitgl. des Glieniker Kulturvereins (Nord-Berlin) u. Mitarb. der RL-Stiftung Brandenburg; – durchaus noch wie D. *Wittich u. A. *Kosing persönlich an einer hist.-krit. Aufarbeitung der DDR-Phil. interessiert; verst. 2018 in Berlin-Glienicke.
DDR-Personen-Lexikon 2010 (H.-C. *Rauh).

Publ.: Grundlagen der ET des dial. Mat. Berlin 1966; Marx.-len. Phil. und wiss. Politik. PHS Berlin 1968; (Gesamt-Ltg.): Arbeiterklasse u. Philosophie. Lehrbuch. Berlin 1971; Die marx.-len. ET. Kritik des zeitgen. Agnostizismus. Berlin 1972; (Hrsg.): Einführung in Lenins ‚Mat. u. Em.'. Berlin 1975 (9. A. 1987); (gem. mit H. Klotsch und H. Steussloff): Der ML – unsere wiss. Weltanschauung (Vorzüge des Sozialismus, H. 12). Berlin 1978; (Ebenso): Die wiss. Weltanschauung, Grundlage unseres Handelns. Berlin 1979; (gem. mit H. Klotsch/F. Kohlsdorf): Freiheit, ein Vorzug des Sozialismus. Berlin 1980; (Leiter des Autoren-Kollektivs): Dial. und Hist. Mat. (Lehrbuch für Ausländer der PHS). Berlin 1982; (Hrsg. des Autorenkollektiv): Was den Sozialismus überlegen macht: zu seinen Vorzügen u. Triebkräften. Berlin 1983; Mitautor des Gedenkbuchs z. Jugendweihe der DDR "Vom Sinn unseres Lebens". Berlin 1983; Mithrsg. einer zweibändg. Textsammlung zur Phil.-Gesch. der PHS „Philosophen-Lesenbuch". Berlin 1988. – (Mitautor): Die Parteihochschule der SED – ein kritischer Rückblick. Schkeuditz 2006, darin sein Beitrag: Ein Wendepunkt der phil. Lehrkonzeption in den 60er Jahren, womit nun nachwendisch die damalg. „Praxis-Disk." (Kosing-LB zur Marx. Phil. 1967) gemeint ist, was aber damals parteiamtlich (Hager und AfG) vielmehr als „praxisphil." und damit revisionistisch abgeurteilt worden war.

Pälike, Dieter
11. Dez. 1940
Ideologiekritischer Wissenschaftsforscher in Halle
Geb. als Sohn eines Schriftsetzers in Ranis (Kr. Pößneck); 1947–55 GS u. bis 1959 OS (Abi); danach ein Jahr Arbeit in der FDJ-KL u. Aufnahme in die SED; anschl. 1960–64 Studium der Phil. an der KMU Leipzig; 1964 Wechsel zur MLU Halle u. daselbst 1965 Studienabschluss als Diplom-Phil.; zusätzl. naturwiss. Studien an dieser Univ. und wiss. Mitarb. im befr. Ass.-Verhältnis am dortg. Inst. für Phil. bzw. nach der III. HSR 1968 der Über-Sektion Marx.-len. Phil./Gesch./Staatsbürgerkunde, im Fachlehrbereich dial. u. hist. Mat.; spezialisiert auf das Verhältnis von Wiss. u. Ideologie, speziell hinsichtlich der Naturwiss. (Chemie und Physik), woraus 1969 die phil. Prom. z. Thema *Naturwiss. u. Naturphil. Ideologieanalyt. Untersg. z. Verhältnis von Naturwiss., Phil. u. Ideologie im Spätkplm.* (Gutachter: F. *Fiedler, R. *Mocek u. G. *Domin) resultierte; Prom. B 1975 z. Thema *Untersuchungen zu weltanschaul. Grundlagen des bürgerl. Wiss.-Verständnises (Subjektivismus und subjektiver Idealismus als phil. Grundzug der bürgerl. Wiss.-theorie)*; in den 80er Jahren dafür dann Prof. für dial. Mat. an der gen. (nun) alleinigen Ml-Phil.-Sektion in Halle; schon vorwendisch psychisch erkrankt u. wohl frühzeitig invalidisiert.

Pallus, Hannelore
7. Febr. 1934
Sprachphilosophische Herder-Spezialistin in Greifswald
Geb. als Tochter eines Angestellten in Hamburg-Billstedt; 1940–43 Besuch der VS ebenda; danach kriegsbedingt (frühzeitige engl. Luftangriffe auf Hamburg) in Sülte u. Rastow, Kreis Schwerin umgesiedelt; nach 1945 ebd. Besuch der GS sowie in Waren/Müritz die OS (Abi.); anschl. Pädg.-Studium der Germanistik an der EMAU in Greifswald u. Diplom als Deutschlehrer für die Oberstufe; danach Lehrerin u. Abteilungsleiterin für Ausleihe u. Literaturprop. beim Rat der Stadt u. 1960 Aufnahme einer Dr.-Asp. am Inst. für Phil. der Univ. Greifswald bei Prof. Erh. *Albrecht

u. 1963 sprachphil. Prom. z. Thema *Die Auffassungen Herders über das Verhältnis von Sprache u. Denken. Ihre Bedeutung für die ET und Nationalkultur in Dtl. im 18. Jhd.* (eine sachgerechte Auswertung der früheren Arbeiten v. G. *Jacoby bzw. gleichzeitigen von W. *Harich zu Herder erfolgten aus jeweils unterschiedlichen parteipol. Gründen jedoch nicht); nach Schließung des Phil. Instituts in Greifswald (außer einer „Arbeitsgruppe Albrecht") 1968 bis 1976 Weiterbeschäftigung im dortg. gesell.-wiss. ML- Grundlagenstudium; später aber keine Übernahme mehr ins wieder eingerichtete Phil.-Inst.(FS).

Publ.: Hrsg. einer Schrift von J. N. Tetens Über den Ursprung der Sprache u. der Schrift. Phil. Studientexte. Berlin 1966 u. zwei Rez. in der DZfPh (1961/62), u. a. eine Analyse Zu den phil.-geschichtl. Artikeln im ‚Phil. Wb.' von Klaus/Buhr (H. 5/65) sowie ein Bericht zu Der Marxismus u. das Problem der Sprache im Erkenntnisprozeß (Wiss. Tg. des Inst. für Phil. der Univ. Greifswald, Febr. 1967 in H. 5/1967).

Parthey, Heinrich
13. Aug. 1936–9. April 2020
Akademischer Wissenschaftsforscher in Berlin
Geb. in Bukarest; 1942–44 Grundschule in Lodz (u. Poznan) und kriegsbedingte Umsiedlung; 1945 Goethe-Schule in Limbach-Oberfroha sowie 1950–54 OS (Abi.); anschl. Phil.-Studium in Lpz. bis 1959, unbeschadet der zeitgl./dortg. polit.-ideolg. Ause. um E. *Bloch, da wohl naturwiss. Studien bei G. *Harig (Nebenfach Physik); ab Sept. 1959 einer der ersten Aspiranten am neu gegr. H. *Ley-Lehrstuhl für phil. Probleme der modernen Naturwiss. am Inst. für Phil. der HU Berlin; 1961/1962 sowjet.-phil. Zusatzstudium in Leningrad und 1963 termingerecht phil. Prom. z. Thema *Das Experiment u. seine Funktion im Erkenntnisprozeß der Physik* (Gutachter: H. *Ley u. A. *Polikarow); anschl. Lehreinsatz im gesell.-wiss. Grundlagenstudium an der WPUniv. Rostock, am Inst. für ML (Lehrstuhl Hr. *Vogel); Mitveranstalter und Mithrsg. der wiss.-methodolg. Rostoker Phil. Manuskripte 1964 ff.; 1970 Wechsel zum in Berlin neu gegr. Aka.-Inst. für Wiss.-Theorie u. -Organisation (Leiter G. *Kröber, später auch z. Wiss.-Gesch., H. *Laitko); daselbst jedoch erst 1989 aka.-phil. Diss. B z. Thema *Forschungssituationen u. Interdisziplinarität* (untersucht am Aka.-Inst. der Biowiss.); nach Aka.-Abwicklung des ITW 1990/91 Wechsel als wiss. MA bzw. habil. PD ans Inst. für Bibl.-Wiss. der HUB u. bis 2000 im univ. Lehreinsatz für dortg. Wissenschaftskunde; 1991 Gründung u. Vors. einer „Gesell. für Wiss.-Forschung" u. ab 1994/95 Mithrsg. eines entspr. Jahrbuches. Marburg 1996; nach langer schwerer Krankheit April 2020 in Staußberg b. Berlin verst. und Nekrolog H. *Laitko.

Publ.: (mit D. Wahl): Die experimentelle Methode in Natur- u. Gesellwiss. Berlin 1966; (Hrsg): Problem und Methode in der Forschung. Berlin 1978; (Mitautor): Phil. Probleme der Physik. Bln. 1980; (Mithrsg.) der Reihe Methodolg. Probleme der Wissenschaftsforschung HU Bln. 1982 (Wissenschaftswiss. Beiträge, H. 15–19); (Hrsg. mit K. Schreiber): Interdisziplinarität in der Forschung. Analysen u. Fallstudien. Berlin 1983; (Hrsg.): Das Neue. Seine Entstehung und Aufnahme in Natur u.

Gesellschaft. Berlin 1990. – W. Umstätter/K.-F. Wessel (Hrsg): Interdisziplinarität – Herausforderung an die Wissenschaft. Festschrift zum 60. Geb. von H. P. (mit Bibl. und Laudatio von H. Laitko). Bielefeld 1999; (Hrsg. mit W. Ebeling): Selbstorg. in Wiss. u. Technik. Wiss.-forschung, Jb. 2008. Berlin 2009.

Pasemann, Dieter
4. Juli 1936–11. Okt. 1999
Marxistischer Gesellschaftsphilosoph in Halle
Geb. in Seehausen, Vater Angestellter, Mutter Hausfrau; 1942–50 kriegsübergreifend Besuch einer 8 Kl.-Grundschule; danach Lehrausbildung als Betriebselektriker im VEB Zuckerfabrik Goldbeck; 1953 Lehrabschluß im VEB Diamant-Brauerei Magdeburg u. sofortg. Delegierung zur ABF in Halle; daselbst Abitur und anschl. 1956–61 Studium der Phil. an der FSU Jena bei G. *Mende, im Nebenfach Geschichte; 1958 SED-Eintritt u. ab Aug. 1961 wiss. Ass. am Inst. für Phil. an der MLU Halle; gesell.-wiss. Einsatz in der Ausbildung von Staatsbürgerkundelehrer in Halle sowie im marx.-len. Abend- und Fernstudium Phil. (Leiter dess.) ebd; weitere gesell. Funktionen in der Abfolge: AGL-Vors. u. DSF-Vors. der Sektion sowie Kommandeur der ZV-Ausbildung; 1973 phil. Prom. A 1973 z. Thema *Die Kategorie der öko. Gesell.-formation in der Herausbildung u. Entw. der mat. Geschichtsauffassung bei Karl Marx* (Gutachter: u. a. D. *Bergner); 1976 Zusatzstudium in Moskau u. 1977 Prom. B z. Thema *Propädeutische Untersuchungen zu einer Gesch. bürgerl. Sozialtheorien* (Gutachter: D. *Bergner); 1981 Prof. für Hist. Mat. u. Leiter dieses WB an der Sektion Marx.-len. Phil. in Halle; mit Abwicklung ders. nach einer tätigkeitslosen Warteschleife zum 30. 9. 1991 univ. ausgeschieden.

Pasternack, Peer
28. März 1963
Nachwendische Analysen zur Hochschulforschung „Ost" in Halle
Geb. in Köthen, aufgewachsen in Halle-Neustadt; daselbst bis 1979 POS (10. Kl.); anschl. Fahrzeugschlosserlehre bis 1981 u. sechs Jahre Berufskraftfahrer (VEB Kraftverkehr Halle/S.); über den 2. Bildungsweg (Abitur 1983 an der VHS) 1987 zum gesell.-wiss. Studium an die KMU Leipzig (nachwend. Politikwiss.); 1989–95 Studierendensprecher des Stud.-rates u. dadurch Mitgl. des Aka. Senat der sich erneuernden (nun schon namenlosen) Univ. Leipzig; seit 1991 zugleich Hrsg. der Zft. „hochschule ost. leipziger beiträge zu hochschule & wiss." (ab 2002 u. d. Titel."die hochschule. journal für bildung u. wissenschaft"); 1994 Diplom für Politikwiss. der Univ.-GHS Kassel (Hans-Böckler-Stipendiat) u. 1995–97 Prom.-Stipendium der Carl-von-Ossietzky-Univ. Oldenburg; daselbst 1998 phil. Prom. am Fachbereich Pädg. z. Thema *„Demokratische Erneuerung". Eine universitätsgeschichtl. Untersg. des ostdt. Hochschulumbaus 1989–95: mit zwei Fallstudien der Univ. Leipzig u. HU zu Berlin* (publ. 1999); daraufhin wiss. Koordinator am Inst. für Hochschulforschung der Univ. Halle-Wittenberg u. daneben 1997–2002 Lehrbeauftragter für Politikwiss. der Univ. Leipzig; 2002/03 kurzzeitig parteiloser Staatssek. für Wiss. u. Forschung

im Berliner Senat (Senator Th. *Flier, PdS); seit 2004 wieder am Inst. für HoF in Wittenberg als dessen Direktor; 2005 Habil. am Fachbereich Gesell.-wiss. der Univ. Kassel z. Thema *Qualität als Hochschulpolitik? Leistungsfähigkeit u. Grenzen eines Policy-Ansatzes* (publ. Bonn 2006); zugleich univ.-professoral ernannter/berufener Lehrbeauftragter für Soziologie u. Hochschulforschung; alle seine geisteswiss. Nachforschungen betreffen durchgehend auch, vor allem umfassend u. gründlich biblgr.-biogr. erfasst, die aktuelle, sich nachwend. ständig verändernde ostdt. univ. Philosophielandschaft u. damit teilweise (überhaupt nicht mehr institutionell, sondern ziemlich privatisiert) die hist.-krit. Aufarbeitung der vormaligen DDR-Phil. sozusagen als ein 25-jähriges „phil. Nachleben" (Stand 2017).

Publ.: (Hrsg.): IV. Hochschulreform. Wissenschaft u. Hochschulen in Ostdeutschland 1989/90. Leipzig 1993; DDR-Wiss.-Gesch. & Umbau von Hochschule u. Wiss. in Ostdt. Bibliographien 1989–1993. Leipzig 1994; Zu Risiken u. Nebenwirkungen der Lpz. Univ.-Erneuerung: Berichte u. Polemiken 1990–1994. Göttingen/Leipzig 1995; (Hrsg.): Hochschule & Kirche. Theologie & Politik. Besichtigung eines Beziehungsgeflechts in der DDR. Berlin 1996; Geisteswiss. in Ostdt. 1995: eine Inventur. Vergleichstudie im Anschluß an die Untersg. „Geisteswiss. in der DDR", Konstanz 1990. Leipzig 1996; (Hrsg.): Eine nachholende Debatte: der innerdt. Philosophenstreit 1996/97. Leipzig 1998; Hochschule & Wiss. in SBZ, DDR, Ostdt.: annotierte Bibl. für den Erscheinungszeitraum 1990–1998. Weinheim 1999 (2. erw. A. Wittenberg 2006); Gelehrte DDR. Die DDR als Gegenstand der Lehre an dt. Uni. 1990–2000. Wittenberg 2001; (Hrsg.): DDR-bezogene Hochschulforschung: eine them. Eröffnungsbilanz aus der HoF Wittenbg. Weinheim 2001; (Mitautor): Die Ost-Berliner Wiss. im vereinigten Berlin. Eine Transformationsfolgeanalyse. Wittenbg. 2004; Politik als Besuch. Ein wiss.-pol. Feldreport aus Berlin. Bielefeld 2005; Wiss. u. Hochschule in Osteuropa. Gesch. und Transformation. Bibl. Dok. 1990–2005. Wittenberg 2005; Forschungslandkarte Ostdt. Wittenberg 2007; (Hrsg.): Hochschul- und Wiss.-gesch. in zeithist. Perspektive. 15 Jahre zeitgeschichtl. Forschung am Inst. für Hochschulforschung Halle-Wittenberg (HoF). Lutherstadt Wittenberg 2012; (Mitautor): Traditionsbildung, Forschung u. Arbeit am Image. Die ostdt. HS im Umgang mit Ihrer Zeitgesch. Leipzig 2013; Akademische Medizin in der DDR. 25 Jahre Aufarbeitung 1990 – 2014. Lpz. 2015. – Mitautor Bd. IV (2017): *Mitteilungen über ein phil. Nachleben* (nachwend. Aufarbeitungsliteratur zur DDR-Phil. nach 1990 ff.).

Patent, Gregori I.
Sowjetischer Major und Philosophie-Propagandist in der SBZ 1948/49
Geb. als Arbeiterkind in Minsk; erlernte den Beruf eines Schneiders u. Besuch der Arbeiter-Abendschule zur Erlangung der Hochschulreife; zwei. Ausbildung an einer Pädg. HS; 1934–38 Studium an der Phil. Fak. der Tschernyschewski-HS für Geschichte, Philosophie u. Lite. (damals als solche zeitweilig herausgelöst aus der Mosk. Univ., 1941 wieder eingegliedert); Studium der klass. dt. Philosophie (insbesondere Hegel) bei W. P. *Asmus; danach kurzzeitig bis Kriegsbeginn 1941 Phil.-Dozent an einer PH in Saratow; dann Kriegsteinahme, später als Politoffizier, schließlich im Range eines Majors u. ab 9. Mai 1945 nachkriegszeitl. Einsatz in der SMAD, der Prop.- bzw. Inf.-Abteilung unter Oberst *Tjulpanow; als sog. „Verbindungsoffizier" speziell verantwortlich für den Kulturbund (in Zusammenarbeit mit Joh. R. Becher, A. *Abusch u. Kl. Gysi) u. alle ostdt. Landesleitungen 1945–47 (1970 dafür Becher-Medialle in Gold); zugleich auch deutschsprachiger Lehrer an der SMAD-Schule Königswuster-

hausen für pol. Mitarb. des ostdt. Blockparteiensystems („Hegel-Studien" an Hand von Lenins „Phil. Nachlaß"); mit zunehmender polit-ideologischer Bekämpfung u. Vertreibung der letzten altbürgerl. ostdt. Univ.-Philosophen in Leipzig (Th. *Litt u. H. G. *Gadamer), Halle (P. *Menzer) sowie Jena (H. *Leisegang), nicht aber Greifswald (G. *Jacoby) ab Mitte 1948 zur endgültigen Durchsetzung des sowjet-stalinist. ML als allein vorherr. parteiamtlicher Phil. bzw. sog. wiss. Weltanschauung der Partei der Arbeiterkl. an allen ostdt. Universitäten jeweils rundum reichender massiver mehrtäg. Einsatz als öffentlich gefeierter „scharfzüngig-streitbarer" Agitator u. Propagandist der SED in Greifswald (3.–5. Juni 1948) und Rostock (8–11. Juni), in Jena (2.–6. Juli), Leipzig (11.–16. Jan. 1949) und Halle (1.–4. Febr. 1949) sowie Berlin (Juni 1948 und März 1949): Lektionen z. dial.-hist. Mat. streng nach Stalins entspr. parteigeschichtl. KPdSU-Abriß von 1938; als besonders nachhaltig (bis in die Tagespresse hinein) wirkte sich dieser univ. parteipol. org. u. öffentlich-propagandistisch ausgetragene „phil. Meinungsstreit" mit dem „Jenaer ultrakonservativen Phil.-Ordinarius Hans *Leisegang (aus), dem Patent eine (!) empfindl. ideolog. Niederlage beibrachte" und der kurz darauf entlassen wurde u nach West-Berlin flüchtete (Ende 1948); auf einer ersten (noch gemeinsamen) ostdt. (parteimarx.) Phil.-Tagung vom 18.– 23. Mai 1949 in Berlin (da noch vollständig unter sowjt.-russ. Dominanz der SMAD u. angeleitet von General-Major Prof. S. I. *Tjulpanow) z. 40. Jahrestag des Erscheinens der Leninschen partei-phil. Kampfschrift „Materialismus u. Empiriokritizismus" (Mat u. Em.) hielt Major Patent das Hauptreferat, ganz in parteiorthodoxer Verteidigung der Stalinschen Elementarwahrheiten des phil. Mat., u. a. auch schon in schärfster Ause. mit W. *Harich u. seiner angeblich gänzlich bürgerlich-ideologischen Abwertung des mechanisch-naturwiss. Materialismus, gegenüber der unzulässig aufgewerteten idealistischen Dialektik Hegels als angeblich entscheidender dt. Phil.-Tradition, was nur zur Abwertung der „einzig wiss. u. revolutionären Philosophie" der Arbeiterkl., des dial.-hist. Mat. führen würde; – im sog. „ *Tjulpanow-Bericht" (1945–1948) wird Major Patent als einziger diesbezüglich polit-phil. „Propaganda-Offizier" namentlich genannt und auch der Romanist V. *Klemperer titelt begeistert: „Ein ausgezeichneter Kenner der Philosophie"; das ND (20. Jan. 1949) berichtet ideologisch-klassenkämpferisch darüber, wie überall landesweit an der „phil. Front" in der SBZ nunmehr: „Eine Bresche in den phil. Idealismus" geschlagen wurde; schließlich erfuhr auch G. *Mende, damals noch in Halle dadurch seine entsch. Anregung z. ideolg.-phil. Ause. mit Heidegger u. den Existentialismus (1956); Patents Vorlg.-Zyklus betrafen also die dann verbindlich bleibenden (Stalinschen) elementar-phil. Grundlagen-Themen: Materialismus u. Idealismus, den marx. phil. Mat. sowie Fragen der marx.-len. ET (worin die phil. Dialektik Hegels nach den zeitgleichen sowjet-phil. Angriffen 1947 in Moskau durch Stalins damlg. Chef-Ideologen A. *Shdanow, damit für längere Zeit keine Berücksichtigung mehr finden sollte); Aug. 1949 Rückkehr in die SU u. Mitte 1953 militärische Demobilisierung daselbst; danach wieder elementarphil. Lehre an einer westsibirischen Pädg. HS (gehörte niemals zu den führenden Sowjet-Phil. in Moskau, die daraufhin in der DDR übers., wirksam wurden); aber 1969 nochmalige staatl. Ehrung an der Univ. Halle u. später weitere Nachforschungen durch G. *Handel vom FMI der KMU Leipzig; zwei verspätete phil. DDR-Publ., aber keine Aufnahme ins DDR-Phil.-lexikon 1982; weitere Lebensdaten unbekannt u. auch keinerlei Erwähnung als sowjt.-russ. Fach-Phil. im neuesten Russ. Phil.-Lexikon, Moskau 1999.

Lite.: (Mitautor): Marxismus u. Apriorismus. Berlin 1977 (darin: G. Handel: Major Patent, ein streitbarer Verfechter der marx.-len. Phil.); Zur Kritik der Existenzphilosophie Martin Heideggers. Buhrsche Kritik-Reihe Nr. 94. Berlin und Frankf./M. 1979. – M. Gröschel: Der Beitrag sowjt. Phil. zur Aneignung der marx.-len. Weltanschauung durch die dt. Arbeiterklasse u. zur Verbreitung unter den Volksmassen in der Zeit von 1945–1949. Diss. des Lehrstuhl Philosophie am Inst. für Gesellschaftswiss. beim ZK der SED, Berlin 1965.

Paul, Siegfried
18. Aug 1942
Philosophische Probleme der Mathematik
Geb. in Belzig(Brandenburg); 1947–57 GS u. 1957–61 EOS mit Erwerb des Facharbeiterbriefs für Landwirtschaft; 1961/63 NVA-Grundwehrdienst und 1963–66 Pfleger im Krankenhaus für Psychiatrie in Biesdorf/Berlin; 1966/68 Phil.-Studium in Berlin u. 1968/70 fortgz. an der TU Dresden (im Nf. Theor. Physik); 1969–72 Forschungsstudium u. daselbst 1972 phil. Prom. z. Thema *Abstraktion, Mathematik, mathe. Modellierung gesell. Systeme und Prozesse. – Ausgewählte phil. u. methodolg. Probleme* (Gutachter: E. *Herlitzius); anschl. 1972/74 Zusatzstudium in der UdSSR; seit 1975 im *Hörz-Bereich Phil. Fragen der Wiss.-Entw. am ZIfPh der AdW Berlin (Arb.-Bereich Phil. Fragen der Mathe.); 1977 Prom. B an der HUB wiederum z. Thema *Phil.-methodolg. Vors. der mathe. Modellierung hist. Prozesse, unter bes. Berücksichtg. der Erkenntnis objektiver gesell. Gesetze* (Gutachter: D. *Schulze, H. *Hörz u. A. Uemor aus Odessa – publ. u. d. T. „Objektive Gesetze". Berlin 1979); 1988 Honorarprof. f. Phil. Fragen der Wiss.-Entw. an der ML-Sektion der WPU Rostock, was sich mit deren Selbstauflösung wie Abwicklung der Akademie-Philosophie alles erledigte; weitere fachphil. Wirksamkeit nicht mehr erfahrbar.

Publ.: (zus. mit G. Ruzavin): Mathematik und mathe. Modellierung. Phil. u. methodolg. Probleme. Berlin 1986; Die Mosk. Mathe. Schule um N. N. Lusin. Bielefeld 1997.

Pawelzig, Gerd
14. Juni 1931
Philosophische Dialektik der Biologie
Geb. in Angerburg/Ostpr.; Vater Obersteuersekretär, seit 1945 vermisst; Mutter späterhin Genossenschaftsbäuerin; 1937–41 GS u. OS (kriegsbedingt abgebrochen); 1944/45 evakuiert u. umgesiedelt sowie Arbeit in der Landwirtschaft (Torfgewinnung); 1946/48 Gärtnerberuf und 1949 ABF-Studium der Univ. Rostock: Reifeprüfung 1951 u. SED-Beitritt; anschl. daselbst Biologie-Studium begonnen, dann aber Hilfsass. im dortg. gesell.-wiss. ML-Grundlagenstudium; daher 1952 Wechsel z.

Phil.-Studium an die HU Berlin (vorzeitig 1956 abgeschl.); 1956–59 wiss. Ass. im gesell.-wiss. Grundstudium (für dial. Mat.) an der Landwirtschaftl. HS Bernburg; ab 1. Sept. 1959 wiss. Asp. am neugegr. H. *Ley-Lehrstuhl für phil. Probleme der Natur wiss. (1. Asp.-Lehrgang) am Berl. Phil.-Institut; Studienjahr 1961/62 Zusatzstudium in Moskau; Ende 1962 phil. Prom. *Über einige Seiten des dial.-mat. Entwicklungsbegriffs und ihre Problematik in der Ontogenese der Pflanzen* (Gutachter: H. *Ley und J. *Segal); anschl. wiss. Oberass. am Inst. für M.-L. der MLU Halle (erneuter Lehreinsatz im gesell.-wiss. Grundstudium der Mathe.-Naturwiss. Fak.); ab 1965 Abt./ Lehrbereich Dial. Mat. am Phil.-Inst. der HU Berlin (Grundprobleme der mat. Dialektik aus biowiss. Sicht) u. 1970 HS.-Doz. für Dial. Mat. nach entspr. Publ. z. *Dialektik der Entwicklung objektiver Systeme*, die aber nach parteiamtl. „Rückruf" aller kybernetischen wie systemtheor. Betrachtungen, so auch in der marx.-len. Phil., als Habil.-schrift nicht mehr eingereicht werden konnte; seit 1. 3. 1975 daher wiederum ML-Dozent u. Prof. für Dial.-Hist. Mat. an der Sektion ML der HU Berlin; daselbst schließl. phil. Prom B zum „etwas" veränderten Thema *Beiträge zur Dialektik von Entwicklungsprozessen* (Gutachter: W. *Loboda, H. *Ley, A. *Kosing), entspr. der neuen Prom.-Ordnung nach der III. HSR 1968 mit gen. phil. Arbeit von 1970 (ung. Übers. 1974) und 10 weiteren phil.-naturwiss. Artikeln in wiss. Zften; spätere Mitarbeit an der MEGA-Ed. naturphil. Texte von Fr. Engels (wiss. Leitung A. *Griese) u. Mitglied der Urania-Red. „technikus"; mit Auflösung aller univ. ML-Sektionen 1990 Entlassung in den vorzeitigen Ruhestand.

Publ.: (Hrsg. mit D. Müller): Phil. Probleme der modernen Naturwiss. Materialien der Allunionskonferenz Moskau 1958. Berlin 1962; (Übers. u. Hrsg.): Z. M. Orudzev: Dialektik als System. Zum Verhältnis von Dialektik, Logik u. ET. Berlin 1979; (zus. mit A. Griese): Einführung in Engels' Schrift „Dialektik der Natur". Berlin 1986 (2. erw. A. 1988); (Mitarb.): MEGA Abtg. I/Bd. 23 (Dialektik der Natur) u. naturwiss. Manuskripte. Berlin 1999; (Hrsg.): Biologie in Übersichten. Berlin 1998; Notwendigkeit u. Überflüssigkeit. Streifzüge, um ihre Dialektik zu erkunden. Rostock 2004. – DZfPH-Autor 1960–1976 (zumeist Rez.).

Pawlow, Todor
14. Febr. 1890–8. Mai 1977
Führender marx.-len. Parteiphilosoph, Politbüromitglied u. Akademiepräsident in Bulgarien
Geb. in Schtip (Mazedonien); absolvierte bis 1914 ein Phil.- und Pädg.-Studium an der Univ. Sofia, um danach als Lehrer zu arbeiten; seit 1919 Mitgl. der KP seines Landes, wohl später auch der KPdSU u. sowjt. Staatsbürger, was seine dortigen Funktionen nahelegen: 1932–36 Dekan der Phil. Fak. der Mosk. Univ. wie Prof. für dial. Mat. am Inst. der Roten Professur bzw. am Inst. für Phil. der Komm. Aka. in Moskau (später wieder Staats-Aka.); nach Rückkehr in sein Vaterland sofortg. Aka.-Mitglied und 1947–62 Aka.-Präsd.; zugleich auch Direktor des Inst. für Phil. der Bulg. Aka. der Wiss. sowie Chefred. der einzigen Zft. „Der phil. Gedanke"; dazu auch noch ehrenamtl. Vors. des bulg. Schriftstellerverbandes; 1973 Veranstalter des XV. Weltkongresses für Phil.

in Warna; das alles wurde ihm ermöglicht, weil er ab 1954/57 Kand. bzw. Mitgl. des ZK und von 1966–77 lebenslang Mitlied des Politbüros der KPB war; so gab es ‚praktisch' (also nicht etwa damit theor.) überhaupt kein phil. Gebiet oder Thema, wozu er nicht berechtigt war bzw. meinte, sich umfänglich u. richtungsweisend zu äußern u. zu publ.; insb. beherrschte er jahrzehntelang die bulg. Kultur, Literaturentwicklung und Pädg. als unangefochtener staatsparteiamtlicher Ideologiepapst seines Landes; als seine groß angelegte Len. „*Widerspiegelungstheorie*" 1973 in der DDR erschien und nur von einem prom. Oberass. in der DZfPh. rez. wurde, protestierte seine Botschaft in Berlin dagegen; seine dt.-sprachigen Werke wurden zumeist von Erh. *John übers. u. wiss. bearb., spielten aber in der phil.-ästh. oder erkenntnistheor. Disk. der DDR (noch dazu als Ersatz für bzw. gegen G. *Lukacs in den 60/70er Jahren) einfach keine Rolle; als ein verspäteter Befürworter seiner symbolträchtigen, wenig dial.-phil. oder gar fachwiss. Widerspiegelungstheorie sollte sich H. H. *Holz erweisen.
DDR-Philosophenlexikon 1982 (Sl. Slawow).

Publ.: Beitäge zur Gesch. der Ästhetik. Berlin 1963; Grundgesetze der Kunst. Zur Frage der marx. Ästhetik (wiss. Bearbg. E. John). Dresden 1964; Information, Widerspiegelung, Schöpfertum (mit Bibl.). Berlin 1970; Die Widerspiegelungstheorie. Grundfragen der dial.-mat. ET. (übers. u. bearb. von E. John, mit einem Nachwort von M. Buhr). Berlin 1973; (Hrsg. E. John): Aufsätze zur Ästhetik. Berlin 1975.

Pepperle, Heinz
1. Juni 1931
Marxistischer Philosophie-Historiker des deutschen Vormärz in Berlin
Geb. in Grasengrün (Tschechien) in einer Arb.-Fam.; nach VS u. MS sowie Umsiedlung nach Deutschland (SBZ) erl. Beruf eines Elektrikers u. 1950 SED; 1950/52 ABF der FSU Jena; anschl. daselbst Studium der Phil. u. Gesch.; 1957 wiss. Ass. am neu gegr. Phil. Inst. der MLU Halle u. Lehreinsatz im gesell.-wiss. Grundstudium; ab 1961 wiss. Mitarbeiter am sich gerade gründenden Aka.-Inst. für Phil. (Direktor G. *Klaus/Stellv. M. *Buhr), befasst mit Erarbeitung von Stichworten für das Phil. WB (1. A. 1964); 1961–72 Mitgl. der Aka.-Kampfgruppe; 1966 aka.-phil. Prom. z. Thema *Der Neuthomismus und das Verhältnis von Glauben u. Wissen* (Gutachter: M. *Klein); ab 1969 Mitarbeit am parteiamtl. Z-Projekt dreier Phil.-Inst. z. Gesch. der marx.-len. Phil. in Dtl. 1917–33 (als Bd. 2. so aber nie erschienen); daraus resultierte 1977 die Prom. B (Habil.) mit 3 entspr. Kp. z. Thema *Die Entw. der marx.-len. Phil. in der Periode der relativen Stabilisierung in Dtl.* (Gutachter: E. *Lange, K. Pätzold, H. *Ley); nach dem Tod von *Klaus (1974) kam es mit dessen Nachfolger M. *Buhr zu gravierenden Ause., in deren Folge (so auch bei G. *Irrlitz u. A. *Springer-Liepert) es 1976 z. univ. Übernahme durch die Sektion Marx.-len. Phil. der HU Berlin wie zur späteren Berufung kam, allerdings aus Planstellenlage für Hist. Mat. u. nicht für „Gesch. der (marx.-len.) Phil." (lange besetzt durch Fr. *Kumpf als „Lenin-Spezialist"); jedoch jahrelange erfolgreiche Lehrtätigkeit zur Phil.-gesch. des 19. und 20. Jhd. (u.a. auch zu Friedr. Nietzsche u. Nic. *Hartmann); als ungemein wirkungsvoll sollte sich seine mutig-eingreifendes Erstellung der gravierenden Frage nach einer angeblichen oder tatsächlichen „Revision des marx. Nietzsche-Bildes?" erweisen

(publ. wiederum nicht in der DZfPh., sondern versetzt in „Sinn und Form" H. 5–1986), was eine polemisch-verbitterte Reaktion vor allem von Wo. *Harich, die gleiche Frage stellend, hervorrief, aber gerade keine wirklich konstruktive Nietzsche-Debatte mehr herbeiführte; obwohl 1990 „positiv evaluiert" und sogar ein Angebot zur namentlich professoralen Weiterbeschäftigung (personengeb. k.w.-„Überhangsstelle") am erneuerten Phil.- Inst. der HU vorlag (Information V. *Gerhardt), briefschriftl. Erklärung zur def. Ablehnung eines zu stellenden Übernahmeantrages der univ. Pers.-Abteilung gegenüber, da dieser nur „Mittelbaustellen" (Übernahme als HSD oder wiss. MA) beinhaltete und vorsah: „Welcher ordtl. Prof. (es war jedoch keine Stelle z. Gesch. der Phil.), der sich seiner fachl. Kompetenz bewusst ist, wird sich selber derart degradieren." (Brief v. 27. Juli 1992 an die Univ.-Ltg., aber ohne jede Antwort geblieben); daraufhin Eintritt in den vorgezogenen Vorruhestand und „privatisiert" weitere (vormärzliche) Editionsarbeiten mit seiner Frau, der Germanistin Ingried Pepperle.

Publ.: (gem. Hrsg.-schaft): Die Hegelsche Linke. Rc. Lpz. 1985 u. Frankf/M. 1986; (Hrsg.): Karl Friedrich Köppen. Ausgw. Schriften in zwei Bänden. Berlin 2003; (gem. Bearbeitung) Georg Herwegh: Werke und Briefe. Bd. 4–6. Bielefeld 2005/13. – 5 DZfPh.-Rez. 1962–77.

Peschel, Klaus
10. April 1950
Philosophisch-journalistischer Logiker in Leipzig
Geb. in Leipzig; 1956–64 POS und 1964–68 EOS: Abi. mit Berufsausbildung als Maschinenschlosser; anschl. dreij. Wehrdienst bei der NVA u. 1971–75 Studium der Journalistik an der KMU Leipzig (Diplom-Journalist); frühzeitige stud. Beschäftigung mit log. Problemen der Argumentation und dadurch Zusammenarbeit mit dem Lehrstuhlbereich Logik der Sektion Phil./WK (Lehrstuhlleiter L. *Kreiser); 1975 wiss. Ass. an der Sektion Journalistik (im marx.-len. Grundlagenstudium) u. 1980 phil. Prom. z. Thema *Möglichkeiten der formallogische Darstellung von Problemen der journalist. Argumentation* (Gutachter: L. *Kreiser, Puder, H. *Wessel); 1984/85 Zusatzstudium an der Mosk. Univ. und weitere Profilierung der Logik-Ausbildung für Journalisten (entspr. Lehrhefte); 1989/90 Prom. B (Habil.) z. Thema *Logische Folgebeziehung und Argumentation. Zur Relevanz von Begriffen der log. Folgebeziehung für die theor. Erklärung natürlichsprachl. Argumentation* (Gutachter: L. *Kreiser, W. *Stelzner, K. *Berka); über eine univ. Weiterbeschäftigung oder anderweitige Tätigkeit war nichts zu erfahren.

Publ.: Aussagenlogik u. Argumentation. Lehrhefte der Sektion Journalistik der KMU Leipzig 1982. Teil 1: Aussagenlog. Gliederung der Sprache; T. 2: Log. Analyse des Schlussfolgerns.

Pester, Reinhardt
19. März 1945
Philosophie-Historiker und Lotze-Forschung in Greifswald
Geb. in Rabenstein/Chemnitz, Vater Diplomökonom (ökonom. Direktor); 1951–61 POS in Giebichenstein/Halle; 1961–64 Facharbeiterbrief für Saatgut mit Abitur;

anschl. Hochschulstudium als Diplomagrarpädagoge in Bln. u. 1969 Lehrer an der BBS des VEG Groß-Vielen, Kr. Waren (in den Fächer Chemie u. Biologie der Abitur-Stufe); 1972 wiss. Asp. am H. *Ley-Lehrstuhl für phil. Probleme der Naturwiss. an der Sektion Marx.-len. Phil. der HU zu Berlin; phil. Prom. 1975 ebd. *Zu den Beziehungen zw. einigen naturwiss. und naturphil. Arbeiten des Chemikers Hans Sachse unter dem Gesichtswinkel der Wechselwirkungen von wiss. Tg. und Erkenntnis der Naturgesetze* (Gutachter: H. *Ley, Kolditz, H. *Hörz, K.-F. *Wessel); danach wiss. MA im WB Theorie u. Strategie der Berufsausbildung am ZI für Berufsausbildung der DDR in Berlin; diesbezügl. phil. Prom. B 1978 *Zu den phil. Problemen der Entwicklung der Beziehungen zw. Beruf, Bildung u. Qualifikation* (zu einer marx.-len. Berufsbildungstheorie, Gutachter: H. *Ley u. K.-F. *Wessel); 1979 Berufung als Hochschuldoz. für Gesch. der Phil. an die EMAU Greifswald (Inst. für Phil.-Fernstudium u. Ausarbeitung entspr. umfangreicher Lehrmaterialien zum Gesamtgebiet Gesch. der Phil.); jahrelange phil.-naturwiss. Forschungen zu Hermann Lotze und dessen Umfeld im 19. Jhd.; nach Abwicklung, Arbeitslosigkeit u. Prozessführung dagegen 1993 befristete Wiedereinstellung als HSD alten Rechts am wiederbegründeten Inst. für Phil. in Greifswald bis 2000 (Gründungsdirektor W. *Stegmaier); danach Privatgelehrter zurückgezogen in Berlin u. nachholend bedeutsame Publ. zu Hm. Lotze.

Publ.: (Hrsg.): H. Lotze. Kleine Schriften zur Psychologie (Reprintausg.). Berlin-Heidelberg 1989; Hermann Lotze. Wege seines Denkens und Forschens, ein Kapitel dt. Phil.- und Wissgesch. im 19. Jhd. Würzburg 1997; (Bearb) dess.: Briefe u. Dokumente. Würzburg 2003. – *Ausgänge*: Lotze-Forschung in der DDR. Ein persönli. Rückblick.

Pfeiffer, Hans
22. Febr. 1925–27. Sept. 1998
Neulehrer – Leipziger Diplom-Philosoph – Literat
Geb. in Schweidnitz (Niederschlesien, Polen); nach dem Abi. 2 Jahre Sanitätssoldat im Krieg; 1946 Land-Neulehrer, später Schulleiter; stud. am Schulwiss. Inst. in Leipzig (Deutschlehrer); 1952–56 Hochschul-Studium an der Univ. Leipzig: Phil. (E. *Bloch), Gesch. (W. Markow) u. Germ. (H. Mayer); im Bloch-„Krisenjahr" 1956 kurzzeitig wiss. Ass. am Phil.-Inst. (Lehrauftrag für Ästhetik) u. schon frühzeitig bekannt als Literat; befreundet mit G. *Zwerenz, der bereits 1957 nach Westdt. floh; nach univ. Entlassung wieder Lehrer in einer kleinstädt. OS; bei einer parteiöffentl. Selbstkritik verleugnete er am 10. 6. 1958 seinem phil. Lehrer mit den (für Bloch dann unverzeihl.) Worten, er habe „eine zu Stagnation u. lite. Unfruchtbarkeit führende Krise unter dem Eindruck der Blochschen Philosophie durchmachen müssen"; danach freischaffende schriftstellr. Tg. als Krimi-Autor, Hör- u. Fernsehspiele, wie Essayist; ab 1965 Doz. für Dramatik am Lite.-Inst. „Joh. R. Becher" in Leipzig und daselbst 1982 ernannter Prof. für künstlerische Lehrtg. u. 1984–89 daselbst Direktor; 1997 auf einem Lpz. (5.) Walter-Markow-Kolloquium zu „Ernst Blochs Leipziger Jahre" (publ. RL-Stiftung, 2001: „Bloch und die verspielte Chance") wiederum reuevolles öffentl. Bekenntnis zu Ernst Bloch (vb. mit Schwächeanfall); verst. 1998 in Wurzen (bei Leipzig); – s. dazu Ingried

u. G. *Zwerenz: Sklavensprache u. Revolte. Der Bloch-Kreis und seine Feinde in Ost u. West. Hbg.-Berlin 2004.

Publ.: Studie über pol. Ethik im Denken Goethes, Schillers u. Hölderlins (1952); Begriff und Bild. Heines phil. u. ästh. Ansichten. Rudolfstadt 1958; Die Mumie im Glassarg. Bemerkungen zur Kriminalliteratur (Lite.-theor. Werk). Rudolfstadt 1961; Thomas Müntzer (Biogr. Roman). Berlin 1975; (Mitautor): Marx u. Engels, Stationen ihres Lebens (mehrtlg. Fsp.-Serie 1981); Karl Marx – Die jungen Jahre (siebenteilg. FF-1981, Mitautor); Phantasiemorde. Ein Streifzug durch den DDR-Kriminal-Roman. Berlin 1985; Bebel und Bismarck. Dreitlg. FF 1987; Scharnhorst (Hist. Roman – 1978 fünftlg. FF.). Berlin 1989; Ich, Thomas Müntzer, Sichel Gottes. FF 1989; Der hippokratische Verrat. Mörderische Ärzte (1996); Zwei Schritte in den Tod. Anwälte und Verbrechen (1997); Der (Selbst-)Mord der R. Luxemburg – Hist. Phantasien (1998).

Pfoh, Werner
5. Dez. 1929–12. Sept. 2009
Ministerieller Philosophie-Verwalter im MHF der DDR
Nachkriegszeitl. Schulausbildung u. in den 50er Jahren Phil.-Studium an der HU zu Berlin; phil. Prom. 1965 am IfG beim ZK der SED zum Thema *Der Kampf der KPD/ SED gegen die phil.-weltanschaul. Grundlagen der Schumacher-Ideologie in der Periode der Herstellung u. Festigung der pol. Einheit der dt. Arbeiterbewe. auf dem Boden der marx.-len. Weltanschg. 1945 bis 1948/49*; danach praktisch-pol. Einsatz im Staatsap. der DDR, im Staatssekr. für HF, Sektor Phil. u. zuständig (in Absprache mit der Abt. Wiss. beim ZK der SED) für alle univ. Berufungen auf dem Gesamtgebiet der DDR-Phil. u. deren vereinheitl. staatl. Ausbildungspläne (und darüber hinaus für entspr. parteiamtlich vorgegebene Phil.-Berufungen auch an allen Partei-Lehreinrichtungen der SED: IfG/AfG, PHS u. IML durch das MHF), nach 25 jähriger Tg. ministerieller Phil.-Verwaltung im MHF dafür einen Prof.-Titel. Weitere MHF-Mitarbeiter, staatlicherseits ebenso zuständig für die marx.-len. DDR-Phil. waren zugleich H. *Engelstätter, Kl. *Müller, Joh. *Dölling u. P. Jäckel zu versch. Einsatzzeiten 1951–89.

Publ.: (Mithrsg. H. Schulze): Philosophie u. Gesellschaft. Beiträge zum Studium der marx. Phil. Berlin 1958; (Hrsg.): Matthias Knutzen. Ein dt. Atheist und rev. Demokrat des 17. Jhd. Flugschriften u. a. zeitgen. sozialkrit. Streitschriften. Phil. Studientexte. Berlin 1965; 1956–1973 drei Rez. u. ein Artikel zum „Sozialdemokratismus".

Philipp, Peter
26. Jan. 1946–19. Juni 1995
Logiker in Halle
Geb. in Rochlitz u. 1952–60 GS in Aue; anschl. Besuch der OS u. 1963/64 ABF II der MLU Halle-Wittenberg zur Vorbereitung auf ein sowjet. Auslandstudium; nach dem Abi. 1964/65 ein prakt. Jahr als Chemiefacharbeiter im Elektroch. Kombinat Bitterfeld; anschl. Phil.-Stud. 1965–69 an der KMU Leipzig mit der Spezialisierung auf Logik; 1969–72 Forschungsstudium an der TU Dresden (unterbrochen durch nachholenden Armeedienst bei der NVA) und 1973 phil. Prom. an der dortg. Sektion Phil./Kulturwiss. z. Thema *Log. Beschreibung von Aspekten des Problemlösungsprozesses*

(Themensteller, Betreuer und Gutachter: W. *Stelzner); ab 1. 5. 1974 bis 1976 unbefr. Ass. im Bereich Phil. der Sektion „Philogesta" (Phil.-Gesch.-Staatsbürgerkunde) der MLU Halle-Wittenberg; weitere wiss. Zusammenarbeit mit *Stelzner (Modallogik, speziell deontische Logik) wie mit der Forschungsgruppe Theorie u. Gesch. der Logik im WB Logik der M-L. Phil.-Sektion der Univ. Halle (Leiter G. *Schenk); 1984 ebenda phil Prom. B z. Thema *Logik der Normsetzungen* (Gutachter: G. *Schenk, W. *Stelzner); 1987/88 Studienaufenthalt an der AdW der DDR, ZI für Sprachwiss., Bereich II (Syntaxtheorie, kognitive Logik) u. anschl. Leiter des Fernstudiums Phil. der Sektion u. zuletzt noch wiss. Sekr. des Beirats für Univ.-Phil. beim MHF (letzter Vors. H.-M. *Gerlach); 1990 Mitgl. des Gründungsvorstands der Gesell für Analytische Philosophie; nach Abwicklung der Sektion Marx.-len. Phil. auch in Halle (Versetzung in die Warteschleife) durch Sondervertrag im FB Gesch./Phil./Sozialwiss. bis 31. 3. 1991, mit Ende d. J. jedoch keine univ. Weiterbeschäftigung mehr; Anfang 1992 noch anerkannte Umwandlung des Dr. sc. phil. in Dr. phil. habil. durch den Aka. Senat der Univ. Halle u. dadurch anerk. Status als PD; Aug. 1992–April 1993 befr. MA in der Abt. Phil. der Fak. für Gesch.-wiss. u. Phil. an der Univ. Bielefeld u. Mai–Juni 1993 DFG-Stip.; Juli 1993–Juni 1994 befr. MA am Inst. für Logik u. Wiss.-theorie der Univ.-Leipzig u. Aug. 1994–Mai 1995 Assistant-Prof. im Wittgenstein-Archiv der Univ. Bergen/Norwegen; danach keine Weiterbeschäftigung mehr, daher wohl am 19. 6. 1995 verst. durch Freitod in Halle u. ein Gedenkband: „Log.-phil. Untersuchungen", hrsg. von I. *Max. Berlin 1998. – Ph. ist Hrsg. einer nachholend-bedeutsamen ersten (ostdt.) Wittgenstein-Edition zu dessen „Log.-phil. Tractatus" (1922) und den „Phil. Untersuchungen" (1958) im Rc.-Vg. Leipzig 1990.

Pichler, Hans
26. Febr. 1882–10. Nov. 1958
Anreger der neueren Ontologie in Deutschland und Univ.-Philosoph in Greifswald
Geb. in Leipzig, aus einer österr. Künstlerfamilie stammend; bis 1901 Gymn. u. anschl. Phil.-Studium in Strassburg, Berlin u. Heidelberg; daselbst 1906 prom. bei W. Windelband z. entscheidenden Thema *Über die Arten des Seins* (publ. Wien u. Leipzig 1906); 1906–12 phil. Privatstudien im großelterl. Hause in Wien; 1913 habil. in Graz z. Thema *Über Christian Wolffs Ontologie* (bereits publ. Leipzig 1910, ebenso richtungsweisend); 1915–18 Kriegsteilnahme im österr. Heer und 1921 Berufung nach Greifswald (in Nachfolge von Joh. Rehmke); stand in seiner phil. „Denkweise Leibniz näher als Kant", also Wiederbesinnung auf die tradtl. MP (als OT) statt verselbstg. neukant. ET-Spezialisierung; da keine exponierte nationalsozial. Betätigung (1937, weil „zu 25 % nichtarisch", nur zeitwlg. Entzug der Prüfungsberechtigung) univ. Verbleib nach 1945 u. gemeinsam in abgestimmter Lehre (mit dem auch wieder eingestellten Günther *Jacoby als Dekan der Phil. Fak.) zur Gesch. nun auch angesagt des „dial. und mat." phil. Denkens; bereits 1948 regul. Emeritierung u. aus gesundheitl. Gründen prakt. Obstsortenzüchtung auf seinem Grundstück („Gartenhaus") in Alt-Reddewitz auf Rügen u. weitere phil. Arbeit unter freiem Himmel; ebenda 1958 verst.

Publ.: Über die Erkennbarkeit der Gegenstände. Wien–Leipzig 1909; Leibniz – ein harmonisches Gespräch. Graz, Wien, Leipzig 1919; Vom Wesen der Erkenntnis. Erfurt 1926; Einführung in die Kategorienlehre. Berlin 1937 (Nachdruck Vaduz/Lichtenstein 1978); Das Geistvolle in der Natur. Berlin 1939; Die Wiederkehr der Ontologie. In: Nicolai Hartmann. Der Denker und sein Werk. Göttingen 1952; Die Idee der Wissenschaft im Wandel der Jahrhunderte. Festvortrag z. 500-Jahrfeier der Uni. Greifswald am 17. Okt. 1956. In: Greifswalder Univ.-Reden N. F. Nr. 3. – Ganzheit u. Gemeinschaft. Gesammelte Schriften. Wiesbaden 1967. G. Jacoby: Denkmal Hans Pichlers zum 5. Todestag. In: Zft. f. phil. Forschung, H. 3/1963.

Pietzsch, Ulrich
12. Febr. 1937
Diplom-Philosoph und DDR-Journalist, freier Bildermaler und Autor
Geb. in Oberwartha/Dresden; MS u. Landwirtschaftslehre; 1954–59 Volontär u. Assistent der Redaktion „Freier Bauer"; 1959–64 delg. zum Phil.-Studium an die HU Berlin; dabei 1960/62 Org.-techn. Leiter beim Aufbau des Berl. Arb.- u. Studententheaters b.a.t. (u. künstl. Ltg. Wolf *Biermann), das jedoch noch vor der Primiere staatsparteiamtlich wieder geschlossen wurde; 1964–66 Redakteur bei der Ostberl. NBI, jedoch wegen Biermann-Beziehungen nach dem 11. ZK.-Pl. der SED fristlose Entlassung u. arbeitslos; freiberufliche Theatermitarbeit und 1967 wiss. MA am Inst für Ästhetik der HUB, in den Fachrichtungen Kulturgesch. u. Theaterwiss.; Zusammenarbeit mit seiner späterer Frau Lydia Wolgina, 1. Ballerin der Dt. Staatsoper in Ost -Berlin; 1979 Selbstaufgabe seines phil.-äst. Diss.-Vorhabens, nunmehr wegen der aktuellen *Biermann-Ausbürgerung; danach freischaffende künstlerische Tg. als Bildermaler („naive" Malerei), aber systematisch stasiverhinderte ostdt. Ausstellungs- wie westl. Reisemögl.; daher 1982 angewiesene Ausreise (bei Hausverlust in Wandlitz) u. Übersiedlung nach West-Berlin; danach zurückgezogen künstlerisch u. schriftstellerisch tätig in Kuhate/Wendland; nachwend. wieder vielfältige Ausstellungen auch in den ostdt. (Neuen) Bundesländern sowie dreibändg. informative Lebenserinnerungen, die auch seine Berl. Phil.-Studienzeit betreffen; von ihm stammt ein Bild, betitelt u. überschrieben „Das Narrenschiff" (2002), im dem sich verängstigt und völlig orientierungslos einige erkennbare Phil. zusammen drängen, das gewissermaßen als bildliches Motto über dieses phil. Personen-Vz. insgesamt stehen könnte.

Publ.: (Mithrsg. L. Wolgina): Die Welt des Tanzes in Selbstzeugnissen. Berlin 1977 (2. erw. A. 1980); Verdammte Heimat – du entstehst erst, wenn du es nicht mehr bist u. a. Geschichten. Berlin 1984; Dorfszenen. Berlin über die Dörfer. Bilder u. Verse. Berlin 1985; Aufs richtige Pferd gesetzt u. a. Geschichten über meine Bilder usw. Schwerin 2005; (Hrsg. M. Fortmann): Der Bildermaler Ulrich Pietzsch. Clenze. 2011; Der kleine Wadenbeißer. Eine Kindheit zw. Oberwartha u. Dresden (Romanhafte Autobiogr.). Husum 2015; Der junge Traumtänzer. Autobiographie 1949–1976 (darin auch Erzählungen zu seinem Berl. Phil.-Studium). Selbstverlag 2019.

Plavius, Heinz
8. Aug. 1929–7. Juni 1985
Sowjetisches Philosophie-Studium(Ästhetik) und stasibeaufsichtigter Literaturkritiker
Geb. in Herzberg/Elster als Sohn eines Werkzeugdrehers und 1936–46 Besuch der Volks- u. Mittelschule; nachkriegszeitlich sofortg. antifasch. Jugendarbeit und bereits am 1. 10. 1945 KPD-Eintritt; ab 1848–50 delg. zur ABF u. anschl. Studienaufnahme der Germ. und Phil. in Halle; doch bereits 1951 1948/50 abgebr., da mit der ersten Delegation von DDR-Studenten 1951 z. Weiterstudium der Phil. nach Moskau delegiert (gem. mit H. *Seidel u. G. *Ludwig); mit einer Ästhetik-Spezialisierung 1956 Phil.-Diplom in bewegten spät- und nachstaln. SU-Zeiten; publ. schon damals in sowjet. Lite.-Zeitschriften; zurückgekehrt in Berlin 1956–61 zunächst bedrückender Fehl-Einsatz im ML-Grundlagenstudium der Landwirtschaftl. Fak. (Schweinezüchter) der HUB; daher späterer Wechsel als wiss. Ass. u. Asp. ans Inst. f. Phil., Abteilung Ästhetik (W. *Besenbruch) bzw. Kulturwiss. (E. *Pracht) verbunden mit umfangr. Lehrtg. u. versch. Parteifunktionen; weiterhin zahlreiche Publ. in phil. und lite. Zeitschriften der DDR und UdSSR; daraufhin 1965–72 Einsatz als stellv. Chefred. der NDL u. zugl. auch Partei-Sekretär im Schriftstellerverband (DSV); März 1971 phil. Prom. zu einem Thema aus der klass. *Ästhetik der dt. Aufklärung* in Moskau und daher in der Nationalbibl. Lpz. so nicht aufgenommen u. nachweisbar; seine NDL-Entlassung 1972 (u. bis 1979 prakt.-pol. Einsatz als wiss. MA im Kultur-Min. der DDR) beruhte auf einer zunehmenden Kritik am dogm.-verengten (also „realsozialist.") Realismuskonzept der marx.-len. Ästhetik, Kunst- u. Lite.-theorie: „Darin sei Realismus nur bloße Wiederholung von Wirklichkeit ohne fantastische Elemente." (Wikipedia). Und zur ostdt. Proa-Lite. wird ebenso kritisch vermerkt: „bei zu vielen DDR-Autoren stünde das Beschreiben im Vordergrund. Im Ggs. zum Erzählen sei das aber oberflächlich. Letztlich werden auch zu viele gesell. wichtige Fragen ausgeklammert (das natürlich nicht viel anders als in der damalig aktuellen DDR-Phil., Rh.) wie Umwelt, Krankheiten, Sterben, Erziehungsschwierigkeiten u. die ‚nationale Frage'. Ebenso wie die Tabuisierung von Verbrechen der Roten Armee."(ebd.) Als Pl. daraufhin (nun schon 1980 wiss. Mitarb. in Direktorat für Forschung u. Gedenkstätten der Aka. der Künste der DDR) bezugnehmend auf Erwin Strittmaters, gerade deswegen bei der SED-Parteiführung schon umtrittenen 3. Band Der Wundertäter ein entspr. krit. Interview mit diesem in Sinn & Form Heft 4/1980 (dazu bereits ausgedruckt vorlg.) veröffentl. wollte, wird das parteizentral von K. *Hager u. kulturstaatlich von Kl. Höpke mit allen nur erdenkl. (kriminellen) Stasimethoden verhindert und zusätzlich noch eine operative Personenkontrolle mit dem sinnhaften Namen „Opportunist" gegen Pl. eingeleitet. Und in einem Zwischenbericht v. 21. Aug. 1981 zu den dazu deklarierten neg.-feindl. Auffassungen wird wörtlich vermerkt: „In der marx.-len. Phil. ist Pl. auf dem Stand von 1950–1955 (da studierte er gerade Stalins Phil. in Moskau, HCR) stehengeblieben und hätte sich seit dieser Zeit durch westliche ‚Marxisten' wie *Marcuse (gemeint ist da wohl dessen Kritik am „Sowjet-Marxismus") ‚weitergebildet'. Auf Grund dessen ist er nicht in der Lage, die Pol. von Partei u. Reg. phil. richtig zu erkennen."(zi. nach J. Walter: Sicherheitsbereich

Lite., S. 820). Alle op. Maßnahmen erreichen schließlich, daß Pl. nahezu gänzlich als Autor der DZfPh (zuvor 1963–73 jährl.), bei S&F (1969–79 ähnlich), in der NDL u. den WB system. ausgeschaltet wurde, und dann im Juni 1985 plötzlich und unerwartet in Königs-Wusterhausen bei Berlin verstarb; die Todesmeldung der AdK für ihn erfolgte erst am 26. 6. d. J. im ND und hebt vor allem hervor, ein „Freund und Kenner der sowjet. Lite." gewesen zu sein, offenbar weil er dort tatsächlich erfolgreich studieren und auch völlig ungehindert zur dt. Aufklärungs-Ästhetik in Moskau prom. konnte.

Publ.: (Hrsg. u. Übers.): J. Borew: Über das Komische. Berlin 1960; Zwischen Protest und Anpassung. Westdt. Lite., Theorie, Funktion. Halle 1970; Wirkl. u. Fiktion. Wege – Mögl. – Aussichten westdt. Lite. (Essay-Reihe). Halle 1971; Kriterien und Kritik. Rostock 1977. – E. Strittmatter: Die Lage in den Lüften. AusTagebüchern mit einem Interview Heinz Plavius von 1980. Berlin 1996.

Poldrack, Horst
27. Okt. 1950
Leipziger Erkenntnistheoretiker
Geb. in Neusalza-Spremberg/Sachsen; 1957–65 POS ebd. u. 1965–69 EOS; Abitur mit Facharbeiterbrief als Betriebsschlosser u. 1969/71 Grundwehrdienst bei der NVA; 1971–75 Phil.-Studium in Leipzig mit anschl. Forschungsstud. am Lehrstuhl ET (D. *Wittich) der Sektion Marx.-len. Phil. der KMU Leipzig; danach wiss. Ass. ebd. u. 1978 phil. Prom. A *Zum dial. Verhältnis von Logischem u. Historischem in der Erkenntnisentwick.* (Gutachter: D. *Wittich, M. *Thom, L. *Kreiser); 1981/82 einmalig. Studienaufenthalt in Boston/USA u. 1985/86 ebs. in Moskau (Aka. des Wiss. der UdSSR); phil. Prom. B 1986 *Zum Problem des sozial-theor. Erkenntnisfortschritts der Bourgeoisie im niedergehenden Kplm. Eine erkenntnistheor.-hist. Studie zum epochalen u. formationsspezifischen Hintergrund der Wende in der bürgerl. Wiss.-Forschung* (Gutachter: D. *Wittich, R. *Mocek, H. *Laitko u. H. Steiner – 1991 umgewandelt in univ. Grad Dr. phil. habil); 1987–Juli 90 marx.-len. Gast-Doz.-Einsatz an der Univ. Addis Abeda/Afrika; zwischenzeitlich 1988 Berufung zum HS-Doz. für Wiss.-theorie an der MLU Halle-Wittenberg; nach univ.-phil. Abwicklung 1991 Ausscheiden aus dem aka. Forschungs- und Lehrbetrieb; 1992/93 Mitarbeiter am Umweltinstitut Leipzig und 1994–2006 tätig im Bildungswerk der Sächsischen Wirtschaft: „Managermenttrainer u. Personalcoach" sowie seit 2009 Prokurist und Betriebsleiter der RWS Gebäudeservice GmbH.

Publ.: (zus. mit D. Wittich): Der Londoner Kogreß zur Wissenschaftsgeschichte 1931 u. das Problem der Determination von Erkenntnisentwicklung. Sächs. Aka. der Wiss. Bd. 130, H. 5. Berlin 1990; Soziales Engagement im Umbruch. Zur Situation in den neuen Bundesländern. Köln-Lpz. 1993; Bürgerschaftlich-soziales Engagement im Transformationsprozeß – biographische Bezüge, soziale Typen und Potentiale. Berlin 1995.

Polikarow, Azarja P.
1921–2000
Bulgarischer marx.-len. Phil., spezialisiert auf die phil. Fragen der Naturwiss. (Physik)
Keine weiteren biogr. Angaben erhältlich, in den 60/70 Jahren in der DDR ein streitbarer Autor in der DZfPh (Disk. z. Materiebegriff) wie auch als Gutachter früherer Prom.-Schriften aus d. *Ley-Lehrstuhl am Phil. Inst. der HU Berlin wirksam; nachweisbar sind außerdem folgende 2 dt.-sprach. Publ.: Moderne Physik, Weltbild u. Denkstil (Mün. 1967) u. Einsteins Theorien u. Ansichten (Sofia 2000).

Popper, Karl
28. Juli 1902–17. Sept. 1994
Hauptvertreter eines Kritischen Rationalismus im westdeutschen „Positivismus-Streit"
Geb. in der Nähe von Wien als Sohn eines jüd. Rechtsanwaltes; frühe geistige Berührung mit dem Austromarxismus, dem Darwinismus u. der Einsteinschen Relativitätstheorie, aber auch mit sozialistischen Bestrebungen im „roten Wien" nach dem Sturz der Österreich-Ungarischen Erb-Monarchie; Abbruch der Mittelschule u. Gasthörer an der Univ. Wien, um Naturwiss. zu studieren; Kenntnisnahme der kritischen Phil. Kants, nicht so aber der Hegelschen Dialektik; 1922 prakt. Tischlerlehre und privat nachgeholte Reifeprüfung, um ein reguläres univ. Volksschullehrer-Studium absolvieren zu können; gleichzeitig phil.-psycholg. Studien an der Univ. Wien u. 1928 entspr. phil. Prom. *Zur Methodenfrage der Denkpsychologie* (mündl. Prüfg. in Phil. bei Moritz Schlick u. in Psychologie bei Karl Bühler); daraufhin Reformschullehrer für Naturwiss. in einem Arbeiterbezirk in Wien; gleichzeitig persönl. Bekanntschaft mit den wichtigsten Vertretern des „Wiener Kreises", ohne jedoch geladenes Mitglied dess. zu sein; 1934 erste phil. Buchveröffentlg. z. *Logik der Forschung* (Grundlg. seiner Erkenntnis- bzw. Wiss.-enschaftstheorie zur krit. Lösung des Induktionsproblems) sowie entscheidende wiss. Beeinflussung durch A. Tarskis logisch-semantisches Wahrheitskonzept; angesichts der drohenden „großdt." nationalsozialistischen Besetzung Österreichs bereits 1936/37 frühzeitige Emigration über England nach Neuseeland (fünfwöchige Schiffsreise) u. Lehranstellung an einer dortigen Univ. als naturwiss. Phil.-Doz.; hier verfasst er bis 1944/45 in engl. Sprache seine beiden bedeutesten „antiautoritären", gleichermaßen gegen die „kriegerischen" Diktaturen des Hitler-Faschismus wie Stalinschen Bolschewismus (deren Personen-Namen er sich jedoch weigerte, überhaupt zu nennen), für ihn grundsätzlich totalitär-terroristisch „geschlossenen Gesell." gerichteten phil.-pol. Schriften „The Open Society and Ist Enemies" und „The Poverty of Historicism" (spätere dt. Übers. Bern 1957/58 zweibdg. bzw. Tübingen 1965); Anfang 1946 Rückkehr nach England u. ordentl. professorale Anstellung für „Logik und wiss. Methodenlehre"; 1961 Hauptreferat (Koreferent ist Adorno) Zur Logik der Sozialforschung u. damit Auslöser des sog. westdt. Positivismusstreites (stellvertretend: J. *Habermas versus H. Albert); gleichzeitig durch eine Herb.-Spencer-Gedächtsnisvorlesung über „Die Evolution u. der Baum der Erkenntnis" Mitbegründer der „Evolutionären

ET." (K. *Lorenz ist außerdem sein frühkindl. Spielkamerad in Wien, 1983 „Altenburger Kamingespräch"); 1965 Erhebung in den englisch-königlichen Ritterstand; publ. weitere grundlg. erkenntnistheor. Schriften und 1974 eine zweibändg. phil. Autobiographie; Mai 1983 dreitägiges „Wiener Symposium zu seinem 80. Geb. u. verst. überneunzigjährig 1994 in London. – Von Popper erschienen selbstverständlich niemals etwas in der DDR, aber umso mehr wurde er dafür im Rahmen der parteioffiziellen ML-Phil. wie kein anderer „spätbürgerlicher Philosoph" ideologiekritisch bekämpft; dabei ging es weniger um seine neuartige Erkenntnis- u. Wissenschaftstheorie, die durchgehend ganz undifferenziert als subjektivistisch u. agnostizistisch missverstanden wurde, sondern vor allem um seinen ebenso „neopositivistisch" (und damit antidialektisch) fehlgedeuteten „Kritischen Rationalismus" mit seinem immer schon parteipol.-realkomm. verteufelten sozialdemokratisch-reformistischen Hintergrund; in der relativ spät übersetzten (aber umso treffender wirksameren) antitotalitären (also antifasch. wie antikomm.) Kriegs-Schrift *Die geschlossene Gesellschaft*" u. ihre Feinde werden phil.-hist. gleichermaßen Platon (außer dessen Apologie des Sokrates), Hegel (da gehe es nur um „zauberkräftige Dialektik") u. Marx (aber unter Anerkennung seiner sozialkritischen Analyse des Kapitalismus, bei Ablehnung jeder komm. „Prophetie") als autoritär, totalitär u. dogmatisch „kritisch-rationalistisch" vorgeführt; und im „Elend des Historismus" (es kolportiert etwas den Marxschen franz. Titel „Das Elend der Phil." von 1847) erklärt K. P. die marx.-len. Lehre von der hist.-gesetzmäßigen Notwendigkeit jeder gesell. Entw. zum „reinsten Aberglauben" u. „bloßen Wunschdenken", auch wenn sie sich dabei als angeblich „wiss. Weltanschauung" gebärden würde, denn „Wiss. ist Wahrheitssuche: nicht der Besitz von Wissen" und es gibt keinerlei abschl. „Verifikation" von Erkenntnis, sondern vielmehr fortl. „Falzifikation" als Überprüfung durch Widerlegungsversuche; allein dadurch zeichne sich kritisch-rationale Wiss. neuzeitlich sowie weiterhin aufklärerische Philosophie methodologisch aus; alle diese Konzepte widersprachen natürlich vor allem dem so niemals wirklich selbstkritisch hinterfragbaren Wahrheitsmonopol der marx.-len. Partei-Phil. in jeder Hinsicht, u. der undemokratisch wie freiheitslos, ideologisch-politisch formierten „abgeschl. Gesell." des realen (sowjet-stalinistischen) Sozialismus-Kommunismus, die schließlich jeder vorangegangenen kritischen Aufklärung, errungenen bürgerl. Rechtsstaatlichkeit wie persönl. Selbstbestimmung u. Freiheit total zuwiderliefen; seine krit.-rationale Methodologie wie antitotalitäre gesell.-pol. Phil. widerlegte vor allem den sog. „dial. (weltbildlichen) Determinismus in Natur u. Gesell." (H. *Hörz) im Rahmen der offiziellen marx.-len. DDR-Phil., ohne dass diese jemals darauf adäquat-argumentativ, hist.-konkret und herrschaftsfrei zu reagieren vermochte. Es lohnt daher auch nicht, auf diese nichtssagenden, stets nur einbestellten u. losgeschickten ideologisierten Popper-Kritiken, die oftmals auch nur der westlichen Buchbeschaffung mit nachholender Selbstverständigung dienten, hier überhaupt noch weiter einzugehen.

Publ.: (deutschsprachige Buchauswahl): Logik der Forschung. Zur ET der modernen Naturwiss. Wien 1934; Was ist Dialektik? (engl. 1940) In: Logik der Sozialwiss. (Hrsg. E. Topitsch). Köln-Berlin 1965; Die offene Gesell. u. ihre Feinde (London 1945). 2 Bde. Bern 1957/58; Die Logik der Sozialwiss. (Referat mit T. W. Adorno auf einer Soziologentagung 1961 in Tübingen). In: Köllner Zft. für Soziologie und Sozialpsychologie. (1962); Objektive Erkenntnis. Ein evolutionärer Entwurf. Hamburg 1973; Kritischer Rationalismus. Eine Unterhaltung mit K. Poper. In: Kritischer Rationalismus und Sozialdemokratie. Berlin-Bonn 1975; Ausgangspunkte. Meine intellektuelle Entwicklung. Hamburg 1979; Die beiden Grundprobleme der ET. (Manuskripte 1930–33). Tübg. 1979; Die Zukunft ist offen. Die Altenburger Gespräche mit K. Lorenz. Mit Texten des Wiener Popper-Symp. München 1985 – Offene Gesell. – Offenes Universum. Ein Gespräch mit F. Kreuzer über das Lebenswerk des Philosophen. Mün. 1986; Ich weiß, dass ich nichts weiß – und kaum das. Frankf./M.-Berlin 1991.

Pracht, Erwin
22. Febr 1925–13. Dez. 2004
Marxistische Ästhetik und Kulturwissenschaft an der Humboldt-Universität zu Berlin
Geb. in Weisskirchen/Neisse in einer Arbeiter- und Bauernfamilie; 1931–36 VS und 1936–39 Bürgerschule; danach Berufsschule u. kaufm. Lehre in einer Papierfabrik; Herbst 1942 RAD u. Kriegseinsatz an der Westfront; Gefangennahme bei der westalliierter Invasion Juni 1944; englisch-amerik. Kriegsgefangenlager in England u. Colorado/USA bis 1947; danach Vorstudienanstalt in Greifswald u. folgerichtiges Anglistik/Amerikanistik-Studium 1948/51 (jedoch nur 5 Sem.), zugleich 1950/51 Univ.-FDJ-Sekr. in Greifswald; fortgz. Studium 1951–53 dann in Berlin der Phil. (Ästhetik) und phil. Prom. nach plm. Asp. 1957 zum Thema *Die gnoseolg. Grundlagen der Romantheorie Henry Fieldings* (Gutachter: Wa. *Besenbruch, Wo. *Heise, A. Schlösser, Anglist); 1954/55 GO-Sekr. des Phil.-Instituts der HUB u. später bis 1964 daselbst stellv. Inst.-Direktor; 1965 Mitbegründer des 1. eigenstg. univ. Inst. für Ästhetik an der HUB und nach der III. HSR 1968 erster Direktor der Sektion Ästhetik u. Kunst- bzw. Kulturwiss.; Prom. B 1965 z. Sammelthema (Artikelabfolge) *Probleme der Entstehung und Wesensbestimmung des Realismus als künstlerische Gestaltungsweise* (Gutachter: A. Schlösser-Anglist und R. *Schober-Romanistin, W. *Heise); Hrsg. der wichtigsten kulturwiss. ‚Sektionsprojekte' bis 1988; mit der Wende 1989/90 em. u. 2004 in Berlin-Mahlsdorf verst. (eine gem. Todesanzeige seiner früheren Mitarb. vermerkt: er war "in pol. Konfliktsituationen unser ‚Schutzpatron'").

Publ.: (Bearb. u. Hrsg.): G. Berkeley: Drei Dialoge zw. Hylas u. Philonous. Phil. Studientexte. Berlin 1955 (so später übernommen vom westdt. Meiner-Verlag in die „Phil. Bibl." Bd. 102. Hamburg 1980 u. 1991); Ebs.: John Toland: Briefe an Serena, über den Aberglauben, über Materie und Bewegung. Berlin 1959; (Hrsg.): Sozial. Realismus. Positionen, Probleme, Perspektiven. Eine Einführung. Berlin 1970 (2. A. 1975); Abbild u. Methode. Exkurs über den sozial. Realismus. Halle 1974; (Leiter e. Autorenkollektivs): Ästhethik heute. Bln. 1978; Ebenso: Ästhetik der Kunst. Berlin 1987.

Quaas, Georg
Gesellschaftsphilosophische Methodologie in Leipzig
Geb. 1951; nach Besuch der POS 1958–66 u. EOS 1966–70 mit Facharbeiterausbildung für Maschinenbau, anschl. Physik-Studium mit Diplomabschluss in Leipzig; 1974–77

plm. Asp. an der Sektion Marx.-len. Phil./WK der KMU Leipzig u. phil. Prom. 1979 *Zum Aufsteigen vom Abstrakten zum Konkreten. Nachweis einer dial. Gesetzm. am Beispiel der Entwicklg. des physikal. Zeitbegriffs* (Gutachter: S. *Bönisch, H. *Korch, P. *Ruben u. A. Uhlmann); ab 1982 postgraduales Studium der Hochschulpäd. und 1979–87 wiss. Ass. mit Prom. B 1986 zum Thema *Die dial. Methode im öko. Werk von Karl Marx. Ein Beitrag zu einer marx.-len. Methodologie gesellswiss. Erkenntnis* (Gutachter: F. *Fiedler, Köhler, D. *Noske, W. *Segeth, 1992 publ. unter dem Titel „Dialektik als phil. Theorie u. Methode des ,Kapital', eine methodolg. Wertung des öko. Werkes von Karl Marx"); daraufhin 1988–90 Doz. für Methodologie und Methodik im WK-Bereich an der KMU Leipzig bis zu dessen beschleunigter Abschaffung; nachwendisch 1990–92 daher umgeschriebenes Lehrgebiet in „Methoden der Politik-Wiss."; 1992–95 Wahrnehmung einer Doz. für Politische Theorie u. Methodologie am Inst. für Politikwiss. (ebenso 1999–2003) der Univ. Leipzig sowie verschiedene Lehraufträge u. Projekte ebd.; seit 2003 tätig am Inst. für Empirische Wirtschaftsforschung daselbst.

Publ.: (gem. mit Ehefrau Friedrun Q.): Elemente zur Kritik der Werttheorie. Frankf./M. 1997; Arbeitsquantentheorie. Mathe. Grundlagen der Werttheorie. Frankf./M. 2001; Einführung in die Volkswirtschaftslehre, Teil ½. 2007 im Selbstverlag.

Rabe, Helmut
22. Juni 1942
Diplom-Philosoph und marxistischer Soziologe in Berlin
Geb. in Striegau/Schlesien in einer Arbeiterfamilie; 1945 nachkriegsbedingte Umsiedlung in die SBZ-Niederlausitz; GS in Lauta u. OS bis 1960 in Hoyerswerda; nach dem Abitur u. vor Studienbeginn ein prakt. Jahr als Bauarbeiter; danach 1961–65 Phil.-Studium in Berlin mit anschl. Soziologie-Spezialisierung; seit Dez. 1965 wiss. Ass. im neugegr. Lehrbereich phil. und methodolg. Probl. der Gesell.-Wiss. (Leitg. H. *Scheler); 1970 Wechsel in den neugegr. Lehrbereich Marx.-len. Soziologie u. phil. Prom 1971 z. bedeutsamen Thema *Logisch-methodolg. Grundprobleme der Theoriekonstruktion in der marx.-len. Soziologie* (Gutachter: E. *Hahn, W. *Eichhorn I u. D. Dohnke); später folgenschwer erkrankt und schließlich arbeitsunfähig.

Rachold, Jan
29. Juli 1953
Philosophiehistoriker am ZIfPh der Akademie der Wissenschaft der DDR
Unmittelbar nach dem Abitur 1971 Phil.-Studium an der HU Berlin, frühz. übergeleitet ins Forschungsstudium (Gesch. der Phil.) u. abgeschlossen mit phil. Prom. 1978 z. Thema *Der ideolg. Einfluß des transzendentalen Idealismus Kants auf das demokratisch-jakobinische u. liberaldemo. Denken in Dt. am Ende des 18. Jhd.* (Betreuer/Gutachter: G. *Irrlitz/M. *Thom, nachwendisch verkürzt umformuliert:„Die liberale u. jakobinische Kantrezeption in Dt. am Ende des 18. Jhd."); 1978–88 wiss. Mitarbeiter am ZI Phil. der AdW der DDR, Bereich Ed. (Leiter: W. *Schuffenhauer); Studien zur dt. Spätaufklärung und zur klass. dt. Phil. (Briefred. zu Schleiermacher); parteidiszipl.

Miterleben des aka.-phil. Parteiausschlusses der angeblich revisionist. Phil.-gruppe um P. *Ruben – C. *Warnke 1981/82; daher ab 1983–86 verordneter prakt.-pol. Parteieinsatz in der SED-KL der AdW.; anschl. Habilitationswunsch von der aka.-phil. Institutsleitung (M. *Buhr/H. *Hörz/R. *Kirchhoff) abgelehnt; daraufhin Lehrtg. u. Wechsel zur Sektion Phil. der HUB als wiss. Ass. für antike u. mittelalterl. Phil. (dazu nachholende Latein- u. Griechischstudien); seit 1989 Vorbereitung der Habil. (Diss. B) als „Studie z. Phil. der dt. Aufklärung" (publ. 1999), die jedoch nachwend. am völlig umstrukturierten Bln. Phil.-Inst. (Phil.-Dekan O. Schwemmer, Jesuit) scheitert, womit jede weitere univ.-phil. Institutsanstellung vorzeitig endete.

Publ.: (Hrsg.): Die Illuminaten. Quellen u. Texte zur Aufklärungsideologie des Illuminatenordens (1776–1785). Phil.-hist. Texte. Aka.-Verlag Berlin 1984; (Hrsg.): Friedr. D. E. Schleiermacher: Phil. Schriften. Texte zur Phil.- u. Religionsgesch. Union-Verlag Berlin 1984; ders: Eine Briefauswahl. Frankf./M. 1995; Die aufklärerische Vernunft im Spannungsfeld zw. rationalistisch-metaphysischer und politisch-sozialer Deutung. Eine Studie zur Phil. der dt. Aufklärung. Frankf./M. 1999.

Radczun, Günter
21. Febr. 1931–10. Juli 1978
Philosophie-Studium, Jugend-Kinderbuchautor und Rosa-Luxemburg-Forscher
Geb. in Berlin und vollständige Jugend- und Schulzeit (1938–1945) im „Dritten Reich", nachkriegszeitl. Fernmeldelehre 1945–48 u. 1948/49 Bibliothekar-Schüler in Berlin; 1950/52 delg. z. ABF der HU Berlin mit anschließendem Phil.-Studium in den 50er Jahren (1952–57) ebd.; danach 1957–60 Redakteur u. 1960–63 außerplm. Asp. am Phil. Inst. der HUB, 1964 abgeschl. mit phil. Prom. *Zum Kampf Rosa Luxemburgs in der dt. SD gegen die pol. Anschauungen Ed. Bernsteins vom Staat in den Jahren 1898/1899, unter bes. Berücksg. ihrer Schrift „Sozialreform oder Revolution"* (Gutachter: W. *Heise u. W. *Scheler); seit 1963 wiss. MA am IML beim ZK der SED, in der Unterabt. Gesch. der dt. Arb.-bewe. 1898–1917; spezielle Ed. der Rosa-Luxemburg-Briefe u. ihrer öko. Schriften (erst 1990 publ.); nach schwerer Erkrankung (Schwerbeschädigung) 1978 in Berlin verst.

Publ.: Und sie bewegt sich doch. Berlin 1961 (5. A. 1965); Es begann mit Antonis Verhaftung. Bln. 1964; Der Prometheus aus Trier. Karl Marx. Aus seinem Leben, seinem Forschen u. seiner Lehre. Berlin 1968 (4. A. 1980); (Hrsg.): Pol. Schriften. Rosa Luxemburg. Lpz. 1969; (gem. mit A. Laschitza): Rosa Luxemburg. Ihr Wirken in der dt. Arbeiterbewe. Berlin 1971, ebenso Frankf./M. 1971; Aus dem Funken schlägt die Flamme. W. I. Lenin. Berlin 1973; (Hrsg.): Reden. Rosa Luxemburg. Leipzig 1976; Ich wollte nie ein Engel sein. Das Leben Rosa Luxemburgs nach Briefen u. Dok. Berlin 1977 (2. A. 1982); Mithgb. der Ges. Werke – Rosa Luxemburg.

Radke, Frank
Nachwuchphilosoph des Dialektischen Materialismus in Berlin
Geb. 1958 in Berlin u. Phil.-Studium an der HU Berlin mit anschl. Forschungsstudium im Bereich Dial. Mat. der Sektion Marx.-len. Phil. (Bereichsleiter G. *Redlow) mit phil. Prom. 1989 zum Thema *Phil. Betrachtungen zur materiellen Selbstbewegung. Ein*

Beitrag zur Einheit von Mat. u. Dialektik im Kontext zeitgen. naturwiss. Denkens (Gutachter: G. *Redlow+M. *Leske); anschl. phil. Lehreinsatz im gesell.-wiss. Grundstudium an der ML-Sektion der HUB, jedoch als diese bereits zum Jahreswechsel 1989/90 DDR geschlossen wurde, unerklärlicherweise keine univ.-phil. Weiterbeschäftigung; 1990–93 aber (mit Erwin *Hasselberg) Gründung eines bes. „Hegel-Instituts Berlin" e.V. und gemeinschaftl. Erarbeitung einer Internatl. Hegel-Bibl., allerdings nur speziell zu dessen „Wiss. der Logik" in drei Bden. Wien 1993; mit Aufgabe der ABM-Maßnahme Übergang in die privatwirtschaftliche Werbung u. Grundstückvermittlung.

Rauh, Hans-Christoph
10. Juli 1939
Universitätsphil. Lehrgegenstand Erkenntnistheorie und Chefredakteur der DZfPh 1978-82, danach phil. Lehrtätigkeit in Greifswald 1986–2004
Geb. in Brandenburg/Hv. als Sohn eines evangl. Pfarrers, der während der NS-Zeit zur Bekennenden Kirche gehörte u. da „nicht reinarisch" von den „dt. Christen" ausgegrenzt u. verfolgt wurde, wodurch auch die Mutter als ausgebildete Lehrerin keine Anstellung mehr fand; Frühj. 1945 kriegsbedingte Flucht über die Oder, am umkämpften Berlin südlich vorbei nach Linow bei Rheinsberg; nachkriegszeitl. Dorfschule in Wulkow/Kreis Ruppin und ZS in Alt-Ruppin; nach Umzug der Familie 1954 nach Berlin-Pankow, Besuch der Friedr.-List OS, Abitur aber in Berlin-Weißensee; anschl. Phil.-Studium 1959–64 an der HU Berlin; wichtigste phil.-hist. Lehrer W. *Heise u. G. *Stiehler; im Nbf. Sprachwiss. (G. Meyer) u. am Phil.-Institut Mathe.-Physik (G. *Schulz); 1964–68 wiss. Ass. im Lehrbereich Logik-ET (Lehrstuhl: G. *Klaus) bei D. *Wittich (bis 1966 in Berlin, dann Leipzig); 1969 phil. Prom. *Zum Problem der ‚verkehrten Widerspiegelung' bei Marx. Ein Beitrag zu Geschichte, Inhalt und Funktion des marx. Ideologiebegriffs* (Gutachter: H. *Hörz und A. *Griese); anschl. 1970/71 Zusatzstudium in Moskau (Betreuer A. J. *Iljin) zur Analyse früheren sowjet-marx. Ideologiedebatten, insb. zu Lenins Rivalen A. Bogdanow; nach Verselbständigung des Bereich Logik am Institut Eingliederung der ET in den Lehrbereich Dial. Mat. (Bereichsleiterin A. *Griese, später G. *Redlow) und als wiss. Oberass. alleinige Lehrtätigkeit zu dieser jeweils im 3. Stdj.; 1978 phil. Prom. B z. *ET. als Ideologiekritik. Bausteine zu einer marx.-len. Analyse der bürgerl. Erkenntnistheorie und Ideologiekritik* (Gutachter: E. *Lange, G. *Redlow, G. *Stiehler, D. *Wittich); mit nachfolg. Ernennung z. Hochschuldoz. 1978 im außeruniv. Praxiseinsatz als Chefred. der DZfPh. 1978–82 eingesetzt (Arbeitsstelle DVW-Abteilungsleiter) und in dieser Funktion Mitglied der Leitung des Wiss. Rates für marx.-len. Phil. der DDR an der AfG (Dauer-Vors. E. *Hahn); im Zusammenhang mit der aka.-phil. *Ruben-Affäre (Revisionismusvorwürfe 1981), die auch von Rh. veröfftl. Artikel zur beabsichtigten Dialektik-Disk. betrafen, sowie nach einmaliger Textveröffentlg. (mit nachfolgend belastender Zitierung in der Westpresse) des alttestamentarischen Bibelwortes „*Schwerter zu Pflugscharen*" (Friedens-Beitrag F. *Loeser in H. 1/1982, S. 117) sofortige Absetzung als Chefred. und dauerhafte namentl. Streichung aus dem Red.-Kollegium der Zeitschrift durch die ZK-Abteilung Wissenschaften

der SED (Hauptakteur G. *Schirmer, Mitteilung G. *Mertsching); bei arbeitsrechtlich garantierter Rückkehr ohne jede Erklärung u. Begründung zur Sektion Marx.-len. Phil. der HUB (Lehrbereich Dial. Materialismus, Leiter G. *Redlow u. M. *Leske) nachfolgend jahrelange Lehr- u. Publ.-Einschränkungen (nun auch Vorwürfe u. Kritik hinsichtlich einer „praxisphil." ET); 1986 schließl. abgestimmte partei- u. hochschulministerielle Phil.-Berufung (für Dial. Mat., jedoch ohne Benennung des einzigen Lehrgebietes ET) u. Versetzung ins Phil.-Fernstudium an die EMAU Greifswald (zu Nachforschungen dortg. Univ.-Phil.-geschichte, insb. der OT G. *Jacobys); daselbst schließlich noch 1987 Direktor des kleinsten univ. Phil.-Inst. der DDR u. dadurch wieder (funktionsbedingt!) Mitgl. vorgenannter zentralen Leitungsgremien der DDR-Phil. in Berlin bis Ende 1989; mit unabwendbarer Abwicklung des sich gerade erst selbst erneuernden Phil.-Inst. so schließlich auch in Greifswald, als solches völlig neu umstrukturiert u. wieder zugelassen für das Phil.-Direktstudium (Hauptfach), erfolgreiche verwaltungsgerichtl. Prozeßführung (so einmalig zugelassen als Institutsklage) gegen die pauschale Abwicklung und Entlassung aller noch lehraktiven, fachlich pos. evaluierten u. pol. überprüften Inst.-Mitarbeiter; nach nochmlg. landesministerieller Evaluierung (westphil. Begutachtung) in Schwerin u. inneruniv. pol.-moralischer Stasi-Überprüfung in Greifswald, schließl. 1993 Wiedereinstellung als sog. „HRG-Prof." auf einer „k.w.-Stelle" (wiss. MA am Lehrstuhl Theor. Phil. von Geo *Siegwart) in einem dadurch vollständig ost-west-paritätisch zusammen gesetzten Phil.-Institut (Gründungsdirektor W. *Stegmeier); fortgz. Lehre zur ET, Gesch. der neuzeitl. Phil. sowie speziell zur Greifswalder Univ.-Phil. 1858–1958, insb. der Neueren Ontologie und deren wichtigsten Mitbegründer *Jacobys. 1990 Auffindung seiner krit. „Denkschrift zur Lage der Univ.-Phil. in der DDR" von 1954/55 im nunmehr zugängl. Zentralen SED-Partei-Archiv, in einem bis dahin weg-„gesperrten" Aktenbestand der ZK-Abteilung Wissenschaften zu sog. revisionistischen Vorgängen jener Jahre. Daraufhin gemeinschaftlich einsetzende hist.-krit. Aufarbeitung der DDR-Phil., insb. ihrer *Anfänge* nach 1945/46-1956/58 mit längerer parteikomm. wie antifasch. Vorgeschichte 1923/45 sowie „*Denkversuche*" in den 60er Jahren u. abschließenden *Ausgänge* in den 70/80er Jahren; 2004 altersbedingt regulär berentet u. mit Rückkehr nach Berlin weitere Lehraufträge am dortigen Inst. für Phil. der HUB (befürw. v. V. *Gerhardt); ab 1999 durchgehender Hrsg. (mit Volker *Gerhardt, Peter *Ruben und H.-M. *Gerlach) u. Mitautor einer inzw. mehrbändg. Publ.-Reihe zur Gesch. der DDR-Phil. 1945–1995 im Ch. *Links-Verlag; 2017 erweitert zur Institutionengesch. ders.: sechs Institute der ostdt. Univ.-Phil. u. das ZI der Aka.-Phil. der DDR (C. *Warnke); abgeschl. wird dieses Gesamtprojekt nunmehr personengeschichtl. durch vorlg. Pers.-Vz. z. DDR-Phil. 1945–95 mit über 700 gesamdt. u. europ. biogr.-biblgr. Einträgen, Berlin 2021.

Publ.: Einführung in die marx.-len. ET (Phil.-Fernstudium-Material) Berlin 1976; (Mithrsg. H. Süßenbach): Ideolog. Klassenkampf u. bürgerl. Gegenwartsphil. Berlin 1978; (Hrsg. einer Dok.): Gefesselter Widerspruch. Die Rubenaffäre. Berlin 1991; (Mithrsg. V. Gerhardt): *Anfänge* der DDR-Philosophie (bis 1956/58). Berlin 2001; (Mithrsg. H. Frank): Günther Jacoby (1885–1969). Leben – Werk - Wirkung. Lübeck 2003; (Mithrsg. P. Ruben): *Denkversuche*. Zur DDR-Phil. in den 60er Jahren.

Berlin 2005; (Mithrsg. H.-M. Gerlach): *Ausgänge. Zur DDR-Phil. in den 70/80er Jahren*. Berlin 2009. Mitautor in versch. Sammelbänden sowie DZfPh.-Beiträge 1965–1993; zahlreiche DDR-Phil.-Stichworte im Personenlexikon „Wer war wer in der DDR" Bln. 2010. – *Anfänge*: Zwischen Entnazifizierung und Stalinisierung. Phil. Themen u. Disk. in ostdt. Nachkriegszeitschriften u. Hans Leisegangs Vertreibung aus Jena 1945–1948. Eine Dokumentation; – *Denkversuche*: Ideologie statt Wahrheit, Erkenntnis und Realität (zum Ideologieproblem in der DDR); *Ausgänge*: Nichts als eine ostdt. Hegel-Bibl. 1945/90, Praxiseinsatz als Chefredakteur der DZfPh 1978–1982 und Ein aka. ZI für Phil. als Platzverwalter der Vernunft (zu Akademik und Direktor M. Buhr), Aus der Arbeit des Wiss. Rates für Marx.-Len. Phil der DDR (zu ZK-Mitgl. u. Vors. E. Hahn); Phil. aus einer abgeschlossenen Welt. Zur Gesch. der DDR-Phil. u. ihrer Institutionen. (mit Beiträgen von C. Warnke u. Peer Pasternack). Berlin 2017; aktuell zahlreiche phil.-hist. Beiträge in Protokoll-Bänden der Leibniz-Sozietät zu G. Klaus, Leibniz, Fichte u. H.-J. Treder sowie zur phil. Jubiläumskultur in der DDR: Leibniz (1946), Fichte (1962/64), Hegel (1970/81), Kant (1974) u. Nietzsche (1994).

Redeker, Horst
3. Jan. 1931–verst.
Praktische Kulturarbeit und philosophische Ästhetik in Berlin
Geb. in Dresden; VS 1937–40 u. MS bis 1945 mit Abitur 1949; anschl. prakt. Kulturarbeit beim Bau einer Jugend-Talsperre; 1952 Studium am Dt. Theater-Inst. Weimar u. ab 1953 an der Theater-HS Leipzig (Bloch-Vorlg. zur Gesch. der Phil.); 1956 Staatsexamen als Diplom-Theaterwiss.; danach Kreissekr. des KB in Döbeln; 1957 wiss. Asp. am Inst. für Phil. der HU Berlin, Bereich Ästhetik, W. *Besenbruch; nach Ause. mit E. *Pracht (neuer Abteilungsleiter für Ästhetik am Berl. Phil.-Inst.) 1962 unterbrochen durch zeitwlg. Lehreinsatz als wiss. Ass. in Jena; 1963 Rückkehr nach Berlin u. Mitwirkung beim Aufbau einer Abt. Fernstudium für Kulturwiss. an der HUB; 1963 phil. Prom. *Über Wesenszüge u. Beding. der subjektiven Aktivität im Prozeß der Rezeption der Kunst für die erzieherische Funktion der Kunst im Sozialismus* (Gutachter: W. *Besenbruch, H. Kaufmann, Jena); 1964/69 Leiter der Abt. Fernstudium Kulturwiss. am 1966 neugegr. Inst. für Ästhetik der HUB (mit III. HSR 1968 Auszug der gesamten Ästhetik-Abteilung mit W. *Heise, D. *Mühlberg u.a. aus dem Berl. Phil. Inst.); nach erneuter Ause. mit E. *Pracht (Direktor) 1969/70 wiederum prakt. Theaterarbeit am DT Berlin; 1970 wieder Rückkehr ans Phil.-Inst., nun als Hochschuldoz. für phil. Probl. der GW (Leiter H. *Scheler/H. *Steininger) an der Sektion Marx.-len. Phil. der HUB; 1971/73 eigenstg. Lehre zur phil. Ästhetik u. 1974 Einrichtung einer AG Ästhetik am Phil.-Inst. im Bereich Hist. Mat. (Leitung: E. *Lassow/G. *Stiehler); 1979 Umwandlung ders. in einen selbtg. Lehrbereich (wie bei der Ethik) und 1980 Prom. B z. Thema *Ideelle Struktur u. ästh. Wertinhalt der Kunst. Ein Beitrag zur Bestimmung der Spezifik des ästh. Bewusstseins* (Gutachter: M. Kagan, Löffler, G. *Stiehler); 1991/92 weiterhin phil.-ästh. Lehrveranstaltungen am Phil. Inst.; Festlg. der internen PSK (Vors. G. *Irrlitz) wie der externen SPK (Vors. F. *Gethmann): empfehlen beide wegen wegfallenem Berufsgebiet (das aber so nie ausgeführt wurde) u. aus Altersgründen wie vorlg. Schwerbeschädigung keine Weiterbeschäftigung am strukturell u. personell völlig erneuerten Phil.-Inst. (mit anderen Berufungsgebieten), sondern den Eintritt in den vorzeitg.

Ruhestand, was dann ebenso realisiert wurde; ansonsten müßte vorlg. Überleitungsantrag der für die Kulturwiss. zuständige Fachbereich, an dem die Ästhetik seit Jahren besteht, weiter bearbeiten, was aber keinen Erfolg haben würde; daraufhin keine weiteren phil.-ästh. Aktivitäten mehr nachweisbar.

Publ.: Die klass. Kulturkritik u. das Dilemma der Dekadenz. Inst. für Angew. Kunst. Berlin 1958; Geschichte u. Gesetze des Ästhetischen. Ebs. 1960; Abbildung und Aktion. Versuch über die Dialektik des Realismus. Halle/S. 1966 (2. A. 1967); Phil. Probleme des ästh. Bewusstseins. Studienanleitung für das FS Phil. der HU Berlin 1971; Abbildung u. Wertung. Grundprobleme einer Literaturästhetik. Leipzig 1980.

Reding, Marcel
19. Jan. 1914–27. Mai 1993
Katholischer Theologe und Philosoph in West-Berlin
Geb. in Mecher bei Wiltz (Luxemburg) als Sohn eines Lehrerehepaares; nach dem Abi. 1935–40 Studium der Phil. u. Theologie an einem kirchl. Priesterseminar in Luxemburg; 1940 zum Priester geweiht; danach Forts. des Studiums zunächst in Freiburg (Br.) u. seit 1942 in Tübg., wo 1943 die phil. Prom. z. Thema *Metaphysik der sittlichen Werte* (publ. erst 1949) erfolgt; 1947 nachkriegszeitl. Habil. ebd. (bei Th. Steinbüchel) und 1952 Berufung als Prof. für Kath. Moraltheologie an die Univ. Graz (Antrittsvorlg. zum Thema: „Thomas von Aquin und Karl Marx", insb. hinsichtlich ihrer gem. Aristotelesrezeption, publ. 1953); frühzeitig vertrat er die These, dass der herkömmliche Atheismus nicht zwangsläufig zum Marxismus (führen und) gehören würde, sondern sich vielmehr aus der neuzeitl. (aufklärerischen) Religionskritik und den sozialen Kämpfen des 19. Jhd. entwickelt habe; in der kurzen nachstalinschen Tauwetterperiode (1955 erfolgte der Adenauerbesuch in Moskau und erhielt Österreich seine Unabhängigkeit mittels eines bes. Staatsvertrages) kam es während einer zeitweiligen (keineswegs unkritischen) Annäherung von kath. Religion (Kirche) und Marxismus (Komm. Partei) zu einer spektakulären Einladung nach Moskau (Kreml-Empfang als „Kurier des Papstes" zu Weihn. 1955 durch A. Mikojan, Erster Stellv. des Vors. des Ministerrates der UdSSR); neben G. A. *Wetter und M. *Bochenski wichtige hist.-systm. Ause. mit der marx. Doktrin, nicht nur in atheistischer, sondern auch sozialpol. Hinsicht; 1956 sicher nicht ganz zufälliger Wechsel an den neu geschaffenen Lehrstuhl für Kath. Theologie an der FU in West-Berlin (also einer „Frontstadt" im Kalten Krieg bzw. „Insel der Freiheit"); Aufbau eines entspr. univ. Seminars und z. 70. Geb. 1984 em.; verst. 1993 in Berlin, aber beigesetzt in seiner luxembg. Heimat.

Publ.: Der politische Atheismus. 1957; Über Arbeitskampf und Sozialfrieden, 1961; Die Aktualität des Nicolaus Cusanus. 1964; Phil. Grundlg. der Kath. Moraltheologie. 1953.

Redlow, Götz
9. Jan. 1930–9. Jan. 2006
Partei-Philosoph des Dialalektischen Materialismus in Berlin
Geb. in Straußberg bei Berlin, Vater Modelleur; Volksschule u. 1940–44 Berlinisches Gymn. zum Grauen Kloster; nach dem Krieg OS in Straußberg u. 1948 Abitur; 1948/49 Besuch der damaligen Brandenbg. Landeshochschule für Verwaltung in Potsdam; 1949/51 fortgz. Studium an der Phil. Fak. der HU Berlin; bereits 1950/52 ohne jeden ordentl. Abschluß am dortg. Phil. Sem. wiss. Hilfsass. (Lehrstuhlleiter Kurt *Hager) und 1951 SED-Dozentenlehrgang in Eberswalde z. Ausbildung für das gesell.-wiss. Grundlagenstudium (Lehrer M. *Klein): Doz-Prüfung für die Grundlagen des ML u. dadurch Diplomlehrer für Gesell.-wiss.; daraufhin seit 1952 Doz. am „Lehrstuhl Phil." (parteiamtl. Leiter K. *Hager) des neu gegr. IfG beim ZK der SED; daselbst red. Bearbeitung von übers. sowjet-phil. Lehrbüchern für Hagers univ. Vorlg.-Tg. sowie Mitarbeit an den ersten eigenen DDR-Lehrheften „Wiss. Weltanschg." – Dial. Mat. (1958/59 zus. mit A. *Kosing); 1959 phil. Prom. z. Thema *Über die Verknüpfung des Prinzips der materiellen Einheit der Welt mit dem Prinzip der Entwicklung* (Gutachter: K. *Hager u. M. *Klein, – beide jedoch ohne jede phil. Prom.!); zeitweilig persönl. Mitarbeiter im ZK- „Büro Hager" (Referent u. Redenschreiber); phil.-hist. Selbststudien und 1965 Habil. z. Thema *Die Auseinandersetzung um das prakt. u. das theor. Lebensideal in der griech. Philosophie* (Gutachter: M. *Klein u. G. *Heyden, also wiederum ohne jedes altphilolg. Fachgutachten – publ. 1966 u. d. bemerkenswerten Titel: "Theoria"); im Zusammenhang mit der Erarbeitung des 1. DDR-Lb. „Marx. Phil." (1967) prinzipielle („praxisphil.") Meinungsverschiedenheiten mit A. *Kosing als Hrsg. desselben am IfG; in Reaktion darauf parteibeauftragter (durch Hager persönlich) Hrsg. einer wieder lehrdogmatischen (neustaln.) kollektiven ‚*Einführung*' in den dial. und hist. Mat. (1971–82 in 13 Auflagen, auch als Schullehrbuch Staatsbürgerkunde für 11/12. Kl. verbreitet); nach der III. HSR 1970 an die univ. Sektion Marx.-len. Phil. der HUB als Bereichsleiter für Dial. Mat. versetzt (immer noch formeller Lehrstuhl Prof. Kurt *Hager); auch hier wiederum orthodoxe Studienanleitung z. Diamat 1977 (1981) mit Einschränkung der angeblich „praxisphil." ET-Lehre (H.-C. *Rauh) am Institut (lehrdogm. Umbenennung ders. in Leninsche mat. Widerspiegelungstheorie); andererseits Hegel-kategoriale Interpretationsversuche zur Dialektik von „Wesen und Existenz" bzw. „Totalität" (M. *Leske) u. sich dazu selbstschützende schärfste ideolg.-phil. Atacken gegen das „arbeitsphil." (für R. jedoch wiederum „praxis"-revisionistische) Dialektikkonzept von Peter *Ruben (1981); da aber ein zentralparteigeplantes Lehrbuch z. Mat. Dialektik über Jahre so nicht realisiert wurde, woran immer nur andere pol.-ideolg. Schuld sein sollten, die regelrecht tyrannisiert und ausgegrenzt wurden, kam es um 1987 schließlich zu einem externen (nicht öffentl.) Parteiverfahren (trotz persönl. Hager-Eingabe vom 7. Jan. 87) durch die KPK der univ. SED-KL der HUB, ohne jede Offenlegung in der eigenen SED-GO an der Berl. Phil.-Sektion mit nachfolgend ebenso stillschweigender Abschiebung/Übernahme ins Aka.-Phil.-Inst. (Direktor M. *Buhr), zur angewiesenen nun wieder streng materialistischen Feuerbachnachforschung;

mit dortiger Aka.-Abwicklung demonstrativ (!) verweigerte univ-phil. Rückkehr an das sich gerade erneuernde Berl. Phil.-Institut; nach längerer Erkrankung vorzeitiger Ruhestand und keine phil. Wirksamkeit mehr nachweisbar; völlig unbemerkt von seinen früheren Mitarb. 2006 erkrankt in Berlin verst.

Publ.: Weltanschauung in den Kämpfen unserer Tage. Berlin 1969; (zus. mit M. Klein): Warum eine wiss. Weltanschauung? ABC des LM, Berlin 1973: (Hrsg. mit G. Stiehler): Phil. Probleme der Entwicklung (Sektions-Sammelband). Berlin 1977; (gem. mit M. Leske u. G. Stiehler): Warum es sich lohnt, um Begriffe zu streiten. Berlin 1982. – 10facher Artikelautor der DZfPh. 1957–1981.

Reinhardt, Frithjof
13. Aug. 1959
Freiberuflicher Philosophiehistoriker
Geb. in Greifswald; 1966–74 POS u. 1974–78 EOS Fried. Ludwig Jahn ebd; anschl. 1978–80 NVA-Grundwehrdienst und 1981–86 Phil.-Studium an der KMU Leipzig, abgeschlossen mit einer Diplomarbeit z. „Begriff der Substanz in der Phil. Hegels" u. damit „Diplomlehrer ML (Philosophie)"; anschl. Forschungsstudium an der Sektion Marx.-len. Phil. ebd. im Bereich Gesch. der Phil. bei Hm. *Seidel u. phil. Prom. zum Thema *Hegels humanist. Programm der unsichtbaren Revolution des Geistes. Aspekte der Genesis und der inneren Logik der Hegelschen Phil."* (Gutachter: H. *Seidel, E. *Lange, G. *Irrlitz); weiterer univ.-phil. Berufseinsatz am Phil.-Institut in Jena scheiterte 1989 an einem zuvor zweijährig geforderten FDJ-Einsatz; daher pol. Mitarbeiter an der Kulturakademie des Bezirks Gera in Rudolstadt; danach weitere Lehr- und Forschungstg. in Leipzig, die jedoch mit dortg. Phil.-Abwicklung endete; 1991–95 wiss. Mitarb. beim Zentrum für Thüringer Landeskultur e.V. Geraberg; danach freiberufl. Bildungsarbeit als Phil.- und Kulturhistoriker (versch. regionale Bildungsprojekte); seit 1997 Lehrbeauftragter an der TU Ilmenau; später auch an der Fachhochschule Erfurt und an der Bauhausuniv. Weimar sowie vielfältige phil. Vortragstg. im regionalen Raum des Landes.

Reiprich, Kurt
25. Mai 1934–21. Juni 2012
Marx-Engels-Forschung in Leipzig
Geb. in Reichenberg (Liberec-Tschech.); 1940–45 daselbst VS und 1945/46 nachkriegszeitl. Umsiedlung nach Thüringen in die SBZ; 1946–49 fortgz. GS in Nohra, 1952 Humboldt-OS in Nordhausen mit Abitur; anschl. 1952–57 Studium der Phil. und Germ. in Jena u. 1957–65 wiss. Ass. für dial. und hist. Mat. am IfG der Bergaka. Freiberg; in dieser Zeit 1960–62 der übliche pol. „Praxis"-Einsatz in der SED-KL Freiberg u. 1962 phil. Prom. an der FSU Jena z. Thema *Der wiss. Gesetzesbegriff in den Werken von Karl Marx und Friedrich Engels in der Zeit bis 1848, unter bes. Berücksichtigung des Komm. Manifests* (Hauptgutachter: G. *Mende); 1966 Habil. am Hm. *Ley-Lehrstuhl Phil. Probleme der Naturwiss. der HU Berlin zum Thema *Die Beziehungen der marx. Phil. zur Entwicklung der Naturwiss. 1871–1895* (Gutachter: H. *Ley, H. *Ulrich u. H. *Hörz); dar-

aufhin wiederum 1966–68 Oberass. am Inst. für M-L der Bergaka. Freiburg; 1968–77 Prof. für dial. und hist. Mat. im gesell.-wiss. ML-Grundlagenstudium ebd; 1977–90 ebs. am FMI der KMU Leipzig bis zu dessen Schließung u. der damit verbundenen Abberufung; anschl. Arbeitslosigkeit sowie Vorruhestand; daraufhin 1991–2009 Moderator des interdiszipl. (außeruniv.) sog. „Rohrbacher Kreis" der RL-Stiftung Sachsen.

Publ.: (zus. mit M. Guntau): Zum Gesetzesproblem in den geoolog. Wiss. Leipzig 1965; Die phil.-naturwiss. Arbeiten von Karl Marx u. Friedrich Engels. Berlin 1969; (Red.): Gottfried W. Leibniz, wiss. Methoden heute. Rohrbacher Kreis der RL-Stiftung Sachsen. H. 3. Lpz. 1997; (Red.): Überlegungen zur geistigen Situation der Zeit. Ebs. H. 4. Leipzig 1999; (Hrsg.): Christentum, Marxismus und das Werk von Emil Fuchs. 6. W. Markov-Kolloquium der RL-Stiftung Sachsen 1998. Leipzig 2000; (Red.): Werner Heisenberg zum 100. Geb. Ebenso SH. Leipzig 2002; Auf der Suche nach Werten. Leipzig 2004.

Reiprich, Siegfried
15. Febr. 1955
Philosophie-Student und Bürgerrechtler in Jena
Geb. in Jena; nach dem Abi. 1973 Grundwehrdienst bei der NVA und 1975 Studienbeginn an der Sektion Marx.-len. Phil. der FSU Jena; Mitglied des dortigen AK Lite. u. Lyrik (Lutz Rathenau/Klaus Fuchs) u. Teilnahme am „Poetenseminar der FDJ", dabei bereits stasiauffällig registriert mit kritischen Gedichten u. Debatten; durch IM-Stasi-Denunziation herbeigeführtes FDJ-Ausschlußverfahren wegen „skeptischen Existentialismus" (G. *Mende) mit anschl. univ. Zwangsexmatrikulation wegen gruppenmäßiger Bildung einer konterrevolutionären Plattform, verbunden mit der Maßgabe z. „Ausschluss vom Studium an allen Univ., HS u. FS der DDR"; daraufhin 1976–79 Hilfsarbeiter im VEB Jenaer Glasswerke (Glasschleiferei); dann erneute Proteste gegen die Ausbürgerung Wolf *Biermanns; 1979/80 kurzzeitg. erlaubter Besuch einer Ingenieurschule in Jena, aber auf Druck des MFS erneuter Studienausschluß, daraufhin Postzusteller; es erfolgt keine Verhaftung, sondern 1981 durch Stasiverhöre schließlich zur Ausreise (Abschiebung) nach West-Berlin gedrängt; daselbst Anschluss an die westl. Friedensbewe., 1983 SPD-Eintritt und mit Unterstützung der Fr.-Ebert-Stiftung 1982–90 Studium der Geophysik u. Ozeanographie (1986/87 Antarktis-Einsatz) in Kiel; 1992 Austritt aus der SPD wegen des Stasi-Fall Manfred Stolpe (Sekretär); 1998 Übertritt mit anderen Bürgerrechtlern (wie V. *Wollenberg und W. *Templin) in die CDU; 2000 scheitert seine Wahl zum Stasi-Landesbeauftragten von Sachsen; 2007–10 stellv. Direktor der Stasi-Gedenkstätte Berlin-Hohenschönhausen und seit 2009 Geschäftsführer der Stiftung Sächs. Gedenkstätten; entsch. Publ. u. Dok. zu diesem Fall lautet: „Der verhinderte Dialog". – Meine pol. Exmatrikulation. Schriftenreihe des Rob.- *Havemann-Archivs. Berlin 1996.

Reißig, Rolf
28. Sept. 1940
Politikwissenschaftler und sozialhistorischer Transformationsforscher in Berlin
Geb. in Gelenau/Erzgeb. in einer dortg. Arbeiterfamilie; Lehrabschluß als Werkzeugschlosser mit Reifeprüfung; 1958–62 Studium der Gesell.-wiss. mit den Schwerpunkten Phil. u. Gesch. an der KMU Leipzig u. anschl. Berufseinsatz als ML-Lehrer an der MLU Halle; 1964–67 Asp. am FMI Lpz. u. 1968 gesellwiss. Prom. z. Thema *Die pol.-ideolg. Gewerkschaftskonzeptionen der rechten sozialdemo. Führer u. der DGB-Gewerkschaften unter den Bedg. des entw. staatsmonopol. Kplm. in Westdt.* (heuer aber umformuliert in: "Diss. zu Stellung und Funktion der Gewerkschaften in kapitalistischen Industriegesell. der Gegenwart"); ab 1970 „Doz. für soziale Bewegungen" an der Sektion Marx.-len. Phil./Wiss. Soz. in Lpz.; 1970–78 Aufbau und Ltg. eines „Lehrstuhls zu sozialen u. demokratischen Bewegungen in westl. Industriegesell." sowie entspr. eigenständg. Forschungsprojekte; 1976/77 pol.-ideolg. Ause. um diese und nach eingl. Parteiverfahren 1978 Wechsel zur AfG beim ZK der SED, Lehrstuhl/Institut für Wiss. Kom.; daselbst 1980 Prom. B mit entspr. Veröfflg. zur „Arbeiterbewegung im Kplm." u. deren pol. Kampf um eine antimonopolist. „demokratische Wende: Frieden und Sozialismus"; daraufhin Berufung zum o. Prof. für das dortg. Lehrgebiet „Wiss. Sozialismus"; Inst.-Direktor und Ratsvors. WK an der SED-Partei-Aka. für GW; seit Mitte der 80er Jahre keine ideologiekrit. Kplm.-Analysen oder auch Hrsg. üblicher SU-Übers. mehr zur „entw. sozial. Gesell.", sondern beginende eigenständg. sozialwiss. Analysen z. System-Vergleich Ost-West, zur Friedensforschung und tatsächl. sozialpol. DDR-Wirkl.; 1986/87 aktiver Teiln. am parteiamtl. Zusammentreffen der AfG (Otto Reinholdt.) mit der westdt. SPD-Grundwerte-Kom. (Erh. Eppler) u. mit Thomas Meyer schließlich Endred. eines entspr. gem. Positionspapiers „Der *Streit der Ideologien* u. die gem. Sicherheit" (abgz. von „E. H.", später aber von K. *Hager trotzdem kritisiert), was dadurch jedoch gerade zu keinerlei „ideolg. Widerstreit" innerhalb der SED oder gar einer „Demokratisierung" in der DDR führte; verstärkte gesell.-wiss. Bemühungen um eine strukturell-thematische Umprofillierung des parteiamtl. Wiss. Sozialismus (bzw. WK) in eine eigenständige „politikwiss." Disziplin scheitern 1988 am parteipol. Einspruch der ZK-Abt. Wiss. (wiederum K. *Hager u. H. *Hörnig wie G. *Schirmer) mit der üblich-ignoranten Begründung, die SED-DDR benötige keine gesonderte Politikwiss., denn es herrsche allein der unbesiegbare ML parteipol.; jedoch bereits Okt. 1989 Vorbereitungen zur schon völlig verspäteten Gründung einer „Gesell. für Politikwiss. der DDR"; nach Rücktritt aller parteiamtl. Rektoren u. Direktoren der „Gewi-Akademie" von deren Mitarbeitern z. Leiter für die Umstrukturierung der AfG gewählt u. letztmalige DDR-staatl. Umberufung im März 1990 z. Prof. für Pol.-Wiss.(danach aberkanntes Prom.- u. Berufungsrecht aller Partei-Inst.); ab Frühjahr 1990 Mitbegründer und Leiter eines gemeinnützigen „Brandenburg-Berl. Inst. für Sozialwiss. Studien" (BISS e.V.) u. vielfälige ABM-Maßnahmen; auch Mitglied des Willy-Brandt-Kreises der SPD wie des wiss. Beirats der RL-Stiftg. Berlin der PDS; zahlreiche Forschungsprojekte zur postsozial. „Transformation" sowie zu denkbaren Transforma-

tionen moderner bürgl.-kpl. Gesellschaften, zunehmend mit „gesamtdt." Beteiligung und in Kooperation mit einem entspr. Inst. für Gesellschaftsanalyse der RLS (M. *Brie) u. eines analogen Arbeitskreises der Leibniz-Sozietät (M. *Thomas); deren Transformationsforschungen bildeten zeitweilig die polit-strategische Grundlage der Partei Die Linke, was jedoch wiederum von ultralinken (orthodox-dogm.) Kräften rein ideologisch und dadurch emirisch-theorielos bekämpft wurde als „Gefährliche Illusionen. Die Transformationpolitik in der Kritik". Berlin 2015; – Sept. 2015 Ehren-Kolloquium (z. 75. Geb.) und Wiss. Konferenz zu aktuellen Fragen der „Gesell.-Transformation heute – gewonne Erkenntnisse u. offene Fragen." (RL-Stiftung, hrsg. von M. *Brie u. M. *Thomas, 2015). – Dieses Transformationskonzept erweist sich zunehmend als die entscheidende (nicht nur ostdt.) sozialwiss. Theorie realgeschichtlichen Wandels. DDR-Personen-Lexikon 2010 (J. Wielgohs).

Publ.: (Hrsg.-Autorenkollektiv): Antimonopolist. Alternative, Sozialistische Perspektive. Zur Strategie und Taktik der marx.-len. Parteien in den Ländern des staatsmonopolist. Kplm. im Kampf um Demokratie und Sozialismus. Berlin 1972 (2. A. 1973 – 1980 ganz ähnlicher Titel: Arbeiterbewe. im Kplm. der Gegenwart, rev.-theor. Grundlagen); (Mit-Hrsg. der sowjt. Partei-Übersetzung): Triebkräfte des revolutionären Weltprozesses. Berlin 1983; (Hrsg.): Arbeiterbewe. u. demokratische Alternative (Rat für Wiss. Komm., aber nicht bezüglich des realen Sozialismus in der DDR gemeint!). Berlin 1986; (Red.): Zur Dialektik von inneren u. äußeren Faktoren bei der weiteren Entw. des Sozialismus (Beratung Nov. 1986 an der AfG beim ZK der SED, Rektoratsbereich Forschung, Inf. u. Dok. Berlin 1987); (Hrsg. ebd. Inst. für Wiss. Sozialismus): Zentrale Leitung u. Eigenverantwortung im Kombinat und Territorium. Berlin 1989; (Mit-Hrsg.): Das Ende des Experiments. Umbruch in der DDR und dt. Einheit. Berlin 1991; (Hrsg.): Rückweg in die Zukunft. Über den schwierigen Transformationsprozeß in Ost-Dtl. Frankf./M. 1993; Die gespaltene Vereinigungsgesell. Bilanz u. Perspektiven der Transformation Ostdtls und der dt. Vereinigung. Berlin 2000; Dialog durch die Mauer. Die umstrittene Annäherung von SPD und SED. Mit einem Nachwort von Erh. Eppler. Frankf./M. 2002; (Mithrsg. M. Thomas): Neue Chancen für alte Regionen? Fallbeispiele aus Ostdt. u. Polen. Texte aus dem Brandenburg-Berliner Inst. für Sozialwiss. Studien. Bd. 1. Münster 2005; Gesellschafts-Transformationen im 21. Jhd. Ein neues Konzept sozialen Wandels. Wiesbaden 2009; (Mithrsg. M. Brie u. M. Thomas): Transformationen. Suchprozesse in Zeiten des Umbruchs. Berlin 2016; Transformation von Gesellschaften. Eine vergl. Betrachtung von Gesch., Gegenwart u. Zukunft. Marburg 2019.

Rentsch, Thomas
29. Aug. 1954
Philosophie-Grundungsdirektor an der TU Dresden
Geb. in Duisburg; Abitur am dortigen Steinbart-Gymn.; danach Studium der Phil., Lite.-wiss. u. Evangl. Theologie in Konstanz, Münster, Zürich und Tübingen; phil. Prom. 1982 z. Thema *Heidegger und Wittgenstein. Existential- u. Sprachanalysen zu den Grundlagen phil. Anthropologie* (publ. Stuttgart 1985); 1988 Habil zum Thema *Die Konstitution der Moralität. Transzendentale Anthropologie und prakt. Phil.* (publ. Frankf./M. 1990); im gleichen Jahr Übernahme der Mithrsg.-schaft für das „Hist. WB der Phil."; nach Abwicklung dortg. Sektion für Phil. und Kulturwiss. (bei Übernahme nur eines Phil.-Historikers – H.-U. *Wöhler) 1992 Berufung auf die Gründungsprof. für Philosophie mit dem Schwerpunkt Prakt. Phil. und Ethik am neu gegr. Inst. für Phil.

der TU Dresden u. 1993–96 daselbst Institutsdirektor; – Lehrstuhlinhaber für Theor. Phil. wurde zur gleichen Zeit 1992 Gerh. *Schörich, ebenfalls aus der Alt-BRD.

Publ.: Martin Heidegger. Das Sein und der Tod. Eine kritische Einführung. München/Zürich 1989; (Mithrsg.): Die Gegenwart der Gerechtigkeit. Diskurse zw. Recht, prakt. Phil. u. Politik. Berlin 1995; Negativität u. prakt. Vernunft. Frankf./M. 2000; (Hrsg.): Sprache, Erkenntnis, Verstehen. Grundfragen der theor. Phil. in der Gegenwart. Dresden 2001; (Hrsg.): Martin Heidegger. Sein und Zeit. Klassiker auslegen. Bd. 25. Berlin 2001; (Hrsg.): Anthropologie, Ethik, Politik. Grundfragen der prakt. Philos. der Gegenwart. Dresden 2004; Gott. Berlin/New York 2005; (Hrsg.): Zur Gegenwart der Philosophie. Theorie, Praxis, Geschichte. Dresden 2008; (Mithrsg.): Bioethik in der phil. Disk. Dresden 2010; Transzendenz und Negativität. Rlg.-phil. und ästhe. Studien. Berlin-New York 2010; (Mithrsg.): Gutes Leben im Alter. Die phil. Grundlagen. Stuttgart 2012; (Mithrsg.): Altern in unserer Zeit. Späte Lebensphasen zw. Vitalität u. Endlichkeit. Frankf./M. 2013.

Reschke, Renate
14. Sept. 1944
Geschichte der Ästhetik und Nietzsche-Forschungen an der HU zu Berlin
Geb. in Berlin; Vater ein franz. Zwangsarbeiter in Dt, der 1944 ums Leben kam; 1950–58 GS u. bis 1962 EOS mit Abitur; anschl. 1962–64 Chemiefacharbeiterin und 1964–68 Studium der Kulturwiss. u. Germanistik an der HU Berlin mit anschl. zweij. Forschungstudium; 1972 phil. Prom. zum Thema *Geschichtsphil. u. Ästhetik bei Friedrich Hölderlin. Über den Zusammenhang von Epochenwandel u. Ästhetik* (Gutachter: W. *Heise, E. *Pracht und Schlenstedt, Auszeichnung mit dem Fichte-Preis 1972); 1975–78 phil.-ästh. Lehreinsatz an der Filmhochschule Potsdam-Babelsberg; 1978–81 Habil-Aspirantur an der HUB u. 1983 Diss. B z. Thema *Die An spornende Verachtung der Zeit. Studien zur Kulturkritik u. Ästhetik Friedrich Nietzsches. Ein Beitrag zu ihrer Rezeption* (Gutachter: W. *Heise, G. *Irrlitz, H. *Seidel – Gutachten heute aus der univ. PA „verschwunden"); 1985–93 HS-Dozentur für marx. Ästhetik an der Sektion Kulturwiss. und Ästhetik der HU Berlin; 1993–2009 Prof. für Gesch. des ästh. Denkens am Sem. für Ästhetik der Phil. Fak. III der HUB; – frühere ideolg. Ause. mit Wo. *Harich wegen eigenständiger Nietzsche-Rezeptionsversuche in der zu Ende gehenden DDR; nachwendisch weiter verstärkte Nietzsche-Forschungen (zus. mit H.-M. *Gerlach u. V. *Gerhardt); Gründungsmitgl. der (ostdt.) Nietzsche-Gesell. (ein Vorstand seit 1994, Vorsitzende 1998–2002) und Mithrsg. eines Jahrbuchs zur Nietzscheforschung (Berichte zu entspr. Veranstaltungsreihen in Schul-Pforta u. vor allem jährliche internationale Herbstkonferenzen zu Nietzsche in Naumburg).

Publ.: Friedrich Nietzsche: Die fröhliche Wissenschaft. Rc.-Leipzig 1990 (Nachwort von 1985/89 !); Hrsg. zus. mit V. Gerhardt: Jahrbuch „Nietzscheforschung". Berlin 1994 ff.; Denkumbrüche mit Nietzsche. Zur ansporenden Verachtung der Zeit. Aufsatzsammlung. Berlin 2000; (Hrsg.): Zeitenwende – Wertewende. Intl. Kongreß der Nietzsche-Gesell. zum 100. Todestag. Naumburg 2000. Jb. Nietzscheforschung Bd. 1. S-Bd. 1. Bln. 2001; (Hrsg. zus. mit K. Hirdina): Ästhetik. Aufgabe(n) einer Wissenschaftsdisziplin. Freiburg/Br. 2004; Glanz des Schönen. Leipzig 2004; Nietzsche. Radikalaufklärer oder radikaler Gegenaufklärer? Berlin 2004. – *Ausgänge*: Nietzsche stand wieder zur Diskussion. Zur marx. Nietzsche-Rezeption in der DDR der 80er Jahre.

Richter, Edelbert
25. Febr. 1943
Philosophie-Student, Theologe und Politiker
Geb. in Chemnitz; begann nach dem Abi. 1961 ein Phil.-Studium an der KMU Leipzig, das aber wegen „pol. Unreife" (sicher auch wegen dessen pol. Ausrichtung) abgebrochen wurde; daraufhin zur üblichen „Bewährung in der materiellen Produktion" 1961–63 Arbeit als Kranfahrer in einem realsozialist. Betrieb; 1963–68 dann aber zugelassen z. Theologie-Studium an der MLU Halle; anschl. Assistent am kirchl. Obersem. in Naumburg und Einsatz als Vikar in Sachsen; 1974 Pfarrer in Naumburg und 1976 Abschluss einer innerkirchl. theolg.-phil. Diss. über den *Zusammenhang von Religions-, Phil- u. Ökonomiekritik bei Marx;* 1977–87 Studentenpfarrer in Naumburg u. 1987–90 Pfarrer in Erfurt sowie seit 1987 Doz. für Systm. Theologie u. Phil. an der dortigen kirchl. Predigerschule; seit Mitte der 70er Jahre konzeptionell führend in der regimekritischen (oppotionellen) Friedens- u. Ökologiebewe. in der DDR; 1989/90 Mitbegründer des „Demokratischen Aufbruch" und SPD-Mitglied (dadurch Abg. der letzten DDR-Volksk. sowie übernommen in den Dt. Bundestag), später jedoch Austritt aus der SPD; seit 2004 Lehrbeauftragter für Phil. an der Bauhaus-Univ. Weimar; kürzlicher Eintritt in die Partei „Die Linke" in Erfurt.
DDR-Personen-Lexikon 2010 (Eh. Neubert/J. Wielgohs).

Publ.: Christentum u. Demokratie in Dtl. Beiträge zur geistigen Vorbereitung der Wende in der DDR. Leipzig-Weimar 1991; Erlangte Einheit – verfehlte Identität. Auf der Suche nach den Grundlagen für eine neue dt. Pol.. Berlin 1991; Wendezeiten. Das Ende der konservativen Politik. Köln-Weimar-Wien 1994; Aus ostdt. Sicht. Wider den neoliberalen Zeitgeist. Ebd. 1998; Die Linke im Epochenumbruch. Eine hist. Ortsbestimmung. Hamburg 2009; Deutsche Vernunft – angelsächsischer Verstand. Intime Beziehungen zw. Geistes- und Politikgeschichte. Berlin 2015.

Richter, Frank
7. Jan. 1938–3. Nov. 2003
Diplom-Metalloge und ML-Philosoph in Freiberg
Geb. in Leipzig als Sohn eines Kaufmanns u. nachkriegszeitl. Schulausbildung in Wittenberg; ab 1956 Studium an der Bergaka. Freiberg und Diplom-Metalloge 1961; anschl. phil. Asp. am H. *Ley Lehrstuhl für phil. Probleme der modernen Naturwiss. der HU Berlin (2. Lehrgang) u. phil. Prom. 1964 z. Thema *Phil. Probleme des Struktur- u. Systembegriffs, dargestellt an phil. Problemen der Kristallographie* (gem. Arbeit mit Helge *Wendt – Gutachter: H. *Ley, P. Täubert, H. *Hörz); nach erneutem ML-Lehreinsatz Prom B 1969 ebenda z. Thema *Phil. Grundlagen u. Prinzipien der Wiss.-klassifikation* (Gutachter: H. *Ley, H. *Hörz, K. *Reiprich); weiterer Einsatz als Dozent u. Prof. für dial. u. hist. Mat. an der ML-Sektion der Berg-Akademie Freiberg; seine Schrift „Phil. in der Krise" (Berlin 1991) reagierte schon 1989 kritisch auf die allein „grundoptimistische" Frage/Antwort von H. *Hörz: „Was kann Phil.?", was jedoch von diesem wie üblich „gutachterlich nicht zugelassen" wurde, da vielmehr von einer grundsätzl. „pos. Entw. der Phil. in der DDR" (Originalton Juli 1989) zu deren „40. Jahrestag" aus-

zugehen sei; nachwendisch erzielte dieses zuvor unerwünschte, vorsichtige kritische Nachfragen, das eigentlich das Wesen gerade auch von marx. Philosophie hätte ausmachen sollen, schon keinerlei nachhaltige Wirkung mehr; frühzeitig verst. 2003 in Freiberg.

Publ.: (Mitautoren H. Ley u. W. Spickermann): Dialektik, Gesetz, Kosmos. Zur Aktualität von Friedr. Engels' "Dialektik der Natur". Weltanschauung heute, Bd. 12. Berlin 1976; (Mitautoren J. Albert u. E. Herlitzius): Entstehungsbeding. u. Entw. der Technikwiss. Freiberger Forschungshefte Nr. 145. Lpz. 1982; Montanwiss. und Philosophie. Ebenso Nr. 184. Leipzig 1988.

Richter, Friedrich (Fritz)
6. Jan. 1931–17. Aug. 1990
Partei-Philosophie-Historiker an der AfG beim ZK der SED in Berlin
Geb. in Zerbst als Sohn eines Gärtners; 4 Jahre GS u. 4 Jahre MS bis z. 14. Lebensjahr; 1945 kriegsendebedingt Landarbeiter; dann 1946/48 Landwirtschaftslehre u. 1949/51 Besuch einer Landwirtschaftsschule zur Ausbildung als landwirtschaftl. Berufsschullehrer für den „gesell.-wiss." Unterricht, verbunden mit SED-Beitritt; 1952 erste Lehrerprüfung und Ass. für Gesell.-wiss. am Inst. für Berufschullehrerausbildung in Magdeburg; deleg. ins 2. Studj. ans FM-Inst. der KMU Leipzig u. 1956 Staatsexamen als Diplomlehrer für M.-L.; daraufhin in bewegten Zeiten der Bloch-Absetzung 1956–58 Sekr. der univ. FDJ-KL wie 1958/60 1. Sekr. der FDJ-Grundorg. der Mdz. Fak. ebenda; nach diesem prakt.-pol. Einsatz Oberass. am FMI im Lehrbereich/der Abt. „Wiss. Sozm."; seit Sept. 1961 dann bereits wiss. Mitarb. am Inst. für Phil. der KMU in der Abt. Gesch. der Phil. sowie Leiter des dortg. Fern- u. Abendstudiums; phil. Prom. 1964 ebenda z. Thema *Grundzüge des Kampfes zw. Marxismus u. neukantianischem phil. Revisionismus in der dt. Arbeiterbewe. von Engels' Tod bis z. Ausbruch des I. Weltkrieges 1895–1914* (Gutachter: M. *Klein u. H. *Seidel); daraufhin erfolgte 1965 die Einstellung als Doz. für Gesch. der marx.-len. Phil. am Partei-Inst. für GW beim ZK der SED; nachfolg. Habil. (Prom. B) 1969 ebenda z. Thema *Phil.-theor. Probleme des Kampfes von Karl Marx und Friedrich Engels um die Vereinigung des wiss. Sozialismus mit der Arbeiterbewe. in Dtl. 1845–1875* (Gutachter: M. *Klein und A. *Kosing); 1973 Prof. im Forschungsbereich Gesch. der (eigentlich „allein" marx.-len.) Phil. (Bereichsleitung V. *Wrona) sowie langj. Sekretär des Wiss. Rates für Marx.-Len. Phil. der DDR (Dauer-Vors. E. *Hahn) an der AfG beim ZK der SED; nachwendisch unbekannterweise plötzlich um 1990 in Berlin verst.

Publ.: (Mitautoren M. Klein und E. Lange): Zur Gesch. der marx.-len. Phil. in Dtl. Bd. I/1+2. Berlin 1969; (mit V. Wrona): Arbeiterklasse – Weltanschauung – Partei. 125 Jahre Kommunist. Manifest. Eine Betrachtung z. Einheit der wiss. Weltanschauung der Arbeiterkl. Berlin 1973 (2. A. 1974); (Mithrsg.): Dial. u. hist. Mat. Lb für das marx.-len. Grundlagenstudium. Berlin 1974; zehn zumeist parteikollektive ML-phil.-hist. Grundsatzartikel in der DZfPh. 1966–77.

Richter, Gudrun

31. Aug. 1941

Akademie-Philosophin und sowjetphilosophische Übersetzerin

Geb. in Zwickau/Sa.; 1947–55 GS, davon 3 Jahre erw. Russ.-Unterricht; ebenso OS 1955–58 u. anschl. „Russisch-Abitur" auf der ABF II Halle 1958/59; danach 1959/60 sog. prakt. Jahr als Apparatefahrerin der Leuna-Werke; von da deleg. z. Phil.-Studium 1960–65 an die HU zu Berlin; anschl. Lehreinsatz im gesell.-wiss. Grundlagenstudium 1964–66 am dortg. ML-Inst.; danach wiss. Ass. am Inst. für Phil. der AdW in Berlin u. 1974 phil. Aka.-Prom. A. *Zur Kritik des positivistischen Gesetzesbegriff* (Gutachter: G. *Kröber u.a.); schließlich 1986 Diss. B zum Thema *Gesetzmäßigkeit u. Geschichtsprozeß – zur Dialektik von Logischem u. Historischem* (Gutachter: u.a. W. *Küttler, publ. bereits Berlin 1985); sowjet-phil. Übersetzertg. bis zur Aka.- u. Inst.-Abwicklung 1991, u.a. alle sowjetphil. Arbeiten zur „Gesch. der Dialektik" 1974–1980 teilübersetzt u. wiss. bearb; dann Projektleiterin eines ABM-Forschungsprojekts zur sozialwiss. Dimension gesell. Umbruchsprozesse in der ehemalg. UdSSR (Träger: Berl. Debatte INITIAL e.V.); 1994/95 teilarbeitslos im ABM-Einsatz und 1996–1999 Projekt der GSFP „Sozialwiss. in Russland." Bd. 1 (1996) u. Bd. 2 (1997) übersetzt u. lektoriert; ebs. E. W. *Ilenkow: Dialektik des Ideellen. Ausgewählte Aufsätze. Münster-Hamburg 1994.

Richter, Liselotte

7. Juni 1906–16. Jan. 1968

Erste deutsche Philosophie-Professorin nach 1945 in Berlin

Geb. in Berlin-Tegel; Vater Bankangestellter; 1926–32 Studium der Phil. (bei M. Heidegger, E. Husserl u. Erich Frank) sowie Theologie u. Germ. in Freiburg u. Marburg, wo sie 1934 z. Thema *Der Begriff der Subjektivität bei Kierkegaard. Ein Beitrag zur christl. Existenzdarstellung* prom. (publ. Würzburg 1934); wird mit ihrem jüd.-kom. Verlobten (1938 „verschollen") von der Univ. verwiesen u. arbeitslos; ab 1935 auf Honorarbasis red. Arbeiten an der Leibniz-Ausgabe der Preuß. Aka. der Wiss. zu Berlin; 1943–45 kriegsbedingt unterbrochen als DRK–Krankenpflegerin in der Verwundetenbetreuung dienstverpflichtet; mit sofortg. KPD-Eintritt 1945 durch die SMAD als Bezirksstadträtin für Volksbildung u. Kultur in Berlin-Charlottenburg eingesetzt; zum Leibniz-Jubiläum 1946 im univ. Schnellverfahren habil. durch E *Spranger u. P *Hofmann (1. phil. Nachkriegshabil.) zur früheren Leibniz-Edition 1936–42 sowie mit der Arbeit *Leibniz und sein Rußlandbild* (publ. Berlin 1946); nach Abgang aller NS-belasteter phil. Mitarbeiter, aber auch der Flucht von Nic. *Hartmann u. Ed. *Spranger 1945/46 aus Berlin, erste phil.-hist. Nachkriegsvorlg. (mit dem Jung-Ass. H.-J. *Lieber) und 1947/48 erste dt. Phil.-Professorin (Gesch. der Phil.), später neben K. *Hager (Prof. für dial. u. hist. Mat.) und dem österr. Natur-Phil. W. *Hollitscher (Logik u. ET) an der HU Berlin; jedoch „Austritt"(?) bzw. Streichung als SED-Mitglied, aber kein Wechsel zur FU Berlin (Wohnsitz bleibend in West-B.); die parteiamtl. Kritik lautet: "nicht konsequent den Marxismus zu vertreten" (dazu diffamierende W. *Harich-Sprüche); und der im ZK der SED verantwortl. Hochschulfunktionär Ernst *Hoffmann erklärte am 9.

Dez. 1950 auf einer Tagung Lis. Richter zu einer regelrechten „Falschgeld"-Überbringerin: „Sie bringt uns eine völlige Verfälschung der Gesch. der Phil. Mit diesem Typ von Prof. u. Doz. müssen wir über kurz oder lang Schluß machen. Wir müssen es erreichen, daß die Vorlesungen auf den Gebieten der Gesch. der Phil., der Pädagogik und der Jurisprudenz von Marxisten-Leninisten gehalten werden müssen."; kurz darauf kamen die beiden neumarx. Partei-Phil. W. *Harich und Kl. *Schrickel zu ihrem phil.-hist. Lehreinsatz; mit der II. HSR 1950/51 (Neugründung des Berl. Phil.-Instituts 1951) schließlich Wechsel z. Theolg. Fak. (Religionsphilosophie) sowie dazu nachholende theolg. Prom. (!) zum Thema *Immanenz u. Transzendenz im nachreformatorischen Gottesbild* (publ. Berlin 1954 und Göttingen 1955); 1951/56 weiterhin Vorlg. zur gesamten Phil.-Geschichte (nach Bericht von Günter de Bruyn); seit 1964 Arbeitsunterbrechung wegen schwerer (jahrelanger) Erkrankung, daher vorzeitige Emeritierung und verst. 1968 im Charite-Klinikum der HUB; an ihre bes. nachkriegszeitl. Rolle beim Wiederaufbau des Phil.-Studiums an der HU Bln. wird erst wieder nachwend. sachgerecht erinnert; ihren früheren religionsphil. Lehrstuhl an der Theolg. Fak. der HUB (zwischenzeitlich ausgesetzt durch e. alleinvertretend „ersatzphil." ML-Grundausbildung auch für alle univ. Theologen in der DDR) übernimmt erst wieder 1992 der Bürgerrechtler u. in der DDR vollständig staatlicherseits „ausbildungsphil. gehinderte" Richard *Schröder (Gedenkrede 2006 zu ihrem 100. Geb.).
DDR-Personen-Lexikon 2010 (H.-C. *Rauh).

Publ.: Rene Descartes. Dialoge mit dt. Denkern. Geistiges Europa. Hamburg 1942 (Nachdrucke 1946/1949); Jacob Böhme. Mystische Schau. Geistiges Europa. Hamburg 1943 (1947); Phil. der Dichtkunst. Moses Mendelssohns Ästhetik zw. Aufklärung und Sturm u. Drang. Berlin 1948; Jean Paul Sartre oder Die Phil. des Zwiespalts. Ein Vortrag mit Exkursen. Berlin 1949; Lebensschwierigkeiten unserer Zeit. Schöpferische Einsamkeit – zeitbedingte Müdigkeit. Berlin-Zehlendorf 1952; Schöpferischer Glaube im Zeitalter der Angst. Wiesbaden 1954; Sören Kierkegaard. Existenz im Glauben. (übers. u. ausgew. Texte). Berlin-Ost 1955 (2. A. 1956); (Hrsg.): Albert Camus. Der Mythos von Sisyphos. Ein Versuch über das Absurde. Hbg. 1959; Jean-Paul Sartre. Köpfe des XX. Jhd. Bd. 23. Berlin-West 1961; Mahatma Gandhi. Ebs. Bd. 25. Berlin 1962; (Hrsg.) Sören Kierkegaard. Werkausgabe in 5 Bänden. Hamburg 1961/64. – Liselotte Richter zum Gedenken. Berlin 1970 (Trauer-Reden vom 23. Jan. 1968); (Hrsg. R. Schroeder u.a.): „Nach jedem Sonnenuntergang bin ich verwundet und verwaist". L. R. zum 100. Geb. (Sammelbd.) Berlin 2006; C. Wenzel: Von der Leidenschaft der Religion. Leben und Werk der Liselotte Richter (1906–1968). Köln-Weimar-Wien 1999 (Prom-schrift 1998 an der HUB).

Richter, Steffi
8. Sept. 1956
Spezialistin für japanische Philosophie
Geb. in Leipzig; 1963–73 Kinder- und Jugendsportschule Leipzig; 1973–75 EOS bzw. ABF Halle u. anschl. Auslandsstudium der Phil. 1975–80 in Moskau (zu phil. Probleme der Naturwiss.-Biologie); 1979 W.-Pieck-Stip. u. 1980 das sog. „Rote Diplom" (Phil.-Lehrer-Diplom); Ehemann stud. Japanisch/Englisch beim Mosk. Außenhandel; daher wohl ab 1980 wiss. Ass. am Bereich III (Japanologie) der Sektion Asienwiss. der HU Berlin; Intensivstudium der jap. Sprache u. Studienaufenthalt 1982/83 an

der Univ. Tokio; 1985 phil. Prom. HUB z. Thema *Die Herausbildung der Philosophie von Nishida Kitaro (1870–1945)* (Gutachter: H. Picht, J. Berndt, R. *Moritz); 1988–90 zweijh. Asp. an der MLU Halle (zur Gesch. der jap. Phil.) und 1990 wieder zurück nach Berlin; 1992/93 Postdoc-Forschungsauffenthalt an der Chiba-Univ. (Japan); 1994 Habil. an der Univ. Mün. zum Thema *Ent-Zweiung. Wiss. Denken in Japan zw. Tradition und Moderne* (publ. Berlin 1994); 1994/95 Gast-Prof. in Würzburg u. Tokyo; 1996 C4-Prof. an der Univ. Leipzig, um die Japanologie (Gesell. u. Kulturen im neuzeitlich-mod. Japan) neu aufzubauen.

Richter, Wolfgang
14. Jan. 1940–11. Febr. 2018
Diplom-Philosoph und poltischer Referent zweier SED-PB-Mitglieder in Berlin
Geb. im böhm. Reichenberg; Vater Angestellter u. 1941 gefallen, Mutter Arbeiterin; kriegsbedingt umgesiedelt; 1955–59 OS, teilweise an der ABF II Halle mit Abitur; 1959/60 prakt. Arbeitsjahr in den Ch. Werken Buna u. SED-Eintritt; 1960–64 Phil.-Studium an der HU Berlin; Thema der Diplomarbeit: „Einige Bemerkungen zur Determinismuskonzeption des ML"; 1964–66 wiss. Asp. im Bereich Dial. Mat. sowie SED-Sekretär der GO (APO) Phil.-Studenten; anschl 1967–69 dreijh. hauptamtl. Tg. als Sekretär für Ag. u. Prop. der FDJ-KL der HUB u. 1967–70 sowjet.-phil. Zusatzstudium an der Univ. Kiew; 1970/71 Aspirant an der Sektion ML und phil. Prom. 1972 zum Thema *Die Einheit von Materialismus und Dialektik – theor. Grundzug der marx.-len. Philosophie* (Gutachter: H. *Steininger, G. *Redlow u. R. O. *Gropp – unter e. a. Titel 1974 publ.); während dieser Zeit 1971/74 weiterhin prakt.-pol. Einsatz als wiss. Sekretär des Rektor der HUB (K.-H. Wirzberger); ab 1. 4. 1976 erneuter Einsatz als pol. Mitarbeiter der SED-BL Berlin, persönl. Referent im Sekretariat des PB-Mitgl. K. Naumann bis zu dessen Entmachtung 1985, danach ebenso eingesetzt beim PB-Mitgl. G. Schabowski; während dessen inoffizielle, also nicht öffentl. B-Verteidigung 1980 z. Thema *Ausflucht ins Subjekt und Dämonie des Objektiven. Ause. mit Konzeptionen zeitgen. bürgl. Phil. vom Sinn d. Lebens u. den Kämpfen unserer Zeit.* (Gutachter: G. *Redlow, E, *Fromm, H. *Steininger); danach ML-Prof. für dial. u. hist. Mat. an der HU Berlin (spezialisiert auf Friedensforschung); 1989/90 Schließung der ML-Sektion und sofortg. Entlassung; 1991 Gründung u. 1. Vors. der „Gesellschaft z. Schutz von Bürgerrecht u. Menschenwürde", die sich speziell um die persönl. Belange ehemals führender Staats- und Parteifunktionäre der DDR-SED (wie auch der Stasi) ziemlich demonstrativ u. ungebrochen kümmert, ihr früheres Herrschaftswissen kaum preisgebend, sondern weiterhin reaktionär parteipol. einsetzend; verst. 2018 in Berlin-Wandlitz.

Publ.: Warum studieren wir den Marxismus-Leninismus? Eine Argumentation. Berlin 1969/70; Der Mythos vom Subjekt. Materialismus u. Dialektik im Zerrspiegel der gegenwärtigen bürgl. Phil. Buhrsche Kritik-Reihe, Bd. 38. Berlin 1974; (Hrsg.): Unfrieden in Dtl.: 1. Diskriminierung in den neuen Bundesländern. 1992; ebs. 2. Wiss. u. Kultur im Beitrittsgebiet. 1993; 2010 Wortmeldung zum 20. Jahr der größer gewordenen BRD.

Ricken, Ulrich
28. Dez. 1926–17. Okt. 2011
Romanistik und Sprachwissenschaft in Halle mit philosophischen Bezügen
Geb. in Wolgast und kriegsbedingtem Not-Abitur sowie 1944–48 Kriegseinsatz mit anschl. Kriegsgefangenschaft in Frankreich; Rückkehr in die SBZ u. daher ziemlich zeitbezogenes Studium der Romanistik u. Slawistik in Greifswald; fortgz. Romanistik-Ausbildung danach in Leipzig u. daselbst 1958 phil. Prom. bei W. *Krauss z. Thema *„Gelehrter" u. „Wissenschaft" im Französischen. Beiträge zu ihrer Bezeichnungsgeschichte vom 12. – 17. Jhd.* (publ. 1961); nachfolg. Habil. bereits 1961 z. Thema *Das Problem der Wortstellung und die Ause. zw. Sensualismus u. Rationalismus in der Sprachwiss. der franz. Aufklärung* (franz. Publ. Lille 1978); danach Berufung zum HD, Leiter des Romanist. Seminars der MLU Halle u. daselbst ab 1963 Prof. d. Romanistik; nach der III. HSR 1969–74 Direktor der neu gegründeten Sektion Sprach- u. Lite.-wiss.; ab 1974 thematisch erweiterte Professur durch zusätzl. Übernahme des Wiss.-bereiches Allgem. u. vergleichende Sprachwissenschaft sowie 1984 Gründung eines interdiszipl. AK Europäische Aufklärung an der Hallenser Univ.; als sog. Westreisekader vielfältige westdt. und internationale Kontakte, die 1989 z. unterschriftsreifen Gründung eines nunmehr erlaubten Internatl. Forschungszentrums Europäische Aufklärung in Halle führen sollten, was jedoch wegen der dt. Wiedervereinigung u. der ostdt. Univ.-Erneuerung erst 1993 konstituiert werden konnte; z. Jahreswechsel 1991/92 emeritiert, aber weiterhin forschend u. publizierend; verst. 2011 auf einer Vortragsreise in Saarbrücken. – Aufklärung aus multidisziplinärer Sicht. Beiträge zu seinem 60. Geb. Halle 1987 u. Festschrift z. 70. Geb. Formen der Aufklärung und ihrer Rezeption. Hrsg. von R. Bach (Greifswald). Tübingen 1999.

Publ.: (Hrsg.): Beiträge zur Analyse des sozialen Wortschatzes. Halle/S. 1975; (Hrsg. und Übers.): Condillac. Essai über den Ursprung der menschl. Erkenntnisse. Rc. Leipzig 1977; (Leiter eines Autorenkollektivs): Franz. Lexikologie. Eine Einführung. Leipzig 1983; Sprache, Anthropologie, Philosophie in der franz. Aufklärung. Ein Beitrag zur Gesch. des Verhältnisses von Sprachtheorie u. Weltanschauung. Berlin 1984 (engl. Übers. London/New York 1994); Probleme des Zeichens und der Kommunikation in der Wissenschafts- u. Ideologiegesch. der Aufklärung. Berlin 1985; Leibniz, Wolff u. einige sprachtheor. Entwicklungen in der dt. Aufklärung (Sächs. Aka. der Wiss. zu Leipzig). Berlin 1989; (Hrsg.): Sprachtheorie und Weltanschauung in der europäischen Aufklärung. Zur Gesch. der Sprachtheorien des 18. Jhd. u. ihrer europ. Rezeption nach der Franz. Revolution. Berlin 1990.

Riedel, Manfred
10. Mai 1936–11. Mai 2009
Als nachwendischer Leipzig-Rückkehrer zum Philosophie-Prof. in Halle
Geb. in Etzoldshain bei Zeitz; studierte 1954–57 Phil. u. Germ. in Leipzig bei Ernst *Bloch u. Hans Mayer; während der Ause. um die Zwangsemeritierung des ersteren floh er frühzeitig nach West-Dtl., um in Heidelberg bei K. Löwith und H.-G. *Gadamer ungehindert weiter zu studieren; phil. Prom. 1960 über *Theorie u. Praxis im Denken Hegels*, diesen aber nicht von Marx her verstehend (publ. 1965 u. 1976); 1968 habil. zum Thema *Bürgerliche Gesell. Eine Kategorie der klass. Politik u. des modernen Naturrechts* (publ. 2011); seit 1971

o. Prof. an der Univ. Erlangen-Nürnberg u. internationale Gastprof. in Italien wie den USA; – 1990 ost-mitteldt. „Erkundungsreise" (publ. als „Zeitkehre" 1991) über Jena und Leipzig nach Halle (darin viele DDR-phil. Erinnerungsepisoden, u. a. zu Paul *Menzer u. Jürgen *Teller); 1992/93 eine Schiller-Professur an der gleichnamigen Univ. in Jena u. mit Wiederbegründung des Phil.-Inst. (als Seminar) an der MLU Halle-Wittenberg schließlich 1992 Lehrstuhl für Prakt. Phil.; erbitterte pol.-ideolog. Presse-Kämpfe um die nachholende ostdt. Nietzsche-Beschäftigung (insb. persönl.-nachtretend H.-M. *Gerlach betreffend u. wiederum abgewehrt-verteidigt von V. *Gerhardt); zeitgleich bis 2003 auch Präsd. der westdt. Martin-Heidegger-Gesell.; letztlich in Halle wenig anwesend u. wirksam; 2004 em. u. einen Tag nach seinem 73. Geb. 2009 in Rathsberg verst.

Publ.: Zwischen Tradition und Revolution. Studien zu Hegels Rechtsphil. Frankf./M. 1969 (3. erw. A. 1982); (Hrsg.): Rehabilitierung der Prakt. Phil. 2 Bde. Freiburg 1972/74; (Hrsg.): Materialien zu Hegels Rechtsphil. 2 Bde. Frankf./M. 1975; (Hrsg.): Gesch. der Phil. im 19. Jhd. Stuttg. 1981; (Hrsg.): Hegel u. die antike Dialektik. Frankf./M. 1990; Zeitkehre in Dtl. Wege in das vergessene Land. Berlin 1991 (russ. Übers. 1996); Tradition u. Utopie. Ernst Blochs Phil. im Lichte unserer geschichtl. Denkerfahrung. Frankf./M. 1994; Nietzsche in Weimar. Ein dt. Drama. Leipzig 1997/2000; (Hrsg.): „Jedes Wort ist ein Vorurteil". Philologie u. Phil. in Nietzsches Denken (Nietzsche-Kongreß 1994 in Naumburg/Saale). Collegium Hermeneuticum Bd. 1. Köln-Weimar-Wien 1999; Geheimes Dtl. Stefan George u. die Brüder Staufenberg. Köln 2006; Im Zwiegespräch mit Nietzsche u. Goethe. Weimarer Klassik u. klass. Moderne. Tübingen 2009; Vorspiele zu einer ewigen Wiederkunft. Nietzsches Grund lehre. Collg. Herm. Bd. 14. Köln-Weimar-Wien 2012. – Ein verteufeltes u. ausgeschlagenes Erbe. Ein Gespräch mit M. R. über den Umgang mit dem Werk von Friedrich Nietzsche in der DDR (Märkische Allgemeine v. 9. 8. 2000, S. 10). Inmitten der Zeit (Festschrift z. 60. Geb.) Würzburg 1996; Verstehen in Wort u. Schrift (Festschrift z. 65. Geb.) Weimar 2001.

Rieske, Günter
26. März 1941
Methodologischer Logiker in Halle
Nach der OS (Abitur) Phil.-Studienbeginn an der KMU Leipzig; 1961/62 jedoch bereits Studienunterbrechung wegen krit. pol. Äußerungen zu den Grenzsicherungsmaßnahmen des 13. Aug. 1961 (Mauerbau), daraufhin zur üblichen Bewährung in der Praxis als Dreher in einem VEB im Dreischichtensystem; 1962 Forts. des Phil.-Studiums mit Spezialisierung auf Logik; 1965 Phil.-Diplom in Halle u. Mitgl. der AG Logik im Diamat-Bereich des dortg. Phil.-Inst.; ebd. phil. Prom. z. Thema *Induktive Logik und Wahrscheinlichkeit. Eine logisch-methodolg. Studie* (angeregt von K. *Berka u. begutachtet von D. *Wittich); Zusatzstudium in Leningrad u. versch. sowjet-phil. Übersetzungsarbeiten; Mitglied der Forschungsgr. Gesch. u. Theorie der Logik im WB Logik der Phil.-Sektion (Leiter G. *Schenk); nach deren Abwicklung 1991 pos. Evaluierung u. univ. Weiterbeschäftigung am neugegr. Phil.-Seminar noch bis 2002.

Publ.: (Übers. u. wiss. Red.): O. F. Serebrjannikow: Heuristische Prinzipien und log. Kalküle. Berlin 1974 u. Lizenzausgabe Mün./Salzburg 1974; (Übers. u. Mithgb. H.-M. Gerlach) St. F. Oduev: Auf den Spuren Zarathustras. Der Einfluß Nietzsches auf die bürgl. dt. Phil. Berlin 1977. – 1968–72 in der DZfPh ein gem. Artikel (zu Frege) u. ein Bericht (zu Karl Marx u. die Mathe.).

Rittinger, Andrea
5. Juni 1960
SU-Philosophie-Studium in Rostow/Don
Geb. in Heckelberg bei Eberswalde, 1975–79 erw. OS in Eberswalde; anschl. Phil. – Studium in der UdSSR (Rostow am Don); 1984–91 wiss. Ass. an der WPU Rostock (ML Sektion im Fachbereich Phil. des dial. u. hist. Mat.); phil. Prom. noch 1991 z. Thema *Das Menschenbild in der Philosophie Arthur Schopenhauers* (Gutachter: G. *Hoffmann, H.-M. *Gerlach u. H.-C. *Rauh); nach Abwicklung u. Arbeitslosigkeit 1994–98 berufsbegleitendes Studium der Sozialpädagogik an der FH Neubrandenburg; seit 2007 Geschäftsführerin einer gemeinnützigen Gesellschaft für Kinder- u. Jugendhilfe des Arbeiter-Samariter-Bundes in Rostock.

Robbe, Martin
22. Sept. 1932
Philosophie und Religionswissenschaft
Geb. in Auerbach-Bensheim; Vater Kaufmann, Mutter Professorin in Jena, wohin 1948 die Umsiedlung erfolgte; 1950 Abitur an der dortg. ABF u. 1948 SED; da Phil. noch kein zugelassenes Studienfach, 2 Sem. Studium der Gesch., danach Wechsel zum Phil.-Studium nach Berlin u. 1955 Staatsexamen; 3 Jahre wiss. Ass. im marx.-len. Grundlagenstudium an der HS für Pol. Ökonomie in Berlin-Karlshorst; 1959 ein Jahr prakt. Prod.-einsatz in Hennigsdorf mit anschl. wiss. Asp. am Inst. für Phil. der HUB u. 1963 phil. Prom. z. Thema *Mythos, Religion und Gesellschaft. Eine Kritik der Remythisierung der bürgerl. Religionswiss. in der Epoche des Untergangs des Kapitalismus und des Aufstiegs des Sozialismus* (Gutachter: L. Junker u. W. *Heise); danach wiss. MA an der AdW der DDR bis zu deren Auflösung 1992; 1968 entscheidendes arabienwiss. Zusatzstudium in Kairo; 1970 Leiter der Abteilg. Gesch. der Entw.-länder an der AdW; 1981 Prom. B z. Thema *Der Nahostkonflikt. Ursprung, Wesen, Entwick. u. Lösungsmögl. Eine hist.-analyt. Studie* u. 1983 Ernennung Aka.-Prof.; 1992 Vorruhestand.

Publ.: Der Ursprung des Christentums. Urania 67; Dritte Welt, Asyl der Armen? Bemerkungen z. Verständnis u. Selbstverständnis der nationalen Befreiungsbewe. Berlin 1977; Kein Friede in Nahost? Die Araber, ihr Befreiungskampf u. Israel. Bln. 1978; Islam. Religion, Gesellschaft, Staat. Berlin 1980; Verlockung der Gewalt. Linksradikalismus, Anarchismus, Terrorismus. Berlin 1981; Die Palästinenser. Ihr Kampf um nationale Identität u. Eigenstaatlichkeit Bln. 1982; Die Stummen in der Welt haben das Wort. Entwicklungsländer.– Bilanz und Perspektive. Berlin 1984; Terror. Hintergründe, Täter, Opfer. Berlin 1987; Dschihad – Heiliger Krieg. Der Islam in Konfliktsituationen der Gegenwart. Militärverlag der DDR. Berlin 1989; (Mit-Hrsg.): Die Welt nach dem Ost-West-Konflikt. (Kongreß Dresden 1990). Berlin 1990. (Ebs.): Welt des Islam. Gesch. u. Alltag einer Religion. Leipzig u. Köln 1991.

Rochhausen, Rudolf
18. Dez. 1919–14. Jan. 2014
Philosophische Probleme der Naturwissenschaften in Leipzig
Geb. in Crimmitschau/Sa. u. 1926–36 Volks- u. Realschule (mittlere Reife); anschl. Schlosserlehre 1936–39 u. 1939–45 Kriegsmarine; 1945/46 brit. Kriegsgefangenschaft

in Kiel; 1946–49 Neulehrerausbildung (Mathe. u. Physik); 1949–51 Lehrer und Schuldirektor; 1951–53 Doz. am Inst. für Lehrerbildg. im Fach M-L in Dresden; 1953–55 Lektor für dial. u. hist. Mat. am Pädg. Inst. Leipzig; danach 1955–58 wiss. Ass. am *Bloch-Inst. für Phil. in Leipzig u. daselbst 1956 nachgeholtes Staatsexamen (extern) als Diplom-Phil.; 1958/59 wiss. Oberass. für dial. Mat. u. 1959 phil. Prom. z. Thema *Ganzheit u. Zweckmäßigkeit lebender Systeme im Lichte des dial. Mat. Eine Ause. mit der modernen bürgl. biologistischen Phil.* (Gutachter: A *Polikarow u. O. R. *Gropp); 1960–66 Leiter der AG Phil. Probl. der mod. Biologie am Inst für Phil. der KMU; 1964 Habil. z. Thema *Moderne Biologie u. phil. Kausalitätsauffassung* (Gutachter: K. *Zweiling und A. *Polikarow); 1965/66 Doz. für phil. Fragen der Naturwiss. am Inst. für M.-L. der KMU Leipzig, danach wiederum für dial. u. hist. Mat. ebenda; 1969–85 Prof. für dieses Lehrgebiet an der Mathe.-Naturwiss. wie Medz. Fak. der KMU; Leiter der ML-Abendschule in Rohrbach für Doz. u. Prof. der KMU 1975–89; nachwendisch fortgeführt (nun als Prof. für Wiss.-Phil.) im Rahmen der RL-Stiftung Sachsen u. Hrsg. der „Rohrbacher Manuskripte" 1995 ff.; hochbetagt verst. am 14. Jan. 2012 in Schwerin.

Publ.: Der Sputnik und der liebe Gott. Berlin 1958; (Hrsg. zus. mit K. *Berka): Die Klassifikation der Wiss. als phil. Problem. Berlin 1968; (Mithrsg.): Lenin u. die Wiss. Bd. 2 (Naturwiss). Berlin 1970; Die phil. Strategie von G. W. Leibniz. RLS. Sachsen 1994.

Röhr, Werner
27. Sept. 1941
Philosoph und Historiker in Berlin (Faschismusforschung)
Geb. in Berlin; beide Eltern im antifasch. Widerstand u. entsprechend erzogen; GS und OS 1956–60 in Wernigerode (Abitur); anschl. 1960–64 Phil.-Studium in Berlin, im Nbf. Gesch.; frühzeitg. Spezialisierung auf Gesch. der marx. Phil. in Dt. 1933–45, insb. zu Hans Günther; Diplomarbeit zur Fasch.-Auffassung von Hm. Plessner (Betreuer W. *Heise); 1964–71 wiss. Ass. im gesell.-wiss. Grundlagenstudium der ML-Sektion der HUB u. phil. Diss. A 1971 z. Thema *Arnold Gehlens Phil. der Institutionen* (Gutachter: W. *Heise u. L. *Kühne); seit 1971 wiss. MA der Aka. der Pädg. Wiss. der DDR (Inst. für Ökonomie und Planung des Volksbildungswesens); daselbst 1976 Prom B (Habil.) z. Thema *Aneignung und Persönlichkeit. Über den marx.-len. Begriff der Aneignung u. seine Bedeutung für die Theorie der sozial. Persl. u. für die Bestimmung theor.-pol. Grundlagen der sozial. Bildungsplanung* (Gutachter: L. *Kühne, Kl. Korn, H. *Steininger, publ. 1979); ab 1977 wiss. Mitarb. am ZI für Phil. der AdW (Bereich Gesch. der Phil.); im Zusammenhang mit der *Ruben-Affäre 1981 parteipol. Entfernung aus dem ZIPh. u. zwangsweise Übernahme durch das ZI für Gesch. der AdW; daselbst hist.-pol. Faschismus- u. II. Weltkriegsforschungen; 1990 Rehabilitierung u. Rückkehr ans zentral-aka. Phil.-Inst., bis dieses z. 31. Dez. 91 abgewickelt wurde; seitdem versch. Projekte u. Konferenzen zur interntl. Weltkriegs- u. Fasch.-forschung; 1994–96 Gastprof. für Phil.-Gesch. an der WSP in Zielona Gora (Polen); doch keine weitere lehraka. (univ) Anstellung od. Berufung wegen früherer Stasi-Mitarbeit; umfassende Dok. z. fast vollständigen Abwicklung der marx.-len. DDR-Geschichtswiss. (2011/12).

Publ.: (Hrsg.) Fichte: Die Bestimmung des Menschen. Leipzig 1976 u. Wiesbaden 1980; (Hrsg.): H. Günther: Der Herren eigner Geist. Die Ideologie des NS (1935). Berlin 1981; Appellation an das Publikum...Dok. zum Atheismusstreit um Fichte u. a. Jena 1798/99. Leipzig 1987 (2. korr. A. 1991); Die fasch. Okkupationspol. in Polen 1939–1945. Berlin u. Köln 1989; (Hrsg.): Faschismus und Rassismus. Kontroversen um Ideologie und Opfer. Berlin 1992; (Hrsg.): Okkupation und Kollaboration (1939–1945). Beiträge zu Konzeption und Praxis ders...Europa unterm Hakenkreuz. Erg. Bd. 1. Berlin 1994; (Mithrsg.): Terror, Herrschaft und Alltag im NS. Probleme einer Sozialgesch. des dt. Faschismus. Münster 1996; Occupatio Poloniae. Forschungen zur dt. Besatzungspol. in Polen 1939–1945. Berlin 2004; Pantarhei. Vorlg. z. antiken Phil. Berlin 2004; (Hrsg.): Spinoza im Osten, systematische u. rezeptionsgeschichtl. Studien. Sophos 3. Berlin 2005; Vom Annaberg nach Gleiwitz. Zur Vorgsch. des dt. Überfalls auf Polen am 1. Sept. 1939. Berlin 2009; Faschismusforschung im Spiegel der Kritik. Berlin 2014; Der türk. Völkermord an den Armeniern 1915/16. Zur Kasuistik seiner Leugnung in der Gegenwart. Hamburg 2015.

Rompe, Robert
10. Sept. 1905–6. Okt. 1993
Physiker und nachkriegszeitl. Hochschulfunktionär der dt. ZV für Volksbildung (SBZ)
Geb. in St. Petersburg, Russland; Vater Kaufmann und Mutter Malerin; bei Kriegsausbruch 1914 Ausweisung der dt. Familie als „feindliche Ausländer" u. Übersiedlung nach Dtl.-Bln; 1915–23 Mommsen-Gymn. Berlin-Charlottenburg u. 1923–27 Studium der Fernmeldetechnik an der TH ebenda; anschl. Hochschulstudium der Physik an der Wilhelms-Univ. zu Berlin bis 1930, abgeschlossen mit einer experimentalpysikal. Dr.-arbeit an der damals noch gem. Phil. Fak. II; Weiterentw. von elektrischen Lichtquellen für energiesparende Straßenbeleuchtung; 1932 KPD-Beitritt, antifasch. Widerstandskampf und nachrichtendienstl. Industriespionage für die UdSSR; 1939–45 Biophysiker am Kaiser-Wilh.-Inst. für Genetik in Berlin-Buch; nach 1945 weitergehende Zusammenarbeit mit dem sowjet.-militär. Geheimdienst u. 1946 Prof. für Experimentalphysik an der Berl. Univ.; daneben nachkriegszeitl. Einsatz bis 1949 als stellv. Leiter (Präsd. war der dt.-komm. Sowjetbürger Paul *Wandel) der bereits länderübergreifenden ZV für VB in Berlin (unterstand direkt der SMAD sowie dem Parteivorstand der KPD-SED) u. Hauptabteilungsleiter für die ostdt. Hochschulen (später Staatssekr. für HSW, 1951 G. *Harig) u. wiss. Einrichtungen (Akademien); 1946–50 daher auch Mitgl. des PV der SED; in diesen Funktionen entsch. Mitwirkung an der Wiedereröffnung der Berliner Linden-Univ., der (früher preußischen) Greifswalder Univ. sowie der Berl. Aka. der Wiss. (alles 1946 unter sowjet. Kontrolle); eine Zulassung der vollständig entnazifizierten Studienrichtungen für Phil. (erst 1951) und Gesch. erfolgte jedoch zunächst nicht, weil außer einigen noch verbliebenen „altbürgerl." Univ.-Phil. in der SBZ noch kein parteiorganisiertes u. marx.-len. qualifiziertes Lehrpersonal vorh. war; Rompe-Schreiben der DZV für VB v. 9. Okt. 1947 (in Beantwortung einer entspr. Anfrage von G. *Jacoby und H. *Pichler aus Greifswald vom 19. Juli d. J.) weist an, dass „für alle Studierenden der Phil. u. Pädg. Fak. verbindl. Vorlg. (nur!) über Gesch. der Phil.", nicht jedoch zur „Systm. Phil." abzuhalten sind; der danach fast vollstg. Abgang der restl.„bürgerl." Univ-Phil. in allen ostdt. Länder-Univ.

wie die FU-Gründung in West-Berlin (1948) fallen ebenfalls in diese SBZ-Anfangsjahre und Mitverantwortlichkeit von R. R.; 1947 Verheiratg. mit der Tochter von A. *Baumgarten (aus der Schweiz, ebenfalls vom sowjet. Geheimdienst); 1950/51 kurzzeitg. Funktionsverbot wegen der sog. Noel-Fied-Affäre; späterer Wechsel ins physikalische Aka.-Institut für Elekronenphysik; 1953 ordtl. Aka.-Mitgl. u. 1954–87 ununterbrochen Mitgl. des Präsd. der DAW/AdW sowie ebenso 1958–89 wiederum dauerhaftes ZK-Mitglied; 1970–87 Vors. der Physikal. Gesell. der DDR; nachwendische Gedenkreden in der Leibniz-Soz. 1995 und 2005 für ihn; D. Hoffmann bez. R. R. 2005 als die „Graue Eminenz der DDR-Physik"; allgm. physikgeschichtl. Publ. vor allem gem. mit H.-J. *Treder, dessen aka.-wiss. Kariere er entscheidend beförderte.
DDR-Personen-Lexikon 2010 (H.-C. *Rauh).

Röseberg, Ulrich
21. Okt. 1943–23. März 1994
Physiker-Philosoph im Hörz-Bereich „Phil.-Wiss.-Entwicklung" an der DDR-Akademie
Geb. in Kamenz, Vater Kraftfahrer u. Mutter Krankenschwester; Schulbesuch 1950–61 in Kamenz u. 1961/62 ABF in Halle (Russ.-Abi.); prakt. Jahr 1962/63 als Rinderzüchter; delegiert 1963–68 z. Physik-Studium an die Mosk. Staatl. Lomonossow-Univ. (MGU); anschl. Asp. im Hm. *Ley.-Bereich für phil. Probleme der Naturwiss. am Inst. für Phil. der HUB u. 1972 ebd. phil. Prom. z. Thema *Phil. Aspekte der Evolutionsphysikal. Bewegungsauffassungen* (Gutachter: H. *Ley, H. *Hörz, R. Bellmann); 1973–91 Mitarb. am ZIPh. der AdW der DDR im Wiss.-Bereich Phil. Probleme der Wiss.-entw. (Leiter H. *Hörz); ab 1980 Westreisekader und jährl. Teilnahme am Internatl. Symposien in Deutschlandsberg/Österr. (so auch als MfS-Berichterstatter „Aspirant"); 1981 einer der parteiamtl. Hauptakteure (als Vors. einer Parteiverfahrenskom.) in der pol.-ideolg. Ausschaltung der angeblich revisionist. Phil.-Gruppe um P. *Ruben; 1981 Aka -Prom. B. z. Thema *Unbestimmtheit – Komplexität – Widerspruch u. nichtrelativist. Quantenmechanik* (Gutachter: H. *Hörz – publ. 1984 als ‚Szenarium einer Revolution'); 1984 Ernennung z. Aka.-Prof. u. noch Juli 1990 Korr. Mitgl. der DDR-Aka. der Wiss. bereits im Abwicklungszustand (spätere Übernahme in die Leibniz-Sozietät); 1987/88 Sekr. der SED-Institutsparteileitung; 1989/91 Leiter (in Nachfolge H. *Hörz) des FB Wissenschaftsphil. am aka.- phil. ZI.; 1991/92 Fellow an der Uni. of Pittsburgh/Engl.; 1992 pos. Evaluierung durch den westdt. Wissenschaftsrat und Überführung in den Forschungsschwerpunkt Wiss.-gesch. der Max-Planck-Gesell.; krebserkrankt verst. 1994 in Berlin.
DDR-Personen-Lexikon 2010 (D. Hoffmann).

Publ.: Determinismus und Physik. Berlin 1975; Quantenmechanik und Phil. Berlin und Braunschweig 1978; (Mithrsg. H. Hörz): Mat. Dialektik in der physikl. und biolg. Erkenntnis. Berlin u. Frankf./M. 1981; Phil. und Physik. Atomismus in drei Jahrtausenden. Leipzig 1982; Niels Bohr. Leben und Werk eines Atomphysikers. Berlin 1985 (2. A. 1987 sowie 1992).

Rosental, Mark M.
1906–1975
Sowjetischer Philosophie-Spezialist für die „dialektische Logik"
(dial.-mat. Kategorienlehre)
Geb. in Ustja (Ukraine); begann seine berufl. Entw. als Arbeiter in einer Zuckerfabrik; 1925 KPdSU-Mitgl. u. Absolvent des Partei-Instituts der ‚Roten Professur'; danach red. Zeitschriftenarbeit u. während des Krieges Gebietsparteiarbeit; nachkriegszeitlicher Lehrstuhl für dial. u. hist. Mat. an der PHS des ZK der KPdSU u. Lehrtg. auch an deren Aka. für Gesell.-wiss. in Moskau; „vaterländische" Forschungen zu Tschernyschewski sowie z. Kategorienbestand der Mat. Dialektik, ‚dial. Logik' benannt; diese hatten vor allem mit Marx u. dessen „Dialektik im 'Kapital'" wie mit Lenins Hegel-Studien (Phil. Nachlass) zu tun und weniger unmittelbar mit Hegels dial.-kategorialer „Wiss. d. Logik"; in der SBZ u. in den Anfangsjahren der DDR-Phil. der am meisten übersetzte (Broschüren in Massenauflagen) parteiamtliche sowjet.-phil. Autor bis 1975, was die anschl. dt.-sprachg. Bibl. belegt; kritisch debattiert wurden diese „dialektisch kategorialen" Arbeiten jedoch niemals; sie galten als lehramtl. Schulungsmaterial im Parteilehrjahr, waren aber im eigentl. univ. Phil.-Studium nicht weiter verwendbar. DDR-Philosophenlexikon 1982 (Autorenkollektiv).

Publ.: Materialistische u. idealistische Weltanschauung. Berlin 1947, 2. A. 1948 (Übers. von G. Harig); Dial. Mat. (Moskau 1937). Berlin 1953 (3. A. 1956); Die marx. dial. Methode (M. 1951). Berlin 1953 (3. A. 1955); Was ist marx. Erkenntnistheorie? Berlin 1956 (3 Aufl. mit 50 Tsd. Exempl.); Die Dialektik in Marx' „Kapital" (M. 1955). Berlin 1957 (2. A. 1959); Kategorien der mat. Dialektik. Berlin 1959 (2. A. 19 60); (Leiter eines Autorenkollektiv der Aka. für Gesellwiss. der KPdSU): Lenin als Philosoph. Bln. 1971; Die dial. Methode der pol. Ökonomie von Karl Marx. (2. A. M. 1967). Berlin-West 1973; (Hrsg. Inst. für Phil. der AdW der UdSSR): Geschichte der Marxist. Dialektik. Von der Entstehung des Marxismus bis zur Leninschen Etappe (Übers. der DDR-Ausgabe durch ein Phil.-Kollektiv des ZIfPh. der Aka der Wiss. der DDR unter Ltg. v. G. Klimaszewsky). Berlin 1974 (2. A. 1975).

Rossade, Werner
4. Dez. 1930–20. Febr. 2015
Weststudent, Phil.-Lektor, Republikflucht und eine spätere DDR-Kulturgeschichte
Geb. in Brieg an der Oder/Niederschlesien (heute Polen) als Sohn eines Maschinenbauers; kriegsbedg. Evakuierung nach Donauwörth im bayr. Schwaben; ebd. Real- u. OS mit Abi.; Studienanfänge 1950–54 der Neuphilologie (5 Sem.) und Rechtswiss. (3 Sem.) an der Univ. München; 1953 KPD-Eintritt u. mit deren drohenden Verbot 1955 Übersiedlung in die DDR; dann 1955-58 fortgz. Phil.-Studium an der HUBerlin (6 Sem) mit der Spezialisierung auf Ästhetik u. Kulturtheorie; dabei 1958 Vors. einer (studentischen) SED-Parteikom. am Phil. Inst., die den Parteiausschluß von Peter *Ruben vorzubereiten hatte (beauftragt vom Inst.-Parteisekr. E. *Hahn u Fachrichtungsleiter ist W. *Heise); bis 1962 wiss. Ass. u. Doktorand am Phil.-Inst.; anschl. Verlags- u. Übers.-arbeit, insb. sowjetphil. Titel z. „Leninismus" (1974) sowie von A. K. *Uledov im DVW Berlin; phil. Prom. 1964 *Zur Krirtik des kulturpol. Programms der rechten SPD-Führung und seiner ideolog. Grundlagen* (Gutachter: W. *Heise, W. *Besenbruch);

danach Forschungsmitarbeiter am Inst. für Zeitgeschichte, später Inst. für Intl. Pol. u. Wirtschaft (IPW) der DDR in Ost-Berlin, das es mit sog. „Westarbeit" zu tun hatte; 1976 „überraschende" Flucht aus der DDR in die BRD (zur Beerdigung seiner Mutter) und freischaffender Publizist in München sowie auch Lehrtg. ebd. u. Bochum; die HU Berlin aberkannte ihm derweil wegen sog. „Republikflucht" bzw. Verrat der DDR den Doktorgrad ab (1998 von der gl. Univ. insgesamt als „sittenwidrig u. daher nichtig" erklärt, ebenso wie nachholend zugleich eine weitere 1. Liste mit während der NS-Zeit aberkannter Dr.-Titel); spätere Mitarbeit an DDR-Forschungsprojekten der FU Bln.-West; 1997 bedeutsame soziolg. Kulturgesch. der DDR erstellt, die aber ostwärts wie gehabt bis heute kaum z. K. genommen wurde.

Publ.: Literatur im Systemwechsel. Zur ideologiekrit. Analyse künstlerischer Lite. aus der DDR. 2 Bde. Bern-Lang 1982; Sport und Kultur in der DDR. Sportpol. Konzept u. erweiterter Kulturbegriff in Ideologie u. Praxis der SED. Mün. 1987; Gesellschaft u. Kultur in der Endzeit des Realsozialismus. Berlin 1997; (Mithrsg.): Politik und Bedeutung. Studien zu den kulturellen Grundlagen pol. Handelns und pol. Institutioen. Wiesbaden 2002.

Rothe, Barbara
6. Okt. 1949
Dialektischer Materialismus an der ML-Sektion der HU zu Berlin
Geb. in Bad Dürrenberg; Vater VP-Angehöriger u. Mutter Lehrerin; 1956–1964 POS in Altenburg u. 1964–68 EOS in Merseburg (Abi. und Elektromonteur); 1967 SED; anschl. Phil.-Studium 1968–72 in Berlin mit fortgz. Forschungsstudium im Bereich Dial. Mat. der Sektion Marx.-len. Phil. der HUB (Bereichsleiter G. *Redlow); 1975 phil. Prom. z. Thema *Die dial.-mat. Auffassung der phil. Kategorie Identität* (Gutachter: G. *Redlow, G. *Stiehler, E. *Fromm); 1973–82 wiss. Ass. im Bereich Dial. Mat. u. 1978/79 Zusatzstudium an der MGU in Moskau; seit 1982 Versetzung ins marx.-len. Grundlagenstudium der ML-Sektion der HUB und Sekr. der Forschungsgruppe Phil.-methodolg. Probl. der Pol. Ökonomie (Leitung Hb. *Steiningen); daselbst Prom. B 1985 *Zur Dialektik von Natur und Gesell. Ein Beitrag zur Kritik des ‚krit.-theor.' Natur- u. Geschichtsverständnisses von Alfred Schmidt* (Gutachter: H. *Steininger, G. Rose, G. *Söder); Ernennung zur ML-Hochschul-Dozentin, jedoch mit Schließung der univ. ML-Sektion nachfolgende Entlassung u. Arbeitslosigkeit.

Rother, Karl-Heinz
25. Juni 1941
ML-Diplom-Lehrer in Leipzig
Geb. in Leipzig; 1955 GS mit 8-Kl.-Abschluß; 1955–57 Dreher-Berufsausbildung u. Betriebskampfgruppe 1957–59; 1959–62 Wachregiment des MfS in Berlin; 1964–69 Transportpolizei; 1965–70 VHS–Abitur nachgeholt; 1970–74 Studium an der ML-Phil./WK-Sektion in Leipzig (Diplomlehrer ML); wiss. Ass. im Bereich Hist. Mat. ebd. u. 1977/78 APO-Sekretär; 1979/80 MGU-Zusatzstudium in Moskau; daselbst Kand. der phil. Wiss. (Dr. phil.); April 1989 wegen unorthodoxer Disk. der authent. Marxschen

Staatsauffassung aus der SED ausgeschlossen; es kommt aber zu keiner, früher zwangsläufig üblichen univ. Entlassung mehr; jedoch mit nachfolg. Phil.-Abwicklung in Lpz. nur noch befr. Arbeitsverträge; nachwend. Aufarbeitungspubl. „Parteiverfahren für Marx. Hier irrten Kurt *Hager u. andere". Berlin 1990.

Ruben, Peter
1. Dez. 1933
Naturphilosophie, Arbeit und Dialektik sowie Parteiausschlüsse 1958 und 1981
Geb. in Berlin in einer Arbeiterfamilie, Vater Maschinenschlosser; 1940/48 Besuch der GS u. 1948/52 OS mit Abi.; anschl. dreij. freiwillige Meldung zur Kasernierten Volkspolizei (KVP) u. ab 1955 anschl. Studium der Phil. (Nebenfach Mathe.-Physik) an der HU zu Berlin; doch bereits 1958 unter dem Vorwurf, eine partei- u. staatsfeindli. Studentengruppe anzugehören (P. *Langer, Kh. *Meselken u. H.-D. *Schweikert, die daraufhin auch strafrechtlich verurteilt wurden), diese nicht bekämpft u. selbst eine parteiwidrige „Fraktion" gebildet zu haben, aus der SED wie vom weiteren Studium ausgeschlossen und z. Bewährung in der Produktion für 3 weitere Jahre „beurlaubt"; daher 1958–61 als Bauhilfsarbeiter tätig, u. a. am Flughafenbau Berlin-Schönfeld; 1961–63 Fortsetzung u. Abschluss des Phil.-Studiums in Berlin, mit 1964 Wiederaufnahme in die SED; daraufhin 1964/65 wiss. Ass. am Berl. Phil.-Inst. (zunächst beschäftigt mit soziolg. Befragungen); 1965–68 plm. Asp. am Hm. *Ley-Lehrstuhl für phil. Probleme der Naturwiss. u. 1969 phil. Prom. z. Thema *Mechanik u. Dialektik. Eine wiss.-theor.-phil. Studie zum physikalischen Verhalten* (Gutachter: H. *Ley, H. *Hörz); zugleich 1968–70 Oberass. u. Lehrtg. zur Methodologie im Bereich Diamat (Bereichsleiterin A. *Griese); 1971 erneuter Wechsel als geschäftsf. Oberass. in den Bereich Phil.-Wiss. u. 1973/74 sowjet-phil. Zusatzstudium in Leningrad; danach 1975 Wechsel ans ZIPh der AdW (Direktor M. *Buhr) in den Forschungsbereich Dial. Mat. (Leiterin C. *Warnke); 1975/76 erstaunl. Gastprofessur in Aarhus (Dänemark) u. danach stellvertr. Bereichsleiter am gen. aka.-phil. ZI; 1976 Prom. B zum Thema *Widerspruch und Naturdialektik* an der Sektion für Marx.-len. Phil. der HUB (Gutachter: H. *Ley, H. *Hörz, I. S. *Narski); seit 1978 wurden seine phil.-theor. Auffassungen: Unterscheidung von Logik/Analytik u. Dialektik sowie sein Widerspruchs- u. Arbeitskonzept, nach unerwarteter „westlicher" Publ. u. Anerkennung sowie entspr. DZfPh.-Veröffentlichung (Chefred. H.-C. *Rauh) am ZIPh zunehmend Gegenstand ideologisch-politischer Attacken, die schließlich z. üblichen (letztmalg.) Vorwurf des Revisionismus und 1981, da keine parteiliche „Selbstkritik" erfolgte, schließlich erneut zum Parteiausschluss führten, woran der Institutsdirektor M. *Buhr wie die Bereichsleiter H. *Hörz u. W. *Eichhorn I (beide Akademiemitglieder) sowie im Hintergrund verschiedenste SED-Parteiinstanzen (vom Inst.-P.-Sek. H. *Horstmann, Aka.-KL u. BL Berlin bis zum stellv. ZK-Abt.-Leiter G. *Schirmer) mitwirkten; dabei kam es letztlich zum Parteiausschluss einer ganzen aka.-phil. Gruppe (neben P. R. von C. *Warnke, B. *Hartmann, U. *Hedtke, W. *Röhr u.a.) sowie zur staatsparteil. und konzeptionalen Zerschlag. des gesamten Diamat-Bereichs mit Arbeitsumsetzung der gen. Personen

und Aussetzung des bereits eingeplanten ZP-Projekts zum „dial. Widerspruch"; auf eine parteikollektiv org. krit.-polem. Artikelserie führender DDR-Phil. in der DZfPh konnte der so Angegriffene (anders als bei der Seidelschen Praxisdisk. 1967) nicht mehr antworten, was sich verband mit nachfolg. ebenso zentralparteiamtl. Absetzung des damaligen Chefred. dieser Zeitschrift H.-C. *Rauh durch die ZK-Abt. Wiss. (G. *Schirmer/G. *Mertsching); nur aufgrund westl. Proteste, insb. aus der BRD (Theunissen, Lorenzen, *Mittelstraß, Kambartel, Kimmerle u. W. R. *Beyer) und selbst des DKP-Vorstandes, Weiterbeschäftigung am ZIPh, jedoch zwangsversetzt (so wie alle anderen Ausgeschlossenen auch) in einem anderen Forschungsbereich (Hist. Mat, Leiter W. *Eichhorn I), verbundenen mit einem vollstg. Lehr- u. Vortragsverbot wie weitgehende interntl. Isolierung u. Einschränkung der Publikationsmöglichkeiten bis z. Ende der DDR 1989/90; – daraufhin institutionelle Aufarbeitung der sog. „Ruben-Affäre", vor allem durch jüngere MA des ZIfPh (der 3. Generation) u. Offenlg. aller damlg. „Gutachten" durch eine Dok. *Gefesselter Widerspruch* (beauftragt von Hm. *Klenner, hrsg. von H.-C. *Rauh zugleich mit selbstkrit. Stellungnahmen fast aller beteiligten Personen). Berlin 1991; nach Rücktritt der Inst.-Leitung (Buhr, Hörz, R. *Kirchhoff) bestimmte ein neu gewählter Wiss. Inst.-Rat (Vors. H. *Klenner) im Mai 1990 Dr. sc. P. R. zum erstmalig in freier u. demokrat. Wahl z. neuen Direktor des aka.-phil.-Instituts u. noch im Sept. 1990 erfolgte die Ernennung als letzter ostdt. Phil.-Prof. an der AdW der DDR, bevor danach deren vollstg. Schließung bzw. Abwicklung aller ehemals „gesellwiss." Bereichs-Institute (e. das der Phil.) eingeleitet wurde; 1992/93 kurzztg. Weiterbeschäftig im Rahmen des WIP der KAI e.V. und 1994–96 wiss. Mitarb. am Lehrstuhl für Politikwiss. der Europa-Univ. Viadrina Frankfurt/O.; 1997 arbeitslos und seit 1998 Alters-Rentner in Berlin; 1990–2010 Präsd. des Vereins Berliner Debatte INITIAL e.V. und Mitbegründer der gleichnamigen Zft.; nachfolgend beteiligt an der dreibändigen hist.-kriti. Aufarbeitung der DDR-Philosophie, insb. hinsichtlich ihrer ursprünglichen wie wesensbestimmenden parteikomm. Verfassung und Organisiertheit; 2013 Festschrift „Dialektik – Arbeit – Gesell." zum 80. Geb; die elektronische Veröffentlg. seiner Schriften und Artikel (in denen sich sein phil. Konzept ohne eine größere Buchpubl. so nur schrittweise entwickeln konnte) erfolgt aktuell durch U. *Hedke u. C. *Warnke, jedoch nur zugänglich im Internet; da es zu keiner geschl. Publ. (außer einer linksmarx. „Westpubl." 1978) seiner Auffassungen im vorgeb. Rahmen der offiziellen marx.-len. DDR-Phil. kommen konnte, werden diese „Einzelbeiträge" hier ausdrücklich mit aufgeführt; eine verkürzte Zusammenfassung seines phil. Konzepts enthalten versch. hier mit aufgeführte Beiträge von Camilla *Warnke. DDR-Personen-Lexikon 2010 (J. Wielgohs).

Publ.: Zum Verhältnis von Philosophie und Mathematik, Dialektik und Logik – dargestellt am Widerspruch (DZfPh-SH 1966); Zum Verhältnis von Sprache u. Inhalt der marx.-len. Philosophie (DZfPh-H. 8/1968); Strategisches Spiel u. dialektischer Widerspruch (DZfPh-11/1970; Wissenschaft als Allgemeine Arbeit (Zft. SoPo 36/1976); (Autorenkollektiv, Mitautor H. Hörz): Wer, was, wann? Entdeckungen u. Erfindungen in Naturwiss. u. Technik. Leipzig 1977, 2. A. 1980 (ab 3. A. 1985 u. 4. A.

1989 ist R. durch G. Banse ersetzt); Dialektik u. Arbeit der Philosophie. Aufsatzsammlung. Studien zur Dialektik, Bd. 130. Köln 1978; Philosophie und Mathe. Eine populärwiss. Darstellung der phil. Basis für das weltanschauli. Begreifen der Mathe. Kleine Schülerbibl. Nr. 98. Leipzig 1979; (mit C. Warnke): Arbeit – Telosrealisation oder Selbsterzeugung der menschl. Gattung? (DZfPh-1/1979); (mit H. Wagner): Sozialistische Wertform und dialek. Widerspruch (DZfPh 10/1980); (gem. mit C. Warnke): Philosophische Schriften I, Aarhus-Paris-Florenz 1981 (illegaler westdt. Raubdruck); Schumpeters Theorie der Wirtschaftsentwicklung in phil. Sicht (DZfPh-4/1990); Die DDR u. ihre Philosophen. Über Voraussetzungen einer Urteilsbildung (DZfPh-1/1991); Gemeinschaft u. Gesellschaft. Das gescheiterte komm. Experiment. In: Ästhetik & Kommunikation. 20 (1991) 77; Der moderne Kommunismus und die soziale Frage. Phil. Vorträge, H. 1 der Hellen Panke. Berlin 1999. – *Anfänge*: Von der Phil. u. dem dt. Kommunismus. Ein Blick in die Vorgesch. der DDR-Phil. u. Klaus Zweiling, der Lehrer; *Denkversuche*: DDR-Phil. unter Parteiregie. Neue Anfänge zw. dem 5. und 8. SED-Parteitag; *Ausgänge*: Nicht mit dem M-L vereinbar! – Der Ausschluß von Peter Ruben aus der DDR-Philosophie 1980/81 (C. *Warnke) und nochmals dazu in Bd. IV dieser Reihe zur Gesch. der „Akademie-Philosophie" bzw. des ZIfPh der ADW der DDR (Berlin 2017).

Ruben, Walter
26. Dez. 1899–7. Nov. 1982
Indologie in philosophischer Hinsicht in der DDR
Geb. in Hamburg in einer Großkaufmannsfamilie; Besuch des dortg. Wilhelmsgymnasium u. privater Sanskritunterricht; nach kriegsbedg. Notabi. (1917) u. anschl. Kriegsdienst, ab 1919 Studium der Indologie, der griech. u. latein. Sprache u. auch Phil. in Bonn u. Berlin; erfolgte 1924 die phil. Prom mit einer Arbeit zur Indischen Logik und 1927 die Habil., danach PD für Indische Philologie in Bonn u. Frankf./M; mit der nationalsozial. Machtergreifung außerhalb Dtls. 1935 eine dreijh. Prof. für Indologie in der Türkei/Ankara; danach pol. Emigrant u. Forschungsreisen nach Indien; bis 1948 Prof. für Indologie an der Univ. Ankara; bei seiner Rückkehr nach Dtl. (Hbg.) verweigern ihn im März/April 1948 die sowjt. Militärbehörden die Einreise in die SBZ; daher 1948/49 an der Univ. von Santiago de Chile Prof. f. Ethnologie; 1950 o. Prof. mit Lehrstuhl an der HU zu Berlin u. Direktor des Inst. für Indienkunde; ab 1962 auch Aka.-Mitgl. und 1965/68 daselbst em.; Festschrift z. 70. Geb. „Neue Indienkunde" (mit Bibl.). Berlin 1970 und Jubl.-Beiträge zum 80. Geb. „Indiens Rolle in der Kulturgesch." Berlin 1982; verst. 1982 in Berlin; Gedenkband „Indian culture". In memory of Walter Ruben. Berlin 2002. Abhandlg. der Leibniz-Soz. Bd. 9; Kalidasa. New Delhi 2009 (Gedenkband zum 110. Geb.).
DDR-Personen-Lexikon 2010 (B.-R. Barth).

Publ.: (Phil.-bezügliche Auswahl): Zur indischen Erkenntnistheorie: Die Lehre der Wahrnehmung nach den Nyayasüstras III/1. Leipzig 1926; Indische u. Griechische Metaphysik. Leipzig. 1931; Indisches Mittelalter. Zürich 1944. Istanbuler Schriften 3; Indien im Rahmen der Weltgesch. Zürich 1945; Die Philosophen der Upanishaden. Bern 1947; Indien gestern und heute. Berlin 1953; Gesch. der indischen Philosophie. Bln. 1954; Einführung in die Indienkunde. Ein Überblick über die hist. Entw. Indiens. Berlin 1954; Beginn der Phil. Indiens. Aus d. Veden. Phil. Studientexte. Bd. 1 Bln. 1955 (3. A. 1961); Die Lage der Sklaven in der altind. Gesell. Sitzungsberichte der AdW. Jg. 1955/Nr. 2. Berlin 1957; Über die Aufklärung in Indien. Ebenso. Berlin 1959/Nr. 2; (Mit-Hrsg.): Die öko. u. soziale

Entw. Indiens. Sowjt. Beiträge zur indischen Gesch. (Übersetzung) 2 Bde. Berlin 1959/61; Die gesell. Entwicklung im alten Indien. 6 Bde. Berlin 1957/73 (Bd. 4 zur Philosophie. Berlin 1971); Rabindranath Tagores Weltbedeutung. Berlin 1962 (z. entspr. Umbenenung einer Straße in Berlin-Grünau); (Hrsg. u. Übers.): Indische Romane. 3 Bde. Berlin 1961/67; Die Homerischen u. die altindischen Epen. Ebenso Berlin 1975, Jg. 1973/Nr. 24; Kulturgeschichte Indiens. Versuch der Darstellung ihrer Entw. Berlin 1978; Wissen gegen Glauben. Der Beginn des Kampfes des Wissens gegen den/das Glauben im alten Indien und Griechenland, AdW Berlin 1979; (Mitautor): Marxism and Indology. Calcutta. 1981.

Rubinstein, Sergej L.
1889–1960
Russisch-sowjetischer Psychologe und Mitbegründer der marx. DDR-Psychologie
Geb. in Odessa und daselbst nach dem Studium erste phil. Lehrtg. auf dem Gebiet der Pädg. und Logik im Schulwesen; nach der Oktober-Rev. 1919 Dozent für Phil. u. Psy. an der Univ. seiner Heimatstadt Odessa, und 1921–32 leitete er den Lehrstuhl für Psychologie des Inst. für Volksbildung, das aus der „Vereinigung" (also weitgehenden Schließung!) aller geisteswiss.-phil. Fakultäten und Institute entstanden war; 1932 Psychologie-Lehrstuhl am Pädg. Inst. in Leningrad u. 1942 Lehrstuhl für Psychologie an der Staatl. Univ. Moskau; nach 1945 leitete er den Sektor Psych. am Inst. für Phil. der AdW der UdSSR, womit die sowjet. Psychologie wieder phil., nun aber allein marx.-len. bestimmt wurde; zahlr. seiner psycholg. Grundlagenwerke sind daher immer zugleich phil. -erkenntnistheor. ausgerichtet, behandeln also nicht einfach nur metatheor. sog."phil. Fragen der Psychologie." – das hatte aber auch in der DDR zur Folge, dass teilweise (wie in den Gesell.-wiss. überhaupt) direkt von „marx.-len. Psychologie" oder von dial.-mat. (entgegengz. idealist. u. bürgerl.) Psychologie recht ideologisiert gesprochen wurde; besonders großen Einfluß in der gesamten DDR-Pädagogenausbildung wie in der marx.-len. Erkenntnistheorie.
DDR-Philosophenlexikon 1982 (Hans Hiebsch).

DDR-**Publ.:** Grundlagen der allgm. Psychologie. Berlin 1959 ff.; Sein und Bewußtsein. Moskau 1957 u. Berlin 1962; Das Denken und die Wege seiner Erforschung. Moskau 1958/Berlin 1961; Prinzipien und Wege der Entwicklung der Psychologie. Moskau 1959/Berlin 1963.

Rudolf, Günther
19. Juli 1929–26. Juli 2017
Philosoph – Soziologe – Ökonom u. einziger Ferdinand Tönnies-Forscher in der DDR
Geb. in Leipzig; Besuch der MS u. 1946 mittlere Reife; Lehrzeit für Elektrotechnik; 1947/48 Vorstudienanstalt in Leipzig zur Erlangung der Hochschulreife, 1948 Studienbeginn Rechtswiss. (4 Sem.); 1950 Wechsel zur neu gegr. Gewi-Fak. u. zum Phil.-Studium in Leipzig bei Ernst *Bloch u. Literatursoziologie bei Hans Mayer; 1952/53 Streichung und Ausschluß aus der SED; phil. Diplomarbeit 1954/55 zu Schelling und anschl. Kurzausbildung z. wiss. Fach-Bibliothekar mit Anstellung an der UB Greifswald 1957–61; anschl. AdW-Bibl. bis 1965 u. Inst.-Phil.-Bibl. bis 1968; 1967 gesell.-wiss. Aka.-Prom. (Vors. Aka.-Mitgl. F. *Oelßner) z. Thema *Die phil.-soziolg. Grundpositionen von Ferdinand Tönnies (1855–1936). Ein Beitrag zur Gesch. und Kritik der bügerrl. Soziologie* (Gutach-

ter: K. Braunreuter, W. *Eichorn I – publ. jedoch erst 1995!); Aka.- Prom. B 1977 z. Thema *Von Desiderius Erasmus zu Rodbertus Jagetzow. Untersg. zum vormarx. öko. Denken unter bes. Berücksichtig. der Eigentumskonzeptionen. Ein Beitrag zur Gesch. und Kritik sozialöko. Ideologien in Dtl.* (Gutachter: L. Zahn, S. *Wollgast, W. Krause); 1984 zusätzl. ökonomiewiss. Diss. z. Thema *Karl Rodbertus u. die Theorie der absoluten Grundrente* (publ. 1984); schließlich Projektleiter einer aka. Arbeitsgruppe zur „Gesch. der sozialen u. öko. Lehrmeinungen" am ZI für Wirtschaftswiss. der AdW noch bis 1994.

Publ.: (Mitautor): Grundlinien des öko. Denkens in Dt. Bd. 1. Von den Anfängen bis zur Mitte des 19. Jhd. (Bln. 1977), Bd. 2. (Zus. mit W. Krause): 1848 bis 1945 (Berlin 1980); Mitarbeit am „Ökonomen-Lexikon". Berlin 1989; (Hrsg.): Ferd. Tönnies: Der Nietzsche-Kultus. Eine Kritik. Berlin 1990; zahlr. Artikel u. Rez. in Fachzeitschriften wie in der Tagespresse.

Ruml, Vladimir
1923–1993
Tschechoslowakischer marx.-len. Wissenschaftsphilosoph
Geb. in Lysa nad Labem; 1945–50 Student der Phil. Fak. der Karls-Univ. Prag, wo er 1950 promovierte; zugleich 1948–52 schon Hilfsass. an der HS für Pol. u. Sozialwesen in Prag; danach wiss. MA im Kabinett für Phil. der AdW der CSSR u. 1958–62 ebs. des Inst. für GW des ZK der KPC; 1963–68 parteieingz. Direktor des Phil.-Inst. der Aka. u. danach wiederum leitender MA am Inst. für ML beim ZK der KPC; schließl. korr. Aka.-Mitgl. und in den 60er Jahren bemüht, das phil.-physikal. Erbe Einsteins zu prop., um nicht nur den log. Positivismus kritisieren zu müssen; aber in der DDR zugleich Mithrsg. der Burschen Aka.-Reihe zur Kritik der bürgerl. Ideologie; verst. 1993.
DDR-Philosophenlexikon 1982 (V. Tomek).

Publ.: Der logische Positivismus. Berlin 1965; (gem. mit M. Buhr u. A. Gedö): Die phil. Aktualität des Leninismus. Burhrsche Kritik-Reihe, Bd. 12. Berlin u. Frankf./M. 1972; (Ebs. gem. mit Jowtschuk): Marx.-len. Phil. und ideolg. Klassenkampf, Bd. 50-1974; (gem. mit Buhr u. H. Horstmann): Positivismus u. wiss. Erkenntnis (tschech. Ed. Praha 1976); Die marx.-len. Phil. als Phil. des Komm. Prag 1978; Hrsg. von L. Wittgensteins „Phil. Untersuchungen" (slowak. Ed. – Bratislava 1979); (Mitwirkender Hr. Gemkow): Fr. Engels (tschech. Ed. – Praha 1982).

Runge, Monika (geb. Schmidt)
21. Nov. 1950
Diplom-Philosophin und nachwendische PdS-Politikerin in Leipzig
Geb. in Ehrenberg bei Hildburghausen; 1957–65 Besuch der GS u. EOS 1965–69 (Abi.); anschl. Phil.-Studium 1969–73 u. Forschungsstudium an der Sektion Marx.-len. Phil./WK der KMU Leipzig; 1979 phil. Prom. am Lehrstuhl Marx.-len. ET (D. *Wittich) z. Thema *Das Verhältnis zw. Marx.-len. Phil., speziell Erkenntnistheorie u. Arbeiterbewe., analysiert anhand der Schriften W. I. Lenins nach 1917* (Gutachter: D. *Wittich, H. *Seidel); danach bis 30. Sept. 1991 unbefr. wiss. Ass., ab 1985 im Bereich Gesch. der (marx.-len.) Phil., speziell Leninsche Etappe; 1987 entspr. SU-Forschungsaufenthalt;

mit landesadminstrativer (univ.) Abwicklung der Sektion (ML) Phil. befristete Arbeitsverträge und Prozeßführung dagegen, die jeweils im Vergleich (mit entspr. Abfindung) z. 30. Sept. 1992 endgültig endeten; danach Mitglied des Ortsvorstandes der PdS Leipzig Mitte, Mitgl. des Landesvorstandes der PdS Sachsen u. seit 1994 Abgeordnete des Sächs. Landtages ihrer Partei (jetzt der Linken); seit 2000 ehrenamtl. Vors. der parteinahen RL-Stiftung Sachsen e.V. in Leipzig.

Rupprecht, Frank
4. Febr. 1932–30. Nov. 2008
Chefredakteur der DZfPh 1969–1978
Geb. in Leipzig; kriegsbedingter Besuch der VS u. nachkriegszeitl. Besuch der Leibniz-OS, schon mit 17 Jahren in die SED und 1950 Reifepfrüfung (Abitur); anschl. 1950–53 im Reg.-app. der DDR (Staatssekr. für HW) in Berlin tätig und delg. zum Phil.-Studium an die HUB 1953–58; im Nf. Geschichte u. spezialisiert auf den Hist. Mat. (H. *Scheler); 1958/61 verantwortlich für den Aufbau des univ. Fernstudium Phil. an der HUB; 1963/64 erneuter Einsatz im zentralen Reg.-app. (Staatssekr. für Kirchenfragen, verantw. für die Kath. Kirche); danach planm. Asp. am Inst. für Phil. der HU Berlin und 1967 phil. Prom. z. Thema *Der M.-L. über das Problem des Ideals* (Gutachter: H. *Scheler, F. *Müller – publ. 1968 u. dem Titel „Ideal und Wirklichkeit"); danach wiss. Mitarbeiter in der im Aufbau befindl. Abt. Phil.-metholog. Probleme der Gesell.-wiss. (Leiter H. *Scheler) am Berl. Phil.-Inst. (parallel zum Hm. *Ley-Lehrstuhl für phil. Probl. der Naturwiss.); 1968/69 sowjet.-phil. Zusatzstudium in Kiew und 1969–78 Einsatz als Chefred. der DZfPh.(Vorgänger R. *Kirchhoff/Nachfolger H.-C. *Rauh); damit 1979 Ernennung zum HS-Doz. für marx.-len. Phil. und Anstellung am Inst. für ML-Phil. der Partei-Aka. für Gesell.-wiss. beim ZK der SED (Phil.-Inst.-Direktor E. *Hahn) u. daselbst Bereichsleiter für Hist. Mat.; Mitglied des Friedensrat der DDR; 1983 Prom. B ebd. zum Thema *Realer Optimismus* (publ. Berlin 1983) u. 1985 Ernennung zum parteiphil. Prof. für dial.-hist. Mat. (ministerielle Abberufung zum 30. Mai 1990 durch die letzte DDR-Reg.); 1991 Vorruhestand und Rentner; Veranstalter einer monatlich stattfindenden Vortragsreihe „Phil. Gespräche" im Rahmen des Berl. kulturpol. Bildungsvereins „Helle Panke"; seit 2001 (nach eigener mehrfacher schwerer Krebserkrankung) intensive Teilnahme am sozial-mdz. Diskurs über Patientenautonomie, Sterbehilfe und Freitod; letzteren wählte er dann am 30. Nov. 2008 in Berlin für sich selbst.

Publ.: (Hrsg.): H. Scheler: Aufsätze zum Hist. Mat. Bln. 1973; Vertrauen auf die eigene Kraft. ABC des M-L. Berlin 1983; (gem. mit E. Hahn u. A. Kosing): Einführung in die marx.-len. Phil. Staatsbürgerkunde-Lb für die Abiturstufe. Berlin 1983 (13. A. 1989); Erfolgsstreben u. Umgang mit Erfolg. Berlin 1989; fast jährl. Autor der DZfPh. 1959/89.

Rüstau, Hiltrud
13. Sept. 1933
Philosophie-Diplom und Indologin in philosophischer Hinsicht

Geb. in Blankenhain/Weimar; 1939–51 VS u. nachkriegszeitlich OS (Abitur); Studium der Phil. (erster Studiengang in Berlin) und im Nebenfach Indologie an der HU Berlin 1951–56 (Phil.-Diplom); anschl. erster berufl. Einsatz 1956–58 im gesell.-wiss. Grundstudium der HU Berlin; 1958–68 wiss. Assistentin am Institut für Indienkunde (Direktor Wa. *Ruben) ebd. u. 1968 phil. Prom. zum Thema *Die phil. Anschauungen Swami Vivekanandas und Lokamanya Bal Gangadhar Tilaks* (Gutachter: W. *Ruben u. G. *Stiehler); 1972–79 Oberass. an der neu gegr. Sektion Asienwiss. u. Prom. B 1978 *Zur ideolg. Situation in Südostasien. Ein Beitrag zur Analyse der gesell. Verhältnisse* (Gutachter: W. *Ruben, D. Weidemann und R. *Löther); 1979–98 durchgehend Hochschuldoz. für Gesch. der Phil. in Südasien (1980–91 Leiterin der Fachgr. Phil. der Sektion Asienwiss.), nachwendisch dann am Institut bzw. Seminar f. Gesch. und Gesell. Südasiens; seit 1998 Altersrentnerin und publ. Reiseberichte.

Publ.: Indische Philosophie (übers. u. hrsg.) Berlin 1975 (2. A. 1978); (Mithrsg. R. Moritz, G.-R. Hoffmann und als Mitautor H.-D. Eichler): Wie und warum entstand Philosophie in versch. Regionen der Erde? Berlin 1988; Uttaranchal. Dem Himmel ein Stück näher. Tagebuch einer Reise nach Indien. Berlin 2004 und Mün. 2006; (Mitautorin): Chhattisgarth. Schatzkammer Indiens. Ein kulturhist. Reisebuch. Berlin 2009.

Rutkewitsch, Michael N.
1917–2009
Sowjetischer Philosoph (ET) und Soziologe
Geb. in einer Angestelltenfamlie in Kiew/Ukraine; 1939 Abschluß der Physik.-Mathe. Fak. der Univ. Kiew; bereits 1939(!) bis 1945 sowjet. Kriegsteilnahme; 1946–50 Arbeit im Parteiap. v. Swerdlowsk, zugleich 1950 phil. Prom. an der Aka. für Gesell.-wiss. beim ZK der KPdSU z. Thema *Die Praxis als Grundlage der Erkenntnis u. als Kriterium der Wahrheit* (übers. Berlin 1957) und 1961 Dr.-Diss. (Habil.) z. Thema *Der dial. Mat. – Vorlg. für naturwiss. Fakultäten*; 1950–72 Lehre der marx.-len. Phil. an der Univ. Swerdlowsk; 1972–76 amt. Direktor des Inst. für Soziolg. Forschungen der AdW der UdSSR in Moskau; zugleich auch Prof. an der AfG beim ZK derKPdSU; seit 1978 Lehrstuhlleiter für „phil. Wissenschaften" an einer Weiterbildungs-Aka. des Ministerrates der UdSSR (also „abgeschoben" in die sog. gesell.-wiss. ML-Weiterbildung des Reg.-App.); beteiligt an versch. soziolg. Untersuchungen in der SU und Mitautor des parteiamtl. Standartwerkes: „Die entw. sozialistische Gesellschaft. Wesen und Kriterien, Kritik revisionistischer Konzeptionen". Moskau/Berlin 1973, 1978 u. 1980.
DDR-Philosophenlexikon 1982 (Autorenkollektiv).

Sandkühler, Hans Jörg
27. Aug. 1940
Bundesdeutscher marx. Kooperationspartner der staatsakademischen DDR-Philosophie
Geb. in Freiburg im Br.; stud. 1960–65 Phil. u. Rechtswiss. an den Univ. Innsbruck u. Münster sowie an der Sorbonne in Paris; phil. Prom. bei J. Ritter in Münster 1967 mit einer Arbeit zu Schelling: *Freiheit und Wirklichkeit. Untersuchung zu „Freiheit",*

„Recht" und „Staat" in der Phil. Schellings (publ. mit veränderten Untertitel: „Zur Dialektik von Politik u. Phil. bei Schelling". Frankf./M. 1968); 1965–70 Ass. bei Odo Marquard an der Univ. Gießen, wo auch 1970 die Habil. zu Fragen der Erkenntnistheorie und Hermeneutik erfolgte (publ. u. d. Titel: „Praxis u. Geschichtsbewusstsein. Studien zur mat. Dialektik, ET u. Hermeneutik". Frankf./M. 1973); ein Jahr später Berufung zum Prof. am dortg. Zentrum für Phil. u. Grundlagen der Wiss. u. seit 1974 Prof. an der Univ. Bremen; von daher zunehmende Kontakte zu DDR-Phil. durch deren staatsparteilich gelenkte u. mitorganisierte Teilnahme am Bremer Symposium für Wiss.-theorie, sofern diese von M. *Buhr (Direktor des ZIfPh. der ADW und Vors. eines sog. „Ideologie-Kritik"-Rates) dazu ausgewählte und bestimmte Westreisekader waren; weiterhin frühzeitg. Mitwirkung in der von W. R. *Beyer (West) u. M. *Buhr (Ost) geleiteten linksmarx. Internationalen Hegel-Gesellschaft; dabei angeblich auf deren Hegel-Kongress 1972 in Antwerpen geheime Parteiaufnahme in die westdt. DKP durch R *Steigerwald, um dafür Beyer als Präsd. abzulösen, was jedoch scheiterte; von 1983–89 auch im Wiss. Beirat des der DKP nahestehenden Instituts für Marx. Studien u. Forschungen, wodurch zahlreiche und wichtige marx. Schriften in der BRD entstanden, die in der DDR aber so nie freizügig vertrieben wurden; in den 80er Jahren vielfältige persönliche phil. Kontakte zur staatsaka. ZIfPh (Direktor M. *Buhr) sowie zum parteiamtl. Phil.-Inst. an der AfG beim ZK der SED (Direktor E. *Hahn) in Ost-Berlin: Konferenzteilnahme, gemeinsame Projekte u. eigene marx. Ost-Publ., während über die vereinzelte Mitwirkung von dazu „ausgewählten" DDR-Phil. an einzelnen Westpubl. wiederum einzig u. allein M. *Buhr persönlich entschied (weil stasiabgesichert zuständig für alle derartig kontrollierten „Westkontakte"); so auch bei der in jeder Hinsicht außergewöhnl. Artikelsammlung für Peter *Ruben (seine einzige Buchpubl.!) unter dem programmatischen Titel „Dialektik u. Arbeit der Philosophie", Köln 1978 in der Reihe „Studien zur Dialektik" (hrsg. v. H. H. *Holz, H. J. S. u. Fr. *Tomberg); das nachfolgend sehr umfangreiche Lite.-Vz. zeigt, an welch großer Anzahl dial.-hist.-mat. sowie zunehmend wiss.-phil. Titeln H.J.S als Hrsg. u. Autor im Rahmen der gen. *Dialektik-Studien* beteiligt war, die jedoch wegen ihrer bemerkenswerten phil. Eigenständigkeit und „Pluralität des Marxismus" wiederum in der DDR, bedenkt man deren unabdingbar allein vorherrschende parteidogm. vereinheitlichte Marx.-len. Lehrbuch-Phil. jener Jahre, so nie erscheinen konnten, ja nicht einmal öffentlich vertrieben oder zitiert werden durften; von diesen jahrelangen westmarx. Debatten war also die Mehrzahl der DDR-Phil., außer einigen ausgewählten Westreisekader, die darüber außerdem auch noch parteiintern und inoffiziell zu berichten hatten, weitgehend ausgeschlossen, wodurch es nicht einmal in dieser Ebene der interntl. (westeuropäischen) Marxismus-Disk. zu einer ungehinderten dt.- dt. Gemeinsamkeit kam, außer um 1981 während der sog. Ruben-Affäre durch zahlreiche westdt. (nicht nur marx.) Solidarisierung mit diesem, woran sich jedoch HJS, weil „buhrabhängig", wiederum nicht beteiligte; nach dem Zusammenbruch des sowjet. Real-Sozialismus wie seiner parteioffiziellen ML-Phil. in der DDR hatten sich diese phil.-marx. Debatten u. Publ. auch in der Alt-BRD schlagartig erledigt, was die dazu angeführte Publ.-

Liste deutlich zeigt; – stattdessen erschien nunmehr, gem. mit anderen 1990 eine vierbändg. Enzyklopädie zu Phil. u. Wiss. (später dreibändig reduziert u. teilweise merklich überarbeitet); seit 2003 Leitung der Dt. Abt. „Menschenrechte und Kulturen" des europ. UNESCO-Lehrstuhls für Phil. an der Univ. Bremen, womit nunmehr zahlreiche „rechtsphil." Projekte und Publ. in den letzten Jahren verbunden sind; das nun merkwürdige Handbuch *Deutscher Idealismus* (Stuttgart/Weimar 2005) charakterisierte dann allerdings der vormalg. DDR-Phil. G. *Stiehler in einer ND-Rez. vom 23. Febr. 2006 als „Bar jedes Materialismus", während von den zahlreichen nur „persönlichen Angriffen" des privatisierten Neustalinisten *Lauermann hier wohl abgesehen werden kann; aufschlußreiche Festschrift zur „Herausforderung Pluralismus" zum 60. Geb. Frankf./M. 2000 (mit Bibl.); bemerkenswerte Edition von Tracys „Ideologie" als 4-bändg. Grundzüge einer Ideenlehre (Stuttg. 2016/20). – *Ausgänge*: Marxismus – Wissenskultur, Überzeugung, Dogma. Dilemmata des M-L und marx. Philosophierens in der DDR (2009).

Publ.: (Mithrsg.): Marxismus u. Ethik. Texte z. neukant. Sozialismus. Frankf./M. 1970 (neue A. 1974); (Mithg.): Austromarxismus. Texte zu Ideologie und Klassenkampf. (Otto Bauer). Frankf./M. 1970; Zum Verhältnis von Hermeneutik und Ideologie, wiss. Fragen einer mat. Interpretationstheorie. Gießen 1972; Marx. ET. Texte zu ihrem Forschungsstand in den sozial. Ländern (mit Beiträgen von: A. Kosing, I. S. Narski, K. Gößler, A. Gedö, H. Schliwa, D. Wittich, V. Ruml, P. A. Kopnin, Fr. Kumpf). Stuttgart (Problemata, 28) 1973; (Hrsg.): Marxist. Wissenschaftstheorie. Studien zur Einführug in ihren Forschungsbereich. Frankf. 1975; (Hrsg.): Althusser. Kontroversen über den „Klassenkampf in der Theorie". Köln 1977; (Mithrsg.):Theorie u. Labor. Dialektik als Programm der Naturwiss. Köln 1978; (Mithrg. H. H. Holz und Fr. Tomberg): Peter Ruben: Dialektik und Arbeit der Philosophie. Köln 1978; (Hrsg.): Die Wiss. der Erkenntnis u. die Erkenntnis der Wiss. Studien zur Wiss.- u. ET (Verhandlg. des 1. Bremer Symp.„Wissenschaftstheorie" Juni 1976. Stuttgart 1978; (Mithrsg. M. Hahn): Bürgerliche Gesell. u. theor. Revolution. Zur Entstehung des wiss. Sozialismus (Studien zur Wiss.-geschichte des Sozialismus, Bd. 1) Köln 1978; (Mithrsg. H. H. Holz): Betrifft Gramsci. Philosophie u. revolutionäre Politik in Italien. Köln 1980; (Mit-Red.): Arbeiterbewegung u. Wissenschaftsentwicklung. W. Abendroth zum 75. Geb. Köln 1981; (Mit-Red. H. H. Holz): Für den Frieden – Aufgaben der Philosophie u. der Wiss. (Dialektik, 4). Köln 1982; (Mithrsg. K. Bayertz): Karl Marx. Philosophie, Wiss., Politik (Studien zur Dialektik 6). Köln 1983; (Hrsg. u. Einleitung): Sachregister zu den Werken von Karl Marx u. Friedrich Engels (Autor W. Herferth). Köln 1983; (Mithrsg. M. Hahn): Sozialismus vor Marx. Köln 1984; (Hrsg.): Natur u. geschichtl. Prozeß. Studien zur Naturphil. F. W. J. Schellings. Frankf./M. 1984; Geschichte, gesell. Bewegung u. Erkenntnisprozeß. Studien zur Dialektik der Theorienentw. in der bürgl. Gesell. Berlin (Aka.-Vg.) 1984 u. Frankf./M. (Marxist. Blätter) 1984; (Mithrsg. M. Buhr): Philosophie in weltbürgerlicher Absicht u. wiss. Sozialismus. R. Steigerwald z. 60. Geb. (mit Beiträgen von M. Buhr, T. I. Oiserman, J. Manninen, H. H. Holz u. A. Gedö). Köln 1985; (Mithrsg. M. Hahn): Karl Marx. Kritik u. positive Wiss. (7. Bremer Symposium Wissenschaftsgesch. 1985 mit den DDR-Teilnehmern: G. Kröber, R. Mocek und M. Buhr sowie R. Lauth, J. Zeleny und T. I. Oiserman). Köln 1986; (Mithrsg. G. Kröber): Die Dialektik u. die Wissenschaften (Aufsatzsammlung mit DDR-Autoren u.a.). Köln 1986; (Mithrsg.): Phil. als Verteidigung des Ganzen der Vernunft. H. H Holz z. 60. Geb. (mit Beiträgen von M. Buhr, J. Zeleny, R. Steigerwald, H. Klenner u.a.). Köln 1988; (Hrsg.): Enzyklopädie u. Emanzipation. Das ganze Wissen (Dialektik, 16). Köln 1988; (Mithrsg.): Europäische Enzyklopädie zu Phil. u. Wiss. (auch DDR-Autoren) in 4 Bdn. Hbg. 1990 (2. völlig überarb. A. in 3 Bdn, 2010); Das Tagebuch 1948 (Schelling). Rationale Phil. und demokratische Revolution. Lizenzausgabe des Meiner-Vg. Hamburg.

Berlin, Aka.-Vg. 1990; Geschichtliche Erkenntnis. Zum Theorientypus „Marx" (Aufsatzslg., Dialektik 2/1991). Hbg. 1991; Ontologie, Epistemelogie u. Methodologie. Ergebnisse aus einem Forschungsprogramm zu phil. Voraussetzungen wiss. Theorienbildung. Zentrum Phil. Grundlagen der Wiss. Univ. Bremen 1991; Die Wirkl. des Wissens. Geschichtl. Einführung in die Epistemologie u. Theorie der Erkenntnis. Frankf./M. 1991 (Moskau 1996); Demokratie des Wissens. Aufklärung, Rationalität, Menschenrechte u. Notwendigkeit des Möglichen. Hamburg 1991; (Hrsg.): Die Wirklichkeit der Wiss. Probleme des Realismus. (Dialektik-Reihe) Hamburg 1991; (Hrsg.): Geschichtlichkeit der Phil. Theorie, Methodologie und Methode der Historiographie der Phil. (Annalen für dial. Phil., Bd. 8). Frankf./M. 1991; (Hrsg.): Freiheit, Verantwortung u. Folgen der Wiss. (Aufsatzsammlung). Frankf./M. Ed.-Lang 1994; (Hrsg.): Konstruktion und Realität. Wissenschaftsphil. Studien (Aufsatzsammlung). Ebs. 1994; Theorien, Modelle und Tatsachen. Konzepte der Phil. und Wiss. Ebenso 1994; (Hrsg.) Interaktion zw. Philosophie u. empirischen Wissenschaften. Phil.- u. Wiss.-gesch. zw. Francis Bacon und Ernst Cassirer. Frankf./M. 1995; (Hrsg.): Weltalter. Schelling im Kontext der Geschichtsphil. (Dialektik 2/1996). Hamburg 1996; (Hrsg.): Phil. und Wiss. Formen u. Prozesse ihrer Interaktion. Frankf./M. 1997; (Mithrsg. A. Griese): Karl Marx – zwischen Philosophie u. Naturwissenschaften (A. Griese z. 70. Geb.). Frankf./M. 1997; F. W. J. Schelling. Sammlung Metzler. Bd. 311. Stuttg. 1998; Natur u. Wissenskulturen. Sorbonne-Vorlg. über Epistemologie u. Pluralismus. Stuttg. 2002; (Hrsg.): Kultur und Symbol. Ein Handbuch zur Phil. Ernst Cassirers. Stuttg. 2003; (Hrsg.): Handbuch des dt. Idealismus. Stuttg. 2005; (Hrsg.): Philosophie wozu? Frankf./M. 2008; Kritik der Repräsentation. Einführung in die Theorie der Überzeugungen, der Wissenskulturen u. des Wissens. Frankf./M. 2009; (Hrsg.): Menschenrechte in die Zukuft denken. Baden-Baden 2009; (Hrsg.) Philosophie im NS. Vergessen? Verdrängt? Erinnert! Hamburg 2009; (Hrsg.): Recht u. Moral. Hamburg 2010; Recht und Staat nach menschlichen Maß. Einführung in die Rechts- u. Staatstheorie in menschenrechtl. Perspektive. Weilerswist 2013; Idealismus in praktischer Absicht. Studien zu Kant, Schelling u. Hegel. Frankf./M. (Lang-Ed.) 2013; (Hrsg.): Wissen. Wissenskulturen und die Kontextualität des Wissens. Frankf./M. 2014; Menschenwürde u. Menschenrechte. Freiburg/Br. 2014; (Übers.) Fethi Meskini: Der andere Islam. Kultur, Identität und Demokratie. Frankf./M. 2015; Recht, Staat und Demokratie in menschenrechtl. Perspektive. Halle/S. 2016.

Sauerland, Karol
8. Juni 1936
Deutsch-polnischer Philosoph und Germanist
Geb. in Moskau während der sowjet. Emigration seiner Eltern als Sohn des dt.-komm. Parteiphilosophen *Kurt Sauerland* (1938 willkürlich hingerichtet als Opfer der Stalinschen Säuberungen wegen angebl. Teilnahme an „konterrev. terrorist. Tg.", obwohl bis dahin der stalinistische Chefideologe der KPD mit seiner entspr. Kampfschrift „Der dial. Mat.", Berlin 1932); Kindheit verbracht im Mosk. Emigranten-Hotel „Lux" u. Besuch einer sowjet. Sprachschule; nach 1945 „umgesiedelt" in die SBZ/DDR u. ABF-Abitur in Halle/S.; ab 1955 Phil.-Studium an der HU Berlin, jedoch 1957/58 abgebrochen wegen Verwicklung in die Verhaftungswelle seiner Mitstudenten K. *Messelken u. a., die alle verurteilt wurden; andere wie er selbst sowie M. *Franz und P. *Ruben wurden in diesem Zusammenhang zeitweilig zur „Bewährung" in die materielle Produktion geschickt oder mussten ihr Studium für Jahre unterbrechen; „Es handelte sich einfach um sechs Oppositionelle, d. h. Revisionisten, die 1956 die Phil. und die DDR-Welt auf verschiedene Weise verändern wollten." (briefl. Mitlg. vom 10. 8. 2010 an den Autor dieses Ps.-Stichwortes); daraufhin beantragte Übersiedlung in die VR

Polen u. Annahme der poln. Staatsbürgerschaft; 1958–63 Weiterstudium der Germ. in Warschau (u.a. Übers. von L. *Kolakowski ins „West-Deutsche") u. daselbst 1970 prom. mit einer phil. Arbeit z. *Erlebnisbegriff Diltheys* (publ. Berlin-West 1972); 1975 habil. mit einer Arbeit zu *Adornos Ästhetik* (ebd. 1979 publ.); 1979–86 Doz. für Germanistik an der Nikolai-Kopernikus-Univ. in Torun und schon frühzeitig der Gewerkschaftsbewe. Solidarnosc beigetreten, daraufhin parteipol. verfolgt u. keine Auslandsreisen mehr; daher erst 1989 Ernennung zum o. Prof. für Germ. in Torun u. bis 2005 Leitung der dortg. Abteilung für Literaturwiss.; späterhin zahlreiche Gastprofessuren, vor allem an westdt. Universitäten, während die ostdt. Literaturwiss. (u. offizielle DDR-Phil. sowieso) schon längere Zeit (ebenso wie natürlich die russ.-sowjet. Parteiphil.) in Polen gar keine Rolle mehr spielte; in einer internen Partei-Information an Kurt *Hager und das Sekretariat des ZK der SED vom 24. Dez. 1980 „Zur Situation in der poln. Germanistik" heißt es dazu: S. „engagiert sich stark für die Herausgabe der ‚Blechtromel' von Grass in der VR Polen" u. äußerte die „Auffassung, dass die DDR die faschistische Vergangenheit noch nicht bewältigt habe"; u. das betraf hinsichtlich der immer noch nicht erfolgten Rehabilitierung seines Vaters dann auch die unbewältigte stalinistische Vergangenheit der KPD-Gesch. insgesamt; rezensierte im „Dtl.-Archiv" 3/2010 Bd. III *Ausgänge* dieser Reihe zur hist.-kriti. Aufarbeitung der DDR-Phil. (Berlin 2009).

Publ.: Gedächtnis und Erinnerung in der Literatur. Warschau 1996; Das Subversive in der Literatur u. die Lite. als das Subversive. Torun 1997; Kulturtransfer. Polen – Deutschland. Wechselbeziehungen in Sprache, Kultur u. Gesellschaft. 3 Bde. Bonn 1999–2004; Dreissig Silberlinge. Denunziation in Gegenwart und Geschichte. Berlin 2000; Polen u. Juden zwischen 1939 und 1968. Jedwabne und die Folgen. Berlin 2004.

Schaff, Adam
10. März 1913–12. Nov. 2006
Polnischer marxistischer Philosoph mit zahlreichen Publikationen in der DDR
Geb. in Lemberg; entstammte einer jüd. Rechtsanwaltsfamilie und besuchte eine jüd. Privatschule, in der er sieben Sprachen erlernte; absolvierte zunächst ein reguläres Jura-Studium in Lemberg u. 1935/36 ein zusätzl. Ökonomie-Studium in Paris; dazu schrieb er eine Doktorarbeit über die poln. Arbeiteremigration in Frankreich, die durch seine pol. Verhaftung wegen komm. Untergrundarbeit 1937 konfisziert wurde; mit dem dt. Überfall auf Polen im Sept. 1939 u. dem nachfolgenden sowjet. Einmarsch in Lemberg (Lwow) kriegsbedingte Emigration in die Sowjetunion; beginnt seine phil.-marx. Ausbildung als Autodidakt (angestellt am ML-Institut einer Polytechn. HS), wobei er zugleich noch im Frühj. 1941 am Inst. für Phil. der Aka. der Wiss. der UdSSR in Moskau mit einer Arbeit zur marx. ET (genauer zu deren Wahrheitsauffassung, überarb. dt. Publ. Berlin 1954) zum Kand. der phil. Wiss. prom. wird; mit dem dt.-faschistischen Überfall auf die SU 1942 die übliche Umsiedlung bzw. "Weiterflucht" als Ausländer (und Pole sowieso) nach Mittelasien (Usbekistan-Samarkand); zeitweilige Anstellung in dortg. Landwirtschaftl. Aka., dann Direktor einer poln.

Schule daselbst; unter schwierigsten Bedg. wiss. Arbeit an der Dr.-arbeit (entspricht der Habilitation) *Begriff und Wort*, die schon 1944 wiederum am Aka.-Inst. für Phil. in Moskau verteidigt werden konnte (nachkriegszeitlich in Polen publ.); mit Kriegsende (als Polit-Offizier der pol. Verwaltung) Rückkehr nach Polen u. zunächst parteiamtl. Phil.-Prof. in Lodz, ab 1948 ebenso in Warschau u. Akademiemitglied; 1951 (ganz ähnlich wie in der DDR nach sowjet. Vorbild u. Modell) Parteiauftrag zur Gründung eines Inst. für Gesellwiss. beim ZK der PVAP u. Rektor dess., ZK-Mitglied und seit 1956 unter Gomulka praktisch „Chefideologe" der komm. Partei bis zu seiner Ablösung 1958; danach Direktor des Inst. für Phil. u. Soziologie der Poln. Aka. der Wiss.; in den 60er Jahren Partei-Debatten (so auch in der DDR) um sein Marxsches Menschenbild bzw. der zusätzli. Mögl. einer marx. Anthropologie, verbunden mit zunehmenden pol.-ideolg. Schwierigkeiten; schließlich ZK-Ausschluss und die üblichen parteidogm. Revisionismus-Vorwürfe; seit 1963 daher Leitung des Europäischen Zentrums für Sozialwiss. in Wien; daselbst später auch Gast-Prof. der Wiener Univ. und seit 1972 Mitglied des Club of Rome; nach weitergehender Kommunismuskritik 1984 schließlich Parteiausschluß, der 1989 wieder aufgehoben wurde; fast alle seine Werke konnten darufhin nur noch deutschsprachig im Ausland (in Wien) erscheinen; doch als ungebrochener marx. Theoretiker bleibende Hoffnungen auf einen humandemokrat. Sozialismus, auch noch nach dem vollständigen Zusammenbruch des Sowjet-Kommunismus zuallererst in Polen. – In der DDR zunächst sehr anerkannt durch seine von Georg *Klaus geförderten u. übersetzten erkenntnistheor.-sprachphil. Schriften (1954 u. 1966); doch seine nachfolgend anthropolg. Ausgestattung der marx. Phil. („Marxismus und das menschl. Individuum", Wien 1965) werden ebenso vehement als revisionistisch abgelehnt; daher dann auch keine spätere Aufnahme in das DDR-Philosophen-lexikon 1982; doch seine übergreifende deutschsprachige Wirkung (verhalten auch im Rahmen der DDR-Phil.) blieb durchgehend bestehen; als nachholend-verspätete Wiedergutmachung erschien 1997 seine Autobiographie als „Glaubensbekenntnisse eines Marxisten" im Ost-Berliner Dietz-Verlag; verst. am 12. Nov. 2006 über 90jährig in Warschau.

Publ: (nur dt.-sprachig übers. Titel): Zu einigen Fragen der marx. Theorie der Wahrheit. Berlin 1954 (2. überarb. A. Wien 1971); Marx oder Sartre? Wien 1964, Bln. 1965 u. Frankf./M. 1966; Sprache u. Erkenntnis. Wien 1965; Einführung in die Semantik. Berlin 1966; Essays über Phil. der Sprache. Frankf./M. 1968; Geschichte u. Wahrheit. Wien 1970; Der Mensch, Subjekt und Objekt (intl. Festschrift z. 60. Geb.), Wien 1973; Strukturalismus u. Marxismus. Wien 1974; Humanismus, Sprachphil., ET des Marxismus. Wien 1975; Soziolinguistik. Wien 1976; Entfremdung als soziales Phänomen. Wien 1977; Die kommunistische Bewegung am Scheideweg. Wien 1982; Inmitten einer neuen technolg. Revolution. Wien 1983; Polen heute. Wien 1984; Einführung in die ET. Wien 1984; Perspektiven des modernen Sozialismus. Wien 1988; Ökumenischer Humanismus. Salzburg 1992; Mi Siglo XX (Warschau 1993); Mein Jahrhundert. Glaubensbekenntnisse eines Marxisten. Berlin 1997.

Scheffler, Uwe
1. Aug. 1957
Logiker an der Humboldt-Universität zu Berlin
Geb. in Wolfen; Vater prom. Ökonom; 1964–1972 POS und delg. zur EOS, 1975 zur ABF Halle (1976 Abitur mit erw. Russ.-Unterricht); danach Phil.- u. Logik-Studium in Moskau mit Auszeichnung 1981 abgeschlossen; nachfolgend Ass.-Anstellung in Berlin an der Sektion Marx.-len. Phil. der HU u. Einsatz in der phil. Logik-Ausbildung (Bereichsleiter H. *Wessel); phil. Prom. 1985 z. Thema *Ein Beitrag zur log. Theorie der Konditionalaussagen* (Gutachter: H. *Wessel u. W. *Stelzner); zugleich FDJ-Sekretär der Berl. Ml-Phil.-Sektion und mit deren Abwicklung u. Neugründung als Instituts für Phil. der HUB zeitweilg. Übernahme als wiss. MA bis zur Habil. 1999 z. Thema *Ereignis u. Zeit. Ontolog. Grundlagen der Kausalrelation* (Gutachter: H. *Wessel, P. *Stekeler-Weithofer, Heidelberger – publ. Berlin 2001); jedoch danach keine Daueranstellung oder Berufung in Berlin (trotz entschiedener briefl. Eingaben der Studentenschaft des Phil. Inst. der HU zu Berlin gegenüber dem Univ.-Präsidenten im Dez. 2006); danach zeitweiliger Lehreinsatz an einer FH in Stralsund und ab 1912/13 Lehrstuhlvertretung für Wissenschaftstheorie u. Logik an der TU Dresden.

Publ.: Mit-Hrsg. der Reihe „Logische Philosophie" (Logos Verlag Berlin) 1998 ff., darin Bd. 7: Ereignis und Zeit. Ontolg. Grundlagen der Kausalrelation (2001); (gem. mit H. Franzen): Logik, kommentierte Aufgaben u. Lösungen. Ebenso Bd. 6. Berlin 2000; (Mithrsg. K. Wuttich): Terminigebrauch und Folgebeziehung. Festband für H. Wessel. Log. Philosophie, Bd. 1. Berlin 1998. – *Denkversuche*: Rechtfertigung u. Emanzipation. Das Bild der Logik in der DDR in den 60er Jahren (gem. mit M. Staschok).

Scheler, Hermann
23. Nov. 1911–25. Jan. 1972
Marxistisch-leninistischer Sozialphilosoph in Berlin
Geb. in Ernstthal am Rennsteig, 1918–28 Volk- u. Realschule (mittlere Reife), danach bis 1931 Lehre als Versicherungsangestellter; 1929 SPD u. 1932 KPD; zur illegalen antifasch.-kom. Arbeit nach Stuttgart geschickt; 1934 Verhaftung u. Verurteilung in Jena zu 14 Jahren Zuchthaus; 1945 Befreiung durch US-Truppen aus dem KZ Mauthausen (Nebenlager Ebensee); danach kurzzeitig antifasch. Bürgermeister in Laucha; 1946/47 Schulleiter der SED-Landesparteischule von Thüringen in Bad Berka und 1948 bereits Haupttreferent für Parteischulung im SED-Parteivorstand bei Fred *Oelßner (als dessen persönl. Mitarbeiter) in Berlin; zugleich dadurch auch Redaktionsleiter der „Einheit" 1950/51 (nach Absetzung von Kl. *Zweiling als Chefred.); sodann deleg. (ohne jede fachl. Voraussetzungen) zur planm. wiss. Asp. ans Phil. Inst. der HUB u. sofortiger marx.-len. Lehreinsatz als „Wahrnehmungsdozent" für dial.-hist. Mat. ebd.; 1955 phil. Prom. z. aktuell pol. Thema *Der M.-L. über den imperialistischen Krieg in der Epoche des Nebeneinanderbestehens von Kapitalismus u. Sozialismus* (Gutachter u. a. K. *Hager; publ. Berlin 1957) u. sofortg. Wahrnehmung einer Professur mit Lehrauftrag für Hist. Mat.; 1958 „beschleunigtes Berufungsverfahren" (wegen 10jh.

NS-Verfolgung) z. Prof. mit Lehrauftrag für dial. u. hist. Mm. sowie Instituts-Direktor (Nachfolge G. *Klaus, der zur AdW ging) bis 1962 (Nachf. Hm. *Ley); 1960 große univ. Inst.-Konferenz über Die Rolle der Bewußtheit beim Aufbau des Sozialismus in der DDR u. massive Kritik an allen nur erdenklichen, damalig revis. „Spontanitätstheorien" Fr. *Behrens; ab 1. Mai 1962 erster Leiter der Abt. Hist. Mat. am neu gegründeten Aka.-Phil.-Institut (Direktor K. *Klaus); nachfolgende Vorlg.-Übernahme Hismat am univ. Phil. Inst. durch E. *Hahn; nach dem Scheitern eines parteiamtlichen (interdizipl.) gesellwiss. Großprojektes zu den „grundlg. Gesetzmäßigkeiten des umfassenden Aufbaus des Sozialismus in der DDR" (es fanden sich einfach keine qualifizierten Mitautoren zu diesem übergreifenden Thema) ab 1. 2. 1965 wiederum bedrückende Rückkehr (in Nachfolge W. *Eichhorn I) ans Phil.-Inst. der HUB u. Leiter einer im Aufbau befindl. Zusatz-Abteilung „Phil. Probleme der Gesell.-wiss."(einziger Mitarbeiter: F. *Rupprecht), die jedoch seit 1951 am ZK-Partei-Institut für Gesellwiss. bereits weit umfassender Gegenstand waren (im Unterschied zu den immer univ.-phil. behandelten Problemen der modernen Naturwiss., insbesondere am Berl. Hm. *Ley-Lehrstuhl); langj. Mitglied des Red.-Kollegium der DZfPh. u. auch Vizepräsd. der „Vereinigung phil. Institutionen der DDR" (1. Präsd. Kl. *Zweiling, später dann A. *Kosing), die jedoch als solche im realen phil. Leben der DDR (da es ja keine „Phil.-Gesell." der DDR gab) praktisch keine Rolle spielte; zum 1. März 1968 nach längerer Erkrankung durch Invalidisierung (wohl auch als OdF) vorzeitig berentet (Erwerbsunfähigkeit); jedoch im Sept. 1968 noch aktive Teilnahme am XIV. Weltkongress für Phil. in Wien (euphorischer *Kirchhoff-Bericht in der DZfPh ist überschrieben: „Der ML – die Phil. der(!) Epoche", H. 1/69); 1971 Banner der Arbeit z. 60. Geb. (beantragt u. begründet von H. *Hörz – Phil.-Inst.-Direktor, W. *Jopke als SED-GO-Sekr. u. W. *Förster als IGL-Vors.); verst. am 25. Jan. 1972 an einem Herzinfark in Berlin (DZfPh-Nachruf H. 3/1972, S. 383); am 23. Nov. 1986 fand an der Bln. Phil.-Sektion ein univ. Gedenkkolloquium (75. Geb.) z. Thema: Gesell.-schaftsstrategie der Partei und die Rolle der pol. Bewußtheit statt und ein Hm.-Scheler-Preis des Phil.-Institut der HUB wurde noch bis 1989 verliehen (u.a. an A. *Schölzel).
DDR-Philosophenlexikon 1982 (F. *Rupprecht).

Publ.: Der M.-L über Religion u. Kirche (hrsg. von der Gesell. zur Verbreitung wiss. Kenntnisse). Leipzig 1956; Die Stellung des M.-L. zur Religion (hrsg. v. Ausschuß für weltanschaul. Aufklärung). Berlin 1957/58; Phil. Probleme des Übergangs vom Kapitalismus zum Komm. (Reihe Unser WB-Bd. 12). Berlin 1959; (gem. mit R. Schulz u. G. Söder): Soziologie und Gesell. – Beiträge zum IV. Interntl. Weltkongreß für Soziologie. Bln. 1960; Wiss. Weltanschauung. Teil 2 Hist. Mm. H. 7: Die große Perspektive der Menschheit: der Kommunismus. Bln. 1961; Die Wissenschaft im Würgegriff des westdt. Militarismus. (Inst. für Phil. der AdW) Bln. 1963; Hist. Mat. u. Sozialforschung. Berlin 1966; (postum hrsg. v. F. Rupprecht): Aufsätze z. Hist. Mat. Berlin 1973; (Hrsg. v. Sohn W. Scheler): Einführung in den Hist. Mat. Berlin 1975.

Scheler, Wolfgang
27. Juni 1935
Marxistisch-leninistischer Militär-Philosoph in Dresden
Geb. in Gera; später angenommener Sohn von H. *Scheler; EOS mit Abi. 1953 ebd.; anschl. Eintritt in die KVP u. Offiziersschule für Kraftfahrzeugtechnik in Potsdam; 1955 Ernennung zum Offizier u. Zugführer; 1958 Lehrgang an der Politoffiziersschule Berlin-Treptow; 1959–60 Kompanie-Politstellvertreter in der Volksmarine der DDR; 1961–63 Studium d. Gesell.- u. Militärwiss. an der Militärakademie „Friedrich Engels" in Dresden (Diplom-Gesellschaftswissenschaftler); 1963–65 Politoffizier in einer Landungsabt. der Volksmarine; 1965–69 Fachlehrer für dial. Mm. an der Militärakademie; 1969–73 Asp. am Lehrstuhl Phil. des IfG. beim ZK der SED und phil. Prom. *Zur Dialektik von materiellen Verhältnissen und Moral beim Aufbau des entw. Sozialismus* (Gutachter: F. *Rupprecht u. V. *Stoljarow); 1977 Prom. B an der Militärakademie Dresden mit einer Arbeit *Zu phil. Problemen von Krieg u. Frieden in der Gegenwart* (Gutachter: A. *Kosing u. H. Kühne); 1978 Berufung zum o. Prof. für Dial. u. Hist. Mm. ebd. u. 1974–1990 Leiter des dortg. Lehrstuhls M-L Philosophie; seit 1979 Mitglied des Wiss. Rates der DDR-Phil. an der AfG. beim ZK der SED (Dauer-Vors. E. *Hahn); mit Auflösung der Militäraka. Dresden Sept. 1990 Entlassung aus der NVA und anschließende Arbeitslosigkeit, letzter militärischer Rang Fregattenkapitän; 1990 Mitgründung der Dresdener Studiengem. Sicherheitspolitik (Schriftenreihe), seit 1995 deren Vors.

Publ.: (Mitautor): Ökonomie u. Moral im Sozialismus. Zur Dialektik der materiellen Verhältnissen und Moral beim Aufbau der sozial. Gesell. Berlin 1975; (Mitautor E. Hocke): Die Einheit von Frieden und Sozialismus. Zu phil. Problemen von Krieg u. Frieden in der Gegenwart. Berlin 1977 (2. A. 1982); (Leiter eines Autorenkollektivs): Die Phil. des Friedens gegen die Ideologie des Krieges. Berlin 1984 u. 1986 (auch Moskau 1988); (ebs.): Frieden – Krieg – Streitkräfte. Hist.-mat. Abriß. Berlin 1989; (Mitautor): Die Kultur des Friedens. Weltordnungsstrukturen u. Friedensgestaltung. Würzburg 1999; Welt ohne Krieg? Gesell. Beding. des internatl. Friedens. RL-Stiftung. Sachsen. (Konferenz in Dresden) Leipzig 2004; (Mitautor E. Woit): Kriege zur Neuordnung der Welt. Berlin 2004; Phil. Denken über Krieg u. Frieden. Umwälzende Einsichten an der Militärakademie und ihr Fortwirken in der Dresdener Studiengem. Sicherheitspol. e.V. – Für eine Welt ohne Krieg. Festschrift z. 65. Geb. DSS-Schriftenserie H. 55. Dresden 2000; Beiträge e. Kolloquiums am 13. Sept. 2005 im Rathaus Dresden zum 70. Geb von W. S. – Schriftenreihe H. 76. Dresden 2005. Mitautor: Die Phil. an der Militärakademie Dresden. DSS-Arb.-papiere H. 109 (Phil.-Lehrstuhl) Dresden 2014.

Schellhorn, Martin
20. Nov. 1931
Philosophische Probleme der Biowissenschaften und ML-Dozent in Güstrow
Geb. in Kleinlangheim (Mainfranken) in einer Bauernfamilie mit Gärtnerei; Schulausbildung 1938–45 in Ahrensdorf/Kr. Templin; nachkriegszeitl. OS 1946–50; anschl. 1951–55 an der PH Potsdam Pädg.-Studium u. Staatsexamen als Biologie-Lehrer für die Oberstufe; Berufseinsatz als naturwiss. Fachlehrer u. Schul-Direktor; 1962–65 delg. zur wiss. Asp. am Hm. *Ley-Lehrstuhl für phil. Probl. der Naturwiss. am Phil.-Institut der HU zu Berlin u. daselbst phil. Prom. zum Thema *Struktur, Organisation*

und Evolution biolg. Systeme (Gutachter: H. *Ley u. R. Daber – publ. Jena 1969); anschl. Lehrereinsatz an der PH Güstrow am Lehrstuhl bzw. Inst für M-L, Lehrbereich Phil. des dial. u. hist. Mat.; ab 1969 dafür als Doz. wie Direktor der dortg. ML-Sektion; Forschungsvorhaben zu weltanschaul.-phil., erkenntnistheor. und methodolg. Fragen der Biowiss. bzw. des schulischen Biologie-Unterrichts; nach einer außerplm. Asp. wiederum am gen. Berl. Ley.-Lehrstuhl Prom. B z. Thema *Logisches u. Historisches in den Biowiss.* (Gutachter: H. *Ley, R. *Löther u. R. Daber – publ. Jena 1979); danach weitergehen der Lehreinsatz als ML-Prof. in der Lehrerausbildung an der PH Güstrow bis zu deren widerstandslosen Schließung 1989/90; keine weiteren Informationen erhältlich.

Schenk, Günter
26. Nov. 1938
Philosophiehistorischer Logiker in Halle
Geb. in Langenreichenbach/Kr. Torgau; entstammt einer Arbeiterfam.; nachkriegszeitl. Besuch der Volk- bzw. Grundschule, später in Halle/S.; anschl. 1952 Lehre als Former im dortg. VEB Pumpenwerk, fortgz. als Landwirtschaftsgehilfe in einer LPG; 1955 Delg. an die ABF Halle, dann jedoch 1956 Funkmeßschule der NVA sowie Ableistung des Grundwehrdienstes; 1959 wiederum Elektriker in den Chem. Werken Buna sowie erneuter ABF-Lehrgang mit Sonderreifeprüfung 1961; anschl. hauptamtl. Mitarb. in der FDJ-KL u. gleichzeitiges Phil.-Fernstudium an der ML-Univ. Halle, 1965 vorzeitg abgeschlossen; Diplomarbeit bei H. *Kelm *Über log. Relationen im System öko. Hebel u. ihre Bedeutung für die Praxis*; 1964/65 Hilfsass. für Logik in der AG Logik des Bereichs Dial. Mat. am Inst. für Phil. ebenda u. phil. Prom. 1969 z. Thema *Die log. Form. Ihre Entwicklung, Funktion u. phil. Relevanz* (Gutachter: K. *Berka, überarbeitet erweiterte Fassung publ. u. d. Titel: „Zur Gesch. der log. Form. Bd. 1 – Einige Entwicklungstendenzen von Aristoteles bis zum Ausg. des Mittelalters", Berlin 1973, später anerkannt als Diss. B); anschl. 3jährg. Zusatz-Studium der Logik u. Geschichte an der KMU Leipzig sowie 1969/70 ebenso in Moskau; danach und der Prom B 1973 facultas docendi für Logik und zum 1. Febr. 1974 Berufung z. HS-Doz. für Logik an der Sektion Marx.-len. Phil. der Univ. Halle; daraufhin amtierender Leiter des neu gegr. Lehrbereichs Logik sowie Etablierung einer Forschungsgruppe zur Gesch. u. Theorie der Logik ebenda; ein geplanter Auslandseinsatz (Portugiesischkurs) kommt nicht zustande u. eine geplante Berufung als Logik-Prof. wird 1981 verhindert; Einsatz als SED-GO-Sekretär der Phil.-Sektion seiner Univ. u. Vors. einer ständg. Ag. Logik im Wiss. Beirat für Phil. des MHF (in Nachfolge L. *Kreiser); zum 1. 9. 1987 ao. Prof. für Logik und Sektionsdirektor; z. 1. 9. 1989 (dann endlich/gerade noch) o. Prof. für Logik und mit landesrechtl. Abwicklung der ML-Phil.-Sektion bis 1991 amt. Inst.-Direktor; trotz fortgz. Lehre dennoch z. 30. 9. d. J. ausgeschieden u. Realisierung von univ.-geschichtl. ABM-Projekten; spätere zeitweilg. Wiedereinstellung im Inst./Sem. für Phil. der ML-Univ. Halle u. 2001 Mitbegründer der Hallischen Phil. Bibl. e.V. zur Herausgebe einer vielbändigen Publ.-Reihe z. Gesch. der Univ.-Phil. in Halle seit 1694 bis

um 1945 etwas und danach, gem. mit R. *Meyer (nahezu 40 Einzelbände); Nov. 2003 reguläre Versetzung in den Ruhestand und ostdt. Altersrente.

Publ.: (Hrsg. gem. mit A. Toepel): David Hume, anläßl. seines 200. Todestages (Wiss. Beiträge der Univ. – Bd. 31). Halle 1976; (Hrsg. gem. mit H.-M. Gerlach): Platon: Der Staat. Rc.-Verlag Leipzig 1978; (Ebenso) Aristoteles, anlässlich seines 2300. Todestages (Konferenzbeiträge). Wiss. Beiträge 43. Halle 1978; (Ebs.): Christian Wolff als Philosoph der Aufklärung in Dtl. (Kolloquium 1979 zu seinem 300. Geb.). Wiss. Beiträge 32/1980. Halle 1981; (gem. hrsg. mit H. Wessel): Entwicklungstendenzen nichtklass. Logiken u. Probleme ihrer Gesch.-schreibung (Jahrestg. der DDR-Logiker in Halle 1984). Wiss. Beiträge 74. Halle 1985; (Hrsg.): Erbe – Tradition – Kultur. Erbetheorien u. Erbeforschung in der DDR 1947–1983 (FDJ-Objekt der Sektion Marx.-len. Phil.). Halle 1985; (Mithrsg. I. Max): Logik – Sprache – Philosophie. Ludwig Wittgenstein 1889–1951. Halle 1990; (Hrsg.): Joh. Hr. Lambert: Das Neue Organon oder Gedanken über... (Phil.-hist. Texte). Berlin 1990; Leben u. Werk des halleschen Aufklärers Georg Friedrich Meier. Hallesche Gelehrtenbiographien. Halle/Saale 1994; (gem. hg. mit G. Mühlpfordt): Der Spirituskreis (1890–1958). Eine Gelehrtengesell. in neuhum. Tradition. 2 Bde. Halle/Saale 2001/2004. Das oben gen. Gesamtwerk „Phil. Denken in Halle" des 18. bis 20. Jhd. erscheint in chronolg. Abfolge in drei hist. Abt. bisher mit ungefähr 30 Einzelbändchen, was in dieser Form universitätsphil.-geschichtlich sicher einmalig ist (gem. hrsg. mit R. Meyer); inzw. auch ausgedehnt auf die Anfangsjahre der DDR-Phil. in Halle.

Schirmer, Gregor
1. April 1932
Stellvertretender Leiter der ZK-Abteilung Wissenschaften (Funktionsträger)
Geb. in Nürnberg als Sohn eines Arbeiters u. KPD-Funktionärs; Besuch der Volks- u. Oberrealschule; 1949 bereits KPD-Mitgl. und Vors. des FDJ-Kreisverbandes in Nürnberg; 1950 Übersiedlung in die DDR wegen gerichtl. Verfolgung in der BRD u. Instrukteur beim ZR der FDJ für deren Westarbeit zuständig; 1951 Abitur u. SED-Beitritt; 1951–55 Studium der Rechtswiss. an der KMU Leipzig (Dipl.-Jurist) u. als Parteisekr. März 1953 Trauerrede für Stalin; die westdt. KPD holte jedoch ihren in die DDR delg. Studenten nicht wieder zurück; 1955–59 daher Asp. u. Ass. an der ASR Potsdam, 1956 Verheiratung in der DDR und jurist. Prom.; 1959–61 pol. Einsatz als SED-GO-Sekr. der Jurist. Fak. der HUB und ebenso 1962 Prorektor Gewi an der FSU Jena; daselbst 1964 Habil. u. 1965 Prof. für Völkerrecht; anschl. 1965–76 Staatssek. bzw. stellv. Min. f. das HFW der DDR (Sektor Gesell.-wiss. u. zuständig für die III. HSR 1968/69) u. von da an 1977–89 als Nomenklatura des ZK der SED wiederum der ‚ewige' stellv. Leiter der Abt. Wiss. beim ZK der SED (Dauerleiter unter dem PB-Mitgl. Kurt *Hager blieb folgenschwer u. unerschütterlich bis Nov 89 der stalinist. Parteidogmatiker Hannes *Hörnig); noch Nov. 1989 Ltr. der Kom. Wiss. u. Bildung beim PB des ZK der SED unter Egon Krenz, und 1990 parteiformell Prof. an der AfG; 1992 berentet u. 1996 Mitarb. des rechtspol. Sprechers der PdS, Mitgl. des „Marxist. Forums" sowie des Ältestenrates der Partei „Die Linke"; 2014 publ. er eine umfangreiche autobiogr. „Rückblende" u. d. bez. Titel: „Ja, ich bin dazu bereit", worin G. S. sehr nüchtern und ehrlich auch über seine parteiamtl. Mitverantwortung für die aka.-phil. Geschehnisse um den Parteiausschluss 1981 einer ganzen, angeblich revisionistisch-parteifeindl. Phil.-gruppe um Peter *Ruben sowie damit zusammenhängend auch über die nach-

folgende Absetzung des damlg. Chered. der DZfPh. H.-C. *Rauh kurz berichtet (S. 314/15), wozu er 1991 aber noch nicht bereit war, selbstkritisch Stellung zunehmen; in den 70/80er Jahren war er nicht nur für die marx.-len. Phil. in ihrer Gesamtheit (Univ.- u. Aka.-Phil.) stets „stellvertretend" für Hager und Hörnig parteipol.-ideologisch voll verantwortlich, sondern ebenso für ein regelrechtes (überstaatlich-parteiamtliches) Kontrollsystem einer umfassenden gesell.-wiss. „Räterepublik", in der er als „Parteisoldat" (das ist eine klass. Stalinsche Kader-Bezeichnung) das Wahrheitsmonopol der Partei durchzusetzen hatte; dazu gehörten schließlich auch schwierige Begegnungen u. abmildernde Gespräche mit Wo. *Harich stets im Auftrag der Parteiführung wegen dessen fortl. briefl. Eingaben an diese, insb. im Zusammenhang einer angelaufenen Nietzsche-Disk. in der DDR; um irgendwelche fachphil. Inhalte ging es bei diesen zentralparteiamtl. Anleitungen u. Kontrollen in keinerlei Hinsicht, denn die hatten die führenden marx.-len. DDR-Phil., mit denen er es stets allein zu tun hatte, letztlich selbst zu verantworten; oftmals aber auch im geduldet-wohlwollend angeleiteten Schutz der ZK-Abt. Wiss., vgl. deren weitere Mitarbeiter: *Hager, *Hörnig, *Mertsching.
DDR-Personenlexikon 2010 (W. Otto/H. Müller-Enbergs).

Schischkin, Aleksander F.
1902–1977
Pädagoge und sowjetphil. Ethikspezialist für kommunistische Moral
Eintritt 1921 in das Inst. für außerschul. Ausbildung in Petrograd; 1928–32 Asp. am Institut für wiss. Päd., lehrte dann marx.-len. Phil. ebd; 1937 Übernahme eines Lehrstuhls für M.-L. an einem Mosk. Päd. Inst.; nach Kriegsteilnahme 1947–1977 wiederum Lehrstulleiter der marx.-len. Phil. für Pädagogen.

Publ.: Die bürgerliche Moral, Waffe der imperialistischen Reaktion. Berlin 1952; Grundlagen der kom. Moral. Berlin 1958 (3. A. 1959), Grundlagen der marx. Ethik. Berlin 1964 (2. A. 1965).

Schischkoff, Georgi
5. Juni 1912–27. April 1991
Bulgarischer Emigrant und nachkriegszeitlicher phil. Herausgeber in der BRD
Geb. in Nowa Sagora, Bulgarien u. mit Kriegsbeginn emigriert ins Dt. Reich nach München; stud. 1931–35 Mathe. u. Physik an der Univ. Sofia (Diplom-Mathe.) u. unterrichtete 1937–40 an einem dortg. Provinz-Gymn.; betrieb autodidaktisch phil. Studien, insb. zu Leibniz; 1941 versch. Studien an der Univ. München; ebenda phil. Prom. 1942 zur *Kategoriallog. Analyse mathe. Grundbegriffe* und 1943 Habil zum Thema *Erkenntnistheor. Grundlagen der mathe. Anwendbarkeit* (als wiss. Mitarbeiter geplant bei Kurt Huber, den die Nazis als einzigen dt. Phil. hinrichteten); im Frühj. 1946 gelang ihm mit anderen (O. Fr. Bollnow, E. Hoffmann, Ph. Lersch, W. *Bröcker u. W. Weischedel) die Gründung einer ersten dt. Nachkriegs-*Zeitschrift für phil. Forschung*, in der dann auch die wenigen noch in der SBZ verbliebenen (ostl.) Univ.-Phil. sofort ungehindert

publ. konnten, was insb. von P. F. *Linke (Jena) u. den beiden Greifswalder Univ.-Phil. G. *Jacoby u. H. *Pichler genutzt wurde, da es in der DDR bis 1953 keine selbstg. Phil.-Zeitschrift geben durfte; 1947 Mitorganisator des Ersten Dt. Nachkriegs-Kongresses für Phil. in Garmisch-Partenkirchen sowie dann 1950 Mitbegründer der „Dt. Gesell. für Phil.", in der zwar wiederum die wichtigsten (noch) ostdt. (altbürgl.) Univ.-Phil. Mitgl. waren (so auch R. *Schottlander), aber die neueren marx. Kader- und Partei-Phil. der DDR nicht aufgenommen werden konnten; einmalige ostdt. Kongress-Teilnahme als Gäste beim IV. westdt. Phil.-Kongreß 1954 in Stuttgart mit einer geschlossenen/parteiorg. DDR-Phil.-Delg. – eine eigene Philosophie-Gesell. konnte in der DDR nie gegründet werden und der erste marx.-len. Phil.-Kongress der DDR fand erst 1965 statt; seit 1949 auch Hrsg. des bes. informativen Referateorgans „Phil. Literaturanzeiger", das in der DDR wiederum über viele Jahre die wichtigste fachphil. Inf.-quelle darstellte; u. das gilt ebenso für das seit 1957 v. G. Sch. in 14. A. neu hrsg., ungemein übersichtliche u. handliche *Krönersche Phil. Wörterbuch* (Begriffe wie Personen) – bis 1991 in 22. A.; allein diese letzte Ausgabe enthält mit Ende der DDR erst- u. einmalig auch die beiden marx. DDR-Phil. E. *Albrecht und G. *Klaus, ansonsten aber fast alle aktuellen westdt. Phil. (aber keinen euromarx. Denker); – zugleich ein wichtiges Kontrollregister für das hier vorlg., stellenweise durchaus auch gesamtdt. Phil.-Vz. zur DDR-Phil. 1945–95 (westdt. Phil. insbs. nach 1948/49 sowie dann wieder nach 1990).

Publ.: Gegenwärtige Phil. Probleme der Mathe. Berlin 1944; (Hrsg.): Beiträge zur Leibniz-Forschung. Monographien zur phil. Forschung. Bd. 1, Reutlingen 1947; (Hrsg.): Phil. Vorträge u. Diskussionen. Bericht über den (II.) Phil.-Kongreß, Mainz 1948. Zft. für Phil. Forschung. SH 1 (genau nach diesem Muster erschien das Protokoll der Jenenser Logik-Konferenz 1951 als einziges „Beiheft 1 der DZfPh", Berlin 1953); Die gesteuerte Vermassung. Ein sozialphil. Beitrag zur Zeitkritik. Maisenheim 1964; Kurt Huber als Leibnizforscher. Mün. 1966; Festschrift z. 60. Geb. Meisenheim am Glan 1972.

Schleifstein, Josef
15. März 1915–24. Juli 1992
Ost-westdeutscher kommunistischer Partei-Theoretiker in Leipzig und Frankf./Main
Geb. in Lodz/Polen auf einer Besuchsreise der Mutter; wegen des Weltkrieges erst Ende 1918 Rückkehr zum in Leipzig als Lehrer arb. Vater (verst. 1931); absolvierte die VS und ab 1925 das Realgymn.; schon als Schüler Beitritt zum komm. Jugendverband und 1932 in die KPD; wegen bes. musikal. Begabung ab 1933 Studium an der Musikhochschule Leipzig, jedoch bereits Nov. d. J. verhaftet u. verurteilt; nach der Entlassung Ende 1934 als „Staatenloser" nach Polen abgeschoben (Geb.-ort); von da emigriert in die Tschechoslowakei, dort weiter illegal tätig für die KPD; autodidakt. Studien der Gesch. u. Phil. in Emigrantenzirkeln; März 1939 Flucht nach England (London); ab 1941 weitere pol. Bildungsarbeit in der Exil-KPD u. Bekanntschaft mit K. *Hager u. J. *Kuczynski; seine jüd.-poln. Mutter und andere Verwandten wurden von den Nazis ermordet; 1946 Rückkehr nach Dt. (zunächst Köln) und im westdt. KPD-Parteivorstand zuständig für die Presse- u. Schulungsarbeit; 1949 Sekretär des Parteivorstandes, jedoch 1951 nach parteiinternen Ause. (wegen Westemigration) abgelöst

und zeitweilg., SED-parteiorg. „Übersiedlung" in die DDR; als parteiberufl. Autodidakt (ohne jedes Hochschulstudium) bereits Ende 1951 gesell.-wiss. ML-Dozent an der Univ. Leipzig und 1956 phil. Prom. zu *Franz Mehring (Kurze biogr. Studie)*, publ. Berlin 1959 (dadurch Mithrsg. einer 15-bändg. DDR-Mehring-Ausgabe, Berlin 1960 ff.), womit (nach der partei-org. Ausschaltung Ernst *Blochs) eine professorale Ernennung für „Gesch. der (marx.) Phil." erfolgt, die später wiederum (1969) umbenannt wird in eine „nebenamtl. Professur für Gesch. der zeitgen. Phil."; während der ideolg.-revisionist. Ause. um E. *Bloch erfolgen kurzfristig folgende parteiamtl. Ernennungen: 1957 zum Prorektor für Gesellwiss. der KMU Leipzig u. am 1. März 1958 sogar zum Direktor des Inst. für Phil. sowie schließlich zum Red.-Sekr. der 550. Leipziger Univ.-Jubiläumsschrift 1959; – das endet alles um 1960, wiederum intern SED-KPD parteiabgestimmt mit der plötzlichen Rückkehr in den Parteivorstand der eigentlich seit 1956 verbotenen KPD der BRD, in dem er (nun in Ost-Berlin wohnend) wieder als Sekretär für Bildung, Theorie u. Propaganda fungierte; 1963 Mitbegründer der „Marxistischen Blätter" in Frankf./M. u. ab 1967 Erarbeitung eines neuen Parteiprogramms der KPD-DKP; während der angelaufenden Studentenprotestaktionen 1968 offizielle Rückkehr in die BRD u. Mitwirkung an der Neukonstituierung der westdt. DKP; zus. mit Rob. *Steigerwald und Willi Gerns fortl. Arbeit an der theor.-pol. Ausrichtung der DKP in den 70/80er Jahren; 1976 Ehrendoktorwürde der Phil. Fak. d. KMU Leipzig u. 1985 Karl-Marx-Orden der DDR; ab 1981 Leiter des Inst. für Marxist. Studien u. Forschung (IMSF) in Frankf/M. bis 1990 u. 1991 Mitbegründer der Zeitft. für Marxistische Erneuerung; Anfang 1992 noch Beitritt zur PdS; nach einem Schlaganfall am 24. Juli 1992 in Bad Homburg verst. u. beigz. auf dem Jüd. Friedhof in Köln-Bocklemünd; – aktueller biogr. Eintrag im Prof.-katalog der Univ. Leipzig, aber nicht DDR-Pers.-lexikon 2010. DDR-Philosophenlexikon 1982 (Robert *Steigerwald).

Publ.: Franz Mehrung. Sein marx. Schaffen. Berlin 1959; (Gesamtred.): Festschrift zur 550-Feier der KMU Leipzig. Berlin 1959; (Mithrsg. G. Harig): Naturwiss. und Phil. Beiträge zum Intl. Symp. über Naturwiss. und Phil., Leipzig. 1959. Berlin 1960; (Hrsg.): Franz Mehring: Gesammelte Schriften. Bd. 13: Phil. Aufsätze. Berlin 1961 (3. A. 1983) und Bd. 13/14: Politische Publizistik. Berlin 1964/66 (4. A. 1978 u. ebs. Frankf./M.); (Hrsg. mit J. Heiseler): Lenin über Trotzki. Frankf./M. 1969/70; (Hrsg.): Kleines Lenin-Wörterbuch. Frankf./M. 1971; Einführung in das Studium von Marx, Engels u. Lenin. Mün. 1972 (4. A. 1983 u. Nachdruck Essen 1995); Zur Gesch. u. Strategie der Arbeiterbewegung (ausgew. Beiträge). Frankf./M. 1975; (zus. mit K. Bayertz): Mythologie der „kritischen Vernunft". Zur Kritik der ET u. Geschichtsphil. Karl Poppers. Frankf./M. 1977; Zu einigen Fragen des Klassenkampfes u. der Entwicklung von Klassenbewußtsein in der BRD. Vortrag z. Verleihung der Ehrendoktorwürde durch die KMU Leipzig 1976. Lpz. Univ.-Reden H. 42-1977 (mit Bibliogr.); Die „Sozialfaschismus"-These. Zu ihrem geschichtl. Hintergrund. Marxist. Tb. 114. Frankf./M. 1980; (hrsg. mit E. Wimmer): Plädoyers für einen wiss. Humanismus. Wien u. Frankf./M. 1981; Marxismus u. Staat. Frankf./M. 1982 (Nachdruck Essen 2001); Intellektuelle in der Arbeiterbew. Dortmund 1986; Der Intellektuelle in der Partei (Gespräche). Marburg 1987; Die Kommunisten müssen umdenken. Die Perestroika und wir. Menschheits- u. Klassenfragen (Gespräche). Düsseldorf. 1989. – Reale Geschichte als Lehrmeister. J. S. 1915–1992. Frankf./M. 1993 (verspätete ND-Ehrung am 14. Aug. 1992).

Schliwa, Harald

11. 6. 1940–verst.

Marxistisch-leninistischer Ideologie-Theoretiker aus Leipzig, später auch in Berlin

Geb. als Sohn e. Landwirts in Oberstradam (Niederschlesien); 1946–54 Besuch der GS u. bis 1958 der OS in Cottbus; nach dem Abitur 1958–60 Ehrendienst in der NVA u. 1960–64 Phil.-Studium in Leipzig (1963 Karl-Marx-Stip.); vorfristiger Studienabschluß mit Auszeichnung; 1964–70 wiss. Ass. in der Abt. Hist. Mat. (Leiter W. *Müller) am Institut für Phil. (Direktor A. *Kosing) der KMU Leipzig; phil. Prom. 1969 z. Thema *Der marx.-len. Begriff der Ideologie u. zu Wesen u. Funktion der sozialistischen Ideologie. Ein Beitrag zur marx. Ideologietheorie* (Gutachter: W. *Müller u. Hm. *Seidel); seit 1970 am Lehrstuhl/Inst. Philosophie (Leiter A. *Kosing) des IfG beim ZK der SED und seit Sept. 1971 Leiter des Fachbereich Hist. Mat. am Inst. f. Marx.-Len. Phil. (Direktor E. *Hahn) der AfG beim ZK der SED; Febr. 1972 Phil.-Doz. für dial. u. hist. Mat.; 1974 Prom. B (Habil.) als zusammenfassendes General-Thema *Der hist. Mat.– theor. und methodolg. Grundlage der Gestaltung der entw. sozial. Gesell.* (mit Artikeln in kollektiven Lehrbuchausarbeitungen und entspr. Sammelbänden); danach Prof. an dieser Partei-Aka. für GW. u. stellv. Direktor für Forschung am dortg. Phil.-Inst., Mitgl. des Rates für Marx.-Len. Phil. der DDR ebenda; mit Selbstauflösung der SED Ende 1989 erfolgte die zwangsläufige Schließung aller dieser nachgeordneten Parteieinrichtungen und damit das Ende einer jeden bis dahin etablierten parteiphil. Vorherrschaft; daraufhin wurde dieser Akademie das zuvor schon ab 1951 angeeignete „gesell.-wiss." Prom.-Recht wieder entzogen, u. alle dortigen professoralen Berufungen waren damit gegenstandslos; – bereits 1977 vermerkte der Dichter-Phil. V. *Braun in seinen tagebuchartigen „Werktage I" – Notizen anlässlich einer entspr. ML-Schulung an der AfG: „schliwa, leipziger kommilitone, hält ein referat vor dem kurs für leitungskader. er hat ob seiner unerschütterlichen überlegenheit seine laufbahn gemacht. aber meine achtung fällt doch ein paar klafter. sein thema die weitere gestaltung der entw. sozial. Gesell. als prozeß tiefgreifender' usw. entlockt ihm nicht eine minute humor, alles zeitungstrockene sätze. ich rede ja nicht vom inhalt, der ganz im rahmen blieb (u. unter glas). aber dass unsern marxisten so jeder nerv für ironie fehlt – getötet ist, ist ein beweis. wofür, verrate ich nicht" (2009, S. 91); über den weiteren nachwendischen Verbleib des zuvor wahrlich ideologietheor. sehr talentierten Leipziger Universitätsphil., dann parteiamtl. Kader-Phil. an der gen. ZK-Aka. für Gesellwiss. (als enger Mitarbeiter von E. *Hahn) war trotz aller umfänglich versuchter Nachfragen nichts mehr zu erfahren; gerüchteweise nachwendische Tg. im Versicherungsunwesen bzw. angeblich schon längere Zeit verstorben, worüber aber „keiner" offenbar mehr genauere Auskunft geben möchte, derartig folgenschwer-tragisch ist wohl diese einst so hoffnungsvolle Phil.-Lebensweggesch. von Lpz. nach Bln. ausgegangen.

Publ.: (Mitautor): Sozialismus und Ideologie. Berlin 1969; (gem. mit U. Thiele): Der IX. Ptg. der SED und die Gesellwiss. (Konferenz-Materialien Nov. 1976). Berlin 1977; Sozialistische Demokratie, Errungenschaften u. Aufgabe (ABC des ML). Berlin 1978; Individuelle Freiheit in Gesch. und Gegenwart. Berlin 1988. – 13 DZfPh.-Artikel 1965/82 zum Ideologieproblem, zur Entw. des sozial. Bewusstsein sowie zum Demokratie- u. Freiheitsproblem im Sozialismus; – nachwendisch absolut nichts mehr nachweisbar u. erfahrbar.

Schmidt, Alfred
19. Mai 1931–28. Aug. 2012
Frankfurter Schule und Feuerbach-Spezialist
Geb. in Berlin in „einfachen Verhälnissen" als Sohn eines Mechanikers und Grundschule in der NS-Zeit; nachkriegszeitl. Abi. u. in den 50er Jahren zunächst Studium der klass. u. engl. Philologie an der Goethe-Univ. in Frankf./M.; später übergehend zur Phil. u. Soziologie bei den führenden Vertretern der Frankf. Schule, Max Horkheimer und Th. W. Adorno, die ihn sowohl förderten wie aber auch „anstellten"; 1960 phil. Prom. bei diesen mit einer bedeutsamen/richtungsweisenden Arbeit über den *Begriff der Natur bei Karl Marx* (zahlreiche Nachauflagen u. übersetzt in 18 Sprachen); im Rahmen der DDR-Phil. offiziell als „praxisphil." u. „revisionistisch" ideologisch kritisiert, aber ungenannt weitgehend fachphil.-marx. (besonders erkenntnistheor.) rezipiert u. anerkannt, was ebenso auch für seine zeitgl. Feuerbach-Publ. gilt; in den 60er Jahren sehr rühriger Übers. u. Hrsg. versch. Marxismus-bezüglicher Schriften von H. *Marcuse, H. Lefebvre u. Horkheimer sowie zu Lenin u. zur „marx. ET."(1969); 1972 Prof. für Phil. u. Soziologie an der Univ. Frankfurt in Nachfolge von J. *Habermas auf dem entspr. Lehrstuhl von M. Horkheimer, dessen „Gesammelte Schriften" in 19 Bdn (1985–96) er herausgab; spätere intensive Beschäftigung auch mit Schopenhauer und merkwürdiger Beitritt in die Frankf. Freimaurerloge „Zur Einigkeit"; sehr erfolgreiche phil. Vorlg.-Tg. in Frankf./M., weit über seine Emeritierung (1999) hinausgehend; zu seinem 60. Geb. 1991 wurde er allein durch vier versch. Festschriften geehrt, Symp. am 24. u. 25. Mai 1996 der Goethe-Univ. Frankfurt zu s. 65. Geb. und Festschrift zu seinem 75. Geb.: Für einen realen Humanismus. Frankf./M. 2006; verst. 2012 u. anschl. Übergabe seines wiss. Nachlasses an die UB der Univ. Frankfurt.

Publ.: (Hrsg.): L. Feuerbach: Anthropolg. Materialismus. Ausgw. Schriften in 2 Bdn. Frankf./M. 1967; (Übers. u. Hrsg.): Herb. Marcuse: Die Gesellschaftslehre des sowjetischen Marxismus. Soziolg. Texte Bd. 22. Neuwied/Berlin 1964; (ebs.): H. Lefebvre: Probleme des Marxismus heute. Frankf./M. 1965; (ebs.): Existenzialismus u. Marxismus. Eine Kontroverse zw. Sartre, Garaudy u. Hyppolite. Frankf./M. 1965; (Hrsg.) Beiträge z. marx. ET. Frankf./M. 1969 (mit DDR-Autoren); Geschichte und Struktur. Fragen einer marx. Historik. Mün. 1971 (2. A. 1978); (gem. mit H. Marcuse): Existl. Marx-Interpretation. Frankf./M. 1973; Emanzipatorische Sinnlichkeit. L. Feuerbachs anthroplg. Mat. Mün. 1973; Die Idee der kritischen Theorie. Elemente der Phil. Max Horkheimer. Mün. 1974; Die kritische Theorie als Geschichtsphil. Mün./Wien 1976; Drei Studien über Materialismus: Schopenhauer u. Horkheimer. Mün./Wien 1977; Kritische Theorie, Humanismus, Aufklärung. Phil. Arbeiten 1969–79 (zu seinem 50. Geb.) Stuttg. 1981; Goethes herrlich leuchtende Natur. Phil. Studie zur dt. Spätaufklärung. Mün. 1984; (Hrsg.): Max Horkheimer. Werk u. Wirkung. Frankf./M. 1986; Die Wahrheit im Gewande der Lüge. Schopenhauers Religionsphil. Mün. 1986; Idee und Weltwille. Schopenhauer als Kritiker Hegels. Mün. 1988; Philosophie nach Freud, das Vermächtnis eines geistigen Naturforschers. Lüneburg 1995; (Hrsg.): Durchgeistete Natur. Ihre Präsenz in Goethes Dichtung, Wissenschaft und Philosophie. Frankf./M. 2004; Tugend und Wettlauf: Vorträge und Aufsätze über die Phil. Schopenhauers (1960–2003). Frankf./M. 2004.

Schmidt, Ernst Günther
16. Jan. 1929–28. Febr. 1999
Alt-Philologe und Herausgeber antiker philosophischer Literatur in Jena
Geb. in Leipzig u. mit nachkriegszeitl. Abitur 1947–52 Studium ebd. der Altertumswiss., klass. Philologie, Germ. u. Phil. (daher auch bei H. Mayer u. E. *Bloch); 1958 phil. Prom. mit einer Studie zur Polemik zw. der Stoa u. Peripatos im 118. Brief des Seneca; zur gl. Zeit wiss. MA am Aka.-Inst. für griech.-röm. Alterskunde in Berlin; daselbst innerhalb einer Arb.-gem. zur hellenist. u. röm. Phil. bis 1961 (Inst. von Joh. *Stroux) an den Vorarbeiten zu einer gepl. Epikur-Ed. mitwirkend, die aber nicht realisiert wurde; umfangreiche Archiv-Studien in Tiflis u. Jerewan zu einer „altaramenischen Zenon-Schrift" (1961); 1963 Habil. z. Thema *Der Begriff des Guten in der hellenist. Phil. Ein Beitrag z. Erklärung der Seneca-Briefe* (publ. Jena 1963); daraufhin ab 1964 Doz. u. 1974 ao. Prof. an der FS Univ. Jena; daselbst mit G. *Mende Hrsg. der Marxschen Dr.-Diss. der Univ. Jena 1841 (1964, Übers. der griechischer Textstellen); erst 1987 Ordinarius für griech. Literatur (jedoch nicht auch für griech. Philosophie, obwohl deren fachgerechter Hrsg. u. Übers.); als formelles CDU-Mitgl. stets pol. Distanz zur SED haltend, wodurch er aber auch kein genehmigter West-Reisekader wurde; dazu auch noch solidarisch mit der „Drahtharfe" (sie unter Kollegen rezitierend) von W. *Biermann; erst nach der Wende 1989 daher Gastprof. in Würzburg und Innsbruck sowie nochmals in Tiflis sowie seiner Geb.- u. Studien-Stadt Leipzig; daselbst kurz nach seinem 70. Geb. 1999 am Herzinfarkt verst.

Publ. (in phil. Hinsicht): (Hrsg.): Das Gastmahl des Trimalchio/Petrorius. Rc. Leipzig 1958/59; (Hrsg.): Poetik. Platon. Rc.-Leipzig 1960; (Hrsg.): Das Gastmahl oder Von der Liebe. Plato. Rc.-Lpz. 1963 (3. A. 1970); (Mit-Hrsg.): Isonomia. Studien zu Gleichheitsvorstellungen im griech. Denken. Berlin 1964; (gem. mit G. Mende): Dr.-Diss. v. Karl Marx, Univ. Jena 1841. Jenaer Reden u. Schriften, 1964; (Hrsg.): Aischylos u. Pindar. Studien zu Werk u. Nachwirkung. Berlin 1981; (Hrsg.): Von der Ursache, dem Prinzip u. dem Einem. Giordano Bruno. Rc.-Leipzig 1984 u. Westberlin 1987; Das erworbene Erbe. Studien zur antiken Literatur u. ihrer Nachwirkung. Lpz. 1988; (Hrsg.): Griechenland und Rom. Vergl. Untersg. zu Entw.-tendenzen und Höhepunkten der antiken Gesch., Kunst u. Lite. Tbilissi, Erlangen u. Jena 1996.

Schmidt, Hans-Dieter
29. März 1927–4. Juni 2007
Hauptvertreter einer kritischen Entwicklungspsychologie in der DDR
Geb. in Schwachenwalde, Krs. Arnswalde/Neumark als Sohn eines Lehrers; eingeschult in einer VS in Perleberg/Prignitz, ab 1937 OS für Jungen ebd; kriegsbedingt kein regulärer Schulabschluß mehr möglich, unterbrochen durch Arbeits- u. Wehrdienst (Jan. 1945) sowie kurze sowjet. Kriegsgefangenschaft bis Ende Aug. d. J. 45; sofortiger Einsatz als Schulhelfer bzw. Hilfslehrer und im 1. Halbjh. 1946 nachgeholtes reguläres Abitur, dann bis 1949 Einsatz als Neulehrer statt der entlassenen NS-Lehrer in Kleinow/Prignitz; Schulamtsbewerber u. nach der 1. Lehrerprüfung 1948 Schulamtsanwärter; 1949–53 Studium der Pädg. mit phil.-marx. Vorlesungen bei W. *Harich u. W. *Hollitscher in Berlin; nach dem 4. Sem. 1951 Wechsel z. Psychologie

u. 1953 Abschluss als Diplom-Psychologe; bereits 1956 naturwiss. Prom. zum Thema *Das Verhalten von Haushunden in Konfliktsituationen*; sein wichtigster aka. Lehrer K. Gottschaldt (jedoch „Rep.-flucht") u. bis 1959 dessen wiss. Ass. in der Arbeitsstelle für experimentelle u. angewandte Psych. der ADW; 1959/60 kurzzeitg. Mitarbeiter am Inst. für pädg. Psych. der HU Berlin; 1960–63 Oberass. am neu gegr. Inst. für Psych. der FSU Jena (kom. Direktor F. *Klix); danach Rückkehr ans Berl. Psych.-Inst. (Direktor F. Klix) u. 1966 naturwiss. Habil. zum Thema *Experimentelle Studien über das Verhalten in unsicheren und Risikosituationen* (publ. Berlin 1966 u. d. neuen Haupttitel: „Leistungschance, Erfolgserwartung und Entscheidung"); 1966 Doz. für Psychologie an der HUB u. 1968 Berufung z. Prof. mit Lehrauftrag ebd.; mit der Sektionsgründung Psychologie der HUB 1969 Berufung zum ord. Prof. zunächst für Klin. Psy., seit 1975 dann jedoch f. Entw.-psychologie ebd.; 1969/70 Fachgutachter beim westdt. KZ–Prozessen für RA Fr. K. Kaul; 1970–73 zeitweilig Direktor der Sektion Psych. der HUB (wiederum abgelöst von F. *Klix 1974–84); Nov. 1976 mutiger Protestbrief gegen die Ausbürgerung von W. *Biermanns u. 1982 massive pädg.-pol. Kritik nach einem Vortrag (vor Kinderbuchautoren in Halle) u. dessen Publ. in der ndl zum „Bild des Kindes"; Herbst 1989 Mitgl. des Unters.-Ausschusses z. Aufklärung polizeil. Übergriffe am 6./7. Okt. d. J.; 1990 ff. aktive Teilnahme an den Selbst-Erneuerungsprozessen der HU Berlin: als Dekan des Fachbereichs Psychologie, als Mitglied des Konzils und des Akadem. Senats, von Struktur-, Entwicklungs- u. Berufungskommissionen sowie amt. Prorektor für Geistes- und Sozialwiss., teilw. trotz seiner schon 1992 erfolgten regulären univ. Berentung und Festschrift (Wiss. Zft der HUB 1992. Jg. 41/2) zu s. 65. Geb. „Entwicklung u. Persönl."; 1997 zum 70. Geb. Ehrendoktorwürde, verliehen durch die Phil. Fak. II der Univ. Potsdam; zugleich auch sehr selbstkritische autobiograph. Texte über seine NS-Jgd.-Zeit 1933–45 (der sog. „Flakhelfergeneration") sowie anschl. DDR-Studien- u. -Lebensarbeitszeit; gest. am 4. Juni 2007 kurz nach seinem 80. Geb. in Berlin; nachholendes Ehrenkolloquium für den Entwicklungspsychologen H.-D. S. (1927–2007) am 28. Nov. 2007 im Senatssaal der HU Bln.
DDR-Personen-Lexikon 2010 (D. Hoffmann).

Publ.: Experimentelle Forschungsmethoden der Pädagogik. Berlin 1961 (2. A. 1962); Lehrb. Allgemeine Entw.-psychologie. Berlin 1970 (5. A. 1978); (Mitautor): Entwicklungswunder Mensch. Urania-Verlag 1980 (4. A. 1989); (Mithrsg. G. Tembrock): Evolution and determination of animal and human behaviour (XXII. Intl. Cogr. of Psycholog. Juli Leipzig 1980). Berlin 1982; (Mithrsg.): Schritt um Schritt. Die Entw. des Kindes bis z. 7. Lebensj. Berlin 1985, zugleich Stuttg. 1985 (4. A. ebenso 1989); Dem Kinde zugewandt. Überlegungen und Vorschläge zur Erneuerung des Bildungswesens. Hohengehren 1991; Texte zw. Ja und Nein. Selbstbefragung eines DDR-Psychologen. Bielefeld 1997; Damals in Braunland. Autobiogr. Notizen 1933–45 in der Neumark. Berlin 2005.

Schmidt, Hartwig
6. April 1947–17. Juli 2017
ML-Philosoph in Greifswald und Berlin
Geb. in Stralsund; 1953–61 Besuch der GS u. ab 1961 der EOS in Bergen/Rügen; 1965 Abi. u. anschl. Pädg.-Studium für Kunsterziehung/Geschichte an der EMAU Greifswald 1965–69 (Diplomlehrer); zusätzl. Fernstudium Phil. daselbst, diplomiert 1973; daselbst 1971–76 wiss. Ass. an der ML-Sektion u. Lehreinsatz im gesell.-wiss. Grundlagenstudium; phil. Prom. ebd. 1979 z. Thema *Lebensweise als org. Ganzes* (Gutachter: H. *Friedrich, G. *Ludwig, G. *Winter); zugleich 1976–80 hauptparteiamtl. Sekretär der FDJ-Hochschulgruppenltg. seiner Univ. Greifswald (in Nachfolge von R. *Bräu); danach wiss. Mitarb. am Inst. für Phil. (Direktor E. *Hahn) der AfG beim ZK der SED in Berlin und daselbst 1987 Prom. B *Zum Austragen der Widersprüche des Sozialismus. Ein Disk.-beitrag* (Gutachter: G. *Stiehler, A. *Kosing und H. *Friedrich); mit Schließung dieser gesellschaftswiss. Partei-Akademie und ihrer Umbenennung in „Inst. für Sozialwiss." (amt. Direktor R. *Reißig) nach 1989/90 vielfältige eigenstg. publizistische Aktivitäten; nach schwerer Krankheit am 19. Juli 2017 verst.

Publ.: (Mithrsg.): Ist der Mensch paradiesfähig? Eine interdiszipl. wiss. Debatte zu einem streitbaren Thema. Leipzig u. Berlin 1994; Das unterwürfige Selbst. Kritik des Ipsismus (Aufsatzsammlung). Mainz 1995; Grausamkeit u. andere Lüste. Ethische Essays. Berliner Debatte. 1998.

Schmollack, Jürgen
8. Aug. 1933–4. Dez. 2012
Parteiakadmischer Moral-Philosoph
Geb. in Frankfurt/Oder; 1940/44 Volksschule u. 1948 Grundschule (8. Kl.); Gärtnerlehre u. 1951/53 ABF (Abi.); anschl. Pädg.-Studium an der PH Potsdam; Hochschulwechsel z. Phil. und Diplom-Phil. 1959 an der HUB (Direktor Hm. *Scheler); danach wiss. Ass. am Phil-Lehrstuhl des „Gewi.-Inst." beim ZK der SED; daselbst phil. Prom 1962 z. Thema *Ursprung, Wesen und Funktion der moralischen Pflicht* (gem. mit H. Reinhardt bei R. *Miller); daraufhin Spezialist für gesell. Moral im Sozialismus und entspr. parteiaka. Prof. für Ethik am Inst. für ML- Phil. der AfG (Direktor E. *Hahn/ Rektor Otto Reinhold); irgendwann habil. mit irgendwelchen arbeitskollektiven Ausarbeitungen; seit 1985 stellv. Direktor für Aus-+Weiterbldg. derAfG; mit Schließung aller SED-Partei-Aka.-Institute Ende 1989 keine weitere (phil.) Wirksamkeit mehr nachweisbar.

Publ.: (gem. mit H. Reinholdt): Sozialistische Moral (ABC des ML) Berlin 1963; Vom Werden der sozial. Menschengemeinschaft. Berlin 1968; (Hrsg. mit B. Bittighöfer und Mitautor im Atorenkollektiv): Moral und Gesell. Entwicklungsprobleme der sozial. Moral in der DDR. Berlin 1968 (2. A. 1970); Kollektiv und persönliche Freiheit. Berlin 1978; (Autorenkollektiv): Wie steht es um die Arbeitsdisziplin? Berlin 1983 und 1984; (im Kollektiv mit R. Miller u. a.): Sozialismus und Ethik. Berlin 1984.– entspr. parteiphil. Gemeinschaftartikel in der DZfPh 1960–77.

Schnädelbach, Herbert
6. Aug. 1936
Prof. für Theoretische Philosophie an der HU Berlin ab 1993, aus Hamburg kommend
Geb. in Altenburg, Thüringen, in einem evangl. Pfarrhaushalt; durch spätere Kriegsumstände verbrachte er seine Schulzeit in Breslau, Leipzig, Bad Bergzabem u. Landau in der Pfalz (daselbst 1955 Abitur); anschl. Studium der Phil., Soziologie, Germ., Gesch. und Musikwiss. an der Joh.-Wolfgang-Goethe-Univ. Frankfurt am Main; 1962–66 wiss. Hilfskraft am dortg. Phil. Seminar u. phil. Prom. z. Thema *Hegels Theorie der subjektiven Freiheit* (bei Adorno); 1970 Habil. z. Thema *Erfahrung, Begründung u. Reflexion. Versuch über den Positivismus* (noch angelegt von Th. W. Adorno, nach dessen Tod durch J. *Habermas betreut); 1971–78 Prof. für Phil. mit den Schwerp. Geschichtsphil, Wissenschaftsphil. und Diskursanalyse; danach ebs. Prof. für Phil. (Sozialphil.) an der Univ. Hamburg; als Präsd. der Allg. Gesell. für Phil. in Dt. 1988/90 Ende Sept. 1990 erstmalig wieder *gesamtdt.* Durchführung des XV. Phil.-Kongreß (durch Einladung an alle ostdt. univ. Phil.-Institute) z. Thema „Phil. der Gegenwart – Gegenwart der Phil."; – jedoch keinerlei Teilnahme mehr der einst führenden Kader-Phil. der DDR in geschl. parteiorg. Delegation (wie einmalig 1954 am IV. westdt. Phil.-Kongreß in Stuttg.); in der ersten Sektion „Philosophiegeschichte" sprachen die beiden ostdt. Nachwuchs-Phil. Elke *Hahn und Klaus *Vieweg z. Thema „Zur Gesch. der Phil. in der DDR"; der frühere Bloch-Schüler und spätere „Heimkehrer"(!) nach Halle, M. *Riedel, übertönte die erstmalig wieder gesamtdt. Hambg. Phil.-Versammlung mit einem erschreckend dreifachen Aufschrei „Wahnsinn"; 1993 Berufung nach Berlin auf den neu eingerichteten Lehrstuhl für „Theor. Phil." u. zus. mit V. *Gerhardt (Lehrstuhl Prakt. Phil.) entscheidend am Neuaufbau des Inst. für Phil. der HU Berlin beteiligt; Antrittsvorlesung am 26. Mai 1993 zu „Hegels Lehre von der Wahrheit" u. Abschiedsvorlesung am 18. Juli 2002 an der HU Berlin: „Das Gespräch der Phil.". – Umfangreicher Wikipedia-Eintrag. Darin verzeichnet folgende Phil.-Bestimmung: „*Die Phil. ist ein Plural*; ihre innere Pluralität ist ihre Stärke … Monopole sind auch in der Philosophie kontraproduktiv." (Phil.-Kongreß, Hamburg 1990).

Publ.: (lediglich eine beschränkte Auswahl nach Wikipedia): Geschichtsphilosophie nach Hegel. Die Probleme des Historismus. Freiburg u. München 1974; Reflexion und Diskurs. Fragen einer Logik der Philosophie. Frankf./M. 1977; Philosophie in Dt. 1931–1933. Frankf./M. 1983; (Hrsg. mit E. Martens): Philosophie. Ein Grundkurs Hambg 1985 (seit 1991 zweibändig u 7. überarb. A. 2003); Vernunft in der Gesch. Vorträge u. Abhandlungen 1. Frankf./M. 1987; Hegel z. Einführung. Hamburg 1999; (Hrsg.): Hegels Philosophie. Kommentare zu den Hauptschriften. 3 Bde. Frankf./M. 2000; Phil. in der mo. Kultur. V. + A. 3. Frankf./M. 2000; ET zur Einführung. Hamburg 2002; Analytische u. postanalytische Phil. V. u. A. 4. Frankf./M. 2004; Kant. Leipzig 2005; Vernunft. Lpz. 2007; (Mithrsg.): Was können wir wissen, was sollen wir tun? Zwölf phil. Antworten. Hamburg 2009; Religion in der modernen Welt. Vorträge, Abhandlungen, Streitschriften. Frankf./M. 2009; Was Philosophen wissen und was man von ihnen lernen kann. Mün. 2012; Sich im Denken orientieren. Festschrift von 1996 (mit Schriftenverzeichnis 1966–1995).

Schneider, Ulrich Johannes
4. Mai 1956
Philosophiehistorischer Bibliothekdirektor in Leipzig
Geb. in der Barbarossastadt Gelnhausen, Hessen – aufgewachsen u. Schulbildung in Frankf./M.; studierte Phil. an der TU Berlin in den 70er Jahren (1980 Magisterabschluß); 1983–88 am dortg. Phil.-Inst. wiss. Ass., abgeschl. mit e. phil. Diss. z. Thema *Gelehrsamkeit u. Phil.* (Gutachter: H. Poser u. Chr. *Hubig – publ. Frankf./M. 1990 u. d. T. Die Vergangenheit des Geistes. Eine Archäologie der Phil.-Gesch.); anschl. verschiedene Forschungsstudienaufenthalte im Ausland, 1990–92 (Paris); anschl. 1992–98 wiss. Ass. am neu gegr. Inst. für Phil. der Univ. Leipzig u. daselbst 1998 Habil. z. Thema *Philosophie u. Universität. Historisierung der Vernunft im 19. Jhd.* (Gutachter: P. *Stekeler-Weithofer, W. Schmidt-Biggemann u. ebs. publ. Hamburg 1999); – reflektierte sehr kritisch die Leipziger Abwicklungsprozesse der nicht nur gesell.-pol. gescheiterten DDR-Phil., insb. hinsichtlich des Verbleibs ihres Personals wie ihrer fachphil. Themen u. löste damit eine umfängliche, 1996/97 nachholende ungemein kontrovers geführte öffentl. Debatte aus (nachpubl. in ‚Hochschule Ost' 3/1998, hrsg. von P. *Pasternack); zugleich 1992–98 Leiter der Abt. Forschungsprojekte der Herzog August Bibl. Wolfenbüttel; seit 2004 apl. Prof. für Phil. am Inst für Kulturwiss. der Univ. Lpz. u. seit Nov. 2005 Direktor des univ. Frankreichzentrums (auch Vors. der Deutschen Gesell. für franz.-sprachige Phil.) u. seit Jan. 2006 Direktor der UB Leipzig; Nachforschungen zur Gesch. der Univ. im Zeitalter der Aufklärung sowie umfängliche Ausstellungen zur allgm. (univ.) Bibl.-gesch.

Publ.: (mit Kl.-D. Eichler): Russische Phil. im 20. Jhd. Mit einem Anhang: Die Philosophie in der DDR zw. Bolschewisierung und dt. Tradition. Lpz. Schriften zur Phil. Bd. 4-1996; (Mithrsg.): Phil. u. Reisen. Lpz. Schriften z. Phil. Bd. 6-1996; (Übers. u. Hgb.): Leibniz: Monadologie u. andere metaphysische Schriften. Hamburg 2002 (2. A. 2014); (mit Kl.-D. *Eichler): Zur Alltagsgesch. der Phil. in Leipzig (eine univ.-phil.-geschichtl. Dok.). Lpz. Schriften z. Phil. Bd. 18-2004; Michel Foucault. Darmstadt 2004 (2. A. 2011); Kultur der Kommunikation. Die europäische Gelehrtenrepublik. Im Zeitalter von Leibniz bis Lessing. Wiesbaden 2005; Seine Welt wissen. Enzyklopädien in der frühen Neuzeit (Katalog). Darmstadt 2006; (Hrsg.): Der franz. Hegel. Berlin 2007; (Hrsg.): Kulturen des Wissens im 18. Jhd. Berlin 2008; Die Erfindung des allgm. Wissens. Enzyklopädische Schreiben im Zeitalter der Aufklärung. Berlin 2013.

Schober, Rita
13. Juni 1918–26. Dez. 2012
Führende Romanistin der DDR, gesellschaftswiss. Fakultäts-Dekanin: Zola-Herausgeberin u. Arbeiten zum Strukturalismus
Geb. in Rumburg (Nordböhmen/Tschechien) als Reichsdeutsche; Vater Angestellter, Mutter Schneiderin; 1928–36 Besuch des Realgymn. u. anschl. Studium der klass. Philol. (Latein) u. Romanistik 1936–38 sowie 1944/45 in Prag; 1940 Aushilfslehrerin u. Eintritt in die NSdAP, was allerdings erst nach Ihrem Tode offengelegt u. neuartig (so nicht mehr als eine antifasch. Aktion) erklärt wurde; noch im März 1945 erfolgte die sprachwiss. Prom. an der Dt. Univ. in Prag; nach Kriegsende ihre „Aussiedlung" in

einem geschützten, antifasch.-parteikomm. org. Transport in die SBZ und der sofortige Eintritt in die SED; 1946–49 wiss. Ass. u. Lehrbeauftragte für Französisch in der univ. Lehrerausbildung; 1948 gelangt sie durch Mitnahme von Leo *Kofler als einzige Frau in den 1. Phil.-Doz.-Lehrgang für dial.- u. hist. Mat. an der PHS in Kleinmachnow (Leitung K. *Hager); seit 1948 arbeitet sie zunehmend unter dem nach Halle berufenen Victor *Klemperer auf literaturwiss. Gebiet, um sich zu habil.; 1951/52 Einsatz als Hauptreferentin für Philologien im Staatssekr. für HFW in Berlin u. danach 1952 bereits Doz. am Romanistischen Institut der HUB; 1954 erfolgt die Habil. zu Emile *Zolas naturalistischer Romantheorie u. das Problem des Realismus* (Gutachter: V. *Klemperer u. G. *Klaus); darin wendet sie sich erfolgreich gegen G. *Lukacs' ideologiekrit. Abwertung des Naturalismus bei Zola, gegenübergestellt dem Realismus von Balzac; 1957 berufen auf den Lehrstuhl für Romanistik u. ab 1959 Nachfolgerin von Klemperer als Inst.-Direktorin bis 1969 zur III. HSR, die zur Bildung einer unüberschaubaren univ. Großsektion „Philologien" führte; R. S. selbst wird auf persönl. Wunsch von Hager (nach Zerschlagung auch der traditionellen Phil. Fak.) erste Dekanin der neu gebildeten Gesell.-wiss. Fak. der HUB (Rektor Wirzberger) bis 1975; 1969 ordentl. Aka.-Mitgl. u. Veranstalterin einer bedeutsamen interdiszipl. Konferenz ihrer „Gewi.-Fak." z. streitbaren Thema des *Strukturalismus* in sprach-, lite.-wiss. wie phil. Hinsicht, deren Protokoll jedoch aus ideolg.-pol. Gründen nicht mehr erscheinen durfte (univ.-gesch. Bericht dazu erst 2010); 1978 wird sie regulär em. u. vollendet die Herausgabe eines 20-bdg. Zola-Romanzyklus der Rougon-Macquart-Fam.-gesch.; 1983 ist sie Teilnehmerin (der DDR-Phil.-Deleg.) am XVII. Weltkongreß für Phil. in Montreal z. Thema Philosophie und Kultur u. hält ein engl.-sprachiges Hauptreferat; sie erhält den VVO in Bronze (1964), Silber (1968) und Gold (1978, zu ihrem 60. Geb.) wie 1988 die Ehrendoktorwürde der HUB zu ihrem 70. Geb.; 1993 Gründungsmitgl. der ostdt. Leibniz-Soz. Berlin; H.-O. Dill (Hrsg.) widmete ihr zum 80. Geb. eine Festschrift zu „Gesch. u. Text in der Lite. Frankreichs". Bln. 2002; zu ihrem 90. Geb. 2008 gab es einen Festakt an der HU zu Berlin und zum Jahresende 2012 starb sie hochbetagt in Berlin-Pankow-Niedersh.; am 13. Sept. 2018 ehrte die Leibniz-Soz. R. S. zu ihrem 100. Geb. mit einer ganztägigen Konferenz zu ihrem Leben, Wirken und Werk; – zugleich wurden bisher unbekannte autobiogr. Texte aus ihrem Nachlass vorgestellt, publ. von D. Röseberg in „Rita Schober – Vita. Eine Nachlese" (Tübingen 2018); darin wird nun ihre nachkriegszeitl. (parteiabgedeckte) Entnazifizierung durchgehend als eine rein „fiktive Geschichte" bez., die zukünftig auch in Klemperers Tagebuchaufzeichnungen (nach 1945) nun nicht mehr unvollständig-gekürzt u. damit verschwiegen publ. werden soll. Diese NS-Verdrängung betrifft auch 2 führende DDR-Phil.
DDR-Personen-Lexikon 2010 (B.-R. Barth).

Publ.: Skizzen zur Literaturtheorie. Berlin 1956; Im Banne der Sprache (Strukturalismus). Halle a.S. 1968; Von der wirkl. Welt in der Dichtung. Aufsätze zu Theorie u. Praxis des Realismus in der franz. Lite. Berlin 1970; Abbild, Sinnbild, Wertung. Aufsätze zur Theorie u. Praxis der lite. Kommunikation. Berlin 1982 (2. A. 1988); Vom Sinn u. Unsinn der Literaturwiss.. Essays. Halle 1988; Zu Viktor Klemperers Tagebücher. Velten 1998; Auf dem Prüfstand. Zola – Houellebecq – Klemperer. Berlin 2003. – H.-C.

Rauh: Eine abgebrochene interdiszipl. Debatte zum Strukturalismus an der HU im Jahre 1969 aus inst.-phil. Sicht – Rita Schober zur Ehrung. In (hrsg. von Wo. Girnus/Kl. Meier): Die HU Unter den Linden 1945 bis 1990. Leipzig 2010, S. 533–665.

Schölzel, Arnold
21. Okt. 1947
Promovierter Diplom-Philosoph, Stasi-Spitzel u. späterer „Junge Welt"-Chefredakteur
Geb. in Bremen, wo er auch aufwuchs, zur Schule ging u. 1966 sein Abi. ablegte; ungemein symbolisch desertierte er am 13. Aug. 1967 aus pol. Überzeugung aus der Bundeswehr durch einen demonstrativen Übertritt in die DDR und arbeitete zunächst als Hilfsarbeiter in Leipzig, wo er auch sein, nun ostdt. DDR-Abitur absolvierte; anschl. Phil.-Studium an der HU Berlin bis 1974 (Diplom-Phil.); danach Anstellung als wiss. Ass. an der Sektion Marx.-len. Phil. im Lehr-Bereich Gesch. der Phil. (u. Kritik ders.); 1978–80 FDJ-GO-Sekretär der Sektions-Phil.-Studenten u. 1979 FDJ-„Arthur-Becker-Medaille" in Gold; 1982 phil. Prom. z. Thema *Karl Korschs ‚undogmatischer Marxismus', ein Beitrag zur Untersg. der Entwicklungsgesch. des phil. Revisionismus* (Gutachter: H. *Pepperle, G. *Redlow, H.-M. *Gerlach); ab 1985 war noch eine Diss. B zu „Max Horkheimers kritischer Theorie" eingeplant und in Arbeit, die jedoch nicht mehr fertig gestellt bzw. so verteidigt werden konnte; neben der phil.-geschichtl. Lehrtg. und verschiedenen FDJ-SED-Parteileitungsfunktionen an der ML-Philosophie-Sektion schon frühzeitig umfangreiche journalistische Aktivitäten sowie intensivste (umfänglich schriftlich dok.) Zusammenarbeit mit dem MFS als IM „Andre Holzer", die als solche nachwendisch von seinen (so nichts ahnenden) früheren Phil.-Mitstudenten öffentlich gemacht wurde; zu der von ihm besonders observierten kritisch-oppositionellen Studentengruppe, selbst „aktiv" dazu gehörend, gehörten der spätere Bürgerrechtler W. *Templin, der nachwend. „Basis-Druck"-Verleger K. Wolfram sowie der spätere Chefred. von „Sinn & Form" Seb. *Kleinschmidt; wegen dieser bis 1989 andauernden Spitzeltg. aus tiefster staatsparteipol. Überzeugung erfolgte nach stasibehördlicher u. univ. Offenlg. 1990 die sofortige Suspendierung von jeder Lehrtg. u. später nachfolgend die bedingungslose Entlassung aus dem öffentl. Univ.-dienst; in einer späteren Fernsehdok. „Verraten – sechs Freunde und ein Spitzel" (2007) antwortete AS auf die abschl. Frage der Filmemacherin u. Autorin Inga *Wolfram, warum er seine Freunde u. Mitstudenten überhaupt verraten habe, mit den alles erschlagenden Worten: „Na ja, Ihr habt 17 Millionen verraten"!; – 1997 red. Mitarbeiter u. seit 2000 Chefred. der linkskomm. Berl. Tageszeitung „Junge Welt" (zu DDR-Zeiten ZO d. parteiamtl. FDJ-ZR); wenn überhaupt noch, dann wird allein in dieser gelegentlich einstmalig anführenden marx.-len. DDR-Phil. (wie M *Buhr, E. *Hahn, A. *Kosing, H. *Klenner oder auch H. H. *Holz) völlig unhist.-kritiklos sowie ungebrochen sektiererisch-frontphil. u. unbelehrbar altstalinistisch weiterhin gedacht; alle früheren wie aktuellen reformdemokratischen Sozialismus-Betrebungen unterliegen demgegenüber wiederum einer theorielosen, ideologisch-dogm. wie poststaln. Kritik u. Verurteilung als weiter parteifeindl. Revisionismus, so seit der Stalin-Verurteilung von 1956 bis z. dt. Wie-

dervereinigung, die ebenfalls stets nur als „konterrevolutionäres Ende der DDR" bez. wird; es muß dies vielleicht auch biogr. u. nationalgeschtl. erklärbar sein.

Publ.: Zur Gesch. des Instituts für Phil. u. der Sektion Marx.-Len. Phil. an der HU zu Berlin. Berlin 1989 (folgt gänzlich der SED-Parteigeschichte); Mensch und Arbeit. Arbeitsmaterial für den Phil.-Unterricht in der Abiturstufe: Texte, Biographien, Aufgaben. Berlin 1990; (Hrsg.): Das Schweigekartell. Fragen und Widersprüche zum 11. September. Ed. Zeitgeschichte Bd. 3. Berlin 2003; (Hrsg.): Nun habe ich Ihnen doch zu einem Ärger verholfen. Peter Hacks u. H. H. Holz. Briefe, Texte, Erinnerungen. Berlin 2007; Revolution. Köln 2013. – Vergl. hierzu B. Stöver: Zuflucht DDR. Spione und andere Übersiedler. Warum eine halbe Million Westdeutsche nach drüben gegangen sind. Mün. 2009. – Zum marx.-len. Phil.-Studium kam jedoch nach 1961 aus der BRD nur A. S. in die DDR; davor noch Wolf Biermann und Eva Kellner sowie drei 1958 dann aber in der DDR verurteilte Berliner Phil.-Studenten. Und ein Westberliner Linksmarxist wechselte 1979 ebenfalls stasi-bedingt in die DDR u. integrierte sich problemlos in deren parteimarx. phil. Arbeit.

Schönrich, Gerhard
29. April 1951
Lehrstuhl Theoretische Philosophie an der TU Dresden
Geb. in Inshofen, Kr. Schwäb. Hall u. 1971–79 Studium der Phil., Neueren dt. Literatur und Linguistik in München (Studienstiftung des dt. Volkes); 1974/75 Studienaufenthalt an der Univ. Besancon/Frankr.; phil. Prom 1979 an der LM-Univ. Mün. z. Thema *Kategorien und transzendentale Argumentation. Kant u. die Idee einer transzendentalen Semiotik* (Dr.-Väter: M. Baumgärtner u. H. Krings – publ. Frankf./M. 1981); 1988 ebd. Habil. z. Thema *Zeichenhandeln. Untersuchung z. Begriff einer semiotischen Vernunft im Ausgang von Ch. S. Peirce* (Gutachter: u. a. H. Krings u. M. Zahn – publ. Frankf./M. 1990); mit dem Ende der DDR bzw. deren Beitritt zur BRD im Stud.-jahr 1991/92 Lehrstuhlvertretung an der TU in Chemnitz-Zwickau u. seit 1992 Prof. u. Lehrstuhlinhaber für Theor. Phil. am neugegr. Inst. für Philosophie der TU Dresden, an dem nur ein habil. (vormarx.) Philosophie-Historiker, H.-U. *Wöhler, überlebte; 1993/94 Dekan der Phil. Fak. und 1995 bereits Gastprof. in den USA; – Inhaber des entsprechenden Lehrstuhls Theor. Phil. sowie Gründungsdirektor des neuen Phil.-Instituts in Dresden ist Th. *Rentsch.

Publ.: Bei Gelegenheit Diskurs. Von den Grenzen der Diskursethik u. dem Preis der Letztbegründung Frankf./M. 1994 (2010 japan. Übers.); (Mithrsg.): Kant in der Diskussion der Moderne. Frankf./M. 1996; Semiotik zur Einführung. Hamburg 1999; (Mithrsg.): Institutionen u. Regelfolgen. Paderborn 2002; (Hrsg.): Normativität u. Faktizität. Skeptische u. transzendentale Position im Anschluß an Kant. Studien zur Phil. u. Logik. Bd. 1 Dresden 2004; (Hrsg.): Institutionen u. ihre Ontologie. Frankf./M. 2005; (Hrsg.): Wissen u. Werte. Paderborn 2009; (Mithrsg.): Persistenz, Indexikalität, Zeiterfahrung. Frankf./M. 2011.

Schöpf, Hans-Georg
1928–2004
Physiker-Philosoph und Greifswalder Jacoby-Schüler in Dresden
Geb. in Müncheberg u. nachkriegszeitl. Abi. in Bergen/Rügen; ab 1946 an der gerade wieder eröffneten pommerschen Landes-Univ. in Greifswald Studium der Physik,

Mathe. sowie auch Phil.; 1951 Physik-Diplom u. anschl. 1951/52 kurzzeitig Referent im neu gegr. Staatssekr. für das Hochschulwesen der DDR in Berlin (1. Staatssekr. ist der Physiker-Phil. G. *Harig); wichtigster nachkriegszeitlicher Philosophie-Anhänger u. Schüler (zeitweilig Hilfsass.) von G. *Jacoby, weshalb er an der Univ. Greifswald (nicht zuletzt aber auch wegen seiner christl. Glaubenshaltung) trotz erfolgreicher math.-naturwiss. Prom. 1956 z. Thema *Untersuchungen über den Energie-Impulstensor klass. lorentzinvarianter Feldtheorien* bei diesem keine Anstellung fand (da es offiziell kein Phil.-Inst. gab u. Jacoby em. wurde); daher math.-naturwiss. Habil. 1961 in Leipzig *Über eine in zweiter Näherung singularitätenfreie, die Grenzbeding. erfüllende Lösung der Einsteinschen Feldgleichungen*; 1961–67 dennoch zeitweilig Prof. mit Lehrauftrag für Theor. Physik in Greifswald; danach ab 1969 lebenszeitliche Anstellung als o. Prof. für Theor. Physik an der TU Dresden, sich weiter mit phil. Fragen der Physik, insb. geschichtlich, beschäftigend u. diese teilweise in theolg. Fachzeitschriften publizierend; in den 70/80er Jahren Hrsg. zweier grundlegender sowjet. Physik-Lehrbücher; – am 30. April 1981 hält er in Greifswald aus Anlass des 100. Geb. von Günther *Jacoby (Mitbegründer der neueren OT) an der Sektion Physik/Elektronik der EMAU Greifswald (also nicht am dortigen marx.-len. Phil.-Institut, aber dann doch veröffentl. in dortg. Inst.–Reihe 1983) eine mutige Festrede zu dessen Gedenken: „Physik u. Naturphilosophie"; nachwendisch verstärkte Bemühungen mit anderen früheren Schülern von Jacoby, um dessen phil.-ontolg. Werk in Greifswald wiederzubeleben; nachwendische „Übernahme" und Neuberufung als Prof. für Statistische Physik u. Thermodynamik an der Fak. für Mathe. u. Naturwiss. in Dresden sowie regulär em.; verst. 2004 auf der Insel Rügen in einem Altersheim; – Gedenkveranstaltung am 21. April 2005 im traditionellen Inst. für Physik der EMAU Greifswald mit folgenden Beiträgen: J. Flachsmeyer: H-G. S. und die antike griech. Physik; H.-C. *Rauh: H-G. S. u. der Philosoph Günther Jacoby; A. Rutscher: H-G. S. u. die Gesch. der Physik; zeitlebens gab es auch naturphil. Verbindungen des christl. Physiker-Phil. und unverdrossenen Jacoby-Anhängers z. Hm. *Ley-Lehrstuhl (dieser arbeitete phil.-hist. auch in Dresden) auf dessen Arbeitstg. in Kühlungsborn; ebenso bestanden auch phil.-hist. Verbindungen zu S. *Wollgast in Dresden.

Publ.: (Hrsg. ab 7. A.): L. D. Landau/E. M. Lifschitz: Klassische Feldtheorie (Lb. der theor. Physik, Bd. 2). Berlin 1977 (12. A. 1992 u. Frankf./M. 1997); Von Kirchhoff bis Planck. Theorie der Wärmestrahlung in hist.-krit. Darstellung. Berlin u. Braunschweig 1978 u. Moskau 1981; Physik und Naturphilosophie. Festrede z. 100. Geb. von Günther Jacoby am 30. April 1981 an der EMAU Greifswald. In: Greiswalder Phil. Hefte 3/1983; Die Griechen u. die Natur. Sächs. Aka. der Wiss. Bd. 116, H. 3. Berlin 1983; Moderne Wiss. und christl. Verantwortung. Spitzentechnologien als ethische Herausforderung. Hefte aus Burgscheiden, CDU-Vorstand. Berlin 1986; Newtons philosphiae naturalis principia mathematica. AdW der DDR, Inst. für Mechanik. K.-M. Stadt 1987; (aus d. Engl. übers. u. hrsg.): A. J. Leggett: Physik. Probleme-Themen-Fragen. Basel u. Berlin 1989.

Schorochowa, Ekaterina W.
1922–2002
Psychologin und sowjetische Philosophin
1947 Absolventin der Psychologie an der Phil. Fak. der Leningrader Staatl. Univ.; Asp. und Ass. sowie Dr.-Diss. 1962 z. Thema *Das Problem des Bewußtseins in Phil. und Naturwiss.*; 1960–72 Sektionsleiter und 1972–88 stellv. Direktorin des Instituts für Psychologie der Aka. der Wiss. der UdSSR.

Publ.: Die Bedeutung der Lehre Pawlows für die atheist. Weltanschauung. Berlin 1956; (Hrsg.): Zur Psychologie der Persönlichkeit. Berlin 1976; (Hrsg.): Methodolg. und theor. Probleme der Psychologie. Berlin 1977.

Schottlaender, Rudolf
5. Aug. 1900–1. April 1988
Altphilologe und einziger nichtmarx. DDR-Philosoph
Geb. in Berlin in einer bürgerl.-jüd. Familie; nach dem humanist. Gymn. 1918–23 Studium der Phil. u. klass. Philologie in Berlin, Marburg, Freiburg u. Heidelberg, wo 1923 die phil. Prom. z. Thema *Die hist. Bedingtheit des Gehalts der Nikomachischen Ethik des Aristoteles* (Betreuer E. Hoffmann) erfolgte; bereits 1921 trat er aus der Jüd. Gemeinde aus, ohne sich aber christlich taufen zu lassen; dadurch aber auch keine spätere Habil. u. univ. Anstellung; bis 1933 tätig als Übersetzer, Hilfssprachlehrer und Publizist; blieb nach 1933 als „Privatgelehrter" durch die Ehe mit einer nicht-jüd. Frau („privilg. Mischehe", geschieden 1946) vor der vernichtenden Deportation bewahrt; in der Kriegszeit bis 1945 arbeitsdienstverpflichtet als Krankenpfleger wie Hilfsarbeiter in einer Munitionsfabrik; begrüßt die Rote Armee ausdrücklich als seine persönl. Befreier; 1945/46 als Studienrat Latein- u. Griechisch-Lehrer in West-Berlin; 1947 überraschende Berufung als „Prof. für Phil." (in Nachfolge von G. *Kafka und befürwortet von Karl Jaspers) an die TH Dresden (wohnend im Haus von V. *Klemperer), obwohl „kein Marxist", aber doch „antifaschistisch-demokratisch" u. weil „rassisch verfolgt"; erlaubt war aber nur eine traditionelle phil.-hist. Lehre ohne jede phil. Systematik, thematisch eingeramht von Psychologie u. Pädagogik für die dringende Neulehrerausbildung (später ersetzt durch ML-Pflichtveranstaltungen u. den entspr. ersten parteimarx. Einsatz von H. *Ley); nach absehbaren pol.-ideolg. Konflikten mit der SED-Studentenschaft 1949 (verweigert parteipol. befohlene Teilnahme an einer 1. Mai-Demonstration für den Frieden, Demo. u. Sozialm.) sofortige fristlose Entlassung und Rückkehr nach West-Berlin, dort aber wiederum ohne jede univ. Anstellung bleibend, von H. *Leisegang an der neu gegr. FU verweigert, da nicht habil.; bis 1959 daher wieder alltagsschulischer Unterricht in Latein und Griechisch an Gymnasien; dann erneute Entlassung aus dem Schuldienst wegen öffentl. pol. Auftretens (als überzeugter Pazifist) gegen die westdt. Wiederaufrüstung u. Atombewaffnung; nach einer Westberl. Verleumdungskampagne (fast schon so wie 10 Jahre zuvor in Dresden) Rufangebot der HU Ost-Berlin zu einer Prof. für lateinische Literatur u. bes. Berücksichtigung des Griechischen; aber ausdrücklich nicht disziplinübergreifend für antike

Phil. („besetzt" durch Fam. *Simon); nach dem Mauerbau 1961 unumgängl. Übersiedlung mit der Familie nach Ost-Berlin, in die DDR; daselbst erfolgreiche Lehrtg, aber publizistisch fast nur weiter im Westen wirksam; zeitweilig der einzige „parteilose" und ‚nichtmarx.' DDR-Phil.-Teilnehmer an westdt. Phil.-Kongressen, aber SED-Verweigerung, an den offiziellen DDR-Phil.-Kongressen teilzunehmen und aufzutreten; 1965 universitätsregulär em. und als DDR-Rentner wieder westwertige Reisemögl.; zugleich zunehmende Kritik an den erstarrten gesell.-pol. Verhältnissen u. Zuständen nun in der DDR; engagiert sich für den verfolgt-isolierten Rob. *Havemann sowie entschiedener Protest 1979 gegen die widersinnige Inhaftierung von R. *Bahro; sein gr. „Gedenkwerk *Verfolgte Berliner Wissenschaft*" (1965 als Manuskript) konnte wegen kleinlicher parteipol., um nicht zu sagen versteckter „antijüdischer" Vorbehalte in der DDR nicht erscheinen (publ. daher erst 1988 kurz nach seinem Tode in West-Berlin); sein Sohn Rainer veranstaltet 1968 eine waghalsige univ. Flugblattaktion gegen die parteistaatlich verbindlichen marx.-len. „Gewi.-Vorlg.", die jedoch von der Stasi nie aufgedeckt werden konnte (FS-dok. als „das teuerste Flugblatt der Welt"), gerät aber wegen danach versuchter Rep.-flucht trotzdem in die Fänge der Stasi und wird 1972 in die BRD „zwangsausgesiedelt"; sein Enkel Peter tritt z. orthodoxen Judentum über und verlässt 1979 ebenfalls die DDR; 1974 Ärger wegen eines West-Aufsatzes zu „Solschenizyns Tragik" und in den 80er Jahren noch aktive Teilnahme an der sich entw. unabhg. Friedensbewegung in der DDR; er war wohl der bekannteste Benutzer der Dt. Staatsbibl. in beiden Teilen Berlins; verst. am 1. 4. 1988 in Berlin; zum 100. Geb. am 1. Nov. 2000 nachholende univ. Gedenkveranstaltung „zu Ehren des Philosophen u. Altphilologen Rudolf Sch. (1900–1988)" an der HU Berlin (Eröffnung: Prof. Dr. Dr. h.c. Richard *Schröder, – Vortrag: G. *Herzberg „Homo philosophicus et politicus"; – publ. eine einzige Rezension zu Heideggers Nietzsche-Buch in H. 7/1963 der DZfPh.; leider im *Anfänge*-Band 2001 (wie auch Lis. *Richter u. Fr. *Bassenge) noch nicht thematisch bzw. personengeschichtlich berücksichtigt; nachgeholt 2009 u. 2017. DDR-Personen-Lexikon 2010 (D. Hoffmann).

Publ.: Der phil. Heilsbegriff. Ein Beitrag z. Überwindung der Krise der Ethik als Wiss. Monographien zur phil. Forschg. Bd. 6. Meisenhein/Glan 1952; Einleitung zu Spinozas „Ethik". Phil. Bibl. Bd. 92. Hamburg 1955 (wie 1989 u. 1994); Theorie des Vertrauens. Berlin 1957; Früheste Grundsätze der Wiss. bei den Griechen. Berlin 1964; (Hrsg.): Sophocles Werke in einem Band. Weimar 1966; (Neuübers.): Antigone v. Sophokles. Leipzig 1967 (23. A. 1989); Römisches Gesellschaftsdenken. Die Zivilisation einer Nation aus der Sicht ihrer Schriftsteller. Weimar 1969; (Hrsg.): Antike Tragödien. Berlin-Weimar 1969; (Hrsg. ausgw. und eingl.): Lebensklugheit und Charakter (aus „Moralia") von Plutarch. Leipzig 1979 (Wiesbaden 1981 und Basel 1983); (Hrsg.): Elektra von Aischylos. Leipzig 1983; Trotz allem ein Deutscher. Mein Lebensweg seit Jahrhundertbeginn. Freiburg 1986; Synopsis. Zu Grundbegriffen von Phil, Politik u. Literatur aus der Antike. Würzburg 1988. Ursprung, Ursache, Urheber u. a. Themen in phil. Neubefragung. (mit Bibl. R. S.) Würzburg 1989.

Lite.: Götz Aly: „Von den tragenden Volkskräften isoliert". Zum 100. Geb. von R. S. In: Jb. für Univ.-gesch. 6 (2003); S. Prokop: „Freiheit ist ein Selbstwollen". R. S. (1900–1988) z. 100. Geb. In: hochschule ost 1/2001. – *Ausgänge*: Streitbarer Idealismus. Der Philosoph u. Altphilologe Rudolf Schottländer (G. Herzberg).

Schreiter, Jörg (geb. Dietrich/verh. Nixdorf)
9. Juli 1946–Aug. 2014
Akademie-Philosoph und letzter Chefredakteur der DZfPh Ende der 80er Jahre
Geb. in Berlin; erw. OS u. Abitur 1965; anschl. Phil.-Studium in Leipzig bis 1969 (Diplom); SED-Beitritt 1968 u. Forschungsstudium an der neugegr. Sektion Marx.-Len. Phil./WS der KMU Lpz.; daselbst 1971 phil. Prom z. Thema *Gegenstand der Phil. im Wiener Kreis des Neopositivismus* (Gutachter: D. *Wittich, S. *Bönisch, H. *Parthey); Kündigung wegen Aufnahme einer Arbeitstg. am Wohnort Berlin (Einstell. Aka. der Päd. Wiss.); spätere Anstellung am ZIfPh der AdW der DDR; Forschungsbereich Gesch. der Phil. und Kritik; daselbst 1983 Aka.-Prom. B z. Thema *Hermeneutische Lebensphil. contra positivistische Faktologie. Studien zur Geschichtserkenntnis als Dilemma spätbürgl. Philosophie* (Gutachter: M. *Buhr u. a.); Ernennung zum Aka.-Prof. am 1. Sept. 1985; 1986–90 Einsatz als letzter Chefred. der DZfPh. im Rahmen der offiziellen marx.-len. DDR-Phil. (verfügte Ende 89 die vollständige Auflösung des übergroßen Redaktionskollegiums durch die Verlagsleitung des DVW); jedoch danach keine reguläre Wiedereinstellung am Aka-Inst. für Phil. (letzter Direktor P. *Ruben), da dessen Abwicklung bereits Ende 1991 erfolgt; Lehrangebotsversuche zur ET u. Hermeneutik auch bei D. *Wittich in Leipzig scheitern ebenfalls; daher zeitweilige Anstellung bei den Germanisten (Neuere dt. Literaturwiss.) der HU zu Berlin; die merkwürdig oftmals erfolgenden „Namensänderungen" haben wohl eine nachkriegszeitlich bzw. realsozialistisch fragwürdig gewordene Identitätssuche z. Verursachung; krankheitsbedingt (Alkoholismus) verst. 2014.

Publ.: Zur Kritik der phil. Grundpos. des Wiener Kreises. Buhrsche Kritik-Reihe, Bd. 82. Berlin 1977 (ebenso Frankf./M. 1977); Wahrheit, Wissenschaftlichkeit, Gesell.-wiss.. Berlin 1979; (gem. mit M. Buhr): ET, kritischer Rationalismus, Reformismus. Zur jüngsten Metamorphose des Positivismus. Schriften zur Phil. und ihrer Gesch. Bd. 22. Berlin 1979; Hermeneutik – Wahrheit und Verstehen. Darstellung und Texte. Studien zur spätbürgl. Phil. Berlin 1988; (Mithrsg.): Georg Lukacs zum 100. Geb. 1985. Beiträge zur Kritik der bürgerlichen Ideologie.

Schrickel, Klaus
13. Jan. 1922
1948–1958 parteidogmatischer (materialistischer) DDR-Philosoph, Flucht in die BRD
Geb. in Gera als Sohn eines Kaufmanns; 1928–32 GS u. 1932–40 hum. Gymn./Abitur); 1940–42 Studium der Medizin in München; abgebrochen Jan. 1942 durch Militär- u. Kriegseinsatz, nach einer Verwundung zur Forts. des Mdz.-Studiums (bis Kriegsende) beurlaubt; hörte aber stattdessen illegal 3 Sem. phil. u. psycholg. Vorlg.; 1945/46 wirksam beim Radio München; Juli 1946 mit der Familie Übersiedlung in die SBZ; SED-Eintritt und Pädg.-Studium an der FSU Jena (Sozial-Pädg. Fak.) 3 Sem. 1946/48 (nach eigenen Angaben: Phil., wiss. Sozm. u. Psychologie); gleichzeitig bereits Hilfs-Ass. am Inst. für Dial. Mat. (bei Wa. *Wolf); pädg. Prom. 1948 z. Thema *Klass. Rationalismus und klass. Empirismus in ihrem Zusammenhang mit den franz. Enzyklopädisten. Materialien zu einer Vorgeschichte des dial. Materialismus* (Gutachter: M. *Bense); 15.

6.– 2. 10. 1948 Teilnahme am 1. Phil.-Doz.-Lehrgang der SED-PHS Kleinmachnow (bzw. „Forschungsinstitut für Wiss. Sozialismus"); anschl. Mitarbeiter dieses Instituts (gepl. Habil-Thema „Imperialismus und Freiheit") sowie Berufung als Lehrbeauftragter für mat. Phil. an die Brandenbg. Landeshochschule Potsdam; mit Schließung bzw. Übernahme des gen. Partei-Instituts durch das gleichzeitig 1949 gegr. „Marx-Engels-Lenin-Inst." beim ZK der SED (Stalin-Werke als Hauptaufgabe) kurzzeitg. Einsatz im neu gegr. Staatssekr. für Hochschulwesen; fachlich unqualifiziertes, aber pol.-denunzierendes Negativ-Gutachten zu Blochs Hegel-Buch „Subjekt-Objekt" 1951 („bürgerlich-liberale Hegel-Interpretation", worauf E. Bloch von einer „schülerhaften *Shdanow-Kopie"! sprach); Teilnahme an der Jenenser Logik-Konferenz Nov. 1951 u. an der Blochschen Freiheits-Konferenz März 1956 (jeweils mit Disk.-beitrag); 1952/53 Red.-Sekr. der in Gründung befindl. DZfPh (H.1/1953 erschien im März mit Stalinscher Traueranzeige); parteipol. Hegel-Ause. mit Wo. Harich am Inst. für Phil. der HU Berlin 1952, die sich in der DZfPh-Arbeit u. universitär fortsetzen sollte; zeitweilg. Lehrtg. zur Gesch. d. Phil., jedoch abgebrochen, weil dazu univ.-phil. gar nicht qualifiziert; 1956 daher Wechsel an die DAW in die Arbeitsstelle/AG „Phil.-hist. Texte" (Vorstufe des späteren Aka.-Phil.-Inst.) u. komm. Leiter ders.; dabei besonderer Einsatz für die partei- u. sowjetphil. geforderte, weil „bürgerlich-phil." ignorierte Gesch. des phil. Mat. (Feuerbach und Dietzgen, daraufhin deren einzige Werkausgaben in der DDR) auf Kosten des reaktionären „dt. Idealismus" u. Hegels insb. (s. Hegel-Marxismus-Disk. in der DZfPh. 1954/56); Chefred. *Harich sprach später vom „undenkbarsten Narrenstreich des so unbeliebten Redaktionssekr. Schrickel", W. *Ulbricht 1953 zu dessen 60. Geb. in der neuen Zeitschrift „philosophisch" (wie Stalin) zu befeiern (15 Jahre später war das dann trotzdem der Fall, realisiert durch den parteibeauftragt dem gerade verhafteten M. *Hertwig 1957 nachfolgenden neuen „Red.-Sekr. G. *Heyden"); schließl. erfolgte die unabwendbare Entfernung von Kl. Sch. aus der Redaktion der DZfPh. u. seine Ersetzung durch M. *Hertwig (1956/57 mit Harich verhaftet u. verurteilt); 1955 massive Ablehnung der ihm vertrauensvoll bekannt gewordenen G. *Jacoby-„Denkschrift zur Lage der Univ.-Phil. in der DDR"; zeitwlg. auch sog. Referent (Sprecher/Sekretär) der gerade neu gebildeten Aka.-„Sektion Phil." (1. Vors. G. *Klaus); nach 1956 erneute interne phil.-dogm. wie parteipol. Ause. um seine Person u. Mitte März 1955 bereits „Rückversetzung in den Kand.-Stand" u. schließlich Parteiausschluss 1958 wegen „parteiunwürdiges Verhaltens auf dem Stuttg. IV. Philosophen-Kongreß 1954; Politische Unklarheiten, unehrliches u. intrigantenhaftes Verhalten" (2 Seiten Textbegründung im Berl. Landesarchiv); daraufhin nur noch freiberuflicher Arbeitsvertrag mit der DAW und bis heute ungeklärte/plötzliche Rep.-Flucht nach West-Dtl. und dort 30 Jahre lang (da Nichtanerkennung seiner ostdt. Phil.-„Abschlüsse"!) im Lehrbuchverlag Diesterweg als Vertreter für Schulbücher tätig (eine univ.-wiss. Kariere konnte wegen der fehlenden fachphil. Qualifikation aus der SBZ/DDR auch M. *Bense offensichtlich nicht mehr für ihn realisieren); z. Ende der DDR 1990 als westdt. Bundesrentner überraschende Rückkehr nach Ost-Berlin zu seiner früheren fachärztl. Ehefrau in die Karl-Marx-Allee (ehemals Stalin-Allee – persl. Mitteilg. E. *Hoffmann, seinem früheren politideolg. Vorgesetzter im ZK-Parteiapp. der SED); der Versuch, zu einer Gesprächsaufnahme über die frühere DDR-Phil.-Gesch. scheiterte vollständig nach entsprechenden Nachfragen speziell zu G. *Jacoby u. dessen „Denkschrift" von 1954.

Publ.: (Hrsg.): M. D. Zebenko: Die franz. Materialisten des 18. Jhd. u. ihr Kampf gegen den Idealismus. Berlin 1951; Vollstg. Übersicht des „Kurzen phil. WB." (Moskau 1951). Bln. 1951; Protokolle der Sitzungen der Sektion f. Phil. der DAdW 1955/56 (Archiv für Reformpädg. der HUB sowie editionsphil. Arbeitsberichte im Aka.-Archiv); ausführl. Bericht „Zur Arbeit der AG Phil.-hist. Texte" an der DAW zu Berlin in DZfPh. H. 1/1958.

Schröder, Richard
26. Dez. 1943
Evangelischer Theologe u. Philosoph, mit dem Ende der DDR im univ. Professorenstand
Geb. in Frohburg (Sachsen); Vater Diplomchemiker u. Apotheker; 1950–58 GS (8-Klassenzeugnis), aber keine Zulassung zur OS, da weder in den JP noch schulabschl. Teilnahme an der Jugendweihe; daher anschl. 1958–62 „Vorschule" für den kirchl. Dienst in Moritzburg; zwar kein staatlich anerkannter schul. Prüfungsabschluß, doch innerkirchlich dem DDR-Abi. gleichgestellt; bis 1960 zwar erforderl. Besuch einer realsozialist. Berufsschule; so aber trotzdem kein reguläres univ. Theologie-Studium in der DDR möglich, sondern 1962–68 ein anerkanntes Fach-Studium der Theologie *und* Phil. am Katechet. Obersem. in Naumburg (Saale) sowie am Evangl. Sprachenkonvikt in Berlin; Vikariat u. 1969–73 Repetent bzw. Ass. für Systematische Theologie daselbst; 1973–77 Pfarrer in Wiederstedt u. Walbeck (Hettstadt) u. beginnende Überwachung durch das MfS; 1977 innerkirchl (aber staatlich wiederum nicht anerkannte) theolg.-phil. Promotion z. Thema *Johann Gerhards lutherische Christologie und die aristotelische Metaphysik.* (publ. Tübingen 1983); 1990 dafür univ.-nachholend-anerk. Verleihung des Dr. theol. durch das letzte DDR-Bildungs-Ministerium; 1977–90 bereits als Doz. im kirchl. Lehramt für Phil. tätig; Mitarbeit im Arbeitskreis Theologie und Phil. beim Bund der Evangl. Kirchen sowie Mitautor eines Grundsatzdok. für „Mehr Gerechtigkeit in der DDR"; Ende 1989 pol. Mitgliedschaft in der SDP u. Mitwirkung an derem Grundsatz- u. Wahlprogramm für die erste freie Volkskammerwahl 1990; März–Okt. d. J. deren Mitgl. und anschl. bis Dez. 1990 übernommener Abg. des Dt. Bundestages u. zeitweilig stellv. Vors. der SPD-Fraktion; zugleich auch Mitgl. der nun gesamtdt. Grundwertekommission der SPD, aus der er aber 2001 wegen Annäherung an die PdS in Berlin-Brandg. wieder austrat; bereits 1991 nachholende Habil. an der Kirchl. HS Leipzig (mit einer Sammlung von 16 Sonderdrucken aus versch. Buchpubl.) unter der them. Gesamtüberschrift *Theolg.-phil. Publ. 1971–1990* und damit offizielles Ausscheiden aus dem Dienst der Evangl. Kirche; anschl. Ernenng. zum Prof. an der Theolg. Fak. der HU zu Berlin und 1992 Übernahme eines bes. Lehrstuhls für Phil. in Verbindung mit Systm. Theologie an der dortg. Theolg. Fak; einen solchen phil.-theolg. (bzw. auch religionsphil.) Lehrstuhl hatte zuletzt Liselote *Richter 1951 ff. an der HUB inne; 1992 Ehrendoktorwürde der Theolg. Fak der Univ. Göttingen; seit 1992 auch Mitgl. des Beirats der Gauck-Stasi-Behörde und seit 1993 Präsd. der Dt. Natio-

nalstiftung Weimar sowie 1993–2009 Richter beim Verfassungsgericht des Landes Brandenburg; 1998/00 erster Vizepräsident der HU Berlin u. seit Juni 2003 Mitgl. der Bln.-Brandenbg. Aka. der Wiss. sowie seit Sept. 2004 Vors. des Fördervereins „Berliner Schloß"-Wiederaufbau; Großes Verdienstkreuz des VO der Bundesrep. Dtl.; 2008 em., aber weiter wirksam als streitbarer pol. Publizist u. seit 1990 auch gelegentlich Autor der DZfPh, nachholend in (frühere) phil. Debatten eingreifend.

DDR-Personen-Lexikon 2010 (H. Müller-Enbergs).

Publ.: Grundfrage der Philosophie. Hinweise zur anstehenden phil. Vergangenheitsbewältigung in der DDR. In: DZfPh H. 11/1990; Denken im Zwielicht. Vorträge u. Aufsätze aus der alten DDR. 1984–89. Tübingen 1990 (darin:„Welchen Platz kann die Philosophie künftig in unserem Lande beanspruchen, u. vor welchen Aufgaben steht sie?". Antwort auf die Umfrage der DZfPh. vom Jan. 1990; Dtl. schwierig Vaterland. Für eine neue pol. Kultur. Freiburg 1993 (3. A. 1995); Vom Gebrauch der Freiheit. Gedanken über Dtl. nach der Vereinigung (Aufsatzsammlung). Stuttgart 1996; Einsprüche und Zugeständnisse. Kommentare zum Zeitgeschehen. Stuttgart 2001; Die wichtigsten Irrtümer der dt. Einheit. Freiburg 2007 (2. A. 2010); Abschaffung der Religion? Wiss. Fanatismus u. die Folgen (gegen den Neuen Atheismus eines R. Dawkins). Freiburg im Breisgau 2008 (2. A. 2011).

Schröpfer, Horst
2. Okt. 1938
Fachschullehrer und Philosophie-Historiker aus Jena
Geb. in Ilmenau/Thüringen; nach Grund- und Oberschule (Abi.) 1957–60 Lehrerstudium (Geographie, Geschichte, Astronomie) an der FSU Jena und Staatsexamen; nachfolgender Lehrer-Einsatz im Schuldienst sowie als Fachlehrer an der TH Ilmenau; dazu 1965–71 Fern-Studium der Phil. an der Univ. Jena mit dem Abschluss Diplom-Phil.; daselbst phil. Prom. A 1979 *Zur Herausbildung der Philosophiehistoriographie als eigenstdg. hist. und phil. Disziplin in der europäischen Aufklärung von 1650 bis 1750* (Gutachter: W. *Förster, E. *Lange, S. *Wollgast) u. 1987 Prom. B z. Thema *Philosophiehist. Denken und seine Historiographie im Übergang von der dt. Aufklärung zur klass. dt. Philosophie* (gleiche 3 Gutachter); 1989 Doz. für Gesch. der Phil. an der Sektion Marx.-len. Phil. der FSU Jena sowie Weiterbeschäftigung auch am neu gegründeten Phil.-Inst. bis 1996; 1991–93 Mitarbeit am Ausstellungsprojekt Das Kantische Evangelium. Der Frühkantianismus an der Univ. Jena 1785–1800 (Ltg. N. Hinske, Univ. Trier, Gastprof. 1991 in Jena); 1997–2000 Univ. Trier zur Arbeit am Forschungsprojekt zum Frühkantianismus an der Univ. Jena (Projektleiter Hinske); insgesamt ein seltener Fall einer nachwendisch erfolgreichen projektbezogenen westdt. bzw. dt.-dt. phil. Zusammenabeit.

Publ.: (gem. mit Norb. Hinske u. Erh. Lange): Der Aufbruch in den Kantianismus. Stuttgart 1995; Kants Weg in die Öffentlichkeit. Christian Gottfried Schütz als Wegbereiter der kritschen Phil. Forschungen u. Materialien zur dt. Aufklärung. Abtg. II, Bd. 18. Stuttgart 2003.

Schröter, Karl
7. Sept. 1905–22. Aug. 1977
Führender Mathematischer Logiker der DDR in Berlin
Geb. in Wiesbaden; Vater Handwerker, später selbstg. Kaufmann; 1915–23 Reform-Realgym. (Reifeprüfung) daselbst; anschl. Studium der Mathe. und Physik sowie Phil. u. Psych. an den Univ. Göttingen u. Heidelberg sowie Frankf./M. u. Münster; zuletzt 1935 Lehramtsprüfung (als Staatsexamen für den höheren Schuldienst); 1936–41 jedoch wiss. Hilfsass. an der Univ. Münster, wo er 1941 prom. u. sich 1943 bei Heinrich Scholz auf dem Gebiet der math. Logik habil.; danach bis 1948 ebd. Doz. für mathe. Grundlagenforschung (Logik); danach erste Berufung als Prof. mit Lehrauftrag an die Ost-Berliner „Linden-Univ." u. später o. Prof. mit Lehrstuhl u. Direktor seines schon 1950 gegr. Instituts für Math. Logik u. Grundlagen der Mathe. an der HU Berlin; ab 1953 als Logiker (nach aktiver Teilnahme an der Jenaer Logik-Konferenz 1951, wobei er G. *Klaus zugleich unterstützte wie kritisierte) zum Vierer-Hrsg.-gremium (mit E. *Bloch, W. *Harich u. A. *Baumgarten) der 1952/53 neu gegründeten DZfPh. gehörend, das jedoch bereits nach der Verhaftung des ersten Chefred. dieser Zeitschrift, W. *Harich, schon Ende 1956 (beschlagnahmtes Hegelheft 5/56) parteimäßig liquidiert wurde; verteidigte „folgerichtig" mit *Stalins Schriftchen zu „Sprachwiss. u. Marxismus" (1951) die unbedingte ‚Ideologiefreiheit' der (formalen/mathe.) Logik, weil thematisch (außer ihre phil. Interpretation) ebenso wie die Sprache selbst nicht zum ideolog.-pol. Überbau gehörend; ab 1962/64 Akademiemitglied und 1966–70 Direktor auch eines entspr. Aka.-Institut für reine Mathe.; sein wichtigster, ebenfalls phil. orientierter Schüler ist G. *Asser (Univ. Greifswald); 1970 univ. em. u. 1977 in Berlin verst.; K. S. war einer der streitbarsten log.-phil. Diskutanten der 50er Jahre; – ausführlicher u. fachlogisch grundsätzlicher gewürdigt durch. L. Kreiser in: „Logik und Logiker in der DDR". Lpz. 2009. – Obwohl die mathe. Logik der DDR durch ihn erst begründet wurde, erfolgte mit der III. HSR 1968 u. Bildung einer allgemeinen „Sektion Mathematik" praktisch deren Auflösung; teilweise wurde jedoch diese mathe. Ausrichtung durch die inzw. herangewachsenen u. ausgebildeten führenden DDR-Logiker an den Phil.-Einrichtungen in Leipzig und Berlin wiederum übernommen und weitergeführt. DDR-Personen-Lexikon 2010 (A. Vogt).

Lite.: Protokoll der phil. Konferenz über Fragen der Logik (Nov. 1951 Jena). 1. Beiheft der DZfPh. 1953, mit mehreren Disk.-Beiträgen zu den beiden Hauptreferaten von G. Klaus u. E. Hoffmann; neben Teilnahme an der sich daran anschl. (phil.) Logik-Disk. in der DZfPh (H. 1/1953) u. 1954/55 noch insgesamt fünf phil. Logik-Rez.

Schubardt, Wolfgang
8. April 1925–1978
Parteiamtlicher Revisionismusbekämpfer in den 50er Jahren in Berlin
Geb. in Dresden als Sohn eines Reichsbahn-Obersekr.; nach VS ab 1936 Gymn. u. 1944 Not-Abi.; wegen schwerer Erkrankung vom Wehrdienst freigestellt; 1946 Studienbeginn in Jena mit den Fächern Phil., Gesch. u. Germ. an der dortg. Sozialpäd.

Fak.; bereits 1948/49 Hilfsass. am Jenaer „Inst. für Dial. Mat." (Gründer W. *Wolf) u. sofort schärste ideolg.-pol. Pressepolemik gegen den gerade erst wieder eingesetzten (NS-verfolgten) Univ.-Phil. H. *Leisegang; noch vor Abschluß des Studiums Juni 1949 Parteiübernahme durch das zentrale „Forschungsinstitut für wiss. Sozm." beim Parteivorstand der SED in Kleinmachnow und wirksam in der „phil. Abteilung" (gemeinsam mit Kl. *Schrickel, ebenfalls aus Jena und den parteiamtl. ZK-Leitern K. *Hager u. E. *Hoffmann); nach Auflösung bzw. Überführung dieses Inst. ins neugr. Marx-Engels-Lenin-Institut (spätere IML) bis Ende 1951 eingesetzt als pol. Instrukteur in der ZK-Abt. Wiss.+Prop.; mit Gründung des zentralen Partei-Inst. für Gesell.-wiss. beim ZK der SED zu Stalins 72. Geb. Ende 1951 als Ass. bzw. Asp. am Lehrstuhl Philosophie (parteiamtl. Leiter K. *Hager) u. mit der pol. Zerschlagung der DZfPh-Redaktion (Verhaftung W. *Harich als Chefred. und Red.-Sekr. M. *Hertwig Ende 1956), fachphil. dazu aber vollständig unqualifiziert, kurzzeitig Mitglied des neu gegr. Redaktionskollegiums (neuer Chefred. M. *Klein u. A. *Kosing sowie Red.-Sekr. G. *Heyden, alle aus dem ZK-Gewi-Institut u. phil. nicht prom.); 1957/59 die ideolg.-pol. schärfsten Anti-Revisionismus-Beiträge (ein regelrechter „Feldzug" an der „phil. Front"), insb. gegen E. *Bloch, G. *Lukacs, L. *Kolakowski u. nun natürlich den „Agenten Harich"; 1961 parteiphil. Prom. z. entsprechend richtungsweisenden Thema *Der Kampf zw. Marxismus u. phil. Revisionismus im theor. Organ der SPD ‚Die Neue Zeit' von 1895–1914. Teil I von Engels' Tod bis zur Bernsteindebatte* (der Lehrstuhlleiter G. *Heyden begründet die Prom.-Zulassung mit 10 jährg. Doz.-Tg. am IfG, Gutachter sind: H. *Ulrich u. A. *Kosing, selbst gerade erst prom.; bei der Verteidg. fehlen alle univ. Phil.-Prof. des dortg. "Wiss. Rates"; weiter geplanter Einsatz in der marx.-len. Erforschung der Gesch. der DDR-Phil. seit 1945 (später zentrales Partei-Projekt. von V. *Wrona u. S. *Heppener), so offenbar nicht mehr realisiert; schließlich wegen wiss. Unvermögens und moralischer Verfehlungen abgeschoben in die red. Verlagsarbeit u. wahrscheinlich um 1978 krankheitsbedingt verst.

Publ.: „Und doch im Rücken des Fortschritts" (Presse-Polemik gegen H. Leisegang am 5. 6. 1948 im „Thüringer Volk"); Im Kampf gegen den Objektivismus an den Univ. u. HS unserer Republik. In: „Forum" H. 6/1951; Phil. u. Politik im Hegelbeitrag Ernst Blochs. In: Ernst Blochs Revision des Marxismus. Berlin 1957; (Hrsg.): Oktoberrevolution u. Philosophie. Beiträge der DZfPh z. 40. Jh.-tag der Gr. Sozial. Okt.-Revolution. Tb-Reihe Unser WB. Bd. 2. Berlin 1958; Zur Entw. der marx.-len. Phil. in der DDR. (z. 10. Jh.-Tag der DDR). DZfPh H. 5–6/1959 (enthält die widerlichsten ideolg.-pol. Revisionismusbekämpfungen jener Jahre in der DDR), auf die jedoch später in dieser „Form" nicht mehr zurück gegriffen wurde.

Schüdrumpf, Marion (geb. Kunze)
7. Nov. 1954
Leningrad-Studium, Philosophische Bloch-Promotion und spätere red. Arbeit
Geb. in Witzin (Mecklenburg), 1961–68 POS u. anschl. 3 Jahre (9.–11. Kl.) an der EOS Grevesmühlen; Abitur 1973 an der ABF in Halle/S. mit erw. Russ.-Unterricht zur Vorbereitung auf ein Auslandsstudium; 1973–78 sowjet. Phil.-Studium in Leningrad u.

Abschluß mit einer Dipl.-Arbeit zu den religiösen Wurzeln der Blochschen Philosophie (als beste Arbeit des Jg. in Moskau ausgz. u. in der DDR bei der MMM in Leipzig ebenso mit einer Medaille geehrt); 1978–81 wiss. Ass. an Ml.-Phil.-Sektion der FSU Jena; anschl. 1982–87 delg. zur Asp. ans Inst. für Marx.-Len. Phil der AfG beim ZK der SED u. parteiphil. Prom. A 1987 (da wurde Bloch jedoch gerade wieder im Rahmen der offiziellen DDR-Phil. in Leipzig zu seinem 100. Geb. teilrehabilitiert) zum Thema *Der Utopismus der Blochschen Phil. Ein Beitrag zur Ause. unter bes. Berücksg. der Wirkung Ernst Blochs auf das radikaldemo. Alternativdenken in der BRD in den 1980er Jahren* (Gutachter: V. *Wrona u. M. *Buhr); danach 1988/89 Einsatz als red.-pol. Mitarbeiterin der zeitkrit. Zft. „horizont" u. 1990–92 Mitbegründerin u. hauptamtl. Redakteurin der Zeitschrift UTOPIE konkret, später „kreativ"; 1995–98 red. Mitarbeiterin im verlag edition ost berlin u. seit 1999 Mitarb. der RLS Berlin u. bis 2014 Referentin für Publ., Ausstellungen u. Werbung ebd.; seit 2015 Mitarbeit an Editionen des Dietz Verlages Berlin. Das vorangegangene Bloch-Thema (nicht etwa zur DDR) war nur an der Partei-Aka. für GW überhaupt erstellbar u. zu bearbeiten u. auch nur von Buhr von der Staats-Aka. der DDR zu begutachten.

Schuffenhauer, Heinz
10. Aug. 1928–31. Okt. 1993
Philosophischer Pädagogik-Historiker
Geb. in Dresden als Sohn eines Tischlergesellens, älterer Bruder von Werner *S.; Besuch der VS u. nachkriegsbedingt die OS 1947 mit Abitur abgeschlossen; anschl. sofortiger Einsatz als Neulehrer 1947–50 u. nach entsprechenden Lehrgangsbesuchen bereits Dozent für Pädagogik am Inst. für Lehrerbildung (IFL) Zwickau sowie PZI Potsdam und am IFL Berlin; nach einer univ. Asp. pädg. Prom. an der HU Berlin z. bemerkenswerten Thema: *Friedr. Daniel Schleiermachers pädag. Werk. Ein Ausdruck der fortschrittl. Bestrebungen des dt. Bürgertums in der 1. H. des 19. Jhd.* (publ. Berlin 1956) weiter tätig als Redakteur im Verlag Volk und Wissen 1955–58; Mitarbeit am ersten Lehrbuch z. Gesch. der Pädg. Berlin 1958 (15. A. 1987); damit Doz. u. Lehrstuhlleiter am PI Erfurt (umgestaltet zur PH); 1962 Habil. an der Pädg. Fak. der HUB wiederum zu einem phil.-hist. Thema *Die Pädagogik Joh. Gottl. Fichtes in ihren gesell. und phil. Bezügen* (vorveröfftl. u. d. T: Joh. Gottl. Fichte – Über patriotische Erziehung. Pädg. Reden u. Schriften. Berlin 1960); 1967 als Direktor an das PI Magdeburg berufen, später PH u. ihr Rektor; 1964 Prof. mit Lehrauftrag u. 1969 o. Prof. für das Lehrgebiet „Gesch. der Erziehung"; wegen zunehmender Erkrankung Funktionsaufgabe u. 1983 Invalidisierung; aber noch Autor einer Sammelbandes z. „Pädg. Gedankengut bei Kant, Fichte, Schelling, Hegel und Feuerbach". Berlin 1984 sowie Biographie zu „Johann Gottlieb Fichte" im Urania-Vg. Berlin 1985; verst. 1993 in Magdeburg.

Publ.: Mithrsg. eines „JB für Gesch. der Erziehung" an der Aka. der Pädg. Wiss. in Berlin; Hrsg. von Marx-Engels-Belegen „Über Pädagogik u. Bildungspolitik" in 2 Bdn. Berlin 1976.

Schuffenhauer, Werner
6. Mai 1930–23. Febr. 2012
50 Jahre Feuerbach-Forscher und -Herausgeber an der staatlichen AdW in Berlin
Geb. in Dresden als Sohn eines Tischlers; jüngerer Bruder von Heinz *S.; 1936–40 VS, dann Kreuzgym. u. kirchl. Kreuzchor, von der HJ übernommen; 1946 wiederum in die FDJ u. 1948 Abi.; anfängl. Theologie-Studium in Leipzig, aber nach drei Semester abgebrochen, da Phil.-Vorlg bei E. *Bloch (Hegel) u. z. Dial. Mat. bei G. *Harig; ab Dez. 1949 daher Weiterstudium an der „Gewi-Fak" u. am FMI (Prüfungskom. J. *Schleifstein); 1952 Staatsexamen als Lehrer für die Grundlagen des M-L; anschl. Lehreinsatz am Inst. für GW der HU Berlin im marx-len. Grundlagenstudium an versch. univ. Fakultäten; 1953 außerplm. Asp. und 1956 phil. Prom. z. Thema *Ludwig Feuerbachs Entw. zum phil. Materialismus. Studien zum Schaffen der Jahre 1830–40 u. zum ‚Wesen des Christentums' von 1941* (Gutachter: G. *Klaus u. Kl. *Schrickel); seit Febr. 1956 wiss. Ass. in der AG Phil.-hist. Texte der AdW (Leiter K. *Schrickel), zuständig für die gepl. Feuerbach-Gesamtausgabe (1967 ff. – red. Mitarbeit von W. *Harich); ab 1963 Leiter dieser Arbeitsstelle zur Herausgabe der Aka.-Reihe Phil.-hist. Texte (Inst.-Direktor G. *Klaus; Stellv. M. *Buhr); 1966 univ. Habil. (eingereicht 1964) z. Thema *Karl Marx u. Ludwig Feuerbach, 1842–45. Studie zur Entstehungsgesch. der marx. Philosophie* (Gutachter: W. *Heise, H. *Ley, E. *Albrecht – bereits 1965 publ. unter dem Titel "Feuerbach und der junge Marx. Zur Entstehungsgesch. der marx. Weltanschauung". 2. A. Berlin 1972); trotz Instituts-Abwicklung nachwend. Übernahme der noch nicht abgeschl. Feuerbach-Ausgabe durch die BBAW und eigene ideolg. Entsorgung der früher allein marx.-len. Einbettung Feuerbachs als matl. „Nach-Hegel" bzw. „vormarx. Quelle" (s. Vw. zur 2. A. von Band 1 der Gesammelten Werke. Berlin 2000); nunmehr auch ungehinderte Mitgl.-schaft in einer westdt. Feuerbach-Gesell. in Nürnberg wie auch in der „Gesell. für kritische Phil." und Mithrsg. der entspr. Zft. „Aufklärung und Kritik"; verst. nach langer schwerer Krankheit am 23. Febr. 2012 bei Bln. u. beigesetzt auf „weltlich-humanistische" Weise in Melchow OT Schönholz (bei Eberswalde).

Publ.: (Hrsg.): L. Feuerbach: Das Wesen des Christentums. 2 Bde. Berlin 1956; (Hrsg.): Texte zu L. Feuerbach: Der Mensch schuf Gott nach seinem Bilde. Kritisches über Religion, Theologie und Kirche. Berlin 1958; (Hrsg.): L. Feuerbach: Briefwechsel. Leipzig 1963; seit 1967–2007 Gesamtltg. der Herausgabe von Ludwig Feuerbachs Gesammelten Werken in 22. Bdn (unter jahrelanger red. Mithilfe von W. Harich!); (Mithrsg.): Martin Luther in der dt. bürgerl. Phil. 1517–1845. Berlin 1983. – *Ausgänge*: Ludwig Feuerbach. Eine erste Bilanz der GW.

Schulz, Gerhard
23. Nov. 1911–10. Juni 1987
Mathematik-Physik-Dozent der Berliner Universitäts-Philosophen über Jahrzehnte
Geb. in Berlin u. Gemeindeschule 1918–22, Realschule 1925–27, Oberschule 1927–30 (Abi.); 1933–39 Studium an der TH Berlin: Mathe.-Physik u. Maschinenbau; 1940–43 Kriegsteilnahme in Frankreich und der UdSSR als Gefreiter (als wehrunwürdig entlassen); 1943/44 techn. Mathematiker und 1944/45 Zwangsarbeiterlager; 1945/50 Mathe.-

Physik-Lehrer an der Max-Planck-Schule, zugleich in naturwiss. Lehrer-Ausbildung als ABF-Dozent an der HU Berlin (Ausbildungsleiter für Mathematik); ab 1. Febr. 1956 Wahrnehmungsdoz. für „phil. Fragen der modernen Naturwiss." am damlg. Inst. für Phil. der HU Berlin (Direktor G. *Klaus), der ihn beauftragte, für Stud., Ass. u. Asp. dieses Instituts die gesamte „mathe.-physikal. Ausbildung für Philosophen" zu realisieren (dies dann für insgesamt drei Jahrzehnte); 1962 prom. zum Dr. rer. nat. und als einziger parteiloser Inst.-Dozent im Hm. *Ley-Bereich für die phil. Probleme der Naturwiss. integriert; 1969 Ernennung zum a. o. Prof. und 1977 berentet, aber weiterhin unterrichtend; 1984 univ. offiziell abberufen und 1987 verst. in Berlin; er war an diesem Phil.-Institut eine unvergessl. Lehrerpersönlichkeit, die selbst Wolf *Biermann als unser dichtender Phil.-Student im mathe. Unterricht nachhaltig beeindruckte.

Schulz, Peter-Bernd
16. Jan. 1929–5. Jan. 1975
Universitärer ML-Moral-Philosoph in Berlin
Geb. in Berlin als Sohn eines Angestellten; 1935–47 Volks- und OS (Abitur in West-Berlin); daselbst 1949/50 Student an der Dt. HS für Politik; spätere Übersiedlung nach Ost-Berlin u. fortgz. Studium an der HU Berlin 1951–54 (Jurist. Fak.: Arbeitsrecht – jurist. Staatsexamen); anschl. wiss. Ass. am Inst. für Phil. der HUB und 1957 wiss. Aspirantur; 1960/61 hauptamtl. Gewerkschaftsfunktion (Instrukteur) an der HU; danach Einsatz im gesell.-wiss. Grundlagenstudium am Inst. für M-L ebd; 1963 daselbst nachholende phil. Prom. *Zur Dialektik des moralischen Werturteils. Eine Untersg. über die erzieherische Rolle der moral. Werturteile bei der Durchsetzung hist. gegeb. Moralnormen* (Gutachter: Fred *Müller) sowie anschl. Habil. 1966 *Über Ziele, Formen und Bedg. des erzieherischen Wirkens der Konfliktkommissionen* (Gutachter: Herb. *Steininger); 1. Sept. 1966 Doz.-Ernennung für dial. u. hist. Mat. am Inst. für M-L und zum 1. Sept 1969 Berufung zum ordtl. Prof. ebs. an der ML.-Sektion der HUB; später abgeschoben als Leiter der univ. ML-Weiterbildung, wegen verschiedener parteiintern behandelter persönl. Probleme; am 5. 1. 1975 Freitod mit Stadtgas in seiner Berl. Wohnung.

Schulz, Robert
25. Jan. 1914–22. Okt. 2000
ML-Lehrer und einer der ersten DDR-Soziologen in Leipzig
Geb. in Bözingen am Kaiserstuhl bei Freiburg i. Br., Vater Kleinbauer; 1920–28 VS u. 1929–33 humanist. Gym. in Freiburg; Schulabbruch wegen krankheitsbedingter Arbeitsunfähigkeit der Eltern, aber ebenso mit Begeisterung in die HJ als Protest gegen deren strenge christl. Erziehung; anschl. polizeidienstl.-militärische Ausbildung u. Teilnahme am Frankreichfeldzug; ab 1942 Einsatz an der Ostfront, in Stalingrad Jan. 1943 kapituliert u. in sowjet. Kriegsgefangenschaft; Mitbegründer des NK „Fr. Dtl." u. 1943/44 Einsatz als Propagandist; 1944 Antifa-Schule u. 1945/46 Hilfslehrer an einer antifasch. Politschule bei Moskau; daraufhin schnellere Entlassung und Arbeitseinsatz im Umsiedleramt Leipzig; neben dem Studien an der neu gegr.

„Gewi-Fak." in Lpz. bereits 1947–50 Doz. für Geschichte an der Vorstudienanstalt der Univ. Leipzig; 1948/49 als Hilfsass. (bei G. *Harig) und zur Qualifizierung am FMI auf dem Gebiet Wirtschaftspolitik (Diplom-Volkswirt) und damit 1949/50 Lehreinsatz als Doz. für Hist. Mat. am Theaterinstitut in Weimar; 1950/51 dann kommis. Direktor am FMI (nach Weggang von G. *Harig als Staatssekr.) u. sofortg. Ernennung zum Prof. mit vollem Lehrauftrag für Dial. u. Hist. Mat. ebenda; 1953 nachgeholte phil.-hist. Prom. zum Thema *Die Lösung der nationalen Frage in Rumänien. Untersuchungen über Probleme und Erfolge marx. Nationalitätenpolitik* (Betreuer Prof. W. Markow); 1953–58 Leiter der Abt. Hist. Mat. am Inst. für Phil. der KMU Leipzig (Inst.-Direktor E. *Bloch); jedoch Ende 1958 Parteiverfahren (strenge Rüge) wegen Inkonsequenzen in der pol.-phil. Ause. mit dem schon 1957 zwangsem. E. *Bloch; 1959/62 pol. Bewährungseinsatz als Prorektor für das gesell.-wiss. Grundstudium an der HS für Bauwesen Lpz.; 1962 Rückkehr als Lehrstuhlleiter für Hist. Mat. und stellv. Direktor am Inst. für Phil. (Direktor Kl. *Zweiling) der KMU Leipzig; in 60er Jahren beginnende Spezialisierung auf Soziologie u. mit der III. HSR 1969 entspr. professorale Berufung und Leiter einer univ. Abteilung Soziologie in Leipzig; DDR-Teilnahme an den Weltkongressen für Soziologie Nr. 4 in Mailand 1959 sowie Nr. 6. in Evian/Frankreich 1966; em. 31. Mai 1979 und am 26. Jan. 1989 Ehrenkolloquium zum 75. Geb. im Senatssaal der KMU Lpz.; – keine nachwendischen Aktivitäten mehr nachweisbar u. verst. am 22. 10. 2000 in Leipzig.

Publ.: Friedr. Ludwig Jahn: Ein Patriot unseres Volkes. Berlin 1953; Deutsche in Rumänien. Leipzig 1955; (Hrsg.): Beiträge zur Kritik der gegenwärtg. bürgl. Geschichtsphil. Berlin 1958 (Mitautoren: J. H. Horn, Hm. Ley, B. Kaufhold zur westdt. „Nietzsche-Rezeption" u. G. Heyden); (Mithrsg. Hm. Scheler): Soziologie und Gesellschaft. Beiträge z. 4. Weltkongreß für Soziologie. Berlin 1966; (Hrsg. mit Hm. Steiner): Soziologie und Wirklichkeit. Beiträge zum 6. Weltkongreß für Soziologie. Berlin 1966; ebenso entspr. Weltkongreßberichte in der DZfPh. jener Jahre.

Schulze, Hans
2. Nov. 1926
Akademie-Kritiker der spätbürgerlichen Ideologie in Berlin im Gefolge von M. Buhr
Geb. in Berlin als Sohn eines Schneiders; 1933–42 VS und Reichspostlehre 1943 sowie 1944 Wehrmacht und letzte Kriegsteilnahme; dafür 1945/49 sowjet. Kriegsgefangenschaft; 1950–52 ABF-Berlin u. 1952–57 anschl. Phil.-Studium an der HU Berlin (1. Jahrg.); danach wiss. Ass. an der AdW (G. *Klaus nachfolgend als Mitarbeiter am Phil. WB -1964); seit 1962 wiss. Asp. ebd., aber univ.-phil. Prom. 1965 an der HUB zum Thema *Ganzheitslehre u. Geschichte. Eine krit. Analyse der spekl. Gesch.-Phil. des Toynbee-Epigonen Othmar F. Anderle* (Gutachter: H. *Scheler, J. *Streisand); spätere Arbeit im Bereich Kritik der bürgl. Phil. u. Ideologie (Leitung M. *Buhr) u. Sekr. des entspr. Buhrschen „Kritik-Rates" am ZIdPh der AdW; 1978 Prom. B z. Thema *Weltanschauliche Probleme des Sozialreformismus. Zur Kritik neuerer Versuche einer weltl.-theor. Begründung prokpl. sozialreformist. Politik* (Gutachter: M. *Buhr, E. *Albrecht), später dafür Aka.-Prof.; zur Wendezeit u. Abwicklung des Aka.-Phil.-Inst. im Vorruhestand u. keinerlei phil. Wirksamkeit mehr nachweisbar.

Publ.: (Hrsg. zus. mit W. Pfoh): Phil. u. Gesell. Beiträge zum Studium der marx. Phil. Berlin 1958; (Hrsg. und Übers. mit O. Finger): Helvetius. Ein streitbarer Atheist des 18. Jhd. von Ch. N. Momdshian. Berlin 1958; (zus. mit G. Klaus): Sinn, Gesetz u. Fortschritt in der Geschichte. Berlin 1967; Sozialdemokratismus zw. Entideologisierung u. Reideologisierung. Buhrsche Kritik-Reihe. Bd. 28. Berlin 1973; Strategie der Gegenprophetie. Zur Kritik der gegenwärtg. bürgl. Gesch.-Phil. Ebenso Bd. 69. Berlin 1976.

Schumann, Michael
24. Dez. 1946–2. Dez. 2000
Leipziger Diplom-Philosoph und PdS-Politiker in Potsdam
Geb. im thüring. Zella-Mehlis als Sohn eines Werkmeisters; GS u. EOS mit Berufsausbildung (Facharbeiterbrief Rinderzüchter); 1965–72 Phil.-Studium an der KMU Leipzig (Dipl.-arbeit zu Hegels Vernunftbegriff, bei H. *Seidel); anschl. 1970–72 NVA, zuletzt als Unteroffizier in einer Politabteilung; anschl. beschäftigt am Phil.-Lehrstuhl (dial. u. hist. Mm) der Abt. M-L an der Dt. Aka. für Staats- und Rechtswiss. „W. *Ulbricht" in Potsdam-Babelsberg; sollte am IfG beim ZK der SED (Inst. für M-L. Phil. – Direktor E. *Hahn) mit einer Zulassungsarbeit zu „‚Geistiges Leben' als Kategorie des Hist. Mat." prom. werden, was aber unerklärt scheiterte; phil. Prom. daher 1979 wiederum in Potsdam zum Thema *Die Dialektik von individuellem u. gesell. Erkenntnisprozeß u. Probleme der Erkenntnis der Gesellschaft*; ebenda. Prom. B 1983 z. Thema *Phil. u. Demokratie. Studien zu den phil.-weltanschaul. Grundlagen der marx.-len. Demokratieauffassung* (Gutachter: Loose, K.-H. Schöneburg, *Uhlig); danach Lehrstuhlleiter u. Prof. für dial. und hist. Mat. (1986) bis zur nachwend. Schließung der Potsdamer staatsparteil. Akademie und staatsrechtl. Kaderschmiede der SED; am 16. Dez. 1989 hielt er auf dem lezten (außerordtl.) SED-Pg. das Referat „Wir brechen unwiderruflich mit dem Stalinismus als System"; danach bis 2000 Mitglied im PdS-Bundesvorstand; im März 1990 Mitglied der letzten (frei gewählten) Volkskammer der DDR, anschl. bis Jh.-Ende übernommen in den Dt. Btg.; seit Okt. 1990 Mitglied seiner Fraktion im Brandenbg. Landtag; am 2. Dez. 2000 kam er bei einem schweren Verkehrsunfall auf der B 96 zw. Löwenberg. u. Gransee mit seiner Frau ums Leben.– Nachruf von St. *Dietzsch u. W. *Lehrke: Abseits der Marschkolonne. Ein Philosoph in der Politik. Erinnerungen an M. S. In: *Freitag* Nr. 51/2000 v. 15. Dez. 2000. – Erinnerungsbd. (hrsg. von W. Adolphi): Hoffnung PDS. Reden, Aufsätze, Entwürfe 1989–2000. Mit einem Geleitwort von L. *Bisky. Bln. 2004. Er war ein ostdt. Hoffnungsträger des demo. Sozm. DDR-Personen-Lexikon 2010 (H. Müller-Enbergs).

Schurig, Volker
4. Jan. 1942–19. Jan. 2014
Diplom-Biologe (Tierphysiologie) in Ost-Berlin u. „kritischer Psychologe" in West-Berlin
Geb. in Leipzig; 1956–60 EOS in Freiberg (Abitur); anschl. 1961–66 Studium der Biologie (Allgm. Zoologie und Tierpsychologie) an der FSU Jena sowie 1966–69 plm. Asp. am Hm. *Ley-Lehrstuhl für phil. Probl. der Naturwiss. des Phil.-Institut der HU Berlin;

daselbst phil. Prom. z. Thema *Die Systemtheorie in der Logik biolg. Theorienbildung* (Gutachter: H. *Ley u. G. *Tembrock); danach wiss. Mitarbeiter am Inst. für Hochseefischerei der DDR in Rostock-Warnemünde; am 6. Febr. 1971 verließ er (s)ein Forschungsschiff der DDR bei Casablanca (Marokko) u. setzte sich in die BRD ab; danach Assistenzprof. am Psycholog. Inst. der FU in W.-Berlin u. daselbst 1975 Habil. zur (Kritischen) Psychologie; seit 1977 Wiss. Rat und Prof. für Hochschuldidaktik an der Fak. für Erziehungswiss. der Univ. Hamburg (Zentrum f. Hochschul-Weiterbildung); daselbst 2007 Pensionierung; nachwend. nochmals zum 50. Jubl. des Ley-Wessel-Lehrstuhls 2009 in Berlin; auf einer privaten Forschungsreise am 19. Jan. 2014 im Wallfahrtsort Lalibela (Äthiopien) verstorben u. in Addis Abeba beigesetzt.

Publ.: (Mithrsg. Kl. Holzkamp): A. N. Leontjew: Probleme der Entw. des Psychischen (Lizenzausgabe des Verlages Volk u. Wissen). Frankf./M. 1973 (3. A. 1980); Naturgeschichte des Psychischen: Teil 1 Psychogenese u. elementare Formen der Tierkommunikation. Teil 2 Lernen u. Abstraktionsleistungen bei Tieren. Frankf/M. 1975; Die Entstehung des Bewußtseins. Ebd. 1976; Problemgeschichte des Wiss.-begriffs Ethologie. Rangsdorf 2014.

Schwabe, Karl-Heinz
2. Dez. 1940
Marxistisch-leninistischer Ästhetiker in Leipzig
Geb. in Rodewisch (Vogtland); 1947–1959 Grund- u. OS ebenda; anschl. Grundwehrdienst 1959–61 bei der NVA; Phil.-Studium (im Nebenf. Mathematik) an der KMU Leipzig 1961–65; danach wiss. Ass. am Inst. für Phil. mit Lehrauftrag für Logik; 1968/69 Zusatzstudium in den Fächern Logik u. Ästhetik in Leningrad u. Moskau; ab III. HSR 1969 wieder in Leipzig wiss. Ass. an der Sektion Marx.-len. Phil./Wiss. Sozialismus (Lehrtg.) u. 1971 phil. Prom. A zum Thema *Ästhetischer Wert und ästh. Kommunikation. Zur Anwendung informationstheor. Methoden in der Ästhetik* (Gutachter: S. *Bönisch, N. *Krenzlin, L. *Bisky); 1981 Prom. B z. Thema *Dialektik und Ästhetik. Methodenprobleme der marx.-len. Ästhetik als phil. Disziplin, dargestellt aus der Sicht der hist.-mat. Dialektik* (Gutachter: K. *Gößler, H. *Seidel, H. *Redeker); daraufhin 1982–87 HS-Doz. für Marx-len. Ästhetik an der Sektion Marx.-len. Phil. der KMU Leipzig und 1983–88 stellv. Sektions-Direktor für Erziehung, Aus- und Weiterbildung (phil. Lehre); zugleich 1983–89 Mitarbeit im Wiss. Rat f. Phil. beim MHF (Vors. G. *Stiehler); 1986–92 Leiter des Fachbereiches Ästhetik/Ethik der Leipziger Phil.-Sektion u. 1990–93 Prof. für Marx-len. Ästhetik an der Fak. für Phil. u. Geschichtswiss. der Univ. Leipzig; 1990/91 erneut stellv. Direktor der nun umbenannten „Sektion Philosophie" (zus. mit der Übergangs-Direktorin M. *Thom) bis z. endgültigen landesregierungsamtlichen Abwicklung; versuchte gerichtl. Klage gegen diese u. erhielt versch. kurz befr. univ. Arbeitsverträge bis 1992 als wiss. Mitarb.; 1993 Mitbegründer der Dt. Gesell. für Ästhetik (Vizepräsd. ders bis 1999); 1993–95 univ. Weiterbeschäftigung nach arbeitsrechtl. Urteil und 1994–96 Forschungsstipendium für ein Ästhetik-Projekt zur schottischen Aufklärung an der Herzog-Aug.-Bibl. Wolfenbüttel; seit 1997 Mitarbeit in der RL-Stiftung Sachsen e.V. (zus. mit H.-M. *Gerlach Leitung des entspr.

AK Phil., woraus zahlr. Aufarbeitungsveranstaltungen und Publ. zur Gesch. der Leipz. Univ.-Phil. u. ihren früher verdrängten Ereignisse, Themen und Repräsentanten hervorgingen. 1998–2003 DFG-Projekt zur „schottischen Philosophie" am Interdiszipl. Zentrum für Erforschung der Europäischen Aufklärung an der MLU Halle-Wittenberg.

Publ.: (zus. mit K. Wagner u. G. Terton): Zur marx.-len. Wahrheitstheorie. Studien zur ET. Berlin 1974; (Red.): Erkennen und Werten. Arb.-Tg. des Fachbereichs Ästhetik der Sektion Marx.-len. Phil. der KMU Leipzig Zentr.-stelle für phil. Inf. u. Dok. Aus dem phil. Leben der DDR. Jg. 22, H. 3/1986; (Hrsg.): Anthony Earl of Shaftesbury. Der gesellige Enthusiast. Phil. Essays. Mün. 1990; (Mithrsg. M. Thom): Naturzweckmäßigkeit u. ästh. Kultur. Studien zu Kants Kritik der Urteilskraft. Sankt Augustin 1993.

Schwabe-Broszinsky, Edith
19. Sept. 1939
Diplom-Philosophin und Afrikanistik
Geb. in Berlin (Verleger-Familie), GS 1946–54 und OS 1954–58 (Abi), prakt. Jahr als Kunststofformerin im VEB Kabelwerk Oberspree u. anschl. Phil.-Studium an der HU Berlin 1959–64, im Nf. Theaterwiss.; 1965 Berufseinsatz im Staatl. Rundfunkkomitee der DDR (Auslandsinformation) u. Arbeitseinsätze in einigen afrik. Ländern bis 1972; danach wiss. Ass. im Univ.-Bereich Kulturwiss. und spezialisiert auf interkulturelle Probleme Afrikas (weitere Angaben nicht beschaffbar); dazu Prom A 1973 z. Thema *Negritude u. Kulturrevolution in Afrika* (Gutachter: E. *Pracht u. a. – publ. 1979 u. d. Titel: Kulturrevolution in Afrika. Theor. und prakt. Aspekte der Kulturentw. ehemals kolonialer Staaten Afrikas nach Erringung ihrer Unabhängigkeit. Tb-Reihe UW heute Bd. 25. Bln. 1979) sowie fortgz. Prom B 1984 z. Thema *Kulturelle Identität u. nationalkulturelle Entw. in Afrika. Zu einigen Aspekten des kulturellen Umbruchs afrikanischer Staaten nach der Erlangung der Unabhängigkeit vom Kolonialismus* (publ. u. d. T. Kultur in Schwarzafrika. Geschichte – Tradition – Umbruch – Identität. Lpz. 1988, ebenso Köln); weitere nachwend. Publ., in mehrfacher Auflage im VS-Vg. Wiesbaden: *Interkulturelle Kommunikation*: 1. Verständigung mit Missverständnissen und 2. Begegnung mit kulturellen Fremdbilder.

Schwartze, Heinrich
22. Sept. 1903–28. Aug. 1970 (nach Wikipedia-Eintrag)
Nachkriegszeitlicher SED-Theologe und parteilicher Bloch-Kritiker
Geb. als Sohn eines Fabrikdirektors in Düsseldorf-Oberkassel; besuchte das Realgymn. in Berlin-Tempelhof (1924 Abitur) u. stud. anschl. Evangl. Theologie u. Phil. an der Berl. Univ., scheiterte jedoch an den erforderl. univ. Sprachprüfungen; daher zog er 1928 nach Lippe und trat dort den „Religiösen Sozialisten" (s. Emil *Fuchs) u. der SPD bei; wirkte dann 1930–32 als Hilfsprediger der dortg. freien „Volkskirche" und 1932/33 wiederum in Berlin als freier Bestattungsredner; 1934 (unter Umgehung der zuständigen Prüfungskom.) vom „dt.-christl." Landesbischof in den Dienst der Evangl.-Lutherischen Landeskirche Mecklenburg eingestellt; jedoch 1943 zur Wehrmacht eingezogen u. noch 1945 Offiziersanwärter; 1945/46 wieder SPD bzw. dann

SED-Mitglied, Stadtverordneter u. Vors. des Kulturbundes in Ludwigslust sowie Kreisvors. der Nationalen Front; 1946–52 als Abgeordneter der SED im Mecklbg. Landtag u. bis 1954 des Bezirkstages in Schwerin; 1950/51 landeskirchl. und staatsparteilicher Streit um seine Abberufung/Entlassung als (dauerkommissarischer) Leiter und Stiftspastor Bethlehem; endgültiges Ausscheiden aus dem kirchl. Dienst u. zunächst hauptamtl. Landes-Bezirkssekr. der Gesell. für Dt.-Sowjt. Freundschaft in Schwerin; eheliche Scheidung, weil er nunmehr die „Entwicklung vom Idealismus (der rlg. Weltanschauung) zum dial. Mat." vollzogen habe und eine „materialist. Religion u. Theologie" könne es ja nicht geben; ab 1954 (wiederum ohne jede fachl. phil. Qualifikation u. Abschlüsse) wiss. Mitarbeiter am ML-Inst. für Gesellwiss. der KMU Leipzig und erhielt (im Umfeld von E. *Bloch am dortg. Inst. für Phil.) ohne jede phil. Prom. eine Doz. für Ethik; als Mitglied der SED-Ptlg des Instituts (Inst.-Parteisekr. ist H.-J. *Horn) aktiv als Verfasser des denunzierend-anklagenden Parteileitungsbriefes an E. *Bloch beteiligt (seines kurzzeitig univ.-phil. Mentors!), der unmittelbar zu dessen nachfolg. Zwangsemeritierung führte, da seit 1955 als AGL-Vors. (FDGB) des Inst. für Phil. und Psy. automatisch Mitgl. dieser Inst.-PL; doch eine phil. Prom. kommt so wiederum nicht zustande; 1957 Mitgl. der BL des Kulturbundes und 1959 sogar des Bundesvorstandes; später wurde er parteibeauftragter Leiter der Aus- u. Weiterbildung von Staatsbürgerkundelehrern an der KMU Leipzig; verst. 1970 in Leipzig.

Folgende **publ.** Artikel sind nachweisbar: Beitrag in der Festschrift für Ernst Bloch zu dessen 70. Geb. Leipzig 1955: Über die Ethik Kants (Schlußsatz: *„Kant* steht bei uns, nicht Hegel", S. 294); Beitrag zur Bln. Freiheitskonferenz 1956: Der Freiheitsbegriff bei Luther und Müntzer endet mit dem Satz: „Eine Thomas-Müntzer-Kirche haben wir noch nicht.", S. 51); Beitrag z. 1957 nachfolgenden Verurteilungsschrift zu Ernst Blochs Revision des Marxismus: Über die Darstellung der Gesch. der Phil. bei Ernst Bloch (Schlußsatz: „In der Hoffnung ist Abwendung vom Gegenwärtigen ausgesprochen, Verurteilung des Bereits-Jetzt zu Gunsten des Noch-Nicht.", S. 172); einziger DZfPh-Artikel: Über die ‚christl. und marx. Ethik' von Emil Fuchs" (H. 3/1957 mit Schlußsatz: seine Heilsgeschichte „bedeutet, dass der Marxismus auf den Idealismus heruntergebracht wird u. so die marx. Ethik mit ihm.", S. 352); – in irgendeinem fachphil. Zusammenhang stehen alle diese polemischen Sätze aber nicht.

Schwarz, Hermann
22. Dez. 1864–12. Dez. 1951
Langjährig führender NS-Phil. aus Greifswald mit nachkriegszeitlicher Endwirkung
(diese bio-bibliograph. Personen-Aufnahme erfolgt aus dem einzigen Grunde, weil sich deren univ. *Entnazifizierung* bis über die zuende gehende DDR-Zeit in Greifswald hinziehen sollte). Ein „rein phil." Pers.-Stichw. im Phil.-Lex. von W. *Ziegenfuß, Bd. 2, 1950) ist noch von ihm selbst verfasst u. reicht biblgr. bis in die Jahre 1940/45, als seine Gesamt-Werke erschienen. Geb. in Düren (Rheinprovinz), aber aufgewachsen in Ostpreußen, wo sein Vater staatspreuß. Oberlehrer war; stud. in Halle Mathe. u. Naturwiss., wozu er auch mathe. prom. (1888) wird und sich (1894) wahrnehmungspsychologisch habil.; 1. Anstellung als a. o. Prof. in Marburg; ab 1910 dann bleibend ordtl. Prof. im sich gerade neu konstituierenden Phil. Sem. der da noch namenlosen Univ. Greifswald zus. mit Johannes Rehmke (Phil. als sog. „Grundwiss."); noch

vor Kriegsende 1917/18 Mitbegründer der „Dt. Phil. Gesell." (als Gegengewicht zur ‚jüdisch beeinflußten' Kant-Gesell. – s. A.*Liebert) zur „Pflege, Vertiefung und Wahrung dt. Eigenart auf dem Gebiete der Phil."; als neues kriegsnationales phil.-pol. Idol wurde nun Fichte (1917) auserkoren und eine „neue (wiederzubelebende) Mystik" (1920) propagiert, prakt.-politisch verbunden mit einem ungemein frühzeitigen NS-Bekenntnis (1923 als erster dt. Phil. Eintritt in die NSdAP, offenbar noch als Rektor seiner Univ.), was sich alles gerade im schon damals stockreaktionären (vorpommerschen) Greifswald nicht zufällig auch „außerphil. "entwickeln konnte; sein religionsphil. Hauptwerk „Das Ungegebene" (1921) verkündet eine neumysthische „Gottesduheit", die „volkisch übergeht" ins nun nationalsozialistisch „Gegebene" des Volkes, der Rasse und des Blutes; seine „völkisch-gottgläubige" Religionsphil., wozu insbs. „Meister Ekkehart" germanisiert wird, erweist sich schließlich als ein pseudo-„theolg. NS" (Nolte); und obwohl bereits 1933/34 emeritiert, nicht ohne für die ehrwürdige Greifswalder Univ. (gegr. 1456) zuvor noch den inzw. schon reichlich dt.-nationalistisch angereicherten Univ.-Namen „Ernst Moritz Arndt" durchzusetzen (so wie zur gl. Zeit in Jena die Namen „Schiller" und in Halle „Luther" univ. vergeben wurden); seine „erste", dann mehrfach aufgelegte Schrift von 1933 ist nachholend programmatisch und bekenntnisreich überschrieben: „Nationalsozialistische Weltanschauung. Freie Beiträge zur Phil. des Nationalsozialismus aus den Jahren 1919–1933", wodurch er auch in den nachfolgenden Jahren bis 1945 (neben Rosenberg und A. Beaumler) schließlich zu einem der allerersten und eifrigsten publ. wirksamsten Propagandisten der „dt. Erneuerung" (Festschrift z. 70. Geb. 1935) und langjährig-durchgehenden Vertreter der verbrecherischen NS-Ideologie wurde, was allein die stets NS-programmatischen Titel einer unglaublichen Publ.-abfolge (dazu mit umfangreicher dreibdg. Werkausgabe selbst noch in den „Kriegsjahren" 1940–45) exemplarisch verdeutlichen; 1939 wurde dem Geheimrat z. 75. Geb. von Hitler persönlich die „Goethe-Medaille für Wiss. und Kunst" verliehen und noch bis 1944 befindet er sich im „phil.-pol.-päd." Lehreinsatz an der Univ. Frankf./M.; inzw. wohnhaft in Darmstadt (u. auch da noch Lehrtg. an der dortg. TH); daselbst nachkriegszeitlich 1951 verst.; – folgende Festschriften existieren: z. 60. Geb.: Vom sittlich-religiösen Erleben. Phil. Untersuchungen, dargebracht von Schülern (1925); zum 70. Geb.: Gott, Seele, Geist. In: Blätter für Deutsche Philosophie. Bd. 4/5 (1934) und z. 75. Geb. ebd. Bd. 4 (1939) sowie z. 80. Geb. die angelaufene „Werkausgabe" 1940/45; – von keinem anderen großdt. Phil. wurden daher nach 1945/46 derartig viele dieser, massiv NS-belasteten Publ. (Broschüren) auf die sog. „Leipziger Liste" zur „Aussonderung des NS-Schrifttgutes" gesetzt; und diese wurden, so jedenfalls die UB Greifswald betreffend, geschl. „ausgelagert" in die Dt. Staatsbibl. Berlin u. daselbst gesondert erfaßt in einer späteren „Sperrbibl.", in der allerdings zunehmend auch die „unmarxistische" Literatur weggesperrt wurde; alle derartigen „Schwarz-Titel" wurden dann jedoch nachwendisch (vom Autor dieses Stichwortes) 1992 zur nachholenden (insbs. univ.-phil.) NS-Aufarbeitung wiederum bibliotheksoffiziell in die UB nach Greifswald zurück überführt, denn eine unmittelbar nachkriegszeitl. oder DDR-offizielle Aufarbeitung gerade dieses ausgesprochenen ideolog. militanten NS-Phil. (erst spätere westdt. Nachforschungen in den 80er Jahre offenbarten das) hatte es im nicht weiter kriegszerstörten und durch „kampfeslose Übergabe befreiten" Universitätsstädtchen Greifswald, offensichtlich nicht gegeben (lediglich die 500-Jahr-Festschrift 1956 benennt Sch. einmalig als einen „Wegbereiter des NS"); immerhin, der von den Nazis zwangsem. Günther *Jacoby kehrte zurück u. wurde erster frei gewählter Dekan der großen „Phil. Fak." seiner Univ., die nach sowjet.-amtl. Bescheid auch ihren (zeitweilig abgelegten) Namen „EMAU" bald weiter beibehalten durfte; jedoch keinem fiel bis zum Ende der DDR auf, dass unbesehen ein großformatiges Rektorbild des späteren, selbst erklärten NS-Phil. im Konzilsaal der Univ. (nicht zu verwecheln mit der durch H. Kants Roman bekannten „Aula") unangetastet und unkommentiert weiter ausgestellt verblieben war, während zumindest alle seine sonstigen Werke zumindest „bibliothekstechn." entnazifiziert wurden; aber auch das scheint seinen Grund teilweise darin zu haben, dass nach Einstellung der direkten sowjet. Kontrolle der Greifswalder Univ. (s. dazu Major A. *Jessin) mit Gründung der DDR von 1950–1979, also rund 30 Jahre lang, alle nacheinander, sowieso immer nur staatsparteiamtlich von oben eingesetzten sieben Univ.-Rektoren (der letzte sogar als früherer ML-Direktor) frühe und langjh. Mitglieder der NSdAP waren, worauf überhaupt so zugespitzt erst nachwendisch aufmerksam gemacht werden konnte und durfte; aber auch 3 Rektoren der Jahre 1987–1992 vermochten es nicht (obwohl durch den damlg. Inst.-Direktor für Phil. ausdrücklich und hinlänglich begründet, darauf hingewiesen), jenes Bildnis mit inzw. erarb. dokumentierenden Erklärungen endlich „abzuhängen" bzw. zu ersetzen, was erst nach einem gem. Stud.-Protest im Rahmen einer Renovierung geschah: an seine Stelle wurde sehr symbolträchtig nun das Rektorbildnis des (jüdischen) Historikers Bernheim restauriert angebracht. In der BRD erschien derweil bereits 1964 zum 100. Geb. dieses ewigen NS-Phil. ein Gedenkband mit Schriften-Auszügen, ebenso überzeitlich wie provokant überschrieben mit „Volkshafte Phil. im Aufgang" (Verlag „Deutsche Heimat", Reihe Lebenswille); gleichzeitig wurde aber im „Kontext von Heidegger(s)" NS-Verstrickung 1933 durch E. Nolte („Philosophie und NS") erstmalig 1988 auf den ausgesprochen „theolg. NS" von H. Sch. ungemein kritisch aufmerksam gemacht; u. dem allein dient auch das hier so ausführlich angeführte Schriften-Vz., das diese Art von bes. NS-Phil. einmalig nachholend belegen soll; eine entspr. Dok. als Versuch einer univ.-phil.-geschichtl. (ideologiekrit.) „Bildbeschreibung" wurde 2001 im Univ.-Archiv Greifswald vom Autor dieses Ps.-Stichwortes hinterlegt. – Das „Gegenstück" zu dieser unphil. NS-Tradition in Greifswald bilden die Pers.-Stichworte zu Arthur *Liebert aus Berlin sowie zu Emil *Utitz aus Rostock und Halle.

Publ. (Auswahl): Grundzüge der Ethik. Leipzig 1896; Psychologie des Willens. Leipzig 1990; Der moderne Materialismus als Weltanschauung u. Geschichtsprinzip. Lpz. 1904 (2. A. als „Grundfragen der Weltanschauung", Leipzig 1904); Der Gottesgedanke in der Gesch. der Phil. Teil I: Von Heraklit bis Jacob Böhme. Heidelberg 1923; Fichte u. wir. Osterwieck 1917; Weltgewissen oder Vaterlandsgewissen? Erfurt 1919; Über neuere Mystik. Gütersloh 1920; Das Ungegebene. Eine Religions- u.

Wertphil. Tübingen 1921; Ethik der Vaterlandsliebe. Langensalza 1922 (2. A. 1926 u. 1940); Gottesvorstellungen großer Denker. Mün. 1922; Auf Wegen der Mystik. Erfurt 1924 (und 1945); Einführung in Fichtes „Reden an die dt. Nation". Langensalza 1924 (u. 1925); Ernst Moritz Arndt, ein Führer zum Deutschtum. Langensalza 1937 (u. 1940); Gott. Jenseits von Theismus u. Pantheismus. Berlin 1928; Kriegsschuldlüge u. unsere Pflicht. Greifswald 1928 (u. 1940); Gottestum u. Volkstum. Langensalza 1928 (u. 1940); Nationalsozialistische Weltanschauung. Freie Beiträge zur Phil. des NS aus den Jahren 1919–1933. Berlin 1933 (mehrfach aufgelegt); Christentum, NS u. dt. Glaubensbwegung. Bln. 1934 (u. 1940); Ekkehart der Deutsche. Völkische Religion im Aufgang. Berlin 1935; Zur phil. Grundlg. des NS (in der Reihe Schriften der Dt. HS für Politik). Berlin 1936 (u. 1940); Deutscher Glaube am Scheidewege: Ewiges Sein oder werdende Gottheit? Berlin 1936 (u. 1940); Grundzüge einer Gesch. der artdt. Philosophie. Bln. 1937; Die Irminssäule als Sinnbild dt-völkischen Gottesglaubens. Berlin 1937 (u. 1945); Deutsche Gotteserkenntnis einst und jetzt. Stuttgart 1938; Ewigkeit. Ein dt. Bekenntnis. Berlin 1941 (ebenso 1964); Unsere Heiligtümer: Ehre, Volksgem., Vaterland. Berlin 1944. – Gesammelte Werke. Bd. 1: Politisch-phil. Schriften (enthält alle NS-Schriften) Berlin 1940; Bd. 2: Vorlg. zur Ethik u. Volkstumsphil. Bln. 1943; Bd. 3: Vom Gottesgedanken zum Ewigkeitsglauben (Erlebnisberichte u. Aufsätze aus vier Jahrzehnten). Bln 1945; geplant waren noch weitere Bände im bekannten NS-Vg. Junker u. Dünnhaupt Berlin. – „Das Dritte Reich u. seine Denker" (Berlin-West 1959) be nennt H. S. unter „Theologie" (S. 341). Zur diesbezügl. Univ.-Phil.-Gesch. Greifswalds vergl. Bd. IV dieser Aufarbeitsreihe, Berlin 2017, S. 399ff: „Ein NS-Phil.,Günther Jacoby und die Anfänge der DDR-Phil."

Schwarz, Theodor
1915–26. Sept. 1968
Schweizer orthodox-marxistisch-leninistischer Philosoph in Prag
Geb. in Zürich u. phil.-jurist. Prom. 1940 in Bern z. Thema *Die Lehre vom Naturrecht bei Karl Christian Krause*; Mitbegründer, gem. mit A. *Baumgarten, einer (komm.) "Partei der Arbeit" in der Schweiz sowie marxistische Arbeiten zur Kritik der spätbürgl. Phil. als "imperial. Ideologie" in der Tradition von Georg *Lukacs; 1962 Übersiedlung nach Bratislava u. Lehrtg. zur Germanistik u. auch marx. Phil. daselbst; kurz nach dem sowjet. Einmarsch in die CSSR am 26. Sept 1968 überraschend verstorben, wozu es danach recht ungewöhnliche „Nachrufe" in der sowjet. „Pravda" (28. 9.) und dann verspätet auch noch im ND (24. 10.) geben sollte.

Publ.: Denker der Politik. Gesch. der pol. Lehren. Zürich/Leipzig 1940; Irrationalismus u. Humanismus. Kritik einer imperialistischen Ideologie (Vom Standpunkt des Marxismus). Zürich 1944 (Lausanne 1993); Die weltanschauli. Grundlagen des Marxismus. Bern 1945; Wie studiert man den M-L? Zürich 1946; Zur Kritik der Psychoanalyse. Zürich 1946; (sowjet.-phil. Autorenkollektiv, darin Mitautor): Von Schopenhauer zu Heidegger (russ.). Moskau 1964; Jean-P. Sartres Kritik der dial. Vernunft. Berlin 1967; (Erinnerungsbd.-Aufsätze): Sein, Mensch u. Gesell. im Existenzialismus. Franf./M. 1973; drei DZfPh.-Artikel 1964/67.

Schwärzel, Hagen
6. Febr. 1944
Ein Zusammendenker von marx. Philosophie und pol. Ökonomie in Berlin
Geb. in Meißen als Sohn eines Eisenbahners; GS 1950–58 in Bautzen und OS Dresden, 1962 Abitur; anschl. Elektromechanikerlehre bis 1964 u. bis 1970 ein Phil.-Studium

an der HU in Berlin; über die ML-Sektion (1968) zum Forschungsstudium an die Sektion Wirtschaftswiss. (1970, Lehrstuhl Pol. Ökonomie); daselbst 1976 wirtschaftswiss. Prom. z. Thema *Das gesell. Eigentum an den Produktionsmitteln als grundlg. Prod.-Verhältnis der komm. Gesell.-Formation. Methodologisch-theor. Überlg. zu einem Grundproblem der pol. Ökonomie des Sozialm.* (vorlg. in 2 Bdn); spätere Rückkehr an die Sektion Marx.-len. Philos. der HUB (Bereich Phil. Probleme der Gesellwiss.) u. phil.-öko. Prom. B 1989 z. Thema *Distribution. Eine Studie aus politöko. und philos. Sicht* (Gutachter: W. *Eichhorn II, Klaus Korn u. W. Schließer); nach 1990 letztlich (als habil. Oberass. ohne anerkannten Status des PD) keine Übernahme an das thematisch völlig umorientierte neue Phil. Inst. der HU, aber noch zeitverträglich als wiss. Mitarbeiter bis 1995 in der Lehre beschäftigt; lebte danach in Dresden – nachweisbar sind 2 DZfPh-Artikel 1981/83 zur obigen Diss.-Thematik.

Schwarzkopf, Ekkehard
28. April 1934
Als Theologe marxistischer antiker Philosophiehistoriker
Geb. in Erfurt; Vater gehörte als evangl. Pfarrer während der NS-Zeit zu den „dt. Christen" (1943 jedoch ausgetreten); nach ungehinderter (nachkriegszeitlicher) Oberschulzeit in den Anfangsjahren der DDR Theologie-Studium an der HU Berlin u. 1956 fachtheolg. Examen (Kenntnis aller drei alten theolg. Sprachen); 1956/57 Stipendiat des Ökumenischen Rates der Kirchen in Zürich (Engl. u. Franz.); pol.„fortschrittl." Theologie-Student u. daher 1959 FDJ-Sekretär seiner Berl. Theolg. Fak. u. wiss. Asp., während sein Bruder Rainer zu dieser Zeit bereits in Frankf./M. bei Adorno u. Horkheimer studiert; dadurch kommt es später auch zur privaten Bekanntschaft mit J. *Habermas (Ost-Berlin-Besuche 1968/72); 1962 erfolgreiche theolg.-phil. Prom. z. Thema *Das Dasein des Glaubens als Wunder in Augustinus De civita Dei. Studie zum Problem Glaube und Geschichte*; eine weiterführende theolg. Habil-Asp. erweist sich schließlich als undurchführbar, weil es zu intern-theolog. Vorwürfen einer so nicht tragbaren „Verquickung von Theologie u. Marxismus" und sogar zu antikirchl. „Atheismus-Vorwürfen" kommen sollte („Ich bin Dr. theol., aber ich bin Marxist"); von Seiten der Stasi-Fraktion der Bln. Theolg. Fak. (Dr. Friederun Fessen als Hauptreferentin im Staatssekretariat für HW u. Hanfried Müller, als GI „Hans Maier" seit 1954, dessen wichtigster Schüler E. S. zu dieser Zeit ist) verfolgen (s)eine phil.-theolg. (religionsphil.) Nachfolge von Lis. *Richter (em. 1966); doch es kommt wahrlich folgenschwer schließlich zu einem, von parteioffizieller Seite so offenbar gar nicht gewünschten oder gar geforderten „Austritt" aus der Theolg. Fak. und demonstrativen Wechsel zur „Phil. Fak." (Phil.-Inst.), also genau umgekehrt wie um 1951 sich ein ähnlicher herbeigeführter Wechsel von L. *Richter zur Theolg. Fak. vollzog, der aber aus marx. Alleinvertretungsgründen offiziell genauso beabsichtigt war; – am Phil. Inst. übernimmt daraufhin für den „phil. Autodidakten" W. *Heise die Betreuung eines nun hist.-mat. „passenden" phil.-geschichtl. Habil-Themas zur „Entstehung des phil. Idealismus als hist.-erkenntnistheor. Problem, untersucht an Platon"; ange-

regt wurde es durch entspr., auch in der DDR gerade veröffentl. Arbeiten des engl. marx. Historikers G. *Thomson zur weitergehenden sozialwiss. Antikeforschung, worauf es zu einem für ostdt., allein parteiorg. Phil.-Verhältnisse ungewöhnlichen Briefwechsel (den hatte zu dieser Zeit genaustens observiert nur der alte G. *Jacoby aus Greifswald mit dem jungen J. *Mittelstraß) mit A. *Sohn-Rethel 1964–72 kam (erinnert sei an dessen ebenso einmlg. Gastvortrag 1958 an der HU Berlin zu „*Warenform u. Denkform*", publ. in der Wiss. Zft. der HUB 1961); z. Ende der Habil-Asp. erfolgte ausgerechnet im Krisenjahr 1968 der SED-Beitritt, aber nicht aus „Opportunismusgründen, sondern aus Konsequenzmacherei" (2005); nach einer kurzen phil.-geschichtl. Anstellung in Leipzig (Sektion ML Phil.) gelang endlich 1971 die Habil-Verteidigung (nach der III. HSR nun als Diss. B) z. Thema *Das Problem der Wissenschaftsentstehung. Methodenkritische Studien, ein Versuch, die Entstehung der sog. Naturphilosophie im alten Griechenland zu erklären, – zur Vorbereitung einer hist.-mat. Theorie* (Gutachter: W. *Heise, L. Welskopf, D. *Wittich); zu einer eigentlich beabsichtigten thematischen Anknüpfung (worum es im gen. Briefwechsel ging) oder sicherlich erforderlichen Ause. mit A. Sohn-Rethels kommt es in der vorgelegten Arbeit, auch später jedoch nicht mehr; vielmehr erfolgt eine erneute Umsetzung an das ZIfPh. der AdW in Berlin mit einem ihm dort erwartungsgemäß sofort zugewiesenen, völlig fremden/anderen, aktuell-pol. Arbeitsthema „Theologie der Reformationszeit: Thomas Müntzer", womit der neue aka.-phil. Mitarbeiter nun wieder theolg.-hist. umgelenkt und neu Aka.-plangerecht eingebunden werden sollte; im Zusammenhang mit der Kritik am autoritären Leitungsstil von M. *Buhr (um 1970) als Inst.-Direktor des ZIfPh, woran sich wohl auch E. S. beteiligt, erfolgt späterhin die Ablehnung seiner Müntzer-Studien als „unmarxistisch"; außerdem kam es wegen seiner zahlreichen Westkontakten (u. a. zu J. *Habermas, wozu er nun berichten muß) erneut zu weiteren Stasikontakten u. Anwerbungsversuche; außer zu einer anerkannten kleinen Sokrates-Studie gelingt damit überhaupt keine eigenständige phil.-hist. Publ. mehr; schließlich zeitweilg. Einstellung in der Humboldt-Arbeitsstelle der AdW, um Antike-Bezüge bei Alex. v. Humboldt zu erforschen; danach merkwürdige Versuche, sich als Berl. „Theater-Phil." zu etablieren, wozu eine „kommunistische Schauspielästhetik" konzipiert wurde, 1980 jedoch bereits fristlos von der VB gekündigt u. nach einem Arbeitsprozoß (RA G. Gysi vertritt ihn dazu) wieder in der aka.-wiss. Humboldt-Arbeitsstelle als Korrektor eingestellt; beginnende „Arbeitsstörungen" lassen ihn daraufhin schwer psychisch erkranken u. schließlich arbeitsunfähig werden, was sich über die Wendenachzeit hinzog.; lebt heute im betreuten Wohnen: „Ein Apartment in einem Seniorenheim einzurichten, nach meinen Interessen, soweit ich es wollte, und nach meiner Art zu bewohnen. Das war, nach 49 Jahren der Verweigerung sinnvollen Handelns, 19 Jahre aufgezwungener Psychiatrie-Patientenschaft, der Anfang wirklichen Lebens"(S. 185). – Ungemein erfreulich ist daher eine gerade erschienene Zusammenfassung seiner wichtigsten Arbeitsgebiete zu „Sokrates – Müntzer – Humboldt" als „Wendepunkte des Denkens" (Heidelbg. 2020), worin sich auch ein ausführlicher Lebenslauf (überraschenderweise ‚Im Gedenken an Lothar *Kühne') befindet, verfaßt Juni 2018, worauf das voranst. Pers.-Stichwort nunmehr aktualisiert wesentlich beruht.

Publ.: „Überlegungen zu Sokrates". In: Hellenische Poleis. Berlin 1974, Bd. IV; (Red. mit D. Schieferdecker): Aristoteles als Wissenschaftstheoretiker. Eine Aufsatzsammlung der Reihe Schriften zur Gesch. u. Kulturentw. der Antike. Bd. 22. Berlin 1983; – R. Hentschel: "Ein Korrespondent aus Ostberlin". Zum Briefwechsel zw. A. Sohn-Rethel u. Ek. Schwarzkopf. In: Geld u. Geltung. Alfred Sohn-Rethels soziolg. ET. Würzburg 2006 (fast alle biograph. Daten stammen aus der dortg. Einleitung „Ein Korrespondent aus Ostberlin" von R. Hentschel, der Ek. Schw. ausführlich, auch aktenmäßig nachforschend, befragt hatte); mein eigener nachwend. Briefw. mit ihm ergaben leider keinerlei verwendbare biogr.-themat. Gesichtspunkte, was sich erst wieder 2020 änderte.

Schweikert, Heinz-Dieter
19. Febr. 1932–25. Nov. 2011
1958 verurteilter Ost-Berliner Philosophie-Student
Geb. in Berlin; Vater vor 1945 Prof. im fasch. Heereswaffenamt; Besuch der Grundschule u. anschl. bis 1945 der OS in Heiligenstadt und dann (kriegsunterbrochen) bis 1950 in Dingelstädt (Abitur); da streng religiös erzogen, wollte er kath. Theologie studieren, wozu er 1950 die DDR verließ u. in das Benediktiner-Kloster in Maria-Laach bei Andernach eintrat; nach Aufgabe dieses Vorhabens bis 1956 Studium der Germanistik, Philosophie, lateinischen Philologie u. vergl. Religionswiss. in Bonn; Okt. d. J. überraschende Rückkehr in die DDR u. Einstieg in ein (marx.-len.) Phil.-Studium an der HU Berlin; in studentischen Disk.-Runden sehr bald massive Kritik an der SED-Partei-Diktatur, personifiziert in der Gestalt von Ulbricht als „stalinistisch und dogmatisch"; schließlich Anfang März 1958 Verhaftung nach einer entsprechenden Berichterstattung eines Mitstudenten (D. Dohnke) wegen fortgz. staatsfeindl. Hetze gegen die „Arbeiter- u. Bauernmacht" der DDR u. ihre anführende „Partei der Arbeiterklasse"; verhaftet werden wenige Tage später mit Peter *Langer u. Kh. *Messelken noch zwei weitere Berliner Phil.-Studenten; gemeinsam mit diesen Verurteilung zu 5 Jahren Zuchthaus und erst am 2. 4. 1963 aus der StVA Bautzen (wo gleichzeitig auch der Berl. Phil.-Dozent Wolfgang *Harich einsaß) entlassen; danach Produktionsarbeiter im Getriebewerk Brandenburg, aber keine geisteswiss. Studienerlaubnis mehr in der DDR; erneute Stasi-Observierung im OV „Revisionist"; nach Eingabe beim Staatsrat der DDR am 27. Sept. 1974 schließlich „aus der Staatsbürgerschaft der DDR entlassen", Übersiedlung nach Westberlin und ab 1975 Arbeit in der Monitorredak. des ZDF; ab 1979 als Medienarchivar Übernahme des Studioarchivs in West-Berlin; 1995 pensioniert u. verst. 2011; Übers. von ‚Carmina Burana' (Bremen 1999).

Schweitzer, Albert
14. Jan. 1875–4. Sept. 1965
Dt.-franz. Arzt, evangl. Theologe, Bach-Organist, Kulturphilosoph u. Friedenskämpfer
Geb. in Kaysersberg im Oberelsass bei Colmar in einer Pfarrersfamilie; nach dem Abitur 1893 in Mühlhausen Studium der Theologie u. Philosophie in Straßburg sowie

das Musikfach Orgel in Paris; 1899 phil. Prom. an der Berl. Univ. z. Thema *Die Religionsphil. Kants von der Kritik der reinen Vernunft bis zur Religion innerhalb der Grenzen der bloßen Vernunft*, dem 1901 eine theolg. Diss. (später veröfftl. als *Gesch. der Leben-Jesu-Forschung*, Tübing. 1913) und die Habil. in Evangl. Theologie an der Univ. Straßburg nachfolgte (damit zugleich univ. Dozent u. kirchl. Vikar daselbst); verfasst nacheinander eine umfangreiche Johann Sebastian Bach-Monographie in franz. (1905) u. dt. Sprache (1908), die in Leipzig u. später in der DDR bis 1977 insgesamt 13 Auflagen erlebt (Moskau 1964 u. 1969); mit Sondergenehmigung der Regierung erfolgt eine weiteres „Zusatzstudium" 1905–1913 der Medizin in Staßburg, um als Missionsarzt in das Urwaldhospital „Lambarene" nach Zentral-Afrika zu gehen; dazu 1913 eine 3. univ.-medz. Prom. zum Thema *Die psychiatrische Beurteilung Jesu: Darstellung und Kritik*; in Lambarene verblieb A. S. während beider Weltkriege bis zu seinem Lebensende am 4. 9. 1965, 1952 geehrt mit dem Friedensnobelpreis. Wie bei den beiden anderen naturwiss.-phil. Pers.-Stichworten zu Albert *Einstein u. Konrad *Lorenz geht es vor allem um vielfältige phil.-weltanschauliche und pol.-moralische Bezüge zur DDR-Philosophie. Schweitzer frühe u. langandauernde moralisch-weltanschauliche Wirkung in der DDR verbindet sich zum einen mit seinem ersten bedeutsamen deutschsprachigen Biographen und Editor seiner Schriften, dem ausgebildeten Theologen (zur NS-Zeit auch „dt. Christ") u. späteren ost-dt. Pfarrer Rudolf Grabs (1900–1993) und zum anderen friedens- und parteipolitisch mit dem langj. CDU-Vors. G. Götting, der Jan. 1960 durch einen aufwendigen Afrika-Besuch in Lambarene, übrigens gemeinsam mit Rob. *Havemann u. einem Kameramann, A. S. persönlich für den „real-idealen" und natürlich so überaus weltfriedfertigen DDR-Sozialismus zu vereinnahmen versuchte; in Dresden bildete sich daraufhin unter dem Schirm des Dt. Roten Kreuzes ein sehr rühriges Albert-Schweitzer-Komitee, das viele Hilfssendungen nach Lambarene schickte, u. a. auch eine eiserne Kirchenglocke für die dortige Leprastation aus dem VEB Presswerke „Morgenröthe"; die allgemeinmenschliche (humanistische) Vorbildwirkung von Schweitzer als praktizierenden Christen und sozialismusfreundlichen Friedeskämpfer war in allen Teilen der DDR-Bevölkerung (nicht nur kirchlichen) ungebrochen u. führte schließlich in der Spätphase der DDR zu einer umfassenden phil.-weltanschaulichen (ethisch-moralischen) u. allgemein humanistischen Bewertung seiner Auffassungen, insb. seiner friedensstiftenden „Lehre der Ehrfurcht vor dem Leben"; diese Wirkung ist zeitgleich nur noch mit der naturweltbildlichen von Albert *Einstein in der DDR vergleichbar; nicht zufällig wurde im CDU-Union-Vg. eine bis heute im gesamten dt. Sprachraum anerkannte (zitierbare) u. übernommene fünfbdg. Werkausgabe (Berlin 1971, Zürich 1973, Mün. 1974) realisiert (Hrsg. ist R. Grabs) und das weltweit erste A. S.-Denkmal wurde 1968 in Weimar eingeweiht.

Publ.: (Hrsg. R. Grabs): Gelebter Glaube. Ein Lesebuch. Berlin 1957 (5. überarb. A. 1964); Aus meinem Leben und Denken. Lizenzausgabe des Meiner-Verlages Hamburg für die DDR. Leipzig 1957 (2. A. 1964); Die Lehre von der Ehrfurcht vor dem Leben. Berlin 1962 (7. A. 1974) und Leipzig 1982 (2. A. 1988); Aus meinem Leben. Selbstdarstellungen u. Erinnerungen (Autobiographie). Berlin 1988; die

fünfbdg. Werkausgabe (Berlin 1971 u. 1973) enthält die wichtigsten religionswiss., kulturphil. u. ethisch-moralisch relevanten Schriften Schweitzers.
Lite. (DDR-Ausgaben): G. Grabs: A. S. Gelebtes Denken. Bln. 1948 (erste Kurzbiographie); ders: A. Schweitzer (erw. A. 428 S.) Berlin 1949 u. Hambg. 1952; ders. A. S. Ein Leben im Dienste sittlicher Tat. Berlin 1952 (3. A. 1968); ders.: Die Weltreligionen im Blickpunkt A. S. Berlin 1953; ders.: Lebensführung im Geiste A. S. Berlin 1954 (3. A. 1967); ders.: A. S. als religiöser Charakter und als religionswiss. Denker (theolog. Diss. der KMU Leipzig 1954, publ. u. d. T. Denker aus Christentum. Halle 1958); ders. A. S.: Dienst am Menschen. Ein Lebensbild. Berlin 1961 (6. verb. A. 1969); G. Götting: Begegnung mit A. S. Berlin 1962; ders.: Zu Gast in Lambarene. Berlin 1964; G. Grabs: A. S. Wegbereiter der ethischen Erneuerung. Berlin 1965 (7. A. 1983); ders.: Tat und Gedanke. Eine Hinführung zu Weg u. Lebenslehre A. S.. Berlin 1966/67; (Hrsg. G. Götting): A. S. Pionier der Menschlichkeit. Berlin 1970 (2. A. 1979); R. Grabs: A. S. Wirklichkeit und Auftrag. Berlin 1975 (3. A. 1979); Vermächtnis u. Wirklichkeit. Zum 100. Geb. A. S. Berlin 1974; B. M. Nossik: A. S. Ein Leben für die Menschlichkeit. Leipzig 1978 (10. A. 1989); P. H. Freyer: A. S. Ein Lebensbild. Berlin 1978 (3. A. 1982); (Hrsg. H. Steffahn): Albert-Schweitzer-Lesebuch. Berlin 1984 (Lizenz des Beck-Verlages München); Rundbriefe des Albert-Schweitzer-Komitees der DDR 1963–56. Dresden 1990.

Segal, Jacob
17. April 1911–30. Sept. 1995
Antifaschistischer Biophysiker und seine HIV-Aids-Verschwörungshypothese
Geb. in St. Petersburg in Russland als Sohn eines jüd. Kaufmanns; nach der Okt.-Rev. z. Jahr 1919 litauischer Staatsbürger (1940 nach Annexion automatisch „Sowjetbürger") und Umzug mit der Familie nach Königsberg (Ostpreußen); daselbst 1929 Abitur u. Studienbeginn Biologie, fortgz. in Berlin u. München; seit 1932 formell KPD-Mitgliedschaft u. 1933 sofortg. Emigration nach Frankreich; daselbst 1936 Studienabschluß in Toulouse, danach wiss.-techn. Ass. an der Sorbonne-Paris u. 1940 naturwiss.-phil. Prom. auf dem Gebiet der Sinnesphysiologie; während der dt. Besetzung im antifasch. Widerstand u. 1944 Rückkehr zur wiss. Forschungsarbeit; alle osteuropäischen Verwandten (außer sein Frau Lilli, die fliehen konnte) wurden von den Nazis ermordet; 1952/53 Berufung als Prof. an die HU zu Berlin und Aufbau eines ersten univ. Inst. für Allgm. Biologie daselbst, mit bes. Spezialisierung auf Biophysik; 1967–70 Arbeit am Nationalen Forschungszentrum in Havanna (Kuba) u. nach Rückkehr 1971 vorzeitige Em. – „S. kam von der Sinnesphysiologie des Menschen zur Biophysik der Zelle und letztlich zur Physiochemie der Eiweiße. Hatte er sich in Paris mit hirnphysiolg. Fragen befasst, so interessierte er sich in Berlin für die molekularen Grundlagen der Nerven- und Zellfunktionen" (Dt. Biogr.). Verfasser von popularwiss. Schriften zur „Entstehung des Lebens" sowie zur „dial. Methode in der Biologie"; darum entsprechende phil. Zusammenarbeit mit Hm. *Ley sowie mehrfacher Fach-Gutachter bei „naturphil." Prom. dieses Lehrstuhls an der HUB; 1986/87 gewagte Hypothese über die angebl. Herkunft des AIDS-Erregers aus einem amerika. Biowaffenlabor; prop. durch den sowjet. Geheimdienst, aber in der DDR untersagt, Derartiges zu publ., denn E. Honecker beabsichtigte noch einen USA-Besuch zu realisieren; daraufhin 1988 dennoch westpubl. in der „Roten Fahne" (Parteizeitung der MLPD der BRD); während sich Gorbatschow bereits im Aug. 1987 für diese desinformative

KGB-Kampange bei den USA offiziell entschuldigt hatte, vertrat das Ehepaar Jacob u. Lilli S. bis in die 90er Jahre hinein weiterhin diese abenteuerliche („antiimperialistische"), aber nicht verifizierbare These in ihren Publ. (trotz eines nachwendischem Stasi-„Widerruf" ders. und einer späteren, mehrfachen sachpolitischen Richtigstellung auch durch den Molekularbiolgen Erh. Geißler); verst. 1995 in Berlin u. beigesetzt auf dem ZF der Sozialisten Bln.-Friedrichfelde.
DDR-Personen-Lexikon 2010 (A. Vogt).

Publ. (Auswahl): Wie das Leben auf der Erde entstand. Bibl. des Propagandisten. Dial. und Hist. Mat., H. 2. Berlin 1956. 3. A. 1971 (Aus: „Weltall, Erde, Mensch". Berlin 1955); Die Erregbarkeit der lebenden Materie. Jena 1958; Die dial. Methode in der Biologie. Berlin 1958 (Budapest 1962 und Prag 1964); (Hrsg. u. wiss. Bearbeitung J. u. L. Segal): Der Mensch und das Leben. Eine Enzyklopädie der biolg. Wiss. (Urania-Verlag in 8 Bänden) Leipzig-Jena-Berlin 1964/67; Das Leben, ein Rätsel? Berlin 1972; Biophysikal. Aspekte der elementaren Zellfunktionen. Leipzig 1974; (gem. mit U. Körner): Die Entstehung des Lebens aus biophysikal. Sicht. Jena 1983; (gem. mit E. S.): AIDS, die Spur führt ins Pentagon. Essen 1990; AIDS. Zellphysiologie, Pathologie und Therapie. Essen 1992; AIDS ist besiegbar. Essen 1995 (engl. A. 2001).

Segert, Dieter
20. April 1952
Diplom-Philosoph, Reform-Sozialist und nachwend. Politikwissenschaftler in Wien
Geb. in Salzwedel, Eltern Bankangestellter und Bibliothekarin; 1958–66 POS und EOS bis 1970 (Abitur); anschl. bis 1974 Phil.-Studium in Berlin, abgeschl. mit Auszeichnung (Karl-Marx-Stip.); 1973 z. Forschungsstudium (Asp.) nach Moskau delg.; daselbst 1978 an der Phil. Fak. der MGU auf dem Gebiet des hist. Mat. prom. (kand. fil. nauk); zurückgekehrt nach Bln. wiss. Ass. (1978) u. Oberass. (1983) im Bereich Wiss. Kom. (Bereichsleiter H. *Kölsch) an der Sektion Marx.-len. Phil. der HUB; Freistellung 1983/84 für die Habil. u. realisiert 1985 als Prom. B z. Thema *Staatl. und gesell. Org.-formen der pol. Macht der Arbeiterklasse. Zu einigen theor.-methodolg. Fragestellungen* (Gutachter: H. *Kölsch, Schönefeld, J.-U. Heuer, E. *Lassow) u. noch 1989 o. Prof. für WK an der Berl. Phil.-Sektion der HUB; Mitwirkung am univ. Forschungsprojekt „Grundlagen einer Theorie des modernen Sozialismus"; Herbst 1989 mit Gleichgesinnten (D. Klein, M. *Brie und R. *Land) in einer „Basisbewegung" der SED zu deren Reform als Partei des „demokrat. Sozialismus" (einziger alternativer „dritter Weg" als Ausweg aus der DDR-Gesell.-Krise) u. Mitinitiator einer eigenständg. univ. Pol.-wiss. in der DDR; 1990–93 Prodekan des dazu neugegr. Fachbereichs Sozialwiss. an der HU Berlin; ab 1993 C3-Prof. (5 Jahre befristet) für Vergl. Politikwiss. (mit dem Schwerpunkt Ost-Europa) am ebenso neu gegr. Inst. für Sozialwiss. ebenda; danach 1998–2001 Gastprof. am Inst. für Intl. Studien an der Karls-Univ. Prag u. 2002–05 wiss. Mitarb. in der Bundeszentrale für pol. Bildung in Bonn; seit Febr. 2005 Prof. f. Transformationsprozesse in Mittel-Süd-Osteuropa am Inst. für Politikwiss. der Univ. Wien und seit 2008 Mitgl. der Leibniz-Sozietät in Berlin; inzw. im „Ruhestand".
DDR-Personen-Lexikon 2010 (J. Wielgohs).

Publ.: Die Grenzen Osteuropas. 1928, 1945, 1989 – drei Versuche, im Westen anzukommen. Frankf./M.-New York 2002; (Hrsg. u. Mitautor): Postsozialismus. Hinterlassenschaften des Staatssozialismus u. neue Kapitalismen in Europa. Wien 2007; Das 41. Jahr. Eine andere Gesch. der DDR (teilweise autobiographisch). Wien, Weimar, Köln 2008; Prager Frühling. Gespräche über eine europ. Erfahrung. Wien 2008.

Segeth, Wolfgang
29. 4. 1934–2000
Logiker und Methodologe am ZI für Philosophie der Aka. der Wiss. der DDR in Berlin
Geb. in Rostock als Sohn eines Kraftfahrers (verst. 1943); Schulzeit ebd. u. Abi. 1953; anschl. Phil.-Studium in Berlin 1953–58 mit univ. Ausbildung in math. Logik (Karl *Schröter); nach einem zweijh. Praxis-Einsatz als Referent im Prorektorat für Studienangelegenheiten der HU Berlin im Studjh. 1960/61 Rückkehr ans Phil.-Inst. als wiss. Ass.; Übernahme der gesamten einführenden Logik-Ausbildung für alle Phil.-Studenten, dazu beauftragt vom Lehrstuhlleiter der Inst.-Abt. Logik und ET G. *Klaus (die 1. ET-Vorlg. übernahm analog dazu D. *Wittich); unterrichtet wurde nach der bekannten Logik-Einführung v. Klaus (1958 ff.), woraus über ein Fernstudienmaterial z. formalen Logik (1961 u. 1963) ein publ. Grundkurs zur „Elementaren Logik" (Bln. 1966 bis 8. A. 1973 – Buchreihe „Unser Weltbild", Bd. 8) entstand; 1964 Wechsel zum Aka.-Inst. für Phil. und Mitarbeit am Phil. Wörterbuch (Logik-Stichworte); aka.-phil. Prom. A 1969 zum Thema *Die Aufforderung als Denkform. Eine erkenntnistheor.-methodolg. Untersg.* (Gutachter: G. *Klaus u. G. *Kröber, publ. Berlin 1974) u. ebd. 1983 Prom. B z. Thema *Mat. Dial. als Methode u. Methodologie* (publ. Bln. 1984); 1969–72 Leiter der AG Allgm. Methodologie u. Logik, danach stellv. Leiter der AG „Phil.-methodolg. Probleme der Gesell.-wiss." u. nach der Zerschlagung des aka.-phil. Forschungsbereichs Dial. Mat. (C. *Warnke/P. *Ruben), ab 1985 stellv. Bereichsleiter daselbst am ZIfPh der AdW-DDR; 1981 Mitglied der parteistaatl. Einschätzungskommission (Leiter R. *Kirchhoff) sowie Gutachter in der „Ruben-Affäre" 1981 (s. Dok. 1991) u. 1987 Ernennung z. Aka.-Prof.; mit der nachwend. Abwicklung des ZIPh als Ivalidenrentner frühberentet im Vorruhestand; um das Jahr 2000 in Bln.-Pankow verst.; – entspr. der gesetzlich-personenrechtl. Bestimmungen keine weiteren Lebens-Arbeitsdaten aus dem Aka.-Archiv erhältlich.

Publ.: Lehr-Einführungen in die Formale Logik 1961–1973; Materialistische Dialektik als Methode. Berlin 1977; (Hrsg. mit G. Bartsch): Phil. Methodologie u. Gesellschaftserkenntnis. Berlin 1988. – 6 DZfPh-Rez. und ein Fachartikel zu „Methodische Regeln" 1961–1977. s. auch L. Kreiser: Logik u. Logiker in der DDR. Leipzig 2009.

Seidel, Helmut
21. Juni 1929–27. Juli 2007
Marxistischer Philosophie-Historiker in Leipzig
Geb. in Welkersdorf/Schlesien; 1935–43 Dorfschule u. anschl. Verwaltungslehre 1943–45; 1946 Umsiedlung nach Leipzig u. 1947/48 Ausbildung als Verwaltungsangestellter

beim Rat der Stadt Lpz. (tätig in der Abt. Volksbildung); 1949–51 Delegierung zur ABF der Univ. Leipzig (Abitur); gehörte danach zu den ersten DDR-Auslandsstudenten für Phil. in Moskau (zus. mit K. *Gäbler u. G. *Ludwig) 1951–56, – in sehr bewegten sowjet.-geschichtl. Zeiten; entsch. phil. Lehrer war Ewald *Illenko, der ihn auf Spinoza, Hegel u. G. *Lukacs orientierte; mit Rückkehr ans Phil.-Inst. in Leipzig unmittelbar involviert in die parteipol.-phil. Ause. um Ernst *Blochs Zwangsemeritierung (Mitunterzeichner des Briefes der PL vom 18. Jan. 1957) u. die parteigemäße Bearbeitung seiner Anhänger (insb. J. *Teller); danach wiss. Ass. in der Abt. Gesch. der Phil. u. Lehrtg. z. Gesch. der marx.-len. Phil.; dazu phil. Prom. 1961 *Zur Entw. der marx.-len. Phil. in Dtl. in der Periode des ersten Weltkrieges, der Novemberrevolution u. der revolutionären Nachkriegskrise* (Gutachter: R. O. *Gropp, W. *Müller – Vors. Kl. *Zweiling); seit 1962 Wahrnehmungsdoz. u. Leiter der Abt. Gesch. der Phil. am Inst. für Phil. der KMU Leipzig; 1966 Habil. zum Thema *Philosophie und Wirklichkeit. Zur Herausbildung und Begründung der marx. Phil.* (Gutachter: A. *Kosing als Hauptbetreuer u. W. *Müller, publ. jedoch erst Lpz. 2011); Ende 1966 mit einem diesbezügl. Grundsatzartikel „Vom prakt. und theor. Verhältnis der Menschen zur Wirkl." Auslöser der II. „Praxis-Disk." in der DZfPh. 1966/67, die sofort parteiamtlich bedacht wird mit neuen „praxisphil. Revisionismus"-Vorwürfen (*Gropp u. *Wrona); trotzdem 1967 Dozent u. 1970 Prof. für Gesch. der Phil. an der Sektion Marx.-len. Phil./WS sowie Direktor dieser Sektion 1970–74; zunehmend nur noch „system." Vorlg. zur Gesch. der vormarx. Phil., die auch sehr erfolgreich publ. wurden; Mitgl. des Beirats für Phil. beim MHF (Vors. G. *Stiehler), als dessen langj. stellv. Vors. zuständig für die univ.-phil. Lehre in der DDR (Lehrplangestaltung); 1977 Spinoza-Konferenz in Leipzig zu dessen 300. Geb. (nochmals 1992); mit Eh. Eppler (beklagt heute aber dessen belegbare Stasikontakte) erste Vorbereitungsgespräche zum späteren SPD-SED-Papier „Streit der Ideologien und die gem. Sicherheit" (1987); 1985 zaghafter Rehabilitierungsversuch für E. Bloch zu dessen 100. Geb. an der Univ. Lpz. (aber wiederum so nicht für J. *Teller); Jan. 1988 Hauptreferat zur gr. DDR-Phil.-Historikertg. in Leipzig „Sozial. Gesell. und phil. Erbe": unvergeßl. jedoch parteibeauftragter ideolg.-krit. Auftritt von M. *Buhr zu *„Nietzsche als Phänomen"*, ohne jede Debatte, wozu es aber keine Tagungseinladung für W. *Harich gab; trotz großer Schüler-Anhängerschaft (von M. *Thom u. H.-M. *Gerlach bis zu St. *Dietzsch u. H.-D. *Eichler) entzieht sich H. S. jedoch sofort, nach der durch die Sächs. Landesreg. verfügten Sektions-Abwicklung, einer doch vorgeschlagenen Weiterbeschäftigung; allerdings nur bei entspr. Antragstellung zur pol. Überprüfung vermittels eines nun erneut, wie nach 1945 (!), üblich gewordenen univ. „Fragebogens", mit der ausdrückl. Versicherung, nicht mit dem Sicherheitsdienst der DDR zusammen gearb. zu haben, und geht bereits 1991 in den Vorruhestand; später jedoch zahlreiche Aktivitäten zur hist.-krit. Aufarbeitung der Leipziger Universitäts-Phil. (so nun auch ernsthafter u. selbstkrit. zu E. *Bloch, E. *Fuchs und H. Mayer) im Rahmen der dortg. RL-Stiftung Sachsen (gegr. mit W. Markow) sowie Aufnahme in die Ostberliner Leibniz-Sozietät; in diesem Rahmen versch. Ehrungen und Festschriften zu seinem 60. (1988/89), 65. (1994) und 75. Geb. (2005); nach langer schwerer langer

Krankheit am 27. Juli 2007 in Leipzig gest. sowie große Feierstunde; Gedenkband „In Memoriam H. S.". Lpz. 2008 u. nochmals z. 80. Geb. Gedenken mit „Phil. vernünftiger Lebenspraxis". Artikelsammlung mit chronolg. Bibl., hrsg. v. V. *Caysa). Lpz. 2009. DDR-Personen-Lexikon 2010 (H.-C. *Rauh), aber nicht im Philosophenlexikon 1982.

Publ.: Zum Verhältnis des Marxismus zur Philos. Spinozas. Lpz. Uni.-Reden H. 48. Leipzig 1978; Zum Verhältnis von Karl Marx zu Aristoteles. Uni.-Vortrag zu dessen 2300. Geb. 1979. Leipzig 1979; Von Thales bis Platon. Vorlg. zur Gesch. der Phil. I. Berlin 1980 (5. A. 1989); Aristoteles u. der Ausgang der antiken Phil. Ebenso Teil II. Berlin 1984; Scholastik und Renaissancephil. Ebenso T. III. Berlin 1990 (Teil 4: Von Bacon bis Rousseau. Leipzig 2006); Spinoza zur Einführung. Hamburg 1994 (2. A. 2007); Johann Gottlieb Fichte zur Ein führung. Hamburg 1997; (Mithrsg. G. Stiehler): W. I. Lenin: Über Hegelsche Dialektik. Lpz. 1970; (Mithrsg. L. Kleine): Schellings Frühschriften in 2 Bdn. Berlin 1971; (Hrsg.): Spinozas Ethik. Lpz. 1972 (ab 4. A. 1987 gem. mit L. Kleine); (Hrsg.): Marxismus u. Spinozismus. Materialien einer wiss. Konferenz. Wiss. Beiträge der KMU. Leipzig 1981; (Mithrsg. Kl. Gößler u. A. Kosing): Studien bzw. Forschungsberichte zur marx.-len. ET. Berlin 1973–1979 bzw. 1980–1989; (Mithrsg. M. Neuhaus): Ernst Blochs Leipziger Jahre. Leipzig 2001; (Mithrsg. V. Caysa): Universität im Aufbruch. Leipzig 1945–1956. Leipzig 2002; (Mithrsg. K. Kinner): Rosa Luxemburg, hist. u. aktuelle Dimensionen ihres theor. Werkes. Berlin 2002. Zum phil. Praxisbegriff. Die zweite Praxis-Disk. in der DDR. Texte z. Philosophie der RL-Stiftung (Mithrsg. V. Caysa u. D. Wittich) H. 12. Leipzig 2002. – wirkunkungsvoller phil Autor der DZfPh über drei Jahrzehnte 1956–1988.

Seidel, Waldemar
1. Juli 1940–16. Aug. 1977
Philosophie-Historiker in Leipzig
Geb. in Langenöls (Schlesien) u. jüngerer Bruder von Hm. *Seidel; nach dem Besuch der OS und dem Abi. 1959–61 Wehrdienst bei der NVA; anschl. 1961–66 Phil.-Studium an der KMU Leipzig; 1967–69 Teilasp. an der Moskauer Univ. u. 1972 wiederum in Leipzig phil. Prom. A *Zum Erkenntnisproblem bei G. W. Leibniz* (Gutachter: M. *Thom, R. *Mocek und L. *Kleine, publ. 1975/76 in Leipzig + Köln); zur gl. Zeit kurzfristiger Lehreinsatz im Fachbereich Logik, dann wieder Wechsel in den Lehrbereich Gesch. d. Philosophie (Leiter sein eigener Bruder u. M. *Thom); 1976/77 Auslandseinsatz in der VR Jemen zum Aufbau eines marx.-len. Grundlagenstudiums; nach der Rückkehr in die DDR erkrankt u. plötzlich verst. in Leipzig; neben der gen. Leibniz-Biographie auch Übersetzer des Reclam-Hegelbandes von A *Gulyga, Lpz. 1980; alle biogr. Daten entstammen der DDR-Logik-Gesch. von L. *Kreiser. Lpz. 2009, S. 162.

Selbmann, Fritz (eigentlich „Friedrich-Wilhelm")
29. Sept. 1899–26. Jan. 1975
DDR-Industrie-Minister u. Roman-Autor, aber auch autodidaktischer „Arbeiter-Philosoph"
Geb. in Lauterbach (Hessen) als Sohn eines Kupferschmieds, nach der VS bereits mit 17 Jahren als Bergmann unter Tage sowie Kriegsteilnahme 1818 (Mitglied eines revol. Arbeiter- u. Soldatenrates); 1920 USPD u. 1922 KPD-Eintritt; 1925–28 Gauführer des Roten Frontkämpferbundes im Ruhrgebiet; 1928/29 delg. zur Internationalen Lenin-

schule nach Moskau; durch pol. Parteiarbeit 1930–33 Mitglied des Preuß. Landtages u. 1923/33 auch des dt. Reichstages (zuständig für Oberschlesien u. Sachsen); bereits April 1933 in Leipzig verhaftet u. in einem „Hochverratsprozeß" zu 7 Jahren Zuchthaus verurteilt (intensive phil. Selbststudien daselbst in Einzelhaft, nachkriegszeitlich teilweise publ.), danach ab 1940 u. a. im KZ Sachsenhausen u. Dachau (bis 1945); nach Befreiung durch US-Streitkräfte sofortige Arbeit als Vors. des „Provisorischen ZA des Antifasch. Blocks" in Leipzig; 1945/46 bereits Präsd. des Landesarbeitsamtes und bis 1948 Landeswirtschaftsminister in Sachsen; 1948/49 stellv. Vors. der Dt. Wirtschaftskom. und Leiter der HV Industrie; mit Gründung der DDR 1949/50 deren erster „Industrie-Minister" (auch für Hüttenwesen und Erzbergbau 1951–53); zugleich ab 1949–63 Mitgl. der DDR-Volkskammer; am 16. Juni 1953 stellte er sich vor dem Haus der Ministerien in der Leipziger Straße als einziger führender Staats- u. Parteifuktionär den streikenden Arbeitern, allerdings ohne irgendetwas zu bewirken; daraufhin 1954–58 Mitgl. des ZK der SED und 1955–58 stellv. Min.-Ratsvors. der DDR-Reg. sowie Leiter der Kommission für Industrie und Verkehr beim Präsidium des Ministerrates; 1957/58 zugleich auch Vors. einer ZK-Kom. für techn. Fortschritt; 1958 Verlust all dieser Staats- u. Parteiämter nach Ause. mit der Parteiführung unter W. *Ulbricht u. Abschiebung in die Staatl. Plankom. sowie 1961–64 stellv. Vors. des Volkswirtschaftsrates u. abschl. 1963/64 nur noch Leiter einer staatl. Kom. für „Wiss.-techn. Dienste"; als Rentner danach erfolgreich schriftstellerisch tätig, 1969–75 in der Funktion eines Vizepräsd. des DDR-Schriftstellerverbandes; fortl. Auszeichnungen als Held der Arbeit (1953); VVO z. Arbeitsende (1964), KMO z. 70. Geb. (1969) u. DDR-Briefmarke z. 90. Geb. (1989) sowie Gedenktafel z. 100. Geb. im hess. Geb.-ort Lauterbach (1999); verst. 1975 in Berlin und beigesetzt auf dem ZF Berlin Friedrichsfelde; Sohn ist der frühere DDR-FS-Chefred. der „Aktuellen Kammera" Erich Selbmann (1926–2006).
DDR-Pers.-Lexikon 2010 (R.-B. Barth/H. Müller-Enbergs).

Publ.: Wahrheit u. Wirklichkeit. Krit. Essays über Fragen der Phil. u. Geistesgeschichte (eine Art vormarx. Phil.-Gesch. vom Standp. des dial. Mat. als 1.„hist.-krit. Teil", verfasst 1936–1939 „in der Isolierzelle eines der Zuchthäuser Hitlers"). Dresden 1947; (zus. mit G. Ziller): Die neue Epoche der techn. Entwicklung. Berlin 1956; Ein Zeitalter stellt sich vor. Berlin 1957; Die Söhne der Wölfe. Halle 1965; Alternative, Bilanz, Credo. Versuch einer Selbstdarstellung. Halle 1969 (bei Weglassung aller Bezüge zum 17. Juni 1953, daher erst 1999 vom Sohn E. S. publ.); Der Mitläufer. Halle 1972. Ausgw. Reden u. Artikel 1945–1957. Berlin 1974 (mit Bibl.); Acht Jahre und ein Tag. Bilder aus den Gründerjahren der DDR. Berlin 1999.

Semjonow, Wladimir S.
16. Febr. 1911–18. Febr. 1992
Phil.-Lehrer und Politischer Berater der Sowjetischen Militätadministration (SMAD) in Deutschland bis 1953/54
Geb. in Krasnoslobodskoje (Gebiet Tambow); Vater Lokomotivführer u. Mutter Requisiteurin; 1917–21 VS u. 1921–26 MS; ab 1926 Mitarb. im Krs.-Komitee des sowjt. Komsomol in Kaschira; danach 1931–37 Studium an der Phil. Fak. des Mosk. Inst. für Gesch.,

Phil. u. Lite. (Diplom u. 1. phil. Prom., wobei einer seiner wichtigsten phil. Lehrer W. F. *Asmus war), KPdSU-Beitritt u. Lehreinsatz für Marx.-Len. Phil. in Rostow am Don (als Lehrstuhlleiter nach Einführung des gesellwiss. Grundstudiums u. der Stalinschen Gesch. der KPdSU); ab 1939 durch Molotow persönlich für den dipl. Dienst ausgewählt u. 1940/41 erster Dtl.-Einsatz an der SU-Botschaft in Berlin (bei Hitlergesprächen anwesend); mit Kriegsausbruch Einsatz als pol. Berater der SU-Botschaft in Schweden (Friedenssondierungen); 1944/45 in Moskau als Stalin-Vertrauter im Volkskommissariat für Auswärtg. Beziehungen mit der kommenden Nachkriegsplanung für Dtl. beauftragt u. ab 10. Mai 1945 Pol. Berater des Armeeführers G. K. Shukow in Berlin und später als Leiter der Hauptabt. Politik der SMAD Einfluss auf alle wirtschaftl. (Bodenreform u. Enteignung), pol. (Entnazifizierung u. Parteienbildung) u. kulturellen (Kulturbund u. Bildungswesen) Maßnahmen u. Prozesse in der SBZ/frühen DDR; 1949–53 Erster Pol. Berater der Sowjt. Kontrollkom. in Dtl. (greift persönlich in versch. bes. parteidogm. Kunstdebatten unter dem Ps. Frolow ein), 1953/54 Hochkommissar der UdSSR in Dtl. (verhängt am 17. Juni 1953 den Ausnahmezustand in Ost-Berlin), danach Botschafter in der DDR (sah deren „Existenz" stets kritisch); 1955–78 stellv. Außenminister der UdSSR, Leiter der Helsinki-Verhandlungen; Febr. 1971 kam es zu einem Kurswechsel in der „nationalen Frage" und Semj. drängte die SED-Führung (nach Mitteilung von Eg. Krenz 2019) zur Aufgabe der Vorstellung des Fortbestandes einer einheitl. dt. Nation sowie zur Erklärung der Existenz zweier dt. Nationen, der BRD u. einer sozial. dt. Nation DDR, worauf 1974 die Präambel über den Fortbestand der dt. Nation aus der DDR-Verfassung gestrichen wurde u. die 1. Stopfe der DDR-Nationalhymne (mit der Verszeile: „Dtl., einig Vaterland") nicht mehr mit gesungen werden durfte; schließlich 1978–86 SU-Botschafter in der BRD, danach pensioniert u. spätere Hegel-Studien; die nachfolgende sowjet. Reformbewe. von Gorbatschow beurteilte er mehr als kritisch; S. war auch ein bedeutsamer Kunstsammler und als solcher in der BRD hoch angesehen; er bekam sowohl den sowjet. Lenin-Orden wie den KMO in der DDR; 1992 in Köln verst., aber begraben in Moskau; wichtigste autobiogr. Erinnerungsbuch: *Von Stalin bis Gorbatschow. Ein halbes Jhd. in diplomat. Mission 1939–91* (mit umfangr. erläuternden Pers.-Verzeichnis). Berlin 1995.
DDR-Personen-Lexikon 2010 (J. Foitzik).

Sens, Ingo
7. Juli 1959
Diplom-Phil. und nachwendischer Industriehistoriker
Geb. in Güstrow; Schulbesuch in Rostock 1966–1978 (Abi.); vor Studienbeginn Wehrdienst 1978–81 bei der NVA in Schwerin; anschl. Phil.-Studium 1981–86 (Nbf. Gesch.) an der HU Berlin (Diplom-Phil.); 1986–92 wiss. Ass. im Bereich Wissenschaftsgeschichte (Leiter M. *Guntau) der Sektion Gesch. an der WPU Rostock (als Nachfolgeinstitut für Wiss.-u. Technikgesch. 1992 geschlossen); entsprechende (phil.) Prom. 1981 z. Thema *Studien zum Wiss.- verständnis des Naturdenkens im dt. Kulturraum um 1800 unter bes. Berüsichtig. der Reflexionen zeitgen. franz. Naturwiss. Eine geistes- u.*

wiss.-geschichtl. Untersuchg. (Gutachter: M. *Guntau, A. *Griese, Eg. Fabian); seit 1993 freischaffender wiss. Autor von regionalen Industriegeschichten, nachschlagbar in der Nationalbibl. Leipzig 2000 ff.

Seve, Lucien
9. Dez. 1926–23. März 2020
Französischer marxistisch-kommunistischer Philosoph und Publizist
Geb. in Chambery, kriegsbedingter Schulbesuch bis 1945 und anschl. Phil.-Studium in Paris; prom. zur franz. Phil. im 19. Jhd. u. frühzeitig pol. wirksam für die KPF; 1950 an einem franz. Gymn. in Brüssel als Phil.-Lehrer wegen „Propaganda des ML" entlassen; war auch im franz. Militäreinsatz in Algerien; danach wieder phil. Lehrtätigkeit u. seit 1961 bis 1994 Mitgl. des ZK der FKP; zugleich 1983 bis 2000 auch Mitgl. der nationalen Ethik-Kommission seines Landes; in der Dtl. vor allem bekannt durch sein zuerst in der DDR (1972) veröffentl. Schlüsselwerk *Marxismus und Theorie der Persönlichkeit* (Paris 1969), basierend auf einer neuartigen Interpretation der 6. Marxschen Feuerbach-These, das „menschl. Wesen" betreffend; dabei teilweise A. *Schaff („Marxismus u. menschl. Individuum", Wien 1965) nachfolgend, der wiederum in der DDR damit nicht erscheinen durfte; zunehmende Wendung zur – im lehroffiziellen Partei-Marxismus weitgehend unterdrückten – Anthropologie von Marx u. davon ausgehende Forderung nach einer neuen phil. Begründung des Kommunismus durch Besinnung auf seine krit.-emanzipatorischen Ursprünge bei Marx; daher seit 2004 dreibändig (geplantes) Alterswerk unter dem Titel „Marx und wir" mit den Zentralthemen: Mensch-Phil.-Komm., das z. 200. Geb. von Karl Marx im Jahre 2018 abgeschlossen vorliegen sollte; die Bezeichnung „Marxismus" als einheitl. u. geschlossene (parteigebundene) Lehre hält er für erledigt; April 2010 schließl. Austritt aus der FKP, weil diese sich nicht gewandelt u. erneuert habe; verst. am 23. März 2020 in Paris am Coronavirus.

Publ. (dt.-sprachig): Marxismus und Theorie der Persönlichkeit. Frankf./M. 1972 (Lizenz-A. des Dietz-Verlag Berlin – 4. A. daselbst 1983); Über materialistische Dialektik. Frankf./M. 1976; Marxistische Analyse der Entfremdung. Frankf./M. 1978; (Hrsg.): Phil. Texte von Karl Marx. Paris 2011; Die Welt verändern – das Leben verändern. Neuausgabe von „Marxismus und Theorie der Persönlichkeit". Hamburg 2016.

Shdanow, Andrei Alex.
26. Febr. 1896–31. Aug. 1948
Stalins parteidogmatischer Chef-Ideologe 1944–48
Geb. in Mariupol (bis 1989 Schdanow, Oblast Donezk, Ukraine); Vater Volksschulinspektor; abgebrochene Mittelschulbildung; 1915 Eintritt in die SDAPR (B); 1916/17 Kriegs-Soldat in der zaristischen Armee und 1918/20 Politagitator der Roten Armee; kontinuierlicher Aufstieg als Parteifunktionär unter Stalin: 1925 Kand., 1930 Mitgl. des ZK der KPR (B), 1934 Sekretär des ZK und nach Kirows Ermordung im Dez. 1934 Erster Sekr. der Leningrader Parteiorg, daraufhin 1935 Kand. u. ab 1939 Mitgl. des PB der

KPdSU; persönlich verantw. für den besonders erbarmungslosen Stalinschen Terror jener Jahre u. den entspr. Säuberungen in Leningrad; während der Leningrader Blokkade als Generaloberst im Kriegssowjet der Stadt; seit 1944 in der Mosk. Partei-Zentrale Stalins gefürchtet-demagogischer Chef-Ideologe u. nachkriegszeitl. Einleitung einer erneut repressiven Kulturpolitik gegen jeden „westlichen" Einfluß („Speichellecker des Westens"); und die sog. *Schdanowschtschina* betrafe insbesonders die Schriftsteller Achmatowa und Pasternak („die Kunst muß das Volk geistig bewaffnen"), die Komponisten Prokofjew u. Schostakowitsch (gegen den „Formalismus in der Musik") ebenso wie den altstalinistischen Partei-Phil. G. F. *Alexandrow u. dessen „Studien zur neueren Phil. Westeuropas" (1939); eine parteikollektiv verfasste Geschichte der Philosophie, die in Bd. III (1943) insbesondere die „klass. dt. Philosophie" von Kant bis Hegel, Feuerbach und die utop. Sozialisten behandelte; unmittelbar von Stalin persönlich u. parteiamtlich dazu beauftragt, kam es im Juni 1947 auf einer vom ZK der KPdSU parteiorg. Allunionskonferenz (erste sowjet. Phil.-tagung überhaupt) zu den (auch für die Anfänge der DDR-Philosophie) folgenschweren „Kritischen Bemerkungen z. Buch Alexandrows: ‚*Gesch. der westeuropäischen Philosophie*'", das in der SBZ/DDR zwar keiner wirklich kannte, dessen stalinistische Verurteilung aber durch diesen unerfahrenen wie ungebildeten „phil. Schiffsjungen" (Selbstbezeichnung) dennoch sehr bald als richtungsweisend an der sich nun auftuenden „Philosophischen Front" (bei einem sich beständig verschärfenden ideolog. Klassenkampf nach Stalins) werden sollte; das betraf insb. A. Shdanows Festlegungen zum Marxismus als einer ausgz. „Revolution in der Philosophie", zu deren Geschichte als einer angeblich hauptsächlichen „Gesch. der Entstehung u. Entwicklung der wiss. materialistischen Weltanschauung" und damit vor allem als einer alleinigen „Gesch. des Kampfes des Materialismus gegen den Idealismus", womit sich durch den europaweiten sowjet-russ. „Sieg des Marxismus" (also seit 1945 nun auch für Dtl. in der SBZ/DDR) jeder weitere „Streit um Hegel" vollständig erledigt habe, denn so verkündete Shd. den parteiversammelten Sowjet-Phil. wörtlich: „Das Problem Hegel ist längst gelöst"! – Mit dieser nun richtungsweisenden parteiphil Maßgabe erschien 1947 dann mit Heft 1/1947 als „Fragen der Phil." erstmalig wieder eine sowjet-phil. Fachzeitschrift. In der sich gerade erst herausbildenden frühen (parteimarx.) DDR-Phil. fungierten diese unsäglichen parteiamtlichen Ergüsse u. Festlegungen, zusammen mit Stalins propagierter KPdSU-Parteigeschichte (von 1938) und seiner letzter Lehrschrift zu „Marxismus und Sprachwiss." (1951) unmittelbar, und wie sich weiter zeigen sollte, anhaltend parteiphilosophisch prägend. Shdanow selbst verstarb jedoch urplötzlich am 31. Aug. 1948 am Herzinfarkt, was über seinen Tod hinaus dazu führte, dass noch Anfang 1953 schließlich dafür eine antisowjt. Stalin-feindliche Verschwörung „(jüd.) Kreml-Ärzte" verantwortlich gemacht wurde, was sich jedoch mit Stalins eigenem Tod bald schon wieder erledigte. Einer bereits 1948/49 parteifolgsam denunzierende russ. „Ärztin": sie bekam bei Meldung einer angebl. „Fehlbehandlung" des Ideologie-Sekretärs und wichtigsten Schülers Stalins für ihre damalige „patriotische Wachsamkeit" sogar den „Leninorden" verliehen (wurde dieser daraufhin wieder aberkannt). Weiterhin kam es unmittelbar nach A. Shd. Tod, noch Anfang 1949 zur sog.„Leningrader Affäre", in deren Verlaufe die gesamte dortige Parteiführung u. Anhängerschaft des Verstorbenen nun selbst als parteifeindlich und antisowjetisch entlarvt, angeklagt u. liquidiert wurde. – Trotzdem erhielt die Leningrader Univ. 1948 ohne jede Befragung und Diskussion den Namen „Shdanow" verliehen, den sie dann wiederum als „Universität Sank Petersburg" erst Jan. 1989 wieder ablegen durfte. Zu dieser elendigen Gesamtgeschichte der „Schdanowschtschina" gehört schließlich auch noch folg. parteifamiliäre Personalie: Shdanows Sohn Jurij (geb. 1919, „Philosoph u. Chemiker"), schon zu seines Vaters Machtzeiten 1947/48 im ZK-App. der KPdSU tätig, war zeitwlg. von 1949–52 mit Stalins einziger Tochter Swetlana Allilujewa verh.; 1948–50 agierte dieser „komm. Prinz" in der ZK-Abt. für Agit.-Prop. und 1950–52 ist er sogar Leiter der Abt. Hochschulen und Naturwissenschaften des ZK, dessen Mitglied er dann durch Stalins Befehl 1952–56 war; nach dem XX. KPdSU-Ptg. 1956 und der nachholende parteigeschichtlichen Entmachtung Stalins daraus postwendend wieder entlassen, wird er 1957 als Rektor der Univ. Rostow/Don in die Ukraine abgeschoben. – Die parteioffizielle DDR-Phil.-Geschichtsschreibung hat sich niemals selbstkritisch mit A. Shdanows ideologisch-primitiven, vulgärmaterialistischen und rohkomm. stalinistischen Entgleisungen nicht nur zur Geschichte der Philosophie (1950) oder auch zu „Kunst u. Wiss." (Berlin 1951) auseinandergesetzt; sie sollten aber in jeder Hinsicht für diese prägend bleiben, denn auch Kurt *Hager, der dann 40 Jahre lang allmächtige Wiss.- u. Ideologiepapst startete genau in den, ihn so prägenden Jahren des ostdt. Hoch-Stalinismus seine folgenschwere Politkarriere als Chef-Ideologe der SED wie „DDR-Philosoph Nr. 1".

Siegwart, Geo
Lehrstuhl Theoretische Philosophie und Logik in Greifswald
Geb. 1954 u. Studium der der Phil. u. Wiss.-theorie an der Univ. München sowie der System. Theologie an der dortg. Jesuiten-HS für Phil.; Mag.-arbeit 1976 zu „Wahrheit bei Frege" u. phil. Prom. 1982 an der Univ. Mün. z. Thema *Semiotik und Logik. Untersuchungen zur Idee einer Strukturtheorie*; nachfolgend Lehraufträge für „Formale Grundlagen der Phil." ebenda u. 1984/85 für „Wiss.-theorie" an der HS für Phil. S. J.; zugleich DFG-Forschungsstipendiat zum Thema „Kohärenzkonzeptionen der Wahrheit" u. 1984–86 Ethiklehrer an der Europäischen Schule München; 1986–91 wiss. Mitarbeiter an der Univ. Essen, ebd. auch 1991 Habil. zum Thema *Vorfragen zur Wahrheit. Ein Traktat über kognitive Sprachen* (publ. Oldenburg 1997); nach Selbsterneuerung, dann Abwicklung und Evaluierung sowie Neuaufbau des Berl. Phil.-Instituts universitätsamtlicher Sekretär einer Struktur- und Berufungskommission Phil. unter der Leitung von Fr. *Gethmann („Gründungssdirektor"), ebenfalls von der Univ. Essen; dadurch unmittelbare Eindrücke in die dramatischen phil.-inhaltlichen, strukturellen wie auch personellen Umbrüche an dieser ehemals „hauptstädt." univ. Berliner Phil.-Sektion; ab 1993 Heisenberg-Stipendiat und 1994/95 HS-Doz. für Logik u. Sprachphil. an der Univ. Essen; seit März 1995 Phil.-Lehrstuhl für Theor. Phil. (u.

Logik) am neu gegründeten Inst. für Phil. der EMAU Greifswald (Gründungsdirektor W. *Stegmeier) mit den Arbeitsschwerpunkten: Wahrheit u. Bedeutung, Abstraktion und Begriffsbildung sowie Konstruktion phil. Diskurse; Erarbeitung von lehrbezogenen Skripten als „Denkwerkzeuge: Eine Vorschule für Philosophie"; zahlreiche entsprechende Stichwörter für das Handwörterbuch der Phil. u. dazu sogar eine Art Kochbuch: „Kulinarische Distinktionen". Anstöße zu tägl. Kompromißlosigkeit. Essen 2001; 2018/19 noch die Betreuung zweier Prom.-Schriften in Greifswald und aktuell schon em. Hrsg. von J. H. Lambert: Texte zur Systemtheorie u. zur Theorie der wiss. Erkenntnis. Hamburg 1988 (2017).

Simon, Heinrich und Marie
Alt-Philologen und Antike-Philosophie-Historiker in Berlin
Marie Simon, geb. Jalowicz am 4. April 1922 in Berlin als Tochter eines jüd. Rechtsanwalts; Besuch einer jüd. Schule (OS der Jüd. Gemeinde zu Berlin) mit Abi. 1939; anschl. Arbeitsverpflichtung (Zwangsarbeit) in den Siemens-Werken; seit 1942 bis z. Befreihung illegal in Bln. untergetaucht überlebend; seit 1946 an der Berliner Univ. komplexes u. einzig mögl. Studium der Soziologie (A. *Vierkandt), Philosophie (L. *Richter) u. Klass. Philologie (J. *Stroux); phil. Prom. 1951 z. Thema *Der Naturbegriff in der Physik u. der Logik der alten Stoa. Ein Beitrag z. stoischen Ideologie* (Gutachter: L. *Richter, E. Niekisch); Habil. 1969 z. Thema *Die Gestalt des Epikureers in orientalischer Literatur* (Gutachter: J. Irmscher und E. *Pracht, kritisch dazu R. *Schottländer); bis 1958 am Berliner Inst. für Phil. anerkannte Lehre zur antiken Phil., dann angesiedelt bei den Altertumwiss. der HU Berlin; Berufung zur Dozentin am 1. Febr. 1969 u. seit 1. Sept. 1973 Prof. für Antike Literatur- u. Kulturgesch. (nicht jedoch für Phil.); weiterhin aber entspr. Lehrtg. (Vorlesungen u. Seminare) auch am Berl. Inst. für Phil. jeweils im 1. Stdj. wie anderen Einrichtungen der Phil. bzw. Gesellwiss. Fak. der HU Berlin; 1982 em. u. verst. 1998 in Berlin-Pankow; verh. (gem. Prom. und Buch zur „Gesch. der Jüd. Phil.",1984) mit:
Heinrich Simon, geb. 26. Mai 1921 in Bln.-Charlottenburg; Vater kaufm. Angestellter; 1931 Friedr.-Werdersches Gymn., das er jedoch kurz vor der Reifeprüfung auf Grund der national-sozial. Nürnberg. Rassengesetzgebung vom Nov. 1938 (lediglich mit einem Abgangszeugnis) verlassen musste; darufhin konnte das Abiturexamen an der OS der Jüd. Gemeinde zu Berlin noch 1939 abgelegt werden; anschl. bereits im Dez. d. J. Emigration nach Palästina (so über Triest nach Haifa); in Jerusalem 4 Sem. Studienbeginn der Geschichte sowie alten Sprachen bis 1941 unter schwierigsten Bedingungen; daher Aug. 1941 unvermeidlicher Eintritt in die britische Armee u. Teilnahme an den antifasch. Kämpfen in Nordafrika und Süd-Italien (zuständig für Versorgung), in einer bes. „Jüd. Brigade" (dafür spätere militär. Ehrung am 15. Nov. 2006 in der Britischen Botschaft); 1946 demobilisiert u. 1947 Rückkehr nach Berlin z. Forts. des Studiums der Klass. Philologien ebd.; bereits 1951 (gem. mit M. S.) phil. Prom. z. Thema *Die Ideologiefunktion der alten Stoa (Der Begriff der Natur in der stoischen Ethik* – ebenso gem. publ. Berlin 1956) wie 1956 Habil. zur arabischen Phil.: *Ibn Khalduns Wissen-*

schaft von der menschl. Natur (Gutachter: G. *Klaus u. H. *Ley – publ. Leipzig 1959 in Beiträge zur Orientalistik 2); seit 1958 Prof. für Arabistik wie Hebraistik, u. lehrend als Orientalist u. Judaist am Vorderasiat. Institut der HUB; 1979/80 intensive Forschungsarbeit (mit Dauervisum für West-Berlin) z. Gesch. der Jüd. Phil. (wiederum gem. publ. 1984); 1987 em. mit einer Festgabe zum 65. Geb. „Der Vordere Orient in Antike und MA" durch die Sektion Asienwiss., Bereich Westasien der HUB; nachwend. Altersbemühungen zur Wiederbelebung des jüdischen Lebens in Berlin, u. a. im Rahmen des Centrum Judaicum Berlin; verst. Febr. 2010 in Berlin-Pankow; beide Simons wurden beigz. auf dem großen Jüd. Friedhof in Berlin-Weißensee; ihr Sohn Hermann S. war als Historiker (Orientalist) 1988–2015 Direktor der Stiftung „Neue Synagoge Berlin – Centrum Judaicum".

Publ.: In der Reihe „Lehrbücher für das Studium der orientl. u. afrik. Sprachen" Bd. 18: Lehrbuch der modernen hebräischen Sprache. Leipzig 1970 (zugleich Lizenzausgabe für die BRD u. W-Berlin, Mün. 1970 bis 5. A. 1979 u. 11. A. Lpz. 1994); (gem. mit M. S.): Gesch. der Jüdischen Philosophie. Mün. u. Berlin 1984 (zugleich Lizenzausgabe des westdt. Beck-Verlages für den ostberl. Union-Verlag – 2. A. Bln 1990 u. Rc.-Leipzig 1999); (zus. hrsg. mit A. Nachama u. H. Simon): Jüd. Grabstätten u. Friedhöfe. Berlin 1992 (Reihe Dt. Vergangenheit, Bd. 67, Stätten der Gesch. Berlins); Jüd. Feiertage. Teets 2003; Leben im Judentum. Ebd. 2004. – Lebensbericht M. Jalowicz Simon: Untergetaucht. Eine junge Frau überlebt in Berlin 1940–1945. Bearb. von I. Stratenwerth und dem Sohn Hermann Simon (Nachwort). Frankf./M. 2014.

Simon, Rüdiger
15. Aug. 1940
Naturphilosophischer Administrator im ZfPh. der AdW der DDR
Geb. in Rheinsberg; nach dem Abitur ein Pädg.-Studium u. Berufseinsatz als Fachlehrer für Chemie/Biologie; als solcher delg. zur Asp. an den Hm. *Ley-Lehrstuhl für die phil. Probl. der Naturwiss. der Sektion Marx.-len. Phil. der HU Berlin; daselbst 1975 phil. Prom. *Zu einigen phil. Problemen der Entw. chemischer Theorien, aufgezeigt u. bes. Beachtung der Theorien über Säuren u. Basen* (Gutachter: H. *Ley, H. *Hörz u. W. Haberdietzel – publ. u. d. Titel: „Chemie, Dialektik, Theorienentw.", Berlin 1980); anschl. sofortige Anstellung als wiss. MA im analogen naturphil. Hörz-Bereich des ZIfPh. der AdW u. spezialisiert auf phil. Probleme der Chemie (entspr. gem. Publ. mit U. *Niedersen u. G. Kertscher, 1982 Berlin); spätere Aka.-Prom. B 1986 zum Thema *Die Hypothese in hist.-log. Entwicklungsprozessen der Katalyseforschung* (Gutachter: H. *Hörz, U. *Röseberg); anschl. Wiss.-leiter im Inst.-Sekretariat des Aka.-Direktor M. *Buhr (1990 Nachfolger P. *Ruben) des ZIfPh. bis zu dessen Abwicklung und vollstg. Schließung 1991/92; nachwend. wieder tätig als Fachlehrer für Chemie u. Mithg. von „Wissensspeichern" (Abiturwissen) für Chemie. Bln. Schulbuchverlag 2004 (3. A. 2011).

Sinowjew, Alexander
29. Okt. 1922–10. Mai 2006
Sowjetkritischer Logiker, Soziologe, Literat, Dissident und russischer Heimkehrer
Geb. im Dorf Pachtino, Gebiet Kostroma, in einer russ.-bäuerl. Großfamilie als 7. Kind von 11 Geschwistern; Vater während des I. Weltkrieges auf einem österr. Landgut als Verwalter eingesetzt; vorzeitg. sowjet. Schulabschluß mit Auszeichnung und 1939 Studienbeginn in Moskau der Phil., Lite. u. Gesch. (schon damals Kritik am beginnenden Personenkult z. 60. Geb. um Josef *Stalin; daraufhin verschleierte Klinikeinlieferung und erste KGB-Verhöre, abgebrochen wegen freiwilliger Kriegsteilnahme 1941–45 (Panzersoldat u. Jagdflieger); unauslöschliche Eindrücke von der zerstörten dt. Zivilisation, die den komm. Gesell.-Märchen völlig widersprachen; wegen hoher militär. Auszeichnungen 1946–51 fortgz. Studium an der MGU und 1951–54 Doktorand auf dem Gebiete, zunächst der „dial. Logik"; daher phil. Diss. 1954 z. Thema *Die Meth. des Aufstiegs vom Abstrakten z. Konkreten, dargestellt am Material des „Kapital" von Marx*; 1953 überzeugter KPdSU-Eintritt nach Stalins Tod, denn in der sog. nachstalinschen „Tauwetter"-Periode versuchten jüngere sowjet. Phil. eine eigenständige wiss.-hum. Lesart von Marx aus der Sicht der Hegelschen Logik-Dialektik (E. *Ilenkow) wie der modernen mathe. Gestalt der Logik, um die marx.-len. Phil. wissenschaftstheor. grundzulegen u. (entideologisiert) zu modernisieren; 1960 Habil.-schrift zu *Philos. Probleme der mehrwertigen Logik*, womit eine neue Logik-Schule begründet wurde, der schließlich auch der DDR-Phil. H. *Wessel (als Mosk. Zusatzstudent u. Übersetzer ders.) angehörte; darauf Verleihung des Prof.-Titels und später auch Aka.-Mitglied; 1965–68 Lehrstuhlinhaber für Logik an der Phil. Fak. der Mosk. Univ. sowie zahlreiche logisch-methodolg. Schriften; – 1968 ernste pol. Schwierigkeiten wegen Kritik am sowjet. Einmarsch in die CSSR (zuerst Entlassung von Mitarbeitern); 1974/76 konspirative Erarbeitung seines 1. sozialismuskrit. Romans „Gähnende Höhen" u. dessen illegale Veröfftlg. in der Schweiz (danach übers. in 20 Sprachen); daraufhin Beginn des typ. realsozialist. „In-Ungnadefallens" (Abwendung u. Verrat von Freunden, Kollegen u. Schülern), Ausschluß aus der KPdSU, Aberkennung des Prof-Titels, Entfernung seiner Bücher aus den öffentl. Bibl. u. Liquidierung seines Namens aus allen Nachschlagewerken (setzte sich nach 1979 ebenso fort auch in der offiziellen DDR-Phil. u. ihrer einzigen Phil.-Zeitschrift, übermittelt per teleph. Anweisung an den damaligen Chefred. der DZfPh. durch die ZK-Abteilung Wissenschaften u. deren kleinsten Mitarbeiter Gen. G. *Mertsching); mehrfache Ablehnung eines Besuchervisums für eine Logik-Vorlg. als Gast-Prof. an der Univ. München (selbst der westdt. Außenminister D. Gentscher sprach dazu den KPdSU-Generalsekr. L. Breshnew bei desen Staatsbesuch am 5. Mai 1978 in Bonn an); nach der untersagten Veröffentlg. eines weiteren sowjet-kritischen soziolg. Romans „Lichte Zukunft" (Zürich 1979) erfolgte die sofortg. Ausweisung (und Aberkennung der sowjt. Staatsbürgerschaft) mit Familie, bei Androhung sonstiger Inhaftierung (aber öffentlich deklariert als „private Reise" ins Ausland); 1978–1999 zwanzigj. unfreiwillige Emigration in der BRD (bei München, überlebte dabei mehere geheimdienstl. Anschläge); gab seine logisch-phil. Lehrtg.

an der Univ. Mün. daher sehr bald auf u. betätigte sich nur noch schriftstellerisch; große westl. publ. Aufmerksamkeit in den 80er Jahren, aber nachwendisch zu seinem 70. Geb. 1992 nur noch ein rückerinnerliches Forschungssem. „Komlpexe Logik" an der HU Berlin mit seinen verbliebenen ostdt. Logik-Anhängern um H. *Wessel; am 9. März 1990 eine hist. einmlg. Debatte mit dem späteren Russ. Präsd. B. Jelzin im franz. FS, was aber lediglich zur Wiederherstellung seiner sowjt.-russ. Staatsbürgerschaft durch den SU-Präsd. M. S. Gorbatschow führte (dessen Reformen kritisierte er schon 1988 als „Katastroika"); in den 90er Jahren beginnende globale Kritik nun auch der westl.-bürgerl. Gesell., während er 1991 den Zerfall der UdSSR als „die größte soziale Katastrophe des XX. Jhd." bezeichnete und schließlich 1993 Stalin als „größte Persönlichkeit (pol. Genie) dieses Jhd."; folgerichtig unterstützte er daher auch den nationalkomm. Parlamentsaufstand vom Okt. 1993 gegen Russlands Präsd. Jelzin u. kritisierte nun sehr orthodox die postsowjt.-russ. Gesell.; 1999 „altersbedingte" Rückkehr nach Moskau ohne jede größere Anerkennung und Rehabilitierung; sein wiss. u. künstl. Nachlaß befindet sich daher auch nicht in Moskau, sondern im Inst. für Osteuropa der Univ. in Bremen; am 10. Mai 2006 nach schwerem Krebsleiden in Moskau verst. und auf Anweisung von Präsd. Putin auf dem Mosk. Prominentenfriedhof „Jungfrauenkloster" (wie auch Chruschtschow früher) beigesetzt; Sept. 2009 Gründung eines Russisch-Bayrischen Sinowjew-Forschungszentrums an der Univ. Augsburg; – so wie seine zahlreichen dt.-sprachig. (literarischen) Werke nicht russisch übersetzt wurden, so wurden nun seine späteren russ.-sprachigen Werke nicht mehr ins Deutsche übersetzt; sie werden hier daher auch nicht weiter aufgeführt, außer seine in der DDR-Phil. bekannt und wirksam gewordenen früheren logisch-phil. Schriften.

Publ.: Über mehrwertige Logik. Ein Abriß. Übers. u. hrsg. von H. Wessel. Berlin, Braunschweig und Basel, jeweils 1968 (2. A. 1970); Komplexe Logik. Grundlagen einer log. Theorie des Wissens. Ebs. 1970; (gem. mit H. Wessel): Logische Sprachregeln. Eine Einführung in die Logik. Berlin u. Mün.-Salzburg, jeweils 1975; (Hrsg. der ostdt. Ausgabe H. Wessel): Logik und Sprache der Physik. Berlin 1975. – Alle diese Schriften durften nach 1978 im Rahmen der offiziellen marx.-len. DDR-Phil. nicht mehr aufgeführt und zitiert werden.

Söder, Günter
5. März 1929–22. Aug. 2016
ML-Philosoph an der HS für Ökonomie in Berlin-Karlshorst
Geb. in Oldisleben/Thürg., Vater Schlosser; 8 Kl.-VS u. 1943–Frühj. 1945 Lehrerbildungsanstalt Luisenthal; 1946–48 staatl. Aufbauschule in Neudietendorf u. 1949 Vorstudienabtlg. der Univ. Jena (Reifeprüfung); Studienbeginn an der Phil. Fak. (geplantes Lehrer-Studium für Gesch., Deutsch u. Päd.); dann Wechsel zur neugegr. Gewifak – Fachschaft Kulturpol. (verk. Studium von 4 Sem. mit den Fächern: dial. u. hist. Mat., Gesch. der Phil., Gesch. der Arbeiterbewe., marx. Staatstheorie – schriftl. Hausarbeit über E. Thälmann); so bereits 1951 Diplomlehrer für Gesellwiss. u. im Stdjh. 1951/52 Lehrbeauftragter für die Grundlagen des ML am neugegr. Inst. für Gesell.-wiss. der Univ. Jena; Sept. 1952 Aufnahme einer außerplm. Asp. u. verfügter Einsatz in Berlin:

Aufbau e. Inst. für Gesell.-wiss. an der Hochschule für Ökonomie in Berlin-Karlshorst; 1955 parteiphil. Prom. am IfG beim ZK der SED z. Thema *Phil.-theor. Grundlagen des Sozialdemokratismus. Ein Beitrag zur Entw. der sozialdemo. Ideologie nach dem 2. Weltkrieg in Westdt.* (Gutachter: V. *Stern und. H. *Scheler, unter der Leitung von A. *Kosing); später jahrzehntelang Prof. für dial. u. hist. Mat. im gesell.-wiss. Grundstudium an der HS für Ökonomie (Direktor d. dortg. ML-Sektion) u. auch Mitglied des Red.-Kollegiums der DZfPh; mit einer der nachstehenden Publ. auch irgendwann und irgendwie habil. (Prom. B); mit Ende der DDR und ihrer staatsparteitragenden ML-Lehre im Vorruhestand, aber keine phil. Wirksamkeit mehr nachweisbar.

Publ.: Studie zur rechtssozialistischen Ideologie. Berlin 1957 (russ. Übers. Moskau 1959); (hrsg. mit H. Scheler u. R. Schulz): Beiträge zum 4. Weltkongreß für Soziologie. Berlin 1964; (mit H. Jacob und W. Schubardt): Ein Programm ohne Weltanschauung? Gegen die phil. Grundlagen des SPD-Grundsatzprogramms von Godesberg. Berlin 1961 (IfG-Lehrstuhl Phil); Verrat an der Freiheit. Zur Kritik der Freiheitskonzeption des demo. Sozialm. Berlin 1961; (gem. mit H. Lauterbach): Planung – Wissenschaft oder Spekulation. Tb-Reihe „Unser Weltbild", Bd. 40. Berlin 1965; (gem. mit R. Sieber): Politik u. Ökonomie im sozial. Gesellschaftssystem. Bln. 1970; Ökonomie, Politik, Wirtschaftspol. Weltanschaul.-phil. Aspekte des Verhältnisses von Pol. u. Wirtschaft im Sozm. Reihe „Weltanschung heute" Bd. 17. Berlin 1977; Macht und Ohnmacht der Politik. Zur Rolle von Politik, Ökonomie u. Ideologie in der Geschichte. ebs. Bd. 33. Bln. 1981. – 25 Jahre lang (1961–85) auch Autor der DZfPh.

Söder, Karl
15. Dez. 1928
Vertreter einer angewandten/pragmatischen Logik in Potsdam
Geb. in Dortmund als Sohn eines Metallarbeiters; 1935–43 VS u. anschl. 1943–Febr. 1945 Lehrerbildungsanstalt in Wadersloh/Westfalen; kriegsbedingt unterbrochen durch Einberufung z. RAD ab März 1945 u. kurze amerik. Kriegsgefangenschaft; Juni 1945–Sept. 1946 Hilfsarbeiter u. anschl. bis 1948 Helmholtz-Gymn. in seiner Geburtsstadt Dortmund; 1948 jedoch von seiner KL der KPD ebd. an die Vorstudienanstalt nach Jena (ABF) in die SBZ verschickt, zur Erlangung des Reifezeugnis 1949 und Studieneinsatz; anschl. ebd. 1949–52 Studium an der neuen (parteiorg.) Gewi-Fak. dieser Univ., abgeschlossen mit einer Prüfung für Philosophie; aber bereits 1951 mit Wiederzulassung eines geregelten „Einfach-Studium" im Fach Phil. 1951 auch in Jena (neben Leipzig u. Berlin) wiss. Ass. mit Lehrauftrag an diesem neugegr. Inst. für Phil. der FSU Jena (bei Georg *Klaus, Dial. Mat. u. Logik) u. anschl. mit dessen Berufung 1953 nach Berlin; bis 1957 wiederum wiss. Ass. am Phil.-Inst. der HU (Direktor G. *Klaus in Nachfolge des vertriebenen W. *Hollitscher); Gleichzeitig erste Logik-Veranstaltungen an der Jurist. Fakultät der HUB u. bes. Lehrbriefe zur „jurist. Logik"; seit 1. 9. 1957 dann für über 3 Jahrzehnte (em. 1989) angestellt an der Dt. Aka. für Staat- u. Rechtswiss. „Walter Ulbricht" in Potsdam-Babelsberg und verantw. für die gesamte dortige Logik-Ausbildung in der AG Phil. Probleme der Rechtswiss.; verzögert durch die Erkrankung von *Klaus u. dessen Wechsel zur Aka.-Phil. erst 1964 verspätete phil. Prom. z. Thema *Beiträge J. H. Lamberts zur form. Logik u. Semiotik* an der EMAU Greifswald (Gutachter daher *Klaus und E. *Albrecht); 1970 Berufung auf einen Lehrstuhl für Methodologie

(bzw. ET und Logik), institutionell eingebunden in die dortg. ML-Sektion; als Habil.-schrift wurde dazu schließlich sein *Grundriss der elem. Logik – Eine Einführung für Juristen* eingereicht u. anerkannt, publ. als Dp.-H. 7/8 der Jurist. Fak. der HUB 1967; darin steht der alles entsch. Satz (*Stalin 1951 nachfolgend), wonach die Sprache – und damit auch die Logik – nicht zum pol.-ideologischen „Überbau" gehört und daher keinen Klassencharakter trägt!): „Die Abgrenzung der Logik von der Phil. ist vor allem deshalb wichtig, weil die Phil. auch immer Weltanschauung ist und (als Ideologie) Klassencharakter trägt, während die Logik nicht klassenverbunden ist" (ebd. S. 19); L. *Kreiser notiert dazu in seiner „DDR-Logik-Gesch." (Lpz. 2009) wiederum ganz folgerichtig: „Mit dieser Einordnung der Logik in das Wissenschaftssystem hatte sich K. Söder einen ideologiefreien Zugang zur log. Analyse der Rechtssprache eröffnet, den weiter zu gehen ihm aber nicht ermöglicht wurde." (S. 368). DZfPh-Autor mit einer Rez. zu H. *Wessel: „Logik u. Philosophie." (H. 6/1977) u. Leiter e. Autorenkollektivs: „Methoden der staats- u. rechtswiss. Forschung". Potsdam-Babelsberg 1984; mit Abwicklung und Schließung obiger Einrichtung (früherer Gründungsdirektor A. *Baumgarten) 1989/90 erfolgte auch der vorzeitg. Ruhestand.

Sohn-Rethel, Alfred
4. Jan. 1899–6. April 1990
Als Nationalökonom und Sozialphilosoph „Warenform und Denkform" ganzheitlich zusammen gedacht
Geb. in der Nähe von Paris in einer großbürgl. Künstler (Eltern)- und Industrieellenfamilie (Pflegeeltern); aufgewachsen in Düsseldorf u. Abi. 1917 in Lüneburg, aber kein Kriegseinsatz mehr; vielmehr umfangr. Studien in Heidelberg der Ökonomie, Philosophie, Soziologie und Romanistik bei den Brüdern Max u. Alfred Weber wie Hr. Rickert, sowie in Berlin bei Ernst Cassirer zu Kant und die Probleme der ET; 1921/22 erneutes intensives „Kapital"-Studium, wobei seine, nun (hist.-mat.) erkenntnistheor. Suche eines spekl.-idealistischen „Transzendentalsubjekts" in der Marxschen „Formstruktur der Ware" sowohl die schulphil. wie neumarx. Repräsentanten verwirrte; 1928 nationalöko. Prom. beim autromarx. Ökonomen E. Lederer; anschl. Tg. in einem großindustriellen Verband, bis 1936 die Nazis auch ihn als „halbjüdisch" disqualifizieren und zur Emigration in die Schweiz u. nach Paris nötigen; daselbst erste Ausarbeitung seiner *„Soziolg. Theorie der Erkenntnis"* (publ. 1985) und dadurch weitergehende Bekanntschaft mit einigen Hauptvertretern der späteren „Frankfurter Schule" (insb. Briefwechsel mit Th. W. Adorno), ohne jedoch in dieser jemals fest eingebunden und wiss. auch anerkannt zu sein; daher jahrelange Unterbrechung seiner warenanalytischen Überlegungen u. längere Niederlassung in England als Franz.-Lehrer bis um 1970; daselbst phil.-geschichtl. Beeinflussung durch den marx. Altphilologen (u. Numismatiker) G. *Thomson hinsichtlich der antiken Geld-„Münzgeschichte" im Zusammenhang mit der Entstehung des abstraktbegrifflichen Denkens der „ersten Philosophen" (Parmenides); nachkriegszeitlich kurzzeitig auch Mitgl. der KP in GB, obwohl sehr schnell von derem staln. ML-Dogma ernüchtert (seitdem von der westdt. DKP wiederum als „trotzkistisch" verdächtigt); seine

erkenntnis-kritisch-warenformanalytische Entdeckung eines entwicklungsgeschichtlichen Zusammenhangs von Kantscher Vernunftkritik und Marxscher „Kritik der pol. Ökonomie" („Das Geld, – die bare Münze des Apriori") wurde erst nach 1970 in der BRD, ungemein verspätet, dann nachholend-schlagartig bekannt, wirkte daher nur noch auf die zuende gehende 68er Stud.-Bewegung (H-J. *Krahl u. O. *Negt); weniger bekannt ist jedoch ein schon weit früher 1958 in Ost-Berlin bei den Alt-Historikern (Ch. Welskopf) der HU zu Berlin gehaltener Vortrag zu *Warenform und Denkform*, einschließlich dessen Publ. in deren WZ 1962 sowie ein längerer Briefw. (1964–72) mit dem theolg. Altphilologen und späteren marx. Phil.-Hist. aus der DDR, Ek. *Schwarzkopf; nach ersten westdt. Publ.-Erfolgen Anfang der 70er Jahre Übersiedlung in die BRD und durch Fürsprache von O. *Negt 1972 an der Univ. Bremen bis 1976 eine Gastprofessur, allerdings zunächst lediglich im Fachbereich Mathematik, die dann 1978 in eine ordl. Prof. an der Phil. Fak. umgewandelt wurde; daselbst auch univ. Ehrendoktorwürde 1988 mit einer Laudatio von O. *Negt; sein zusammenfassendes Hauptwerk „Geistige und körperl. Arbeit" (1. A. 1970) wirkte vereinzelt (soziologisch, ökonomietheor. bzw. „kapitallogisch") auch auf die marx.-len. ET im vorgeb. Rahmen der marx.-len. DDR-Phil., allerdings inzw. schon organisch verb. mit der gleichzeitigen Rezeption der mehr naturwiss. ausgerichteten „evolutionären ET." (K. *Lorenz' biologische, natur- und stammesgeschichtl. Erklärung des Kantschen Apriori von 1941); die Marxsche Warenanalyse derartig phil.-erkenntnistheor. (arbeitsphil.), in Realisierung des Anspruchs der „ökö.-phil. Manuskripte" von 1844, neu zu bedenken, bedeutete weiterhin, die ursprüngliche marx. Ideologiekritik über Georg *Lukacs („Verdinglichung des Bewußtseins") hinausgehend ökonomisch zu begründen, obwohl dabei „vulgärsoziolg." Fehldeutungen und Reduktionismen des phil. Denkens nicht ausbleiben; in der DDR-Phil. nur vereinzelt rezipiert; hochbetagt verst. in Bremen; zum 105. Geb. erschien der Gedenkband „Geld und Geltung. Zu A. S.-R. soziolg. ET." (darin auch Teile des Briefwechsels mit Ek. *Schwarzkopf 1964–1972). Würzburg 2006.

Publ.: Geistige und körperl. Arbeit. Zur Theorie der gesell. Synthesis. Frankf. 1970 (2. erw. A. 1972, später u. dem merkwürdig veränderten Zusatztitel: "Zur Epistemologie der abendl. Geschichte". Weinheim 1989); Mat. Erkenntniskritik u. Vergesellschaftung der Arbeit. 2 Aufsätze. Berlin 1971; Die öko. Doppelnatur des Spätkapitalismus. Darmstadt 1972; Ökonomie und Klassenstruktur des dt. Faschismus. Frankf./M. 1973; Warenform u. Denkform. Aufsätze. Frankf./M. 1971 (ebenso 1978 u. 1992); Soziologie der Erkenntnis. Frankf./M. 1985; „Das Geld, die bare Münze des Apriori". Berlin 1990; Briefwechsel 1936–1969 Adorno und A. S-R. München 1991; Industrie u. NS. Aufzeichnungen 1931–36. Berlin 1992; Von der Analytik des Wirtschaftens zu einer Theorie der Volkswirtschaft. Frühe Schriften. Freiburg/Br. 2012.

Solotuchin, Pjotr W.
1897–1968
Rektor der Leningrader Universität und SMAD-Hochschulverantwortlicher in der SBZ
Geb. in einer Bauerfamilie im Süden Rußlands; auf einer aufklärerischen Agitationsreise entdeckte Lenins Frau N. K. Krupskaja in einem Dorf den aufgeweckten Pj. W. S.

u. brachte ihn mit einem Delegierungsschreiben zum Studium ins vorrevolutionäre Petrograd; ausgebildet in Pädg. und als Historiker an der dortg. Phil. Fak.; bildungspol. tätig als Rektor einer Pädg. HS wie der Leningr. Univ.; nach der überstandener (dt.-faschistischen) ‚Leningrader Blockade' 1941–44 erfolgte 1945–48 sein polit. Einsatz als Leiter der Abt. Volksbildung der SMAD in der SBZ im Rang eines Generalleutnants; am 4. Sept. 1945 befahl der Oberkommandierende der sowjet. Streitkräfte in Dtl., Marschall Shukow, „Maßnahmen zur Vorbereitung der HS zwecks Neuaufnahme des Unterrichts", wofür Sol. verantw. gemacht wurde; ihm oblag vor allem die konsequente Entnazifizierung, Kontrolle und Bestätigung des univ. Lehrpersonals, die Festlegung der Kontingente u. sozialen Zusammensetzung der Studentenschaft wie die Erstellung von Lehrplänen an allen ostdt. Universitäten, deren Wiedereröffnung er überwachte (am 29. Jan. 1946 die Eröffnung der Bln. Univ.); eine Zulassung der Studienfächer Phil. und Gesch. erfolgte danach aber zunächst nicht u. es waren damit auch nur (vormarx. bezügliche) phil.-hist. Vorlesungen als kultur-traditionelle Bildungsveranstaltungen für die neu auszubildende antifasch.-demokrat. Lehrerschaft zugelassen; seine wichtigsten u. wirkungsvollsten Mitarb. bzw."Hochschuloffiziere" im Universitätsbereich waren P. I. *Nikitin u. Major *Jessin; nach seiner Tg. in der SBZ ging Sol. 1948 in die UdSSR zurück u. war 1948–51 Rektor des Staatl. Pädg. Inst. W. I. Lenin in Moskau; da er bereits 1968 verstarb erfolgte keine spätere „ehrenhafte Rückkehr" zu irgendeiner Auszeichnung mehr in die DDR, wie das bei anderen SMAD-Kulturoffizieren (nach einer länger angeordneten Kontaktsperre) dann oftmals der Fall war.

Sorg, Richard
Westdeutscher marxistischer Soziologe und Sozialpädagoge
Geb. 1940 in Betschmen/Jugoslawien; Studium der Theologie, Soziologie, Pol.-wiss. u. Phil. in den marxistisch bewegten 60er Jahren; bis 1978 tätig am Fb GW der Univ. Marburg; 1973 daselbst phil. Prom. *Zur Marxismusrezeption im dt. Protestantismus 1848–1948. Ein Beitrag zu einer marx. Soziologie der Religion* (publ. u. d. T. „Marxismus u. Protestantismus in Dtl." Köln 1974); 1978–85 HSL an der FS Wiesbaden am Fachbereich Sozialwesen u. 1985–2005 Prof. für Allgm. Soz. am Fachbereich Sozialpädg. der Fachhochschule Hamburg; zahlreiche Kontakte z. DDR-Phil. in Berlin hinsichtlich des Ideologieproblems (E. *Hahn/H.-C. *Rauh).

Publ.: Ideologietheorien. Zum Verhältnis von gesell. Bewußtsein und sozialer Realität. Köln 1976; Dialektisch denken. Köln 2017.

Sparschuh, Jens
14. Mai 1955
Promovierter philosophischer Logiker und Schriftsteller in Berlin
Geb. in Karl-Marx-Stadt; wuchs in Ost-Berlin auf (Schulbesuch), aber Abi. mit erweitertem Russ.-Unterricht an der ABF Halle/S. zur Vorbereitung auf ein SU-Studium; anschl. 1973–78 Studium der Phil. u. Logik in Leningrad und 1978–83 wiss. Ass. am

Lehrstuhl „Logik-Methodologie-Heuristk" (F. *Loeser) der Sektion WTO an der HU Berlin; daselbst log.-phil. Diss. A 1983 z. Thema *Erkenntnistheor.-methodolog. Untersg. zur heuristischen Ausdrucksfähigkeit aussagenlog. Beweisbegriffe* (Betreuer: O. F. Serebrjannikov u. ostdt. Gutachter: D. Schulze); danach sehr erfolgreich freiberuflich schriftstellerisch tätig (Romane, Essays, Gedichte, Rez. u. Hörspiele), was hier jedoch nicht weiter aufführbar ist; aktuellste Veröffentlg.:„Im Kasten. Ein Mensch, der Ordnung schaffen will". Köln 2012.

Spranger, Eduard
27. Juni 1882–17. Sept. 1963
Kultur-Pädagogik-Philosoph in Berlin, ingesamt von 1919 bis 1945/46 wirksam
Geb. als uneheliches Kind eines Spielzeugladenbesitzers in Berlin-Lichterfelde; Besuch des Dootheenstädt. Realgymn. u. wegen ausgz. Leistungen übernommen durch das hum. Gymn. „Zum Grauen Kloster" (Abi. 1900); stud. zwar aus Familiengründen nur in Berlin, jedoch fast alle daselbst angebotenen geisteswiss. Fächer, vor allem Phil. im Hf. und im Nbf. Psy., Pädg., Gesch. u. Germanistik, auch Theologie und Musik-Theorie; phil. Hauptlehrer W. Dilthey, bei dem er, erst 19jh. umgehend prom. wollte, was aber scheiterte; 1905 phil. Prom. z. Thema *Die erkenntnistheor. u. psycholg. Grundlagen der Geschichtswiss.* bei Fr. Paulsen und C. Stumpf; realisiert zunächst keine unmittelbar weitergehende aka. Kariere, sondern ist zeitweilig Lehrer an einer privaten Höheren Mädchenschule St. Georg bzw. „Höheren Töchterschule" mit angeschl. Lehrerinnen-Sem. in Berlin; intensive phil. Weiterarbeit u. 1909 erfolgreiche Habil. ebd. zum Thema *Wilhelm Humboldt und die Humanitätsidee*; nach zweijh. Arbeit als PD erhält er 1911/12 mit 30 Jahren eine o. Prof. für Phil. und Pädg. in Leipzig; dort Ause. um das Frauenstudium, 1916 schwere Erkrankung u. dadurch keine Kriegsteilnahme; 1917 pol. Berater des Preuß. Unterrichtsministerium u. daraufhin 1919 Berufung an die Berl. Univ. (für Phil.-Pädg., sein Nachfolger in Leipzig ist Th. *Litt); 1925 Mitbegründer der Zft. Die Erziehung (besteht bis 1943) mit entsch. Einfluß auf die dt. Schulpol., insb. die Lehrerbildung, die er univ. allein auf pädg. Phil. u. fachwiss. Ausbildung begrenzen will; 1925 Aufnahme in die Preuß. Aka. der Wiss.; durchaus für eine „nationale Wiedergeburt des dt. Volkes", aber „auch gegen die Schädigung des Volkes durch Lügen, Gewissensdruck u. ungeistige Art" (Erklärung 1933); daher auch Protest gegen ein antijüdisch verhetztes Plakat „12 Thesen wider den undt. Geist" des NS-Studentenbundes, der damit unmittelbar die Bücherverbrennung auf dem Bln. Opernplatz vorbereitete, rednerisch begleitet durch den NS-Phil. A. Bäeumler; dessen demonstrative nationalsozl. Berufung auf einen neuen Berl. Lehrstuhl für „Pol. Pädg." (mit Institutsgründg.) führte zu einem „Rücktrittsversuch" von Sp., das jedoch v. preuß. NS-Unterrichts-Min. Rust zurückgewiesen wurde; Sp. behielt die Leitung des Pädg. Seminars, engstens verbunden mit dem „Philos. Sem." (Leitung Nc. *Hartmann) bis 1945 (bei beiden hörte der entlaufene und abgetauchte Oberschüler W. *Harich illegal Vorlesungen); 1936/37 als regierungsamtl. Austausch-Prof. im faschistischen Japan und ab 1939 auch dienstverpflichtet zur heerespsycholg.

Ausbildung von Militärfliegern, gehörte aber keiner NS-Org. an; vielmehr Vors. der Goethe-Gesell.; nach dem Hitler-Attentat vom 20. Juli 1944 als angebl. Mitverdächtiger zeitweilig in Untersuchungshaft, jedoch mit Intervention des jap. Botschafters nach 10 Wochen folgenlos aus der Haft entlassen; noch am 1. April 1945 prom. sein letzter wiss. Ass. H.-J. *Lieber (HJ u. NSdAP-Mitglied) zu einem Thema über Dilthey; mit Ende des II. Weltkrieges im Mai 45 von der Roten Armee kurzzeitig als kom. Nachkriegsrektor der namenslosen „Linden-Univ." eingesetzt und auch Vors. eines Ausschusses für den notdürftigen Wiederaufbau wie baldige Wiedereröffnung der Berl. Univ.; zu dieser Zeit sind bereits alle NS-belasteten Phil. aus Bln. verschwunden (stellten sich also keinerlei nachfolg. Entnazifizierung); aber auch Nic. *Hartmann ist noch vor dem sowjet. Einmarsch aus Berlin Richtung „Westen" geflohen u. nur die verfolgt-vertriebenen (jüdischen) Phil. P. *Hofmann und A. *Liebert (wird Dekan der neu gegr. Pädg. Fak.) kehren an die Berl. Univ. zurück, versterben aber bereits kurz darauf; – da es sehr bald zu keiner wirklich funktionierenden gesamtberl. (alliierten) Viermächte-verantwortung für diese kommt, scheitern alle seine diesbezüglichen univ. Pläne (so auch im amerik. Sektor, obwohl dort wohnend); sendet der Gründungsversammlung des „Becherschen" ostdt. Kulturbundes am 3. Juli 1945 als Berl. Univ.-Rektor im Namen der „dt. Wissenschaft" sogar ein Grußwort (so wie H.-G. *Gadamer in Lpz. wahrsl. dazu „eingeladen"); doch bereits Okt. 1945 ist er von dt.-komm. Seite völlig erfolglos schon wieder seines Univ.-Amtes enthoben, u. daraufhin erfolgt noch 1946 Berufung für Phil., Psy. und Pädg. nach Tübingen; 1950 univ. em., aber weiter Lehrtätigkeit u. bundesrepublikanisch bedeutsame öffentl. Vorträge; so auch Festredner zum 2. Jahrestag der BRD im Deutschen Bundestag in Bonn; ebenso Gedenkrede zur 150-Jahr-Feier der „Friedrich-Wilhelms-Univ." zu Berlin (sie heißt inzw. – wie von ihm vorgeschlagen – jedoch "Humboldt-Univ.") am 31. 5. 1960 in Tübingen; – hochgeehrt am 17. Sept. 1963 verst. ebenda. Seine Gesammelte Schriften in 11 Bdn Heidelberg erscheinen seit 1969ff. – 1988 Gedenktafel an seinem ehemlg. Wohnhaus in Berlin-Dahlem (heute Fachbereich Erziehungswiss. u. Phychologie); nachwendische Erinnerungen (Rektorgemälde) dann auch an der HU sowie FU-Bibl.-Austellung 1992 zu: Eduard Spranger u. Berlin – Tradition oder Erbe?

Publ. (als Auswahl): Lebensformen. Geisteswiss. Psychologie und Ethik der Persl. (1. Entwurf 1914, 2. erw. Fassung Halle 1921. 9. A. Tübingen 1966); Die Idee einer HS für Frauen und die Frauenbewegung. Lpz. 1916; Kultur und Erziehung. Ges. pädg. Aufsätze. Lpz. 1919; Psychologie des Jugendalters. Lpz. 1924 (29. A. Heidelberg 1979); Volk, Staat, Erziehung. Ges. Reden u. Aufsätze. Lpz. 1932; Goethes Weltanschauung. Insel-Bücherei – Bd. 446. Leipzig 1933 (2. A. 1943); Schillers Geistesart. Gespiegelt in seinen phil. Schriften u. Gedichten. (Aka.-Abhdlg. Jg. 1941/Nr. 13); Der Philosoph von Sanssouci (ebenso Jg. 1942, Nr. 5, 2. A. Heidelberg 1962); Die Magie der Seele. Religionsphil. Vorspiele. Berlin 1947; Zur Gesch. der Volksschule. Heidelbg 1949; Pädg. Perspektiven. Beiträge zu Erziehungsfragen der Gegenwart. Heidelberg 1951; Kulturfragen der Gegenwart. Heidelbg. 1953 (4. A. 1964); Gedanken über Daseinsgestaltung. Aus Vorträgen, Abhandl. u. Schriften. Mün. 1954; Der geborene Erzieher. Heidelberg 1958 (5. A. 1968); Menschenleben und Menschheitsfragen. Ges. Rundfunkreden. Mün. 1963; Stufen der Liebe. Über Wesen und Kulturaufgaben der Frau. Aufsätze u. Vorträge. Tübingen 1965; Berliner Geist. Aufsätze, Reden und Aufzeichnungen. Tübingen 1966 (2. A. 1967). – (Hrsg. Fr.

Bollnow): Phil. Pädg. Ges. Schriften Bd. 2. Tübingen 1973. (Hrsg. H. Bähr/H. Wenke): Ed. Sp. Sein Werk u. sein Leben. Heidelberg 1964; (Hrsg. J. S. Hohmann): Beiträge zur Phil. Ed. Sprangers. Berlin 1996; (Hrsg.-gremium): Ed. Sp. – Eine Briefauswahl 1903–1960. Bad Heilbrunn 2002; (Hrsg. W. Sacher/A. Schraut): Volkserzieher in dürftiger Zeit. Studien über Leben und Werk Ed. Sprangers (Intl. Spranger Symp. Nürnberg Okt. 2002). bei Lang 2004; A. Schraut: Biogr. Studien zu Ed. Spranger. Bad Heilbrunn 2007; B. Ortmeyer: Ed. Spranger u. die NS-Zeit. (erziehungswiss. Forschungsbericht) Frankf./M. 2008; (Hrsg. P. Gutjahr-Löser): Th. Litt – Ed. Spranger. Phil. u. Pädg. in geisteswiss. Tradition. Lpz. 2009. – (Hrsg. V. Gerhardt/R. Mehring/J. Rindert): Berliner Geist. Eine Gesch. der Berl. Univ.-phil. Berlin 1999 sowie H.-C. Rauh: Bd. IV der vorlg. Reihe: Univ.-phil. im Namen der Gebrüder Humboldt (Berlin 1917).

Springer-Liepert, Anita
2. Dez. 1940
Philosophie-Historikerin in Berlin
Geb. in Schoppe (Westpreußen), heute Polen; Vater Gewerbetreibender, Mutter mithelfende Ehefrau; nach 1945 durch die Bodenreform beide eingetragene Neubauern in Dolgelin, Kreis Seelow; 4-klassige Dorfgrundschule ebd. und fortgz. OS in Seelow mit Abitur 1958; anschl. Studium der Phil. u. Geschichte (Nf) bis 1963 am Inst. für Phil. der HU Berlin (Phil.-Diplom); anschl. 1963/64 marx.-len. Lehreinsatz im gesell.-wiss. Grundlagenstudium an einer HL für Landwirtschaft in Bernburg; ab 1964 aber bereits wiss. Ass. am Phil.-Inst. der AdW Berlin (Bereich Gesch. der Phil.); daselbst phil. Aka.-Prom. 1971 zum Thema *Die Entwicklungsidee in Lessings Weltanschauung* (Gutachter: M. *Buhr, W. Barner, M. *Naumann); 1974 erneute Delegierung ins gesell.-wiss. Grundstudium an die ML-Sektion der HUB u. daselbst Doz. für marx.-len. Phil. des dial. u. hist. Mat.; 1980 als ML-Dozentin von der Sektion Marx.-len. Phil. so stellenmäßig übernommem (Bereich Phil. Probleme der Gesellwiss.) u. 1986 phil. Prom. B 1986 (Habil.) zum Thema *Erbe des ‚18. Jhd.' in ideolg. Debatten des dt. Vormärz* (Gutachter: G. *Redlow, S. Schmidt, E. *Lange); Vorlg. zur Gesch. der marx.-len. Phil. (Marxsche Etappe) u. Mitarbeit an der MEGA Bd. I/3; 1982–85 stellv. Direktorin für E und A der Berl. Phil.-Sektion; 1990 ff. weitere phil.-hist. Lehrtg. als Dozentin bei laufender Sektions-Abwicklung; bekam zuvor trotz eindeutiger phil.-geschichtl. Spezialisierung (Prom.-Schriften A u. B) aus rein stellentechn. Gründen lediglich eine ML-Doz. für Dial. und Hist. Mm., worauf der Vors. der SuB-Phil. C. Fr. *Gethmann ihr am 4. 6. 1993 verschriftlicht mitteilte und erklärte, daß dieses Lehrgebiet am erneuerten Phil.-Institut nun allerdings „nicht mehr vertreten ist"; nach erneutem Einspruch: Prom.-Thema B als Habil. sei doch eindeutig die „Aufklärungsrezeption im Vormärz" gewesen, wurde ihr abschließend „sachbezogen" mitgeteilt: „Die Ausführung von Frau Sp.-Lp. bezüglich ihres Lehrgebiets sind nicht überzeugend. Die Argumentation unterstellt, dass die Lehrgebietsbezeichnung ‚Dialektischer u. Historischer Materialismus' nur für diejenigen Personen korrekt sei, die sich philosophiehistorisch mit den sog. Klassikern des Historischen u. Dialektischen Materialismus befasst haben. Tatsächlich geht es jedoch nicht um einen Abschnitt der Philosophiegeschichte, sondern um eine ideologisch-systematische Position, von der heraus jede Epoche (!) der Philosophiegeschichte beurteilt wird. Die Begutachtung der Schriften von Frau

Dr. Springer-Liepert, die kommissionsintern veranlaßt worden ist, zeigt, dass Frau Dr. Springer-Liepert die Philosophen, mit denen sie sich befasst hat, durchaus unter den Prämissen des Historischen u. Dialektischen Materialismus beurteilt hat. Eine diese Prämissen berührende Kritik, ein innovatives Weiterdenken oder das die Phil. auszeichnende Nachdenken über Dasein u. Geschichtlichkeit sind nicht zu erkennen. Diese Beschränkung erklärt auch, dass sie ohne weiteres aus der Erforschung der Philosphiegeschichte in das Lehrgebiet ‚Historischer und Dialektischer Materialismus' überwechseln konnte. – Der Vorsitzende sieht aufgrund der Einlassungen von Frau Dr. Springer-Liepert keinen Grund, die Struktur- u. Berufungskommission (SuB) erneut mit der Frage der Tätigkeit von Frau Dr. Springer-Liepert zu befassen."; worauf 1994 die univ. Kündigung u. Entlassung in die Arbeitslosigkeit erfolgte; – daraufhin nebenberufl. Tg. auf dem Gebiet der hist. Grundbuch- und Eigentumsrecherche und 2001 Pension und Ruhestand. – Die hier angeführte Argumentation u. univ.-amtl. „Beweisführung" steht modellhaft für das vollständig veränderte, nun wiederkehrende traditionelle Phil.-Verständnis, das die alleinige, parteiamtliche dial.-hist.-mat. Lehrbuchgestalt der marx. Phil. selbst hinsichtlich der (nur noch vor- und nachmarx. aufgefaßten) Gesch. der Phil. ausschaltete; – alle parteimarx. verfügten univ.-phil. Berufungsgebiete seit 1951 u. 1968 belegen unauslöschlich diesen marx.-len. Reduktionismus der offiziellen DDR-Phil. selbst und gerade auch die Phil.-Gesch. betreffend und erschweren praktisch-pol. jede erfolgreiche Prozeßführung gegen deren dadurch unabwendbare Abwicklung. – Wie sollte ein bayrischer Oberverwaltungsrichter in Greifswald bei einem solchen Prozeß den fast unerklärlichen (aber existentiellen) Unterschied zw. einer ML-Sektion (Großgeschrieben) u. einem ml-Phil. Inst. (kleingeschrieben) jemals begreifen, wenn alles beides doch in vorlg. DDR-SED-Dok. auf gl. Weise parteiorg. „einheitlich und geschlossen" die gleiche Lehre/Ideologie repräsentierte?

Publ.: (gem. mit I. Bauer): Die große Wende des Roger Garaudy. Buhrsche „Kritik-Reihe" Bd. 1 (die damit eröffnet wurde). Berlin wie Frankf./M. 1971; (Bearbeiter): MEGA Bd. I/3: Fr. Engels. Werke, Artikel, Entwürfe bis Aug. 1844. Berlin 1985. – 1981/91 sind vier vormärzli. DZfPh-Artikel nachweisbar.

Stach, Renate
4. Dez. 1942
Philosophisch-methodologische Logik-Arbeiten in Berlin
Geb. in Berlin; Vater Versicherungsangestellter (Widerstandskämpfer bis 1938 u. später engl. Kriegsgefangenschaft bis 1947, danach Diplom-Staatswiss. u. DDR-Staatssekretär); 1948–60 Grund- u. OS; anschl. Phil.-Studium 1960–64 in Berlin u. bis 1967 wiss. Ass. im Lehrbereich Logik des Phil.-Instituts; Zwei Töchter 1967 u. 1968; danach 1969–72 plm. Asp. ebd. u. 1975 phil.-log. Prom A *Zu Problemen der Theorienbildung* (Gutachter: H. *Wessel, K. *Söder u. R. *Löther); seit 1973 wiss. MA in der Sektion Phil. u. Wiss.-theorie in der Medizin an der Aka. für Ärztl. Fortbildung (zuständig für die marx.-len. Weiterbildung der Ärzteschaft); Prom. B 1989 im *Ley-Wessel-Lehrstuhl-Bereich Phil. Fragen der Naturwiss. an der ML-Phil.-Sektion der HUB *Zu*

erkenntnistheor.-methodolg. Fragen der Theorienbildung in der Medizin (Gutachter: K.-F. *Wessel, G. *Miehlke, P. W. Ruff); nach Abwicklung oben gen. Einrichtung Arbeitslosigkeit bzw. späterer Vorruhestand.

Stahl, Jürgen
9. Juli 1953
Philosophie-Historiker Jena, später Leipzig
Geb. in Arnstadt; nach OS-Besuch (Abi.) Arbeit im Chemieanlagenbau u. nach dem üblichen Militärdienst ab 1976/77 Phil.-Studium an der FSU Jena; daselbst als wiss. Ass. im Bereich Gesch. der Phil. 1985 phil. Diss. A. z. Thema *Erkennen und Handeln. Die Herausbildung der Grundpos. der Dialektik in den erkenntnistheor. Schriften zur Wissenschaftslehre durch J. G. Fichte in Jena* (Gutachter: E. *Lange, G. *Biedermann, G. *Irrlitz) sowie phil. Prom. B 1989 z. Thema *Aufklärung im Widerstreit zw. Metaphysik und ihrer dial. Aufhebung. Studien zur Ausbildung der phil. Methode in der dt. Aufklärung im Übergang zur dt. bürgl. Klassik* (Gutachter: E. *Lange, H.-M. *Gerlach, G. *Irrlitz); 1987–90 marx.-len. Lehreinsatz als Gastdozent an der University of Aden; danach keine weitere univ. Anstellung mehr, stattdessen seit 1991 in Leipzig selbständig unternehmerisch tätig; trotzdem weiterhin versch. phil.-hist. Beiträge in den internationalen „Fichte-Studien" und Stichworte im Hist.-Krit. WB des Marxismus.
Ausgänge: Das Jenaer Klassik-Seminar.

Stalin, Josef W.
21. Dez. 1879–5. März 1953
KPdSU(B)-Generalsekretär – Großer Terror – Generalissimus und 4. ML-Klassiker
Geb. in Georgien (Gori bei Tiflis) als Sohn eines Schusters; Besuch eines Pristerseminars, aus dem er wegen illegaler pol. Agitation verwiesen wurde; mehrfach sibirische Verbannung, aber keine westeuropäische Emigration oder Studienreisen; frühzeitiger Anschluss an Lenin, der jedoch in seinen „Testament" vor Stalins Charakterzügen und Machtfülle als lebenszeitlicher Generalsekretär warnte; nach dessen Tod Festlegung des „Leninismus" als russ. Ergänzung des Marxismus; spricht schon 1924 vom Faschismus und der dt. Sozialdemokratie als angebl. „sozialfasch. Zwillingsbrüder", was den nachfolg. antifasch. Kampf der KPD folgenschwer fehlorientieren sollte; Ausschaltung Trotzkis und weiterer Kampfgefährten Lenins (Schauprozesse) im „Großen Terror" 1934–38; 1939 Freundschafts- u. Nichtangriffspakt mit Hitler-Dtl. sowie Mitwirkung an dessen damit eingeleitetem II. Weltkrieg (gegen Polen, das Baltikum u. Finnland); nach dem dt.-fasch. Überfall auf die Sowjetunion 1941 Oberbefehlshaber (später als Generalissimus) so wie weiterhin KPdSU-Generalsekretär und Regierungschef; Parteitage fanden zw. 1939 u. 1952 nicht mehr statt so wie der Personenkult ungeahnte Formen annahm, und seine Lehrtexte zur letzten uneinholbaren Weisheit des ML erklärt wurden; so auch nach dem Sieg über Hitler-Dtl. in der SBZ für ein Jahrzehnt, womit insbesondere die Anfänge der DDR-Phil. stalinisiert wurden. Nach seinem Tod am 5. März 1953 erfolgte auf dem XX. KPdSU-Parteitag im Febr. 1956 in

einer sog. „Geheimrede" lediglich die Abrechnung mit seinen rohkomm. Verbrechen u. widerlichem Personenkult, nicht aber mit dem „Stalinismus als System". Spätestens durch einen ihm schließlich autorenmäßig zugeschriebenen Grundkurs *Über dial. u. hist. Mat.*, publ. als Unterkp.„seiner" KPdSU-Geschichte von 1938 wurde Stalin zeitweilig zum lebend-gefeierten vierten ML-Klassiker nach bzw. neben Lenin, Engels und Marx erhoben und entspr. kopfbildlich dargestellt. Damit wurde nach 1945 (lange zuvor in Moskau verbreitet) auch für die SBZ bzw. frühe SED-DDR unmissverständlich klargestellt, wer nunmehr als der einzig verbindliche, allein siegreich aufzuführende (marx.-len.) Partei-Philosoph wie als letztlich aktuell entscheidender ML-Klassiker zu gelten hatte; u. mit der einbestellten Geburtstagsbroschüre (zum 70. Geb. Dez. 1949) des Chef-Phil. der PHS „Karl Marx" Victor *Stern: *Stalin als Philosoph* wurde das auch ebenso parteiamtlich festgeschrieben, von all den anderen Lobeshymnen durchgehend aller PB-Mitgl. des ZK der SED in der „Einheit" ganz zu schweigen. – Als der parteieigene Dietz-Verlag später einen redaktionell vollständig erstellten Gesamtkatalog aller seiner bisherigen Veröffentlichungen dok. wollte, kam er nicht umhin (nun aber abgesetzt von den anderen drei ML-Klassikern), Stalin als „einfachen" Mit-Autor unter der Rubrik „Philosophie" lediglich verlagsbibliogr.-alphabetisch aufzuführen, wodurch er jedoch rein verlagsquantitativ bleibend als ungemein vorherrschender Sowjetautor in den Anfangsjahren der DDR-Phil., namentlich weiterhin bedrohlich dominierend in Erscheinung tritt, was daher hier abschließend ebenso dok. werden sollte. Allerdings hatte ihn zuvor schon ausgerechnet W. *Ulbricht bereits 1956 (gleich nach dem XX. KPdSU-Ptg.) unvermittelt als vierten Klassiker aus der offiziellen ML-Parteigesch. diskussionslos wieder getilgt u. er war damit schlagartig auch nicht mehr lehr- und zitierbar. Doch unvergessen bleibt, wie Stalin zu seinem 70. Geb. Ende 1949 (für das besiegte Gesamt-Dtl. war es das gerade noch gemeinsam begangene „Goethejahr") als erster komm. Funktionsträger mit einer entspr. (dunkelbraunen) Klassiker-Werkausgabe bedacht wurde (1954 bereits mit Bd. 13 wieder abgebrochen, jedoch später bis Band 16 dt.-sprachig sogar noch weiter fortgesetzt durch linkskomm. Stalinisten in der BRD). Erst daraufhin erschienen später eine übers. sowjet. Lenin-Werk-Ausgabe und bis 1968 schließlich die Marx-Engels-Werke (MEW), also genau in dieser chronologisch ideolg.-verkehrten und parteidiktierten Reihenfolge! Doch nicht nur der dann nachfolgende, ebenso durchgehend stalinistisch, parteiprogrammatisch wie elementarmaterialistisch vorherrschende „Leninismus" (nach 1970 zum 100. Lenin-Geb.-Jahr in der DDR nochmals verstärkt) ist eine frühzeitige Stalinsche Erfindung, sondern vor allem die lehrdogm. vereinfachte und schließ. kanonisierte Grundstruktur seiens parteiphil. Denkens (schematische Trennung von dial. und hist. Mat., von phil. Mat. und idealistischer Dialektik, von öko. Basis u. pol. Überbau, u. was dazu jeweils verrechnet wurde) blieben denkverbindlich, verbunden mit der These eines sich ständig verschärfenden ideolg. Klassenkampf an der „phil. Front" wie der generell erklärten und apodiktisch eingeforderten kollektiv-org. Parteilichkeit einer jeden Phil., was zu einer durchgehend sprachlich-einengenden wie geistig disziplinierenden Parteihörigkeit der marx.-len. DDR-Phil. führen sollte. Und diese in jeder Hinsicht wesensbestimmende, überstaatliche wie letztlich un- und außerphil., parteiorg. Institutionalisierung beherrschte die DDR-Phil. unerschütterlich poststalinistisch bis zu ihrem vollständigen parteistaatlichen Ausgang und Ende. Selbst noch im Jubiläums-Heft 10/11-1989 der DZfPh. zum 40. Jahrestag der DDR erklärte der langj. Vors. des Rates für Marx.-Len. Phil. der DDR, Erich *Hahn ungebrochen, dass er „als landwirtschaftl. Lehrling möglicherweise ohne die Broschüre Stalins niemals erfahren hätte, was Philosophie ist." (S. 996). Und punktgerecht zum 72. Geb. des Generalissimus u. genialem Führer aller Werktätigen in der ganzen Welt erfolgte zum 21. Dez. 1951 – dazu ganz nach sowjet.-pol. Vorbild – die feierliche Eröffnung des parteizentralen „Inst. für Gesell.-wiss." beim ZK der SED in Berlin mit einer entspr. Grundsatzrede ausgerechnet des früheren Sozialdemokraten Otto Grotewohl (diese Stalinrede findet sich später nicht mehr in seinen gesammelten Reden u. Schriften). Zu den beiden letzten, wiederum völlig untertänig u. kritiklos nur noch als „wiss.-genial" auf- u. übernommenen Lehrschriften zu *Marxismus und Sprachwissenschaft* (1951) sowie *Ökonomische Gesetze des Sozialismus* (1952) fanden sofort jeweils einweisende zentrale wiss.-prop. Schulungs-Konferenzen der SED-Parteiführung statt, an denen das gesamte bereits herangebildete gesell.-wiss. (wie phil.) Lehrpersonal der DDR bzw. ihrer Einheitspartei teilzunehmen hatte; der einzige def. Stalin-Artikel in der erst 1953 gegr. DZfPh (H. 1. erschien dazu mit einer nachträglich eingeklebten Traueranzeige u. einem militärischen Stalinbildnis) ist nicht zufällig eine letzte Lobeshymne des späterhin parteiamtl. „DDR-Phil. Nr. 1" Kurt *Hager in eben diesen Eröffnungheft, das aber eigentlich dem bereits zuvor parteiamtlich verkündeten nationalen Karl-Marx-Jahr 1953 gewidmet sein sollte. Auch die erste eigenstg. DDR-Phil.-Konferenz zu Fragen der Logik im Nov. 1951 in Jena war noch an Stalins sog. „sprachwiss." Marxismus-Schriftchen ausgerichtet und sollte späterhin wegen der überraschend „einmalig-genialen" Festschreibung, ohne jede wiss.-belegte Begründung, wonach die Sprache so nicht „klassenbedingt" zum Überbau gehören würde, dennoch ganz wesentlich dazu beitragen, die formale Logik als einzige phil. Disziplin weitgehend ideologiefrei zu entwickeln; doch der sonstige lehrdogmatische Schematismus Stalins wirkte ungehindert über Jahrzehnte im parteioffiziellen Lehrbuch-ML nachhaltig prägend weiter; irgend eine wirksame Kritik oder hist.-krit. Aufarbeitung des ‚phil. Stalinismus' fand im Rahmen der offiziellen DDR-Phil. damit niemals mehr statt; man unterband einfach lediglich jedes weitere Stalin-Zitieren seiner zuvor massenhaft verlegten, immer nur erfurchtsvoll-unkritisch interpr. Werke und Broschüren u. entfernte diese schließlich aus allen öffentl. Bibl. und Bildungseinrichtungen, ja entsorgte sie sogar in der Heizungskellern der Parteieinrichtungen (so in der FDJ-Hochschule am Bogensee 1961); eine spätere Beschaffung einzelner Stalinbände und Broschüren gelang daraufhin nur noch über den DDR-Altstoffhandel. – Dass jedoch keine einzige ostdt. phil. Prom.-Schrift zu Stalin nachweisbar ist, lag wiederum einzig und allein daran, dass letztlich nur die damaligenn SED-Parteiführer, alle PB-Mitglieder u. dazu ausgewählte Parteijournalisten zu diesem allerletzten noch lebenden ML-Klassiker schreiben und sich untertänigst zu ihm äußern durften, was sie später in ihren parteiamtl. „Werkausgaben" wiederum systematisch auszulöschen versuchten. Opfer des rohkomm. Großen Stalinschen Terrors der 30er Jahre in der UdSSR wurden jedoch nicht nur Lenins Mitkämpfer Bucharin und Trotzki (neben Millionen anderer Opfer dieses Systems), sondern schließlich auch die einzigen deutsch-komm. Parteiphilosophen Kurt Sauerland, Hans Günther u. K. Schmückle (Mithrsg. der 1. MEGA), an die in der DDR daraufhin lange nicht erinnert werden durfte. Die rückerinnerliche Aufnahme gerade dieses zeitbezogenen Ps.- Stichwortes „Stalin", als eines unphil. Diktators und Verbrechers, erfolgt also auch gerade wegen dieser jahrzehntelangen beschämenden Verdrängung. Das übergreifend parteiorg. gesell.-wiss. Massen-Studium der Stalinschen KPdSU-Gesch., seiner Biografie, Werke und vielen kl. Schriftchen beherrschte die ostdt. geistig-kulturelle Öffentlichkeit gut 10 Jahre 1945–55, mit der staln. Hochzeit seit 1948 bis 1953), was die nachfolgende ostdt. DDR-Stalin-Bibliogr. (mit Auflagenabfolge) immer noch erschreckend nachvollziehbar verdeutlicht. Zu den „Anfängen der DDR-Phil." gehört auch die unheilvolle Wirkung des letzten Chef-Ideologen Stalins A. *Shdanow, der 1947/48 die Sowjet-Phil. in Stalins direktem Auftrag durch massive Kritik an ihrer zeitwlg. „alliierten" westphil. Orientierung wieder auf sowjetruss. Parteikurs zu dirigieren hatte. Das vorlg. Personen-Vz. zur DDR-Phil. enthält zahlreiche übersetzte Sowjet-Phil. dieser Zeit, die nichts als nur Stalinbezügliche parteiphil. Themen kannten; selbst die verhaltene parteiamtl. Kritik an Stalins Personenkult auf dem XX. KPdSU-Ptg. 1956 u. nochmals 1961 (XXII. Ptg.) änderte letztlich nichts am weiterhin vorherr. „Stalinismus als (dann poststalinist.) System", auch wenn seine Werke einfach nicht mehr erschienen und selbst ein weiteres Zitieren aus diesen unterbunden wurde. Und als 1961 die Entfernung Stalins aus dem Lenin-Mausoleum in Moskau geschah (mit repäsentativer Beisetzung daneben an der Kreml-Mauer), da erfolgte in Ost-Berlin in einer abgesperrten Nachtaktion die unerklärte Beseitigung seines Denkmals in der Stalin-Allee wie deren schließliche Umbenennung in (verlängerte) Karl-Marx-Allee. Eine wirkl. Ause. u. Abrechnung mit Stalin u. dem Stalinismus begann daher für Ostdt. jedoch erst mit dem Ende der SED-Herrschaft u. DDR, denn dann erschienen die jahrzehntelang einfach nur verbotenen Schriften von W. *Leonhard und I. *Deutscher zu diesem „Phänomen Stalin".

Publ. (dt-sprachige u. ostdt. Ausgaben 1939/1945–1959): Gesch. der KPdSU (B). Kurzer Lehrgang (Moskau 1938), erscheint dt.-sprachig. 1945 gleichzeitig in drei Verlagen: 1. Verlag für fremdspr. Lite. Moskau 1939 (3. A. 1945), Sowjt. Militärverlag für Dtl. Berlin 1945 u. im Verlag Neuer Weg. Berlin 1945 (später Dietz-Verlag, 19. A. 1955); das darin jeweils enthaltene Kp. IV/2: Über dial. und hist. Mat. Berlin 1945 (ebs. in 3 Verlagen, Dietz-Vg. 13. A. 1959) sowie millionenhaft als Extra-Broschüre; Kurze Lebensbeschreibung. Moskau 1944 u. Bln. 1945 (13. A. 1953); Über den Großen Vaterländischen Krieg der Sowjetunion. Berlin 1945 (4. A. 1951); Über Lenin (Moskau 1943) Berlin 1945; Über die Grundlagen des Leninismus. Moskau 1941 und Berlin 1946; Fragen des Leninismus. Moskau 1938/1947 u. Berlin 1949 (7. A. 1955); Anarchismus oder Sozialismus? Berlin 1949 (2. A. 1951); Der Marxismus u. die nationale u. koloniale Frage. Bln. 1950 (3. A. 1955); Über Selbstkritik. Berlin 1950 (3. A. 1952); Der Marxismus und die Fragen der Sprachwissenschaft. Berlin 1951(6. A. 1955); Öko. Probleme des Sozialismus in der UdSSR. Berlin 1952 (7. A. 1959); zu den beiden letzten, nur noch „genialen" Lehrtexten 1951 u. 1952 fanden landesweit mehrere propagandistische ZK-Konferenzen der SED-Parteiführung statt; weitere

Nachauflagen dieser Einzelschriften erschienen in den 70er Jahren nur noch in westdt. stalinistisch-sektiererischen Selbst-Verlagen, ebenso wie nachfolgende, sogar noch erweitert-fortgeführte Werkausgabe der Gesammelten Werke Bd. 1–13. Berlin 1950–55 (abgebrochen, denn geplant waren 16 Bde der russ. Ausgabe); so erscheint diese Ausgabe erneut in der BRD nachgedruckt (während sie in der DDR aus allen öffentl. Bibl. entfernt und massenhaft vernichtet wurde) „auf Beschluß des ZK der KPD/Marxisten-Leninisten" im Verlag Roter Morgen, Dortmund 1971 u. 1976 (2. A.), ergänzt durch Bd. 14 (Febr. 1934–April 1945) und Bd. 15 (Mai 1945–Okt. 1952); Ausgw. Werke in 2 Bdn. Ebd. 1979; – 1982 ist Stalin sodann natürlich auch kein DDR-Philosophen-Stichwort mehr.

Lite. (Auswahl): Leo Trotzki: Stalin. New York 1946 u. Köln 1952; G. F. Alexandrow u. a.: J. Stalin. Kurze Lebensbeschreibung. Moskau 1944 u. Berlin 1945, erw. Fassung Berlin 1947 (13. A. 1953); Stalin, der Lenin von heute (Artikel von Mitgl. des PB des ZK der KPdSU z. 70. Geb. J. W. Stalins am 21. Dez. 1949). Berlin 1949; Unserem Freund und Lehrer J. W. Stalin zum siebzigsten Geb. (Mitgl. des Parteivorstandes der SED). Berlin 1949; Du Welt im Licht. J. W. Stalin im Werk dt. Schriftsteller. Berlin 1954; I. Deutscher: Stalin. Eine pol. Biographie. Stuttgart 1962 (DDR-Ausgabe Berlin 1990); M. Rubel: Stalin mit Selbstzeugnissen und Bilddokumenten. Hamburg 1975; R. Payne: Stalin. Macht und Tyrannei. Stuttg. 1985; D. A. Wolkogonow: Triumpf u. Trägödie. Pol. Porträt des J. W. Stalin. 2 Bde. Berlin 1990; R. Conquest: Stalin. Der totale Wille zur Macht. Mün. 1991; W. Leonhardt: Anmerkungen zu Stalin. Hamburg 2009; St. Creuzberger: Stalin – Machtpolitiker und Ideologe. Stuttg. 2009; W. Z. Rogowin: Gab es eine Alternative? 4 Teile. Essen 2000/10; Wl. Hedeler/St. Dietzsch: 1940. Stalins glückliches Jahr. Berlin u. Moskau 2011; S. S. Montefiore: Am Hof des roten Zaren. Frankf./M. 2005 u. Der junge Stalin. Ebd. 2007; D. Losurdo: Stalin: Gesch. u. Kritik einer schwarzen Legende. Köln 2012; J. Baberowski: Verbrannte Erde. Stalins Herrschaft der Gewalt. München 2012; L. Martens: Stalin anders betrachtet. Frankf./M. 2013; O. V. Chlevnjuk: Stalin. Eine Biographie. München 2015; Simon Ings: Triumpf und Tragödie. Stalin und die Wissenschaftler. Hamburg 2016.

Stammler, Gerhard
3. Mai 1898–20 Febr. 1970
Logisch-methodolog. Arbeiten in der NS-Zeit, aber keine univ.-phil.
Weiterbeschäftigung

Geb. in Halle als Sohn des neukant. Rechtsphil. Rudolf Stammler(1856–1938); dortg. Stadtgymn. u. Abi. 1917, aber keine Kriegsteilnahme (Augenleiden); anschl. Studium der Mathe., Naturwiss. sowie Phil. in Berlin u. daselbst 1921 phil. Prom. bei A. Riehl zu *Berkeleys Phil. der Mathematik* (publ. Kant-Studien, Erg.-H. 55, Berlin 1921, Reprint 1973), dem sich 1924 in Halle die Habil. z. Thema *Der Zahlbegriff bei Gaus. Eine erkenntnistheor. Untersg.* (publ. 1926, Nachdruck 1965) anschloss; Ernennung zum a.o. Prof. scheiterte an einer wiss. unkorrekten Leibniz-Monographie 1931; nach 1933 behauptete er dann aber, schon seit 1930 selbst "antimarx. Seminare" abgehalten zu haben u. tritt daher sofort z. 1. Mai 1933 in die NSdAP ein; sein Schlüsselwerk „Deutsche Logikarbeit seit Hegels Tod" wird aber sowohl von Fach-Historikern wie von den NS-Instanzen als zu „chritologisch" bewertet (zu dieser Zeit der BK beigetreten), was wiederum seine univ. Beförderung zu gefährden droht; daher wieder Austritt aus dieser u. briefliches Hilfeersuchen beim sog. „Stellvertreter des Führers" Rudolf Hess; der Hallenser Nazi-Phil. H. Springmeyer (Schüler von A. Baeumler u. Mitarbeiter im sog. „Amt Rosenberg") befürwortet daraufhin die professorale Ernennung. des „Fach-Logikers", die schließlich 1939 erfolgt, weil das wichtig sei für die „kommende Ause.

mit der außerdt. Phil." (den jüd. log. Positivismus); bis 1944/45 wurden ganz traditionelle phil.-geschtl. Themen in der Lehre behandelt; mit der Entnazifizierung nach 1945/46 „im Zuge der pol. Bereinigung des Lehrkörpers" zum 31. Okt. dennoch entlassen, wodurch es auch keine Logik-Ausbildung mehr in Halle geben sollte; zeitweilige Hilfsanstellung in der Univ.-Bibl.; P. *Menzer wird als phil. Ordinarius u. Seminar-Direktor reaktiviert und hält daher einstündg. Sem. zu „Logik und ET.", damit die spätere Struktur der ersten DDR-Phil.-Institute 1951 vorwegnehmend; St. konnte später am kirchl. Obersem. in Naumburg wieder phil. lehren und viele seiner früheren Schriften wurden dann in Westdt. nachgedruckt; zeitweilig sogar stellv. Leiter der Evangl. Aka. Sachsen-Anhalt u. phil.-log. Ausbildung vieler innerkirchl. Absolventen wie späterer DDR-Theologen; verst. am 20. Febr. 1970 in Schönebeck/Elbe.

Publ.: Begriff, Urteil, Schluß. Untersuchungen über Grundlagen und Aufbau der Logik. Halle 1928; Leibniz. Gesch. der Phil. in Einzeldarstellungen. Abtg. IV/Bd. 19. Mün. 1930 (Reprint 1973); Nicolaus von Kues. Reihe: Die gr. Vorbilder, H. 4/5. Wedel in Holst. 1946; Vom Welt- und Menschenverständnis seit der Renaissance. Studien der Jungen Gemeinde, H. 33 Berlin-Dahlem 1952; Erkenntnis u. Evangelium. Grundzüge der ET als Lehre vom Sachverhalt. Göttingen 1969. – (Hrsg. G. Schenk u. R. Mayer): Philosophisches Denken in Halle. Abtg. III/2. Beförderer der Logik.– Gerhard Stammler u. a. Halle 2002.

Stegmaier, Werner
19. Juli 1946
Geb. in Ludwigsburg; Lehrer-Studium der Phil., Germanistik u. Lateinistik in Tübingen, und daselbst bei J. Simon und K. Ulmer phil. Prom. 1974 z. Thema *Der Substanzbegriff der Metaphysik. Aristoteles – Descartes – Leibniz* (publ. Stuttgart 1977); 1974–82 Unterricht an Stuttg. Gymnasien u. Ausbildg. von Studienreferendaren in Deutsch und Phil.; 1984–88 wiss. Mitarbeiter an der Univ. Bonn (bei Prof. Simon) u. Redaktion der Allgm. Zft. für Phil.; 1990 Habil. in Bonn z. Thema *Philosophie der Fluktuanz. Dilthey u. Nietzsche* (publ. Stuttg. 1992); 1991–94 Lehrstuhlvertretung und Gastprof. an der Kirchl. HS Berlin wie an der EMAU Greifswald (Theolg. Fak., da das Inst. für Phil. abgewickelt wurde); 1992 Gründungsdirektor des erneuerten Inst. für Phil. daselbst u. 1994 Lehrstuhl für Prakt. Phil. (Ethik) sowie dann 15 Jahre lang ununterbrochen geschäftsf. Direktor; 1992/93 Wiedereinstellung (nach erfolgreicher Prozessführung gegen die landesherrschaftliche Inst.-Abwicklung mit anschl. Warteschleife und undifferenzierter pauschaler Entlassung aller Mitarbeiter in die Arbeitslosigkeit, trotz pos. Evaluierung in Schwerin u. Weiterbestehens eines Phil. Inst. in Greifswald) von vier vormaligen ostdt. Mitarbeiter (2 Assistenten, ein HS-Dozent u. ein HRG-Prof. als wiss. Mitarbeiter), wodurch es für einige Jahre eine einmalige paritätische ost-westl. (fachphil.) Istitutszusammensetzung in Greifswald gab; danach besetzt wurden noch: eine C4-Stelle für Theor. Phil. u. Logik (Geo *Sigwart) sowie eine C3-Stelle für Kulturphil. u. Ästhetik (M. Astroh); 1997 Interntl. Konferenz zum Jüdischen Nietzschianismus u. Integrationsversuche mit Nord- u. Osteuropa 1995–04 (zus. mit H. *Frank nach Leningrad u. C. *Häntsch nach Helsinki ausgerichtet); seit

1999 Mithrsg. der Nietzsche-Studien (bei zeitwlg. Anstellung u. erfolgreicher Habil. von A. Urs Sommer 2004); regulär 2011 in Greifswald em. mit einer Abschiedsvorlg. in der berühmten Univ.-Aula (Hm. Kant) z. „Amt der Philosophie", worin jedoch sein Wechsel bzw. seine selbst verbeamtete Berufung an eine ostdt. Univ. wie die doch damit eigentlich zusammenhängende landesamtl. Neugründung, vollständige Neu- u. Umorientierung des dortg. kleinen Phil.-Instituts absolut keine Rolle (mehr) spielt; das gilt dann auch für die vorangegangene einhundertj. Greifswalder Universitäts- philosophiegesch. 1858–1958 (von Leop. George bis G. *Jacoby), von der nachfolgend allein marx.-len. Phil.-Entw. auch in Greifswald gänzlich abgesehen. Vgl. hierzu Bd. IV dieser Reihe zur Gesch. der DDR-Phil. u. ihre Institute (Bln. 2017), Unterabs. zur nachkriegsteitl. Gesch. der Univeritätsphil. Greifswald daselbst.

Publ.: (Hrsg. mit T. Borsche): Zur Phil. des Zeichens. Berlin 1992; Nietzsches „Genialogie der Moral" (Werkinterpretation): Darmstadt 1994; (zus. mit H. Frank): Hauptwerke der Phil. Von Kant bis Nietzsche. Interpretationen. Stuttg. 1997; (Hrsg. mit J. Simon): Zeichen u. Interpretation IV–VI. Frankf./M. 1998/2000; (Hrsg.): Europa-Philosophie. Berlin 2000; (Hrsg.): Die phil. Aktualität der jüdischen Tradtion. Frankf./M. 2000; (Hrsg.): Orientierung. Phil. Perspektiven. Frankf./M. 2005; Phil. der Orientierung (Hauptwerk mit 800 S.) Berlin 2008; Emmanuel Levinas zur Einführung. Hamburg 2009; Friedrich Nietzsche zur Einführung. Hamburg 2011; Mit-Hrsg. der Ges. Werke von Felix Hausdorff, Bd. VII. Phil. Werk. Heidelberg 2004 bzw. Bln. 2013; Nietzsches Befreiung der Phil. (Textinterpretationen). Berlin/Boston 2012; Luhmann meets Nietzsche. Orientierung im Nihilisms. ebs. 2016.

Stegmüller, Wolfgang
3. Juni 1923–1. Juni 1991
Analytische Wissenschaftstheorie und Analyse der Gegenwartsphilosophie in München
Geb. in Natters, Tirol-Österreich, wo er zu Kriegzeiten an der Univ. Innsbruck zunächst Wirtschaftswiss. studiert (Abschluss 1944 als Diplom-Volkswirt) und im Nebenfach Philosophie; dazu dann 1947 auch phil. Prom. sowie 1949 ebenda Habil. zum Thema *Sein, Wahrheit und Wert in der heutigen Phil.*; anschl. einjh. Studienaufenthalt 1953/54 in Oxford; nach Gast- u. Vertretungsprof. in Kiel und Bonn erhielt er 1958 in Mün. einen Lehrstuhl für Phil., Logik u. Wissenschaftstheorie, womit nach ihrer „Vertreibung" 1938 aus Wien die „Transformation/Rückkehr" (Fr. Stadler, 2010) der analytischen Wissenschaftstheorie (Logik und ET) in ganz Dtl. einsetzte; also keineswegs nur in der BRD, sondern unmerklich u. zumeist unausgesprochen (natürlich marx.-leninistisch kritisiert ebenso wie „übersetzt" und integriert) allmählich auch im Rahmen der marx.-len. DDR-Philosophie; in der seit 1951 best. Phil.-Abt. „Logik u. ET" des Berliner Inst. für Phil. (1953 bis 1966 G. *Klaus/D. *Wittich) gehörten alle damalg. Stegmüller-Schriften unangewiesenen zur, zwar „nichtmarx.-spätbürgerl.", aber fachphil.= logisch-erkenntnistheor. anerkannten „Pflicht-Literatur", woran jede vorangegangene rein ideologiekritische Verurteilung des „log. Empirismus" bzw. „Neopm." (insbesondere seiner Wahrheitstheorie, z. B. auch noch durch A. *Schaff, 1954) nichts mehr zu ändern vermochte; das setzte sich später so fort mit W. Stegm. 2., ebenso ständig erw. Hauptwerk, den *Hauptströmungen der Gegenwartsphil.* (1952 bis zur 4. vierbdg. Ausgabe von 1989); dieses unkonventionelle phil.-hist. Standardwerk

jener Jahre bildete sozusagen das sachliche Gegenstück zu den wesentlich ideologiekrit. Schriften von G. *Lukacs (Zerstörung der Vernunft, 1954) u. W. *Heise (Aufbruch in die Illusion, 1964), wobei das demonstrative Aussparen jeglicher Bezüge zu Hegel und Marx, Bloch oder Lukacs (aber auch zur Frankf. Schule und Habermas) nicht weiter störte; denn erstere kannten wir zur genüge im Original u. letztere wurden ganz ähnlich ideologisch-kaschiert rezipiert; 1966/67 korr. Mitgl. der Österr. wie Bayrischen Aka. der Wiss.; 1990 em. u. noch im gl. Jahr Ehrenpräsident der da schon gesamtdt. gegründeten „Gesell. für Analytische Phil."; aber bereits 1991 in München früh verst.

Publ.: Hauptströmungen der Gegenwartsphil. Eine kritische Einführung. Wien 1952 (2. erw. A. Stuttgart 1960, ständig erw. Auflagen bis 1989 vierbändig); Metaphysik – Skepsis – Wissenschaft. Frankf./M. 1954 (2. erw. A. 1969); Das Wahrheitsproblem und die Idee der Semantik. Eine Einführung in die Theorie von A. Tarski und R. Carnap. Wien 1957 (2. A. 1977); Glauben, Wissen u. Erkennen, beigefügt: Das Universalienproblem einst und jetzt. Darmstadt 1965 (2. A. 1967); Einheit u. Problematik der wiss. Welterkenntnis. Mün. 1967; Der Phänomenalismus und seine Schwierigkeiten. Darmstadt 1969; Aufsätze zur Wissenschaftstheorie. Darmstadt 1970 (2. A. 1980); Das Problem der Induktion. Humes Herausforderung u. modernere Antworten. Darmstadt 1975; (Hrsg.): Das Universalienproblem. Darmstadt 1978; Rationale Rekonstruktion von Wissenschaft und ihrem Wandel (mit einer autobiogr. Einleitung). Stuttgart 1979; Neue Wege der Wissenschaftsphil. Bln. 1979; Probleme u. Resultate der Wissenschaftstheorie u. Analytischen Philosophie, 4 Bde. Berlin 1973/85.

Steigerwald, Robert
24. März 1925–30. Juni 2016
Philosophischer DKP-Theoretiker und unermüdlicher Streiter wider jeden unmarx. „Revisionismus"
Geb. in Frankfurt am Main in einer Arbeiterfamilie; nach der Volksschule kaufmännische Lehre und 1943–45 Arbeits- u. Militärdienst; 1946 nachgeholtes Abi. auf der Abendschule, jedoch keine konkreten Angaben zum (angebl.) Studium der Gesch., Germanistik und Phil.; zunächst SPD-Mitglied, ab 1948 KPD u. delegiert z. Zweijahres-Studium an die PHS in die SBZ/DDR (Kleinmachnow); anschl. ML-Phil.-Lehrer daselbst; 1951 Rückkehr nach Westdt. zur komm. Parteiarbeit, deswegen mehrfach verurteilt u. danach illegale Arbeit für das ZK der KPD; 1968 phil. Prom. an der Ostberl. AdW der DDR z. Thema *Darstellung u. Kritik der Entwicklung der phil. Ansichten Herb. Marcuses als der gegenwärtig wirksamsten Version eines „dritten" Weges zw. bürgerl. und prolt. Ideologie* (publ. sowohl im Aka.-Verlag Berlin wie im Verlag Pahl-Rugenstein, Köln 1969 unter dem kürzeren Titel „Herbert Marcuses dritter Weg", auch Prag 1971); auf gl. Weise erfolgte 1978 die Prom. B zum Thema *Phil., Gesellschaftstheorie, Sozialismus: Eine Studie über den Zusammenhang von bürgerl. Phil. und Revisionismus im imperialist. Dtl.* (ebenso zweifach 1980 publ. unter dem Titel "Bürgerl. Phil. und Revisionismus im imperialist. Dtl." im Ostberl. Aka.-Verlag u. als dessen Lizenzausgabe in Frankf./M.); erhielt damit alle seine aka. Abschlüsse u. nachfolgenden aka. Titel als westdt. Bundesbürger ungehindert in der DDR, was umgekehrt keinem DDR-Bürger (außer einigen kath. Geistlichen) erlaubt gewesen wäre, im Westen überhaupt zu studieren (abgesehen von den als „Stasi-Spionen" dazu langfristig westdelegier-

ten „Friedenskämpfern an der unsichtbaren Front"); weiterhin Autor dreier Bändchen der Buhrschen „Kritik-Reihe" 1972/75 (Nr. 15-32-52), wo bei das gemeinschaftl. Jubl.- Heft-Nr. 100 mit M. *Buhr (wiederum Berlin wie Frankf./M. 1981) den ideolog.-utopisch wahrlich abenteuerlichen „Anspruchs-Titel" trägt: „Verzicht auf Fortschritt, Geschichte, Erkenntnis u. Wahrheit. Zu der Grundtendenzen der gegenwärtigen bürgerl. Philos." (russ. Übers. Moskau 1984); seit erfolgter legaler Wiederbegründung der DKP in derem Parteivorstand u. Leiter des Referats „Theorie und marx. Bildung", damit ihr meistpublizierender Chefideologe; als solcher mischte er sich parteiamtlich in den 70/80er Jahren auch regelmäßig in die „inneren" phil. Debatten der DDR ein, sei es bei der sich anbahnenden G. *Lukacs-Wiederbeschäftigug, der Internationalen Hegel-Gesell. (parteiinterne Unterstützung von M. *Buhr u. Förderung von H-J. *Sandkühler in dieser) oder auch bei der „Ruben-Affäre" 1981; langj. Chefred. der „Marxist. Blätter" wie später Ehrenvors. der Marx-Engels-Stiftung e.V. in Wuppertal; von der noch weiter linksradikal (maoistisch) stehenden „Marx.-Leninistischen" Gruppierung zunehmend selbst wegen eines schon verbürgerlichten „Chruschtschow-Revisionismus" seit 1956 verdächtigt u. kritisiert; daher sein ständig weitergehender ideologisch-pol. Absicherungskampf gegen jede Abart von Revisionismus und für den elementaren Bekenntnis-Materialismus im Marxismus; 2005 gesamtdt. Festschrift „Phil. und Politik" z. 80. Geb., hrsg. von W. Gers u. H. H. *Holz, woran von ostdt. Seite folgende ehemlg. DDR-Phil. mitwirkten: R. *Wahsner, H. *Klenner, M. *Buhr, Fam. *Hörz, E. *Hahn, A. *Schölzel u. Wo. *Richter, jedoch nicht mehr H. J. *Sandkühler aus Bremen; z. 90. Geb. Festveranstaltung für einen marx. „Durchhalter" mit Beiträgen von A. *Gedö (Budapest), A. *Kosing (Alanya), M. *Lauermann (Hannover) und erneute Würdigung in der „J. W." v. 24. März 2015; verst. 2016 in Eschborn.
DDR-Philosophenlexikon 1982 (J. *Schleifstein).

Publ.: (gem. mit W. Gers): Für eine sozial. Bundesrepublik. Fragen u. Antworten zur Strategie und Taktik der DKP. Frankf./M. 1976 (2. A. 1977); Der „wahre" oder „konterrevolutionäre" Sozialismus. Was wollen Havemann, Dutschke, Biermann? Frankf./M. 1977; Marx. Phil. (Hist. und Dial. Mat.). „Einführung für die Jugend". Frankf./M. 1979; Marxismuskritik heute. Probleme, Widersprüche, Widerlegungen (u. a. gegen den „Neo-Marxismus von Bloch" u. das „Revisionistische im Spätwerk von Lukacs" sowie „Wetters Dialektik-Kritik"). Aka.-Verlag. Berlin 1986; Einführung in die marx. Phil. (5. durchges. A.). Düsseldorf 1987; Abschied vom Materialismus? Mat. u. moderne Wiss. Bonn 1994; Mat. Phil. Eine Einführung für junge Leute (6. überarb. A.). Essen 1996; Abschied vom Materialismus? Zur Antikritik heutiger Materialismuskritik. Schkeuditz 1999; Komm. Stand- u. Streitpunkte. 2002 (gem. mit H.-P. Brenner): Zu den Ause. in der DKP um den rechten u. linken Revisionismus. Essen 2010; Vermischte Schriften in bisher 5 Bänden Berlin. Kulturmaschinen 2009–13.

Steinacker, Peter
6. Mai 1952
Logiker der Kreiser-Schule in Leipzig
Geb. in Bad Frankenhausen/Kyffh. als Sohn eines Müllers; 1958–66 Besuch der POS „Thomas Müntzer"; 1968 auf der „Sprach"-ABF Halle u. 1970 Abi.; danach Mathe.-Studium an der sowjet.-ukrainischen Univ. Odessa bis 1975; phil. Prom. 1979 an der

KMUniv. Leipzig z. Thema *Superschwache modale Kalküle u. einige epistemische Anwendungen* (Gutachter: L. *Kreiser, Kostjuk u. Lednikow); Logik-Seminare u. -Vorlesung für Phil.-Studenten u. 1987 Prom. B z. Thema *Nichtklass. Negationen und Alternativen, Untersuchungen zur Ausdrucksfähigkeit modalisierter Funktionen* (Gutachter: L. *Kreiser, H. *Wessel, W. *Stelzner); ungewöhnlich viele gesellschaftspol. Aktivitäten an der Sektion u. 1988 Berufung zum univ. HS-Doz. f. Logik an der Sektion Marx.-len. Phil. der KMU Leipzig; lehrte nachwendisch weiter Nichtklassische Logiken am Inst. für Phil. der Univ. Leipzig als wiss. Mitarbeiter.

Steindl, Regina
7. Febr. 1952
Akademiephilosoph. Bearbeiterin von Platons Werken u. abschließende Feuerbach-Ed.
Geb. in Eisenach als Tochter eines dortg. Brauerei-Direktors; altphilog. Ausbildung an der FSU Jena (bei E. G. *Schmidt) u. seit 1980 Anstellung im Bereich Edition (Bereichleiter S. *Dietzsch) des ZIfPh der AdW; verantw. für die wiss. Durchsicht einer achtbändg. Platon-Edition 1984–89 des Aka.-Verlages (Nachdruck) sowie der von Fr. *Basenge hrsg. „Metaphysik"-Ausgabe des Aristoteles, ebd. nachaufgelegt 1990 (1. A. 1960); aka.-phil. Prom. A 1990 z. Thema *Ludwig Feuerbachs Darstellung der Gesch. der antiken Phil. in seinen Vorlg. über die Gesch. der Phil. in Bezug auf Logik u. Metaphysik (Erlangen 1829–1832)*. (Betreuer/Gutachter: W. *Schuffenhauer); weiterhin Mitwirkung an der nachwendisch endgültig abzuschließenden Feuerbach-Werkausgabe, Nachlass 1 (Erlangen 1819–32).

Steininger, Herbert
24. Aug. 1929–verst.
ML-Prorektor für Gesellschaftswissenschaften an der HU zu Berlin
Geb. in Schmardt, Oberschlesien; Eltern werktätige Bauern; 1934–42 VS u. 10-Kl-Abschluss; kurzer Wehrdienst 1944/45 und 1945/46 Landarbeiter; 1946/47 Ausbildungslehrgang für Neulehrer mit Qualifikation als Fachlehrer für Physik u. Chemie, bis 1950 Unterricht in Frankf./O.; 1952 Kreisschulrat in Seelow u. 1954–56 stellv. Vors. des Bezirksrates Frankf./Oder; gleichzeitg. Fernstudium an der Dt. Aka. für Staats- und Rechtswiss. Potsdam mit jurist. Abschluss, Staatsexamen 1954; 1957 Aufnahme einer parteiphil. Asp. am IfG beim ZK der SED u. phil. Prom. 1962 z. Thema *Kritik der neothomist. Lehre von der Entwicklung* (Gutachter: G. *Redlow u. V. *Stoljarow); 1962–64 Mitarbeiter im Staatssekr. für HFS-wessen der DDR; späterer praktisch-pol. Einsatz im gesell.-wiss. Grundstudium an der HU Berlin u. Ernennung z. ML-Prof. für dial. u. hist. Mat., auch Prorektor für Gesellwiss. und Direktor der ML-Sektion ebd.; zeitweilig Bereichsleiter für phil.-methodolg. Probleme der Gesell.-wiss. an der Berl. Phil.-Sektion, spezialisiert auf entspr. phil. Probleme der Pol. Ökonomie (Leiter einer univ. AG, zu der u.a. auch P. *Ruben u. R. *Land gehörten) u. daher 1981 auch idolg.-parteil. Distanzierung in der Ruben-Affäre; nachwendisch Vorruhestand u. Berentung; gänzlich unbekannt verst.

Publ.: Mein Kind und unsere Welt. Über den Sinn der Jugendweihe in der DDR. Berlin 1961; Dial.-mat. Entw.-lehre. ABC des ML. Berlin 1962; Was ist Freiheit? Ebenso Berlin 1964 (2. A. 67); Dialektik als Wiss. u. Waffe. Ebs. Bln. 1966/67; Was nützt Philosophie? Berlin 1984; Einführung in Lenins Schrift "Die prolt. Rev. und der Renegat Kautsky". Berlin 1985 (2. A. 1988). – sechsfacher Autor der DZfPh. 1966–1974.

Stekeler-Weithofer, Pirmin
21. Dez. 1952
Gründungsprofessor für Theoretische Philosophie an der Universität Leipzig
Geb. in Meßkirch; nach dem Abi. umfassendes Studium der Mathematik, Theor. Sprachwiss. und Phil. in Konstanz, Berlin, Prag u. Berkeley; 1984 phil. Prom. *Zur Kritik formalistischer Logikauffassungen* und 1987 Habil. *Zur mathematischen Modellbildung am Beispiel der Geometrie*; anschl. zahlreiche internationale Lehr- u. Forschungseinsätze, u. a. 1990–92 in Pennsylvania; 1992 Gründungsprof. für Theor. Phil. an der Univ. Leipzig u. seit 1998 ordtl. Mitgl. der Sächs. Aka. d. Wiss. zu Leipzig, seit 2008 auch deren Präsident; 1999–2005 Geschäftsführer der Dt. Gesell. für Phil. (DGPhil.); „Gegen Ansichten der Analyt. Phil. hält er die Sprache von Hegel, Nietzsche und Heidegger für phil. sinnvoll interpretierbar" u. verfasste daher einen bemerkenswerten sprachanalytischen Kommentar zu Hegels „Wiss. der Logik"; Hrsg. der Onlineausgabe „Denkströme". Journal der Sächs. Aka. der Wiss.; bei Nachfragen und Gesprächen offen für alle Probleme (auch Personalien) zur vormlg. der DDR-Phil.

Publ.: Grundprobleme der Logik. Elemente einer Kritik der formalen Vernunft. Berlin 1986; Hegels Analyti. Philosophie. Die Wiss. der Logik als kritische Theorie der Bedeutung. Paderborn 1992; Sinn-Kriterien. Die log. Grundlagen kritischer Philosophie von Platon bis Wittgenstein. Paderborn 1995; Was heißt Denken? Von Heidegger über Hölderlin zu Derrida. Bonn 2004; (zus. mit Fr. Kambartel): Sprachphilosophie. Probleme u. Methoden. Stuttg. 2005; Formen der Anschauung. Eine Philosophie der Mathematik. Berlin 2008; Hegels Phänomenologie des Geistes. Ein dialog. Kommentar. 2 Bde. Hamburg 2014.

Stelzner, Werner
3. Jan. 1947
Logik-Prof. in Jena während der Wendezeit 1987–1993
Geb. in Rochsburg (Sachsen); daselbst 1953–56 Grundschule, bis 1961 Zentralschule in Lunzenau und bis 1965 EOS Rochlitz, Abitur mit Berufsausbildug als Handformer; anschl. Phil.-Studium in Lpz. bis 1969 (Diplomarbeit über „Gottlob Freges Def.-lehre") u. ein 1 Jahr befr. Ass. für Logik (Lehrer K. *Berka u. L. *Kreiser) sowie weitere mathe. Grundlagenausbildung ebenda; 1970 wiss. Asp. an der Phil. Fak. der Mosk. Univ., abgeschl. mit einer log.-phil. Diss. 1973 z. Thema (betreut durch A. *Sinowjew) *Logische Probleme der Diskussion* (Kand. der phil. Wiss.); zur gl. Zeit auch parteipol. eingesetzt als stellv. Vors. der Mosk. DDR-Stud.- u. Asp.-Delg. (u. dadurch geschäftsf. Stasikontakte); ab 1973 wieder in Leipzig als wiss. Oberass. an der Sektion ML.-Phil./WK und 1979 Prom. B z. Thema *Effektive epistemische Logik* (Gutachter: L. *Kreiser, H. *Wessel, H. *Kreschnak -publ. Berlin 1984); 1980 Doz. für Logik ebd. u. 1986 vier-

monatl. Forschungsaufenthalt in den USA (dadurch West-Reisekader); 1987 o. Prof. für Logik an der Sektion Marx.-len. Phil. der FSU Jena (spätere Antrittvorlg:„Dialog u. Logik") und 1989 nochmalg. Studienaufenthalt am Center for Philosophy of Science der Univversity of Pittsburgh; 1990 Gründungsmitgl. u. 1. Vizepräsd. der Gesell. für Analytische Phil.; nach erfolgter Abwicklung der ML.-Phil.-Sektion auch in Jena zunächst problemlose (positiv evaluierte) univ. Übernahme bzw. Umberufung ins neu strukturierte Jenenser Phil.-Inst. als Logik-Prof. (Gründungsdirektor W. *Becker aus Gießen); jedoch mit nachfolg. Stasi-Überprüfung 1993 (auch weil zuvor nicht angegeben) fristlose univ. Lehrentlassung durch die thüring. Landes-Univ. Jena (ansonsten „überlebte" in Ostdt. personell gerade die „Logik" in Halle (G. *Schenk), Leipzig (L. *Kreiser) u. Berlin (H. *Wessel); danach Realisierung versch. Logik-Projekte u. 1996–2001 sowie 2009-2011 wiss. Mitarb. der Univ. Bremen; dazwischen weitere Forschungsaufenthalte in den USA und nachfolgend vereinzelte Lehraufträge.

Publ.: (gem. mit L. Kreiser u. S. Gottwald): Nichtklass. Logik. Eine Einführung. Berlin 1990; (Hrsg.): Phil. und Logik. (Frege-Kolloquium 1989 u. 1991). Berlin 1993; (Hrsg. mit I. Max): Logik und Mathematik. Frege-Kolloquium 1993. Berlin 1995; Gottlob Frege. Jena u. die Geburt der modernen Logik. Jena 1996; (Hrsg. mit M. Stöckler): Zwischen traditioneller u. moderner Logik. Nichtklass. Aufsätze. Paderborn 2001; (mit L. Kreiser): Traditionelle und nichtklass. Logik. Paderborn 2004; Logik der Zustimmung. Hist. u. systm. Perspektiven der epistemischen Logik. Münster 2013.

Stern, Viktor
29. Okt. 1885–27. März 1958
Erster parteimarx. Philosophie-Prof. der SED-PHS „Karl Marx" seit 1947
Geb. in Triesch bei Iglau in Mähren (Tschechien) als Sohn eines jüd. Seelsorgers; 1891–1904 VS u. Gymn.; anschl. Studium an der Phil. Fak. (mit Naturwiss.) der Univ. Wien, abgeschl. mit der phil. Prom. 1908 z. Thema *Die log. Mängel der Machschen Antimetaphysik und die realistische Ergänzung seines Positivismus* (publ. in der Vierteljahresschrift für wiss. Phil. u. Soziologie 3/1914); gleichzeitig pol.-org. in der SPÖ wirksam u. intensive Bekanntschaft mit dem Austromarxismus; Lebensunterhalt als Privatmittelschullehrer für naturwiss. Fächer; übl. Teilnahme am Ersten Weltkrieg auf österr. Seite, schließlich auch als Offizier; 1919 in Berlin zunächst Mitglied in der USPD, 1920 Wechsel zur KPD; wegen linkspol. (komm.) Pressearbeit schließlich aus Österreich ausgewiesen; 1920/21 Teilnahme an den Ruhrkämpfen, danach Rückkehr nach Wien u. 1921/22 Chefred. der dortg. Ausgabe „Die Rote Fahne"; damit zugl. Mitgl. des pol. Büros der KPÖ, die er im Nov. 1922 als österr. Delegierter auf dem IV. Weltkongreß der (III.) Komm. Internationale (KI) in Moskau vertrat; 1923/24 Übersiedlung in die Tschechoslowakei und Mitglied der KPC wie deren Parteiführung; 1925–32 auch für diese Abgeordneter der tschechosl. Nationalversammlung und 1925/26 ihr Vertreter in der Mosk. KI (1945/46 nochmals); 1928 Hrsg."Roter Trommler", einer „Zft. der Arb.- u. Bauernkinder"; ab 1935 in Moskau als Emigrant u. Einsatz als Polit-Lehrer an der Internationalen Lenin-Schule, aber auch weiterhin als Propagandist im App. der KI; überlebte offenbar den Stalinschen Gr. Terror unbeschadet u. 1945 SU-Orden

„Roter Stern"; nachkriegszeitlich zunächst Rückkehr in die Tschechoslowakei, dann jedoch 1946 zentralparteibeschl. „Übersiedlung" in die SBZ u. dortg. Übernahme in die SED; sofort wieder parteipol. wie phil. Lehrtätigkeit und 1947 Übernahme des 1. Phil.-Lehrstuls für dial.-hist. Mat. an der PHS in Kleinmachnow; 1952 durch ZK-Beschluss Verleihung des entspr. Prof.-Titels; lehrte „zeitbedingt" streng orthodox die Stalinschen „Grundzüge des dial. u. hist-Mat." (publ. 1947), u. dies auch hinsichtlich einer entspr. elementarmat. Interpretation der modern. Naturwiss. (Physik); Hrsg. des Leninschen „Phil. Nachlaß" (noch mit Vorwort, Berlin 1949, 2. A 1954); nach längerer Krankheit 1955 pensioniert und am 27. März 1958 in Potsdam-Babelsberg verst., beigesetzt aber auf dem „Zentralfriedhof der Sozialisten" in Berlin-Friedrichsfelde. DDR-Personen-Lex. 2010 (H.-C. *Rauh).

Publ.: Einführung in die Probleme der Ethik. Wien 1912; Grundzüge des dial. u. hist. Mat. Berlin 1947; Stalin als Philosoph. Berlin 1949; Erkenntnistheor. Probleme der modern. Physik. Berlin 1952; Zu einigen Fragen der marx. Phil. (streitbare Artikelsammlung). Berlin 1954. – Sechsfacher Disk.-Autor der DZfPh 1953–57.

Steußloff, Hans
10. März 1929
ML-Philosoph an der SED-Parteihochschule Berlin
Geb. in Leipzig, Eltern Arbeiter; 1935–43 VS, dabei erst im „Jungvolk", dann HJ; 1943–46 erlernter Beruf des Landkartenzeichners; 1946 univ. Vorstudienanstalt Leipzig mit Abi. 1947; zunächst 1947–49 Studium der Gesch. an der Univ. Leipzig, dann Wechsel zur Gesell.-wiss. Fak., um Lehrer für ML zu werden; sofortg. Einsatz als Hilfass. durch das FMI u. Doz.-Lehrgang in Eberswalde 1951 unter der Leitung von M. *Klein; Staatsexamensprüfung als Lehrer für Gesell.-wiss., Fachrichtung „Grundlagen des ML" (Diplom-Prüfungszeugnis des neuen Staatssekretariat für HSW) u. entspr. Lehreinsatz im gesell.-wiss. Grundstudium an der Pädg. Fak der Univ. Leipzig; ab 1958 Einsatz als Prorektor Gewi an der HS für Binnenhandel Lpz.; außerplm. Asp.-Begehren beim ZK-IfG mit einem von M. *Klein (ehemlg. Pfarrer) angeregten u. betreuten Thema (prom. 1959/60 daselbst) z. *Kritik der bibl. Geschichte durch D. F. Strauß u. die mod. evangl. Theologie in Dtl.* (Gutachter: H. *Ley, M. *Klein, -Prom.-Disk. verlangte weniger Bibelanalyse und mehr Religionskritik!); 1960–67 Dozent für hist. und dial. Mat. am Inst. für ML der KMU Leipzig; 1967 Habil. an der Univ. Jena (damlg. univ. Zentrum f. marx. Religionssoziologie) mit einer Arbeit *Zur Kritik der idolg.-theor. Verschleierung des Todesproblems in der modernen christl. Theologie* (Gutachter: M. *Klein, O. *Klohr); danach 1969–74 o. Prof. für Hist. u. Dial. Mat. am Bereich Medizin der KMU u. 1974–1990 schließlich an der PHS „Karl Marx" beim ZK der SED Berlin Leiter des Lehrstuhls Marx.-Len. Phil. (Inst.-Direktor ist Hr. *Opitz/Rektorin H. *Wolf); als diese zentrale Parteieinrichtung mit dem Ende der SED-Alleinherrschaft in der DDR geschlossen wird, erfolgt auch in Leipzig eine nachholende ML-Abberufung z. 1. 6. 1990 (eigener Antrag) durch den Landesbildungsminister H.-J. Meyer; ab 1990 Vorru-

hestand und seit 1994 regulärer Altersrentner; – Als „Hrsg.-Kollektiv" erlangte sein LB (Dial. u. hist. Mat.) für das marx.-len. Grundlagenstudium 1989 die 16. Auflage.

Publ.: (Hrsg.): Die Junghegelianer (D. F. Straus, B. Bauer, A. Ruge). Ausgw. Texte. Schriftenreihe Phil. Erbe (hrsg. von O. R. Gropp). Bd. 5. Berlin 1963; (Red.): Medizin u. Phil., Arzt u. Gesell. Univ.-Lpz. 1965; (Hrsg.): Marx, Menschenbild u. Medizin. Berlin 1968; Marxismus u. sozial. Humanismus. Univ. Leipzig 1968; (Mithrsg. der Reihe): Vorzüge des Sozialismus. Lektionen der PHS „Karl Marx", H. 6: Humanismus. Berlin 1977; (Mitautoren H. Klotsch u. F. Kohlsdorf): Phil. der Arbeiterklasse. Vorlg. zum Hist. Mat. Berlin 1977; Erkenntnis u. Praxis, Wahrheit u. Parteilichkeit. Grundfragen der marx.-len. Phil. Berlin 1977; Einführung in Fr. Engels Schrift „Ludwig Feuerbach..." Berlin 1981 (6. A. 1989); (Hrsg. mit H. Opitz): Philosophen-Lesebuch (phil.-geschichtl. Textauswahl der PHS). Bd. 1 u. 2. Berlin 1988; Identität der Ostdeutschen. Helle Panke. Hefte zur DDR.-Gesch. Nr. 66. Berlin 2000. – Autor der DZf Ph 1961–1977 (mehr Rezensionen als eigenstg. Artikel).

Stiehler, Gottfried
27. Juli 1924–3. Dez. 2007
Philosophie-Historiker und Arbeiten zur Dialektik der Gesellschaft in Berlin
Geb. in Langebrück bei Dresden als Sohn eines Elektromonteurs; Besuch der Volks-, Mittel- und OS mit Notabitur 1943; anschl. sofort eingezogen z. Wehrmacht, als Funker in einer Panzerdivision; April 1945 als Gefreiter südöstlich von Berlin in sowjet. Kriegsgefangenschaft (Donezbecken); nach Rückkehr Mitte 1946 zunächst als Grundschullehrer tätig; durch SED-Parteilehrgänge Doz. für Gesell.-wiss.; 1952 zum Einsatz als Oberreferent für diese in das Staatssekr. für Hochschulwesen berufen; dann aber ab Herbst 1952 verkürztes Phil.-Studium an der HU Berlin; aka. Lehrer: K. *Hager (Dial. Mat.), W. *Hollitscher (Logik), E. *Albrecht und Kl. *Schrickel (Gesch. der Phil.) sowie Otto Reinhold (Pol. Ökonomie); vortzg. abgeschl. Ende 1954 (Staatsexamen) u. danach Assistent der Abt. Gesch. der Phil. am Berl. Phil.-Inst.; 1955/56 erneut ein Jahr im gen. Staatssekrtariat für HSW eingesetzt (nunmehr als Hauptreferent für Phil.); bereits Juni 1956 an der EMAU Greifswald phil. Prom. bei E. *Albrecht zum Thema *Gabriel Wagner, ein materialist. Phil. und dt. Patriot*; nachfolgende phil.-geschichtl. Lehrtg. in Berlin, insb. zur klass. dt. Phil. u. Ernennung zum Dozenten für (vormarx.) Gesch. der Phil.; 1964 Habil. an der Univ. Halle bei D. *Bergner mit einer Arbeit zur *Dialektik in Hegels „Phänomenologie des Geistes"* (Gutachter: D. *Bergner u. W. *Heise – publ. Berlin 1964) u. ab 1965 Prof. für Gesch. der Phil. (Bereichsleiter) wie Fachrichtungsleiter Phil. am Institut; 1972–88 langj. Vors. des Wiss. Beirats für Phil. beim Min. für HFS-Wesen (verantwortlich für die gesamte Lehrplangestaltung der Studienrichtung marx.-len. Phil. der DDR, sein Stellv. für „Forschung" ist Erh. *Lange, Jena u. sein Stellv. für „Lehre" ist Hm. *Seidel, Lpz.); 1980 Mitglied des Red.-Kollegiums der DZfPh. u. 1981 Wechsel in den Lehr- und Forschungsbereich Hist. Mat. (als Bereichsleiter) der Berliner Sektion Marx.-len. Phil. der HUBerlin; zum Schluß noch Forschungsdirektor dieser Sektion bis zur ganz regulären Em. im Sept. 1989, bereits verbunden mit schwerer Erkrankung; zum 65. Geb. 1989 Ehrenprom. der FSU Jena; lebte danach zurückgezogen in einem ehemlg. Schulgebäude im Dorf Rinow (südl. Brandenburg); publ. aber weiter

ungebrochen in marx.-dial. Hinsicht zu gesell.-phil. Themen, nun ungehindert auch in Köln u. Essen; verst. im Dez. 2007 nach erneut schwerer Krebs-Erkrankung im Krankenhaus Beeskow; eine Mitwirkung an der hist.-krit. Aufarbeitung der DDR-Phil. lehnte er stets wohlwollend aber bestimmt grundsätzlich ab, obwohl er deren Entwicklung zeitlebens (für uns Studenten immer sehr belebend und belehrend) zwar immer fachlich kritisch, jedoch letztlich stets parteilich begleitet hatte; zu keiner Zeit beteiligte er sich an ideolg. Grabenkämpfen (Gezänk) bei phil. gravierenden Ause. im Rahmen der marx.-len. DDR-Phil.; seine Kritik des undial. „Determinismus" (Hörz) war dennoch fundamental und richtungsweisend, vermittelt durch ein tiefes phil. Verständnis der klass. dt. Dialektik von Kant bis Hegel; er war einer der publizistisch produktivsten DDR-Phil.-Autoren überhaupt, insb. weil aus dem univ. Hochschulwesen kommend. Dennoch kein Eintrag im DDR-Phil.-lexikon 1982. DDR-Personen-Lexikon 2010 (H.-C. *Rauh).

Publ.: Hegel und der Marxismus über den Widerspruch. Zur Frage der krit. Überwindung der ideal. Dialektik durch die wiss. marx. mat. Dialektik. Berlin 1960; (Hrsg.): Beiträge zur Gesch. des vormarx. Mat. (Gem.-arbeit der AG Phil. an der AdW u. des Phil.-Inst. der HUB). Berlin 1961; (Hrsg.): Materialisten der Leibniz-Zeit. Ausgew. phil. Texte. Berlin 1966; Der dial. Widerspruch. Formen u. Funktionen. Berlin 1966 (2. A. 1967); Dialektik u Praxis. Untersg. zur tätigen Seite der vormarx. und marx. Phil. Berlin 1968 (2. A. 1973 für Berlin-W.); (Hrsg. mit H. Seidel): Über Hegelsche Dialektik (Lenin-Texte). Rc.-Leipzig 1970 (3. A. 1986); Der Idelismus von Kant bis Hegel. Darstellung u. Kritik. Berlin 1970 (2. A. 1975); System und Widerspruch. Zur Dialektik in der sozial. Gesell. Berlin 1971; Gesch. u. Verantwortung. Zur Frage von Alternativen der gesell. Entwicklung. Berlin 1972; (Hrsg. Autorenkollektiv): Freiheit u. Gesell. Die Freiheitsauffassung im M.-L. Berlin u. Frankf./M. 1973; (Hrsg.): Veränderung und Entwicklung. Studien zur vormarx. Dialektik. Berlin 1974; Gesell. u. Gesch. Berlin wie Köln 1974; Widerspruchsdialektik und Gesellschaftsanalyse. Berlin 1977; (Hrsg. mit G. Redlow): Phil. Probleme der Entwicklung. Berlin 1977; Über den Wert der Individualität im Sozialismus. Berlin 1978; Dialektik und Gesell. Zur Anwendung der Dialektik im hist. Mat. Berlin 1981; (gemeinsam mit M. Leske u. G. Redlow): Warum es sich lohnt, um Begriffe zu streiten. Berlin 1982; Worauf unsere Freiheit beruht. Berlin 1984; Dialektik und Gesell.-wiss. Berlin 1987; Werden und Sein. Phil. Untersuchungen zur Gesellschaft. Köln 1997; Mensch und Geschichte. Studien zur Gesellschaftsdialektik. Essen 2004; Macht und Grenzen des Subjekts. Phil.-pol. Essays. Köln 2006. – 33 Jahre lang (1955–88) wirkungsvollster gesellsphil. Autor der DZfPh.

Stöhr, Hans–Jürgen
11. Juni 1949
ML-Philosoph in Rostock und Herausgeber der Rostocker Philos. Manuskripte
Geb. in Parchim (Mecklenburg), Vater Behördenangestellter, Mutter Schreibkraft; OS u. Abitur 1968 in Stralsund; anschl. Phil.-Studium an der HU Berlin 1968–72, im Nebenf. Biologie ebd. und 1972–75 Forschungsstudium im Hrn. *Ley-Bereich für phil. Probleme der Naturwiss. an der Sektion Marx.-len. Phil., abgeschl. mit der phil. Prom. zum Thema *Widerspruch, Triebkraft u. Historizität der Faktoren des biolg. Entwicklungsprozesses* (Gutachter: R. Daber, P. *Ruben, R. *Löther); seit 1975 wiss. Ass. u. Einsatz im gesell.-wiss. Grundlagenstudium der ML-Sektion an der WPU Rostock im naturwiss. Fak.-Bereich; phil. Prom. B 1980 z. Thema *Mat. Widerspruchsdialektik und*

biotische Evolution (Gutachter: R. *Löther und P. *Ruben); seitdem verantw. Veranstalter (jährl. interdiszipl. Konferenzen) wie fortl. Redakteur u. Autor der „Rostocker Phil. Manuskripte" (H. 18-31/1990); daraufhin 1985–90 Hochschuldozent für Dial. u. Hist. Mat. an der dortg. ML-Sektion (ein Phil.-Institut wurde zu DDR-Zeiten daselbst nicht mehr gegründet) und Leiter einer naturphil. Forschungsgruppe zu Phil. und Einzelwiss. mit gen. Veranstaltungsreihe ebd.; mit Auflösung der ML-Sektion kurzzeitig eigenstg. Neugründungsversuch eines Phil.-Inst. 1990 an der Univ. Rostock bei Forts. eines AK Phil.-Wiss.; mit MV-landesrechtlich-univ. Maßnahme erfolgte jedoch die generelle univ. Abberufung u. Entlassung aller früheren ML-Kader sowie die vollständige Neugründung eines Phil.-Inst. nach allein westdt. Maßstäben mit keinerlei ostdt. Personal; als erster West-Phil. agierte daraufhin in Rostock H.-J. *Wendel (zunächst als Dekan, später auch als Univ.-Rektor), der eine Inst.-gründung „auf grüner Wiese" (ganz im Unterschied zu Greifswald) befürwortete; daher 1991/92 Einstieg in das Management für Gesundheit und Soziales u. seit 1993 freiberufl. Tg. als Trainer & Berater im Bildungs- u. Sozialwesen; dazu Gründung eines Inst. für ökosoziales Management e.V.; 2005 Gründung einer „Agentur für Gescheites Scheitern" in Rostock und seit 2012 Aufbau einer „Philosophischen Praxis", in die diese Agentur nunmehr (in phil. Hinsicht) integriert wurde. – Die Gesamtreihe der „Rostocker Phil. Manuskripte" von insgesamt 31 Heften (1975–90) wurde vorgestellt in *Ausgänge: Rostocker Phil. Manuskripte. Ein Dialog zw. Phil. und Einzelwiss.* – Vgl. auch Bd. IV dieser Reihe zur reduzierten Gesch. der Rost. Univ.-Philosophie nach 1945.

Stoljarow, Witali
1928–verst.
Sowjetischer Philosophie-Aspirant in Berlin
Geb. im Dorf Aleksejewska (Baschkirien), UdSSR (Russland) in einer Bauernfamilie; 1944/45 Dreher in einer Maschinenfabrik u. 1948 eine Arbeiter-Abendschule beendet; 1948–53 Studium an der Phil. Fak. der Mosk. Univ., spezialisiert auf eine (phil.-soziolg.) Theorie der real-sozialist. Gesell.; Diplomarbeit zum Thema „Widersprüche zw. geistg. und körperl. Arbeit"; anschl. 1953–56 Asp. am dortg. univ. Lehrstuhl Phil. (dial. u. hist. Mat.) der Phil. Fak. (Inst.); Spezialisierung auf Fragen der phil. ET. u. ihrer Lehre; seit Jan. 1957 am Lehrstuhl Phil. des IfG beim ZK der SED als Oberass. und 1961 ungewöhnliche/einmalige Zulassung als sowjet. Staatsbürger zur phil. Prom. zum (nichtontolg.)Thema *Die Kategorien der Phil. als Formen des Denkens* (Gutachter: G. *Redlow und A. *Kosing), Dr.-Diplom ist unterschrieben von G. *Heyden (Lehrstuhlleiter) u. E. *Hoffmann (Direktor); später auch univ.-phil. Lehrtg. in Lpz. u. persönl. Eingreifen in versch. phil. Debatten der DDR-Phil; unbekannt verzogen u. verst.

Publ.: (Hrsg.): Technik u. Methodologie einiger quantifizierender Methoden der soziolg. Forschung. Berlin 1966; Autor der DZfPh. 1957–1973 zu unterschiedlichsten gesell.-theor. Themen.

Strauß, Martin
18. März 1907–19. Mai 1978
Physiker –Philosoph, Herausgeber und Übersetzer
Geb. in Pillau, Ostpr (Rußland), Vater Reg.-Beamter; Abi. 1925 in Stettin u. anschl. Studium der Physik u. Phil. in Berlin (Kontakt z. Physikerkreis um Hans Reichenbach) und Göttingen; 1933 Ausschluss vom Weiterstudium in Dtl. u. 1935 Flucht über Kopenhagen (Stipendiat am Bohr-Inst.) nach Prag; daselbst 1938 Abschl. des Physikstudiums mit einer phil. Prom. bei Ph. Frank; Sommer 1939 Emigr. über Holland nach England u. dort Physiklehrer an versch. Colleges; erst 1952 Rückkehr nach Dtl. in die frühe DDR und zunächst Wahrnehmungsprof. am Inst. für Theor. Physik der HU Berlin; nach dem univ. Scheitern seiner Habil. 1956 zunächst Leiter der Abt. Naturwiss. des Inst. für Gesch. der Mdz. u. NW an der HUB und ab 1960 Aufbau einer Forschungsgr. zur Teilchen-Physik an der AdW (Leitung R. *Rompe); dazu Mitwirkung an der Übers. u. wiss. Bearbeitung des Hochschullehrbuches „Einführung in die Kerntechnik" von R. L. Murray (Bln. 1959); geprägt durch die physik-phil. Tradition des Wiener Kreises (log. Empirismus) vertrat er zeitlebens eine etwas andere, eigenständige philosoph.-kenntnistheor. Pos. als die offizielle marx.-len. Natur- u. Wiss.-phil. in der DDR; konnte aber von Anbegin in der DZfPh (1952–75) ungehindert publ. (Teilnahme an der Physik-Disk. 1952–55, später Rez. zu engl.-sprachg. physik-phil. Publ.); einzig nachweisbare größere Publ. erfolgte jedoch auf Englisch im Ausland: „Modern Physics and its Philosophy". Dordrecht 1972; verst. 1978 in Berlin.
DDR-Personen-Lexikon 2010 (D. Hoffmann).

Strech, Karl-Heinz
23. März 1942
Diplomgewerbelehrer und Wissenschaftshistoriker an der AdW der DDR in Berlin
Geb. in Berlin als Sohn eines Autoschlossers; 1948–56 GS u. mittlere Reife; 1958–61 erlernter Beruf Maschinenschlosser; anschl. 1961–66 Studium an der Fak. für Berufspädg. und Kulturwiss. der TU Dresden in der Fachrichtung Mathe./Physik mit dem Abschluß Diplomgewerbelehrer für diese berufsschul. Unterrichtsfächer; später Mitarbeiter an der neuen Sektion Phil.- Kulturwiss. (AG L. *Striebing); 1971 delg. zur univ. Phil.-Asp. an den H. *Ley-Lehrstuhl für phil. Probleme der Naturwiss. am Inst. für Phil. der HU Berlin; daselbst 1975 phil. Prom. A z. Thema *Stetigkeit u. Diskretität. Eine phil. Studie über eine naturwiss. u. mathe. Begriffsinterpretation* (Gutachter: H. *Ley, Kasdorf, P. *Ruben); anschl. wiss. Mitarbeiter am ZI für Berufsausbildung u. entspr. Prom. B z. Thema (gem. mit R. *Pester) *Phil. Probleme des Verhältnisses von Arbeit und Berufsausbildung. Studien zu weltanschaulichen, erkenntnistheor., methodolg. Grundlagen der marx.-len. Theorie der Berufsausbildung* (Gutachter: H. *Ley, A. Knauer, K.-F. *Wessel); danach Wechsel ans Institut für Wiss.-theorie u. -gesch. der AdW der DDR, aber es ist kaum bekannt, womit danach eigentlich wiss.-phil. beschäftigt (Direktor G. *Kröber, Bereisleiter H. *Laitko); mit Abwicklung dieses Aka-Inst. 1991 daher auch „freischaffender Wissenschaftler" und Unternehmensberater.

Publ.: (Mithrsg. G. Kröber): Alternative zu Th. S. Kuhn. Wiss.-theor. und -hist. Untersg. zu Kuhns Konzept der Wiss.-Entwicklung. Instituts-Ms. Berlin 1983; (Mithrsg. Kl. Meier): Tohuwabohu. Chaos u. Schöpfung (Essays). Berlin 1991.

Streisand, Joachim
18. Okt. 1920–6. Jan. 1980
Universitärer Historiker-Philosoph in Berlin
Geb. im Westen Berlins, wo seine Eltern eine wiss.-künstlerische Buchhandlung betrieben; 1938 Abitur u. Beginn eines vielseitigen Studiums, zunächst 1938/39 in Rostock der Phil., Germ. u. Kunstgesch. sowie der alten u. neueren Sprachen; 1939–42 ebs. vielfältig fortgz. in Berlin; dann aber entspr. der Nürnbg. Rassengz. wegen seiner jüd. Herkunft von der Univ. verwiesen u. kriegsdienstverpflichtete Arbeiten; 1944 in ein Zwangsarbeitslager in Jena deportiert, von wo er fliehen u. sich bis Anfang Mai 45 in Berlin verstecken konnte; – nachkriegszeitl. Arbeit in der Volksbildung u. 1946–48 Lehrtg. an der VHS in den Fächern Phil. u. Gesch. bei gleichzeitigem Besuch von univ. Vorlg. bei A. *Meusel u. J. *Kuczynski; danach Lehrer für Gegenwartskunde an künstl. Einrichtungen; 1951/52 Hilfsass. bei den Univ.-Historikern und phil.-soziolg. Prom. zu Karl Mannheim: *„Kritisches zur Soziologie. Ein Beitrag z. Überwindung des Objektivismus"* (Gutachter: A. *Meusel u. H. Kamnitzer); anschl. wiss.-pädg. Arbeit im Museum für dt. Geschichte bis 1955 sowie 1953 Mitbegründer der ZfG und deren 1. Red.-sekretär; 1956–63 wiss. Referent an der AdW u. 1962 hist.-phil. Habil. in Halle zum Thema *Die dt. Geschichtsschreibung in den pol. u. ideolog. Ause. des 18. Jhd. – Von der Frühaufklärung bis zur dt. Klassik* (Gutachter: Leo Stern, G. Schilfert; publ. Berlin 1963); daraufhin 1963 Prof. mit Lehrauftrag für Geschichte der Neuzeit sowie Direktor des Inst. für Gesch. an der HU Berlin; ab 1968 Präsd. der Historiker-Gesell. der DDR (in Nachfolge von E. Engelberg); DDR-Vertreter auf internationalen Hist.-Kongressen, aber dadurch auch seit 1958 für das das MfS erfasst und tätig; 1969–74 Direktor der Sektion Geschichte der HUB u. in dieser Funktion 1971/72 an der pol. Relegation und Maßregelung von 13 Studenten beteiligt (bis weit nach 1989/90 nachwirkend); durch seine Arbeiten zur Theorie und Methodologie der Geschichtswiss. auch wirksam in der Nebenfachausbildung für Phil.-Studenten sowie als Gutachter bei entspr. phil.-geschichtl. Promotionsthemen; gehört zu den entscheidenden Wegbereitern der marx.-len. DDR-Geschichtswiss. (Hist.-Pers.-Lexikon, Berlin 1989).
DDR-Personen-Lexikon 2010 (I.-S. Kowalczuk).

Publ.: (mit Fritz Klein): Karl Marx 1818–1883. SH zum Karl-Marx-Jahr 1953. Berlin 1953; (Mithrsg. F. Klein): Beiträge zum neuen Geschichtsbild. Festschrift für Alfred Meusel z. 60. Geb. Berlin 1956; Geschichtl. Denken von der dt. Frühaufklärung bis zur Klassik. Bln 1964 (2. A. 1967); (Hrsg.): Studien über die dt. Geschichtswiss. in 2 Bden, Berlin 1965 u. 1969 (2. A. 1975); Dt. Geschichte in einem Band. Berlin 1968 (4. A. 1979); Dt. Gesch. von den Anfängen bis zur Gegenwart – Eine marx. Einführung. Köln 1970 (4. A. 1983 mit einem Zusatzbeitrag zur BRD-Gesch.); Kritische Studien zum Erbe der dt. Klassik: Fichte, W. v. Humboldt, Hegel. Buhrsche Kritik-Reihe Bd. 7. Berlin u. Frankf./M. 1971; Begriffsbildung in der Geschichtswiss. In: (Hrsg.) W. Küttler: Probleme der geschichtswiss. Erkenntnis. Berlin

1977; Kultur in der DDR. Studien zu ihren hist. Grundlagen u. ihren Entwicklungsetappen. Berlin 1981 (BRD-Ausgabe u. d. T. Kulturgeschichte der DDR. Köln 1981). – Beiträge zur Gesch. der HU zu Berlin. Nr. 6: Geschichtswiss. an der HU – J. S. zum Gedenken. Berlin 1982.

Striebing, Lothar
17. Nov. 1929–24. Nov. 2015
Marxistischer Technik-Philosoph in Dresden
Geb. in Jena als Sohn eines Mechanikers; vom Volkssturm weggelaufen, von US-Truppen aufgegriffen u. nach 10 Wochen wieder zu Hause; Absolvent der dortg. OS 1945–47 und der Freien Schulgem. Wickersdorf 1947/48 (Abitur); anschl. Studium des ML an der „Gewifak." Leipzig 1948/49; unterbrochen durch FDJ-Einsatz in Berlin 1949; fortgz. gesell.-wiss. Studien am FMI Leipzig 1950–52 (ML-Diplomlehrer für Gesell.-wiss.) und sofortg. marx.-len. Lehrtg. im gesell.-wiss. Grundlagenstudium an der KMU Leipzig als Doz. für M.-L. bis 1958; dazu phil. Prom. ebd. z. Thema *Die dialektische Elastizität der Begriffe. Ein Versuch* (Gutachter: R. O. *Gropp u. H. J. *Horn); danach außerplm. Asp. am FMI Lpz. u. Habil. 1964 z. Thema *Methodolg. Probleme der Bildung und Anwendung von Begriffen in der Physik* (Gutachter: G. *Harig, Kl. *Zweiling, Uhlmann); unmittelbar danach Prof. mit Lehrauftrag für dial.- hist. Mat. sowie z. Direktor des Inst. für M-L an der TU Dresden ernannt (in Nachfolge H. *Ley); mit der 3. HSR 1969 o. Prof. für phil. Probleme der Naturwiss. an der ML-Sektion der TU Dresden und Gründung einer entspr. Forschungsgruppe; zugleich 1965–1971 Prorektor für Gesell.-wiss. der TU Dresden; 1972–1980 wiederum Direktor der Sektion Phil. u. Kulturwiss. ebd; Ehrenkolloquium zu seinem 60. Geb. am 30. Sept. 1989 in Dresden, Laudatio K. *Zänker; zuletzt erneut Direktor dieser Sektion bis zu deren landesrechtlicher Abwicklung 1990 sowie spätere westdt. Personal-Erneuerung (bis auf einzelne ostdt. technikwiss. wie phil.-geschichtl. Mitarbeiter), womit seine univ. Entlassung und der zugewiesene Vorruhestand einsetzten.

Publ.: (gem. K. Zänker): Mit Kopf u. Computer. Weltanschaul. Fragen der Computerentw. Berlin 1987; Wiss.-techn. u. kultureller Fortschritt (Referat im Kulturbund der DDR). Berlin 1989. Ein einziger eigenständiger DZPh-Beitrag H. 1/1979 z. gl. Thema u. 1986/87 zwei Gemeinschaftsartikel mit K. Zänker z. obigen Comp.-Thematik.

Strohschneider, Reinhard
10. Febr. 1927–verst.
Gewerkschafts-Philosoph in Bernau/bei Berlin
Geb. in Obergeorgenthal (CSSR); Volksschule und während des Krieges kaufm. Lehre; 1944 Arb.-dienst u. Einzug zur Wehrmacht; verwundet in engl. Kriegsgefangenschaft u. Dez. 1946 aus dieser in die SBZ entlassen; anschl. Ausbildung z. Berufsschullehrer an der PH Potsdam und 1952–55 Studium an der Dt. Aka. für Staat u. Recht „W. Ulbricht" mit dem Abschluß als Diplom-Jurist für die staatl. Verwaltung; anschl. gesell.-wiss. Prom. 1960 an der Pädg. HS in Magdeburg z. Thema *Wesen und Funktion von Normen des gesell. Verhaltens. Der Begriff der bewussten Normenbildung*; danach

tätig im Zentralvorstand der Gewerkschaft Wiss. u. 1963 delg. zur Habil-Asp. an die HU Berlin (Inst. für Phil. – Hm. *Ley-Lehrstuhl) und 1966 phil. Habil. *Zum Problem der Wissenschaftsentwicklung, Menschenbildung, Normenbildung – Struktur u. Prozeß in der sozial. Gesell. der DDR* (Gutachter: H. *Ley, H. *Hörz u. A. *Baumgarten, den er wohl aus seiner jurist. Ausbildung in Potsdam persönlich kannte); anschl. Doz. u. Prof. im marx.-len. Grundlagenstudium an der HS der dt. Gewerkschaften „Fritz Heckert", Sektion Kultur u. Bildungspol. in Bernau bei Berlin (letzte Wirkungsstätte von Hm. *Dunker); eine der vielen nachkriegszeitl. Bildungskarrieren mit diesen sog. „gesell.-wiss." (phil.) ML-Bezügen ohne jede bleibende wiss. Anerkennung.

Stroux, Johannes
25. Aug. 1886–25. Aug. 1954
Altphilologe, erster Nachkriegs-Präsident der AdW u. kurzzeitiger Rektor der Linden-Universität Berlin 1946
Geb. in Hagenau (Elsaß, heute Frankreich) als Sohn eines Gymn.-Prof.; 1904–09 Studium der Alt-Philologie und Gesch. an den Univ. Sraßburg und Göttingen; nach dem Lehramtexamen (1911 Dr. phil. in Straßburg) weitere Studien- u. Bildungsreisen 1911/12 nach Italien, Frankreich u. England; 1914 Habil. in Straßburg, PD u. 1917 ordl. Prof. für klass. Philologie (wie einst Friedr. Nietzsche) an der Univ. Basel; weitere Berufungsorte sind 1922 Kiel, 1923 Jena, 1924 Mün. u. ab 1935 dann schließlich Berlin (Ordinarius für latein. Sprache und Lite.); hier zugl. Direktor des Inst. für Altertumskunde u. ab 1937 Ord. Mitgl. der Preuß. Aka. der Wiss.; sehr gute u. erfolgreiche nachkriegszeitl. Zusammenarbeit mit der sowjet. Besatzungsbehörde (SMA) in Berlin 1945/46, wodurch er zunächst 1946/47 (Ed. *Spranger ersetzend) Rektor der Berliner Linden-Univ. wird u. zugleich (das unterstand eben der gleichen sowjet-kulturellen Militärverwaltung von *Tjulpanow, *Solotuchin und *Nikitin) 1946–51 auch erster Nachkriegspräsd. der DAW; daselbst bis 1954 Direktor eines bes. Inst. für hellenist.-röm. Philosophie (umfangreiche Publ.-Vorhaben geplant), wodurch er sich bes. für die univ. altertumswiss. Ausbildung (einschl. der antiken Phil.) einsetzte; u. als es um entspr. neue Lehrpläne für die Lehrerausbildung ging, wurde er im Mai 1946 zum Vors. einer Kom. für „Phil., Pädg. und Psych." an der Berl. Univ. eingesetzt; doch alle diese beabsichtigten u. bereits konzipierten univ. „Phil.-Pägd."-Projekte, woran vor allem A. *Baumgarten und Hr. *Deiters mitwirkten, scheiterten schließl. an den dt.-komm. Machtbestrebungen allein ihre eigene marx.-len. Phil. parteimäßig (P. *Wandel/G. *Harig) durchzusetzen; selbst ein persönliches (so nicht abgespr.) Aka.-Glückwunschtelegramm zu *Stalins 70. Geb. Dez. 1949 konnte die Situation nicht mehr retten u. führte vielmehr zu weiteren bürgerl. Aka.-Austritten (Fr. Meinecke als 1. FU-Rektor); der trotzdem verbleibende Aka.-Präsd. St. konzentrierte sich daraufhin (zu dieser Zeit schon schwer erkrankt) auf entspr. aka.-phil. Projekte (krit. Textausgaben) zur „gesamten antiken Überlieferung der Schule Epikurs sowie Arbeiten auf dem Gebiet der Stoa, der mittleren Platonischen Aka., des jüngeren Aristotelischen Peripatos und der Skepsis" (Wikipedia-Eintrag); die meisten seiner sieben Kinder verließen

nach seinem erforderlichen Umzug 1951 nach Ost-Berlin wieder die DDR; verst. am 25. Aug. 1954 in einer sehr repräsentativen italienischen Villa in Pankow-Ndsh. am dortg. Schloßpark; als führendes Mitgl. des ostdt. Kulturbundes war er auch gesetzter VK-Abg. dieser Fraktion, weshalb auf seinem Begräbnis Joh. R. Becher die Trauerrede lielt; die AdW der DDR gedachte seiner 1986 zu seinem 100. Geb. mit einem aka.-wiss. Kolloquium: „Altertumsforscher – Wissenschaftsorganisator – Humanist" (Berlin 1987); eine vollstg. Publ.-Liste ist im gen. umfangreichen Wikipedia-Eintrag abrufbar; weitere Würdigungen in zahlreichen nachkriegszeitl. (ostdt.) Akdamie- u. Univ.-geschichten, aktuell bis hin zu denen der gegenwärtigen Leibniz-Sozietät. DDR-Personen-Lexikon 2010(B.-R. Barth).

Süßenbach, Horst
5. März 1935–verst. 2007
Kritik der spätbürgerl. Philosophie im Fernstudium Berlin
Geb. in Schweidnitz (heute Polen), kriegsbedingter Schulbeginn in Domanze (Schlesien) u. nach der Flucht in Zernikow, Kr. Prenzlau, daselbst Grundschulbesuch bis 1949; dann Puschkin-OS in Prenzlau und 1951/52 bereits Inst. f. Lehrerbildung Frankf./O. (beschleunigte/verkürzte) Neulehrerausbildung für Geschichte u. Staatsbürgerkunde; sofotg. Lehrereinsatz 1952–62 in Hohen-Neuendorf bei Berlin; 1962–65 Einsatz als Direktor einer OS in Sachsenhausen bei Oranienburg; 1959 Fachlehrerfernstudium für Gesch. an der PH Potsdam, übergeleitet in ein 5jähriges Phil.-Fernstudium bis 1965 am Inst. für Phil. der HU Berlin; anschl. wiss. Mitarbeiter u. schließlich langj. Leiter dess. ebenda; Forschung und Lehrtg. auf dem Gebiet der hist. Analyse u. ideolg. Kritik der spätbürgerl. Phil. in Dtl.; 1975 phil. Prom. z. Thema *Eine dial.-mat. Kritik der Auffassungen Paul Natorp u. E. *Sprangers zur Interpretation und Entw. der spätbürgerl. Gesell.* (Gutachter: H. *Ley, K.-F. *Wessel, O. *Finger); 1978 gem. Hrsg. mit H.-C. *Rauh eines kollektiven Sektionsprojekts zu: Ideolog. Klassenkampf u. bürgerl. Gegenwartsphil. Berlin 1978; später vielfältige Parteifunktionen an der Berl. Phil.-Sektion, daher nachwend. frühzeitig ohne jede Evaluierung in den Vorruhestand u. spätere Frühberentung, verst. 2007 bei Pasewalk.

Suslow, Michael A.
1902–1982
Chef-Ideologe der KPdSU unter Stalin, Chruschtschow und Breschnew
Geb. in Schachowskoje/Oblast Uljanowsk in einer russ. Bauernfamilie; stud. Wirtschaftswiss. u. lehrte an der Plechanow-Aka. für Wirtschaft in Moskau; in den 30er Jahren versch. Parteiämter in der Ukraine (Rostow u. Stawropol) u. 1944–46 ZK-Vors. in Litauen, verantwortlich für Deportationen nach der sowjet. Besetzung; 1941 ZK-Mitgl. und seit 1948 als ZK-Sekr. Nachfolger des verst. A. *Sdhanow als Stalins Chef-Ideologe der KPdSU; dazu kurzzeitig Chefred. der Prawda 1949/50 (zu Stalins 70. Geb.); 1952/53 (19. Ptg. – Präs.-Mitgl.), nach Stalins Tod 1953–55 nur noch ZK-Mitgl.; 1955 von Chruschtschow reaktiviert u. wieder Mitgl. des obersten, nun wieder „kollek-

tiven" Parteiführungsgremiums (ab 1966 wieder Politbüro genannt); gem. mit diesem gegen die Alt-Stalinisten Malenkow und Molotow vorgehend, 1964 aber ebenso am Sturz Chruschtschows mitwirkend u. unter Breschnew erneut *der* bewährt-dogm. (poststaln.) Chef-Ideologe der KPdSU, mit ungebrochenen absoluten pol.-ideolg. Führungsanspruch gegenüber allen anderen sozial. Bruderländern und komm. Arbeiterparteien, und insofern in jeder Hinsicht der unmittelbarste ideolg.-pol. Vorgz. von Kurt *Hager in der SED-DDR (gilt insb. für alle nachfolgend angezeigten Reden von 1964 bis 1979); steht für die fortschreitende pol.-kulturelle Erstarrung wie unabwendbare gesamtgesell. Stagnation des Sowjet-Systems beim fortschreitenden Aufbau einer angeblich schon „komm. Gesell." in der UdSSR, vor allem herbeiführbar durch die „komm. Erziehung" (ebenso eingeführt in der DDR durch die Familie Honekker) bis zu seinem eigenen persönl. Ende 1982, – beigesetzt an der Kreml-Mauer; V. S. *Semjonow urteilte über ihn: „Die Theorie des ‚wiss. Komm.' ist eine Frucht der entzündeten Phantasie des verblichenen M. S., der mit dem Verdienst der ‚Weiterentw.' des Marxismus unbedingt in die Gesch. eingehen wollte."

Publ. (dt.-sprachig): Die Ideen Lenins beleuchten den Weg zum Komm. (Trauerrede z. 24. Todestag Lenins am 21. Jan. 1924 in Moskau). Berlin 1948; Disk.-Rede auf dem XX. Ptg. der KPdSU. Moskau 1956; Festrede z. 39. Jh.-Tag der Gr. Sozial. Okt.-Rev. am 6. Nov. 1956 in Moskau. Wien 1956; Über den Kampf der KPdSU für die Geschlossenheit der internatl. komm. Bewegung. Moskau und Wien 1964; Karl Marx, der geniale Lehrer und Führer der Arbeiterklasse (Festsitzung z. 150. Geb. von Karl Marx am 5. Mai in Moskau). Berlin 1968; Unter d. Banner des großen Oktober z. Sieg des Komm. Moskau 1970; Leninismus u. Gegenwart. Zur Phil., Ökonomie u. revolutionärer Weltprozeß. Frankf./M. 1970; Die KPdSU – eine Partei des schöpferischen Marxismus. Moskau 1972; Dem Vermächtnis des großen Lenin getreu. Festveranstaltung z. 105. Geb. Lenins am 22. April 1975; Sache der ganzen Partei. Rede auf der Unionsberatung zur ideolg. Arbeit und pol. Erziehung (ZK-Beschluß v. 26. April 1979). Berlin 1979.

Teichmann, Werner
22. Okt. 1950
Ende der 80er Jahre noch stellv. Chefred. der DZfPh, nachwend. Immobilienmakler
Geb. in Querfurt; nach erw. OS 1969 Abi. und anschl. Phil.-Studium bis 1973 an der KMU Leipzig (wichtigste phil. Lehrer: H. *Seidel, S. *Bönisch, W. *Müller); Diplom-Lehrer für ML (Phil.); danach 1973–75 prakt.-pol. Einsatz in der FDJ-KL dieser Univ. u. 1975–77 marx.- len. Lehrtätigkeit in der BPS „Friedr. Engels" in Berlin; parteidelegiert zur wiss. Asp. ans ML-Phil.-Inst. der AfG beim ZK der SED (eingebunden in ein sog. ZP-Projekt „Dialektik des Sozialismus" bei A. *Kosing) u. ebenda phil. Prom. 1981 zum Thema *Das dial. Wechsel-Verhältnis. von Individuum und Gesell. im entwickelten Sozialismus* (Gutachter: Frank *Adler und H. *Schliwa); später redaktionspol. Verlags-Einsatz in der DZfPh, zum Schluß daselbst noch als stellv. Chefred. (in Nachfolge von W. Blumenthal), was jedoch bereits Ende 1989 mit der vollstg. Entlassung des gesamten, ständig erweiterten Red.-Kollegiums der führenden DDR-Phil. durch den Verlag vorzeitig endet; gleichz. mit Sl. *Hedeler und H. *Schmidt, nach dem letzten (praktisch ergebnislos gescheiterten u. abgebrochenen) VII. DDR-Phil.-Kongreß Anfang Nov.

1989) Dez. d. J. Organisation einer einmaligen phil.-institutionellen Gegenveranstaltung (!), eines sog. „Forums junger Phil.", allein der jüngeren DDR-Phil.-Generation (damals bis 35 Jahre, war ausdrücklich als Altersgrenze z. Teilnahme so festgelegt worden); geplante B-Asp. bei W. *Eichhorn II an der univ. Berl. Phil.-Sektion scheiterte mit deren anrollender Abwicklung wie eigenen u. fremden strukturell-personellen Erneuerung dieses Phil.-Inst.; 1991/93 trotzdem noch an diesem ein ABM-Projekt z. Dok. der zu Ende gehenden DDR-Phil. und ihrer nun wieder isolierten univ. Länder-Phil.-Institute (insb. erste hist.-krit. Aufarbeitungsversuche durch Archivbesuche u. Materialsicherung der in allgm. Auflösung befindl. ostdt. Phil.-Inst.); – danach erfolgreicher Einstieg ins Berliner Immobiliengeschäft (u. a. Rückführung jüd. Eigentums). Dok. z. Struktur u. Arbeitsweise der DDR-Philosophie in den 60er bis 80er Jahren (1993) durch „Auswertung u. Zusammenstellung von bisher unveröffentl. Materialien aus den Beständen ehemaliger SED-Parteiarchive wie einzelne ostdt. Universitätsarchive" (heute bereits teilw. schon wieder unauffindbar oder vernichtet).

Teller, Jürgen
12. Sept. 1926–10. Juni 1999
Der unbeugsamer Blochschüler „Tellheim"
Geb. in Döbeln als Sohn eines Arzt-Ehepaares; 1933–37 VS und bis 1943 Real-Gymn. ebd., jedoch kriegsbedingt ohne regulären Abschluss; anschl. sofortiger Reicharbeitsdienst u. 1944 Meldung als Kriegsfreiwilliger (Marine) bzw. Einberufung zur Unteroffiziersschule in Jena; Nov. d. J. Splitterverletzung durch alliierte Tiefffliegerangriffe und Verlust eines Fingers der rechten Hand; trotzdem ungebrochen weitergehender Kriegseinsatz z. Jahresanfang 1945 in Oberitalien bis April 1945 in britische Gefangenschaft, 1946/47 dazu in Engl. und Dez. 1947 vorweihnachtl. Entlassung nach Döbeln in SBZ zu den Eltern; 1948 Nachholung der Abiturs auf Lessing-OS daselbst u. 1949 Studienbeginn an der Univ. Leipzig in den Fächern Gesch. (W. Markow), Germanistik (H. Mayer) u. Phil. (Ernst *Bloch); 1954 Diplomprüfung im Fach Philosophie z. Thema *Erkenntnistheor. Probleme in der Goetheschen Farbenlehre*; daraufhin ab Sept. d. J. wiss. Ass. bei *Bloch (Seminare zu dessen phil.-hist. Vorlg.); Ende 1956 Beginn der parteiorg. Ause. um dessen pol. Haltung nach dem XX. KPdSU-Ptg. (Kritik an Stalins Personenkult u. am bisherigen SED-Dogmatismus) sowie seiner nun zunehmend als unmarxistisch kritisierten ‚Phil. der Hoffnung' insgesamt, was bereits Anfang 1957 (mitten im Semester) mit der parteistaatl. Zwangsem. seines Lehrers wie dem nachfolgenden Verlust der eigenen Assistentenstelle bei diesem endet; zur disziplinierenden. „Umlenkung" erfolgt zunächst die „Zuerkennung einer Aspirantur" in Jena beim dortg. Partei-Phil. G. *Mende; 1958 jedoch der SED-Ausschluss wegen weiterem (nun ist das parteifeindlich) unerschütterlichen Festhaltens an Lehre u. Person seines phil. Lehrers, was wiederum mit der Aberkennung der gerade erst gewährten Asp. abgestraft wird; daraufhin die damals übliche Bewährung in der materiellen Produktion als Hilfsarbeiter in den Leipz. Stahlwerken, wo es am 6. Mai d. J. zu einem unverschuldeten folgenschweren Arbeitsunfall an einer Formwalzmaschine, nun

mit Verlust des linken Armes kommt; später nachfolgende Arbeitsvermittlung durch die SED-BL Leipzig ans dortg. „Inst. für Volkskunstforschung des Zentralhauses für Kulturarbeit"; des weiteren 1959/60 ebenso gestattete Weiterarbeit an einer fachphil. Diss. z. Thema *Versuch zur phil. Bestimmung von Naturqualitäten*, die von der Phil. Fak. auch angenommen wird, mit pos. Gutachten v. Bloch u. Kl. *Zweiling sowie abgeschl. mündl. Prüfungen in Phil.-Gesch. bei Bloch u. Lite.-Gesch. bei Hans Mayer; doch Sept. 1961 (nach dem Mauerbau) kehrt Fam. Bloch von einer Urlaubs-„Rentnerreise" nicht wieder in die DDR nach Leipzig zurück, was nun als „Republikflucht" vom Phil. Inst. öffentlich verurteilt wird (wiederum durch Hm. *Seidel), mit dem Resultat, dass 1962 auf pol. Druck hin auch die Phil. Fak. der KMU Leizig das angelaufene Prom.-Verfahren zu J. T. aussetzt u. vermittels eines weiteren, nun jedoch „neg." Gutachtens von G. *Klaus/Berlin die Nichtannahme der Arbeit beschließt, verbunden mit der Ablehnung aller nur mögl. (realsozialistisch gar nicht bestehenden „verwaltungsgerichtlichen") Einsprüche; 1963 erscheint Blochs Tübinger Einleitung in die Phil. (also zu seinen früheren/abgebrochenen Leipz. Vorlg.) in der BRD mit der verdeckten Widmung für J. T.: „Meinem Major Tellheim"; im Mai 1964 daraufhin Lektor für Gesell.-wiss. (u. a. auch Philosophie) im Lpz. Rc. Verlag; 1965 unerlaubte (also wiederum ebenso „versteckte") Veröffentlg. eines Textes zu „Blochs Atheismus" in einer Festschrift „Bloch zu ehren", unter dem Pseudonym Theodor Heim und 1967 phil. Prom. zu einem ziemlich „unphil." (erlaubten/zugewiesenen) Thema *Karl Marx u. Friedr. Engels zu Fragen des „künsterischen Volksschaffens"* (Gutachter: R. Nedo, W. Steinitz und E. *Pracht) an der HUB (bereits 1964 publ. u. d. Titel "Marx-Engels über die Volkskunst", als ein Fernstudienmaterial an der Gewerkschaftshochschule Bernau im Bereich von R. *Strohschneider); 1978 Wechsel z. Inst. für Klass. Dt. Literatur an der NFG in Weimar und 1986–90 Cheflektor für Germanistik in der Kiepenheuer-Verlagsgruppe Leipzig (Ausscheiden durch Invalidiesierung); 1989/90 vollstg. Rehabilitierung durch die Univ. Lpz. und nachholende Anerkennung seiner früheren fach-phil. Promotionsleistung; dazu Ende 1991 symbolische Berufung zum Honorar-Prof. (persönl. Assistentin Elke *Uhl) mit einem Vorlg.-Zyklus z. Phil. Ernst Blochs sowie zur Naturphil. der dt. Romantik, 1994 endet diese Lehrtg. ohne größere Anerkennung u. Wirkung; verst. am 10. Juni 1999 in Leipzig. Nekrolog von G. *Irrlitz in: DZfPh. H. 4/1999 (ebenso „J. T.-Hoffnung und Gefahr" in Initial 5/6-2002) sowie ein lite. Gedenken auch durch Volker *Braun; doch Hm. *Seidel schwieg dazu. DDR-Personen-Lexikon 2010 (H.-C. *Rauh).

Publ.: (Hrsg.): Friedrich Schillers „Demetrius"-Fragment u. Volker Brauns „Dmitri"-Stück. Leipzig 1986; Rc.-Bd. zu Ernst Bloch: „Freiheit u. Ordnung", erscheint aber ohne das von J. T. vertragsgemäß geschriebene Nachwort. Leipzig 1987; (Hrsg. mit Fr. Dieckmann): Ernst Bloch Lesebuch „Viele Klammern im Welthaus". Frankf./M. 1994; Ernst Bloch. Ein Zuhause für den Philosophen. In: Die großen Leipziger. Lpz. 1996; (Hrsg. H. Witt): Hoffnung und Gefahr. Essays, Aufsätze, Briefe 1954–1999. Frankf./M. 2001; (Hrsg. H. Witt und Joh. Teller): Briefe an Freunde 1942–1999. Lpz. 2007.

Tembrock, Günter
7. Juni 1918–26. Jan. 2011
Bekanntester Verhaltensforscher der DDR an der Humboldt-Universität zu Berlin
Geb. in Berlin, Vater Lehrer; Friedr.-List-Gymn. in Pankow-Niedershs, durchaus kein besonders „guter Schüler", aber frühzeitig enormes biowiss. Interesse; nur drei Schüler seines Abi.-Jg. waren nicht in der HJ: G. T. u. zwei Pfarrerssöhne (fast alle späteren, hier einbezogenen DDR-Phil. dieser mittleren Lehrer-Generation waren durchgehend in der HJ); 1937 Abi. und sofortige Studienaufnahme an der Fr.-Wilhelms-Univ. zu Berlin; bereits 1942 naturwiss. Prom. über *Versuche z. Darstellung der Verbreitungs- und Stammesgesch. eines Carabus* (Laufkäfers, – publ. erst 60 Jahre später 2004 zu s. 85. Geb.); erlebte die teilweise Zerstörung seines Inst.-Gebäudes (Naturkundemuseum); 1948 (gerade noch in „vorstalinistischer" Zeit) Gründung einer verhaltensbiolog. Forschungstelle, die jedoch bei nachfolg. dogm. Vorherr. des Genetik-Gegners T. *Lyssenko (Umwelt und Erziehung prägen nach dieser vulgärmat. wie rohkomm. Utopie vordergründig das Individuum, und nicht „irgendwelche" Erbanlagen) so nicht mehr derartig benannt werden durfte (nach früher „Tierpsychologie" nun also dafür „Tierphysiologie"); 1955 Habil. *Zur Ethologie des Rotfuchses, unter bes. Berücktg. der Fortpflanzung*, drei Jahre später Prof. mit Lehrauftrag für Zoologie und mit der III. HSR 1968/69 Lehrstuhl für „Verhaltensphysiologie", womit die verhaltensbiologische Forschungsrichtung in der DDR begründet wurde und trotz vollständiger ostdt. Isolierung (weil kein Reisekader, aber durchaus westdt. Lizenzvergaben seiner wichtigsten Werke) von der westlichen Entwicklung (denn die Konrad- *Lorenz-Schule wurde in der DDR ideologisch-phil. weiterhin bekämpft) sich eigenständig entwickelte, insbesondere mit zahlreichen interdiszipl. „Brücken zum Menschen" (dem Hauptproblem einer jeden Philosophie), was immer wieder zu ideologisch-„biologistischen" Verdächtigungen auch von ML-DDR-Phil. führte (*Wernicke u. *Eichler); jahrzehntelange empirische Untersg. zur akustischen Kommunikation von Tieren (insb. Vogelstimmen) erbrachte den Aufbau eines einmalg. „Tierstimmenarchivs" im Museum für Naturkunde in Berlin, womit die „Bioakustik" begr. wurde; in den 80er Jahren populärer Moderator einer sehr erfolgreichen bes. DDR-FS-Reihe "Rendezvous mit Tieren" sowie tierverhaltensbiolg. Vorträge im Rahmen der Urania wie der AdW, aber keine Mitgl.-schaft; in enger Zusammenarbeit mit Humanmedizinern (G. Dörner), Entwicklungspsychologen (H.-D. *Schmidt) und dem Wiss.-Philosophen (K.-F. *Wessel) führte das schließlich zur ganzheitlichen Betrachtung des Menschen als „*Biopsychosoziale Einheit*"; schon 1965 Mitgl. der Leopoldina, aber erst 1990 Ord. Mitglied der Akademie der Wiss. der DDR; trotz univ.-amtlicher Emeritierung 1983 ungebrochene Weiterarbeit in der Forschung u. Lehre bis in sein 90. Lebensj. hinein und dadurch als ältester univ. Mitarb. der HU Berlin hoch geehrt, als der „Konrad Lorenz der DDR". In „wiss.-phil." Hinsicht jahrelange (nachwendisch) konzeptionelle Mitarbeit in der Berliner (univ.) neu gegr. „Gesell. f. Humanontogenese" (Ehrenvors.); neben der Forderung nach einer „Synthese von Bio- und Noosphäre", die vereinheitlicht Natur- u. Humanwiss. vollziehen müssten, wurde der sehr überlegenswerte Ausdruck der

„Inweltverschmutzung" aus humanistische Verantwortung geprägt; Ehrenprom. der MLUniv. Halle 1988 und zwei Festschriften: „Verhalten. Informationswechsel u. organismische Evolution". Zu Person u. Wirken G. T. Bielefeld 1994 (Berl. Studien zur Wiss.-phil. & Humanontogenetik. Bd. 7, hgb. von K.-F. *Wessel/F. *Naumann) u. „Ohne Bekenntnis keine Erkenntnis". G. T. zu Ehren. Bielefeld 2008 (ebs. Bd. 25, hrsg. v. A. u. K.-F. *Wessel); verst. Jan. 2011 nach mehrmonatiger Krankheit in Berlin u. nachfolgende Gründung einer Stiftung; – so wie A. *Einstein und H. J. Treder in naturwiss.-physikalischer Hinsicht, so prägte auch G. T. ebenso wie K. *Lorenz in biowiss. Hinsicht ein wesentlich naturbezogene (ideologiefreies) Weltbild in der DDR, dabei letztlich ein phil.-humanes Menschenbild unterstellend, das niemals nur „gesellschaftswiss." u. damit staatsparteipol.-ideologisch (also pädg.-erzieherisch u. disziplinierend) „determiniert" bestimmend sein sollte.
DDR-Personen-Lexikon 2010 (P. Nötzold).

Publ. (Auswahl): Grundlagen der Schimpansen-Psychologie. Berlin 1949; Tierpsychologie. (als Neue Brehm-Bücherei, Nr. 455). Wittenberg 1956 (Neuauflagen 1972/76); Tierstimmen. Eine Einführung in die Bioakustik (Neue Brehm Bücherei Nr. 250). Wittenberg 1959 (3. A. 1982 u. d. T. Tierstimmenforschung und 4. A. als Nachdruck. Hohenwartsleben 2005); Verhaltensforschung. Eine Einführung in die Tier-Ethologie. Jena 1961 (3. A. 1984 u. d. T. Verhalten bei Tieren, 4. A. als Nachdruck. Hohenwartsleben 2006); Grundlagen der Tierpsychologie. Berlin 1963 (3. A. 1971 und Hamburg 1974); Grundriss der Verhaltenswiss. (Grundbegriffe der mo. Biologie Bd. 3). Jena 1968 und Stuttgart 1968 (ebenso 3. A. 1980 u. d. T. Eine Einführung in die allgm. Biologie des Verhaltens); Biokommunikation. 2 Teile. Berlin 1971 u. Braunschweig 1971 u. Hamburg 1975; Grundlagen des Tierverhaltens. Berlin 1977 und Braunschweig 1977; (Hrsg.): Verhaltensbiologie, unter bes. Berücksichtg. der Physiologie des Verhaltens. Jena 1978 und Stuttgart 1978; Akademie-Vortrag 1977: Bioakustik, Musik und Sprache. Berlin 1978; (Hrsg.): Phil. u. ethische Probleme der mo. Verhaltensforschung (6. Kühlungsb. Kolloquium Okt. 1977). Berlin 1978; (Hrsg. mit H.-D. Schmidt): Evolution and determination of animal a. human behaviour. Zum XXII. Interntl. Kongreß für Psychologie Leipzig 1980; (Hrsg.): Forschungen zu stammesgeschtl. Verhaltensanpassungen beim Menschen u. aktuelle Probleme der Soziologie. Leipzig 1982 (Zft. für Psy.); Spezielle Verhaltensbiologie der Tiere, 2 Bde. Jena 1982/83 und Stuttgart 1983; Vogelstimmen (auf Schallplatten) 1983/85: I. Waldvögel, II. Wasservögel, III. Vögel in Haus, Hof und Garten, IV. Vögel der Ostseeküste, Vögel in Feld u. Flur; Urania-Vortrag: Ist der Mensch von Natur aggressiv? Über die Naturgesch. der Agression. 1985; (Hrsg.): Verhaltensbiologie. Internatl. Symp. 1983 an der HUB. Jena 1986 u. Thun 1987 (2. A. Jena 1992); Ernst-Häeckel-Vorlg. der FSU Jena 1988: Humanevolution aus verhaltensbiolg. Sicht; (Hrsg. mit Erh. Geißler): Natürliche Evolution und Lernstrategien (interdiszpl. Sammelband). Berlin 1990; Angst. Naturgeschichte eines psychobilog. Phänomens. Darmstadt 2000.

Templin, Wolfgang
25. Nov. 1948
Diplom-Philosoph und Bürgerrechtler in Berlin
Geb. in Jena als Sohn eines sowjetruss. Offiziers, den seine Mutter (Raumpflegerin) jedoch sehr liebte (eigene Erklärung), den er aber selbst nie kennenlernte; nach dem Schulbesuch zunächst 1965 angefangene Buchdruckerlehre, die 1966–68 zu einer Bibl.-facharbeiterausbildung und 1968–70 zu einem Studium an der FS für Bibl.-wesen in Berlin weiter geführt wurde; anschl. Phil.-Studium 1970–74 an der gerade

durch die III. HSR neugegr. Sektion Marx.-len. Phil. der HU zu Berlin; galt als parteipolitisch besonders überzeugter Gen. Phil.-Student, weshalb sich bald die entspr. Sicherheitsorgane der DDR um ihn bemühten u. auch 1971–75 als IME „Peter" führten und einsetzten; doch als einer der wenigen jüngeren DDR-Phil. „dekonspirierte" er sich bereits ungemein frühzeitig seinen Mitstudenten gegenüber u. daraufhin Teilnahme an einem illegalen sog. trotzkist. Studenzirkel u. vorgesehen für ein Forschungsstudium an der HUBerlin; dazu erfolgte 1976/77 trotz der sich bereits krisenhaft zuspitzenden Verhältnisse in Polen, in Warschau ein Zusatzstudium; anschl. 1977–83 wiss. Mitarb. am ZIfPh. der Aka, wo er die pol.-ideolg. Ause. um die aka.-phil. Rubengruppe u. deren Parteiausschluss miterlebte; zu dieser Zeit bereits Mitwirkung an der Arbeit versch. unabhg. (kirchennaher) Friedens- u. Menschenrechtsgruppen, worauf der Abschluss seiner phil. Promotion in Frage gestellt wurde; schließlich kam es 1983 zum SED-Austritt, was wiederum die Entlassung und ein jahrelanges abstrafendes Berufsverbot als Philosoph wie Bibliotheksmitarbeiter nach sich zog; daraufhin zeitweilig als Hilfarbeiter, Putzhilfe u. Heizer tätig; 1985 Mitbegründer der oppositionellen Bürgerrechtsgruppe „Initiative Frieden und Menschenrechte" (IFM) und Mithrsg. der Samidat-Oppositionszeitschrift „Grenzfall", worauf das MfS den op. Vorgang „Verräter" einleitete u. mit widerwärtigen Zersetzungsmaßnahmen gegen seine Familie vorging; am 25. Jan. 1988 nach Teilnahme an grundsätzlich unerlaubten Protestaktionen im Rahmen der parteioffiziellen Liebknecht-Luxemburg-Demo. in Berlin mit anderen wegen „landesverräterischer Agententg." verhaftet u. umgehend zur Ausreise in die BRD gezwungen, wo in Bochum ein weiteres Studium begonnen wurde; bereits Nov. 1989 jedoch sofortige Rückkehr in die nun bereits untergehende DDR u. als Vertreter für die IFM mitwirkend am „Runden Tisch" als deren Sprecher; 1990 wiederum Mitarbeiter der Volkskammerfraktion „Bündnis 90", später auch bei den „Grünen", die ihn jedoch schließlich ausschlossen; 1994–96 Referent für Presse- und Öffentl.-arbeit im Haus am „Chekpoint Charlie" (Mauermuseum); 1996 Gründungsmitglied des Bürgerbüros z. Aufarbeitung v. Folgeschäden der SED-Diktatur e.V. sowie Mitglied der Grünen Akademie der Hr.-Böll-Stiftung; seit 1997 freiberuflich als Publizist u. in der pol. Erwachsenenbildung tätig; zeitweilig auch wiss. MA in der Bundesstasibehörde und von Juli 2010 bis Dez. 2013 Büroleiter der Hr.-Böll-Stiftg. in Warschau; vielfältige publ. Wirksamkeit als bürgerbewegter Zeitzeuge der „Wende" bzw. „friedl. Revolution" u. 2016 Bundesverdienstkreuz 1. Klasse.
DDR-Personen-Lexikon 2010 (J. Wielgohs).

Publ.: (Mithgb.): Die Wiederkehr des Sozialismus, die andere Seite der Wiedervereinigung. Berlin 1996; Ein Staat – zwei Gesellschaften. Opladen 2002; Farbenspiele. Die Ukraine nach der Revolution in Orange. Osnabrück 2007 u. Bonn 2008; (Mithgb.): Auf dem Wege zur Friedl. Revolution in der DDR. Berlin 2008; (Mitautor): Dreizack und Roter Stern. Geschichtspol. und hist. Gedächtnis in der Ukraine. Berlin 2015; Der Kampf um Polen. Die abenteuerliche Geschichte der zweiten Republik 1918–1939. Paderborn 2018.

Terton, Gerd
1. März 1940
Methodologie und Logik in Leipzig
Geb. in Wolfen; 1946–1954 GS in Jeßnitz; 1954–57 Berufsausbildung z. Stahlschiffsbauer in der Warnowerft Warnemünde; 1957–60 ABF Halle (Hochschulreife) und anschl. Phil.-Studium (Nebenfach Biophysik) an der KMU Leipzig; 1965–68 wiss. Asp. am Inst. für Phil. ebenda vb. mit Studienaufenthalt am Inst. für Biophysik der DAW zu Berlin; darauf phil. Prom. 1968 *Zu Tendenzen in der wiss. Begriffsbildung* (Gutachter: R. *Rochhausen und F. *Fiedler); 1969/70 wiss. Ass. im Lehr- u. Fachbereich phil. Probl. der Naturwiss. (Leiter K. *Wagner), sodann im Bereich Dial. Mat. (F. *Fiedler) und später am neu gegr. Lehrstuhl Logik (L. *Kreiser); dazu 1974/75 einj. Logik-Zusatzstudium an der Univ. Wroclaw/Polen; bearbeitete wiss.-theor. und metholg. Probleme aus log.-phil. Sicht; 1978 Prom. B z. Thema *Historische u. systematische Untersuchungen zur Klassifikationslehre* (Gutachter: L. *Kreiser, K. *Berka und G. *Schenk); 1979 HS-Dozent für Logik an der Sektion Marx.-len. Phil/Wiss. Kom. der KMU Leipzig u. ab 1987 ao. Prof. für log. Methodologie an dieser Phil.-Sektion; und dies auch noch bis 1993 an der dortigen Fak. für Phil. u. Gesch.-wiss. der Univ. Leipzig; Ende 2000 vorzeitg. Berentung wegen Schwerbeschädigung, jedoch weiterhin unentgeltl. Lehrtg. im zeitweilig außerphil. (zentraluniv.) „Inst. für Logik u. Wiss.-Theorie" (1989/90 noch vor eingeleiteter Sektions-Abwicklung von Lothar *Kreiser gegründet, später aber als solches außerphil. nicht weiter ‚existent', universitär geschlossen, da die Logik als propädeut. Lehrfach natürlich thematisch wie institutionell letztlich unabdingbar doch zur Phil. gehört).

Publ.: (zus. mit K. Wagner u. K.-H. Schwabe): Zur marx.-len. Wahrheitstheorie. Studien zur ET. Berlin 1974; Logik-Lehrmaterialinen für Phil.-Studenten. – 1967–74 drei Rez. und zwei Berichte in der DZfPh.

Teßmann, Kurt
24. Juli 1934
Erster marxistischer DDR-Philosoph der WTR bereits zum Anfang der 60er Jahre
Geb. in Lippehre in einer Handwerkerfamilie; 1940–44 VS ab Okt. 1945–49 Zentralschule Götzke, Bz. Potsdam u. Landesoberschule Wiesenburg, 1953 Abitur; Studj. 1954/55 an der HS für Architektur u. Bauwesen in Weimar; dann aber Studienwechsel zum FMI der KMU Lpz. u. 1958 Abschluß des gesell.-wiss. Studiums als „Diplomlehrer für M-L" (1957 SED); ab 1958 wiss. Ass. im gesell.-wiss. Grundlagenstudium des ML-Inst. der WPUniv. Rostock; Diss.-Verteidigung dennoch an der Phil. Fak. der Univ. Leipzig 1962 z. Thema *Probleme der tech.-wiss. Rev. u. der Grenze zw. Technischem u. Sozialem* (Gutachter: Kl. *Zweiling u. R. *Schulz – publ. in der TB.-Reihe „Unser Weltbild", Bd. 16. Berlin 1962); danach kurzzeitg. Praxiseinsatz in der „Ostsse-Zeitung" (Wirtschaftsredaktion) u. dann wieder wiss. Mitarb. u. Lehreinsatz im gesell.-wiss. Grundlagenstudium der ML-Sektion, Forschungsgruppe „Phil. Probleme der Naturwiss. u. Technik" an der Univ. Rostock; zusammen mit Hr. *Vogel u. Hr. *Parthey

erfolgreicher Veranstalter der 1. Tg. zu „Theor. Problemen der wiss.-techn. Rev.", publ. in einer neuen, von ihm mit begründeten univ. Reihe „Rostocker Phil. Manuskripte" H. 1/1964; damit ist er thematisch-konzeptionell ein bzw. der entscheidender Wegbereiter des 1. DDR-Phil.-Kongreß 1965 z. Thema „Die marx.-len. Phil. und die techn. Revolution" (Hauptreferent dann aber G. *Heyden vom IfG beim ZK der SED); Rost. Forts.-Konferenz 1967 zu „Die Struktur der Technik und ihre Stellung im sozialen Prozeß" (ebenso H. 5, hrsg. mit Hr. Vogel); zahlreiche technikwiss. Beiträge (Artikel, Berichte und Rez.) während der gesamten 60er Jahre in der DZfPh., was jedoch späterhin völlig abbricht; 1977 (unter dem etwas umgeschriebenen Namen „Tessmann, Kurt H.") Prom. B. zum wiederum bemerkenswerten Thema *Produktivkraft der Arbeit. Die Ausarbeitung der dial.-mat. Produktivkraftkonzeption durch K. Marx in der Periode der Entstehung des Werkes ‚Das Kapital'; ein Beitrag z. wiss. Gesch.-auffassung und zur Methodik aktueller Gesellschaftsanalyse* (Gutachter: U. Seemann, Hr. *Vogel, E. Wächter, W. Jahn); danach aus dem univ. Lehrbetrieb der ML-Sektion frühzeitig wegen angebl. „Lehrprobleme" ausgeschieden u. mit psychischen Problemen erkrankt; noch vorwend. ivalidisiert und kein weiterer Verbleib oder Wirksamkeit mehr nachweisbar. In seiner Eigenständigkeits-Erklärung zur Prom.-schrift 1962 formuliert er die bekannte „Eidesformel" wie folgt für sich um: vorlg. Diss. wurde „von mir selbständig verfasst, gestützt auf die kollektive Weisheit der marx.-len. Gesell.-wissenschaften"; diese hat ihn aber dafür kaum gewürdigt und gedankt.

Tetzel, Manfred
15. Aug. 1950
Partei-Philosophie-Historiker an der Gewi.-Aka. in Berlin
Geb. in Lauchhammer; 10 Kl.-polytechn. OS u. Lehrausbildung als Mechaniker; nachgeholtes Abitur auf der VHS; ab 1969 ML-Studium an der KMU Lpz. u. Dipl.-Lehrer M-L (Phil.); 1973–76 am IML beim ZK der SED in der Marx-Engels-Edition eingesetzt; übernommen als Ass. an die AfG 1976 und 1978 außerplm. Asp. im Forschungsbereich Gesch. der marx.-len. Phil. am dortg. ML-Phil.-Inst. der Partei-Aka. für Gesell.-wiss. beim ZK der SED; daselbst phil. Prom. A 1982 z. Thema *Beitrag zu einer krit. Analyse der gesell.-theor. Auffassungen Eduard Bernsteins* (wiss. Betreuung V. *Wrona u. Gutachter: Jan *Vogeler, Moskau, publ. u. d. T. Phil. u. Ökonomie oder das Exempel Bernstein. Berlin 1984); dazu wiss. Kollq. am 16. April 1982, Tag der Verteidigung, z. Thema Kritik der revisionistisch-reformist. Konzeption Ed. Bersteins, theor.-geschichtl. u. aktuelle Aspekte des Wechsel-V. von hist. Mat. u. marx. pol. Ökonomie; nachwend. Hrsg. folgender Schriften von Ed. Bernstein in der neuen Dietz-Reihe: „Soziales Denken des 19. u. 20. Jhd.": Entwicklungsgang eines Sozialisten (Autobiographie 1872–1923). Berlin 1991 wie „Die Vors. des Sozialismus und die Aufgaben der SD". Berlin 1991, was zuvor in über 40/45 Jahren SBZ/DDR-Geschichte einfach so nicht möglich war. Es war aber trotzdem nichts weiter über diesen früheren parteigeschtl. Kader erfahrbar.

Thiel, Rainer
24. Sept. 1930
Mathematik – Philosophie – Kybernetik und „Erfinderschule"
Geb. in Chemnitz in einer Handwerkerfamilie; erlebte einen „Zusammenbruch der Hitlerjugendromantik" (einzig feststellbares Zugeständnis dieser Generation, das ich gefunden habe); 1941–49 durchgehend-unterbrochener Oberschulbesuch, denn zwischendurch nachkriegsbedingt ein Jahr Klempnerlehrling; frühzeitig pol. aktiv in der FDJ 1948 u. 1949 bereits SED; nach dem Abitur kurzzeitig Steinbruch-Arbeiter im Talsperrenbau („Höllengrund") Sosa im Erzgebirge; 1949/50 Studienbeginn der Mathe. u. Päd. an der TH Dresden (1 Sem.); nach Auflösung der dortg. Päd.-Fak. 1950/51 Weiterstudium der Mathe. und Physik an der FSU Jena (3 Sem.); nach Eröffnung der Fachrichtung Phil. ebenda 1951/52 Wechsel zu dieser (2 Sem. G. *Klaus, erlebt dessen Ause. mit dem unwissend-staln. Dogmatiker W. *Wolf); 1953 erneute Unterbrechung des Studiums durch prakt. Prod.-einsatz (als Bauarbeiter in der Max-Hütte) nach FDJ- u. SED-Ausschluss; 1953–56 Abschluss des Studiums in Berlin (G. *Klaus als Inst-Direktor); anschl. 3 Jahre ML-Einsatz im gesell.-wiss. Grundlagenstudium an der HU Berlin; danach Aspirant im H. *Ley-Bereich für phil. Fragen der Naturwiss. am Inst. für Phil. ebenda 1959–62, termingerecht eingereichte, aber trotzdem verspätete phil. Prom erst 1966 z. Thema *Phil. Erörterungen zur Einführung mathe. Begriffe in gesell.-wiss. Disziplinen* (Gutachter: G *Klaus, A. *Polikarow, K. Mathes-Jena, Teile der Diss. zu dieser Zeit schon in der DZfPh. veröffentl.); gleichzeitig bereits intensive Beschäftigung mit der Kybernetik (besonders in Zusammenarbeit mit G. *Klaus u. dazu eigenes Studienmaterial 1964/67); 1968 Prom. B (Habil.) z. Thema *Der heuristische Gebrauch mathe. Begriff in Analyse u. Prognose gesell. Prozesse* (Gutachter: H. *Korch, K. Mathes, W. *Eichhorn I – so publ. u. d. T. „Quantität oder Begriff". Berlin 1967); anschl. 7 Jahre hochschultheor. Arbeit im Staatsapp. (Inst. für Hochschulbildung) sowie in der Sektion Rechtswiss. der HUB: Bearbeitung des Neuererwesens in der DDR bis 1981, woraus schließlich das Projekt einer ehrenamtl. Gründung von „Erfinderschulen" in den 80er Jahren hervorging; verfasst dazu zwei Denkschriften 1986 und 1987 an K. *Hager (ZK-Abt. Wiss.); mit dem Scheitern der SED-DDR wiederum persönl. Versuche der Vergangenheitsbewältigung mit zahlreichen basisdemo. Aktivitäten in seiner brandenbg. Heimat (s. dazu entspr. Publikationen); zu seinem 90. Geb. erstaunl. Ehrung in Storkow.

Publ.: Mathematik, Sprache, Dialektik. Berlin 1975; (Mitautor): Erfinderschulen in der DDR. Bln. 1994; Marx und Moritz. Unbekannter Marx. Quer zum Ismus. 1945–2015. Berlin 1998; Schüler-Streik in Storkow. BL Brandenburg 11.–19. Sept. 2000. Berlin 2001; Der Stausee unterm Auerberg. Die Talsperre des Friedens bei Sosa in Sachsen u. der Mythos ihrer Erbauer. Berlin 2002 (2. A. 2003); Das vergessene Volk. Mein Praktikum in Landespolitik (Erlebnisbericht). Görlitz 2005; Allmähliche Revolution–Tabu der Linken. Zwei Arten Abstand vom Volk: Warten auf Wunder – Gebt eure Stimme bei uns ab. Berlin 2009; Neugier, Liebe, Revolution. Mein Leben 1930–2010 (Autobiographie). Berlin 2010 (3. erg. A. Berlin 2020 mit d. Untertitel: 90 Jahre Leben); Aufstehen, sammeln, links nebenbei! Was denn sonst? Analysen jüngster Gesch. zur Überwindung tiefgl. Folgen sowie Vorschläge für Gegenwart und Zukunft. Mün. 2019.

Thom, Achim
14. Aug. 1935–18. Sept. 2010
Philosophische Forschungen zur Medizin-Geschichte in Leipzig
Geb. in Marienburg; 1942–45 VS in Graudenz (Pommern); 1945/46 Umsiedlung nach Gernrode, daselbst 1947–50 GS und 1950–54 Karl-Liebknecht-OS in Ballenstedt; Eltern gingen 1954 nach Westdt.; 1954/55 FDJ-Sekr. an der Goethe-Heim-OS Roßleben u. delg. z. Phil.-Studium 1955–1960 an der KMU Leipzig; als Student Mitunterzeichner (gem. mit seiner späteren Frau Martina und Hm. *Seidel) des Briefes (J. H. *Horn – Hr. *Schwartze) der SED-Parteileitung des Phil.-Inst. vom 15. Jan. 1957 gegen Ernst *Bloch, der dessen Zwangsemeritierung u. phil.-revisionistische Aburteilung einleitete; anschl. 1960–65 wiss. Ass. am Inst. für M.-L. mit Lehrauftrag für dial.-hist. Mat. an der Mdz. Fak. der KMU Leipzig; 1965 phil. Prom. zu *Einige phil. Probleme der Entw. psychiatrischer Theorien in der DDR.* (Gutachter: Kl. *Zweiling – Phil. u. Fischl – Psychologie); 1965–68 Fachgruppenleiter u. 1968 Doz. für Dial. u. Hist. Mat. an der ML-Sektion ebd.; 1971 Prom. B z. Thema *Phil. u. wiss.-theor. Vorbestimmungen zur Entwicklung einer allgm. Theorie der Medizin in der sozial. Gesell.* (Gutachter: R. *Löther, I. Kohler, F. *Fiedler); 1973 o. Prof. ebs./ebd. u. 1972–77 stellv. Direktor für EAW der ML-Sektion Lpz; danach 1977–92 o. Prof. für Gesch. der Mdz. am Bereich Mdz. der KMU Lpz.; 1983–92 davon Direktor am Karl-Sudhoff-Inst. für Gesch. der Mdz. u. Naturwiss. ebd; 1992–96 daselbst noch geschäftsf. Direktor bzw. danach (evaluierter) wiss. Mitarb. mit Prof.-Titel bis 2000 ebd; regulär altersbedingt berentet und verst. 2010 im mecklbg. Dörfchen Schwarz; verh. mit der Phil.-Historikerin Martina *Thom u. im Internet ihre verschriftlicht zugängl. Rede „Zum Gedenken an meinen geliebten Mann Achim" am 18. Okt. 2010 auf dem Südfriedhof Lpz.

Publ.: (Mithrsg. L. Pickenhain): Beiträge zu einer allgm. Theorie der Psychiatrie. Jena 1968; (Mitautor): Medz. u. Weltanschauung. Leipzig 1973 u. zugleich Schwerte (Ruhr) 1973; (Mithrsg.-Autorenkollektiv): Ausgw. theor. Aspekte psychotherapeutischen Erkennens u. Handelns. Jena 1981; (Mitautor): Theorie, Geschichte u. aktuelle Tendenzen in der Psychiatrie. Jena 1982; (zus. mit S. Hahn): Sinnvolle Lebensbewahrung – humanes Sterben. Positionen z. Ause. um den ärztl. Bewahrungsauftrag gegenüber menschl. Lebens. Berlin 1983; (Hrsg.): Zur Gesch. der Psychiatrie im 19. Jhd. Berlin 1984; (Mithrsg.): Medizin im Faschismus. Protokoll eines Symposiums der K MU Leipzig. Bln. 1985; (Hrsg.): Sigmund Freud: Psychoanalyse – Ausgew. Schriften zur Neurosenlehre, Persl.-Psychologie u. Kulturtheorie. Rc.-Lpz. 1985 (3. A. 1990); (Red.): Arztpersönlichkeit in der sozial. Gesell. Bln. 1986; (Red.): Psychodynamik. Zum Erbe Freuds in der mod. Medizin. Wiss. Zft. der KMU Leipzig Jg. 38, H. 4 (1989); (Hrsg.): Medizin unterm Faschismus. Bln. 1989; (Mithrsg. S. M. Rapoport): Das Schicksal der Medz. im Faschismus (Intl. Symp. Nov. 1988 in Erfurt/Weimar). Berlin 1989 u. ebs. Mün. 1989 (Nachdruck Bln. 2000); (Mithrsg.): Psychiatrie im Wandel. Erfahrungen u. Perspektiven in Ost u. West. Bonn 1990; (Mithrsg.): 575 Jahre Mdz. Fak. der Univ. Leipzig. Leipzig 1990; (Hrsg.): Protokollband des Intl. Symp. „Gesch. u. Gegenwartsprobleme der Psychotherapie – zur Stellung Sig. Freunds u. der Psychoanalyse" im Juli 1989 an der KMU. Leipzig 1991; (Mithrsg.): 90 Jahre Karl-Sudhoff-Institut (für Gesch. der Mdz. u. der Naturwiss.) an der Univ. Lpz. 1996.

Thom, Martina
23. April 1935–17. Sept. 2019
Marxistische Philosophie-Historikerin in Leipzig
Geb. in Leipzig, Eltern Schriftsetzer und Sekretärin; 1941–49 GS u. 1949–53 R.-Wagner-OS (Abi.) ebd.; daselbst 1953/54 anschl. hauptamtl. FDJ-Schulgruppenleiterin und SED-Eintritt; 1954–59 Phil.-Studium an der KMU Leipzig u. Jan. 1957 Mitunterzeichnerin des SED-Inst.-PL-Briefes an Ernst *Bloch, der dessen Zwangsemeritierung mit einleitete (Parteisekr. ist Joh. *Horn); 1958 Karl-Marx-Stipendium u. 1959 Diplom-Abschluß; durchgängig 1955–61 Mitgl. der Inst.-Parteileitung, zeitweilig als 2. Sekr.; 1959–64 Assistentin im Fachbereich Gesch. der Phil.; seit 1957 verh. mit A. *Thom (Medizinhistoriker); 1964 phil. Prom. z. Thema *Das theor. Wesen u. die pol. Funktion des neuhegelianischen Revisionismus in den zwanziger Jahren unseres Jhd. in Dtl., unter bes. Berücksichtg. von Georg *Lukacs u. Karl Korsch* (Gutachter: Kl. *Zweiling u. R. *Schulz) im Rahmen des parteizentralen Forschungsthemas „Gesch. der marx. Phil. in Dt. 1918–33" (Projektleiter H. *Seidel); mit Umprofilierung des Leipz. Phil.-Inst. auf ET (A. *Kosing u. D. *Wittich) Leiterin der Arb.-gruppe „Gesch. der vormarx. ET." u. Habil-Arbeitsthema z. Erfahrungsbegriff bei Kant festgelegt; Hauptarb.-gebiet aber weiterhin eine Gesch. der marx. Phil. im 19. Jhd. u. Mitarbeit am gepl. Lehrbuch „Marx.-len. ET." mit dem Teilprojekt zur sozialen Determiniertheit des Erkennens; Lehreinsatz marx.-len. Grundlagenstudium im univ. Bereich Medizin (Frauen-Klinik); 1969 Berufung zur Dozentin für Dial. u. Hist. Mat. an der neugegr. Sektion Marx.-len. Phil./Wiss. Sozialismus; 1970–72 Leiterin des Fernstudiums Philosophie und Vors. der Sektions-Gewerkschaftsleitung; 1972–76 Doz. für Gesch. der marx. Phil. und phil. Prom. B 1976 z. Thema *Philosophie als Menschenkenntnis. Beitrag zur Entstehungs-gesch. der Phil. Im. Kants* (Gutachter: Hm. *Seidel, F. *Fiedler, Erh. *Lange – publ. dann aber u. d. T. „Ideologie u. ET", 1980); anschl. Berufung zum o. Prof., jedoch wiederum für Gesch. der Marx.-len. Phil. an der Sektion Marx.-Len. Phil./WK (den Lehrstuhl für Gesch. der Phil. hatte zu dieser Zeit bis 1990 H. *Seidel inne); 1977–81 APO-Sekr. II (Phil./Logik); 1986–91 Sektions- bzw. Inst.-Dir. und damit automatisch auch Mitgl. des Beirats für Phil. beim MHF (Vors. G. *Stiehler) wie des Zentralen Rates für Marx.-len. Phil. u. dessen Leitung an der AfG beim ZK der SED (Vors. E. *Hahn) bis Ende 1989; erst 1989–91 Leiterin eines eigenen, viel zu verspätet so ben. Fachbereiches für Gesch. der Phil. des 19./20. Jhd.; nach Sektionsabwicklung 1991/92 noch zeitweilig Lehrkraft für Gesch. der Phil. an der Fak. für Phil. u. Gesch. der Univ. Leipzig (Dekan L. *Kreiser in Nachfolge von D. *Wittich); mehrfach befr. univ. Arbeitsverträge (4 Zeitverträge bis 30. Sept 1992); danach Vergleichs-Urteil und allgemein übliche „Abfindung für Verlust des Arbeitsplatzes" sowie anschl. ministerielle Abberufung (Dresden, Minister Meyer vom 23. 2. 1993) noch zum 1. Okt. 1992 rückwirkend als „ordtl. Prof. für Gesch. der *marx.-len. Phil.* an der Univ. Lpz.", Weiterführung des Prof.-Titels ist gestattet, weil davon „unberührt"; daraufhin Übergang in den Vorruhestand u. nachwend. Mitgliedschaft in der Interntl. Feuerbach-Gesellschaft, der Kant-Gesell. in Mainz wie der RL-Stiftung Sachsen, jeweils 1990–2000; danach Fam.-Wegzug aus

Lpz. ins mecklenburgische Dörfchen Schwarz u. Mitglied des Tierschutzvereins in Waren; späterhin verbitterte, nur noch selbstenttäuschte Kritik an fast allen früheren praxis-phil. Mitstreitern in Leipzig u. darüber hinaus, womit natürlich die zuvor, wegen der streng parteiorg. Existent der DDR-Phil., was aber gerade nicht weiter thematisiert wird, nie folgerichtig ausgetragenen marx.-phil. Debatten nicht mehr nachholbar sein konnten; die vorangegangene Abwicklung der Lpz. Ml-Phil.-Sektion hielt sie für eine „rein ideologisch und politisch motivierte Abwicklung!" (Internet-Aufstellung aller Publ.); – verst. Sept. 2017 in Schwarz, M.-V.
DDR-Personen-Lexikon 2010 (H.-C. *Rauh).

Publ.: Immanuel Kant (Biographie). Urania-Verlag 1974 (2. A. Leipzig u. Köln 1978, Rom 1982); (zus. mit Kl. Gößler): Die materielle Determiniertheit des Erkennens. Studien zur ET. Berlin 1976; (Hrsg.): Im. Kant: Kritik der prakt. Vernunft. Grundlg. einer Metaphysik der Sitten. Rc.-Verlag Lpz. 1978 (3. A. 1989); Ideologie u. ET. Untersg. am Beispiel der Entstehung des Kritizismus u. Transzendentalismus Im. Kants. Forschungsbeiträge zu Problemen u. zur Gesch. der marx.-len. ET. Berlin 1980 (Praha 1986); (Hrsg.): Im. Kant: Schriften zur Religion. Berlin 1981; (Hrsg.): Karl Marx: Zur Kritik der Hegelschen Rechtsphil. Rc.-Verlag. Lpz. 1986; Dr. Karl Marx, das Werden der neuen Weltanschauung. 1835–43. Berlin 1986; (Hrsg.): Moses Mendelssohn: Schriften über Religion u. Aufklärung. Berlin 1989; (Mithrsg. K.-H. Schwabe): Naturzweckmäßigkeit u. ästh. Kultur. Studien zu Kants Kritik der Urteilskraft (Aufsatzsammlung einer letzten Sektionskonferenz z. 200. Jahrestag dieser Schrift 1990 in Lpz). Sankt Augustin 1993. – 20-fache Autorin derDZfPh 1968–88. – *Ausgänge*: Im. Kant. Phil.-hist. Forschung in marx. Hinsicht (darin versuchte nachträgliche Rechtfertigung der eigenen überschriftl. Buch-Titelung ihrer wichtigsten Kantschrift mit „Ideologie und Erkenntnistheorie", was ja nachweislich als fachphil. Termini und thematisch so bei Kant gerade noch gar nicht vorkommt).

Thomas, Michael
4. Sept. 1951
Als Philosoph und Soziologe nachwendischer Transformationsforscher
Geb. in Spremberg (Lausitz); bis 1970 EOS u. Abitur mit Berufsabschluss als Dreher; drei Jahre Armeedienst bei der NVA; 1973–78 Phil.-Studium an der HU zu Berlin; anschl. Forschungsstudium u. 1981 phil. Prom. mit einer Arbeit zu *Edmund Husserls Begründung der phänomenolg. Philosophie, ein Beitrag zur Kritik der mod. bürgl. Philosophie* (Gutachter: H. *Pepperle, D. *Bergner u. H. *Süßenbach – publ. 1987 in der Buhrschen Kritik-Reihe, Bd. 109 unter dem etwas veränderten Titel: "Ed. Husserl. Zur Genesis einer spätbürgerlichen Philosophie"); 1981 Wechsel zur AfG beim ZK der SED, zum dortg. Inst. für Marx.-len. Soziologie; Arbeiten zu Theorie u. Gesch. der Soziologie, zum Verhältnis von Phil. und Soziologie sowie z. Sozialstrukturanalyse im Sozialismus; nach Selbstauflösung der SED-Partei-Akademie für Gesell.-wiss. 1990 Mitbegründer des Berl. Inst. für Sozialwiss. Studien (neue Fragen zu hist.-sozialen Transformationsprozessen); seit 2009 Mitglied der Leibniz-Sozietät; Mitarbeit an der Alfred Schütz Werkausgabe „Phil.-phänomenolg. Schriften 1. Zur Kritik der Phänomenologie Ed. Husserls". Konstanz 2009.

Publ.: (Red.): Analyse und Kritik nichtmarx. soziolg. Konzeptionen über die Beziehungen von öko. Wachstum u. sozialem Fortschritt. (4. Soziologie-Kongreß der DDR. Materialien der AG 12).

Zentralstelle für Soziolg. Inf. und Dok. SH 1/1985; Zeitgemäße Fragen nicht nur an die DDR-Soziologie. Wiss.-zentrum für Sozialforschung (WZB). Berlin 1991; (Hrsg.): Abbruch u. Aufbruch. Sozialwiss. im Transformationsprozeß. Bln. 1992; (Hrsg.): Selbständige – Gründer – Unternehmer. Passagen u. Passformen im Umbruch. Berlin 1997; (Hrsg.): Transformation moderner Gesell. u. Überleben in alten Regionen. Münster-Hamburg-Berlin-London 2011;Transformations-Bd. mit Ulrich Busch 2015 (Beiträge der Lz.-Soz.).

Thomsen, Olaf
22. Mai 1960–Sept. 2016
Kulturgeschtlicher Dokumentarist und Vortragender zur Schulgeschichte
Geb. in Greifswald als Sohn einer Apothekerfamilie; nach allgemeinbildener und erw. OS im Landkreis Stralsund (Abi.) und Grundwehrdienst bei der NVA; 1981–86 Pädg.-Studium an der HUB als Lehrer für Musikerziehung u. Deutsch; aktiv in der FDJ-Singebewegung („Okt.-Club"); anschl. Forschungsstudium im Bereich Philosophie der Sektion M.-L.; eigenständiger phil. Gasthörer bei G. *Redlow (Dial. Mat.), G. *Irrlitz (Gesch. der Phil.), W. *Heise (Gesch. d. Ästhetik) u. D. *Mühlberg (Kulturtheorie); mit Auflösung der ML-Sektion 1989/90 wiss. Ass. am neu gegr. Inst. für Friedens- u. Konfliktforschung der HU zu Berlin (W. *Richter) u. phil. Prom. A. z. Thema *Die Philosophie Leonard Nelsons (1882–1927) als eine der weltanschaul. Grundlagen programmatischen Denkens in der SPD* (Gutachter: M. *Wiedemeyer, I. Geisler); 1991–93 wiss. Mitarb. am neu gegründeten (*Hasselberg u. *Radtke) außeruniv. „Hegel-Inst." für phil. Bildung und Forschung e.V. Berlin; seit 1993 freier kultur- und regionalgeschichtl. Vortragender, Autor u. Redakteur für Fernsehen, Verlage sowie private Auftraggeber; Sept. 2016 überraschender Freitod in Berlin (Hochhausabsturz).

Publ.: Mitarbeit an der Internationalen Bibl. zur Rezeption von G. W. F. Hegels Wiss. der Logik im 20. Jhd. in 3 Bdn. Wien 1993; (Hrsg.): G. W. F. Hegel. Von den Sandbänken der Endlichkeit. Bln. 1998; (Red.): Festschrift 1928–2003. 75 Jahre Dienst am Menschen (Maria Heimsuchung Caritas-Klinik Berlin-Pankow). Berlin 2003; Lebensader Überlandbahn. 100 Jahre Straßenbahn im Raum Halle-Merseburg. Halle 2004; (Mitautor): Deutschland ein Intermärchen. Bln. 2005; Unterwegs in der Feldberger Seenlandschaft. Friedland 2006; Wie Halle ins Rollen kam. 125 Jahre Nahverkehr in der Saalestadt. Halle 2007; (Red.): G. Langfeldt: „Familiengeschichten rund ums Pankower Kavalierhaus". Berlin 2009.

Thomson, George
1903–1987
Englischer marxistischer Altphilologe und Historiker
Geb. in Dulwich/London, studierte die klass. Sprachen am King's College in Cambridge u. wurde später professoraler Sprachlehrer für Griechisch an der National Univ. of Ireland, wobei er auch nationalirische Sprachstudien betrieb; 1934 kehrte er nach England zurück, wird 1936 Prof. an Univ. of Birmingham, wo er auch in die KP eintritt; erarbeitete eine erste marx. Interpretation des griech. Dramas (so auch übersetzt in der DDR erschienen als „Aischylos und Athen"); seine weitergehenden, Marx nachfolgenden „soziologischen (hist.-mat.) Überlegungen führen ihn schließ-

lich zu ziemlich ungewöhnl. (zumeist unvermittelten) „sozialen" Ableitungen zur Entstehung des abendl. Denkens („Die ersten Philosophen") im antiken Griechenland durch die Einführung der Münzprägung, also Geldtauschwirtschaft, was wiederum A.*Sohn-Rethel zu seinen späteren erkenntnistheor. Verallgemeinerungen „Waren- und Denkform" anregte; u. ebenso wurde dadurch wiederum der altphilog. Theologen-Phil. Ek.*Schwarzkopf in der DDR zu entsprechend weitergehenden wissenschaftstheor. Erklärungen der antiken Naturphil. geführt; während diese Arbeiten von Th. in der DDR übers. erschienen, wurden seine späteren Annäherungen an die Chin. Rev. u. Theorien von Mao*Tse-tung („From Marx to Mao: a study in revolutionary dialectics". 1971) als „populäre Einführungen in den Marxismus" (Wikipedia) natürlich weitgehend ignoriert, so dass er als ein unpol. Antikeforscher und Numismatiker erschien, was er aber nicht war; die meisten seiner übers. Werke erschienen daher nach 1971 im Westberl. Schein-Verlag (der DDR) „Das Europäische Buch"; zeitlebens vielseitig wirksam in der außerkommunistischen Arbeiterbildung; verst. am 3. Febr. 1987 in Birmingham.

Publ. (dt.-sprachig): Aischylos u Athen. Eine Untersuchung der gesell. Ursprünge des (griech.) Dramas. Berlin 1957 (2. A. 1979); Forschungen zur altgriechischen Gesellschaft: 1. Frühgeschichte Griechenlands und Ägäis. Berlin 1960 u. 2. Die ersten Philosophen. Berlin 1961 (alle drei Bände erscheinen jeweils 1976 u. 1980 auch in Westberlin: Vg. Das Europäische Buch); Von Marx zu Mao Tsetung. Tübingen 1993 (3. A. 1978); Kapitalismus, und was danach? Die Rolle der Warenprod. in der Gesellschaft. Stuttg. 1973; Vom Wesen des Menschen. Wiss. u. Kunst in der Entwicklung der Gesellschaft. Stuttg. 1976.

Tiefensee, Eberhard
27. Sept. 1952
Katholischer Theologe und Philosoph in Erfurt
Geb. in Stendal; 1969–72 Abi. mit Berufsausbildung (Chemielaborant); danach Sprachkursus für alte Sprachen (Latinum u. Graecum) in Schöneiche bei Berlin, eine Zugangsvors. für das anschließende „Philos.-Theolg. Studium" in Erfurt sowie im Pastoralseminar Neuzelle, das er 1979 mit der Priesterweihe abschloß; 1979–82 und 1986–96 praktische Seelsorge, dazw. 1982–86 wiss. Assistent in Erfurt, um ein theolg. Lizentiats- bzw. phil. Prom.-Verfahren (so in der DDR daselbst nicht offiziell zugelassen!), z. Thema: *Die religiöse Anlage und ihre Entwicklung. Der religionphilosophische Ansatz Johann Sebastian Dreys (1777–1853)* zu realisieren, publ. Leipzig 1988, Erf. Theolg. Studien 56; darauf aufbauend dann nachwendisch 1991–96 ein Forschungsstudium in Bonn u. Tübingen, um sich z. Thema *Philosophie u. Religion bei Franz Brentano (1838–1917)* zu habil. (publ. Tübingen 1998); seit 1997 Phil.-Prof. am Phil.-Theolg. Studium Erfurt (in Nachfolge K.*Feiereis), ab 2003 dann an der Phil.-Theolg. Fak. der wiederbegründeten Univ. Erfurt, Dekan u. Vizepräsd. f. Forschung u. wiss. Nachwuchs.
DDR-Personen-Lexikon 2010 (Cl. Brodkorb).

Publ.: Extremismus aus phil. Sicht. Erfurt 2001; (Mitautor): Pastoral u. Religionspädagogik in Säkuralisierung u. Globalisierung. Münster 2006; Von Schranken u. Grenzen. Phil.-theolog. Anmerkungen zum Herbst 1989. In: Glaube, Macht und Mauerfälle (Hrsg. von T. Brose). Würzburg 2009, S. 149–162.

Tietz, Udo
25. Aug. 1955
Philosophie-Historiker der jüngeren dritten Generation
1975–80 Studium an der TH Karl-Marx-Stadt (Chemnitz), Fachrichtung: Verarbeitungstechnik mit Diplomabschluss; 1980–83 fortgz. Studium der Phil. an der KMU Leipzig, Fachbereich Gesch. der Phil. (H. *Seidel); Thema der Diplomarbeit 1983: "Materialer Apriorismus und Wissenssoziologie: Aspekte der wertontolg. Grundlegung der Schelerschen Geist-Phil."; 1983–91 wiss. Mitarbeiter am ZIfPh. der AdW der DDR (Kritik-Bereich) in Berlin u. daselbst 1989 phil. Prom. z. Thema *Ästhetik und Geschichte. Zur Entstehung und Genesis der gesch.-phil. Auffassungen des frühen Lukacs* (Gutachter ?); danach gelungener Übergang vom abgewickelten Aka.-Phil.-Inst. (letzter Direktor P. *Ruben) zum neugegr. univ. Phil.-Inst. der HUB (Gründungsprof. für Theor. Phil. H. *Schnädelbach): 1992–99 als wiss. MA zum Zwecke der Habil. 1999 z. Thema *Verstehen u. Begründen aus dem kontext. Aspekte eines antifundamentalistischen Universalismus* (Gutachter ?); 2000–05 univ. Weiterbeschäftigung ebd.; 2005–07 Vertretungsprof. für Gesch. der Phil. an der Philipps-Univ. Marburg; 2008 Fellow in Residence im Nietzsche-Kolleg Weimar; 2007–10 Publizist u. PD an der HU Berlin u. 2010–12 Vertretungsprof. für Sozialphil. u. Anthropologie an der FU Berlin; seit 2012 wiss. Forschungsprojekt an der Univ. Stuttgart, Inst. für Sozialwiss. in Verbindung mit dortg. phil. Lehrtg.

Publ.: Sprache u. Verstehen in analytischer und hermeneutischer Sicht. Berlin 1995; Hans-G. Gadamer zur Einführung. Hamburg 1999 (3. A. 2005 und Rc.-Lpz. 2005); Die Grenzen des „Wir". Eine Theorie der Gem. Frankf./M. 2002; Ontologie u. Dialektik. Heidegger u. Adorno über das Sein, das Nichtidentische, die Synthesis u. die Kopula. Wien 2003; Vernunft u. Verstehen. Perspektiven einer integrativen Hermeneutik. Studia hermeneutica, Bd. 2. Berlin 2004; Hegel für Eilige. Aufbau-Tb. Berlin 2004; Martin Heidegger. Grundw. Philos. Rc.-Lpz. 2005 (3. A. 2013); (hrsg. mit G. Keil): Phänomenologie u. Sprachanalyse. Festschrift für Hb. Schnädelbach. Münster 2006; (hrsg. mit St. Dietzsch): Transzendentalphil. und die Kultur der Gegenwart. Festschrift für W. Lehrke. Leipzig 2012; (Mithrsg.): Dialektik-Arbeit-Philosophie. Festschrift für Peter Ruben z. 80. Geb. Potsdam 2013. – Ed. (mit anderen) zahlreicher them. Hefte der Zft. „Berliner Debatte" INITIAL 1991–2012.

Tjulpanow, Sergej I.
3. Okt. 1901–16. Febr. 1984
Führender Sowjetischer Kultur-Offizier 1945–49 in der SBZ
Kriegs- und revolutionsbedingt nach 1919 Berufssoldat in der Roten Armee u. 1927 KPdSU; 1929 Fernstudium an einer Militär-Pädg. HS; nach wirtschaftswiss. Prom. 1936 ab 1938 parteiamtl. Dozent für marx.-len. Pol. Ökonomie in Leningrad (auch „Kolchosarbeit" in dieser Zeit der großen Staln. Terrors); mit Kriegsbeginn Einsatz als Politoffizier an versch. Frontabschnitten (von Leningrad bis Stalingrad); 1942 Oberst und 1945–49 Chef der Verwaltung für Propaganda bzw. ab 1947 für Information der

SMAD in Berlin-Karlshorst zuständig; ihm unterstanden nicht nur das parteipolitische System (Parteiengründungen), sondern praktisch das gesamte geistig-kulturelle Leben in der SBZ, eingeschlossen das Bildungswesen und die Universitäten, wovon zahlreiche seiner öffentlichen Auftritte (Befehle) und Reden (Erklärungen) zeugen, insbesondere sein erst 2012 veröffentl. Drei-Jahres-Bericht (Okt. 1945–Okt. 1948); im Mai 1949 Durchführung der ersten (gemeinsamen) ostdt.-sowjt. (massenpropagandistischen) Philosophen-Veranstaltung zum 40. Erscheinungsjahr von Lenins parteiphilos. Kampfschrift „Materialismus u. Empiriokritizismus" aus dem Jahre 1908 (Eröffnungsreferat); zu dieser Zeit offensichtlich schon nicht mehr auf seinem militärpropagandist. Leitungsposten der SMAD in der SBZ (aus dem angeordneten SU-Urlaub nicht wiederzurückgekehrt), aber befördert zum Gen.-Major; daraufhin 1950–56 Doz. für marx. pol. Ökonomie an der Marineakademie wiederum in Leningrad; späterhin Prof. und Lehrstuhlleiter für pol. Ökonomie des Kapitalismus u. der Entwicklungsländer an der Univ. Leningrad; 1968/69 Pensionär und verst. 1984 daselbst.
DDR-Personen-Lexikon 2010 (J. Foitzik).

Lite.: Erinnerungen an dt. Freunde u. Genossen. Berlin-Weimar 1984; Deutschland nach dem Kriege (1945–1949). Berlin 1986; Der Tjulpanow-Bericht. Sowjt. Besatzungspolitik in Dtl. nach dem Zweiten Weltkrieg. Hrsg. v. Gerh. Wettig. Göttingen 2012.

Tomberg, Friedrich
7. Juni 1932
Als links-marxistischer Philosoph aus West-Berlin in die DDR „übergesiedelt"
Geb. in Goch am Niederrhein; studierte an den westdt. Univ. Köln u. Freiburg sowie in den 50er Jahren an der Freien Univ. in West-Berlin Phil., Germ. u. Gesch.; phil. Prom. 1963 mit einer phil.-ästh. Arbeit zur *Nachahmung als Prinzip der Kunst*; gleichzeitig Mitarbeit an der von W. *Haug seit 1959 hrsg. westlinksmarx. Zeitschrift „Das Argument" sowie Mithrsg. der von H. H. *Holz u. H. J. *Sandkühler hrsg. Reihe „Studien zur Dialektik"; 1974–78 Phil.-Prof. an der Päd. HS in West-Berlin; seit Anfang der 60er Jahre jedoch als IM „16 Jahre op. Zusammenarbeit (auf) pol.-ideolg. Basis" mit der HVA des MfS in Ost-Berlin u. daselbst auch reg. als „Genosse der Partei (SED) seit 1975" geführt; Anfang 1979 plötzlicher Übertritt und Umsiedlung in die DDR, wegen der spektl. Rep.-Flucht des Stasi-Überläufers W. Stiller, um einer drohenden Inhaftierung zu entgehen; daher weiterer „Einsatz in der DDR: Lehr- u. Forschungsauftrag an der Univ. Jena (und) Berufung zum ordtl. Prof." bis 1987 daselbst; danach erneute Umsetzung ins ZI für Phil. (Abteilung Gesch. der Phil.; Direktor M. *Buhr) der AdW der DDR bis 1992 (Instituts-Abwicklung); anschließend blieb nur noch der Vorruhestand im Norden Berlins (oder in der Schweiz); kritische Aufarbeitungsbeiträge zur DDR-Phil. in den 80er Jahren, aber nicht zu seiner eigentl. Westberliner (stasivermittelten) „Herkunft"; F. T. ist damit der einzige westdt. (marx.) Philosoph, der unter den angedeuteten „Umständen" überhaupt jemals in die DDR kam; seit 2010 (Angaben nach Stillers Veröffentlichung Der Agent. Ch. Links Verlag, S. 162) ist eine 5-seitige, sich rechtfertigende „Korrektur einer Legende" im Internet nachlesbar, die hier nicht

kommentiert zu werden braucht; mit seinem so fundierten phil. Wissen zur sog. spätbürgerlichen Phil. wäre sicher eine etwas andere sachbezogene Kenntnisnahme und Bewertung ders. als durch die in der berüchtigten Buhrschen Kritikreihe möglich gewesen, nachdem zuvor schon von Fr. Tbg. und F. W. *Haug in West-Berlin sogar ein „pluraler Marxismus" praktiziert wurde (s. dazu auch die Ps.-Stichworte *Sandkühler u. *Holz); seine „westmarxistisch" mitgebrachte phil. Bildung lag außerhalb jeder ostdt. parteimarx. Norm. Allerdings behauptete er 1980 in Lpz. „Die Geburt des dt. Idealismus aus dem Geiste des franz. Mat. nicht aber als Reaktion auf die Franz. Rev." Hiermit wird *Shdanow und *Stalin nochmals linkssekt. überholt.

Publ.: Mimesis der Praxis u. abstrakte Kunst. Neuwied 1968; Politische Ästhetik. Vorträge u. Aufsätze. Darmstadt 1973; Polis und Nationalstaat. Eine vergl. Überbauanalyse im Anschluß an Aristoteles. Darmstadt 1973; Bürgerliche Wissenschaft. Darmstadt 1973; Basis und Überbau. Sozialphil. Studien. Darmstadt 1974; Theorie und Praxis demokratischer Kulturarbeit. Berlin 1975; Begreifendes Denken. Studien zur Entwicklung von Mat. und Dialektik, Berlin und Köln 1986; Habermas und der Marxismus. Zur Aktualität einer Rekonstruktion des hist. Mat. Würzburg 2003; Das Christentum in Hitlers Weltanschauung. Paderborn 2012. – *Anfänge*: Zur Verwurzelung der DDR-Phil. in einem zwiespältigen Antifaschismus. *Ausgänge*: Wie in der DDR mit der Gesch. der Phil. die Staatsideologie unterhöhlt wurde. Beobachtungen eines Dazugekommenen.

Tondi, Alighiero
1908–1984
Übertritt eines kath. Theologen (Jesuitenpater) aus Italien in die DDR u. „Rückkehr"
Keine weiteren Lebensdaten verfügbar, außer dass er seit 1942 dem Jesuiten-Orden angehörte und sich nachkriegszeitlich zum bekennenden „Glaubensskeptiker" wandelte und schließlich zeitweilig in die DDR übersiedelte; zuvor Doz. für Phil. und Theologie an der pästl. Univ. Gregoriana in Rom; trat 1952 aus seinem Orden wie der kath. Kirche aus u. wurde Mitgl. der KPI; 1957–62 war er an der HU zu Berlin, am Phil.-Inst. lehrend u. publ. tätig, kritisierte die kath. Kirche wie insb. den Jesuiten-Orden in klerikalfasch. Hinsicht; jedoch sehr bald ernüchtert vom realen DDR-Sozialismus (vor allem nach dem 13. Aug. 1961) wandte er sich schon in den 60er Jahren wieder vom Kommunismus ab u. kehrte in den 70er Jahren gem. mit seiner früher auch komm. eingestellten Frau reumütig in den Schoß der Röm.-kath. Kirche zurück, und fungierte später wieder als einfacher Priester. Am Phil. Inst. in Berlin war sein antikirchl. (atheistisches) Agieren für uns Phil.-Stud. nichts als eine peinliche, erschreckend-verwunderl. Episode, von niemanden wirklich ernst genommen, denn es sollte nur die damalg. SED-prop. These vom angebl. westdt. „Klerikal-Faschismus" belegen; zu einem wirkl. Analysieren der Gesch. kath. Phil., Glaubenslehre oder Vatikangesch. kam es dabei überhaupt nicht; ganz im Gegenteil interessierte uns vielmehr der bemerkenswerte „Sozialpapst" Johannes XXIII. (1958–63) und die erstaunliche Eröffnung des II. Vatikanischen Konzils.

Publ.: Vatikan u. Neofaschismus. Dietz-Vg. Berlin 1955 (5. A. 1959); Die geheime Macht der Jesuiten. Urania-Vg. Lpz. 1960 u. Die Jesuiten. Aufbau-Vg. 1961.

Topitsch, Ernst
20. März 1919–26. Jan. 2003
Ideologiekritik als Aufklärung in Österreich
Geb. in Wien und Besuch eines Akademischen Gymnasium; ab 1937 Studium der klass. Philologie, Phil., Gesch. und Soziologie ebd, u.a. bei V. Kraft, dem letzten, damals in Wien (nach der großdt.-fasch. Besetzung v. 1938) noch univ. lehrenden Vertreter des Wiener Kreises; Studienunterbrechung durch unausbleibl. Kriegsteilnahme als Kradmelder an der Ostfront in der dt. Wehrmacht; nachkriegszeitlich 1946 phil. Prom. über *Mensch und Geschichte bei Thukydides* sowie Habil. 1951 an der Univ. Wien, um als PD zu wirken (Berufung z. ao. Prof. 1956 ebd.); 1962–69 in zunehmend studentenbewegter bundesdt. Univ.-Zeit als Prof. f. Soziologie (Lehrstuhl Max Weber) in Heidelberg; daselbst auf dem Soziologentag April 1964 Hauptreferat z. Gedenken an dessen 100. Geb. u. zur Methodologie der Sozialwiss (Wertfreiheitspostulat); dagegen erfolgten ein „kapitalismuskrit." Koreferat von Herb. *Marcuse mit Stud.-Protesten; 1965 Hrsg. des berühmten Protokoll-Bd. zur *Logik der Sozialwissenschaften* (bis 1993 in 12. A.); mit zunehmender pol.-ideolg. (linksmarx.) Störung des univ. Lehrbetriebes in der BRD ab 1969 o. Prof. für Phil. an der Univ. Graz; nach dem frühösterr. Klerikalfasch. u. großdt. NS befürchtete er nunmehr ernsthaft den Einzug des ideologisch-autoritär-terroristischen Sowjet-Marxismus vermittels der „Frankf. Schule"; als erklärter Anhänger des (keineswegs neopositivistischen) „Kritischen Rationalismus" von K. *Popper (seinem früheren österr. Landsmann) u. Hans Albert (mit dem er zeitlebens engstens befreundet war) lieferte er daraufhin wichtige Arbeiten zur aufklärerischen Weltanschauungsanalyse, Religions- u. Ideologiekritik, insb. H. Kelsen nachfolgend; also durch Nachweis von nichtssagenden sog. „Leerformeln" bzw. „log. Widersprüchen" in verschied. (dialektischen) ideolg.-weltanschaul. Strömungen seines Jhd., was dann auch für die marx.-len. Doktrin u. ihre alles nur ebenso pol.-ideolg. rechtfertigende („universell-totalitär", absolut gültige) „dial. Methode" galt (hier gebe es, darin ganz Popper folgend, keinerlei ernsthafte Differenzen von Hegel über Marx bis zu Lenin und Stalin), was sich „ideologiekritisch" als durchaus anwendbar wie politisch überaus wirkungsvoll erweisen sollte; „rational-kritisch" (damit auch als „irrationalistisch" wie bei G. *Lukacs, 1954 besehen) betraf das aktuell-phil. vor allem die Vertrerter der Phänomenologie, M. Heidegger wie H.-G. *Gadamer sowie dann ebenso, insb. im nachfolg. sog. „Positivismus-Streit" (wiedrum an der Seite v. K. Popper u. H. Albert) zunehmend alle linkshegelmarx. Vertreter der „Frankfurter Schule", insb. J. *Habermas, – also deren verbürgerlichte („gesellschaftskritisch" – utopisch-illusionäre) Marxismus-Anhänglichkeit sowie Dialektik-Mystifizierung; sprachanalytisch zielte das wiederum „leerformelhaltig" vor allem auf Th. W. Adorno; in der 2. H. der 60er Jahre (deshalb verließ E. Tp. auch die BRD ebenso wie zur gl. Zeit H-J. *Lieber die FU in West-Berlin) wurde diese Kritik an der „Neuen (,systemkritischen' neomarx.) Linken" immer politisch-militanter und betraf (ganz in der Tradition von Poppers Analyse u. Kritik der (phil.) „Feinde (der) offenen Gesell." (Hegel, Marx und Lenin) vor allem den aktuellen sowjet-russ. M-L als

herrschaftlich totalitäre Ideologie und militante Weltanschauung, nunmehr hist.-pol. zunehmend („totalitarismustheoretisch") gleichgestellt dem bereits („kriegerisch") erledigten NS-Faschismus sowie auch jeder Art von reakt. Religion, also deren autoritär-intolleranten ebenso wie illusionär-phantastischen ideolg.-pol. Herrschaftsformen; in der Konsequenz führte das schließlich zur zunehmenden Annäherung an die gleichzeitig auch in Österreich aufkommende „konservative Rechte"; in seinem hist.-pol. Spätwerk „Stalins Krieg" (1985), in späteren Auflagen mit dem zusätzlichen Untertitel versehen „Die sowjt. Langzeitstrategie gegen den Westen als rationale Machtpolitik", steigert sich Tp. verschwörungstheor. zu der abenteuerlichen, hist. aber unbewiesenen These, dass letztlich Stalin (in Forts. der Leninschen weltrevolutionären Strategie u. Taktik) als der eigentliche Verursacher des „Hitler-Krieges" u. Überfalls auf die Sowjetunion anzusehen sei, was doch das schließl. Kriegsendergebnis, die jahrzehntelange osteuropäische Besetzung mit der dt. Spaltg. (sowjet. „Satelitenstaaten" und die DDR) aktuell immer noch weitergehend offenbaren würden; insb. habe dazu der berüchtigte „Hitler-Stalin-Pakt" von 1939 (das stimmte dann selbst mit den neueren „Geschichtsrevisionismus" einiger Moskauer Historiker fast überein) der unmittelbaren Vorbereitung e. lange so geplanten (also weltrevolutionären) russ.-sowjetischen (komm.) Großangriffs auf Dtl u. Westeuropa gedient; nach dem Selbstzusammenbruch des sowjet-komm. Weltreiches erledigten sich allerdings alle diese, nunmehr selbst hochgradig polit-ideolg. (so fast schon wieder neofasch. und nationalistischen) „Leerformeln" und Geschichts-Mythen (die Tp. doch zeitlebens so unverdrossen bekämpft hatte) ganz von selbst und wurden vor allem von den Fach-Historikern niemals ernsthaft anerkannt und stets als völlig unhaltbar zurückgewiesen; mit seiner aber kämpferisch-ideologiekritischen Voraussage, dass sich die agressiv-linksuniv. Marxismusbewegung der 68er Jahre wieder erledigen würde, sollte Tp. spätestens angesichts des Niederganges des osteuropäischen „Real-Sozialismus" in den 80er Jahren (als letztliche Forts. seiner schon gravierenden Krisenjahre von 1956 in Ungarn, 1968 in der CSSR und 1981 in Polen) allerdings recht behalten. Anerkenneswert bleibt sein ungebrochen aufklärer.-ideologiekritisches Bestreben, dem ich mich trotz aller eigener DDR-zeitlichen Polemik (da ging es oft um seine, auf diese Weise zu beschaffene Literatur) stets verpflichtet fühlte; das betrifft allerdings weniger sein totales Missverständnis der Hegel-Marxschen Dialektik, die er zeitlebens nur „ideologiekritisch", aber nicht wirklich phil.-theor. aufzufassen vermochte. In das Gästebuch von H. Albert schrieb Tp. u.a. folgende bezeichnenden (man könnte auch sagen veralbernde bis „hasserfüllte") Verssprüche ein: „Laß sie von Dialektik quasseln, doch laß Dir nichts verhabermasseln" oder auch „Man fragt sich schon: Liegt unterm Gras Die Hegelei bei Habermas" und schließlich fast schon programatisch: „Zuerst war mir daran gelegen, Propheten Hegel zu zersägen. Jetzt folgt dem Hegel auf dem Fuße Das Sägen am Prophet Marcus." – Im Rahmen der DDR-Phil. wurde natürlich vor allem seine, sicher neopositivistisch u. „analytische" Hegel-Dialektik-Kritik polemisch-agitatorisch bekämpft, aber seine ideologiekritischen Hinweise zur „Leerformel"-These durchaus stillschweigend rezipiert und verwendet (natürlich niemals ebenso gegen die marx.-len. Doktrin und Wirklichkeit selbst lenkbar oder öffentlich praktizierbar); es nun post festum (nachholend) noch zu versuchen erübrigt sich wohl ideologiekritisch, nicht aber die hier unterstellte hist.-krit. Aufarbeitung (Einführung).

Publ.: Vom Ursprung u. Ende der Metaphysik. Eine Studie zur Weltanschauungskritik. Wien 1958 (2. A. Mün. 1972); (Hrsg.): Probleme der Wissenschaftstheorie. Festschrift für V. Kraft. z. 80. Geb. Wien 1960; (Hrsg.): H. Kelsen. Aufsätze zur Ideologiekritik. Neuwied 1964; Logik der Sozialwiss. Köln 1965 (12. A. Frank./M. 1993); Sozialphil. zw. Ideologie u. Wissenschaft. Neuwied 1966 (2. A. z. 85. Geb. von H. Kelsen); Sozialphil. Hegels als Heilslehre u. Herrschaftsideologie. Neuwied 1967 (2. erw. A. Mün. 1981 – H. Albert z. 60. Geb.); Die Freiheit der Wiss. u. der pol. Auftrag der Univ. Neuwied 1967 (2. erw. A. 1969); Mythos, Philosophie, Politik. Zur Naturgesch. der Illusion. Freibg./Br. 1969; Ideologie. Herrschaft des Vor-Urteils. Mün. 1972; Gottwerdung u. Revolution. Beitrag zur Weltanschauungsanalyse u. Ideologiekritik. Pullach 1973; Die Voraussetzungen der Transzendentalphil. Kants in weltanschauungsanalyt. Beleuchtung. Tübg. 1975 (2. überarb. A. 1992); (Mithrsg.): Ideologiekritik u. Demokratietheorie bei Hans Kelsen. Berlin 1982; Erkenntnis u Illusion. Grundstruktur unserer Weltauffassung. Hamburg 1979 (2. überarb. A. Tübingen 1988); (Hrsg. K. Salamun): Sozialphil. als Aufklärung. Festschrift zum 60. Geb. Tübingen 1979; Stalins Krieg. Moskaus Griff nach der Weltherrschaft. Herford 1985 (3. A. 1998); Heil und Zeit. Ein Kapitel zur Weltanschauungsanalyse. Tübingen 1990; Studien zur Weltanschauungsanalyse. Protokollband z. 75. Geb. in Graz. Wien 1996; Im Irrgarten der Zeitgeschichte. Ausgw. Aufsätze. Berlin 2003. Sonderband 8/2004 für E. Tp. in der Zeitschrift „Aufklärung u. Kritik". Überprüfbarkeit u. Beliebigkeit, die beiden letzten Abhandlungen des Autors, mit wiss. Würdigung u. Nachruf. Wien 2005. – J. *Krahl: Positivismus als Konservatismus. Eine phil. Studie zu Struktur u. Funktion der positivist. Denkweise am Beispiel Ernst Topitsch (zugleich phil. Diss. Marburg 1975). Köln 1976.

Treder, Hans-Jürgen
4. Sept. 1928–18. Nov. 2006
Philosophierender Theoretischer Akademie-Physiker, gefeiert als hoffnungsvoller „Einstein der DDR"
Geb. in Berlin als Sohn eines hauptstädt. Magistratsangestellten; 1933–46 Mommsen- u. Kant-Gymn. ebenda, endkriegszeitlich 1944/45 unterbrochen durch nationalsozial. Dienstverpflichtung als Flaghelfer; 1946 Abi. u. SED-Eintritt; 1946/47 Studienbeginn zunächst an der Westberl. TH Berlin-Charlottenburg, 1948-52 fortgz. Studium der Physik, Mathe, Astronomie u. nominell auch der Phil. an der Ostberl. Linden-Univ.; bereits in diesen frühen Jahren entstanden zahlreiche, sehr streitbare wie auch ideolog.-dogm., naturphil. marx.-len. Disk.-Beiträge u. Rez. in damaligen nichtphil. Zeitschriften, wie vor allem der „Einheit" (die DZfPh. wurde erst ab 1953 hrsg.); ermöglicht wurden ihm diese Publ. 1948/50 durch deren damalg. Chefred., dem Physiker-Phil. Klaus *Zweiling bis dessen Absetzung; der junge Tr. absolvierte' zu dieser Zeit auch noch eine naturphil. Asp. (univ. Betreuer ist W. *Hollitscher), die jedoch nicht nur fachphil., scheiterte, da kein physikal. Fachstudium abgeschlossen wurde u. Tr. selbst schwer erkrankte; der „Physik-Stratege" Rob. *Rompe befreite ihn umgehend aus dieser mißlichen Lage u. vermittelte ihn zur allein fachphysik. Forschung an die AdW; „Mit 14 Jahren wusste ich schon, dass ich Physiker werden wollte", was schließlich ausgerichtet auf weiterführende Forschungen zur Einsteinschen Speziellen u.

Allgm. Relativitätstheorie (Prom. 1957 u. Habil. 1960), in der DDR und weltweit anerkannt, genauso realisiert werden sollte; fast alle diesbezüglichen Arbeiten auf den Grenzgebieten der Theoretischen wie Astro- u. Geo-Physik führten auch zu wissenschaftsgeschichtlichen und phil.-erkenntnistheor. Überlegungen, wodurch sich viele seiner Publ. (die populärwiss. mit Rb. *Rompe) auszeichnen; seit 1957 Mitarbeiter am Inst. für „Reine Mathematik" der DAW u. ab 1963 Direktor dieses Instituts und Leiter der Arbeitsgruppe „Relativist. Physik"; gleichzeitig Prof. mit Lehrauftrag für Theor. Physik an der HUB u. 1966 Akademie-Mitglied; auf einer gr. internatl. Konferenz 1965 in Berlin, aus Anlaß des 50. Jahrestages der ART, wurde H-J. Tr. von einigen „Westmedien" als „zweiter Einstein" gefeiert; ab 1969 (Aka.-Reform) Leitung des neugegr. ZI für Astrophysik im Gebäudekomplex der Sternwarte Babelsberg der AdW; mit dem Einstein-Jahr 1979 (zum 100. Geb.-jahr u. der Übernahme von *Einsteins Sommerhaus in Caputh als Gästehaus der Aka.) verstärkten sich nochmals die hist.-phil. Überlegungen z. modernen Physik sowie auch die Übernahme von einigen naturphil. Prom.-Gutachten, wie z. B. für die DDR-Philosophinen A. *Griese u. R. *Wahsner; 1982–91 Direktor des „Einstein-Laboratorium für Theor. Physik" in Potsdam-Caputh; erstaunliche (aber wenig bekannt gewordene) persönl. Bekanntschaft sowie Briefwechsel mit Karl *Popper, dadurch erneut verstärkte Hinwendung zur Wiss.-Phil.-Gesch.; jedoch keine nachwendische Anerkennung mehr und 1993 erbärmlich ostberentet; z. 70. Geb. 1998 erschien nochmals eine internationale Festschrift „From Newton to Einstein", an der 11 Nobelpreisträger mitwirkten (hrsg. v. W. Schröder), u. zu seinem 75. Geb. 2003 veranstaltete die Leibniz-Sozietät, der er ersatzweise seit 1993 angehörte, ein letztes Ehrenkolloquium für ihn (Sitzungsberichte der Leibniz-Soz. Bd. 61, hrsg. von J. Hamel. Berlin 2003); ziemlich vereinsamt verst. am 18. Nov. 2006 in Potsdam; umfängl. Nachruf mit Literaturhinweisen in den Sitzungsberichten der Leibniz-Soz. Bd. 94, Jg. 2008, hrsg. v. R. Schiming; beachtenswert ist auch ein verspäteter Nachruf im „Tagesspiegel" vom 9. Febr. 2007; ebenso erschien 2007 eine kleine Erinnerungsschrift für H-J T „Theoretical Physics and Geophysics", hrsg. von W. Schröder u. im Herbst 2008 gedachte die Leibniz-Soz. nochmals H-J T. zu seinem 80. Geb. (physikal.-phil. Hauptbeitrag von H. v. Borzeszkowski), publ. in den Sitzungsberichten der Leibniz-Soz. Bd. 101. Berlin 2009; ein ähnl. Gedenken erfolgte 2018 zu seinem 90. Geb. in der Lz.-Soz. (Protkoll-Band-Sitzungsberichte Bd. 139/40, Jg. 2019), darin auch ein Bericht zu seiner vermeintlich „gescheiterten" naturphil. Asp.-Prom. von 1948/49 in Berlin; erst jetzt aus seiner univ. Personalakte rekonstruierbar (Beitrag H.-C. Rauh). DDR-Personen-Lexikon 2010 (P. Nötzold).

Publ. (Auswahl mit physikgeschichtl., populärwiss. u. wiss.-phil. Ausrichtung): (Hrsg.): Entstehung, Entw. u. Perspektiven der Allgm. Relativitätstheorie. Einstein-Symposium vom 2.–5. Nov. 1965 in Berlin. Berlin 1966; Relativität u. Kosmos – Raum u. Zeit in Physik, Astronomie und Kosmologie. Berlin 1968 (später Wiesbaden 1982); Phil. Probleme des physikalischen Raumes: Gravitation, Geometrie, Kosmologie und Relativität. Berlin 1974; Über Prinzipien der Dynamik von Einstein, Hertz, Mach u. Poincare. Berlin 1974; (mit R. Rompe): Elementare Kosmologie. Berlin 1975; (ebenso): Über die Physik. Berlin 1979; (ebenso): Grundfragen der Physik – Geschichte, Gegenwart u. Zukunft der physikal.

Grundlagenforschung. Berlin 1980; (ebenso): Die Einheit der exakten Wissenschaften. Berlin 1982; Große Physiker und ihre Probleme. Studien zur Geschichte der Physik. Berlin 1983; (mit R. Rompe): Zählen und Messen. Berlin 1985; (mit R. Rompe und W. Eberling): Zur großen Berliner Physik (Vorträge z. 750. Berlin-Jubiläum) Leipzig 1987; (hrsg. von R. Wahsner u. U. Bleyer): Gravitation u. Kosmos. Beitrag zu Problemen der Allgm. Relativitätstheorie. H.-J. Treder zu seinem 60. Geb. gew. Berlin 1988; (gem. mit W. Schröder): Einstein and Geophysics. Bremen 2005.

Trolle, Lothar
22. Jan. 1944
Philosophie-Studium, Dramatiker und Hörspielautor
Geb. in Brücken, Sachsen-Anhalt; entstammt einer antifasch. Familie; nach dem Abi. Ausbildung als Handelskaufmann und zeitweilg. Arbeit als Bühnentechniker am Dt. Theater in Berlin; 1966–70 Phil.-Studium an der HUB (wichtigster Lehrer W. *Heise) u. Abschluss nur mit einem Staatsexamen, denn zu einer aktuell-parteilichen Diplom-Arbeit über die „Kulturpol. der SED seit dem 11. Plenum" sollte es nicht kommen; danach freischaffender Autor (Dramatiker, Erzähler u. Hörspielautor); 1983–87 gab er im Selbstverlag zus. mit Uwe Kolbe u. Bernd Wegner die Literaturzeitschrift „Mikado" heraus; 1994–99 Hausautor am BE und 2007 der 26. Stadtschreiber zu Rheinsberg. Seine Bücher, Theaterstücke und Hörspiele sind in einem ausführlichen Wikipedia-Eintrag verzeichnet u. auffindbar.

Tugarinow, Vasilij P.
1898–1978
Sowjetischer Kulturphilosoph in Lenigrad
Geb. in Moskau, vorkriegszeitl. Schulbildung und nachrevolutionäres Studium an der Mosk. Phil. Fak., wo er auch als prom. u. habil. (Dr. der phil. Wiss.) univ. Philosophielehrer wirkte; nachkriegszeitl. Phil.-Lehrstuhl an der Leningrader Univ. u. anerkannter Betreuer zahlreicher ostdt. Phil.-Studenten; in den 50er Jahren grundlg. Überlegungen zum Kategorienbestand des dial. u. hist. Mat.; zwei übers. Schriften: „Über die Werte des Lebens und der Kultur". Berlin 1962 (hrsg. u. bevorw. von E. *Albrecht) sowie „Philosophie des Bewußtseins". Berlin 1974 (hrsg. von W. *Müller).

Turek, Martin
13. Mai 1925–14. Juni 2015
Diplom-Philosoph und Schriftsteller
Geb. als Sohn des proletarischen Schriftstellers Ludwig Turek (1898–1975: Ein Prolet erzählt, 1929); nach der Volksschule Tapezierlehrling, dienstverpflichtet bei der DR in Stendal (Stoppkolonne), nach 1945 Waldarbeiter; 1947 Vorsemester in Halle (ABF), aber trotz des doch mit erlebten Kriegsendes bereits 1952/53 „freiwillig zur Offiziersschule der VP nach Weimar" in einem ehemlg. „Monumentalbau aus der Hitlerzeit", was jedoch vorzeitg abgebrochen wurde; später dann 1958–63 Phil.-Studium an der HU Berlin zus. mit Wolf *Biermann; als es dabei zu dessen fälliger SED-Kand.-auf-

nahme durch seine Parteigruppe im 5. Studienjahr kommen sollte, da hatten bestellte Leitungsfunktionäre der übergeordneten Parteiinstanzen bereits zutiefst „zentralistisch-demokratisch" über Wochen die einzelnen Mitstudenten pol.-ideolg. so lange bearbeitet, dass dann beim 3. angz. Wahlanlauf nur noch ein einziger Kommilitone für Biermanns Verbleib in der SED stimmte: „Es war der Sohn des Arbeiterschriftstellers Ludwig Turek; (nur) mein falscher Turek hatte widerstanden, leider aber – wie ich dreißig Jahre später in den Akten las – im Auftrage des MfS." (Heise – mein Voltaire, S. 29); später berufl. Einsatz im gesell.-wiss. Grundlagenstudium u. 1973 Phil. Prom. *Zur pol.-ideolg. Vorbereitung von DDR-Studenten während ihres Auslandstudiums auf die Praxis in der DDR* (in der Leipz. NB jedoch nicht nachweisbar, weil wahrscheinlich nicht öffentlich realisiert und als VS gesperrt); es gibt versch. schriftstellerische Versuche, seinem Vater nachfolgend, um dessen Erbe er sich dabei kümmerte; diese betreffen nachwendisch zunehmend freiere autobiographische Notizen („Gucklöcher", 2002) u. Erinnerungen wie: „Im Roten Kloster zu Weimar", Bln. 2002, biogr.-Reihe Bd. 11 des Trafo-Verlages; 90jährig in Berlin-Buch verst.

Türpe, Andre
10. April 1949
Clausewitzforscher in philosophisch-dialektischer Hinsicht in Berlin
Geb. in Dresden als Sohn eines Handelskaufmanns, später im diplom. Dienst der DDR; daher 1950–56 in der VR China lebend, danach in Berlin Einschulung u. 1968 Abitur; anschl. 1968–70 Ehrendienst bei der NVA (Grenztruppen) und bis 1974 Phil.-Studium an der HU zu Berlin (schon Diplomarbeit zu „Carl von Clausewitz und seine Zeit"); danach ab 1. Sept. 1974 wiss. Ass. im Lehrbereich Dial. Mat. (Leiter G. *Redlow) der Sektion Marx.-len. Phil. u. 1977 phil. Diss. z. Thema *Carl Philipp Gottfried von Clausewitz, ein Philosoph des Krieges. Eine Analyse seiner phil. Position* (Gutachter: Oberst Prof. Brühl, Fregattenkap. Dr. W. *Scheler u. G. *Redlow); 1977–79 operativ-pol. Mitarbeiter der SED-Kl. der HUB; seit 1979 wiss. Oberass. im Diamat-Bereich der Berl. Phil.-Sektion und wiss. arbeitend zur phil.-mat. „Dialektik des Krieges"; daher 1986 Prom. B wiederum zum Thema *Die Theorie von Clausewitz in den geistigen Ause. unserer Epoche. Eine Analyse ausgw. phil. u. pol.-ideolg. Probleme* (Gutachter: G. *Redlow, H. Bock, Generalmajohr R. Brühl, Militärgesch. Potsdam); diese stets gleichbleibende phil.-them. Enge (ähnlich wie bei M. *Leske durchgehend z. Totalitätsprobl. aus demselben Lehrbereich) führte nachwendisch zu keiner weiteren Phil.-Inst.-anstellung; Ende Nov. 1989 Erstmitunterzeichner des letzten DDR – Aufrufs „Für unser Land" (Endfassung des Textes von Christa Wolf); Sept./Okt. 1990 Mitwirkung an einer Veranstaltung der Dresdener Studiengem. Sicherheitspol.(Vorstandsvors. W. *Scheler, ehemals Militär-Aka. „Friedrich Engels") wiederum als „Clausewitzforscher"; 1990/91 publ. wirksam im letztlich aus der ML-Sektion hervor gegangen Institut für Friedens- u. Konfliktforschung der HUB; danach daher als Mitgesellschafter einer Consulting AG (Management Impulse, GmbH) u. weiterbildend tätig in der freien Wirtschaft. Für

Okt. 2020 nochmals angekündigt: ein vernachlässigter General? Das Chausewitz-Bild in der DDR im Ch. Links-Verlag Berlin.

Uhl, Elke
30. Juni 1962
Philosophie-Absolventin in Berlin und Bloch-Nachforscherin in Leipzig
Geb. in Dresden, Vater Fachbuchautor für allgm. Mdz.; aufgewachsen in der Niederlausitz; 1968 POS u. 1980 EOS „Joh. R. Becher" in Lauchhammer mit Abiturabschluß; anschl. Phil.-Studium bis 1985 an der HU Berlin, Sektion Marx.-len. Phil. mit Ergänzungsfächern Gesch. der Ästhethik (W. *Heise) u. Biolg. Verhaltensforschg. (G. *Tembrock); Bereichsspezialisierung Gesch. der Phil. u. Diplomarbeit zu „Tendenzen bürgl. Nietzsche-Rezeption" (Betreuer H. *Pepperle); vermittelt nach Leipzig (Phil.-Lehrerin an der BPS „W. *Ulbricht"), wiss. MA an der Sektion Marx.-len. Phil. der KMU Lpz. (Bereich Dial. Mat.) u. noch 1990 phil. Prom. zum (Diamatkategorialen) Thema *Möglichkeit und Wirklichkeit. Hist.-systm. Studie zu einer mat.-dial. Auffassung des phil. Mögl.-begriffes* (Gutachter: F. *Fiedler, S. *Bönisch, *Rauh); 1990–92 Postdoc-Stip. der Univ. Leipzig: Forschungsprojekt z. Aufarbeitung der Berufung- und Wirkungsgesch. Ernst *Blochs in Leipzig (1948–61); 1993/94 freie MA beim MDR-Kultur u. phil. Lehrbeauftragte an der Univ. Lpz. sowie persönl. Mitarbeiterin von Jürgen *Teller (Honorar-Prof.); 1994–97 wiss. Ass. am Phil. Inst. der HUB, Lehrstuhl Kulturanthropologie (O. Schwemmer) u. 1997–2000 nochmals wiss. Ass. an der Univ. Stuttgart am neu gegr. Stiftungslehrstuhl für Wiss.-theorie u. Technikphil. (C. *Hubig); danach wiss. Koordinatorin an versch. Projekten zur Kultur- u. Technikforschung (IZKT) an der Univ. Stuttg. u. seit 2009 daselbst Geschäftsführerin und univ. Lehraufträge.

Publ.: (Mithrsg. Fam. Caysa u. Kl.-D. Eichler): Hoffnung kann enttäuscht werden. Ernst Bloch in Leipzig. Frankf./M. 1992; (Mitarbeit): Ernst Bloch: Viele Kammern im Welthaus. Eine Auswahl aus dem Werk. (hrsg. von J. Teller u. Fr. Dieckmann). Frankf./M. 1994; (Mithrsg.): Perspektiven des urbanen Raums. Stuttg. 2004; (Ebenso): Denken des Raums in Zeiten der Globalisierung. Münster 2005. – *Anfänge*: Hoffnungsvolle Erwartungen. Enst Bloch in Leipzig.

Uhlig, Dieter
22. Juni 1934–12. Sept. 2017
Hochschullehrer für Historischen Materialismus in Leipzig
Geb. in Chemnitz; 1940–48 Lessing-GS u. anschl. Chemiefacharbeiter-Lehre ebenda; 1951–53 ABF an der Univ. Leipzig u. anschl. Phil.-Studium 1953–58, im Nbf Biologie und Chemie an der Staatl. Shdanow-Univ. Leningrad; 1958/59 Hilfsarbeiter in einem volkseigenen Betrieb in Leipzig (Phil.-Instituts-„Säuberung" nach *Blochs Zwangsemeritierung); 1958–63 wiss. Ass. in der Abt. Hist. Mat.; 1963 Wechsel zur Abt. Gesch. der marx. Phil. (Leninsche Etappe) und dazu phil. Prom. 1965 z. Thema *Marx.-len. Phil. u. relative Stabilisierung. Über die Entw. u. Verbreitung der marx.-len. Phil. in der KPD in der Periode der relativen. Stabilisierung des Kaplm.* (Gutachter: A. *Kosing u. H. *Seidel); dadurch Mitarbeiter des zentralparteibeauftragten Arbeits-

kreises zur Erforschung der Gesch. der marx.-len. Phil. in Dtl. 1917–1945 (Projekt-Leiter Helmut *Seidel, das wegen ständiger parteizentraler Texteingriffe nie realisiert werden konnte); nach III. HSR ab 1969 daher zuständig für das nun zusätzlich angewiesene ML-Inst.-Lehrgebiet Wiss. Sozialismus an der neugegr. Sektion Marx.-len. Phil./WS (dafür dann 1970 Faculta docenti) der KMU Leipzig u. zum 1. Febr. 1971 Fachschuldozent wiederum für Wiss. Komm. (durch erneute Umbenennung); nach dem VIII. SED-Ptg. Vorlg. zu Phil. Problemen der entw. sozial. Gesell. und 1976 phil. Prom B *Über das Verhältnis von mat. Dialektik und prol. Politik im Werk W. I. Lenins* (Gutachter: W. *Müller u. H. *Seidel); 1976–90 schließlich o. Prof. für Hist. Mat. an der Sektion Phil. der KMU, Mitglied des Wiss. Rates für Marx.-len. Phil. der DDR an der AfG beim ZK der SED u. 1982–90 auch Leiter des Wiss.-Bereich Hist. Mat der Leipz. Phil.-Sektion (in Nachfolger von W. *Müller); mit Abwicklung der Lpz. Phil.-Sektion keine weitere univ.-phil. Anstellung mehr, sondern Abberufung und Vorruhestand; dafür aber nun freigesetzte Nachforschungen zu N. Bucharin (gem. mit Sl. *Hedeler) bzw. z. „Rache der Geschichte: Marx beginnt seine revolutionäre Tätigkeit mit dem Kampf für die Freiheit der Presse in Dtl. Mit der Aufhebung der Pressefreiheit beendet Lenin den kurzen Ausflug Russlands ins Reich des freien Wortes 1918 für alle Sowjetzeiten." (Festschrift für St. *Dietzsch. 2009, S. 143); verfasst (leider) verspätete Glossen zu falscher dt. Übersetzung allbekannter Leninscher Zitate u. Lehrspruchweisheiten, womit er wohl auch seine eigene Lenin-Prom. B. karrikiert; diese, zwar verspätete Ernüchterung wie Desillusionierung findet man bei vielen SU-Phil.-Absolventen der 50er Jahre, so wie bei G. *Ludwig u. H. *Plavius, nicht so bzw. anders „phil.-geschichtlich" verpackt u. verschlossen bei Hm. *Seidel (Leipzig) u. Erh. *Lange (Jena).

Publ.: (hrsg. mit W. Müller): Gesellschaft u. Bewußtsein. Berlin 1980; zwei red. bearb. Berichte über zwei Bereichstg. z. Hist. Mat. in Leipzig. Phil. Inf. u. Dok. 1982/1984; (zus. mit W. Hedeler): Nikolai Bucharins „Phil. Arabesken". Helle Panke. Phil. Gespräche, H. 8. Berlin 2006; Die Rache der Gesch.. In: Das Daedalus-Prinzip. Ein Diskurs zur Montage u. Demontage von Ideologien. Festschrift für St. Dietzsch z. 65. Geb. Berlin 2009, S. 137–150. – 1969–75 vier Leninismus-Artikel in der DZfPh.

Ulbrich, G. Bernd
16. Nov. 1954
Philosophie- und Regional-Historiker in Dessau
Geb. in Ostrau (Sa.-Anhalt); Vater Maschinenschlosser, Mutter Sekretärin beim Rat der Gemeinde; Besuch der POS u. Betriebsberufsschule Bitterfeld (Facharbeiter für die chem. Prod. 1973); ABF „W. *Ulbricht" der MLU Halle-Wittenberg mit verstärktem Russ.-Unterricht (Abitur 1974); anschl. Auslandsstudium an d. Mosk. Lomonossow-Univ. bis 1979 (Dipl.-Phil.); danach Anstellung als wiss. Mitarbeiter am ZI für Phil. der AdW der DDR (Direktor *Buhr) im Bereich Gesch. der Phil. (Leiter W. *Förster); 1980/81 Miterleben der Ruben-Affäre (Parteiausschlüsse u. Arbeitsplatzversetzungen); daselbst 1986 phil. Prom. z. (dt.-jüd.) *Hermann Cohen (1842–1918) Studie zur Gesch. des Neukantianismus* (Gutachter: Hm. *Klenner, H.-M. *Gerlach, W. *Förster); 1990 Mitwirkung an der Aufarbeitung der „Ruben-Affäre" im ZIfPh.; nach Akademie-

Schließung u. Instituts-Abwicklung; 1992/93 Projektleiter im Wissenschaftler-Integrationsprogramm der AdW (KAI); 1997–2001 Leiter der Anhaltischen Verlagsgesell. Dessau; seit 2001 Vorstandsmitgl. der Moses-Mendelssohn-Gesell. e.V. u. Hrsg. einer entspr. Schriftenreihe; 2002 Gründungsmitglied der Intl. Hermann-Cohen-Gesell. Zürich; 2002–07 wiss. MA am Kolleg für Management u. Gestaltung nachhaltiger Entw. Berlin u. Dessau; ab 2005 Mitgl. des Red.-kollegiums der Zft. „Mitteilg. des Vereins für Anhaltische Landeskunde"; seit 2007 Lehraufträge z. Gesch. des dt. Judentums am Seminar für Jüd. Studien der ML -Univ. Halle-Wittenberg.

Publ.: (Hrsg.): Gelehrte in Anhalt. Fünfzig Porträts. Dessau 1994; (Hrsg.): Erinnerungen an Anhalt. Memoiren aus drei Jahrhunderten. Dessau 2000; Dichter in Anhalt. Ein Lesebuch zur Literaturgeschichte. Halle 2002; Antisemitismus in Dessau. Eine Spurensuche der Jahre 1924–1939. Dessau 2004; Nationalsozialismus u. Antisemitismus in Anhalt. Skizzen zu den Jahren 1932–1942. Dessau 2005; (Hrsg.): Auf Mendelssohns Pfaden. Dessau 2005; (Hrsg.): Aufklärung – Judentum – Menschheit. Texte. Dessau 2006; Das Dessauer Denkmal für Moses Mendelssohn 1890–1938. Dessau-Roßlau 2008; Personenlexikon zur Gesch. der Juden in Dessau. Dessau-Roßlau 2009; Hermann Cohen (1869–1933). Anhaltischer Landespolitiker u. dt. Jude. Dessau 2010; (Hrsg.): Zur Gesch. der jüd. Reformbewegung in Dessau. Dessau 2011; Zionismus in Dessau. Selbstzeugnisse 1903–1934. Dessau 2011; (Mithrsg.): Hermann Cohen. Ein Lesebuch. Dessau-Roßlau 2012; Dessau im 20. Jhd. (Stadtgeschichte). Halle/Saale 2013.

Ulbricht, Walter
30. Juni 1983–1. Aug. 1973
Generalsekretär der SED – „Partei-Historiker" – Staatsratsvorsitzender der DDR
Geb. in Leipzig; KPD-Funktionär im Mosk. Exil, 1. Sekr. des ZK der SED u. Staatsoberhaupt der DDR (alles in Nachfolge von Wilhelm Pieck); poststalinistisch gefeiert als Arbeiterführer u. „Historiker der Gesch. der Arbeiterbewe." in 10 Bänden (Reden u. Schriften, Berlin 1953–66) sowie in 8 Bänden (DDR-Historikerkollektiv, Berlin 1968); zeitlebens parteibürokratisch, undemokratisch-diktatorisch wie politisch-ideologisch und kulturell-geistig ein uneinsichtiger praktizierender Stalinist sowjet.-komm. Prägung; aberkannte daher sofort nach der offizieller KPdSU-Kritik am „Personenkult *Stalins" (XX. Ptg. 1956) diesem den selbst jahrzehntelang parteidogmatisch angewiesenen u. propagierten Status eines 4. ML-Klassikers (Umbenennung des Marx-Engels-Lenin-Stalin-Inst. somit in IML, der Berliner Stalin-Allee mit Abbruch des dortigen Stalindenkmals in Karl-Marx-Allee sowie unerklärtes Ende der Stalin-Werkausgabe). Hinsichtlich der DDR-Phil. vor allem in Leipzig bei der Zwangsem. von Ernst *Bloch, unmittelbar eingreifend wirksam (zumeist über seinen damlg. ungebildeten 1. Leipz. Bezirkssekr. P. Fröhlich) z.B. mit einem offenen Brief an E. *Bloch vom 11. 2. 1957, in dem er diesem parteiamtlich erklärt, dass vorliegende Meinungsverschiedenheiten der dortigen Instituts-Parteiorg. „anscheinend weniger die Phil., sondern vielmehr Ihre Stellung zur Politik der Arbeiter- und Bauernmacht" betreffen würden; das im Frühjahr 1957 verspätet erschienene Doppel-Ersatzheft 5/6-1957 der DZfPh (es ersetzte das beschlagnahmte u. liquidierte Hegelheft 5/1956 mit Beiträgen des bereits entlassenen E. *Bloch sowie gerade verhafteten W. *Harich) enthält als

neue parteipol. „Spitzenartikel" nun Redeauszüge von W. U. (und seines Chefideologen K. *Hager) auf dem 30. Plenum des ZK der SED vom Jahresanfang 1957 „*Zum Kampf mit der bürgerlichen Ideologie und dem Revisionismus*", worin über die Auseinandersetzungen mit Bloch, vor allem aber „Über die konterrev. Gruppe Harich" massiv informiert wird; dadurch persönlich hauptverantw. für den parteioffiziellen (gesell.-wiss.) Kampf gegen den „Revisionismus" auf allen Gebieten der Phil., Geschichte. Pol. Ökonomie wie auch der Staats- und Rechtswiss. in jenen Jahren; in diesem Zusammenhang veranlasste er persönlich auch die lebenslange univ. Entlassung des Historikers G. *Mühlpfordt in Halle. – Aug. 1961 org. er gem. mit seinem Sicherheitschef im PB der SED E. Honecker die vollstg. militär. Abriegelung aller dt.-dt. Grenzübergänge sowie Stadtverbindungen zu Westberlin, um die „Republikflucht" der eigenen Bevölkerung aus der DDR zu unterbinden, die demagogisch bis verlogen als angebl. „antifasch. Schutzwall" hingestellt wird. 1963 wiederum weitreichende Reformversuche des Öko. Systems der Planung und Leitung der DDR-Volkswirtschaft, was in der marx. Phil. der DDR zu einmalg. „praxisphil. Denkversuchen" führte; die jedoch letztlich an seiner eigenen poststaln. Parteibürokratie (Honecker- *Hager) scheiterten; am 1. Juni 1966 schreibt W. U. völlig überraschend für die offizielle DDR-Partei-Phil. an den bis dahin von dieser immer nur als klerikalfaschistisch titulierten westdt. „Atombomben-Philosophen" Prof. Karl Jaspers in Basel einen propagandistischen „Dialog-Brief", der natürlich inhaltlich so nicht beantwortet wurde, aber wiederum in Halle 1968 sogar eine phil. Prom. zu dessen „pol. Phil." freisetzte; in Heft 6/1968 der einzigen Phil.-Zeitschrift der DDR erschien ein peinlicher Gratulationsartikel der beiden Parteiphil. G. *Heyden u. G. Poppe „Zur Dialektik des Sozm. Zum 75. Geb. v. W. U."; ebenso feiert aber auch Georg *Klaus in einer Festschrift für W. U. (diese erschien 1963 und 1968 ebenso nochmals!) dessen Werke als „Angewandte Dialektik" mit folgenden untertänigen Worten: „Der Erste Sekr. unserer Partei hat zwar kein in Kapitel eingeteiltes und nach Kategorien gegl. LB der marx. Dialektik verfaßt; aber seine Schriften sind, im Sinne der ‚Feuerbach-Thesen' von Marx, Lehrbücher der prakt. Handhabung des dial. Mat." (S. 123); letztmalig (nach dem VII. SED-Ptg.) erschienen noch zwei massiv eingreifende Grundsatzreferate z. 100. Erscheinungsjahr des Werkes von Karl Marx „Das Kapital" (1867) sowie zu dessen 150. Geb. 1968 (bis 1970 jeweils in 4 Auflagen), die aber keinerlei Wirkung mehr erzielten (abgelöst darin dann durch den Ideologiepapst Hager in der gesamten Honeckerzeit); als selbst eingesetzter red. Letztbegutachter, also parteiamtl. Zensor wie letztlich Haupthrsg. der achtbändg. „Gesch. der dt. Arbeiterbewe." (1968) orientierte er die DDR-Historiker wie auch die DDR-Phil. parteidisziplinierend nachhaltig als beauftragte „Parteiarbeiter" in ihrer jeweilg. Wiss., was sich zugleich auch auf die ebenso parteimäßig formierte „Gesch. der marx.-len. Phil. in Dtl." (1968, jedoch ohne Bd. II, 1917–45) wie auf die spätere Teilgeschichte Bd. III „…in der DDR" (1979) auswirken sollte, sowohl was ihre darin allein parteiamtlich erklärte geschichtl. Periodisierung als auch die ideologisch-klassenkämpf. Ausrichtung aller phil. Themen- u. Autorenauswahl betrifft; jedoch die Absetzung des ersten selbstg. Lehrbuchversuchs „Marx. Phil." (1967, Gesamtred. Alfred *Kosing) ist

bereits das Resultat der Nach-Ulbricht-Zeit unter der fortgz. parteizentralen „Wiss.- u. Ideologie-Regie" von Kurt *Hager; mit Ulbrichts internem Sturz u. dem Machtwechsel zu E. Honecker 1971 wurde auf keinen dieser überaus belastenden „unphil. Eingriffe" dieses dogm. Parteiführers mehr irgendwie Bezug genomen, weder in der dann erneut überarbeiteten und verkürzten einbändg. SED-Gesch. (Abriß, 1978) noch in der parteiamtlichen „Gesch. der Marx.-Len. Phil. in der DDR" (1979 und 1988); erst 2013 (z. 120. Geb.) gedenken noch lebende Zeitgenossen (unter der Gesamtred. von Egon Krenz) seiner erneut, jedoch zumeist völlig hist.-unkritisch, also weiterhin ungemein kampfheroisch und „ostalgisch"; die nur angedeutete parteidogm. u. ideologisch-pol. Gängelung, Bevormundung und Abstrafung der (marx.-len.) Gesellwiss., Literatur u. Künste und selbst der getreuen marx.-len. DDR-Phil. kommt darin überhaupt nicht mehr zur Sprache; der Spitzenartikel von A. *Kosing feiert ihn lediglich als bedeutsamsten DDR-Politiker; die Parteieinbindung der Phil. scheint vergessen.
DDR-Personen-Lexikon 2010 (B.-R. Barth/M. Kaiser).

Lite.: Johannes R. Becher: W. U. – Ein deutscher Arbeitersohn. Berlin 1958; C. Stern: W. U. Eine pol. Biogr. Köln 1963; L. Thoms u. H. Vieillard: Ein guter Deutscher. Skizze aus seinem Leben. Berlin 1963; G. Zwerenz: W. U. München-Bern 1963; W. U. – Schriftsteller, Künstler, Architekten, Wissenschaftler und Pädagogen zu seinem 75. Geb. Berlin 1968 (erw. A. von 1963); H. Voßke: W. U. Biogr. Abriß. Berlin 1983; N. Podewin: W. U. Eine neue Biographie. Berlin 1995; M. Frank: Eine dt. Biographie. Berlin 2001; (hrsg. von Egon Krenz) W. U. – 70 Zeitzeugen erinnern sich. Berlin 2013.

Uledow, Alexandr K.
1920–2005
Sowjetischer Sozialphilosoph und Sozialpsychologe
Nach dem Schulabschluss und mit Studienbeginn Teilnahme am Großen Vaterländ. Krieg; nachkriegszeitl. Studium an der Phil. Fak bis 1948 und anschl. Aspirantur (1951); 1955–75 phil. Lehrtg. an der MGU sowie 1975–92 ebenso an der AfG beim ZK der KPdSU am Lehrstuhl Sozialpsychologie. Als „Bewußtseinsphilosoph" in der DDR übersetzt und bekannt.

Publ.: Die öffentliche Meinung (übers. v. W. Rosade). Berlin 1964; Die Struktur des gesell. Bewusstseins (hrsg. von W. Müller). Berlin 1972 (2. A. 1973).

Ullrich, Horst
11. Juni 1928
Parteiphilosophischer Friedrich-Engels-Forscher
Geb. in Brotterode/Thüringen als Sohn eines Schlossers; 1934–42 Volksschule u. ab 1943 OS in Gotha mit Reifeprüfung 1946; 1947/48 hauptamtl. FDJ-Funktionär in Schmalkalden; 1948–51 sechs Sem.-Studium an der Gesell.-wiss. Fak. der FSU Jena (Fachrichtung Kulturpolitik – Vors. des Prüfungsausschusses Dr. *Klaus), Staatsexamen; durch die Partei delegiert zur Asp. an das neu gegr. Inst. für Gesell.-wiss. beim ZK der SED (1. Aspirantenlg. mit G. *Heyden) u. 1956 phil. Prom. *Zur phil. Entw. des jungen Engels – Elemente u. Stufen seines Überganges vom religiösen und phil. Idealis-*

mus zum dial. Mat. (Gutachter: A. *Cornu kritisiert: es ginge nicht „phil." zu, sondern vielmehr um „Engels' weltanschau. u. pol. Entwicklung" vom „bürgerl.-demo. z. prolt.-komm. Standpunkt" zustimmend der Marx-Diss.-Forscher G. *Mende u. durch den Wiss. Rat bestätigt: *Hager, *Schulz, *Claus, *Ley, *Klein, *Schubardt, *Redlow u. *Scheler", publ. 1961/66 in 2 Teilen); anschl. Arbeiten mit G. *Heyden zum „Atheismus" bzw. primitive atheistische Propaganda (1959/60); zeitweilig sogar „Lehrstuhlleiter" für „Philosophie"(zuvor G. Heyden, ab 1969 A. *Kosing u. ab 1971 E. *Hahn); folgte später G. Heyden (Direktor IML) abgeschoben (nach einer BRD-Reise) in die Marx-Engels-Forschung des IML; auch entspr. univ. Lehre im Phil.-Fernstudium an der HUB; nachwend. Verbleib war nicht mehr zu ermitteln.

Publ.: (Mitautor): Vom Sinn Deines Daseins. Sozial. u. bürgl. Moral. Eine Anthologie. Berlin 1959; (gem. mit G. Heyden u. K. Mollnau): Vom Jenseits zum Diesseits. Wegweiser z. Atheismus. In drei Teilbänden. Urania-Vg. Leipzig/Jena 1959/1960/1962; (Mitautor): Deutsches Friedensbuch. Berlin 1965 (931S.); Der junge Engels. Eine hist.-biogr. Studie seiner weltanschau. Entw. in den Jahren 1834–1845: Berlin 1961 (T. 1) und 1966 (T. 2); Zur Reaktion der bürgl. Ideologie auf die Entstehung des Marxismus. Buhrsche Kritik-Reihe, Bd. 67. Berlin 1976 u. Frankf./M. 1976; Fernstudien-Material zur phil. Weiterbildung HUB: Der Kampf der KPD gegen die imperial. Ideologie und Philosophie 1930–33 (in 4 Teilen). Berlin 1976/78. – Autor der DZfPh 1958–77 mit insgesamt 13 thematisch ähnl. Beiträgen.

Ulrich, Holde-Barbara
Diplom-Philosophin, Journalistin und Schriftstellerin
Geb. 1940 in Templin/Uckermark, 1944 umgesiedelt ins nahe gelegene Dorf Flieht; Vater nachkriegszeitlich Neulehrer u. Kommunist; große kindliche Stalin-Verehrung, und noch vor dem Abitur SED-Eintritt; da abgelehnte Studienplätze für Berliner Schauspielschule, „Malerei u. Sprachen" schließlich „umgelenkt auf Philosophie", aber auch hier vor der Studienzulassung für 1959 noch ein produktionspraktisches Jahr in der Landwirtschaft; bis 1964 Phil.-Studium (Diplom) an der HU Berlin: „Es waren fünf Jahre geistiger Enge. Gegenseitiges Misstrauen unter den Studenten, daraus erwachsene Denunziation und ständige Rechtfertigungen waren an der Tagesordnung. Unerträglich, und nur dem Vater zuliebe durchgestanden"."Mein Weg führte mich fort von dieser Philosophie"; das selbst gewählte Zusatzfach Afrikanistik lenkte sie (gelegentlicher phil. Lehreinsatz an der Internatl. Journalistenschule in Berlin-Friedrichsfelde) bis zur Wende in die Auslandsabteilung der parteistaatl. Nachrichtenagentur ADN, allerdings ohne selbst jemals, weil „allein stehend", ins westl. Ausland reisen zu können; nachwendisch kurzzeitig bei der Frauenzeitschrift „Für Dich", dann freiberuflich als Journalistin, erfolgreiche Buchautorin u. Schriftstellerin tätig; 1990 Emma-Journalistinnenpreis und 1995 Egon-Erwin-Kisch-Preis; lebt und arbeitet im dörflichen Havelland wie in Berlin.

Publ.: Schmerzgrenze. 11 Porträts – im Gespräch. Berlin 1991; Feuer im Kopf. (ostdt.) Porträts u. Reportagen (u.a. auch ein Selbstporträt der Autorin). Berlin 1993; Messer im Traum. Transsexuelle in Dtl. Tübingen 1994; Frauenbilder. Leben vor 1989. Berlin 1995; Lieber Kakerlake sein. Geschichten am

Rande des Abgrunds (u. a. ein Porträt der an Krebs verst. DDR-Phiosophin Monika *Leske). Stuttgart 1997; Die Nackten u. die Besessenen. Künstlerporträts. Bln. 1999; Zuhause ist kein Ort (Roman über die eigene, afro-dt. Tochter Adama). Mün. 2000; Schattenmütter. Adoption, von Müttern u. ihren Kindern. Berlin 2004; Margrets Mann. Roman. Berlin 2005 (München 2010 als „Nachtschattenliebe"-autobiogr. Bezüge); Selbstporträt „Good-bye Stalin". In: „Ein Land, genannt die DDR" (Hrsg. U. Plenzdorf). Berlin 2005.

Urchs, Max-Peter
1. Febr. 1955
Nachwuchs-Logiker in Leipzig
Geb. in Leipzig; Besuch der POS u. Abi. an der ABF der MLU Halle 1973; anschl. Delegierung zum Mathematikstudium an die Nic.-Copernicus-Univ.-Torun/Polen u. Kenntnisnahme der poln. mathe. Logiktradition; nach Studienabschluß kurzzeitig befr. Ass. am Lehrstuhl Mathe. Logik von Prof. *Asser an der Sektion Mathematik der EMA Univ. Greifswald; 1978 erneut delg. z. Auslandsaspirantur, wiederum an die gen. Univ. Torun, wo er 1982 prom. wurde mit einer Arbeit z. Thema *Systeme mit Kausalimplikationen, die von modalen Logiken ausgezeichnet werden* (in poln. Sprache z. Dr. rer. nat./der mathe. Wiss.); ab 1982 fachlog. Lehrtätigkeit für Phil.-Studenten an der Sektion M.-l. Phil. der KMU Leipzig; 1987 wiss. Organisator des ersten Treffens junger Logiker der DDR in Wittenberg u. zahlreiche logisch-phil. Konferenzbesuche in Polen; z. gl. Zeit 1987 Prom. B z. Thema *Kausallogik* (Gutachter: L. *Kreiser u. W. *Stelzner) und am 1. 3. 1989 zum a.o. Doz. für Logik an der Univ. Leipzig ernannt; aus Lehrveranstaltungen hervorgehend seine beiden Publ. „Klass. Logik. Eine Einführung" (Berlin 1993) und „Maschine, Körper, Geist. Eine Einfrg. in die Kognitionswiss.". Frankf./M. 2002; Biographisches in L. *Kreisers DDR-Logik-Gesch., Lpz. 2009, S. 152 ff.

Utitz, Emil
27. Mai 1883–2. Nov. 1956
Deutsch-sprachiger Philosoph in Prag, zuvor bis 1933 in Rostock und Halle
Geb. in Roztoky, im Protektorat Böhmen als Sohn eines Lederwarenherstellers (Fabrikant); verließ frühzeitig die Jüd. Gemeinde, konvertierte z. evangelischen Glauben, später konfessionslos u. ging nach Prag, um sein Abitur auf dem Hum. Gymn. daselbst zu erlangen; 1902–06 Studium der Rechtswiss., Kunstgesch., Psychologie u. Philosophie in München, Leipzig sowie abschl. in Prag, wo er 1906 zu *Wilhelm Heinse u. Ästhetik zur Zeit der dt. Aufklärung* prom. wurde; 1910 habil. er sich an der Univ. Rostock zum Thema *Die Funktionsfreuden im ästhetischen Verhalten*, war daraufhin bis 1906 PD u. erhielt ebd. 1921 eine a.o. Anstellung als Prof. der Philosophie (Lehraufträge für Ästhetik u. Psychologie); 1925 als o. Prof. f. Phil. u. Pädg. nach Halle berufen, aber bereits 1933 mit Machtantritt des NS zunächst „vorläufig beurlaubt", dann aber in den „endgültigen Ruhestand versetzt"; daraufhin Rückkehr/Emigration nach Prag und von 1934 bis zur faschist. Zerschlagung der „Rest-Tschechei" an der Dt. Univ. daselbst Vertretungsprof. sowie für die Ordnung des Nachlasses von Franz Brentano

zuständig; mit der dt. Besetzung sofortige Internierung im Lager (Ghetto) Theresienstadt, mit vielen anderen prominenten dt.-jüdischen Intellektuellen (u. a. Leo Baeck); wurde als Leiter der dortg. Bücherei angestellt u. war zeitweilig als stellv. Leiter für kulturelle „Freizeitgestaltung" eingesetzt; in Absprache mit der SS gab es eine jüd. Selbstverwaltung (Ältestenrat), u. „Prominente der Kategorie A" hatten eine Schreiberlaubnis u. waren zunächst „transportgeschützt"; es wurden auch wiss. Vorträge gehalten, was E. U. später als „Univ. über dem Abgrund" benannte; mit der Befreiung 1945 wieder an der Karls-Univ. Prag in sein phil. Lehramt eingesetzt u. es erfolgte keine erneute „Ausweisung" aus der CSSR; 1947/48 erscheint in Prag und Wien der Bericht: „Psychologie des Lebens im Konzentrationslager Theresienstadt" (Wiederauflage Würzburg 2015); nach 1945 entschiedener Anhänger des parteiamtl. „orthodoxen Marxismus", was aber seine frühere ästhetische Kunsttheorie nicht mehr sonderlich berühren sollte; publ. auch vereinzelt in der DDR, u. a. zu Egon Erwin Kisch (1956) u. stirbt (Herzinfark) auf einer Vortragsreise (z. 500. Univ.-Jubiläum in Greifswald 1956) am 2. Nov. d. J. in Jena, wo auch die Kremation erfolgte, mit anschl. Beisetzung der Urne auf dem Jüd. Friedhof zu Prag, in der Nähe von Franz Kafka; in Rostock u. Halle wurde seiner erst wieder nachwend. gedacht; eine frühere Wiederberufung in die SBZ/DDR kam zuvor nie zu Stande.

Publ.: Grundlg. der allgm. Kunstwiss. 2 Bde. Stuttgart 1914 (Nachdruck Mün. 1972); Die Gegenständlichkeit des Kunstwerks. Berlin 1917; Akademische Berufsberatung (Vortrag). Stuttgart 1920; Die Kultur der Gegenwart in den Grundzügen. Stuttg. 1921 (2. A. 1927); Ästhetik. Quellenhandbücher der Phil. Bln. 1923; Charakterlogie. Berlin-Charlottenburg 1925; Die Überwindung des Expressionismus. Charakterlogische Studien zur Kultur der Gegenwart. Stuttgart 1927; Christian Wolff. Rede z. dessen 250. Geb. am 6. Dez. 1929, noch an der Vereinigten Friedrichs Univ. Halle-Wittenberg. Hallische Univ.-Reden 45. Halle 1929; Geschichte der Ästhetik. Berlin 1932; Mensch u. Kultur. Stuttg. 1932; Die Sendung der Philosophie in unserer Zeit. Leiden 1935; Masaryk als Volkserzieher. Festvortrag zu dessen 85. Geb. in Reichenburg. Prag 1935; – Die Psychologie im KZ Theresienstadt. Wien 1948 (Prag 1947); Egon Erwin Kisch, der klass. Journalist. Aufbau-Verlag Berlin 1956 (Prag 1958); Bemerkungen zur altgriech. Kunsttheorie. Berlin 1959. Der Künstler. Vier Vorträge (Nachdruck Rostock 2003); Ethik nach Theresienstadt: späte Texte des Prager Phil. Emil Utitz (1883–1956), eingl. und neu hrsg. von R. Mehring. Würzburg 2015.

Vierkandt, Alfred
4. Juli 1867–24. April 1953
Soziologie als Gesellschaftslehre und nochmaliger Lehreinsatz 1946 in Berlin
Geb. in Hamburg, aufgewachsen in Braunschweig in ärmlichen (feindseligen) Verhältnissen; nach erfolgreicher Schulbildung 1885–90 umfängl. Univ.-Studium in Leipzig (Naturwiss. und Phil., u.a. bei W. Wundt); aus Geldmangel abgebrochen u. Oberlehrer in Braunschweig; 1900 Habil. u. Lehrbeauftragter für Psychologie der Völkerkunde in Berlin; 1910 Mitbegründer der Dt. Gesell. für Soziologie; 1920/25 erste professorale Anstellung für Soziologie (als „Gesell.-lehre") an der Berl. Wilhelms-Univ.; 1934 vorzeitg. Emeritierung u. NS-Vorlg.-verbot; 1946 als antifasch.-demo. „bürgerl. Phil." u. Gesellschaftswissenschaftler univ. reaktiviert u. erneute soziolg.

Lehrtg. (soziale Gegenwartsprobleme), die jedoch parteimarx.-len. damit noch lange nicht anerkannt war; wie G. *Jacoby Teilnahmer an der ersten ostdt.-militärsowjet. Phil.-Tg. z. 50. Erscheinungsjahr von Lenins Kampfschrift „Mat. u. Em." Mai 1949 in Berlin (s. dazu Kl. *Zweilings Bericht „Ideolg. Offensive" in Einheit 7/1949); Festschrift z. 80. Geb. Gegenwartsprobleme der Soziologie (mit Publ.-Vz.). Potsdam 1949; verst. 24. April 1953 in Berlin.

Publ.: Naturvölker und Kulturvölker. Ein Beitrag zur Sozialpsy. Leipzig 1896; Die Stetigkeit im Kulturwandel. Eine soziolg. Studie. Berlin 1908; Staat u. Gesell. in der Gegenwart. Eine Einführung in das staatsbürgerl. Denken u. in die pol. Bewegung unserer Zeit. Leipzig 1916 (2. verb. A. 1929); Gesellschaftslehre. Hauptprobleme der phil. Soziologie. Stuttgart 1923 (2. A. 1928); (Hrsg.): Handwörterbuch der Soziologie. Stuttg. 1931 (unv. Nachdruck 1959); Familie, Volk u. Staat in ihren gesell. Lebensvorgängen. Eine Einführung in die Gesell.-lehre. Stuttg. 1936 (2. A. u. d. bescheidenen Titel „Kleine Gesellschaftslehre" 1949); Handwörterbuch der Soziologie. Gekürzte Studienausgabe. Stuttgart 1982.

Vieweg, Klaus
2. Aug. 1953
Philosophie-Historiker und Hegel-Forscher in Jena
Geb. in Steinach, Vater Geschichtslehrer; 1969–68 POS u. delg. zur EOS mit Abi. 1972, anschl. dreij. Wehrdienst bei der NVA mit Studienplatzzusicherung; ab 1974 Phil.-Studium an der FSU Jena, 1977 fortgz. als Forschungsstudium in der Arbeitsgruppe Hist. Mat. bei G. *Stiehler an der Sektion Marx.-len. Phil. der HUB; 1979 Phil.-Diplom mit Auszeichnung u. 1980 phil. Prom. z. Thema *Der Wechsel öko. Gesellschaftsformationen als ‚Epoche sozialer Revolution'* (Gutachter: G. *Stiehler, Baumgart, J. *Klügl); ab 1. Sept. 1980 wiss. Ass. an der Sektion Phil. u. Gesch. wieder in Jena; daselbst 1988 Habil. zum Thema *Die Weltgesch. als Fortschritt im Bewusstsein der Freiheit. Zur weltbürgl. Absicht von Hegels „Phil. der Weltgeschichte"* (Gutachter: E. *Lange, G. *Biedermann, G. *Stiehler; da die beiden ersten Jenenser Gutachter Einwände hatten, wurde ein 4. Gutachter: W. *Küttler aus Bln. hinzugezogen); und solche „Behinderungen" sollten sich unter dem Direktorat von D. *Alexander fortsetzen; daher bereits im Dez. 1989 Konstituierung einer unabhg. „Thüringer Gesell. für klass. und moderne Philosophie" durch den habil. Mittelbau mit den nun erklärten Grundprinzipien: *geistige Freiheit, Toleranz, Pluralität*; nachwendisch weiter beschäftigt als wiss. Mitarb. im abgewickelten u. sich erneuert wiedergründeten Inst. für Phil. der Univ. Jena (Gründungsdirektor W. *Becker aus Gießen); 1993–97 als wiss. Oberass. weiter Einsatz in der phil. Lehre sowie zahlreiche nationale/internationale Forschungsaufenthalte u. Stipendien (insb. Alex. von Humboldt-Stiftung); dabei bes. Unterstützung durch M. *Riedel (Erlangen), D. Henrich (München), O. Pöggeler (Bochum), H. F. Fulda (Heidelberg), M. Frank (Tübingen) und G. Funke (Mainz) aus den alten Bundesländern; 1997 Berufung zum HD für klass. dt. Phil. u. seit 2008 apl. Prof. für Phil. in Jena; alle seine früheren ablehnenden „Gutachter" gingen in den Vorruhestand u. die neuen Lehrstühle für Theor. u. Prakt. Phil. besetzten westdt. Kollegen: W. *Hogrebe für theor. Phil u.

K.-D. *Kodale für prakt. Phil.; andere ostdt. Inst.-Phil. überlebten in Jena nicht, womit dieser Abbruch in Jena gravierender war als 1945/46.

Publ.: (zus. mit Th. Grüning): Hegel-Vision u. Konstruktion einer Vernunftgeschichte der Freiheit. Lang 1991; (Hrsg. mit M. Winkler): Fichte: Vorlg. über die Bestimmung des Gelehrten (1974) Reprint-Ausgabe Jena 1994; (Hrsg. mit Chr. Danz): Schelling:Phil. der Mythologie in drei Vorlg.-Nachschriften 1837/1842. München 1996; (Hrsg.): Hegels Jenaer Naturphilosophie. Mün. 1998; Phil. des Remis. Der junge Hegel und das ‚Gespenst des Skeptizismus'. Mün. 1999; Gegen das ‚unphil. Unwesen'. Das Krit. Journal der Phil. von Schelling und Hegel. Würzburg 2002; (Hrsg. mit W. Welsch): Das Interesse des Denkens. Hegel aus heutiger Sicht. Mün. 2004 (2. A. 2007); (Hrsg. mit R. Gray): Hegel u. Nietzsche. Ein lite.-phil. Gespräch. Weimar 2007; Skepsis u. Freiheit. Hegel über den Skeptizismus zw. Literatur und Phil. Mün. 2007; (Hrsg. mit W. Welsch): Hegels Phänomenologie des Geistes. Frankf./M. 2008 u. eine große eigene Biographie zu dessen 250. Geb.: „Hegel. Der Phil. der Freiheit". Mün. 2019.

Vogel, Bernd
22. Juni 1950
Leningrader Philosophie-Studium und dialektisch-mat. Lehreinsatz in Leipzig
Geb. in Herold/Kr. Zschopau als Sohn eines Angestellten; 1969 Abitur an der EOS „Joh. R. Becher" in Annaberg-Buchholz mit prakt. Berufsausbildung; anschl. 1969–74 Phil.-Studium in Leningrad: umfangreiches Abschlusszeugnis mit der übers. Berufsbezeichnung „Lektor für marx.-len. Philosophie u. Gesellschaftskunde" u. späteres Zusatzstudium 1979/80 ebd.; 1974–78 befr. wiss. Ass. im Bereich Dial. Mat. der Sektion Marx.-len. Phil. der KMU Leipzig; phil. Prom. 1978 ebenda *Zu einigen Aspekten des Verhältnisses von phil. Methodologie und allgm. Methodologie der Wiss., ein Beitrag zur Disk. über die Theorie der mtl. Dialektik* (Gutachter: F. *Fiedler, G. *Redlow, S. *Bönisch); 1978–82 unbefr. Oberass. und danach sozial. Lehrkrafthilfe an der ML-Sektion der KMU Leipzig; Prom. B 1986 z. Thema: *Wirklichkeit u. Methode. Überlegungen zum Vermittlungsproblem* (Gutachter: F. *Fiedler, G. *Redlow, Fr. *Tomberg); 1988–30. 6. 1991 Hochschuldoz. für Dial. Mat. (spätere Abberufung insb. wegen dieser allein parteiphil. Berufungsbezeichnung); nachwendischer Selbsterneuerungsversuch mit Ch. *Löser zur Gründg. einer unabhäng. Leipziger „Gesell. für theor. Phil."; zum 19. Dez. 1990 Landesregierungsamtlicher Abwicklungsbescheid mit institutsarbeitsloser „Warteschleife" bis 30. 6. 1991; zweimalg. Zeitvertragsverlängerung bis 31. 3. d. J. sowie nochmals bis 30. 6. 91, dann „kein Bedarf mehr vorhanden"; versuchter Rechtsstreit gegen den Freistaat Sachsen z. Forts. der univ. Lehrtg. letztendlich erfolglos: „Aufgrund von inzw. stattgefundenen Strukturveränderungen u. damit verbundenem Personalabbau ist die Mögl. einer Weiterbeschäftigung nicht mehr gegeben"; also erfolgte daraufhin die „ordtl. Kündigung aufgrund mangelnden Bedarfs"; denn im neugegr. Phil.-Inst. der Univ. Leipzig gab es nun „keine freien Stellen" zu den zuvor abgewickelten marx. Lehrgebieten mehr, weshalb keine Tg. im Fachbereich Phil. zugewiesen werden konnte; der fortgz. Rechtsstreit gem. mit C. Löser führt zu einem abschl. Vergleich, in dessen Folge 1. das univ. Arbeitsverhältnis zum 30. 11. 1992 endgültig aufgelöst ist und 2. der beklagte Freistaat „für den Verlust des Arbeitsplatzes eine Abfindung in Höhe von 10.000 M. an die Kläger zahlt"; nach diesem hier

einmalig modellhaft zitierten Muster verlaufen schließlich auch anderen Klagefälle von phil. Mitarbeitern u. Hochschullehrern nicht nur in Leipzig.

Vogel, Heinrich
11. Sept. 1932–14. Nov. 1977
Marxistischer Naturphilosoph an der ML-Sektion in Rostock
Geb. in Cvikov (Böhmen), Vater Kaufmann, 1945 umgekommen bei Umsiedlung in die SBZ; fortgz. Schulbesuch in Bad Langensalza (Thüringen) und 1951 Abi; anschl. bis 1955 Studium der Journalistik, ab 1953 verb. mit einem ML-Studium an der KMU Leipzig; anschl. Lehreinsatz im gesell.-wiss. Grundstudium (Inst. für M.-L.) der Univ. Rostock als wiss. Ass., jedoch phil. Prom. 1959 an der EMA-Univ. Greifswald (weil dort noch ein Phil.-Institut vorh. war) zum Thema *Die Kritik Max Plancks an den grundlg. phil. Auffassungen des Positivismus* (Gutachter: E. *Albrecht – publ. u. d. T. „Zum phil. Wirken Max Plancks". Berlin 1961); anschl. Doz. für Dial. u. Hist. Mat. am Inst. für M.-L. der WPU Rostock und zugleich pol. „Praxiseinsatz" 1959–62 als Sektorenleiter für Wiss. u. Gesundheitswesen in der SED-KL Rostock sowie anschl. 1962–64 SED-Parteisekr. der Gesamt-Univ. Rostock, bis 1966 dadurch funktionsbedingt auch Mitglied der SED-BL und deren „Ideolg. Kommission"; 1966 Habil. wiederum in Greifswald *Zum phil. Schaffen von Max Born* (Gutachter: E. *Albrecht, Fr. v. Krbek, M. Dietrich – publ. u. d. T. "Physik und Philosophie bei Max Born". Berlin 1968); nach der III. HSR ab 1972 Prof. für Dial. und Hist. Mat. an der ML-Sektion in Rostock, an der damit endgültig kein eigenständiges Phil.-Institut mehr bis 1989 gegründet wird; daher frühzeitige Einrichtung u. erfolgreiche Leitung wie Wirksamkeit eines interdiszipl. Arbeitskreises „Phil. – Naturwiss." – gemeinsam mit K. *Teßmann, Hr. *Parthey u. D. *Wahl; ab 1964 mit jährl. Arbeitstagungen u. Hrsg. der „Rostocker phil. Manuskripte" (bis H. 18, 1979; Forts. H.-J. *Stöhr bis 1990); verst. am Herzinfark (wie sein Vater mit 45 Jahren) bei der Arbeit in der Univ. am 14. Nov. 1977.

Publ.: Marxisten und Christen verbindet eine gem. hum. Verantwortung. Vortrag SED-BL-Rostock 1964; Gedanken über Im. Kants Philosophie. Vortrag zu dessen 250. Geb. Rost. Uni.-Reden 1974/2; 1964–77 jährliche them. Beiträge zu den Rostocker „naturphil." Arbeitstagungen. 20 DZfPh-Beiträge 1956–76 (teilw. Rostocker Konferenzberichte).

Vogeler, Jan
9. Okt. 1923–23. Jan. 2005
Sowjetischer russisch-deutscher Dolmetscher-Philosoph
Geb. in Moskau als Sohn des bekannten Jugendstilmalers und späteren SU-Kommunisten Heinrich Vogeler (1872–1942) und einer Tochter Sofia (Sonja) des poln. Kommunisten J. Marchlewski, wohnhaft im Mosk. Kreml; 1924 vom Geburtsort Moskau wieder zurück nach Berlin und verbringt die ersten Kinderjahre in der Hufeisensiedlung Berlin-Britz; 1931/32 erneuter Umzug (nun als Emigration) nach Moskau und zunächst 1933–37 mit anderen später bekannten dt.-komm. Emigrantenkindern Besuch der Internationalen Karl-Liebknecht-Schule, die jedoch wegen des

Stalinschen Terrors (Verhaftung fast aller dt. Lehrer) 1939 (nach Hitler-Stalinpakt) endgültig geschlossen wurde; daraufhin Annahme der sowjet. Staatsbürgerschaft und Besuch einer russischsprachigen OS bis Kriegsbeginn 1941; die Eltern werden jedoch geschieden u. sein Vater Hr. Vogeler daraufhin „staatsschutzlos" (ohne jede Versorgung u. Arbeitsmögl.) wegen der herannahenden dt. Truppen aus Moskau ausgewiesen und nach Kasachtan umgesiedelt, also „zwangsemigriert", wo er 1942 völlig mittellos und erkrankt regelrecht verhungert; der Sohn J. V. tritt zu dieser Zeit der KPdSU bei und dient als Front-Dolmetscher in der Roten Armee; bereits 1942/43 Besuch einer Kominterschule u. organisierender Mitbegründer des NK Freies Dtl. (NKFD); nachkriegszeitlich holt er 1947 sein Abitur nach u. studiert an der Moskauer Lommonossow-Univ. Philosophie u. Geschichte; wegen seiner guten Deutschkenntnisse prom. er 1952 über Martin Heideggers Schrift „Sein und Zeit" u. habil. sich später ebenso mit einer Arbeit über Herb. *Marcuse und die Frankf. Schule; 1956 dolmetschte er in Moskau für die engere ostdt. SED-Führung die Geheimrede Chruschtschows über Stalins Personenkult auf dem XX. KPd SU-Ptg. u. in der pol. Krisenzeit des Leipz. Phil.-Institus nach der Zwangsemeritierung Ersnt *Blochs fungierte er 1957–59 mit anderen eingesetzt als sowjet.-phil. „Gastdozent" in der DDR; eine nachfolgende „Berufung" auf den Phil.-Lehrstuhl der PHS wird aber von dieser wegen fehlender lehrphil. Eignung (oder auch anderen ungenannten pol. Gründen in dieser Zeit?) abgelehnt; kehrt daraufhin wieder in die UdSSR zurück, angestellt am Partei-Inst. für Gesell.-wiss. und zumeist eingesetzt für die Betreuung westeuropäischer KP-Delegationen in Moskau, zugleich auch Phil.-Dozent an der MGU. „Seine Arbeit bestand darin, die von den DKP-Genossen mitgebrachten ‚Westbücher' übersetzt nachzuerzählen"; Übersetzertg. so auch auf dem Internationalen Hegel-Kongreß 1974 in Moskau, worüber W. R. *Beyer berichtet; eigenständige phil. Publ. sind daher keine nachweisbar u. eine Aufnahme in das russ. Phil.-Lexikon 1999 erfolgte ebenfalls nicht; 1990 wurde er pensoniert und trat damit gleichzeitig auch aus der KPdSU aus; danach westeurop. Vortragtg. u. 1998 Erwerb der dt. Staatsbürgerschaft sowie Übersiedlung (ohne russ. Ehefrau und Tochter) nach Worpswede, dem künstlerischen Ursprungsort seines Vater, um dessen mittelasiatischen Verbleib er sich jedoch vor Ort kaum kümmerte; lediglich Mitarbeit in der dortg. Hr.-Vogeler-Stiftung u. verst. Anfang 2005. – (Hrsg. M. Baade): Von Moskau nach Worpswede. Jan Vogeler, Sohn des Malers Heinrich Vogeler. Rostock 2007. Andere Nachforschungen versuchten derweil das Grab seines Vaters in der kasachschen Steppe aufzufinden und wieder herzurichten (Sonntag-Bericht Nr. 52-1988).

Voigt, Jutta
5. Juni 1941
Philosophie-Studium und danach erfolgreiche Journalistin und Autorin
Geb. in Berlin, studierte 1961–66 Phil. u. Kulturwiss. an der HU Berlin, am „Institut in der Univ.-straße" 3b. „Im Jahr des Mauerbaus ein Phil.-Studium zu beginnen – was Absurderes konnte jemand, der den Sozialismus für eine Möglichkeit hielt, nicht pas-

sieren. Statt streitbarer Theorien des M-L war der Seminarraum voll mit Phrasen und mit Kommilitonen, die sich zackig meldeten u. dem Dozenten Meldung machten wie ihrem Unteroffizier beim eben absolvierten NVA-Dienst." (es gab tatsächlich in diesen Jahren viele delg. Armeeoffiziere); ihren Antrag auf sofortige Exmatrikulation zog sie nach einem „aufbauenden Gespräch" mit dem damals wichtigsten phil.-marx. Lehrer, Wolfg. *Heise wieder zurück; nach dem Studium arbeitete sie rund 25 Jahre als Redakteurin und Filmkritikerin bei der Wochenzeitung „Sonntag", nach deren Ende bei der „Wochenpost", u. daraufhin als freie Kolumnistin der Wochen-Zeitschrift „Die Zeit"; sie beschreibt in ihren Reportagen u. Büchern ungemein erlebnisreich das Alltagsleben der Menschen in der DDR, u. in „Stierblutjahre. Die Boheme des Ostens".

Publ.: Linker Charme. 10 Reportagen vom Kollwitzplatz. Mün. 1989; Wahlbekanntschaften. Menschen im Cafe. Berlin 2005; Der Geschmack des Ostens. Vom Essen, Trinken u. Leben in der DDR. Berlin 2005; Westbesuch. Vom Leben in den Zeiten der Sehnsucht. Berlin 2009; Im Osten geht die Sonne auf. Berichte aus anderen Zeiten. Berlin 2009; Spätvorstellung. Von den Abenteuern des Älterwerdens. Berlin 2014; Verzweiflung u. Verbrechen. Menschen vor Gericht. Berlin 2016.

Volkmann-Schluck, Karl-Heinz
15. Nov. 1914–25. Okt. 1981
Philosophie-Historiker noch bis 1948/49 in der SBZ (zuvor Leipzig, dann kurz in Rostock)
Geb. in Essen als Sohn eines Kassenbeamten; 4 Jahre VS, dann 9 weitere Jahre hum. Gymn. u. 1934 Reifeprüfung (Abitur); anschl. Studium der Phil. u. Klass. Philologie in Frankfurt/M. u. Marburg, wo er im Febr. 1940 die 1. Staatsprüfung für das höhere Lehramt in Griechisch und Latein ablegt; sein wichtigster Lehrer wurde H.-G. *Gadamer, dem er daher bereits 1938 als Ass. von Marburg nach Leipzig folgt; Sept. 1941 eingezogen als Soldat einer Flakeinheit im Reichsgebiet bei Leipzig, aber freigestellt zur phil. Prom. mit einer bereits 1939 fertig gestellten Arbeit zum Thema *Plotin als Interpret der Ontologie Platons* (publ. 1941 Frankf./M.– 3. A. 1966); Herbst 1944 Habil. mit fortgz. „Cusanus-Studien" bei Gadamer in Lpz. z. Thema *Nicolaus von Cues und das Begreifen des Unbegreiflichen* (nachkriegszeitlich publ. u. d. T.: „Nicolaus Cusanus. Die Phil. im Übergang vom Mittelalter z. Neuzeit". Frankf./M. 1957); antragstellender NS-Fragebogen vom 19. Aug. 1944 (aber keine NSdAP-Mitgliedschaft) mit öffentl. Habil-Verteidigung am 29. Nov. d. J. u. Vortrag zu „Fichtes Spätphil. u. das Schicksal der neuzeitl. Metaphysik"; die noch für den 27. Febr. 1945 angesetzte öffentl. Lehrprobe des Obergefr. Dr. V.-S. z. Thema „Östl. Lebensweisheit u. das Wissen der abendl. Phil." mußte wegen alliierter Luftangriffe ausfallen u. wurde auf den 14. März d. J. verschoben; noch am 29. März (drei Wochen bevor die US-Streitkräfte Leipzig besetzen) wird von der Phil. Fak. der Univ. Leipzig die sofortg. Ernennung z. Phil.-Doz. beantragt, aber offensichtlich so nicht mehr „realisiert", da der Kand. am 15. April 1945 bei Weißenfels in amerik. Kriegsgefangenschaft gerät, aus der ihn jedoch Gadamer persönlich schon bald danach heraushot u. als erster Nachkriegsrektor der Leipz. Univ. ihm (noch vor späterer sowjet. erlaubter Univ.-Eröffnung) am 8. Aug. die Lehrbefugnis für Phil. erteilt; eine damlg. Zeitungsnotiz berichtet von einem gem.

Fichte-Vortrag mit Hm. *Ley im örtl. Kulturbund; doch alle landeseigenen Berufungsversuche von Gadamer erst als Dekan wie als Rektor scheitern, denn es besteht schon eine neukomm. ZV in Berlin, die jede „jungbürgerliche" bzw. parteilose Phil.-Neuberufung, platzhaltend für ihre kommende ML-Parteiphil. schlicht machtpol. unterbindet bzw. reserviert; nach Gadamer Weggang daher nur kurzzeitige Vertretungsprof. für Phil. 1947/48 in Lpz.; entgegen des Willens der Univ. und ihrer Phil. Fak.(dazu organisiert man parteistudentische Proteste der Gewifak!) kommt es „fortschrittlich-marx." zur Lehrstuhlbesetzung für Ernst *Bloch, die letztlich ministeriell durchgesetzt wird; daher 1948 Abschiebeberufung (durch die ZV für Volksbildung in Berlin, P. *Wandel und R. *Rompe) als Prof. mit Lehrauftrag an die nördliche Univ. Rostock in Nachfolge von W. *Bröcker, der zuvor bereits 1948 nach Kiel ging; jedoch verlaufen alle „Berufungsverhandlungen" ebenso völlig ergebnislos, weil man auch hier nur noch parteimarx. Kader einzusetzen beabsichtigt; daher schon ab 1949 berufen als o. Prof. für Phil. an die Univ. Köln, wird er dort zu einem der erfolgreichsten westdt. Nachkriegsphil.; z. 60. Geb. Festschrift „Sein u. Geschichtlichkeit". Frankf./M. 1974; verst. am 25. Okt. 1981 in Köln und aka. Gedenkfeier am 30. April 1982 ebd. – Der gleich doppelte Weggang des bishg. Lehrstuhl-Inhabers 'Bröcker 1948 nach Kiel wie v. V.-S. 1949 nach Köln führte in Rostock dazu, dass bei kurzzeitiger univ. Regie (allerdings als Dekan der Gewi-Fak.) des bekannten „marx. Arbeiterlehrers dreier Generationen", Hm. *Dunker, auch späterhin kein (marx.-len.) Phil.- Inst. mehr bis 1989 eingerichtet wurde; selbst E. *Albrecht musste deshalb nach Greifswald gehen, wo demgegenüber zwei altbürgerliche Univ.-Phil., noch in der DDR verblieben waren und weiter lehrten: H. *Pichler u. G. *Jacoby; daher wurde nur noch ein naturphil. AK „Phil.-Wiss." im Rahmen der alles beherrschenden ML-Sektion von Hr. *Vogel gegründet, fortgeführt von H-J. *Stöhr; die nachwendische Phil.-Inst.-Wiedergründung 1991 erfolgt dann folgerichtig ohne jede ostdt. Beteiligung und Mitwirkung; erinnert wird nur noch an Moritz Schlicks frühere Rost. Doz.-Jahre (H.-J. *Wendel). – V.-Sch. gescheiterte Berufungsgesch. wird in der Rostocker univ.-phil. Institutsgeschichte (Bd. IV) ausführlich modellhaft dok.

Publ.: (Hrsg. zus. mit D. Henrich u. W. Schulz): Die Gegenwart der Griechen im neueren Denken. Festschrift für H.-G. Gadamer z. 60. Geb. Tübingen 1960; Metaphysik und Geschichte. Frankf./M. 1963; Einführung in das phil. Denken. Frankf./M. 1965; Leben u. Denken. Interpretationen zur Phil. Nietzsches. Frankf./M. 1968; Mythos u. Logos. Interpretationen zu Schellings Phil. der Mythologie. Frankf./M. 1969; Die Metaphysik des Aristoteles. Frankfurt/M. 1979; Theorie – Technik – Praxis. Phil. Beiträge. Schwerte 1986; Die Phil. Friedrich Nietzsches. Würzburg 1991; Die Phil. der Vorsokratiker. Würzburg 1992; Die Phil. Martin Heideggers. Würzburg 1996; Zu Hegel. Würzburg 1997; Plato. Würzburg 1999; Kunst und Erkenntnis. Würzburg 2002.

Vranicki, Predrag
21. Jan. 1922–31. Jan. 2002
Jugoslawischer „Praxis-Philosoph", deswegen kritisiert in der DDR
Geb. in Benkovac, Kroatien; kam aus der jugoslawischen komm. Selbstbefreiungsbewegung u. absolvierte nachkriegszeitlich ein Phil.-Studium in Zagreb, wo er auch

seine wiss. Entw. aufnahm und 1956 Phil.-Prof. wurde; gehörte frühzeitig (mit dem serbischen Partei-Phil. wie Dissidenten M. Markovic: ‚Dialektik der Praxis', 1968) zum in der DDR stets parteimarx. als revisionistisch verdächtigten u. pol. verurteilten „Praxis-Gruppe" (1965 gegr. internationale Zeitschrift „Praxis"), die dem erstarrten orthodoxen Sowjet-ML einen auch im Westen daher anerkannten „eigenständigen und spezifisch jugosl. Marxismus" entgegensetzte; 1973 Mitgl. der Jugosl. Aka. der Wiss. u. Künste; ableitend aus seiner theoriekritischen „Gesch. des Marxismus" (Belgrad 1961) vertrat er eine durchaus denkbare u. vertretbare Vielfalt (Pluralität) des marx. Philosphierens u. lehnte daher wiederum das sowjet. Lenin-Stalininsche Konzept einer unabdingbaren parteiamtl. "Einheit und Geschlossenheit" des Marxismus ab; in dieser Hinsicht wurde im Rahmen der offiziellen, allein marx.-len. ausgerichteten u. stets parteiorg. DDR-Phil. jede kleinste *praxisphil.* (H. *Seidel) oder *arbeitphil.* (P. *Ruben) Interpretation des Marxismus letztlich immer nur als revisionistisch ideologiekritisch bekämpft u. parteipolitisch ausgeschaltet; in den 60er Jahren Hrsg. der Marx-Engelschen „Frühschriften" in Jugoslawien, die die dortige praxisphil. Entwicklung entscheidend beförderten, während diese in der DDR zur gleichen Zeit (A. *Kosings Lehrbuchversuch 1967) systematisch unterbunden wurde.

Publ. (Titel in dt. Übers.): Über das Problem des Allgemeinen, Besonderen und Einzelnen bei den Klassikern des Marxismus. Zagreb 1952; Die gedankliche Entwicklung Karl Marx'. Zagreb 1953; (Hrsg.) von W. Windelband: Gesch. der Phil. Serbokroatische Übers. in 2 Bdn. Zagreb 1956/57 (2. A. 1978 u. 3. A. 1990); Phil. Studien und Kritiken. Zagreb 1957; Gesch. des Marxismus. Zagreb 1961 (Frankf. a. M. 1974 und 1983 in 2 Bdn); Mensch und Geschichte. Sarajevo 1966 (Frank./M. 1969); Marxismus u. Sozialismus. Frankf./M. 1985.

Wächter, Wolfgang
26. März 1935
Wissenschaftsforscher in Rostock und an der Akademie in Berlin
Geb. in Jena als Sohn eines Feinmechanikers; kriegsunterbrochene Grundschulausbildung bis 1949 und OS mit Reifeprüfung (Abi.) 1953; anschl. Phil.-Studium an der FSU Jena (Lehrer: *Linke, *Johannsen, *Mende u. *Albrecht) und biolg. Zusatzausbildung; Phil.-Diplom 1959 mit einj. Unterbrechung 1958 (Arbeitseinsatz im VEB Carl Zeiß Jena); anschl. Lehreinsatz am ML-Inst. der Univ. Jena und 1961 Wechsel an die Univ. Rostock an das dortg. ML- Inst. (Arbeitsgruppe Phil.-Naturwiss, Leiter Hr. *Vogel); 1964/65 wiss. Asp. am H.-Ley-Lehrstuhl für phil. Probl. der Naturwiss. an der HU zu Berlin und daselbst 1967 phil. Prom. *Zum phil. Wirken Max Hartmanns* (Gutachter: Hm. *Ley, Hr. *Vogel; – publ. u. d. T. Naturforschung u. kritische Ontologie". Rost. Phil. Manuskripte. 1967, H. 4); fortgz. ML-phil. Lehreinsatz zunächst wieder in Rostock, aber mit Gründung des Aka.-Inst. für Wissenschaftstheorie u. -organisation (Gründer G. *Kröber, später auch für Wiss.-gesch., Leiter H. *Laitko) endlicher Wechsel in diese ML-lehrbefreite Berl. aka.-wiss. Einrichtung; 1976–80 daselbst Leiter der Forschungsgruppe „Methodologie u. Logik der Forschung"; 1980–87 wiss. Mitarbeiter im WB „Methodologie und Gesch. der Geschichtswiss." im ZI für Gesch. der

AdW der DDR (später „Inst. für dt. Geschichte"); daher spätere geschichtsmethodolg. Prom. B z. Thema *Erklärung des Vergangenen. Studien zur Methodologie der hist. Erklärung* (Gutachter: W. *Küttler u. H. *Hörz) und noch 1989 Ernennung zum Aka-Prof.; 1987–91 Leiter des WB „Geschichtswiss. Information" u. Hrsg. der „Jahresberichte für dt. Geschichte"; 1994–99 Fortführung dieser Tg. an der BB Aka. der Wiss. bis zur Berentung.

Wagenknecht, Sahra
16. Juli 1969
Von Hegel zu Marx und von der kommunistischen Plattform zur Partei Die Linke
Geb. in Jena als Tochter eines iranischen Staatsbürgers (frühzeitig ausgereist) u. einer DDR-Bürgerin, die im staatl. Kunsthandel arbeitete; wuchs bei ihren Großeltern in einem Dorf bei Jena auf; mit Schulbeginn Umzug nach Ost-Berlin u. Besuch der EOS „Albert Einstein" in Berlin-Marzahn, Abschluß mit Abi. 1988; konnte aber zunächst in der schon zu Ende gehenden DDR nicht studieren, weil nicht „kollektivfähig"; kurzzeitige Arbeit als Sekretärin u. Mai 1989 überzeugter SED-Eintritt; ab SS 1990 Studium der Phil. u. neueren dt. Literatur in Jena sowie an der HU Berlin, jedoch ohne vollständigen Abschluss angesichts der dortigen nachw. Umstrukturierungen des Phil.-Instituts (Unverständnis für ihre Thematik, denn HU-Studenten wollten die fortg. Kritik u. die „neulinken FU-Studenten" den Erhalt der marx. Phil.); daher Umschreibung zum abschl. Phil.-Studium an die niederländ. Univ. Groningen und Magister-Abschluss (M. A.) mit einer Arbeit beim DKP-nahen Links-Marxisten H. H. *Holz z. Hegel-Rezeption des jungen Marx, die jedoch schon nicht mehr zu einer phil. Diss. u. Prom. fortgeführt wurde (dennoch publ. 1997); 1991–95 Mitgl. des PV der PdS sowie Sprecherin einer sog. ‚Komm. Plattform'; zunächst Mitglied des Europa-Parlaments., ab 2009 MdB; seit 2007 im PV der neugegr. gesamtdt Partei „Die Linke" u. auch stellv. Fraktionsvors.; 2012 Einreichung und Verteidigung einer englischsprachg. mikroöko. Diss. zum „Sparverhalten" an der TU Chemnitz; „Marxistin sein heißt zu versuchen, die Gesell. von ihren öko. Grundlagen her zu verstehen. Es heißt auch, sich nicht mit diesem Kapitalismus abzufinden und eine sozialistische Alternative für möglich zu halten." (FASZ vom 23. Jan. 2005); entschieden kritische wirtschaftspol. Sprecherin der Linken im Bundestag und aktuell eine ihrer zwei Fraktionsvorsitzenden, wobei sie ihre eigenständige Vordenkerrolle der Linken niemals aufgeben wollte; verh. mit Oskar Lafontaine u. daher wohnhaft im Saarland; im Jahre 2019 jedoch angekündigte (krankheitsbedingte) Amtsaufgabe; es erschienen zu ihrem 50. Geb. zwei Biographien, wovon die eine von D. Goeßmann betitelt ist: „von links bis heute", und von ihr selbst eine aufgz. Autobiographie: „Couragiert gegen den Strom"!

Publ.: Zu jung, um wahr zu sein. Gespräche. Berlin 1995; Vorwärts und vergessen? Ein Streit um Marx, Lenin u. Ulbricht u. die verzweifelte Aktualität des Komm. Hamburg 1996; Vom Kopf auf die Füße? Zur Hegelrezeption des jungen Marx, oder das Problem einer dial.-mat. Wiss.-methode. Bonn 1997 (2. A. 2013); Kapital, Crash, Krise ... Kein Ausweg in Sicht? Bonn 1998; Die grundsätzl. Differenz. Ein Streitgespräch in Wort u. Schrift (mit G. *Zwerenz). Querfurt 1999; Kapitalismus im Koma. Eine sozialistische

Diagnose. Berlin 2003; Wahnsinn mit Methode. Finanzcrash u. Weltwirtschaft. Berlin 2008; Freiheit statt Kapitalismus. Über vergessene Ideale, die Eurokrise und unsere Zukunft. Frankf./M. 2011 u. Mün. 2013; Kapitalismus, was tun? Schriften zur Krise. Bln. 2013. – Couragiert gegen den Srom: über Goethe, die Macht und die Zukunft. (Autobiografie, aufgz. u. hrsg. v. Fl. Rötzer). München 2019.

Wagner, Kurt
27. März 1928–verst.
Marxistischer Wissenschaftsphilosoph in Leipzig
Geb. in Proschwitz/Krs. Gablons an der Neiße (später CSSR/heute Tschechien), Volksschule daselbst; nach Angliederung an Nazi-Dtl. Mitglied der HJ sowie Anfang 1945 Arbeitsdienst u. Flakhelfer; 15 Mon. Internierungslager u. Aussiedlung der Eltern nach Blankenburg/Harz; daselbst 1946/47 nachholende OS mit Abitur, SED-Eintritt u. Einjahreskurs an der Lehrerbildungsanstalt Staßfurt 1947/48; danach bis 1951 Neulehrer an ZS Wegeleben im Ostharz und anschl. vier Jahre Fachlehrer für „Gesell.-wiss." (1953 Fachschullehrerprüfung) an der Ing.-Schule für Bauwesen, Blankenburg/Harz (auch als stellv. Schulleiter); danach bis 1959 Studium der Physik u. Pädg. an der MLU Halle (Oberstufenlehrer); daselbst 1959–63 ABF-Doz. für Physik; 1963–67 wiss. Asp. am Inst. für Gesell.-wiss. beim ZK der SED u. phil. Prom. z. Thema *Der Kampf Walther Gerlachs für die Anerkennung u. Verwirlichung des hum. Anliegens der Naturwiss.* (Gutachter: K. *Kneist u. H.-L. Wußing, publ. 1969 u. d. T. „Naturwiss. u. Hum.". TB-Reihe Unser WB, Bd. 58. Berlin 1969); anschl. wiss. MA am Inst. für Phil. der KMU Leipzig (Leitstelle für phil. Inf. u. Dok.); nach der III. HSR 1968 wiss. Oberass. u. ab 1971 Dozent im Bereich Dial. Mat. der Sektion Marx.-len. Phil./WK ebenda u. spezialisiert auf ET, Sektions-Forschungsschwerpunkt; 1974 Prom. B daher *Zur Spezifik der marx.-len. Wahrheitstheorie* (Gutachter: H. *Opitz, R. *Rochhausen, D. *Wittich); anschl. jedoch Leiter der Fachgruppe „Phil. Probleme der Naturwiss." sowie schließlich Prof. für dieses Lehr- u. Forschungsgebiet bis 1990 an der Sektion Ml. Phil. der KMU Leipzig; mit Abwicklung der Phil.-Sektion in den Vorruhestand u. keine weitere phil. Wirksamkeit mehr nachweisbar.
Publ.: (zus. mit G. Terton u. K.-H. Schwabe): Zur marx.-len. Wahrheitstheorie. Studien zur ET. Berlin 1974; (zus. mit K. Gößler u. D. Wittich): Marx.-len. ET. Berlin 1978/1982; achtfacher Autor der DZfPh 1965–73.

Wahl, Dietrich
19. Juli 1929–2009
Leipziger Philosophie-Studium und späterer Wissenschaftshistoriker in Berlin
Geb. in Freital als Sohn eines Zimmermanns (später arbeitend als Briefträger); besuchte 1936–40 die VS u. war 1940–45 Schüler einer Wirtschafts-OS ebd.; nachkriegszeitlich 1945–48 Besuch der OS in Dresden-Plauen (Abi); 1948/49 prakt. Arbeiten und 1949–54 Phil.-Studium in Leipzig, zunächst in den „Mehr-Fächern" Geschichte, Philosophie und Indologie, ab 1951 mit Einführung des streng (schulplanmäßig) geregelten „Einfachstudiums" persönl. Entscheidung für Philosophie und somit erster Absol-

vent des neu eingeführten Leipziger 5-Jahres Studiums; 1954 Staatsexamen u. bis 1957 wiss. Ass. am Inst. für Phil. (Direktor Ernst *Bloch) der KMU Lpz. in der Fachrichtung Gesch. der Phil. bei Bloch; nach dessen parteiregulierter Zwangsem. Aug. 1957 Versetzung ans ML-Inst. der Univ. Rostock ins gesell.-wiss. Grundlagenstudium; da kein Phil.-Inst. daselbst mehr vorh. sein durfte, erfolgt die phil. Prom. 1961 in Greifswald z. Thema *Die Analyse des Übergangs von der sinnlichen zur rationalen Stufe der Erkenntnis bei John Locke u. im Marxismus* (Gutachter: E. *Albrecht, H. Quitzsch); kam schon 1970 ans neu gegr. Aka.-Inst. für Wiss.-theorie (Gründungsdirektor G. *Kröber) nach Berlin, wo er sich zunehmend mit der Situation von Wiss. u. Technik speziell in den Entwicklungsländern (Indien, sein früher abgebrochenes Leipziger Studienfach) beschäftigte; Prom. B. 1978 z. Thema *Arbeitsteilung u. Kooperation in der Forschung* (Gutachter: H. D. Hausstein, G. *Kröber, W. Schirmer); nach der Abwicklung der DDR-Aka. der Wiss. u. fast aller ihrer gesell.-wiss. Inst. keine nachwendische Weiterbeschäftigung mehr; ungefähr um 2009 nach einer Hirnop. verst.

Publ.: (Hrsg.): D. Hume: Eine Untersuchung über den menschl. Verstand. Phil. Studientexte. Berlin 1965; (zus. mit H. Parthey): Die experimentelle Methode in Natur- und Gesell.-wiss. Berlin 1966; (Hrsg.): Ethische Probleme der Wissenschaft (Übersetzg. aus dem Russischen). Reihe: „Gesell. u. Wiss." Bd. 16. Berlin 1978; Hrsg. versch. Manuskriptdrucke des Inst. f. Wissenschaftstheorie der AdW in 80er Jahren; fünf DZfPh.-Rez. 1968/75.

Wahsner, Renate
25. März 1938
Natur-(Physik)- und Wissenschaftsphilosophin in Berlin
Geb. in Lausen bei Leipzig als Tochter eines Tischlers; 1946–52 GS in Leipzig u. Berlin; ab 1952 Friedrich-List-OS in Berlin-Pankow-Ndsh.; Abitur 1956 u. SED-Eintritt; 1956–61 Phil.-Studium (Nebenfach Physik) an der HU Berlin; anschl. Lehreinsatz im gesell.-wiss. Grundlagenstudium an der HS für Ökonomie Berlin-Karlshorst; 1963–66 Asp. am H. *Ley-Lehrstuhl für phil. Probl. der Naturwiss. am Phil.-Inst. der HUB und phil. Prom. 1966 z. Thema *Raum-Zeit-Struktur und Kausalstruktur. Eine Untersuchung phil. Probleme der speziellen Relativitätstheorie* (Gutachter: H. *Hörz u. H.-J. *Treder); 1966–70 geschäftsf. Oberass. im Bereich Dial. Mat. (Bereichsl. A. *Griese, abgelöst durch G. *Redlow); 1970–74 „Praxiseinsatz" als Vizepräsd. der Urania (Bereich Naturwiss.); anschl. 1974–82 wiss. Mitarb. am ZI für Astrophysik der AdW der DDR in Berlin (Direktor H. J. *Treder) und daselbst 1978 Prom. B *Zur erkenntnistheor. Begründung der Physik durch den Atomismus, dargestellt an Newton und Kant* (Gutachter: *Treder u. M. *Buhr – publ. u. d. T. „Das Aktive u. das Passive". Schriften zur Phil. u. ihrer Gesch. Bd. 25. Berlin 1981); 1982–91 wiss. Mitarbeiterin am Einstein-Laboratorium Theor. Physik der AdW in Potsdam (Leiter Treder); 1987 Prof. f. Wiss.-gesch. ebd; nachwendisch wiss. Mitarb. am Forschungszentrum für Wiss.-gesch./Wiss.-theorie der Max-Planck-Gesell. in Berlin; zugleich univ. Lehrtg. an der FU Berlin sowie Gastprof. am Inst. für Phil. der Univ. Potsdam; „erfolgreich-vergebl." Univ. Bewerbung in Leipzig, da die erstellte Liste, auf der sie weit oben stand, „abgesetzt" wurde; 1995–

2003 Senior Scientist am MPI für Wiss.-Gesch. Berlin; 2003 Ruhestand u. Berentung; jahrelange wiss.-phil. Zusammenarbeit mit dem Physiker Horst-Heino von Borzeskowszki u. zahlreiche gem. Publ. (hier ungen. als Mitautor); durch ihre Forschungen insb. zu hist. u. systemat. Fragen der klass. Naturphil. wie zu den phil. Fragen der mod. NW, speziell der Physik und ihrer Geschichte, unterlag sie ganz ähnlichen deterministisch-naturweltbildlichen Vorwürfen eines entspr. Aka.-bereichs (*Hörz/ Uli *Röseberg) des ZfPh wie Peter *Ruben, die nicht immer (teilw. bis heute) ungehindert ausdisk. werden konnten. Erste Mach-Ed. zum Ende der DDR (1988). DDR-Personen-Lexikon 2010 (H.-C. *Rauh).

Publ.: Mensch u. Komos, die copernicanische Wende. Wiss. Tb. Bd. 213. Berlin 1978; (Mitautor): Newton und. Voltaire. Zur Begründung und Interpretation der klass. Mechanik. Berlin 1980; (Hrsg.) Gravitation und Kosmos. Beiträge zu Problemen der allgm. Relativitätstheorie. Bln. 1988; (Mithrsg.): Ernst Mach: Die Mechanik in ihrer Entwicklung. Hist.-kritisch dargestellt. Phil.-hist. Texte. Berlin 1988; Das Helmholtz-Problem oder zur physikal. Bedeutung d. Helmholtzschen Kantkritik. Berlin 1988; (Mitautorin): Physikal. Dualismus u. dial. Widerspruch. Studien zum physikal. Bewegungsbegriff. Darmstadt 1989; Prämissen physikal. Erfahrung. Zur Helmholtzschen Kritik des Raum-Apriorismus u. zur Newton-Marxschen Kritik des antiken Atomismus. Bln. 1992; (Mitautorin): Die Wirklichkeit der Physik. Studien zu Idealität und Realität in einer messenden Wiss. Frankf./M.-Lang 1992; Zur Kritik der Hegelschen Naturphil. Über ihren Sinn im Lichte der heutigen Naturerkenntnis. Bln. 1995; (Mit-hrsg.): Elemente der Philosophie Newtons (übers. Voltaire-Texte). Berlin 1997; „Naturwiss." – Bibl. dial. Grundbegriffe. Bd. 1, Bielefeld 1998 (2. A. 02); (Hrsg.): Die Natur muß bewiesen werden. Zu Grundfragen der Hegelschen Naturphil. Frankf./M.-Lang 2002; Der Widerstreit von Mechanismus u. Organismus. Ein Widerstreit zw. Denkprinzipien in der neuzeitl. Naturwiss. Bln. 2004; (Hrsg.): Hegel u. das mech. Weltbild. Vom Wiss.-prinzip Mechanismus zum Organismus als Vernunftbegriff. Hegeliana Bd. 19. Lang 2005; (Mitautorin): Das physikal. Prinzip. Der epistemolg. Status physikal. Weltbetrachtung. Würzburg 2013. Zahlreiche Reprint-Drucke von Vorträgen und Aufsätzen des MPI für Wiss.-gesch. – In der DZfPh. fast immer nur unliebsame (vorgeschickte) polemische Disk.-Beiträge aus dem aka.-phil. Hörz-Bereich von N. *Hager (H. 5/1982) oder U. *Röselberg (H. 5/1987) gegen die eigenständige naturdial. Konzeption der Autorin (und ihrem oben gen. Mitautor).

Wallner, Matthias
24. März 1949
Zur Dialektisch-materialistischen Methode in Leipzig
Geb. in Leipzig als Sohn eines Malers und einer Schneiderin; 1955 Einschulung und 10-Kl.-Abschluss mit Berufsausbildung als Dreher 1966/67; 1967–70 Ufz. auf Zeit bei der NVA u. anschl. Besuch der Ing.-Schule für Maschinenbau in Lpz. 1970–73; danach Fachschullehrer und FS-Phil. an der Sektion Marx.-len. Phil. der KMU Lpz. bis 1978; zugleich bereits entspr. Lehreinsatz im gesell.-wiss. Grundlagenstudium und 1982 Fachschuldozent daselbst; 1979 außerplm. Asp. im Forschungssem. ET von D. *Wittich und 1982 phil. Prom. z. Thema *Dial.-mat. Methode. Eine Untersg. zu ihrer begriffl. Bestimmung, ihren Funktionen u. Elementen, ihrer objek. und subjek. Bestimmtheit u. Anwendung* (Gutachter: D. *Wittich, F. *Fiedler, W. *Segeth); bildete die Grundlage des Referats zur 12. Arbeitstg. ET 1983 in Leipzig (Bericht „Zur Spezifik der dial.-mtl. Methode sowie Fragen ihrer Vermittlung und Aneignung". Phil. Inf. u. Duk. Jg.

20/H. 10-1984) u. einen weiteren Bericht „Probleme der dial.-mtl. Methode. Biblgr.. 1947–1981" (In: Them. Inf. Phil. Jg. 9, H. 2-1985); 1984 Wechsel zur TH Zwickau und wieder ML-Lehre z. dial.-hist. Mat. im gesell.-wiss. Grundstudium; Sept. 1985–Mai 86 (unerklärliche) Studienreise in die USA, um dortg. „Kreativforschung" zu erkunden (Bericht auf der 17. ET-Tg 1987 in Leipzig); darüber dann nachwend. Habil. 1991 an der Univ. Lpz. zum Thema *Kreativitätsforschung in den USA. Eine erkenntnistheor. Studie zu Entwicklung u. Ergebnissen wiss. Untersuchungen der Kreativität* (Gutachter: D. *Wittich, G. *Mehlhorn, S. Preiser, FU-Dozentin); Jan. 1990 SED-Austritt u. Umkonzipierung des ML-Grundlagenstudiums in neuartige „phil. u. sozialwiss. Studien"; danach jedoch keine weiteren Daten.

Wandel, Paul
16. Febr. 1905–3. Juni 1995
Deutsch-Sowjet. Funktionsträger des Hochschulwesens nach 1945 in der SBZ und DDR
Geb. in Mannheim in einer Arbeiterfamilie; Besuch der GS und anschl. Berufsausbildung als Maschinentechniker; schon frühzeitig jungkomm. org. (1923–27 KJVD) und ab 1926 bereits örtl. KPD-Funktionen; 1929/30 kurzzeitige Ausbildung an einer Ing.-Schule in Mannheim abgebrochen, da ab Aug. 1931 Kursant u. 1932/33 Aspirant an der Lenin-Schule in Moskau; dort schließlich als dt. Emigrant verblieben und bis 1945 KPdSU-Mitglied und Sowjetbürger (zeitweilig verh. mit Helene *Berg); parteipol. Lehrtg. sowie Arbeit im Marx-Engels-Inst. u. auch persönl. Sekr. von W. Pieck, wegen seiner erlernten russ. Sprachkenntnisse; nach dem dt.-fasch. Überfall auf die UdSSR ab Okt. 1941 die übliche Kriegs-Evakuierung aus Moskau u. Lehrtg. an einer Komintern-Schule unter dem Decknamen „Klassner" (Schüler sind auch W. *Leonhardt und Jan *Vogeler); ab Aug. 1943 als Mitgl. des sog. Auslandsbüros der KPD wieder in Moskau und 1944 Mitarb. einer Arbeitskom. zur Ausarbeitung eines Nachkriegsprogramms der KPD, dabei aber zuständig für Agrar- u. Wirtschaftsfragen; Rückkehr nach Dtl. bereits Mitte 1945 und ab Aug. 1945–Okt. 1949 Präsd. der (ganz bes. streng sowjet. beaufsichtigten und kontrollierten) Dt. ZV für Volksbildung, der wichtigsten, grundsätzlich bereits über den noch best. ostdt. Ländern eingesetzten, ersten zentralstaatl. Verwaltung (neben der entspr. ostdt. SED-Parteizentralisierung) des gesamten geistig-kulturellen Lebens der SBZ, e. des dazu gehörigen univ. Hochschulwesens, wofür sein Stellv. R. *Rompe (ebenfalls russ.-sowjt. eingebunden) speziell zuständig war; hier wurde vor allem kaderpol. nicht nur über die konsequente Entnazifizierung aller 6 ostdt. Univ. gewacht-entschieden, sondern frühzeitig über deren (parteipol. ausgerichtete) personelle Erneuerung u. gesell.-pol. Umstrukturierung, u. a. durch Gründung von neuen Pädg. Fak. (zur Neulehrer-Ausbildung), vor allem aber der gänzlich parteiorg. Gesell.-wiss. Fak. (Gewifak) nach sowjet. Vorbild, an denen dann vorbei an der (noch „bürgerlich-aka." beherrschten) Phil. Fak. vorrangig student. SED-Mitgl. immatrikuliert sowie vor allem ungehindert prom. und habil. sowie ebenso schnell ohne bes. univ. Ausschreibungen u. Berufsverfahren professoral zentral eingesetzt werden konnten; alle nun parteimarx. ausge-

richteten sog. „gesell.-wiss." Abschlüsse und Professuren (auch der dann ersatz-„philosophisch" für dial. u. hist. Mat. eingerichteten und besetzten) wurden allein von dieser HV auf diese Weise ungemein frühzeitig universitätsparteiorg. installiert; eine dazu bezeichnende Aktennotiz zur Berufung des neukomm. Pädagogen G. *Lange (noch dazu eines früheres NSdAP-Mitglied, was dieser allerdings damals verschwiegen hatte) zitiert P. W. mit den Worten, dass derartige neue gesell.-wiss. (also parteimarxistische) Berufungen, anfangs sogar für Soziologie, sich vor allem gegen die noch „bürgerlich-univ." vorherrschende, traditionelle „akademische Philosophie" richten würden, um deren Einfluß zurückzudrängen und zunehmend durch parteibeauftragte „Kader-Philosophen" zu ersetzen, was genauso unter der Regie der gen. ostdt. ZV für Volksbildung im unmittelbar sowjet.-antifasch. „Klassenauftrag", schon lange vor Gründung der DDR erfolg-siegreich realisiert wurde; P. W. ist damit wie kein anderer für eine ungebrochene Sowjetisierung und Stalinisierung des ostdt. Nachkriegshochschulwesens persönlich parteiverantwortlich; deshalb durchgehend von April 1946 (der SED-Gründung) bis Juli 1958 (V. Parteitag ders.) als „staatl. Leiter" zugleich Mitgl. des PV bzw. ZK der SED; Okt. 1949 – Aug. 1952 nahtlos übergehend daher auch als erster DDR-Min. für Volksbildung, bei zusätzl. Bildung eines bes. Staatssekr. für Hochschulwesen (nun zuständig allein für die ostdt. Universitäten) mit Gerhard *Harig als erstem Staatssekr.; Nov. 1951 (ohne jede wiss. Vors.) durch diesen ernannter, nichthauptamtl. Lehrstuhlleiter u. Prof. für Allgm. Gesch. (so wie das PB-Mitglied Fred *Oelßner für Pol. Ökonomie und Kurt *Hager für Phil.) am neu gegr. IfG (spätere Partei-Aka. für Gesell.-wiss.) beim ZK der SED, u. ebs. 1952 auch Dr. h.c. an der MLU Halle (unter dem Rektorat des SU-Historikers Leo Stern) z. dortg. Univ.-Jubiläum; Juli 1953 – Okt. 1958 dann Sekr. für Kultur u. Erziehung im ZK der SED (übergeordnet ist ihm Fred *Oelßner, dem folgt als dauerhafter Chef-Ideologe der SED dann *Hager); Okt. 1958 jedoch wegen „ungenügender Härte" bei der Durchsetzung der kulturpol. Linie (Revisionismusbekämpfung) der SED-Führung unter W. *Ulbricht strenge Rüge u. bis 1961 daher abgeschoben als Botschafter in der VR China; von da zurückgerufen 1961–64 stellv. Außenmin. der DDR u. anschl. 1964–75 Präsd. der Liga für Völkerfreundschaft (bis 1984 noch deren Vizepräs.) sowie Mitgl. des Präsd. des Friedensrats der DDR; 1970 SU-Orden des Gr. Vaterländ. Krieges; Stern der Völkerfreundschaft u. 1975 KMO; z. 80. Geb. noch zusätzl. Ehren-Dr. der HU Berlin; 1990 Übernahme in die PDS u. einer sog. „Hist. Kom.". Als 1990 Wolfg. *Leonhardt nachwendisch seinen alten Lehrer aus der Mosk. Emigrationszeit besuchte, begrüßte dieser ihn (trotz oder wegen des DDR-Niederganges) mit den väterlichen Worten: „Die letzten 15 Jahre, die werden wir einfach mal vergessen", worauf L. ihn freundlich erinnernd verbesserte: „Paul, es waren keine 15, sondern 40 Jahre." (Spurensuche, 1992); eine sachgerechte Befragung war nicht mehr möglich.

DDR-Personen-Lexikon 2010 (P. Nötzold/H. Müller-Enbergs).

Warnke, Camilla
10. Aug. 1931
Akademie-Philosophin der ausgeschlossenen Ruben-Gruppe 1981
Geb. in Meißen; nach dem Abi. 1949 als Neu-Lehrerin eingesetzt (für Russisch); 1951 zuerst Studium der Germ., dann Phil. u. im Nbf. Biologie am neu gegr. Phil.-Inst. der HU Berlin (1. Studienjahr); wichtigste Phil.-Lehrer jener Anfangsjahre bis z. Staatsexamen 1956 waren Kl. *Zweiling, W. *Hollitscher, G. *Klaus und W. *Harich; 1956/57 marx.-len. Lehreinsatz im gesell.-wiss. Grundlagenstudium der Landwirtschaftl. Fak. der HUB; nach ideolg. Ause. an deren ML-Inst. (Verurteilung von H. *Crüger u.a.) 1958–60 zur „Bewährung in der Prod." im VEB Stern Radio Berlin als Montiererin; ab Okt. 1960 wiss. MA im neu gegr. Phil.-Inst. der DAW (Leiter G. *Klaus) und red. Mitarbeit am Phil. Wörterbuch (Leipzig 1964); phil. Prom. 1968 z. Thema *Beziehungen zw. Medizin u. Phil. in der griech. Antike* (Gutachter: G. *Klaus u. L. Welskopf); 1976–1980 Aufbau des Forschungsbereichs Dial. Mat. am neu gegr. ZI Phil. der AdW der DDR (Direktor M. *Buhr); Aka.-Prom. B 1980 (kumulativ mit einer Artikelansammlung) z. Thema *Dialektik und Systemdenken in der Gesellschaftserkenntnis* (Gutachter: G. *Kröber u. H. *Ley); 1981 gem. Parteiausschluss mit Peter *Ruben u. a. wegen angeblicher Revisionismus-Verdächtigungen mit der Folge des Institutsauschlusses (Aussprache M. *Buhr am 20. Mai d. J.): „anknüpfend an den Gegenstand ihres Diss.-Thema" erfolgt die Versetzung ins ZI für Alte Gesch. u. Archäologie, was dann bis bis Ende 1989 andauern sollte (daselbst aber Beschäftigung mit Ed. Husserl); zum Jahreswende 1990 Rückkehr ins aka. Phil.-Institut und Mitte d. J. PdS-Beschluss zur pol. Rehabilitierung (neu gewählter Inst.-Direktor *Ruben, der aber nur noch die angelaufene Abwicklung zu realisieren vermag); Sept. 1991 Instituts-Kolloquium z. 60. Geb. „Das Denken des Widerspruchs als Wurzel der Philosophie" (publ. 1991) u. anschl. Vorruhestand; seitdem aktive Mitwirkung an der hist.-krit. Aufarbeitung der DDR-Phil., insb. der damaligen „Ruben-Affäre" 1980/81; westdt. Raubdruck zu P. Ruben/C. Warnke u. d. Titel „Phil. Schriften I" mit Bibl. – Aarhus – Paris – Florenz 1981 (wahrscheinl. Hrsg. M. *Lauermann); vgl. hierzu ebenso Ruben-Dok. „Gefesselter Widerspruch". Bln. 1991 (Hrsg. H.-C. *Rauh); in den Jahren 2010–15 umfassende Nachforschungen zur Gesch. der Berl. Akademie-Phil. 1958–1991 und umfänglich publ. in Bd. IV dieser Reihe (2017).

Publ.: Die „abstrakte Gesell." Systemwiss. als Heilsbotschaft in den Gesell.-modellen Parsons, Dahrendorfs u. Luhmanns. Buhrsche Kritik-Reihe Bd. 46. Berlin 1974 (ebenso Frankf./M. 1974); (Hrsg.): Zur Kritik der dt.-dt. Ökonomie. Konzeptionen, Positionen und Methoden wirtschaftswiss. Forschung in Ost u. West. Marburg 1996; (Mithrsg.): Die öko. Theorie von Marx – was bleibt? Reflexionen nach dem Ende des europä. Komm. Marburg 1998. – 13 DZfPh.-Beiträge 1965–1982 (davon 8 Rez.); – durchgehende Mitarbeit am Gesamtprojekt zur DDR-Phil.: *Anfänge*: Das Problem Hegel ist längst gelöst. Eine Debatte in der DDR-Phil. der fünfziger Jahre und Der junge Harich. Seine Vorlg. zur Gesch. der Phil. 1951–1954; *Denkversuche*: Abschied von den Illusionen. Wolfgang Heise in den 60er Jahren; *Ausgänge*: So nicht mit dem Marxismus-Leninismus vereinbar! Der Auschluß von Peter Rubens Philosophiekonzept aus der DDR-Philosophie 1980/81; – Bd. IV dieser Reihe (2017): Zur Gesch. des ZI für Philosophie der Akademie der Wiss. der DDR.

Weber, Hermann
23. Aug. 1928–29. Dez. 2014
Historisch-kritische Kommunismusforschung und DDR-Geschichte
Geb. in einer kommunistischen Arbeiterfamilie in Mannheim, u. daher 1945 sofortg. westdt. KPD-Beitritt; 1947–1949 illegal deleg. (unter dem Decknamen „Wunderlich") zur ostdt. PHS „Karl Marx" der SED, wobei er unmittelbar nach der Zwangsvereinigung ungemein frühzeitig deren sowjet. Stalinisierung und komm. Parteigeschichtsfälschung bemerkt (ebenso wie Ralf Giordano als sein Mitschüler u. W. *Leonhard als ihr gem. Lehrer, die schon damals die SBZ/DDR verließen); anschließender Partei-Einsatz als Chefred. einer FDJ-Zeitschrift in der BRD, jedoch bereits 1951 „wegen mangelnder Würdigung eines Stalin-Telegramms"(!) vom ostdt. FDJ-Vors. der DDR E. Honecker abgesetzt; 1953 kurzzeitg. Verhaftung, aber keine weitere gerichtliche Verurteilung, da bereits Abwendung vom sowjet.-komm. Stalinismus; dem KPD-Ausschluß 1954 folgt 1955 der Eintritt in die SPD; beginnende hist.-kritische Publizistik zur Aufarbeitung der früheren KPD- wie aktuellen DDR-Gesch. unter der nun antikommunistisch wirksamen Überschrift: „Ulbricht fälscht Geschichte" (der dt. Arbeiterbewegung – ‚Grundriß' ders.); 1964–68 nachholendes univ. Gesch.-Studium in Marburg und Mannheim mit Abschluß einer Prom. zu den *Veränderungen der innerparteil. Struktur der KPD 1924–1929* (also ihrer 1. Stalinisierungsphase), dem 1970 die Habil. zu bis dahin bereits veröffentl. Schriften (Publ.-Liste) nachfolgte; 1975 bis zur Em. 1993 Inhaber des Lehrstuhls für Pol. Wiss. und Zeitgesch. an der Univ. Mannheim, durch den vor allem weitergehende Forschungen zur KPD- u. DDR-Gesch. realisiert wurden, die wegen ihres dokumentierenden Wahrheitsgehalts sowie ihrer unerbittlichen Kritik jahrzehntelanger Geschichtsfälschungen der SED-Führung mit Hilfe ihrer dazu parteilich stets bereitwilligen DDR-Partei-Historiker (daher natürlich pol.-ideolog. schärftens von diesen bekämpft) von ungeheurer *aufklärerischer* (hist.-krit.) Wirkung waren; so z. B. die frühe Dok. „Völker hört die Signale. Der dt. Kommunismus 1916–66". München 1967 oder die monograph. Bilddok. zu Lenin (seit dessen Jubl. 1970 bis heute bereits in 20. A. erschienen), oder die fortl. aktualisierte DDR-Gesch., die zu einem nachwend. Standardwerk wurde; seit 1981 schon Leiter eines bes. Forschungsschwerpunktes „DDR-Geschichte" an der Univ. Mannheim u. mit Ende der SED-Herrschaft wie ihrer DDR, nach 1990 bis 2011, Mitgl. des Stiftungsrates der Bundesstiftung zur Aufarbeitung der SED-Diktatur u. Ehrenmitglied der Dt.-Russ. Historikerkom.; 1993 Begründung des Jb. für Histor. Komm.-forschung u. Mit-Hrsg. (A. Herbst) eines entspr. Biogr. Hb deutscher Kommunisten 1918–45. Berlin 2004 (2. erw. A. 2008 u. Supplement-Bd. 2006); 1993 Festschrift z. 65. Geb. „Sozm. u. Komm. im Wandel" und 2003 Ehrendoktorwürde der Univ. Rostock; gem. mit seiner Frau u. jahrzehntelangen Mitstreiterin (seit der PHS 1948) Lebenserinnerungen aus fünf Jahrz.: Leben nach dem „Prinzip links" (Berlin, Ch. Links-Verlag, 2006); verst. zum Jahresende 2014 in Mannheim (Würdigungen in „Frankf. Rundschau", „die Welt" wie sogar im „neuen deutschland". – Bei der wesentlich staatsparteilich-institutionalisierten wie übergreifenden pol.-ideolg. Einbindg. gerade der marx.-len. DDR-Phil. erweisen sich die

jahrzehntelang dok. Richtigstellungen z. dt. Komm.-, DDR- u. SED-Gesch. als ungemein ideologiekritisch richtungsweisend und aufklärend; allein das nachfolgende Schriften-Vz. stellt dem wiss. Erkenntniswert u. Wahrheitsgehalt nach, die Gesamtheit der parteiamtl. SED-Geschichtspropaganda von fünf Jahrzehnten völlig ins Abseits, die uns mit einer unglaublich verfälschten (thematisch, biographisch, bildlich) wie letztlich verlogen-verbrecherischen und rohkomm. Siegesgeschichte bildungsgesch. jahrzehntelang praktisch-geistig regelrecht verdummte und ideolg.-pol. letztlich terrorisierte; die Gesamtgeschichte des dt. Kommunismus bis 1945, der SED bis 1989 wie der DDR bis 1990 lag damit unmittelbar mit deren überstürztem Zusammenbruch und def. Ende sozusagen weitgehend bereits hist.-kri. aufgearbeitet vor (abgesehen natürlich von den bis dahin verschl. SED-Partei- und DDR-Staatsarchive); alle diesbezüglich nachholende Aufarbeitungen der ostdt. SED-DDR-Geschichte beruhen also auf den nachfolgend zusammengestellten Weberschen Schriften, durch die nun auch auch die wesentlich parteiorg. marx.-len. DDR-Phil.-Gesch. in dieser ihrer tatsächlich nichtphil. (externen) Existenzweise (Einbindung) phil.- u. wiss.-geschichtlich, parteipol. und ideologiekritisch genauer rekonstruierbar und erklärlich werden könnte; – die Aufnahme gerade dieser Personalie belegt das im ganz bes. Maße.

Publ. (Auswahl): (Mitautor): Schein u. Wirkl. in der DDR. 65 Fragen an die SED. Stuttgart 1958; Die Arbeiterschaft in der Ause. zw. Ost und West: SPD, KPD, SED. Köln 1959; Von Rosa Luxemburg zu Walter Ulbricht. Wandlungen des dt. Komm. Hannover 1961 (4. A. 1970); Der dt. Komm. Dokumente. Köln-Bln. 1963; Ulbricht fälscht Geschichte! Ein Kommentar zum „Grundriß der dt. Arbeiterbewe." Köln 1964; Konflikte im Weltkommunismus. Eine Dok. z. Krise Moskau-Peking. Mün. 1964; Die Kommunist. Internationale. Eine Dok. Hannover 1966; (Hrsg.): Völker hört die Signale. Der dt. Kommunismus 1916–66. Mün. 1967; (Hrsg.): W. I. Lenin. Aus den Schriften 1895–1923. Mün. 1969; Von der SBZ zur DDR. Bd. 1 (1945–55) u. Bd. 2 (1956–67). Hannover 1966/67 (2. A. 1945–1968, Hannover 1968); Die Wandlung des dt. Komm. Die Stalinisierung der KPD in der Weim. Rep. Bd. 1 und 2. Frankf./M. 1969 (Studienausgabe 1971); Der Gründungsparteitag der KPD. Protokoll u. Materialien: Frankf./M. 1969 (vom IML beim ZK der SED 1972 ungefragt, ohne Lizenz u. Namensnennung des Finders 1972 als „ureigene Parteipubl." nachgedruckt, 1993 wiederum vom Autor nochmals dok. richtiggestellt); W. I. Lenin in Selbstzeugnissen u. Bilddok. Hamburg 1970 (pünktlich z. Leninjubl. 100 u. aktuell bis heute in 20 Auflagen publ.); Die SED 1946–1971. Hannover 1971 (2. A. „25 Jahre SED. Chronik einer Partei"). Köln 1971; ebs. 1946–1976. Köln 1976; (zus.-gestellt von G. u. H. Weber): Lenin-Chronik. Daten zu Leben u. Werk. Mün. 1974 (2. A. 1983); Die SED nach Ulbricht. Hannover 1974; DDR. Grundriß der Gesch. 1945–1976. Hannover 1976 (später erw. bis 1981, 4. A. 1982); Kleine Gesch. der DDR. Köln 1980; Hauptfeind Sozialdemokratie. Strategie + Taktik der KPD 1929–33. Düsseldorf 1982; Kommunismus in Dtl. 1918–1945. Darmstadt 1983; Gesch. der DDR. Mün. 1985 (3. A. 1989); Komm. Bewe. u. realsozial. Staat. Köln 1988; Die DDR 1945–86. Mün. 1988; DDR-Grundriß der Gesch. 1945–90. Hannover 1991; Aufbau und Fall einer Diktatur. Kri. Beiträge zur Gesch. der DDR. Köln 1991; Das Prinzip Links. Beiträge zur Disk. des demokrat. Sozialismus 1948–90. Berlin 1992; (Mithrsg. Beiträge eines wiss. Symps. 1992 in Mannheim): Kommunisten verfolgen Kommunisten: staln. Terror u. „Säuberungen" in den komm. Parteien Europas seit den dreissiger Jahren. Bln 1993; (Mithrsg.): Terror. Staln. Parteisäuberungen 1936–1953. Paderborn 1998 (erw. A. 2001); Der Thälmann-Skandal. Geheime Korresp. mit Stalin. Berlin 2003; (Mithrsg.): Verbrechen im Namen der Idee. Terror im Komm. 1936–38 (Mosk. Schauprozesse). Bln. 2007; (Mit-hrsg. A. Herbst): Deutsche Kommunisten. Biograph. Hb. 1918–1945. Berlin-Dietz 2004 (spätere Erweiterungen); (Mithrsg.): Deutschland, Russland, Komintern (1918–1943). Berlin-Boston 2014.

Weckwerth, Christine
24. Dez. 1963
Philosophie-Historikerin an der Akademie der Wissenschaften zu Berlin
Geb. in Berlin als Tochter des Brecht-Regisseurs M. Wekwerth; Abi. an der EOS „Hr. Hertz", einer Spezialschule mit mathe. Ausrichtung ebd.; zunächst 1982–84 ein Studium der Pol. Öko. an der HSÖ in Berlin-Karlshorst, danach Wechsel 1984–87 z. Phil.-Studium an der HU Berlin mit anschl. Forschungsstudium bis 1991 und phil. Prom. z. Thema *Philosophie als Wiss. von den Objektivierungsformen des Geistes. Eine Studie zu Entstehung u. Struktur der Hegelschen ‚Phänomenologie des Geistes'* (Gutachter: G. *Irrlitz, W. Jaeschke, publ. u. d. T. „Metaphysik als Phänomenologie". Würzburg 2000); ab 1992 wiss. Mitarbeiterin an der BB Aka. der Wiss. u. zunächst befasst mit der fertigzustellenden „Feuerbach-Gesamtausgabe" (Gesamthrsg. W. *Schuffenhauer; – Bearbeitung der Nachlassbände 13 u. 14, Berlin 2001); seit 2005 Mitarbeit an der MEGA (den Bänden IV/12 u. I/30 sowie I/5: „Manuskripte und Drucke zur ‚dt. Ideologie' (1845–1847)"; Publ.-Schwerpunkte sind Deutscher Idealismus u. „Nachhegelsche Phil.", insb. Feuerbach und Marx (zahlreiche Aufsätze) sowie „Ludwig Feuerbach zur Einführung". Hamburg 2002.

Weißpflug, Hainer
10. Mai 1943
ML-Partei-Philosoph in Berlin
Geb. in Radebeul; GS 1949–57, anschl. Dekorationsmaler u. Abi. auf der Abendschule 1964; anschl. Fernstudium am FMI der KMU Leipzig (Diplomlehrer ML) u. entspr. Lehreinsatz an der Jugendhochschule „Wilhelm Pieck" (Lehrstuhl Philosophie); phil. Prom. 1977 am Lehrstuhl/Inst. Marx.-Len. Phil. (Leiter E. *Hahn), Forschungsbereich Dial. Mat. (Leiter *Kosing) der AfG beim ZK der SED zum Thema *Probleme der Triebkräfte in der Dialektik der sozial. Gesell.* (Kollektivarbeit mit Ingried Schulze, Lehrerin an der BPS Erfurt – publ. u.d.T. „Triebkräfte der Gesell.-Triebkräfte des Handelns". Berlin 1979); danach wieder ML-Dozent an der Jgd.-HS der SED u. Leiter des „Lehrstuhls marx.-len. Philosophie" daselbst; 1980 wieder zurück als Oberass. ans Partei-Phil.-Inst. der AfG u. Prom B. z. erweiterten Thema *Phil. Probleme der Entfaltung und bewu. Ausnutzung der Triebkräfte des Sozialismus bei der weiteren Gestaltung der entw. sozialist. Gesell.* (Gutachter: A. *Kosing, W. *Eichhorn I); nach Selbstauflösung der SED-eigenen „Aka. für Gesellwiss." (Direktor Otto Reinhold) und aller ihrer zahlreichen gesell.-wiss. Teil-Institute und Lehrstühle (e. des ML-Phil.-Instituts), stadtgeschichtl. Mitarbeiter u. Autor beim ABM-Projekt „Luisenstädt. Bildungsverein" (Leiter H.-J. *Mende) u. lexikalische Erhebungen zu den Berl. hist. Stadtbezirksbeständen; doch eine nun realist. u. selbstkrit. Analyse der tatsächl. „Triebkräfte" der fortl. Krise, des Niedergangs u. Scheiterns des realen DDR-Sozialismus erfolgte (außer aktuell gerade beim alten Alfred *Kosing) nicht mehr; man verdrückte sich sozusagen „regionalgeschichtlich" vor dieser Verantwortung.

Wende, Michael
7. Dez. 1957
Hegel-Spezialist und Verleger in Berlin
Geb. in Kleinmachnow und Phil.-Studium in Berlin; 1987 phil. Prom. an der Sektion Marx.-len. Phil. der HU Berlin z. Thema *Das Werden der „Wiss. der Logik" – die Genesis des Problems der Logik bei Hegel, der Begriff der Logik und das Problem der Dialektik* (Gutachter: G. *Redlow, F. *Kumpf, H.-C. *Rauh); nachwend. Gründung eines Selbstverlages *Aletheia* (Berlin-Stahnsdorf) für den phil. Schulunterricht (zugleich als „Lehrmaterial des Inst. für Sozialökologie der HU Berlin", Leiter R. *Bahro) u. Hrsg. der Zeitschrift „*Aletheia* – neues kritisches Journal der Philosophie, Theologie, Gesch. u. Pol." (H. 1/1993 – H. 11/12-1997):

Metaphysik und Mensch. Das System der Philosophie von Hegel und die Eröffnung der Mögl. des Menschen. Eine intentionale Interpretation der ‚Enzyklopädie'(1817). Berlin 1994; Wörterbuch der Phil. Denkanstöße zu phil. Begriffen (mit einem einführendes Gespräch mit H.-G. Gadamer), Berlin 1994 (2. A. 1996); Sonderheft: 150 Jahre Nietzsche. Berlin 1994 (H. 5); 225 Jahre Hölderlin u. Hegel. Berlin 1995 (H. 7/8); Martin Heidegger zum 20. Todestag. Berlin 1996 (H. 9/10); Die Anderen: Hegel, Marx u. Nietzsche, Heidegger, Stalin u. Hitler, wir; drei Gespräche. Berlin 1996; Das System der Philosophie. Grundrisse u. Grundprobleme der Phil. (Lehrmaterial). Berlin 1996; Schwerpunktthemen (H. 11): Ökologie, Anthropologie u. Humanität (Red. M. *Hosang) und (H. 12): Zukunft, Ende und System der Phil. (Red. J. Friedrich) Bln. 1997; Gesch. der Phil. Grundriss der Epochen der Denkgeschichte, die 25 großen Philosophen in Wort und Bild (Lehrmaterial). Berlin 1998.

Wendel, Hans-Jürgen
16. Jan. 1953
Ab 1992 Prof. für (formale) Phil. an der Universität Rostock und 2002–06 deren Rektor
Geb. in Ludwigshafen am Rhein; 1977–82 Studium der Sozialwiss. an der FU Berlin wie der Univ. Mannheim; daselbst 1982–85 Prom.-Stipendium der Studienstiftung des dt. Volkes und 1986 phil. Prom. z. Thema *Benennung, Sinn, Notwendigkeit. Eine Untersg. über die kausalen Theorien des Gegenstandsbezugs* (publ. Monographien zur phil. Forschung. Bd. 243. Frankf./M. 1987); 1989 Habil. z. Thema *Moderner Relativismus. Zur Kritik antireal. Sichtweisen des Erkenntnisproblems* (publ. Tübingen 1990); anschl. Lehrtg. an der Univ. Kiel wie 1991 kurzzeitig auch an der HU Berlin; 1992 ans vollständig neu begründete Phil. Inst. der Rostocker Univ. berufen als Prof. für Formale (Theor.) Phil.; 1996–2000 zunächst Dekan der Phil. Fak., dann Landesvors. des Dt. HS-Verbandes und 2002–06 schließlich Rektor der Univ. Rostock; Geschäftsführender Hrsg. der Krit. Gesamtausgabe der Schriften von Moritz Schlick (physik.-phil. Prof. in Rostock 1917–21, die 1. Nachlassveröffenlg. seiner naturphil. Schriften erfolgte jedoch bereits durch W. *Hollitscher 1948 in Wien u. 1982 gab es eine kleine Schlick-Ehrung in Rostock); nun gibt es eine reguläre univ. Moritz-Schlick-Forschungsstelle (Leiter) vor Ort zur fortl. Ed. einer „Gesamtausgabe" (Mithrsg. Fr. Stadler, Wien) in mehreren Abteilungen (bisher 4 Bde) sowie Schlickstudien Bd. 1 „Stationen". Wien 2009 u. jährl. Vortragsreihen; 1912 dafür das Österr. Ehrenkreuz für Wiss. u. Kunst Erster Klasse; eine andere univ.-phil. Tradition hat es danach in Rostock offenbar weder vor,

geschweige denn nach 1945 nicht mehr gegeben; W. betont ausdrücklich die (rein westdt.) Inst.-Gründung auf der „grünen Wiese", also ganz ohne jede „DDR-Phil.-anteile"; – im Unterschied zur vorpommerschen Nachbar-Universität Greifswald, deren erneuertes Phil. Inst. einmalig ost-west-paritätisch zusammengesetzt nach 1993 wieder erstand; aktueller Prof. u. Lehrstuhlinhaber für Prakt. Phil. ist H. *Hastedt, der als Schüler von Herb. *Schnädelbach (Hbg./Bln.) nach Rostock gelangte; zur Rostokker DDR-reduzierten Phil.-Inst.-Gesch. s. Bd. IV dieser Reihe (2017).

Publ.: (Mithrsg.): Rationalität und Kritik. Aufsatzsammlung. Tübingen 1996; Naiver Naturalismus und ET (Autobahnuniv.-Tonkassette). Heidelberg 1996; Die Grenzen des Naturalismus. Das Phänomen der Erkenntnis zw. phil. Deutung und wiss. Erklärung. Tübingen 1997; (Hrsg.): Brücke zw. den Kulturen. „Übersetzung" als Mittel u. Ausdruck kulturellen Austauschs. Rost. Studien zur Kulturwiss. Bd. 7. Rostock 2003; (Mithrsg. Fr. Stadler): Stationen. Dem Phil. und Physiker Moritz Schlick zum 125. Geb. Schlick-Studien. Bd. 1. Wien/New York 2009; (Ebenso): M. Schlick. Gesamtausgabe Bd. I/1: Allgm. Erkenntnislehre. Wien, New York 2012.

Wendt, Helge
29. Jan. 1939–1994
Technikwissenschaftler in philosophischer Hinsicht in Magdeburg
Geb. in Magdeburg; 1945–52 Grundschule und bis 1956 OS (Abi. mit Auszeichnung); ab Sept. 1956 FH-Studium an der Bergaka. Freiberg u. 1961 Abschluss als Diplom-Metalloge; anschl. Asp. am H. *Ley-Lehrstuhl für phil. Probleme der Naturwiss. am Inst. für Phil. der HU Berlin u. 1964 phil. Prom. z. Thema *Phil. Probleme des Struktur- und Symmetriebegriffs, dargestellt an phil. Probl. der Kristallographie* (zweigeteilte Arbeit gem. mit F. *Richter; Gutachter: Hm. *Ley, T. Täubert, H. *Hörz); Sept. 1964–März 1965 SU-Zusatzstudium in Leningrad; anschl. Lehreinsatz im gesell.-wiss. Grundlagenstudium (Inst. ML) der Bergaka.; 1969 Sonderlehrg. am IfG beim ZK der SED für „Leitungskader des Marx.-len. Grundlagenstudium" u. danach ministerielle Berufung zum HS-Doz. für dial. und hist. Mat. an der TH Magdeburg (ML-Sektion); außerpl. Prom. B 1973 *Zur Strategie der Anwendung erkannter Naturgesetze in techn. Wiss.-Typen von Naturgz. u. Prinzipien ihrer bewu. Anwendung* (Gutachter: H. *Ley, G. *Kröber, J. Müller – publ. u. d. T. "Natur u. Technik, Theorie u. Strategie". Wiss. u. Gesell. Bd. 9. Berlin 1976 – damit wiederum technikwiss. Prom. an der TH Magdeburg); 1982/85 wiss. Konferenzen der ML-Sektion, AG phil. Probleme der Naturwiss. u. Technik (red. Bericht in „Aus dem phil. Leben der DDR" Jg. 18/H. 9 u. Jg. 22/H. 7); mit nachwendischer Abwicklung aller ML-Einrichtungen noch während der zu Ende gehenden DDR Abberufung und Vorruhestand; als „extremer Raucher" starb er bereits 1994 an Lungenkrebs in Magdeburg.

Publ.: (Mithrsg. M. Guntau): Naturforschung und Weltbild. Eine Einführung in Probleme der marx. Naturphil. Bln. 1964 (2. A. 1967 mit veränderter Unterüberschrift: Eine Einführung in phil. Probleme der mod. Naturwiss.); (Mithrsg. G. Banse): Erkenntnismethoden in den Technikwiss. Eine methodlg. Analyse phil. Disk. der Erkenntnisprozesse in den Technikwiss. Berlin 1986.

Wendt, Thomas
21. März 1958
Lehrtätigkeit zur Erkenntnistheorie in Leipzig
Geb. in Wolfen; POS bis 1972 u. EOS bis 1976; anschl. Phil.-Studium an der KMU Leipzig bis 1981 (Diplom); fortgz. als Forschungsstudium im Bereich ET (Leiter D. *Wittich) u. einzelwiss. Sonderstudium der Neurowiss.; phil. Prom. 1985 *Zum Prozeß des Verbreitens von Philosophie am Beispiel der Phil. Fr. Ed. Beneckes* (Gutachter: D. *Wittich, G. *Terton, H.-M. *Gerlach); eigenständige Lehrtg. auf dem Gebiet der marx.-len. ET; dazu entspr. Berichte über ET-Tagungen in Leipzig (phil. Inf. u. Dok. 1985–89); 1990–92 mit laufenden Zeitverträgen am „Inst. für Philos. in Abwicklung" in Leipzig beschäftigt; seit 1992 wiss. Mitarb. am neu gegr. Inst. für Phil. (Gründungsdirektor P. *Stegeler-Weithofer), dazu dessen Gründungskom. angehörig; nachfolg. Lehre auf dem Gebiet der Gesch. der Phil., aber keinerlei weitere phil. Publ. oder ein Habil.-geschehen sind nachwendisch nachweisbar.

Wenig, Klaus
26. Sept. 1941
Biologielehrer und akademiephilosophischer Wissenschaftsforscher
Geb. 26. Sept. 1941 in Ichtershausen/Kr. Arnstadt; 1948–56 Besuch der GS und anschl. OS, 1961 Abitur; 1961/63 durch ein FDJ-Aufgebot zur NVA u. danach ab 1963 Lehrerstudium an der FSU Jena für Biologie u. Körpererziehung; ab 1967–74 Lehrerpraxis in Straßburg und anschl. 1974 pol. Mitarbeiter der Urania; 1976 delg. zur außerpl. Asp. am H. *Ley-Lehrstuhl für phil. Probl. der Naturwiss. an der Sektion Marx.-len. Phil. der HUB und daselbst phil. Prom. 1979 *Zu biotheor. und weltanschaulich-phil. Auffassungen des Botanikers Carl W. v. Nägeli* (Gutachter: H. *Ley, R. *Löther, K.-F. *Wessel); anschl. Übernahme in den naturphil. *Hörz-Bereich „Wissenschaftsentw." am ZIfPh. der AdW der DDR als wiss. Mitarbeiter; 1989 eine der letzten Aka.-Prom. B. zum Thema *Das Entwicklungsdenken in der Naturerkenntnis. Zur Gesch. des Entwicklungsdenkens in der Biologie u. Philosophie* (Gutachter: H. *Horstmann, R. *Löther, K.-F. *Wessel); nachwendi. Aka.-Vorhaben „Wissenschafthist. Studien" z. Briefwechsel von Rudolf Virchow 1864–94. Marburg 1995.

Wenzlaff, Bodo
2. Juli 1930 – Dez. 2006
Kritischer Physiker-Philosoph an der Humboldt-Universität zu Berlin
Geb. in Stettin; durch Kriegsumstände unterbrochener Schulbesuch u. 1950 Abi. in Demmin; anschl. 1950–53 Pädg.-Physik-Studium an der EMAU Greifswald u. SED-Beitritt; damit sofort Hilfsass. im marx.-len. Grundlagenstudium am dortg. ML-Inst. f. Gesell.-wiss.; 1955–58 wiss. Asp. am Inst. für Phil. der HUB (Direktor G. *Klaus) im Diamat-Bereich bei Kl. *Zweiling u. 1959 phil. Prom. z. Thema *Der dial. Mat. u. die Komplementaritätstheorie* (Gutachter: Gg. *Klaus, Kl. *Zweiling); ab 1. Sept. 1958 Lehreinsatz im gesell.-wiss. Grundlagenstudium der Math.-Naturwiss. Fak. der HUB; Habil.

1967 z. Thema *Erkenntnistheor. Aspekte der Symmetrie- u. Wechselwirkungsprobl. in der Elementarteilchenphysik* (Gutachter: A. *Polikarow, Lanius, H.-J. *Treder, Kl. *Zweiling, der statt des erkrankten G. *Klaus eingesetzt wird); im Zusammenhang mit den ideolg.-pol. Ause. um Rob. *Havemann (1963 letzte Disk.-mögl.) Ausscheiden aus dem univ. ML-Inst. und strafversetzt ins Rechen-Zentrum der HUB; eine Rückenerkrankung wie vorzeitige Berentung ermögl. ihm eine spätere Übersiedlung in die BRD. Zur einmaligen Illustration, wie mit einem Disk.-bereiten „kritischen" Physiker-Phil. parteiamtlich umgegangen wurde, ein Zitat zu seinem Thesenpapier „Materie, Raum, Zeit u. Bewegung" (1960), das sofort von der UPL der HUB eingezogen, mit einem entspr. Verdammungsurteil u. Maßnahmeplan an die ZK-Abt. Wiss. geschickt wurde; im diesbezügl. UPL-Beschluß vom 8. Okt. 1964 heißt es also wörtlich: „Die Verbreitung dieser Thesen wird als Angriff auf das (sowjet.) Lehrbuch ‚Grundlagen des M.-L.' gewertet u. damit als Angriff (!) gegen die Beschlüsse der Partei u. Regierung." In der BRD entfaltete er ungehindert, gem. mit Manfred Feder, seine nun eigenständige Phil. einer „Wirklichkeit des Geistes" als „Eine phil.-naturwiss. Theorie des Geistes und der Information." (Hamburg 1998) – Teil 1: Das Problem der Erkenntnis: die Idee, Teil 2: Das Problem des Wissens: das Weltbild, Teil 3: Das Geist-Gehirn-Problem: die Zeit; Teil 4: Das Problem des Lebens: die Existenz; wahrscheinlich verst. im Dez. 2006 in Norderstedt, worüber aber nichts mehr zu erfahren war.

Publ.: (Mitautor): Bewegung u. Widerspruch. Tb-Reihe Unser Wb. Bd. 20. Bln. 1962; (Hrsg.): Fr. Joliot-Curie: Wiss. und Verantwortung. Ausgw. Schriften. Berlin 1962; (Hrsg.): Phil. Probleme der Elementarteilchenphysik (sowjt.-phil. Übers.). Berlin 1965; – 7 physik-phil. DZfPh.-Beiträge 1958–65.

Wernicke, Alexander
24. Mai 1927–verst.
Ministerieller Biologie-Lehrer im ideologischen Klassenkampf gegen den „Biologismus"
Geb. in Lipprechterode/Kr. Nordhausen; Eltern dortg. Kleinbauern; 1933–1941 Volksschule u. anschl. bis 1944 Besuch e. Handelsschule in Nordhausen; vom Reichsarbeitsdienst im Herbst 1944 zum Militär u. nach kurzem Fronteinsatz bereits verwundet (Tiroler Lazaret) aus amerk. Kriegsgefangenschaft entlassen u. sofortg. SED-Eintritt 1946; daraufhin 1946/47 Lehrgang z. Neulehrausbildung (1. u. 2. Lehrerprüfung) und 1951/52 Lehrerweiterbildung in Mühlhausen: Fachlehrer für Biologie und versetzt ans Inst. für Lehrerbildung in Weimar; nach nochmlg. Fernstudium an der PH Potsdam: 1960 Oberstufenlehrer für Biologie; 1957 im Min. für VB Hauptreferent für das Unterrichtsfach Biologie; 1967 delg. zur wiss. Asp. an den H. *Ley-Lehrstuhl für die phil. Probleme der Naturwiss. der HU Berlin u. 1970 phil. Prom. daselbst z. Thema *Biologistische Auffassungen, ihre marx. Kritik und ihre Auswertung für die ideolog. Erziehung im Zusammenhang mit der biolg. Ausbildung* (Gutachter: H. *Ley u. R. *Löther – der univ. Fachbiologe G. *Tembrock ist jedoch kein Gutachter, – publ. u. d. T. Biologismus und ideolg. Kl.-kampf. Berlin 1976; russ. Übers. Moskva 1981); zum 1. 9. 1970 zurück ins Min. für VB der DDR u. divs. Artikel zu dieser ideolg. Thematik in Biologie in der

Schule, die eigentlich mit dem betreffenden Unterrichtsfach selbst wenig zu tun hatten und auch fachphil. die Biologie nicht weiter tangierten.

Wessel, Harald
12. Febr. 1930
Promovierter Diplom-Phil. u. ND-Partei-Journalist für Wissenschaft u. Philosophie
Geb. in Wuppertal-Elbersfeld; kriegsunterbrochene Schulzeit u. 1948 Abitur in Langensalza mit SED-Beitritt; anschl. Studium der Biologie-Chemie an der Päedg. Fak. der FSU Jena (für Grund- u. Mittelschulen); jedoch bereits 1951/52 Lehreinsatz im gesell.-wiss. Grundlagenstudium; danach Referatsleiter für Biologie- und Chemie-Lehrerausbildung im Min. für VB der DDR; von da 1957 delg. zur plam. wiss. Asp. ans Inst. für Phil. der HU Berlin u. phil. Prom. 1959 *Über die Dialektik des org. Seins. Eine Ause. mit finalistischen Deutungsversuchen des Lebensgeschehens* (Gutachter: G. *Klaus u. J. *Segal; Prom.-Vors. H. *Scheler); danach 30-jh. Einsatz als getreuer militanter ND-Partei-Journalist, zuletzt stellv. Chefred. u. Leiter der Red.-Abt. Wiss. u. Propadanda; als solcher ideolog. Einpeitscher sowohl unter *Ulbricht wie unter Honecker (so gegen Wolf *Bierman, den antistaln. Film „Die Reue" oder zuletzt die sowjt. Perestroika); kritikloser Mitautor der Erich Honecker-Biographie; daher die Losung der Demonstranten am 4. Nov. 1989 auf dem Alexanderplatz in Berlin: „Hebt den Wessel aus dem Sessel"; nachwend. wiederum eifriger Leserbriefschreiber der FAZ, bis man bemerkte, um wen es sich da handelte und woher er kam; keineswegs arbeitslos im gewendet-journalist. Ruhestand befindlich, aktuell wieder Autor der „Jungen Welt"; ist der älterer Bruder des phil. Logiker Horst Wessel.
DDR-Personen-Lexikon 2010 (H. Müller-Enbergs).

Publ.: Kreuz und Bundesadler. Berlin 1958; Viren, Wunder, Widersprüche. Eine Streitschrift zu phil. Problemen der mod.. Biologie. Berlin 1961; (Hrsg.): I. T. Frolow: Kausalität u. Zweckmäßigkeit in der lebenden Natur. Eine Skizze der phil. Ause. in der mod. Biologie (sowjt.-phil. Übers.). Tb-Reihe Unser WB. Bd. 35. Berlin 1963; Phil. des Stückwerks. Eine Ause. mit dem neupositivist. krit. Rationalismus. Buhrsche Kririk-Reihe, Bd. 11. Berlin 1971, ebenso Frankf./M. 1971; Hausbesuch bei Friedr. Engels. Eine Reise auf seinem Lebensweg zu dessen 150. Geb. Berlin 1971; Tussyo. Dreissig Reisebriefe über das sehr bewegte Leben von Eleanor Marx-Aveling. Berlin 1974 (4. erw. A. 1982); Marginalien zur MEGA nebst Randglossen über alte u. neue Marxologen. Buhrsche Kritikreihe, Bd. 80. Bln. 1977, ebenso Frankf./M. 1977; John Reed. Roter Reporter aus dem wilden Westen. Biogr. Reisebriefe. Berlin 1979 (2. A. 1985); Kisch war hier. Reportagen über den „rasenden Reporter". Berlin 1985 (2. A. 1988); Münzenbergs Ende. Ein dt. Kommunist im Widerstand gegen Hitler u. Stalin (die Jahre 1933–1940). Berlin 1991.

Wessel, Horst
16. Aug. 1936–4. April 2019
*Philosophischer Logiker in Berlin und Kooperationspartner von A. *Sinowjew*
Geb. in Wuppertal-Elbersfeld in einer Arbeiterfamilie (jüngerer Bruder von Harald *Wessel); 1944 Trennung u. Scheidung der Eltern (Mutter allein mit 4 Kindern); Grundschule bis 1950 u. OS in Langensalza, Abitur 1954; anschl. Phil.-Studium bis

1959 am Inst. für Phil. der HU Berlin (Logik-Vorlg. bei G. *Klaus u. K. *Schröter); anschl. 1959–63 hauptamtl. Instrukteur in der Studienabtlg. des FDJ-Zentralrates; danach deleg. zur phil. Asp. in die SU/nach Moskau (zu Prof. A. *Sinowjew); nach Rückkehr ans Phil.-Inst. der HUB (Bereich Dial. Mat. als AG Logik) 1967 phil. Prom. z. Thema *Das Wahrheitsproblem in der Dialektik und modernen Logik* (Gutachter: drei sowjt. Logik-Phil. u. verteidigt in Moskau); 1971 HS-Doz. für Logik an der Sektion Marx.-len. Phil. u. Gründung eines eigenstg. Logik-Bereichs sowie später phil. Logik-Prof. ebd., nach Prom B 1975 z. Sammel-Thema *Logik und Philosophie* (Gutachter: G. *Redlow, K. *Söder, P. W. Tawonjez – teilw. Publ. 1976 in der TB-Reihe „Weltanschauung heute", Bd. 9. Berlin 1976); umfängl. Bekanntmachung der sowjet. Logik-Schule um Alex. *Sinowjew in der DDR, bis zu dessen zwangsweisen Aussiedelung aus der SU in die BRD (1978/90), der danach in der DDR-Phil. (Zeitschrift) nicht mehr zitiert werden durfte (teleph. Anweisung der ZK-Abt. Wiss. durch den Gen. G. *Mertsching); – nachwendische univ. Übernahme auf eine C3-Logik-Prof. (wie G. *Irrlitz für phil. Propädeutik) am personalerneuerten Berl. Phil.-Inst.; 2001 em. u. am 4. April 2019 in Berlin verst.

DDR-Personen-Lexikon 2010 (H.-C. *Rauh).

Publ.: Logik. Studienanleitungen 1968 u. Einf. in die klass. zweiwertg. Aussagenlogik. Fernstudium Phil. Berlin 1972; (Hrsg. u. Übers.): A. A. Sinowjew: Über mehrwertige Logik. Berlin 1968, ebenso Braunschweig u. Basel 1970; (ebenso): A. Sinowjew: Komplexe Logik. Grundlagen einer log. Theorie des Wissens. Berlin 1970; (ebs): Quantoren, Modalitäten, Pardoxien. Beiträge zur Logik. Berlin 1972; (Mitautor u. Übers.): A. Sinowjew: Log. Sprachregeln. Eine Einführung in die Logik. Berlin 1975, ebenso München/Salzburg 1975; (Hrsg.): Logik und empirische Wissenschaften. Beiträge dt. u. sowjt. Phil. u. Logiker. Berlin 1977; Logik (Lehrbuch). Berlin 1984 (3. A. 1989 u. Logos-Verlag, Log. Phil. Bd. 2 – Bln. 1998); Antirationalismus. Log.-phil. Aufsätze (Sammelbd.). Berlin 2003; Komplexe Logik. Symposium zu Ehren von Alex. Sinowjew z. 70. Geb. HUB 1992.– (Hrsg. Uwe Scheffler u. Kl. Wuttich): Terminigebrauch u. Folgebeziehung. Festbd. zu Ehren von Prof. Horst Wessel (Aufsatzsammlung). Bln. 1998.

Wessel, Karl-Friedrich
14. Juni 1935
*Wissenschaftsphilosoph und Inhaber des Berliner Hm. *Ley-Lehrstuhl Philosophie-Naturwiss. und Entwicklung der Humanontogenetik*
Geb. in Hamburg als Sohn eines Gaststättenbesitzers (1943 ausgebombt); Grundschulbildung bis 1950, dann kaufm. Lehre 1950–52 (Fachverkäufer); anschl. 1952–54 Inst. für Berufsschullehrerausbildung in Aschersleben u. ab 1954 Berufsschullehrer in Pasewalk; SED, FDJ-Sekr. u. a. gesell. Funktionen; 1957 mit Sonderreifeprüfung z. Phil.-Studium an die HU Berlin mit Diplom 1962 u. weitere univ. Funktionen (Sektion LA der HSG); 1962–65 Inst.- u. Abt.-Ass. im Hm. *Ley-Bereich „Phil. Probleme der Naturwiss." am Inst. für Phil. der HUB; phil. Prom. z. Thema *Eine dial.-mat. Analyse der Naturphil. des krti. Realismus* (Gutachter: H. *Ley, H. *Hörz u. Fr. *Herneck – publ. u. d. T. Krit. Realismus u. dial. Mat.. Bln. 1971); anschl. Konstituierung eines interdiszpl. Arbeitskreises „Phil. u. Päd." z. Analyse weltl.-phil. Probl. im mathe.-naturwiss. Unterricht; 1970/71 Zusatzstudium in Moskau u. ab Febr. 1971 Hochschuldoz.

für das Fachgebiet „phil. Probl. der Wissenschaften"; Prom. B *Zum Bildungs- u. Erziehungsprozeß der Persönlichkeit aus der Sicht des Verhältnisses von Päd. und marx.-len. Phil.* (Gutachter: H. *Hörz, H. *Ley, G. Rosenfeld, Thomaschewsky – publ. u. d. T. „Päd. in Phil. und Praxis". Berlin 1975); ab 1977 Prof. u. Leiter des Bereichs für phil. Probleme der Naturwiss. (in Nachfolge von H. *Ley) an der Sektion Marx.-len. Phil. der HUB; ab den 60er Jahren bis 1993 Mitveranstalter der jährl. interdiszpl. Arbeitstg. (aller früheren u. aktuellen Ley-Aspiranten) in Kühlungsborn u. anderer naturphil. Tagungen der Berl. Phil.-Sektion; Initiator des interdizpl.-phil. Forschungskonzepts zur *Biopsychosozialen Einheit Mensch*; mit drohender Abwicklung der Berl. Ml-Phil.-Sektion 1990 (konzeptionell schon zuvor) institutioneller Austritt aus dieser u. Gründung eines eigenständg. „Inst. für Wissenschaftsphil. u. *Humanontogenetik*" (als eines neuen „interdiszpl." Wiss.-bereichs) an der HU Berlin, der jedoch in der nachfolgend mehrfachen (nun wiederum fachphil.) Evaluierung (trotz eigenen Studienganges u. fortl. Promotionen noch bis ins Jahr 2000 hinein) letztlich keinen Bestand haben sollte; dazu jedoch energischer Protest u. sogar Hungerstreik gegen die drohende univ. Schließung dieser „außerphil." Inst.-Gründung; 1995 Mitbegründer (u. a. auch G. *Tembrock) und langjh. Vors. einer „Gesell. für Humanontogenetik e.V." mit fortl. Kolloquiumsreihe, und seit 1992 auch Hrsg. einer entspr. Schriften-Reihe „Berl. Studien zur Wiss.-Phil. & Humanontogenetik" (bis 2013 in 30 Bdn); darunter u. a. auch Festschriften für G. *Tembrock z. 70. Geb. (Bd. 7-1994 u. Bd. 25-2008); für H.-D. *Schmidt (Selbstbefragung, Bd. 12-1997); H. *Parthey z. 60. Geb. (Bd. 15-1999); D. *Kirchhöfer z. 70. Geb. (Bd. 23-2007) und für Hm. *Ley z. 100. Geb. (Bd. 29-2012); – umfangreiche Festschrift für K.-F. W. z. 60. Geb. (Hrsg. Fr. Kleinhempel u.a.): Biopsychosoziale Einheit Mensch. Begegnungen. Bielefeld 1996 (Bd. 10 dieser Reihe mit ausf. Bibl.); HU-Konferenz 2015 z. 80. Geb."Humanontogenetik. Interdisziplinäre Theorie und Brücke zur Praxis" im Senatssaal der HUB und Übergabe einer Bronzekopfplatik wie eines Gemäldes von Ronald Paris seiner Person an diese. DDR-Personen-Lexikon 2010 (H.-C. *Rauh).

Publ.: (Mithrsg. H. Ley): Weltanschaulich-phil. Bildung u. Erziehung im math. und naturwiss. Unterricht (Autorenkollektiv). Berlin 1972 (2. A. 1974); (Hrsg.): Struktur und Prozeß. Berlin 1977; (Mitautor H. *Hörz): Phil. Entwicklungstheorie. Berlin 1983; (Mithrsg. U. Röseberg u. S. Wollgast): Bewegung, Struktur u. Entwicklung. Berlin 1985; (Mithrsg.): Naturwissenschaftler im Friedenskampf. Berlin 1987; (Mithrsg. H. Hörz u. Leiter des Autorenkollektivs): Phil. und Naturwiss. Berlin 1988; (Leiter eines Autorenkollektivs): Humanontogenetische Forschung – Der Mensch als biopsychosoziale Einheit. Bln. 1991; Der ganze Mensch. Eine Einführung in die Humanontogenetik. Berlin 2015. – Autor der DZfPh. 1972–1990. – *Ausgänge*: Die jährlichen Kühlungsborner Tagungen (des Ley-Wessel-Lehrstuhls). Eine Dokumentation.

Wetter, Gustav A. Wetter
4. Mai 1911–5. Nov. 1991
Römisch-katholischer Kritiker des sowjetrussischen Diamat in den 50er Jahren
Geb. in Mödling bei Wien, frühzeitig Mitglied des Jesuitenordens; trat 1930 in das Collegium Russicum in Rom ein u. wurde nach byzantinisch-slawischem Ritus z. Prie-

ster geweiht, weshalb er auch die russ.-sowjet. Phil.-Lite. im Original kannte, lesen u. auswerten konnte; an der Päpstl. Univ. Gregoria erfolgte seine theolg.-phil. Prom.; ab 1957 dann Prof. für russ. Phil. am Päpstl. Orientalischen Institut; zeitbedingt bes. spezialisiert (ebenso wie sein russ.-polnisch gebürtiger Glaubensbruder in Freiburg/Schweiz, der Dominikaner Josef M. *Bochenski) auf die gründliche Analyse u. Kritik des sowjet.-russ. Marxismus (Diamat), wozu bereits ab 1952 ein entspr. Standardwerk: *Der dial. Mat. Seine Gesch. u. sein System in der Sowjetunion* (in fortl. verb. Nachauflagen) erschien; kein geringerer als der marx.-phil. Logiker G. *Klaus (HUB) bekam dazu den Parteiauftrag, eine grundsätzliche Entgegnungsschrift zu verfassen, die in der DDR-Phil.-Gesch. als „Anti-Wetter" (wohl in Anlehnung an den so allbekannten Engelschen „Anti-Dühring") eingehen sollte; der genaue Titel lautete allerdings, etwas vom eigentl. Thema und gegenanalysierten Gegenstand ideologiekritisch wegführend, recht polemisch u. anmaßend: „ Jesuiten – Gott – Materie: Des Jesuitenpaters Wetter Revolte wider Vernunft u. Wiss." (Bln. 1957/58), an dem offensichtlich auch die in einer Vorbemerkung gen. Klaussehen Mitarbeiter H. *Klotz, D. *Wittich u. H. *Wessel beteiligt waren; die eigentlich stalinistisch-leninistische Dogmatik des Sowjet-Marxismus stand aber zu dieser Zeit (nach dem XX. KPdSU-Ptg. 1956) gar nicht mehr zur Debatte, denn Stalin erscheint nur noch als russ.-bolschewistischer „Nationalitäten"-Spezialist; die aktuelle (nachstalinsche) lehrbuchgerechte Antwort auf den Wetter bilden dann erst die danach hinzukommenden Lehrhefte „Wiss. Weltanschauung", weiterhin poststalinistisch getrennt u. aufgeteilt z. dial. u. hist. Mat. (1958/61); eine informativere Darstellung (problemgesch. wie phil.-system.) der offiziell vorherr. Sowjetphil. wie die von Wetter (in der deren anfängl. DDR-phil. Ableger überhaupt keine Rolle spielte) hatte es bis dahin nicht gegeben; sie wurde daher in der DDR ganz folgerichtig, soweit natürlich überhaupt verfügbar u. zugänglich, weit mehr gelesen als die recht unvollständig „zerstückelte" Klaussche Erwiderung; Ende 1960 trat W. bei den „Marxismus-Tagen" an der FU in West-Berlin (veranstaltet von H.-J. *Lieber) mit einem viel beachteten Hauptvortrag z. Marxschen Menschenbild auf; später kam es hinsichtlich der „Sowjetideologie heute" in den 60/70er Jahren zu einem Zusammenarbeit mit W. *Leonhard; – nachwendisch wurde bei einer Klaus-Gedenkveranstaltung glaubhaft darüber berichtet, dass der Jesuitenpater Wetter den bereits schwerkranken Klaus (verst. 1974) wahrscheinlich am Krankenbett fürsorglich nachfragend besucht haben soll, sie sich also offenbar irgendwie persönlich kannten; ebenso sollte aber auch der (marx.-len.) Ex-Theologe Math. *Klein von der SED-Partei-Aka. für Gesell.-wiss. auf ihn „angesetzt" werden; GAW erlebte wie *Bochenski noch den gründl. Niedergang des sowjet. Weltkommunismus wie seine ebenso argumentativ-thematisch gescheiterten phil.-ideologischen Rechtfertigungsversuche, wozu auch eine angeblich vorlg. marx.-len. (dial.-mat.) „Umkehrung Hegels" gehören sollte, die dieser diesbezüglich schon vorab gründlich kritisiert und als im Prinzip undurchführbar widerlegt hatte; verst. 1991 in Rom.

Publ.: Ordnung ohne Freiheit. Der dial. Mat. Kavelaer/Rhld. 1956 (7. A. 1964); Der dial. Mat. Darstellung, Kritik, Konsequenzen. Osnabrück 1956; Der dial. Mat. u. das Problem der Entstehung des Lebens (Oparin). Mün. 1958; Phil. und Naturwiss. in der Sowjetunion. Hamburg 1958; Die sowjt. Konzeption der Koexistenz. Bonn 1959; Dial. u. hist. Mat. Frankf./M.-Hbg. 1962 (Sowjetideologie heute, Bd. 1); Die Umkehrung Hegels. Grundzüge der Sowjetphilosophie. Köln 1963 (Beiträge zur Sowjetologie, Bd. 1); Sowjetideologie heute. Bd. 1. Dial. u. hist. Materialismus, (Bd. 2. Pol. Lehren von W. *Leonhard). Frankf./M. 1963 (7. A. 1979).

Wicklein, Gerald
13. Aug. 1941
Philosophie-Historiker im jahrelangen staatspolitischen Sicherheitseinsatz in Berlin
Geb. in Brünlos (Erzgeb.); 1947 Einschulung u. nach OS 1955–59 Abi.; anschl. Phil.-Studium an der HU Berlin mit Diplomabschluß 1964; nur 1964/65 kurzer Lehreinsatz im gesell.-wiss Grundlagenstudium an der TH Karl-Marx-Stadt; ab 1965 plm. Asp. im Hm. *Ley-Bereich für phil. Probleme der Naturwiss. am Inst. für Phil. der HUB; 1968 phil. Prom. z. Thema *Einige Bemerkungen zu den phil. Ansichten L. Eulers u. deren Beziehung zur dt. Phil. (Chr. Wolffs)* (Gutachter: Hb. *Hörz, H. *Ley, F. *Herneck u. A. *Griese); im Parteiauftrag 12 Jahre lang ab 1968 bei den bewaffneten Organen (MdI) z. pol. Erziehung u. marx.-len. Ausbildung junger Sicherheitskader; 10 Jahre prakt.-pol. Tg. ermögl. daher keine phil. Publ. (K.-F. *Wessel-Beurteilung); ab 1980 weitere Asp.- Prom. B 1983 an der Gesellwiss. Fak. der HUB z. Thema *Sein u. Werden, ein Beitrag z. Verhältnis von Phil. und Mathe. in ihrer Geschichte* (Gutachter: K.-F. *Wessel, H. *Ley, H. *Hörz, K. Härtig); anschl. Sektionsbereichs-Oberass. u. 1987 Hochschuldoz. für phil. Probleme der Naturwiss; nachwendisch ab 1994 bis 2011 phil.-hist. Lehreinsatz (Mittelalter) als Lehrbeauftragter an der TU West-Berlin, offenbar so ohne jede personalpol. Überprüfung („Fragebogen"), der ansonsten ein jeder „überlebender" DDR-Phil. im HSW bzw. öffentl. Dienst in den ostdt. Ländern grundsätzlich unterlag; nachweisbar ist ansonsten eine DZfPh.-Rez. (zu *Herneck) in H. 9/1968.

Wiedemeyer, Malte
17. Jan. 1943
Philosophischer ML-Kader in Berlin
Geb. in Swinemünde; Phil.-Studium an der HU Berlin bis 1966 u. anschl. Forschungsstudium; 1972–74 prakt.-pol. Einsatz in der FDJ-KL der HUB, nachfolgend Lehreinsatz an der ML-Sektion ebd. u. 1976 phil. Prom. A *Zum Verhältnis von Theorie u. Methode im dial. u. hist. Mat. Eine Kritik der Verfälschungen des hist. Mat. als eines öko. Mat.* (Gutachter: G. *Redlow, E. Stüber, H. Römer); spätere B-Asp. an der Sektion Marx.-len. Phil. u. Prom B 1983 z. Thema *Phil. der Übergegensätzlichkeit. Eine Kritik der Dialektik-Auffassung des sozialdemokr. Theoretikers Siegfried Marek (1889–1957)* (Gutachter: G. *Redlow, H. *Steininger, H. Römer); danach Hochschuldoz. für dial. u. hist. Mat. an der ML-Sektion der HU Berlin bis zu deren Abwicklung 1989/90 u. danach keine univ. Weiterbeschäftigung.

Wilke, Ursula

15. Juni 1934

Kinderbuchautorin, Philosophie-Studium und Ethik-Unterricht in Berlin

Geb. in Hennigsdorf bei Berlin, Vater Handwerkermeister; Volks- und OS mit Abi. 1953; danach Arbeit als Volontärin u. Red.-Ass. bei der „BZ am Abend" u. freie Journalistin (Wochen post) sowie anerkannte Autorin von Kinderbüchern; 1965–68 Phil.-Studium an der HU Berlin; anschl. Asp. im Bereich Hist. Mat., u. nach dessen Gründung 1971 wiss. Ass. im Lehrbereich marx.-len. Ethik an der Sektion Marx.-len. Phil. der HUB (spätere Leiterin Helga *Hörz); ebd. 1975 phil. Prom. *Zur Risikoproblematik u. zu einigen ihrer ethischen Aspekte* (Gutachter: W. *Eichhorn II, Fam. *Hörz, H. *Engelstädter, T. *Hahn); 1980 Prom. B z. Thema *Moralischer Fortschritt heute. Zu einigen Grundsätzen seiner Erforschung u. Förderung durch die marx.-len. Ethik* (Gutachter: H. E. *Hörz, H. *Steininger, R. *Miller, A. A. Gusainow); danach Hochschuldozentin für marx.-len. Ethik u. stellv. Bereichsleiterin (da die Ethik-Prof. Helga *Hörz sich sehr oft im internationalen UNO-Einsatz befand); mit Abwicklung der Sektion marx.-len. Phil. nach 1990 Vorruhestand u. reguläre Altersberentung.

Publ.: (frühere Kinderbücher) – Das Mädchen von der Tankstelle (1964); Peter und der Sternenkater (1969); – Risiko u. sozial. Persl. DVW-Reihe Weltanschauung heute, Bd. 19. Berlin 1977; (Mitautorin u. Gesamtleitung mit H. E. Hörz): LB zur Marx.-Len. Ethik. Berlin 1986 (2. A. 1989); 1999/02 Mithrsg. von Ethik-Schulheften: „Ich bin gefragt" für Lehrer und Schüler.

Winkler, Norbert

2. Dez. 1952

Philosophie-Historiker der frühen Neuzeit in Berlin

Geb. in Bernau bei Berlin; POS 10 Klassen u. Chemiefacharbeiter mit Abi. 1969–74 im Petrochem. Kombinat Schwedt/Oder; anschl. Phil.-Studium 1974–79 an der Sektion Marx.-len. Phil der HU Bln.; spezialisiert auf Gesch. der Phil. der frühen Nz. (u. Kirchengeschichte); danach wiss. Mitarb. am ZIfPh. der AdW im Bereich phil. Edition (Leiter S. *Dietzsch); nach Zurückstellung des ersten Diss.-Entwurfs 1985 (veranlasst durch M. *Buhr) daselbst 1988 phil. Aka.-Prom. z. Thema *Die Entw. der Grundidee der Coincidentia oppositorum in der Phil. des Nic. Kues* (Gutachter: G. *Bartsch, Fr. *Tomberg und S. *Wollgast), wobei jedoch der eigentl. univ.-phil. Betreuer G. *Irrlitz war; nach Abwicklung des Aka.-Phil.-Instituts pos. Evaluierung und Förderung durch das WIP u. 1994–96 wiss. Mitarbeiter am erneuerten Berl. Phil.-Inst. der HU Berlin (Lehrstuhl Gesch. der Phil. der frühen Neuzeit), aber keine feste univ. Anstellung bzw. Habil.; daher 1997/98 freiberufl. Tg. u. 1998/99 Weiterbildung als Fachjournalist+Redakteur in München; anschl. „Freiberufler", tätig als Autor, Lektor u. Verlagsgutachter (Bibliogr. Inst. Mannheim); seit 2005 DFG-Projekte an der FU Berlin zu Spezialthemen der mittelalterl. Phil.

Publ.: Meister Eckhart zur Einführung. Hamburg 1997 (2. vb. A. 2011); (Hrsg.): Paracelsus: Astronomia magna oder die ganze Philosophia sagax der großen u. kleinen Welt. Frankf./M.-Lang 1999; Nicolaus v. Kues zur Einführung. Hamburg 2001 (2. verb. A. 2010); (hrsg., übers. u. kommentiert): Von der wirkenden und möglichen Vernunft. Philosophie in der volkssprachigen Predigt nach Meister Eckhart. Berlin 2013.

Winter, Eduard
16. Sept. 1896–3. März 1982
Akademischer Bolzano-Forscher mit verschwiegener NS-Vergangenheit
Geb. in Grottau, Nordböhmen, Österreich-Ungar. K&K-Monarchie u. Besuch des Obergymn. Böhmisch-Laipa; 1914 Kriegsfreiwilliger u. daher 1915 Kriegs-Abitur; anschl. theolog. Univ.-Studium in Innsbruck u. 1919 zum röm.-kath. Priester im Bistum Leitmeritz geweiht; weitere theolg.-hist. Studien an der Dt. Univ. Prag u. theolg. Prom. 1921 daselbst; ebenda Habil. 1922 in Theologie wie 1926 in Philosophie; 1926/27 Studienaufenthalt in Rom u. anschl. a. o. Prof. für Christl. Phil. u. 1934 Ordinarius für Kirchengesch. u. Patristik an der Theolg. Fak. der Dt. Univ. in Prag. In den folgenden Jahren kam es zu einer Entfremdung von der Kath. Kirche u. einer Annäherung an sudetendt. Positionen und den Nationalsozialismus. Ab Mai 1939 wurde er Mitglied der NSDAP und 1940 heiratete er seine Mitarbeiterin Maria Kögl, im selben Jahr wurde ihr gemeinsames Kind geboren. Daraufhin bat er um seine amtsuniv. Entpflichtung u. es kam zu einem Skandal nachfolg. Exkommunikation. Im Herbst 1941 wurde sein bisheriger kirchengeschtl. Lehrstuhl jedoch auf die Philosophische Fakultät übertragen und in eine bes. Forschungsprofessur, nun für großdt. Europ. Geistesgeschichte umgewandelt; „Schwerpunkte waren nun Reformkatholizismus, Aufklärung und Josephinismus – eine entschieden antiröm. Tendenz, die er bis an sein Lebensende (immerhin als Österreicher in der DDR) durchhielt." (Wikipedia); als SS-Angehöriger ebenso Leiter des Instituts für osteurop. Geistesgesch. der Reinhard-Heydrich-Stiftung und Zusammenarbeit mit dem SD des Hitler-Reiches (so später dann aber als ungehinderter „West-Autor" u. West-Reisekader auch mit dem MfS der DDR u. wahrscheinlich den entspr. sowjet. Diensten); nach Kriegsende sofortg. Ausweisung aus Prag (bei vollstg. Enteignung von Haus wie wiss. Bibl.), danach wiss. Hilfskraft an der Univ. Wien (nun als österr. Staatsbürger); doch während sein antifasch.-kom. Landsmann W. *Hollitscher in der DDR verfolgt wurde u. 1953 sogar wieder nach Wien ausgewiesen wurde, erhielt Ed. Winter 1947 (nun bekennender „sowjetkomm. Internationalist" und Mitbegründer der DSF) sofort an der MLU Halle einen neu eingerichteten Lehrstuhl für (wiederum) Osteurop. Gesch. und wurde 1948–51 mit Zustimmung der SMAD sogar deren Rektor; anschl. 1951–66 als ordl. Prof. und Aka.-Mitglied (1955) Direktor des Inst. für „Gesch. der Völker der UdSSR" an der HU Berlin und Leiter der aka.-wiss. Arbeitsstelle für dt.-slawische Wiss.-Beziehungen; sein wichtigster damlg. Schüler, G. *Mühlpfordt, wurde zur gl. Zeit in Halle auf direkte Anweisung von *Ulbricht lebensarbeitszeitlich aus der Univ. Halle ausgeschlossen, wogegen kein Protest erfolgte; blieb zeitlebens in der DDR ein privilig. österr. Staatsbürger und vor allem erklärter „parteiloser Bolschewik" mit selbstverständl. jährl. „Sommerrefugium in Tirol". – Seit 1930 jahrzehntelange Forschungsarbeiten u. wichtige Publ. zum tschech.-vormärzl. Philosophen Bernard Bolzano (1781–1848), fortgz. in der DDR

(in Österreich als große hist.-aka. Gesamtausgabe angeregt); übergreifende geistesgeschichtliche Aufklärungsforschung zum sog. Josefinismus wie auch z. unterschätzten ostmitteleuropäischen Frühaufklärung (Frühhumanismus) u. Reformkatholizismus; staatlich hochgeehrt mit 85 Jahren verst. am 3. März 1982 in Berlin und noch 1989 mit anderen gefeiert von seinem Schüler C. Grau als wichtiger (bürgerl.-geisteswiss.-außermarx.) „Wegbereiter der DDR-Geschichtswiss." – Festschrift z. 70. Geb. „Ost u. West in der Gesch. des Denkens und der kulturellen Beziehungen" (Berlin 1966) wie zum 80. Geb. „Ost-West-Begegnung in Österreich" (Wien/Köln/Graz 1976) sowie DDR-Festband als „Jahrbuch für Gesch. der sozial. Länder Europas" (Berlin 1976); Autobiographie z. 85. Geb.: „Mein Leben im Dienst der Völkerverständigung". Teil 1 (Berlin 1981), fortgz. als posthum hrsg. „Erinnerungen" (1945–1976). Frankf./M.-Lang 1994. DDR-Personen-Lexikon 2010 (I.-S. Kowalczuk).

Publ.: (lediglich phil.-hist. Auswahl): Religion u. Offenbarung in der Religionsphil. Bernard Bolzanos. Breslau Studien zur hist. Theologie. Bd. 20. Breslau 1932; Bernard Bolzano und sein Kreis. Nachlaß-Auswertung. Lpz. 1933; Tausend Jahre Geisteskampf im Sudetenraum (Böhmen-Mähren). Das religiöse Ringen zweier Völker. Salzburg u. Leipzig 1938 (2. A. Mün. 1955); Der Josefinismus und seine Geschichte. Beiträge z. Geistesgesch. Österreichs 1740–1848. Prager Studien u. Dok. z. Geistes- u. Gesinnungsgesch. Ostmitteleuropas. Bd. 1, Brünn/München/Wien 1943; Der Bolzano-Prozeß. Dok. zur Gesch. der Prager Karls-Univ. im Vormärz. Ebenso Bd. 4,1944; Bolzano-Brevier. Sozialeth. Betrachtung aus dem Vormärz. Wien 1947; Leben und geistige Entw. des Sozialethikers u. Mathematikers Bernard Bolzano 1781–1848. Halle 1949; Halle als Ausgangsp. der dt. Rußl.-kunde im 18. Jhd. Veröfflg. d. Inst. für Slawistik. Nr. 2, Berlin 1953; Dt.-slw. Wechselseitigkeit in sieben Jhd. Gesammelte Aufsätze. Ed. Winter z. 60. Geb. Berlin 1956; Russland u. das Papsttum. Teil 1: Von der Christianisierung bis zu den Anfängen der Aufklärung. Quellen u. Studien zur Gesch. Osteuropas. Bd. 6/1. Bln. 1960. Teil 2: Von der Aufklärung bis zur Großen Sozial. Okt.-Revolution. Bd. 6/2. Berlin 1961; fortgz. mit T. 3: „Sowjet-Union u. Vatikan". Berlin 1971 (auch russ. Übers.); E. W. v. Tschirnhaus und die Frühaufklärung in Mittel- u. Osteuropa. Aka.-Vortrag zu seinen 250. Todestag am 11. 10. 1908. Bln. 1960; Mithrsg. des Briefwechsels von Leonhard Euler 1729–1764. Berlin 1965; B. Bolzano. Ein Denker u. Erzieher im österr. Vormärz. Graz 1967; B. Bolzano-Gesamtausgabe. Einl.-Bd.-Teil 1. Biographie B. Bolzano. Stuttgart 1969; Der Freund B. Spinozas E. W. v. Tschirnhaus. Aka.-Vortrag 1977. Berlin 1977; Ketzerschicksale. Christl. Denker aus neun Jhd. Bln. 1979 (1. A. 1983, zugleich Zürich/Köln 1980 u. 1983); Bernard Bolzano. Zum 200. Wiederkehr seines Geburtstages am 5. Okt. 1981 (Aka.-Gedenkveranstaltung zugleich Ed. W. zu seinem 85. Geb. am 16. Sept. 1981 gewidmet); einziger DZfPh-Beitrag zu dessen 200. Geb.: „Der Humanist Bernard Bolzano" (H. 1/1981).

Winter, Gerhard
8. Juli 1928–28. Febr. 2011
Marxistischer Religionsphilosoph in Greifswald
Geb. in der Textilarbeiterstadt Crimmitschau; 1945 Notreifeprüfung (Mittelschule), aber keine Kriegsteilnahme mehr; 1945–48 nachkriegszeitl. Mauerlehre u. 2 Jahre FDJ-„Aufbaubrigade"; 1950 Bewerbung als Neulehrer u. im Fernstudium entspr. Lehrerprüfungen; danach weiteres Fernstudium als Mittelschullehrer für Deutsch u. Gesch. an der PH Potsdam mit Abschluß als Diplom-Lehrer 1957; darangesetzt wird noch ein Direkt-Phil.-Studium an der HU Berlin, vorzeitig beendet als Dipl.-Phil. 1960; schon das Thema der Diplomarbeit handelt von: „Der sog. religiöse Sozialismus, seine sozi-

alpol. Funktion in der Weim. Rep. u. im Bonner klerikalmilitarist. Regime" (dazu bereits Briefwechsel mit Emil *Fuchs); anschl. wiss. Ass. am ML-Inst. u. entspr. Lehreinsatz natürlich an der Theolg. Fak. der EMAU Greifswald; am Phil. Inst. das übliche marx. Lehrplanthema Wiss. Atheismus; 1967 phil. Prom. am Phil. Inst. der HUB *Zur Gesch.-auffassung Paul Tillichs* (Gutachter: W. *Heise und D. *Bergner); daraufhin 1971–75 marx.-len. Lehreinsatz an der neu gegr. HS für Landwirtschaft in Bernburg; ab Sept. 1975 zurückgekehrt nach Greifswald und an dortg. ML-Sektion Dozent für Dial. u. Hist. Mat.; seit 1976 Mitglied des Forschungskollektivs „Wiss. Atheismus" an der PH Güstrow, zusammen mit H. *Lutter und Olaf *Klohr; daselbst (also nicht in Greifswald, wo immerhin eine Theolg. Fak. bzw. „Sektion Theologie" bestand, was wohl so nicht gut vertretbar gewesen wäre) 1982 Prom. B z. Thema *Die Theologie Dietrich Bonhoeffers, ihre Rezeption und Rolle im Prozeß der Hinwendung der Christen in der DDR zum Sozialismus* (vor Ort behandelt als „vertraul. Dienstsache", so nicht veröffentlicht u. natürlich auch keine theolg. Begutachtung); jedoch weiterhin marx.-len. Lehrtg. an der Theolg. Fak. (Sektion) der Univ. Greifswald (natürlich nicht z. wiss. Atheismus, sondern zur Gesch. der Arbeiterbewe., also zur SED-Parteigesch.); in den 80er Jahren verstärkte Mitwirkung am „marx.-christl. Dialog" (ein langer Wikipedia-Eintrag zählt das alles auf); 1990 folgte mit der generellen Auflösung univ. ML-Sektionen die landesrechl. Abberufung aller noch vorh. ML-Hochschullehrer; 1991 daher Ruhestand u. dann Umzug nach Gera, wo W. am 28. Febr. 2011 verst. ist. – Vor 1989 zahlr. Beiträge in den sog. „Forschungsheften" z. Wiss. Atheismus in Güstrow (seit 1988 „Marx.-len. Religionswiss." u. Ende 1989 nur noch „Religionswiss."!); nach 1990–2002 in den „Berl. Dialog-Heften" (Red. H. *Lutter, Güstrow), hrsg. von der Gesell. zur Förderung des christlich-marx. Dialogs e.V., 2001 schließlich als vollständig gegenstandslos geworden und selbst aufgelöst. – Vgl. hierzu die weiteren Pers.-Stichworte zu W. *Kliemt, W. *Kleinig sowie O. *Klohr und H. *Lutter.

Wischke, Mirko
6. Aug. 1960
Privatdozent der Philosophie im osteuropäischen Einsatz
Phil.-Studium in Berlin zur Zeit der zu Ende gehenden DDR und Instituts-Abwicklung; daher phil. Prom. 1993 an der HUB z. Thema *Kritik der Ethik des Gehorsams. Zur Moralphil. Theodor W. Adornos* (Gutachter: H. *Schnädelbach, G. *Irrlitz, A. Honneth – publ. Frankf./M.-Lang 1993); anschl. wiss. Ass. am Inst. für Phil. der ML-Univ. Halle bei M. *Riedel) u. ebd. Habil. 2000 z. Thema *Die Schwäche der Schrift u. das Widerfahrnis des Denkens. Eine Untersuchg. über die phil. Hermeneutik Hans-Georg Gadamers* (Gutachter: M. *Riedel, J. Grondin, J. Stolzenberg – publ. Weimar/Köln 2001); anschl. zahlreiche Gast- u. Vertretungsprof. in Minsk, in Tschechien, der Ukraine (Kiew) sowie Poznan, und zuletzt seit 2012 in Heidelberg.

Publ.: Die Geburt der Ethik: Schopenhauer, Nietzsche u. Adorno. Berlin 1994; (Mithrsg.): Impuls u. Negativität. Ethik und Ästhetik bei Adorno. Arg.-Sb. AS 229. Hbg. 1995; (Ebs.): Gadamer verstehen. Zur phil. Hermeneutik H.-G. Gadamers. Darmstadt 2003; (Ebs.): Recht ohne Gerechtigkeit? Hegel u. die

Grundlagen des Rechtsstaates. Würzburg 2010; (Hrsg.): Freiheit ohne Recht? Zur Metamorphose von Pol. und Recht. Frankf./M.-Lang 2012; (Mithrsg.): Öffentlichkeit und Demokratie in der Metamorphose. Frankf./M.-Lang-Ed. 2013.

Wittich, Dieter
7. Febr. 1930–22. Juni 2011
Einziger Lehrstuhl für Marxistisch-leninistische Erkenntnistheorie in Leipzig seit 1968
Geb. in Mansbach, Kr. Hünfeld (Hessen) als Sohn eines Volksschullehrers, der seit 1937 sog. nominelles NSdAP-Mitglied war, versetzt nach Mittelstille, Krs. Schmalkalden (Thüringen); 1936–40 Besuch der dortg. Volksschule u. zugehörig zum dt. Jungvolk und 1944/45 noch HJ; Abschluß der OS mit Abitur 1948 in Schmalkalden u. sofortg. SED-Eintritt u. FDJ-Sekretär; zugleich Einjahreskurs (Lehrgang) an einer Pädg. FS (als angelernter Sprachlehrer für Russ.) u. entspr. Neulehrereinsatz 1949/50 an der GS Asbach; ab Okt. 1950 daher zunächst e. Pädg.-Studium (Slawistik u. Geschichte) an der FSU Jena; mit Wiedergründung eines Phil.-Instituts 1951 auch in Jena, Wechsel zu diesem u. bereits entspr. ML-Seminare im gesell.-wiss. Grundlagenstudium; 1953 mit G. *Klaus u. anderen Studenten u. Hilfsass. an das Phil.-Inst. der HU Berlin gewechelt; daselbst 1956 Staatsexamen (Diplom) u. Ass. im Lehrstuhlbereich Logik u. ET. von G. *Klaus; zunächst Grundkurse zur Logik und ab Stdjh. 1960/61 erster Jahreskursus zur ET; 1956/57 Instituts-GO-Sekr. (Studentenverhaftung), anschl. plm. Asp. und phil. Prom. 1960 mit einer phil.-geschichtl. Arbeit zum *Dt. kleinbürgerl. Mat. der Reaktionsperiode nach 1848/49. Unter bes. Berücksichtg. des naturhist. Mat. Ludwig Büchners* (Gutachter: G. *Klaus, W. *Heise), da die mat. Tradition gegen die phil.-geistige Vorherr. des klass. dt. Idealismus von Kant bis Hegel betont und nachverteidigt werden sollte; 1966 Habil. mit einer erkenntnistheor. Arbeit *Zu Fragen der marx. Praxisbestimmung und des Verhältnisses von Praxis und Erkenntnis* (Gutachter: G. *Klaus, A. *Kosing und E. *Albrecht – vorpubl. u. d. Titel „Praxis, Erkenntnis, Wiss.". Berlin 1965); gezielt verhinderte Doz.-Berufung am Phil.-Inst. in Berlin (Klaus-Lehrstuhl blieb dadurch unbesetzt) und daher 1966 Weggang nach Leipzig, zunächst als Doz. für Dial. Mat. u. seit 1968 einziger DDR-Phil.-Prof. für (marx.-len.) ET mit eigener, sehr produktiven Arbeitsgruppe u. jährl. ET-Tagungen bis 1989 (u. a. zur Erarbeitung eines entspr. Lehrbuch LM-ET, 1978); ab 1974–90 langj. Dekan der (gesellwiss.) Fak. für Phil. u. Gesch.-wiss. an der KMU Leipzig u. Mitgl. zahlreicher phil. Leitungsgremien der offiziellen DDR-Phil.: Redaktionskollegium der DZfPh, des Rates für Marx.-len. Phil. der DDR u. als West-Reisekader regelmäßige Teilnahme an Phil.-Weltkongressen im parteiorg. Delegationskollektiv; 1979 sogar Mitgl. der Sächs. Aka. der Wiss. in Leipzig, doch mit der pol. Wende 1989/90 Rücktritt als Dekan (Nachfolger L. *Kreiser), Ende 1990 landessächs. Abwicklung der Leipziger (Marx.-len.) Phil.-Sektion (außer Logik), aber innerhalb der vorgeb. univ. Warteschleife zeitbefristeter Weiterbeschäftigungsvertrag bis 30. Sept. 1991; dann jedoch frühzeitige Erklärung, den landesrechtl. „Fragebogen" (dessen Beantwortung, u. a. die def. Frage nach einer Zusammenarbeit mit dem MfS enthielt, was für eine denkbare Weiterbeschäftigung im öffentl. Dienst

unumgänglich war) nicht auszufüllen (ebenso wie H. *Seidel), womit die beiden wichtigsten phil.-marx. Lehrkräfte vorzeitig, ohne jeden weiteren Einsatz für ihre Mitarbeiter „widerstandslos" ausschieden; daher sofortige Beantragung des „frühest möglichen Vorruhestandes" durch die noch amt. Sektionsdirektorin M. *Thom u. die selbst vorgeschlg. ET-Lehrstuhlvertretung für Doz. M. Sukale (Mannheim); anschl. Wegzug aus Leipzig u. 1992 auch ebenso „unbegründeter" Austritt aus der Sächs. Wiss.-Aka. (ähnlich wie S. *Wollgast aus Dresden, weil dort bereits wegen Stasi-Vorwürfen fristlos gekündigt); Febr. 1995 einmalige univ. Ehrung durch den Leipz. Univ.-Rektor C. Weiß z. 65. Geb. und Mitglied der Leibniz-Soz.; Ehrung z. 75. Geb. 2005 z. Thema „ET in Leipzig" im Rahmen der RL-Stiftung Sachsen (Lpz. 2006, hrsg. v. M. *Runge); – vorbehaltlose Teilnahme an der hist.-krit. Aufarbeitung der DDR-Phil. in der vorlg. Publ.-Reihe; verst. am 22. Juni 2011 nach längerer Krebserkrankung in Straußberg/Berlin u. Beisetzung unter großer Teilnahme vieler früherer phil. Wegbegleiter aus Berlin und Leipzig.

DDR-Philosophenlexikon 1982 (Frank Fiedler) u. DDR-Personen-Lexikon 2010 (HCR).

Publ.: Die materialist. ET. Phil.-Fernstudienbrief HU Berlin 1962 u. Studienanleitung ET-1965; Mitautor am Schullehrbuch „Staatsbürgerkunde". Bd. 3: Die sozial. Weltanschauung. Bln. 1966; (Hrsg.): Schriften z. kleinbürgerl. Mat. in Dtl. (Carl Vogt, Jacob Moleschott, Ludwig Büchner) in 2 Teilbänden. Phil.-hist. Texte. Berlin 1971;Über Gegenstand u. Methoden der marx.-len. ET. Schriften zur ET. Berlin 1973 (2. A. 1976); (Mitaut. Kl. Gössler u. K. Wagner): Marx.-len. ET (Lehrbuch). Berlin 1978 (2. A. 1980); Warum u. wie Lenins phil. Hauptwerk entstand. Entstehung, Methodik u. Rezeption von Lenins „Mat. u. Em.". Berlin 1983; (mit H. Poldrack): Der Lond. Kongreß zur Wiss.-gesch. 1931 und das Problem der Determination von Erkenntnisentw. (Publ. der Sächs. Aka. der Wiss.). Berlin 1990. – *Anfänge*:1. Lenins Buch „Mat. u. Em." Seine Entstehungsgesch. sowie: 2. progressive und repressive Nutzung; Erfahrungen an zwei ostdt. Nachkriegsuniversitäten: Jena und Berlin. – *Denkversuche*: Die erste Jahresvorlesung zur marx.-len. ET in der DDR. – *Ausgänge*: Die vom Lpz. Lehrstuhl für ET von 1967 bis 1989 veranstalteten jährlichen Arbeitstagungen.

Wöhler, Hans-Ulrich
14. Mai 1950
Mittelalterlicher Philosophie-Historiker in Dresden
Geb. Rostock in einer Arzt-Familie; 1956–68 POS u. EOS – Abi. mit Facharbeiterausbildung als Elektromonteur ebd.; anschl. 1968–72 Phil.-Studium an der HU Berlin; ab 1972 wiss. MA der dortg. Phil.-Sektion (Assistent des Direktors für E und A sowie im Hm. *Ley-Bereich phil. Probleme der Naturwiss.); 2,5 Jahre Alt-Griechisch (Graecum) und 1977 phil. Prom. z. *Entw. der scholastischen Naturphil. u. bes. Berücksichtg. der Impetustheorie* (Gutachter: H. *Ley, S. *Wollgast u. P. *Ruben); anschl. wiss. MA der Sektion Phil. und Kulturwiss. der TU Dresden; daselbst 1984 Prom. B zum Thema *Gesch. u. Vorgesch. des mittelalterl. Universalienstreites, dargestellt anhand ausgewählter Übersetzer u. kommentierter Originaltexte (von Porphyrius bis Ibn Ruschd u. Wilhelm von Ockham)* (Gutachter: H. *Seidel, S. *Wolgast, B. Töpfer – nachwendisch publ. Berlin 1992/94); 1986 Berufung zum a.o. Doz. für Gesch. der vormarx. Phil. an gen. Phil.-Sektion in Dresden; trotz vollstg. landesrechtl. Abwicklung ders. positive

fach-phil. Evaluierung, univ. Übernahme und Weiterbeschäftigung durch Berufung z. o. HS-Doz. für Phil.-gesch. am neu gegr. Inst. für Phil. der TU Dresden; 1998 Ernennung z. PD u. 2000 zum aplm. Prof. an diesem Phil.-Institut; einziger ostdt. Mitarbeiter für Gesch. der Phil. in der Lehre (nach der vorzeitigen Entlassung von S. *Wollgast) sowie versch. Forschungsprojekte u. Editionen zur Gesch. der mittelalterli. Phil. in Dresden; ähnliche phil.-hist. Weiterexistenz in Greifswald (R. *Pester), Berlin (Ch. *Möckel) u. Jena (Kl. *Viehweg).

Publ.: (Hrsg. u. Übers.) W. von Ockham: Kurze Zusammenfassung zu Aristoteles' Bücher über Naturphil. Rc-Vg. Leipzig 1983 (zugleich West-Berlin 1987); Gesch. der mittelalterlichen euroäischen Philosophie. Berlin 1990; Texte zum Universalienstreit in 2 Bänden: 1. Vom Ausgang der Antike bis zur Frühscholastik (lat., griech. und arabische Texte). Berlin 1992 und 2. Hoch- und spätmittelalterl. Scholastik (lat. Texte des 13.–15. Jhd.). Berlin 1994; (Mitautor Joh. Rohbeck): Kulturwiss. in Dresden 1871–1945. Dresden 2001; Dialektik in der mittelalterl. Phil. SB der DZfPh. Nr. 13/2006. – *Ausgänge*: Die Gesch. der mittelalterlichen Phil. im Spiegel von Publ. aus der DDR sowie: Die Phil. an der TH und TU Dresden 1946–1990 (red. Nachdruck).

Woit, Ernst
11. Aug. 1932–8. Febr. 2021
Marxistischer Militärphilosoph in Dresden

Geb. in Aschersleben; 1949 Mittlere Reife u. anschl. 1950–78 Berufsoffizier (KVP u. NVA); dazu 1956/57 Politoffiziersschule der NVA; 1958 Sonderreifeprüfung an der VH Halle u. bis 1963 Fernstudium f. M-L am FMI der KMU Leipzig (Diplomlehrer ML); 1964–67 außerplm. Asp. ebenda u. phil. Prom. z. Thema *Das veränderte Kräfteverhältnis in Dtl. u. die seit 1961 verstärkt gegen die NVA der DDR gerichtete antikom. Feindbild-Prop. der Bundeswehr* (Gutachter; H. *Beyer u. G. Harder); 1968–78 Lehroffizier an der Militäraka. „Friedr. Engels" in Dresden; Berufung zum HS-Doz. für Pol. Führungswiss. u. Fac. doc. für Theorie u. Praxis der ideolg. Arbeit ebenda; 1976 Prom B zum Thema *Grundsätzl. Entwicklungstendenzen der pol.-morali. Aggressionsbereitschaft der Bundeswehr in den 70er Jahren*; muß 1978 aus formalen Sicherheitsgründen den Armeedienst (Westverwandtschaft) verlassen, aber problemlose Umsetzung in den „zivilen aka. Dienst" der Sektion Phil. u. Kulturwiss. an der TU Dresden durch einfache univ. „Umberufung (als) HSD für Gesch. u. Kritik der neusten bürgerl. Phil." (ohne jede Ausschreibung u. fachphil. Qualifizierung dafür); dazu schließlich 1981 ao. Prof. an der TU Dresden, wozu jedoch keinerlei fachphil. Publ. nachweisbar sind; 1987/88 Berufung in die Wiss. Räte für Marx.-len. Phil. u. Friedensforschung an der AfG beim ZK der SED; 1989 Mitgründung eines Interdiszpl. AK Friedensforschung in Dresden unter Einbeziehung der dortg. Militärwiss. und seit Ende 1990 Mitwirkung in der dortigen „Dresdner Studiengem. Sicherheitspolitik" (1. Vors. W. *Scheler); mit Abwicklung bzw. Neugründung des Phil. Inst. der TU Dresden Ausscheiden aus dem Univ.-dienst, aber externe Festschrift z. 70. Geb. 2002; zahlreiche militärwiss. Beiträge zur Kriegs- bzw. Friedensfrage in entspr. Monographien. – (ND-Todesanzeige).

Wolf, Hanna
4. Febr. 1908–22. Juni 1999
33 Jahre lang oberste stalinistische SED-Parteischuldirektorin in Berlin
Geb. in Gonionds b. Bialytok (frühere zarist. Rußl./heutige Polen) in einer streng gläubg. jüd. Fam., Vater Rabiner und Mutter Lehrerin; Besuch der dortg. hebräischen wie dt.-russ. Schule; bis 1927 Gymn. in Bialystock mit Abi.-abschluß und Austritt aus der jüd. Gemeinde; danach 1927-32 Studium der Gesch. und Phil. an der Univ. Berlin, aber aus wirtschaftl. Gründen kein vollstg. Abschluß, zugleich bereits tätig als Übersetzerin; frühzeitige Mitarbeit im Militärpol. Nachrichtendienst der KPD u. deren Vollmitglied daher erst 1930; bereits April 1932 Emigr. in die UdSSR u. dort wiederum red. Übersetzerin im Verlag für fremdspr. Lite. in Moskau; ab 1933-37 fortgz. Studien und Asp.-Versuch an der Internat. Lenin-Schule in Moskau und dazu bereits 1934 sowjet. Staatsbürgerin sowie KPdSU-Mitgl.; durch Auflösung der Lenin-Schule durch Stalin wiederum kein regulärer Abschluß u. anschl. noch ‚Geschichtsnachforschungen' an der AdW der UdSSR; kriegsbedingt Okt. 1941 übl. Evakuierung aller sowjet. Mitbürger dt. Nationalität aus Moskau nach Kuibyschew (andere Deutsche noch weiter sogar Kasachstan); 1943-48 insgesamt Tg. als Lehrerin an versch. Antifa-Schulen für dt. Kriegsgefangene, aber auch weitere interne KPdSU-Schulungen in Vorbereitung auf einen parteiorg. Einsatz in der SBZ; April 1948 dazu Rückkehr nach Dtl. u. sofortg. Einsatz als persönl. Referentin des Ltr. der Dt. ZV für VB, Paul *Wandel, also zu dessen zusätzl. sowjet.-komm. Kontrolle im ersten „Krisenjahr" 1948 und der beg. massiven stalinist. Sowjetisierung; Mai 1949 daher Leiterin des dazu neugegr. Konsultationsbüros z. Studium der Stalinschen Gesch. der KPdSU (1938) in der Abt. Parteischulung beim PV bzw. ZK der SED (gipfelt alles z. 70. Geb. Stalins Dez. 1949); 1950 ostdt. Staatsbürgerschaft, zuvor schon formelle SED-Aufnahme und Sept. d. J. Übernahme der SED-PHS „Karl Marx" als Direktorin (in Nachfolge des abgelösten Rudolf Lindau) ununterbrochen 33 Jahre lang bis Juni 1983 (75 Jahre alt); dazu Ernennung zur Prof. und Lpz. Ehrendoktorwürde sowie 1958-89 Vollmitgl. des ZK der SED; eine unendl. Reihe von ostdt. und sowjet. Orden, darunter 1964 u. 1978 den KMO; doch schließlich am 10. Febr. 1990 aus der PdS ausgeschl.; als einziges ZK-Mitgl. stimmte W. am 18. Okt. 1989 gegen die kollektive Absetzung E. Honeckers durch sein eigenes PB. So wie sie streng stalinistisch die PHS mit unglaubl. Kontrollen dirigierte, so mischte sie sich ständig ebenso ungefragt wie unqualifiziert, aber stets parteibeauftragt, auch in fast jede nur erdenkliche parteiphil. Debatte auf Konferenzen ein u. belehrte mit Stalin-Zitaten selbst den gebildeten marx. Parteilehrer Hm. *Dunker auf primitivste dogm. Weise (aber auf all diese unerträgl. Episoden kann hier nunmehr wohl verzichtet werden, wozu auch ihre für sie persönlich installierten Abhör- und Fernsehübertragungsanlagen in größeren Konferenzräumen der PHS in Berlin gehörten); über 90-jährig am 22. Mai 1999 in Berlin ungebrochen in ihrem orthodox-komm. Glauben verst. u. beigesetzt auf dem Friedhof III in Berlin-Pankow.
DDR-Pers.-Lexikon 2010 (P. Erler/H. Müller-Enbergs), worauf voranst. Pers.-Stichwort wesentlich beruht.

Wolf, Walter
27. Febr. 1907–2. April 1977
Als Volksschulpädagoge Thüringischer Landes-Minister für Kultur und VB in Weimar
Geb. in Gotha; Volksschule u. Realreformgymn. mit Abi. 1928 ebenda; 1928–31 Studium der Pädg., Phil. und Psy., an der Univ. Jena; gleichzeitig seit 1930 Mitgl. der KPD; Lehramtsprüfung für die VS u. Freidenker-Lehrer 1931–37, fristlos entlassen, weil verhaftet; 1938–45 im KZ Buchenwald; nach der Befreiung durch die US-Armee 1945–47 Reg.-direktor u. Landesminister der VB für Thüringen in Weimar; als solcher fragwürdige „Ehren-Dr."-Verleihung durch die neugegr. Sozial-Pädg. Fak. der FS Univ. Jena bereits Ende 1945; zugleich wurde mit erheblicher besatzungsbehördl. Unterstützung (sowjet. Hochschuloffiziere) einmalig in der SBZ bereits am 12. Okt 1946 ein sog. Inst. für Dial. Mat. (ohne jede wiss. Vors.) an der gen. univ. Fak. in Jena mit W. W. als Inst.-Direktor begründet, dessen weitere Existenz sich aber mit der überregionalen Einrichtg sog. „Gesellwiss. Fak." bzw. dann von ML-Instituten für GW. (als Vorform der späteren ML-Sektionen) erübrigte und so stillschweigend wieder verschwand; ebenso univ.-aka. fragwürdiger und daher gescheiterter Habil.-Versuch (ohne jede vorangegangene Prom., mit einer angebl. populären antifasch. Streitschrift von 1947: *Kritik der Unvernunft*. Weimar 1947); eine vorläufige Ausarbeitung *Zur mat. Auswertung des rationellen Kerns in Hegels Dialektik* ergab folgerichtig deren übereinstimmend neg. fach-phil. Begutachtung durch M. *Bense wie H. *Johannsen 1948; jahrelang mitwirkend an der univ.-phil. Vertreibung von Hans *Leisegang aus Jena und sogar Kritik an der Prom.-schrift von G. *Klaus; nach Abgang des Leipz. Pädg.-Phil. Th. *Litt 1947 nach Bonn (zeitwlg. Vertretung durch H. *Ley, der jedoch nach Dresden beordert wird) 1949 doch noch ernannter Prof. u. stellv. Direktor für „theor. Pädg." an der Univ. Leipzig; später aber erneut ‚versetzt' an die PH Potsdam (1953) u. dortg. Gründung einer Forschungsgem. 1963–73 zur „sozialist. Arbeitserziehung", wozu drei entspr. pädg. Berichte vorliegen (Berlin 1960/62); dennoch pädg.-ministeriell fortl. hochgeehrt am 2. Apil 1972 in Potsdam verst.

Wollgast, Siegfried
27. Sept. 1933–26. Juni 2017
Philosophie-Historiker der Frühen Neuzeit in Dresden
Geb. in Schönlanke/Netzekreis (Polen) in einer Kleinbauernfamilie; 1940–48 GS (unterbrochen durch Kriegsende, Flucht bzw. Umsiedlung) und bis 1952 Obers. (Abi. des C-Zweiges, noch mit erw. Latein- u. Griech.-Unterricht); anschl. Studium der Phil. u. Gesch. 1952/53 an der FSU Jena, 1953–57 fortgz an der HU zu Berlin (stud. Wechsel mit G. *Klaus); dann wiss. Ass. im gesell.-wiss. Grundlagenstudium an der Aka. für Staats- u. Rechtswiss. Potsdam; 1961–71 auf Grund persönl. Probleme nicht mehr Mitglied der SED u. 1961–64 Phil.-Lektor im Dt. Verlag der Wiss. Berlin; 1964 phil. Prom. am Phil. Inst. der HUB z. Thema *Eine Entwicklungslinie in der dt. Frühaufklärung. Verbindungen häretischer Bewegungen in Mittel- und Westeuropa zur Nowgorod-Mosk. Häresie* (Gutachter: H. *Ley u. M. *Buhr); danach bis Ende 1967 als

freiberufl. Übersetzer u. Journalist tätig; 1969 Prom B (Habil.) z. Thema *Seb. Franck (1499–1542). Ein Beitrag zu seiner Biographie, seiner Darstellung in der wiss. Lite. und sein phil. Schaffen* (Gutachter: H. *Ley u. E. *Herlitzius – publ. Berlin 1972) an der TU Dresden u. bis 1973 wiss. Oberass. am erst nach der III. HSR 1968 etabl. Inst. für Phil. und Kulturwiss. daselbst; neben phil.-hist. Forschungen zur frühen Neuzeit, speziell univ.-bezogen auch zur Technikphil.; 1973 Berufung zum Doz. für Gesch. der Phil. und 1973/74 Zusatzstudium in Moskau; danach 1976 Berufung zum Prof. der (vormarx.) Phil.-Geschichte an der TUD und 1978 sogar Mitgl. der Sächs. Aka. der Wiss. in Leipzig; mit dem Ende der DDR und landesrechtlichen Abwicklung des Dresdner Phil.-Inst. erfolgte 1992 wegen nachweisbarer Zusammenarbeit mit dem MfS (Belege G. *Herzberg) die Abberufung durch den Minister für Wiss. des Freistaates Sachsen; daraufhin auch selbst beantragter Austritt aus der Sächs. Aka. der Wiss. Lpz. 1994 (4 gedruckte Beiträge 1982–92 daselbst); dafür seit 1995 aktives Mitglied der Leibniz-Sozietät zu Berlin; durch diese (Hrsg. G. *Banse, H. *Hörz, H. *Liebscher) z. 75. Geb. geehrt mit einer Festschrift „Von Aufklärung bis Zweifel" (enthält seine umfassende Biblgr.). Berlin. 2008; leider belasten auch spätere (im Internet öffentlich gemachte) Plagiats-Verdächtigungen Zur Gesch. des (neuzeilichen) Prom.-wesens sein sonstiges Ansehen als streitbarer DDR-Phil.-Hist.; die Lz.-Soz. gedachte seiner am 8. Nov. 2018 trotzdem postum, anläßlich seines 85. Geb. in Berlin, ohne das alles (nachwendisch) überhaupt noch z. K. zu nehemen.

Publ.: (Hgb.) Paradoxa. Sebastian Franck. Phil. Studientexte. Berlin 1966 (2. A. 1995); Zur Friedensidee in der Reformationszeit. Texte von Erasmus, Paracelsus, Franck. Phil. Studientexte. Berlin 1968; (Mithrsg. H. Hörz): Herm. v. Helmholtz. Phil. Vorträge u. Aufsätze. Phil. Studientexte. Berlin 1971; Der dt. Pantheismus im 16. Jhd. Sebastian Franck u. seine Wirkungen auf die Entw. der panth. Phil. in Dtl. Berlin 1972; (Mithrsg.): Dialektik in den mod. Naturwiss. Materialien der 2. Unionskonferenz zu phil. Fragen der Naturwiss.- Moskau 1969. Berlin 1973; (Mithrsg. R. Löther): Das Licht der Natur. Phil. Schriften. Paracelsus. Rc.-Lpz. 1973 (2. stark veränd. A. 1991); (Hrsg.): Vorträge über Phil. und Gesell. Du Bois-Reymond. Phil. Studientexte. Berlin 1974, zugleich als Phil. Bibl. Nr. 287 des Meiner-Verlages. Hamburg 1974; Tradition u. Philosophie. Über die Traditionen in Vergangenheit und Zukunft. Weltanschauung heute. Bd. 4. Berlin 1975; (Hrsg.): Ausgew. Werke. Valentin Weigel. Texte z. Phil.- u. Religionsgesch. Berlin 1977 sowie Stuttgart 1978; (zus. mit G. Banse): Philos. u. Technik. Zur Gesch. und Kritik, zu den Vors. u. Funktionen bürgerl. „Technikphil.". Beiträge z. Kritik der bürgerl. Ideologie u. des Revi. Berlin 1979; (Mithrsg.): Biographien bedeutender Techniker, Ing. u. Technikwissenschaftler. Berlin 1983 (2. A. 1987); (Ebenso): Technik-Phil. in Vergangenheit u. Gegenwart. Berlin 1984; Philosophie in Dtl. zw. Reformation und Aufklärung 1550–1650. Berlin 1988 (2. A. 1993); (Mithrsg. K. Bal): Aufklärung in Polen und Dtl. 2 Bde. Warszawa 1989; (Hrsg.): Gabriel Wagner. Ausgw. Schriften u. Dok. Stuttg. 1997; (Hrsg.): Beiträge zum 500. Geb. von Seb. Franck. Berlin 1999; Zur Gesch. des Promotionswesens in Dtl.. Berg.-Gladbach 2001 (Plagiatsvorwürfe); (Mithrsg. G. Banse): Phil. u. Wiss. in Vergangenheit u. Gegenwart. Festschrift für Hb. Hörz z. 70. Geb. Berlin 2003; (Hrsg.): K. C. F. Krause: Grundlage des Naturrechts (Nachdruck 1803). Freiburg 2003; Zur Frühen Neuzeit, zu Patriotismus, Toleranz und Utopie. Gesammelte Aufsätze. Berlin 2007; Paralipomena zur Phil.-gesch. Dtl. Zugaben zu meinen phil.-hist. Aufsätzen z. 17. bis 20. Jhd. Bln. 2010; Parerga. Zu meinen phil.-hist. Aufsätzen z. 16. bis 20. Jhd. Bln. 2012. – *Ausgänge*: Philosophiegeschichtliche Arbeiten zum 16. bis 18. Jhd. in der DDR der 70er und 80er Jahre.

Wroblewsky, Vincent von
21. Dez. 1939
Akademie-Philosoph, Romanist und Sartre-Übersetzer
Geb. im franz. Exil, Vater starb nach Lagerhaft und Resistance; daher 1950 mit der Mutter u. seinem Bruder aus Paris in die junge/frühe DDR, was „meine zehnjährige franz. Kindheit unterbrach"; Phil.- und Romanistik-Studium an der HU zu Berlin; frühzeitige u. lebenslange Beschäftigung mit dem Gesamtwerk von Jean-Paul Sartre; dazu daher auch phil. Aka.-Prom. A 1975 z. Thema *Individum u. Revolution, zur Kritik der Theorie u. Praxis eines Engagements J.-P. Sartres* (Gutachter: M. *Buhr, W. Bahner u. H. *Klenner – veröffentl. 1977 in der Buhrschen Kritik-Reihe Bd. 77. Berlin 1977, ebenso Frankf./M. 1977); beschäftigt am ZIfPh. der AdW im sog. dortg. „Kritik-Bereich", aber auch oftmals als Konferenzübersetzer eingesetzt; nachwend. Übersetzer der Werke Sartres (Werkausgabe) sowie 1993 Gründung u. 1. Präsd. einer Sartre-Gesell. u. Hrsg. eines entspr. Jahrb. dieser Gesell.

Publ.: (Hrsg.): Jean-Paul Sartre. Stücke. Rc.-Leipzig 1989; (Hrsg.): Zw. Thora u. Trabant: Juden in der DDR. Berlin 1993 (2. A. 2001 u. d. T: „Eine unheimliche Liebe"); (Mithrsg.): Existentialismus heute. Berlin 1999; (Hrsg. u. Übers.): Lebendiger Sartre. 115 Begegnungen (Aufsatzsammlung). Berlin 2009.

Wrona, Vera
18. Juni 1929–18. März 2004
Marxistische Partei-Akademie-Philosophin in Berlin
Geb. in Hindenburg/Oberschl.; 8 Jahre Volksschule u. 2 Jahre städt. Handelsschule; 1946–50 Stenotypistin u. Sekretärin; 1949 Besuch einer SED-Kreisparteischule u. 1950–52 pol. Mitarbeiterin der Abt. Prop. der SED-LB Berlin; daraufhin 1953 Besuch der BPS-Berlin (Einjahreskurs); 1954–58 Ass. u. Lehrerin (Dozentin) u. 1959–62 bereits „Lehrstuhlleiterin" für Phil. daselbst (nachdem der Einsatz von Jan *Vogeler scheiterte); zugleich Fernstudium an der PHS „Karl Marx" beim ZK der SED mit Abschluss als Diplom-Gesell.-wiss.; parteiamtlich fortgz. Qualifizierung als Asp. am Inst. für Gesell.-wiss. beim ZK der SED (Fachrichtung Gesch. der marx.-len. Phil.) u. 1966 phil. Prom. z. Thema *Die weltanschaul. Entw. August Bebels. Über die Stufen u. Etappen der Aneignung und Anwendung des hist. Mat. durch Aug. Bebel in den Jahren 1868/69–1878/89* (Gutachter: F. *Richter, H. *Ullrich, selbst gar nicht habil.); seit 1966 Wahrnehmungsdoz. u. amt. Fachrichtungsleiterin für Gesch. der marx.-len. Phil. ebd.; 1968 Ernennung zur Doz. für dieses Fachgebiet am Partei-Phil.-Inst. (Lehrstuhlleiter ist zu dieser Zeit noch A. *Kosing) am IfG beim ZK der SED; das Habil-Thema ist nun Bestandteil eines zentralen Parteiprojekts zur Gesch. der Marx.-len. Phil. in Dtl. z. 20. Jh.-Tag der DDR 1969 (Bd. I/1+2 1968 – Bd. II. 1917–45 ist jedoch nie erschienen – Bd. III.: …der DDR erscheint wiederum erst 1979, nun z. 30. Jh.-tag der DDR, unter ihrer entsch. Mitwirkung); Kp. VII dieses Gesamtwerkes zur *Entw. der marx.-len. Phil. in Dt. von 1945–49* wird zum 31. Okt. 1969 als Habil. (Prom. B) anerkannt (Gutachter: A. *Kosing, F. *Ölßner, V. *Stern). Letztere kritisieren *unhist.* Überbewertung der „parteiphil.-marx. Anfänge",denn die phil. Fach-Lite. kam doch bis 1951 allein

v. *Meiner-Verlag! Und von *Stalin sei praktisch auch keine Rede mehr! Ein reguläres univ. Phil.-Studium begann auch erst 1951, vorher unterichteten solche „marx. Phil." wie Kofler, Hollitscher u. Bloch, doch diese erscheinen nur noch schamhaft-neg. in Fußnoten gesetzt; die PHS leistete phil. wenig und das Jenenser *Wolf-Institut wird völlig übertrieben, usw.; dem ist kaum etwas hinzuzufügen, da ungemein nahe der nicht nur parteihist. Wahrheit, aber das geschah natürlich alles gar nicht öffentl.); 1972 Ernennung zur ersten Professorin für Gesch. der marx.-len. Phil. an der AfG beim ZK der SED; zuvor jedoch massiver parteipol. (nochmals antirevi.) Eingriffe in die gerade erst angelaufene *Seidelsche Praxisdisk. der DZfPh. 1967; daher erfolgen nochmlg. Quellen-Studien zum „Phil. Revisionismus" (publ. 1977); Mitarbeit an den beiden grundlg. parteiamtlichen Teil- und Gesamtdarstellungen zur Gesch. der marx.-len. Phil. in Dtl. (1988) bzw. zuvor schon in der DDR (1979), vor allem jahrelang gem. mit Fr. *Richter u. S. *Heppener vom Partei-Aka.-Inst. Marx-Len. Phil. (langj. Direktor E. *Hahn); Mitgl. entspr. Leitungsgremien der DDR-Phil. daselbst, des Problemrates für Gesch. der Phil. und ab 1980 auch des Red.-Kollegiums der DZfPh.; mit Ende der DDR und noch vor der Selbstauflösung der AfG (dann ohne jeden Parteibezug) erfolgte bereits die offizielle Berentung (letzte Würdigung z. 60. Geb. in DZfPh 7/1989); völlig unbekannt verst. in Berlin am 18. März 2004 (familiäre Mitteilg. erfolgte in der Berl. Zeitg jedoch erst z. 30. April d. J.).

Publ.: (gem. mit Fr. Richter) Arbeiterklasse, Weltanschauung, Partei. 125 Jahre Manifest der Kom. Partei. Eine phil. Betrachtung zur Einheit der wiss. Weltanschaung der Arbeiterklasse. Berlin 1973 (2. A. 1974); (wiss. Red. mit Eb. Fromm): Phil. Revisionismus. Quellen, Argumente, Funktionen im ideolg. Klassenkampf. Berlin 1977; (Leiter des Autorenkollektivs): Zur Gesch. der marx.-len. Phil. in der DDR von 1945 bis Anfang der sechziger Jahre. Berlin 1979; Kann ich denken, was ich will? ABC des M-L. Berlin 1979; (Leiterin des Autorenkollektivs): „Phil. für eine neue Welt" (hrsg. von der AfG beim ZK der SED z. 40. Jubeljahrestag der DDR). Berlin 1988.

Wüstneck, Klaus-Dieter
1931–26. März 2008
Von der Philosophie zur Kybernetik und Wissenschaftsforschung
Geb. in Weimar als Sohn eines Schuhmachers; nach der OS (Abitur 1950) zunächst Studium der Mathematik (2 Semester) u. mit Wiedereinrichtung des univ. Phil.-Studiums auch in Jena Wechsel z. „Einfach-Studium" Philosophie (Prof. Klaus); anschl. Lehrbeauftragter für dial. u. hist. Mat. im gesell.-wiss. Grundstudium an der TH Ilmenau 1956–65; dort auch Direktor des Inst. für M.-L. u. 1964/65 Prorektor für Gesell.-wiss.; in den 60er Jahren zunehmende Spezialisierung auf phil. Fragen der Kybernetik; danach durchgehende Beschäftigung mit dieser an der AdW in Berlin, anfangs im Inst. für Phil. (Direktor G. *Klaus), später im Inst. für Wiss.-Theorie (Direktor G. *Kröber); 1966 aka.-phil. Prom. 1966 zum Thema *Methodolg. und phil. Probleme der Modellmethode und ihre Anwendung in der Gesellwiss.* (Gutachter: G. *Klaus, E. *Albrecht); 1967 wegen seiner Kybernetik-Beschäftigung während der W. *Ulbrichtschen „Reformversuche" für kurze Zeit Kand. des ZK der SED, machte

aber offenbar nach Kritik an allen parteiübertiebenen gesell.-wiss. „Kybernetikversuchen" trotzdem (oder auch gerade deswegen) keine weitere Parteikarriere; vielmehr noch spätere Aka.-Prom. B 1985 z. Thema *Wissenschaftserkenntnisse und gesell. Tg. Phil. Vors. und wiss.-theor. Funktionen der Wiss.* (Gutachter: leider nicht mehr angegeben); auch keine Kenntnis über weitere nachwendische Aktivitäten u. Projekte; mehrfacher DZfPh.-Autor in den 60er Jahren; verst. 2008 (Parteikaderakten wie Aka.-Personalakte personenrechtlich noch nicht zugänglich).

Wuttich, Klaus
30. Sept. 1948
Logiker am phil. Horst *Wessel-Lehrstuhl in Berlin
Geb. in Kleindehsa (Landkreis Görlitz), Vater Neulehrer nach 1945; 1955–65 POS in Görlitz u. 1965–68 Berufsausbildung mit Abitur als Betonbauer; anschl. Phil.-Studium an der Mosk. Staatl. Lommonossow-Univ. mit Logik-Spezialisierung bei Alex. *Sinowjew bis 1973 (Phil.-Dipl); mit Rückkehr in die DDR wiss. Ass. im Bereich Logik (Leiter H. *Wessel) der Sektion Marx.-len. Phil. der HU Berlin und ebenda 1977 phil. Prom. A zum Thema *Probleme der epistemischen Logik* (Gutachter: H. *Wessel, K. *Söder und H. *Kuchling); anschl. 1977–80 „Praxiseinsatz" als wiss. Sekr. im Direktorat für Interntl. Beziehungen der HUB u. 1982/83 daselbst Direktor dieser bes. univ. Einrichtung; 1983/84 zusätzl. Studienaufenthalt an der Univ. Budapest und 1987 Prom. B zum Thema *Modale u. nichtmodale epistemische Logik.* (Gutachter: H. *Wessel, W. *Stelzner); danach bis 1988 wiss. Oberass. im Logik-Bereich der Berl. Phil.-Sektion u. Febr. 1988 Ernennung zum Doz. für Logik ebd.; Ende 1991 Sektions-Abwicklung u. nachfolgend keine Übernahme, sondern pol. bestimmte Entlassung aus dem univ. Hochschuldienst der HUB; daraufhin auf Grund seiner Auslandserfahrung wie Sprachkenntnisse aktuell Büroleiter bei der Firma Partnership International, einem gemeinnützigen Verein für internationale Begegnungen und Austauschprogramme.

Publ.: Glaube – Zweifel – Wissen. Modale u. nichtmodale epistemische Logik. Eine log.-phil. Studie. Berlin 1991; (Mithrsg. Uwe Scheffler): Terminigebrauch u. Folgebeziehung. Festband zu Ehren von Prof. H. Wessel. Log. Phil. Bd. 1. Berlin 1998; (zus. mit H. Wessel): dass-Termini. Intensionalität u. Ersetzbarkeit. Berlin 2003.

Zänker, Karin
15. Nov. 1944 – 10. Febr. 2020
Technik-Philosophin in Dresden
Geb. in Ottendorf-Okrilla, Krs. Dresden; 1959–63 EOS Dresden-Nord (Abitur); anschl. 1963–67 Studium der Biologie und Grundlagen der landwirtschaftl. Prod. an der PH Potsdam, mit einem Staatsexamen als Lehrerin für den polytechn. Unterricht; 1967–69 Fachlehrerin einer POS in Radeburg; ab 1969 plm. Asp. an der Sektion Phil. u. Kulturwiss. der TU Dresden u. phil. Prom. 1973 z. Thema: *Phil. Vergleich des menschl. Bewusstseins mit Prozessen informationsverarbeitender Anlagen, einschließlich einer Disk. zu den Mögl. und Grenzen der Kybernetik* (Gutachter: L. *Striebing, J. Albert, G.

Günther); danach in den 70er Jahren wiss. Oberass. im Lehrbereich Dial. Mat. der gen. Sektion der TUD; 1980 Habil. zum Thema *Die Prinzipien der materiellen Einheit der Welt, ihrer Unerschöpflichkeit und Veränderlichkeit, allgemeinste phil. Grundlagen der technischen Wiss.* (Gutachter: L.*Striebing, Eb.*Jobst, H.*Wendt); daraufhin Berufung zur Hochschuldozentin für Dial. Mat. u. entspre. marx.-len. Lehrtg. an der Univ. Maputo in Mozambique; 1. Sept. 1988 Berufung z. Prof. für Dial. Mat. und Forschungen zu phil. Fragen der modernen Technologieentwicklung an der TUD, die jedoch mit der nachwendischen Abwicklung u. strukturellen wie personellen Erneuerung der TUD durch landesrechtliche Abberufung von diesem Lehramt abgebrochen wurden; daher keine univ. Weiterbeschäftigung u. ab 1991 freiberuflich lehrend u. beratend tätig; gem. mit L.*Striebing wurde zuvor noch publ.: „Mit Kopf und Computer". Weltanschaul. Fragen der Computerentw. Berlin 1987. – (Todesanzeige 2020).

Zebenko, Maria D.
1890–1957
Hielt marx.-len. Vorlg. an der PHS der KPdSU und der sowjt. Urania-Gesell., womit in der frühen DDR die erste phil.-mat.-atheistische Propagandawelle der SED eingeleitet wurde.

Publ.: Die franz. Materialisten des 18. Jhd. und ihr Kampf gegen den Idealismus. Berlin 1951 (hrsg. von Klaus Schrickel); Die reaktionäre Ideologie der Rechtssozialisten im Dienste des amerikanischen Imperialismus. Berlin 1953 (linker westberl. Nachdr. 1972); Der Atheismus der franz. Materialisten des 18. Jhd. Berlin 1956.

Zehm, Günter
12. Okt. 1933–1. Nov. 2019
Philosophischer Publizist in Ost und West sowie nachwendisch wieder zurück in Jena
Geb. in der Textilstadt Crimmitschau/Sachsen als Sohn eines Textilingenieurs, der 1945 als Leutnant der Nazi-Wehrmacht im Endkampf um Königsberg fiel; Mutter mit 4 Kindern ist dann Textilarbeiterin; OS mit Abi. u. sofortg. Studium der Zeitungswiss. (Journalistik) an der Univ. Leipzig, 1950–52 mit SED-Eintritt; sehr bald Wechsel z. Phil.-Studium (Bloch) u. 1956 Diplom mit einer Belegarbeit zur „Ausarbeitung einer wiss. Ethik vom Standpunkt des hist. Mat.", die später beschlagnahmt wurde; obwohl er als „Lieblingsschüler Blochs" in Leipzig keine Anstellung mehr finden sollte (eingeleitete Zwangsemeritierung seines Lehrers), erhält er zunächst eine Ass.-Stelle am Phil. Inst. der FSU Jena zugewiesen, wo inzw. G.*Mende (in Nachfolge von G.*Klaus) Inst.-Direktor ist; die nach dem sowjet. XX. KPdSU-Ptg. Anfang 1956 u. der Berl. Freiheitskonferenz zur gl. Zeit entstandene Hoffnung auf Entstalinisierung der SED und Demokratisierung der DDR sollten sich jedoch nach den tragischen Ungarn-Ereignissen und der Verhaftung der Harichgruppe Ende 1956 zerschlagen; 1957 Verhaftung u. Verurteilung zu vier Jahren Zuchthaus wegen partei- u. staatsfeindl. „Nachdenkens" über derartige Veränderungen der SED-DDR (in einem persönl. Tagebuch!) waren die Folge, abgesessen in Waldheim (zus. mit Nazikriegs-

verbrechern) und Torgau; durch eine übliche Endjahresamnestie von 1960 frei und Anfang 1961 bereits Flucht über West-Berlin in die BRD; daselbst sofortiges Weiterstudieren an der Univ. Frankfurt/Main bei Th. W. Adorno, Iring *Fetscher u. Carlo Schmidt sowie bei diesen bereits 1963 phil. Prom. zum Thema *Hist. Vernunft und direkte Aktion. Zur Politik u. Phil. Jean-Paul Sartres* (publ. Stuttg. 1964); bleibt jedoch nicht bei der Phil., sondern geht in die Publizistik; beginnt als Feuilleton-Redakteur bei der Tageszeitung ‚Die Welt', schließlich deren stellv. Chefred. bis ungefähr 1985/90 (in ders. die berühmte Pankraz-Kolumne: sprachjournalist. zunächst nur sehr streitbar bis zunehmend jedoch immer pol. rechtskonservativer werdend); Mit Ende der DDR sofortg Rückkehr nach Jena zur phil. Lehre: 1990 zunächst als Gast-Dozent und ab 1993 Honorarprof. am neu gegr. Phil.-Inst der FSU Jena (aktuell wohl auch gedacht als univ. Wiedergutmachung); ab 1995 Veröffentlichung der weiterhin provokanten Kolumne „Pankraz", nun aber in der sehr rechts gerichteten Wochenzeitschrift „Junge Freiheit" (presseformelle Verteidigung des verurteilten Holocaust-Leugners David Irving mit den Worten: „Der Holocaust ist an die Stelle Gottes (!) getreten", und diesen könne man ungestraft verleugnen, jenem aber müsse man glauben), was an der FSU Jena z. Jahrtausendende 2000 dortige „Antifagruppen" zu entspr. Protestaktionen veranlasste, in deren Folge es „krankheitsbedingt" schließlich zur unabdingbaren Beendigung der durchaus anerkannten und allseits beliebten „phil.-journalistischen" Vorlg-Tg. kam; nicht ohne abschl. Beschimpfung der antifasch. Protestierer als „verlorener Haufen v. Radikalkommunisten", bei Ablehnung jeder univ.-rechtl. Einschränkung durch den Rektor (sei „gedeckt durch Wissenschaftsfreiheit"); und der prakt. Ethik-Prof. *Kodalle erklärte noch dazu: Z. sei „geschlagen worden" (DDR-Verfolgung) und die Proteste würden an die westdt. „60er Jahre" erinnern; ein antifasch. Flugblatt stellt demgegenüber fest, „dass von den Lehren Blochs bei seinem ehemaligen Schüler nichts übrig geblieben ist"(!); eine Festschrift „Über den Tag hinaus" z. 70. Geb. für Z. erschien 2003 im Junge-Freiheit-Vg.; verst. am 1. Nov. 2019 in Bonn und beigesetzt auf dem Burgfriedhof Bad Godesberg.

Publ.: Pankraz. Kolumnen aus der Jungen Freiheit. Berlin 2000; Eros und Logos. Eine Gesch. der antiken Phil. Jenaer Vorlg. 1. Schnellroda 2004; Der Leib und die Seele. Von den vielen Wurzeln der menschl. Vernunft (ebs. 2.); Die große Schauspielerin Vernunft. Eine Gesch. des Rationalismus in der frühen Neuzeit (ebs. 3); Das Böse und die Gerechten. Auf der Suche nach dem ethischen Minimum (ebs. 4); Das Schlusswort Zarathustras. Friedr. Nietzsche und die Folgen (ebs. 5); Pankraz. Lieblingskolumnen, Berlin 2006; Maske und Mimesis. Eine kleine Phil. der Medien. Schnellroda 2007; War Platon in Asien? Adnoten zur Globalisierung des Geistes. Schnellroda 2008; Gesunder Menschenverstand. Über Glücklichsein, Spaßhaben u. Standhalten. Schnellroda 2009; Mutter Erde, Vater Gott. Vom Ursprung des Lebens und seiner Gestalten. Schnellroda 2010; An der Kehre. Über die Krisen des Kapitalismus, des Westens u. der Demokratie. JF Edition. Berlin 2012. Freie Rede. Über Tiefen u. Untiefen genauen Sprechens. Ebs. Berlin 2013; Abbild und Ereignis. Über Kunst, Theater und Film in der Moderne. Ebs. Berlin 2016.

Zeleny, Jindrich
1922–1997
Marxistische Arbeiten zu einer dialektischen Ontologie in der CSSR
Studierte nachkriegszeitlich von 1945–48 Phil. u. Soziologie an der Karls-Univ. in Prag, mit der phil. Prom. ab 1954 Dozent u. seit 1967 marx. Phil.-Prof. ebenda; 1968/69 auch als Gast-Prof. in Wien u. Boston; 1961–81 Mitglied des Vorstandes der Intl. Hegel-Gesell. (Präsd. W. R. *Beyer); danach ab 1981 im Präsidium der „Intl. Gesell. für dial. Philosophie" u. 1983–93 auch im Vorstand der Federation Internationale des Societes Philosophiques (gem. dort mit A. *Kosing); seit 1981 Mitglied der Tschechoslowakischen Aka. der Wiss. u. bis 1990 auch Arbeiten am dortg. Inst. für Phil.; in Überwindung der traditionellen erkenntnistheor.-dualistischen Dialektikauffassung geht es ihm ums Erstellen einer ontopraxiolg. dial. OT, wozu ein Nachlasswerk „Dialektische Ontologie" (Frankf./M. 2001) erschien, hrsg. v. H. J. *Sandkühler u. P. *Stekeler-Weithofer; zuvor auch noch andere Übersetzungen in der DDR.

Publ.(dt.-sprachig): Die Wissenschaftslogik bei Marx und Das Kapital. Berlin u. Frankf./M. 1968 (5. A. 1973); Studien über Dialektik. Praha 1975; (Hrsg.): Ed. Husserl: Krisis der europäischen Wiss. u. die transzendentale Phänomenologie. Praha 1972; Dialektik der Rationalität. Zur Entwicklung des Typs mat. Dialektik. Bln. 1986.

Ziegenfuß, Werner
16. Okt. 1904–12. Juli 1975
Philosophen-Lexikon als Handwörterbuch der Philosophie in 2 Bdn. (1949/50)
Geb. in Essen, wo der Vater Mitkonstrukteur der „Dicken Berta" bei Krupp war; Gymn.-Abi. in Dresden u. anschl. 1923/24 Studium der Rechts- und Staatswiss in Hamburg, 1924–27 der Soziologie u. Ethnologie in Berlin; phil. Prom. bereits 1926 ebenda u. sofortg. Arbeit an der Habil. als Oberass. am dortg. Phil. Sem., die jedoch trotz seines sofortg. NSdAP-Beitritts (z. 1. Mai 1933) sogar aus pol. Gründen nicht zustande kam; 1935 wiss. Hilfskraft am Soziolg. Sem. der Univ. Hamburg u. 1941 Habil. für Wirtschaftspäd. an der Wirtschaftshochschule Berlin, dort Dozent u. Lehrtg., unterbrochen durch Militär- u. a. NS-Einsätze 1943–45; seit 1933 bereits umfangreiche Vorarbeiten mit anderen (Eugen Hauer u. Gertrud Jung) zu einem umfangreichen Welt-*Philosophen-Lexikon* (in Forts. u. Ersatz des Rudolf *Eisler-Lexikons), wozu ab 1937 bereits sechs Lieferungen erschienen (480 S. bis Buchstabe K. endend); zuvor waren dazu durch den Verlag an fast 700 lebende dt. Phil. „Rundfragen" verschickt worden „durch die die wichtigsten Lebensdaten, die entsch. Wesenszüge ihrer Phil., Verzeichnis ihrer Werke und der über diese erschienenen Schriften von den Autoren selbst festgestellt werden sollten." (Vorwort), wozu über 600 Antworten eingingen, die ausgewertet werden konnten; da es aber wegen der sofort einsetzenden NS-weltanschaulichen Kritik (keine fachphil.) nicht weiter erscheinen konnte, erfolgte seine abschl. Drucklegung und Auslieferung (bei nahezu unveränderter Textlage) nachkriegszeitlich zweibändig als *Handwörterbuch der Philosophie nach Personen* im Walter de Gruyter-Vg. Berlin: Bd. 1 1949 (A–K, 700 S.) u. Bd. 2 1950 (L–Z, 958 S.);

Z. war nach seiner erfolgten Entnazifizierung 1947 zeitweilig red. Mitarb. des Ost-Berliner Verlag Volk u. Welt, als er auch ein ungewöhnl. Lenin-Buch schrieb u. 1948 veröffentlichte, aber trotzdem keine univ. Anstellung fand; zugleich lehrte er bis 1952 an der TU Berlin als PD bis er als o. Prof. für Soziologie an die Handelshochschule Nürnberg berufen wurde; hier führte allerdings 1956 ein folgenschweren sog. „Dienststrafverfahren" (wegen „homosexueller Verhaltensweisen") z. Verlust seiner univ. Anstellung, seines Prof.-Titels und natürlich gutbürgl. Beamtenbesoldung, wobei noch 1955/56 ein von ihm hrsg. umfangreiches „Handbuch der Soziologie" erschien; danach setzte seine zunehmende Erkrankung und regelrechter sozialer Abstieg ein (Versicherungsvertreter u. Hilfsarbeiter) bis ihm ab 1. Mai 1972 endlich eine Erwerbsunfähigkeitsrente gewährt wurde; am 12. Juli 1975 beging er schließlich Suizid in West-Berlin durch Fensterabsturz; seine Urne wurde in Dresden ohne jede Ehrung auf dem Johannes-Friedhof im Familiengrab beigesetzt. Als Hauptverfasser u. Herausgeber eines zweibändigen *Handwörterbuches der Philosophie nach Personen* (Phil.-Lexikon), Berlin (West) 1949/50 erstellte er mit anderen das wohl wichtigste dt.-sprachig personenbezogene Nachschlagewerk (aus Sicht der verengten marx.-len. DDR-Phil. jedenfalls) zur sog. „nichtmarx." Welt-Philosophiegeschichte, das durch ein späteres, hist. wie ideologisch-sektiererisch red. DDR-*Philosophenlexikon* (1982, hrsg. von Eh. *Lange und D. *Alexander), ohne es überhaupt noch zu erwähnen (äußerst neg.-abwertende Kritik von W. *Harich bereits in DZfPh, H. 2-1954) in keiner Weise, jemals auch nur annähernd ersetzt werden konnte und sollte. Unserem vorlg. Personen-Verzeichnis zur DDR-Phil. 1945–95 diente der „Ziegenfuß" bis in seine „uneinheitliche" thematische Gestaltung der einzelnen Personen-Stichworte jahrelang als Anregung und Muster. – Der vom damalg. ersten Chefred. der DZfPh W. *Harich teilweise regelrecht bösartige und völlig unsachgemäße Verriss ist p. f. nur zu bedauern, wobei die kaum noch nachvollziehbare Kritik an den „fehlenden" (zumeist aber völlig unbekannten) parteimarx. sowie sowjet-phil. Denkern bezeichnend ist; jedoch die heute wieder anerkannten vorsowjet. russ. Fach-Phil. ebenso wie alle bedeutsamen, damals (1948) noch gesamtdt. Philosophen der 1. Hälfte des 20. Jhd. finden ihre Erwähnung; daran war ebenso, wiederum nationalgeschichtlich gesehen, angesichts der isolierten ostdt. DDR-Philosophieentw. in der 2. H. dieses Jahrhundert, im Kontext mit einer auf diese bezugnehmenden westdt. wie gesamteuropäische phil. Personenlage also unmittelbar wieder anzuknüpfen. Das hier vorlg. Pers.-Vz. zur DDR-Phil. 1945–95 ist ihm zum Gedenken gewidmet.

Publ.: Vom Kulturstaat der Deutschen. Berlin 1931; Versuch über das Wesen der Gesellschaft. Leipzig 1935; Die genossenschaftliche Wirtschaftsform. Stuttgart 1939; Der Mensch u. die Gestaltung der Wirtschaft. Stuttg. 1943; Augustin. Christliche Transzendenz in der Gesell. u. Geschichte. Berlin 1948; Gerh. Hauptmann. Dichtung und Gesell.-lehre des bürgerl. Humanismus. Berlin 1948:; Lenin. Soziologie u. revolutionäre. Aktion im politischen Geschehen. Berlin 1948; Die bürgerliche Welt. Berlin 1949; Jean-Jaques Rousseau. Erlangen 1952; Der Mensch als Gesell.-wesen und der Betrieb. Berlin 1953; Gesellschaftsphilosophie. Grundzüge der Theorie von Wesen u. Erkenntnis der Gesell. Stuttgart 1954; Handwörterbuch der Soziologie in 2 Hälften. Stuttgart 1956.

Zweiling, Klaus
18. Febr. 1900–18. Nov. 1968
Als Physiker-Philosoph Chefredakteur der „Einheit" und Diamat-Vorlesungen in Berlin
Geb. in Berlin-Moabit u. Besuch des Bismarck-Gymn. in Berlin-Wilmersdorf 1909–17 Not-Abi., weil landwirtschaftl. Hilfsdienst u. noch Sept.–Nov. 1918 Einberufung zum Heeresreservedienst; anschl. Studium der Mathe. u. Physik in Berlin und 1920–22 in Göttingen; hörte aber auch Vorlg. zur Geschichte, Nationalökonomie, Phil., alte Sprachen u. Presserecht; 1923 naturwiss.-phil. Prom. bei Max Born *Über die Anwendung graph. Methoden bei der Bahnbestimmung der Himmelskörper*; in Göttingen zeitweilig phil.-pol. Anhänger des phil.-‚kritisch'-streitbaren Rechts-Ethikers Leonard Nelson; während des Kapp-Putsches Eintritt in die abgespaltene USPD, die 1922 wieder in die SPD aufging; 1923/24 Physiker in einem Laboratorim in Berlin, aber wegen pol. Betätigung entlassen; danach Redakteur bei versch. sozialdemokratischen Tageszeitungen; Okt. 1931 Gründungsteilnahme der erneuten SPD-Linksabspaltung SAPD, wobei es aber trotzdem zu keiner antifasch. Zusammenarbeit mit der KPD mehr kommen sollte (wofür sich Z. im Unterschied zur KPD-SED-Führung zeitlebens ungemein partei-selbstkritisch verantwortlich bekannte); bereits Aug. 1933 verhaftet und wegen „Vorbereitung zum Hochverrat" zu drei Jahren Zuchthaus verurteilt; danach ohne jede Anstellung u. im weiteren Kriegsverlauf 1943 Einberufung zur „Frontbewährung" an der Ostfront; erst April 1945 kampflose Übergabe seiner Einheit bei Greifswald an die Rote Armee; zunächst sowjet. Kriegsgefangenschaft in Neubrandenburg und ‚Umschulung' an einer antifaschist. „Frontschule" bei Stettin; 1946 Beitritt zur KPD/SED und bereits 1946 erster Chefred. des theor.-pol. SED-Parteiorgans „Einheit"; 1950 nach Kampagne gegen frühere SAPD-Mitgl. (Parteiüberprüfg) sowie wegen mangelhafter „Wachsamkeit an der ideolog. Front" (bei massiv einsetzender Stalinisierung) Absetzung durch PB-Beschluß (Nachfolger Fred *Ölßner/Kurt *Hager) und abgeschoben als Leiter des Technik-Vg. Berlin bis 1955; nebenbei hatte er sich aber bereits 1948 nachholend, nun an der Phil. Fak. der Bln. Univ. zum Generalthema *Philosophie und Naturwiss.* habil. (Gutachter: L. *Richter überschrieb ihr Gutachten mit „Atomphysik und dial. Mat." u. A. *Baumgarten mit „Verhältnis des Marxismus zu den Naturwiss."; Kl. Zw. eigener Habil-Vortrag lautete "Bedeutung der Dialektik für die Atomphysik"); danach seit 1949 Gastdoz. für die Phil. des dial. u. hist. Mat. an der HU Berlin, aber erst 1955 (Prof. u. Lehrstuhlinhaber für Diamat war ohne jede univ.-phil. Vorleistungen K. *Hager) erfolgt eine entspr. Berufung als Prof. und die reguläre (sehr erfolgreiche u. anerkannte) Vorlg.-Tg. am Phil. Inst.; 1958–60 kurzzeitig Prof. mit Lehrstuhl und Bereichsleiter für Dial. Mat. daselbst, aber keinerlei staatl. oder Parteifunktionen in dieser Zeit; legt sich vielmehr in einer persönl. sehr mutigen Disk. um den Len. Materiebegriff fachphil. u. naturwiss. mit Kurt *Hager an u. weigerte sich zudem, Stalin nun überhaupt nicht mehr unkritisch zitieren zu dürfen; 1960 daher wiederum völlig sinnlose parteiangewiesene Versetzung als Bloch-Nachfolgedirektor ans dortige Phil.-Inst. in Leipzig bis 1965 (Ablösung durch A. *Kosing bis 1969); zeitweilg. Vors. des Beirats für Phil. beim Staatssekr. für HSW und 1959–68 formell auch

Präsd. der Vereinigung der Phil. Institutionen der DDR (ein nie wirklich agierendes Gremium, weil es in der DDR gar keine eigenständige „Phil.-Gesell.", wie bei den DDR-Historikern, geben durfte), Nachfolge-Präsd. auch hier A. *Kosing; 1960–64 Mitglied des Red.-Kollegiums der DZfPh u. 1958–62 wiss. Red. meherer Broschüren eines marx. Autorenkollektivs zur Gesch. der dt. (bürgerl.) Phil. von 1895–1917, 1917–1945 sowie nach 1945 (angeforderte Zuarbeiten für eine entspr. sowjet-phil. „Gesch. der Phil.", Bd. VI. Moskau u. Berlin 1965); 1963 u. 1968 erstmalg. Teilnahme an den Phil.-Weltkongressen in Venedig (XIII.) und Wien (XIV.) mit einer offiziellen DDR-Phil.-Delegation; 1965 regulär em., aber nach dem früheren Tod seiner weit älteren Ehefrau schließlich am 18. Nov. 1968 völlig vereinsamter Selbstmord in seiner ausgebrannten Wohnung in Leipzig.; in Berlin dienten derweil seine nicht mehr veröffentl. Diamat-Vorlg. jahrelang als ungenanntes Lehrmaterial.

DDR-Personen-Lexikon 2010 (H.-C. *Rauh), DDR-Phil.-lexikon 1982 (M. Dickhoff).

Publ.: Aufstieg u. Niedergang der kapl. Gesell. Gesellschaftskritische Skizze. Bln. 1927; (Mitautor): Der Sieg des Faschismus in Dtl. u. die Aufgaben der Arbeiterklasse. (Sozial. Arbeiterpartei Dtl. – Auslandsbüro). Paris 1933; Beiträge zum neuzeitl. WB der Physik. Dial. Mat. u. theor. Physik. In: P. Jordan: Das Plancksche Wirkungsquantum. Berlin 1950; Verstärkte Mechanisierung, bessere Planerfüllung, besseres Leben. (Konferenzreferat der KdT Leipzig) Berlin 1951; Grundlagen einer Theorie der Biharmonischen Polynome. Berlin 1952; Gleichgewicht u. Stabilität. Krit. Untersg. einiger wichtiger Probleme der Elastizitätstheorie. Berlin 1953; Freiheit und Notwendigkeit (KB-Schriftenreihe). Berlin 1956; Der Leninsche Materiebegriff u. seine Bestätigung durch die moderne Atomphysik (Bibl. der Propagandisten: Dial. und Hist. Mat. – H. 7). Berlin 1956 (4. erw. A. 1958); Freiheit, das höchste Gut der Menschen (Schriftenreihe der der Karl-Marx-Gesell.). München 1960; (Bearbeiter): Die dt. bürgl. Phil. seit 1917 (Tb-Reihe Unser WB. H. 1). Bln. 1958; (Bearbeiter u. Mitautor): Die dt. bürgl. Phil. von 1895–1917 (Tb. H. 17) Berlin 1962; (ebs.): Die dt. Phil. von 1917–1945 (Tb. H. 18). Berlin 1961; (ebs.): Die dt. Phil. nach 1945 (Tb. H. 19). Bln. 1961 (was von diesen umfänglichen, genau parteigesch. periodisierten Ausarbeitungen tatsächlich in die damalige SU-Weltgesch. der Phil. übernommen wurde, konnte nicht mehr festgestellt werden). – *Anfänge*: Klaus Zweiling, der Lehrer (P. Ruben).

Zwerenz, Gerhard
3. Juni 1925–13. Juli 2015
Diplom-Philosoph-Ost und kritischer Schriftsteller-West
Geb. in Gablenz/Sachsen als Sohn eines Ziegeleiarbeiters und einer Textilarbeiterin; nach der VS Lehre als Kupferschmied; 1942 freiwillige Meldung zur Wehrmacht, dann aber desertiert vor Warschau u. kommt bis Ende 1948 in sowjt. Kriegsgefangenschaft; trotzdem Verpflichtg. zum Dienst in der Volkspolizei 1949/50 und SED-Mitglied; krankheitsbedingte Entlassung u. durch Sonderreifeprüfung parteiorg. Doz. für Gesell.-wiss. an der Ing.-Schule Zwickau; 1952– 56 Phil.-Studium an der Univ. Leipzig, vor allem bei Ernst *Bloch; erste lite.-publ. Versuche u. bereits ab 1956 freiberufl. Schriftsteller; wegen zunehmender SED-krit. Haltung nach dem 20. KPdSU-Ptg. Parteiausschluss, jedoch nicht öffentlich durch seine univ.-journalist. Parteigruppe, sondern durch übergeordnette Parteileitungsorgane; entzieht sich der nun drohenden Verhaftung (anders als sein Mitstudent Günter *Zehm, den genau das ereilt)

durch sofortige Flucht über West-Berlin in die BRD; bis z. Ende der DDR weiterhin von der Staatsicherheit der DDR fernobserviert, daher publ. er unter vielen Pseudonymen (aber auch wegen einiger erotischer Texte, das wohl zum Broterwerb); die operativen MfS-Decknamen für ihn lauten bezeichnenderweise „Subjekt", „Spinne", „Agent", „Dritter Weg", „Revisionist"+„Renegat"; schreibende Einmischung in alle nur erdenklichen dt.-dt. Tagesereignisse; daher 1994–98 auch parteiloser BAG für die offene Liste der PdS; in „Sklavensprache u. Revolte" (2004) entüllt er rückerinnerlich mit fast schon „politpsychoanlytischen" Mitteln den Bloch-Kreis in seiner ost- wie westdt. (personalgeschichtlichen) Existenzweise; 90zig-jährig in seinem Haus in Oberreifenberg im Taunus am 13. Juli 2015 verst.

Publ. (Werkauswahl): Aristotelische und Brechtsche Dramatik. Versuch einer ästh. Wertung. Rudolstadt 1956; Magie, Sternenglaube, Spiritismus. Streifzüge durch den Aberglauben. Urania Leipzig 1956; Die Liebe der toten Männer (z. 17. Juni 1953). Köln 1959; Aufs Rad geflochten. Roman vom Aufstieg der neuen Klasse. Köln 1959; Ärgernisse – Von der Maas bis an die Memel (Essays). Köln 1961; Gesänge auf dem Markt. Satiren u. phantast. Geschichten. Köln 1962; Wider die dt. Tabus (Polemik). Mün. 1962; Nicht alles gefallen lassen. Schulbuchgesch. Frankf./M. 1962; Heldengedenktag. Dreizehn Versuche in Prosa, eine ehrerbietige Haltung einzunehmen (auch eine biogr. Skizze zu Walter Ulbricht). Mün. 1964 u. 1968; Casanova oder Der kl. Herr in Krieg u. Frieden (Roman). Mün. 1966, 1975 u. 1981; Vom Nutzen des dicken Fells u. a. Geschichten. Mün. 1968; Erbarmen mit den Männern. Roman vom Aschermittwochsfest u. den sieben Sinnlichkeiten. Mün. 1968 u. 1971; Die Lust am Sozialismus. Frankf. 1969; Kopf u. Bauch. Die Gesch. eines Arbeiters, der unter die Intellektuellen gefallen ist. F./M. 1971 u. 1973; Der plebejische Intellektuelle. Frankf./M. 1972; Die Erde ist unbewohnbar wie der Mond. Frankf./M. 1973; Der Widerspruch. Autobiogr. Bericht. Frankf./M. 1974; Die Quadriga des Mischa Wolf. Frankf./M. 1975; Wir haben jetzt Ruhe in Dtl. Hamburg 1981; Erotische Kalendergeschichten (12 Bände) Mün. 1983; Die Rückkehr der toten Juden nach Dtl. Mün. 1986; „Soldaten sind Mörder". Die Deutschen u. der Krieg. Mün. 1988; Vergiß die Träume Deiner Jugend nicht. Hamburg 1989; Rechts u. dumm. Hamburg 1993; Links und lahm. Die Linke stirbt, doch sie gibt nicht auf. Hamburg 1994; (Hrsg. Ingried Z.): Die Antworten des Herrn Z. oder Vorsicht, nur für Intellektuelle (mit beigefügter Dok, „Freunde u. Feinde über Zwerenz"). Querfurt 1997; Unendl. Wende. Ein Steitgespräch (mit Hm. Kant). Querfurt 1998; Die grundsätzliche Differenz. Ein Streitgespräch in Wort u. Schrift (mit Sahra Wagenknecht). Querf. 1999; Krieg im Glashaus oder Der Bundestag als Windmühle. Autobiogr. Aufzeichnungen vom Abgang der Bonner Republik. Berlin 2000; Rechts rauß. Mein Ausstieg aus der Szene (Biographie mit eigenem Vorwort). Berlin 2004; (gem. mit I. Zwerens): Sklavensprache und Revolte. Der Bloch-Kreis und seine Feinde in Ost u. West. Hbg. 2004; (J. Reetz): G. Z. – weder Kain noch Abel (Gespräche). Berlin 2008; Die Verteidigung Sachsens u. warum Karl May die Indianer liebt. Sächs. Autobiographie in Forts. Teil 1: 99 Folgen (2007–09), Teil 2: 99 Nachworte (2010–2012), Teil 3: Nachrufe & Abrechnung (ab 2013).

Nachtrag

Schmied-Kowarzik, Wolfdietrich
1 1. März 1939
Dialektik und Philosophie der Praxis an der Universität Kassel 1971–2007
Geb. in Friedberg/Hs. Studium der Phil. Ethnologie, Psy. u. Pädg. in Wien u. ebd. 1963 phil. Prom. zur *Spätphil. Schellings:* Habil. 1970 in Bonn zur *Dialektik der Philosophie Hegels sowie zum Problem von Theorie und Praxis* (publ. 1974): 1971–2007 Prof. für Phil. u. Pädg. an der Univ. Kassel; weitere Arbeiten zur Dialektik gesell. Praxis bei Marx (1981) sowie zur marx. Erziehungs- u. Bildungstheorie (1988 u. 2018); ebenso 2 wieder aufgelegte Publ. zum Marx-Jubl. 2018 u. abschl. „Vom Gott der Philosophen": rlg.-phil. Erkundungen (Mün. 2020); lebt nun wieder in Wien. – Festschriften z. 60. Geb., 70. Geb. u. 80. Geb. sowie univ. Abschied 2007 mit biogr. Skizze 2007.

Statistische Gesamtübersicht
zum Personen-Verzeichnis der DDR-Philosophie 1945–1995

Es handelt sich aber um keine Gesamtstatistik zur DDR-Philosophie, obwohl deren hier vorlg. quantitative Erfassung nach Kenntnis ihrer einzelnen Institutsgeschichten aus Bd. IV als sehr repräsentativ anzusehen ist.

Das **Gesamt-Verzeichnis** umfaßt insgesamt **718** längere/mittlere/kürzere Personen-Einträge (deren philosophiegeschichtl. Auswahl wird in der voranstehenden Einführung erklärt)

DDR-Philosophen insgesamt (ihrer institutionellen Grundstruktur nach): **455**
(wird im Bd. IV der Gesamt-Reihe institutsgeschichtlich ausgeführt)

DDR-Universitäts-Philosophie	: 225, entfallen auf:	HU Berlin	: 84
		KMU Leipzig	: 53
Akademie-Philosophie (Berlin)	: 100	FSU Jena	: 30
		MLU Halle	: 26
ML-Philosophen (der DDR)	: 75	EMAU Greifswald	: 14
		TU Dresden	: 9
Partei-Philosophie (Berlin)	: 55	WPU Rostock	: 6
		Univ. Potsdam	: 2
		Univ. Erfurt	: 1

Generationenabfolge:	– Gründergeneration (Jg. 1900-1925)	**: 66**
(allein auf die ostdt. Phil.-	– Lehrergeneration (Jg. 1926-1945)	**: 82**
gesch. 1945–95 bezogen)	– Nachwuchsgeneration (Jg. 1946 f.)	**:110**

Westdeutsche (insgesamt bis 1948 bzw. 1961 sowie wieder nach 1990)	**: 48**
Ausländer (insgesamt)	**: 83**
– SU-Philosophen	**: 50**
– Ost-Europa	**: 18**
– West-Europa	**: 15**

Fachwissenschaftler (mit philosophischen Bezügen)	**: 107**
– Naturwissenschaften	: 20
– Gesellschaftswiss.	: 26
– Pädagogen	: 8
– Theologen	: 15
– Logiker	: 20
– Literaten/Künstler	: 18

Funktionsträger (aus dem SED-Partei- und DDR-Staatsapparat)	**: 26**
Frauenanteil (DDR-Philosophinnen)	**: 57**
(insgesamt 70)	

Abkürzungsverzeichnis

A	Promotion A (Dr. Phil.)	ASR	Akademie für Staats- und Rechtswissenschaften (der DDR)
A.	Auflage/Ausgabe		
ABF	Arbeiter- und Bauerfakultät	Ass.	Assistentin / Assistent
Abg.	Abgeordnete(r)	Ästh.	Ästhetik/ästhetisch/Ästhetiker
Abh.	Abhandlung	AT	Altes Testament
Abi	Abitur	Aufkl.	Aufklärung/aufklären/Aufklärer
ABM	Arbeitsbeschaffungsmaßnahme	Ause.	Auseinandersetzung/auseinandersetzen
abschl.	abschließend		
Abstr.	Abstraktion/abstrakt	Ausg.	Ausgabe/Ausgang/ausgeben
Abt.	Abteilung	Az	Aktenzeichen
Abw.	Abwicklung	B	Promotion B (Dr. sc. phil./ Habilitation)
AD	Anti-Dühring (Fr. Engels-Schrift)		
AdK	Akademie der Künste (der DDR)	BB	Brandenburg
ADN	Allgemeiner Deutscher Narichtendienst	BBAW	Berlin-Brandenburgische Akademie der Wissenschaften
AdW	Akademie der Wissenschaften (der DDR)	Bd.	Band
		BE.	Berliner Ensemble
AfG	Akademie für Gesellschaftswissenschaften beim ZK der SED	beilg.	beiliegend
		beispw.	beispielsweise
Agit.	Agitation/agitieren	bes.	besonders
AG	Arbeitsgruppe	Betr.	Betreff/betrifft
Ahg.	Anhang	Bewe.	Bewegung
Aka.	Akademie/akademisch	Bewu.	Bewußtsein/bewusst
Aka.-Phil.	Akademiephilosophie/akademiephilosophisch	bez.	bezüglich/bezeichnen
		Bez.-Vw.	Bezirksverwaltung
allg.	allgemein	BGL	Betriebsgewerkschaftsleitung
altbürgl.	altbürgerlich	Bh.	Beihheft/Buchhandel
amerik.	amerikanisch	Bhf.	Bahnhof/Beihilfe
amt.	amtierend	Bibl.	Bibliothek/bibliothekarisch
amtl.	amtlich	Biblgr.	Bibliographie/bibliographisch
Anm.	Anmerkung/anmerken	Biogr.	Biographie/biographisch
anschl.	anschließend	Biolg.	Biologie/biologisch
Anthrop.	Anthropologie/anthropologisch	BK	Bekennende Kirche
Antifa.	Antifaschismus/antifaschistisch	BL	Bezirksleitung
Antis.	Antisemitismus/antisemitisch	Bln.	Berlin
ao. Prof.	außerordentlicher Professor	Bm.	Bemerkung/bemerken
APW	Akademie der Pädagogischen Wissenschaften (der DDR)	Bolsch.	Bolschewismus/bolschewistisch
		BPO	Betriebsparteiorganisation (der SED)
aplm.	außerplanmäßig		
App.	Apparat/Apparatschik	BPS	Bezirksparteischule (der SED)
Arb.-gem.	Arbeitsgemeinschaft	Br.	Bereich (Lehre/Forschung)
Arb.-bewe.	Arbeiterbewegung	BRD	Bundesrepublik Deutschland
Arbgr.	Arbeitsgruppe	Briefw.	Briefwechsel
Arbkl.	Arbeiterklasse	brit.	britisch
Art.	Artikel	Btr.	Beitrag/Beiträge / betreffs
Asp.	Aspirantur/Aspirantin	BSP	Bezirksparteischule (der SED)

Bsp.	Beispiel	Displ.	Disziplin/disziplinär/diszipliniert
bspw.	beispielsweise	Diss.	Dissertation (A bzw. B)
BStU	Bundesbeauftragte(r) für die Unterlagen des Staatssicherheitsdienstes der DDR	DIZ	Deutsches Institut für Zeitgeschichte
BuB	Bemerkungen und Berichte	DKP	Deutsche Kommunistische Partei (BRD)
bundesdt.	bundesdeutsch	Dogm.	Dogmatismus/dogmatisch
BuB	Bemerkungen und Berichte	Dok.	Dokument(ation)/dokumentieren
bürgl.	bürgerlich	Dokt.	Doktorand(in)
BV	Bezirksverwaltung	Doz.	Dozent
Bz.	Bezirk	DR	Deutsche Reichsbahn
bzw.	beziehungsweise	Dr. phil.	Doktor der Philosophie (Promotion A)
CDU	Christlich Demokratische Union		
Chem.	Chemie/chemisch	Dr. sc.	Doktor der Wissenschaft (Promotion B/Habilitation)
chin.	chinesisch/Chinesein		
christl.	christlich	DRK	Deutsches Rotes Kreuz
Cm.	Christentum	DSF	Gesellschaft für Deutsch-Sowjetische Freundschaft
CSSR	Tschechoslowakische Sozialistische Republik		
		DSV	Deutscher Schriftstellerverband (1952-73) der DDR
DAF	Deutsche Arbeitsfront		
DAK	Deutsche Akademie der Künste (1950-72) / später der DDR	DT	Deutsches Theater (Berlin)
		dt.	deutsch
das.	daselbst	Dtl.	Deutschland
dass.	dasselbe	DVP	Deutsche Volkspolizei (VP)
Dat.	Daten/Datum/Datei/datieren	DZfPh	Deutsche Zeitschrift für Philosophie
DAW	Deutsche Akademie der Wissenschaften (1946-72) dann DDR		
		DZV	Deutsche Zentralverwaltung
DBL	Deutsche Bücherei Leipzig	EAW	Erziehung-Ausbildung-Weiterbildung (Bereich univ. Lehre in der DDR)
DdN	Dialektik der Natur (Fr. Engels-Schrift)		
DDR	Deutsche Demokratische Republik	ebd.	ebenda
		ebs.	ebenso
DFD	Demokratischer Frauenbund Deutschlands	Ed.	Edition
		EDV	Elektronische Datenverarbeitung
DDF	Deutscher Fernsehfunk (der DDR)	eigtl.	eigentlich
DEFA	Deutsche Film-Aktiengesellschaft	EKD	Evangelische Kirche in Deutschland
Delg.	Delegation/delegieren		
Demo.	Demonstration	Em.	Emeritierung/emeritiert
Demokr.	Demokratie/demokratisch	EMAU	Ernst-Moritz-Arndt-Universität Greifswald (1933-2018)
ders.	derselbe		
dgl.	dergleichen	Emgr.	Emigration/emigriert
d. h.	das heißt	Emp.	Empiriokritizismus/Empirismus/empirisch
DHfK	Deutsche Hochschule für Körperkultur Leipzig		
		Engl.	England/englisch
Dial.	Dialektik/dialektisch	entspr.	entsprechend
Dial.-Mat.	Dialektischer Materialismus/dialektisch-materialistisch	Entw.	Entwicklung/entwickelt/entwickeln
Diamat	Dialektischer Materialismus	Enzykl.	Enzyklopädie/enzyklopädisch
Dipl.-Phil.	Diplom-Philosoph(in)	EOS	Erweiterte Oberschule

Erf.	Erfahrung/erfahren/Erforschung/erforschen	geschtl.	geschichtlich
		Geschw.	Geschichtswissenschaft(en)
Erg.	Ergänzung/ergänzen	Gesell.-wiss.	Gesellschaftswissenschaften/gesellschaftswissenschaftlich
Ergb.	Ergebnis/ergeben		
Erk.	Erkenntnis/erkennen	Gewi-Aka.	Aka. für Gesell.-wiss. beim ZK der SED
Erkl.	Erklärung/erklären		
Erw.	Erweiterung/erweitert	Gewi-Fak.	Gesellschaftswissenschaftliche Fakultät (in der SBZ/DDR)
ET	Erkenntnistheorie		
eth.	ethisch	ggf.	gegebenenfalls
erk.-theor.	erkenntnistheoretisch	Ggs.	Gegensatz
Europ.	Europa/europäisch/Europäer	GH	Geheimhaltung
Evang.	Evangelium/evangelisch	GI	Geheimer Informator (des MfS)
fachl.	fachlich	gl.	gleich
Fak.	Fakultät/fakultativ	GM	Gesellschaftlicher Mitarbeiter (des MfS)
Fam.	Familie/familiär		
Fasch.	Faschismus/faschistisch	GO	Grundorganisation (der SED)
FDGB	Freier Deutscher Gewerkschaftsbund	GOL	Grundorganisationsleitung (der SED)
FDJ	Freie Deutsche Jugend (DDR)	gest.	gestorben
fdl.	feindlich	Gestapo	Geheime Staatspolizei (NS)
f./ff.	folgend/fortfolgend	gr.	groß
Fgr.	Fachgruppe	griech.	griechisch
FHS	Fachhochschule	Grunds.	Grundsatz/grundsätzlich
FKP	Französische Kommunistische Partei	GS	Grundschule
		GST	Gesellschaft für Sport und Technik
FMI	Franz-Mehring-Institut (Leipzig)		
Fn.	Fußnote	GULAG	Sowjetisches Zwangsarbeiterlager
Fortg.	Fortgang/fortgehen		
fortgz.	fortgesetzt	GW	Gesellschaftswissenschaften/Gesammelte Werke
fortl.	fortlaufend/fortschrittlich		
Forts.	Fortsetzung/Fortschritt/fortsetzen	Gymn.	Gymnasium/gymnasial
		H.	Heft
Frankr.	Frankreich	HA	Hauptabteilung/hauptamtlich
franz.	französisch	Habil.	Habilitation/habilitieren
FS	Fachschule/Frühjahrssemester/Fernstudium	Hbg.	Hamburg
		h. c.	ehrenhalber
Fs.	Festschrift	HCR	Hans-Christoph Rauh
FSU	Friedrich-Schiller-Universität Jena	HfÖ	Hochschule für Ökonomie (Berlin-Karlshorst)
FU	Freie Universität Berlin (West)		
F.u.L.	Forschung und Lehre (univ. Grundstruktur)	HFSM	Hoch- und Fachschul-Ministerium (der DDR)
Gastdoz.	Gastdozent	Hismat	Historischer Materialismus
Geb.	Geburtstag/geboren	hist.-krit.	historisch-kritisch
Gebr.	Gebrüder/Gebrauch/gebrauchen/gebraucht	Hist.-Mat.	Historischer Materialismus/historisch-materialistisch
gegr.	gegründet	Hist.	Historiker/historisch
Gem.	Gemeinschaft/gemeinsam	HJ	Hitlerjugend
gepl.	geplant	Hj.	Halbjahr/halbjährig
Gesch.	Geschichte	hl.	heilig

HO	Handelsorganisation (in der DDR)	Jhd.	Jahrhundert
Hrsg.(Hg.)	Herausgeber/herausgegeben	Jhtsd.	Jahrtausend
Hs.	Handschrift/handschriftlich	Jhz.	Jahrzehnt
HS	Hochschule/Herbstsemester	Jgd.	Jugend/jugendlich
HSD	Hochschuldozent	JHS	Juristische Hochschule des MfS in Potsdam-Eiche
Hum.	Humanismus/humanistisch		
HUB	Humboldt-Universität zu Berlin	JP	Junge Pioniere (DDR)
HV	Hauptverwaltung (des MfS)	jüd.	jüdisch
HV A	Hauptverwaltung Aufklärung (des MfS)	Jur.	Jurisprudenz/juristisch
		JW	Junge Welt (FDJ-Zeitschrift in der DDR und danach)
Hyp.	Hypothese/hypothetisch		
HVA	Hauptverwaltung Aufklärung (des MfS)	Kand.	Kandidat/kandidieren/Kandidatur
IfG	Institut für Gesellschaftswissen-schaften (auch universitär) beim ZK der SED	Kaplm.	Kapitalismus
		Kath.	Katholizismus/katholisch
		KB	Kulturbund zur demokratischen Erneuerung Deutschlands (der DDR)
idl.	idealistisch		
Idlm.	Idealismus		
Ideolg.	Ideologie/Ideologe/ideologisch	KG	Kampfgruppe
IHS	Ingenieurhochschule	Kfm.	Kaufmann/kaufmännisch
IKP	Italienische Kommunistische Partei	KI	Kommunistische Internationale/künstliche Intelligenz
Illg.	Illegalität/illegal	kirch.	kirchlich
IM	Inoffizieller Mitarbeiter (des MfS)	KL	Kreisleitung der SED
IMB	Inoffizieller Mitarbeiter mit Feindberührung (MfS)	kl.	kleine
		Klass.	Klassifizierung/Klassifikation/klassisch
IME	Inoffizieller Mitarbeiter im besonderen Einsatz MfS)	KM	Kommunistisches Manifest (Marx/Engels)
IML	Institut für Marxismus-Leninismus beim ZK der SED	KMO	Karl-Marx-Orden (DDR)
		KMU	Karl-Marx-Universität Leipzig (1953-1991)
Iplm.	Imperialismus/imperialistisch		
IMS	Inoffizieller Mitarbeiter zur Sicherung eines Bereichs (MfS)	Kolg	Kollege/Kolleg
		Komm.	Kommunismus/kommunistisch/kommunal
Inf.	Information/informativ/informieren/Informant		
Ing.	Ingenieur(in)	Koms.	Kommission/kommissarisch
inhalt.	inhaltlich	Korr.	Korrespondenz/korrespon-dierend
Inq.	Inquisition/inquisitorisch		
insb.	insbesondere	KP	Kommunistische Partei bzw. Kontaktperson (des MfS)
Inst.	Institut/institutionell		
Interpr.	Interpretation/interpretieren/Interpret	KPCh	Kommunistische Partei Chinas
		KPD	Kommunistische Partei Deutschlands
Intl.	Internationale/international		
IPW	Institut für Internationale Politik und Wirtschaft (DDR)	KPD(O)	Kommunistische Partei Deutschlands (Opposition)
Itl.	Italien/italienisch	KPdSU	Kommunistische Partei der Sowjetunion (ab 1952)
jährl.	jährlich		
Jb.	Jahrbuch	KPF	Kommunistische Partei Frankreichs
Jg.	Jahrgang		

KPKK	Kreisparteikontrollkommission (der SED)	MA	Militärakademie „Friedrich Engels" Dresden
kpl.	kapitalistisch	marx.	marxistisch
Kplm.	Kapitalismus	marx.-len.	marxistisch-leninistisch
KPÖ	Kommunistische Partei Österreichs	Mat.	Materialismus/materialistisch
		Mat. u. Em.	Materialismus und Empiriokritizismus (Lenin-Schrift)
KPS	Kreisparteischule (der SED)		
Kr.	Kreis	Math.	Mathematik/mathematisch
Krit.	Kritik/kritisch	m.a.W.	mit anderen Worten
Kult.	Kultur/Kultus/kulturell/kultiviert	MDI	Ministerium des Innern (DDR)
Kult.-wiss.	Kulturwissenschaft/kulturwissenschaftlich	MdB	Mitglied des Bundestages
		MdL	Mitglied des Landtages
Kunstgesch.	Kunstgeschichte	MdR	Mitglied des Reichstages
Kunsthist.	Kunsthistoriker(in)/kunsthistorisch	MdVK	Mitglied der Volkskammer
		m. E.	meines Erachtens
künstl.	künstlerisch/künstlich	Meckl.	Mecklenburg/mecklenburgisch
Kunstw.	Kunstwerk	Med.	Medizin/medizinisch
Kunstwiss.	Kunstwissenschaft/kunstwissenschaftlich	MEGA	Marx-Engels-Gesamtausgabe
		Men.	Mensch(en)
Kyb.	Kybernetik/Kybernetiker/kybernetisch	menschl.	menschlich
		metaph.	metaphysisch
KVP	Kasernierte Volkspolizei (DDR)	Meth.	Methode/methodisch/Methodologie
KZ	Konzentrationslager (NS-Zeit)		
Landw.	Landwirtschaft/landwirtschaftlich	metholg.	methodologisch
		MGU	Moskauer Staatliche Universität
Lat.	Latein/lateinisch	MHF	Ministerium für Hoch- und Fachschulwesen der DDR
Lehrg.	Lehrgang		
Lem.	Leninismus	MfAA	Ministerim für Auswertige Angelegenheiten
len	leninistisch		
Leopoldina	Deutsche Akademie der Naturforscher in Halle	MfK	Ministerium für Kultur
		MfS	Ministerium für Staatssicherheit (Stasi)
Lex.	Lexikon/lexikalisch		
Lib.	Liberalismus/liberal(istisch)	Min.	Minister
Lite.	Literatur/literarisch	Minst.	Ministerium
Lite.-br.	Literaturbericht	Mitarb.	Mitarbeiter/mitarbeiten
Litte.-wiss.	Literaturwissenschaft/literaturwissenschaftlich	Mitgl.	Mitglied
		Mithrsg.	Mitherausgeber
LP	Langspielplatte	ML	Marxismus-Leninismus (Mxm.-Lem.)
LPG	Landwirtschaftliche Produktionsgenossenschaft (DDR)		
		MLG	Marxistisch-leninistisches Grund(lagen)studium
LPS	Landesparteischule		
Lpz.	Leipzig(erin)/Leipziger	MLPD	Marxistisch-Leninistische Partei Deutschlands
Ltg.	Leitung		
Ltr.	Leiter	MLU	Martin-Luther-Universität Halle-Wittenberg
L. u. F.	Lehre und Forschung (universitär)		
LV	Landesverwaltung/Lehrveranstaltung	MP	Metaphysik
		MS	Mittelschule
Lz.-Soz.	Leibniz-Sozietät (Ost-Berlin)	MTS	Maschinen-Traktoren-Station (DDR)

MV	Mecklenburg-Vorpommern	Orig.	Original/original/Originalität/originell
Mxm.	Marxismus (ML)		
Nabi	Nationalbibliothek/Nationalbibliographie	ordtl.(o.)	ordentliche (Prof./Professur)
		Org.	Organisation/organisiert/organisieren
Nachf.	Nachfolge/nachfolgend		
nachw.	nachwendisch	Orth.	Orthodoxie/orthodox/Orthographie/orthographisch
Nat.	Nation/national		
natsoz.	nationalsozialistisch	OS	Oberschule
naturw.	naturwissenschaftlich	Ost-Dtl.	Ostdeutschland
Nazi	Nationalsozialist	ostdt.	ostdeutsche
NB	Nationalbibliothek	OT	Ontologie
ND(nd)	Neues Deutschland (Parteizentralorgan der SED)	OV	Operativer Vorgang (des MfS)
		OVG	Oberverwaltungsgericht
NDL	Neue Deutsche Literatur (DDR-Zeitschrift)	Pädg.	Pädagogik/pädagogisch
		Päd.-Fak.	Pädagogische Fakultät
Neg.	Negation/negativ	parteiamtl.	parteiamtlich
Nf.	Nebenfach	parteiorg	parteiorganisatorisch
NF	Nationale Front des demokratischen Deutschlands/der DDR	PB	Politbüro (des ZK der SED)
		PD	Privatdozent
NKFD	Nationalkomitee „Freies Deutschland"	PDS	Partei des Demokratischen Sozialismus
NP	Nationalpreis (der DDR)	Pers.	Person/persönlich
Nr.	Nummer	Persl.	Persönlichkeit
NS	Nationalsozialismus/nationalsozialistisch	Pg.	Parteigenosse (NS)
		PH	Pädagogische Hochschule
NÖS	Neues Ökonomisches System (in der DDR)	Phil.	Philosoph(in)/philosophisch/Philosophie
NSDAP	Nationalsozialistische Deutsche Arbeiterpartei	Phil. Fak.	Philosophische Fakultät
		PHS	Parteihochschule „Karl Marx" beim ZK der SED
NV	Nationale Verteidigung (DDR-Ministerium für)	PHV	Politische Hauptverwaltung (der NVA)
NVA	Nationale Volksarmee (der DDR)		
NW	Naturwissenschaften	physikl.	physikalisch
OB	Oberbürgermeister	PK	Produktivkraft
Oberass.	Oberassistent	PKK	Parteikontrollkommission (der SED)
Oberfl.	Oberfläche/oberflächlich		
Obj.	Objekt/objektiv/Objektivität	PO	Parteiorganisation
oblg.	obligatorisch	Pol.	Politik/politisch
OdF	Opfer des Faschismus	Pol. Ök.	Politische Ökonomie
OG	Oberstes Gericht	Pol.-wiss.	Politikwissenschaft/politikwissenschaftlich
Öffentl.	Öffentlichkeit/öffentlich		
o. g.	oben genannt	politök.	politökonomisch
Ökm.	Ökonomie/ökonomisch	POS	Polytechnische Oberschule (DDR)
ontolg.	ontologisch	Pos.	Position/positiv
OPK	Operative Personenkontrolle (MfS)	prak.	praktisch
		Präs.	Präsident/Präsidium
Opp.	Opposition/oppositionell	Probl.	Problem/problematisch/Problematik
Org.	Organisation/organisatorisch		

Prod.	Produktion/produktiv/Produktivität	Sozm.	Sozialismus
Prof.	Professor(in)/professionell/profilieren	SPD	Sozialdemokratische Partei Deutschlands
		spezl.	speziell/spezialisiert
Progm.	Programm/programmatisch	Spkl.	Spekulation/spekulativ
Prol.	Proletariat/proletarisch	SPK	Staatliche Plankommission (in der DDR)
Prom.	Promotion		
Prop.	Propaganda/propagandistisch	Sprachw.	Sprachwissenschaft/sprachwissenschaftlich
Protm.	Protestantismus		
prots.	protestantisch	SS	Schutzstaffel (NS)/Sommersemester
Ps.	Pseudonym/Person		
Psych.	Psychologie/psychologisch	staatl.	staatlich
Publ.	Publikation/publizieren	Staatsw.	Staatswissenschaften/staatswissenschaftlich
PV	Parteivorstand/Produktionsverhältnisse		
		staln.	stalinistisch
Qual.	Qualität/qualitativ/Qualifizierung/qualifizieren	Stasi	Staatssicherheitsdienst der DDR (MfS)
Quant.	Quantität/quantitativ	StB.	Staatsbibliothek
RAD	Reichsarbeitsdienst	SSD	Staatssicherheitsdienst (DDR)
rass.	rassistisch	Stdjh.	Studienjahr
rechtl.	rechtlich	Stellv.	Stellvertreter/stellvertretend
Rechtsw.	Rechtswissenschaft/rechtswissenschaftlich	Stutg.	Stuttgart
		SU	Sowjetunion/UdSSR
Red.	Redaktion/redaktionell	s. u.	siehe unten
Rep.	Republik	Symp.	Symposium
Rev.	Revolution	Sz.	Seitenzahl
Revi.	Revisionismus/revisionistisch	Tb	Taschenbuch
revl.	revolutionär	Tech.	Technik/technisch
Rlg.	Religion/religiös	Tg.	Tagung/Tätigkeit
RLS	Rosa-Luxemburg-Stiftung	Tgb.	Tagebuch
russ.	russisch	TH	Technische Hochschule
Russl.	Russland	Theolg.	Theologie/theologisch
S./s.	Seite/siehe	Theor.	Theorie/theoretisch
SBZ	Sowjetische Besatzungszone	TU	Technische Universität
SED	Sozialistische Einheitspartei Deutschlands	UA	Universitätsarchiv
		u. a.	unter anderem/und anderes
Sekr.	Sekretär/Sekretariat	UB	Universitätsbibliothek
Sem.	Seminar/Semester	Übers.	Übersetzung/Übersetzer(in)/übersetzen
Sitz.-ber.	Sitzungsbericht		
SKK	Sowjetische Kontrollkommission	übl.	üblich
SMAD	Sowjetische Militäradministration in Deutschland 1945-49	UdSSR	Union der Sozialistischen Sowjetrepubliken (SU)
s. o.	siehe oben	u. d. T.	unter dem Titel
sog.	sogenannt	u. E.	unseres Erachtens
Soziol.	Soziologie/soziologisch	Us.	Untersuchung
Sowjet.	Sowjetunion/sowjetisch	Univ.	Universität
Sozialw.	Sozialwissenschaft/sozialwissenschaftlich	univ.	universitär
		Unters.	Untersuchung/untersuchen
sozial.	sozialistisch	UPL	Universitätsparteileitung (SED)

UNO	Vereinte Nationen	WPO	Wohnparteiorganisation (der SED)
urspr.	ursprünglich		
Utp.	Utopie/utopisch	WPU	Wilhelm-Pieck-Universität Rostock (1963–1990)
v. a.	vor allem		
VB	Volksbildung	WS	Wintersemester
VdN	Verfolgte(r) des Naziregimes	WTR	Wissenschaftlich-Technische Revolution (DDR)
VEB	Volkseigner Betrieb (DDR)		
verantw.	verantwortlich/verantworten	z.	zu/zur/zum
Veröfftl.	Veröffentlichung/veröffentlichen	ZA	Zentralausschuss
versch.	verschieden	zahlr.	zahlreich
versp.	verspätet/versprochen	ZB	Zentralbehörde
verst.	verstorben/verstaatlicht	z. B.	zum Beispiel
VGH	Volksgerichtshof	zeitl.	zeitlich
VHS	Volkshochschule	Zft.	Zeitschrift
Vorb.	Vorbemerkung/vorbemerken/ Vorbereitung/Vorbericht	ZfG	Zeitschrift für Geschichtswissenschaft
vorh.	vorhanden	ZI	Zentralinstitut
Vorlg.	Vorlesung/vorliegend	ZIG	Zentralinstitut für Geschichte der Akademie der DDR
Vors.	Vorsitzender/vorsitzend		
VP	Volkspolizei (der DDR)	ZIfPh	Zentralinstitut für Philosophie der Akademie der DDR
VR	Volksrepublik		
VS	Verschlußsache	zit.	zitiert
VVN	Vereinigung der Verfolgten des Naziregimes	ZAP	Zentrales Parteiarchiv (der SED)
		ZK	Zentralkomitee (der SED)
VVO	Vaterländischer Verdienstorden (der DDR)	ZPA	Zentrales Parteiarchiv (der SED)
		ZPL	Zentrale Parteileitung
Vw.	Vorwort	ZR	Zentralrat (der FDJ)
Vz.	Verzeichnis	ZS	Zentralsekretariat/Zentralschule
Wb	Wörterbuch	z.T.	zum Teil
Wirkl.	Wirklichkeit/wirklich	zusf.	zusammenfassen
West-Dtl.	Westdeutschland	Zusfg	Zusammenfassung
westdt.	westdeutsch	Zushg.	Zusammenhang/zusammenhängend
Wisp.	Widerspiegelung/widerspiegeln		
Wiss. Rat..	Rat für phil. Forschung bis 1970/ Wiss. für ML-Philosophie bis 1989	Zus.	Zusammensetzung/ zusammensetzen/zusammen
Wirts.	Wirtschaft/wirtschaftlich	ZV	Zentralverwaltung/Zentralvorstand/Zivilverteidigung
Wirtsw.	Wirtschaftswissenschaft		
Wiss.	Wissenschaft/wissenschaftlich	zw.	zwischen
wiss. Mit.	wissenschaftliche Mitarbeiter	z. Zt.	zur Zeit/zurzeit
Wiwifak	Wirschaftswiss. Fakultät	Zz.	Zeitzone
WM	Weltmeisterschaft/Weltmeister		

Quellen-Verzeichnis

Wer war wer in der DDR? Ein Lexikon ostdeutscher Biographien. (Herausgeberkollektiv). Bd. 1 A-L und Bd. 2 M-Z. Berlin 2010 (5. A.) – abgekürzt: *DDR-Personen-Lexikon 2010*.

Philosophenlexikon (Autorenkollektiv). Berlin 1982 – abgek.: *DDR-Philosophenlexikon 1982*.

Philosophen-Lexikon. Handwörterbuch der Philosophie nach Personen. Hrsg. Werner Ziegenfuss und Gertrud Jung. Erster Band A-K (Berlin 1949) und Zweiter Band (Berlin 1950).

Deutsche Zeitschrift für Philosophie (DZfPh). 25 Jahrgang-Register 1953–1977. Teil II: Autorenregister. Berlin 1978 sowie nachfolgende Jahresinhaltsverzeichnisse bis 2000.

Zur Geschichte der Marxistisch-Leninistischen Philosophie in der DDR. Von 1945 bis Anfang der sechziger Jahre (Gesamtredaktion Vera Wrona und Friedrich Richter). Berlin 1979.

Philosophie für eine neue Welt. Zur Geschichte der marxistisch-leninistischen Philosophie. (Autorenkollektiv). Berlin 1988 (Personenverzeichnis mit Auswahlbibliographie).

Lothar Kreiser: Logik u. Logiker in der DDR. Eine Wissenschaft im Aufbruch. Leipzig 2009.

Norbert Kapferer: Das Feindbild der marxistisch-leninistischen Philosophie in der DDR 1945-1988. Darmstadt 1990.

Christian Tilitzki: Die deutsche Universitätsphilosophie in der Weimarer Republik und im Dritten Reich. Teil 1 und 2. Berlin 2002.

Thomas Bedorf/Andreas Gelhard (Hrsg.): Die deutsche Philosophie im 20. Jahrhundert. Ein Autorenhandbuch. Darmstadt 2015.

Aufarbeitsreihe zur DDR-Philosophie im Ch. Links Verlag in 4 Bänden (2001-2017) und deren jeweiligen Personenregister in ihrer Gesamtheit.

Hochschulschriftenverzeichnis (Dissertationen und Habilitationsschriften auf dem Gebiet der Philosohie seit 1945 in der SBZ/DDR).

Katalog der Deutschen Nationalbibliothek (zur Kontrolle der philosophischen Dissertationsschriften Prom. A und B (Habil) sowie aller bibliographischer Angaben (Publ.-Listen).

Universitätsgeschichten der DDR zu entspr. Jubiläen und alle ostdeutschen Universitäts-Jubiläumgeschichten in den neuen Ländern nach 1990 hinsichtlich der Univ.-Philosophie.

Universitäts-Archive (Philosophiebestand, Personal- u. Promotionsakten) in Berlin, Dresden, Greifswald, Halle, Jena, Leipzig und Rostock sowie im Bundes-Archiv Berlin-Lichterfelde.

Akademie-Archiv Berlin (ZIfPh) und Zentrales SED-Partei-Archiv (ZK-Abt. Wiss.) in Berlin.

Wikipedia, freie Enzyklopädie (einzelne Kontrollbelege als zusätzliche Informationsquelle).

Mehrhunderfacher Personen-Briefwechsel; schriftliche Anfragen u. persönliche Befragungen.

https://doi.org/10.1515/9783110731736-005

Namensregister

Abendroth, Wolfgang **23–25**, 174, 197, 225, 346
Abermann, Xenia **25–26**
Abusch, Alexander **26–27**, 59, 243, 393, 422
Ackermann, Anton **27**, 414
Adenauer, Konrad 162, 442
Adler, Frank **28**, 559
Adler, Friedrich 143
Adler, Max 103, 138, 284, 389
Adoradski, Wladimir W. 116
Adorno, Theodor W. 19, 24, 47, 68, 95, 174–175, 250, 296, 327, 380, 407, 434, 483, 487, 512, 531, 576, 619, 630
Ajdukiewicz, Kazimierz **29**
Albert, Hans 174, 407, 434, 576–577
Albrecht, Erhard **29–31**, 37, 79, 84, 85, 119–120, 120, 129, 135, 140, 17–78, 242, 246, 253, 262, 302, 352, 355, 382, 419–420, 480, 502, 504, 530, 551, 592, 596, 620, 627
Alexander, Dietrich **31–32**, 121, 167, 337, 590, 621
Alexandrow, Georgij F. **32–33**, 37, 92, 416, 524
Alt, Robert 96
Althusser, Louis **33–34**
Amberger, Alexander **34**, 94
Andert, Reinhold **35**
Arendt, Hannah 362
Aristoteles 32, 37, 43, 83, 136, 298, 333, 361, 383, 442, 477, 493, 543, 547
Arndt, Andreas **35–36**, 40
Arndt, Ernst Moritz 509–510
Arnold, Alfred **36**
Asmus, Valentin F. **37**, 254, 384, 422, 522
Asser, Günter **37–38**, 499, 588
Astroh, Michael 543
Augustinus, Aurelius 346, 512

Bacon, Francis 164, 292
Baeumler, Alfred 323, 340, 509, 534, 542
Bahner, Werner 299, 536, 626
Bahro, Rudolf 34, **38–40**, 54, 57, 75, 80, 106, 212–213, 235, 274, 320, 347, 367, 383, 494, 607
Bal, Karol **40**, 91
Banse, Gerhard **40–41**, 625
Bareuther, Rainer **41**
Bartel, Walter 103

Barth, Bernd-Rainer 26, 28, 46, 81, 94, 180, 191, 216, 244, 299, 344, 464, 489, 558, 586
Barth, Karl 124
Bartsch, Gerhard **42**, 171, 324, 350, 616
Bassenge, Friedrich **42–43**, 213, 244, 494, 547
Bauch, Bruno 339
Bauer, Adolf **43**, 209
Bauer, Ileana **44**, 204, 292
Bauer, Roland 44
Bauermann, Rolf **44–45**, 74, 84
Baumgarten, Arthur **45–46**, 96, 168, 188, 223, 241, 265, 299, 459, 511, 530, 557, 633
Bebel, August 408, 413, 626
Becher, Johannes R. 26, 27, 38, 107, 109, 245, 271, 422, 535, 558
Becker, Jurek **47**
Becker, Oskar 174
Becker, Werner **47–48**, 194, 222, 283, 549, 590
Behrens, Fritz **48–49**, 309, 332, 475
Beitz, Berthold 79
Bellmann, Reinart 459
Benary, Arne 49
Benjamin, Walter 68
Benjowski, Regina **50**
Benecke, Friedrich Eduard 609
Bense, Max **51–52**, 62, 108, 237, 265, 495–496, 624
Berg, Helene 27, **52–53**, 67, 289, 415, 601
Berg, Hermann von **53-54**
Bergner, Dieter 44–45, **55**, 60, 73, 84, 92, 102, 103, 143, 159, 261, 264, 338, 350, 375, 387–388, 413, 421, 551, 570, 619
Berka, Karel **56**, 300, 427, 455, 477, 549, 565
Berkeley, George 542
Bernal, John Desmond **56**, 92, 100
Bernstein, Eduard 115, 305, 438, 500, 566
Besenbruch, Walter 38, 39, **57**, 178, 205, 401, 432, 436, 441, 460
Beurton, Peter **58**
Beyer, Hans **58**, 60, 124, 255, 403, 622
Beyer, Wilhelm Raimund **59–60**, 85–86, 152, 225, 463, 469, 593, 631
Beyer-Naumann, Waltraud 35, **60**, 176
Bialas, Wolfgang **61**
Biedermann, Georg **62**, 538, 590
Biermann, Wolf 47, 52, 54, **62–63**, 69, 79, 106, 158, 199, 203, 205–206, 212, 306,

360–361, 431, 445, 484, 485, 503, 580–581, 611
Bierwisch, Manfred **64–65**, 102, 370
Binkau, Horst **66**
Bisky, Lothar **66–67**, 505, 506
Bittighöfer, Bernhard **67–68**
Bloch, Ernst 19, 30, 46, 64, **68–70**, 77, 79–82, 84, 85–86, 94, 105, 116, 129, 136, 140, 147, 149, 152, 155, 161, 168–169, 189–191, 202, 209, 211, 221, 225, 227, 228–229, 240–241, 242, 243, 245, 265, 267, 269, 271, 272, 286, 287, 296, 309, 314, 344–346, 348, 351, 353–354, 369, 375, 387, 390, 398, 406, 420, 428, 441, 450, 454, 457, 465, 481, 484, 496, 499, 500, 501, 502, 504, 508, 519, 545, 560–561, 568, 569, 582, 585, 593, 595, 627, 629–630, 633, 634–635
Bloch, Jan Robert 70
Bluhm, Harald **71**
Blumental, Wolfgang 559
Bochenski, Joseph Maria **71–72**, 132, 442, 614
Boeck, Hans **73**, 168, 355
Bogdanow, Alexander A. 167, 238, 439
Bogner, Hagen **74**
Böhme, Jacob 235
Bohring, Günther 38, **74–75**, 387
Bollhagen, Peter **75–76**
Bollinger, Steffan **76**, 362
Bollnow, Friedrich 369, 479
Boltzmann, Ludwig 283
Bolzano, Bernhard 339, 617–678
Bonhoefer, Dietrich 619
Bönisch, Siegfried **77**, 110, 223, 313, 348, 412, 437, 495, 506, 559, 582, 591
Born, Max 148, 592, 633
Börner, Manfred 151
Borzeskowczki, Horst-Heino 432, 600
Bourdieu, Pierre 322, 361
Brandt, Willy 127
Branstner, Gerhard **78**
Bräu, Richard **79**, 187, 351, 486,
Braun, Volker 38, 39, **79–81**, 197, 203, 205, 271, 306, 482, 561
Braunreuter, Kurt 466
Brecht, Bertolt 62, 68, 156, 369–370
Brentano, Franz 339, 572, 588
Brentano, Margherita von 197
Breschnew, Leonid I. 528, 559

Brie, Michael 39, 78, **82**, 187, 235, 317, 447, 517
Briese, Olaf **83**
Bröcker, Walter 30, **83–84**, 177, 220, 479, 595
Brüggemann, Jürgen **84**
Bruyn, Günter de 188, 202, 452
Bucharin, Nikolai I. 163, 200–201, 353, 407, 541, 583
Bühler, Karl 434
Buhr, Manfred 37, 40, 44, 50, 59–60, 69, 81, **85–87**, 91, 112, 117, 118, 136, 152, 153, 154, 156, 164, 171, 176, 179, 183, 190, 193, 201, 204, 227, 233, 240, 150, 264, 266, 267, 273, 276, 289, 292, 304, 311, 321, 323, 327, 350, 354, 363, 382, 384, 385–386, 394, 416, 426, 438, 443, 462–463, 466, 469, 490, 495, 501–502, 504, 513, 519, 527, 536, 546, 574–575, 583, 599, 603, 616, 624, 626
Burrichter, Clemens **88–89**, 160, 316, 387
Buschinski, Susanne **89**
Buschmann, Cornelia **90**
Butscher, Jens **90**

Carnap, Rudolf 209, 300
Cassirer, Ernst 141, 389, 531
Caysa, Volker **90–91**, 256, 519
Chaßchatschich, Fjodor I. **91–92**
Chomsky, Noam 64
Chruschtschow, Nikita S. 33, 236, 239, 529, 558, 593
Clausewitz, Carl von 581
Cohen, Hermann 194, 583
Colli, Giorgio 79, 392–394, 404
Comte, Auguste 407
Conrad, Thomas **92**
Cornforth, Maurice **92**
Cornu, Auguste **92–93**, 169, 392, 587
Crüger, Herbert **93–94**, 603
Cusanus, Nikolaus 152, 201, 368, 594, 616

Daber, Rudolf 58, 173, 477, 552
Dammaschke, Mischka **94**, 172
Darendorf, Ralf 350
Dathe, Uwe **94–95**
Dawydow, Juri N. **95**
Deborin, Abram M. 386, 407
Decker, Gunnar **95**, 276
Decker, Kerstin **96**, 276
Deiters, Heinrich 46, **96–97**, 335, 557
Deppe, Frank 24

Derida, Jacques 136
Descartes, Rene 159, 382, 543
Dessau, Paul 161
Deutscher, Isaac **97–98**, 541
Diderot, Denis 43, 216, 299, 397
Didier, Viktor **98**
Dietzgen, Joseph 129, 413, 496
Dietzsch, Steffen 19, **99**, 269, 412, 505, 519, 547, 583, 616
Dill, Hans-Otto 489
Dilthey, Wilhelm 141, 212, 213, 334, 335, 363, 472, 534–535, 543
Dimitroff, Georgi 314
Dobrow, Gennadi M. **100**
Dohnke, Dieter 320, 437, 514
Dölling, Evelyn **100–101**
Dölling, Irene 101
Dölling, Johannes 65, **102**, 401, 429
Domin, Georg **102**, 350, 419
Dörner, Günter 420, 562
Dressler, Helmut **103**
Driesch, Hans 228, 387
Duncker, Hermann 27, 29, 30, 52, 84, 98, **103–104**, 177, 260, 557, 595, 623
Dutschke, Rudi 69, **105–107**, 175, 296–297, 367
Dwars, Jens-Fietje **107**
Dymschitz, Alexander **108**

Ebbinghaus, Julius 30
Ebeling, Werner 156
Eckardt, Michael 52, **108–109**, 266
Eckart, Gabriele **109–110**
Edelmann, Johann Christian 205
Ehlers, Dietrich **110**
Ehlers, Klaus **110–111**
Ehrenburg, Ilja 239
Eichberg, Ralf **111**
Eichhorn I, Wolfgang 43, 81, **111–113**, 133, 166, 183, 185, 189, 233, 260, 263, 306, 315, 319, 322, 326, 385, 397, 437, 462–463, 466, 475, 567, 606
Eichhorn II, Wolfgang **113**, 121, 145, 166, 205, 391, 512, 560, 616
Eichler, Bernd **113**, 335, 562
Eichler, Klaus-Dieter **114**, 160, 519
Eichler, Uta **114**, 175
Einstein, Albert **115–117**, 166, 169, 210, 345, 360, 434, 466, 491, 515, 563, 578–579, 599
Eiselt, Klaus **117**

Eisler, Gerhart 118
Eisler, Hanns 118, 161, 371
Eisler, Rudolf **117–118**, 361
Elm, Ludwig **118**, 327, 404
Emmel, Hildegard 30, **119–120**
Engelberg, Ernst 169, 555
Engels, Friedrich 27, 41, 72, 84, 92–93, 115, 167, 223, 228, 234, 239, 274, 282, 313, 351, 373, 392–393, 425, 444, 450, 500, 539, 561, 584, 586–587, 596, 614
Engelstädter, Heinz **120**, 164, 401, 429, 616
Engler, Wolfgang **121**
Ennuschat, Wilpert **121**
Enskat, Rainer **122**
Epikur 484
Eppler, Erhard 127, 446, 519
Erpenbeck, John 113, **122–123**, 234, 241, 345
Eschke, Hans-Günter **123**, 358
Eschler, Erhard **124**
Eucken, Rudolf 95
Euler, Leonhard 615

Fabian, Eginhard 523
Falcke, Heino **124–125**
Fedossejew, Pjotr N. **125**, 290, 384
Feiereis, Konrad **126**, 270, 572
Fest, Joachim 70
Fetscher, Iring **127–128**, 132, 216, 630
Feuerbach, Ludwig 19, 62, 107, 137, 189, 245, 287, 298, 318, 331, 373–374, 381, 397, 443, 483, 496, 501–502, 523, 524, 547, 569, 606
Feyl, Renate **128**
Fichte, Johann Gottlieb 19, 26, 60, 62, 85, 137, 142, 169, 179, 373, 410, 501, 509, 538, 594–595
Fiedler, Frank 60, 77, **128–129**, 141, 281, 388, 419, 437, 565, 569, 582, 591, 600, 621
Finger, Otto **129–130**, 391, 401, 558
Fischer, Ernst **130–131**, 223
Fischer, Peter **131**
Fischer, Ruth 117
Fleischer, Helmut **132**
Flierl, Bruno **132**, 312
Flierl, Thomas **132–133**
Florian, Klaus-Peter **133**
Fogarasi, Bela 116, **134**, 198, 228, 291, 345, 381
Fölsch, Wolfgang **135**
Förster, Johannes **135**
Forster, Georg 317

Förster, Wolfgang 90, **136**, 169, 475, 498, 583
Franck, Sebastian 625
Frank, Hartwig 31, **136**, 543
Frankenhäuser, Gerald **137**
Franz, Michael **137–138**, 380, 471
Frege, Gottlob 95, 193, 300, 337, 339, 396, 549
Freud, Sigmund 32, 257, 260
Freyer, Hans **138–139**
Freytag-Löringhoff, Bruno von 30, **139–140**, 178, 242
Friedrich, Horst **140–141**, 486
Friedrich, Walter 66, 412
Friemert, Veit **141**
Frings, Theodor 64
Frischmann, Bärbel **141–142**
Fröhlich, Paul 228, 584
Frolow, Ivan T. **142**
Fromm, Eberhard 69, 74, **143**, 144, 185, 281, 363, 331, 363, 415, 453, 461
Fromme, Joachim **143**
Frommknecht, Helmut 98, **144–146**, 391, 409
Fröschner, Günter 94, **146**
Fuchs, Emil 58, **146–147**, 148, 149, 507, 519, 619
Fuchs, Klaus 58, 147, **148**, 149, 445
Fuchs-Kittowski, Klaus **149**, 221
Fühmann, Franz 95
Fuhrt, Peter 106
Fulda, Hans-Friedrich 580
Funke, Gerhard 590
Funke, Rainer **150**
Furian, Gilbert **150**

Gäbler, Klaus **151**, 362, 519
Gabriel, Gottlieb 95
Gadamer, Hans-Georg 19, 23, 40, 59, 68, 85, 138, **151–152**, 174, 192, 237, 299, 341, 361, 373, 406, 407, 423, 454, 535, 594, 619
Gagarin, Aleksej P. **152–153**
Garaudy, Roger 44, 130, **153**, 204, 287
Gebauer, Gunter 69, 91, 361
Gedö, Andras **154**, 546
Geerdts, Hans Jürgen 129
Gehlauf, Karlheinz **154**
Gehlen, Arnold 138, 151, 188, 195, 344, 348
Gehrke, Rudolf **155**
Geißler, Erhard 517
Geisler, Ulrich **155**
Gelhar, Fritz **156**
Gellert, Inge **156**

Genz, Sabine **157**
Gerhardt, Volker 18, 63, 132, **157–158**, 160, 308, 322, 334, 404, 406, 427, 440, 448, 455, 487
Gerlach, Hans-Martin 45, 77, 84, 90, 92, 111, 114, 141, 158, **159–160**, 256, 257, 286, 318, 333, 346, 362, 382, 394, 413, 430, 440, 448, 455, 490, 507, 519, 538, 583, 609
Gerlach, Walter 598
Gethmann, Carl Friedrich 88, **160**, 240, 308, 331, 387, 406, 441, 525, 536
Giordano, Ralf 329, 604
Girnus, Wilhelm 53, 78, **161**, 192, 282
Gleserman, Grigori J. **162**, 163
Goertdt, Wilhelm **162–163**
Goethe, Johann Wolfgang 26, 60, 119, 161, 169, 194, 253, 257, 338, 392, 560
Goldenbaum, Ursula **163**
Gollwitzer, Helmut 106
Gorbatschow, Michael S. 142, 286, 516, 522
Görlich, Johann Wolfgang **164**
Gößler, Klaus **164–165**, 417, 506
Gottschaldt, Kurt 277, 485
Gottwald, Siegfried **165–166**, 300
Grabs, Rudolf 515
Gramsci, Antonio 197
Grass, Günter 472
Grau, Conrad 618
Gregor, Helmut **166**
Griese, Anneliese 66, 90, 116, 166, **166–167**, 200, 231, 261, 283, 308, 316, 397, 425, 429, 523, 579, 515
Griewank, Karl 280
Grille, Dietrich **167–168**
Grimschl, Hans-Martin **168**
Gropp, Rugard Otto 68–69, 73, 129, 135, **168–169**, 227, 285, 387, 453, 457, 519, 556
Grotewohl, Otto 540
Grundmann, Siegfried 116, **169–170**. 350
Grüning, Thomas **170**
Grunwald, Manfred **170**
Grunwald, Sabine **171**
Gulyga, Arseni W. 37, 44, **171–172**, 201, 254, 292, 322, 416–417, 520
Guntau, Martin **172–173**, 397, 522–523
Günther, Hans 271, 346, 457, 541
Gutzeit, Martin **173**
Gysi, Gregor 78, 422, 513

Haberditzel, Werner 527
Habermas, Jürgen 19, 24, 28, 74, 105 110, 128, 141, **174–177**, 288, 296, 304, 367, 396, 406, 407, 416, 483, 487, 512–513, 545, 576–577
Hadler, Paul 30, 140, **177–178**, 242
Haeckel, Ernst 176, 278, 397
Hager, Kurt 26, 27, 53, 58, 64, 75, 85–86, 125, 129, 131, 144–145, 166, 176, **178–180**, 182–183, 185, 188–189, 205, 209, 212, 219, 224, 230, 233, 239, 251, 255, 258, 266, 271, 282, 285, 289, 293–294, 309–310, 322, 336, 338, 339, 343, 363, 378, 381, 390–391, 393, 414–415, 432, 443, 446, 451, 462, 472, 474, 478–479, 480, 489, 500, 525, 540, 551, 558, 585–586, 587, 602, 633
Hager, Nina **180**, 233
Hahn, Elke **181**, 487
Hahn, Erich 28, 53, 77, 86, 112, 141, 169, 176, 179, **181–184**, 207, 215, 226, 233, 251, 275, 281, 282, 294, 319, 321, 322, 327, 354, 385, 388, 390–391, 416, 418, 437, 439, 450, 460, 467, 469, 475, 476, 482, 486, 490, 503, 533, 546, 569, 606, 627
Hahn, Karl-Heinz 257
Hahn, Toni **184–185**, 304, 616
Haman, Richard 312
Händel, Alfred **185**, 192, 281, 424
Handel, Gottfried 70, **186**, 25
Haney, Frank **186**
Hanf, Thomas **187**
Hanke, Peter 23
Hänsch, Carola 31, **187**, 543
Harich, Wolfgang 34, 43, 46, 68–69, 94, 98, 169, 179, **188–191**, 195, 205, 211, 212, 215, 216, 242, 243–244, 263, 287, 293, 298, 304, 353–354, 358, 363, 374, 390, 393–394, 404, 413, 420, 423, 427, 448, 451–452, 479, 484, 496, 499, 500, 502, 514, 519, 534, 584, 632
Harig, Gerhard 56, 120, 161, 169, **191–192**, 209, 212, 219, 224, 248, 258, 266, 267, 271, 272, 280, 296, 299, 303, 309, 332, 375, 387, 389, 421, 458, 492, 501, 504, 556, 557, 602, 603
Harnack, Adolf 213
Hartmann, Bruno. **193**, 462
Hartmann, Leopold **193–194**, 339

Hartmann, Max 596
Hartmann, Nicolai 74, 98, 132, 151, 174, 179, 188–189, **194–195**, 323, 334, 354, 368, 426, 451, 534–535
Hartung, Wolfgang 110, 304
Hasselberg, Erwin **196**, 439, 571
Hastedt, Heiner **196–197**, 220, 607
Haug, Frigga 198
Haug, Wolfgang Fritz 33, 81, 132, **197–198**, 297, 315, 348, 370, 371, 574–575
Hauser, Arnold 198
Havemann, Robert 34, 54, 63, 106 131, **199**, 205, 210, 224, 309–310, 494, 515, 610
Hecht, Helmut **200**
Hedeler, Wladislaw 19, 108, 163, 172, **200–201**, 559, 583
Hedtke, Ulrich **201**, 462–463
Hegel, Georg Wilhelm Friedrich 19, 26, 32–33, 36, 40, 41, 43, 47, 49, 59, 61, 62, 68, 81, 82, 88, 95, 121, 127–128, 135, 137, 141, 146, 151, 152, 156, 168–169, 170, 171–172, 173, 179, 183, 187, 188–189, 195, 196, 225, 237, 240, 254, 261, 274, 285, 295, 298, 306, 311, 313, 318, 325, 353, 366, 373–374, 381, 407, 422–423, 434–435, 439, 444, 454, 460, 469, 487, 496, 501–502, 505, 519, 524, 528, 542, 545, 548, 552, 576–577, 590, 597, 606, 607, 614, 620, 623, 630, 636
Hegewald, Helmar **202**
Heidegger, Martin 19, 83, 105, 139, 151, 159, 161, 164, 174, 221, 256, 258, 295, 296, 366–367, 368, 375, 396, 403, 423, 477, 451, 510, 548, 576, 593
Heiduczek, Werner 376
Heimsoeth, Heinz 369
Hein, Christoph **203–204**, 229
Heinemann, Gustav 174
Heinrich, Gerda 44, **204**
Heise, Wilhelm 96, 334
Heise, Wolfgang 39, 57, 63, 112, 137, 146, 188, 203, **204–206**, 209, 212, 217, 232, 240–241, 250, 258, 295, 301, 304, 311, 313, 334, 363, 393, 400, 406, 436, 438, 439, 441, 448, 456, 457, 460, 502, 512, 513, 545, 551, 571, 581, 582, 594, 619, 621
Heisenberg, Werner 232
Heitsch, Wolfram **207**, 337
Helmholtz, Hermann von 233
Helvetius, Claude Adrien 299, 391

Henrich, Dieter 590
Heppener, Sieglinde 74, 157, 185, **207–208**, 376, 500, 627
Herder, Johann Gottfried 96, 171–172, 188, 241–242, 260, 338, 420
Herger, Wolfgang 167, **208**
Herlitzius, Erwin 43, 121, **209**, 247, 415, 424, 624
Hermlin, Stephan 190
Herneck, Friedrich 116, **209–210**, 612, 615
Herold, Rudolf **211**
Herrnstadt, Rudolf 27
Hertwig, Manfred 189, **211–212**, 496, 500
Hertz, Heinrich 308
Herzberg, Guntolf 34, 39, 43, 87, **212–213**, 256, 322, 494, 625
Heß, Moses 292–293, 392
Hess, Rudolf 542
Heuer, Uwe Jens 82, 517
Heussi, Karl **213**
Heyde, Johannes Erich 177, **214**
Heyden, Günter 53, 165, 211, **214–215**, 267, 385, 391, 401, 418, 443, 497, 500, 553, 566, 585, 586–587
Heyer, Andreas 34, 94, 190, **216**
Hiebsch, Hans 135, 277, 281, 465
Hilbig, Klaus 109, **216**
Hinske, Norbert 498
Hirdina, Karin **217**, 312
Hitler, Adolf 132, 138, 174, 195, 213, 223, 328, 434, 509, 522, 534, 538, 577, 592, 617
Hobbes, Thomas 154, 274, 283
Hochmuth, Arno 371
Hocke, Erich **217–218**
Hoffmann, Dieter 65, 93, 199, 210, 316, 344, 485, 494, 554
Hoffmann, Ernst 53, 157, 165, 188, 211, **219**, 224, 285, 309, 339, 375, 385, 389, 401, 451, 459, 496–497, 500, 553
Hoffmann, Gerd-Rüdiger **219–220**
Hoffmann, Günter **220**, 456
Hofmann, Paul **220–221**, 248 451, 535
Hofmann, Walter **221–222**
Hofmeister, Johannes 373
Hogrebe, Wolfram **222**, 284, 590
Holbach, Paul Heinrich Dietrich 299, 406
Hölderlin, Friedrich 109, 448
Höll, Ludz **223**

Hollitscher, Walter 30, 156, 179, 188, **223–224**, 258, 266, 339, 451, 484, 530, 551, 578, 603, 607, 617, 627
Holz, Hans Heinz 154, **225–226**, 237, 286, 294, 368–369, 426, 469, 490, 546, 574–575, 597
Holzkamp, Klaus 256, 329
Honecker, Erich 35, 109, 179, 309, 338, 352, 356, 446, 585–586, 604, 611, 623
Honneth, Axel 94, 176, 234, 619
Höpke, Kaus 432
Hoppe, Günther **226–227**
Höppner, Joachim 93, **227**
Höppner-Seidel, Waltraut 93, 204, 227
Horkheimer, Max 24, 174–175, 296, 327, 407, 482, 490, 512
Horn, Johannes Heinz 69, 135, 202, **228–229**, 269, 508, 556, 568, 569
Hörnig, Hannes 179, 183, **229–230**, 343, 378, 391, 446, 478–479
Horstmann, Hubert 86, 90, 113, 156, 224, **230–231**, 462, 609
Hörz, Helga 94, 120, 167, 171, **231–232**, 243, 240, 261, 308, 336, 546, 616
Hörz, Herbert 40, 41, 73, 76, 86, 98, 101, 112, 113, 117, 123, 144–145, 149, 156, 166, 179, 180, 193, 205–206, 207, 221, 231, **232–235**, 238–239, 276, 305, 308, 312, 316, 322, 332, 336, 343, 349, 368, 378, 381, 384, 387, 424, 428, 435, 438, 439, 444, 449, 459, 462–463, 475, 527, 546, 552, 557, 597, 599–600, 608, 609, 612–613, 615, 616, 625
Hosang, Maik 39, **235**
Huar, Ulrich **236**
Huber, Kurt 479
Hubig, Christoph 131, 226, **236–237**, 488, 582
Humboldt, Alexander 513
Humboldt, Wilhelm 534
Hume, David 338
Husserl, Edmund 123, 252, 338, 366, 396, 451, 570, 603
Ilenkow, Ewald W. **237**, 451, 519, 528
Iljin, Artschil J. 231, **237–239**, 439
Iljitschow, Leonid F. **239**
Irmscher, Johannes 252, 402, 526
Irrlitz, Gerd 44, 46, 69, 81, 99, 107, 132, 137, 141, 160, 181, 206, 221, **240–241**, 268, 269, 271, 304, 308, 313, 331, 351, 361, 400,

406, 426, 437, 441, 444, 448, 538, 561, 571, 606, 612, 616, 619

Jablonski, Siegfried **241**
Jäckel, Peter 429
Jacoby, Günther 30, 31, 46, 94, 96, 120, 139–140, 177–178, 195, 214, **241–243**, 246, 259, 272, 303–304, 323, 339, 387, 390, 420, 423, 430, 440, 458, 480, 491, 496–497, 510, 513, 544, 590, 595
Jaeggi, Urs 106
Jahn, Wolfgang 44–45, 73, 413, 566
James, William 74, 242
Janka, Walter 189–190, 212, **243–244**
Janzen, Nikolai F. **245**
Jaspers, Karl 152, 155, 258, 493, 585
Jelzin, Boris N. 529
Jessin, Iwan M. 242, 245, **245–246**, 325, 411, 510, 533
Jobst, Eberhard **247**, 629
Jodl, Friedrich 252
Johannes XXIII. 575
Johannsen, Hermann **247–248**, 253, 260, 265, 280, 339, 380, 396, 596, 624
John, Erhardt 155, **249**, 426
Johnson, Uwe 64
Jopke, Walter 35, 69, 135, 143, 205, 212, **250**, 475
Jordan, Pascal 102, 315
Jowtschuk, Michael T. **250–251**
Judin, Pavel F. 32, **251**
Jühnke, Christoph 286
Jung, Gertrud 631
Jünger, Ernst 95
Jürß, Fritz **252**, 361

Kafka, Franz 589
Kafka, Gustav **252–253**, 493
Kagan, Moisej S. 253, 371, 441
Kahle, Werner 137, **253**, 257
Kaiser, Eckhard **253–254**
Kalinnikow, Leonard A. **254**, 396
Kambartel, Friedrich 463
Kammari, M. D. **255**
Kannegießer, Karlheinz 186, **255**
Kant, Hermann 351–352, 510, 544
Kant, Immanuel 19, 37, 60, 62, 81–83, 85, 99, 136, 137, 157–158, 171–172, 173, 222, 241, 254, 274, 298, 306, 318, 323, 325, 335, 344–345, 368–369, 376, 377, 389, 396, 405, 430, 434, 437, 491, 501, 509, 524, 531–532 , 552, 569, 599, 620
Kapferer, Norbert 213, **256**
Kaschuba, Karin **256–257**
Kätzel, Siegfried **257**
Kaufhold, Bernhard **257–258**
Kautzky, Karl 376
Kedrow, Bozifaz M. **258**
Keilson, Margarete 148
Keller, Dietmar 63
Keller, Peter **259**
Keller, Wilhelm **259–260**
Kellner, Eva **260–261**
Kelm, Hans-Joachim **261**, 312, 477
Kelsen, Hans 576
Kessler, Mario 381
Kierkegaard, Sören 114, 176, 283, 325, 451
Kimmerle, Heinz 463
Kirchgäßner, Werner **262**
Kirchhöfer, Dieter **262–263**, 613
Kirchhoff, Rolf 87, 112, 193, 233, **263–264**, 267, 302, 322, 438, 463, 467, 475, 518
Kirschke, Siegfried **264–265**
Klaus, Georg 39, 42, 44, 51–52, 85, 108, 112, 117, 129, 134, 153, 164, 185, 188, 194, 204, 209, 219, 224, 232, 240, 248, 249, 260, 261, **265–267**, 267, 280, 281, 289, 291, 292, 293, 296, 302, 303–304, 307, 319, 323, 336, 339, 342, 364, 375, 380–381, 384, 396, 426, 439, 473, 475, 480, 489, 496, 501, 503, 504, 518, 527, 530, 544, 561, 567, 585, 586, 587, 603, 609–610, 611, 612, 614, 621, 624, 627, 629
Klein, Dieter 39, 82, 317, 517
Klein, Fritz 381
Klein, Matthäus 53, 112, 120, 144–145, 189, 211, 216, 277, 263, **267–268**, 293, 311, 318, 385, 426, 443, 450, 550, 587, 614
Kleine, Lothar 229, **269**, 520
Kleineidam, Erich 126, **270**
Kleinig, Wolfgang 95, 153, **270–271**, 276, 619
Kleinschmidt, Sebastian **271**, 326, 490
Klemperer, Victor 253, **272–273**, 348, 406, 489
Klenner, Hermann 46, 212, **273–274**, 289, 309, 463, 490, 546, 583, 626
Kliem, Manfred **274**
Kliem, Wolfgang 271, **275**, 619
Klimaszewsky, Günter 42, **276**, 331, 357

Klix, Friedhart **277**, 485
Klohr, Olof 31,, 153, 165, 209, 219, 264, 275, **278–279**, 281, 292, 356–357, 363, 550, 619
Klotsch, Helmut **279**
Klotz, Hans **280**, 614
Kluge, Alexander 407
Klügl, Johann 121, 170, **281**, 590
Kneist, Klaus 185, **281**, 598
Knepler, Georg 371
Koch, Gerhard **281**
Koch, Hans **282**, 314, 354
Koch, Martin **283**
Kodalle, Klaus-Michael **283–284**, 591, 630
Kofler, Leo 168, 221, 272, **284–286**, 318, 375, 489, 627
Kohlsdorf, Fred **286–287**
Kojeve, Alexander 171
Kolakowski, Leszek 72, **287–288**, 472, 500
Kolesnyk, Alexander **288–289**
Kölsch, Hans 76, **289**, 517
Kon, Igor S. **290**
Konfuzius 395
König, Rene 380
Konstantinow, Fedor W. **290**
Kopnin, Pavel V. **291**
Korch, Helmut 116, 170, 186, 266, 280, **291–292**, 345, 437, 567
Korf, Gertraud 44, **292**
Korn, Klaus 457, 512
Körner, Uwe **292–293**
Korsch, Karl 490, 469
Kosing, Alfred 19, 42, 53, 60, 77, 81, 120, 129, 131, 144, 156, 165, 169, 179, 181, 185, 189, 215, 222, 225, 239, 247, 255, 263, 267–268, 280, 281, 285–286, **293–295**, 300, 338, 381, 385, 390–391, 418, 425, 443, 450, 475, 476, 482, 486, 490, 500, 519, 530, 546, 553, 559, 569, 582, 585–586, 587, 596, 606, 620, 626, 631, 633–634
Kowalczuk, Ilko-Sascha 310, 381, 398, 555, 618
Kracauer, Siegfried 68
Kracht, Günter **295**
Kraft, Victor 576
Krah, Wolfgang 175, **295–296**
Krahl, Hans-Jürgen **296–297**, 532
Kramer, Renate **297**
Kramer, Horst **298**
Krampitz, Karl-Heinz **298**
Krause, Heinz **298**

Krause, Karl Christian 511
Krauss, Werner **299**, 332, 406, 454
Kreiser, Lothar 29, 95, 134, 135, 185, 229, 248, 259, 262–263, **300**, 301–302, 304, 337, 370–371, 412, 427, 433, 477, 499, 520, 530, 547, 548–549, 565, 569, 588, 620
Krenz, Egon 208, 229, 478, 522, 586,
Krenzlin, Norbert **301**, 506
Kreschnak, Horst **301–302**, 549
Kröber, Günter 56, 88, 100, 102, 110, 121, 151, 193, 258, **302–303**, 304, 316, 320, 382, 387, 420, 451, 518, 554, 596, 599, 603, 608, 627
Krüger, Egon **303–304**, 323, 396
Krüger, Hans-Peter 90, 94, 141, 176, 206, **304–305**, 406
Krüger, Lorenz 305
Krüger, Uwe **305–306**
Krumpel, Heinz **306–307**
Krupskaja, Nadeschda K. 532
Kuchling, Heinz 141, 158, 160, 232, 240, **307–308**, 320, 628
Kuczera, Josef **308**
Kuczynski, Jürgen 49–50, 58, 69, 148, **309–310**, 311, 381, 480, 555
Kuczynski, Rita 311
Kühne, Lothar 89, 217, 271, **311–312**, 457, 514
Kummer, Wolf 261, **312–313**
Kumpf, Friedrich 135, 206, 237, 240, 298, 304, **313**, 351, 426, 607
Kunze, Reiner 47
Kurella, Alfred 245, 282, **314**
Küttler, Wolfgang 61, **314–315**, 451, 590, 597

Lafontaine, Oskar 597
Laitko, Hubert 40, 56, 88, 100, 102, 110, 187, 193, 224, 308, **315–316**, 320, 406, 420, 433, 554, 596
Lambert, Johann Heinrich 530
Lambertz, Werner 53
Lamprecht, Karl 213
Land, Rainer 82, **317**, 331, 517, 547
Lange, Erhard 31, 40, 61, 62, 107, 121, 135, 151, 170, 257, 268, 313, **317–318**, 337, 363, 375, 426, 439, 444, 498, 536, 538, 551, 569, 583, 590, 632
Lange, Max Gustav 96, **318–319**, 373, 602
Langer, Peter 112, **319–320**, 364, 380, 462, 514
Läsker, Lothar 187, **320**, 320

Lassow, Ekkehard 76, 82, **320–321**, 441, 517
Lauermann, Manfred **321–322**, 470, 546, 603
Lefebvre, Henri 287, 483
Lehmann, Gerhard 304, **323**
Lehrke, Wilfried **324**, 412, 505
Leibniz, Gottfried Wilhelm 90, 181, 200, 225, 231, 292, 298, 320, 337, 369, 430, 451, 479, 520, 542, 543
Leisegang, Hans 23, 51, 188, 209, 223, 246, 265, **324–325**, 334, 339, 341, 379, 423, 493, 500, 624
Lektorski, Wladislaw A. **325**
Lengsfeld, Vera **326**, 329, 445
Lenin, Wladimir I. 27, 35, 45, 67, 72, 80, 162, 167, 172, 183, 192, 200–201, 211, 218, 228, 237, 239, 246, 282, 289, 299, 306, 310, 311, 313, 314, 315, 353, 373, 386, 389, 423, 439, 460, 466, 483, 538–539, 550, 574, 576, 582–583, 584, 590, 596, 604, 632, 633
Lenk, Kurt **327**, 353
Lennig, Wolfgang **328**
Lemnitz, Alfred 329
Leonhard, Wolfgang 54, 98, 171, 239, 268, **328–329**, 541, 601–602, 604, 614
Leontjew, Alexei N. **329–330**
Leps, Günther **330**
Leske, Monika 41, 77, 196, 313, **330–331**, 336, 391, 439, 440, 443, 581
Lessing, Gotthold Ephraim 536
Ley, Hermann 25, 32, 40, 62, 66, 73, 77, 102, 110, 113, 149, 156, 164, 166, 173, 185, 187, 188, 192, 200, 205–206, 207, 209, 221, 231, 232, 250, 253, 261, 271, 289, 296, 300, 306, 308, 312, 315, 328, 330, **332–333**, 341, 342, 343, 347, 349, 360, 368, 378, 381, 383, 388, 395, 399, 401, 405, 410, 412, 415, 420, 425, 426, 428, 444, 449, 459, 462, 475, 477, 493, 502, 503, 506, 516, 527, 550, 554, 556, 557, 558, 587, 595, 596, 603, 608, 609, 610, 612–613, 615, 621, 623, 624–625
Lichtblau, Manfred **333**
Lieber, Hans-Joachim 105–106, 157, 197, **334**, 352, 451, 535, 576, 614
Liebert, Arthur 96, 188, **335**, 381, 509–510, 535
Liebscher, Heinz **336**, 625
Lindau, Rudolf 623
Lindner, Frank 154, **337**, 376

Lindner, Hans-Rainer **337**
Lindner, Herbert **338**
Linke, Paul Ferdinand 51, 194, 209, 248, 253, 266, 280, **338–339**, 375, 379, 380, 396, 480, 596
Links, Christoph 4, 241, **340**, 374, 440, 574, 582, 604
Litt, Theodor 23, 152, 174, 192, 228, 324, 332, **340–342**, 373, 403, 406, 423, 534, 624
Loboda, Wolfgang 75, 89, **342**, 425
Locke, John 274, 599
Loeser, Franz 306, **342–344**, 439
Lohmeyer, Ernst 259
Lomonossow, Michail W. 75, 384
Lorenz, Konrad **344–346**, 360, 435, 515, 532, 562–563
Lorenz, Richard 346
Lorenz, Wilfried 346–347
Lorenz, Wolfgang 110, 131, **347**, 358
Lorenzen, Paul 387, 463
Lorf, Dieter **347**
Löser, Christian **347–348**, 591
Löther, Rolf 110, 231, 292, **348–349**, 368, 383, 405, 468, 477, 537, 552–553, 568, 609, 610
Lötsch, Manfred 28, **349–350**, 382
Lotze, Hermann 248, 428
Löwe, Bernd Peter **350**
Lübke, Dieter **351**, 361
Ludwig, Gerd 31, 151, **351–352**, 432, 486, 519, 583
Ludz, Peter Christian 198, 334, **352–353**
Luhman, Niklas 175
Lukacs, Georg 19, 59, 68, 90, 94, 103, 105–106, 134, 146, 151, 154, 159, 174, 182, 188, 190–191, 195, 198, 205, 243, 282, 284–286, 296, 352–353, **353–355**, 413, 426, 489, 500, 511, 519, 522, 544, 546, 569, 573, 576
Luther, Ernst 137, **355–356**, 413
Luther, Martin 289, 509
Lutter, Hans 275, 278, **356–357**, 619
Lutz, Günther **357–358**, 393
Luutz, Wolfgang **358**
Luxemburg, Rosa 240, 326, 438, 564
Lyssenko, Trofim D. **359–360**, 562

Maaß, Ekkehard **360–361**
Mach, Ernst 143, 210, 375, 549, 600
Madejski, Hanno **361**

Maffeis, Stefania **361–362**
Mahr, Herbert 159, **362**
Majakowski, Wladimir W. 109
Maleck, Bernhard 76, **362–363**
Malorny, Heinz 74, **363–364**, 413
Maltusch, Wernfried 320, **364**
Mann, Thomas 243, 253
Mannheim, Karl 131, 134, 197, 352, 555
Mao Tse-Tung **364–366**, 572
Marcuse, Herbert 105, 155, 174, 292, 296, **366–368**, 432, 483, 545, 576–577, 593
Marek, Siegfried 374
Markow, Walter 85, 168, 284, 299, 406, 428, 504, 519, 560
Marnitz, Peter **368**
Marquard, Odo 48, 469
Marr, Nikolai J. 360
Martens, Lothar 88, 157
Martin, Gottfried 225, **368–369**
Marx, Karl 27, 33, 42, 44, 48, 54, 71, 73, 82, 84, 92–93, 98, 115–116, 121, 127, 132, 141, 151, 158, 167, 174, 179, 189, 195, 197, 205, 210, 222, 227, 228, 237, 238, 261, 274, 282, 285, 287, 288, 296, 299, 300, 310, 313, 314, 317, 322, 325, 327, 329, 334, 337, 351, 352, 353, 365, 367, 370, 373, 383, 389, 392–393, 397, 411, 421, 435, 442, 444, 449, 450, 462, 483, 484, 536, 545, 561, 566, 571, 576–577, 583, 584–585, 587, 596, 597, 606, 614, 623, 636
Marxhausen, Thomas **369–370**
Max, Ingolf 300, **370–371**, 430
Mayer, Günter **371**
Mayer, Hans 644, 155, 161, 299, 406, 428, 454, 465, 484, 502, 519, 523, 528, 531–532, 539, 560–561
Mayer, Robert 66
Mehlhorn, Gerlinde **372**, 601
Mehlhorn, Hans-Georg **372**
Mehnert, Klaus 239, 327
Mehring, Franz 120, 282, 322, 392, 413, 481
Meiner, Felix 244, 318, **373–374**, 627
Meinicke, Friedrich 557
Melanchton, Philipp 59
Mende, Georg 31, 62, 108–109, 129, 170, 194, 208, 221, 225, 253, 258, 260, 280–281, 285, 292, 314, 317–318, 337, 338, 339, 363, **374–375**, 377–378, 379, 380, 403, 416, 423, 445, 484, 560, 587, 596, 629

Mende, Hans-Jürgen **376–377**, 388, 606
Mendel, Georg 359
Menzer, Paul 248, 284, 335, 369, 375–376, **377–378**, 423, 455, 543
Merker, Paul 243
Mertsching, Günter 230, **378–379**, 391, 401, 440, 462, 479, 528, 612
Mesch, Eckardt 339, **379**, 396
Messelken, Karlheinz 112, 319, 364, **380**, 462, 471, 514
Mette, Alexander 102
Metzler, Helmut 337, **380–381**
Meusel, Alfred 335, **381**, 555
Meyer, Georg 439
Meyer, Hansgünter 349–350, **382**
Meyer, Hans-Joachim 250, 550
Meyer, Regina 281, 378, **382–383**, 477, 569
Meyer, Thomas 446
Miehlke, Günter **383**, 537
Mielke, Dietmar **383**
Mielke, Helmut **384**
Mieth, Erika **384–385**
Miller, Reinhold 120, 143, 185, 216, **385**, 486, 616
Mitin, Mark B. 32, 72, **386**
Mitschurin, Iwan W. 359
Mittelstraß, Jürgen 88, 242, 371, **386–387**, 388, 406, 463, 513
Mittenzwei, Werner 354, 406
Mocek, Reinhard 56, 75, 77, 102, 121, 144, 155, 159, 220, 257, 260, 333, 350, **387–388**, 412, 419, 433, 520
Möckel, Christian **389**, 622, 622
Möhwald, Werner 164, 230, 294, 378, **389–390**, 401
Möller, Heidemarie **391**
Momdshian, Chacik N. **391–392**
Mönke, Wolfgang 93, **392**
Montinari, Mazzino 79, 358, **392–394**, 404
Moritz, Ralf **394–395**, 453
Mortag, Michael **395**
Mortau, Günter **396**
Motroschilowa, Nelly V. 254, **396**, 416
Motsch, Wolfgang 64–65
Mueller, Volker **397**
Mühlberg, Dietrich 101, 295, **397**, 441, 571
Mühlpfordt, Günter **398**, 585, 617
Müller, Dieter **399**
Müller, Enrico **399**

Müller, Ernst 206, 241, **400**
Müller, Fred 73, 120, 166, 231, 343, **400–401**, 467, 503
Müller, Harfried 512
Müller, Heiner 205
Müller, Johannes 247, 317, 608
Müller, Klaus **401**, 429
Müller, Reimar 333, 351, **402**
Müller, Werner 124, 129, 219, 297, 341, **402–403**, 482, 519, 559, 583
Müller-Enbergs, Helmut 53, 67, 104, 112, 148, 161, 180, 184, 202, 208, 212, 215, 230, 326, 479, 498, 521, 602, 611, 623
Müller-Lauter, Wolfgang 394, **403–404**
Münkler, Herfried 71
Müntzer, Thomas 289, 513

Naake, Erhard **404**
Narski, Igor S. **404–405**, 462
Natorp, Paul 151, 194, 368, 558
Naumann, Frank 345, **405**, 563
Naumann, Friedrich 146–147
Naumann, Manfred 60, 99, 299, 301, 397, **405–406**, 536
Naumann, Robert 289
Negt, Oskar 39, 174, 321, **407**, 532
Nelken, Michail **408**
Nelson, Leonhard 571, 633
Neumann, Christian **409**
Newton, Isaac 599
Nick, Harry 28
Niedersen, Uwe **410**, 527
Niekisch, Ernst 526
Niemöller, Martin 106
Nier, Michael **410–411**
Nietzsche, Friedrich 19, 79, 91, 96, 99, 103, 111, 136, 158, 159, 161, 190, 243, 258, 271, 358, 361, 363, 381, 392–394, 399, 404, 413, 426, 448, 479, 519, 543, 548, 557
Nikitin, Pjotr I. 245–246, **411**, 533, 557
Noack, Klaus-Peter 150, **412**
Nolte, Ernst 132, 175, 509–510
Nolte, Peter **412**
Noske, Dietrich 220, 355, **413**, 437
Novalis 204

Obermann, Karl 261
Ockham, Wilhelm von 368, 621
Odujew, Stepan Fj. **413**

Oelßner, Fred 27, 188, 285, 289, **414–415**, 465, 474, 602, 616, 633
Oertel, Horst **415**
Oetzel, Egon **416**
Oiserman, Teodor I. 37, 171, 175, 254, 384–385, 396, **416–417**
Okun, Bernd 144, **417**
Omeljanowski, Michael E. **418**
Opitz, Heinrich 165, 279, 417, **418–419**, 598
Ostwald, Wilhelm 310, 397, 410

Pälike, Dieter **419**
Pallus, Hannelore **419–420**
Parson, Talcott 350
Parthey, Heinrich **420**, 495, 565, 592, 613
Pasemann, Dieter 61, 74, 84, 383, **421**
Pasternak, Boris 239, 524
Pasternack, Peer 18, **421–422**, 488
Patent, Gregori I. 186, 245, **422–423**
Paterna, Erich 329
Pätzold, Kurt 426
Paucke, Horst 43
Paul, Jean 189–190
Paul, Siegfried **424**
Paulsen, Friedrich 96, 242, 335, 364, 534
Pawelzig, Gerd 261, **424–425**
Pawlow, Todor 249, **425–426**
Peirce, Charles 337, 491
Pepperle, Heinz 44, 71, 141, 240, 271, 361, 389, 400, 404, 413, **426–427**, 490, 570, 582
Pepperle, Ingried 427
Peschel, Klaus **427**
Pester, Reinhardt 31, 136, 181, **427–428**, 554, 622
Petersen, Peter 248, 318
Pfeiffer, Hans **428–429**
Pfoh, Werner 98, 316, 401, **429**
Philipp, Peter **429–430**
Piaget, Jean 328
Picasso, Pablo 218
Pichler, Hans 242, 303, 323, **430**, 458, 480, 595
Pieck, Wilhelm 104, 260, 414, 584, 601, 606
Pietzsch, Ulrich 63, **431**
Plank, Max 115, 384, 592
Platon 37, 151, 189, 194, 351, 383, 399, 435, 512, 547, 594
Plavius, Heinz 151, **432**, 583
Plechanow, Georgi W. 384–385
Plesse, Werner 25, 378, 417

Plessner, Helmut 305, 457
Pöggeler, Otto 590
Poldrack, Horst 417, **433**
Polikarow, Azarjap 232, 280, 296, 300, 315, 420, **434**, 457, 567, 610
Popper, Karl Raimund 59, 74, 92, 174, 344, 407, **334–336**, 576, 579
Poser, Hans 237, 488
Pracht, Erwin 101, 137, 217, 301, 312, 371, 397, 432, **436**, 441, 448, 507, 526, 561
Putin, Wladimir 254, 529

Quaas, Georg **437**
Quitzsch, Heinz 262, 382, 599

Rabe, Helmut **437**
Rabehl, Bernd 106
Rachold, Jan **437–438**
Rackwitz, Ursula 282
Radczun, Günter **438**
Radke, Frank 196, **438–439**, 571
Rahner, Karl 35
Rapoport, Mitja Samuel 149, 320, 349
Ratzinger, Josef 176
Rauh, Hans-Christoph 19, 31, 55, 70, 84, 86, 158, 160, 191, 192, 219, 223, 225, 230, 235, 238, 243, 264, 266, 274, 276, 286, 294, 300, 303, 304, 322, 327, 331, 334, 336, 343, 345, 351, 376, 379, 408, 418, **439–440**, 443, 452, 456, 459, 462–463, 467, 479, 492, 510, 500, 520, 533, 552, 558, 561, 570, 582, 600, 603, 607, 612, 613, 621, 634
Redeker, Horst 271, **441–442**, 506
Reding, Marcel 103, **442**
Redlow, Götz 41, 77, 144–145, 166, 196, 206, 267, 295, 308, 313, 322, 330, 331, 336, 351, 368, 391, 438–439, 439–440, **443–444**, 453, 461, 490, 536, 547, 553, 571, 581, 587, 591, 607, 612, 615
Rehmke, Johannes 214, 509
Reichenbach, Hans 554,
Reinhardt, Frithjof **444**
Reinhardt, Horst 496
Reinhold, Otto 145, 281, 446, 486, 551, 606
Reininger, Robert 223
Reiprich, Kurt 91, **444–445**
Reiprich, Siegfried 194. **445**
Reißig, Rolf 28, 82, 169, 289, **446–447**, 486

Rentsch, Thomas **447–448**, 491
Reschke, Renate 111, 158, 206, 393, 413, **448**
Ricardo, David 121, 370
Richter, Edelbert **449**
Richter, Frank **449–450**, 608
Richter, Friedrich 143, 157, 185, 306, 318, 376, 399, **450**, 626–627
Richter, Gudrun 171, **451**
Richter, Liselotte 36, 188, 221, 223, 248, 265, 334, 381, **451–452**, 494, 497, 512, 526, 633
Richter, Steffi **452–453**
Richter, Wolfgang **453**, 546
Ricken, Ulrich **454**
Rickert, Heinrich 68, 531
Riedel, Manfred 122, 158, 159, 235, **454–455**, 487, 590, 619
Riedl, Rupert 345
Riehl, Alois 335, 542
Rieske, Günter 413, **455**
Ritter, Joachim 162, 468
Rittinger, Andrea **456**
Robbe, Martin 456
Rochhausen, Rudolf 255, 351, 387, **456–457**, 565, 598
Rodbertus, Karl 466
Röder, Karl-Heinz 350
Röhr, Werner **457–458**, 462
Rompe, Robert **458–459**, 554, 578, 595, 601
Röseberg, Ulrich 233, **459**, 489, 527, 600
Rosenberg, Alfred 138, 323, 358, 509, 542
Rosenfeld, Gerhard 231, 277, 613
Rosental, Mark M. 192, **460**
Rossade, Werner 320, **460–461**
Rotacker, Erich 174, 369
Rothe, Barbara **461**
Rother, Karl-Heinz **461–462**
Rousseau, Jean Jacques 127
Ruben, Peter 42, 58, 59–60, 86, 101, 110, 112, 123, 134, 158, 179, 187, 193, 200, 201, 227, 230, 231, 233–234, 256, 264, 274, 276, 286, 311, 313, 316, 317, 320, 321–322, 328, 343, 363, 364, 378, 380, 405, 408, 438, 439–440, 443, 457, 459, 460, **462–464**, 469, 471, 478, 495, 518, 527, 546, 547, 552–553, 554, 564, 573, 584, 596, 600, 603, 621
Ruben, Walter **464**, 468
Rubiner, Frida 329
Rubinstein, Sergej L. **465**

Rudolf, Günther **465–466**
Ruml, Vladimir **466**
Runge, Monika **466–467**, 621
Rupprecht, Frank 184, 264, 294, 363, **467–468**, 475, 476
Russel, Bertrand 115, 343
Rüstau, Hiltrud **468**
Rutkewitsch, Michael N. **468**

Sachse, Hans 428
Sandkühler, Hans Jörg 142, 167, 321, 388, **468–471**, 546, 574–575, 631
Sartre, Jean-Paul 105, 171, 197, 428, 626, 630
Sauerland, Karol 380, **471–472**
Sauerland, Kurt 471, 541
Schaff, Adam 287, **472–473**, 523, 544
Scheel, Heinrich 299
Scheffler, Uwe 474
Scheler, Hermann 49, 73, 75, 89, 103, 112, 113, 129, 164, 181, 205, 209, 249, 250, 258, 267, 313, 319, 321, 343, 401, 437, 438, 441, 467, **474–475**, 476, 486, 504, 530, 587, 611
Scheler, Max 123, 327, 573
Scheler, Wolfgang 217–218, **476**, 581, 622
Schellhorn, Martin **476–477**
Schelling, Friedrich Wilhelm Josef 62, 99, 136, 171–172, 174, 181, 195, 269, 318, 412, 465, 468, 501, 636
Schelzki, Helmut 138
Schenk, Günter 90, 141, 150, 159, 298, 312, 328, 333, 337, 370, 378, 382–383, 430, 455, **477–478**, 549, 565
Schiller, Friedrich 26, 60, 194, 509
Schirmer, Gregor 86, 179, 230, 322, 343, 379, 440, 444, 462–463, **478–479**
Schischkin, Alexander F. **479**
Schischkoff, Georgi **479–480**
Schlechta, Karl 393
Schlegel. Friedrich 142, 204
Schleiermacher, Friedrich Daniel 36, 124, 400, 437, 501
Schleifstein, Josef 227, **480–481**, 502, 546
Schlennstedt, Dieter 271, 448
Schlick, Moritz 84, 197, 223, 434, 595, 607
Schliwa, Harald 28, 417, **482**, 559
Schmid-Kowarzik, Wolfdietrich 132, 636
Schmidt, Alfred 367, 461, **483**
Schmidt, Ernst-Günther 383, 484, 547

Schmidt, Hans-Dieter 101, 277, 328, **484–485**, 562, 613
Schmidt, Hartwig **486**, 519
Schmidt, Helmut 127
Schmidt-Biggemann, Wilhelm 95, 488
Schmollack, Jürgen 120, **486**
Schmückle, Karl 541
Schmutzer, Ernst 186
Schnädelbach, Herbert 48, 158, 196, 232, 400, 406, **487**, 573, 607, 619
Schneider, Ulrich Johannes **488**
Schober, Rita 64, 89, 188, 232, 272, 299, 406, 436, **488–489**
Scholz, Gerhard 205, 250
Scholz, Heinrich 499
Schölzel, Arnold 87, 141, 475, **490–491**, 546
Schöneburg, Klaus-Heinrich 99, 505
Schönrich, Gerhard 448, **491**
Schopenhauer, Arthur 62, 103, 258, 392, 413, 456, 483
Schöpf, Hans-Georg **491–492**
Schorochowa, Ekaterina W. **493**
Schottlaender, Rudolf 73, 253, 322, 402, 480, **493–494**, 526
Schreiter, Jörg 90, 94, 276, 304, **495**
Schrickel, Klaus 46, 205, 212, 363, **495–497**, 500, 501–502, 551
Schröder, Richard 36, 132, 173, 452, 494, **497**, 497–498
Schröpfer, Horst **498**
Schröter, Karl 37, 46, 56, 165, 300, 381, **499**, 518, 612
Schubardt, Wolfgang 36, 146, 211, 287, 357, **499–500**, 587
Schüdrumpf, Marion **500–501**
Schuffenhauer, Heinz **501**
Schuffenhauer, Werner 190, 287, 304, 400, 437, **502**, 547, 606
Schulz, Gerhard 439, **502–503**
Schulz, Peter-Bernd 503
Schulz, Robert 74, 169, 228, 253, 403, **503–504**, 565, 569
Schulze, Dieter 102, 193, 424, 534
Schulze, Hans 71, 289, 324, 391, 408, **504**
Schulze-Sölde, Walter 214, 323, 360
Schumann, Michael 305, **505**
Schumpeter, Joseph 201
Schurig, Volker **505–506**
Schwabe, Karl-Heinz 77, **506–507**

Schwabe-Broszinsky, Edith 507
Schwan, Gesine 288
Schwartze, Heinrich 69, 154, 228, **507–508**, 568
Schwarz, Hermann 178, **508–511**
Schwarz, Theodor **511**
Schwärzel, Hagen 50, 415, **511**
Schwarzkopf, Ekkehard **512–514**, 532, 572
Schweikert, Heinz-Dieter 112, 319, 380, **514**
Schweitzer, Albert 116, 335–336, **514–515**
Schwemmer, Oswald 438, 582
Segal, Jacob 25, 425, **516–517**, 611
Segert, Dieter 82, 289, 317, **517**
Segeth, Wolfgang 185, 193, 437, **518**, 600
Seidel, Helmut 60, 61, 69, 77, 81, 90, 91, 99, 114, 131, 136, 141, 150, 151, 154, 155, 168, 183, 223, 228–229 237, 264, 268, 269, 318, 324, 346, 351, 383, 387, 389, 395, 432, 444, 448, 450, 466, 482, 505, 506, **518–520**, 551, 559, 561, 568, 569, 573, 582–583, 596, 621, 627
Seidel, Waldemar 228, **520**
Selbmann, Fritz 520–521
Semjonow, Wladimir S. 251, 414, **521–522**, 559
Seneca 484
Sens, Ingo **522–523**
Seve, Lucien **523**
Shdanow, Andrei A. 32–33, 72, 117, 188, 237, 359, 373, 386, 423, 496, **523–525**, 541, 558, 582
Shukow, Georgi K. 522, 533
Siegwart, Geo 31, 160, 440, **525–526**, 543
Simmel, Georg 68, 335
Simon, Heinrich 209, **526–527**
Simon, Josef 543
Simon, Marie 240, 252, 304, 351, 402, **526**
Simon, Rüdiger **527**
Singer, Paul 208
Sinowjew, Alexander 202, 239, 307, **528–529**, 549, 611, 611–612, 628
Snellman, Johan Wilhelm 187
Söder, Günter 38, 94, 231, 306, 461, **529–530**, 618
Söder, Karl 100, 102, 117, 259, 298, 308, **530–531**, 537, 612
Sohn-Rethel, Alfred 256, 297, 321, 513, **531–532**, 572
Sokrates 37, 435, 513
Solotuchin, Pjotr W. 245,, 411, **532–533**, 557
Sommer, Andreas Urs 399, 544

Sorg, Richard **533**
Spaar, Horst 156, 320
Spann, Otmar 138
Sparschuh, Jens **533–534**
Spencer, Herbert 434
Spengler, Oswald 258
Spinoza, Benedictus 116, 163, 269, 274, 287, 321–322, 373, 382, 519
Spranger, Eduard 96–97, 158, 179, 188, 194–195, 323, 334, 340, 451, **534–536**, 557, 558,
Springer-Liepert, Anita 71, 204, 426, **536–537**
Stach, Renate **537**
Stahl, Jürgen **538**
Stalin, Josef W. 27, 32–33, 52–53, 64, 67, 72, 97–98, 127, 132, 152, 155, 168, 172, 182–183, 188–189, 201, 219, 224, 226, 236, 238, 239, 251, 255, 285–286, 299, 309, 314, 317–318, 319, 328–329, 339, 359, 365, 370, 373, 376, 377, 384–385, 386, 389, 392, 414–415, 423, 434, 471, 478, 490, 496, 499, 500, 522, 523–525, 528–529, 530, **538–542**, 550, 557, 558, 560, 573, 576–577, 584, 587, 592, 596, 604, 614, 623, 627, 633
Stammler, Gerhard **542–543**
Stammler, Rudolf 542
Stegmaier, Werner 31, 136, 187, 243, 399, 404, 428, 440, 525, **543–544**
Stegmüller, Wolfgang 254, **544–545**
Steiger, Rolf 409
Steigerwald, Robert 226, 321, 367, 469, 481, **545–546**
Steinacker, Peter **546–547**
Steindl, Regina **547**
Steiner, Helmut 286, 433
Steininger, Herbert 98, 113, 121, 166, 231, 298, 312, 313, 330, 441, 453, 457, 461, 503, **547–548**, 615, 616
Steinitz, Wolfgang 64, 561
Stekeler-Weithofer, Pirmin 91, 474, 488, **548**, 609, 631
Stelzner, Werner 337, 370, 427, 429–430, 474, 547, **548–549**, 588, 628
Stern, Leo 286, 529, 555, 602
Stern, Viktor 291, 530, 539, **549–550**, 626
Steußloff, Hans **550–551**
Stiehler, Gottfried 73, 76, 82, 136, 144–145, 159, 170, 185, 235, 240, 260, 298, 306, 312,

313, 318, 321, 331, 351, 361, 381, 388, 439,
441, 461, 468, 470, 486, 507, 519, **551–552**,
569, 590
Stöhr, Hans-Jürgen 84, 110–111, 196, 220,
552–553, 592, 595
Stoljarow, Witali 245, 476, 547, **553**
Stolzenberg, Jürgen 142, 619
Strauß, Martin **554**
Strech, Karl-Heinz **554**
Streisand, Joachim 260, 292, 381, 504, **555**
Striebing, Lothar 247, 254, 399, 554, **556**, 628
Strittmatter, Erwin 432
Strohschneider, Reinhard **556–557**, 561
Stroux, Johannes 484, 526, **557–558**
Stubbe, Hans 359
Stumpf, Carl 136, 335, 534
Suisky, Dieter 260
Sukale, Michael 621
Süßenbach, Horst 171, 389, **558**, 570
Suslow, Michael A. **558–559**

Tarski, Alfred 434
Teichmann, Werner **559–560**
Teller, Jürgen 69–70, 80, 81, 229, 269, 351, 455,
519, **560–561**
Tembrock, Günter 113, 241, 345–346, 405, 506,
562–563, 582, 610, 613
Templin, Wolfgang 329, 445, 490, **563–564**
Terton, Gerd 412, **565**, 609
Teßmann, Kurt **565–566**, 592
Tetens, Holm 196
Tetzel, Manfred **566**
Thälmann, Ernst 529
Theunissen, Michael 403, 463
Thiel, Christian 95
Thiel, Rainer **567**
Thom, Achim 32, 228, 257, **568**, 569
Thom, Martina 61, 69, 77, 90, 121, 137, 169,
228–229, 298, 304 383, 389, 433, 437,
506, 519, 520,568, **569–570**, 621
Thomas, Michael 28, 82, 187, 447, **570**
Thomas von Aquin 71, 270, 442
Thomaschewsky, Karlheinz 613
Thomsen, Olaf **571**
Thomson, George 512, 531, **571–572**
Tiefensee, Eberhard 126, **572**
Tietz, Udo **573**
Tilitzki, Christian 16, 357
Tillich, Paul 95, 96

Tjulpanow, Sergej I. 245, 422, **573–574**
Tomberg, Friedrich 137, 141, 170, 404, 469,
574–575, 591, 616
Tondi, Alighiero 164, **575**
Tönnies, Ferdinand 138, 322, 381, 465–466
Topitsch, Ernst..47, **576–577**
Torhorst, Marie 23
Toynbee, Arnold Joseph 504
Träger, Claus 204
Treder, Hans-Jürgen 116, 166, 345, 459, 563,
578–579, 599 610
Troeltsch, Ernst 213, 323
Trolle, Lothar **580**
Trotzki, Leo 97, 201, 538, 541
Tschernyscheweski, Nikolai G. 314, 460
Tugarinow, Wasilij P. 30, 557, **580**
Turek, Martin **580–581**
Türpe, Andre **581**

Ueberweg, Friedrich 117
Uhl, Elke 561, **582**
Uhlig, Dieter 305–306, 505, **582–583**
Ulbrich, G. Bernd **583–584**
Ulbricht, Walter 27, 49, 68, 103, 147, 179, 189,
211, 228, 266, 268, 309, 328, 338, 352,
393, 398, 414–415, 496, 514, 521, 539,
584–586, 602, 604, 611, 617, 627
Uledow, Alexandr K. 460, **586**
Ullrich, Horst 36, 363, 444, 500, **586–587**, 626
Ulrich, Holde-Babara **587**
Urchs, Max-Peter **588**
Utitz, Emil 375, 510, **588–589**

Vaihinger, Hans 92, 335
Vierkandt, Alfred 138, 334, 526, **589–590**
Vieweg, Klaus 283, 487, **590–591**, 622
Virchow, Rudolf 609
Vogel, Bernd **591**
Vogel, Heinrich 84, 110, 196, 220, 420,
565–566, **592**, 595, 596
Vogeler, Heinrich 592–593
Vogeler, Jan 566, **592–593**, 601, 626
Vogt, Anette 37, 499, 517
Voigt, Jutta **593–594**
Volkow, Gennich N. 351
Volkmann-Schluck, Karl-Heinz 29, 30, 84, 152,
177, 214, 220, **594–595**
Vollmer, Gerhard 345–346
Voltaire, Francois 581

Vorweg, Manfred 277
Vranicki, Predrag **595–596**
Vries, Josef de 263, 315

Wächter, Wolfgang 173, 566, **596–597**
Wagenknecht, Sahra 226, **597**
Wagner, Hans 82, 317
Wagner, Kurt 186, 254, 565, **598**
Wagner, Richard 96
Wahl, Dietrich 592, **598–599**
Wahsner, Renate 116, 546, 579, **599–600**
Wallner, Matthias 77, **600–601**
Wandel, Paul 27, 67, 96, 192, 219, 289, 329, 375, 415, 458, 557, 595, **601–602**, 623
Warnke, Camilla 42, 58, 86–87, 112, 133, 188, 193, 201, 233, 264, 276, 313, 321, 408, 438, 440, 462–463, 518, **603**
Weber, Alfred 79, 89
Weber, Hermann 54, 98, 329, **604–605**
Weber, Max 68, 95, 174, 292, 298, 353, 531, 576
Weckwerth, Christine **606**
Wekwerth, Manfred **606**
Weidig, Rudi 28, 350
Weischedel, Wilhelm 197, 403, 479
Weiss, Peter 107
Weißpflug, Hainer 358, **606**
Weizsäcker, Carl-Friedrich von 175, 291
Welzkopf, Liselotte 252, 513, 532, 603
Wende, Michael **607**
Wendel, Hans-Jürgen 111, 196, 220, 553, 595, **607–608**
Wendt, Helge 40, 449, **608**, 629
Wendt, Thomas **609**
Wenig, Klaus **609**
Wenzlaff, Bodo 149, **609–610**
Werner, Ruth (Sonja) 58, 148, 309
Wernicke, Alexander 345, 562, **610**
Wessel, Harald 102, 144, **611**, 614
Wessel, Horst 100, 102, 160, 202, 240, 259, 298, 308, 312, 370, 406, 427, 474, 528–529, 530, 537, 547, 549, **611–612**, 628
Wessel. Karl-Friedrich 88, 98, 234, 235, 241, 263, 308, 328, 332, 355, 368, 383, 395, 397, 405, 410, 412, 428, 537, 554, 558, 562–563, 609, **612–613**, 615
Wetter, Gustav A. 72, 266, 268, 334, **613–614**

Wicklein, Gerald 181, **615**
Wiedemeyer, Malte 571, **615**
Wielgosh, Jan 54, 82, 87, 101, 169, 184, 213, 286, 305, 317, 326, 332, 350, 382, 447, 449, 463, 564
Wilke, Ursula **616**
Windelband, Wilhelm 430
Winkler, Norbert **616**
Winter, Eduard 284, 289, **617–618**
Winter, Gerhard 278, 486, **618–619**
Wischke, Mirko **619**
Wittgenstein, Ludwig 159, 308, 370, 430, 447
Wittich, Dieter 60, 77, 88, 150, 165, 185, 204, 221, 224, 254, 257, 263, 266, 289, 293, 300, 301, 307, 316, 342, 381, 417, 418, 433, 439, 455, 466, 495, 513, 518, 544, 569, 598, 600–601, 609, 614, **620–621**
Wöhler, Hans-Ulrich 253, 447, 491, **621–622**
Woit, Ernst **622**
Wolf, Christa 205, 581
Wolf, Frieder Otto 361
Wolf, Hanna 279, 415, 418, **623**
Wolf, Walter 51–52, 211, 265, 325, 341, 495, 500, 576, **624**, 627
Wolff, Christian 75, 90, 159, 430, 614
Wollgast, Siegfried 40, 90, 110, 253, 346, 465, 492, 498, 616, 621–622, **624–625**
Wroblewsky, Vincent von 171, 306, **626**
Wrona, Vera 41, 185, 207, 331, 337, 376, 408, 450, 500, 519, 566, **626–627**
Wundt, Max 213, 325
Wundt, Wilhelm 36, 103, 124, 252, 277, 324, 338, 589
Wußing, Hans-Ludwig 598
Wüstneck, Klaus-Dieter **627–628**
Wuttich, Klaus **628**

Zaisser, Wilhelm 27
Zänker, Karin 328, 556, **628–629**
Zebenko, Maria D. **629**
Zehm, Günter **629–630**, 634
Zeleny, Jindrich 316, **631**
Ziegenfuß, Werner 15, 19, 117, 195, 508, **631–632**
Zimmerli, Walther Christoph 88
Zola, Emile 488–489

Zuckmaier, Carl 148
Zweiling, Klaus 27, 75, 135, 140, 169, 224, 232, 265, 285, 291, 293, 296, 351, 387, 399, 403, 414, 457, 474–675, 504, 519, 556, 561, 565, 568, 569, 578, 590, 603, 609, **633–634**
Zwerenz, Gerhard 80, 229, 428–429, **634–635**